当代广告学

与整合营销传播

第 16 版

[美] 威廉·阿伦斯（William F. Arens）　迈克尔·维戈尔德（Michael F. Weigold）/ 著
林升栋　顾明毅　黄玉波　康　瑾　张慧子　周　雨 / 译

中国人民大学出版社
·北京·

作者简介

威廉·阿伦斯（William F. Arens）

阿伦斯将其全部职业生涯都贡献给了广告业，他在广告业工作了 35 年，几乎做过这一行的所有工作。在伯克利大学时，兼职担任旧金山广播电台的媒体代表；在巴黎大学时，在《纽约时报》（巴黎版）任职；从惠蒂尔学院毕业后，他开始了自己的职业生涯，担任多家印刷媒体的销售代表。几年后，他在旧金山一家大型广告公司做客户管理工作，很快晋升为该公司圣迭戈分公司的经理。

1975 年，他成立了威廉 · 阿伦斯合伙公司。1982 年，他成立了最早的西班牙语广告公司之一 Arens & Guiterrez，与美国主流广告公司合作，为麦当劳、通用磨坊、Sav-On 药店等制作西班牙语广告。

退休前，他任 Startimark 咨询公司总裁，为医疗保健领域的客户提供战略整合营销传播咨询。

迈克尔·维戈尔德（Michael F. Weigold）

佛罗里达大学广告学教授，教授广告专业课程近 20 年，在教学和学术方面获得众多奖项。2007 年，被评为新闻与传播学院的年度国际教育家，并成为佛罗里达大学 20 位国际大使之一。同年，获佛罗里达大学教师成就奖。发表学术论文 40 余篇。荣获佛罗里达大学新闻与传播学院年度研究员奖，其研究得到凯撒家庭基金会、Shands 癌症中心和美国国家宇航局等的资助。

担任 Fraily & Wilson 广告公司策划。担任多家公司顾问，包括联合利华等。

译者简介

林升栋

中国人民大学新闻学院广告与传媒经济系教授、博士生导师。曾任全国新闻与传播专业学位研究生教育指导委员会委员、中国广告协会学术委员会副主任。曾在中山大学、厦门大学任教，其间任厦门大学广告学系主任、新闻传播学院副院长、品牌与广告研究中心副主任，民进厦门市委副主委，厦门市政协委员等职。2007—2008 年作为弗雷曼访问学者在伊利诺伊大学香槟分校访问。2013—2014 年作为中美富布莱特访问学者在罗得岛大学访问。

顾明毅

上海外国语大学广告学系副教授、MBA 导师。宾夕法尼亚大学沃顿商学院访问研究员。国家广告研究院研究员，中国广告协会互联网广告工作委员会常务委员、法律与道德工作委员会委员、学术与教育工作委员会委员，CCSA & CAA 互联网广告联合标准工作组专家委员，IAB China 智库专家。研究领域为广告理论与数字品牌、数字营销与智能技术，发表学术论文 90 余篇。获国家广告节长城奖首届学术奖。

黄玉波

深圳大学传播学院教授、博士生导师。中国高等教育学会广告教育专业委员会副秘书长、中国新闻史学会广告与传媒发展史专业委员会常务理事、中国广告协会学术与教育工作委员会常委。国家级一流本科专业（广告学）负责人，广东省线下一流本科课程“网络营销”负责人。主要从事数字营销传播、品牌管理等领域研究，主持国家社会科学基金项目和教育部人文社会科学项目等 10 余项，发表学术论文 40 余篇。

康　瑾

中国传媒大学广告学院广告系教授、博士生导师。伊利诺伊大学香槟分校访问学者。北京市高等学校教学名师，国家级线上一流课程“广告学概论：观念与思路”负责人。研究领域为营销传播效果、数字营销伦理、广告理论。获评北京高校优质本科教材课件、中国高等教育学会新闻学与传播学专业委员会广告教育研究会优秀论文一等奖。

张慧子

北京工商大学广告系副教授、硕士生导师。北卡罗来纳大学教堂山分校访问学者。研究方向为跨文化传播、数字广告与国家形象建构、传播伦理与法规。主持国家社会科学基金青年项目、教育部社会科学基金青年项目多项，入选北京市属高校高水平教师队伍建设支持计划青年拔尖人才。发表学术论文多篇，出版专著和教材 5 部。

周　雨

厦门大学新闻传播学院广告学系副教授、硕士生导师。主要研究领域为广告语言文化、广告与艺术。赴香港城市大学（新闻传播青年学者访问项目）、日本电通集团（电通 · 中国广告人才培养基金项目）、弗吉尼亚联邦大学（国家基金委访问学者项目）访学。福建省线下一流本科课程“广告文案写作”负责人。出版专著 2 部、教材 1 部、译著 1 部。

译者序

《当代广告学与整合营销传播（第 16 版）》中译本终于面世了。本书之前的一个中译本为由中国传媒大学丁俊杰教授牵头翻译的第 11 版。经过几个版本的更新，该书内容有较大幅度的变化。前言部分特别介绍了新增加的社交媒体、消费者隐私和数据安全、广告伦理等内容。

世界广告业的传奇公司奥美获赞，“她自己即是她做的最好的广告”，本书亦是如此。作为一本有影响力的全球广告著作，本书原著的装帧设计荣获过大奖，全书收录了大量的图片和广告作品，图文并茂，令人赏心悦目。广告实验室、IMC 实战模拟、广告背后的人物等专栏提供辅助材料帮助读者复习并消化所学的内容。用户友好的图书设计本身就体现出广告学的精髓。“活学活用”，本书是这么说的，实际行动中也是这么做的。

在我们看来，阅读这样一本立足全球的广告学著作，不仅有利于掌握新鲜的广告理论知识，还助于提升自身的国际广告水平。在当前推动中国品牌“出海”的时代背景下，详细了解书中每一个品牌及其广告作品，实际上是对国外消费文化的深度解读，有利于拓宽国际视野，培养商业领域的国际传播人才。本书为我们打开了一扇了解美国广告业的窗口，读者在知悉、消化和吸收其中先进经验的基础上，要注意书中理论案例与中国语境的适应性，结合中国国情进行创造性转化，这样才能真正有助于中国广告的高质量发展。将书中的理论和个案与中国类似的案例相联系和比较，既可以触类旁通，又有助于反思目前国内的广告实践，形成有中国特色的广告学理论。

为了高质量地翻译本书，林升栋教授邀请上海外国语大学顾明毅、深圳大学黄玉波、中国传媒大学康瑾、北京工商大学张慧子和厦门大学周雨五位有着多年广告教学和研究经验的教师，组成强大的专业翻译团队。团队先分头对附录中的专业术语进行翻译，经过几轮讨论后，确定每个专业术语的译法，确保不同章节的翻译统一。这可能是国内多年来首次如此正式且高规格地探讨广告学专业术语的翻译问题。本书分为 18 章，具体分工如下：第 1 ～ 3 章由顾明毅翻译，第 4 ～ 6 章由康瑾翻译，第 7 ～ 9 章由黄玉波翻译，第 10 ～ 12 章由周雨翻译，第 13 ～ 15 章由林升栋翻译，第 16 ～ 18 章由张慧子翻译。作为本次翻译的牵头人，林升栋还翻译了本书的前言、后记和附录部分。除牵头人林升栋外，其余五位译者各译三章，按其姓氏拼音排序署名。为了探究文中一些语义模糊的片段，译者还与原著作者之一迈克尔·维戈尔德教授联系，尽可能将原文意思清晰且准确地表达出来。初稿完成后，六位译者交换译文，阅读后相互提出修改建议。

中国人民大学新闻学院 2021 级硕士生黎楠核对试译的前言部分。中国人民大学新闻学院 2022 级硕士生温欣、马辰睿和唐诗佳作为中译本的第一批读者试读了翻译的章节，并指出不通顺之处。适逢河南工业大学孙晓韵老师来中国人民大学进修，她对全书进行了最后的审读。在此一并致谢！

前言

新增内容

与前几版相比，《当代广告学与整合营销传播（第 16 版）》做了大幅度的、彻底的修订。广告和整合营销传播领域变化的速度在加快，本版的内容调整是为了赶上这一步伐。本版最大的变化是：通篇都明显添加了更多关于数字媒体的内容。

之前两版我们已经增加了社交媒体内容。现在看来，很明显，社交媒体行业和消费者行为的变化证明了这一决定是正确的。据估计，全球有超过 30 亿的活跃社交媒体用户，占世界总人口数的近 40%。即使北美（88%）和欧洲（94%）的社交媒体使用率已近饱和，未来五年将会有数十亿生活在非洲、中亚和东亚、南美洲的人加入社交社区。由德勤（Deloitte）、杜克大学福库商学院（Duke's Fuqua School of Business）以及美国营销协会（American Marketing Association）联合进行的首席营销官调查（CMO Survey）显示，营销预算中花在社交媒体的比例在未来五年将会接近目前的两倍（目前是 9.8%）。

与上一版相比，本版还有其他一些大的调整，可能最大之处在于对消费者隐私和数据保护日益增长的关注。剑桥分析公司（Cambridge Analytica）未经同意收集上千万条脸书用户的个人信息，这一事件的披露使美国站在了一个转折点。本书第 1 章开篇就介绍了这一事件及其余波。

第 16 版另一个重要的变化是将每章中的伦理部分扩展至一个更大的范围，更广泛地关注伦理、多样性与包容性。广告已经在层级和信息多样化方面取得进展，这在某种程度上是因为美国市场形态和工作空间比以往任何时候都更加多元化。即便如此，广告行业在伦理方面仍然有许多功课要做。作为本课程的一个重要内容，我希望通过对多元社会的深度聚焦来强化对于包容性的重视和实践。

数字革命依然在不断地融合包括有线电视网、报纸和杂志、电影和电视制作、广播网络和广告在内的不同行业。有线电视曾经是早期的主要革新者，但目前其用户量在下降。而一些付费视频网站，如 Hulu 和奈飞（Netflix），成为消费者观看“电视”的标准方式。这些流媒体公司采用无广告模式，给那些长期以来依赖网络和有线电视影响力和到达率的营销者提出了全新的挑战。

印刷品、音频和视频等传统媒体是数字革命的“受害者”。本书曾设置了单独的一章介绍传统媒体几十年来的制作技术，这种关注在整合营销传播图书中是独特的。然而，数字制作方式已经使得传统制作技术大幅减少甚至被取代。因此，本书从第 15 版开始，就砍掉了原第 12 章“印刷、电子及数字媒介制作”。制作技术的相关信息现在分布于各章之中。由于这一调整，本书重新回到 18 章的布局。在社交媒体一章引入之前，本书也是 18 章。

读者对象

我们这些讲授广告与整合营销传播课程的教师深知学生们对这门课很着迷。我们所教的学生中多数从来就不知道没有点赞、推文、发帖、图片滤镜和内容故事的世界是怎样的。他们不仅仅是消费者，也是创造者。毫不夸张地说，这一代人比之前任何世代都更精通如何运用各类媒体，在创造媒体内容方面也更活跃。

这使得现在对整合营销传播和广告的学习比以往任何时候都重要。无论主修什么专业，学习整合营销传播都将使学生掌握一种他们今天以及未来会用到的工具。它教会他们：用战略的眼光来思考和计划；收集和分析数据；计算并评估各种行动方案；在发展创造性解决方案的过程中与他人合作；分析具有竞争性的各种提案；理解他人的行为方式与动机；清晰简明地表达自己的观点；与他人一起捍卫自己的观点；欣赏和评价不同创意作品；运用强大的创意，结合知识、自信和信念来表达。

此外，广告和整合营销传播专业的学生还可以获得几个具体的好处。整合营销传播的学习能够帮助学生：

- 欣赏受众的多样性，并在传播活动之前重视倾听和理解的价值。
- 理解广告的经济、社会和文化作用，以及反过来，理解社会价值观对广告的重要影响。
- 认识广告是如何支撑新闻和娱乐业，以及广告与整个传媒行业的关系。
- 理解整合营销传播对商业、工业以及全球经济的影响。
- 领会更宏大的商业和营销背景中整合营销传播的战略性功能。
- 评估进而应用整合营销传播所要求的独特的艺术创造力和专业技术能力。
- 发现广告业及相关领域的从业人员在做什么、怎么做，以及目前这些领域能提供哪些就业机会。

学生导向

本书的使命一直是呈现广告的真实运作。在第 16 版，我们不改初衷。我们坚信广告和整合营销传播应该以一种明白易懂、轻松活泼的方式传授给接受高等教育的学生们。

荣获大奖的装帧设计

设计思维被世界各地的公司所接受，因为设计影响着人们生活、工作和交往的方方面面。对于一本专门讲授如何制作说服和告知信息的图书来说，精美的装帧设计除了有助于教学，还令人振奋。本书色彩丰富、引人入胜、贴近学生，有助于学习。全书各章均设置了学习目标，正文中使用黑体字突出重要术语，所有这些细节都使得本书尽可能便于读者阅读。

各章开篇故事

为了引起并保持学生的兴趣，每章都以一个故事开头。在本版中，很多故事都做了更新。整章内容尽可能与开篇故事联系起来，以展示书中的概念在现实世界中是如何应用的。例如，第 1 章整章都在检视隐私关注是如何让数字媒体公司感到不安，并导致隐私法律的巨大变化的。在第 4 章中，麦当劳广告的故事包含了大量从全球到单个国家的案例。第 9 章研究了一个关注艾滋病病毒携带者群体生活状态的组织的真实的媒介策划。在第 15 章中，我们关注一个热门游戏《堡垒之夜》是如何通过一种新的、吸引人的方式将人们与品牌连接起来。

丰富的图片

最好的教学方法是呈现优秀范例。因此，本书每一章都配有近期获奖的、得到业界好评的印刷广告、电视广告和广告战役的彩色图片。《当代广告学与整合营销传播（第 16 版）》是目前市面上可见到的相关领域中图片最多的图书之一，所有主流媒体——印刷、电子、数字、社交以及户外——均在书中出现并占据相应的篇幅。作者精心挑选每一个案例和每一张图片，要求它们本身具备很高的品质，同时又贴合学生的生活。本版中近一半的广告图片都是新挑选的。

此外，我们还从企业对企业的广告以及企业对消费者的广告战役中挑选出一些地方性广告、全国性广告和国际广告。图片说明详细讲述了许多广告背后的故事，并解释了广告如何展示正文中讨论的概念。

本版运用了大量的模型、图片和表格等对书中的论述进行讲解。其中一些涉及广告概念和广告行业的有用信息，另一些则向读者展示了客户管理、调查、客户策划、媒介策划和创意思维过程。

全彩色广告作品集

除了单个的印刷广告以及电视广告的真实画面，本书还有一个展示杰出创意的广告作品集专栏，呈现了出色的杂志广告、数字广告、企业广告，以及创意组合的战略性应用等。作品集中的文字说明将广告与相关章节话题紧密联系起来。

广告实验室

积极参与有助于强化学习效果。因此，广告实验室专栏在几乎每一章都扮演着重要角色。这些关于广告世界的独特专栏将学生引导至当下的热点，通过提出问题引起批判性思考的方式让他们进入谈论的话题。广告实验室涉及丰富的话题，比如政府管理、自下而上的营销、创意、颜色的心理冲击、互联网广告、绿色广告、销售促进以及直接反应广告。

伦理、多样性与包容性

正如前文所言，第 16 版对每一章的伦理部分都加以扩充，以增加对多样性与包容性的关注。每一章都引入一个当下的热门议题——聚焦今天营销人员面临的最关键的社会问题。如让行业更多元化（第 1 章）、纽约证券交易所上市公司的第一位女性首席执行官的故事（第 2 章）、美国广告代理商协会如何领导成员营造安全且有协作性的工作环境（第 4 章）、少数族裔市场研究专业人员协会如何帮助提升研究样本群体的多样性（第 7 章）等。

IMC 实战模拟

有的教师会利用长达一学期的项目使学生获得实践体验，我们为此提供一些有价值的资源。在每一章中，学生们都会收到关于如何开展一场真正的广告战役的实用建议，最后是一些关于制作策划书和为客户做演示的技巧。

IMC 实战模拟专栏是为将持续一整个学期的项目提供的逐章指南。我们从与许多教师的对话中获悉，持续整个学期的项目作业是广告和整合营销传播课程的一个主要部分。这项作业有助于学生获得营销传播实践的第一手经验。我们赞赏那些为学生们提供这种机会而付出努力的教师，也为我们提供这种逐章的项目指南感到自豪。

IMC 实战模拟专栏作为本书的特色，为学生开发他们的项目提供实用性的建议。从开发创意策略的框架、媒介策划和形势分析，到实用性的提示，如使用协作软件的提示、进行演示的提示和团队合作的提示，包罗万象。我们相信，那些在课程中包含实践教学的教师们会发现这一新特色在促进学生对真实广告世界的体验方面大有裨益。

广告背后的人物

在成千上万我们所看到或听到的广告背后站着一些真实的人——文案人员、设计师、主管和媒体专家等。总之，整合营销传播产业不仅仅是概念、过程和活动的集合，它更是一个“人”的产业，其中聚集了这个世界上最聪明、最有创意并且最有趣的一群人。学生们将在本书里遇到其中一些很特别的人，本书独此一家提供了他们的洞见。广告背后的人物专栏介绍了当代从业者，有些早已是行业传奇（如博古斯基、斯蒂尔），有些是久经不衰的榜样（如伯恩巴克、盖洛普、拉斯克尔），还有一些则是每天在改变行业的新领导者。本版中新增迪士尼广告销售营销经理达亚娜·法尔肯以及 PowerPhyl Media Solutions 公司战略与策划总监特里亚·辛古安可的励志故事。

学习辅助材料

每一章后面均附有供复习和讨论的问题。这些辅助材料有助于学生复习各个章节并消化所学的内容。本书所涉及的关键概念和术语均以黑体字的形式出现，并在首次提及时给予定义。书末附有完整的术语表。

广告体验练习

《当代广告学与整合营销传播（第 16 版）》以广告公司操作的思路来撰写，每章均设计了广告体验练习，将学生置于广告主的位置，帮助他们了解真实世界的广告是如何运作的。无论是作为课外任务还是课堂讨论的起点，广告体验练习使得学生能够有效应用每一章所学的知识。

许多练习要求学生上网，并对与章节主题相关的问题进行研究。

本版继续将整合营销传播放在核心位置。无论是业界还是学界，对将广告置于整合营销传播的框架下思考已经达成共识。相较于信息创造者，对信息接收者的关注提升了营销传播实践的水平。广告仍然是本书重要的部分，但我们给其他促销元素更多的篇幅。在术语使用方面，当我们所说的实践主要是广告公司那些事的时候我们更多用“广告”，当涉及更宽泛或更整合的资讯平台时，我们使用“整合营销传播”一词。

对教师而言：第 16 版已经彻底修订

我们一直坚持的目标是澄清广告学中常常含混不清的描述对象。我们的方法是使学生尽可能多地与广告实务体验发生切身的联系，同时让他们清楚地了解广告在市场营销管理与人类传播过程中所承担的动态角色和功能。为了达到这个目的，第 16 版对书中的内容进行了大幅度的修改和完善。

最新和简明扼要

对于每一个新版本，我们首先要做的，就是更新所有的统计数据和图表，相关的学术和行业文献。我们引用了重要的新研究，议题范围覆盖广告和促销对建立品牌的影响、关系营销、整合营销传播和互联网广告。在一些合适的地方，我们重新设计了积木式的模型，以便学生们理解人类传播、消费者行为、营销调查和整合营销传播所涉及的复杂过程。

在本版中，我们为各章引入一个新的、更简洁的组织架构。第 1 篇包括第 1 ～ 4 章，标题为“何为广告和整合营销传播”，主要介绍广告实务以及广告在美国和全世界所扮演的角色。第 2 篇“策划广告战役”包括第 5 ～ 10 章，介绍了关于调查以及开发市场战略、媒介战略和创意策略的具体内容。第 3 篇“执行和评估广告战役”解释一个战役的战略决策是如何通过文案和美术的创作，以及对包括主要媒体选择在内的整合营销传播平台的决策来实现的。这一部分包括第 11 ～ 18 章。后记“重新定位品牌”中详细讲述了万事达卡的“无价”广告战役。近 30 年来，“无价”广告战役充分体现了这一创意的伟大。选择这个战役，是希望展示出成功的整合营销传播意味着选择正确的创意并随时间变化不断调整。现在，在做出选择之后的许多年，该广告战役依然在不断强化这个观念。

跟以往一样，我们很谨慎地控制文本材料的篇幅。插图、图表、边栏信息以及所有的设计都旨在使文本开放、顺畅、醒目，同时更加清晰——这是本书的特征。

与其他综合性课程的教材相比，《当代广告学与整合营销传播》是相关领域最精简的教材之一。第 16 版虽然加入了很多新的话题和概念，但并没有以增加篇幅为代价。

新鲜的、当代的、相关的案例

我们给本版增加了很多新的、真实发生的案例，能够入选是因为它们刚发生不久且与学生生活息息相关。同样，许多章的开篇故事也更新了，如玛氏、亚马逊、《堡垒之夜》以及科罗娜的广告故事。还有一些故事描述了营销和传播失败的案例，如兰斯·阿姆斯特朗的惨败。所有的彩色广告作品都已经更新、扩充或者用更近发生的案例来替换，所有广告实验室以及伦理、多样性与包容性专栏的内容也都更新和编辑过，以更贴合当下，也更准确。

贯穿始终的全球取向

基于商业的日益全球化，我们在本书第 4 章就引入全球广告的主题。所有国际数据都得到了更新，以反映广告在亚洲、欧洲以及拉丁美洲等的新兴经济体和市场中日益增加的重要性。

案例研究：后记

为了让学生能够理解书中的原理在现实世界中如何共同起作用，我们在第 18 章之后紧接着安排了一个更新的后记，描述了麦肯为万事达卡创作的取得极大成功的“无价”广告战役背后的完整故事。非常感谢麦肯和万事达卡授权我们分享这一引人入胜的广告战役的细节，也感谢它们在我们创作后记过程中提供的大量帮助。

覆盖地方性广告和企业对企业广告

本书使用了许多例子、案例、广告实验室和广告素材，讲述了大大小小的企业对消费者（B2C）类型的广告主以及企业对企业（B2B）类型的广告主的需要。而且，本书是少数几本会充分关注小型零售商广告主需要的图书之一，书中探讨了地方性广告主如何开展它们的整合营销传播。

本版修订重点

本版每一章都做了完全的更新，以反映当下新的趋势、事实以及可获得的统计数据。我们同时对插图进行大幅更新，以保证它们的新颖性。跟以前的版本一样，许多插图在它们相应的章节内以及章节结束的复习题中被引用。

本书的使用

《当代广告学与整合营销传播（第 16 版）》是为人文艺术、新闻学、大众传播学以及商学院本科生而写。然而，由于其实践、实操的方式，覆盖的深度以及对营销管理的强调，它也被私立学校、大学进修课程以及广告管理课程广泛使用。本书收录了大量的获奖广告，因而成为艺术和图形设计课程的学生以及该领域的专业人士的佳作指南。

本书中的许多故事、材料和技术均来自作者在营销传播以及高等教育中的个人经验。其他故事则来自商业领域的朋友和同事的经历。我们相信这本书会成为一本有价值的指南，不仅是在广告学习中，而且在其后的实践中。我们始终希望读者能够体会到这种感觉以及广告世界的人性——无论读者是打算成为该领域的专业人士、与从业人员打交道，还是只是想成为一个经验丰富的消费者。

对于每一个新版本来说，我们的目标都是打造一本更好的书。我们觉得教师和学生将会赞同我们在书中做的很多修改。我们很想听到你们的意见——喜欢什么内容，不喜欢什么内容，将来我们应当加入什么内容。请发邮件给我，我的电子邮箱是 mweigold@gmail.com。

致谢

我们感谢所有“广告背后的人物”专栏中的主角。我要特别感谢达亚娜·法尔肯、亚历克斯·博古斯基、特里亚·辛古安可、克里夫·马克斯、萨曼莎·阿维维、约翰·波西、乔恩·斯蒂尔、乔·苏比，他们花费了大量时间和精力分享关于广告和营销职业的想法。

非常感谢由以下学者组成的出色团队，他们审阅了本书，使之有了显著的质量提升。

- Susan Westcott Alessandri, Suffolk University
- Sheila Baiers, Kalamazoo Valley Community College

- Steven W. Rayburn, Texas State University
- Lisa M. Sciulli, Indiana University of Pennsylvania
- Amanda Stoecklein, State Fair Community College
- Corliss Thornton, Georgia State University
- Gary B. Wilcox, University of Texas at Austin

本版还受益于麦格劳－希尔的一些优秀员工，他们的能力和努力都有助于本书的提升。Kelly I. Pekelder 和 Anne Leung 是产品开发人员，她们总是试图让产品更好。与她们共事是一件愉快的事。本书很大程度上受益于她们的技巧。我也非常感谢我们的广告作品经理 Meredith Fossel、营销经理 Nicole Young 和我们的高级项目经理 Kathryn Wright 以及 Keri Johnson。我还要向我们出色的图像研究人员 Ann Marie Jannette 致谢。

我很感激我在佛罗里达大学广告系的系主任 Tom Kelleher 以及优秀的同事们，感谢他们的支持和鼓励，也感谢他们让佛罗里达大学变成一个特别好的工作场所。加油！

威廉·阿伦斯创作了这本特别的著作，将他的遗产发扬光大是我的荣幸。他的儿子 Chris 和我合作过几个版本，Chris 热情的个性和专业的洞察继续为本书增光添彩。Jordan Alpert 将他的天赋和经验带入媒体策划章节，确保了这一重要议题继续被整合营销传播的学生们认可。

最后，我要感谢 Debbie Treise 的支持、鼓励与爱！

迈克尔·维戈尔德

目　录

第 1 篇　何为广告和整合营销传播

第 1 章　广告和整合营销传播　/　002

1.1　什么是广告　/　007
1.2　传播：什么使得广告与众不同　/　009
1.3　IMC 和关系营销　/　013
1.4　市场营销：确定要使用的 IMC 讯息类型　/　020

IMC 实战模拟　概　览 / 005
广告实验室　广告文体 / 012
伦理、多样性与包容性　广告专业学生项目 / 022
广告背后的人物　阿尔伯特·拉斯克尔和克劳德·霍普金斯 / 029
广告作品集 / 026

第 2 章　概览：广告的功能及其演变　/　035

2.1　广告的功能　/　037
2.2　广告的演变　/　039
2.3　广告如何将产品变成品牌　/　055
2.4　广告对社会和道德的更广泛影响　/　058

IMC 实战模拟　小组作业的工具 / 051
广告实验室　谁能消灭害虫？ / 054
伦理、多样性与包容性　玛丽·威尔斯·劳伦斯 / 046
广告背后的人物　威廉·伯恩巴克 / 060
广告作品集　现代广告的历史 / 041

第 3 章　概览：经济、伦理和监管　/　064

3.1　有关广告的诸多争议　/　066
3.2　经济学：广告如何在市场中发挥作用　/　067
3.3　广告的社会影响　/　073
3.4　社会责任和广告伦理　/　080
3.5　政府对国际广告主的限制　/　083
3.6　当前影响美国广告主的监管问题　/　085

IMC 实战模拟　你的任务 / 082
广告实验室　广告中的不公平和欺骗性做法 / 076
广告中良好法律顾问的重要性 / 084
报道文章还是广告？ / 099
广告背后的人物　爱德华·博伊德 / 101

3.7 北美政府对广告的监管 / 089
3.8 非政府监管 / 095
3.9 广告的伦理和法律透视 / 103

第 4 章 广告范围：从地方到全球 / 109

4.1 广告业 / 111
4.2 广告主（广告客户） / 111
4.3 广告公司 / 125
4.4 广告公司与客户的关系 / 137
4.5 广告供应商 / 140
4.6 广告媒体 / 144

IMC 实战模拟 理解你的客户 / 113
创作地方性广告 / 117
广告公司评估 / 139
如何成为更好的客户 / 141
广告实验室 联 姻 / 118
广告公司的业务有多大？ / 127
伦理、多样性与包容性 开明工作场所认证计划 / 136
广告背后的人物 玛拉·卡普洛维茨 / 147

第 2 篇 策划广告战役

第 5 章 营销和消费者行为：整合营销传播基础 / 156

5.1 营销：通过创造效用来创造满意的交换 / 158
5.2 营销过程的主要参与者 / 160
5.3 消费者行为：整合营销传播战略的关键 / 163
5.4 消费者行为的心理过程 / 164
5.5 人际因素对消费者行为的影响 / 176
5.6 非人际因素对消费者行为的影响 / 181
5.7 购买决策和购买后评价 / 182

IMC 实战模拟 理解消费者在产品中寻求什么 / 175
广告实验室 选择的背景：产品的感知价值如何随比较对象而变化 / 167
消费者行为原则在广告制作中的应用 / 183
伦理、多样性与包容性 使广告行业看起来更美国 / 179
广告背后的人物 乔恩·斯蒂尔 / 184

第 6 章 市场细分与营销组合：广告战役战略的决定性因素 / 190

6.1 市场细分 / 191
6.2 目标市场营销流程 / 206
6.3 IMC 与产品要素 / 209
6.4 IMC 与价格要素 / 217
6.5 IMC 与分销（渠道）要素 / 218

IMC 实战模拟 细分受众 / 208
广告实验室 市场细分 / 202
理解产品元素：亚马逊 / 208
星巴克与渠道要素 / 219
伦理、多样性与包容性 最年轻的目标市场 / 201
广告背后的人物 特雷·苏比和乔·苏比 / 224

6.6 IMC 和传播（促销）要素 / 222
6.7 营销组合透视 / 225

第 7 章 调查：为整合营销传播计划收集信息 / 231

7.1 调查在营销与 IMC 中的必要性 / 232
7.2 在 IMC 决策中运用调查 / 235
7.3 调查过程的步骤 / 240
7.4 理解定性和定量调查方法 / 245
7.5 广告战役前后的信息测试 / 248
7.6 IMC 调查中的重要问题 / 253

IMC 实战模拟 调 查 / 244
事前测试方法 / 249
事后测试方法 / 250
制作一份有效的问卷 / 256
伦理、多样性与包容性 营销调查人员的多样性 / 251
广告背后的人物 乔治·盖洛普 / 258

第 8 章 市场营销和整合营销传播计划 / 263

8.1 战略规划：营销计划 / 265
8.2 战术规划：小企业的自下而上的营销 / 272
8.3 营销和活动规划的 IMC 方法 / 273
8.4 IMC 计划 / 277
8.5 IMC 预算编制方法 / 287

IMC 实战模拟 开展情境分析 / 267
制定 IMC 目标 / 280
制定 IMC 预算的方法 / 290
广告实验室 营销战的战略 / 270
广告对销售的经济效应 / 288
伦理、多样性与包容性 潜意识说服 / 276
广告背后的人物 萨曼莎·阿维维 / 292
广告作品集 创意组合的战略性应用 / 285

第 9 章 媒介战略策划：传播讯息 / 298

9.1 媒介策划：科学与创意在广告中的整合 / 299
9.2 定义媒介目标 / 312
9.3 制定媒介战略：媒介组合 / 318
9.4 媒介战术：媒介载体的选择与排期 / 326

IMC 实战模拟 制定媒介目标和战略 / 325
广告实验室 购买本地传统媒介的广告 / 303
媒介选择：优势快速列表 / 326
伦理、多样性与包容性 媒介策划的多元化与包容性 / 310
广告背后的人物 特里亚·辛古安可 / 333

第 10 章 创意策略和创意过程 / 338

10.1 什么造就了好创意 / 340
10.2 开发和实施创意策略 / 342
10.3 创意如何加强整合营销传播？ / 345
10.4 创意过程 / 350

IMC 实战模拟 创意简报 / 355
广告实验室 色彩的心理影响 / 347
创意体育馆 / 363
伦理、多样性与包容性 广告中使用性诉求是否道德 / 359
广告背后的人物 蒂姆·皮佩 / 368
广告作品集 《广告时代》提名的创意总监心目中的“最好的广告” / 364

第3篇 执行和评估广告战役

第11章 创意执行：美术与文案 / 374

11.1 设计印刷版式 / 377
11.2 撰写出色的印刷广告文案 / 386
11.3 撰写出色的广播和电视广告文案 / 396
11.4 为广播和电视广告开发有效的创意 / 398
11.5 高效地撰写数字媒体广告文案 / 404
11.6 为国际市场创造广告 / 406

IMC 实战模拟 给创意人的产品信息清单 / 376
创造绝妙的标题和文案 / 381
设计原则 / 383
撰写有效的文案 / 394
创作有效的广播广告 / 397
创作有效的电视广告 / 398
广告实验室 美工的角色 / 378
字体的特点 / 384
通过广播来销售的创意方法 / 400
伦理、多样性与包容性 同理心：理解广告可以伤害人也可以治愈人 / 391
广告背后的人物 亚历克斯·博古斯基 / 407
广告作品集 美术总监的版式风格指南 / 387

第12章 印刷媒体广告 / 414

12.1 印刷媒体采购员的职能 / 415
12.2 在创意组合中使用杂志 / 416
12.3 购买杂志版面 / 425
12.4 有创意地使用报纸广告 / 428
12.5 购买报纸版面 / 434
12.6 制作印刷广告 / 438

IMC 实战模拟 杂志广告的优缺点 / 417
报纸广告的优缺点 / 432
策划和评估印刷媒体 / 441
广告实验室 杂志及创意组合 / 418
原生广告 / 420
报纸和创意组合 / 433
伦理、多样性与包容性 抽奖的风险是什么？ / 436
广告背后的人物 南希·伯格·卡尔多内 / 429
广告作品集 杰出的杂志广告 / 421

第13章 电子媒体的运用：电视与广播 / 446

13.1 广播电视、有线电视和流媒体视频 / 447
13.2 购买电视广告时间 / 465
13.3 广 播 / 468
13.4 广播时间的购买 / 472
13.5 音频和视频广告制作过程 / 477

IMC 实战模拟 策划并购买电视和广播广告 / 450
广播电视广告的优缺点 / 453
有线电视广告的优缺点 / 457
广播广告的优缺点 / 472
广告实验室 那些臭名昭著的电视收视率从何而来 / 463
“你出局了”上电视 / 466
测量听众的挑战 / 474
伦理、多样性与包容性 儿童应该成为一个目标受众群体吗？ / 460
广告背后的人物 菲利克斯·阿尔维德·乌尔夫·谢尔贝格 / 476

第14章 数字互动媒体的运用 / 487

14.1 数字互动媒体 / 488
14.2 作为媒介的数字互动 / 490
14.3 测量数字受众 / 495
14.4 互联网时间与版面的购买 / 500
14.5 其他互动媒体 / 514

IMC 实战模拟 使用互动媒体 / 514
广告实验室 互联网视听率：对标准的呼唤 / 497
伦理、多样性与包容性 谁在观察你？ / 504
广告背后的人物 布莱恩·格林 / 516
广告作品集 数字广告 / 507

第 15 章 社交媒体 / 521

15.1 什么是社交媒体？它有何不同？ / 522
15.2 社交媒体和影响者营销的兴起 / 524
15.3 管理社交媒体 / 530
15.4 建立社交权威 / 531
15.5 社交媒体的应用 / 534

IMC 实战模拟 使用社交媒体 / 535
伦理、多样性与包容性 社交媒体中的儿童和受害者 / 528
广告背后的人物 马克·扎克伯格 / 537

第 16 章 户外媒体、展示性媒体和辅助性媒体的使用 / 543

16.1 户外媒体 / 544
16.2 户外广告 / 545
16.3 展示性媒体 / 558
16.4 辅助性媒体 / 564

IMC 实战模拟 使用户外媒体、展示性媒体和辅助性媒体 / 559
广告实验室 如何在户外广告中使用颜色和字体 / 549
伦理、多样性与包容性 溢出效应是否需要清理 / 556
广告背后的人物 克里夫·马克斯 / 565
广告作品集 户外广告 / 552

第 17 章 建立关系：直复营销、人员推销和销售促进 / 572

17.1 理解直复营销 / 573
17.2 理解人员推销 / 586
17.3 理解销售促进 / 590

IMC 实战模拟 制订计划书 / 581
广告实验室 开发有效的直邮包 / 585
推拉促销策略应用 / 595
伦理、多样性与包容性 对老年人的不符合伦理的营销 / 578
广告背后的人物 达亚娜·法尔肯 / 597

第 18 章 建立关系：公共关系、赞助和企业广告 / 604

18.1 公共关系：整合营销传播及其他 / 606
18.2 公关工作 / 610
18.3 赞助和事件 / 618
18.4 企业广告 / 625

IMC 实战模拟 企业博客 / 616
向客户演示 / 617
广告实验室 绿色广告 / 614
大卫·奥格威谈企业广告 / 626
伦理、多样性与包容性 公共关系——直面社交媒体与网络 / 607
广告背后的人物 比尔·今田 / 630
广告作品集 企业广告 / 627

后记 重新定位品牌：万事达卡的“无价”广告战役 / 637

附录 A 营销计划大纲 / 650

附录 B 广告计划大纲 / 658

术语表 / 663

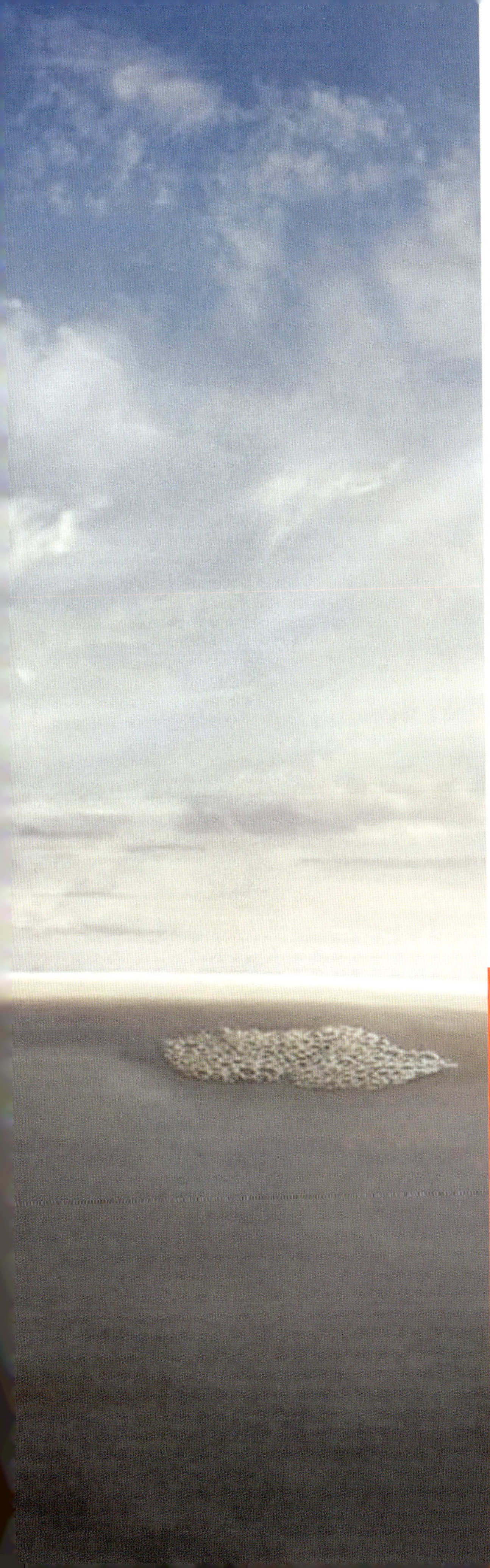

PART 1

第 1 篇

何为广告和整合营销传播

第 1 章　广告和整合营销传播

第 2 章　概览：广告的功能及其演变

第 3 章　概览：经济、伦理和监管

第 4 章　广告范围：从地方到全球

第 1 章

广告和整合营销传播

学习目标

本章将带来许多重要主题和概念，包括广告、整合营销传播、市场营销和关系营销。本书将广告表述为一种特殊的传播形式，论述广告在公司营销战略中发挥的巨大价值。

学习本章后，你将能够：

1. 定义整合营销传播。
2. 理清广告是什么，将广告与其他营销传播区分开来。
3. 描绘人类传播过程，并且将其与广告传播进行比较。
4. 提出公司为什么需要与顾客建立关系，展示整合营销传播如何能够帮助它们发展这些关系。
5. 定义市场营销和识别营销战略的四项基本要素。
6. 说明整合营销传播在营销战略中的角色。
7. 识别促销项目下的重要类别：营销战略的传播要素。

历史上，广告对于公司的价值在于帮助消费者发现和认识各种品牌。今天广告仍然扮演着这个角色；但近 20 年来最大的改变是，广告业开始帮助品牌了解消费者。这项变化已经使得几十亿美元的营销费用从传统媒体（如报纸）转向了数字媒体，特别是谷歌和脸书。通过数字巨头做广告的公司很容易就能发现关于潜在顾客和现有顾客的大量信息。反过来，熟练地使用数据分析让广告更精准、更可信、更有力。然而，顾客并非总是乐于让广告主那么详细地了解他们。按照《福布斯》等出版物的撰稿人伯纳德·马尔（Bernard Marr）的说法，你会惊讶地发现，几乎所有公司都能从你身上发现点什么。[1]

1. 你的搜索历史（谷歌或其他搜索引擎）和浏览历史（你的互联网服务供应商，即使你使用了“匿名用户”模式）。

2. 你的年龄和性别（谷歌）。

3. 你社交关系的质量（脸书，基于算法分析你发布的内容）。

4. 你的旅行经历（从你的手机上），你移动的速度，家庭住址与工作地址。

5. 你的宠物住在哪里（当你用手机拍摄照片上传至 Instagram 时，就可以从这些照片的地理位置数据中获取信息）。

6. 你的购买记录（信用卡发卡机构，他们分享这些信息用来决定你的信用评分）。

7. 你最喜爱的超市食物（基于折扣券和顾客忠诚计划）。

8. 你是否怀孕，即使你还没有告诉任何人（塔吉特）。[2]

9. 你看过的视频（YouTube，由谷歌拥有）。

10. 所有你曾经向 Siri、Cortana 或 Alexa（它们分别是苹果、微软、亚马逊的智能语音助手）问过的问题。

11. 你的小妹妹对芭比娃娃（美泰公司，“你好芭比”（Hello Barbie）娃娃）说过的话。[3]

12. 你是否有可能犯罪，或者成为罪案受害者（芝加哥警察局和其他使用基于计算机的“热力图排行”技术的机构）。[4]

13. 你在何时何地开车（你的汽车保险公司如果是前进保险（Progressive），你使用 Snapshot 就可能获得更低费率），以及你是否闯红灯或者闯过停止标牌，即使那时根本没人在旁边（本地的市政局通过摄像头拍摄你的汽车）。

14. 你的宗教信仰，你有多聪明、快乐，情绪是否稳定，你的政治倾向和性取向，以及你的酒精和毒品使用情况（脸书能分析你的“喜好”）。[5]

这个列表只是冰山一角。但也已经十分明显了，谷歌可以追踪你的电子邮件（如果你使用 Gmail）、你的搜索、你的目的地（谷歌地图）、你的约会（谷歌日历），你是否意识到谷歌在预测你何时会死亡上也能表现不错。在预测住院治疗病人的死亡上，谷歌的准确率接近 95%。[6] 令人不安吗？很多人都会这样。所以这并不令人感到惊讶，21 世纪开始有两项最大的整合营销传播事件都触碰了与消费者隐私相关的话题。第一项是欧盟通过了名为《通用数据保护条例》（General Data Protection Regulation，GDPR）。这项法律在 2018 年夏季生效，虽然是欧盟的立法，但是它的影响力已经无形作用到每一家大型互联网公司。该法旨在让消费者能很容易地发现公司掌握了他们的信息，并且要求在收集这些信息的初始阶段就应征得消费者同意。大型互联网公司快速回应了这些变化。谷歌不再分析电子邮件来提供特定广告，脸书也宣布它将创建一个数据面板给用户以管理好他们分享的信息。其他公司，包括广告服务商 Drawbridge，宣告它将不会在欧盟区域继续进行业务活动。[7] 另一项重大事件是脸书不当分享数据给一家名为剑桥分析（Cambridge Analytica）的政治咨询公司，大约 8 700 万用户数据被分享给剑桥分析。首席执行官马克·扎克伯格（Mark Zuckerberg）很快发现他要就此次特别事件以及公司的隐私条款在美国国会听证会上接受质询。之后，脸书立即采取措施，包括拒绝向第三方应用程序提供一些信息、限制特定数据保留在网站上的时间，以及让用户能够更容易地查看到他们有哪些信息被共享。[8] 或许最有争议的举措在于脸书开始对用户采用声誉评分系统，从 0 到 1 分。声誉差的用户不可避免地发现他们的内容几乎不能被分享发布。这产生了什么问题？用户不能看见脸书给他们的评分。[9] 这些事件对于在线隐私意味着什么？目前不是很清楚。可能代表了一个消费者主义新时代，在线隐私将变得更重要。或者，可能这只是在越来越容易获取所有人信息的道路上的小小起伏。有一件事是确定的，大型互联网公司保存的大量数据是其商业模式的核心。因此谷歌和脸书必将努力安抚消费者和美国国会，它们几乎没有动机删除已掌握的消费者的情况，更不会停止了解更多。

1 定义整合营销传播

环顾四周，如果你的电视或收音机开着，如果你整理了邮件，或者你查看了 Instagram，那么很可能你刚刚看到了一个品牌。事实上，你今天可能已经接触到了很多品牌讯息。

品牌讯息似乎无处不在，因为营销者耗费大量金钱试图接触你。每年，花费在每一名美国人身上的广告费达数百美元。可能你认为花费在接触你上的钱很大程度上被浪费了。上一次你仅是因为看到广告而购买商品是什么时候？回答这个问题可能很难，因为许多事情都在影响你的购买决策，而且你未必总能意识到它们。

品牌讯息如何起作用，或者更广义地，**营销传播**（marketing communication）如何起作用，下面这个关于普通人的故事可予以说明，同时引入一些重要概念。这个故事讲述了一名女性看到广告并最终购买了产品。就像你所读到的，想一想所有影响她决策的因素。另外，请试着识别哪些影响因素符合你所定义的广告，哪些影响因素不符合。

莎伦是一名大学生，她觉得该买些衣服了。通常她会去商场，但是脸书上一条宣布一家服饰店盛大开业的广告引起了她的注意。这条广告配上了和莎伦年龄相仿的女孩穿着好看的夹克、毛衣和牛仔裤的照片。连接图片并贯穿公司标识的是两条明亮的绿色细线。这家服饰店叫“绿色线程”(Green Threads)。

广告称，绿色线程的服装是 100% 由天然材料制成的，所有产品都是车间友好（workshop free）的。莎伦并不十分清楚这是什么意思，但是她想起了曾经读过的一篇文章，这篇文章讲述了她最喜欢的某个商场大品牌工厂环境恶劣，她因此决定再也不买那个牌子的东西了。

莎伦骑上自行车赶去广告上的商店，刚抵达她就注意到在吸引人的自然照明的入口附近有一个坚固的自行车停放架。她认为这想得很周到（很多零售商只迎合司机的需求，让她很不舒服）。在商店里，她注意到了深色的衣服和她喜爱的天然织物。莎伦选了一条牛仔裤和一件漂亮的毛衣，并考虑是否该把它们买下来。

衣服价格比商场同类竞争品至少高出了 20%。莎伦询问店员商店是否有打折活动，店员微笑地摇头说没有。他解释说，为了减少过剩的库存，绿色线程将未售出的衣服捐赠给当地的慈善机构。察觉到莎伦对价格的顾虑，店员递给她一本名为《我们的哲学》的小册子，鼓励她更多地了解该公司的商业实践。他承认绿色线程的衣服不是最便宜的，但店内所有的商品都采用天然材料。制衣的棉花是有机种植的，所有羊毛供应商都秉持人道地对待动物的原则。

莎伦有点不确定该怎么办。她对绿色线程的企业哲学印象深刻，并且她喜爱这些衣服，但是她也不想花额外的费用。在反复考虑之后，她最终决定买下牛仔裤和毛衣。

过了几个月，莎伦认为她的选择正确。她在穿着绿色线程的毛衣时得到了朋友的夸奖，并且她相信穿绿色线程的衣服可以让他人看到她支持有社会责任感的公司。最终她为这家店发表了正面的在线评论，还很高兴看到其他的五星评论。她也看到一些评论并非那么正面，但大多是在抱怨较高的价格。

很快莎伦收到一封绿色线程寄来的告知新品到店的电子邮件。她也注意到绿色线程的展示广告在她的脸书上出现频次更多了。比起纸质目录，她更喜欢社交媒体上的帖子，认为这可以减少物料耗费，促进环保。一周之后，莎伦决定去看看到店的春季新衣物。

在莎伦初次接触广告到她购买之间发生了什么？在这个案例中，一条脸书广告让莎伦注意到绿色线程，并帮她理解这家店提供的产品和竞争者有何不同。这条广告引发了她的一系列行动并最终促成这次购买。但是这条广告并不是唯一的（甚至并不是最重要的）促使莎伦买单的原因。她对绿色线程的很多了解都来自其他来源，例如她对店面的观察和感觉、对衣服的初次印象、乐于助人的店员和公司宣传手册，甚至考虑周到的自行车停放架，都帮助莎伦形成对公司的积极印象。

莎伦的故事有助于说明本书的中心思想：公司不能孤立地创造广告或其他促销讯息。相反，它们应努力确保顾客对公司的每一次体验都在强化公司核心理念：这是一家怎样的公司？它的产品是怎样的？这些证据可以来自广告讯息，但是从更广义的视角来看，它来自消费者对该公司的每一份体验。当一家公司从战略上制定有关其产品或品牌的计划、协调和整合针对重要受众的信息时，它就是在实践**整合营销传播**（integrated marketing communications，IMC）。

IMC 实战模拟

概　览

欢迎来到 IMC 实战模拟，这是本书的一个特色专栏，IMC 实战模拟可在以下情形中为你提供帮助：

1. 老师要求你和班上其他人以个人或小组的形式策划部分或者整个营销战役。
2. 你开始实习，想要获得一些实践建议帮助你的公司做广告。
3. 你想把在本书中读到的概念和想法应用到实践中。

授课老师对待广告项目的方式各不相同。有些老师让学生为真实的产品做广告，即使学生从未真正接触过生产该产品的公司。有些老师会在一个真实的产品类别中设定一个虚构的品牌。有时老师已经确定了真实的客户，例如一家本地的小型商业组织或公司。有时你甚至需要自己在社区里通过询问来找到一个客户。最后，老师可能要求你帮助一家慈善机构或非营利组织来做广告。好消息是，在以上所有情形中开展广告战役也遵循类似的路径。IMC 实战模拟旨在帮助你做得更好。

让我们从一个定义开始。一项 IMC 战役包含了战略讯息的创造和设置。战略讯息由重点主题或核心讯息整合而成，旨在帮助推广品牌、产品、服务、组织或观念。所要瞄准的是一个被称为目标受众的群体，即对于广告主来说非常重要的个人或组织。IMC 战役有特定的目标，比如增加产品关注度、劝说人们来尝试一项服务，或吸引人们进行慈善捐赠。讯息出现在不同媒体上，例如脸书、广播或者户外广告牌。即使你没有参与过所有这些活动，你对这篇文章中介绍的概念的理解也会更加深刻和丰富，只要你有机会用到它们。

正如你已经读到的建议，一项有效的 IMC 战役需要大量的策划工作，用于引导开发广告讯息。因此，虽然你可能很想为客户制作广告，但你首先有很多工作要做。想想你最喜爱的正在播放的广告。它之所以成功，是因为制作它的人仔细考虑了需要重点触达的目标受众，设计了能够有效覆盖到受众的媒体，制定了对成功至关重要的目标。在一个规模更小和资源更少的广告中，你也会面对类似的挑战。IMC 实战模拟旨在帮助你完成这些探索。

在随后的章节，你将对品牌或客户有更深入的理解，学习打造关于市场营销和广告活动的计划，进行研究从而更好地了解你的目标受众，规划媒体战略，并且设计有效的广告。最终，你将了解如何实施评估项目来测试你的广告是否成功。到学期结束时，你可能不会成为顶级广告专家，但是你会在整合营销传播的艺术和科学方面有一些真正的经验。

IMC 实战模拟主题如下。当你开发自己的 IMC 战役时，你会发现它是有用的或者有必要跳过其中某些主题。

1. 概述。
2. 团队合作工具。
3. 你的任务。
4. 了解你的客户；创作地方性广告；广告机构审查；成为一名好客户的方法。
5. 了解消费者对产品的期待。
6. 细分目标受众。
7. 调查；预测试的方法；事后测试的方法；开发有效的问卷。
8. 开发情境分析；开发 IMC 目标；设置 IMC 预算的方法。
9. 制定媒体目标和战略。
10. 创意简报。
11. 用于创意的产品事实；创作优秀的标题；设计原则；写作有效的文案；创作有效的广播广告；创作有效的电视广告。
12. 制作广告。
13. 杂志广告的优缺点；报纸广告的优缺点；策划和评估印刷媒体。
14. 计划和购买电视和广播时段；电视广告的优缺点；有线电视广告的优缺点；广播广告的优缺点。
15. 使用互动媒体。
16. 使用社交媒体。
17. 使用户外媒体、展示性媒体和辅助性媒体。
18. 制作广告计划书。
19. 公司的博客；客户提案陈述。

IMC 是如何影响莎伦的购买决定的？回想一下她在购买绿色线程的衣服时因为它们很贵而产生的心理冲突。因为莎伦的预算有限，成本是她需要认真考虑的问题。但是莎伦那天了解的信息帮助她确信绿色线程是一家提供好衣服同时以承担社会责任的方式来制衣的企业。这种独特的属性组合帮助莎伦做出决定，即使需要支付更高的价格，绿色线程的衣服相比于商场售卖的其他衣服对她更有意义，更能使她产生购买的欲望。此前没有其他零售商为她同时提供过这两项重要的优点。绿色线程产品的独特性使莎伦形成了从商店购买的欲望，在仔细考虑了服装预算后采取行动购买了衣服。

公司为什么要实施 IMC？因为 IMC 帮助企业在创建品牌讯息时采用以消费者为中心，而不是以销售者为中心的视角。在当今的营销环境中，没有什么比理解消费者和与消费者有效地沟通更重要。公司运用 IMC 视角的另一个原因是消费者从多个来源了解品牌，而不仅仅是广告。聪明的企业会仔细考虑消费者体验它们品牌的所有方式。在一些案例中，广告可能在吸引和劝服消费者方面发挥关键作用；在其他案例中，广告可能仅起到较小的作用，甚至根本没有发挥作用。实践 IMC 的企业在所有可能的传播途径的场景中评估广告的战略重要性。

1.1　什么是广告

❷ 理清广告是什么，将广告与其他营销传播区分开来

现在你已经知道 IMC 是什么了，让我们聚焦 IMC 战役中的一个重要元素：广告。你所遇到的许多最生动和最令人难忘的 IMC 信息都是广告。但并非所有都是广告。品牌相关的信息可以通过多种形式出现——商业广告（commercials）、网站、短信，或者以电视中的产品植入、折扣券、促销信函、事件赞助、销售电话或电子邮件的形式出现。你可能将这些都归为“广告”，但是这类工具的正确术语是营销传播，广告只是营销传播的一种形式。

那么什么是广告？又如何将它从其他类型的营销信息中区分出来？

20 世纪初，阿尔伯特·拉斯克尔（Albert Lasker）——通常被认为是现代广告之父（请见下文广告背后的人物专栏）——将广告定义为“印刷形态的销售术，由一个原因驱动”。但那是在广播、电视或网络出现之前。[10] 商业世界及广告的意义和范围在拉斯克尔的时代是有限的。随着媒介技术的变化，广告的概念和实践也随之变化。

广告的形象有时反映了它在一个人的职业生涯中为其服务的功能。例如，新闻记者可能会将广告定义为传播、公共关系或劝服过程；商人将广告视作营销过程；经济学家和社会学家倾向于聚焦广告在经济、社会或伦理上的意义。有些消费者可能将其简单定义为令人讨厌的东西。有趣是的，正如学者杰夫·理查兹（Jef Richards）和凯瑟琳·柯伦（Catharine Curran）在一项旨在找到一致定义的研究中发现的那样，学者和行业专家对于如何定义广告有一些分歧。通过多轮小组研究，他们提出了以下最接近专家共识的定义。

> **广告**（advertising）是一种有偿的、有可识别来源的媒介化传播形式，旨在劝服接收者现在或者将来采取行动。[11]

让我们仔细看一下这个定义。第一，广告是一种传播形式，通常被定义为个体之间使用符号、标识或行为系统交换意义的过程。与其他形式的不同之处在于，广告是一种非常结构化的应用传播形式，运用了文本和非文本元素组合，覆盖由出资者决定

的特定空间和时间安排。

第二，广告针对人群，通常指受众（多个群体），而不是个体。这些人可以是**消费者**（consumer），购买产品，如汽车、手机或食物供他们个人使用；也可以是商人，购买一批卡车或数以千计的电脑用于商业和政府用途。

第三，广告的成本是由出资者支付的。通用汽车、沃尔玛、星巴克和健身沙龙会支付费用给脸书、本地电台或电视台，由它们传递广告让你读到、看到或听到。只有少数出资者不必为它们的广告付费。美国红十字会、联合劝募会（United Way）、美国癌症协会（American Cancer Society）等许多慈善机构的**公共服务讯息**（public service message）被媒体传递时是免费的，因为它们是非营利机构。

第四，大多数广告的意图在于劝服——鼓励受众采取行动，比如购买产品，或至少使人更倾向于某产品、服务或观念。少数广告，例如法律声明，仅仅是为了告知，而非劝服。

除了促销诸如橘子、燕麦和橄榄油等有形**商品**（goods），广告还有助于宣传银行、美容沙龙、自行车修理店、酿酒厂等提供的无形**服务**（service）。广告也被用来宣导各种**观念**（idea），如经济、政治、宗教或社会观念。通常用**产品**（product）这一术语指代商品、服务和观念。

第五，一项广告明确识别了它的出资者。通常，出资者想要被明确识别，否则为何付费做广告呢？广告与公共关系之间的一个重要区别是许多公关活动（例如公共宣传）并不公开其是受到赞助的。在本章稍后内容中，我们会讨论广告和其他营销传播形式的差别。

第六，广告需要通过**媒体**（medium）作为传播渠道触达人们。广告媒体是指用来向大量受众展示广告的任何非人际途径。广告媒体包括广播、电视、报纸、网站、社交媒体、搜索引擎、电子游戏、户外展示板等等。有时你会告诉他人你有多喜欢一个产品，这即是口碑广告（word-of-mouth，WOM）。尽管口碑是一种传播媒体，但它通常并不被认为是一种广告媒体。然而，脸书和推特等社交媒体的流行正在迫使广告主重新考虑这一理念。事实上，社交媒体是广告主鼓励消费者创作数字口碑的理想平台，比如人们在社交媒体上分享自己喜欢的品牌和广告，或者提供他们在餐厅和酒店的体验评级。

在历史上，广告主使用传统的**大众媒体**（mass media）来递送它们的讯息。但是现代科技使得广告能够通过大量可寻址的媒体（如直邮）和数字媒体（如网站）有效触达人群。广告主也在使用更多的非传统媒体，如购物车、飞艇和户外广告牌，来发现它们的受众。全面了解不同媒体的优势、劣势和能力很重要，本书用了多章内容来介绍这个主题。

现在你更好地理解了属于和不属于广告的讯息类型，让我们更深入地聚焦现代广告的两个重要维度：浸合（engagement）和整合（integration）。首先，当代广告更少聚焦于制作单一销售讯息，而是更多地帮助公司促进与消费者和其他利益相关者的关系。这是开启本章的关键主题。换句话说，现代广告更少地执行告知消费者的功能，更多地致力于浸合消费者并与其建立关系。其次，今天的广告是战略性的，以补充其他营销传播工作，例如公关、促销、商品植入和直复营销。这可能看起来很明显，但事实并不总是如此。数十年前，开发广告战役不需要考虑太多其他营销工作。今天，最好是将有效的广告活动作为众多工具中的一项，用来巧妙地形成整合营销传播工作。

在下文，我们会介绍更多关于广告作为传播形式的内容。然后，我们将通过展示营销者建立关系和实践整合营销传播的重要性来考虑广告的战略要素。展望第 1 篇的其他章，我们会从早期实践开始追踪整合营销传播的演变，更深入研究营销讯息在市场经济中的作用，回顾实践者必须牢记的最重要的监管和法律事项，并思考从地方到全球的广告范围。最后，我们将考虑广告讯息的目标受众。

1.2　传播：什么使得广告与众不同

首先，广告是传播形式——一种特殊的传播形式。万事达信用卡的代理商麦肯世界集团（McCann Worldgroup）宣称，广告"善诠涵意，巧传真实"。这意味着有道德的广告主和它们雇用的代理商共同努力探索最佳方法，讲述真实且具有创造性的故事。要想获得成功，它们必须理解广告传播的过程，这源于基本的人类传播过程。

③ 描绘人类传播过程，并且将其与广告传播进行比较

人类传播过程

人生的成功取决于我们告知他人或劝服他人做某事（或停止做某事）的能力。第一批研究人类传播的学者建立了如图表 1－1 所示的模型。过程开始的一方称为**信源**（source）。信源形成一个想法，将其**编码**（encode）形成**讯息**（message），并通过某个**渠道**（channel）发送给另一方。另一方称为**接收者**（receiver）。接收者必须**解码**（decode）讯息才能理解它。为了回应，接收者会建构一个新想法并对其进行编码，然后通过某个渠道将新讯息传回。讯息认知或回应原始讯息就构成了**反馈**（feedback），这也会影响新讯息的编码。[12] 当然，所有这些都发生在一个以**噪声**（noise）为特征的环境中，噪声即许多其他不和谐因素的干扰。

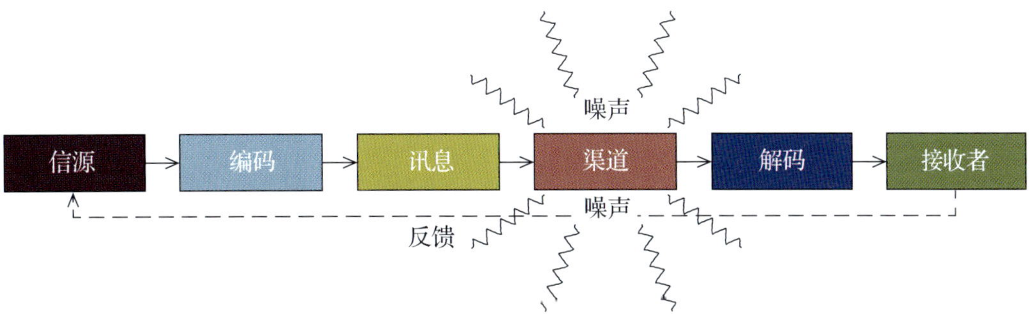

图表 1－1
传统的人类传播过程

这个模型应用到广告中，信源是出资者，讯息是广告，渠道是媒体，接收者是消费者或目标消费者，噪声是竞争性讯息，也包含其他广告。但是这个模型过于简化了广告或者其他被赞助的营销传播发生的过程，它没有考虑组成广告讯息所固有的结构和创意。我们需要考虑其中涉及的许多复杂性，特别是互动媒体的出现使得消费者加入传播过程，通过提取他们需要的信息，操纵他们看到的内容并实时做出回应来参与传播。特别是在营销领域，许多当代传播活动被更好地归纳为以对话为特征的形态，这引导很多学者修改传播模型以反映交互活动。如图表 1－2 所示。

图表 1－2
传播的交互活动模型

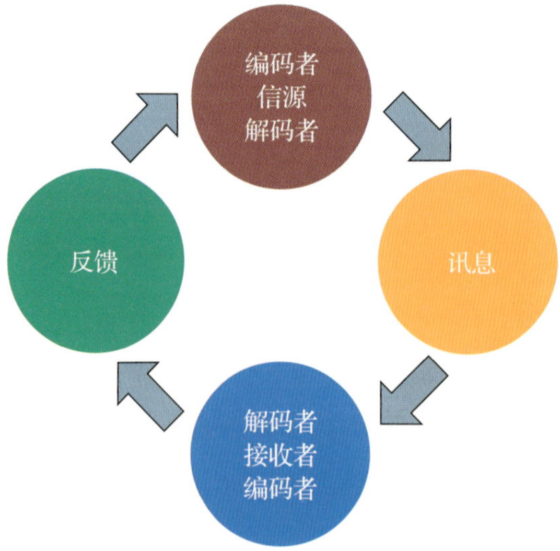

图表 1－2 展示了一个传播的交互活动模型。在这个模型中，并没有单一实体作为信源或接收者运行。相反，两个或多个实体在这个持续性过程中承担了多种角色。这个模型更好地代表了今天的营销人员对他们与消费者关系的理解。营销人员在信息交换中不再处于支配地位。他们更多地浸合到与消费者的对话中，消费者对营销者和其他消费者发出自己的讯息。该交互模型有助于提醒企业，它们并不像传统模式所显示的那么能控制信息。这也提醒企业，品牌的声誉不仅仅在于企业说了什么，还在于消费者和其他人说了什么。

将传播过程运用到广告活动中

传播学者芭芭拉·斯特恩（Barbara Stern）提出了一个更复杂的传播模型，即将广告视作组合商业文本，而不是信息化的表达。斯特恩模型有助于提醒我们，在广告领域信源、讯息和接收者有着多重维度。其中一些维度存在于真实世界；另一些维度存在于不同水平的现实层面。广告讯息文本本身处在一个虚拟世界中。

信源的多种维度：出资者、作者和画像用户

在口语传播中，信源通常是一个人与另一个人或群体交谈。但是在广告中，明确识别讯息的来源并不是那么简单。可以确定的是，现实世界的**出资者**（sponsor），也就是为一个商品或想法做广告的公司，是要对此项传播负法律责任并且让讯息传播到真实消费者的。但是在图表 1－3 所示的斯特恩模型中，从出资者到消费者的路径可以是漫长和迂回的。起初，出资者通常不会创造讯息，这是由出资者委托的广告代理商的典型职责。所以传播的**作者**（author）实际上是一家广告代理商的一个创意小组。受出资者委托创造广告讯息的这些专业人士存在于现实世界中，但读者或观众都不知道他们。

与此同时，在广告文本中，有一个真实或想象的发言人（**画像用户**（persona）），他为广告提供了一些声音或语调。对消费者来说，代表出资者发言的画像用户是文本之内讯息的来源。但是画像用户的话语是由广告作者独自编写和创造出来以达成文本目的的，这并不是真实生活的一部分。它仅仅存在于广告的虚拟世界中。例如，本章广告实验室中的卡尼尔（Garnier）广告展示了一位女士，她的日常压力导致人们在晚上看

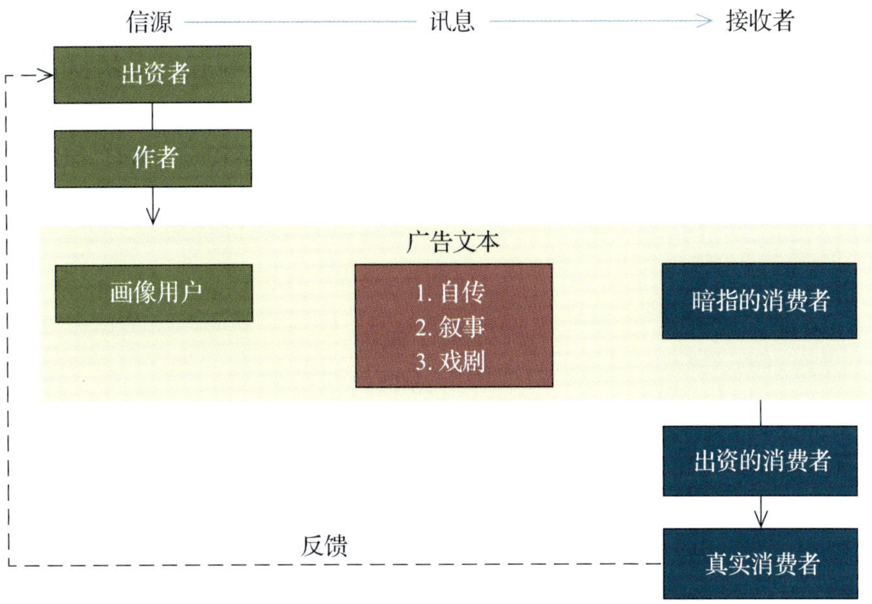

图表 1－3
广告与传播过程的斯特恩模型

到的她比她早上醒来时要老得多。尽管她的经历看起来很自然，但“一天”这个创意是由广告公司的创意人员策划出来的（参见广告实验室“广告文体”）。

讯息的多种维度：自传、叙事和戏剧

广告讯息也可以是多维度的。作为对生活的艺术性模仿，广告通常使用一种或三种文体形式的混合：自传、叙事或戏剧。在**自传讯息**（autobiographical message）中，“我”讲了一个自己的故事给“你”，受众聆听了我的个人经历。另一些广告使用**叙事讯息**（narrative message），由第三方画像用户讲述其他人的故事，讲给想象的受众来听。最后，在**戏剧讯息**（drama message）中，多个角色要像演戏那样做出表演，受众是广告中种种活动的隐形观察者。

广告的创造者需要制定重要的决策，包括使用何种画像用户和文体形式来传递讯息。关键的考虑因素是驱使客户成为目标受众的情绪、态度和动机。文字和视觉效果被设置成最适合所选传递讯息的媒体的结构化形式。这种形式可能是戏剧性的 30 秒电视广告、自传式的黑白杂志广告、色彩斑斓的叙事体小册子，或者是一个应用多种讯息形态的多页网站。然而，在所有案例中讯息仅存在于广告的文本之内。有效地做到这一切需要高超的技巧，但正是这种创造力使得广告区别于所有其他的传播形式。

接收者的多种维度：暗指的消费者、出资的消费者、真实消费者

广告的接收者也是多维度的。首先，在文本之内，每一个广告或商业广告都假想有一个受众群体。这些**暗指的消费者**（implied consumer）是由广告的画像用户所明确指向的。广告的创造者把他们想象成理想的消费者，会不加批判地接受由广告提出的论点。这些论点是由文案人员想象出来的，经过编写最终会出现在纸上，或者电子或数字形式的文案中。实际上，它们是广告剧情的一部分。

然而，当我们离开广告文本时，第一个受众实际上是出资者或广告主侧的一群决策者。这些**出资的消费者**（sponsorial consumer）是看门人，决定广告是否可以实际投放。所以，在一个广告获得机会劝服真正消费者之前，广告创作者必须首先劝服批准广告并为其出资的执行官和经理人。

广告实验室

广告文体

以下四则广告展示了广告讯息常用的几种文体形式及其混合：自传、叙事和戏剧。

自传从第一人称的角度讲故事，经常使用主语“我”。在欧莱雅（L'Oréal）广告（自传）中，一位女士被跟拍了她繁忙的一天，展示了这位年轻女士的生活压力。叙事通常使用第三人的语音，以一种知情的、权威的语气来告诉读者关于商品的讯息。在下一个案例中，叙述者描述了为拯救一只急需治疗的白狮子而做的英勇努力。这个视频和治疗是由 Fixodent 赞助的。戏剧形式的广告使用戏剧的风格来创造或呈现一个场景，所以读者通过暗示而不是直接的讲述来接收信息。来自 Wilkinson Sword 的广告在两位性感的角色身上展现了一种“激战”的感觉。

另外两项重要因素是画像用户，它通常代表了广告主意愿，以及暗指的消费者。有时一个角色可以代表暗指的消费者。这个画像用户可以是商业符号角色，比如皮尔斯伯里面团男孩（Pillsbury Doughboy），或一个真实的人，如艾米纳姆（Eminem），正如下方展示的 Brisk Iced Tea 广告。一个标识符号甚至可以是画像用户的一种形式。广告也可以同时使用多种文体形式。

1. 自传
资料来源：L'Oréal International.

2. 叙事
资料来源：Procter & Gamble.

3. 戏剧
资料来源：Wilkinson Sword.

4. 混合形式
资料来源：PepsiCo Inc.

真实消费者（actual consumer）——相当于口语传播的接收者——是在现实世界中构成广告目标受众的人。他们是出资者的讯息最终要导向的人。但他们只有在出资者的批准下才能看到、听到或阅读讯息。[13] 真实消费者的想法和行为通常与暗指的消费者甚至出资的消费者不同。因此，广告主（和创意组）必须关注真实消费者会怎样解码讯息或解释讯息。广告主最不愿意发生的事情就是被消费者误解。

遗憾的是，讯息解读只是部分地由广告中的词组和符号决定的。正如马歇尔·麦克卢汉（Marshall McLuhan）所说的："媒介即讯息。"广告使用的媒介对讯息的解读也有影响。传播专家对研究不同媒介如何影响人们接受和解释促销讯息非常感兴趣。

接收者的特征也非常重要。在第 5 章中，我们将看到态度、认知、个性、自我概念和文化如何极大地影响人们接收和回应讯息的方式。

最终，出资者的讯息必须与数百条商业和非商业讯息竞争，它们被称为噪声。因此，信息发送者并不知道讯息是如何被接收的，或者甚至不知道讯息是否被接收了，直到消费者明确承认。

反馈和交互活动

反馈为什么十分重要？因为它完成了闭环，即验证讯息被接收了。反馈也用到了一种发送—讯息—接收的模式，只是它是从接收者反向传给信源的。

在广告中，反馈有许多形式：兑换优惠券、访问网站、电话咨询、到店访问、推特和脸书发帖、销量额增加、调查回应或电子邮件询问。对一个广告的低回应率表明传播过程的中断。问题产生了：商品是否投错了市场？讯息是否不清楚？是否选择了正确的媒体？如果没有反馈，这些问题就无法得到解答。

受众曾经被认为是不带个人色彩的大众传播讯息的消极接收者，而这样的日子已经一去不复返了。他们是积极的决策者，控制自己接收的传播内容并选择自己想要的关于特定产品的信息。社交媒体允许讯息发送者在同一渠道上获得即时、实时的反馈。反馈机会的增加意味着，与以前相比，如今的公司可以与消费者发展更丰富、更深入的关系。这对广告主来说是一个根本性的变化，我们将在接下来的章节中更深入地探讨这个主题。

1.3　IMC 和关系营销

4 提出公司为什么需要与顾客建立关系，展示整合营销传播如何能够帮助它们发展这些关系

随着公司变得不那么以广告为中心，而更以 IMC 为中心，它们已经将注意力从销售转移到与消费者建立关系上。这种转变对品牌讯息有着丰富的影响。

一家市场驱动的公司的首要目标是创造愉悦、忠诚的顾客。顾客而非产品是企业的命脉所在。这种认识创造了一种从简单的交易营销到**关系营销**（relationship marketing）[14] 的趋势。美国市场营销协会将关系营销定义为"有意识地以开发和管理与顾客、分销商、供应商或营销环境中的其他方的长期和（或）值得信任的关系为目标"的营销。[15] 正如图表 1 - 4 所示，从关注交易转向关注关系对市场营销的目标、广告的焦点和 IMC 有广泛的影响。这些变化中最重要的莫过于将倾听消费者提升为一种企业价值。举个例子，为了响应消费者消除全英国范围内的塑料吸管的呼吁，麦当劳将其吸管改成了纸吸管；为了满足消费者的可持续发展诉求，阿迪达斯使用从海水中收集的垃圾制作了 100 多万双运动鞋。[16]

图表 1-4
交易营销和关系营销的比较

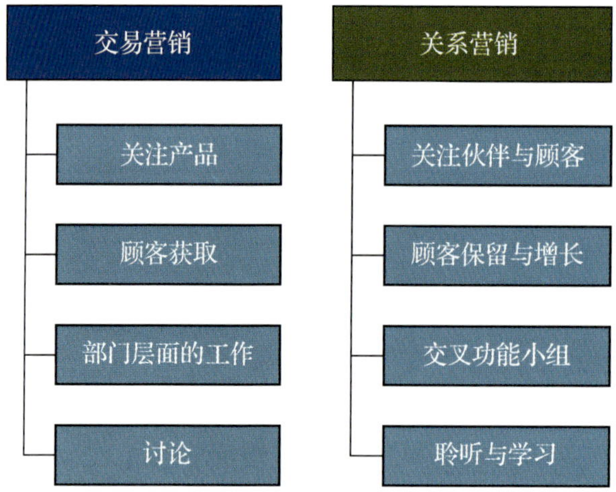

资料来源：Adapted from Kotler and Keller.[17]

消费者可以选择许多不同产品和服务。因此，顾客关系成为现代成功企业的关键战略资源，而销售只是顾客关系的发端。致力于关系营销的公司通常试图完成以下三件事：（1）识别、满足、保留顾客，并且将盈利顾客的价值最大化；（2）战略性地管理顾客和公司之间的接触点，确保其有效性；（3）通过获取数据形成完整且有用的顾客意见。

关系的重要性

想要成功，公司需要专注于管理精心选择的顾客和**利益相关者**（stakeholder）（企业雇员、影响力中心、股东、金融界和新闻媒体）的忠诚度。这一点很重要，原因如下：

1. 失去顾客的成本。伟大的营销并不会赢回因劣质产品或糟糕的服务而失去的顾客。顾客流失导致的真正的利润损失是企业的**顾客终身价值**（lifetime customer value，LTCV）。布拉德·舒格斯（Brad Sugars）在《企业家》杂志上撰文指出，顾客终身价值可以用以下公式定量表示：平均销售价值 × 重复交易数量 × 典型顾客的平均留存时间（月或年）。顾客终身价值可以让公司更清楚地了解应该在营销上花多少钱来招揽新顾客和保留现有顾客。[18]它还明确了营销或产品失败的成本，因为负面的口碑会引发可怕的滚雪球效应。如果一个顾客的流失哪怕只导致另一位顾客不再光顾这家企业，顾客终身价值的损失也会翻倍。由于社交媒体的劝服效应，这在今天比以往任何时候都更为重要。

2. 获得新顾客的成本。防御型营销试图保留忠诚顾客，其成本通常低于进攻型营销，后者需要搜寻新顾客，要诱使满意的顾客离开竞争对手转投企业并不是容易的事。[19]实际上，在营销、广告和促销中获得新顾客的成本是留住老顾客的 5 ～ 8 倍。

3. 忠诚顾客的价值。重复购买的顾客即使在经济艰难时期也能使公司保持盈利。[20]保留顾客是非常具有盈利价值的，因为获取新顾客的成本是留住老顾客的 5 ～ 8 倍。此外，长期顾客对竞争对手的营销活动更加不敏感。[21]最重要的是，公司在顾客留存度上实现小幅提高就有可能获得巨大的利润回报。[22]

基于所有这些原因，公司的首要市场应该始终是它当前的顾客。许多营销经理都承诺将资源投入售后活动，使顾客留存成为他们的第一道防线。他们已经发现了专注于关系的主要好处：增加留存率和优化顾客终身价值。[23]

关系的水平

对每个公司来说，在深度顾客关系上投入大量资金既无利可图，也不现实。营销专家科特勒（Kotler）和阿姆斯特朗（Armstrong）依照顾客关系双方的不同需要，区分了五种层次的关系来帮助发展公司与利益相关者的关系。

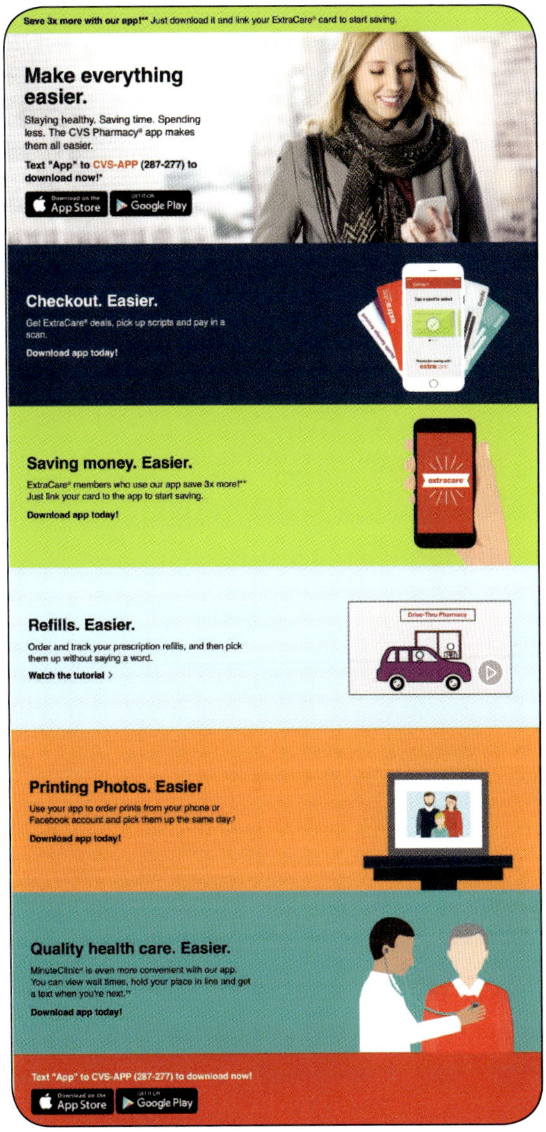

资料来源：CVS.

多数商业是由重复购买的顾客推动的，这使得顾客保留颇为重要。通过为忠诚顾客提供特殊的利益，有效地奖励和感谢他们的业务，并为未来的持续关系提供激励，可以实现顾客保留。CVS 是美国一家全国性的医药零售企业，它通过各种奖励计划成功地留住了顾客。顾客花费得越多，CVS 就提供越多的省钱产品和折扣券。

- 基础型交易关系。公司售卖商品但没有使用任何方式跟进关系（如麦当劳）。
- 反应型关系。公司（或销售人员）售卖商品并鼓励顾客在遇到任何问题时打电话（如 Men's Wearhouse）。
- 负责任的关系。销售人员在销售后不久打电话给顾客，检查是否符合预期，并询问关于产品改进的建议和任何具体的不足之处。这些信息帮助公司不断改进其产品（如讴歌（Acura）汽车经销商）。
- 积极主动的关系。销售人员或公司不时地与顾客联系，就改进产品的使用或有用的新产品提出建议（如威瑞森（Verizon））。

- 伙伴型关系。公司持续与顾客（及其他利益相关者）合作，以发现提供更好价值的方法（如财务规划师）。[24]

公司应该如何选择与利益相关者的关系类型？这是个难题。不同的利益相关者需要不同的关系类型。公司寻求的与顾客的关系不同于与供应商的关系。此外，公司需要处理好可能存在重大重叠的利益相关者角色，比如公司雇员也可以是顾客和股东。

利益相关者数量也很重要。利益相关者越多，就越难与他们建立广泛的个人关系。一些顾客可能偏好交易型关系[25]，大多数人都不愿意接到来自商超品牌的软饮料公司的电话。但是激浪（Mountain Dew）相信它的顾客确实想要和品牌建立关系。因此，公司鼓励用户设计新的口味和包装瓶。因为**交互型顾客关系**（interactive customer relationship）的潜力使得公司和顾客很容易在数字媒体上进行沟通。在这种关系中，公司鼓励消费者“感觉到他们以一种特殊的方式成为品牌的一部分”[26]。

激浪也非常重视为顾客创造一种“激浪 X 体验”。例如，它招募了许多嘻哈音乐家和拉丁歌手举行多场“街头营销”活动。它还赞助极限运动员并开着装满商品和赠品的货车出现在重力游戏和美国娱乐与体育电视（ESPN）的 X 游戏等体育事件中。[27]

一家公司必须考虑它的利润率。在高利润的商品或服务类别中深层次的个人关系更加重要（见图表 1－5）；低利润意味着营销者应该追求基础型交易关系，并辅以品牌形象广告。[28]

图表 1－5
基于边际利润和顾客数量的关系层次

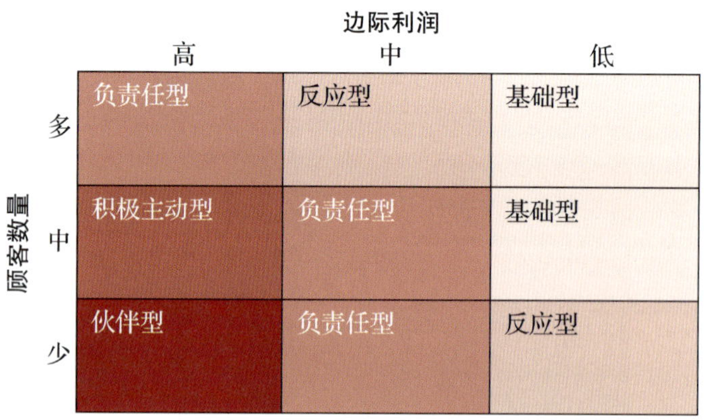

边际利润
高
中
低
顾客数量
多
中
少
负责任型
反应型
基础型
积极主动型
负责任型
基础型
伙伴型
负责任型
反应型

无论公司如何与利益相关者建立关系，战略性地使用 IMC 是至关重要的。如果公司致力于基础型交易关系，那么应用 IMC 可以指导公司评估它的媒体的有效性和谨慎使用。如果公司致力于建立更深层的关系，那么公司将准备付出大量金钱去支持、浸合和满足利益相关者。

IMC 既是一个概念也是一个过程。整合的概念就是关于整体性的，实现传播的整体性会产生协同效应。协同效应是整合营销传播的主要利益，每个传播组合要素彼此加强，从而发挥更大的作用。例如，迪士尼把它的每个主题公园都宣传为“地球上最快乐的地方”。快乐这个概念影响了迪士尼与顾客互动的许多方式。当然，广告讯息强调丰富多彩的迪士尼人物、豪华酒店、有趣的游行和美好的家庭体验。但在迪士尼乐园的快乐体验还包含与被称为演职人员的工作人员互动。正如 IMC 提出的那样，这些互动不可能是偶然的。该公司的服务指南巧妙地与著名的七个小矮人联系在一起，包括：

1. 要像开心果……使用眼神交流和微笑！
2. 要像喷嚏精……问候和欢迎每一位客人，传达好客的精神……这是会传染的。
3. 不要像害羞鬼……寻找顾客接触。
4. 要像万事通……立刻提供服务补救。
5. 不要像爱生气……所有时候都要表现出得体的肢体语言。
6. 要像瞌睡虫……创造梦想和保持神奇的顾客体验。
7. 不要像糊涂蛋……感谢每一位顾客。[29]

迪士尼通过广告和指南来教给员工的不仅仅是简单一致的内容，讯息传递在这一过程中不断加强。员工也会看到广告，广告讯息可以激励他们确保游客体验到迪士尼乐园是个快乐的地方。当广告讯息鼓励顾客回想起之前与演职人员的愉快互动时，他们会以一种更强烈的方式感知广告。这就是协同。

IMC 不仅是一个概念，正如整合营销传播学者汤姆·邓肯（Tom Duncan）所指出的，它也是一个传播成为营销组合中的驱动和整合力量并贯穿整个组织的过程。消费者也是这个过程的一部分。在社交媒体时代，品牌营销经理必须“评估他们的 IMC 能力和了解如何利用消费者的声音”[30]。换句话说，IMC 想要达到留存价值，其能力必须是流动的而不是静止的。迪士尼是个很好的例子。自从迪士尼创立以来，尽管该公司一直代表着健康的家庭娱乐，但其价值观和规范也在不断演变之中。

IMC 概念的演变

佐治亚大学和亚拉巴马大学的广告学教授格伦·诺瓦克（Glen Nowak）和乔·菲尔普斯（Joe Phelps）认为，IMC 的发展是几个重要趋势的结果，这些趋势包括媒体成本不断攀升、消费者市场分裂以及对传统大众媒体广告的怀疑。这使营销经理开始质疑在公共关系、直接反应广告和销售促进等多个领域之间设置壁垒是否明智。[31]

根据诺瓦克和菲尔普斯的研究，IMC 的方法侧重于四个相关的策略：（1）相对于其他促销工具，较少强调广告；（2）更多地依赖于目标信息和更小的细分市场；（3）更多地使用消费者数据；（4）改变对营销传播供应商的期望。

尽管 IMC 被认为对所有当代营销活动都极为重要，但事实证明它难以定义。诺瓦克和菲尔普斯指出 IMC 某些时候被用于意指“一个声音”（即确保所有营销组合要素都集中在一个想法上），有些人将其定义为整合传播（广告能够并且应该同时实现触发行动和引起注意的双重目标），还有些人认为它是协调的营销传播（确保广告直接反应、销售促进等多种营销组合要素共同工作）。[32]

一位学者认为，完整的 IMC 定义应该包含四个要素：第一，IMC 指的是一个概念（或想法）和一个过程（一系列步骤）；第二，IMC 利用了战略规划的管理技能；第三，与传统的营销方式相比，IMC 更注重消费者、渠道和效果；第四，IMC 代表了一种全新的品牌推广视角。他总结道，IMC 的最佳定义是“随着时间的推移，战略性地管理基于受众的、以传播渠道为中心和以结果为导向的品牌传播计划的概念和进展”[33]。

顾客如何看待营销传播

显然，要理解 IMC，我们必须从顾客的角度出发。顾客会通过各种渠道来建立对公司或品牌的认知：新闻报道、口碑、八卦、专家意见、财务报告、网站、博客，甚雷克萨斯等奢侈品牌的营销也以 IMC 原则为指导。消费者从多种信源收到有关此类品牌的信息，包括广告、经销商和大众媒体。因此，要保持雷克萨斯品牌的价值，需要仔细关注所有的消费者“接触点”。

资料来源：Toyota Motor Corporation.

至首席执行官的个性。

所有这些传播或品牌联系，都会在消费者的脑海中创造一个整合的产品。[34] 换句话说，顾客会自动整合他们遇到的所有与品牌相关的信息。他们整合这些信息的方式决定了他们对公司的看法。IMC 为公司提供了更好的机会来管理或影响这些看法，并与利益相关者建立更好的关系。

四种品牌讯息的来源

为了影响顾客的认知，营销经理必须理解 IMC 的一个基本前提：我们所做的（和不做的）一切都是在传递一种讯息。也就是说，每个企业活动都有一个讯息组件。邓肯和莫里亚蒂（Moriarty）描述了利益相关者收到公司 / 品牌相关讯息的四个来源：策划讯息、产品讯息、服务讯息和策划外讯息。每种来源的讯息都会影响利益相关者的关系决策，因此营销人员必须了解这些来源、它们会产生什么影响以及影响它们的成本。

1. 策划讯息。这些是传统的促销讯息——广告、促销、个人销售、营销材料、宣传发布、活动赞助。它们通常对消费者影响最小，因为它们被视为自卖自夸。应协调策划讯息以实现一组预定的传播目标。

2. 产品讯息。在 IMC 理论中，每个营销组合元素都传递了讯息。来自产品、价格或分销元素的消息通常称为产品（或推断）讯息。例如，2.5 万美元的劳力士手表和 30 美元的天美时（Timex）手表会分别发送一条产品讯息给客户和其他利益相关者。产品讯息还包括包装，它通过颜色、类型、图像、设计、布局和材料来传达产品讯息。

产品讯息具有很大的影响。当产品表现良好时，它会强化购买决策。然而，产品的性能与广告承诺之间的差距会产生有违预期的落差。

3. 服务讯息。员工互动也会向顾客传递讯息。在许多组织中，顾客服务人员受到运营部门而不是市场部门的监督。然而，他们传递的服务讯息比策划讯息具有更大的营销影响力。借助 IMC，营销经理可以与运营人员合作，将负面信息最小化，将积极信息最大化。

4. 策划外讯息。公司几乎无法控制来自员工八卦、意外的新闻报道、行业或竞争对手的评论、口碑谣言或重大灾难等策划外讯息。策划外讯息可能会极大地影响顾客的态度。但有时是可以预料到这些讯息并对其施加影响的，尤其是那些在公共关系方面富有经验的经理人。[35]

整合三角形

邓肯和莫里亚蒂开发的整合三角形是一个简单的例子，说明了如何从各种品牌信源中产生认知（见图表 1－6）。策划讯息是关于说的讯息——公司对自己的评价。在莎伦和绿色线程的故事中，脸书广告就是一个例子。产品讯息和服务讯息是执行讯息，因为它们代表了公司所做的事。自行车停放架、具有社会意识的商业实践和乐于助人的店员就是绿色线程故事中的例子。策划外讯息是确认讯息，因为这是其他人所说的，并能确认（或不确认）公司的言行。谷歌上的正面帖子以及莎伦可能遇到的关于绿色线程的任何正面（或负面）新闻文章都是这方面的例子。当一个品牌完成了那些由制造者说过的会做的事情，然后其他人确认品牌兑现了自己的承诺时，就会发生建设性的整合。[36]

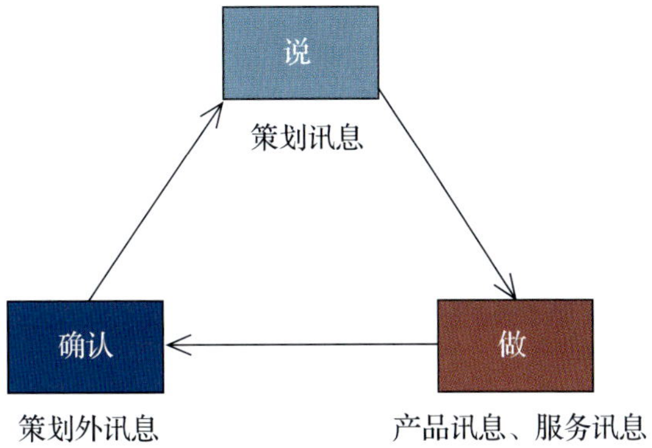

图表 1－6
整合三角形

IMC 的维度

为了最大限度地发挥 IMC 的协同效应，邓肯提出了组织整合的三个优先事项。首先确保一致的定位，然后促进公司与顾客或其他利益相关者之间的有目的的互动，最后积极将社会责任感纳入其与利益相关者的关系中。

正如图表 1－6 中所示的邓肯的整合三角形，IMC 活动的跨职能规划和监测可以增强与顾客和其他利益相关者的关系，从而提高利益相关者的忠诚度并最终提升品牌资产。

对 IMC 的兴趣是全球性的。[37] 美国的大型公司如麦当劳、IBM 和通用汽车在全球范围内的营销活动中都使用 IMC 策略，而其他国家的公司如宝马、联想、三星和索尼在其营销活动中也实践 IMC 策略，包括针对美国消费者的营销活动。IMC 帮助这些公司最大限度地利用其资源，并将传播活动直接与组织目标和最终目标联系起来。[38]

虽然上文涉及了 IMC 和品牌讯息的主要方面，但通常是广告发挥着中心作用。为什么？因为广告通常是公司拥有最大控制权的营销传播要素。因此，广告仍然是几乎所有伟大的 IMC 活动的重要组成部分。在可预见的未来，广告很可能会保持这种状态。

1.4 市场营销：确定要使用的 IMC 讯息类型

5 定义市场营销和识别营销战略的四项基本要素

我们现在考虑 IMC 的营销维度，这将定义 IMC 在企业业务中的角色。每个企业都会执行许多不同的活动，通常由三个宽泛的职能部门负责：

- 运营（生产 / 制造）；
- 财务 / 行政；
- 市场营销。

在所有的业务职能中，市场营销是唯一一个主要作用是带来收入的职能。如果没有收入，公司就无法收回初始投资、支付员工工资、实现增长或赚取利润，所以市场营销是非常重要的。

市场营销是什么？

多年来，市场营销的概念是基于商品的供给和需求而演变的。因为我们需要了解与 IMC 相关的市场营销，所以我们将该术语定义如下：

> **市场营销**（marketing）是用于创建、传播、递送和交换对顾客、客户、合作伙伴和整个社会具有价值的产品的活动、制度以及流程的集合。[39]

为盈利而存在的公司并不是唯一使用市场营销原理的组织。慈善机构也将这些想法应用于增加捐款的努力中。人行道上出现“裂缝”，是旧金山一个不寻常的户外广告的一部分，该广告旨在提醒市民红十字会在地震救援中的重要性。

资料来源：American Red Cross.

市场营销是一个**过程**（process），包括一系列行动或方法，旨在以有利可图的方式满足顾客的需求。这个过程包括开发产品，对产品进行战略定价，通过分销网络向客户提供产品，并通过销售和广告活动对产品进行推广。企业市场营销过程的最终目标是与需要或想要它们的商品或服务的顾客进行有利可图的交换。广告的作用是告知、劝服和提醒顾客群体或市场，公司商品和服务满足需求的价值。甚至非营利组织也使用市场营销流程来开发和推广满足成员需求的服务。

广告和市场营销过程

公司和组织根据其特定的市场营销战略，使用许多不同类型的广告。市场营销战略将决定广告的目标受众应该是谁、广告应该出现在哪里、应该使用什么媒体，以及广告应该实现什么目标。（图表 1－7 显示了基于这些战略营销要素的广告分类方法。）这些标准也将决定需要哪些不同的广告技巧。

图表 1－7
广告的分类

根据目标受众分类	根据地理区域分类	根据目标分类	根据媒体分类
消费者广告：面向购买产品供自己或他人使用的用户。 商业广告：面向购买或明确指出用于商业用途的产品和服务的用户。 • 贸易广告：针对购买后转售给客户的产品和服务批发商和零售商。 • 专业型广告：针对根据道德准则或一套专业标准获得许可的人员。 • 农业广告：针对农业或受雇于农业综合企业的人。	地方性（零售）广告：客户仅来自一个城市或针对当地贸易区的企业投放的广告。 区域性广告：为在一个区域或地区而不是整个国家销售的产品投放的广告。 全国性广告：针对全国多个地区的客户的广告。 国际广告：针对国外市场的广告。	产品广告：促进产品和服务的销售。 非产品广告（企业或机构）：宣传组织的使命或理念，而非特定产品。 商业广告：推广产品、服务或创意，以期获利。 非商业广告：由慈善或非营利机构、市民团体、宗教或政治组织赞助。 行动广告：试图刺激受众立即采取行动。 知名度广告：试图建立产品形象或使受众熟悉产品名称和包装。	印刷广告：报纸、杂志。 广播（电波）广告：广播、电视。 户外广告：户外、交通工具。 直邮广告：通过邮局和电子邮件发送的广告。 互动广告：网络、社交媒体、手机等。

明确识别目标市场和目标受众

公司的营销活动总是针对特定人群——其**目标市场**（target market）。同样，广告针对的是称为**目标受众**（target audience）的特定群体。当我们看到没有吸引力的广告时，可能是因为该广告不针对我们所属的任何群体。例如，假牙护理膏的电视广告并不是为了吸引青少年。他们既不属于目标市场，也不属于目标受众。目标市场主要有两种类型：消费者市场和商业市场。

消费者市场

你遇到的大多数广告都属于**消费者广告**（consumer advertising）的广泛类别。这些广告通常由产品或服务的生产商（或制造商）出资，直接面向消费者，面向为自己或他人个人使用而购买产品的人。比如**零售广告**（retail advertising），即由零售商和企业赞助的广告。消费者广告还包括来自美国癌症协会或美国无毒品伙伴组织（Partnership for a Drug-Free America）等的非商业的公共服务公告（PSA）。

为了创造有说服力的信息，广告专业人士试图了解人们的行为和思考方式——以及他们为何购买、购买什么。这些属于消费者行为研究领域，是第 5 章的关注点。广告主越了解人们的购买行为，就越能将其产品带入潜在顾客的群体意识中。

行业 / 商业市场

公司使用**商业广告**（business advertising）来吸引购买或指定用于商业用途的产品和服务的人。它往往出现在专门的商业出版物或专业期刊、直接发送给企业的邮件或贸易展览中。由于商业广告（也称为**企业对企业 /B2B 广告**（business-to-business（B2B）

伦理、多样性与包容性

广告专业学生项目

美国许多行业一直在努力确保所有人都能获得职业机会。广告业也不例外。此外，广告因其力量和重要性而在理解多元社会文化中发挥着特殊作用。许多人将广告视为社会的一面镜子，甚至社会规范和价值观的强大创造者。但是，如果创建这些广告的人只来自社会多数群体，那么广告如何代表社会文化的多样性呢？

每一章的“伦理、多样性与包容性”专栏将会探讨这一重要维度，并说明广告行业是如何履行其对来自所有背景的人的社会责任的。即使在今天，完全包容不同背景的人仍然是一项正在进行的工作。

好消息是，广告界知道它必须在社会多元化方面做得更好。如果你是广告专业的学生，那么你应该了解两个重要的项目。这两个项目代表了行业为吸引最优秀人才而做出的共同努力。

美国广告代理商协会（American Association of Advertising Agencies），更广为人知的名字是 4A，它赞助了一个名为 MAIP（多元文化广告实习项目）的精彩实习项目。如果你有兴趣在广告公司工作，或者了解有关广告公司生活的更多信息，那么 MAIP 是一个很好的机会。学生可以选择特定的广告专业领域（媒体、创意、公共关系等），并在美国的不同地点工作。申请通常截止于 10 月，实习生将在 2 月份收到他们的入选通知。

第二个好项目是由美国广告联合会（AAF）提供的，被称为最有前景的多元文化学生（MPMS）项目。MPMS 为学生提供了在纽约与高职位专家会面的机会，以进行为期几天的交流和指导。你的学校必须有一个 AAF 分会才有资格申请。申请也在 10 月截止。你可以在相关网站找到有关此计划的更多信息。

如果你符合这些项目的标准，我对你的建议是去参与项目。曾经的参与者通常对他们在这两个项目中的经历赞不绝口。这可以促进你的职业生涯发展并帮助改变世界。

advertising））很少使用消费者日常接触的大众媒体，因此消费者通常看不到它。然而，联邦快递（FedEx）等公司的一些商业广告确实出现在电视和消费者杂志上。

除了通常的商业广告外，还有三种特殊类型的商业广告：贸易广告、专业型广告和农业广告。公司的**贸易广告**（trade advertising）瞄准转售商（批发商、经销商和零售商）以获得更多的产品分销。例如，新奇士（Sunkist）在《加利福尼亚杂货商》等出版物中投放贸易广告，以开发更多的连锁门店，并增加现有商店的销售额。

针对教师、会计师、医生、牙医、建筑师、工程师、律师等的广告称为**专业型广告**（professional advertising），通常出现在专业协会的官方出版物（如《眼科档案》）中。专业型广告有三个目标：劝服专业人士（受过专业培训并遵守道德准则的人）向他们的客户推荐特定产品或服务；购买品牌设备和用品以用于他们的工作；出于个人目的使用产品。

公司使用**农业广告**（agricultural advertising）向农民和受雇于农业综合企业的人宣传用于农业的产品和服务。例如，大型农化公司 FMC 可能会使用《加州农民》杂志向种植者宣传植物营养产品。农业广告通常向农民展示广告产品将如何提高效率、降低风险和扩大利润空间。

资料来源：Corning Incorporated.

贸易广告不是针对消费者，而是针对购买或影响商业购买的人。例如，图中网站鼓励企业考虑使用坚固的康宁（Corning）玻璃来包装其产品。

资料来源：Wells & Drew Companies, Jacksonville, FL.

专业型广告面向会计、医学和教育等领域的受众。Wells & Drew 的这条广告的预期目标对象是律师事务所。

企业客户往往知识渊博、经验丰富，它们在做出购买决定之前可能需要大量的技术信息。因此，相对于消费者广告业务，从事 B2B 广告的工作人员通常需要更专业的产品知识和经验。

实施营销战略

6 说明整合营销传播在营销战略中的角色

在为产品选择了目标市场后，公司设计战略来服务有利可图的市场。正如我们将在第 6 章中讨论的那样，营销战略是营销经理可以控制的战略要素的特定混合或组合：产品概念、定价、分销和传播。为了便于记忆，营销经理通常将这些元素称为 4P：产品、价格、渠道和促销。这些元素中的每一个都会影响所使用的讯息类型。

产品：特点和优势

产品具有多种功能并且可以解决多种问题。广告通常聚焦于与目标受众最相关的那些功能（产品或品牌组件）或好处（品牌可以解决的问题或品牌可以提供预期回报的方式）。汽车都有轮胎、方向盘和挡风玻璃，都能让你从一个地方到另一个地方。然而，配备混合动力引擎的普锐斯（Prius）将以环保的方式做到这一点。宝马 Z4 会吸引其他人的赞赏，福特 F150 将辅助展开一种户外生活方式。我们之所以知道这些事情，部分原因是广告讯息告诉我们一个品牌为何特别。

价格：重视价值的战略

消费者将价值视为品牌质量与其价格的比率。如果两个品牌的价格相近，质量越高的品牌价值越高。如果两个品牌的质量相同，则价格较低的品牌价值更高。这对广告策略的影响很简单。日化产品（如丝华芙（Suave）个人护理品牌、无广告（No-Ad）乳液）往往使用**价格型广告**（price advertising）进行宣传，声称该产品与竞争品牌的质量相当，但售价较低。其他不试图在价格上竞争的商品和服务则强调产品质量。**形象广告**（image advertising）创造了对公司的认知或品牌的个性，但很少涉及价格。苹果公司的 iPod 和 Mac 的售价通常高于竞争品牌，因此苹果公司强调其技术有多“酷”，几乎从不提及价格。零售商、经销商和商店常使用**促销广告**（sale advertising）来引起人们对近期品牌或服务价格下降的关注。此类广告可以让零售商匹配竞争对手的降价、转移库存或增加零售流量。然而，当一个品牌频繁打折时，消费者可能会认为它不值其正常价格。由于这个原因，某些制造商禁止零售商对它们的产品打折。

渠道：分销要素

营销战略的第三个要素——渠道（或更准确地说是分销）也会影响所使用的广告类型。像可口可乐、丰田和 IBM 这样的全球营销商可能会使用**全球性广告**（global advertising），其讯息在世界各地投放的广告中是一致的。其他公司可能会通过**国际广告**（international advertising）在国外市场推广它们的产品，这些广告可能包含不同的讯息，甚至在每个地理区域的市场进行本土化改造。国际营销领域是非常重要的，本书的每一章都讨论了全球性广告问题。

在美国几个地区进行营销并使用主要大众媒体的公司称为全国性广告主，其推广活动称为**全国性广告**（national advertising）。有些公司只在全国的一个地区或两三个州开展销售，它们使用**区域性广告**（regional advertising），将广告投放在当地媒体或全国性媒体的区域版中。最后，在一个小交易区内销售的企业和零售商通常使用放置在本地媒体或直邮中的**地方性广告**（local advertising）。我们将在第 4 章进一步探讨这个话题。

促销：传播要素

营销战略的最后一个要素是传播。正如我们在本章开头提到的，广告只是营销传播工具包中的工具之一。营销传播通常是指公司和组织为支持其营销目标而创建和传播的所有策划好的讯息。除广告外，主要的营销传播工具还包括人员推销、促销、公共关系活动和辅助宣传材料。组织使用到任何或全部这些工具的程度取决于其营销需求、目标和战略。

7 识别促销项目下的重要类别：营销战略的传播要素

每个营销传播工具都为营销经理提供了特定的机会和好处。例如，**人员推销**（personal selling），即销售人员直接与顾客面对面或通过电话销售，提供了只有通过人际互动才能实现的灵活性。人员推销是传达讯息、演示和完成销售（或交换）的理想方式，尤其是在汽车、房地产和家具等高价商品以及大多数 B2B 产品上。人员推销的缺点是成本高昂，因此在营销组合中强调人员推销的公司通常在广告上的花费低于其他公司。我们将在第 17 章中更详细地讨论人员推销。

作为一种营销传播工具，广告使营销人员能够以更低的成本接触到更多的潜在客户。此外，广告内在的创造力使营销经理能够为公司品牌创造充满象征意义和好处的形象或个性。没有销售人员可以做到这一点。然而，广告确实存在可信度差距，我们将在第 3 章中讨论这个话题。

广告可用于满足各种出资人目标。有的广告旨在帮助广告主创造利润，有的广告是由非营利组织赞助的，有的广告试图刺激目标受众立即采取行动，还有的广告旨在提高消费者对广告主商品的认识或理解。

为了推广其商品和服务，公司使用**产品广告**（product advertising）。然而，为了销售目标，创意机构会使用**非产品广告**（nonproduct advertising）。埃克森美孚（ExxonMobil）的广告宣传一种新的汽油添加剂，鼓励消费者在埃克森美孚服务站加油，这是产品广告。但是，宣传公司的使命或理念（例如，公司如何开发新技术以节约能源和保护环境）的埃克森美孚广告被称为非产品广告或机构广告。为什么公司要向消费者传达它们做的好事或活动？我们将在第 18 章回答这个问题。

商业广告寻求利润；世界各地的政府和非营利组织都使用**非商业广告**（noncommercial advertising）来寻求捐赠、志愿者支持或消费者行为的改变。

有些广告旨在让读者立即采取行动；其他广告则有更长远的目标。例如，**知名度广告**（awareness advertising）的目标是为产品创建形象并使其具有竞争力，目的是让读者或观众在下次购物时选择该品牌。

另外，直邮广告是**行动（或直接反应）广告**（action（or direct-response）advertising）的范例，因为它寻求读者的即时、直接反应。电视和广播上的大多数广告是知名度广告，也有一些是知名度广告和行动广告的混合体。例如，一个 60 秒的电视广告可能会将前 50 秒用于形象塑造，后 10 秒用于展示免费电话号码以提供即时信息。

销售促进（sales promotion）是一种传播工具，它提供特殊的奖励措施以激励人们立即采取行动。奖励可以是优惠券、免费样品、竞赛或购买价格的折扣。通过提供附加值，销售促进推动了销售。所以它是一个非常有效的工具。它通常与广告结合使用——以促进促销活动。除了像人员推销一样非常昂贵，它也有其他缺点，我们将在后文讨论。广告代理商制作和投放媒体广告，然而大多数促销活动是由专门从事该领域活动的公司进行的。

广告作品集

伟大的广告既是永恒的又是现代的。本书的广告作品集专栏展示了世界各地的广告公司最近的一些佳作。请以消费者和广告专业人士的身份仔细地审视广告，训练你的眼睛去关注艺术、文案和色彩如何使广告吸引消费者的注意力。也不要害怕批评广告。鉴于你对目标受众和品牌的了解，你会采取什么方法来评价呢?

社交媒体上经常出现一些当今最好的广告。Eggo 的社交媒体团队在 Eleven（《怪奇物语》中的角色）透露这是她最喜欢的食物后，与奈飞的热门节目《怪奇物语》互动。

资料来源：Twitter/Kellogg NA Co.

瑞茜・威瑟斯彭（Reese Witherspoon）在 Instagram 上分享了一张自己青少年时期的尴尬的照片，以回应帮助波多黎各风暴受害者的呼吁。

资料来源：Twitter/Reese Witherspoon.

肯德基有多火辣？这则广告是更广泛战役的一部分，它使用比喻来说明文字无法表达的观点。

资料来源：KFC Corporation.

荧光笔可以很有趣吗？思笔乐（Stabilo）表明，它可以帮助突出美国历史上被忽视的女性。

资料来源：STABILO International GmbH.

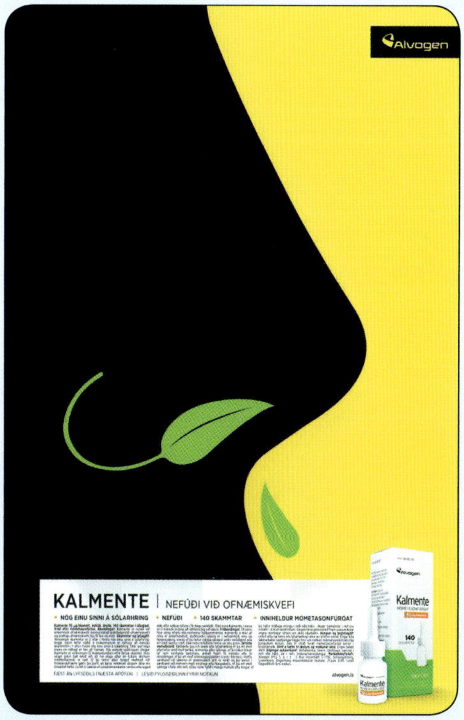

安福进（Alvogen）在格陵兰岛销售医药产品，格陵兰岛对可用于宣传保健品的文字有严格规定。广告公司接受了这一挑战，创建了精美且信息丰富的图像来告知消费者。

资料来源：Alvogen.

通过展示汉堡王特许经营店着火的真实照片来推销其火烤汉堡是一种前卫的做法。但这正是让广告战役变得有趣和不可抗拒的原因。

资料来源：Burger King Corporation.

在爱尔兰，手机信号中断区域被称为“黑点”。为了推广其广泛的无线覆盖范围，爱尔兰公司 eir 将《每日邮报》杂志一期中的每一个黑点都换成了彩色的。很难错过这些点！

资料来源：eir.

V　广告背后的人物

阿尔伯特・拉斯克尔和克劳德・霍普金斯

阿尔伯特・拉斯克尔（Albert Lasker）一开始从未想过要进入广告行业，他的梦想是成为一名出色的报纸记者。作为家里的八个孩子之一，拉斯克尔从 12 岁开始撰写每周通讯，并在高中时为家乡的报纸工作。

在十几岁的时候，他把目光投向了纽约——美国发行量最大的报纸所在地。但是，正如他后来回忆的那样，有一个问题：

> 我父亲担心我会成为一名记者，因为在那些日子里（这并不夸张）几乎每个记者都是酗酒者。……我非常忠实于我的父亲，而他建议我去一家他认为是同一领域的公司——芝加哥的洛德暨托马斯广告公司（Lord & Thomas）。[40]

拉斯克尔抵达芝加哥时刚满 19 岁，他只能在公司做一些琐碎的内勤工作。他的计划是停留一段时间，然后最终成为一名记者。但是几乎相当于他全部年薪的一次赌博损失使他的希望破灭了。他的劝服能力最早表现在劝服了他的广告公司老板托马斯用他每周工资的一部分来偿还他的债务。

他是一个糟糕的赌徒，但事实证明拉斯克尔很快就展示了其他才能。他劝服他的老板“暂时”给他分配一个由离职员工腾出的销售区域，很快每个月他带来的业务要比他取代的人多出数千美元。回想前任时，拉斯克尔写道：“他是一个好人，但他不是一个‘亲近的人’。”[41]

“据我所知，没有一个普通人能抗拒阿尔伯特・拉斯克尔。”克劳德・霍普金斯（Claude Hopkins）曾这样评论。[42] 拉斯克尔的劝服才能植根于他作为领导者的天赋和远见卓识。拉斯克尔给与他共事的每个人都留下了深刻的印象，他很快在广告代理行业中崭露头角。买下洛德暨托马斯广告公司并开始创建第一个真正的“现代”广告公司时，他才二十出头。

拉斯克尔作为洛德暨托马斯广告公司领导者顺应了广告公司应为客户做出改变的需求。曾经被认为是媒体经纪人的广告公司开始为广告主提供创意服务。拉斯克尔接受了这种变化，洛德暨托马斯广告公司很快就因其创意工作而闻名。这在很大程度上要归功于拉斯克尔愿意为人才支付高价，以及他终生对“广告如何有效”的痴迷。正是他的兴趣造就了拉斯克尔两位最著名的雇员之一——约翰・肯尼迪（John Kennedy）。肯尼迪以前是一名加拿大警官，他以匿名身份作为一名自由撰稿人辛勤工作。据传，他坐在这家著名广告公司楼下的酒吧里，在一张纸上写道：

> 我就在楼下的酒吧里。我可以告诉您什么是广告，我知道您不知道。让您知道它是什么对我来说意义重大，对您来说也意义重大。如果您想知道什么是广告，请通过门童发送“是”这个词。[43]

拉斯克尔很感兴趣，他邀请肯尼迪上来。像他那个时代的很多人那样，拉斯克尔认为广告最好被视为一种新闻。但肯尼迪有个看似简单的想法，即广告是“印刷的推销术”。这一理念帮助塑造和定义了洛德暨托马斯广告公司多年来的工作，不仅对拉斯克尔具有影响力，对罗瑟・瑞夫斯（Rosser Reeves）、克劳德・霍普金斯、约翰・奥尔・杨（John Orr Young）（扬罗必凯（Young & Rubicam）的联合创始人）和大卫・奥格威（David Ogilvy）等几代广告专业人士也产生了影响。

虽然印刷的推销术概念是肯尼迪创造的，但将这个想法付诸实践的人是肯尼迪的继任者克劳德・霍普金斯。霍普金斯认为广告有一个主要功能——销售。霍普金斯是一个精力充沛、好奇心强、才华横溢的人，他相信通过反复测试可以发现一些基本原则，这些原则可以保证成功。霍普金斯甚至声称已理解这些原则，并在《科学的广告》一书中进行阐述。

正如我们将在第 2 章中看到的那样，伯恩巴克（Bernbach）等后来的广告专业人士最终拒绝了广告是一门科学的观点，今天也很少有人会这么认为。因此，霍普金斯描述的许多“原则”现在看来显得古怪而简单。

但是，如果说霍普金斯在某些事情上是错误的，那么他在另一些事情上的先见之明则是惊人的。例如，他认为广告人员应该深入了解产品和消费者。他也明白在活动前后进行研究的价值（他特别喜欢用优惠券作为衡量广告效果的一种方式，这预示了当今直接反应广告的流行）。最后，霍普金斯主张为每个品牌找到一个“先发制人的主张”，一个可以将品牌与其竞争对手区分开来的属性。一个著名的例子是霍普金斯为喜立滋（Schlitz）设计的主张，该品牌的瓶子是“用蒸汽清洗过的”。事实上，所有的啤酒瓶都是用蒸汽消毒的，但这并没有减少消费者心目中喜立滋与纯度、清洁度和安全性的联系。霍普金斯最终成为广告行业薪酬最高的人才之一。

在拉斯克尔和霍普金斯结束他们作为广告传奇的职业生涯后，洛德暨托马斯广告公司继续存在，最终成为博达大桥广告公司（FCB），现在是埃培智集团（Interpublic）的一部分。虽然阿尔伯特·拉斯克尔从未成为一名记者，但他过着丰裕而充实的生活。退休后，他将大部分财富捐赠给了慈善机构。特别值得一提的是他创立了以自己和妻子的名字命名的阿尔伯特和玛丽·拉斯克尔基金会，自 1945 年以来，该基金会一直资助和奖励开创性的临床和基础医学研究。

公共关系（public relations，PR）是一个伞状过程，很像营销，负责管理公司与公众的关系。公众可能包括但不限于客户。公共关系还涉及员工、股东、供应商、政府监管机构、利益集团和媒体。因此，公关不仅仅是一种营销传播工具。然而，作为营销组合的一部分，营销人员使用了许多**公共关系活动**（public relations activities），因为此类活动非常擅长以相对较低的成本为公司创造知名度和信誉。这些活动（通常称为**营销公共关系**（marketing public relations，MPR））包括公共宣传、传媒炒作、赞助、特别事件和一种称为**公共关系广告**（public relations advertising）的特殊广告，这种广告使用结构化、赞助形式的媒体广告来实现公共关系目标。虽然公关与广告密切相关，但它需要完全不同的技能，并且通常由公关公司专业人员而非广告行业人员执行。但是，广告人员需要了解公关活动的重要性，因此我们将在第 18 章中详细讨论该主题。

公司使用除媒体广告之外的各种促销工具来传达有关它们自己及其品牌的讯息。这些**辅助宣传材料**（collateral material）包括传单、小册子、目录、海报、销售工具包、产品规格表、说明书等。这些材料可能非常便宜或非常昂贵。但是，由于它们为客户和潜在客户提供了非常多的信息，因此它们对于完成销售和强化先前的销售决策都非常重要。制作辅助宣传材料的人可能为公司的广告代理公司工作，但它们通常为外部平面设计公司、包装行业专家以及独立电影和视频制作者工作。

整合营销传播的其他好处

近年来，随着新媒体的激增和竞争成本的提高，老练的营销经理已经开始寻找新的方法来从营销传播中获得更多收益（与问责）。结果是，企业管理层越来越认识到：（1）大众媒体广告的效率已不如过去；（2）消费者比以往任何时候都更加老练世故、愤世嫉俗和不信任他人；（3）公司在广告中所说的和实际所做的之间存在巨大差距；

（4）从长远来看，培养良好的客户关系远比进行简单的交流重要。[44] 正如我们在本章中所强调的那样，这导致了一种日益增长的趋势，即整合同一广告主的各个传播机构创建的讯息，并由公司的各个部门发出，以实现一致性。IMC 不仅是一个重要的营销趋势，更是 21 世纪企业发展的必然要求。

有人说 IMC 实践是一种可以追溯到 20 世纪末的新发展，但实际上 IMC 是一种战略思维的延续，这种思维随着广告的发展和成熟而演变。为了更清楚地理解这一点，下一章将通过可口可乐的历史介绍广告的发展概况。

本章小结

广告是一种有偿的、有可识别来源的媒介化传播形式，旨在劝服接收者现在或将来采取某些行动。为了最大限度地提高广告效果，大多数公司都努力确保它们的广告与其他讯息传播工作相辅相成。这种做法称为 IMC。

广告是一种传播形式，在某些方面与普通传播很相似，但也有所不同。普通的人类传播始于某个来源形成的想法，将其编码为讯息，并通过某种渠道或媒介将其发送给接收者。接收者必须对消息进行解码才能理解它。作为回应，接收者提出一个新想法，对该想法进行编码，然后通过某个渠道发回一条新讯息。响应原始讯息而生成的讯息即是反馈。在广告中，由于信源、讯息和接收者的多维性质，传播过程是复杂的。传统上，广告是一个单向的过程，但交互技术为公司提供实时反馈和大量消费者数据，这种反馈对现代营销至关重要。

广告是实施 IMC 的企业的重要工具，IMC 战略性地管理和协调消费者收到的有关品牌信息的概念和过程。如果实践得当，IMC 可以在各种沟通渠道之间创造协同效应。对于公司来说，指导它们吸引利益相关者（包括消费者，也包括员工和公众在内的其他群体）并与他们建立可信的关系至关重要。

市场营销的主要作用是吸引收入。公司市场营销的目标将决定其广告的目标。营销经理的广告主要针对消费者市场和商业市场。每一个市场都有特殊形式的广告，例如零售广告、贸易广告、专业型广告和农业广告。

公司的营销组合——或战略——确定了所需的广告类型和实施它所需的技能。营销组合包括营销经理可以控制的那些要素：产品、价格、分销和传播。根据所销售的产品，广告主可能会使用包装商品广告、专业服务广告或其他类型的广告，例如高科技广告。同样，公司的定价策略也将决定它是否应该使用促销广告。

分销策略决定了公司对地方性、区域性、全国性或国际广告的使用。传播要素决定了要使用的营销传播工具的组合，包括广告、人员推销、促销、公共关系活动和辅助宣传材料。

为了使组织的所有讯息保持一致，成熟的公司寻求通过称为整合营销传播的过程将其营销传播与公司所有其他活动相结合。

重要术语

行动广告（action advertising）
真实消费者（actual consumer）
广告（advertising）
农业广告（agricultural advertising）
作者（author）
自传讯息（autobiographical message）
知名度广告（awareness advertising）
商业广告（business advertising）
企业对企业（B2B）广告（business-to-business（B2B）advertising）
渠道（channel）
辅助宣传材料（collateral material）

消费者广告（consumer advertising）
消费者（consumer）
解码（decode）
直接反应广告（direct-response advertising）
戏剧讯息（drama message）
编码（encode）
反馈（feedback）
全球性广告（global advertising）
商品（goods）
观念（idea）
形象广告（image advertising）
暗指的消费者（implied consumer）
整合营销传播（integrated marketing communications，IMC）
交互型顾客关系（interactive customer relationship）
国际广告（international advertising）
顾客终身价值（lifetime customer value，LTCV）
地方性广告（local advertising）
市场营销（marketing）
营销传播（marketing communication）
营销公共关系（marketing public relations，MPR）
大众媒体（mass media）
媒体（medium）
讯息（message）
叙事讯息（narrative message）
全国性广告（national advertising）
噪声（noise）
非商业广告（noncommercial advertising）
非产品广告（nonproduct advertising）
画像用户（persona）
人员推销（personal selling）
价格型广告（price advertising）
过程（process）
产品（product）
产品广告（product advertising）
专业型广告（professional advertising）
公共关系（public relations，PR）
公共关系活动（public relations activities）
公共关系广告（public relations advertising）
公共服务讯息（public service message）
接收者（receiver）
区域性广告（regional advertising）
关系营销（relationship marketing）
零售广告（retail advertising）
促销广告（sale advertising）
销售促进（sales promotion）
服务（service）
信源（source）
出资者（sponsor）
出资的消费者（sponsorial consumer）
利益相关者（stakeholder）
目标受众（target audience）
目标市场（target market）
贸易广告（trade advertising）

复习题

1. 什么是广告？广告与其他营销传播技术有何差别？
2. 在营销传播过程中，信源、讯息、接收者的各个维度分别是什么？
3. 为什么很多公司都在实践 IMC，它能给实践得好的公司带来什么好处？
4. 品牌与消费者之间有什么样的关系，哪些因素决定了哪种关系是合适的？
5. 交互传播模式与传统传播模式相比有哪些优势？交互传播的发展如何改善 IMC 实践？
6. 除了消费者之外，品牌还寻求与谁建立关系？
7. 广告的两大目标市场是什么？
8. 除了消费者广告，制药公司可能会采用什么具体形式的商业广告？
9. 构成公司营销战略（或营销组合）的四个要素是什么？它们如何影响公司使用的广告类型？
10. 知名度广告的目的是什么？
11. 哪些重要的营销活动属于“促销”的范畴？

广告体验

1. 品牌关系

本章强调建立关系是 IMC 的一个重要目标。想想你最喜欢的品牌。你觉得你和它们建立了“关系”吗？支持这些品牌的公司如何确保你在关系中感到满意？这种关系如何影响你对这些公司提供的新产品的反应？你如何以及何时向他人传达你对该品牌的积极感受或兴奋感？

2. 广告的角色

在第 1 章中，你了解了广告的标准定义以及广告可以扮演的各种角色和形式。浏览以下网站并讨论每个网站使用什么类型的广告以及广告的目的是什么：

a. 美国癌症协会：www.cancer.org

b. 亚马逊：www.amazon.com

c. 福特：www.ford.com

d. 麦当劳：www.mcdonalds.com

e. MINI：www.MINIUSA.com

f. 美国联合包裹运送服务公司（UPS）：www.ups.com

3. 电视广告中的文学形式

观看三条电视广告或网络广告并检查它们的文体形式。它们是采用自传、叙事还是戏剧的形式？对于每个广告，讨论你认为其创作者为何选择这种形式而不是另一种形式。

4. 处理不想要的品牌讯息

重读莎伦和她发现一家新服装店的简短描述。想象一下，一位新闻记者采访了绿色线程的一名前雇员，他诬告该公司以不安全的方式处理废物。零售商可以通过哪些方式处理这种不想要的声音？这些对讯息做出反应的方式，即使是针对虚假讯息，是否也有其自身的风险？

5. 传播反馈的双刃剑

许多公司从顾客那里寻求的反馈有负面作用，即涉及消费者隐私问题。这在本章开篇进行了探讨。消费者应该期待得到多少隐私保护？公司何时在获取有关其潜在顾客和顾客的信息方面走得太远？如果立法限制它们获取顾客信息，这对数字营销人员意味着什么？

本章注释

[1] Bernard Marr, “21 Scary Things Big Data Knows About You,” *Forbes*, March 8, 2016, *www.forbes.com/sites/bernardmarr/2016/03/08/21-scary-things-big-data-knows-about-you/#50606a586e7d*.

[2] Charles Duhigg, “How Companies Learn Your Secrets,” *New York Times Magazine*, February 16, 2012, *www.nytimes.com/2012/02/19/magazine/shopping-habits.html?pagewanted=all&_r=1*.

[3] Bernard Marr, “Barbie Wants to Chat with Your Child—But Is Big Data Listening In?” *Forbes*, December 17, 2015, *www.forbes.com/sites/bernardmarr/2015/12/17/barbie-wants-to-chat-with-your-child-but-is-big-data-listening-in/#177abe8f2978*.

[4] Upturn, “Predictive Policing: From Neighborhoods to Individuals,” in *Civil Rights, Big Data, and Our Algorithmic Future*, 2014, *https://bigdata.fairness.io/predictive-policing/*.

[5] Bernard Marr, “How Facebook ‘Likes’ Reveal Your Intimate Secrets,” LinkedIn, June 13, 2013, *www.linkedin.com/pulse/20130613061334-64875646-how-facebook-likes-reveal-your-intimate-secrets/*.

[6] Anthony Cuthbertson, “Google AI Can Predict When People Will Die with ‘95 Percent Accuracy,’” *Independent*, June 19, 2018, *www.independent.co.uk/life-style/gadgets-and-tech/news/google-ai-predict-when-die-death-date-medical-brain-deep-mind-a8405826.html*.

[7] Nitasha Tiku, “Europe’s New Privacy Law Will Change the Web, and More,” *Wired*, March 19, 2018, *www.wired.com/story/europes-new-privacy-law-will-change-the-web-and-more/*.

[8] “Facebook Scandal Hit 87 Million Users,” *BBC News*, April 4, 2018, *www.bbc.com/news/technology-43649018*.

[9] Sean Keach, “Social Score: Facebook Has TRUST Ratings for Users—but It Won’t Tell You Your Score,” *The Sun*, August 21, 2018, *www.thesun.co.uk/tech/7067261/facebook-trust-rating-score-check/*.

[10] Stephen R. Fox, *The Mirror Makers: A History of American Advertising and Its Creators* (Urbana, IL: University of Illinois Press, 1997).

[11] Jef I. Richards and Catharine M. Curran, “Oracles on ‘Advertising’: Searching for a Definition,” *Journal of Advertising* 31 (2002), pp. 63–77.

[12] Claude Elwood Shannon and Warren Weaver, *The Mathematical Theory of Communication* (Urbana, IL: University of Illinois Press, 1971).

[13] Barbara B. Stern, “A Revised Communication Model for Advertising: Multiple Dimensions of the Source, the Message, and the Recipient,” *Journal of Advertising*, June 1994, pp. 5–15.

[14] Lisa Nirell, *The Mindful Marketer* (London: Palgrave Macmillan, 2014); Larry Weber and Lisa L. Henderson, *The Digital Marketer* (Hoboken, NJ: John Wiley & Sons, 2014).

[15] American Marketing Association, “Relationship Marketing,” 2017, *www.ama.org/resources/Pages/Dictionary.aspx?dLetter=R*.

[16] Gemma Joyce, “Five Times Customers Asked for Change and

Brands Actually Delivered It," *Brandwatch*, July 12, 2018, *www.brandwatch.com/blog/5-times-customer-change/*

[17] Philip Kotler and Kevin Lane Keller, *Marketing Management* (New York: Pearson, 2011).

[18] Brad Sugars, "How to Calculate the Lifetime Value of a Customer," *Entrepreneur*, August 8, 2012, *www.entrepreneur.com/article/224153*.

[19] Rolph Anderson, Srinivasan Swaminathan, and Rajiv Mehta, "Prospering in Tough Economic Times through Loyal Customers," *International Journal of Management and Economics* 41 (2014), pp. 76–91.

[20] D. Van den Poel and B. Larivière, "Customer Attrition Analysis for Financial Services Using Proportional Hazard Models," *European Journal of Operational Research* 157 (2004), pp. 196–217.

[21] Philip Kotler and Kevin Lane Keller, *Marketing Management* (New York, NY: Pearson, 2011).

[22] Philip Kotler and Gary Armstrong, *Principles of Marketing* (Englewood Cliffs, NJ: Prentice Hall, 2014).

[23] Jessica Tsai, "Are You Smarter Than a Neuromarketer?" *Customer Relationship Management*, January 2010, pp. 19–20.

[24] Philip Kotler and Gary Armstrong, *Principles of Marketing*, (Englewood Cliffs, NJ: Prentice Hall, 2014).

[25] Philip Kotler and Gary Armstrong, *Principles of Marketing*, (Englewood Cliffs, NJ: Prentice Hall, 2014).

[26] E. J. Shultz, "Mtn Dew Plans Big Spending Boost behind Kickstart, Diet Dew," *Advertising Age*, January 21, 2014, *http://adage.com/article/news/mtn-dew-plans-big-spending-boost-kickstart-diet-dew/291192/*.

[27] E. J. Shultz, "Mtn Dew Plans Big Spending Boost behind Kickstart, Diet Dew," *Advertising Age*, January 21, 2014, *http://adage.com/article/news/mtn-dew-plans-big-spending-boost-kickstart-diet-dew/291192/*.

[28] Jerry G. Kliatchko, "Revisiting the IMC Construct: A Revised Definition and Four Pillars," *International Journal of Advertising* 27 (2008), pp. 133–60.

[29] "Disney's Four Keys to a Great Guest Experience," *Disney at Work*, 2019, *http://disneyatwork.com/disneys-four-keys-to-a-great-guest-experience/*.

[30] Sandra Luxton, Mike Reid, and Felix Mavondo, "Integrated Marketing Communication Capability and Brand Performance," *Journal of Advertising* 44 (2015), pp. 37–46.

[31] Glen Nowak and Joseph Phelps, "Conceptualizing the Integrated Marketing Communications Phenomenon: An Examination of Its Impact on Advertising Practices and Its Implications for Advertising Research," *Journal of Current Issues and Research in Advertising*, Spring 1994, pp. 49–66.

[32] Glen Nowak and Joseph Phelps, "Conceptualizing the Integrated Marketing Communications Phenomenon: An Examination of Its Impact on Advertising Practices and Its Implications for Advertising Research," *Journal of Current Issues and Research in Advertising*, Spring 1994, pp. 49–66.

[33] Jerry Kliatchko, "Revisiting the IMC Construct: A Revised Definition and Four Pillars," *International Journal of Advertising* 27 (2008), pp. 133–60.

[34] Charles R. Taylor, "Integrated Marketing Communications in 2010 and Beyond," *International Journal of Advertising* 29 (2010), pp. 161–64.

[35] Thomas R. Duncan and Sandra E. Moriarty, *Driving Brand Value: Using Integrated Marketing to Manage Stakeholder Relationships* (New York: McGraw-Hill, 1997).

[36] Thomas R. Duncan and Sandra E. Moriarty, *Driving Brand Value: Using Integrated Marketing to Manage Stakeholder Relationships* (New York: McGraw-Hill, 1997).

[37] Jerry G. Kliatchko and Don E. Shultz, "Twenty Years of IMC: A Study of CEO and CMO Perspectives in the Asia-Pacific Region," *International Journal of Advertising* 33 (2014), pp. 373–90, *www.academia.edu/7295960/Twenty_Years_of_IMC*.

[38] Sandra Luxton, Mike Reid, and Felix Mavondo, "Integrated Marketing Communication Capability and Brand Performance," *Journal of Advertising* 44 (2014), pp. 37–46.

[39] "Definition of Marketing," American Marketing Association (approved July 2013), *www.ama.org/the-definition-of-marketing/*.

[40] Albert Davis Lasker, "The Personal Reminiscences of Albert Lasker," *American Heritage* 6, no. 1 (December 1954).

[41] Albert Davis Lasker, "The Personal Reminiscences of Albert Lasker, *American Heritage* 6, no. 1 (December 1954).

[42] Claude C. Hopkins, *My Life in Advertising* (New York: Harper & Bros., 1927; repr. The Editorium, LLC, 2009).

[43] Dr. Robert C. Worstell, Claude C. Hopkins, John E. Kennedy, and Albert D. Lasker, *Scientific Advertising Origins*, Lulu.com (2014).

[44] MMC Learning, Integrated Marketing Communications. *http://multimediamarketing.com/mkc/marketingcommunications/*

第 2 章

概览：广告的功能及其演变

学习目标

广告与整合营销传播在各国和全球经济中发挥着重要作用。但它们在人类历史上是最近才演变形成的。为什么广告会发展起来？为什么它在现代生活中如此重要？为了帮助回答这些问题，本章介绍了自由市场经济的原理、广告在自由经济中的作用和影响、广告作为一种经济工具的演变以及广告对社会的整体影响。你将了解广告实践为什么开始、它是如何变化的、为什么会继续发展以及为什么它是市场经济的重要组成部分。

学习本章后，你将能够：

1. 讨论广告在自由市场中的作用。
2. 确定广告历史上的里程碑。
3. 讨论广告的作用是如何随着时间而改变的。
4. 提供品牌重要性的证据，包括描述强大的品牌为公司带来的好处。
5. 描述广告在过去、现在和未来对社会的影响。

约翰·彭伯顿（John Pemberton）的原始可乐配方包括古柯叶和可乐果，它们是用来缓解头痛的兴奋剂。可口可乐配方里传说中的可卡因痕迹早已消失，但今天的商标仍然基于原始配方。[1]就像商标中的旋涡一样，这个世界上最有价值的品牌也被传说和神话包围着。虽然可口可乐公司一直在塑造神秘感，特别是强调延续“秘密配方”，但可口可乐的广告从一开始就充满活力和积极向上。1886 年，彭伯顿在亚特兰大的一家药店以每杯 5 美分的价格出售了他的新药。同月，第一个可口可乐广告出现在《亚特兰大日报》上。

但是彭伯顿是一位发明家，而不是营销经理。1892 年，艾萨·坎德勒（Asa Candler）以 2 300 美元从彭伯顿的家人手中购买了这种饮料所有权。当时公司还很小，坎德勒加入可口可乐公司，可口可乐品牌诞生。他通过新颖的促销活动积极吸引顾客，包括发放免费样品券。坎德勒还在那个时代的新媒体——壁画和商店的固定装置，例如日历、时钟和汽水机上投放广告。1906 年，广告公司负责人威廉·达西（William D'Arcy）劝服坎德勒在报纸上开始广告战役。从一开始，可口可乐的广告就将品牌与吸引人的形象联系在一起，从年轻貌美的女性到圣诞老人。达西认为，“可口可乐广告应该创造吸引人们的场景，并使它们成为日常生活愉快插曲的一部分”[2]。20 世纪 20—30 年代的广告中，人们在划船等活动中享用可乐，这是许多人梦寐以求的——也许在繁荣时期是现实的，但在大萧条时期只能是愿望。达西一直负责可口可乐公司的业务。直到 1956 年，当广告公司在新的媒体——电视面前摇摇欲坠时，可口可乐优雅地将广告业务交给了新晋的天才广告公司麦肯（McCann-Erickson）。但在《华尔街日报》的一则广告中，也不乏纪念其与可口可乐合作 50 年的内容。麦肯公司在 20 世纪 50—70 年代的可口可乐广告战役中通过展示演员和音乐，融入了通过电视传播的流行文化。有关电视史上一些最令人难忘的广告，请参阅本章的广告作品集：现代广告的历史。

可口可乐取得了非凡的成功，但也并非没有失误。可口可乐尝试了一种新配方，并在 1985 年竭尽全力推出新可乐。公众对新可乐的反应是消极而直接的：一些人开始囤积旧可乐，而另一些人则游说公司并准备起诉。可口可乐意识到顾客忠诚的是品牌，而不是口味。正如可口可乐总裁在随后的新闻发布会上指出的那样，“投入对新可口可乐的消费者研究中的所有时间、金钱和技能都无法衡量或揭示人们对原始可口可乐的深刻而持久的情感依恋。……有些愤世嫉俗的人会说我们策划了整个事情。事实上我们并没有那么愚蠢，也没有那么聪明”[3]。随后，该公司停止了新可乐的销售，并恢复到原来的配方。

在长达 7 年的“永远的可口可乐”（Always Coca-Cola）广告战役的帮助下，可口可乐公司恢复了市场份额。创意先锋公司（Creative Edge）制作了一系列电脑生成的电视广告，将可口可乐广告带入了数字时代，并在动画北极熊的生活中展示了简单、可乐的时刻。新千年伊始，批评者认为可口可乐的广告飘忽不定。投资者希望公司将更多的精力转移到不断增长的运动饮料领域。“当你应该推出更好的运动饮料动乐（Powerade）或瓶装水达沙尼（Dasani）时，为什么还要为一个发展缓慢的品牌投入资金呢？”一位大股东问道。[4]为什么？通过 120 年的文化变革、新技术和市场趋势，可口可乐公司对品牌价值的精心管理使可口可乐不仅成为世界上最畅销的碳酸饮料，而且成为世界上最受尊敬的品牌。

截至 2020 年，可口可乐仍在引领 IMC 的步伐。从可定制的瓶子到复古的圣诞老人广告，可口可乐想方设法将其品牌与深切、发自内心的情感联系起来。结果是其继续占据市场主导地位。十多年来，可口可乐占据了美国软饮料销量近 43% 的份额。更令人印象深刻的是，它拥有 48% 的全球市场份额。可口可乐在 IMC 上取得成功并不是因为它是最具创新性或最前卫的营销商，它之所以成功，是因为它了解自己的品牌、顾客以及两者之间的深厚关系。

2.1　广告的功能

广告具有多种功能，如果执行得当，其效果可能会非常显著。要了解它是如何产生效果的，那就让我们回到可口可乐的起源，当时药剂师约翰·彭伯顿还在他的实验室里混合糖浆。（有关可口可乐品牌和公司的发展年表，请参见图表 2-1。）

1 讨论广告在自由市场中的作用

图表 2-1
可口可乐年表：可口可乐及其母公司的故事

19 世纪 80—90 年代	20 世纪前 20 年
1884　约翰·彭伯顿开发了“彭伯顿的法国葡萄酒古柯”，一种治疗酒精性头痛的药物。 1885　亚特兰大通过了禁酒法；彭伯顿将他的饮料重新配制为不含酒精的版本，并称之为可口可乐。 1886　可口可乐在亚特兰大一家药店开始销售。 1887　彭伯顿将其公司的股份出售给四名商人。 1888　艾萨·坎德勒获得了制造和销售可口可乐的独家权利。 1894　可口可乐首次以瓶装形式出售。	1901　坎德勒开始了首个免费饮料券战役。 1906　达西为可口可乐制作了一个报纸广告战役。 1906　首家国际糖浆厂在古巴哈瓦那开业。 1911　可口可乐的广告预算达到 100 万美元。 1912　山寨可乐比比皆是。 1915　“轮廓”可乐瓶被设计出来并成为标准。 1916　坎德勒从可口可乐辞职，被选为亚特兰大市市长。 1919　可口可乐推出六瓶装以鼓励购买足够的可乐回家。
20 世纪 20—30 年代	**20 世纪 40—60 年代**
1923　罗伯特·伍德拉夫（Robert Woodruff）成为公司总裁。 1928　更多人喝瓶装的而不是汽水机中的可口可乐。 1928　可口可乐赞助阿姆斯特丹奥运会。 1930　装瓶商挨家挨户安装可乐品牌的开瓶器。 1931　可口可乐广告中出现哈顿·桑布罗姆（Haddon Sundblom）的经典圣诞老人形象。 1935　投币式自动售货机开始普及。	1941　经过多年使用简称进行竞争后，公司开始在广告中使用“Coke”一词。 1942　通过向军队供应可乐来绕过糖分战时定额配给。 1943　艾森豪威尔发了一封电报，要求在战区建立 10 家可口可乐装瓶厂。 1950　可口可乐是首个登上《时代》杂志封面的产品。 1955　可口可乐推出家庭装。 1964　推出首个易拉罐。
20 世纪 70—80 年代	**20 世纪 90 年代和 21 世纪前 10 年**
1971　可口可乐在“山顶”电视广告中教全世界唱歌。 1978　中国允许可口可乐（而不是其他饮料公司）在中国经营。 1982　健怡可乐诞生。 1985　新可乐在 4 月份大张旗鼓地发布，却遭到消费者的抵制。 1985　经典可乐于 7 月重新上架，完全采用高果糖玉米糖浆。 1985　宇航员使用特殊“太空罐”在航天飞机上喝可口可乐。	1993　北极熊出现在“永远的可口可乐”广告战役中。广告年支出达到 10 亿美元。 2002　可口可乐开始了对《美国偶像》的高调赞助。 2005　开发和销售使用阿斯巴甜的零度可乐。 2011　可口可乐推出特殊的白罐，与世界自然基金会合作保护北极熊。 2014　可口可乐因《它很美》的超级碗广告引发争议。 2018　可口可乐将可口可乐、零度可乐和可乐生活合并在同一个商标下。在 60 秒超级碗广告中与消费者分享这一变化。

彭伯顿的商业伙伴兼簿记员弗兰克·罗宾逊（Frank Robinson）建议使用“可口可乐”（Coca-Cola）这个名称来识别两种主要口味，因为他认为“这两个 C 在广告中会很

好看”[5]。罗宾逊用他流畅的笔迹写下了这个名字，从而创造出在全世界都能一眼认出的标识。后来，一种独特的瓶子形状成为整个公司的标准。这种专有的曲线瓶帮助客户区分可口可乐和其他饮料。可口可乐商标和轮廓瓶的创造说明了**品牌化**（branding）和广告的最基本功能之一：识别产品及其来源，并将它们与其他产品区分开来。（这里讨论的功能和效果列在图表 2－2 中。）

图表 2－2
广告作为营销工具的功能和效果

- 识别产品并将它们与其他产品区分开来。
- 传达有关产品、产品特性和销售地点的信息。
- 引导消费者尝试新产品并建议重复使用。
- 刺激产品的分销。
- 增加产品使用率。
- 建立价值、品牌偏好和忠诚。
- 降低整体销售成本。

当彭伯顿刚开始在雅各布药店销售可口可乐时，他需要让人们知道它是什么——尽管今天我们将可乐这个词与冰爽的、深色、会起泡的饮料联系起来，但亚特兰大人并没有自动地把它们联系起来。因此，彭伯顿和罗宾逊在他们药店门前的招牌上，把“建议饮用”字样加在可口可乐之前。[6]《亚特兰大日报》的广告让读者知道为什么要喝它（因为它“美味，令人振奋，令人耳目一新，令人精力充沛”）、它的价格，以及在哪里可以买到它。这展示了广告的另一个基本功能：传达有关产品、产品特性和销售地点的信息。

在艾萨·坎德勒获得可口可乐公司的控制权后，他开始更大规模地开发可口可乐的市场。他向亚特兰大居民邮寄了数千张免费饮料券。在街上分发数以千计的饮料券并将其插入杂志。为支付样品费用，该公司向提供饮料的汽水机商家免费赠送糖浆。免费样品活动伴随着可口可乐进入新市场。该活动说明了广告的另一个功能：引导消费者尝试新产品并建议重复使用。

在 20 世纪初期，可口可乐并没有今天这样的行业主导力量，百事和现已倒闭的莫克西（Moxie）等竞争对手抢占了可口可乐的市场份额。外部力量也威胁到整个行业，战时的糖分定额配给尤其具有破坏性。在美国加入二战之前，可口可乐公司的高管曾劝说政府给军队提供可乐，以提振士气。为实现这一目标，达西广告公司在训练营征得美国军官的同意，以支持可口可乐成为官方军事供应商，从而绕过糖分定额配给。陆军部同意了这个计划，可口可乐公司借了 550 万美元，在前线附近建立了 64 个装瓶厂。这一高风险的投资回报丰厚。调查发现，退伍老兵更喜欢可口可乐而不是百事可乐。[7]可口可乐巧妙地将爱国主义与广告的另一个最重要功能——增加产品使用率结合在一起。

随着软饮料成为美国各地便利店、餐馆和家庭的主要供应产品，可口可乐开始在国外开展营销战役。1906 年，可口可乐在加拿大、古巴和巴拿马建立了第一家国际装瓶厂；如今，该公司在 200 多个国家 / 地区许可灌装可口可乐。世界各地的可口可乐特许装瓶商可以通过改变添加到基础糖浆中的甜味剂量来调整配方以适应当地口味。装瓶商和分销商还通过自己的促销和活动赞助来补充公司的广告——从亚美尼亚的社区清洁日到韩国的大型电影节。通过各种活动，可口可乐成功地完成了广告的另一项功能：刺激产品的分销——在这一案例中，广告的作用触达全球。

在自由市场经济中，当一家公司开始赚取可观的利润时，其他公司会立即加入竞争。多年来，为了应对持续的竞争威胁，可口可乐一直资助营销传播活动，以完成广告的另一项功能：建立价值、品牌偏好和忠诚度。尽管 20 世纪 80 年代的味觉大战表明，很多人更喜欢百事可乐而不是可口可乐，但这种盲性测试的偏好从未将可口可乐踢出榜首。一个世纪以来始终如一的乐观讯息已经取得了成功。可口可乐的广告，比如现在的广告战役“我们的奇迹”，一直在宣传一个共同的声音和一个共同的主题：可口可乐让生活中的轻松时刻变得更加美好。

120 多年来，可口可乐公司使用各种媒体将这一讯息传达给不同的受众。为什么这么做？因为它实现了广告最显著的功能：降低整体销售成本。相对于通过人员推销接触一个潜在客户的成本，公司可以通过媒体广告接触到数千人。进行面对面销售访问的平均成本约为 170 美元。将这 170 美元乘以观看联播网电视节目的超过 1 500 万人，成本会达到惊人的 25.5 亿美元。然而，只需 500 000 美元，可口可乐就可以在收视率最高的节目中购买 30 秒的电视广告，并覆盖同样的 1 500 万人。通过电视，广告主可以通过大约 30 美元的价格与 1 000 名潜在客户交谈——不到通过人员推销与单个潜在客户交谈成本的 20%。[8]

现在，考虑到可口可乐的历史概况，可口可乐的广告是如何符合自由市场经济的基本假设的？可口可乐的广告是否有助于让更多人以更低的成本获得这种软饮料？它是否告知他们在哪里可以买到可乐以及为什么要喝可乐？自由做广告和可口可乐的成功是否刺激了其他公司的竞争？哪些外部因素可能对可口可乐公司销售其饮料的努力产生积极或消极影响？

可口可乐的营销经理利用广告的力量讲述了惊人的故事，这个故事在数亿消费者的脑海中留下了一个强有力的想法。每个故事的中心都是品牌。事实上，IMC 的许多活动都致力于打造品牌。请考虑以下这些配对：零售商——诺德斯特龙（Nordstrom）；能量饮料——红牛（Red Bull）；数字助理——亚马逊 Echo 智能音箱；无线服务——威瑞森。在每种情况下，通用产品类别都与该类别中的强大品牌配对。如果你发现自己对品牌的反应比对该类别的通用示例更清晰、更强烈、更积极，那么你就体验到了品牌的力量。

我们将在本章后面详细阐述品牌的重要性，并展示它是如何实现的。但首先我们会回顾一下北美广告的历史。一个在 200 年前甚至不存在的行业如何成为现代生活中如此强大的力量？在今天广告为什么如此重要？几十年来，它是如何发展以满足营销经理和消费者的需求的？

2.2　广告的演变

几千年前，人们大部分的时间都用于满足基本的生存需求：食物、衣服、住所。他们生活在孤立的小社区，工匠和农民在这里交换产品和服务。分销仅限于供应商可以走多远，“广告”仅限于他们能做到的大声叫卖。因为商品的生产量不大，所以没有必要通过广告来刺激大众购买。也没有可供可能有需要的广告主使用的大众媒体。尽管如此，考古学家还是发现了可以追溯到公元前 3000 年的旨在鼓励巴比伦人之间贸易的讯息的证据。

2 确定广告历史上的里程碑

早期广告

大约在 5 000 年前，随着农业发展，文明开始出现。稳定的食物供应意味着人们可以定居，欧洲、亚洲和南美洲很快开始形成城市。城市间的贸易推动了商人阶层和市场的发展。

这个时候的广告很少。为什么？首先，大多数人自己制造自己使用的东西。人们一生都致力于耕种、饲养牲畜和艰苦劳动。大众媒体不存在。对于远距离运输货物和服务，还没有简便的方法。广告要想作为一个行业出现，必须等待机器、财富、人口增长、机械化交通和大众媒体的首先出现。

在**前工业时代**（preindustrial age），一些重要事件促成了现代广告的最终发展。中国人发明了造纸术，1275 年欧洲有了第一家造纸厂。1439 年左右，约翰内斯·古腾堡（Johannes Gutenberg）在德国发明了活字印刷术。报刊的出现不仅是广告史上最重要的发展，也是传播史上最重要的发展，它彻底改变了人们的生活和工作方式。

这块中国古代的青铜板在为一家裁缝店做广告，被认为是现存最古老的广告讯息之一。

资料来源：Historic Collection/Alamy Stock Photo.

印刷技术的引入使讯息得以确立、证实、记录和传输。人们不再仅仅依赖他们的记忆。活字技术使得印刷具有灵活性。僧侣和学者缓慢的手抄让位于少数专业群体掌握的更快速的批量印刷。一些企业家购买了印刷机，将它们安装在马车上，然后从一个城镇到另一个城镇兜售印刷品。这项新技术使早期的广告——海报、传单和招牌，以及后来的第一个大众媒体——报纸成为可能。

1472 年，首个英文广告出现了：一张贴在伦敦教堂门上的传单，宣布出售一本祈祷书。200 年后，报纸上刊登了第一则广告，悬赏寻找 12 匹被盗的马。很快，报纸上刊登了咖啡、巧克力、茶、房地产和药品的广告，甚至还有个人广告。这些早期的广告仍然针对非常有限的人群：大多数报纸的读者都是咖啡馆里的顾客。

到 18 世界早期，世界人口约为 6 亿，一些城市大到足以支持大众广告。1758 年，英国著名文学家塞缪尔·约翰逊（Samuel Johnson）观察到，当时广告数量太多，以至于人们“无心细读”，因此有必要“用华丽的承诺”来获得关注。这是广告夸大的开始。

北美殖民地时期，《波士顿邮报》于 1704 年开始刊登广告。大约 25 年后，广告艺术之父本杰明·富兰克林（Benjamin Franklin）通过使用大标题和相当大的空白，使广告更具可读性。事实上，富兰克林是第一个在广告中使用插图的美国人。

广告作品集

现代广告的历史

尽管广告有数千年的历史，但它是在最近 100 年才形成独立的领域的，这要归功于不断增长的人口对商品和服务的需求，以及使它们可获得的快速变化的技术。

回顾 30 年、50 年、70 年甚至 100 年前的广告活动，我们会发现关于当时生活的有趣迹象，还可以看到现代广告是如何与我们的生活水平同步发展的。正如英国作家和外交官诺曼·道格拉斯（Norman Douglas）在 1917 年所说的："你可以通过广告来了解一个国家的理想。"[9]

- 研究本章广告作品集中的一系列历史上的广告，并考虑每个广告与本章讨论的广告的七种功能和效果之间的关系。

可口可乐于 1886 年首次在亚特兰大的一家小药店供应。可口可乐的发明者约翰·彭伯顿在《亚特兰大日报》上刊登了一则广告，宣称这种软饮料"既美味又提神"。

资料来源：Library of Congress Prints and Photographs, LC-USZ62-39705.

这幅 20 世纪 30 年代可口可乐的平面广告出现在全美各地的出版物中，是最早引入圣诞老人的广告之一。有趣的是，直到 19 世纪中叶圣诞老人才开始以这种圆润的、欢乐的方式被描绘出来。事实上，在普及人们今天所熟知的圣诞老人形象方面，为可口可乐工作的艺术家们发挥了重要作用。

资料来源：The Coca-Cola Company.

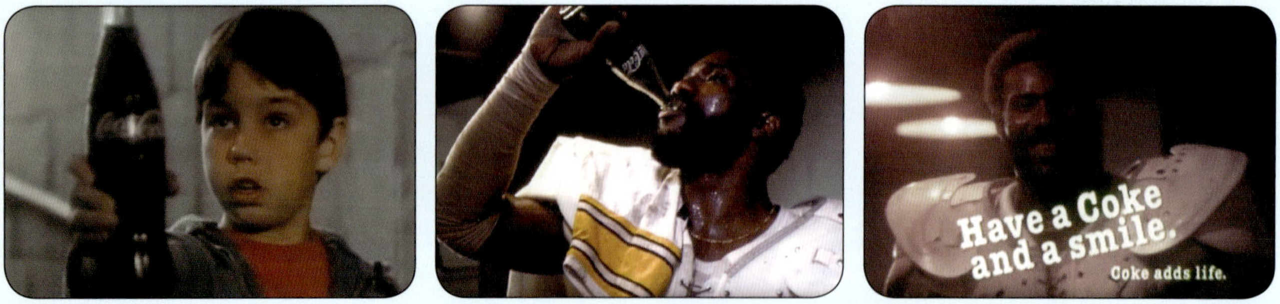

可口可乐在 20 世纪 80 年代推出了一个著名的广告，主角是著名的橄榄球运动员“吝啬的”的乔·格林（Joe Greene）。这则商业广告在 1980 年的超级碗比赛期间首次亮相。一位小球迷与美国国家橄榄球联盟（NFL）“最吝啬的”球员分享他的可乐，后者以微笑回应并为这个男孩准备了纪念品。这则颇有影响力的广告引发了模仿，包括由特洛伊·波拉马鲁（Troy Polamalu）主演的 2009 年可口可乐超级碗广告和 2012 年由格林和艾米·塞达里斯（Amy Sedaris）主演的广告。

资料来源：The Coca-Cola Company.

北极熊和企鹅真的相处融洽吗？因为它们生活在不同的大陆，我们可能永远不会真正知道。然而，可口可乐对北极熊和企鹅将可乐作为破冰船分享的俏皮描绘，是可口可乐继续通过其广告建立价值、品牌偏好和忠诚度的另一个很好的例子。

资料来源：The Coca-Cola Company.

可口可乐 2011 年和 2012 年的“北极探险者”广告战役用图片展示了真正的北极熊正遭遇的困境。你认为可口可乐决定发行全白罐装饮料是否有助于消费者想到北极熊的困境？

资料来源：The Coca-Cola Company.

演员吉莉安·雅各布斯（Gillian Jacobs）以她在电视剧中的角色而闻名，她鼓励喝健怡可乐的人做他们想做的事。“真美味！”她说，“这让我感觉很好。生命短暂，如果你想住在蒙古包里，那就把它盖起来。”市场观察（Market Watch）网站表示，“该战役似乎试图采用一种叛逆的、半开玩笑的语气。”

资料来源：The Coca-Cola Company.

18 世纪中期工业革命在英国开始，到 19 世纪初，工业革命已经蔓延到北美。机器开始取代畜力。大公司通过使用机器批量生产质量一致的商品，提高了生产力。人们购买产品的成本低于自己制造的成本。随着人们离开农场到城市工作，大规模的城市市场开始出现，进一步推动了市场的发展和广告的增长。

工业时代和广告公司的诞生

工业时代（industrial age）始于 19 世纪下半叶，一直持续到 20 世纪。正如我们所看到的，广告是在工业时代之前诞生的，但直到这个时期，才能说广告业存在于世界任何地方。这是一个以国家工业基础的巨大增长和成熟为标志的时期。随着美国工业满足了大部分人口的基本需求，商品市场趋于饱和。新的大众市场随后发展出崭新的、不再昂贵的高级品牌和供消费者享受的便利商品，即**包装消费品**（consumer packaged goods）。

到 19 世纪中期，世界人口增长了一倍，达到 12 亿。生产者需要大众消费市场来匹配高水平的制成品。幸运的是，散装运输（铁路和轮船）的突破促进了商品在当地市场以外的分销。但随着大众消费的需要，对告知消费者产品可用性的大众营销技术的需求也在不断增加。

在 19 世纪，制造商主要关注的是生产。市场营销的重担落在了批发商身上，它们主要把广告作为一种信息载体。广告出现在名为《价格趋势》的出版物中，向零售商告知商品的供应来源和运输时间表。蒙哥马利·瓦德（Montgomery Ward）和西尔斯·罗巴克（Sears Roebuck）制作了最早的目录，将种类繁多的商品带到了新的农村市场。只有少数有创新精神的制造商（大多生产专利药品、肥皂、烟草制品和罐头食品）预见到大众媒体广告对刺激消费者需求的作用。

美国广告行业始于 1841 年沃尔尼·B. 帕尔默（Volney B. Palmer）在费城开展的业务。帕尔默本质上是一名中间商，他购买大量打折的报纸广告版面，然后转售给广告主以获取利润。广告主通常自己准备广告。

1869 年，弗朗西斯·艾耶（Francis Ayer）在费城成立了一家广告公司，并以他父亲的名字命名。N. W. 艾耶父子公司是首家根据“版面的净成本”收取佣金的机构，也是第一个从事正式市场调查的机构。艾耶成为首家像今天一样运作的广告公司——策划、创建和执行完整的广告战役，以换取广告主支付的媒体佣金或费用。1892 年艾耶成立文案部，聘请了公司的第一位全职文案人员。

电报、电话、打字机、留声机以及后来的早期电影都让人们以前所未有的方式进行传播。随着全国铁路系统的发展，美国进入了经济高速增长的时期。1896 年，当联邦政府启动农村免费邮件投递时，直邮广告和邮购销售蓬勃发展。制造商有越来越多的商品可供销售，并有一种新的方式向公众发布其广告和商品。

随着公立学校的出现，美国的识字率达到了前所未有的 90%。制造商获得了能够理解印刷广告的大量读者。因此，美国作为一个工业国家进入了 20 世纪，拥有由广告推动的全国营销体系。随着第一次世界大战的结束，广告进入现代时期。

在 19 世纪，批发商控制着营销过程，因为它们负责分销制造商的无品牌商品。然而，当市场变得饱和时，批发商开始挑拨制造商之间的关系。这极大地损害了制造商的利润，因此它们开始寻找夺回控制权的方法。制造商将重点从生产导向转变为营销直到 1729 年，广告艺术的创新者本·富兰克林（Ben Franklin）才通过使用更大的标题、更改字体和添加图画来使广告更具可读性。这则广告宣传使用马车将旅客从鲍尔斯·霍克渡口送到费城。

THAT the Stage-Waggons, kept by *John Barnhill*, in *Elm-Street*, in *Philadelphia*, and *John Mercereau*, at the *New-Blazing Star*, near *New-York*, continues their Stages in two Days, from *Powles-Hook Ferry*, opposite *New-York*, to *Philadelphia*; returns from *Philadelphia* to *Powles-Hook* in two Days also; they will endeavour to oblige the Publick by keeping the best of Waggons and sober Drivers, and sets out from *Powles Hook* and *Philadelphia*, on Mondays and Thursdays, punctually at Sunrise, and meet at *Prince Town* the same Nights, to exchange Passengers, and each return the Day after: Those who are kind enough to encourage the Undertaking, are desired to cross *Powles Hook Ferry* the Evenings before, as they must set off early: The Price for each Passenger is *Ten Shillings* to *Prince Town*, and from thence to *Philadelphia*, *Ten Shillings* more, Ferriage free: There will be but two Waggons, but four sets of fresh Horses, so it will be very safe for any Person to send Goods, as there are but two Drivers, they may exchange their Goods without any Mistake. Persons may now go from *New-York* to *Philadelphia*, and back again in five Days, and remain in *Philadelphia* two Nights and one Day to do their Business in: The Public may be assured that this Road is much the shortest, than any other to *Philadelphia*, and regular Stages will be kept by the Publick's obliged humble Servants,

JOHN MERCEREAU, and
JOHN BARNHILL.

资料来源：*Pennsylvania Gazette*, April 24, 1766.

导向。它们致力于新产品的开发，加强自身的销售力量，对产品进行包装和品牌化，并从事大量的全国品牌广告活动。早期品牌包括箭牌（Wrigley）的绿薄荷口香糖、可口可乐、吉露（Jell-O）果子冻、家乐氏（Kellogg）的玉米片和金宝汤（Campbell Soup）的罐头汤。

20 世纪 20 年代，推销时代到来，由阿尔伯特·拉斯克尔公司的传奇撰稿人克劳德·霍普金斯撰写的《科学的广告》成为经典（参见本章末尾“广告背后的人物”）。《科学的广告》于 1923 年出版，声称“广告业已足以成为一门科学，它基于固定的原则进行”。霍普金斯排除了幽默、风格、文学艺术，以及任何可能有损他的基本文案策略的东西，他要采用大胆且经常重复的先发制人的商品声明。[10]

广播大约在同一时间诞生，并迅速成为一种强大的新广告媒体。国内外的新闻现在直接从现场传来，使得一系列全新的家庭娱乐——音乐、戏剧和体育——成为可能。突然之间，全国的广告主可以迅速接触到庞大的受众。事实上，首个广播节目就是由有出资人的广告代理商制作的。

1929 年 10 月 29 日，美国股市崩盘，大萧条开始，广告支出锐减。面对销售下滑和企业预算削减，广告行业需要提高效率，这导致业界转向调查。丹尼尔·斯塔赫（Daniel Starch）、尼尔森（A.C.Nielsen）和乔治·盖洛普（George Gallup）成立了调查小组来研究消费者的态度和偏好。这些公司通过提供有关舆论、广告信息的效果和广告产品的销售情况的讯息，开启了营销调查行业。

在此期间，每个品牌都试图让公众相信自己的特殊品质。Wheaties 之所以被称为“冠军早餐”，不是因为它的成分，而是因为它的广告。制造商大力推行这种产品差异化战略，通过为消费者提供高质量、多样性和便利，试图将自己的品牌描绘成不同于竞争对手、优于竞争对手的品牌。

伦理、多样性与包容性

玛丽·威尔斯·劳伦斯

纽约证券交易所上市公司的第一位女性首席执行官叫什么名字？答案是玛丽·威尔斯·劳伦斯（Mary Wells Lawrence），一位帮助创立了威尔斯·里奇·格林公司（Wells Rich Greene）的广告开拓者。玛丽的成就包括20世纪60年代和70年代为Alka Seltzer（“扑通扑通，嘶嘶作响”和“我不敢相信我把整个都吃了”）、I♡NY、福特（“质量是第一工作”）和Sure除味剂（“如果你确定/用Sure（双关语），请举手”）制作的最具标志性的广告。就像《广告狂人》中的角色佩吉·奥尔森（Peggy Olson）一样，玛丽进入广告行业时的才华不容忽视，即使是在有性别歧视的行业。她的成就为当今广告界许多才华横溢的女性打开了大门。

玛丽出生于1928年，在撰写本专栏时她已经90多岁了。在为一家百货公司撰写文案之前，她曾在卡内基技术学院学习。搬到纽约后，她成为梅西百货（Macy's）的广告经理，然后是可口可乐的主要广告公司麦肯的文案人员。威尔斯作为一个年轻的天才，开始引起行业领导者的注意。伯恩巴克帮助招募威尔斯加入当时美国最热门的恒美广告公司（DDB）。她花了七年时间向广告史上最伟大的创意家之一伯恩巴克学习（参见本章末尾的“广告背后的人物”）。

当威尔斯最终离开DDB后，前同事杰克·廷克（Jack Tinker）劝说她为布兰尼夫航空公司（Braniff Airways）创建系列广告。伴随着“平凡飞机的终结”这一广告口号，她成功帮助这家陷入困境的航空公司扭转了局面。玛丽还把广告战役扩展到乘客体验的各个方面，包括重新设计的机组人员制服和明亮的新飞机颜色。这表明她在整合营销传播一词出现之前就对其有所了解。

此时，玛丽已经是全国性知名人物，准备独立闯出一片天地。但作为一名20世纪60年代的女性，要找到支持这一想法的人并不容易。她的公司Jack Tinker & Partners非常看重她的工作和才能，甚至承诺让她担任公司总裁。但正如玛丽在她的书《广告生活》中所述的：

> 相反，当我们见面时，他提出按照总裁的标准来付费聘请我，并给我总裁的权力，但是他不能给我总裁的头衔，因为他确信这会限制Jack Tinker & Partners令人兴奋的增长。“这不是我的错，玛丽——世界还没有为女性总裁做好准备。”他对我眼中的怒火感到震惊。我丢下他，让他坐在我的办公室里自言自语。

她于1966年创立了自己的广告公司威尔斯·里奇·格林。该公司吸引了包括宝洁（P&G）、喜来登酒店（Sheraton Hotels）在内的顶级客户，当然还有布兰尼夫航空。作为首席执行官，玛丽这样描述她的管理风格：“我经营广告公司的方式就像经营一家同时进行大量制作的电影公司；我是导演，有时也是明星。我雇用的人都是角色演员，而我是伊利亚·卡赞（Elia Kazan）、迈克·尼科尔斯（Mike Nichols）或罗伯特·奥特曼（Robert Altman）——不惜一切代价让他们尽可能地优秀。”

到1969年，据说广告业收入最高的人就是玛丽。她继续扮演她的角色，直到1990年，62岁的她结束了广告生涯。但玛丽还没有完成改变世界的任务。2008年，她帮助推出wowOwow，一个由女性创建的网站。它的创始人和贡献者包括乌比·戈德堡（Whoopi Goldberg）、佩吉·努南（Peggy Noonan）、马洛·托马斯（Marlo Thomas）和莉莉·汤姆林（Lily Tomlin）。

2012年，在《纽约时报》的报道中，玛丽回顾了自己令人兴奋的广告生涯。玛丽指出，有野心并不是什么可耻的事，“你不能只是做你自己，你必须加倍努力，你必须阅读你一无所知的主题的书籍，你必须前往你从未想要旅行的地方，你必须接触各种各样的人，不断拓展自己的知识面”。

也许是在思考她为广告业带来的变化时，她指出，“广告行业在过去和现在都有很多才华横溢的女性，真正的问题是，为什么她们不能经营自己的全球广告公司。我正在关注这件事。”

资料来源：Ginia Bellafante, “A Pioneer in a Mad Men's World,” *New York Times*, June 8, 2012; Mary Wells Lawrence, *A Big Life in Advertising* (New York: Touchstone, 2003).

1941 年，随着美国卷入第二次世界大战，大萧条结束。广告业在这场战争中发挥了自己的作用。

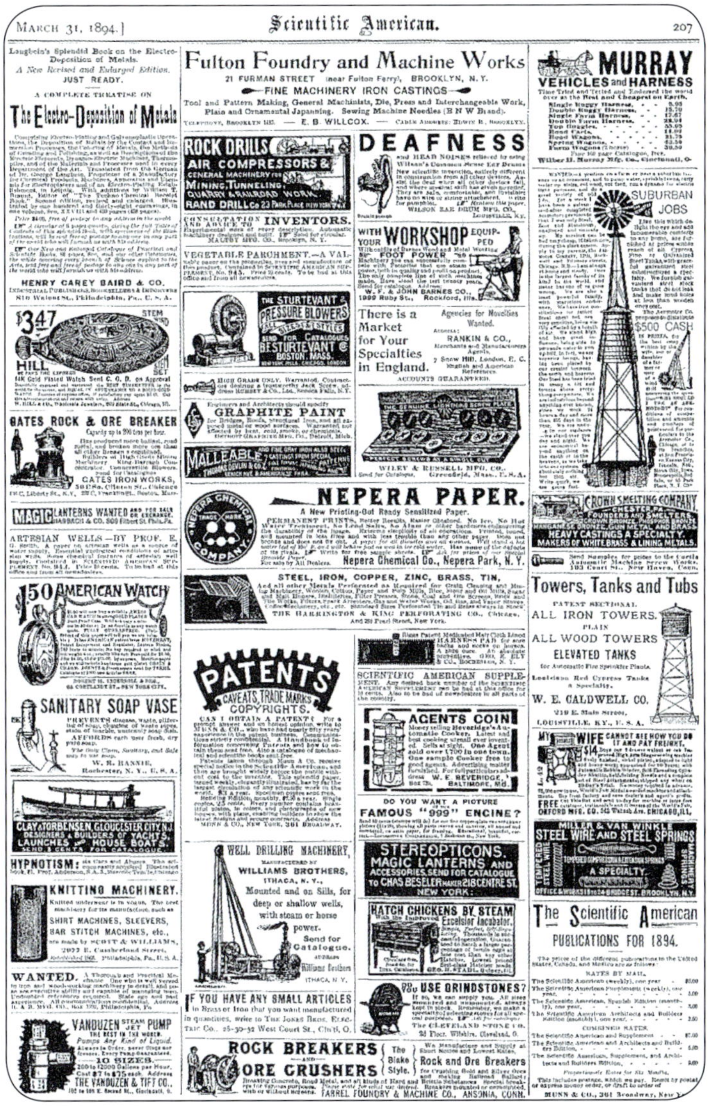

资料来源：*Scientific American*.

1894 年《科学美国人》的这个整版广告具有历史意义。这些广告以无品牌商品为特色，例如肥皂、纸张、油漆或服务，专注于劝说消费者偏爱特定品牌的广告还要等几十年才会出现。

广告的黄金时代

从 1946 年到 20 世纪 70 年代的战后时期有时被称为广告的“黄金时代”。这是因为电视的引入使广告业成为备受关注的焦点，这同时引发了赞誉和批评。

在许多人看来，美国 20 世纪 40 年代末和 50 年代初的繁荣似乎创造了一种文化，在这种文化中，消费者试图通过购买越来越多的现代化商品来攀登社会阶梯。当广告专注于展示暗含社会接受度、风格、奢华和成功的商品的功能时，一场创意革命随之而来。该领域的巨头——李奥·贝纳（Leo Burnett）、大卫·奥格威和伯恩巴克等人出现了，他们从零开始建立了自己的广告公司，并永远改变了广告的策划和创作方式。[11]

泰德贝茨广告公司（Ted Bates Agency）的罗瑟·瑞夫斯（Rosser Reeves）引入了一

种思想，即每个广告都必须指出产品的 USP（独特的销售主张）——将其与竞争产品区分开来的特征。USP 是拉斯克尔和霍普金斯“理由”信条的逻辑延伸。

但随着越来越多的仿制品在市场上出现，所有商品都能提供高质量、多样性和便利，这种策略的有效性逐渐消失了。公司转向了一个新的准则——**市场细分**（market segmentation），营销人员在这个过程中寻找可以通过更专业的产品满足需求的独特人群。因此，60 年代的形象时代是创意革命的自然高潮。随着广告主试图将其品牌与特别有利可图的细分市场保持一致，广告的重点从商品特征转移到品牌形象或品牌个性上。例如，凯迪拉克全球奢华轿车的形象，是成功的完美象征。

正如“我也有”的商品功能扼杀了产品差异化时代，“我也有”的形象最终扼杀了市场细分时代。随着竞争的加剧，70 年代出现了一种新的广告策略，其中竞争对手的优势变得与广告主的优势同等重要。杰克·特劳特（Jack Trout）和艾尔·里斯（Al Ries）坚持认为，真正重要的是品牌如何在消费者心目中与竞争对手竞争——如何被定位。

到 20 世纪中叶，广告主知道告诉消费者为什么他们应该更喜欢某个特定品牌而不是其竞争对手是很重要的。这则 1958 年的恒适（Hanes）广告为消费者提供了一些值得思考的好处。

资料来源：Hanesbrands Inc.

事实证明，**定位策略**（positioning strategy）是一种将特定品牌与竞争对手区分开来的有效方法，该方法将该品牌与在消费者优先列表中排名靠前的特定客户需求相关联。因此，它成为比利用产品差异化和市场细分更有效的方式。定位时代最著名的美国广告是大众汽车的《想想小的好处》、安飞士（Avis）的《我们仅是第二名》和七喜（7UP）的《非可乐》。这个时期也有失败产品，比如 Life Savers 口香糖和 RCA 电脑，被归咎于定位的缺陷。

产品差异化、市场细分和定位都是需要理解的重要策略，你将在第 6 章中了解到更多相关信息。

当这一切都在美国进行时，大西洋彼岸新一代的广告专家已经从宝洁和高露洁－棕榄（Golgate-Palmolive）的培训基地毕业，正在向他们的客户传授大众营销的秘诀。由于第二次世界大战对经济的破坏，欧洲营销者在某种程度上落后于美国同行，当欧洲营销经理发现了 USP 和一页纸策略简报或小结声明时，宝洁已经将此普遍运用到工作中以及开始将重点放在广告战役上。战后，法国广告先驱马塞尔·布鲁斯坦－布兰切特（Marcel Bleustein-Blanchet）立即展开了一场令人沮丧的战斗，将美国的研究技术引入法国。一二十年后，深入的态度和行为研究风靡一时。[12] 由于商业电视市场还没有美国那么大，欧洲广告主将媒体资金分配给报纸和户外媒体，以及大量电影广告。而德国、荷兰和斯堪的纳维亚还得十年才能够拥有商业电视。[13]

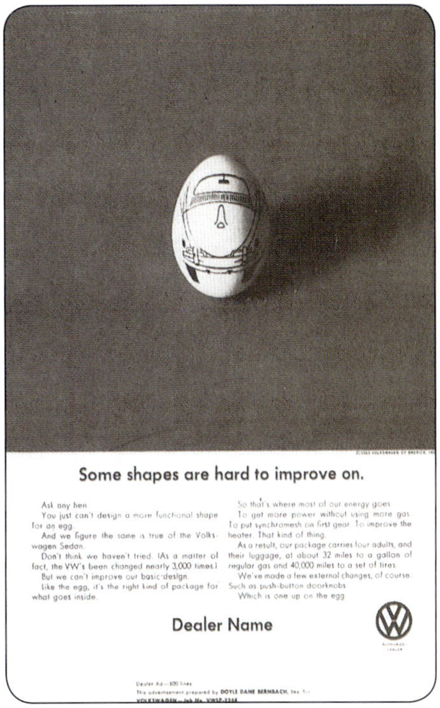

资料来源：Volkswagen of America, Inc.

DDB 为大众汽车制作的《想想小的好处》（Think Small）广告被《广告时代》评为有史以来最伟大的广告之一。这些来自同一活动的巧妙、简单、优雅的广告进一步证明了伯恩巴克的创意才华。在本章末尾的“广告背后的人物”中可了解有关伯恩巴克的更多信息。

不过，在 20 世纪 70 年代，欧洲共同体市场已经提供了尚未开发的机会。以美国为榜样，广告代理商和客户开始考虑跨国经营以获得规模经济效益。但这并不容易。虽然在地理上距离很近，但欧洲国家仍然被文化多样性的鸿沟隔开，这使得在全欧洲范围内开展单一广告活动几乎是不可能的。[14]

后工业化时代

从 1980 年左右开始，**后工业时代**（postindustrial age）是一个灾难性变化的时期。人们越来越意识到生活环境的脆弱，并对人类对重要自然资源的依赖感到震惊。20 世纪 70 年代和 80 年代的严重能源短缺引入了一个新的营销术语——**限制性营销**（demarketing）。能源和耗能商品的生产商利用广告来减缓对其产品的需求。广告要求人们在电力需求高峰时期不要使用洗衣机和烘干机。随着时间的推移，限制性营销成为广告主用来对付竞争对手、政治对手和社会问题的更具侵略性的战略工具。例如，加州卫生服务部门是当今积极寻求减少烟草的众多组织之一。

冷战结束后，前华约国家中出现数百万欠缺服务的消费者。为了在全球范围内扩张，大型跨国公司及其广告公司大肆收购其他大型公司，并在金融词典中创造了一个新词：巨型并购（megamerger）。

限制性营销被用来抑制对商品的需求，尤其是那些给社会带来不必要成本的商品。这条为法国全国预防酒精中毒和成瘾协会（ANPAA）创建的公共服务信息使用鱼钩的比喻和标语——“摆脱困境是你的选择”来传达酒精危险的上瘾特性。

资料来源：National Association for Prevention of Alcoholism and Addiction.

欧洲和亚洲的广告水平已经赶上了美国。电视是热门媒体，广告公司专注于增长、收购和卓越的创意执行。多年来，纽约的扬罗必凯和日本电通（Dentsu）交替成为世界上最大的广告公司。伦敦的查尔斯·萨奇（Charles Saatchi）和莫里斯·萨奇（Maurice Saatchi）开始在全球范围内收购广告公司。很快，一些知名的美国广告公司并入盛世长城（Saatchi & Saatchi），较大的几家公司有泰德贝茨全球和 Dancer、菲茨杰拉德（Fitzgerald）、Sample。盛世长城突然间成为世界上最大的广告公司。随着来自欧洲、美国和日本的大型广告公司纷纷效仿其大型跨国客户的并购热潮，更多的收购随之而来。广告公司创始人的名字从广告公司的名称中消失了，取而代之的是首字母缩写词：WPP、RSCG、TBWA、FCA、DDB Needham 和 FCB 等等。

欧洲广告公司通过建立庞大的大宗媒体购买集团来推动其增长，尽管现在老练的客户不再向这些广告公司寻求研究和营销建议。相反，客户期望非凡的创意执行能够为品牌带来优势，而广告公司做到了。戛纳国际广告节的奖项显示了西班牙广告创意的蓬勃发展，也证实了英国广告人在创意行业的地位仅领先于法国一点。[15]

两个相关的经济因素构成了这一时期营销世界的特征：（1）传统产品的老化，竞争也相应增加；（2）在“婴儿潮”一代的带动下，消费大众的日益富裕和成熟。[16]

最重要的因素是竞争，贸易壁垒的降低和国际贸易的增长加剧了竞争。由于高额利润吸引模仿者进入市场，每个模仿者都以更低的成本提供最具吸引力的产品功能，消费者从更多的选择、更高的质量和更低的价格中受益。

IMC 实战模拟

小组作业的工具

广告公司在它们雇用的人身上至少要寻找三种品质：才能、良好的职业道德以及与他人良好合作的能力。如果你在一个小组中开展你的活动，你会发现这些品质——尤其是第三个——也很重要。

你的广告战役任务可能是你第一次参与小组项目。如果是这样，你会发现在团队中工作与独自完成项目有很大不同。

首先，你需要协调你所做的一切。这意味着每个人都必须制定时间表，不仅要考虑自己的责任，还要考虑团队的责任。其次，你需要分享工作。帮助你共享文档、日历和其他文件的工具将帮助你更好更快地完成工作。再次，你应该考虑领导在团队中的重要性。如果有人被正式任命为领导者，你的团队通常会表现得更好，至少在组织会议、维护日程和跟进必需的工作方面是这样。最后，每个人都有责任。与你的教授讨论他是否期望通过同行评估或其他方式来评估小组成员的努力和表现方面的差异。

现在有许多互联网工具可以用来帮助改善团队的协调。最重要的是，它们是免费的。

保持联系

当然，电子邮箱仍然是必不可少的工具。你可能有一个大学电子邮箱账户，但这可能会出现问题，因为：（1）你的收件箱空间有限；（2）这些账户中的垃圾邮件过滤器通常极具攻击性（太多有用的邮件被自动归到垃圾邮件文件夹）；（3）它们缺乏有用的工具来组织和标记你的邮件。技术网站 Hubspot 推荐团队使用 Gmail。这是一项出色的免费邮件服务，你的邮箱很可能永远不会被填满（这意味着你永远不必删除电子邮件）。你可以使用“标签”来快速识别来自你群组中的人的邮件。通过“联系人”，你可以设置电子邮件地址组，以便轻松快速地发送消息。你还可以使用“任务”在你的电子邮件列表中创建待办事项列表。这些程序也适用于许多移动设备。微软和 Zoho 也提供了优质的替代选择。

创造文档

如果你已经拥有微软 Office，那么你就拥有了一套强大的云协作工具。或者，如果谷歌生态系统最适合你，鉴于谷歌文档是一套简单但功能强大的免费文档创建工具，其中包括文字处理器、电子表格程序和演示文稿生成器，你可以与他人共享你创建的部分或全部文档，并与他人同时对其进行编辑。因此，如果小组成员正在编写创意简报，他可以立即与其他人分享，以便对此进行编辑和评论。如果你更喜欢非谷歌的解决方案，Techradar 推荐 LibreOffice 作为功能强大、兼容微软的免费程序套件。

保持井井有条

许多人发现日历和待办事项列表是必不可少的。谷歌有一个出色的日历程序，团队中的每个人都可以对其进行编辑。你还可以与许多移动设备同步日历。正如我之前指出的，谷歌的“任务”程序是内置在 Gmail 中的。

研究执行

用于研究的强大工具也可在网络上免费获得。出于二手资料的目的，最好有一个程序允许你复制和存储文档、网页、照片、图表和其他类型的信息。一个强大而流行的程序是 Evernote。你的团队也可能会发现它正在收集一手数据。如果你需要管理一项调查，请考虑使用谷歌文档的一个名为“表单”的有用组件。使用表单，你可以轻松创建基于网络的调查，并在谷歌电子表格中设置你的数据。SurveyMonkey 是一个非谷歌程序，可以做同样的事情。

努力工作并保持责任心

学习适应小组项目对每个人来说都不是一件容易的事。知道会发生什么并培养与他人良好合作的技能至关重要。作为一些指导，请考虑专家的以下想法：

- 麻省理工学院：http://hrweb.mit.edu/learning-development/learning-topics/teams/articles/basics.
- 《今日心理学》：www.psychologytoday.com/us/blog/cutting-edge-leadership/201301/characteristics-good-work-team-members.

如果你自愿成为团队负责人（或被任命为团队负责人），可以从下列资源中找到一些有用的提示：

- 优秀团队领导者的素质：http://smallbusiness.chron.com/10-effective-qualities-team-leader-23281.html.
- 罗丝琳德·托雷斯（Roselind Torres）谈谈新的领导风格：www.ted.com/talks/roselinde_torres_what_it_takes_to_be_a_great_leader/discussion.

如果你在课堂上进行同伴评议，你的教授可能会给你提供一份表格。这些类型的表格可以在网络中找到。这些例子包括：

- www.lapresenter.com/coopevalpacket.pdf.
- www.northwestern.edu/searle/docs/History%20and%20Philosphy%20Self%20and%20Peer%20Evaulation.pdf.

在需求侧方面，新晋的富裕消费者更关心自己的生活质量。由于基本商品需求已经得到满足，“婴儿潮”一代更愿意节省时间和金钱并将其用于休闲活动或反映他们愿望的产品、服务和社会事业上。

进入 20 世纪 90 年代，传统的广告行业发现自己受到了各方威胁，遭受了人口过剩的困扰。[17] 客户要求从他们的促销资金中获得更好的效果；小型、富有想象力的新兴广告公司竞争（并赢得了）一些它们从未接触过的大客户；电视观众似乎对传统广告免疫；基于新技术的媒体选择有望重塑广告。短短三年内，广告代理业务流失了超过 13 500 个工作岗位。可口可乐等主要客户从麦迪逊大道 * 叛逃，将其业务的各个部分交给了小型地方创意工业室和媒体购买服务的专家。这一挫折远远超出了广告公司的范畴。在整个媒体世界，报纸、杂志和电视网都损失了广告收入。[18]

到 90 年代中期，美国营销经理开始将资金从促销转回广告，以重建其品牌价值。1994 年，全美广告预算猛增 8.1%，达到 1 500 亿美元。在 90 年代剩余的时间里，广告支出每年增长约 7%。直到 2000 年，美国广告主花费了 2 475 亿美元，比上一年增长了 11.3%。[19] 随着个人电脑变得司空见惯，消费者开始发现“上网”的好处。广告主被互联网的潜力所吸引，开始探索利用这种新媒体的方法。

但随后互联网泡沫破裂了。2001 年，温和的经济衰退、股市下跌和互联网公司的破产共同导致了广告战役创纪录的下降。那年 9 月 11 日，恐怖分子袭击了美国，突然间，所有的营销和广告似乎都停止了——不仅在北美，而且在世界更多地方。[20] 最终结果是：美国的广告支出下降了 6.5%，降至 2 310 亿美元；海外广告支出下降 8.6%，降至 2 100 亿美元。[21]

一年后，经济似乎开始好转，营销经理开始再次在广告上花钱。到 2005 年，美国的广告支出已达到 2 640 亿美元，完全从 2001 年的下降中恢复过来。[22] 但以往的日

* 纽约曼哈顿区的一条著名大街，美国许多广告公司的总部都集中在这条街上。“麦迪逊大道”也逐渐成了美国广告业的代名词。——译者

子已经一去不复返了。技术、不断发展的生活方式、对安全的新担忧以及不断上升的接触消费者的成本，永远地改变了广告业。21 世纪前几年的两项发展在当时鲜为人知，但随着时间的推移，它们改变了营销世界。拉里·佩奇（Larry Page）和谢尔盖·布林（Sergey Brin）是斯坦福大学的两名研究生，他们开发了 AdWords，这是他们为谷歌开发的搜索引擎广告程序，产生了数十亿美元的利润。马克·扎克伯格（Mark Zuckerberg）从哈佛大学辍学前往西部，并将他的新社交媒体公司命名为脸书。通过挖掘消费者与他人联系的强烈愿望，扎克伯格创建了历史上最著名的口碑营销平台之一。互联网创造了一个电子领域的前沿——Lord，Dentsu & Partners 的副总裁兼创意总监汤姆·库尼夫（Tom Cuniff）称之为“第二次创意革命”[23]。

全球互动时代：展望 21 世纪

新千年伊始，由于经济状况的改善和扩张的愿望，世界其他地区在许多方面都赶上了北美。最近，全球每年的广告支出估计超过 6 000 亿美元。[24] 广告在各个国家的重要性取决于该国发展水平和国家对促销的态度。一般来说，个人收入较高的国家的广告支出较高。如图表 2－3 所示，2017 年全球前五大广告主分布在不同的国家。

❸ 讨论广告的作用是如何随着时间而改变的

图表 2－3
2017 年全球排名前五的广告主

排序	广告主	总部所在国	全球广告花费（亿美元）
1	三星电子	韩国	112
2	宝洁	美国	105
3	欧莱雅	法国	86
4	联合利华	英国与荷兰	85
5	雀巢	瑞士	72

资料来源：Ad Age Data Center: Worlds Largest Advertisers.

尽管曾经谴责广告，但现在东欧国家也鼓励私营企业，并意识到广告的好处。据估计，中国经济在不久的将来会超过美国。事实上，从某些方面来看，已经实现了。[25]

有线电视和卫星接收器的广泛使用使观众能够观看专注于单一类型节目的频道，例如新闻、家庭购物、体育或喜剧。这种转变将电视从最广泛传播的大众媒体转变为一种更专业的“窄播”媒体。吸引有限客户的小公司和商品营销人员使用电视来吸引具有独特兴趣的受众。

但越来越多的消费者正在停用有线电视，使用奈飞、Hulu 和 Amazon Prime 等流行的网络服务观看电视。事实证明，这一趋势如此强劲，以至于截至 2015 年，HBO 和 Showtime 这两家自成立以来就以付费有线电视频道的形式运营的公司，现在也都向互联网观众提供了有线电视以外的服务。[26]

2008 年 9 月，全球经济增长开始放缓。许多公司面临销售额下降和收入下降的情况，因此削减了广告支出。

广告实验室

谁能消灭害虫？

成功的营销传播战役有时会拥有自己的生命。多年来，广告公司为其客户创造了许多成功的商品口号，这些口号已成为我们流行文化的一部分。这里有一些最著名的例子。测试一下，看看你能识别出多少广告主。

1. “非同凡想。”
2. “______消灭害虫。”
3. “没它别离家。”
4. “钻石恒久远。”
5. “好到最后一滴。”
6. “洒雨时，倾盆。”
7. “将美好的事物带入生活。”
8. “嗯！嗯！真美味！”
9. “让你的手指来走路。”

答案

1. 苹果
2. 雷达（Raid）
3. 美国运通卡（American Express）
4. 戴比尔斯（DeBeers）
5. 麦斯威尔咖啡（Maxwell House Coffee）
6. 莫顿盐（Morton Salt）
7. 通用电气
8. 金宝汤
9. 黄页（Yellow Pages）

实验室应用

1. 既然你对广告口号有所了解，请为你个人或你的（真实或想象的）公司创建一个口号。你希望你的口号突出哪些品质和特点？与你的同学分享你的广告口号并猜想他们的反应。

2. 名片比简单地提供名片上的信息有更高层次的目的，它们是小型广告。使用你的广告口号为自己制作名片。

网络联系

需要一些帮助开始你的广告口号任务？Adslogans.com 提供逐步说明，引导你完成整个过程（www.adslogans.co.uk/general/students.html）。有关更多想法，请查看 www.adflip.com 上过去和现在的广告口号和广告战役。

报业受到的打击尤其严重。到 2011 年底，报纸广告收入连续 20 个季度下降，2012 年的总降幅为 48.8%。[27] 更糟糕的是，美国经济在进入 2015 年后缓慢好转，但报纸广告收入未能恢复。

事实上，尽管政府代表银行、保险公司和汽车制造商进行了强有力的干预，并且全美各地出现了零星的“占领华尔街”抗议活动，但资本主义仍可能对美国市场产生最大的影响。到 2015 年，美国经济再次增长，但速度非常缓慢。

广告已经从靴子制造商店的简单标志走过了很长一段路程。今天，广告是一种强大的影响力，它宣布产品的可用性和位置，描述它们的质量和价值，赋予品牌个性，定义购买商品者的个性，同时娱乐大众。广告不仅仅是对社会及其欲望的反映，它还可以开始和结束时尚、趋势和信条——有时完全靠它自己。

对竞争优势和效率的无止境追求，使广告业在过去 100 多年的历程引人入胜。现在，企业意识到它们最重要的资产不是资本设备、研发能力或产品线。在全球市场上，企业最重要的资产是企业的顾客以及企业与个人或组织的关系。

保护顾客关系资产是 21 世纪营销的当务之急。为了更好地开展关系营销，企业明白它们必须在言行方面保持一致。仅仅制作出色的广告是不够的，它们还必须将所有营销传播与它们所做的一切相结合。这就是整合营销传播的真正含义。

2.3　广告如何将产品变成品牌

可口可乐的历史为我们介绍了一个强有力的营销理念——品牌化。在这个消费者有多种解渴选择的世界上，可口可乐品牌认为只有一种冰爽的、甜的、起泡的、美味的选择是最好的。很多人都认同这一点，这表明了品牌的力量。该品牌在 2018 年的估值为 800 亿美元。[28]

4 提供品牌重要性的证据，包括描述强大的品牌为公司带来的好处

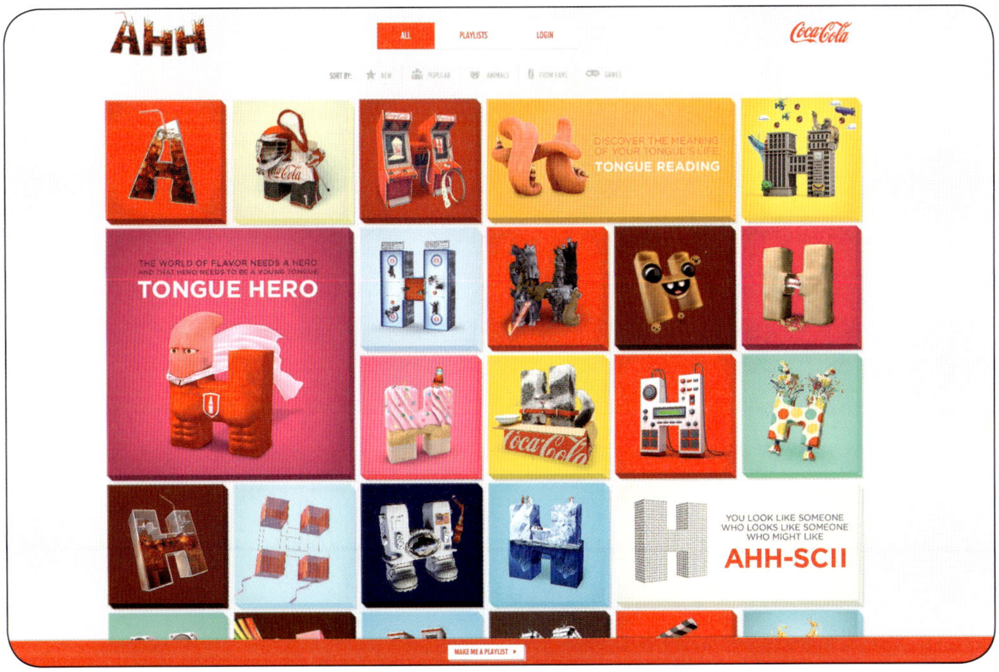

资料来源：The Coca-Cola Company.

新技术意味着新媒体，主要表现在互联网上。互联网为广告商开辟了新的曝光渠道。可口可乐的这个网站表明，出色的布局和设计并不局限于传统的印刷媒介。

但是**品牌**（brand）是什么？斯科特·戴维斯（Scott M. Davis）和迈克尔·邓恩（Michael Dunn）将品牌定义如下：

> 对客户的承诺……基于时间推移的多种经验……以始终如一的高品质和价值交付……被认为在竞争中无与伦比……最终形成深厚的、基于信任的关系……反过来，随着时间的推移，（获得）大量的忠诚度和利润。[29]

让我们拆解这个定义以突出以下重要元素：品牌是对产品的承诺。它使消费者能够合理地期望特定产品会做一些有价值或合意的事情，并且这种情况会在消费者每次选择该产品时发生。麦当劳下一个汉堡包的味道会和你上次享用的一样，你的下一辆丰田凯美瑞将以合理的价格提供可靠性和舒适性。

品牌渴望在用户中创造的不仅仅是一系列期望。强大的品牌能激发忠诚、情感和钦佩。有些喜欢可口可乐的人不接受其他品牌的可乐同样好的观点。相反，他们认为可口可乐是最好的。强大的品牌成功地与它们的用户建立了关系，这种关系看起来更像是狂热，而不仅仅是期望。例如，当苹果推出一款新产品（例如 Apple Watch）时，数百万人会在还没有看到商品的情况下就去购买。苹果赢得了他们的信任，他们相信该商品将是令人兴奋和令人向往的。

最后，由于品牌是独一无二的，并且始终如一地提供理想的利益，因此公司可以收取更高的费用。任何消费者都可以找到更便宜的可口可乐和苹果产品替代品。但更便宜的替代品对忠诚用户并没有吸引力，因为用户依附于可口可乐和苹果的品牌价值。尽管可口可乐和苹果的产品价格更高，但忠诚用户认为可口可乐和苹果的产品要比便宜的替代品更有价值，品牌额外的品质值得这个价格。

公司为什么要为其产品建立品牌?

最重要的品牌专家之一大卫·艾克（David Aaker）认为，品牌是公司的资产。[30]他指出品牌对公司的价值非常重要。苹果、谷歌和 IBM 等品牌对其公司的价值超过 400 亿美元，而杰克丹尼（Jack Daniel's）和博柏利（Burberry）等品牌的价值占其公司总价值的 50% 以上。

因此，聪明的公司会投入资金来支持它们的品牌。广告和整合营销传播战役包含在许多公司的品牌推广工作中，但品牌推广是通过更广泛的客户体验来实现的。例如，星巴克在其门店和设备质量上投资，丽思卡尔顿（Ritz Carlton）将大笔预算分配于员工培训[31]，三星在技术包装上的花费超过大多数公司，L.L.Bean 和 Lands' End 为每次购买提供无条件退款保证。

鉴于当今品牌的重要性，我们有必要认识到 19 世纪早期的广告并没有把重点放在品牌上，相反，重点是制造商——那些生产纺织品、设备或罐头食品的公司。随着营销经理观察到可口可乐和宝洁的象牙皂（Ivory soap）等几个著名品牌的成功，这种情况开始发生变化。这些品牌向营销人员展示了品牌活动的价值。大多数以消费者为中心的现代公司的财务价值与其品牌实力直接相关。

强大的品牌为公司提供的更具体的好处包括：

1. 允许公司对其产品收取更多费用。
2. 为价格战提供保护。
3. 使新产品更有可能成功。
4. 在与渠道合作伙伴的谈判中提供筹码。
5. 使公司对联合品牌合作伙伴更具吸引力。
6. 帮助企业更有效地应对品牌危机。
7. 帮助公司招聘顶尖人才。
8. 赢得消费者的忠诚度。[32]

可口可乐在其悠久的历史中一直享有这些好处。例如，上面第 6 项表明强大的品牌可以帮助公司应对危机。可口可乐在推出新可乐时就经历了这样的危机。忠诚的可乐饮用者拒绝了该品牌的新配方，但很快就原谅了该公司，因为它回归了旧配方。或者思考一下第 3 项，当可口可乐推出健怡可乐时，品牌延伸立即受到欢迎。

创建品牌愿景

根据艾克的说法，**品牌愿景**（brand vision）是“对品牌理想形象的清晰描述；你希望品牌在客户和其他相关群体眼中代表什么”[33]。当品牌愿景有效时，它将品牌与竞争对手区分开来，并有助于激发出色的广告和营销理念。2010 年，梅赛德斯 - 奔驰采用了“惟有最好”（the best or nothing）的广告语。广告语符合这样一个愿景，即没有其他汽车可以与梅赛德斯的质量或驾乘体验相提并论。公司销售主管约阿希姆·施密特（Joachim Schmidt）解释了这一愿景背后的想法："我们的客户所期望的无非是技术领先。对我们来说，这意味着我们希望在所有领域提供最好的服务——无论是研发、生产、销售、服务和售后市场业务还是采购。"[34]

创建品牌愿景始于考虑品牌竞争的环境：顾客、竞争对手、能力、挑战和机遇。接下来，艾克建议确定品牌的所有理想关联并将它们分组成列表。该列表应包括产品属性、消费者利益、品牌个性等内容。最后，那些对顾客最重要的概念会在愿景中得到最终考虑。出色的分析产生了如下的强大愿景：

- 亚马逊：成为地球上最以顾客为中心的公司，人们可以在这里找到并发现他们想在网上购买的任何东西。
- Casper：睡个好觉，变得简单。
- 可口可乐：让世界在思想、身体和精神上焕然一新。通过我们的品牌和行动激发乐观和幸福时刻。创造价值并有所改变。
- 谷歌：整合全球信息，使人人皆可访问并从中受益。
- 宜家：为大众创造更美好的日常生活。
- 星巴克：激发和培养人类精神——从一次体验，一个人，一个杯子，一个街区。
- 推特：让每个人都能毫无障碍地即时创建和分享想法及信息。

这些强大的品牌愿景激励着顾客和公司员工。从整合营销传播的角度来看，它允许公司就新产品、创新、营销计划和公司政策做出决策。品牌愿景强大到足以经久不衰，但又足够灵活以适应不断变化的时代。沃尔特·迪士尼于 1955 年在加利福尼亚州的阿纳海姆开设了他的第一个主题公园——迪士尼乐园。半个多世纪后，奥兰多、巴黎、上海、东京和香港都有迪士尼乐园为游客提供服务。迪士尼没有在生前看到它们开业，但他的愿景一直延续并存在于今天的每一个迪士尼乐园："我们通过为世界各地所有年龄段的人提供最好的娱乐来创造幸福。"

品牌个性

除了品牌愿景，许多公司还形成了品牌个性。品牌个性可能与愿景截然不同。美国前进保险公司使用以下愿景："减少与汽车事故相关的人类创伤和经济成本。为此，我们为客户提供旨在帮助他们尽快恢复正常生活的服务。"[35]与所有伟大的品牌愿景一样，这一愿景是有抱负的。但品牌个性体现在前进保险代言人弗洛（Flo）身上。一位博主写道，由女演员斯蒂芬妮·考特尼（Stephanie Courtney）饰演的弗洛"天真活泼，她让凯莉·蕾帕（Kelly Ripa）看起来像艾米·怀恩豪斯（Amy Winehouse）"[36]。弗洛在前进保险是一个有点古怪、非常复古、精力充沛、超级友好的收银员。虽然弗洛的个性似乎独立于前进保险"雄心勃勃"的愿景，但她非常有效。为什么？一位观察家说："在一个日益虚拟的世界中，她是一个有形的人和一种个性——就像你再也不必与店主打交道一样真实，因为你在亚马逊上买了所有东西。"[37]

作为品牌个性，弗洛与前进保险公司的愿景并不矛盾。相反，她致力于解决愿景的一个重要元素，这对公司的营销工作尤其重要。前进保险使用弗洛就是向消费者表明，从前进保险购买保险既容易又简单。

并非每个品牌个性都像弗洛一般是真实的人。谷歌的个性体现在其网站和产品的简洁和优雅上。购物者认为沃尔玛的选择多且价格便宜。塔吉特的选择可能会更少，价格也会贵一点，但它很有趣，而且很有风格。起亚（Kia）使用动画仓鼠为其灵魂赋予有趣、年轻、有价值的个性。品牌观察家布伦丹·巴特勒（Brendan Butler）列出了其他几个人格类型的例子以及代表它们的品牌，包括纯粹主义者（迪士尼和《芝麻街》）、先驱者（吉普（Jeep）、探索频道（Discovery Channel））和叛逆者（哈雷－戴维森和红牛[38]）。

品牌愿景和品牌个性对于致力于就品牌进行沟通的个人来说很重要，因为品牌信息是两者的反映。作为酷炫技术的创造者，苹果依赖于年轻、充满活力的广告。沃尔玛反映了创始人山姆·沃尔顿（Sam Walton）的家庭价值观，对广告讯息的前卫或不寻常不感兴趣，它更喜欢诚实、友好的讯息。

作为广告和整合营销传播的学生，你会发现本书是你学习讲述品牌故事的资源。但故事的内容是什么？IMC 是故事的分享方式，但故事本身是在品牌或公司中找到的。当品牌愿景或个性模糊、单薄或自相矛盾时，有效地进行广告宣传的挑战是巨大的。好的广告几乎可以告知人们任何事情。然而，伟大的广告只能由强大、清晰、有战略意义的品牌来创造。

2.4　广告对社会和道德的更广泛影响

5 描述广告在过去、现在和未来对社会的影响

广告一直是提高美国和世界各地生活水平的一个主要因素。通过公开宣传自由企业社会的物质、社会和文化机会，广告鼓励了管理层和劳动者提高生产力。

例如，只需少量资金，你就可以购买汽车。它可能是二手的，但广告会让你知道它是可用的。如果你赚了更多的钱，你就可以买一辆新车或一辆更豪华的车。你也可以通过购买来说明你的个人身份。就像许多产品一样，广告为市场上的每种汽车型号创造了个性，这一个性有一部分是通过告知可供购买的选项、优势、性能、外观和风格而体现的。作为一个自由的个体，你可以选择最符合你的需求和愿望的品牌。

广告除了刺激销售，还服务于其他社会需求。免费媒体并不是真正的“免费”。报纸必须支付纸张、墨水和能源的费用，而广播电台需要设备、建筑物和广播塔。所有媒体机构都必须为记者、工程师和管理人员支付工资和福利。脸书、谷歌、杂志、广播和电视网、电台以及许多网站的主要收入来自广告。这促进了新闻自由并使人们获得更全面的讯息。

有些广告组织还通过公共服务促进重要社会问题和事业的壮大，以及大众对它的理解。红十字会、联合劝募会和其他非商业组织获得持续的财政支持和志愿者援助，这在很大程度上要归功于广告的力量。

当然，广告也不是没有缺点的。自成立以来，该行业一直在与诚实和伦理问题做斗争。消费者多年来一直饱受未经证实的商品声明之苦，尤其是专利药品和保健设备。酝酿已久的抱怨最终演变成一场全面的消费者运动，这导致了政府监管的介入，并最终促使行业努力进行自我监管。

资料来源：American Heart Association, Inc.

广告不仅用于销售商品，也被用来宣传思想和事业。美国心脏协会（American Heart Association）网站鼓励女性进行锻炼以对抗心脏病。

1906 年，美国国会通过了《纯净食品和药品法》以保护公众的健康并控制药品广告，回应公众对违反伦理的药品广告的愤怒。1914 年，美国国会通过了《联邦贸易委员会法》，以保护公众免受不公平的商业行为，包括误导和欺骗性广告的影响。

20 世纪初，行业领导者开始组建团体以提高广告效果和提升其专业性。这些监督委员会的工作重点是维护行业的完整性。全国广告主协会（ANA）、美国广告联合会和商业改善局（BBB）都是早期团体的产物。这些组织的成立彰显了一个基本事实：违反伦理的广告主的最大反对者是合乎伦理和诚实传播实践的广告主。

20 世纪 70 年代，肯尼迪遇刺、越南战争、水门事件丑闻和重要自然资源的突然短缺，都通过新的卫星技术迅速传播到世界各地，引发了公众普遍的幻灭感，一场新的美国消费运动由此产生。这些问题助长了人们对现有制度、传统的不满和不信任，并引发了道德意识的新转折。一方面，人们以自我实现的名义为个人的不负责任和自我放纵辩护；另一方面，他们以社会责任的名义攻击美国企业对自我实现（利润）的追求。

今天，美国企业界已经普遍清理了广告中的许多不公平现象。但现在注意力已经转移到更微妙的问题上，如行业和广告中的包容性和多样性、夸大其词、向儿童做广告、宣传合法但不健康的产品、对财富不平等和气候变化的担忧，以及对广告主伦理和社会责任的担忧。

简而言之，广告对社会和经济都产生了显著影响。它还培养了许多对广告本身产生巨大影响的社会态度和法律。不可避免地，由于其突出地位，广告成为许多争议的核心。并且由于其重要性，它引起了监管机构的关注。我们将在第 3 章中仔细研究这些问题。

V 广告背后的人物

威廉·伯恩巴克

苹果在 20 世纪 80 年代初著名的广告战役中提议消费者“非同凡‘想’”。广告使用了爱因斯坦、甘地和毕加索等名人。他们本应该把伯恩巴克也包括进来。

现代社会的刻板印象是，广告公司是一个非常规的地方，充斥着古怪的梦想家。但这个想法在 20 世纪 60 年代初期会让专业人士感到惊讶。那时的广告公司往往和它们的客户一样公司化。明星是客户经理，而不是创意总监。那些早期的广告公司更喜欢通过仔细测试开发安全、谨慎的广告。

在 50 年代，创意几乎没有流行起来。毕竟，克劳德·霍普金斯宣称“科学原理”是有效广告的关键，从而摒弃了创意的作用。霍普金斯在他的著作《科学的广告》的开篇指出：

> 因果分析完成后，广告才能被很好地理解。正确的过程方法已被证明和建构。我们知道什么是最有效的，并且我们按照基本法则行事。[39]

但到了 1959 年，一场由纽约新贵机构 DDB 的创始人和创意领袖领导的创意革命正在酝酿之中。与霍普金斯关于广告是一门科学的说法相矛盾，伯恩巴克写道：“我不想要学术家，也不想要科学家。我不想要做正确事情的人，我想要做鼓舞人心的事情的人……让我们开拓新的道路。”[40]

毫无疑问，到 50 年代末，广告业已经做好了革命的准备。所有广告看起来都一样——鲜艳的色彩、微笑、上流社会的家庭，都展示了底特律的最新产品，车本身将比去年车型更大、更快、更长、更精致。文案则继续讲述新的奢侈品、舒适和技术。广告几乎能够向享受战后繁荣的消费者喊出“美国梦”。所以，为什么脱颖而出呢？为什么要冒险呢？

然后伯恩巴克出现了。DDB 的汽车客户是一个新的德国进口产品：大众汽车。该机构的任务并不令人羡慕：推销从一个与美国刚刚结束世界大战的国家进口的毫无吸引力的“人民汽车”（大众的含义）。但这个品牌具备的是底特律所不具备的微小、不寻常和谦逊。

大众汽车几乎在一夜之间进入了美国消费者的集体意识。DDB 创造了出色的甚至令人惊讶的“反广告”，这在美国人看来是前所未有的。DDB 的广告不再是鲜艳的色彩、户外场景和微笑的家庭，而是黑白的、鲜明的、简单的。大胆有力的头条新闻鼓励人们重新考虑他们在购买汽车时通常考虑的一切。“想想小的好处。”其中一条广告写道，并在广告的左上角放了一张汽车的小照片。另一条广告写着“lemon”（柠檬，双关语，有劣等品的含义）。似乎是个侮辱品牌的标题？很反常。直到消费者被如此不同和原创的东西所吸引，并深入正文。在正文中，他们发现由于严格的质量控制，有问题的劣等品要从装配线上检出后剔除。

伯恩巴克写的文案鼓励消费者拒绝集体思维、大众社会以及每个人都应该和其他人一样的想法。这一呼吁简单、直接、干净、具体。对于那些厌倦了“跟上你的邻居”的枯燥无味的人，伯恩巴克写了一份如何“离开”的指南。1963 年的一则大众汽车广告向读者展示了“如何制作大众汽车广告”。“对读者说话时，”文案指出，“不要大喊大叫。他能听到你的声音，尤其是当你讲道理的时候。”

伯恩巴克为其他客户所做的努力同样聪明、不寻常和新鲜。安飞士在广告中承认它是美国第二大汽车公司。为什么不选第一呢？因为安飞士的员工“更努力地工作”。行业领袖赫兹公司（Hertz）的员工会认为有顾客是理所当然的，这一点虽然没有明说，但也很明显。

DDB 的文化是伯恩巴克本人的折射。托马斯·弗兰克（Thomas Frank）指出，伯恩巴克“是无序的理论家，是现代艺术原则的商业价值的不懈宣传者”[41]。最重要的是，他坚持公司文化应该尊重创意人才。广告文案作家菲利斯·罗宾逊（Phyllis Robinson）这样回忆道：“我们感到非常自由，就好像我们打破了枷锁，走出了牢笼，可以按照我们想要的工作方式自由工作。”[42]

伯恩巴克培育的新文化也延伸到了广告客户和广告公司的关系中。在过去，如果客户要求以某种方式进行广告宣传，广告公司就会屈服。而 DDB 希望其客户尊重广告公司的想法，如果他们不这样做，伯恩巴克就准备离席了。

DDB 和伯恩巴克在广告行业掀起了一股风暴。DDB 成立于 1949 年，仅用了 10 年时间，就从默默无闻扬名国际。很快，每个广告公司都试图通过改变自己的文化来迎头赶上。

伯恩巴克在经历了传奇般的职业生涯后，于 1982 年去世，但他的遗产完好无损。《哈泼斯杂志》（*Harper's Magazine*）评价伯恩巴克在迄今 100 多年中“对美国文化的影响比任何一位杰出的作家和艺术家都大”。在《广告时代》（*Advertising Age*）发布的最伟大的 100 个广告的名单和 20 世纪的杰出人物中，排名第一的就是 DDB 和伯恩巴克的大众汽车广告。

本章小结

广告在自由经济中具有多种功能和效果。它能够明显识别产品并将它们与其他产品区分开来；传达有关产品、产品特性和销售地点的信息；引导消费者尝试新产品并建议重复使用；刺激产品的分销；增加产品使用率；建立价值、品牌偏好和忠诚；降低整体销售成本。

广告是人类历史上相对较新的发展。在大多数人不会阅读或写作的古代，几乎不需要广告。随着世界的扩张和城市人口的激增，制造和通信技术不断发展，广告也随之发展。印刷是影响广告的第一个主要技术，数字技术是影响广告的最新技术。

工业时代带来了经济的变化和竞争的加剧，广告开始作为一个行业出现。自第二次世界大战以来，广告主采用了多种策略，如产品差异化、市场细分和定位策略，以使它们的产品与众不同。广告行业也经历了一段紧缩和重新评估的时期，但未来为广告主和广告公司都提供了新的机会，它们可以利用交互革命并与其客户建立深厚的关系。2008 年和 2009 年的经济困难导致广告预算削减，但聪明的公司继续做广告，并将随着市场份额的增加脱颖而出。

过去 100 年来最重要的营销发展之一是对品牌力量的认可。以品牌愿景为指导的品牌为消费者提供了重要利益，品牌也是公司的重要经济资产。品牌为广告和 IMC 专业人士提供了用来开展精彩活动的故事。

作为一种社会力量，广告帮助提高了美国和世界各地的生活水平。广告使我们意识到产品的可用性，使产品具有个性，并使我们能够通过购买的产品传达与自己有关的讯息。此外，对广告的财政支持促进了新闻自由和许多非营利组织的发展。

然而，广告多年来也因其不够诚实和缺乏伦理责任而受到严厉批评。这带来了许多监管广告实践的消费者运动和法律规范。

重要术语

品牌（brand）
品牌愿景（brand vision）
品牌化（branding）
包装消费品（consumer packaged goods）
限制性营销（demarketing）
工业时代（industrial age）
市场细分（market segmentation）
定位策略（positioning strategy）
后工业时代（postindustrial age）
前工业时代（preindustrial age）

复习题

1. 广告在经济中的主要功能是什么？
2. 什么因素对广告的演变方式影响最大？
3. 广告如何降低销售成本？
4. 你如何区分前工业时代和工业时代使用的广告？
5. 在后工业时代，对广告最重要的影响因素是什么？
6. 举出三个使用限制性营销策略的公司或组织的例子。
7. 你能想到哪些公司参与了营销战役？
8. 作为消费者，你认为在不做广告的商店购物是否能省钱？请解释你的观点。
9. 你认为广告对整个社会产生了哪些影响？请具体解释。

广告体验

1. 广告行动：限制性营销
   找出一个对你或你的社区有影响的社会问题。然后创建一个解决此问题的限制性营销印刷广告，广告应具有标语和视觉效果。你为你的受众创造了什么改变的动力？为什么你认为激励措施会引起看到广告的人的共鸣？
2. 广告的经济学视角
   访问以下网站，了解广告经济学。研究后，你认为广告主要是促进垄断还是导致产生了许多买家和卖家？用文章中的观点支持你的论点：
   《广告》，经济学与自由图书馆：《经济学简明百科全书》——堪萨斯大学乔治·比特林迈尔（George Bittlingmayer）教授的有趣入门读物：www.econlib.org/library/Enc/Advertising.html
3. 广告历史
   访问以下网站，了解有关国内外公司早期广告工作的其他信息。你能找到柯达 / 可口可乐 / 新奇士的早期广告吗？还能列出其他广告主吗？你注意到哪些艺术和文案风格的特定特征使这些广告与今天的广告不同？
   a. 杜克大学约翰·W. 哈特曼销售、广告和营销历史中心“美国广告的诞生”部分：http://scriptorium.lib.duke.edu/eaa
   b. 广告信托历史档案：www.hatads.org.uk/
   c. 历史事件：http://historymatters.gmu.edu/mse/ads/amadv.html
   d. 广播传播博物馆（芝加哥）：www.museum.tv/
   e.《哈泼斯周刊》杂志上的 19 世纪广告：http://advertising.harpweek.com
   f. USATVADS（超过 100 万个示例的美国电视广告大型付费网站集合）：www.usatvads.net
   g. 史密森尼美国国家历史博物馆的广告、营销和商业图像收藏：http://americanhistory.si.edu/collections/subjects/advertising
4. 大众汽车在 20 世纪 60 年代初期的广告与其竞争对手截然不同——也许是因为它决定将文案与艺术总监配对制作广告，这种合作关系现在几乎是广告行业的标准。其他汽车制造商注意到这一点了吗？找出一些美国汽车广告的例子，因为这些广告很可能受到 DDB 大众汽车广告的影响。
5. 有些可口可乐投资者希望该公司在运动饮料等不断增长的类别中的广告上投入更多资金，而不是试图重振消费者对全热量软饮料的兴趣。你会如何回应这些股东？
6. 在通过推出新可乐来激起消费者的情绪但动摇了他们对公司的信心之后，可口可乐公司的高管在过去 20 年里一直很谨慎。你认为他们为保护品牌所做的努力是否扼杀了可口可乐广告的创意，为什么？

本章注释

[1] “Barbara Mikkelson, “Cocaine-Cola,” *Urban Legends Reference Pages: Coca-Cola*, May 2, 1999, *www.snopes.com/cokelore/cocaine.asp*.

[2] Quoted in Frederick Allen, *Secret Formula: The Inside Story of How Coca-Cola Became the Best-Known Brand in the World* (New York: Harper Collins Publishers Pty, 1994), p. 76; U.S.

Library of Congress American Memory Collection, "Highlights in the History of Coca-Cola Television Advertising," updated November 29, 2000, *http://memory.loc.gov/ammem/ccmphtml/colahist.html#darcy*.
[3] Donald Keough, quoted in Blair Matthews, "Coca-Cola's Big Mistake: New Coke 20 Years Later," *Soda Pop Dreams Magazine,* Spring 2005, *www.pww.on.ca/36_newcoke.htm*; Barbara Mikkelson, "Knew Coke," *Urban Legends Reference Pages: Coca-Cola,* May 2, 1999, *www.snopes.com/cokelore/snewcoke.asp*.
[4] Marc Inboden, quoted in "Ads Aim to Put Fizz Back in Coke," *Tulsa World,* April 2, 2006, p. E3.
[5] Quoted in "The Chronicle of Coca-Cola: Birth of a Refreshing Idea," *Coca-Cola Journey,* January 1, 2012, *www.coca-colacompany.com/stories/the-chronicle-of-coca-cola-birth-of-a-refreshing-idea*; Coca-Cola Heritage Timeline, *www.coca-colacompany.com/coca-cola-music/timeline*; Barbara Mikkelson, "Design Err Shape," *Urban Legends Reference Pages: Coca-Cola,* May 2, 1999, *www.snopes.com/cokelore/bottle.asp*.
[6] "The Chronicle of Coca-Cola: Birth of a Refreshing Idea," *Coca-Cola Journey,* January 1, 2012, *www.coca-colacompany.com/stories/the-chronicle-of-coca-cola-birth-of-a-refreshing-idea*; Jack Hayes, "Dr. John S. Pemberton (inventor of Coca-Cola)," *Nation's Restaurant News,* February 1996, pp. 120–21, Library of Congress American Memory Project, *http://rs6.loc.gov/ammem/ccmphtml/colainvnt.html*.
[7] Frederick Allen, *Secret Formula: How Brilliant Marketing and Relentless Salesmanship Made Coca-Cola the Best-Known Product in the World* (New York: HarperCollins, 1994), cited in Eleanor Jones and Florian Ritzmann, "Coca-Cola Goes to War: Coca-Cola at Home," *http://xroads.virginia.edu/~class/coke/coke.html*; Pat Watters, *Coca-Cola: An Illustrated History* (New York: Doubleday, 1978), cited in Eleanor Jones and Florian Ritzmann, "Coca-Cola Goes to War: Coca-Cola at Home," *http://xroads.virginia.edu/~class/coke/coke.html*.
[8] "Sales Call Costs," *The Controller's Report,* January 2001, p. 9; Claire Atkinson, "Cost of 'American Idol' Finale Spot Hits $1.3 Million," *Advertising Age* (online), April 17, 2006.
[9] Norman Douglas, *South Wind* (London: Martin Secker, 1917; repr. Hard Press, 2006).
[10] William O'Barr, address to the Council on Advertising History, Duke University, March 12, 1993, reported in *Advertising in America: Using Its Past, Enriching Its Future* (Washington, DC: Center for Advertising History of the National Museum of American History, 1994), p. 6.
[11] Leonard L. Bartlett, "Three Giants—Leo Burnett, David Ogilvy, William Bernbach: An Exploration of the Impact of the Founders' Written Communications on the Destinies of Their Advertising Agencies," paper presented to the annual meeting of the Association for Education in Journalism and Mass Communication, Kansas City, August 13, 1993.
[12] Marcel Bleustein-Blanchet, *La Rage de Convaincre* (Paris: Editions Robert Laffont, 1970), pp. 307–10, 375; Jean-Marc Schwarz, "A Brief History of Ad Time," *Adweek,* February 14, 1994, p. 46.
[13] Jean-Marc Schwarz, "A Brief History of Ad Time," *Adweek,* February 14, 1994, p. 46.
[14] Jean-Marc Schwarz, "A Brief History of Ad Time," *Adweek,* February 14, 1994, p. 46.
[15] Jean-Marc Schwarz, "A Brief History of Ad Time," *Adweek,* February 14, 1994, p. 46.
[16] Lester C. Thurow, "The Post-Industrial Era is Over," *New York Times,* September 4, 1989, p. 27.
[17] William F. Arens and Jack J. Whidden, "La Publicité aux Etats-Unis: Les Symptômes et les Stratégies d'une Industrie Surpeuplée," *L'Industrie de la Publicité au Québec* (Montreal: Le Publicité Club de Montréal, 1992), pp. 383–84.
[18] Warren Berger, "Chaos on Madison Avenue," *Los Angeles Times Magazine,* June 5, 1994, pp. 12, 14.
[19] Bob Coen, "Bob Coen's Insider's Report," December 2002, McCann-Erickson WorldGroup, *www.universalmccann.com/ourview.html*.
[20] Judann Pollock, "Marketing Put on Hold," *Advertising Age,* September 17, 2001, pp. 1, 25.
[21] Bob Coen, "Bob Coen's Insider's Report," December 2002, McCann-Erickson WorldGroup, *www.universalmccann.com/ourview.html*.
[22] R. Craig Endicott, "Interactive Marketing & Media Fact Pack 2006," *Advertising Age,* April 17, 2006, p. 10.
[23] Tom Cuniff, "The Second Creative Revolution," *Advertising Age,* December 6, 1993, p. 22.
[24] "US, China, Japan, Germany and the UK Lead as the Top Five Ad Markets," *eMarketer,* December 10, 2014, *www.emarketer.com/Article/Advertisers-Will-Spend-Nearly-600-Billion-Worldwide-2015/1011691*.
[25] Matt Schiavenza, "China Economy Surpasses US in Purchasing Power, But Americans Don't Need to Worry," *International Business Times,* October 8, 2014, *www.ibtimes.com/china-economy-surpasses-us-purchasing-power-americans-dont-need-worry-1701804*.
[26] Jason Abbruzzese, "Showtime Planning Standalone Internet Offering," *Mashable,* November 5, 2014, *mashable.com/2014/11/05/showtime-internet-offering/*.
[27] Newspaper Association of America, "Trends and Numbers," updated May 25, 2012, *www.naa.org/Trends-and-Numbers/Advertising-Expenditures/Quarterly-All-Categories.aspx*.
[28] "Coca-Cola's Brand Value from 2006 to 2019 (in billion U.S. dollars)," *Statista,* *www.statista.com/statistics/326065/coca-cola-brand-value/*.
[29] Scott M. Davis and Michael Dunn, *Building the Brand-Driven Business* (San Francisco: Jossey-Bass, 2002), p. 15.
[30] David Aaker, *Aaker on Branding: 20 Principles That Drive Success* (New York: Morgan James Publishing, 2014).
[31] "Training the Talented the Ritz Carlton Way," *American Management Assocation,* January 24, 2019, *www.amanet.org/training/articles/training-the-talented-the-ritz-carlton-way.aspx*.
[32] Scott M. Davis and Michael Dunn, *Building the Brand-Driven Business* (San Francisco: Wiley, 2002), pp. 17–18.
[33] David Aaker, *Aaker on Branding: 20 Principles That Drive Success* (New York: Morgan James Publishing, 2014).
[34] "Mercedes-Benz Has New Global Slogan: The Best or Nothing," *Autotrader,* *www.autotrader.com/car-news/mercedes-benz-has-new-global-slogan-best-or-nothin-67400*.
[35] Progressive Casualty Insurance Company, "Core Values," 2019.
[36] Aaron Parsley, "5 Things to Know About TV's Progressive Insurance Lady," *People Magazine,* September 2, 2009, *https://people.com/tv/5-things-to-know-about-tvs-progressive-insurance-lady/*.
[37] Nicole LaPorte, "Flo the Progressive Lady, Stephanie Courtney, Interview," *Daily Beast,* May 30, 2010, *www.thedailybeast.com/flo-the-progressive-lady-stephanie-courtney-interview*
[38] Brendan Butler, "12 Examples of Brand Personality to Inspire You," *Career Addict,* August 18, 2017, *www.careeraddict.com/12-examples-of-brand-personality-to-inspire-you*.
[39] Claude Hopkins, *Scientific Advertising* (1923; repr. Cosimo, Inc., 2007).
[40] Bill Bernbach, Letter dated May 15, 1947, cited in "Let Us Blaze New Trails," *Letters of Note,* June 24, 2013, *www.lettersofnote.com/2013/06/let-us-blaze-new-trails.html?m=1*.
[41] Thomas Frank, *The Conquest of Cool: Business Culture, Counterculture, and the Rise of Hip Consumerism* (Chicago: University of Chicago Press, 1998).
[42] Keith Reinhard, "DDB's Four Freedoms," Innova DDB Ghana, March 24, 2016, *https://innovaddb.wordpress.com/2016/03/24/ddbs-four-freedoms/*.

第 3 章

概览：经济、伦理和监管

学习目标

识别和解释广告主必须考虑的经济、社会、伦理和法律问题。指导广告的基本经济原则也具有社会和法律影响。这些影响可能会导致政府采取纠正措施。社会决定什么行为会被定义为冒犯性、过度和不负责任的；政府决定什么行为会被定义为欺骗性和不公平的。为了守法、合乎伦理、对社会负责和经济高效，广告主必须了解并解决这些问题。

学习本章后，你将能够：

1. 将广告活动与市场经济的运作联系起来。
2. 识别并举例说明广告面临的两种主要社会批评。
3. 解释广告中社会责任和伦理的区别。
4. 描述政府如何监管国内外的广告。
5. 讨论影响美国广告主和商业言论的监管问题。
6. 对联邦机构管理广告以保护消费者和竞争对手的方式加以分类。
7. 定义地方政府在广告监管中的作用。
8. 列出私人组织帮助减少欺诈和欺骗性广告的方式。

如果你知道赛车手杰夫・乔登（Jeff Gordon）佩戴的手表品牌，你是否更有可能购买它？如果它是玛丽亚・莎拉波娃（Maria Sharapova）或莱昂纳多・迪卡普里奥（Leonardo Dicaprio）的首选品牌呢？瑞士奢侈钟表制造商泰格豪雅（TagHeuer）肯定是这么设计的，因为它付费让这些明星出现在广告中。名人代言值得泰格豪雅花大笔的钱吗？商学教授贾格迪什・阿格拉瓦尔（Jagdish Agrawal）和瓦格纳・镰仓（Wagner Kamakura）认为，名人有助于使广告可信、提高广告回忆率、增加品牌认知度，并最终影响消费者选择认可的品牌。[1] 因此，超过 1/5 的电视广告用名人作为主角也就不足为奇了。

前世界自行车冠军兰斯・阿姆斯特朗（Lance Armstrong）通过代言赚了数千万美元，作为回报，他助力代言的公司成为主导的全球品牌。精英高尔夫球手泰格・伍兹（Tiger Woods）也是如此。伍兹曾说过："如果你有机会成为榜样，我认为你应该永远抓住它，因为你可以从积极的角度影响一个人的生活，这就是我想做的。这就是它的一切。"不幸的是，几乎所有人都知道，阿姆斯特朗和伍兹都出现了令人尴尬的丑闻。对于有些人来说，由此产生的愤怒不仅仅是个人悲剧。数以百万计的人因有关他们偶像的令人不安的消息而感到痛苦。而让伍兹和阿姆斯特朗成为高薪代言人的公司，各自面临着一场公关灾难。

此类事件一直在发生。一长串因争议而失去代言的名人包括麦当娜（Madonna，百事）、卢达克里斯（Ludacris，百事）、何塞・坎塞科（Jose Canseco，加利福尼亚鸡蛋委员会）、科比・布莱恩特（Kobe Bryant，麦当劳）、玛丽・凯特・奥尔森（Mary Kate Olsen，乳业）、埃米纳姆（Eminem，福特）和凯特・莫斯（Kate Moss，香奈儿）。

赞助名人的公司面临的困境在一系列事件中凸显出来，导致耐克在亚特兰大猎鹰队四分卫迈克尔・维克（Michael Vick）供认了包括虐待动物在内的犯罪活动后停止了对他的赞助。耐克与 NFL 的新秀维克曾签署了一份重量级的赞助协议。当有消息称四分卫维克因涉及虐待动物的行为而受到调查时，企业面临困境。维克最初辩称，这些行为是同事所为。不管这种说法看起来多么不可信，许多人认为维克在审判前有权获得无罪推定。耐克必须决定是在维克出庭前放弃对他的支持，还是继续支持这位运动员。正如科比・布莱恩特和杜克曲棍球队的经历所表明的那样，被指控犯罪并不等于有罪。消息传出后不久，耐克决定暂停销售关联到维克的产品线。但在维克承认有罪之前耐克并没有解除代言合同。营销界普遍赞同这种做法，即既承认犯罪的严重性，又承认维克在审判前享有无罪推定的权力。公司越来越明白，当它们将自己的品牌与单一代言人联系得太紧密时，它们会承担风险。为《广告时代》撰稿的杰里米・穆尔曼（Jeremy Mullman）表示，耐克最近一直在朝着"整体方式"发展代言。换言之，耐克用一群运动员来推销它的产品，而不是一个大明星。因此，如果某个运动员出现危机，品牌无须承担过高的风险。耐克的竞争对手安德玛（Under Armour）使用了类似的方法。安德玛公司的一位副总裁指出，不会"让任何人变得比品牌更大"[2]。

教训是什么？泰格・伍兹、兰斯・阿姆斯特朗和迈克尔・维克因为他们作为明星运动员而获得了大的代言合同。然而，对于这三个人来说，从代言巨星到营销灾难的旅程以闪电般的速度发生。对于品牌来说，教训是谨慎地将产品的形象与真实且可能有缺陷的人保持一致。至于伍兹、阿姆斯特朗和维克，生活还在继续。《户外》（*Outside*）杂志赌了一把，决定利用兰斯・阿姆斯特朗的缺点在网上宣传一段名为《如何修理爆胎》的视频。阿姆斯特朗开始了一个名为"The Move"的播客。维克回到了橄榄球场，伍兹回到了高尔夫球场，尽管两人都未能恢复早先的成功。

本章还特别关注 IMC 的广告维度。虽然其他类型的促销讯息与我们在这里开发的主题相关，但广告通常与引起批评者和监管机构等关注的违法行为相关联。

3.1 有关广告的诸多争议

广告可能是最明显的商业活动。因为大规模宣传它们的品牌，如果广告冒犯他人或产品没有达到标准，公司就会面临公众批评的风险。但这正是广告的捍卫者说广告产品更安全的原因——当名誉受到威胁时，公司会更加努力地履行承诺。

除了任何单一广告的影响，广告的做法因其对经济和社会的影响而受到赞扬和批评。多年来，批评者将广告与各种各样的罪恶联系在一起——有些是真实的，有些是虚构的。

博达大桥广告公司（FCB）前主席兼美国广告代理商协会主席约翰·奥图尔（John O'Toole）认为，许多批评者攻击广告是因为广告不是别的东西。广告不是新闻、教育或娱乐——尽管它可以发挥这三者的功能。我们对广告的定义强调广告具有说服力、讲述故事的一面。它们并非旨在成为对品牌或服务的中立观点。广告作为一种传播方式，与新闻、教育、娱乐有一定的共同点，但不应以衡量这些事物的标准来评判广告。出资者做广告是因为他们希望这能帮助他们销售产品、服务或观念。[3]

尽管有奥图尔的辩护，但许多争议仍然围绕着整个广告界。有些人专注于广告的经济作用。例如，广告如何影响产品的价值？它会导致价格上涨吗？它是促进竞争还是阻止竞争？广告如何影响整体消费者需求？它对消费者的选择和整个商业周期有什么影响？

其他争议集中在广告的社会影响上。例如，广告是否使我们更加物质主义？会诱使人们购买他们不需要的东西吗？是否以人们无法控制的方式潜在地影响着人们？（有关此主题的更多信息，请参阅第 8 章中的“伦理、多样性与包容性”专栏。）它是否腐蚀了我们社会的艺术和文化？广告会使我们的语言贬值吗？广告主对我们了解多少，我们的隐私有多少安全性？

这些经济和社会争议体现出从哪里定位广告责任的问题。营销经理在他们推广的商品种类和广告方式上应该有多大的自由度？消费者呢？他们在这个过程中是否也要承担一些责任？最后，政府的作用是什么？政府应该制定哪些法律来保护消费者？哪些法律走得太远，侵犯了营销经理的言论自由？

人们对这些问题的回答不尽相同，有时甚至相去甚远。但是，提出问题并以深思熟虑的方式考虑这些问题的过程有助于广告主更好地了解其信息的影响。这还有助于政府更好地评估对商业言论政策的权衡。作为广告的消费者，也许有一天是作为广告的创造者，它会帮助你发展自己的一套原则与伦理指南。本章将解决有关广告的一些主要问题和批评，包括利与弊，并深入探讨用于补救和尽量减少广告主不当滥用行为的监管方法。

正如本章稍后将展示的那样，自由市场经济学的基本原则是，通过赋予人们做出自己的决定和作为自由代理人行动的权利，社会能得到最好的服务。这种根本上的功利主义框架源于社会应该促进为大多数人带来最大利益的行为的理念，它提供了一种能更好地提高人们生活水平的经济活动体系。

通过使用这个框架来讨论广告争议，我们就有了一个基础来理解广告如何促进或削弱自由企业的基本目标：“为大多数人带来最大利益”。

3.2 经济学：广告如何在市场中发挥作用

广告最根本的目的是服务于经济功能。了解该功能对于考虑支持者和批评者所认为的广告的好处和危害非常重要。

市场经济的原则

在美国和世界其他一些国家，市场经济决定了生产和消费的内容和数量。哈佛经济学家格雷高利·曼昆（Gregory Mankiw）将市场经济定义为“公司自己决定雇用谁和制造什么。由居民自己决定……用他们的收入买什么。这些公司和居民家庭在市场上交易，价格和自身利益分别指导他们的决策”[4]。这样的经济体有四个假设前提。

1. 自利。人们和公司追求他们的自利目标。无论是更好的房子、更快的汽车，还是哈佛的教育，人们想要的总是更多，实际能有的总是更少。营销经理也是自利的。他们想要创造利润并发展他们的业务。当营销经理提供市场想要的并且买得起的品牌或商品时，营销经理会取得成功，消费者也会从中受益。在自由经济中，营销经理必须与其他营销经理竞争消费者业务。自利的卖家向自利的买家推销的这种公开竞争，促使以更具竞争力的价格提供更多的商品。

2. 完全信息。这项假设前提表明买家知道卖家提供的价格，迫使营销经理将价格保持在足够低的水平以创造需求。当买家获得更多关于他们可以选择的商品的信息时，他们会做出更好的决定。卖家还可以通过提供有关所售商品的信息来更有效地找到商品的消费者。当信息表明一个品牌比与之竞争的品牌更有价值时，该卖家就可以卖得更贵。

3. 有许多买家和卖家。拥有许多卖家可以确保如果一个卖家不能满足顾客的需求，另一个卖家将通过生产更好的产品或现有产品的更便宜的版本来利用这种情况。同样，有大量的买家在市场上，也能够确保卖家可以找到对独特产品感兴趣的顾客，而且卖家能以公平的价格提供产品。

4. 无外部性（社会成本）。有时商品的销售或消费可能会使未参与交易的人受益或受到伤害。例如，2009 年 3 月，印度塔塔集团（Tata Group）推出了世界上最便宜的汽车 Nano，零售价仅为 2 000 美元。这让数百万贫穷的印度人有机会获得买得起的交通工具。但由于开车人数的增加，安全问题变得突出，空气污染和碳排放也会加剧气候变化。在这种情况下，政府可以使用税收和 / 或监管来补偿或尽量减少外部性造成的社会伤害。

这些假设前提描述了理想的经济条件，而不是真实存在的经济条件。例如，你几乎不可能掌握你购买的商品的完全信息。但是这个假设告诉我们，在购买产品之前，对商品的了解越多，你对购买的满意度可能就越高。自由市场经济学家认为，一个经济体越接近于满足这四个假设前提，对每个人就越有益。

鉴于这些假设，广告在市场经济中的作用是什么？我们接下来考虑这个问题。

广告对经济的重要影响

从历史上看，广告支出平均占美国国内生产总值（GDP）的 1% ～ 2%。[5] 在美国

1 将广告活动与市场经济的运作联系起来

经济总量中，这个比例很小。2018 年，广告主平均为居住在美国的每一名男性、女性和孩童花费 670 美元。相比之下，英国的人均广告支出仅为 414 美元，印度的人均广告支出仅为 6.26 美元。如图表 3－1 所示，各国人均广告支出与个人财富之间存在正相关关系。[6]

图表 3－1
各国人均广告支出（不包括直邮）与人均 GDP 相关

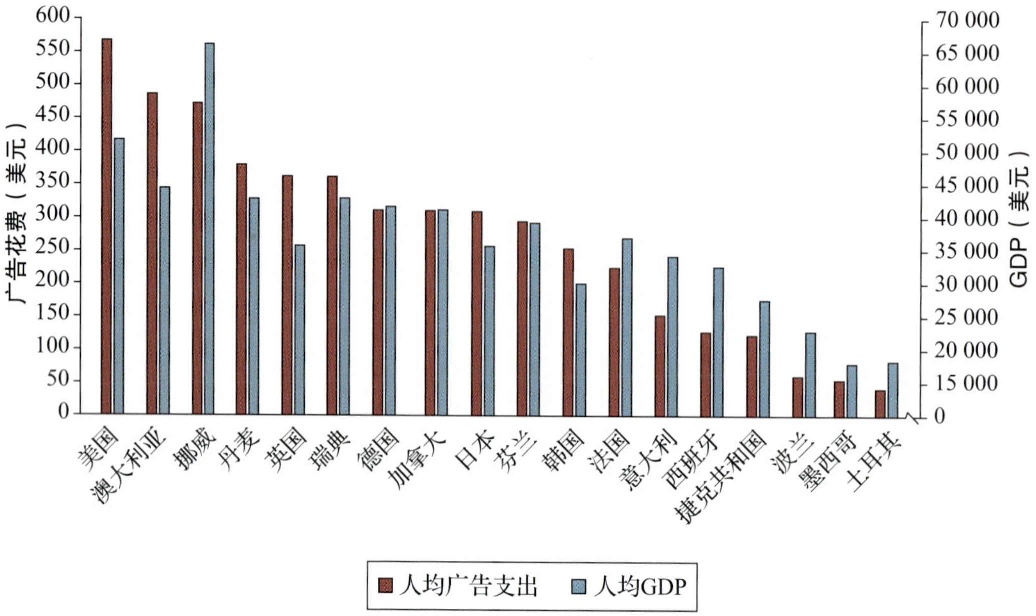

广告的经济效应就像台球中的击发球。公司开始做广告，就会引发经济事件的连锁反应，如图表 3－2 所示。连锁反应的程度虽然难以预测，但与击发力度和发生的经济环境有关。让我们考虑一下之前提出的经济问题。

图表 3－2
广告的经济效应就像台球中的击发球

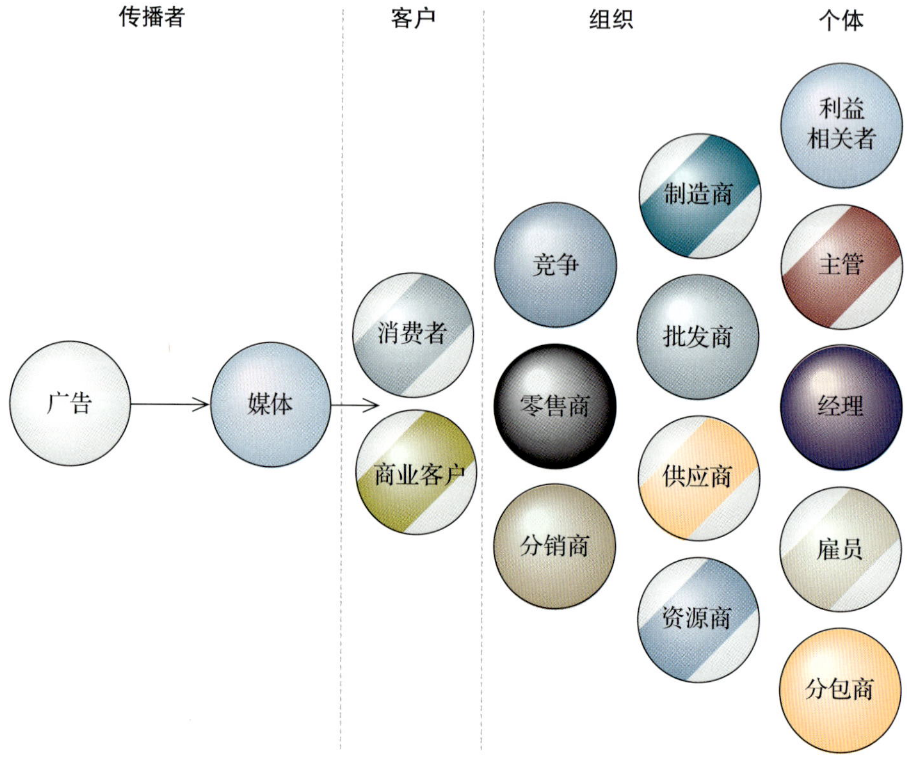

广告对产品价值的作用

为什么大多数人更喜欢可口可乐而不是其他可乐？为什么有些人更喜欢 iPod 而不是未打广告的品牌？做过广告的商品的功能性是否会更好？答案是不一定。但广告赋予了这些品牌附加值。

有些人认为，部分由广告和促销创造的商品形象是商品本身的内在特征。[7] 虽然广告可能不会直接说明商品的质量，但广告传达的正面形象意味着质量。通过简单地使商品更广为人知，广告可以使商品更受欢迎。通过这种方式，广告为品牌增加了价值。[8] 这就是人们为百服宁（Bufferin）支付的费用高于展示在其旁边的未广告品牌的原因——即使按照法律的规定，所有的缓释型阿司匹林（特指所有的种类）在功能上都是相同的。

广告还通过向客户介绍商品的新用途来增加品牌价值。舒洁（Kleenex）最初被宣传为卸妆产品，后来成为一次性手帕纸。AT&T 首先将电话作为一种必需品，后来又作为一种便利品。苹果的 iPhone 广告经常解释应用程序如何为设备提供更强大的功能。

在自由市场体系中，消费者可以选择他们想要购买的商品的品质。例如，认为低价很重要的购车者可以购买经济型汽车；如果觉得地位和奢侈品很重要，可以购买 SUV 或跑车；如果认为环境问题是最重要的，则可以购买混合动力车。我们的许多需求是情感的、社会的或心理的，而不是功能性的。我们传达我们是谁（或想成为谁）的一种方式是通过我们购买和展示的商品。通过将商品与一些理想的形象联系起来，广告为人们提供了满足这些象征性需求的机会。因此，购买混合动力汽车不仅仅是帮助保护环境的一种方式，也是一种向他人展示你很看重使用环境友好型商品的方式。

就我们的经济结构而言，通过增加产品价值，广告可以帮助消费者和广告主。它也有助于增加卖家的数量。这增加了竞争，也符合消费者的自身利益。

广告对价格的作用

既然广告能增加商品的价值，那么广告也会提高价格，对吗？那么如果公司停止广告，商品成本会更低，是吗？答案不是肯定的。经济学家就广告对价格的影响争论不休，在不少情况中仍然不能达成一致。

一些有广告的商品确实比没有广告的商品成本更高，但反过来，有些没有广告的商品确实也比有广告的商品的费用更高。美国联邦贸易委员会和联邦最高法院都裁定，通过鼓励竞争，广告具有降低价格的作用。这再次服务于消费者的自身利益。

关于广告对价格的正面或负面影响的全面陈述几乎总是过于简单化。不过，我们可以提出一些重要的观点：

- 作为商业经营的成本，广告是由消费者最终付费的。然而，在大多数商品类别中，与商品的总成本相比，在广告上的花费是微不足道的。一项估计表明，广告成本占销售额的百分比从包装消费品的近 10% 到零售商沃尔玛的仅 0.4% 不等。[9]
- 广告是大众渠道分销系统的要素之一，使许多制造商能够进行批量生产，从而降低商品的单位成本。然后，这些节省可以以较低价格的形式传递给消费者。通过这种间接方式，广告有助于降低价格。

- 在受政府价格管制的行业（农业、公用事业）中，广告对价格没有影响。当政府解除对这些行业的管制以恢复自由市场竞争时，广告即会影响价格——通常是向下的，但并非总是如此。
- 价格是许多零售广告中的一个突出元素，这些广告旨在支持其价格。另一方面，全国性制造商使用广告来强调使其品牌更好的功能；在这样的情况下，广告可能会支持更高的价格。正如我们在第 2 章中提到的，公司做广告是为了支持它们的品牌，以提高盈利能力。

广告会导致更高的价格吗？经济学家认为，在许多情况下，广告实际上有助于降低产品价格。这则西南航空公司的广告旨在吸引对价格敏感的消费者，以节省他们的开支。

资料来源：Southwest Airlines Co.

广告对竞争的作用

有些人认为广告限制了竞争，因为小公司无法与大公司的巨额广告预算竞争。相反，小公司通常依靠广告来告知消费者其品牌的独特优势。如果不能推广新品牌，消费者将如何了解可能更好地满足其需求的选择？

激烈竞争会减少一个行业的企业数量。然而，有些被淘汰的公司可能是那些为客户服务效率最低的公司。在其他情况下，并购（大公司为自身利益而开展）也会减少竞争。

高成本可能会阻碍新竞争者进入那些在广告上花费巨资的行业。在某些市场，原有品牌可能会从这一障碍中受益匪浅。然而，工厂、机械和劳动力所需的投资具有更大的意义。这些而不是广告通常才是真正的进入壁垒。

大公司的广告通常对小企业的影响有限，因为单个广告主很少能大到足以统治整个国家市场。例如，区域性石油公司在地方层面与国家石油公司的竞争非常成功。事实上，自由做广告鼓励了更多的卖家进入市场。我们都能看到在杂货店同一排货架上，未做广告的商超品牌商品面对全国性广告品牌商品保持了有效的竞争力。

广告作用于消费者需求

广告对消费者总需求的影响这个问题很复杂。许多研究表明促销活动会影响总消费，但它们在程度上存在分歧。社会和经济力量，包括技术进步、人口教育水平、人口和收入的增加以及生活方式的改变，更为重要。例如，对液晶电视和智能手机的需求以惊人的速度增长，部分贡献来自广告，但更多要归功于有利的市场条件。与此同时，广告并没有扭转零售商、碳酸饮料或报纸销售下滑的趋势。

在第 6 章中，我们将看到市场推广可以通过向更多人提供更完整的信息来帮助推出新产品，从而刺激**基本需求**（primary demand）——对整个产品类别的需求。在衰退的市场中，当人们想要的唯一信息是价格信息时，广告会影响**选择性需求**（selective demand）——对特定品牌的需求。但它对基本需求的唯一影响是减缓下降速度。在不断增长的市场中，广告主通常会争夺增长的份额。在成熟的、停滞的或衰退的市场中，它们则相互竞争市场份额——争夺销售额。

资料来源：The California Milk Advisory Board.

著名的“喝牛奶了吗”（Got Milk）广告战役促进了基本需求而非选择性需求，因为该活动的目标是让消费者喝更多的牛奶，而不是特定品牌的牛奶。“喝牛奶了吗”这个由广告公司 Goodby Silverstein & Partners（GS & P）为加州乳品加工协会（California Milk Processor Board）创建的广告战役已有 20 多年的历史，其令人难忘的两个英文单词的口号无疑是美国广告史上最著名的口号之一。

广告对消费者选择的作用

制造商击败竞争对手的最佳方式是制造独特的商品。想一想那一长串旨在吸引不同买家的汽车型号、尺寸、颜色和功能选择清单。典型的杂货店出售 100 多种不同品牌的早餐麦片的情况并不少见——为了适合所有人。

人们真的需要这么多选择吗？广告自由鼓励企业创建新品牌并改进旧品牌。当一个品牌占据市场主导地位时，较小的品牌可能会消失一段时间。但是，当更好的商品出现并被巧妙地宣传时，主导品牌就会输给更新、更好的商品。广告的自由促进了更多卖家的存在，这为消费者提供了更广泛的选择。

广告对商业周期的影响

长期以来，广告与一个国家的 GDP 之间的关系一直存在争议。一国的 GDP 是衡量该国在固定时期（通常是一年）内生产的所有产品和服务的市场价值的指标。它被称为“世界上最强有力的国家发展和进步的统计指标”[10]。常年批评广告的约翰·肯尼斯·加尔布雷思（John Kenneth Galbraith）也承认，通过帮助维持消费者需求（鼓励更多买家），广告有助于维持就业和经济增长。[11]

有些经济学家认为消费者需求是强劲经济的支柱。当奥巴马在 2008 年支持一项 10 亿美元的刺激法案时，目的是通过将更多的钱放入消费者的口袋来创造需求。刺激措施未能恢复经济强劲增长的部分原因是未能创造需求。许多消费者没有购买产品或服务，而是用这笔钱来偿还债务或增加储蓄。然而，消费需求在 2010 年之后再次开始上升，并一直持续下去，如图表 3－3 所示。

图表 3－3
美国消费者需求

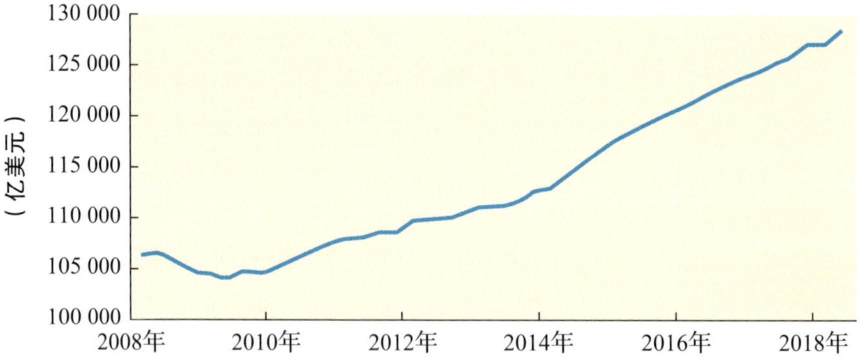

资料来源：“U.S. Consumer Spending,” *Trading Economics*, TradingEconomics.com; U.S Bureau of Economic Analysis.

从历史上看，在经济困难时期公司会削减促销支出。这可能有助于短期利润，但一些研究表明，在经济衰退期间继续投放广告的企业能够更好地保护甚至建立市场份额。[12] 但是，即使每个人都继续投放广告，衰退周期也不太可能会逆转。我们得出结论，当商业处于上升周期时，广告有助于增长。当商业处于下降周期时，广告可能会通过鼓励更多买家购买来起到稳定作用。在经济衰退或消费者需求低迷时期，即使公司没有削减营销费用，它们也会尝试更有效地使用整合营销传播预算（如使用更便宜的促销工具），并寻找衡量它们营销支出的投资回报率（ROI）的方法。

丰裕原则：广告对经济的影响

对于桂格燕麦（Quaker Oats）、本地汽车经销商或街角便利店等而言，广告的回报大于成本。如果不付费做广告，就没有人会选择它们。同时依靠广告获得财政支持的各种新闻和娱乐媒体也将倒闭。

对整个经济而言，广告的重要性可能最好通过丰裕原则来体现。即在一个生产的产品和服务超过消费能力的经济体中，广告有两个重要目的：它让消费者了解他们所用产品的替代品（完全信息），它允许公司更有效地竞争消费者的钱包（自利）。这种竞争通常会以更低的价格产生更多更好的产品。

广告刺激了竞争（产生许多买家和卖家）。在消费者满足其生理需求后有更多收入可用于消费的国家，广告也能刺激创新和新产品。然而，再多的广告也无法让消费者不认可的产品被长期接受。尽管广告支出巨大，但在 20 世纪开发的 50 款最知名的汽车中，至今只有不到 12 款汽车在售。或者举一个最近的例子，3D 电视机的广告支出未能创造消费者需求。

相反，近 80% 的美国人拥有智能手机，这是苹果公司于 2007 年首次推出的。为了介绍其手机，苹果公司使用了巧妙的广告，其中包括著名明星拿起电话并说“你好”的片段。该产品立即受到欢迎。出色的广告与出色的产品相结合，创造了每年近 5 000 亿美元的全球销售额。[13] 苹果的创新引起了其他科技公司的关注，如今苹果和三星等制造商之间的竞争十分激烈。这场竞争意味着 2020 年的智能手机比原来的型号更好。最初的 iPhone 配备 320 × 480 像素的 TFT 显示屏，而 iPhone 11 配备 2 688 × 1 242 像素的 OLED 显示屏。较新的型号可以拍摄更好的照片，并具有更强大的屏幕、更快的处理器和更大的内存。

资料来源：Apple, Inc.

广告通过创造更多见多识广、受过良好教育和要求更高的消费者来刺激健康的经济。它还通过设计吸引了巨大的注意力。广告邀请人们思考他们正在推广的特定产品，此外，还反射出广告行业本身的影响。因此，广告行业招致大量社会批评和法律规制也就不足为奇了，这是我们下一节的主题。

3.3　广告的社会影响

❷ 识别并举例说明广告面临的两种主要社会批评

因为如此引人注目，广告经常受到批评。许多批评都集中在广告风格上，称其具有欺骗性或操纵性。总的来说，我们可以将这些称为**短期操控性批评**（short-term manipulative criticisms）。而**长期宏观批评**（long-term macro criticisms）集中在广告的社会或环境影响上。[14] 短期批评是关于特定广告在特定时间点伤害了特定消费者的批评，长期批评则是关于许多广告在很长一段时间内对许多人的广泛影响的批评。

在讨论广告的经济影响时，我们主要关注自由市场经济学中的两个原则：自利；许多买家和卖家。广告的社会影响通常涉及另外两个原则：完全信息和无外部性。我们可以从这两个角度来审视很多问题。其中最重要的是广告中的欺骗和操纵、广告对我们价值体系的影响、商业混乱、刻板印象和冒犯性。

广告中的欺骗

对广告的常见短期批评是它经常具有欺骗性。对大多数消费者来说，好消息是虚假的事实声明是非法的。根据联邦贸易委员会的说法，“当消费者看到或听到广告时，无论是在互联网、广播、电视上还是在其他任何地方，联邦法律都规定广告必须是真实的、不具有误导性的，并且在适当的情况中要有科学证据”[15]。

但是，如你所料，真假概念可能很模糊，这会降低广告的可信度。已故著名消费者保护法律学者伊万·普雷斯顿（Ivan Preston）指出，任何有损买家和卖家之间交易满意度的事情最终都会伤害双方。[16]如果一个品牌不符合其主张，就会出现不满意——从长远来看，这同样有害于广告主与买方。

为了使广告有效，它必须在消费者中具有可信度。因此，欺骗不仅有损自由企业的完全信息原则，而且有弄巧成拙的风险。因为，如上所述，广告中的欺骗是非法的，普雷斯顿试图引起人们对夸大的关注，许多广告中的主张最好被认为是非特定的夸大。普雷斯顿认为，这种毫无意义（但合法）的主张有时会被按字面意思理解，因此具有欺骗性。更具体地说，**夸大**（puffery）是指无法证明是真是假的夸张的主观主张，例如“美国最受欢迎的意大利面”“吮指回味，自在滋味”“品尝彩虹”（你能识别出使用这些广告语的品牌吗？）。

当然，这把电锯实际上并没有小战士沿着锯片前进。消费者认识到这是夸大其词或吹嘘。从字面上看，这种夸大可能不可信。但这种夸大可以作为品牌宣传的好处的隐喻。你认为斯蒂尔（STIHL）在此广告中促销其电锯的好处是什么？

资料来源：STIHL Inc.

根据现行的广告法，唯一可以被视为具有欺骗性的广告是那些实际上是虚假的或传达虚假印象的广告，它们有可能欺骗或误导理性的人。[17]夸大被排除在外，因为它假定理性的人不会相信。普雷斯顿指出，由于广告主在做广告时经常使用夸大和非产品事实，它们必须认为消费者确实相信这一点。**非产品事实**（nonproduct facts）与品牌无关，而是与消费者或消费者使用品牌的社会背景有关。一个例子是“百事可乐，新一代的选择”。

即使广告不具有欺骗性，它们也很少讲述品牌的全部故事。它们讲述故事的一部分，通常是对广告主有利的部分。人们往往认为广告主会为它们的产品感到自豪，因此如果广告夸大一点，人们可能也不介意。但是，当广告主跨越了简单地表达它们的观点和创造虚假期望之间的界限时，人们开始反对。棒约翰比萨（PaPa John’s Pizza）毫无疑问认为它在宣传“更好用料，更好比萨”时只是在夸大。不过，必胜客对此有不同的看法，并以欺骗性广告为由起诉了棒约翰比萨。美国地区法官同意并判给必胜客近 50 万美元的赔偿金。法官随后命令棒约翰比萨停止使用其“更好用料”的口号。[18]这一决定后来在上诉中被推翻，但案件仍然表明，广告主在可以安全地夸张方面是有限度的。[19]

普雷斯顿认为，如果营销经理改进他们在广告中提供的信息的类型，就可以避免此类问题。他认为广告主应该为它们做出的声明提供合理的依据，无论这些声明是关于产品的事实，诸如“这就是可口可乐”之类的非事实，还是关于非产品事实。[20] 他认为，这将有益于自由市场体系。广告实验室“广告中的不公平和欺骗性做法”列出了其他一些常见的欺骗行为。

广告对我们价值体系的作用

消费者权益倡导者经常提出的一个长期论点是，广告通过推广物质主义的生活方式削弱了人们的价值体系。他们说，广告鼓励我们购买更多的汽车、更多的 DVD、更多的衣服和更多我们不需要的垃圾。它正在摧毁我们自由的本质，取而代之的是自私的消费主义。[21]

批评者声称广告通过拿捏我们的情绪和承诺更高的地位、社会接受度和吸引力来操纵我们购买东西。它使人们养成有害的习惯，使贫困的孩子购买 300 美元的运动鞋，并诱使普通人购买无用的产品来效仿名人代言人。[22] 广告的批评者说，广告如此强大，以至于消费者毫无能力抵御它。

毫无疑问，广告主花费数百万美元试图使人们相信它们的产品会让人们更有魅力、更健康、更成功。广告数量之多似乎表明每一个问题都可以通过消费来解决。

然而，这种说法夸大了广告的力量。事实上，大多数美国人对广告呈现出明智的怀疑主义。一项研究表明，只有 17% 的美国消费者将广告视为帮助他们决定购买什么的信息来源。[23] 也许这就是广告商品在市场上失败多于成功的原因。

即使我们假设大多数人都愿意接受或拒绝一条广告讯息，他们仍然没有了解全部情况。毕竟，广告是由想要销售他们的商品的营销经理支持的，但没有人提出相反的立场，即我们为什么不需要或根本不应该购买某些产品。从这个意义上说，消费者并没有获得完全信息。这是一个重要的外部性问题，因为全国性广告主集聚活动影响了即时营销交易之外的许多人，并给社会带来了意想不到的成本。

广告的激增

关于广告最常见的长期抱怨之一是，广告太多了。在美国，普通人每天可能会接触到 500 ～ 1 000 条商业讯息。由于有如此多的产品争夺注意力，广告主自己也担心过度广告的影响。根据尼尔森的说法，广告讯息混杂的情况仍在增加。2005 年，联播网电视的非节目时间（包括广告、公共服务公告和节目宣传）从黄金时段（晚间）每小时约 16 分钟到白天近 21 分钟不等，这些时段对广告主而言尤为重要。[24] 一些有线电视网的情况甚至更糟：Spike TV 尝试了长达 10 分钟的连续广告插播。[25] 电视台把所有可能的时间都用来给它们的节目进行宣传，这使问题更加严重。过多的广告不仅滋扰到消费者，而且对广告主本身也产生了负外部性——广告越多地冲击消费者的大脑，单个广告的效果就越差。数字和社交媒体 IMC 支出的增长有些可以追溯到营销经理对传统媒体广告讯息混杂的不满。

商业广播就像电视一样杂乱无章。意识到广告混杂的负面影响，Clear Channel（美国最大的广播集团，拥有 1 200 多家电台）推出了“少即是多”计划。库存减少使 Clear Channel 能够提高其稀缺节目的价格。[26] 美国联邦通信委员会在过去几年对所有

广告实验室

广告中的不公平和欺骗性做法

法院认为，下述行为构成不公平或欺骗性的贸易行为，因此是违法的。

虚假承诺

做出无法兑现的广告承诺，例如“恢复青春”或“预防癌症”。当李施德林（Listerine）声称可以预防或减少感冒和喉咙痛的影响时，联邦贸易委员会禁止了该行为，并要求该公司投放价值数百万美元的纠正性广告。

不完整的描述

说明产品的部分但不是全部内容，例如宣传“实心橡木”办公桌，没有提及只有顶部是实心橡木，其余是松木。

虚假和误导性比较

做出错误的比较，无论是明确的还是暗示的，例如“像泰诺一样，Advil 不会让我的胃不舒服”。这意味着 Advil 在避免胃部不适方面与泰诺是等效的，尽管事实上泰诺更好。对某些人来说，Advil 的说法甚至可能暗示泰诺会使胃部不适，这也是错误的。

诱饵和转换优惠

宣传产品价格异常低，以吸引人们进入商店，然后通过声称所宣传的产品缺货或制作质量差，使人们“转换”到价格更高的款式。

视觉扭曲和虚假演示

使用摄影技巧或计算机操作来增强产品的外观——例如，“巨型牛排”晚餐特别节目的电视广告展示了微型盘子中的牛排，其看起来特别大。在一个经典案例中，通用汽车及其窗户供应商利比·欧文斯－福特（Libby Owens-Ford）进行了一次演示，以展示其窗户有多清晰。通用汽车的车窗朝下，而竞争对手的车窗朝上，涂上凡士林。

虚假证言

暗示商品得到了名人或不是真正用户的权威认可，或者暗示认可者具有某种专业知识，而实际上他们没有。

部分披露

陈述有关广告商品的部分事实，但省略其他重要信息。一个例子声称，“卡夫的 Singles 加工奶酪片是用 5 盎司牛奶制成的。”这使 Singles 提供的钙比模仿者多，但没有提到加工中会损失大约 2 盎司的牛奶。

小字体资格限定

以大字体发表声明，例如 Beneficial 的“即时退税”，却在广告其他地方以模糊、小或不可读的字体声明：“如果您有资格获得我们的贷款业务。”对联邦贸易委员会来说，如果读者看不到资格限定，那它就不存在。

实验室应用

1. 描述一些你在广告中看到的欺骗例子。
2. 谁受到了不公平或欺骗性广告行为的影响？他们可以使用哪些解决方法？

广播电视上的广告进行监管，现在的重点在于限制针对 12 岁及以下儿童的电视节目广告——在周末广告不得超过每小时 10.5 分钟，在工作日不得超过每小时 12 分钟。[27]

广告混杂在其他国家并不那么明显。例如，在欧盟，电视广播每小时可以播放不超过 12 分钟的广告。[28]

在选举期间，广告混杂的问题变得更糟，严重降低了广告主的商业广告的效果。2004 年，总统选举中至关重要的摇摆州——俄亥俄州的电视上播放了大量政治广告。该州广告支出超过 2 000 万美元，比上届总统竞选增加了 50%，一个周末播出的广告中有 3/4 是有关政治候选人的。[29] 2008 年又是总统选举年，政治广告支出创下 28 亿美元的纪录。这很轻松地被 2010 年（不是总统竞选年）花费的 42 亿美元，以及 2012 年花费的 60 亿美元超过了。[30] 2016 年选举周期的最后一年，唐纳德·特朗普与希拉里·克林顿的竞赛花费了多少？答案是超过 65 亿美元。[31]

在广告中使用刻板印象

长期以来，广告一直被批评为对少数族裔、女性、移民、残疾人、老年人和其他群体不敏感。[32] 这个长期论点还涉及外部性，因为广告会影响我们文化和环境的性质，即使我们不希望它发生。这具有讽刺意味，因为营销和广告从业者应该是传播学和消费者行为专业的毕业生。但事实上，他们有时会与他们试图联系的人失去联系。

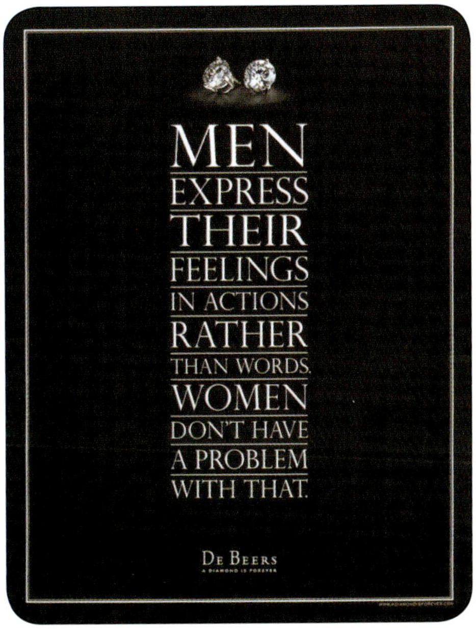

资料来源：De Beers Diamond Jewellers US Inc.

许多人认为刻板印象的使用是不道德的，即使是以轻松的方式进行。戴比尔斯钻石（De Beers Diamonds）这种利用性别刻板印象的尝试有趣吗？还是说有冒犯感？

近年来，全国性广告主对少数族裔和女性相关事物变得更加敏感。拉丁裔、非洲裔美国人、亚洲人、美洲原住民和其他人现在通常在广告中被特意刻画，这不仅是因为监管机构的压力，还因为这是一门好生意；这些消费者代表了相当大的目标市场。玛丽莲·克恩－福克斯沃思（Marilyn Kern-Foxworth）作为少数族裔广告专家，认为一些主流广告中的正面角色刻画提升了非洲裔美国青年的自尊。[33] 正如我们将在第 4 章中看到的那样，随着许多专门进入少数族裔市场的广告公司的出现，这一积极的趋势加速了。

女性的形象也在从家庭主妇等传统描述中发生变化。这可能某种程度上是由于越来越多的女性在广告主和广告公司担任高管职位。斯坦福大学教授黛布拉·迈尔森（Debra Meyerson）说："玻璃天花板确实存在，但与此同时，越来越多的女性正在突破它。"[34] 2007 年，大约 59% 的女性进入了劳动力市场，而且超过 4 800 万人从事管理和职业工作。[35] 广告主希望触及而不是冒犯这一庞大且不断增长的消费者市场。一些机构现在聘请女权主义顾问来审查可能冒犯女性的广告。[36] 2003 年，安·福吉（Ann Fudge）打破了隐形天花板，被任命为扬罗必凯广告公司的主席兼首席执行官，并成为第一位领导美国主要广告公司的非洲裔美国女性。《福布斯》将福吉评为 2004 年美国 100 位最有权势的女性之一。2007 年，南希·希尔（Nancy Hill）成为美国广告代理商协会的第一位女性负责人（请参阅第 4 章“广告背后的人物”）。像 AMC 电视剧《广告狂人》中主角唐·德雷珀（Don Draper）这样的性别歧视从业者定义广告公司文化的时代已经成为过去。

广告有时可能会延续刻板印象，但它也可以帮助消除它们。在来自庇护宠物项目的这个公益广告中，那些相信动物因为行为问题而最终在收容所的人，被告知宠物很可能不是由于自己的过错而最终进入收容所。

资料来源：Shelter Pet Project.

然而，问题仍然存在，特别是在当地和地区性广告以及某些商品类别中，例如啤酒和体育促销中。许多广告主只是对它们的广告可能产生的外部性不敏感，有些人可能会在没有意识到的情况下延续对男性和女性的刻板印象。

随着市场紧缩，广告主必须加倍努力以维持或扩大市场份额。一种方法是向少数族裔社区扩张，这些社区拥有巨大的购买力，并且以比其他人口更快的速度增长。针对西班牙社区的 Bounty 纸巾广告和针对非洲裔美国人社区的桂格燕麦广告是努力扩大这两个受欢迎品牌的市场份额的优秀范例。

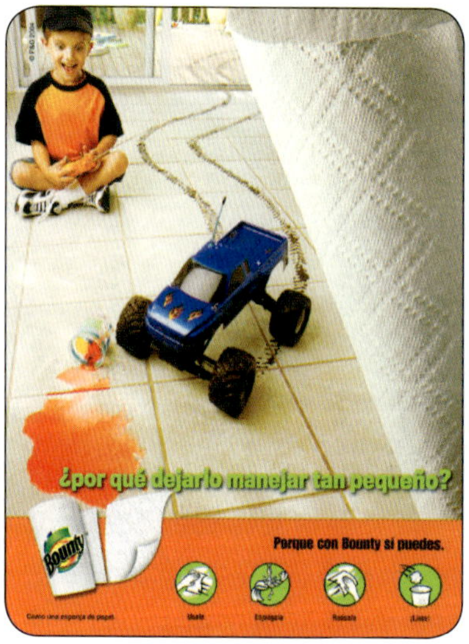

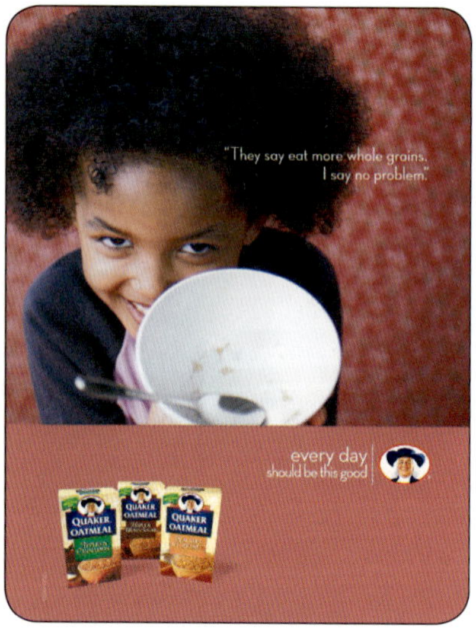

资料来源：（Bounty）The Advertising Archives;（Quaker）Pepsi Cola Company.

当然，避免负面刻板印象不等于拥抱文化多样性。研究证据表明，许多美国人重视他们的不同族裔的身份，更喜欢与他们进行对话的品牌。这反过来又使广告公司看到了打造多元化队伍的价值，这样做可以更好地理解客户企业的消费者并与之沟通[37]（参见第 5 章中的“伦理、多样性与包容性”）。

广告的冒犯性

冒犯性是一种短期操控性批评的主要争议点，也涉及负外部性。父母有时会对包含挑衅或性主题的广告感到不安，尤其是当广告主针对儿童或青少年时。曾经引起父母愤怒的广告主包括 Calvin Klein 和 Abercrombie & Fitch。[38]

当然，体验是高度主观的，对某些人来说不好的体验对其他人来说可能是完全可以接受的。而且体验会变，今天被认为是冒犯性的，明天可能就不是这样了。当第一个腋下除味剂广告出现在 1927 年的《妇女家庭杂志》上时，人们感到非常愤怒。今天没有人质疑这样的广告。

体验也有地域性。澳大利亚悉尼一家小型冲浪用品公司有一则令人震惊的血腥广告，该广告展示了一条被掏空的鲨鱼躺在码头上。从它被切开的腹部伸出的是一具人类骨骼和一条完好无损的冲浪短裤。标语是："Kadu 的坚韧衣服——三重缝合；可用的最强材料；本地生产和缝制。"[39]

虽然该广告在北美可能颇具冒犯性，但它在戛纳国际广告节上赢得了大奖。在澳大利亚，它受到了广泛的媒体报道，因为两名冲浪者在冲浪时被鲨鱼攻击致死。该公司并没有出于尊重而撤下该广告，而是陶醉于其及时性，当地冲浪者对此也反应良好。[40]

今天，有关美容、时尚和个人健康商品经常在广告中使用部分裸露镜头。在欧洲，广告中的裸露镜头是司空见惯的。[41]

有些消费者被广告和电视节目冒犯，他们就抵制出资者的产品。当然，他们也可以选择只是改变频道。这两种策略对消费者来说都是有效的策略，因为市场拥有最终否决权。如果广告不能吸引观众，它就会蹒跚终结。

透视广告的社会影响

市场营销专业人士真诚地相信广告给社会带来的好处。他们说，广告可以鼓励新产品和技术的发展并加快人们对新产品和技术的接受，促进就业，为消费者和企业客户提供了更广泛的选择。通过鼓励大规模生产，它有助于降低价格。它还刺激了生产者之间的良性竞争，有利于所有购买者。[42]他们指出，广告还可以促进更高的生活水平；它支付我们大部分新闻媒体的费用并补贴艺术；它支持新闻自由；它提供了一种传播有关重要健康和社会问题的公共信息的手段。

广告批评者可能不同意其中的许多观点。一些人争辩说，广告不是支持新闻自由，而是实际上创造了一种干扰它的外部性。他们说，媒体迎合全国性广告主以吸引广告收入。在此过程中，他们修改了社论内容以适应其出资者，并推卸为公众利益提供新闻的责任。[43]

一个左右权衡的观点可能表明，虽然广告可能会因提供不完全信息而受到合理的批评，并且在某些情况下会产生不必要的外部性，但广告贡献于经济增长和消费者繁荣，应该受到赞扬。在大多数情况下，作为一个丰富的信息源（尽管不是一个完整的信息源），广告有助于许多买家和卖家的存在，因此有助于实现消费者和营销经理的目标。

此外，虽然广告是有偏见的，但它被其预期目标受众广泛认可。广告为消费者提供了他们不可能在其他任何地方获得的信息。对许多人来说，在重视不同观点的社会中，这是一种合法的言论形式。虽然众所周知，广告主会向新闻媒体施压以获得有利的报道，但媒体集团并没有简单的方法来取代广告提供的收入。当利益发生冲突时，最终是新闻机构的工作来确定它们是会服务于广告主还是受众。

3.4 社会责任和广告伦理

❸ 解释广告中社会责任和伦理的区别

当广告违反我们描述的基本经济假设之一时，就需要采取某些纠正措施。正如我们将在下一节中讨论的那样，法律决定了广告主可以做什么和不可以做什么，但广告主也有很大的余地。这就是伦理和社会责任发挥作用的地方。广告主可以在不违反任何法律的情况下做出不道德或不负责任的行为。如果法律没有阻止伏特加品牌赞助针对儿童的节目，那并不意味着这样做是合乎伦理或负责任的。正如伊万·普雷斯顿所说，伦理开始于法律终结之地。[44]

合乎**伦理的**（ethical）意味着在特定情况下做道德上正确的事。**社会责任**（social responsibility）意味着做社会认为对一般人或特定人群的福利最好的事情。即使没有法律义务，伦理和社会责任也可以被视为广告主对社会的义务。

广告主的社会责任

任何人类社会的基础都是其成员之间平和与尊重的关系。失去和谐，社会就会崩溃。因此，机构有责任通过对个人和群体的适当管理、在关系中的诚实和正直、遵守公认的道德标准、愿意帮助社会各阶层以及尊重他人的隐私来帮助维持社会和谐。

广告在发达国家发挥着重要作用。广告影响着社会的稳定和发展。广告有助于确保大型军队来保证安全（征兵），创造吸引数十万粉丝的娱乐活动，并经常影响政治选举的结果。这种力量促使那些赞助、购买、创造、制作和销售广告的人承担责任，以维持伦理标准来支持社会并为经济体系做出贡献。

例如，在大多数国家，广告业是大型商业社区的一部分。像任何好邻居一样，它有责任保持物业清洁、参与公民活动、支持当地企业和改善社区。美国广告专业人士通过组建本地广告俱乐部、美国广告联合会、美国广告代理商协会和广告委员会来应对这些挑战。这些组织为慈善组织和公共机构提供数千小时和价值数百万美元的无偿（免费）工作。广告行业组织还提供奖学金和实习机会，为整个社会做出贡献。正如我们稍后讨论的那样，它们甚至相当有效地规范自己的行为。

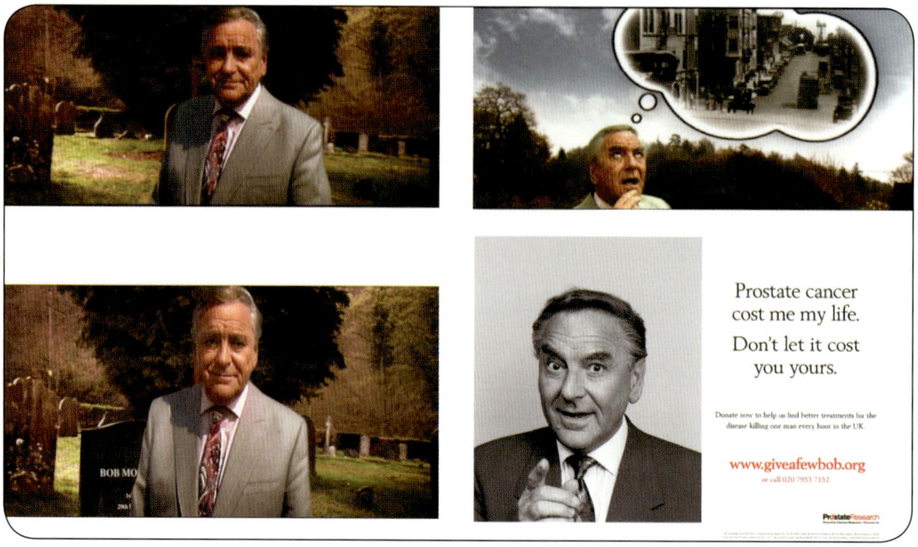

这个屡获殊荣的广告名为《给鲍勃》。广告中，英国电视名人鲍勃·蒙克豪斯（Bob Monkhouse）谈论前列腺癌的危险。蒙克豪斯在广告制作前四年死于这种疾病。制作该广告的广告公司利用电脑特效让蒙克豪斯调侃起自己的死。这是有效的还是令人毛骨悚然的？还是两者兼而有之？

资料来源：The Communications Agency for the Prostate Cancer Research Foundation and the Monkhouse Family.

AT&T、IBM 和本田等广告主投入大量资金支持艺术、教育和各种慈善事业以及地方商业改善局和商会。尽管如此，当广告主未能通过社会责任试金石测试时，它们还是经常受到指责。忧心忡忡的公民、消费者权益倡导者和特殊利益团体在意识到公众福利受到威胁时会向广告主施压。例如，最早的绿色广告活动是一些广告主公然利用消费者对更清洁环境的渴望来圈钱的例子。一些人宣传模糊的产品品质，如“环境友好”，但没有事实依据。最后，当各州总检察长聚集在一起，对绿色广告中使用的相关术语进行定义时，营销经理改善了他们的行为。

广告的伦理

自苏格拉底以来，伦理哲学跨越了几千年。出于实际目的，让我们考虑三个层次的伦理责任并将它们应用到广告中。

在第一个层次，伦理包括两个相互关联的组成部分：一个社会或社区中人们采取的传统行为，即习俗，以及社会为证明过去行为的正当性和决定未来行为而制定的哲学规则，即原则。习俗和原则创造了社会伦理行为的主要规则，使我们能够衡量个人或公司（或广告主）偏离规范的程度。

第二个层次即构成个人价值体系的态度、感受和信仰。当两个层次发生冲突时，个人是应该按照个人信仰行事还是按照为社会服务的义务行事？例如，不吸烟的广告公司人员可能需要为烟草客户制作广告。在伦理的第一个群体层次存在一些冲突：几个世纪以来，吸烟在美国一直是一种习俗，今天也不违法。然而，美国外科医生已宣布吸烟是一个国家健康问题（伤害无辜者，这违反了一个重要原则）。第一个伦理层次的冲突将决策责任转移到第二个层次（个体层次）。认识到这一点，许多广告公司在员工是否接受烟草（或酒精）客户工作方面给予了相当大的自由度。

当群体或个人无法解决伦理困境时，他们必须重新定义争议问题。因此，伦理的第三个层次涉及单个伦理概念，如好、坏、对、错、责任、正直和真理。这些概念是绝对的、普遍的和有约束力的吗？还是它们是相对的，取决于情况和后果？一个人的道德和伦理哲学受宗教、社会和个人价值观的影响，这些将决定他的答案（见图表 3－4）。

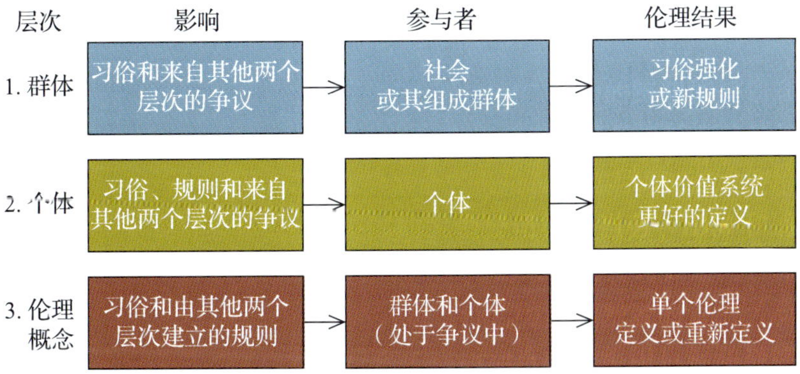

图表 3－4
伦理责任的层次

我们假设，例如烟草广告的文案是吸烟者，他写的文案暗示吸烟是一种有利的行为。但该广告的艺术总监是一名不吸烟者，他抱怨该广告是不合伦理的，因为该广告文案与吸烟不利于健康的事实相冲突。在这一点上，他们在伦理第三个层次上产生了冲突。更高职级的人员，例如创意总监，可能会介入并领导一场旨在澄清该机构关于烟草促销的伦理政策的讨论。

IMC 实战模拟

你的任务

你将在本学期实践广告 /IMC 战役或其中的一部分。为一学期的项目做准备时，没有什么比了解你期望的最终商品更重要的了。只有当你知道最后会发生什么时，你才能计划好中间发生的事情。

你可能做哪些工作

不同的课程有不同的项目，你很可能会为品牌、服务或公司从事以下一项或多项工作：

- 广告战役审查。
- 研究报告。
- 营销或 IMC 计划，包括 SWOT 分析。
- 媒体（或媒介）策划。
- 完成创意简报。
- 撰写策划书。

下面我们依次解释其中的每一项，并说明在本书和网络上的何处可以找到有用的信息。

广告战役审查

许多课程首先让团队查阅之前学生的策划书。这能一举多得。首先，这让你了解整个学期你将做什么。其次，这向你介绍和帮助你理解研究、战略、策划、预算和创意如何融合在一起。如果你无法获取其他学生的作品，也可查看其他优秀作品。访问艾菲奖网站（www.effie.org/），你可以在其中找到精彩的广告和有关战役的大量背景信息。

研究报告

你可能需要对品牌进行形成性研究。这可能包括二手资料研究，有助于为你的 IMC 计划收集信息；定性初步研究，在其中进行焦点小组或一系列深入访谈；定量研究，在其中进行调查。你将在第 7 章中找到有关这些活动的大量信息。你的大学可能有一个专门用于二手资料营销调查的网页。

营销或 IMC 计划

许多课程会要求你创建一个营销或 IMC 计划。本书中有大量信息可以帮助你。一定要认真地阅读第 8 章，因为它是你做出艺术和科学规划的指南。接下来，为了更具体一些，请使用本书附录为你的计划创建一个大纲。你的老师可能有自己的大纲；如果有，使用它。

媒体策划

媒体策划显示了对不同媒体和促销活动的具体预算分配。它还指定广告战役将使用哪些工具，以及广告投放的时间和频率。你很可能希望使用电子表格来显示日历。我们在第 9 章中展示了一个媒体策划范例。

完成创意简报

创意简报是一个相当短的文件，用于通知和指导创作广告的人。它包含从我们刚刚综述的文件中提炼出来的信息，例如 IMC 计划。创意简报的大纲种类与广告公司的数量一样多，但在许多情况下，差异只是表面的。第 11 章为创意简报提供了一些建议，并向你展示了信息策略的要素。有关创意简报的示例，请访问以下网站：

- SmileyCat 博客（为网络广告战役撰写的简介）：www.smileycat.com/miaow/archives/000226.php.
- Hubspot 博客：https://blog.hubspot.com/agency/create-compelling-creative-brief.

撰写策划书

如果你正在写策划书，这意味着你正在做我们到目前为止所回顾的几乎所有事情。典型的策划书包括研究结果、IMC 计划、创意简报、媒体策划，在许多情况下，还包括真实广告的模板案例。策划书将这些以一种无缝、集成的方式组合在一起，以便读者对策划中的活动有一个清晰的了解。在许多策划书中，也会有一节涉及战役评估（评估战役的方法）。

大多数广告主都在努力维护伦理标准并实施对社会负责的广告。广告曾经是一个自由摇摆、不受约束的行业，如今是一个受到严格审查和严格监管的行业。广告过去的缺点造成了法律和监管机构的层层递进。消费者团体、政府、特殊利益团体，甚至其他广告主现在审查、控制和修改广告，以创建更加完整的信息并减少不想要发生的外部性的影响。

对于像广告这样重要和有影响力的传播途径，社会认为自我监管是不够的。因此，有许多法律规定广告主可以做什么和不可以做什么。这些法律由立法机构通过，由行政部门执行，并由司法机构解释。该制度在州和地方各级运转。

在国家层面，总统、内阁部门和各联邦委员会负责执行国会通过的法律。在州一级，州长、总检察长和州部门负责管理法律。在地方，市长、城市管理者、城市检察官和警察局长执行市议会通过的法律。

同样，地方法律由市法院解释，而上级法院和州最高法院解释州法律。联邦法律由联邦地区法院和联邦最高法院解释。每天，从本地复印店到国际软饮料营销商的广告主都必须处理所有这些政府部门的行动和决定。后文将讨论美国监管机构关注的一些最重要的问题。

3.5 政府对国际广告主的限制

④ 描述政府如何监管国内外的广告

全球性广告主的广告战役经常使用相似的主题，甚至跨国境使用相同的广告。其他国家政府通常比美国或加拿大政府更广泛地监管广告。尽管欧洲各国在营销活动方面已经朝着统一化方向发展，但广告管理法律在很大程度上仍然各有不同。[45] 因此，广告主需要了解广告所在国家不断变化的法律环境。

欧洲和美国对隐私保护的看法大相径庭，欧洲人普遍倾向于更严格的控制。例如，欧洲人必须授权许可是否收集个人数据，并且他们有权审查公司所收集的任何数据。除非消费者允许，这些数据不能在公司之间共享。雇主不得进入员工的工作电子邮箱，零售商不得在结账时要求购物者提供电话号码。[46] 欧洲法院裁定人们有“被遗忘的权利”，意味着谷歌会删除要求销毁的个人搜索结果。[47]

许多国家禁止夸大。例如，在德国，广告主只使用经过科学证明的最高级。麦肯公司曾经不得不重新翻译可口可乐的经典口号“让你焕新到最佳状态”（Refreshes You Best），因为它暗示了一种无法证明的领导地位。麦肯公司将其替换为“让你焕然一新”（Refreshes You Right）。[48]

许多欧洲国家也禁止使用优惠券、奖品、免费搭售等。公司只能在“正式销售期间”宣传降价，而广告主通常需要政府批准才能发布特卖广告。在整个欧洲，电视广告必须清晰可辨，并与其他节目分开。[49]

在新加坡，新闻及艺术部批评澳大利亚航空公司某条广告的“有害价值”后，国有广播公司撤下了其广告位。该广告使用了“最后一个大手笔促销”的说法，该部门认为这鼓励了消费者不计后果的消费[50]（见广告实验室“广告中良好法律顾问的重要性”）。

随着经济的快速增长和中等收入群体的壮大，中国在广告监管方面面临着新的挑战。《中华人民共和国广告法》规范了特定产品（即烟草、药品）的广告，并明确规定

广告实验室

广告中良好法律顾问的重要性

多年来，杰克·拉塞尔（Jack Russell）一直梦想着这个机会——为还没有到喝酒年龄的年轻人开设一个会员制俱乐部。他仿佛已经嗅到即将属于他的成功的滋味——金钱、名誉、财富都触手可及。他采取了一切可能的途径来推广新的独家俱乐部。他在当地娱乐杂志和社区报纸上投放广告。不过，当地的摇滚广播电台是主要的途径，电台向全城的孩子宣传好消息，并附有电话号码和地址，用于汇寄特许会员费。杰克的绝妙想法即将付诸实施。但随后当地的地方检察官从他身上撕下了魔毯。杰克·拉塞尔正在让一个尚未开业的俱乐部出售会员资格。事实上，他甚至还没有签署拟营业场地的租约。对地方检察官来说，整件事听起来像骗局。他认为杰克从孩子们那里拿钱是为了一些不存在的东西。检察官指控他做虚假广告和欺诈。当杰克打开门，两名身穿制服的警察站在门外。他们给他戴上手铐，载他到市中心，然后将他投入监狱。如果杰克让熟悉传播法的律师检查其广告是否能通过，他本可以避免一场非常尴尬和昂贵的噩梦。他会是一个自由的人。

广告伦理和法律问题似乎不断出现。不仅是政府官员，还有竞争对手和消费者权益组织都会仔细审查广告——无论是为了自身利益还是为了保护消费者的权利。因此，每个广告公司和广告主都需要对管理广告的法律有深入的了解。它们还需要专门从事广告法和传播法相关事宜的公司的服务。

里德·史密斯公司（Reed Smith's Advertising，Technology，and Media Group）就是其中之一。里德·史密斯在其 18 个办事处拥有 77 名传播法专家，可以很好地为美国和欧洲的广告主提供咨询服务。其客户来自行业的各个层面——从蓝筹股广告主（如默克（Merck）、辉瑞（Pfizer）和兰蔻（Lancôme））到广告公司（如 Worldwide Partners），再到广告协会（例如全国广告主协会和广告调查基金会（Advertising Research Foundation））。

里德·史密斯定期为其客户提供广泛的服务：检查广告文案的法律可接受性；审查涉及抽奖、游戏和竞赛的传统和在线促销概念；研究比较广告和侵犯版权问题；并在联邦和州监管机构及法院那里代表客户。该公司还帮助客户处理与媒体、互联网服务提供商、人才和演员工会的关系。

该公司广告、技术和媒体组的主席道格拉斯·伍德（Douglas Wood）是《请做广告》（ANA，2004）的作者，该书是为广告和营销专业人士编写的综合参考书。

里德·史密斯还以“AdLaw by Request”的名字发布免费的电子邮件通讯和分享经验网站，为客户和潜在客户提供影响广告的新立法和拟议立法的摘要和分析。网站（www.adlawbyrequest.com）提供各种定期更新的资源，包括可下载的合同表格、法律文件样本以及有关所有类型广告和营销传播的法律复杂性的文章。

实验室应用

1. 访问并浏览 www.adlawbyrequest.com。单击“主题”（Topics）项下的“在法庭上”（In the Courts）专栏，浏览当前与广告相关的法律案件。选择一个你感兴趣的阅读，然后写一份简短的报告，包括案件的标题、当事方的姓名、所涉及的问题，以及判决摘要（如果有判决）。

2. 单击“主题”（Topics）项下的“监管在美国”（Regulatory-United States）专栏。总结一篇关于联邦监管机构（如 FTC、FCC、FDA 等）行动的帖子。然后访问该机构的网站以了解有关其使命的更多信息。在你看来，帖子中描述的联邦机构的行动与其使命的契合度如何？

3. 你认为未来 10 年与广告和互联网相关的伦理、社会或法律问题将如何解决？

了对虚假广告的处罚、有偿代言人的使用以及政府对广告的监督。[51] 该法规是广告主必须遵守的规则的大体指南。社交媒体也得到有效审查。[52]

在国际广告领域，解决潜在法律问题的唯一方法是保留专门处理广告法相关事宜的公司。

3.6　当前影响美国广告主的监管问题

美国联邦最高法院和地方法院都对广告问题做出了许多重大裁决。其中最重要的涉及宪法第一修正案权利和隐私权。我们将逐一讨论，特别关注围绕烟草广告的争议以及向儿童投放广告的敏感问题。

商业言论自由

5 讨论影响美国广告主和商业言论的监管问题

最高法院历来严格区分“言论”和“商业言论”（促进商业交易的言论）。法院首先在 1942 年的瓦伦丁诉克雷斯滕森案（*Valentine v. Chrestensen*）中就商业言论是否受第一修正案保护的问题做出裁决。克雷斯滕森想为他的生意在纽约分发传单。当一位正在执行一项反乱扔垃圾法令的警察要求其停止时，克雷斯滕森转向法庭，辩称他有权做广告。在多次上诉直到将案件递交最高法院后，对广告主来说没有什么好消息。法官们裁定政府可以自由监管“纯商业广告”，这意味着无论第一修正案保护的言论形式是什么，广告都不在其中。[53] 虽然该案的裁决得出的结论是没有宪法保障商业言论自由，但此后的法院裁决表明并非如此。

这一趋势始于 1976 年，当时最高法院在弗吉尼亚州药房委员会诉弗吉尼亚公民消费者委员会案（*Virginia State Board of Pharmacy v. Virginia Citizens Consumer Council*）中裁定，真实的广告作为商业言论受到第一修正案的保护。[54] 次年，法院宣布州律师协会禁止律师广告也违反了第一修正案。现在，有 1/3 的律师做过广告，有些州甚至允许律师使用客户证言广告。

1980 年，法院使用中央哈德逊燃气公司诉公共服务委员会案（*Central Hudson Gas v. Public Service Commission*），就何时可以规范商业言论提供指导。中央哈德逊燃气公司案测试了以下四步分析法：

1. 所涉商业言论是否被认为是合法活动？相关广告必须针对合法产品，并且不得包含误导性声明。

2. 对商业言论的限制是否会实质性地服务于所主张的政府利益？政府必须证明，对言论的限制将大大有助于解决一个重要问题。

3. 法规是否直接促进了所主张的政府利益？政府必须最终确定停止商业言论将有效解决政府试图解决的问题。

4. 为了进一步维护利益，是否有必要进行限制？政府应该表明，在不限制言论自由的情况下，没有其他方法可以达到同样的目的。[55]

1982 年，最高法院支持了联邦贸易委员会的命令，允许医生和牙医做广告。从那时起，医疗和牙科服务的广告猛增。

2011 年，最高法院的一项裁决对商业言论产生了重要影响。索雷尔诉 IMS 健康公司案（*Sorrell v. IMS Health Inc.*）涉及数据挖掘。在本案中，法院宣布一项将这种做法定为非法的州法律无效，至少对制药公司而言是这样。许多人认为这是对商业言论的更广泛保护，而不是中央哈德逊燃气公司诉公共服务委员会案中概述的保护。你可以决定是否重新阅读中央哈德逊燃气公司诉公共服务委员会案中提出的四步分析法，然后将其应用于索雷尔诉 IMS 健康公司案[56]中。你是否同意，正如有些人所写的那样，这是商业言论的一大胜利？[57]

商业言论自由问题远未解决。允许更大的商业言论自由增强了许多买卖双方的“政府利益”和信息完全。但批评人士认为，广告法规有助于减少与有争议或不健康产品相关的外部性。

烟草广告之争

虽然美国所有 50 个州都允许成年人合法使用烟草制品，但吸烟引发的疾病每年导致超过 50 万人死亡或残疾，并且每年花费纳税人数十亿美元的健康成本——这是一个重大的外部性。为了挽回这些耗费，大多数州的总检察长起诉了烟草业。1998 年，他们达成了一项历史性解决方案，限制在有年轻参加者的活动中推广香烟品牌，禁止在香烟广告中使用卡通形象，并设立了超过 2 000 亿美元的基金供各签署州使用。事实上，这笔钱中的大部分支付给了各州聘请来协商和解的各个律师事务所。[58]今天，州预算严重依赖诉讼中获得的收入。[59]

对于认为商业言论应根据宪法第一修正案得到保护的商人来说，烟草案是当头一棒。许多人反对吸烟、饮酒、色情或枪支，但是这些限制商业言论的努力，让言论自由倡导者产生了对于宪法第一修正案（即言论自由）的担忧，无论是出于政治、社会或宗教还是法律、商业的考虑。他们警告说，对商业言论自由的限制威胁到美国的每一个合法企业，特别是对广告自由的限制，会给那些已经是品类领导者的大品牌带来巨大的垄断优势。[60]

最近围绕“烟”的争议是电子烟的营销。根据美国食品药品监督管理局的说法，电子烟是“电池供电的产品，旨在通过将水和添加剂转化为蒸汽来释放尼古丁、香料和其他化学物质”[61]。虽然电子烟不含烟草，但它们确实含有尼古丁。电子烟是青少年使用烟草的危险途径，还是更健康的烟草产品替代品？虽然关于电子烟对健康威胁的争论尚未解决，但一些人认为，过度限制电子烟广告实际上可能会导致社会健康状况恶化。这是为什么？乔纳森·阿德勒（Jonathan Adler）在《华盛顿邮报》中写道，美国食品药品监督管理局的新限制意味着“直截了当的事实声明——即使只是重复美国食品药品监督管理局公开发布的声明——也被禁止”，此类声明可能包括让消费者知道电子烟虽然可能很危险，但仍然比烟草更安全的信息。[62]

对儿童的广告的问题

向儿童投放广告带来了不同的挑战。孩子们不是成熟的消费者。他们对自我、时间和金钱的概念是不成熟的。他们对某些选择和行为后果的理解不如成年人那么有见识或成熟。这使得面向儿童的广告很可能导致错误的信念或不切实际的产品期望。

虽然大多数孩子和父母都是共同消费者，但更多的孩子正在成为唯一的决策者。为了保护他们和他们的父母，大多数人都同意广告主不应故意欺骗儿童。核心问题是广告主应该在多大程度上确保儿童不会被广告误导。

为了推广负责任的儿童广告并回应公众的关注，商业改善局成立了**儿童广告审查组**（Children's Advertising Review Unit，CARU）。CARU 为广告主和广告公司提供建议，还为儿童、父母和教育工作者提供信息材料。20 多年来，CARU 的儿童广告自我监管指南指导营销经理为所有传统媒体开发面向儿童的广告。2009 年，CARU 修订了其指南，部分响应了联邦贸易委员会和卫生与公众服务部的要求。修订涉及电视上向儿童宣传的食品的新标准、食品包装以及通过在线视频游戏和产品展示进行营销的指南。

CARU 的基本活动是审查和评估所有媒体中的面向儿童的广告。当发现儿童广告具有误导性、不准确或不符合指南时，CARU 会通过广告主的自愿合作寻求改变。[63]

许多国家在向儿童投放广告方面比美国更严格。例如，瑞典和挪威不允许任何针对 12 岁以下儿童的电视广告播放，在儿童节目中也不允许有任何广告。德国和荷兰禁止赞助儿童节目，比利时弗拉芒地区不允许在任何儿童节目前后五分钟投放广告。虽然面向儿童的广告数量最多的是澳大利亚（平均每小时 34 个广告），但该国不允许在针对学龄前儿童的节目中投放广告。[64]

在电视广告领域，政府和消费者团体在全美和国际层面都发挥着重要作用，以确保在必要时维持和加强对儿童的充分的消费者保护。有关面向儿童的电视广告的更多信息，请参阅第 6 章中的“伦理、多样性与包容性”专栏。

消费者隐私

广告主面临的第二个主要监管问题是隐私。正如你在本书第 1 章所读到的，无线设备、手机和互联网的使用增加，所有这些都可以用于广告，这使得**隐私权**（privacy rights）的问题持续成为新闻热点。该问题涉及人们保护其个人信息的权利。隐私是一个伦理问题，也是一个法律问题，同时也是一个现实问题：潜在客户如果被跟踪，受到营销电话的骚扰，或者发现他们的收件箱充满了垃圾邮件，就不可能购买违规公司的产品。

互联网用户担心他们不认识的人，甚至他们知道的企业，会获取有关他们的个人信息。他们的担心不是没有道理的。许多网站创建访问者画像以获取诸如电子邮件地址、服装尺码或喜欢的书籍等数据。一些网站还跟踪用户的浏览习惯，并且通常在他们不知情的情况下，以更好地定位商品广告给用户。

为了创建这些用户资料，网络广告主将称为**网站浏览信息数据**（cookies）的文件存储在消费者硬盘驱动器上，用于记录互联网活动，从而允许网站跟踪顾客的上网习惯。当消费者首次访问网站或使用个性化新闻服务或购物车等某些功能时，就会创建 cookies 文件。

由于互联网用户在各种设备上访问在线内容，包括手机、平板电脑、智能电视等，广告主已经转向使用新技术来跟踪他们的行为，包括从手机获取实时位置的数据。[65] 其他隐私问题以脸书和谷歌等大型网络公司收集的数据为中心。例如，谷歌这家搜索引擎巨头的商业模式侧重于利用消费者在搜索过程中（无论是否愿意）分享的数据，如使用电子邮件、发布照片、给朋友发短信或扫描谷歌地图时的数据。这些数据有助于投放有针对性的广告，但也会引起人们对信息引发的后果以及对信息的用途的担忧。[66]

互联网公司争辩说，这种跟踪不是针对个人的；它通常是不记名进行的，并帮助定制内容以匹配用户的兴趣。然而，为网络广告主、直销商和网络出版商提供营销工具的领先供应商 DoubleClick 已经收购了 Abacus Direct，这是一家直邮公司，拥有广泛的零售和目录购买者离线数据库。这使 DoubleClick 能够将在线用户画像与离线姓名、地址、人口统计信息和购买数据相结合。[67] 而 DoubleClick 又是最大的网络广告企业谷歌的子公司。这意味着谷歌有可能获得大量关于网络用户的信息。苹果和脸书等公司也是如此。

明智的做法是广告主认真对待消费者隐私问题。皮尤研究中心 2015 年的一项民意调查发现，9/10 的受访者认为“控制谁能获得有关信息很重要”。类似地，大多数人表示：“控制好收集哪些信息很重要。”[68]

幸运的是，消费者并非完全束手无策。他们可以禁用计算机上的 cookies。但这可能会限制他们的访问，因为某些网站要求接受 cookies。互联网用户可以选择“事前允许”(opt-in）模式，即在收集个人数据之前，应得到数据主体本人同意；也可以选择“默示同意”(opt-out）模式，即在数据收集的过程中，默认用户同意，用户若不同意数据收集及处理活动，可通过退出的方式来实现拒绝权。

针对消费者的担忧，联邦贸易委员会与网络广告倡议组织（Network Advertising Initiative，由领先的互联网广告网络组成的组织，包括 AdKnowledge、24/7、Ad Force 和 DoubleClick）一起创建了一个在线分析的自我监管框架。这个公平信息实践原则包含五个核心要素：

- 通知，要求网站清楚地公布其隐私政策。
- 选择，与消费者对被分析的控制程度以及如何使用他们的信息有关。
- 访问，消费者访问收集到的关于他们的信息并对其进行修改的能力。
- 安全性，这要求网络广告企业做出合理的努力来保护它们收集的数据免遭丢失、误用或不当访问。
- 执法，要求所有行业成员接受独立第三方的监督，以确保遵守公平信息实践原则。[69]

互联网公司当然更愿意避免政府干预和可能带来的层层法律法规。因此自我监管发挥作用符合每个人的利益。

保护消费者数据

消费者隐私不仅关乎信誉良好的公司如何处理数据，还涉及保护公司收集的有关消费者的数据不被窃取。最近发生的事件表明，在确保向公司提供的信息不受外国和犯罪组织的影响方面，人们的确有很多担忧。

从图表 3-5 中可以看出，受到数据泄露影响的人数量巨大。其中影响最大的事件是“a state-sponsored actor”组织对雅虎账户的黑客攻击，影响了近 30 亿人。

在“较小”的事件中，有数亿人经历了来自 Adult Friend Finder、eBay、塔吉特、优步（Uber)、威瑞信（Verisign)、家得宝（Home Depot)、Adobe 遭受黑客攻击的隐私泄露。美国最大的银行摩根大通（JP Morgan Chase）在 2014 年无法保护其客户免遭数据盗窃，美国最大的征信机构之一 Equifax 也无法保护其客户。即使是负责保存数千万现任和前雇员个人记录的美国政府机构人事管理办公室（Office of Personnel Management)，也无法阻止黑客访问其敏感记录，更糟糕的是，泄露发生在 2012 年，但两年后才被发现。

图表 3-5
21 世纪的数据泄露

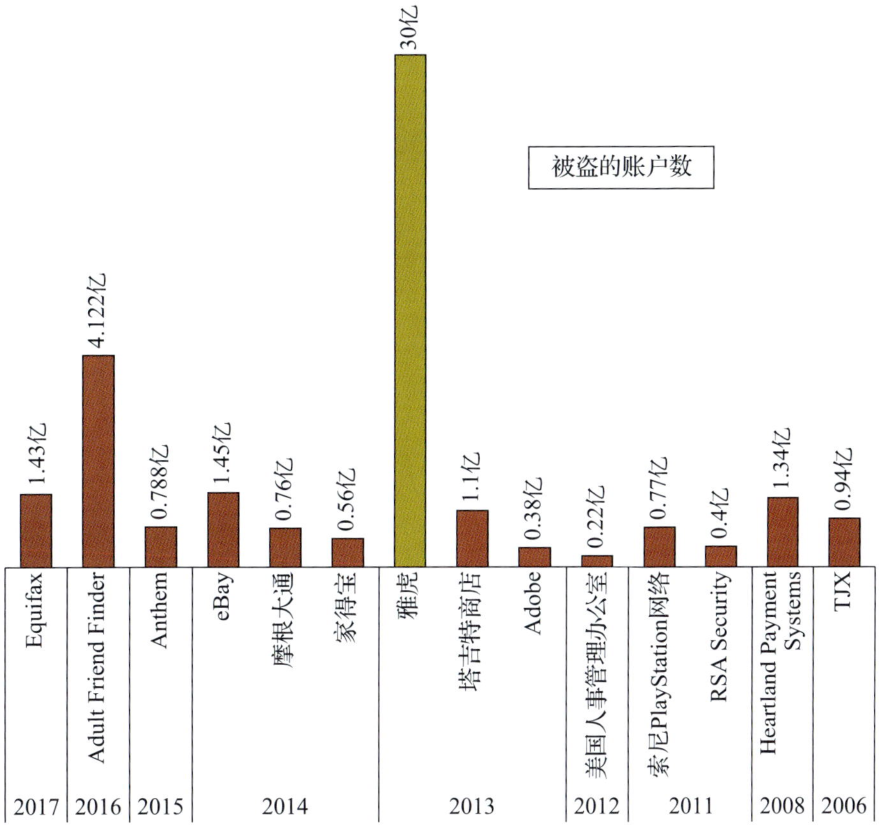

资料来源：Data from Taylor Armerding, "The 18 Biggest Data Breaches of the 21st Century," *CSO*, December 20, 2018, www.csoonline.com/article/2130877/the-biggest-data-breaches-of-the-21st-century.html.

数据安全问题是一个复杂的问题，即使公司努力保护它们的顾客和员工。应对措施是零散的，各州各显神通。2018 年初，美国每个州都制定了法律，要求公司在其信息被黑客入侵时通知消费者。[70] 但报告违规行为与预防违规行为不同，并且有各种迹象表明企图盗窃的步伐正在加快。[71] 行业和政府面临的挑战是跟上不断发展的技术，包括保护和威胁数据安全的技术，可靠地向消费者保证在线存储数据是安全的。

3.7 北美政府对广告的监管

美国政府通过法律、法规和司法解释来控制广告主。监管广告的联邦机构和部门包括联邦贸易委员会、食品药品监督管理局、联邦通信委员会、专利及商标局和国会图书馆。由于它们的管辖范围经常重叠，广告主有时可能难以遵守它们的规定。

6 对联邦机构管理广告以保护消费者和竞争对手的方式加以分类

加拿大也有类似的联邦监管机构。由于加拿大联邦和省政府有独立的（但往往是并行的）管辖权、政府监管机构有广泛的权力、大量的自我监管法规以及双语和双文化社会的复杂性，加拿大的法律情况比美国复杂得多。一个简单的例子是，加拿大各地的所有包装和标签都必须用英语和法语印刷。[72]

联邦贸易委员会

在美国，**联邦贸易委员会**（Federal Trade Commission，FTC）是州际贸易商品广告的主要监管机构。FTC根据国会法案成立，其使命是确保“国家市场具有竞争性，并且充满活力、高效且不受不当限制”[73]。该委员会执行各种联邦反垄断和消费者保护法律并开展工作，通过消除欺骗性或不公平的行为或做法来加强市场的运作。换言之，FTC有责任维持市场上众多卖家的存在，努力为消费者提供更完整的信息，并使营销过程尽可能不受外部影响。

FTC的工作因对欺骗和不公平的定义存在着争议而变得复杂。

欺骗的定义

FTC将**欺骗性广告**（deceptive advertising）定义为任何包含可能误导消费者的陈述、遗漏或做法的广告。被误导的消费者应该是一个行为合理的人，并且虚假陈述应该是重大的，也就是说，它必须改变消费者的行为方式。[74]

以FTC针对Office Depot、Buy.com和Value America的案例为例。根据FTC的说法，这些公司在宣传“免费”和“低成本”个人计算机系统时具有欺骗性，因为它们未能充分披露真实成本和对报价的重要限制。这些计算机的低成本取决于长期的互联网服务合同。例如，一条广告主推一台售价269美元的计算机。但考虑到所需的三年互联网服务合同的成本，购买者的实际支出将超过1 000美元。

在不承认任何不当行为的情况下，这些公司都签署了同意协议，同意在未来显著披露这些信息，以帮助消费者轻松确定此类交易的实际成本。[75]

FTC是一个强大的监管机构。该委员会处罚了埃克森美孚，并下令开展一项开创性的教育活动，以告知消费者大多数汽车使用的正确辛烷值汽油就是普通辛烷值汽油，而不是更昂贵的优等汽油。FTC还关注环境声明，例如可生物降解、可光降解和可回收等。为避免术语混淆，FTC和环境保护署（EPA）与来自许多州的总检察长合作，为环境营销声明制定出统一的国家指南。

不公平的定义

根据FTC政策，技术上不具有欺骗性的广告仍可能被认为对消费者不公平。当消费者受到“不合理的伤害”或“违反公共政策”（例如其他政府法规）时，就是出现了**不公平的广告**（unfair advertising）。换句话说，不公平的广告是由信息不完整或其他一些外部性造成的。例如，被认为不公平的是：在没有事先证实的情况下做出的声明；侵害儿童和老人等弱势群体的声明；由于广告主遗漏了有关产品或广告中提及的竞争商品的重要信息，消费者无法做出有效选择。[76]

在一个案例中，FTC发现一家汽车制造商没有对一个安全问题发出警告，这不是欺骗性的，却是不公平的。广告组织认为，不公平这个词缺乏明确的含义。它们游说国会取消FTC以不公平为由提起诉讼的权力，国会确实通过了一项妥协法案，要求FTC证明：（1）所谓的不公平做法会对消费者造成重大的、不可避免的伤害；（2）这种伤害不是消费者本身可以合理避免的；（3）这种伤害没有被消费者能获得的或竞争能带来的利益所抵消。[77]该立法导致FTC在规范不公平行为方面的努力受到限制。[78]

比较广告

广告主使用**比较广告**（comparative advertising）来声称在某些方面优于竞争对手。在美国，只要比较是真实的，此类广告就是合法的（并受到FTC的鼓励）。事实上，

FTC 严厉处罚了亚利桑那州汽车经销商协会（AADA），因为它曾限制在其成员中进行真实、非欺骗性的比较价格广告。[79]

1994 年，亚利桑那州汽车经销商协会拥有 199 名会员，占当时亚利桑那州新轿车和卡车经销商的 99%。FTC 对该协会的《汽车广告标准》提出质疑，该标准禁止会员宣传等于或低于竞争对手的价格，或最低价格；广告主将匹配或击败任何价格；或者，如果广告主不能提供同等或更低的价格，将提供补偿。

根据 FTC 的说法，这些禁令不合理地限制了会员经销商之间的竞争，损害了消费者的利益，使他们无法获得关于新轿车、卡车价格和贷款的真实信息。

1988 年《商标法修订法》填补了《兰哈姆法》中的一个漏洞，《兰哈姆法》管辖比较广告，但没有提及歪曲另一家公司的产品的行为。根据现行法律，任何歪曲自己或其他公司产品、服务或活动的广告主都容易遭受民事诉讼。

除了真实性，比较广告还必须比较一些客观可衡量的特征，必须对证据进行严格审查。鉴于有瑕疵的比较广告可能会造成高达数百万美元的巨额损失，因此在这方面必须格外小心。[80]

调查涉嫌违规行为

如果收到来自消费者、竞争对手或监控各种媒体广告的本组织员工的投诉，FTC 可能会决定对广告主进行调查。该机构拥有广泛的权力来追捕涉嫌违规者并要求它们提供信息。通常，FTC 会寻找三种信息：举证、背书和明确披露。

如果涉嫌违规者引用调查结果或科学研究，FTC 可能会要求**举证**（substantiation）。广告主在投放广告之前应该有支持性数据，尽管 FTC 有时允许声明后的证据。FTC 不会对其未调查的广告要求举证。

FTC 还审查包含有问题的**背书**（endorsements）或**推荐**（testimonials）的广告。如果非名人代言人是有偿的，则广告必须在屏幕上披露这一点。[81] 代言人不得提出广告主无法证实的主张。此外，名人代言必须实际使用产品或服务（如果被描绘到），如果他们做不实陈述，他们可能会被追究个人责任。[82]

广告主必须**明确披露**（affirmative disclosure）其产品的局限性或缺陷，例如，汽车的 EPA 里程评级、农药警告以及糖精可能对人体健康有害的声明。

不公平或欺骗性广告的补救措施

当 FTC 确定广告具有欺骗性或不公平时，它可能会采取三项行动：与广告主协商达成和解协议、发布禁制令和 / 或要求发布纠正性广告。

和解协议（consent decree）是广告主签署的同意停止令人反感的广告但不承认任何不当行为的文件。在签署之前，广告主可以与 FTC 协商具体的指令，以管理未来的广告索赔。

如果广告主不签署和解协议，FTC 可能会发布**禁制令**（cease-and-desist order），禁止进一步使用广告。在该命令最终确定之前，将由一名行政法官审理。大多数广告主在听证会后签署和解协议，并在不承认有罪的情况下同意停止广告。违反和解协议或禁制令的广告主每次展示违规广告可被处以最高 11 000 美元的罚款。

FTC 还可能要求在一段时间内发布**纠正性广告**（corrective advertising），以解释和纠正违规广告。1999 年，联邦贸易委员会裁定制药巨头诺华公司（Novartis）在没有证据的情况下宣传其 Doan’s Pills 品牌比其竞争对手能更有效地缓解背痛。由于欺骗性广告已经持续了九年多，联邦贸易委员会命令诺华公司发布价值 800 万美元的纠正性广告。广告中要包含这样的声明：“虽然 Doan’s Pills 是一种有效的止痛药，但没有证据表明 Doan’s Pills 缓解背痛比其他止痛药更有效。”FTC 还命令诺华公司在 Doan’s Pills 的包装上做一年的声明。[83]

为帮助广告主避免此类损失，FTC 将在广告投放前对其进行审查，并在咨询意见中给予“预先许可”。它还发布行业指南和贸易法规规则，为广告主、广告公司和媒体提供有关 FTC 法规的持续信息。在加拿大，法律更加严厉，后果更加严重。任何公开宣传“在实质性内容上存在虚假或误导性”都是违法的。没有必要让任何人被这种表述误导，只要它是虚假的。犯罪就是犯罪。如果被定罪，广告主或广告公司高管可能会入狱、被罚款，或两者兼而有之。[84]

美国食品药品监督管理局

作为卫生与公众服务部的一个部门，**美国食品药品监督管理局**（Food and Drug Administration，FDA）执行《联邦食品、药品和化妆品法》以及其他几项健康法律。该机构每年监测价值超过 1 万亿美元的产品的制造、进口、运输、储存和销售，这些产品约占美国消费者每年花费的 9%。[85] 纳税人为此付出了大约每人 3 美元。[86]

FDA 的工作是确保人们吃的食物是安全的，使用的化妆品不会造成伤害，购买的药物和治疗设备是安全有效的。凭借对包装食品和治疗设备的标签、包装和品牌的授权，FDA 努力为消费者提供完整的信息，确保商品的标签真实地包含人们正确使用它们所需的信息。

FDA 要求制造商在产品标签、店内产品广告和产品资料中披露所有成分。标签必须准确说明内容物的重量或体积。治疗设备上的标签必须给出明确的使用说明。FDA 可以要求在危险产品的包装上进行警告声明。它对包装标签上的价格折扣和其他促销活动进行规范，并对使用“量贩装”或“家庭装”等词语来描述包装尺寸具有管辖权。

当面向消费者的药品广告在 20 世纪 80 年代中期变得普遍时，FDA 规定任何品牌药品的广告都必须包含包装说明书中的所有信息。[87] 这意味着广告主必须投放冗长的广告或在印刷广告中使用极小的字体。1997 年，FDA 改变了这一规则，允许制药公司在广播媒体上宣传它们的药物，只要它们提到所有可能的重要的副作用，并引导人们访问它们的平面广告、网站或消费者自己的医生以获得更多信息。[88] 有了这项裁决，处方药广告在电视和广播中飙升，在接下来的五年里增加了 2 倍。据估计，2005 年，制药公司在直接面向消费者的广告上花费了大约 40 亿美元。[89] 尽管 FDA 负责确保这些广告的公平和准确，但该机构的人手太少，许多可疑的、欺骗性或误导性广告确实会通过。然而，每当 FDA 以虚假广告声明为由向营销人员发送信函时，这些公司都会停止投放误导性广告。[90]

《营养标签和教育法》（Nutritional Labeling and Education Act，NLEA）通过对新鲜、清淡、低脂肪和低卡路里等术语确定严格的法律定义，为 FDA 提供了额外的力量。它还规定了标准分量，并要求标签显示一份食物产品的营养价值以及国家研究委员会（National Research Council）制定的每日推荐摄入量。[91]

为了向消费者提供更完整的信息，美国食品药品监督管理局对药品广告的内容进行了规范。它曾经要求广告主在其广告中包含来自产品的所有信息。这需要带有小字体副本的冗长广告。1997 年，该规则发生了变化，允许制药公司在电视和广播中投放广告，只要它们提及一些重要的副作用，并将消费者引导至其他来源以获取更多信息，例如它们的杂志广告或它们的网站。请注意左图的杂志广告如何符合 FDA 的披露要求。

资料来源：Zoetis, Inc.

FDA 第一次就标签纠纷对知名营销商采取严厉行动时，就查获了 2 400 箱宝洁的 Citrus Hill Fresh Choice 橙汁。它是由浓缩汁制成的，而不是宝洁声称的鲜榨果汁。[92] 由于 FDA 审查的增加，许多广告主现在对其健康和营养声明相当谨慎。

联邦通信委员会

由七名成员组成的**联邦通信委员会**（Federal Communications Commission，FCC）是一个独立的联邦机构，对广播、电视、电话、卫星、互联网和有线电视行业具有管辖权。FCC 负责保护公共利益和鼓励竞争。它对广播广告的控制实际上是间接的，源于其授权广播公司（或取消其许可证）的权力。FCC 严格控制淫秽和亵渎内容的播放，它可以限制广告的产品和广告的内容。例如，联邦通信委员会甚至在国会禁止在电视和广播上做烟草广告之前就要求电视台播放有关吸烟有害影响的广告。

20 世纪 80 年代，FCC 决定放松对广播和电视台的管制，认为已有足够的买家和卖家，市场力量可以充分控制广播媒体。FCC 不再限制广告时间或要求电视台维护详细的节目和广告播放记录。然而，电视台仍然保留其商业广告的记录，以向广告主保证它们完成了播放。

1992 年的《有线电视消费者保护和竞争法》给了 FCC 额外的权力。它对有线电视行业实施了新的控制，以鼓励更加以服务为导向的态度，并改善费率和不断增加的广告收入之间的平衡。[93] FCC 可以为有线电视设定用户订阅费率，因此在广告费率上升的同时，订阅费率得以缓慢提价。

除了保护消费者利益，FCC 和其他政府实体也可以尝试进行监管以促进公众利益。例如，2004 年，FCC 修订了规则，进一步限制儿童在观看面向儿童的电视节目时接触广告。更多类型的广告现在被计入周末每小时最多 10.5 分钟的非节目时间（工作日每小时 12 分钟）。将孩子们引导至以节目角色为特色的互动网站——以及销售与角色相关的产品和服务——的广告尤其受到关注。激进分子对此鼓掌喝彩，大多数电视网只是抱怨，但 NBC 和迪士尼在 2005 年提起诉讼。联邦上诉法院命令 FCC 对修订后的规则进行审查。[94]

美国专利及商标局和国会图书馆

政府的基本作用是促进和保护其公民的经济福祉（自利）。美国政府这样做的一种方式是促进“科学和实用艺术的进步，确保作者和发明人在有限的时间内对其各自的著作和发现享有专有权”，换句话说，注册和保护他们的**知识产权**（intellectual property）。[95]

通过颁发**专利**（patent），政府为在全球范围内发明、投资和披露新技术提供激励。通过注册商标和版权，政府帮助企业保护它们的投资，推广它们的产品和服务，并保护消费者免受市场上的混淆和欺骗（完全信息）。

可口可乐、AT&T 或李维斯（Levi's）等商标是宝贵的资产。根据 1946 年《兰哈姆法》，**商标**（trademark）是“制造商或商人采用和使用的任何文字、名称、符号或装置，或其任何组合，以识别其商品，并将其与他人制造或销售的商品区分开来”[96]。

专利和商标在隶属于商务部的**美国专利及商标局**（U.S. Patent and Trademark Office）注册并受其保护。商标的所有权可以在广告中或在标签、包装或信笺上通过单词“已注册”、符号 ® 或符号 ™ 来表示。如果有人坚持使用他人拥有的商标或与他人商标易混淆、相似的商标，商标所有人可以请求法院裁定并起诉商标侵权。

国会图书馆保护美国所有受版权保护的材料，包括广告。**版权**（copyright）是为原创作品的作者提供的一种保护形式，包括文学、戏剧、音乐、艺术和某些其他智力作品。[97] 颁发给广告主的版权在版权所有者的有生之年加上 50 年的期限内，授予其印刷、出版或复制受保护广告的独家权利。只有包含原始副本或插图的广告才能受版权保护。一个想法（idea）不能受版权保护；广告口号、短语以及熟悉的符号和设计也不能（尽管后者可能是商标）。

版权来自 *Copyright* 一词，缩写为 Copr.，或用符号 © 表示，后跟首次出版年份和广告主或版权所有者的名称。

地方法规

广告主也受地方法规的约束。自 20 世纪 80 年代美国联邦放松管制以来，州和地方政府发挥了更为积极的作用。

州政府监管

⑦ 定义地方政府在广告监管中的作用

管理广告的州立法通常基于《印刷者》杂志于 1911 年制定的广告真实性示范法，多年来它一直是整个行业的主要贸易出版规则。该规则认为，任何被发现包含“不真实、欺骗性或误导性”材料的广告制作者均犯有轻罪。今天，大多数州都按照该规则执行法律。

所有州都有“小 FTC 法”，即管理不公平和欺骗性商业行为的消费者保护法。国家可以调查和起诉案件，个人消费者可以对企业提起民事诉讼。为了增加它们的影响力，一些州联合起来采取法律行动——例如，挑战航空公司、汽车租赁和食品制造行业的欺骗性广告促销活动。正如一位观察家指出的那样：“许多食品制造商可以对一些较小的州提起诉讼，但它们可能不愿意同时与 10 个州进行抗争。”[98]

不同的州对可以做广告的商品有不同的规定。一些州禁止为某些类型的葡萄酒和烈酒做广告，大多数州限制在广告中使用美国国旗和州旗。

这可能会给全国性企业的营销经理带来重大问题。而且，在某些情况下，它实际上伤害了消费者。例如，许多试图开展对环境负责的营销计划的公司会因不同州管理包装材料和回收利用的不同法律而感到受阻。[99] 在前面讨论的烟草案中，众多州总检察长共同行动已证明是烟草业巨头的强大敌人。最终，面对来自各个州甚至市政府的无数诉讼的预期前景，烟草行业最终屈服，同意和解并支付数千亿美元。[100]

地方政府监管

许多市和县还设有消费者保护机构来执行规范当地广告行为的法律。这些机构的主要职能是保护当地消费者免受当地商家的不公平和误导行为的损害。

仅在一年内，加利福尼亚州奥兰治县的地方检察官办公室就收到了 1 200 多封来自消费者的投诉信，内容从不诚实的机械师和虚假的销售广告，到一个玉米卷摊贩在其“男子汉”卷饼中少加牛肉。[101] 在针对总部位于洛杉矶的 Closet Factory 的案件中，地方检察官处以 40 000 美元的罚款以解决虚假广告诉讼问题。该公司被指控在报纸上投放广告，让消费者对实际上永无止境的“促销”产生一种虚假的紧迫感。这种被称为连续促销的广告违反了该州的商业和职业守则。它还宣传低于常规价格的虚假折扣率。因为促销从未真正结束，所以促销价格就是常规价格。[102]

3.8　非政府监管

⑧ 列出私人组织帮助减少欺诈和欺骗性广告的方式

社会组织也发布了广告指南（见图表 3－6）。事实上，广告主面临着来自商业监督组织、相关行业协会、媒体、消费者团体和广告公司本身的大量监管。

图表 3-6
美国广告代理商协会的比较广告政策声明和指南

美国广告代理商协会董事会认识到，当真实和公平地使用比较广告时，比较广告可以为消费者提供所需和有用的信息。但是，应格外小心。就其本质而言，比较广告的使用可能会歪曲事实，并通过暗示方式向消费者传达歪曲事实的信息。

因此，董事会认为比较广告应遵循一些准则：

1. 广告的意图和内涵应该是告知，而不是抹黑或不公平地攻击竞争对手、竞争产品或服务。
2. 当一个竞争产品被提及时，它应该是一个在市场上作为重要竞争存在的产品。
3. 应公平和适当地识别竞争，但决不能采用贬低竞争产品或服务的方式或语气。
4. 广告应该对产品的相关或类似的属性或成分进行比较，如尺寸与尺寸比较、特征与特征比较。
5. 鉴定应以诚实比较为目的，而不是单纯的联想升级。
6. 如果进行竞争性测试，应该由客观的测试来源进行，最好是独立的，这样就不会令人怀疑测试的真实性。
7. 在所有情况下，测试都应支持广告中基于测试的所有声明。
8. 广告不得使用片面的结果或强调无关紧要的差异，使消费者得出不恰当的结论。
9. 被比较的特性在产品对消费者的价值或有用性方面应该是重要的。
10. 通过使用证言进行的比较不应暗示证言不仅仅是个人的想法，除非该个人代表了多数人的观点。

资料来源：Copyright ©2015 American Association of Advertising Agencies. Reprinted with permission.

商业改善局

美国最大的商业监督组织是成立于 1916 年的**商业改善局**（Better Business Bureau，BBB）。它由 100 000 多家成员公司提供资金，主要在地方层面开展工作，以保护消费者免受欺诈和欺骗性广告与销售行为的侵害。当地方商业改善局联系违规者并要求它们修改广告时，大多数公司都会遵守。

BBB 关于违规者的档案向公众开放。不遵守规定的违规记录将发送给适当的政府机构以采取进一步行动。BBB 经常与当地执法机构合作，起诉广告主犯有欺诈和虚假陈述罪。每年，BBB 都会调查数以千计的广告是否可能不具有真实性和准确性。

商业改善局理事会是商业改善局的上层机构，也是全国广告审查委员会（National Advertising Review Council，NARC）的出资成员。它的功能之一是帮助新兴行业制定合乎道德和负责任的广告标准。商业改善局理事会的广告守则（BBB 守则）被称为最重要的广告自律约法。[103] BBB 守则只有几页长，但有一份月度出版物用来补充，该出版物名为《广告文案中可做的和不可做的事》，它提供了有关广告法规以及影响广告的最近的法院和行政裁决的信息。[104] 自 1983 年以来，商业改善局理事会的全国广告处发布了针对儿童的广告指南，这是一个特别敏感的领域。

广告自律委员会

广告自律委员会（Advertising Self-Regulatory Council，ASRC）成立于 1971 年，由商业改善局理事会、美国广告代理商协会、美国广告联合会和全国广告主协会共同组成。其主要目的是促进和执行广告中的真实性、准确性、品位、伦理和社会责任标准。

广告自律委员会是美国广告监管最全面、最有效的机制之一。一位美国地方法院法官在 1985 年的案件中指出，其“速度、非官方性质和适度的成本”以及专业知识使该组织在解决广告纠纷方面比法院系统具有特殊优势。[105]

ASRC 运营部门

ASRC 有多个运营部门，包括商业改善局理事会的**全国广告处**（National Advertising Division，NAD）和**全国广告审查理事会**（National Advertising Review Board，NARB）。NAD 监督广告实践并审查消费者和消费者团体、品牌竞争对手、当地商业改善局、贸易协会和其他方面对广告的投诉。NAD 决定的上诉委员会是 NARB，由一名主席和 70 名志愿者成员（40 名全国性广告主、20 名广告公司代表和 10 名非专业人士）组成。[106]

NAD-NARB 审查流程

为了鼓励消费者进行投诉，NAD 还会投放包含投诉表格的广告。大多数针对不真实或不准确广告。

当 NAD 发现有效的投诉时，它会联系广告主并要求证实索赔。如果证据不足，NAD 会要求修改或终止索赔。

飞行员皮革夹克的案例展示了 NAD 的运作流程。尼尔·库珀公司（Neil Cooper LLC）生产皮夹克。在其平面广告中，它声称其 A-2 飞行员皮革夹克是“美国空军飞行员的官方战斗装备”。竞争公司 Avirex 向 NAD 投诉，因为是 Avirex 而不是尼尔·库珀生产的 A-2 飞行员夹克目前由美国国防部购买并由美军飞行员穿着。尼尔·库珀解释说，虽然它不是当前的供应商，但许多飞行员更喜欢它的夹克。尽管如此，NAD 还是站在 Avirex 一边，并建议尼尔·库珀明确表示它正在销售正宗 A-2 飞行员皮革夹克的仿品。尼尔·库珀同意了。[107]

如果 NAD 和广告主陷入僵局，任何一方都可以请求 NARB 小组（由三名广告主、一名广告公司代表和一名非专业人士组成）进行审查。专家组的决定具有约束力。如果广告主拒绝遵守专家组的决定（这从未发生过），NARB 会将此事提交给适当的政府机构。

广告自律委员会还为儿童广告审查组（CARU）、电子零售自律计划（ERSP）和基于兴趣的在线责任计划（IBA）制定政策。儿童广告审查组“评估所有媒体中面向儿童的广告和宣传材料，以提高其自律计划的真实性、准确性和一致性……”[108]。电子零售自律计划对直接反应广告中传达的声明的准确性，提供帮助查询或争议建议。根据 ASRC 的说法，IBA 通过确保公司遵循在线营销的七项原则来“规范在线行为广告”[109]。这些原则包括教育、透明度、消费者控制、数据安全、重大变化、敏感数据和问责制。[110]

媒体监管

几乎所有媒体都会审查广告并拒绝其认为令人反感的广告，即使它们没有欺骗性。许多人认为媒体是比政府更有效的监管者。

互联网

互联网广告自律的主要参与者包括互动广告局（IAB）和美国广告代理商协会。这些组织在 2009 年以七项原则的形式发布了数字广告指南：教育（广告主应教育消费者了解在线广告的运作方式）、透明度（广告主应明确披露数据收集和使用实践）、消费者控制（消费者应该能够选择是否收集和共享数据，以及收集和共享哪些数据）、数据安全（收集的信息应该是安全的）、重大变化（广告主在更改其隐私政策之前应征得消费者的同意）、敏感数据（某些数据，例如有关儿童、处方、医疗记录等的数据值得特别谨慎处理）以及问责制（在线广告主应共同努力确保公司遵守这些原则）。IAB 表示，直销协会（Direct Marketing Association）和商业改善局理事会已经制定了类似的数字广告指南。[111]

电视

在所有媒体中，电视网的审查最为严格。广告主必须向其广播标准部门提交用于电视网或附属电视台的广告。许多商业广告被退回，并附有修改或更多证据的建议。如果广告违反了广播网政策，则会被彻底拒绝（参见广告实验室“报道文章还是广告？”）。

美国主要的广播网将其政策建立在最初的《全国广播电视协会电视准则》之上。但各广播网政策差异很大，很难准备能被普遍接受的广告。有线网络和地方电视台往往不那么严格。大多数观察家都会同意，近年来，随着有线电视网竞争的加剧，电视网已经大大放宽了对节目内容和商业广告的标准。

广播电台

与电视网不同，美国的广播网络只提供其附属机构的一小部分节目，因此它们对附属机构的广告几乎没有发言权。广播电台也不太可能退回脚本或磁带进行更改。有的电台，例如得克萨斯州奥斯汀的 KLBJ，主要关注广告是否违法、不合伦理或不道德。[112] 它们不希望出现冒犯听众或贬损其他节目的地方。

每个广播电台通常都有自己的不成文指南。KDWB，一个拥有大量青少年听众的明尼阿波利斯－圣保罗电台，拒绝了一个想要购买广告时间的通灵者。[113] 圣迭戈的 KSDO 是一个能够播放广告和传递信息的电台，不会播放限制级电影或露天酒吧的广告。[114] SiriusXM 或卫星广播倾向于使用与其各个频道相关的标准。

杂志

全国性杂志监督所有广告，尤其是新广告主和新产品的广告。急于出售版面的较新的出版物可能没有那么警惕，但《时代周刊》和《新闻周刊》等老牌杂志却非常谨慎。许多杂志不接受某些类型产品的广告；《纽约客》不会投放折扣零售店广告，也不会刊登女性卫生用品或自我药疗产品广告；《读者文摘》不接受烟草广告。

有的杂志在接受广告之前会测试每种产品。如果《好管家》的测试不能证实广告主的说法，它会拒绝广告。允许通过的产品带有《好管家》“认证印章”。

报纸

报纸也监督和审查广告。较大的报纸有审查人员阅读所有提交的广告；大多数较小的报纸都依赖广告经理、销售人员或校对员。

大多数报纸都有自身的可接受性守则，从一页的小型本地报纸到超过 50 页的《洛杉矶时报》等。有些守则非常具体。《底特律自由报》不接受包含诸如“外遇”或“浪荡公子”等字眼的分类广告。有些报纸要求声称“全城最低价”的广告主承诺在 30 天内等于或低于读者在其他地方找到的任何价格。

广告主面临的一个问题是报纸的守则并不统一。此外，报纸会定期修改其政策。

广告实验室

报道文章还是广告?

拿起一本光鲜的杂志，例如《时尚》《时尚先生》《体育画报》，你会发现它满是汽车、酒类和香烟的广告。广告公司喜欢在这些高档出版物中购买版面，只要出版物没有直接冒犯它们的客户公司。广告公司非常注意保护它们的客户公司，因此它们对广告的放置位置非常慎重。如果一则广告与可能对客户公司的产品不利的故事一起播放，或者更糟的是，可能会冒犯客户公司的顾客，则广告公司将撤下该广告或要求删除该文章。此外，广告公司及其客户公司希望在有争议性的故事出现时提前得到警示。这越来越成为杂志编辑的痛点，并在行业中引起伦理风潮。编辑认为这会破坏杂志的独立性和完整性。广告主认为赞助那些适合而不会冒犯到它们顾客的内容，是它们的责任。

另外，由报纸广告协会（NAA）和美国杂志编辑协会（ASME）赞助的一项调查发现，报纸广告实际上比新闻报道的质量更能满足消费者的期望。消费者告诉调查机构，他们认为报纸广告有用且相关，允许他们在家比较购物，从而节省时间和金钱。因此，报纸编辑现在正在考虑扩大与广告主的合作伙伴关系。

“我认为我们需要让广告和编辑更紧密地合作来制作一份报纸，特别是因为广告在当地拥有强大的特许经营权。”《华盛顿邮报》调研主管沙朗・沃登（Sharon Warden）说。

在印刷媒体的世界里，出版商是担心底线的商人，而编辑则担心报道文章和新闻诚信。他们的利益经常发生冲突。为了吸引更多的广告主，杂志出版商现在创建了完整的板块，有时甚至是整期，专门用于广告——商业版的页面被装扮成新闻故事。通常很难区分报道文章和广告。《体育画报》每年出版一期名为 *Golf Plus* 的特刊，因为它认为 500 000 多份销量将引起 Foot Joy 和 Titleist 高尔夫球等广告主的更多兴趣。

《马克西姆》（*Maxim*）是为数不多的将编辑内容和商业广告分开的出版物之一。即便如此，《马克西姆》的广告主仍会通过提醒编辑如果刊登某些内容，他们会损失收入，来对其广告周边的内容施加影响。《女士》杂志在 1990 年通过取消全部广告解决了这一冲突。

印刷品并不是唯一受到编辑审查的媒介。广播和电视的内容也不断受到监督。一些广告主在广播电台上购买时间，有些电台播放诸如拉什・林博（Rush Limbaugh）等名人的节目。由于节目包含有争议的内容，广告主拒绝让它们的广告在那里出现。除了新闻，电视节目都是提前录制好的。许多广告主可以在播出前查看剧集，并在必要时决定撤销广告。（有关媒体购买的更多信息，请参阅第 15 ～ 18 章。）

福克斯电视情景喜剧《已婚……与儿童》中的性暗示激怒了密歇根州的一位家庭主妇。因此，她劝说宝洁和其他主要广告主不要在节目中购买广告时段。同样，由于部分裸露和毫不避讳的粗话场景，许多蓝筹股广告主避开了 ABC 播放的警察剧《纽约重案组》——直到它在收视率上表现出色以至于它们无法忽视。在 1997 年《艾伦秀》播出期间，克莱斯勒（Chrysler）等许多广告主撤出了它们的位置。然而，这些广告位很快被其他出资者取代，这些出资者渴望成为根据预测会吸引大量观众的节目的一部分。

“对于电视来说，这是一个供需关系，现在对商业广告时间的需求超过了供应。”《华尔街日报》前广告专栏作家凯文・戈德曼（Kevin Goldman）说。

然而，杂志的情况并不相同。“杂志的不同在于只有数量有限的广告主想在特定的杂志上刊登广告。如果克莱斯勒退出某期杂志，那么能做替代的广告主并不多。”戈德曼解释说。

此外，杂志（尤其是新的专业杂志）越来越多地调整编辑重点以接触利基受众或特定人群。这将它们的广告收入选择范围缩小到针对相同群体的营销经理——实际上，对更少的广告主产生了更大的影响。

多年前，ASME 就杂志应如何区分广告与常规报道文章的版面制定了指南。ASME 创建了三段式的“编辑独立性标准”，此前，多位编辑因公司雇主的明显干预而离职。标准规定：“编辑需要最大限度的保护，以免受商业广告或新闻以外压力的不利影响。任何杂志的主编都必须对出版物中出现的内容、文字和图片拥有最终决定权。”

实验室应用

广告主什么时候可以在出版物或节目中发表“报道文章”观点？提供数据以支持你对以下问题的回答：

1. 如果有的话，广告主应该在多大程度上控制其广告的位置或出版物的内容？

2. 如果有的话，含广告的软文会对诸如年龄歧视、种族主义和性别歧视等社会问题产生什么影响？请具体说明。

消费者团体监管

从 20 世纪 60 年代开始，消费者运动在打击欺诈和欺骗性广告方面变得越来越活跃。消费者要求产品的性能与宣传的一样，并要求提供更多的产品信息供人们比较并做出更好的购买决定。消费者运动引发**消费者至上主义**（consumerism），通过社会行动戏剧化放大了购买公众的权利。现在很明显，美国消费者可以极大地影响广告实践。

如今，广告主和广告公司更加关注商品声明，尤其是与能源使用和加工食品营养价值相关的声明。消费者至上主义促进了消费者权益保护团体和监管机构的发展，并促进了广告主、广告公司和媒体对消费者的更多研究，以努力了解消费者想要什么以及如何提供。对公共商誉的投资会在改善消费者关系和销售方面得到回报。

消费者信息网络

美国消费者联合会（CFA）、全国老年公民委员会（NCSC）、全国消费者联盟（NCL）和全国污名信息交换所（NSC）等组织在成员之间交换和传播信息。这些**消费者信息网络**（consumer information networks）有助于发展地区和地方消费者组织，并与国家、地方消费者团体合作。

消费者联盟（Consumer Union）、消费者研究（Consumers' Research）和保险业者实验室（Underwriters Laboratories）等私人和非营利检测机构也为消费者利益服务。

消费者权益保护

消费者权益保护（consumer advocate）团体调查从公众那里收到的广告投诉以及经它们研究形成的投诉。如果投诉是正当的，它们会要求广告主停止令人反感的广告或做法。如果广告主不遵守规定，它们会向媒体发布有关违法行为的宣传或批评，并向适当的政府机构提交投诉并提供确凿证据以采取进一步行动。在某些情况下，它们提起诉讼以获得对违规者的禁制令、罚款或其他处罚。

今天，有这么多特殊利益保护团体，即使是最小心翼翼的广告主也会感到很有挑战性。为了吸引注意力，广告必须具有创意，并从竞争噪声中脱颖而出。然而，广告主害怕政治正确的活动家（“PC 警察”）的关注。Calvin Klein 的广告遭到抵制厌食症营销组织（BAM）的攻击。安泰保险（Aetna Insurance）的一个动画公共服务广告引起了女巫权利组织的投诉。[115]

当抗议活动开始时，广告通常会被撤下。环球网络公司（BBDO）[①] 洛杉矶的主席史蒂夫·海登（Steve Hayden）认为，任何广告都有可能被撤回，只要“大约有五个字

① 合资入华后亦称天联。——译者

V 广告背后的人物

爱德华·博伊德

你可能认为针对像你这样的人的广告太多了。这可能很烦人。但是想象一个广告似乎从未直接针对你的世界。对于非洲裔美国消费者来说，直到 20 世纪，他们才渐渐成为广告的目标。

当然，今天，公司在针对黑人、西班牙裔和其他族裔的营销战役上花费了数亿美元。但并非总是如此。在美国历史上的大部分时间里，在废除奴隶制很久之后，黑人在充分参与美国生活方面遇到了许多法律和文化障碍。这些障碍中最明显的是南方的《吉姆克劳法》，它要求公开进行种族隔离。但即使在南方以外，黑人也常常被剥夺被白人视为理所当然的机会。从公司董事会到职业运动，只有白人男性被允许加入。

1947 年被证明是体育和董事会变革的分水岭。最著名的是，杰基·罗宾逊（Jackie Robinson）在这一年打破了肤色障碍，成为棒球大联盟的第一位黑人常驻球员。鲜为人知、但在许多方面同样重要的是，在这一年，埃德·博伊德（Ed Boyd）被聘请，以改善百事对美国黑人的营销工作。百事前董事长兼首席执行官唐纳德·肯德尔（Donald Kendall）指出："杰基·罗宾逊可能登上了更多的头条，但博伊德所做的——整合美国企业的管理层——同样具有开创性。"

博伊德是纽约市全国城市联盟（NUL）的一名 33 岁高管，当时他和一小群黑人推销员被百事首席执行官沃尔特·马克（Walter Mack）聘用。马克希望增加对全国 1 400 万非洲裔美国人的销售额。博伊德和他的团队负责弄清楚如何做到这一点。事实上，马克早在 1940 年就有了这个想法，当时他聘请了百事的第一位黑人高管赫尔曼·史密斯（Herman Smith）和两名年轻的黑人实习生。然而，第二次世界大战使马克的计划被搁置。

到 1947 年，他准备再试一次，博伊德的团队获得了相对自由的权力来设计这场广告战役。他们面临很大的挑战。当时很少有广告针对黑人，即使有也往往是贬低性的。博伊德指出，"我们已经被讽刺和刻板印象束缚"，他着手改变这一点。

该团队决定制作将黑人作为"普通美国人"的代表的广告。例如，一系列广告提供了 20 位黑人伟人的消费者画像，其中包括 1950 年诺贝尔和平奖获得者拉尔夫·邦奇（Ralph Bunche）。另一则广告以黑人大学的学生为特色。还有一些广告呈现了在杂货店购买百事可乐的黑人中产阶级家庭。这些广告有共同的主题：黑人也有美国梦，他们的事情很重要。

当然，20 世纪 40 年代后期美国的现实远没有百事广告中描绘的那么完美。当博伊德和他的黑人销售团队在美国各地旅行时，他们经常遭受歧视。他们要乘坐隔离的火车车厢，住在仅限黑人的酒店。他们甚至面临百事同事的侮辱和歧视。有一次，他们受到了三 K 党的威胁。

但他们坚持了下来。在短短几年内，博伊德和他的团队取得的成果超出了马克意图增加百事对黑人销售的预期目标。但帮助该品牌增加其市场份额实际上只是故事的一部分。《华尔街日报》记者斯蒂芬妮·卡帕雷尔（Stephanie Capparell）写了一本关于博伊德创造历史的团队的书，她指出：

> 在推动他们的国家走向更美好的道路上，他的销售团队帮助定义了利基营销大约 30 年，然后利基营销才成为一种广泛的商业战略。他们与白人司机和销售人员就他们在公司中的角色进行了正式会谈，从而发起了一些最早的正式多元化培训。他们还帮助向非洲裔美国人灌输了一种独特的，对那些致力于社会进步和产品质量的公司生产的产品品牌的忠诚度。

1950 年，当沃尔特·马克从百事退休时，对博伊德和他的团队的支持逐渐减弱。博伊德最终在 1951 年离开了公司。在接下来的几十年里，博伊德过着充实、丰富和积极的生活，为广告公司、CARE 工作，充当咨询师，甚至从事农场主工作。但人们对他在百事创造历史的成就的记忆逐渐淡忘，直到 2006 年卡帕雷尔的书出版才被人们重新想起。

2007 年 4 月 30 日，博伊德去世，世界上失去了一位伟大的民权先驱和广告传奇人物。博伊德不知疲倦地将黑人消费者引入美国生活的主流，通过他经常被低估的努力，他创造了历史。在商业世界接受这种策略之前，他已经将面向族裔的目标营销实施了多年。他从根本上改变了美国白人对其黑人同胞的印象。他还给企业上了一堂重要的课，即拥抱社会多元价值，无论是在企业内部还是在选择要服务的客户时。博伊德的一生致力于为正义和平等而战。就在博伊德去世几天后，奥巴马正式宣布他将成为创造历史的总统候选人，这足以说明美国从博伊德在百事的时代开始发生了多大的变化。

资料来源：Stephanie Capparell, *The Real Pepsi Challenge: The Inspirational Story of Breaking the Color Barrier in American Business* (Simon and Schuster, Inc., 2008), p. xi.

母出现在正确的信纸上”[116]。正如雪莉·加西亚（Shelly Garcia）在《广告周刊》中指出的：“现在的情况是，没有什么比避免关注更能激励中层管理人员。”她感叹：“在广告中获得乐趣的机会越来越少。”[117]

广告主自我监管

广告主也实行自我监管。大多数大型广告主收集强大的数据来证实它们的主张。它们维护着谨慎的广告审查系统，以确保广告符合它们自己的标准以及行业、媒体和法律要求。许多广告主试图通过与当地慈善机构或教育组织合作来提升它们的社会责任感。

许多行业建立和维护起公司同意遵循的广告守则。这些守则也为投诉奠定了基础。但是，行业广告法规的效力取决于各个行业协会的执法权。而且由于强制执法可能与反托拉斯法相冲突，行业协会通常使用同侪压力而不是用听证会或处罚的形式。

广告公司和协会的自我监管

大多数广告公司都会监控自己的行为。专业广告协会还监督成员的活动，以防止可能引发政府干预的问题。广告出版物报告问题和法院行动，以教育广告公司和广告主并警告它们可能的违法行为。

广告公司

尽管广告主向广告公司提供有关其产品或服务的信息，但广告公司必须先研究和验证产品声明和比较产品数据，然后才能在广告中使用它们。媒体在接受广告之前可能会要求提供此类文件，如果政府或消费者机构质疑这些声明，则可能需要提供具体证据。

广告公司可能会对欺诈性或误导性广告声明承担法律责任。出于这个原因，多数大型广告公司都有内部法律顾问，并定期提交广告以供审查。如果广告的任何方面受到质疑，广告公司会要求其广告客户审查广告并确认声明属实或替换掉未经验证的内容。

广告行业协会

一些协会也在监控全行业的广告实践。**美国广告代理商协会**（American Association of Advertising Agency，AAAA）是全美最大广告代理商协会，它通过拒绝任何被判断为不合伦理的广告代理商会员资格来控制其行为。AAAA 实践标准和创意守则为会员公司制定了广告行业原则。

美国广告联合会（American Advertising Federation，AAF）帮助建立了联邦贸易委员会，其早期的警戒委员会是商业改善局的先驱。

1984 年通过的 AAF《美国商业广告原则》定义了真实和负责任的广告标准。此后，该行业协会制定了《广告伦理原则和实践》（参见图表 3－7）。由于大多数本地广告俱乐部都属于 AAF，因此它有助于影响广告公司和广告主遵守这些原则。

1. 广告、公共关系、营销传播、新闻和报道都有一个共同的目标，即为公众服务的真实性和高伦理标准。
2. 广告、公共关系和所有营销传播专业人士有义务在创建和向消费者传播商业信息时坚守最高标准的个人伦理。
3. 广告主应明确区分线上和线下的广告，公共关系，企业传播与新闻、报道内容和娱乐。
4. 广告主应明确披露所有物质条件，例如产品需付费或免费，影响社交和传统渠道的代言，以及代言人的身份，所有这些都是为了充分披露和实现透明。
5. 广告主应根据广告所针对的受众的性质以及所宣传的产品或服务的性质公平对待消费者。
6. 广告主不应在营销传播中损害消费者的个人隐私，消费者是否提供个人信息的选择应当是透明且易于做出的。
7. 广告主应遵守联邦、州和地方广告法，并配合行业自律计划解决广告实践问题。
8. 广告主及广告公司以及线上和线下媒体应私下讨论潜在的伦理问题，并应允许制作广告的团队成员在内部表达出他们对伦理的关注。

资料来源：Institute for Advertising Ethics, "Principles and Practices for Advertising Ethics," Reprinted with permission of the American Advertising Federation.

图表 3－7
AAF 的《广告伦理原则和实践》

全国广告主协会（Association of National Advertisers，ANA）由 370 家主要制造企业和服务企业组成，这些企业是 AAAA 广告公司的客户。这些广告公司承诺遵守 ANA 广告伦理准则，并通过一个联合委员会与 ANA 合作，改进广告内容。

3.9　广告的伦理和法律透视

毫无疑问，广告为营销经理和消费者提供了相当大的利益。然而，广告已经并且仍然经常被滥用。正如《广告周刊》前编辑安德鲁・贾菲（Andrew Jaffe）所说，该行业应该尽其所能“提高标准，并努力驱逐那些具有误导性、不真实或完全无味和不负责任的东西”。否则，他警告说，进一步监管的压力将变得势不可挡。[118]

辩护者指出，在联邦贸易委员会在平常年份审查的所有广告中，97% 被认为是令人满意的。[119] 最终，广告主和消费者需要共同努力，以确保广告被明智地使用，合乎伦理并负责任地造福于所有人。

本章小结

作为最引人注目的商业活动之一，广告因其在销售产品和影响社会方面的作用而受到称赞和批评。围绕广告在经济中的作用存在一些争议。为了讨论广告的经济效应，我们采用了自由市场经济的四个基本假设：自利、完全信息、有许多买家和卖家以及无外部性。

广告的经济效应可以比作台球的击发球——一种影响公司及其竞争对手、客户和商界的连锁反应。在更广泛的范围内，广告通常被认为是一个国家大规模分销系统的触发因素，使制造商能够以标准化的质量大量地生产人们想要的低价产品。然而，人们可能会争论广告如何为产品增加价值、影响价格、鼓励或阻碍竞争、增加消费者需求、缩小或扩大消费者选择以及影响商业周期。

尽管围绕其中一些经济问题存在争议，但很少有人质疑丰裕原则：在一个生产的产品和服务超过消费能力的经济体中，广告为消费者提供了有关他们可用于选择的更完整信息，鼓励更多卖家有效竞争，从而为消费者和营销经理的自身利益服务。

对广告的社会批评可能是短期操控性批评，也可能是长期宏观批评。广告的经济方面侧重于自利以及产生许多买家和卖家的自由企业原则，社会方面通常涉及完全信息和外部性的概念。

批评者说广告具有欺骗性；广告操纵人们购买不需要的产品，它使我们的社会过于物质化，而且广告太多了。此外，他们说，广告会延续刻板印象，而且常常令人反感且品位不佳。

支持者承认广告有时会被滥用。然而，他们指出，尽管存在问题，但广告提供了许多社会效益。广告鼓励新产品的开发并加快对它们的接受度。广告促进就业，为消费者和企业提供更多种类的产品选择，并通过鼓励大规模生产来帮助压低价格。广告刺激了公司之间的良性竞争，提高了整体生活水平。此外，老练的营销经理知道销售产品的最佳方式是迎合真正的消费者需求，并在广告宣传中体现诚实。

简而言之，虽然广告可能会因提供不完全信息和产生一些不需要的外部性而受到批评，但广告也通过鼓励许多买卖双方参与这一过程，从而为自由企业制度做出贡献，服务于所有自利价值。

在来自消费者、特殊利益团体和政府的监管日益增长的压力下，广告主制定了更高的伦理行为和社会责任标准。广告主面临三个层次的伦理考量：社会伦理行为的主要规则、它们的个体价值体系以及它们对单个伦理概念的个人哲学。

联邦和州法院涉及多项广告重大问题，包括美国宪法第一修正案对商业言论的保护和侵犯隐私权的规定。广告受联邦、州和地方政府机构，商业监督组织，媒体，消费者团体和广告行业本身的监管。所有这些团体都鼓励广告主向消费者提供更完整的信息，并消除此过程中的任何负外部性。

广告主在多个层面面临着无数的法规：国际、国家、州和地方。在美国的国家层面，联邦贸易委员会是美国主要的联邦广告监管机构，负责保护消费者和竞争对手免受欺诈和不公平的商业行为的影响。如果联邦贸易委员会发现广告具有欺骗性或不公平性，它可能会发布禁制令或要求发布纠正性广告。

美国食品药品监督管理局监控食品和药品广告，并规范产品标签和包装。联邦通信委员会对广播和电视行业拥有管辖权，尽管放松管制严重限制了其对这些媒体广告的控制。专利及商标局管理美国商标、商号、公司专用标志以及公司和品牌的类似显著特征的所有权。国会图书馆注册并保护受版权保护的资料。

非政府监管机构包括商业改善局理事会及其全国广告处。全国广告处是美国最有效的非政府监管机构，负责调查消费者、品牌竞争对手或当地商业改善局的投诉，并提出纠正措施。拒绝遵守的广告主将被提交给全国广告审查委员会，该委员会可能会支持、修改或推翻全国广告处的调查结果。

其他监管来源包括印刷媒体和广播媒体的法规和政策。消费者组织和倡导者还通过调查和投诉广告主以及向消费者提供信息来控制广告。最后，广告主和广告公司还进行自我监管。

重要术语

广告自律委员会（Advertising Self-Regulatory Council，ASRC）

明确披露（affirmative disclosure）

美国广告联合会（American Advertising Federation，AAF）

美国广告代理商协会（American Association of Ad-

vertising Agency，AAAA）
全国广告主协会（Association of National Advertisers，ANA）
商业改善局（Better Business Bureau，BBB）
禁制令（cease-and-desist order）
儿童广告审查组（Children's Advertising Review Unit，CARU）
比较广告（comparative advertising）
和解协议（consent decree）
消费者权益保护（consumer advocate）
消费者信息网络（consumer information networks）
消费者至上主义（consumerism）
网站浏览信息数据（cookies）
版权（copyright）
纠正性广告（corrective advertising）
欺骗性广告（deceptive advertising）
背书（endorsements）
伦理的（ethical）
联邦通信委员会（Federal Communications Commission，FCC）
联邦贸易委员会（Federal Trade Commission，FTC）
美国食品药品监督管理局（Food and Drug Administration，FDA）
知识产权（intellectual property）
长期宏观批评（long-term macro criticisms）
全国广告处（National Advertising Division，NAD）
全国广告审查理事会（National Advertising Review Board，NARB）
非产品事实（nonproduct facts）
《营养标签和教育法》(Nutritional Labeling and Education Act，NLEA）
专利（patent）
基本需求（primary demand）
隐私权（privacy rights）
夸大（puffery）
选择性需求（selective demand）
短期操控性批评（short-term manipulative criticisms）
社会责任（social responsibility）
举证（substantiation）
推荐（testimonials）
商标（trademark）
不公平的广告（unfair advertising）
美国专利及商标局（U.S. Patent and Trademark Office）

复习题

1. 广告在经济体系中扮演什么角色？
2. 对于广告的社会批评有哪两种类型？有具体的例子吗？
3. 什么是夸大？举几个例子。什么时候夸大会越界成为欺骗？
4. 广告会影响人们的价值观吗？以什么方式？它对每个人的影响是平等的还是对有些人比其他人更多？
5. 广告主的伦理和社会责任有什么区别？广告主可以采取哪些既合乎伦理又负责任的方式行事，同时仍确保它们以具有竞争力的价格提供最好的产品？
6. 互联网、数字广告和零售的普及对广告主有何影响？消费者在网上购买商品时会承担哪些风险？
7. 广告主如何自我监管？你认为广告主在哪些方面做得好？它们应该在哪些方面清理它们的行为？

广告体验

1. 广告行动：“一见即知”

广告中“色情暗示”和“露骨性行为”之间的社会公认界限在哪里？描述三个假设的广告：一个是安全的暗示性广告，一个是可以接受的暗示性广告（例如，黄金时段的联播网电视或国家新闻杂志广告），另一个是刚刚超出明确范围的广告。将你的回答与研究小组中其他人的回答进行比较。你的答案有何不同以及为何不同？你的年龄或社会背景在这些差异中可能扮演了什么角色？

2. 广告监管

美国联邦贸易委员会的广告业务处保护消费者免受欺骗性和未经证实的广告的侵害。通过浏览部门网站（www.ftc.gov/about-ftc/bureaus-offices/bureau-consumer-protection/our-divisions/division-advertising-practices）上提供的政策和指南，回顾你所学的内容，然后回答下列问题：

a. 对 FTC 认为具有欺骗性和不公平的广告做出一般性描述。

b. 描述举证型广告的要求以及广告主及广告公司必须经历的过程。

c. 选择网站上涵盖的另一个主题，讨论其对广告行业的相关性和重要性。

请务必查看以下与广告行业监管相关的网站：

- 商业改善局理事会全国广告处：https://bbbprograms.org/programs/nad/
- 消费者国际：www.consumersinternational.org

3. 回应批评性评论

请访问以下网站，其中包含杜克大学教授威廉·奥巴尔（William O'Barr）关于广告和营销的批评性评论。使用你在第 1 ～ 3 章中学到的知识，分析几个不合乎伦理的广告的例子。此类广告引发了哪些批评？是长期宏观批评还是短期操控性批评？

- 《广告与社会评论：伦理与广告》：http://muse.jhu.edu/article/221968

4. 有人认为兰斯·阿姆斯特朗已经“改过自新”，因为他已经为自己的过错付出了代价。考虑到他的行为，你可以从哪些不同的角度确定他是否应该获得丰厚的赞助费？你能找出会对支付阿姆斯特朗的代言费用做出不同决定的潜在的出资者吗？

5. 当贝纳通（Benetton）和 Abercrombie & Fitch 的广告战役引起抗议时，它们会获得免费宣传。在什么情况下争议会变成负外部性而不是正外部性的推动力？有什么迹象表明一场营销战役走得太远了？

本章注释

[1] Jagdish Agrawal and Wagner A. Kamakura, “The Economic Worth of Celebrity Endorsers,” *Journal of Marketing* 59 (2005), pp. 56–63.

[2] Jeremy Mullen, “Reducing the Risk of Vick-timization,” *Advertising Age,* July 23, 2007, *https://adage.com/article/news/reducing-risk-vick-timization/119451*.

[3] John O'Toole, *The Trouble with Advertising* (New York: Times Books, 1985), pp. 7–14.

[4] N. Gregory Mankiw, *Principles of Economics* (Boston: Cengage, 2014), p. 10.

[5] Eric Chemi, “Advertising's Century of Flat-Line Growth,” *Bloomberg Business*, March 3, 2014, *www.bloomberg.com/bw/articles/2014-03-03/advertisings-century-of-flat-line-growth*.

[6] “Average Ad Spending per Capita,” *Marketing Charts*, June 12, 2015, *www.marketingcharts.com/traditional/average-ad-spending-per-capita-us-tops-list-51916/attachment/strategyanalytics-average-ad-spend-per-capita-in-2014-mar2015/*.

[7] Ernest Dichter, *Handbook of Consumer Motivations* (New York: McGraw-Hill, 1964), pp. 6, 422–31.

[8] Richard E. Kihlstrom and Michael H. Riordan, “Advertising as a Signal,” *Journal of Political Economy*, June 1984, pp. 427–50.

[9] Steve McKee, “What Should You Spend on Advertising?,” *Bloomberg Businessweek*, February 10, 2009, *www.businessweek.com/smallbiz/content/feb2009/sb20090210_165498.htm*.

[10] Philipp Lepenies, *The Power of a Single Number: A Political History of GDP* (New York: Columbia University Press, 2016).

[11] John Kenneth Galbraith, “Economics and Advertising: Exercise in Denial,” *Advertising Age,* November 9, 1988, pp. 80–84.

[12] Fabiana Giacomotti, “European Marketers Keep Up Ad Budgets,” *Adweek,* January 24, 1994, pp. 16–17.

[13] “Smartphone Sales Value Worldwide from 2013 to 2017,” *Statista, www.statista.com/statistics/412145/global-smartphone-sales-value-global-region/*.

[14] Michael Schudson, *Advertising, The Uneasy Persuasion: Its Dubious Impact on American Society* (New York: Basic Books, 1984).

[15] “Truth in Advertising,“ Federal Trade Commission, *www.ftc.gov/news-events/media-resources/truth-advertising*.

[16] Ivan Preston, “A New Conception of Deceptiveness,” paper presented to the Advertising Division of the Association for Education in Journalism and Mass Communication, August 12, 1993.

[17] Ivan Preston, “A New Conception of Deceptiveness,” paper presented to the Advertising Division of the Association for Education in Journalism and Mass Communication, August 12, 1993.

[18] “Pizza Hut Files Suit Against Pizza Rival,” *Advertising Age,* August 13, 1998; “Papa John's Ordered to Move ‘Better’ Slogan,” *Advertising Age,* January 5, 2000, *http://adage.com*.

[19] Barry Newman, “An Ad Professor Huffs Against Puffs, but It's a Quixotic Enterprise,” *The Wall Street Journal,* January 24, 2003, pp. A1, A9.

[20] Ivan Preston, *The Tangled Web They Weave* (Madison: University of Wisconsin Press, 1994), pp. 185–98.

[21] Andrew Jaffe, “Advertiser, Regulate Thyself,” *Adweek,* August 2, 1993, p. 38.

[22] Andrew Jaffe, “Advertiser, Regulate Thyself,” *Adweek,* August 2, 1993, p. 38.

[23] Ivan Preston, *The Tangled Web They Weave* (Madison: University of Wisconsin Press, 1994), p. 164.

[24] Kevin Downey, “TV Ad Clutter Worsens, and Buyers Grouse,” *Media Life*, February 15, 2002, *www.medialifemagazine.com*.

[25] Brian Steinberg, “Spike's Supersized Ad Breaks Buck TV's Clutter-Busting Trend,” *Ad Age Media News,* September 13, 2010.

[26] Sean Leahy, “Encouraging Words for Less Is More,” *Media Life*, July 20, 2005, *www.medialifemagazine.com/News2005/jul05/jul18/3_wed/news2wednesday.html*.

[27] “Children's Educational Television: Commercial Time Limitations,” *FCC Guide,* November 6, 2017, *www.fcc.gov/guides/childrens-educational-television*.

[28] Europa, "TV without Frontiers: Commission Proposes Modernised Rules for Digital Era TV and TV-Like Services," press release, December 13, 2005, *http://europa.eu.int/rapid/pressReleasesAction.do?reference=IP/05/1573*.
[29] Cliff Peale and Gregory Korte, "Drowning in TV Political Ads?" *Cincinnati Enquirer,* October 30, 2004, *www.enquirer.com/editions/2004/10/30/loc_elexads.html*.
[30] Steve McClellan, "Political Ad Spend to Soar," *Adweek,* August 23, 2010.
[31] Christopher Ingraham, "Somebody just put a price tag on the 2016 election. It's a doozy," *Washington Post,* April 14, 2017, *www.washingtonpost.com/news/wonk/wp/2017/04/14/somebody-just-put-a-price-tag-on-the-2016-election-its-a-doozy/?utm_term=.727fb333aae1*
[32] Shelly Garcia, "What's Wrong with Being Politically Correct?" *Adweek,* November 15, 1993, p. 62.
[33] Adrienne Ward, "What Role Do Ads Play in Racial Tension?" *Advertising Age,* August 10, 1992, pp. 1, 35.
[34] Joy Dietrich, "Women Reach High," *Advertising Age International,* January 1, 2000, quoted in Genaro C. Armas, "Women Gaining in Workplace," *Advocate,* Baton Rouge, LA, April 24, 2000 (retrieved from Lexis-Nexis Academic Universe); Associated Press, "Glass Ceiling Cracking as Women Make Gains; Women Taking More Executive Posts, but Income Gap Still Wide," Deseret News, April 24, 2000.
[35] U.S. Census Bureau, *Statistical Abstract of the United States,* 2007, *www.census.gov*.
[36] John B. Ford and Michael S. La Tour, "Differing Reactions to Female Role Portrayals in Advertising," *Journal of Advertising Research,* September/October 1993, pp. 43–52.
[37] Gavin O'Malley, "Marketers Advised to Target Ethnic Preferences," *Online Media Daily,* November 29, 2011.
[38] "Revealing Abercrombie Catalog Sparks a Boycott," *Cincinnati Enquirer,* June 26, 2001, *www.enquirer.com/editions/2001/06/26/tem_revealing.htm*.
[39] Laurel Wentz, "Cheaply Made Gore Scores," *Advertising Age,* July 4, 1994, *https://adage.com/article/news/cheaply-made-gore-scores/91121*.
[40] Laurel Wentz, "Cheaply Made Gore Scores," *Advertising Age,* July 4, 1994, *https://adage.com/article/news/cheaply-made-gore-scores/91121*.
[41] William M. O'Barr, "Sex and Advertising," *Advertising & Society Review* 12, no. 2 (2011), *http://muse.jhu.edu/journals/advertising_and_society_review/v012/12.2.o-barr.html*.
[42] John E. Calfee, *Fear of Persuasion: A New Perspective on Advertising and Regulation,* p. 96 (Agora Association, 1997).
[43] Robert W. McChesney, *The Political Economy of Media: Enduring Issues, Emerging Dilemmas* (New York: Monthly Review Press, 2008).
[44] Ivan Preston, *The Tangled Web They Weave* (Madison: University of Wisconsin Press, 1994), pp. 94, 127–31.
[45] James Maxeiner and Peter Schotthoffer, eds., *Advertising Law in Europe and North America* (Deventer, The Netherlands: Kluwer Law and Taxation Publishers, 1992), p. v; Rein Rijkens, *European Advertising Strategies* (London: Cassell, 1992), pp. 201–202.
[46] Bob Sullivan, "'La Difference' Is Stark in EU, U.S. Privacy Laws," *NBCNews.com,* October 19, 2006, *www.nbcnews.com/id/15221111/ns/technology_and_science-privacy_lost/t/ladifference-stark-eu-us-privacy-laws/#.VYFJfs9VhBc*.
[47] Jo Best, "Google Has to Apply 'Right to Be Forgotten' Everywhere, Says France," *ZDNet,* June 15, 2015, *www.zdnet.com/article-google-has-to-apply-right-to-be-forgotteneverywhere-says-france/*.
[48] Karly Preslmayer, "Austria," *in Advertising Law in Europe and North America,* ed. James Maxeiner and Peter Schotthoffer (Deventer, The Netherlands: Kluwer Law and Taxation Publishers, 1992).
[49] Peter Schotthoffer, "European Community," in *Advertising Law in Europe and North America,* ed. James Maxeiner and Peter Schotthoffer (Deventer, The Netherlands: Kluwer Law and Taxation Publishers, 1992), p. 89.
[50] "Last Minute News: Singapore Condemns Ads with Harmful Values," *Advertising Age,* August 29, 1994, p. 42.
[51] Steven Elsinga, "New Advertising Law Expected in China," *China Briefing,* March 4, 2015, *www.china-briefing.com/news/2015/03/04/new-advertising-lawexpected.html*.
[52] Ad Age Staff, "The Golden Rules of Operating in China," *Advertising Age,* April 23, 2012, *http://adage.com/china/article/china-news/the-golden-rules-of-operating-in-china/234257/*.
[53] *Valentine, Police Commissioner of the City of New York v. Chrestensen,* 316 U.S. 52 (1942).
[54] James R. Maxeiner, "United States," in *Advertising Law in Europe and North America,* ed. James Maxeiner and Peter Schotthoffer (Deventer, The Netherlands: Kluwer Law and Taxation Publishers, 1992), p. 321; see also *Virginia State Board of Pharmacy v. Virginia Citizens Consumer Council,* 425 U.S. 748 (1976).
[55] *See Central Hudson Gas & Electric Corp. v. Public Service Commission of New York,* 447 U.S. 557 (1980).
[56] 564 U.S. 552 (2011).
[57] Steven W. Colford, "Big Win for Commercial Speech," *Advertising Age,* March 29, 1993, pp. 1, 47.
[58] "Tobacco Settlement Agreement at a Glance," *National Association of Attorneys General, www.naag.org*.
[59] Joy Johnson Wilson, "Summary of the Attorneys General Master Tobacco Settlement Agreement," March 1999, *http://academic.udayton.edu/health/syllabi/tobacco/summary.htm*.
[60] John Malmo, "Restricting Commercial Speech Isn't Justifiable," *The Commercial Appeal* (Memphis, TN), July 5, 1999, p. B3; John Malmo, "Banning Tobacco Ads Spells Monopoly," *The Commercial Appeal* (Memphis, TN), August 9, 1999, p. B4 (retrieved from ProQuest).
[61] U.S. Food and Drug Administration, "Electronic Cigarettes (e-Cigarettes), *www.fda.gov/NewsEvents/PublicHealthFocus/ucm172906.htm*.
[62] Monte Morin, "Jury Is Out on Health Effects of E-Cigarettes," *Los Angeles Times,* January 16, 2014, *http://articles.latimes.com/2014/jan/16/science/la-sci-e-cigarettes-science-20140117*; Jonathan H. Adler, "Why FDA Regulations Limiting E-Cigarette Marketing May Cost Lives and Violate the Constitution," *The Washington Post,* December 12, 2017, *www.washingtonpost.com/news/volokh-conspiracy/wp/2017/12/12/why-fda-regulations-limiting-e-cigarette-marketing-may-cost-lives-and-violate-the-constitution/?utm_term=.5de5ca6c39cd*
[63] Children's Advertising Review Unit, Council of Better Business Bureaus, Inc., "Self-Regulatory Program for Children's Advertising," 2008, *www.caru.org/guidelines*.
[64] Sue Dibb, Kelly Haggart, Lucy Harris, and Alina Tugend, *A Spoonful of Sugar: Television Food Advertising Aimed at Children: An International Comparative Survey* (London: Consumers International, Programme for Developed Economies, 1996).
[65] Richard Qiu, "Beyond the Cookie: Digital Advertising and Privacy in the Cross-Screen Age," *The Guardian,* September 25, 2013, *www.theguardian.com/media-network/media-network-blog/2013/sep/25/cookiedigital-advertising-privacy-screens*.
[66] Simon Hill, "Google Photos: Should You Be Worried About Privacy?" *Android Authority,* June 16, 2015, *www.androidauthority.com/google-photosworried-privacy-616339/*.
[67] Mark Sakalosky, "DoubleClick's Double Edge," *ClickZ,* September 3, 2002.
[68] Mary Madden, "Privacy and Cybersecurity: Key Findings from Pew Research," *Pew Research Center,* January 16, 2015, *www.pewresearch.org/key-datapoints/privacy/*; Mary Madden and Rainie Lee, "Americans' Attitudes About Privacy, Security and Surveillance," *Pew Research Center,* May 20, 2015, *www.pewinternet.org/2015/05/20/americans-attitudes-about-privacy-security-and-surveillance/*.
[69] *www.ftc.gov/news-events/press-releases/2000/07/federal-trade-*

commission-issues-report-online-profiling.
[70] Ieuan Jolly, "Data Protection in the United States: Overview," *Thomson Reuters Practical Law,* October 1, 2018, *https://content.next.westlaw.com/Document/I02064fbd1cb611e38578f7ccc38dcbee/View/FullText.html?contextData=(sc.Default)&transitionType=Default&firstPage=true&bhcp=1*.
[71] Herb Weisbaum, "Data Breaches Happening at Record Pace, Report Finds," *NBC News,* July 24, 2017, *www.nbcnews.com/business/consumer/data-breaches-happening-record-pace-report-finds-n785881*.
[72] Eric Gross and Susan Vogt, "Canada," in *Advertising Law in Europe and North America,* ed. James Maxeiner and Peter Schotthoffer (Deventer, The Netherlands: Kluwer Law and Taxation Publishers, 1992), pp. 39, 41.
[73] Federal Trade Commission, "Vision, Mission, and Goals," 1997.
[74] Minette E. Drumwright, "Ethical Issues in Advertising and Sales Promotion," in *Ethics in Marketing,* ed. N. Craig Smith and John A. Quelch (Burr Ridge, IL: Irwin, 1993), p. 610.
[75] Ann Carrns, "FTC Settles with Office Depot, Buy.com, Value America over 'Low Cost' PC Ads," *The Wall Street Journal,* June 30, 2000, p. B4.
[76] Dean Keith Fueroghne, *But the People in Legal Said . . .* (Burr Ridge, IL: Professional, 1989), p. 14.
[77] Christy Fisher, "How Congress Broke Unfair Ad Impasse," *Advertising Age,* August 22, 1994, p. 34.
[78] "Editorial: A Fair FTC Pact?" *Advertising Age,* March 21, 1994, p. 22.
[79] Federal Trade Commission, "Arizona Trade Association Agrees to Settle FTC Charges It Urged Members to Restrain Competitive Advertising," news release, February 25, 1994, *www.ftc.gov/opa/predawn/F95/azautodealers.htm*.
[80] W. Thomas Hofstetter and Frederick T. Davis, "Comparative advertising in courts: Outline of briefs," *Antitrust Law Journal,* 49, no. 2 (1980).
[81] "Crackdown on Testimonials," *The Wall Street Journal,* July 13, 1993, p. B7.
[82] Minette E. Drumwright, "Ethical Issues in Advertising and Sales Promotion," in *Ethics in Marketing,* ed. N. Craig Smith and John A. Quelch (Burr Ridge, IL: Irwin, 1993), pp. 615–16.
[83] Ira Teinowitz, "Doan's Decision Sets Precedent for Corrective Ads," *Advertising Age,* September 4, 2000, p. 57; Federal Trade Commission, "Doan's Pills Must Run Corrective Advertising: FTC Ads Claiming Doan's Is Superior in Treating Back Pain Were Unsubstantiated," press release, May 27, 1999.
[84] Eric Gross and Susan Vogt, "Canada," in *Advertising Law in Europe and North America,* ed. James Maxeiner and Peter Schotthoffer (Deventer, The Netherlands: Kluwer Law and Taxation Publishers, 1992), pp. 50, 67.
[85] U.S. Census Bureau, *www.census.gov*; U.S. Food and Drug Administration, *www.fda.gov*.
[86] U.S. Food and Drug Administration, *www.fda.gov*.
[87] "The Growing Brouhaha over Drug Advertisements," *The New York Times,* May 14, 1989, p. F8.
[88] U.S. Food and Drug Administration, "FDA to Review Standards for All Direct-to-Consumer Rx Drug Promotion," news release, August 8, 1997.
[89] Jean Grow, "'Your Life Is Waiting!': Symbolic Meanings in Direct-to-Consumer Antidepressant Advertising," *Journal of Communication Inquiry,* April 2006, pp. 163–88.
[90] "FDA Seeks Rx for Drug Ads; New Policy Delays Process," *Newsday* (Nassau and Suffolk edition), December 5, 2002.
[91] Steven W. Colford, "Labels Lose the Fat," *Advertising Age,* June 10, 1991, pp. 3, 54; Steven W. Colford and Julie Liesse, "FDA Label Plans under Attack," *Advertising Age,* February 24, 1992, pp. 1, 50; John E. Calfee, "FDA's Ugly Package: Proposed Label Rules Call for Vast Changes," *Advertising Age,* March 16, 1992, p. 25; Pauline M. Ippolito and Alan D. Mathios, "New Food Labeling Regulations and the Flow of Nutrition Information to Consumers," *Journal of Public Policy & Marketing,* Fall 1993, pp. 188–205.
[92] John Carey, "The FDA Is Swinging a Sufficiently Large Two-by-Four," *BusinessWeek,* May 27, 1991, p. 44; Steven W. Colford, "FDA Getting Tougher: Seizure of Citrus Hill Is Signal to Marketers," *Advertising Age,* April 29, 1991, pp. 1, 53.
[93] Joe Mandese, "Regulation," *Advertising Age,* November 30, 1992, p. 23.
[94] Todd Shields, "Viacom Battles FCC Kids' Ad Rules," *Media-Week,* October 10, 2005, *www.mediaweek.com/mw/news/recent_display.jsp?vnu_content_id=1001263021*.
[95] U.S. Const., art. I, § 8.
[96] Lanham Trademark Act of 1946, Pub. L. No. 79-489, § 1127, 60 Stat. 427.
[97] U.S. Copyright Office, Library of Congress, 1997.
[98] Wayne E. Green, "Lawyers Give Deceptive Trade-Statutes New Day in Court, Wider Interpretations," *The Wall Street Journal,* January 24, 1990, p. B1.
[99] Howard Schlossberg, "Marketers Say State Laws Hurt Their 'Green' Efforts," *Marketing News,* November 11, 1991, pp. 8–9.
[100] Frank Phillips, "Mass. in Court to Defend Curbs on Tobacco Ads," *Boston Globe,* April 7, 2000, p. A1; Gaylord Shaw, "Smoking Ads a Smoldering Issue: High Court May Review City's Ban on Tobacco Displays," *Newsday* (Long Island, NY), March 18, 2000, p. A31.
[101] E. J. Gong, "Fraud Complaints on the Rise, Reports D.A.," *Los Angeles Times,* February 13, 1994, p. B1.
[102] Orange County District Attorney, "Closet Factory to Pay Penalty for Misleading Advertising," press release, June 24, 2002.
[103] James Maxeiner, "United States," in *Advertising Law in Europe and North America,* ed. James Maxeiner and Peter Schotthoffer (Deventer, The Netherlands: Kluwer Law and Taxation Publishers, 1992), p. 321.
[104] James Maxeiner, "United States," in *Advertising Law in Europe and North America,* ed. James Maxeiner and Peter Schotthoffer (Deventer, The Netherlands: Kluwer Law and Taxation Publishers, 1992), p. 321.
[105] Felix H. Kent, "Control of Ads by Private Sector," *New York Law Journal,* December 27, 1985, reprinted *in Legal and Business Aspects of the Advertising Industry,* ed. Felix H. Kent and Elhanan C. Stone (1986), pp. 20–79.
[106] "ASRC Snapshot," *ASRC, www.asrcreviews.org/about-us/*.
[107] Better Business Bureau, "NAD Pilots Successful Resolution between Neil Cooper and Avirex," news release, August 11, 2000, *www.nadreview.org/casereports.asp*.
[108] "About US—CARU," *ASRC, www.asrcreviews.org/category/caru/about_caru/*; Advertising Self-Regulatory Council, Children's Advertising Review Unit, Washington, DC, 2012.
[109] "About Us—Accountability," *ASRC, www.asrcreviews.org/category/ap/about-the-accountability-program/*.
[110] "About the Self-Regulatory Principles for Online Behavioral Advertising," *Self-Regulatory Principles Overview,* July 2009, *www.aboutads.info/obaprinciples*.
[111] IAB et al., "Self-Regulatory Principles for Online Behavioral Advertising," July 2009, *www.aboutads.info/resource/download/seven-principles-07-01-09.pdf*.
[112] Public Relations Department, KLBJ, Austin, TX, 1991.
[113] Public Relations Department, KDWB, Minneapolis/St. Paul, MN, 1991.
[114] Public Relations Department, KSDO, San Diego, CA, 1991.
[115] Kevin Goldman, "From Witches to Anorexics, Critical Eyes Scrutinize Ads for Political Correctness," *The Wall Street Journal,* May 19, 1994, p. B1.
[116] Shelly Garcia, "What's Wrong with Being Politically Correct?" *Adweek,* November 15, 1993, p. 62.
[117] Shelly Garcia, "What's Wrong with Being Politically Correct?" *Adweek,* November 15, 1993, p. 62.
[118] Andrew Jaffe, "Advertiser, Regulate Thyself," *Adweek,* August 2, 1993, p. 38.
[119] Federal Trade Commission, 1991.

第 4 章

广告范围：从地方到全球

学习目标

本章将介绍在国内外出资、创作、制作和传播广告的个人与团体。从事广告工作的人有不同角色。本章将探讨广告公司和广告客户的基本任务、供应商和媒体的角色、广告公司获得客户和获取报酬的方式，以及广告公司和客户之间的整体关系。

学习本章后，你将能够：

1. 认识广告业中的不同群体，并能解释它们之间的相互关系。
2. 描述广告主做什么，并详细说明它们管理国内外广告战役的组织结构。
3. 区分广告公司的类型。
4. 说明广告公司和自营广告公司人员的职责范围。
5. 探讨广告公司如何吸引新客户，以及如何赚钱。
6. 解释广告公司与客户的关系的各个阶段。
7. 列出影响客户与广告公司关系的因素。
8. 指出供应商和媒体如何协助广告主和广告公司。

托马斯·弗里德曼（Thomas Friedman）曾写道："没有任何两个国家，在各自有了麦当劳餐厅之后还发生过战争。"弗里德曼此言的重点并非麦当劳本身，而是指出了经济发展和国际贸易可以减少冲突。而且，谁又能真的排除和谐的国际关系与快乐儿童餐之间可能存在的相关性呢?

你在麦当劳买到的食物，和成千上万与它竞争的餐馆、连锁店的没什么不同。它们菜单上的成分都差不多，总归就是牛肉馅、土豆，最近还添了沙拉和酸奶。但事实是，市场上这么多竞争对手，没有一个能像麦当劳一样成功。麦当劳的秘诀是什么?

首先是公司致力于提供的价值：美味、实惠、上餐快。此外，还有对质量的不懈关注，如确保食材新鲜，烹饪适当，餐厅清洁，有吸引力、舒适。

但是，我们很难忽略作为成功方程式一部分的 IMC。纵览历史，麦当劳在营销上投入了大量资金，包括在美国本土和其他国家。这些投资带来了回报，帮助麦当劳成为全球最有价值的品牌之一。

广告口号是广告学问的一部分。"今天你该休息一下。""两个全牛肉饼，特制酱料，生菜，奶酪，泡菜，洋葱，一个芝麻面包。""你今天休息了吗?"当然，还有当前的全球广告战役："我就喜欢！"（"I'm lovin' it!"）

在看上去朴素的广告背后，是麦当劳精心谋划的 IMC 策略：强化了品牌的核心讯息，推广了公司的主要食品，并帮助提醒受众，麦当劳是一个能够快速吃到美味食物的有趣的地方。麦当劳在 100 多个国家有特许经营店，是一个全球性品牌，无论在哪里，当顾客走进麦当劳的时候，都可以期待遇到标志性的金拱门、一份美式食品菜单以及快速友好的服务，雇员总是穿着鲜艳干净的制服。广告则强化了统一的品牌讯息。麦当劳目前的广告战役在全球进行，在多达几十个国家，消费者都能听到熟悉的"BA DA BA BA BA"旋律，以及随后的广告语："我就喜欢！"

然而全球性广告战役只是麦当劳营销传播努力的一个方面。为了追求地方性的偏好，它也做定制的食品和广告。在牛肉不作为日常食谱主要原料的国家（如印度），麦当劳提供麦素三明治（McVeggie sandwich）和许多鸡肉产品作为选择。在苏格兰和巴西的麦当劳可以买到当地的软饮料，在比利时的麦当劳还可以买到啤酒。

这种既乐于迎合当地口味又忠于品牌的意愿会表现在麦当劳的广告里。麦当劳将大量的广告预算用于与特许经营店的合作，特许经营店可以自己决定广告公司的聘用和广告战役的主题。

即使是在一国范围内，麦当劳也经常同时开展几个广告战役。例如，除了"我就喜欢！"广告，麦当劳还会通过广告促销类似高级沙拉的特定菜品，投放旨在增加餐厅在一天中特定时间（例如早餐或晚餐）客流量的广告。还有一些其他的活动针对精心选择的市场，例如西班牙裔、非洲裔美国人或在职妈妈。

为了实现不同的目标，麦当劳和各种各样的广告公司合作，例如伯勒尔（Burrell）曾帮助代理针对非洲裔美国人的广告，Tribal DDB 是麦当劳在美国的数字代理机构。

毫无疑问，任何人都能做汉堡，但是，打造世界上最具标志性的全球品牌却是一项罕见的壮举。麦当劳的成功建立在明智的商业模式和完美的执行之上，也建立在伟大的 IMC 之上。

本章重点介绍作为 IMC 组成部分的广告，原因有多个：首先，广告公司仍然是 IMC 活动的主要参与者，无论公司大小，广告支出通常占企业 IMC 预算的很大一部分。其次，本章对广告主－广告公司之间关系的深入探讨，将为理解广告公司与其他 IMC 代理公司之间的关系奠定良好的基础。最后，对广告主－广告公司关系的考察将会为我们本书后面对媒体的考察奠定基础。

当一个企业、非营利组织或个人使用广告来推销产品、服务或想法时，这个实体通常就被称为广告主。在其他章节中，我们避免使用"广告主"这个词，是为了更好地提醒你营销商拥有远比付费广告更广泛的传播工具箱。所以在其他地方我们会使用“营销商”（marketer）或“公司”（company）这样的术语。但在本章中，我们将把营销商视为选择投放广告以触达目标受众的个人或组织，在这样做时，我们所说的营销商就是广告主。

4.1　广告业

简明扼要、重点突出的麦当劳广告背后，隐藏着巨大的复杂性。本章将帮助你了解这一点，并向你介绍那些在广告业工作的人。

广告业的构成

广告业由四个群体构成，其中最重要的两个是营销商（或广告主）和广告公司。广告主（advertisers）又叫广告客户（clients），指那些付费为自身及其产品做广告的企业，如麦当劳、可口可乐或本地的鞋店。广告主的规模从小型独立企业到大型跨国公司；广告主的种类从服务型机构，到产业制造商、地方慈善机构，甚至政治活动团体。广告公司专门帮助广告主计划、创作和准备广告战役及其他促销材料。

❶ 认识广告业中的不同群体，并能解释它们之间的相互关系

第三个群体为广告供应商（suppliers），包括摄影、插画、印刷、数字服务、彩色胶片分色、录影制作、网络开发、程序开发公司，以及其他协助广告主和广告公司准备广告材料的公司。广告供应商还包括配合广告主和广告公司工作的咨询公司、研究公司以及其他专业服务公司。第四个群体为媒体（media，又译作媒介），它们出售（广播和电视的）时间以及（印刷媒体、户外媒体和数字媒体的）空间，向广告主的目标受众传递广告讯息。

广告从业人员

一想到广告业，大多数人立刻会联想到在广告公司里进行广告创作的文案人员和艺术总监。但实际上，大部分从事广告业的人都受雇于广告主。许多企业都拥有广告部门，哪怕广告部门只有一个人。此外，还有不少人为供应商和媒体工作，他们也属于广告业。

事实上，广告业是一个相当大的行业，雇用各种各样的人，他们是销售人员、研究人员、管理人员、会计人员、计算机专家、法律专家以及传播艺术方面的专家——设计师、作家、图片摄影师、音乐家、表演家以及电影摄影师等。

在本章，我们将会看到这些人都做了什么。在这个过程中，你会很好地理解这个行业在美国及国外是如何运作的。

4.2　广告主（广告客户）

虽然大多数企业都设有某种形式的广告部门，但广告部门的重要性取决于企业的大小、企业所处的行业、广告计划的规模以及广告在营销组合中扮演的角色，最重要

❷ 描述广告主做什么，并详细说明它们管理国内外广告战役的组织结构

的是，取决于高层管理人员的参与度。

想要了解从事广告战役的企业的多样性，需要从地方性广告主开始，看看它们是如何运作的，然后检视区域性和全国性广告主，最后我们将会看看那些在全球范围内销售自己产品的企业。

地方性广告：行动在哪里

美国约有 19 000 家公司雇员人数为 500 人或以上。但根据美国人口普查局（Census Bureau）的数据，有超过 500 万家公司雇员不足 20 人。[1] 这些小公司绝大多数是本地公司。这些本地公司利用 IMC 蓬勃发展，并实现雇主及员工的梦想。让我们看看一家名为 Rubio's 的小型初创企业是如何利用 IMC 成长为一家强大的区域食品链企业的。

从圣迭戈州立大学毕业后不久，拉尔夫·鲁比奥（Ralph Rubio）的第一家墨西哥餐厅就开张了。它供应一种独家特色菜：墨西哥煎玉米鱼肉卷——在软壳玉米饼中夹上轻微研碎的油炸白鲑鱼，配上白沙司、洋葱做的辣酱汁、卷心菜和一块酸橙。那个时候，很少有墨西哥小食店供应煎玉米鱼肉卷，更没有一家专门卖这个。鲁比奥发现即使加上他的面糊秘方（他从墨西哥圣菲利佩的一名街头小贩那里得来的），自己的煎玉米鱼肉卷也不好卖。头一个月，小店的平均日销售额只有 163 美元。

于是，鲁比奥开始在报纸上做附带优惠券的小广告，吸引好奇的顾客前来品尝。此举非常奏效。随着经营状况的日益好转，鲁比奥开始在广播和电视上做广告，进一步将目标锁定为西班牙语频道的观众（因为这些频道的观众知道墨西哥煎玉米鱼肉卷是什么）。然后，他又在当地电影院面向 18～34 岁、富有冒险精神的年轻顾客做广告。鲁比奥的买卖红火了，不久就开设了一家又一家的分店。

每逢新店开张，鲁比奥都在当地寄发直邮传单，并向附近的店铺赠送免费样品。在一位设计师的协助下，他按照煎玉米鱼肉卷的样子创造了一个名叫佩斯基·佩斯卡多（Pesky Pescado）的卡通形象，然后定做了一个 15 英尺高的佩斯基充气模型放在餐馆内展示。Rubio's 的员工 T 恤衫上印有佩斯基图案，他还向热情的老主顾出售这样的 T 恤衫和运动衫。另外，他定制了汽车保险杠贴纸和天线上的小球，为促销活动增添乐趣。为了进一步整合其营销活动，鲁比奥还积极参与社区事务，如与血库、扫盲活动合作，为蒂华纳（Tijuana）的一家医疗诊所和当地一所大学的体育项目筹集资金。

随着煎玉米鱼肉卷的普及，Rubio's 的收益也日渐攀高，头五年，每年都增长一倍。他将“Rubio's，煎玉米鱼肉卷之家”作为商标进行了注册。一位当地美食评论员在评价什么是圣迭戈最不可或缺的食物时，称鱼肉卷为“圣迭戈人最想念的食物”。19 年后，鲁比奥已在 6 个州开设了超过 200 家分店。它们的年销售额加起来超过 1.88 亿美元，帮助鲁比奥的餐厅完成了超过 5 000 万份煎玉米鱼肉卷的销售量。[2]

广告主每年在美国的花费高达数十亿美元。其中近一半用于**地方性广告**（local advertising），即本地企业在特定城市或县投放的针对其所在地理区域内顾客的广告。

地方性广告有时又叫零售广告，因为零售店所占比例很高。但零售广告并不总是地方性的，如西尔斯（Sears）和彭尼（JCPenney）就面向全美国做广告。而且，除零售店以外，也有不少企业和个人使用地方性广告，如银行、房地产开发商、影剧院、汽车维修工、水管工、电台、电视台、殡仪馆、博物馆和地方政客等。麦当劳的特许经

IMC 实战模拟

理解你的客户

弄清楚客户想从你这里得到什么，以及你准备为客户做什么，对于双方的满意至关重要。从你的角度来看，必须知道自己最终能够提供的是什么。这常常会产生一份完整的营销计划书，包括市场调查、广告企划、媒体计划，甚至还有一些创意。但有些情况下，可能做不到这么多。不管怎样，都要确保你的客户知道自己应该期待什么。如果以前已经为其他客户做过类似的活动，那你可能会希望能向客户展示那些工作。

与客户了解你同等重要的是，你要了解客户。要知道，有些客户一开始可能并没有一系列明确的期望；而随着时间的推移，情况也许会发生变化。即使在这种条件下，向客户提出恰当的问题也将是有帮助的，可以促使客户仔细思考它们到底希望从广告中得到什么好处。

下面你会看到一些有助于更好地了解客户的问题。定期在佛罗里达大学教授广告学课程的黛比·特里斯（Debbie Treise）博士常使用这种形式。在开会之前把它发给客户，可以让你的第一次互动更有成效，获得更多的信息。

1. 提供你们的产品 / 服务的完整描述：和竞争对手相比它目前的定位是什么？你们认为品牌的个性是什么，需要改变吗？你们的产品有季节性的流行趋势吗？你们愿意分享年度销售趋势方面的信息吗？
2. 你们是否有关于公司的信息可以分享？你们的使命是什么？你们如何描述自己的组织文化？
3. 你们心中有明确的目标市场吗？你们的目标是消费者、团体、企业，还是某种组合？
4. 市场是地方性的、区域性的、全国性的，还是国际性的？
5. 你们是否愿意分享竞争对手、你们的市场、市场趋势、法律趋势、竞争对手的广告以及你们以前是否做过广告的信息？
6. 这个活动的时间周期有多长？你们心中有明确的开始和结束日期吗？
7. 预算是多少？
8. 你们有促销和广告的预算明细吗？还有其他具体要求吗？
9. 你们这次活动的营销目标是什么？
10. 请列出这次活动的广告 / 传播目标（如增长知识、改变态度或触发特定的行为）。
11. 你们是否有希望我们考虑的媒体？
12. 有没有什么媒体是你们不希望我们推荐的？
13. 你们有一个正在运营的活跃的网站吗？如果有，它的主要目的是什么？访问它的都是谁？
14. 你们对创意执行有什么具体要求吗？你们是想继续目前的努力，还是想提出一些完全不同的东西？
15. 有哪些当前的客户 / 消费者是我们可以联系的？
16. 有哪些潜在的客户 / 消费者是我们可以联系的？
17. 如果我们有问题，应该找谁接洽？什么时候联系这个人最好？他喜欢通过怎样的方式联系（电子邮件、电话、传真）？

营店也做地方性广告。许多特许经营店都是本地人拥有和经营的，它们是小微企业利用广告来实现营销目标的良好范例。

地方性广告非常重要，因为大多数针对消费者的销售都是在本地完成（或失败）的。麦当劳可能会在全美范围内花费数十亿美元做广告，但如果它的特许经营店不在地方做努力，这些钱就可能白花了。在进行销售和与客户打交道时，地方性广告是行动的地方——关系开始和真正发展的地方。

像 Rubio's 餐厅这样的地方性广告主，必须先想办法让其产品在竞争中脱颖而出，再通过广告来提高知名度。餐厅的网站用新鲜原料和可持续性海鲜食材来招揽顾客，这使它有别于其他餐厅。

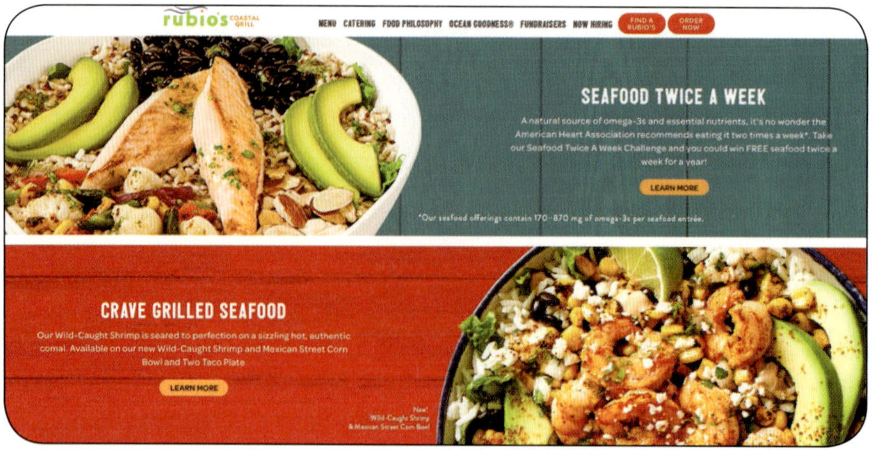

资料来源：Rubio's Restaurants, Inc.

地方性广告主的类型

地方性广告主主要有四种类型：

1. 全国公司的经销商或本地特许经营商（麦当劳、福特经销商、金考（Kinko's）、H&R Block）。

2. 销售各种品牌商品的商店，通常是非独家的（便利店、杂货店和百货公司）。

3. 专业性的业务和服务提供者（银行、保险经纪人、餐馆、音乐商店、修鞋店、装修承包商、花店、美发沙龙、律师、会计师）。

4. 政府和非营利组织（市政、公用事业公司、大学、慈善机构、艺术组织、政治候选人）。

一家小规模的地方企业——比如，一家五金公司、服装店或电子器材商店——可能只有一个人负责广告，这个人（也即**广告经理**（advertising manager））身兼数职，发挥着管理、策划、预算、协调等全部职能。排版、写文案、选择媒介，可能全由一人负责。如果这位经理还具备艺术才能的话，他甚至可以设计广告并用台式电脑制作出来。

连锁商店一般设有人员齐备的广告部门，负责广告制作、媒介发布和营销支持服务。这种广告部门需要美工、文案和制作方面的专家，其主管一般向副总裁或营销经理负责（见图表 4－1）。

地方性广告的种类

在地方媒体上发布的绝大多数广告都是产品广告、机构广告或分类广告，每种广告都各有其不同的功能。

产品广告 **产品广告**（product advertising）推广某一具体的产品或服务，刺激短期行动，并建立企业知名度。地方性广告主主要利用三大类产品广告：常规价格线广告、促销广告和清仓广告。

常规价格线广告（regular price-line advertising）告知消费者以按照常规价格提供的产品或服务的信息。会计师事务所常常运用常规价格线广告推广自己的会计和税务服务。

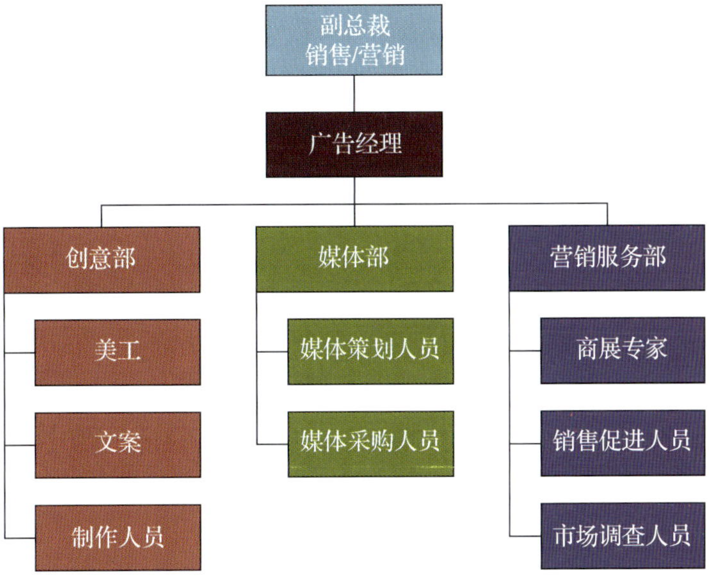

图表 4－1
工作量大的小型广告主（例如连锁杂货店）采用的典型部门结构

为了刺激某些产品的销售或增加店面客流，本地商人经常采用**促销广告**（sale advertising）推广特价商品、提供买二送一特价品或其他让利方式。地方性广告主使用**清仓广告**（clearance advertising）（一种特殊形式的促销广告）抛售滞销品种、陈列样品、残次品或过季商品，为新货物品种或新款式腾地方，濒临破产的商店也会采用清仓广告。

机构广告　**机构广告**（institutional advertising）的目的在于为整个企业而不仅仅是某一产品或服务形成良好的长期感知。麦当劳特许经营店通过广告告知消费者它使用的是当地农场的牛肉和农产品，就是一个很好的例子。许多类型的企业都使用机构广告来推广企业的理念，建立长期的商誉。它使公众知晓企业的立场，试图通过这种方式建立企业的声誉和形象。机构广告可以突出表现便利的营业时间、新信用政策、店铺的扩张或企业的经营哲学。

资料来源：McDonald's.

在某次活动中，麦当劳广告将重点放在菜单上的一款特别产品——墨西哥辣椒汉堡包上。

虽然阅读率通常不高，但有效的机构广告却能为企业树立良好的形象，吸引新顾客，鼓励顾客忠诚行为。它们还帮助企业加深与所服务社区的关系。

分类广告　广告主在报纸上发布**分类广告**（classified advertising）的目的有以下几个：发现并招募新员工；提供服务（如职业介绍所或商业经纪人）；出售或租赁商品（如汽车、房地产或办公设备）。不少麦当劳特许经营店都使用分类广告招聘新员工。

地方性广告主：IMC 开始的地方

在拉尔夫·鲁比奥建立自己的餐厅事业的过程中，他用到了很多种促销活动，而不仅是发布广告。实际上，他做了所有能做的事情，包括与顾客发展关系，促进良好的口碑。也就是说，他动用了公共宣传、销售促进、直接反应广告以及媒体广告，再配以美味的食物、合理的价格和优质的服务，所有这些组合到一起就构成了**整合营销传播**（integrated marketing communications，IMC）。全靠 IMC，鲁比奥的墨西哥煎玉米鱼肉卷才成了当地的一种主打产品。

地方性广告主及广告公司并不拘泥于广告就得“放在媒体上”的传统的全国性广告的观点。如有必要，地方性广告主每天都会身兼数职。它们照看收银机、接待顾客、准备邮件、撰写并发布广告、测评供应商的促销效果、回复电话查询、整理办公室、和媒体沟通、协调季节促销用到的图形设计等。地方性广告主成功地将人员推销与媒体广告、直复营销、销售促进和公关结合在一起，称得上是完美的营销传播整合者。[3]

创作地方性广告

许多年以来，地方性广告主的选择并不多。大多只能依赖报纸或广播，或者再夹杂一些地方电视台。许多报纸广告都采用了专业人士可能会觉得拙劣的方式——粗黑的字体、挤得满满当当的内容、花哨的标题和不精致的平面设计。但是，如果广告讯息能诚实、一致、有效并符合广告主的目标，那才是最重要的。为了指导并控制广告的创意，保证其前后的一致性，地方性广告主应该制定一套有关广告创意的“可行”与“不可行”的清单（参见 IMC 实战模拟“创作地方性广告”）。

近年来，数字媒体为地方性广告主提供了更多选择。谷歌和脸书允许小微广告主开展高度密集而有效的广告战役。像 Groupon 这样的“当日交易型”网站允许地方性广告主在成千上万的本地客户收到的电子邮件中投放促销广告。精明的地方企业主可以利用 Instagram 和博客来强调它们与社区的联系，以及企业支持当地问题的方法。

为地方性广告战役找到大创意非常困难。有些广告主试图通过商品得到启发；有些则希望从顾客身上得到启发。地方性广告主的重要目的之一，是为广告创造连贯而又独特的形象，使之既能打动人心，又易于识别。我们将在第 10 章和第 11 章对创意过程展开深入的讨论。

地方性广告主可以从多方得到创意方面的帮助，如当地的媒体代表、地方性广告公司、自由职业者和顾问、创意工作室、艺术服务团体以及批发商、生产商和贸易协会的联合广告计划等。麦当劳在设计广告和促销材料方面为自己的特许经营商提供了相当大的帮助。

联合广告

作为对分销商和经销商提供的一项服务，同时也为了确保自己的产品在广告中得

IMC 实战模拟

创作地方性广告

你的客户是一家本地产品或服务提供商吗？下列经过时间考验的实践可指导你思考地方性广告能为客户带来什么。

- 数字媒体也是本地化的。地方媒体不仅仅是报纸和广播。脸书和谷歌为广告主提供了一种有效的方式，为当地受众量身定制广告战役。
- 从竞争中脱颖而出。要让你的广告易于识别。具有卓越的艺术性、版面设计和字体设计的广告拥有更多的读者。让广告与众不同，但同时又要保持外观上的一致性。
- 采用简洁的版式。版面布局应该让读者能够轻松地浏览讯息，按照适当的顺序浏览标题、插图、解释性文案、价格和商店名称。避免使用过多种类的字体。
- 使用主导性元素。大的图片或标题可以确保快速可见。真实人物和动作的照片，以及本地的人物或地方的照片，都会赢得更多读者。色彩也可以吸引更多读者。
- 强调利益。呈现情感上的购买理由或者消费者寻求的有形的表现元素。
- 让标题发挥作用。采用引人注目的标题来突显主要优势。
- 注意你的语言。使你的写作风格活跃、生动、引人入胜。让读者觉得他们似乎已经拥有了产品。避免否定和不恭敬。
- 完善文案。强调最能吸引消费者的好处。
- 让视觉效果更强烈，吸引力更大。让关注点集中在产品的优势上。主图一般比标题更重要。照片比插图效果更好。
- 明确指出商品的品牌，如果是一个知名品牌，就要说出来。
- 捎带上相关物品。通过提供主要产品的相关物品，完成两次销售，而非仅一次。
- 敦促读者即刻购买。为了达成销售，采用“供应有限”或“仅限本周”这类字眼，鼓励迅速行动。
- 不要忘记企业名称和地址。检查每一条广告，确保企业名称、地址、电话号码和营业时间都包含在内。
- 不要表现得太过精明。许多人会对此产生不信任或者误解。
- 不要使用生僻晦涩的字眼。简单的词每个人都懂，那就用它。
- 切忌笼统。要具体。在购物前，买东西的人希望了解所有实情。
- 不做过度许诺。广告主如果无法完全兑现自己的诺言，就会失去消费者。
- 仔细规划广告的尺寸。广告越大，越引人注目。
- 了解目标顾客。如果广告针对的是自己的性别或者年龄群，消费者就会更关注。
- 与本地或特别新闻事件配合使用。

到恰当的再现，批发商、生产商以及一些贸易协会往往会给地方性广告主提供现成的广告材料和联合广告方案，广告费用由它们共同分担。

联合广告（cooperative（co-op）advertising）的目的主要有两个：树立生产商的品牌形象；协助其分销商、经销商和零售商实现更多的销售。[4]每年，全国性生产商都会给地方零售商数百万美元用于联合广告。几年前，联合广告的支出更多投在报纸上，而现在则越来越倾向于数字、移动和社交媒体。[5]例如，福特汽车公司要求自己的地方经销商将 1/4 的联合广告费用投向数字媒体。[6]

在**纵向联合广告**（vertical cooperative advertising）形式下，生产商提供完整的广告并分担广告时间和空间的费用。由当地报纸设置地方性广告主的名称和地址，或者由广播电台添加带有广告客户名称、地址和电话号码的广告标语。普利斯通（Bridgestone）让地方零售商的纵向联合广告更加定制化。它开发了可供零售经理下载并根据其特定需求进行编辑的报纸广告、广告传单和售点材料的模板，只需接受几分钟的训练，没有任何图片制作专业知识的零售商也可以创作出与全国性广告同样精致的地方性广告[7]（有关联合广告的利弊请参见广告实验室“联姻”）。

广告实验室

联 姻

从表面上看，联合广告对零售商是个相当不错的安排，生产商提供广告材料（节省了零售商的广告制作费），并且支付部分媒体费用；零售商将商店的名称和标志添加在广告上，安排广告的发布，收取生产商的联合广告补贴。小零售商可以因此节省自己的广告预算，并让自己的生意与在全国做广告的产品挂钩。零售商得到专业的预先准备好的广告，通过在地方媒体上发布联合广告，可获得更大的影响力。

但是，和所有的婚姻一样，有给予必然有索取。

零售商必须卖出大批产品，才有资格获取生产商的联合广告补贴。更常见的情况是，零售商和生产商在广告目标和广告执行上有不同的想法。

生产商往往想要独揽大权，希望联合广告能加入到自己的全国性广告推广活动中，希望适当的产品正好能在适当的时机做广告。生产商为零售商准备了指导手册，明确规定什么时候在什么地方用什么方式发布广告，以及不得使用哪种名称和标志。

而零售商则对在什么时候对什么产品进行广告宣传自有打算，它们更关心日销售量，希望呈现有价值和多样性的形象。比如，家电商店可能更愿意给低价电视机做广告，而生产商却希望突出高端机型。

生产商担心零售商会把产品放在乱七八糟、粗制滥造的广告中，或放在其他劣质产品旁边，或是把广告放在不恰当的刊物上、没能安排在最好的时机发布；而零售商则以为自己更了解当地的市场。总而言之，生产商认为自己控制得不够，而零售商则认为生产商干预得过多。

有意得到联合广告资助的零售商应该考虑下列几个问题：

- 必须满足什么要求，才有资格获得联合广告补贴？
- 双方各应支付的比例是多少？
- 何时发布广告？
- 可以利用什么媒体？
- 对讯息内容有无特殊规定？
- 赔偿需要什么文件？
- 各方如何受益？
- 联合广告是否会模糊零售商自身的形象？

实验室应用

1. 浏览本地日报，找出两条符合联合广告条件的广告，它们与零售商和生产商的形象都是匹配的吗？为什么？

2. 如果零售商既可以自己制作广告，然后添加生产商的标志，也可以采用生产商制作的广告，然后加上自己的地址，你会选哪一种？

横向联合广告（horizontal cooperative advertising）是指同一行业（房地产代理商、保险代理商、药店、汽车经销商或旅游公司）或同一地区的公司共同做广告。例如，原本彼此竞争的汽车经销商可以把钱集中到一起来做广告，把它们共同的零售区域打造成“汽车长廊”。

区域性广告主与全国性广告主

区域性广告主（regional advertiser）仅在全国的部分地区（一个或几个州）经营，并只在区域内开展市场活动。这类广告主包括区域性杂货店、百货连锁店、政府机构（如州彩票中心）、特许经营组织（如南加州的本田经销商）、电话公司（如南方贝尔通信公司（SBC））以及本州银行或多州银行（如美国银行（Bank of America））。

还有一些企业面向多个区域或全国销售，称为**全国性广告主**（national advertiser）。这类广告主包括日用消费品生产商（如宝洁和强生）、全国性航空公司（如达美航空、美国航空）、媒体与娱乐公司（如迪士尼、时代华纳）、电子产品生产商（如苹果、惠普）、所有的汽车制造商，以及像麦当劳这样的连锁餐饮企业。这些企业共同组成了**全国广告主协会**（Association of National Advertisers，ANA），其中包含最大的全国性广告主（见图表 4－2）。

图表 4－2
2017 年美国媒体支出最多的十个品牌

2017 年排名	品牌	2017 年美国境内广告支出（亿美元）	总部
1	康卡斯特（Comcast）	57	费城
2	宝洁	44	辛辛那提
3	美国电话电报公司（AT&T）	35	达拉斯
4	亚马逊	34	西雅图
5	通用汽车	32	底特律
6	威瑞森	26	纽约
7	福特汽车	25	密歇根州迪尔伯恩
8	Charter Comm	24	康涅狄格州斯坦福
9	Alphabet（谷歌）	24	加州山景城
10	三星	24	韩国水原

资料来源：“200 Leading National Advertisers 2018 Fact Pack,” *Ad Age*, Crain Communications Inc.

全国性广告主与地方性广告主的区别

全国性广告和地方性广告的基本原则是相同的，但地方性广告主自有其因日复一日经营一家小企业而引发的特殊问题。因此，地方性广告主和全国性广告主在关注点、时间导向和资源方面都有所不同（见图表 4－3）。

关注点　全国性广告主比较注重树立自己的品牌，因此它们的广告往往关注品牌与竞争者相比的特征，尤其是在征服性销售的情况下；地方经销商则往往同时经销众多品牌，或某一品牌的多种款式，因此，它们更加关注如何吸引顾客光顾自己的店铺，即**售点**（point）。这就是地方汽车经销商通常为自己的经销店而非汽车品牌做广告的

图表 4－3
地方性广告主与全国性广告主的区别

	全国性广告主	地方性广告主
关注点	品牌 市场份额 战略 市场	售点 销售量、总销售额 战术 顾客
时间导向	长期活动	短期广告
资源	500 万～1 000 万美元及以上 许多专家	低于 100 万美元 少数几个通才

缘故。地方杂货店常常只为提供过联合广告补贴或贸易津贴的全国性生产商品牌进行推广。

在每一个产品品类中，每家大企业都有那么几个竞争对手与其争夺市场份额，每一个点的市场份额百分比都价值数百万美元；但地方性广告主则要与很多企业展开竞争，因此，它们更关注总销售额或销售量，如一月售出 60 辆汽车，一周签订 5 份新保单，或一天灌注 55 次汽油。

全国性广告主制订战略性计划，推出、建立并维护品牌；而地方性广告主则着眼于战术问题。比如，一个 15 000 美元的新招牌是否能带来更多客流？降低价格或是提供软饮料免费续杯，能够在午餐时间吸引更多客人吗？

与顾客的关系可能是全国性广告主和地方性广告主的最大差别。全国性广告主的营销主管很少留意零售顾客；相反，它们习惯于从大规模群体的角度思考问题——细分市场、利基市场、目标市场，这些市场具有不同的地理特征、人口统计特征和心理特征。他们规划战略和广告战役时，都着眼于吸引这些大规模群体。

麦当劳鼓励其特许经销商精心制作适合地方市场的广告。在右侧的广告中，麦当劳的特许经销商宣传加入公司的职业生涯的好处。

资料来源：McDonald's.

但地方性广告主却日日与个体顾客打交道，它们以非商业方式与自己的顾客互动，他们可能是邻居、朋友或同学。地方性广告主每天都能得到顾客的反馈，比如：企业的广告如何？商品价格如何？产品性能如何？员工服务如何？店面装潢如何？店外新标志如何？而全国性营销商只能偶尔获得反馈——通过调查或消费者投诉热线。

时间导向　全国性广告主与地方性广告主有着不同的时间导向。全国性企业一般会从长计议，制定为期五年的战略计划和年度广告战役预算；地方性广告主担心的是这一周刊登在《节俭》(*Pennysaver*) 上的广告不能“拉来”(这是全国性广告主很少用的词) 像上一周那么多的顾客。纽约的某个广告主可以花费几个月的时间来制作一条在电视网上播出的广告，而城中心的咖啡店可能不得不每周在报纸上刊登新广告，以吸引当地的顾客。

资源　最后，全国性广告主无论是从人力还是财力上讲都具有较丰富的资源。对地方性广告主而言，一年 10 万美元的广告费就已经算是很大的一笔预算了，而全国性广告主每年至少要 500 万美元才能启动广告（全美最大的广告主宝洁，每年的广告花费接近 50 亿美元）。[8]

全国性广告主一般拥有一支专业队伍专门帮助品牌进行成功的营销活动；而地方性广告主则也许只有几个人，甚至一个人——老板自己——推销业务。因此，地方企业家必须了解营销传播的每一个环节。

大型企业如何管理自己的广告事务

在大型企业，参与企业广告事务的人很多，老板和高管制定企业的重大广告决策；销售、营销人员常常协助创意人员挑选广告公司、评估备选广告计划；美工和文案人员负责创作广告、产品宣传册以及其他广告材料；产品工程师和设计师向创意人员提供相关数据和竞争产品的信息；管理人员评估广告战役的成本，协助进行预算；一般员工配合各种促销活动，包括广告。

大型企业的广告部门可能雇用很多工作人员，由一名广告经理领导，广告经理直接向营销总监或营销服务经理汇报。广告部门的结构取决于多种因素。大多数大型广告主采取两种基本管理结构的组合，这两种基本管理结构是集中式和分散式。

集中式组织　企业通常非常关心成本效益及其传播活动的持续性，因此，许多企业组建了**集中式广告部门**（centralized advertising department）。这种方式最利于对广告进行控制，而且既能保证效率，又能保证跨区连续性。在集中式广告部门中，广告经理一般向营销副总裁汇报工作。但除了这种方式，企业还可以用以下五种方式组织广告部门：

- 按产品或品牌。
- 按广告的次级职能（如文案、美术、印刷制作、媒体购买）。
- 按最终用户（如消费者广告、贸易广告）。
- 按媒介（广播、电视、数字、户外等）。
- 按地理区域（美国西南部的广告、欧洲的广告）。

以消费者产品巨头通用磨坊（General Mills）为例。通用磨坊是美国最大的全国性广告主之一，设有一个庞大的营销服务部，有员工近 350 名，每年的广告费和其他促销活动费超过 8.94 亿美元。[9]

通用磨坊的营销服务部实际上是在一个部门内又下设了多个部门，它的集中式结构使其能顺利地对 100 多个品牌的推广活动进行管理、计划和协调。此外它还要指导 5

家外部广告公司，以及经营一家服务于新产品或小品牌的自营广告公司。[10]

按照各种专业职能（市场调查、媒体、图形设计、文案）组织的营销服务部，帮助通用磨坊的品牌经理以效益最大化的方式整合营销支出。例如，媒体部分负责准备营销服务部的所有媒体计划；制作和美术部门为所有品牌设计包装，并为公司专属广告公司设计图形。营销服务部从某一个环节开始，高效地处理众多品牌的市场问题（见图表 4－4）。

图表 4－4
通用磨坊的集中式广告部门

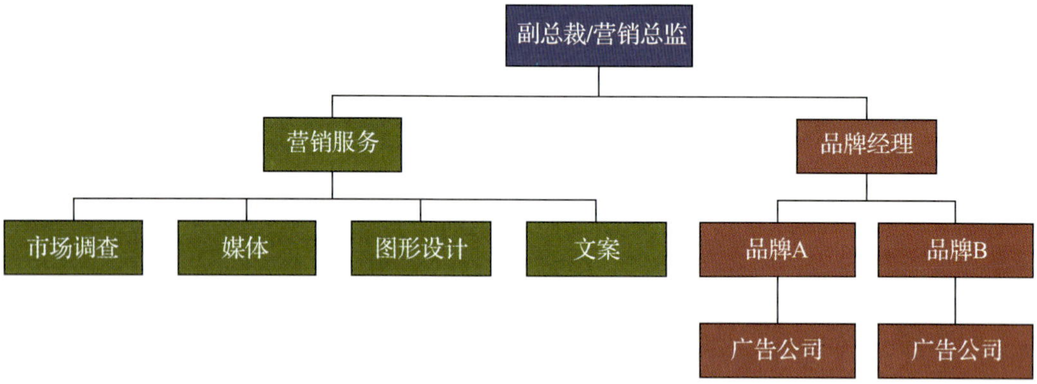

广告可以让销售促进活动效果更好，特别是当麦当劳与暑期大片《小黄人》（*Minions*）合作的时候。如右图所示，麦当劳在顾客购买印有小黄人游戏元素的特定食物时，会提供一个前往奥兰多环球影城的抽奖机会。

资料来源：McDonald's.

分散式组织 由于一些企业不断扩大、产品线多样化、收购子公司，以及在不同地区或不同国家建立分支机构，设立集中式广告部门就变得不切实际。

在**去中心化系统**（decentralized system）中，企业按不同分部、子公司、区域、品牌或其他需要设立各自独立的广告部门。各分部或品牌的总经理负责该部门的广告事务。

对于拥有众多分部的大型企业，分散式广告组织显得更灵活，可以更快地调整广告战役和媒体排期，更顺利地引进新的方法和创意观念，独立地测定别的部门的销售结果。实际上，每个分部就是自己的营销部，广告经理直接归分部主管管辖（见图表 4－5）。

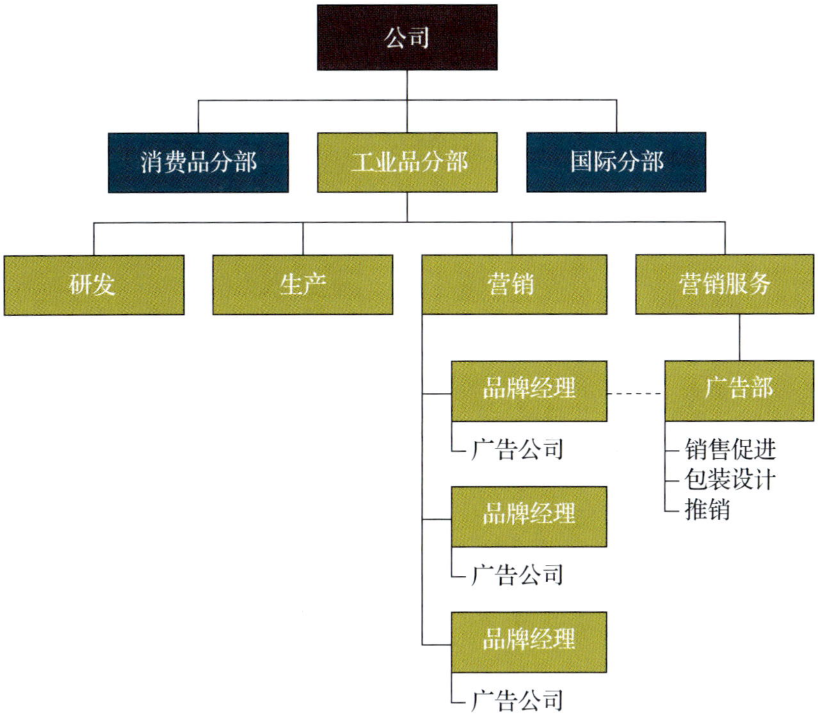

图表 4－5
在去中心化系统下，每个分部就是自己的营销部

然而，分散式组织的缺陷是，各分部常常只关注自己的预算、问题和促销，不大关心公司的整体利益。因此，各分部的广告往往缺乏统一性，从而削弱了企业整体广告积累的力量。此外，品牌经理间的较量也可能升级为不健康的竞争关系。

跨国广告主

在国外发布广告的企业面临着许多挑战，它们面对的市场具有不同的价值观、相异的环境和语言；它们的顾客有不同的购买能力、习惯和动机；在美国和加拿大司空见惯的媒体在其他国家也许根本就不存在或没有效果。因此，企业需要有不同的广告战略，但这样一来，它们就会面临一个基本的问题：如何管理和制作广告？是让它们在母国的广告公司或自营的广告公司来做，还是让他国的广告公司来做，抑或在当地设立一个广告部门？

广告主刚开始进入国际市场时，可能只是简单地出口现有产品。最初，由国内办公室控制所有的海外营销和广告，一切都集中管理。然后，随着企业对外国市场的参与更深，它们可以兴办合资公司或在国外投资设备。广告主通常把这些部门当作海外营销分部，采用分散式**国际化架构**（international structure），各部门自行负责自己的产品线、营销运作和利润，并且自己为每个市场定制广告。[11]

例如，宝洁是一家拥有近 200 年历史的公司，年销售额达 830 亿美元。它向 140 个国家的 50 多亿消费者销售 300 多个消费者品牌。这些品牌包括汰渍、象牙皂、帮宝适、福杰仕、品客和佳洁士等市场领先者。[12]

宝洁是世界上最大、最有影响力的消费者产品广告主之一，单在美国境内一年的广告费就接近 50 亿美元，但其一多半的销售来自海外。[13] 宝洁的每个海外分部都像一家独立公司一样运作，有各自的研发部、工厂、广告部、销售人员以及财务和会计人员。各部下属的每个品牌还设有一名**品牌经理**（brand manager），由他负责该品牌团队的工作，指导自己的广告部门制作该品牌的媒体广告。品牌经理的上级是营销经理，营销经理的上级是品类经理。[14]

每个海外分部均设有广告部门，帮助协调品牌间的销售促进和推销活动。总公司的广告部门则提供统计资料并给予指导。

品牌经理的主要任务是运用广告和促销争取市场份额，而品类经理则注重把握整体战略，获取利润。[15]宝洁裁减了多余的管理层人员，对整个系统进行了重新整顿。这确保了每个品牌都有成功所需的齐心协力，同时也赋予品牌经理更多的权力。[16]

随着企业发展壮大，在世界各地的生意日渐兴隆，它们也许会直接到很多国家投资。真正的**跨国企业**（multinational corporation）会尽力全面和深入地参与世界市场的活动。[17]而且，国外的销售增长往往快于国内。像埃克森美孚和 IBM 这样的跨国企业，其国外销售额约占其总销售额的 50%。一般来说，美国排名前 25 位的跨国企业超过 40% 的收益和 2/3 的利润均来自国外销售。[18]

跨国企业一般对自己的全部营销活动采取严格的集中控制。像微软这样的跨国企业，其设在各国的分公司接受总部的严格指令和协调，采用标准化的生产线和营销结构。

在所有国家里均采用标准化的营销和广告方法的跨国企业属于**全球营销商**（global marketer），它们生产全球性品牌。它们认为产品的使用方式及其满足消费者需求的方式是全球统一的。[19]例如，雅诗兰黛（Estée Lauder）就面向全球销售自己的化妆品。2018 年，超模格蕾丝·伊丽莎白（Grace Elizabeth）成为众多国际明星中近期为该公司推广产品的名人。雅诗兰黛的欢沁香水（Pleasure）是全球第四大香水品牌。[20]其他一些全球性广告主有可口可乐、英国航空（British Airways）、英国石油（British Petroleum）、联邦快递，当然还有麦当劳。[21]

在打算采用全球性广告战略之前，企业必须进行大量的调查。当然，这主要取决于产品的属性和产品计划销售的地区。如果对以下任何一个问题的答案是否定的，则意味着这种进行全球性广告的打算可能会失败。

1. 产品在每个国家的市场发展方式都相同吗？在大多数市场上，福特就是福特。而在另一种情况是，许多欧洲人使用晾衣绳，所以他们不需要烘干机用的衣物柔顺剂。

2. 目标市场在不同的国家一样吗？中国消费者喜欢个人电脑和微软操作系统。在欧洲和美国也是如此。但当中国网民进行互联网搜索时，他们更喜欢本土搜索引擎百度，而不是谷歌。

3. 消费者是否有相同的欲望和需要？巴西的早餐通常是一杯咖啡。在那里，家乐氏玉米片的吃法与美国不同，美国人通常早餐吃谷物。[22]

沃尔特·汤普森（Walter Thompson）认为，在全球性广告中获得成功的秘诀是知道如何挖掘基本的人类情感，并找到不单单依赖语言的通用的诉求方式。[23]体育竞赛在世界各地有着广泛的吸引力，这也是麦当劳一直赞助奥运会的原因之一。

最后，企业选择的广告方向取决于诸多变量：产品线宽度，管理质量，在不同国家复制营销战略的能力，成本，以及进行国际化经营、跨国经营或全球性的决策等。每个组织的运作环境都略有差异，这使得企业改变了过去寻求一种理想结构的观念，努力去寻找一种适合的结构。[24]结果，许多企业将集中式结构和分散式结构的某些元素相互融合，为己所用。

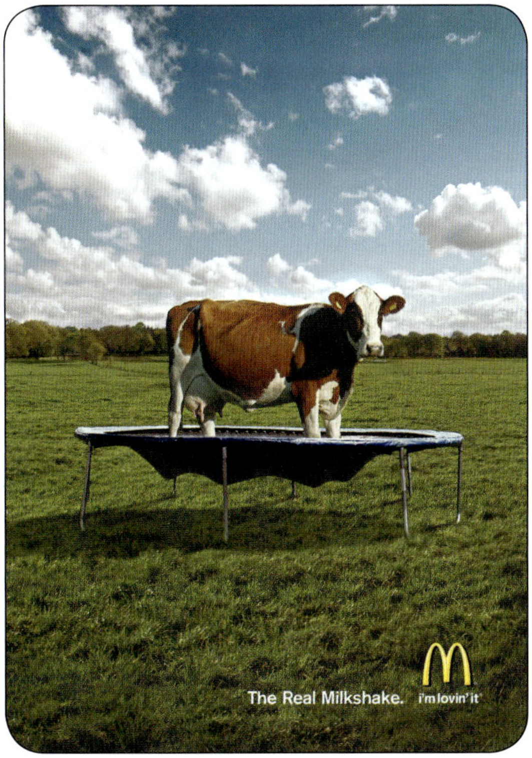

资料来源：McDonald's.

幽默是麦当劳全球广告的重要组成部分。像这样的讯息在各种文化中都能产生共鸣。在这则由 DDB 芬兰制作的广告中，麦当劳通过描绘一头在蹦床上跳跃的奶牛来幽默地宣传其纯正的奶昔。

4.3　广告公司

3 区分广告公司的类型

为什么像麦当劳这样的企业会首选雇用一家广告公司？不能将这部分钱节省下来用自己的员工创作广告吗？李奥贝纳公司（Leo Burnett）又是怎么得到这个大客户的？是不是客户必须大到那个程度才能使广告公司有钱可赚？下面我们将对这些问题一一加以阐述，以便大家更清楚地认识到广告公司是做什么的，以及为什么这么多广告主都使用广告公司。

广告公司的角色

按照美国广告代理商协会（AAAA，或简称 4A）的定义，**广告公司**（advertising agency）指由专门从事广告及营销策划、广告宣传以及其他促销工具的开发与准备工作的创意人员和经营者组成的独立机构。广告公司代表不同广告主或卖家——广告客户——向各种媒体购买广告空间和时间，为广告客户的产品和服务寻找顾客。[25]

这一定义为解释为什么如此多的广告主要使用广告公司提供了线索。首先，像李奥贝纳这样的广告公司是独立的，不属于广告主，也不属于任何供应商，因此它能带来有关广告主业务的外部的、客观的观点——这是广告主自己绝对无法做到的。

其次，像所有全面服务广告公司一样，李奥贝纳雇用的员工既有商务方面的人才，又有创意方面的人才，包括行政管理人员、财务人员、营销主管、调研人员、市场／媒体分析人员、文案人员和美工等。他们每天都与公司外部专门从事图片创作、摄影、修版、广告拍摄、录音和印刷等工作的专业供应商保持着联络。

广告公司还为客户提供另一种服务，即代客户对各种印刷、电子媒体和数字媒体进行调查，与它们谈判，签订广告时间和空间合同。正是因为其出色的媒体专业服务，李奥贝纳公司为客户节约了时间与资金。

广告公司不为媒体和供应商服务，它们的道德、伦理、财务和法律义务都是指向客户的。就像一家经营良好的企业会向律师、会计师、银行家或管理专家寻求专业帮助一样，广告主之所以使用广告公司，也是为了维护自身利益，因为广告公司在创作广告、选择媒体方面都比广告主自己更有效。现在，无论规模大小，几乎所有的广告主都依赖广告公司提供专业和客观的建议以及独特的创意技巧，它们充当了广告主的“品牌保镖”[26]。广告实验室“广告公司的业务有多大?”向读者展示了美国广告公司的大致情况。

最后，好的广告公司能够满足顾客的需求，因为它们每天都接触国内外的各种各样的营销情景和难题。随着技术的发展，公司可以相对轻松地进行跨国业务，广告业在全球范围内蓬勃发展。例如，美国所有的大型广告公司都在许多国家设有办事处。

广告公司种类

广告公司通常按其地理范围、服务领域和业务类型进行分类。

地方性广告公司

许多社区都有声誉良好的小型广告公司，为地方性广告主提供专业帮助。有实力的**地方性广告公司**（local agency）可以：

- 分析地方性广告主的业务状况以及它所售卖的产品或服务；
- 评估广告主的市场，包括分销渠道；
- 评估广告主在市场中的竞争地位，并为其提供战略选择；
- 评估备选传播媒介，提出合理的建议；
- 制订整合传播计划，并连贯而有创造性地加以实施；
- 接管媒体会谈、分析、核对、付账和记账等工作，为广告主节省宝贵时间；
- 通过实施销售竞赛、公共宣传、开业庆典以及其他活动，对广告和促销的其他方面予以支持。

然而，遗憾的是，地方性广告主利用广告公司的程度远不如全国性广告主。许多广告主并没有在广告方面花足够雇用一家广告公司的钱。广告公司不接受地方性广告主的委托，因为它们的预算通常太低，无法维持广告公司的日常开支。

区域性广告公司与全国性广告公司

每个主要城市都有许多有能力制作并发布适于全国性广告战役的广告公司。**区域性广告公司**（regional agency）和**全国性广告公司**（national agency）一般会加入区域行业组织，如西部广告公司协会（WSAAA)。《广告公司标准名录》(红皮书）按地区将这些公司进行了归类，非常好找。

国际广告公司

最大的全国性广告公司通常也是**国际广告公司**（international agency)，它们在世界各地的主要传播中心均设有办事处或下属公司，如果项目需要，它们可以为自己的客户提供国际化或全球化服务。同样，许多外国广告公司也在美国设有办事处或下属机

广告实验室

广告公司的业务有多大?

今天的广告是一项重要的全球性业务，在美国拥有强大的影响力。2015 年，美国有超过 13 000 家广告公司，员工超过 183 000 人。2008 年经济衰退后，广告公司雇员人数稳步增长，但从 2017 年开始，实际上是下降的。为什么？答案是数字广告的增长，数字广告通常是由企业自己或咨询公司完成的。

1. 与许多其他行业相比，广告公司需要的人员更少：几乎一半的公司雇员少于 10 人。小型广告公司可以成为令人满意的工作场所。但是如果你想为一个实力强大的公司工作呢？请访问顶尖广告公司的网站（见下文），并记下它们给你留下的印象。

全球五大广告公司			
2017 年排名	网络、母公司 / 特定单位	总部	2017 年全球收入（亿美元）
1	WPP	伦敦	197
2	奥姆尼康集团（Omnicom Group）	纽约	153
3	阳狮集团（Publicis Group）	巴黎	109
4	埃培智集团	纽约	79
5	电通	东京	78

全球五大（单体）广告公司		
2017 年排名	广告公司	全球收入（亿美元）
1	电通	23
2	BBDO 全球	20
3	DDB 全球	17
4	TWBA 全球	14
5	麦肯	14

资料来源："World's Largest Agency Companies," *Advertising Age Datacenter Agency Report 2018*, Crain Communications Inc.

2. 在广告行业工作的优点和缺点是什么？访问以下广告公司的博客和新闻网站，了解广告公司内部的生活。

- FCB Exchange：www.fcbexchange.com/
- 理查德集团（The Richards Group）：https://richards.com/social/
- 维登 + 肯尼迪（Wieden+Kennedy）：www.wk.com/news/
- 伟门智威（Wunderman Thompson）（以前的智威汤逊（JWT））：www.jwt.com/en/ news
- 海洋传媒（Ocean Media）：www.oceanmediainc.com/#!news
- 苏克雷（Sukle）：sukle.com/blog/
- 奥美（Ogilvy）：www.ogilvy.com
- 万卓环球（Waggener Edstrom）：www.we-worldwide.com/blog

构。例如，当今世界最大的广告公司 WPP 集团总部设在伦敦，但美国的好几家顶尖广告公司都属于该集团，如奥美和精信全球（Grey Worldwide）。

全面服务广告公司

当代**全面服务广告公司**（full-service advertising agency）提供传播和促销方面的全

方位广告和非广告服务。广告服务包括企划、创意和制作广告，以及执行调查和选择媒体；非广告服务范围广泛，从包装到公关，再到制作销售促进材料、撰写年度报告以及准备贸易展览会陈列等。随着IMC的日渐兴起，许多最大型的广告公司今天都处在互动媒体的最前沿。[27]

全面服务广告公司可以专为某一类客户服务，不过，通常绝大多数全面服务广告公司可以分为面向普通消费者的广告公司和企业对企业（B2B）广告公司。

面向普通消费者的广告公司　面向普通消费者的广告公司（general consumer agency）代理各种各样的广告客户，但其中最集中的类型是消费者客户，即生产的产品（如肥皂、麦片、汽车、宠物食品和卫生用品）主要被消费者购买的企业。广告通过消费者媒体（如电视、广播、杂志等）发布，由媒体付给广告公司代理费。普通广告公司的大部分收入主要来自这些代理费。

普通广告公司既包括那些总部设在传播中心，如纽约、伦敦、巴黎、东京的国际化超级集团，也包括总部设在纽约、芝加哥、洛杉矶、明尼阿波利斯、蒙特利尔和多伦多的其他一些大公司，其中在北美声名显赫的大公司有麦肯、奥美、维登+肯尼迪、GS&P、巨人之匙（Giant Spoon）、非常创意（Anomaly）和科塞特传播－营销公司（Cosette Communications-Marketing）（加拿大）。但是，普通广告公司也包括数以千计遍及全美各主要市场的企业，如迈阿密的Crispin Porter+Bogusky、洛杉矶的Rubin/Posataer、明尼阿波利斯的法隆全球（Fallon Worldwide）。

当然，小型广告公司的利润空间一般较小，但这些公司通常对小客户更尽心尽力。公司的负责人往往亲自参与，创意也总有出人意料之处。出于上述原因，许多大型广告公司正在分拆成较小的子公司。比如哥谭广告公司（Gotham，Inc.），就是脱胎于埃培智集团的一家位于纽约的创意工作室，它服务于那些更大的姊妹公司都无法企及的各种各样的客户。[28]一些富于创新的广告公司，像佛罗里达州珊瑚阁的苏比广告（Zubi Advertising），通过服务特定的细分市场，为自己开辟一个利基市场。

B2B广告公司　B2B广告公司（business-to-business agency）代理那些将产品销售给其他企业的客户，例如向电脑生产商出售电子部件的公司、石油和天然气精炼设备公司，以及生产并销售放射医学用的核磁共振设备的公司等。这类广告要求广告创作人员不仅具备一定的专业技术知识，还要将这种知识转换成精确的、有说服力的沟通。

大多数B2B广告在贸易杂志或其他行业刊物上发布。这类媒介是可以代理的，但由于其发行量小，因此其收费也相应地远远低于消费者媒介，代理费往往抵不上广告公司的服务成本。有鉴于此，B2B广告公司一般采取向客户收取服务费的方式，尤其是对一些小广告主来讲，这种费用可能很高。但若不凭借B2B广告公司的专业技巧，它们又可能付出更高的代价——失去营销机会。

B2B广告公司，有大型国际化的，如多伦多的麦克拉伦/灵狮公司（MacLaren/Lintas）或HCM/纽约公司；也有在招聘、生物医学或电子产品等领域广告经验丰富的小公司。

专业服务广告公司

许多广告公司只为客户提供各种有限的服务。20世纪90年代初，专业化之风盛行，推动了众多小型的广告公司如创意工作室，以及其他专业服务公司如媒体购买公司和互动广告公司的发展。

创意工作室　一些才华横溢的艺术家——如平面设计师和文案人员——成立了自己的创意服务公司，或者叫**创意工作室**（creative boutique）。它们为广告主服务，偶尔也转包广告公司的业务。它们的任务是产生激动人心的创意概念并制作出新颖、独特的广告讯息。20 世纪 90 年代，好莱坞的一家经纪公司——创意艺术家公司（Creative Artists Agency，CAA）——因为承担了创意工作室的角色，在麦迪逊大道引起了轰动，CAA 利用自己的演员、导演、摄影师人才储备库，为可口可乐创作了商业广告。麦肯集团仍然是可口可乐的广告代理商，但其大部分创意工作则由 CAA 和其他一些小公司完成。从那时起，可口可乐就允许许多其他的小型工作室为自己服务。可口可乐曾一度雇用了 20 多家广告公司，而且它还继续着使用多家广告公司的方式。[29]

广告的效果取决于广告的概念、设计和文案上的原创性，虽然这类创意工作室比较经济，但它们一般无法提供全面服务广告公司所能提供的市场调查、营销、销售等方面的专业知识以及顾客追踪方面的服务，因此，工作室一般只能扮演创意供应商的角色。

媒体购买公司　几年前，一些有经验的广告公司的媒体人员开始建立购买和打包出售广播与电视时间的组织。最大的**媒体购买公司**（media-buying service）(或媒体代理）是星传媒体（Starcom MediaVest)。星传媒体的总部设在芝加哥，隶属于阳狮集团，在世界各地设有办事处，每年为各类客户投放价值超过 250 亿美元的广告。[30]

媒体、时间和空间都是易逝的。因此，广播电台和电视台会尽可能多地预售时间，并对大宗购买打折。媒体购买公司通过谈判商定一个特别的折扣，然后把时间或空间卖给广告公司或广告主。

媒体购买公司向自己的顾客（客户和广告公司）提供详细的媒体购买分析。一旦媒体时间包被卖出，媒体购买公司便负责指定插播时间，核查播出情况，监督电台、电视台“弥补”漏播的广告，甚至还替客户支付媒体账单。它们获取酬金的方式各不相同，有的服务收取固定费用，有的则从它们为客户节省的资金中抽取一定比例。

在过去的十年时间里，媒体购买公司已经成长为广告舞台上的主要角色。我们将在第 9 章对其详细阐述。

互动广告公司　随着互联网的迅猛发展和人们对整合营销传播的兴趣激增，出现了一种新型的专业公司——**互动广告公司**（interactive agency)。Avenue A/Razorfish 和 Digitas 就是其中两家，它们专门设计网页和创造有趣的、高参与度的、信息丰富的在线广告。[31] 当麦当劳在其“开心乐园餐”里推出一款名为《仙女和龙》的数字游戏时，它的广告合作伙伴就是一家互动广告公司——Fuel Industries。

此外，为顺应客户在专业化和责任心方面更高的需求，其他的一些专业公司，如直接反应广告公司和销售促进公司，也越来越多。在 IMC 时代，我们几乎看不到一家大客户只依靠单独一家广告公司为其品牌服务的情况。

广告公司人员的职责

美国广告代理商协会是美国广告业的一家全国性行业组织，也是广告行业在政府、

4 说明广告公司和自营广告公司人员的职责范围

媒体和公众面前的发言人（见本章后面的专栏“广告背后的人物”）。它有接近 450 家广告公司会员，代表全美国大、中、小型的各种广告公司，掌管着美国近 80% 的全国性广告。[32]

《美国广告代理商协会服务准则》明确指出，广告公司的目的是告知公众或细分市场有关某一合法经营的产品或服务的信息。那么，广告公司是如何做到这一点的呢？首先，广告公司要研究客户的产品，找出该产品的优点与缺点；接着，分析产品的现有市场和潜在市场；然后，运用自己有关分销渠道与可用媒体方面的知识，形成一份策划书，将广告主的讯息传达给消费者、批发商、经销商或转包商；最后，广告公司撰写、设计和制作广告，购买广告媒体的版面和时间，确认媒体的发布情况，支付服务和媒体费用。

广告公司还与客户的营销人员共同进行包装设计，实施销售调查与培训，准备销售宣传材料和展览。要想对这些职责有一个清楚的认识，让我们还是以李奥贝纳为麦当劳创作的广告为例，看看有哪些人员直接或间接地参与了广告的创意、制作和监控工作。

客户管理

李奥贝纳公司的**客户执行**（account executive，AE）是广告公司与客户之间的联系人。大型广告公司一般都拥有众多客户执行，他们直接向**管理（客户）主管**（management（account）supervisor）报告，客户主管再向公司的客户服务总监报告。

客户执行总是处在广告公司和客户之间相互磨合的中间地带，他们要负责制订和实施广告计划（详见第 8 章），汇总广告公司的各种服务，还要在广告公司内表达客户的观点。为麦当劳服务的客户执行必须精通各种不同的媒体，并能说清楚广告公司的创意工作是如何同时满足客户的营销需要和市场的产品需要的。在个性方面，客户执行必须具备从各个方面考虑问题的能力。他必须有进取精神，勇于承担责任，有精益求精的品质；同时还要机智、懂艺术、善表达、细致、宽容、敏锐、有道德感、做事周到。除此之外，客户执行人员必须准时完成工作而且不超出预算。

有些麦当劳的广告是专门针对特定菜品的。这些广告让现有顾客有理由更频繁地光顾连锁餐厅，还可能吸引那些并不怎么了解麦当劳各种菜品的新顾客。你认为通过推广它的水果枫糖燕麦片，麦当劳是不是正在吸引更多有健康意识但通常不会来麦当劳的消费者？

资料来源：McDonald’s.

调查与客户企划

广告公司的创意人员（美工和文案人员）需要充分的产品、市场和竞争状况方面的信息。这很关键，广告是建立在信息基础之上的。因此，在创作广告之前，广告公司要调查产品的用途和优势，分析现有和潜在顾客，努力找出影响他们购买活动的因素。广告发布后，广告公司还要进行更多的调查，观察广告战役的进展。第 7 章将论述广告公司调查活动的种类。

客户企划（account planning）是一个综合性的专业领域，通过调查工作建立起连接客户管理和创意人员之间的桥梁。当创意团队与客户之间发生争执时，客户企划人员要维护消费者的观点，保护创意策略。

客户企划人员通过电话调查和小组访谈研究消费者的需求和欲望，但主要还是通过人员面访。他们协助创意人员将调查结果转换成富于想象力的、成功的广告。因为客户企划人员既不依附于客户管理人员，也不依附于创意人员，因此可以在双方之间保持平衡，确保调查结果在广告中得到认真对待。[33]

通过良好的客户企划，Del Rivero Messiano DDB——麦当劳的西班牙广告公司，针对西班牙语消费者开发了一个独特的、获奖的广告。这则广告的主角是一个年轻人，他梦到自己正在玩一种古老的阿兹特克游戏（juego de pelotas）。该广告的一个关键元素是西班牙语单词“sueño”，意思是梦和睡眠。虽然他的闹钟把他从美梦中唤醒，但他可以按下止闹按钮，回到他的幻想中，因为他知道可以去麦当劳带上一份快捷的早餐。

通过将消费者而不是广告主置于整个过程的中心，客户企划人员将工作从简单地创作一个广告作品转变为培养消费者和品牌之间的关系。这需要理解、直觉和洞察力。如果执行得当，企划活动将会带来跃向未来的神奇一跳——可以为客户和创意人员提供照亮道路的精彩、简洁的视角。要了解更多关于有史以来最伟大的企划者之一的信息，请参阅第 5 章的“广告背后的人物”。

创意概念

多数广告在很大程度上依赖于**文案**（copy）——构成广告标题和讯息的文字。创作这些文字的人被称作**文案人员**（copywriter），他们必须把所有关于产品想要传递的信息凝练成几个切题的、简洁的要点。

广告还利用非语言的传播手段，这属于**艺术总监**（art director，也译作美术总监）、图形设计师和制作美工的工作，他们决定语言与象征符号如何相互匹配（第 10 和 11 章将论述创意过程）。广告公司的文案人员和美工组成一个创意小组，在**创意总监**（creative director）的指导下工作。一般每个创意小组被分配给一个特定的客户。

麦当劳的一则获奖广告聚焦于罗纳德·麦当劳之家（Ronald McDonald House）慈善机构。这则名为《第一步》的广告，讲述了一名蹒跚学步的孩子的故事，在这家慈善机构的帮助下他的医疗费变得便宜起来。这个出色的广告是由一个经验丰富的 DDB 芝加哥团队开发的，包括创意总监比尔·西米诺（Bill Cimino）、文案人员杰夫·麦卡特尼（Geoff McCartney）和艺术总监戈登·韦斯特（Gordon West）。

广告制作：印刷广告与广播电视广告

广告的设计和写作一旦完成并获得客户认可，便会交给广告公司的印刷制作经理或广播电视制作人。

如果是印刷广告，制作部便会去购买字体、照片、插图和其他材料，与印刷公司、制版师以及其他供应商一起制作；如果是广播电视广告，制作人员则从经认可的脚本或故事开始着手工作，聘用演员、摄影师和制作专家（如音响师、导演、剪辑师等）制作广告。之前提到的《第一步》广告是由著名商业导演乔·皮特卡（Joe Pytka）执导的，并在皮特卡的工作室完成拍摄。

但制作工作并不仅限于广告和商业广告。作为广告战役的一部分，经销商工具包以及直邮材料等也需要创建。

媒体策划和购买

广告公司为客户提供各种媒体服务，包括媒体调查、价格谈判、时间安排、媒体购买和发布核实。媒体策划是至关重要的，因为广告主进行传播的唯一途径是通过某种媒体。因此，我们将在第 9 章、第 12 ～ 17 章对媒体展开广泛讨论，但眼下重要的是理解过去十年的变化，这些变化使得媒体功能变得如此重要。

随着新媒体选择的爆炸式增长，受众日益碎片化，媒体策划和购买都不再是简单的工作。现在传统主流媒体触达的受众比过去要少，价格却提高了，但广告主可以考虑的媒介载体更加丰富，加之整合营销传播和关系营销的大势所趋，因而整个媒体工作显得更加重要。这种状态加速了专业媒体购买公司的出现与发展，同时也使广告公司的媒体总监成为广告界冉冉升起的新星。

如果预算紧张，则要求媒体策划人有匠心独具的思维，进行艰苦谈判并注意每一个细微之处。在这个专业化的时代，广告主真正需要的是杰出的多面手，他知道如何将广告与其他营销传播工具结合起来，能够提出创造性的媒体解决方案来解决棘手的营销难题。如今，许多产品的成功都更多得益于创造性的媒体购买而非巧妙的广告本身。

流程管理

广告公司最大的过失莫过于错过截止日期。比如广告公司错过了一家月刊的截稿日期，那么，公司就只好等到下个月才能发布广告，这将导致客户极大的不满。

广告公司的流程管理部门协调各个制作环节，确保所有工作都在发布截止日期或客户要求的日期之前完成。流程部门常常是广告专业毕业生进入广告界的第一站，是了解广告公司运作的一个好地方。

附加服务

IMC 的发展促使一些广告公司聘请专业人士来提供广告之外的服务。规模较大的广告公司通常有一个人员齐备的**销售促进部门**（sales promotion department）来生产非广告创意材料。或者，根据客户的性质和需求，它们可能会雇用公关人员、直销专家、网页设计师、家政专家或包装设计师。

公司行政管理

在小型广告公司，行政管理工作可以由公司老板亲自掌管；但大型广告公司往往设有专门的会计、人力资源、数据处理、采购、财务分析、法律事务和保险部门。

广告公司的结构

广告公司一般根据所服务的客户类型、规模和地域范围来组织自己的职能、运营和人员配置。

在小型广告公司（年收入低于 2 000 万美元），每位员工都可能身兼数职。公司的所有者通常监督日常业务运营、客户服务和新业务开发。客户执行通常处理日常客户联系，可能会做一些创意工作，比如撰写文案。插图可以由艺术总监制作，也可以从独立工作室或自由设计师处购买。大多数小型广告公司都有制作和流程管理部门或由一位员工负责这些职能。它们可能有媒体购买人员，但在非常小的广告公司中，客户执行也会完成媒体时间和空间的购买。图表 4－6 显示了典型的广告公司是如何组织的。

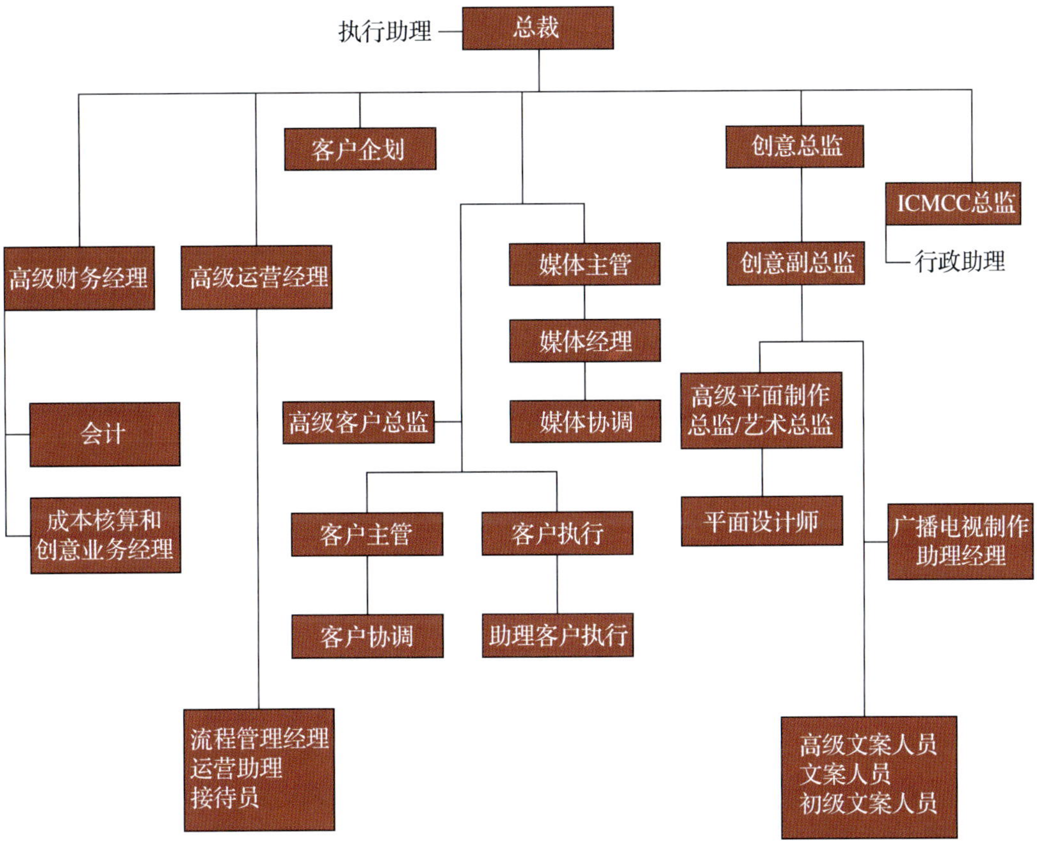

图表 4－6
典型的广告公司组织结构

中型和大型公司一般按部门制或团队制组建公司，如果采用**部门制**（departmental system），公司的各种职能，如客户服务、创意服务、营销服务和行政管理，分别由彼此独立的部门负责。

如果采用**团队制**（group system），广告公司则被划分成一系列“小”公司或团队，每个团队可能负责一个大客户，有时也同时负责三四个较小的客户。一名客户主管带领一个由客户执行、文案人员、艺术总监、媒体主管以及其他相关专家组成的小组。在超大型广告公司可能有几十个团队，每个团队都有独立的制作和流程管理单位。

为了应对经济压力，许多公司都在寻找改组的方式。坐落在加州威尼斯市的李岱艾公司（TBWA/Chiat/Day）将整个公司的创意氛围归功于悠闲化的办公室设计。按照一种理想城市的模式，建筑设计师克莱夫·威尔金森（Clive Wilkinson）设计了一种将开放式的工作站集中为一个社区的办公室布局，所有的工作站都被安排在公共聚集区周围。这个想法是要让员工们可以自由地走动和互动。一块黑色冲浪板上展示着他们用来自我标榜为“行业海盗”的图片。[34]

在芝加哥，一向高度集中化的李奥贝纳公司将自己重新组合成了众多以客户为导向的微型公司，每个公司都是“机构中的机构”；[35] 而在法国，Y&R 则鼓励员工走出办公室，与客户接触，也可以在家办公，通过笔记本电脑与公司保持联系。[36]

广告公司的收入

⑤ 探讨广告公司如何吸引新客户，以及如何赚钱

广告公司要生存，就必须赚取利润。但近年来的发展趋势——超级广告公司并购、重心从广告向销售促进和直复营销的转移、制作成本的增加以及媒介载体的细分，都使得广告公司的利润减少。[37] 此外，不同的客户需要的服务也不同，迫使广告公司设计出各种收费方法。不过，广告公司赚取利润的方法实际上只有三种，即媒体佣金、附加费和服务费。

这是《人物》杂志 2019 年的价目表。这个价目表被广告公司的媒介策划人员用来估计在印刷媒体上的活动成本。

2019 Rate Card People

RATES AND DISCOUNTS: NATIONAL EDITION

	PEOPLE	FEATURE ISSUES*
Rate Base	3,400,000	3,500,000
4-Color Rates:		
Full page	$402,900	$414,700
⅔ page	$343,900	$353,900
½ page	$272,000	$280,000
⅓ page	$185,400	$190,800
⅕ page†	$112,900	$116,200
Cover 2	$503,700	$518,400
Cover 3	$443,200	$456,200
Cover 4	$544,000	$559,900
Black & White Rates:		
Full Page	$282,100	$290,300
⅔ Page	$240,800	$247,800
½ Page	$190,500	$196,000
⅓ Page	$129,800	$133,600
BRC Insert Cards:		
Reg – Supplied	$322,400	$331,800
Reg – We-Print	$402,900	$414,700
Oversize – Supplied	$362,700	$373,300
Oversize – We-Print	$463,400	$477,000

Circulation includes the print and digital editions of the Magazine. Qualified full-run advertisements will run in both editions. See MAGAZINE ADVERTISING TERMS AND CONDITIONS for additional information including opt-out and upgrade options.
*Feature Issues: The Beautiful Issue, Sexiest Man Alive, Best Of Issue. On newsstand for two weeks.
†Must run opposite full-page ad

资料来源：Meredith Corporation.

媒体佣金

正如我们在第 2 章所述，当广告公司在 100 多年前首次登上历史舞台时，它所扮演的角色不过是报纸版面的掮客或代表。由于它们替媒体节省了大笔推销和拉客户的费用，因而媒体允许广告公司按其为客户购买的时间和空间总额保留 15% 的媒

体佣金（media commission）。这开创了一个沿用至今的传统，尽管在过去的几十年里，广告公司不得不寻找其他方式向客户收费。下面就让我们来看一看媒体佣金是怎么回事。

比如，某杂志一条彩色整版全国性广告的标价为 10 万美元，媒体向广告公司要价 85 000 美元（广告费 10 万美元，减去佣金折扣 15% 即 15 000 美元），广告公司再向客户要价 10 万美元。对于大客户，广告公司在收取佣金以后一般会免费为其提供创意、媒介、核算以及客户管理服务。不过，由于利润缩水，而且客户又在更低的佣金比例上讨价还价，因此许多广告公司现在也开始对过去免费服务的项目收取费用了。[38]

附加费

在制作广告的过程中，广告公司一般会向公司外部的供应商购买各种服务或材料，如软件、照片、邮票和插图等。广告公司向供应商支付费用，然后在向客户申报的账单中加上这些**附加费**（markup），通常是在发票上加价 17.65%（新的总费用的 15%）。

比如，8 500 美元摄影费的 17.65% 附加费等于 1 500 美元。向客户报价时，8 500 美元加上 1 500 美元等于 10 000 美元，客户付款后，广告公司留下 1 500 美元（占全部费用的 15%）——这恰好是广告公司收取的标准佣金。

8 500 美元 ×17.65% = 1 500 美元
8 500 美元 + 1 500 美元 = 10 000 美元
10 000 美元 ×15% = 1 500 美元

有些媒体——比如地方性报纸——可以让广告公司从全国性广告主那里按较高费率收取佣金，但从本来费率就较低的地方性广告主那里就无法收取到足够的佣金了。所以广告公司不得不以附加费的方式来获取报酬。

现在，许多广告公司发现收取附加费仍然不足以抵消其服务成本，因此，它们把附加费的幅度提高到了 20% 或 25%。这虽然有所帮助，但广告公司在利润方面仍然面临压力，这迫使很多广告公司以服务费制取代或补充媒体佣金制和附加费制。

服务费

现在的客户不仅希望广告公司为其发布广告，还希望它们能为自己解决问题，因此，服务费制越来越普遍。事实上，很少有全国性广告主仍保持 15% 的佣金制，相当数量的广告主采用以服务费为基础的制度，而其余广告主则采用缩减的佣金制或奖励制。[39]

服务费制有两种收费方式：一种为**服务费 – 佣金混合制**（fee-commission combination），即广告公司向客户收取所有服务的基本月费，同时保留媒体佣金；另一种为**直接费制**（straight-fee method）或**预付费制**（retainer method），广告公司每提供一项服务便计费，可能按小时，也可能按月，然后把获得的全部媒体佣金归于客户名下。

问责（accountability）是客户与广告公司关系中的一个重要问题。按照一种新的广告公司收费制度——**奖励制**（incentive system），如果广告达到了双方商定的具体的预期目标，广告公司就可以得到更高的报酬。比如，DDB Needham 就为客户提供一

伦理、多样性与包容性

开明工作场所认证计划

广告公司如何才能培育出一个不仅能消除歧视，而且能培养“包容、平等、创造性对话和社会变革的文化”的工作场所？对这个问题，美国广告代理商协会（AAAA）的答案是“开明工作场所认证计划”。

AAAA 主席马拉·卡普洛维茨（Marla Kaplowitz）表示：“对于参与计划的广告公司而言，它向员工、客户和潜在人才发出了一个信号：指导方针和最佳实践已经落实到位。这是一种全方位的投入，目的是确保在广告公司里创造出安全、信任、赋权给员工并彼此合作的工作环境，让每一个人都获得成长的机会。”[40]

这个认证计划是如何发挥作用的呢？首先，向广告公司提供一套查找问题的自我评价的工具。每个办公室、部门或团队的成员都要参加一个工作坊，鼓励大家进行有关族裔、性别、权力和影响力的对话。然后，利用行为 / 行动标杆和规范，确保每个人都能得到支持，同时发现并调查滥用权力的行为。最后，符合标准的组织将获得认证。

Digiday 认为，该项计划之所以被推进，“主要是因为当前围绕性骚扰的对话”。根据公开出版物上的说法，这项计划的目标是“支持广告公司消除工作场所中的霸凌和恐吓等现象”[41]。

霸凌者是谁？据一名广告公司的员工表示，是那些获奖最多的创意人员。“你要一直努力确保自己的创意能赢，确保自己成功地赢得广告业务，”她说，“这样一来人们难免变得咄咄逼人，尤其是那些在大公司里的大人物。”[42]

AAAA 已经在美国各大城市举办了工作坊，包括纽约、芝加哥、达拉斯、洛杉矶和旧金山。到目前为止，广告公司的反应都是积极的。

AAAA 负责人才参与和包容项目的高级副总裁基莎·让－巴普蒂斯特（Keesha Jean-Baptiste）称：“自从 AAAA 2 月份发布‘开明工作场所认证’以来，有 100 多家广告公司表示对此感兴趣。这证明了一个事实，人们真的渴望改变，很明显广告公司愿意做这件事。”[43]

种“结果担保”方案。如果广告达到或超过双方协定的营销目标，广告公司就赚更多；如果广告达不到要求，广告公司就赚得少。卡夫通用食品公司（Kraft General Foods）就是按广告公司的表现决定是否付酬金的：A 级能额外获得 3% 的佣金；C 级就要被审查。[44]

自营广告公司

为了节省广告资金，加强广告管理，一些企业建立了完全附属于自己的**自营广告公司**（in-house agency）。自营广告公司就像一家独立的全面服务公司，其职能包括创意、制作、媒体发布、宣传和促销。

设立自营广告公司的广告主希望通过减少经常性支出、留下媒体佣金、省去外部采购的附加费等方式来节省资金，小规模的地方性广告主尤其如此。

广告主也希望自营广告公司能够更加专注，因为它们更了解公司的产品和市场，能在最后发布截止日期前集中所有资源完成任务。如果广告由公司自己的人来做，管理层对广告的参与会更深，特别是在那种“单一业务”的公司里。一些自营广告公司相当出色，特别是在时尚界。不过，一般说来，企业采用这种方式往往得不偿失，自营广告公司的灵活性常常是以牺牲创造性为代价的。外部广告公司通常经验更丰富，技能更全面，人才更多。自营广告公司难以吸纳和挽留最好的创意人员，好的创意人员大多更喜欢独立广告公司的多样性和挑战性。

自营广告公司最大的问题是缺乏客观性，面对公司内部的权力斗争、线性思维的政策制定者和高谈阔论的管理层，在这种阴影笼罩下，广告往往变成以公司为中心的平庸之作，而不是与顾客相关的讯息。对于广告来讲，这无疑是死亡之吻。

4.4 广告公司与客户的关系

影响企业广告规划成败的因素有很多，但最重要的一个因素是广告主与广告公司之间的关系。

广告公司如何赢得客户

广告公司要想成功，首先需要有客户。新客户有几个来源：与高层管理人员的私人交往，其他满意客户或广告顾问的推荐，对近期成功广告战役的宣传报道，商务广告，直接通过邮件征询，或受惠于公司一向的声誉。[45] 开发新业务最成功的三种办法是：有多个力挺广告公司的客户；具备高超的提案技巧；培养在高层管理者关系网中的私人交情。

推荐

大多数优秀的广告公司通过来自现有客户、朋友、评估顾问甚或其他广告公司的推荐获得客户。例如，某家公司的老板问另一家公司的老板谁在替他打理广告，第二周，广告公司便接到了电话。如果潜在客户与广告公司现有客户的利益发生冲突，广告公司可能会放弃这笔生意，将其推荐给另一家广告公司。[46]

独立的广告公司评估顾问经常促成广告公司与客户的联姻。事实上，这些独立的顾问现在已经卷入了麦迪逊大道几起最重要的“客户洗牌”事件。[47]

媒体销售代表和供应商也经常给地方性广告主推荐自己了解的某家广告公司，因此，广告公司很有必要与媒体、供应商以及其他广告公司保持密切的关系，更不用说现有的客户了。

演示

有时，广告主会要求广告公司进行演示——从简单地阐述公司的理念、经验、人员配置、过往业绩，直至关于拟参与广告战役的全面影音演示。因此，要想获得成功，广告公司就需要有杰出的演示者。

有些广告主或明或暗地表示它们想要一个**预演示**（speculative presentation），这意味着它们想在签合同之前考察一下广告公司会做什么；而大多数广告公司一般希望围绕着自己已经完成的工作来演示，证明自己的能力，同时又不泄露对新广告战役的创意。当然，客户越大，演示的规模也就越大。

演示过程还使广告主和客户在达成合作协议前彼此得以了解。广告是一种以人为本的生意，因此，人所具有的一些品性——真诚、相互尊重、信任和沟通——在其中发挥着重要的作用。

关系网络与社群关系

广告公司经常发现，新业务的最佳来源是它们的员工在社群中认识的人。有些广告公司为慈善机构或非营利组织（如美国印第安人大学基金会（American Indian College Fund））提供无偿服务。马特·弗里曼（Matt Freeman）是 Tribal DDB 的年轻首席执行官，他志愿为广告委员会和饥饿者网（The Hunger Site）服务。李奥贝纳与全球捐助（GlobalGiving）合作，这是一个致力于匹配需求与捐赠的组织。

广告公司还可以协助当地的政治家（这种做法在某些地区是有争议的）或艺术、教育、宗教以及其他社团的活动。有些广告公司资助研讨会，有些协助广告俱乐部或其他专业团体。所有这些活动均有助于提高广告公司在当地社会中的可见性和声望。

招揽和宣传新业务

名不见经传的广告公司必须采取更加积极进取的方式。广告公司可以通过给新业务做广告、写信、打推销电话，甚至是利用 YouTube 上的病毒视频来争取客户。一般广告公司的高层负责争取客户，员工则协助他们准备演示。

现在，为自己做广告的广告公司越来越多了。许多广告公司将自己最好的广告作品拿到世界各地去参加比赛，赢取奖项，并借此获得媒体报道，赢得同行对公司杰出创意能力的尊重。[48]

广告公司与客户关系的阶段

就像产品有生命周期一样，关系也有生命周期。在广告业，广告公司与客户的关系周期分为四个阶段：关系预备期、发展期、维持期和终结期。[49]

关系预备期

6 解释广告公司与客户的关系的各个阶段

在广告公司与客户有正式业务往来之前，**关系预备期**（prerelationship stage）就开始了。双方可能通过彼此的声誉、过去的广告或其他社会活动相互认识，初次印象往往决定着广告公司是否有机会得到打理客户业务的邀请。通过演示过程，广告公司尽力给广告主留下最佳印象，因为是它在推销，而客户在采购。（IMC 实战模拟“广告公司评估”提供了选择机构的指导方针。）

发展期

广告公司一接到委托，**发展期**（development stage）便告开始。在这个蜜月期，广告公司和客户双方都处在乐观的顶峰，急于发展彼此互利的关系。双方都对对方寄予最大的期望，也最宽宏大量。在发展期，关系规则得以确立，各自的角色很快确定下来，真实个性得到展现，广告公司也创作出第一件作品。此时此刻，广告主急切地等着看到广告公司的表现，并对此做出全面判断；广告公司也得以发现客户对新观念的接受程度、客户员工的配合程度以及客户支付费用的情况。在发展期，双方关系中的第一个问题也初见端倪。

维持期

年复一年，日复一日的工作关系进入了**维持期**（maintenance stage）。如果维持期成

IMC 实战模拟

广告公司评估

你的客户想在广告公司团队中寻求什么？下面这个广告公司评估标准应该能让你对此有所了解。广告主会利用下面的量表，用 1 分（强烈否定）到 10 分（强烈肯定）评价每家广告公司。请练习使用下面的“创意能力”标准。

基本信息
规模与我们需要的匹配程度
管理能力的强弱
财务稳定性
与其他客户的兼容性
服务范围
服务成本；收费政策

营销信息
提供营销咨询的能力
对我们所服务的市场的理解
在我们的市场上的经验
成功的记录；过往的案例

创意能力
周密思考的创造力；与战略的相关性
艺术水准
文案水准
总体创意质量
与竞争者相比的效果

制作
忠实于创意概念和执行要求
严格按计划和预算执行
控制外部采购服务的能力

媒体
媒体研究的保有情况和完整性
媒体战略的效果和效率
在预算内实现目标的能力
谈判和执行计划的能力

个性
总的个性、经营哲学或者定位
与客户工作人员及管理层的兼容性
指派顶尖员工给客户的意愿
清晰表达工作背后基本原理的能力

推荐
当前客户的评价
以往客户的评价
媒体和资金来源方的评价

功的话，这种关系可以持续多年。麦当劳和李奥贝纳的伙伴关系开始于 1981 年。其他维持长期关系的还有联合利华与智威汤逊、艾克森美孚与麦肯、汉默米尔纸业（Hammermill Papers）与 BBDO 全球，全都超过 80 年。遗憾的是，广告公司与客户的关系大多维持不长，平均为 5 ～ 6 年。

终结期

在某些时刻，双方会产生不可调和的分歧，这时，对方的关系便到达**终结期**（termination stage）。这也许是因为广告公司又争取到了现有客户的一个竞争对手；也许是因为广告公司的创意作品似乎没有产生效果。更常见的情况是，仅仅是其中一方认为到了该继续往前走（分手）的时候了。

在紧张不安的 20 世纪 90 年代，许多长期的客户 – 广告公司关系走到了终点。在经过 75 年的合作之后，美国电话电报公司不再让艾耶（Ayer）作为其 2 亿美元的项目的主导广告公司，而将该业务拆分给了同在纽约的扬罗必凯和博达大桥。[50] 施格兰（Seagram）结束了和 DDB Needham 长达 32 年的“婚姻”关系，拿走了价值 4 000 万美元的芝华士（Chivas Regal）项目。安海斯－布希公司（Anheuser-Busch）与达美高公司（D'Arcy Masius Benton & Bowles）合作了 79 年后，当前者抽回百威啤酒项目时，无疑是在达美高的头上扔下了一颗炸弹。[51] 艾耶和达美高现在都已经从广告公司的风景线上消失了。

如何终止关系将对双方产生长远的影响，也是决定它们以后是否有可能重新在一起的重要因素。在 1986 年失去苹果这个客户时，李岱艾的做法给麦迪逊大道的广告公司上了一课。李岱艾发布了一条整版广告，感谢苹果公司多年来与它的合作。1997 年，苹果又重新投入了它的怀抱。[52]

影响双方关系的因素

7 列出影响客户与广告公司关系的因素

客户与广告公司的关系受诸多因素的影响。通常，我们将其称为 4C，即化学吸引力（chemistry）、沟通（communication）、操作（conduct）和改变（changes）四个因素。

员工个人之间的（相互吸引的）化学吸引力是影响客户和广告公司之间关系的最重要因素。沃尔玛和博达大桥之间的恶性（且公开）的分手事件，原因就在于两家公司迥异的文化。[53]

差劲的沟通是广告公司和客户都时常抱怨的问题，往往导致双方对目标、战略、角色和期望产生不同的理解，进而产生差劲的广告。持续的、通畅的沟通和双方对互利互惠关系明确的认同，是良好关系的关键。[54]

对广告公司的行为或业绩不满，无论在哪个国家，都是客户更换广告公司时最常见的理由。[55] 两年前广告公司提供的服务，两年后客户可能已经不再看重它了。[56] 有时，也许是因为广告公司没能理解客户的营销问题。同时客户也是不断变化的。客户及时向广告公司提供准确资料了吗？客户对广告公司的出色工作表示过赞许吗？还是像对待小商小贩那样对待广告公司？[57]（更多关于客户如何维持与广告公司关系的内容，可参见 IMC 实战模拟“如何成为更好的客户”。）

改变可发生在任何一种关系中，遗憾的是，有些改变破坏了客户与广告公司之间的合作关系。客户的市场定位或政策或许会发生改变，或公司更换了新的管理层；而广告公司也可能流失了一位得力干将。如果收购的另一家广告公司有竞争性客户，那么客户冲突问题就会出现。从法律上讲，广告公司未经客户同意不得代理客户的竞争对手。[58] 盛世长城就曾在其最大的客户宝洁的压力下放弃了海伦·柯蒂斯（Helene Curtis）这个客户。[59]

也许，增进客户和广告公司双方彼此了解的最佳途径是临时性的位置互换。博达大桥的一位客户执行成功地采用了这种方法。她到李维斯女式牛仔服装部临时担任营销经理，这使她对自己广告公司的工作和她的客户每天所面临的挑战有了全新的认识。[60]

4.5 广告供应商

在广告公司待上几周，你可能会看到有许多卖主在介绍它们可以提供的特殊服务。

IMC 实战模拟

如何成为更好的客户

在与广告公司合作时请记住以下要点。

关系

- 培养诚信。在工作会议和广告中，都要诚实。
- 富有热情。如果喜欢广告公司为你做的广告，一定要让它们知道。
- 坦率。不喜欢广告就要坦率表示，但否掉一个创意的时候，要给出理由。
- 富有人情味。像人而不是像企业法人那样做出反应，如果广告有趣，就开怀大笑，即使它并不奏效。
- 愿意承认自己没把握。不要有压力，如果你确实需要时间，一定要让广告公司知道。
- 让广告公司感觉到负有责任。告诉广告公司你认为错误的地方，但不用说明如何去解决。
- 在乎自己的客户身份。创作人员对自己喜欢的客户最卖力气。

管理

- 不要把你的高管与创作人员隔离开来。当目标直接由高层下达而不是层层传达时，广告公司的工作效果最好。
- 确立目标。要想得到及时、优质的服务，必须制定并与广告公司分享你的营销目标。
- 换人而不是换公司。一旦出现问题，广告公司往往宁愿引入新的人才也不愿失去你这位客户。
- 确保让广告公司从中盈利。向你的广告公司要求超过服务费或佣金覆盖范围的服务会损害双方关系。

制作

- 避免苛刻的“最后一分钟修改”。完美很重要，但一直等到最后时刻才提出进行细微更改，将损害客户与广告公司之间的关系。广告公司会认为这是没有主见或傲慢的行为，会失去对客户的尊重。
- 认识更改的代价（时间和资金）。在制作阶段进行重大更改的成本也许是早期进行更改的 5 倍。
- 在制作阶段不要改变概念。在后期更改概念会在无意当中改变产品的定位和形象。

媒体

- 了解媒体的经济情况（和经济制度）。处理好千人成本、每收视点成本以及其他与媒体策划、媒体购买有关的关键因素，以便正确地理解、评估和判断广告公司的媒体战略。
- 理解交付周期的重要性。提早购买媒体可以减少后期费用，获得折扣，有利于进行特殊促销，巩固广告公司的购买地位，并减轻压力。
- 避免干扰广告公司的媒体关系。广告公司的地位越高，为你获得的折扣也就越大。避免与媒体代表直接达成协议，提前做好媒体使用计划。
- 不要轻视媒体（“它们需要我们”）。有些媒体直接和客户往来，有些则不是。如果误解了这层关系，你所付出的代价可能会比你应付的更多，或者等你得到所用媒体时已为时过晚。
- 避免僵化思维。思维要超越当前环境和生活方式。
- 提议召开工作交流会。与创意人员和策划人员进行非正式的信息交换会议。
- 让创意人员参与你的业务。如果创意人员能与你的业务保持同步，其创作状态就能达到最佳。

调查

- 分享信息。把信息汇总在一起，创造新的更大的机会。
- 让广告公司参与调查计划。广告公司的创作人员如果能了解你的处境，工作效果会更好。

创作

- 学习召开创作会议的技巧。要首先解决重要问题：战略、消费者利益和理由。
- 发现大创意。关注定位战略和品牌个性，不要让某一条广告（无论多么精彩）改变产品的定位或个性。
- 坚持创意纪律。创意过程激发概念和行动，而创意纪律则能确保创意不偏离方向。
- 追求卓越广告。广告公司喜欢高效率，作为客户，你要尽量与之保持同步。如果广告公司出错，要态度鲜明，要求它修正再试。

⑧ 指出供应商和媒体如何协助广告主和广告公司

这些服务提供者被称为**供应商**（supplier）。没有它们的服务，就不可能产生出每年价值数十亿美元的广告。

我们不能把每一个供应商都讲到，不过重要的供应商包括：美术工作室及网页设计公司、印刷厂、影视制作公司和调查公司。

美术工作室及网页设计公司

美术工作室（art studio）设计和制作广告所需的美术作品或插图。它们可以填补广告公司美工部的工作，有时甚至可以替代小型广告公司。美术工作室通常很小，只有三四个人。但也有一些足够大，可以雇用几名美术总监、平面设计师、版面设计师、制作美工和销售代表。

大多数工作室都由一名平面设计师或插画师所有并负责管理。他会拜访广告公司或广告经理，推销工作室的服务，从他们那里领回要做的项目，制作完毕后再拿去征求客户的意见。这些工作非常花费时间，不仅要求具备组织和管理才能，还要对美术设计和电脑制图有全面的了解。

与之相似，**网页设计公司**（web design house）聘请一些懂得复杂网络技术的专门人才，他们能为广告主设计经济有效的网页和广告。

印刷厂及相关专家

印刷厂负责制作手册、信札、商业名片、促销材料，并进行售点展示，是广告行业中至关重要的一个环节。从小型的快印店，到大型的胶印厂，**印刷厂**（printer）聘用或与训练有素的专业人员签约，由他们准备艺术作品的复制工作，操作数字扫描机器来处理分色和制版，操作印刷机和配页机，完成最后装订。

影视制作公司

广告公司很少有专属的电视制作力量，小公司常常与当地电视台合作共同制作影视广告。不过，大公司一般与**独立制作公司**（independent production house）合作，它们擅长电影或视频的制作。

调查公司

广告主关心自己顾客的态度、潜在市场的规模，以及自己的产品在市场上的接受度。广告公司则希望了解哪种广告方法最有效，哪个概念的传播效果最好，过去的广告战役效果如何。

资料来源：McDonald's.

大多数营销商都与网站设计公司合作，它们了解复杂编程语言和优质网页设计要用到的各种元素。麦当劳网站具有丰富的内容和高度的互动性。从这些截图中可以看到，麦当劳网站提供了很多选择，顾客可以浏览麦当劳的历史，了解促销和特别优惠，甚至可以自己定制餐点并确定营养价值。

媒体关心受众的阅读习惯和收视习惯、广告客户的期望市场，以及公众对某个媒体的看法。

因此，调查与广告有着非常密切的关系，是市场营销的一个重要工具。但大多数企业不可能设有人员齐备的调查部，相反，它们利用**独立调查公司**（independent research company）或顾问。调查公司大小不同，专业各异，一般配有统计人员、实地面访人员、计算机程序员以及拥有心理学、社会学、营销学专业学位的分析人员。我们将在第 7 章对调查进行讨论。

4.6 广告媒体

媒体承载广告主的讯息，是连接生产产品或提供服务的企业与有购买打算的潜在顾客之间的重要桥梁。虽然**媒体**（media）一词常用来描述电视、广播、报纸和杂志这类大众传播渠道，但它也可以指其他传播载体，如直邮、户外媒体（交通工具、广告牌等）、特殊媒体（空中物 / 飞艇、充气模型）、特制广告物品（如印花咖啡杯、气球），以及新型传播技术，如数字媒体、互动电视和卫星网络等（图表 4－7 显示了 2021 年（预估）和 2007 年的广告支出）。

图表 4－7
2021 年和 2007 年各媒体类别的广告支出

2021 年媒体广告支出（预估）			2007 年媒体广告支出		
排名	媒体类别	支出（%）	排名	媒体类别	支出（%）
1	网络	48.2	1	电视	33.0
2	电视	28.8	2	报纸	28.0
3	广播	7.8	3	杂志	14.5
4	报纸	5.0	4	广播	11.9
5	户外	4.9	5	网络	8.2

资料来源：AdAge Datacenter, " Share of U.S. Ad Spending by Medium," *AdAge Marketing Fact Pack 2018* (Crain Communications Inc.).

理解各类媒体及其在广告中的角色，以及当前媒体的发展趋势是非常重要的。对于有志于从事广告业的人，媒体也许会成为其职业生涯的起点；而对许多人来说，媒体已经为他们带来了可观的财务回报。

我们将广告媒体分为七大类：印刷媒体、电子媒体、数字互动媒体、社交媒体、户外媒体、直接反应媒体和其他媒体。考虑到最近的媒体发展趋势，它们彼此之间会有一些重叠。我们将提及并简要描述每个主要类别。

印刷媒体

印刷媒体（print media）指向各种广告主出售广告空间的商业出版印刷媒体，如报纸、杂志。2014 年，美国共有 1 331 家日报、900 多家周报和购物导报。[61] 大部分为地方性的，但也有一些是全国性的，如《今日美国》（*USA Today*）、《华尔街日报》、《巴伦周刊》(*Barron's*)；还有一些行业刊物，如《电子新闻》(*Electronic News*)、《超市新闻》（*Supermarket News*），也都非常成功。《纽约时报》曾是一家严格意义上的地方性报纸，但如今的发行范围早已遍布美国，拥有近 50 万读者。[62]

杂志向全国发行的历史则很长，有些杂志，如《世界时装之苑》（*Elle*），在许多国家发行不同版本。不过，近十多年来，杂志更趋于本地化和专门化。

2017 年，美国共出版了 7 176 种杂志。[63] 其中包括全国性的消费者杂志，如《时代周刊》和《国家地理》（*National Geographic*）；全国性的行业杂志，如《进步杂货商》（*Progressive Grocer*）和《营销新闻》（*Marketing News*）；地方性城市杂志，如《棕榈泉生活》（*Palm Spring Life*）和《芝加哥》（*Chicago*）；区域性消费者杂志，如《落日》（*Sunset*）；地方性行业杂志《加州农夫》(*California Farmers*）等。

印刷媒体还包括目录，学校办的报纸、年鉴，用于体育赛事和剧场演出的节目单等。正像我们将在第 12 章中看到的那样，大量的报纸和杂志使消费者广告主和商业广告主都能准确地将自己的讯息传递给在不同领域和地理位置的具有高度选择性的目标市场。

电子媒体

广播（radio）和电视（television）这类**电子媒体**（electronic media）一向被称为广播媒体（broadcast media）。随着有线电视的出现，现在许多节目不再通过空中电波传输，而是通过电子线路进行传输。

四大电视网——NBC、CBS、ABC 和福克斯覆盖了超过 97% 的美国家庭。每个电视网都通过与 200 个以上的附属台站合作来实现这一目标。[64] 有线电视覆盖了另外数千万人，并以 USA、迪士尼和 ESPN 等热门频道为特色。尽管出现了新的数字技术，14 000 家广播电台仍在美国各地蓬勃发展。我们将在第 13 章更详细地讨论电子媒体。

数字互动媒体

数字互动媒体（digital interactive media）可以实现受众的积极、快速参与。互联网为资源匮乏的小微公司提供了随时访问全球客户的机会。

正如我们将在第 14 章中看到的那样，这给广告主和广告公司提出了新的挑战，迫使它们去学习新的创意形式。它们必须正视广告所面临的全新环境。在这个环境里，顾客也许会花上 20 分钟或更多时间看广告，而不像过去那样只有 30 秒钟。在这个环境里，广告已不再是独白，而是变成了对话。[65]

资料来源：Facebook/Free Fly Apparel.

Free Fly Apparel 利用社交媒体的力量、迷人的形象，以及让人印象深刻、无法抗拒的利益，向我们展示今天的广告是如何实施的。这则广告表明，即使是小公司，也一样可以通过恰当的媒体，成功而高效地触达全国受众。

科学技术和对观众的争夺导致严重的受众碎片化。过去，在电视网上播放一条广告便可以覆盖大部分市场；如今广告预算必须更大，才能涵盖足够多的媒体。不论顾客躲在哪里，总有新的媒体形式出现，将他们找到。但对大型的大众市场广告主来讲，这意味着沉重的财务负担。

社交媒体

在之前的版本中，我们将脸书、推特、YouTube、领英等网站归为数字互动媒体。然而，这些独特的网站非常重要，理应拥有自己的类别。**社交媒体**（social media）特指受众的主要动机是受众生成内容（audience-created content）的网站。这些来自朋友、家人、商业伙伴、熟人、名人和其他人的内容，具有较高的可信度、即时性和说服力。当然，广告主希望参与社交媒体的交流。它们正在寻找越来越多的方法来做到这一点。第 15 章将专门关注社交媒体。

户外媒体

户外媒体主要有两大类：户外广告和交通广告。在美国，绝大多数**户外广告**（outdoor advertising，主要指广告牌（billboard））公司都是地方性公司，但其收入的绝大多数却来自全国性广告主，尤其是酒类和航空公司。**交通广告**（transit advertising）（公共汽车、出租车、地铁上的广告）对于触达零售商销售半径内的目标公众而言，效果较好，成本也相对低廉。户外媒体还包括公共汽车候车点和火车站内的海报、航空航站楼的广告牌、体育馆记分牌、彩旗、灯箱、空中文字（skywriting）和报亭海报等。我们将在第 16 章详细介绍这种媒体。

麦当劳不仅在户外做广告，还做得很有创意。

资料来源：Courtesy of Outdoor Advertising Association of America.

直接反应媒体

大多数整合营销传播的目的都是为品牌或公司创造持久、积极的印象。但也有一些努力是为了产生更快、更直接的效果。这些广告讯息旨在诱导消费者立即购买，或采取其他理想的行动。直接反应广告的目的是产生即刻的反应。例如，如果公司直接通过邮件或电子邮件给潜在顾客发广告，而不使用任何商业媒体，那么这种广告就可

V 广告背后的人物

玛拉·卡普洛维茨

美国广告代理商协会（4A）是营销传播公司的全国性商业协会，包括全美许多大型广告公司以及众多的中小广告公司，它们共雇用了超过 65 000 名员工，并且投放了绝大多数的全国性广告。

2008 年，该组织将南希·希尔任命为第一任女性首席执行官，这种做法广受赞誉。在成立 91 年后，许多人都认为是时候有女性领导者了。当希尔最终选择在 2017 年辞职时，4A 转向了另一位才华横溢的女性玛拉·卡普洛维茨（Marla Kaplowitz）。经过对 70 多名候选人的广泛考察，卡普洛维茨脱颖而出。

卡普洛维茨曾就职于许多广告公司，表现出色。她从达美高开始职业生涯，然后是 Ammirati Puris Lintas。接下来，她加入了宝洁的媒体公司精锐媒体（Mediavest）。2011 年，她接受了 MEC 北美首席执行官的职位。

广告公司的工作经历只是卡普洛维茨为她目前的角色所做准备的一部分。她还在可信责任组织（Trustworthy Accountability Group，TAG）、广告委员会和数字广告联盟（Digital Advertising Alliance）的董事会任职。

卡普洛维茨领导的团队面临着众多挑战。广告公司要面对以下问题：大客户在财务紧缩的压力下，越来越强调问责制；包括程序化媒体购买和销售在内的技术变革；咨询公司的涌入，它们就广告公司的质量问题给客户出谋划策。以下是卡普洛维茨关于确保广告公司未来发展的一些想法。

关于 4A 的独特性 “创意。不只是想象力，而是要有创意。我们应该确保能够持续助力于对广告公司的赋权（empower），让它们在争取业务和建立与营销商之间的关系的时候，能够提供推动生意、影响文化的富有洞见的创造力。”[66]

关于广告中的文化敏感性 “需要更深入地理解，认真考虑各种背景的人意味着什么。无论是否涉及族裔、民族、性别、年龄、国籍，或者所有这些因素的总和，你都必须意识到，对发布出来的广告，必须负有责任。”[67]

关于未来的客户 “营销商应该在理解数据、创意和技术之间的内在联系方面负有什么责任？应该如何联结消费者并将其传递到品牌体验中？”[68]

关于搭建桥梁 “广告公司需要为它们所贡献的伙伴关系和工作重新受到重视，因为这事关它们的业务成长。我的目标是确保与全国广告主协会及其主席鲍勃·利奥狄斯（Bob Liodice）的紧密合作，希望与他们保持密切联系、共同前进。”[69]

关于使行业进一步多元化 “尽管 4A 已经讨论并创建了关于行业多元化问题的计划，但还没有为我们的成员做足够多事情来解决工作场所中的包容性问题。现在是采取行动的时候了，因此我们正在创建一系列能够真正指导会员的手册和工具。”她说，“开明工作场所认证”就是一项新举措。[70]

以称为**直邮广告**（direct-mail advertising）。

广告可以是一封简单的推销信，也可以是一个复杂的包裹，里边有优惠券、小册子、样品或其他用来刺激反应的物件。直邮使用邮政服务（“蜗牛信使”），如果按每次曝光成本计算，它就是最昂贵的媒体，但同时它也是最有效的媒体，因为营销人员可以直接针对目标消费者，而不会受来自其他广告主的竞争的影响。我们将在第 17 章讨论直邮问题。

其他媒体

技术革新带来了大量新型广告媒体，面对这种变化，即使最能干的媒体策划人和媒体购买人员有时也会不知所措。广告会出现在像亚马逊 Echo 这样的数字家庭中枢上。电脑可以用模拟语音或预先录制好的讯息来拨打电话和传递信息；还可以一边让来电者等候，一边播放预先录制的销售信息，直到客服代表接听为止。商业展示可以复制在 DVD 中，然后邮寄给潜在顾客。随着科学技术的不断发展，新的媒体会不断涌现，也将为打算投身于此的人提供新的工作（财富）机会。

世界各地的媒体

许多美国广告人能很快适应国外广告的风格，其适应速度比他们对国外广告媒体适应的速度还要快。在美国，如果你想把某种软饮料当作一种朝气蓬勃、愉快风趣的饮料来促销，你可以利用电视。但在欧洲、亚洲、南美洲和非洲的部分地区，你却不可以这样做。在世界上大多数国家，广播媒体都归国有，受政府的控制，而许多国家政府不允许广播电台和电视台播放商业广告。在埃及，可口可乐从瓶子上去掉了它的标志性名字，取而代之的是著名城市的名字。这一活动是可口可乐全球“分享可乐”（Share a Coke）活动的一个独一无二的转变，取得了令人振奋的成功。[71]

在允许播放电视广告的国家，电视机的拥有量也较高，跨越各种收入群体；而在欠发达国家，也许只有高收入家庭才有电视机。这意味着广告主在国外市场必须采取不同的媒体组合。

实际上，在任何国家都可以利用广播、电视、报纸、杂志、户外媒体和直邮。但是，不同国家的媒体法规制度差别很大。一般说来，根据受众的不同，国际广告主可以使用国际媒体或外国媒体。

国际媒体

过去，**国际媒体**（international media）一直局限于报纸和杂志，一般都面向好几个国家，但内容通常不做任何改变。有几家大型美国出版公司，如时代、麦格劳 - 希尔和科学美国人（Scientific American）在国外发行国际版杂志，统一使用英文，读者多为文化程度高、收入高的消费者，因此是宣传高端、名牌产品的好载体。与此相反，《读者文摘》面向 126 个国家发行，使用当地语言印刷。如今，电视也成了可资利用的国际媒体，而且，我们已经开始看到了商业性全球媒体工具的出现，如 CNN。

外国媒体

广告主利用**外国媒体**（foreign media）——每个国家的当地媒体——来进行针对单个国家的消费者或企业的大型广告战役。

由于外国媒体是服务于所在国受众的，因此，广告主必须用各个国家的语言制作广告。在比利时、瑞士等国家，官方语言不止一种，因此广告必须用每种语言做不同版本。

与美国不同，许多国家都有影响力强大的全国性报纸，它们是开展全国性广告战役的良好媒体。收音机几乎可以说家家都有，因此广告主还可以利用收音机广泛地渗透到低收入市场。在电视机保有量较低或商业电视受限的市场，电影院广告不失为一种切实可行的替代品。

本章小结

广告业由四个部分组成：广告主（客户）、广告公司、供应商和媒体。它雇用了各种各样的艺术家和商务人士、销售代表和工程师、高级管理人员和办事人员。

广告主可以根据其地理活动范围分为地方性、区域性、全国性和跨国广告主。地方性广告是指位于某一特定城市或县的企业针对同一地理区域的顾客投放的广告。地方性广告非常重要，因为大多数销售都是在当地实现或者失去的。

地方性广告分三种类型：产品广告、机构广告或分类广告。产品广告可以进一步划分为常规价格线广告、促销广告和清仓广告。机构广告通过在竞争框架中给企业找到定位，创造对整个企业的长期感知。分类广告用于招募新员工，提供服务，出售或租赁新的或旧的商品。

地方性广告主是营销传播活动的全面整合者。成功的地方性广告主往往身兼数职，它们的许多日常活动都有助于企业的推广。建立关系是关键因素。

地方性广告主可以从地方性广告公司、媒体、自由职业者和顾问、创意工作室、艺术服务团体以及出版商那里得到创意方面的协助。批发商、生产商和贸易协会经常帮助发布联合广告。

区域性广告主在一个或几个州运营，并只在该区域销售。全国性广告主在多个区域或全国范围内运营，它们是最大的广告主。

地方性广告主和全国性广告主在关注点、时间导向和资源上有所不同。全国性广告主关注品牌建设、市场份额、总体战略以及多个市场群体。地方性广告主关注日常流量、总销售额和销售量、战术方案，以及它们日常接触的个体消费者。全国性广告主有长期视野，而地方性广告主侧重短期视野。全国性广告主资金更多，雇员也更多。

大型公司的广告部门可能是集中式的也可能是分散式的。每一种结构都各有利弊。集中式组织最为典型，可以按照产品、广告的次级职能、最终用户和地理区域来组织结构；分散式广告部门适合于大型的分散的组织，它们有很多分部、子公司、产品、国家、地区和/或品牌。

跨国广告主面临独特的挑战。它们的市场有不同的价值体系、环境和语言，顾客有不同的购买能力、习惯和动机。美国的媒体习惯可能变得不可行或无效。因此，公司往往需要不同的广告策略。跨国广告主使用国际化、跨国的或全球化的结构来管理它们的广告。

广告公司是由专门从事广告及营销策划、广告宣传以及其他促销工具的开发和准备工作的创意人员和经营者组成的独立机构。

像它们的客户一样，广告公司可以是地方性的、区域性的、全国性的或者国际的。广告公司可以按照它们的服务领域和处理业务的类型进行划分。有两个基本类型：全面服务广告公司和专业服务广告公司，后者包括创意工作室、媒体购买公司、互动广告公司。广告公司可以专门服务于消费者客户或者B2B客户。在广告公司工作的人可能会参与客户管理、调查、客户企划、创意概念、制作、流程管理、媒体、附加服务、行政管理或许多其他活动。

广告公司可以按照职能上的特殊联系组成不同部门，也可按照为客户工作的小组组成不同团队。广告公司收取服务费、媒体佣金或者为客户对外采购的附加费。

有些广告主为了省钱和保留媒体佣金，开办了自营广告公司。但是它们要冒着失去客观性和创意的风险。

大多数广告公司通过推荐、对成功广告的公共宣传、为自己做广告、个人请托或关系网络而获得客户。客户和广告公司之间的关系会经历四个阶段：关系预备期、发展期、维持期和终结期。诸多因素影响双方的关系，包括：化学吸引力、沟通、操作和改变。

广告中的供应商是所有能够提供业务帮助的人或组织。例如美术工作室和网页设计公司、印刷厂、影视制作公司和调查公司等。

广告媒体包括传统的作为大众媒体的印刷媒体、电子媒体、户外媒体，以及更加专门化的渠道，例如直接反应媒体、数字互动媒体、社交媒体和特制广告物品等。

印刷媒体包括杂志、报纸和目录、黄页、学校年鉴等。电子媒体包括广播、电视。户外媒体有广告牌和交通广告。直邮广告对于产生需求和响应最有效。互动媒体有消费者参与，把广告从独白变为对话。

在国外市场，广告主要面对不同的媒体组合、不同的法律限制和不同的广告经济因素。

重要术语

客户执行（account executive，AE）
客户企划（account planning）
广告公司（advertising agency）
广告经理（advertising manager）
艺术总监（art director）
美术工作室（art studio）
全国广告主协会（Association of National Advertisers，ANA）
品牌经理（brand manager）
B2B 广告公司（business-to-business agency）
集中式广告部门（centralized advertising department）
分类广告（classified advertising）
清仓广告（clearance advertising）
联合广告（cooperative（co-op）advertising）
文案（copy）
文案人员（copywriter）
创意工作室（creative boutique）
创意总监（creative director）
去中心化系统（decentralized system）
部门制（departmental system）
发展期（development stage）
数字互动媒体（digital interactive media）
直邮广告（direct-mail advertising）
电子媒体（electronic media）
服务费－佣金混合制（fee-commission combination）
外国媒体（foreign media）
全面服务广告公司（full-service advertising agency）
面向普通消费者的广告公司（general consumer agency）
全球营销商（global marketer）
团队制（group system）
横向联合广告（horizontal cooperative advertising）
奖励制（incentive system）
独立制作公司（independent production house）
独立调查公司（independent research company）
自营广告公司（in-house agency）
机构广告（institutional advertising）
整合营销传播（integrated marketing communications，IMC）
互动广告公司（interactive agency）
国际广告公司（international agency）
国际媒体（international media）
国际化架构（international structure）
地方性广告（local advertising）
地方性广告公司（local agency）
维持期（maintenance stage）
管理（客户）主管（management（account）supervisor）
附加费（markup）
媒体（media）
媒体购买公司（media-buying service）
媒体佣金（media commission）
跨国企业（multinational corporation）
全国性广告主（national advertiser）
全国性广告公司（national agency）
户外广告（outdoor advertising）
售点（point）
关系预备期（prerelationship stage）
印刷厂（printer）
印刷媒体（print media）
产品广告（product advertising）
区域性广告主（regional advertisers）
区域性广告公司（regional agency）
常规价格线广告（regular price-line advertising）
促销广告（sale advertising）
销售促进部门（sales promotion department）
社交媒体（social media）
预演示（speculative presentation）
直接费（预付费）制（straight-fee（retainer）method）
供应商（supplier）

终结期（termination stage）
交通广告（transit advertising）
纵向联合广告（vertical cooperative advertising）
网页设计公司（web design houses）

复习题

1. 广告业务中涉及的主要组织分别扮演什么角色？
2. 地方性广告主与全国性广告主的区别有哪些？
3. 一家现代全面服务广告公司能为一家大型的 B2B 广告主提供哪些服务？
4. 在选择广告公司时，广告主最看重的因素有哪些？
5. 广告公司如何赚钱？广告公司最佳的取酬方式是什么？请做出解释。
6. 如果你办了一家广告公司，你如何去争取新业务？请具体说明。
7. 自营广告公司的利弊各是什么？
8. 影响客户和广告公司关系的主要因素有哪些？客户和广告公司如何维持彼此间的良好关系？
9. 互动媒体指什么？举例说明。
10. 如果你计划在欧洲给你的电脑品牌做广告，你会使用外国媒体还是国际媒体？为什么？

广告体验

1. 广告公司

某一广告公司往往专注于某一行业，或针对某一特定市场或某类消费者。请访问以下公司的网站：

- 9th Wonder：www.9thwonder.com
- BBDO：www.bbdo.com
- Crispin Porter+Bogusky：www.cpbgroup.com
- Dept：www.deptagency.com/en-ie/
- DDB Worldwide Communications Group Inc.：www.ddb.com
- 法隆：www.fallon.com
- 博达大桥：www.fcb.com
- 智威汤逊：www.jwt.com
- 李奥贝纳：www.leoburnett.com
- 麦肯：www.mccann.com
- Muse Communications：www.museusa.com
- 奥美：www.ogilvy.com
- RPA：www.rpa.com
- 盛世长城：www.saatchi.com
- 李岱艾：www.tbwachiat.com
- Y+R：www.yr.com

回答下列问题：

a. 上述公司的关注点在哪里（消费者、B2B、少数族裔或普通市场）？
b. 上述公司的规模及业务范畴有多大？客户是谁？
c. 上述公司的使命陈述和经营哲学是什么？它们对公司的客户基础有什么影响？
d. 上述公司的定位是什么？创意驱动、策略（客户）驱动，还是媒体驱动？
e. 你对它们的整体印象如何？对它们的作品印象如何？

2. 广告公司与客户（广告主）

广告业的确是个庞大的行业，广告主及广告公司专注于广阔市场中的众多业务。请访问以下网站，使自己对广告世界的性质与范畴更加熟悉：

广告主：

- 全球性：国际广告协会（IAA）：www.iaaglobal.org
- 全国性：全国广告主协会：www.ana.net

广告公司：

- 全国性：美国广告代理商协会：www.aaaa.org

广告从业人员：

- 国际性：广告从业者协会（IPA）：www.ipa.co.uk
- 全国性：美国广告联合会：www.aaf.org
- 区域性：明尼苏达州广告联盟：www.adfed.org
- 地方性：大波士顿广告俱乐部：www.adclub.org

广告出版物：

- 全国性：《广告时代》：www.adage.com
- 区域性 / 地方性：《广告周刊》：www.adweek.com

针对上述每个网站，回答下列问题：

a. 上述网站的主办方是谁（广告主、广告公司、广告从业人员，还是出版物）？其目标受众是谁？

b. 上述组织的规模以及业务范围有多大？

c. 上述组织的目的是什么？其网站的目的是什么？

d. 上述组织对个人成员有什么好处？对广告界有什么好处？

e. 上述组织如何对广告业产生重要作用？为什么？

3. 树立品牌形象

在你至少访问练习 1 中三家广告公司的网站后，请为两家虚拟的广告公司撰写目标陈述。第一家公司规模小，但锋芒毕露，致力于为非营利性客户服务；第二家公司为奢侈品公司代言，主要希望吸引更多的年轻专业人员。

4. 下列品牌网站吸引消费者参与的程度怎么样？根据你的回忆，参与的原则是什么？

a. Scentos：https://scentos.com/

b. 激浪：www.mountaindew.com/

c. 梅赛德斯－奔驰美国：www.mbusa.com/en/home

d. 桑道斯度假村：www.sandals.com/bahamas/

本章注释

[1] U.S. Census, "Business & Industry," *www.census.gov/econ*.

[2] "Rubio's Coastal Grill," *Wikipedia*, *https://en.wikipedia.org/wiki/Rubio%27s_Coastal_Grill*.

[3] Jim Rowe, "Integrated Marketing Tips? Study Retail Trade," *Advertising Age,* April 4, 1994, p. 32.

[4] Henry A. Laskey, J. A. F. Nicholls, and Sydney Roslow, "The Enigma of Cooperative Advertising," *Journal of Business and Industrial Marketing* 8, no. 2 (1993), pp. 70–79.

[5] Kathy Crosett, "Best of 2012: CPG Trade Promotion, Co-op Ads Shifting to Digital in 2012," *Audience Scan*, December 19, 2012, *www.audiencescan.com/best-of-2012-cpg-trade-promotion-co-op-ads-shifting-to-digital-in-2012/*.

[6] David Barkholz, "Ford Co-op Program Pushes More Digital Ads," *Automotive News*, June 19, 2015, *www.autonews.com/article/20140113/RETAIL/301139986/ford-co-op-program-pushes-more-digital-ads*.

[7] "Helping Dealers Sell More Tires," *Printing Impressions* 48, no. 4 (2005), p. 96.

[8] "100 Leading National Advertisers, 2014," *Ad Age DataCenter*, June 23, 2014, *http://adage.com/article/datacenter-advertising-spending/100-leading-national-advertisers/293054/*.

[9] "100 Leading National Advertisers, 2014," *Ad Age DataCenter*, June 23, 2014, *http://adage.com/article/datacenter-advertising-spending/100-leading-national-advertisers/293054/*.

[10] "Brands," *General Mills, www.generalmills.com/en/Brands/Overview*.

[11] William O. Bearden, Thomas N. Ingram, and Raymond W. LaForge, *Marketing Principles & Perspectives* (Burr Ridge, IL: Irwin, 1995), p. 96.

[12] "Investor Relations," *P&G*, *www.pginvestor.com/*.

[13] "100 Leading National Advertisers, 2014," *Ad Age DataCenter,* June 23, 2014, *http://adage.com/article/datacenter-advertising-spending/100-leading-national-advertisers/293054/*.

[14] Alan Mitchell, "P&G Drops Old Job Tags in Rejig," *Marketing* (UK), October 14, 1993, p. 4.

[15] Aelita G. B. Martinsons and Maris G. Martinsons, "In Search of Structural Excellence," *Leadership & Organization Development Journal* 15, no. 2 (1994), pp. 24–28.

[16] Ellen Byron, "P&G's Internal Memo on Management Shakeup," *The Wall Street Journal,* October 22, 2014, *http://blogs.wsj.com/corporate-intelligence/2014/10/22/pgs-internal-memo-on-management-shakeup/*.

[17] E. Jerome McCarthy and William D. Perreault Jr., *Basic Marketing,* 11th ed. (Burr Ridge, IL: Irwin, 1993), p. 593.

[18] "Global Marketer's Index," *Ad Age DataCenter,* December 7, 2014, *http://adage.com/article/datacenter-advertising-spending/global-marketers-index/106350/*.

[19] Eric N. Berkowitz, Roger A. Kerin, Steven W. Hartley, and William Rudelius, *Marketing,* 3rd ed. (Burr Ridge, IL: Irwin, 1992), p. 609.

[20] Kathleen How, "Meet Estée Lauder's Newest Supermodel Face," The Cut, May 15, 2018, *www.thecut.com/2018/05/grace-elizabeth-is-este-lauders-newest-spokesmodel.html*.

[21] James E. Ellis, "Why Overseas? 'Cause That's Where the Sales Are," *BusinessWeek,* January 10, 1994, p. 63; "How CAA Bottled Coca-Cola," *Fortune,* November 15, 1993, p. 156; Deborah Hauss, "Global Communications Come of Age," *Public Relations Journal,* August 1993, pp. 22–23; Sally Solo, "How to Listen to Consumers," *Fortune,* January 11, 1993, pp. 77–78; Jennifer Lawrence, "Delta Gears Up for Global Fight," *Advertising Age,* August 19, 1991, pp. 3, 44; Charles Hennessy, "Global-degook," *BusinessLondon,* March 1990, p. 131; Raymond Serafin, "W. B. Doner Hits a Gusher," *Advertising Age,* June 6, 1988, p. 43.

[22] Jim Patterson, "Viewpoint: Global Communication Requires a Global Understanding," *Adweek*, October 31, 1994, p. 46; "Efficacy of Global Ad Prospects Is Questioned in Firm's Survey," *The Wall Street Journal,* September 13, 1984, p. 29.

[23] Jim Patterson, "Viewpoint: Global Communication Requires a Global Understanding," *Adweek*, October 31, 1994, p. 46.

[24] Aelita G. B. Martinsons and Maris G. Martinsons, "In Search of Structural Excellence," *Leadership & Organization Development Journal* 15, no. 2 (1994), pp. 24–28.

[25] Frederick R. Gamble, *What Advertising Agencies Are—What They Do and How They Do It,* 7th ed. (New York: American Association of Advertising Agencies, 1970), p. 4.

[26] "Brands on Trial," *Adweek,* May 24, 1993, pp. 24–31.

[27] Melanie Wells, "The Interactive Edge—Part II: Desperately Seeking the Super Highway," *Advertising Age,* August 22, 1994, pp. 14–19.

[28] Jennifer Gilbert, "Gotham Gathers Interactive under Hinkaty," *Advertising Age,* July 31, 2000, p. 42, *http://webgate.sdsu.edu*.

[29] Andrew McMains, "Debunking the Consolidation Myth," *Adweek,* February 20, 2006, *www.adweek.com/aw/national/article_display.jsp?vnu_content_id=1002035233*.

[30] *Advertising Age* Data Center, "World's 10 Largest Media Agencies," 2014.

[31] Beth Snyder, "True North Unites Modem, Poppe into Digital Force," *Advertising Age,* May 1998 (Articles & Opinions, *http://adage.com*); Kate Maddox, "Agency Pitch Heats Up Camp Interactive Show," *Advertising Age,* August 1998 (Articles & Opinions, *http://adage.com*); "Think New Ideas Takes Answer-

Think Moniker," *Advertising Age,* April 3, 2000 (Interactive Daily, *http://adage.com*).
[32] "Fact Sheet: Inside the AAAA," *American Association of Advertising Agencies,* August 15, 2000, *www.aaaa.org/inside/about_us.html*.
[33] Kevin Goldman, "IBM—Account Fight Lifts Planner Profile," *The Wall Street Journal,* October 26, 1993, p. B8.
[34] Nancy D. Holt, "Workspaces/A Look at Where People Work," *The Wall Street Journal,* January 22, 2003, p. B6.
[35] Sally Goll Beatty, "Leo Burnett Group to Decentralize U.S. Operations," *The Wall Street Journal,* September 17, 1997, p. B10; Sally Goll Beatty, "Leo Burnett to Offer Small-Agency Style," *The Wall Street Journal,* September 18, 1997, p. B4; Dottie Enrico, "Ad Agency Ready for a New Day," *USA Today,* September 19, 1997, p. 5B.
[36] Alison Fahey, "Agencies Look to Shape Up, Slim Down," *Adweek,* August 16, 1993, p. 4.
[37] William F. Arens and Jack J. Whidden, "La Publicité aux Etats-Unis: Les Symptómes et les Stratégies d'une Industrie Surpleuplée," *L'Industrie de la Publicité au Québec* (Montreal: Le Publicité-Club de Montréal, 1992), pp. 383–84.
[38] Jon Lafayette and Cleveland Horton, "Shops to Clients: Pay Up—4A's Members Call for an End to Free Services," *Advertising Age,* March 19, 1990, pp. 1, 66.
[39] Andrew Jaffe, "Has Leo Burnett Come to the End of the 'Free Overservice' Era?" *Adweek,* December 6, 1993, p. 46; Melanie Wells and Laurel Wentz, "Coke Trims Commissions," *Advertising Age,* January 31, 1994, p. 2.
[40] Nikki Kria, "4A's Unveils Enlightened Workplace Certification® Program," *American Association of Advertising Agencies,* February 12, 2018, *www.aaaa.org/4as-unveils-enlightened-workplace-certification-program/*.
[41] Shareen Pathak, "'The Schoolyard Has Been Replaced by the Office': The Bullying Problem at Agencies," *Digiday,* February 19, 2018, *https://digiday.com/marketing/schoolyard-replaced-office-bullying-problem-agencies/*.
[42] Shareen Pathak, "'The Schoolyard Has Been Replaced by the Office': The Bullying Problem at Agencies," *Digiday,* February 19, 2018, *https://digiday.com/marketing/schoolyard-replaced-office-bullying-problem-agencies/*.
[43] Nikki Kria, "4A's Announces Open Enrollment and In-Market Training Tour for Its Enlightened Workplace Certification Program," *Cision,* May 21, 2018, *www.prweb.com/releases/2018/05/prweb15503025.htm*.
[44] John Micklethwait, "Cut the Ribbon," *The Economist,* June 9, 1990, pp. S16–S17; Tom Eisenhart, "Guaranteed Results' Plan May Suit Business Marketers," *Business Marketing,* July 1990, p. 32; Jim Kirk, "Miller Sets Free Rates," *Adweek,* January 24, 1994, p. 4.
[45] James R. Willis Jr., "Winning New Business: An Analysis of Advertising Agency Activities," *Journal of Advertising Research,* September/October 1992, pp. 10–16.
[46] Andrew Jaffe, "The Fine Art of Keeping Clients Happy While Chasing New Business," *Adweek,* May 9, 1994, p. 38.
[47] Melanie Wells, "Courtship by Consultant," *Advertising Age,* January 31, 1994, pp. 10–11; "Accounts on the Move," *Advertising Age,* June 2, 1997, *http://adage.com*; "H&R Block Review Down to 3," *Advertising Age,* May 17, 2000 (Daily Deadline, *http://adage.com*); "Monster, L.L. Bean Open Account Review," *Advertising Age,* July 12, 2000 (Daily Deadline, *http://adage.com*); "Deutsch Tunes in $70 Mil DirecTV Account," *Advertising Age,* August 18, 2000 (Daily Deadline, *http://adage.com*).
[48] Thorolf Helgesen, "Advertising Awards and Advertising Agency Performance," *Journal of Advertising Research,* July/August 1994, pp. 43–53.
[49] Daniel B. Wackman, Charles T. Salmon, and Caryn C. Salmon, "Developing an Advertising Agency–Client Relationship," *Journal of Advertising Research,* December 1986/January 1987, pp. 21–28.
[50] Kevin Goldman, "FCB Bumps Ayer as AT&T's Top Agency," *The Wall Street Journal,* November 22, 1994, p. B8.
[51] Kevin Goldman, "Ties That Bind Agency, Client Unravel," *The Wall Street Journal,* November 16, 1994, p. B6.
[52] Yumiko Ono, "Apple Picks TBWA," *The Wall Street Journal,* August 11, 1997, p. B3.
[53] Burt Helm and David Kiley, "Wal-Mart Leaves Draft Out in the Cold," *Bloomberg Businessweek,* December 7, 2006.
[54] Steven Raye, "Agencies, Clients: It's Mutual Contribution for Mutual Gain," *Brandweek,* September 12, 1994, p. 20; Ed Moser, "Inside Information," *Adweek,* January 24, 1994, p. 22; Mat Toor, "Fear and Favour in Adland," *Marketing* (UK), November 15, 1990, pp. 30–32.
[55] Paul C. N. Mitchell, Harold Cataquet, and Stephen Hague, "Establishing the Causes of Disaffection in Agency–Client Relations," *Journal of Advertising Research,* March/April 1992, pp. 41–48.
[56] Isabelle T. D. Szmigin, "Managing Quality in Business-to-Business Services," *European Journal of Marketing* 27, no. 1 (1993), pp. 5–21.
[57] Ron Jackson, "If You Hire a Vendor, You Get a Vendor Mindset," *Marketing News,* April 25, 1991, pp. 13–14.
[58] Steven A. Meyerowitz, "Ad Agency Conflicts: The Law and Common Sense," *Business Marketing,* June 1987, p. 16.
[59] Andrew Jaffe, "For Agencies, Conflict Taboo Seems Strong as Ever," *Adweek,* January 24, 1994, p. 46.
[60] Betsy Sharkey, "New Suit," *Adweek,* June 20, 1994, p. 20.
[61] Newspaper Association of America, "Total Paid Circulation," *www.naa.org/TrendsandNumbers/Total-Paid-Circulation.aspx*.
[62] "Average Paid and Verified Weekday Circulation of the New York Times from 2000 to 2018," *Statista, www.statista.com/statistics/273503/average-paid-weekday-circulation-of-the-new-york-times/*.
[63] Number of magazines in the United States from 2002 to 2017. Statista, *www.statista.com/statistics/238589/number-of-magazines-in-the-united-states/*.
[64] U.S. Census Bureau, "Information and Communications," *Statistical Abstract of the United States, www.census.gov*.
[65] Sean Savage, "For Firms on Network, Net Gains Can Be Great," *ComputerLink,* Knight Ridder News Service, November 29, 1994, pp. 3–4.
[66] Lindsay Stein, "What to Expect at the 4A's Annual Conference, Including John Leguizamo," *AdAge,* March 28, 2018, *https://adage.com/article/agency-news/4a-s-leader-marla-kaplowitz/312895/*.
[67] Bennett Bennett, "Marla Kaplowitz on 4A's Relationship with ANA," *The Drum,* December 12, 2017, *www.thedrum.com/news/2017/12/12/marla-kaplowitz-4a-s-relationship-with-ana-it-takes-time-make-sure-the-trust-and*.
[68] "4A's Chief Seeks 'Client of the Future,' Launches Inclusion Certification Program," *Beet TV, www.beet.tv/2018/04/marla-kaplowitz.htm*.
[69] Katie Richards, "Why the 4A's Chose MEC North America CEO Marla Kaplowitz as Its Next Leader," *Adweek,* February 27, 2017, *www.adweek.com/agencies/why-the-4as-chose-mec-north-america-ceo-marla-kaplowitz-as-its-next-leader/*.
[70] Megan Graham, "4A's Accelerate: Industry Talks #WHATIF, Harassment and 'Frenemies,'" *https://adage.com/article/agency-news/4a-s-conference-industry-talks-whatif-harassment-frenemies/313078/*.
[71] Think Marketing, The country on a can; Coca Cola Egypt latest campaign, April 18, 2017, *https://thinkmarketingmagazine.com/the-country-on-a-can-coca-cola-egypt-latest-campaign/*.

PART 2

第 2 篇

策划广告战役

第 5 章　营销和消费者行为：整合营销传播基础

第 6 章　市场细分与营销组合：广告战役战略的决定性因素

第 7 章　调查：为整合营销传播计划收集信息

第 8 章　市场营销和整合营销传播计划

第 9 章　媒介战略策划：传播讯息

第 10 章　创意策略和创意过程

第 5 章

营销和消费者行为：整合营销传播基础

学习目标

认识营销过程在经营活动中的重要性，明确在市场中表现企业及其产品的广告和其他营销传播工具的作用。广告从业人员要想获得成功，就必须了解营销活动与消费者行为之间的关系。从理论上讲，正是这一关系塑造了有效的广告。

学习本章后，你将能够：

1. 了解营销是什么，并解释消费者需要与产品效用之间的关系。
2. 识别营销过程的主要参与者。
3. 理解为什么消费者行为是 IMC 战略的关键。
4. 勾勒消费者行为的心理过程。
5. 描述消费者购买行为背后的基本动机。
6. 详细说明人际因素对消费者行为的影响。
7. 解释非人际因素如何影响消费者行为。

想象一下，你创造了世界上最了不起的产品。你不想用有史以来最伟大的广告来介绍它吗？史蒂夫·乔布斯（Steve Jobs）是这么想的，也为之努力。但差点没能实现。

苹果公司的起源可以追溯到20世纪70年代后期，当时乔布斯和他的朋友斯蒂夫·沃兹尼亚克（Stephen Wozniak）因共同痴迷于制造一台让人们黑进AT&T并拨打免费（非法）长途电话的机器而结缘。[1]令人惊讶的是，他们真的创造了一台简单的设备可以实现想要的功能。在一个潜在的“顾客”强烈要求获得这台机器并用枪指着乔布斯的腹部以后，他决定要找点其他东西来造了。所以他们转向了新的个人电脑技术。苹果Ⅰ只不过是一种主板而已，他们将其直接卖给业余爱好者商店。乔布斯和沃兹尼亚克意识到了更精致、更消费者友好的产品的价值，于是，创造了一台真正的电脑——苹果Ⅱ。这台机器一炮而红，深受技术爱好者的喜爱，它帮助公司吸引了大量的风险投资。

但麻烦也随之而来。乔布斯有一种独特的招惹他人的天赋。激烈、粗暴、喜怒无常、自私自利、完全不合常规，许多人认为他太不成熟，无法领导一家成长中的公司。乔布斯被发配到了开发团队。更糟糕的是，这是“第二梯队”，他被安排去做次要产品。苹果的希望寄托在了名为“Lisa”的苹果Ⅱ升级产品身上。乔布斯得到的任务是开发“备份”产品，这个产品后来被称为Mac。乔布斯一如既往地痴迷于把Mac打造成为梦想中的电脑。由于竞争激烈，他想要一款不仅销量超过行业领导者IBM PC，而且还能碾压Lisa的设备。乔布斯相信计算机可以成为个人解放和获得自主权的工具。因此，他为Mac注入了各种尖端技术，包括革命性的图形用户界面（GUI）。界面特别漂亮，还融合了各种字体、颜色和图形，它甚至还可以说话。

到1983年底，Mac已经准备就绪。苹果聘请了著名的加利福尼亚广告公司李岱艾来帮助推出这款机器。乔布斯告诉广告公司总监，IBM PC代表了一种乏味的技术，它将个体变成了浑浑噩噩的木偶。他解释说，设计精美的Mac却是一种自由的、充满创造性的、自我表达的工具。[2]李岱艾提出了一个想法，使用乔治·奥威尔（George Orwell）的小说《1984》中的隐喻，把Mac定位成与PC相对立的产品。如果说PC助长了“对大众的奴役”的话，Mac就将解放个人。乔布斯喜爱这个想法。广告聘请了电影导演雷德利·斯科特（Ridley Scott，曾执导过《银翼杀手》《异形》《角斗士》）。乔布斯、沃兹尼亚克以及李岱艾公司的所有人都很喜欢这个广告。

但苹果董事会对此却没那么肯定。这则广告制作成本高昂，打算在1984年超级碗（Super Bowl）期间播出，这是一年中最贵的广告时间。一次播出的成本就超过了100万美元，这对于一家努力创造利润的年轻科技公司来说，是一大笔钱。苹果董事会在最后一刻退缩，决定取消购买计划，李岱艾公司接到指示，不得不回售了播出时间。乔布斯非常愤怒，李岱艾也是。李岱艾声称找不到买家买走这段广告时间，尽管有传闻说这其实不是实情。于是这则广告还是在超级碗期间首次亮相了。观众和评论家都对它惊叹不已。尽管它只在电视网上播放过一次，但还是立刻成为经典。事实上，这则广告成就了超级碗，帮助它成为每年最佳广告的首播之地。[3]戛纳广告节将该广告评为年度最佳广告，《广告时代》最终将其列在20世纪100个最伟大广告的第12位。最重要的是，Mac电脑广受好评，成为苹果公司的畅销产品。

遗憾的是，即使是这种甜蜜的成功也无法阻止乔布斯和苹果高管之间的冲突升级。1985年，情况变得非常糟糕，乔布斯被要求离开公司。数年后，他重返苹果，带领苹果达到新的高度，并监督iPhone和iPad等了不起的产品的开发。苹果继续与各种伟大的广告活动联系在一起。但没有另外哪部苹果广告能比这则广告获得更大的敬意。这则制作精美的广告不仅仅是娱乐性的作品，它以一种强有力的、几乎不可抗拒的方式传达了乔布斯的信念：苹果是计算机的未来。[4]通过用生动的方式将IBM比作老大哥，将苹果比作美丽的年轻叛逆者，这一广告可能是广告史上最伟大的定位的例子。[5]

5.1 营销：通过创造效用来创造满意的交换

❶ 了解营销是什么，并解释消费者需要与产品效用之间的关系

任何一位营销商都面临着一个永恒的挑战：如何以最有效的方式呈现自己的产品、服务及观念。要做到这一点，它们必须首先理解产品与市场之间的重要关系，这正是营销的任务。

一个企业的繁荣昌盛，取决于它是否能吸引并留住那些愿意且有能力为本企业的产品和服务付费的顾客。这就意味着营销商必须能识别并且找到自己的潜在顾客——他们在哪里居住、工作、休闲？然后了解他们的需要、欲望和渴望；要创造出比竞争对手更能满足这种渴望的产品和服务；最后，用有力、清晰、可信的方式传播公司产品和服务的信息。

本章将帮助你更好地理解整合营销传播在营销职能中的作用，并介绍最终影响广告反应的人为因素。

营销与整合营销传播的关系

我们在第 1 章已经讲过，**营销**（marketing）是管理者有关产品概念、定价、促销和分销的计划和执行活动。营销的最终目标是创造交换，以满足感知需要和欲望，并实现个人或组织的目标。

IMC 只是营销在推广方面所采用的众多工具之一，但 IMC 如何做、安排在哪里，这些在很大程度上都取决于营销组合的其他因素以及这些讯息打算传递给谁。

消费者需要和产品效用

公司通过营销调查来发现市场中的需要和欲望。目标是将这些信息用于产品塑造和开发——通过生产、重新包装或 IMC 来设计产品，以便更充分地满足客户的需要和欲望。

对营销的这一界定表明，顾客需要和产品满足需要的能力之间的特殊关系是一个非常重要的因素，我们称之为产品的效用。**效用**（utility）是产品满足功能性需要和象征性（或心理）欲望的能力[6]，而 IMC 的角色之一便是传播这种效用。因此，有些讯息会表现产品的性能如何好，有些则会夸赞产品如何让人有魅力、吸引人或者有地位。

来看看这个例子，道奇公羊（Ram）1500 卡车在一个充满挑战的市场中竞争。尽管它的整体销量还不错，但仍落后于竞争对手福特（F150）和雪佛兰（Silverado）。2019 年，公羊升级了驾驶舱，以追求一种新的效用——“豪华卡车”。虽然人们认为消费者购买皮卡的动机可能是需要从事户外工作或渴望越野驾驶，但新的公羊限量版的一些标准配置，包括豪华驾驶舱、哈曼卡顿（Harman Kardon）扬声器和 12 英寸触摸屏控制台，让它可以与特斯拉（Tesla）一较高下。这些新配置告诉我们卡车购买者所寻求的效用已经发生了变化，营销人员必须密切而有效地了解市场中的效用。[7]

交换、感知与满意

回顾一下，营销的目标在于“创造交换，以满足感知需要和欲望，并实现个人或

组织的目标”。这个定义中有三个重要的观点：交换、感知和满意。下面就让我们逐一做简单了解。

交换：营销和 IMC 的目标

交换（exchange）指个人或组织用一件有价值的物品与另一件物品交易。交换是营销学的传统理论核心。我们每个人都会参与交换，这不过是人类自利的自然属性的一部分。买主参与交换，以求获得更多的东西改善自己或他人的生活；而卖主参与交换，则是为了扩大经营，赚取利润。

营销促进交换，因而增加了每个人满意的可能性。那么，营销是如何做到这一点的？方法很多，如开发人们可能想要的产品；给它们定一个有吸引力的价格；将它们分销到便利的地点；通过广告和其他促销工具给消费者提供信息。通过提供信息，IMC 让人们了解可以获得哪些产品、还有什么不同品牌的备选项。

IMC 还告知人们产品的特点与优点、价格选项以及在哪里可以买到产品。在直复营销（direct marketing）的情境下，IMC 甚至还可以完成销售。

感知即一切

成功的营销本质上是交易双方满意的交换。企业必须因销售而获利，消费者则必须相信他们的钱花得值得。

准备参与交换活动的人有时会感到担心，他们可能害怕交换是不平等的，即便交换完全公平，他们也会有这种顾虑。这就涉及感知的问题了。如果顾客对产品了解不多，他们的这种不平等感就会更加强烈。在这种情况下，知情一方（卖方）必须向买方（也许通过 IMC）保证达成满意的交换是完全可能的。如果卖方能够提供买方正好需要的信息和提示，双方就都会承认这有可能是一桩感知上等价的交换。然而，若没有这种感知，交换便不可能发生。例如，无论苹果在 IMC 上花了多少钱，如果人们不认为 iPhone XS Max 的好处值 1 400 美元，那么他们就不会购买。

苹果广告与苹果产品相匹配，它们都很“酷”，更深一层看，广告和产品有共同的特征：简单、优雅、时尚。这两则苹果广告尽管有明显的不同，但还是具有共同的设计元素。看看这两则广告有什么不同？尽管有这些不同，你为什么还是会觉得它们都是有效广告的范例？

资料来源：The Advertising Archives.

因此，广告主必须首先了解自己的顾客。他们的需求是什么？他们的欲望是什么？他们现在如何看待我们？广告主一旦深入了解了自己的顾客，就能更有效地调整或修正顾客对产品的感知（认知、态度、兴趣），以及它们有关产品满足顾客感知欲望和需要（效用）的能力（价值）的信念。

IMC 可以通过很多途径达到这个目的。比如，电视广告可以利用适当的灯光或音乐烘托气氛，在吸引顾客注意力的同时，引发他们满足某一需要或欲望的情感。如果消费者已经知晓产品的存在及其价值，而他们想要满足的欲望或需要又正好与产品匹配，那么他们就很有可能采取行动。[8] 由于感知对广告主来说是如此重要，我们将在本章后面进行更详细的讨论。

满意：顾客的目标

即使交换完成，满意也还会是个问题。产品必须让顾客一用到它便觉得满意，否则，他们就会认为自己得到的不是等价交换。满意带来更多的交换——心满意足的顾客会反复购买，而且会告诉自己的亲朋好友。口碑向来重要，在社交媒体的新时代更是至关重要。因此，满意既然是顾客追求的目标，也一定是成熟的营销商的根本目标。

IMC 提醒顾客他们为何要购买该产品，帮助他们说服持怀疑态度的亲朋好友，使他们能够说服其他潜在顾客采取购买行动，这一切巩固了他们的满足感。但是，如果产品的性能不好，由此产生的负面影响恐怕更难控制。实际上，烂产品配好广告很快就可以毁掉一个企业。广告越好，尝试产品的人就越多；而尝试产品的人越多，一旦不满意，反感的人就越多，而且他们还会转告自己的亲朋好友。

苹果广告之所以成功，是因为它与消费者对话，并且设法实现消费者所欲求的效用。

资料来源：Xinhua/eyevine/Redux Pictures.

5.2 营销过程的主要参与者

人们的需要和欲望每天都在变化，而营销商需要不停地推广各种各样的产品去吸引顾客的注意力和兴趣，这使得营销过程不断变化。有时，似乎每个人都在寻找交换的机会；有时，又似乎没有一个人这么做。营销交换取决于参与的三方：顾客、市场（顾客群体）和营销商。

❷ 识别营销过程的主要参与者

顾客

顾客指消费产品或服务的个体或组织，一般分为三大类：既有顾客、潜在顾客和影响力中心。

既有顾客（current customers）已经购买过企业或品牌的某种产品，实际上，他们也许会定期购买这种产品。衡量一家企业是否成功的一种方法就是计算其既有顾客的人数及其重复购买的次数。**潜在顾客**（prospective customers）指将要进行交换或正在考虑进行交换的人。**影响力中心**（center of influence）指其观点或行为受他人尊敬的个人或团体。一个影响力中心往往是联结众多潜在顾客的桥梁。

市场

营销过程的第二个参与者是**市场**（market），即一群有共同兴趣、需要和欲望，能够支付金钱或资源以满足自己的需要或解决问题，并且可以购买的既有顾客、潜在顾客和非顾客。[9] 其实，正如我们将在第 6 章充分阐述的那样，一个市场很难将每一个人都包容进去。企业一般向以下四大类市场做广告。

1. **消费者市场**（consumer markets）由购买自用品的人构成。例如道奇公羊和宝马都瞄准消费者市场。但是它们在市场中瞄准不同的人群。它们的有些汽车面向单身女性，有些面向高端年轻家庭，还有些面向退休人士。消费者市场是巨大的，占美国经济支出的很大一部分。[10] 第 6 章将讨论消费者细分的方式。

2. **商业市场**（business markets）由购买服务、自然资源、零部件产品用于转售、开展自己的业务或制造其他产品的组织构成。虽然你可能更熟悉针对消费者的促销，但是几乎一半的营销都是企业间的。在美国，企业购买者每年购买价值数万亿美元的制成品、数十亿美元的原材料，以及数十亿美元的律师事务所、会计师事务所、航空公司和广告公司的服务。[11] 有两个最重要的商业市场：转售商市场和产业市场。

转售商市场（reseller markets）购买产品是为了再次销售。例如，道奇公羊通过独立的经销商网络向消费者分销卡车。同样，美汁源（Minute Maid）也必须依赖零售杂货店销售它的果汁品牌，否则就没有办法卖给消费者。苹果在自己的门店销售其产品，但也通过百思买（Best Buy）等零售商销售。

产业市场（industrial markets）包括数以百万计的公司，它们购买用于生产其他商品和服务的产品。[12] 工厂设备及机械生产商向产业市场推广产品，同样，办公用品供应商、电脑公司、电话公司也向产业市场推广。第 6 章将按照行业、地理位置和规模对产业市场进行分类。

3. **政府市场**（government markets）为市、州、联邦和其他政府的活动购买产品。一些公司只向政府市场销售产品，同样取得了巨大的成功。它们向政府买家推销邮政用车、警用和军用武器，以及税务人员办公设备。

4. **跨国（全球）市场**（transnational（global）markets）包括位于国外的其他三类市场中的任何一个。每个国家都有消费者、转售商、产业和政府。那么，对于同样的产品，跨国市场和美国或加拿大国内市场有什么不同呢？答案是环境不同。法国的环境和日本不同，巴西的环境与沙特阿拉伯不同。有时，就像瑞士的情况一样，即使一个国家内的环境也有很大的差异。对于当代的营销商而言，跨国目标市场既是挑战也是机会，所以我们在本书中每一个适当的地方，都会讨论这个主题。

这则呈现一对空巢父母拿着 Celebrations 糖果的广告是如何吸引重要的“婴儿潮”一代市场的呢？你认为这个广告也会吸引年轻消费者吗？

资料来源：Mars, Incorporated.

对于高参与度的消费者，信息就是一切。这则嘉信理财（Charles Schwab）的广告给潜在的投资者提供了有用的事实。这些信息有助于消费者判断嘉信理财账户是否符合他们的投资需求。

资料来源：Charles Schwab & Co.

营销商

第三个参与营销过程的是**营销商**（marketers），包括每一个销售产品、服务和观念的个人或者组织。制造商向消费者和企业推销产品，农民推销小麦，医生推销医疗服务，银行推销金融产品，政治组织推销哲学观念和候选人。要想获得成功，在创作内容之前，营销商必须深刻了解它们的市场。

5.3　消费者行为：整合营销传播战略的关键

想想你的朋友或同事。你了解他们多少？你能描绘出他们的生活方式和喜欢什么样的产品吗？他们通常在外就餐，还是自己做饭？他们滑雪吗？打网球吗？他们买什么品牌？你了解他们使用社交媒体的频率吗？他们看什么电视节目？访问哪些网站？如果你是苹果公司的广告经理，打算面向他们为新款 iPhone 做广告，你会采用什么诉求？使用什么媒介触达他们？

❸ 理解为什么消费者行为是 IMC 战略的关键

了解消费者的重要性

营销商花费大量金钱来保持个人或群体（市场）对其产品的兴趣。为了确保成功，它们需要了解是什么让潜在客户以他们特有的方式行事。其目标是获取足够的市场数据来建立消费者档案，找到交流的共同点（和符号）。这包括对**消费者行为**（consumer behavior）——人们购买、使用产品和服务来满足需求和欲望的心理和情感过程以及身体活动——的研究。[13] **组织买家**（organizational buyers）（购买用于商业和政府的产品和服务的人）的行为也很重要。我们将在第 6 章讨论。

消费者决策过程：概述

社会科学工作者提出了许多有关消费者行为的理论来解释消费者的购买决策过程。现在，让我们从广告主的角度来看看这个问题。

当意识到某种需要可以通过购买满足时，**消费者决策过程**（consumer decision process）就会开始。图表 5 - 1 展示了这个过程的基本步骤。它涉及一系列活动：问题识别（这可能是看到广告的结果）、信息收集、评估和选择、商店选择和购买，最后是购买后行为。对于简单的、习惯性的日常购买，决策过程很短。但在那些消费者高度参与的购买中，消费者大幅延长决策过程的情况很常见。

无论这个过程长还是短，许多因素都在消费者的行为方式中发挥作用。这包括一系列受各种影响而形成的个人子过程。

三项**个人过程**（personal processes）引导着我们处理原始信息（刺激）并将此转化成感受、思想、信念和行动。这三项个人过程就是感知过程、学习与说服过程以及动机过程。

此外，我们的心理过程和行为均受两组因素的影响：**人际影响**（interpersonal influences），包括家庭、社会和文化影响；**非人际影响**（nonpersonal influences），往往不以消费者的意志为转移，包括时间、场所和环境影响。

图表 5－1
消费者基本决策过程

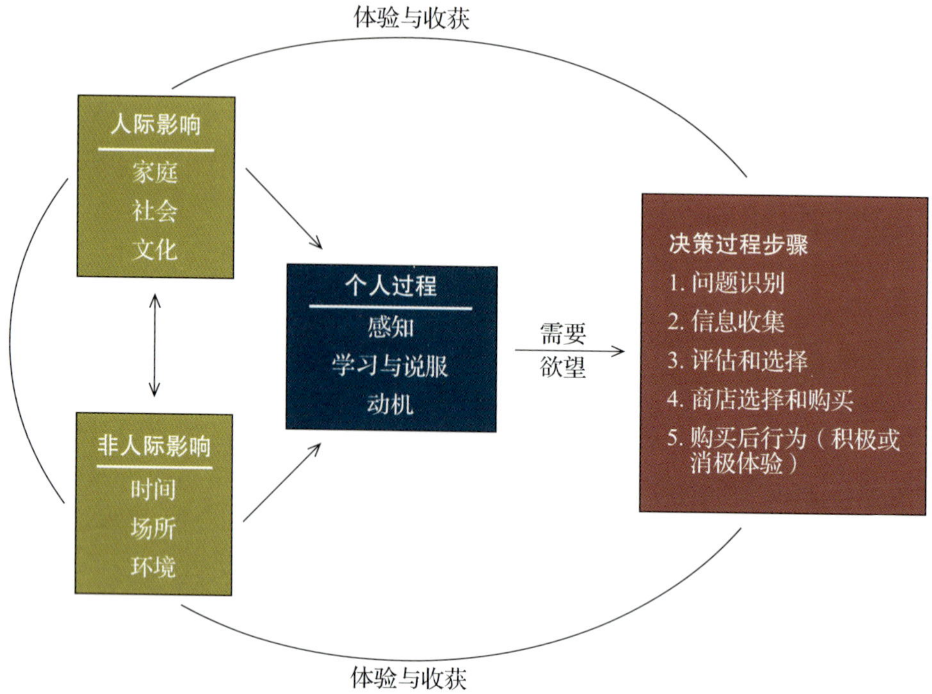

说明：该过程由消费者在购买期间或事后经历的几个基本步骤构成。广告可以在此过程的任何一个点影响消费者的态度。

在经历了这些过程并对这些影响做出反应之后，我们面临着一个关键的决定：买还是不买。要完成最后一步，就需要进行**备选品评估**（evaluation of alternatives），包括选择品牌、尺码、款式和颜色。如果我们决定购买，那么，**购买后评价**（postpurchase evaluation）将影响我们是否再次购买。

5.4 消费者行为的心理过程

4 勾勒消费者行为的心理过程

假如你是苹果公司的品牌经理，正准备推出最新的广告活动。你的首要目标是什么？

推广任何新产品的第一个任务都是让人们知晓（感知）该产品的存在。第二个任务是提供关于产品的足够有说服力的信息（学习与说服），让潜在顾客找到兴趣并做出有根据的决定。最后，你希望广告激发顾客的欲望（动机），促使他们自愿尝试产品以满足自己的需要。

苹果的产品发布会让人兴奋。传言总会在公告发布前出现，有些甚至是公司自己散布的。在激动人心的日子，科技记者们长途跋涉齐聚苹果总部，分享有关新系列手机或者电脑的新闻。在发布会之后，苹果公司的网站立即进行全面更新，以突出新产品的特色。广告支出也逐渐增加，以确保人人都了解消费者所期待的新功能。

通过研究消费者行为的三项个人过程——感知、学习与说服以及动机，广告主就可以更好地评估它们的广告讯息是如何被处理的。

消费者的感知过程

如前所述，感知决定一切。它指导所有的行动，从与我们关联的人到我们购买的产品。消费者如何感知一类产品中的每一个品牌，决定了他最终选用哪一个。[14]因此，来自感知的挑战是广告主必须跨越的第一个也是最大的一个障碍。有些营销商花费了几百万美元进行全国性广告、销售推广、售点展示和其他营销传播活动，最后却发现许多消费者根本没记住它们的产品或促销活动。说真的，他们为什么要这么做？普通成年人平均每天要接触到数以千计的广告，但只会注意到其中很少的几条，记住的就更少了。[15]这是怎么回事？答案就在感知原理中。

我们用**感知**（perception）一词来表示我们从五种感官中接收到的信息。如图表 5－2 所示，消费者感知过程中有几个关键要素。

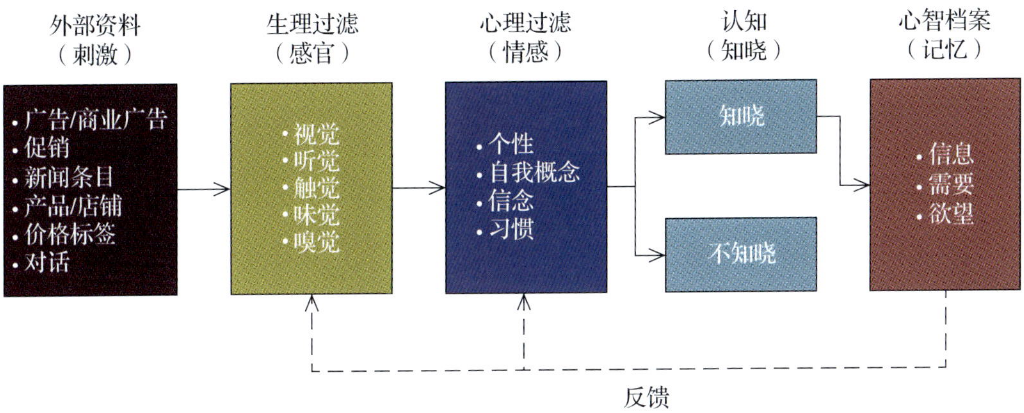

图表 5－2
消费者感知过程模型

说明：该模型描绘了消费者如何感知、接受和记住某个广告或其他刺激，然后去购买。

刺激（stimulus）是影响我们感官的东西（光、声、味）。它可能源自我们的身体内部，比如我们注意到自己在午餐时间感到饥饿；也可能源自我们身体外部，比如当我们看到 iPhone 的广告时断定它看上去很美。

IMC 讯息是外部刺激，表现为多种形式：当地百货公司的橱窗陈列、金宝汤罐头上色彩鲜艳的标签，甚至 REI 滑雪板上的红色价签。这些东西都具有物理属性，它们以可测量的方式（不同的强度）刺激我们的感官。

生理过滤

任何刺激在被感知之前必须首先通过一系列**生理过滤**（physiological screens），在潜意识里屏蔽掉我们不想要的讯息。

生理过滤由五种感官组成：视觉、听觉、触觉、味觉和嗅觉。它们侦测输入的数据，并测量物理刺激的维度和强度：视障人士看不懂《体育画报》上的广告；如果电影广告上的字号小于普通人能看清的程度，就不会有人去读。同样，如果某家具店的电视广告音乐与其讯息不相称，观众就有可能调换频道，甚至关掉电视。如果观众无法侦测到讯息的存在，那它们实际上就被过滤掉了，不会有感知产生，家具自然就卖不出去。[16]

认知

第三个感知的关键要素是**认知**（cognition）：对于刺激的理解。一旦我们探测到刺激，并允许它通过我们的感知过滤，我们就能够理解和接受它。

但是我们每个人的真实感受各不相同。例如，有些人欣赏苹果简洁美观的设计；

有些人则因为苹果最畅销，并且使用大家都用的技术产品让他安心；有些人是“果粉”，他们密切关注新产品研发的技术信息；而还有一些人，无论苹果产品有多好，他们永远都不会考虑。每个人的真实感受就是如此不同。

就像我们在感知水平上有过滤一样，认知水平上也有过滤。每一个消费者都会根据主观情感标准，使用**心理过滤**（psychological screens）对信息进行评价、筛选和个人化。这些过滤环节根据天赋因素和习得因素评估资料，前者如消费者的个性、本能的人类需要，后者如自我概念、兴趣、态度、信念、既往体验和生活方式。它们有助于消费者总结归纳难以处理的复杂资料。例如，感知过滤有助于我们接受或者拒绝象征性创意。

心理学家认为[17]，人们的思考有两种系统，一种相对更快，更不可控、更直接（“我饿了，汉堡看起来很诱人！”）；另一种更慢、更审慎（“但别忘了你在节食，来份沙拉吧”）。我们使用快速的直觉系统做出大量决定，只有在我们需要停下来深思熟虑、审慎思考的时候，才会调用较慢的、需要更多努力的系统。广告通过有煽动性的意向和强有力的文案，非常有效地调用了快速系统。对于很多低价格、低参与度的购买行为（例如购买软饮料），快速系统运行良好，但是对于重要的购买行为（如购买电脑），消费者会发现，自己正在经历一场内心的对话（“那台笔记本电脑太漂亮了，我必须要它。”“但我真的应该花那么多钱吗？”）。

学习与说服：消费者如何处理信息

从定义上讲，**学习**（learning）是思考过程或行为中相对持久的变化。我们的习惯和技巧正是通过学习获得的。学习还有助于培养兴趣、态度、信念、偏好、偏见、情感和行为标准，正是这些因素和其他因素一起影响着我们最终的购买决策。

心智档案

认知不仅与我们如何对感知的事物做出反应有关，还与我们如何存储信息以备以后使用有关。许多促销讯息有赖于消费者在接触品牌讯息很久之后再进行购买。心理学家认为，记忆中的信息不是随机存储的，而是存储在**心智档案**（mental files）中的。

记忆是一种有限的资源，而且容易受到一些众所周知的偏见的影响。举个例子，停下来想一想，以字母 k 开头的单词（如 kangaroo）是否多于 k 处在第三位的单词（如 Arkansas）。你猜到的答案是什么？许多人在发现 k 处在第三位的单词（ask，askance，ark）几乎多出 2 倍的时候，会非常惊讶。当我们在记忆中搜索时，由于心智档案的原因，我们更容易按单词的首字母想起它们。然后，我们将检索的便利性与出现的频率相混淆了。这种“可得性”启发，只是我们的认知系统结构影响我们如何回忆和做出决定的一个例子。[18]其他例子请参见广告实验室“选择的背景：产品的感知价值如何随比较对象而变化”。

既然感知过滤是广告主面临的一个主要挑战，那么了解消费者心智档案，甚至如果可能，改变心智档案使其有利于广告主的产品，就非常重要了。这带我们来到了消费者行为的第二个过程——学习与说服。

广告实验室

选择的背景：产品的感知价值如何随比较对象而变化

一件东西值多少钱？经济学家会说："只要有人愿意为它买单。"但是东西的价值可以根据背景条件而改变。一杯机打可乐在便利店可能只花一美元，但同样的饮料在电影院要花四五美元。怎么会这样？为什么人们在电影院要付这么多钱？

如果一家便利店一杯饮料向你要 4 美元，你就会开车去下一个有软饮料可买的地方，因为你知道那里会更便宜。在电影院，你的选择却是不同的：要么付这 4 美元，要么看电影时没得喝。所以场景很重要。

有趣的是，广告里背景同样很重要，营销学教授丹・艾瑞里（Dan Ariely）在他著名的作品《怪诞行为学》中对此做了论证。艾瑞里讲述了一个实验，在实验里他让学生订阅自己喜欢的杂志。

> **Economist.com 订阅**——一年 59.00 美元
> 　　包括 1997 年以来《经济学人》的所有文章的在线访问。
> **印刷版订阅**——一年 125 美元
> 　　订阅《经济学人》印刷版一年。
> **印刷版和网络版订阅**——一年 125 美元
> 　　订阅一年的《经济学人》印刷版和 1997 年以来所有文章的在线访问。

假设你想看《经济学人》，哪个选项是你的首选呢？请先稍做思考再往下读。

当艾瑞里把选项展示给学生们的时候，最受欢迎的是花 125 美元订阅印刷和网络版。84% 的学生做了这个选择，另外 16% 选择了便宜的、只要花 59 元订阅的网络版。没人选择花 125 美元只订阅印刷版。

事实上，只选印刷版看起来是不明智的。考虑到同时拥有印刷版和网络版同只拥有印刷版的花费是相同的，只要头脑正常，谁会选择后者呢？那为什么还要在广告里提供一个谁都不会选的选项呢？如果你认为那个没人会选的印刷版选项是个无用的信息，那你就错了。事实上，艾瑞里将之称为诱因。诱因的目的是什么？使印刷版加网络版的选项显得特别有吸引力。随后，艾瑞里进一步做了论证。

他仿照上面的第一则广告制作了一个不同的版本，排除了选项 2——只有印刷版的选项。

> Economist.com 订阅——一年 59.00 美元
> 　　包括从 1997 年以来《经济学人》所有文章的在线访问。
> **印刷版和网络版订阅**——一年 125 美元
> 　　订阅一年的《经济学人》印刷版和 1997 年以来所有文章的在线访问。

看到第二则广告的学生改变了他们的偏好，有 2/3 更喜欢网络版，而只有 32% 更喜欢印刷加网络版的组合。第一则广告中受欢迎的选项成了第二则广告中远远落后的失败者。这种情况之所以发生，是因为第一则广告中的"无用"信息在第二则广告中被去掉了。这是怎么回事？

艾瑞里认为这是相对性产生的效果。在有诱因的广告中，组合报价看起来很划算，花与印刷版订阅相同的钱，你可以同时获得网络版。在第二则广告中，除去了诱因，网络加印刷版的报价看起来太昂贵了。

聪明的 IMC 专家理解理智的人会受到各种各样非理性信息的影响。正如艾瑞里所证明的那样，IMC 讯息中所含有的信息可以影响人们对产品价值的感知，即使这些信息表面上看起来是"无用的"。

实验室应用

把艾瑞里在上文中所用的第一个版本的《经济学人》广告打印下来，给你的朋友看看，请他们挑出自己喜欢的选项。对于那些选择了选项 3 的朋友，指出他们有可能受到了“只有印刷版”选项的影响。你认为他们会同意你的看法吗？你能向他们解释诱因效应，帮助他们理解背景的重要性吗？去卖咖啡机、微波炉一类小家电的零售店转转，看看你是否能发现货架上的“诱因”，即没有人会买但可能会引导购物者转向更昂贵型号的产品。

学习理论

条件反射理论认为，当消费者将刺激或行为与他们渴望的东西联系起来时，学习就发生了。**经典条件反射**（classical conditioning）是苏联心理学家巴甫洛夫最早提出的一种学习方法。巴甫洛夫注意到狗在食物面前会流口水。他想测试另一种刺激，一种对他的狗来说没有重要意义的刺激，如果把这个刺激与食物联系在一起，是否也能引起唾液分泌。巴甫洛夫将食物称为无条件刺激，而对狗来说，流涎是无条件（自然发生的）反应。在实验中，他开始在给狗喂食前摇铃。他发现，在很多情况下，狗只要听到铃声就开始流口水。铃声现在成了条件刺激。狗把铃声和渴望的东西联系在一起。[19]

美国心理学家斯金纳（Skinner）发展出了另一种关于习得性联想的理论，他称之为**操作性条件反射**（operant conditioning）。操作性条件反射涉及用奖励或惩罚来强化行为。斯金纳的实验对象通常是鸽子，当它们做出希望的行为时，比如啄食一根棒子，就会得到食物。正强化（例如食物这样的奖励）和负强化（消除例如嘈杂的噪声这样的有害刺激）都会增加强化行为的可能性。

当然，消费者既不是鸽子也不是狗，有些人很难相信他们是通过这种方式学习的。事实上，很多知识不是来自直接的经验，而是来自观察别人身上发生的事情。你不需要吸烟就知道它是危险的，也不需要有糟糕的口腔卫生习惯才能知道这会导致蛀牙。这一见解引导美国心理学家阿尔伯特·班杜拉（Albert Bandura）对条件反射理论进行了扩展，他提出人们的学习方式有很多种，并不都来自个人经验。

例如，人们可以通过观察别人身上发生的事情（我的朋友山姆这学期学习很努力，结果上了系主任的光荣榜）来推断出对他们自己的意义。班杜拉的**社会认知理论**（social cognitive theory）为人们如何学习提供了一个更丰富的认知视角。它表明，消费者会注意到他人为自己的行为所得到的奖励和付出的成本。当我们认识的人（班杜拉称之为榜样）体验到好的结果时，我们就会有动机去模仿导致这些结果的行为。当他们体验到不好的结果时，我们就会有动机去避免这种行为。无论这个榜样是我们的朋友还是邻居，抑或是出现在电视屏幕或 YouTube 视频上的人，情况都是如此。[20]

条件反射理论更适用于消费者日常的简单、基本购买——购买肥皂、麦片、牙膏、纸巾等等。在这种情况下，伴随着卓越产品性能和优质服务，强化广告扮演着重要的角色。如果学习得到足够的强化并产生重复行为，就可能形成购买习惯。

学习和说服总是紧密相连的。当消费者在对一条讯息（包括广告或人员推销）做出反应时，改变了信念、态度或者行为意向，**说服**（persuasion）就发生了。[21] 当然，广告主对说服以及说服是如何产生的都很感兴趣。

资料来源：The Advertising Archives.

大多数人对“免费”这个词都会做出积极反应。在操作性条件反射情境下，人们将奖励与特定行为联系在一起。必胜客在左边的广告中有效地运用了操作性条件反射。

说服理论：精细加工可能性模型

20 世纪 70 年代，两位年轻的心理学家理查德·佩蒂（Richard Petty）和约翰·卡奇奥波（John Cacioppo）发现，说服可以通过两种截然不同的路径发生。一个涉及深思熟虑和仔细思考，而另一个涉及情感和联想。他们的发现对营销人员如何说服消费者尝试或使用某一产品具有直接的意义。这是因为这两种不同的路径——中心（或深思熟虑）和边缘（或情感），在不同的特定情境下效果不同。具体来说，当消费者的购买卷入度高时（例如购买一件昂贵的物品），营销商就会明智地利用那些有效的中心路径说服因素；而当消费者的购买卷入度低时（例如购买软饮料或口香糖），聪明的营销商就会利用一些被认为在边缘路径下能够有效促进说服的技术。[22]

这两种路径是图表 5 - 3 中的**精细加工可能性模型**（Elaboration Likelihood Model）的一部分。在**说服的中心路径**（central route to persuasion）中，消费者对产品或信息的卷入度高，促使他们关注与产品相关的信息，如产品属性和利益，或者良好功能或心理结果的表达。由于消费者的高卷入度，他们倾向于在更深、更精细的层次上认知和理解广告传递的信息。这可以带来产品信念、积极的品牌态度和购买意愿。[23]

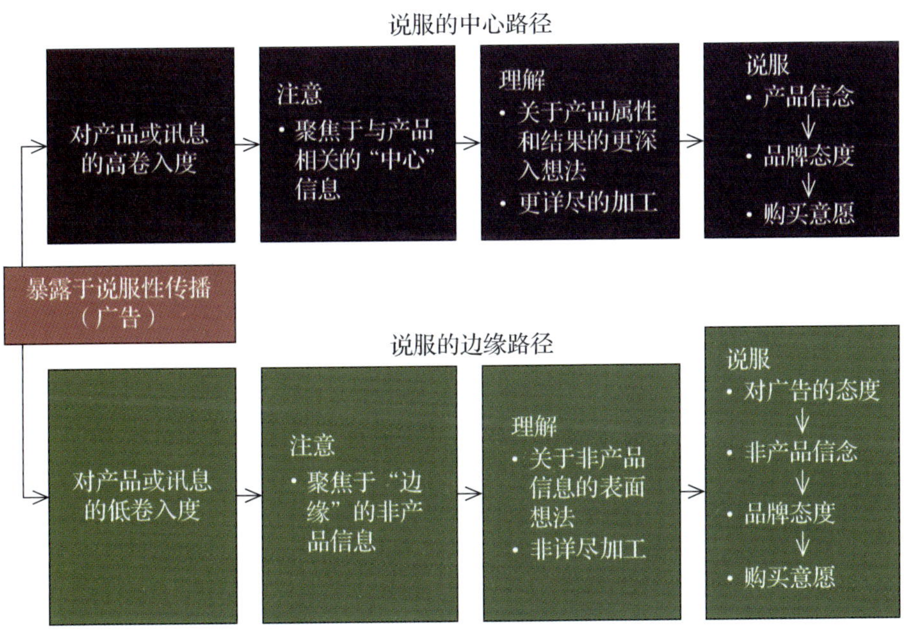

图表 5 - 3
精细加工可能性模型

假设你正在市场上购买一件贵重物品，比如一部新手机。由于所购物品较贵，你的卷入程度也就相应较高。也许你会请教几个朋友或家人，你会上网查看专家评论，你还会仔细阅读广告，以了解产品的各种特性和好处。这就是中心过程。在这种情况下，一则文案上乘、信息丰富、能够解答消费者对产品的主要疑问的广告，就会非常有说服力。

说服的边缘路径（peripheral route to persuasion）完全不同。那些没有在市场上购买产品的人通常对产品信息的卷入度较低。他们很少或根本没有理由去注意或理解广告中的事实信息。因此，消费者几乎没有形成强烈的品牌信念、态度或购买意愿。但是他们可能会关注到一些边缘方面，比如广告中的图片、颜色或视频广告中的演员，为的是获得娱乐价值。无论他们对这些边缘的、非产品的方面有何感受或想法，都可能融入对广告的积极态度中。日后，如果确实出现了购买的机会，消费者需要对一些品牌进行评估，这些与广告相关的联想就会被激活，形成品牌态度或购买意愿。

不管你是更喜欢可口可乐还是百事，这两家公司在利用有力的边缘线索产生说服方面都做得很好。

大多数消费者广告的设计都是为了提升边缘信息处理过程，原因很简单，我们看到的讯息很少与我们当前的目标或需求有关。我们的卷入度很低。这就是为什么我们几乎不记得昨天看到的促销活动。在产品差异化很小的情况下，营销商实际上可能希望我们进入边缘路径。它们的广告活动更注重形象或娱乐，而不是产品特性。这是典型的日常低卷入度购买，如肥皂、麦片、牙膏和口香糖的购买。

硬石餐厅的这则广告大胆并聪明地使用了摇滚乐手熟悉的手势，表明它利用了边缘路径来进行说服。

资料来源：Hard Rock Cafe International, Inc.

但当一种产品具有明显优势时，公司的目标应该是通过增加消费者对信息的参与来鼓励中心路径的信息处理。有一种方法是使用比较广告。[24]

重复是对学习和说服都有用的常见策略。就像准备考试的学生通过重复关键信息进行记忆一样，营销商也应该向潜在客户重复关键信息，以便他们记住产品的名称和它的优点。通过重新唤起以往讯息当中留下印象的信息，重复的讯息可以穿透消费者的感知过滤层。重复的讯息很难被忘记，即使它们很少受到关注。最后，研究表明，反复接触某样东西会增加好感和说服力。尽管代价不小，但只要讯息足够强有力，重复就是一种有效的策略。[25]

态度和兴趣的学习过程

态度（attitude）是我们习得的对某些想法或对象的评价。它是我们习得并通常坚持的积极或消极的感觉或者行为倾向。对于大多数公司而言，建立并且保持积极的消费者态度是成功的关键。

例如，在日本的家庭中，洗碗机不是常见的家用电器。这不单是因为没有空间放置，还因为日本家庭主妇对使用这种节省人力的设备会心生内疚。因此，生产商设计了节省空间的小型洗碗机，并在促销时强调干净卫生的主题，而不是便利性。[26]

对于熟悉且经常购买的产品类别中的成熟品牌，品牌兴趣对于激励行动更为关键。**品牌兴趣**（brand interest）指个人对品牌的开放心态或好奇心。[27]令人愉快的、具有娱乐性的广告活动可以增强人们对品牌的兴趣，从而减少因总是用同款老产品而感到厌烦的消费者寻求多样化的倾向。[28]

学习培养习惯和品牌忠诚

态度和习惯是同一枚硬币的两面，前者是心智的一面，后者则是行为的一面。**习惯**（habit）是一种几乎或完全无意识的后天习得的行为模式，是学习的自然延展。我们事实上都是具有习惯的生物。

绝大多数消费行为都是习惯性的，有三个原因：习惯是安全的、简单的和至关重要的。首先，无论我们是如何做出购买决策的（通过中心路径或边缘路径的信息处理过程），如果发现一个上乘的产品、品牌或服务，根据习惯重复购买就会让我们有安全感。

其次，习惯意味着简单。如果考虑其他选择，我们就必须进行判断、比较，然后做出决策，既繁难又费时，有时还要冒点险。如果我们想要的效用已经被某个品牌满足了，那么最简单的办法就是继续购买它。为一个广受欢迎的品牌做广告，就应该强化这种思维，而为一个新品牌或者具有独特优势的品牌做广告，则应该挑战并打破消费者的习惯。

最后，因为习惯让我们觉得安全和便捷，我们的日常生活均按习惯行事。想象一下你重新做每一个购买决策，这根本不可能，也不现实。因此，在我们的生活中利用习惯至关重要。

品牌营销商最主要的目标是建立**品牌忠诚**（brand loyalty），它是习惯性重复购买和持续广告强化的直接结果。品牌忠诚是消费者通过意向和行为表现出来的、有意识或无意识的持续重复购买某一品牌的决策。[29]当消费者认为该品牌以恰当的价格提供了恰当的产品特性、形象、质量或关系的时候，品牌忠诚就会发生。回想一下我们之前说过的，决定买什么牌子的智能手机是一种高卷入度的行为。但是如果消费者的效用已经被满足，那么在购买下一部智能手机的时候，他就根本不必高度卷入了。消费者可能会简单地认为特定品牌拥有他想要的所有东西。

在追求品牌忠诚的过程中，公司有三个与习惯相关的目标：

1. 打破习惯，让消费者忘记既有的购买习惯，尝试一些新东西。营销商经常会提供奖励措施，诱惑消费者离开老品牌或者老商店。或者，它们会使用竞争性的广告，展示产品的优越性。打破习惯是不容易的，要想让消费者重新评估之前的决策，广告必须特别有感染力。

2. 形成习惯。教育消费者再次购买它们的品牌或者再次光顾它们的机构。当消费者有再次购买的打算时，很多汽车企业都会鼓励他们进行重复购买。这有助于让消费者相信只要留在熟悉的品牌这里，他们想要得到的效用就总是能够得到满足。

3. 强化习惯。提醒既有顾客他们原先购买行为的价值，并鼓励他们继续购买。和很多主流航空公司一样，美国捷蓝航空公司（JetBlue）为忠实客户提供飞行里程奖励。成熟的品牌会利用忠诚计划来确保顾客不会流失。

发展品牌忠诚是困难的，因为消费者精明老练，还有大量竞争性广告采取的打破习惯的行动和限制性营销活动。[30] IMC 的实践者不断地在打破习惯（在竞争品牌的消费者中）和鼓励形成习惯（在忠诚的品牌用户中）之间进行成本收益评估。一项经验法则是，销售促进活动可以通过鼓励消费者因促销而转换品牌，以此来打破习惯。相反，广告的作用通常是向消费者提供利益信息，目的是说服他们为已经使用的产品或者服务付全款。

苹果能够保持高水平的消费者忠诚，很少进行价格竞争。许多苹果的消费者购买产品是出于习惯。苹果认为，IMC 活动致力于品牌建设，而不是销售促进，这是强化忠诚度和保持市场份额的关键。[31] 同样，这对保持盈利能力也至关重要。尽管销售促进在短期内可以增加销量，但是这样做会以牺牲利润为代价。我们将在第 10 章重新讨论销售促进的话题。

学习决定需要和欲望

学习既有即刻的也有长期的。当我们整理信息时，某些学习过程正在发生。当我们看见一条味美多汁的食品广告时，可能就会突然感到饥饿——我们需要食物！这就会触发下一个个人过程——动机。

消费者动机过程

⑤ 描述消费者购买行为背后的基本动机

动机（motivation）是指促成我们行为的潜在力量（或动力）。这些动力来自满足需要或欲望的有意识或无意识的目标。**需要**（needs）是驱使我们去做某事的基本的、通常是本能的人类力量；**欲望**（wants）则是我们在生活中习得的“需要”。[32]

动机无法直接观察到。我们看见某个人吃东西，会认为他饿了，但可能未必如此。除了饥饿，人们还有其他多种吃的原因：想合群，用餐时间到了，或是因为紧张或无聊。

人们通常被鼓励去满足某些需求组合，这些需求可能是有意识的，也可能是无意识的；可能是功能性的，也可能是心理上的。动机调查可以发现消费者意外行为背后的潜在原因。有些人购买混合动力汽车的原因（动机）可能是对环境的考虑、对油价的敏感，或者是希望被视为是对碳排放问题具有进步思想和敏感性的人。以上的所有因素，或其中任何一个，都可能使购车者转向混合动力汽车，即使他可能为此会放弃许多原本想要的产品特性。

为了更好地理解人们的动机，亚伯拉罕·马斯洛（Abraham Maslow）提出了经典的**需要层次**（hierarchy of needs）模型（见图表 5-4）。马斯洛认为较低等级的生理和安全需要主导着人们的行为，必须在高等级的社会习得需要（或欲望）变得重要之前首先被满足。作为最高等级的需要，自我实现是满足所有低层级需要并发现真实自我的巅峰状态。

图表 5-4
需要层次模型

需要	产品	促销诉求
自我实现	高尔夫球课程	“充分开发你的潜力”
尊重	豪华轿车	“道路尽在掌握”
社会	吊坠	“向她表示你在乎”
安全	轮胎	“越过障碍”
生理	早餐麦片	“自然能量之源”

说明：该模型表明人们会根据优先顺序来满足自己的需要。生理和安全需要最优先。在广告中，讯息必须符合市场的需要，否则广告不会成功。广告主运用营销调查来了解自己市场的需要水平，然后利用这些信息来决定自己的营销组合。

满足特定水平的承诺是许多广告基本的促销诉求点。在富裕的社会中，大多数人都认为生理需要的满足是理所当然的。因此，广告活动通常描绘社会、尊重和自我实现需要的满足，并且许多广告通过个人成就提供满足感的回报。

例如从为纳贝斯克（Nabisco）SnackWells 做的焦点小组访谈中可以清楚地看到，今天的中年女性有高度的自我价值感。对她们来说，健身不再只是为了穿着泳装好看，而是因为这种生活方式很棒。广告商想知道是否可以利用女性对自己的积极态度来改变她们对零食的态度。纳贝斯克的广告代理公司博达大桥在一个目的是提升女性自尊的新广告活动中利用了这一想法。广告讯息如下：“吃零食不是为了‘填饱’自己，而是‘充实’自己。”[33]

我们所有人都有需要和欲望，只是常常不自知。在笔记本电脑出现之前，人们完全没有认识到对它有任何需要。但从消费者有意识地识别出与产品相关的需要或欲望的那一刻起，一个动态的过程就启动了。消费者首先对需要做出评价，要么接受它，觉得值得采取行动，要么拒绝它。如果接受，满足需要就会变为目标，从而为达成特定结果而努力（动机）。相反，如果拒绝，行动的必要性就会被排除，因而也就不再有购买的目标和动机。

当代研究者已经把马斯洛有关需要和动机的理论转变为更具有战略性的概念，以便营销商和广告主使用。例如罗西特（Rossiter）和珀西（Percy）识别出了八种购买和使用动机（见图表 5-5）。他们把前五个作为被动生成的（信息性）动机，后三个作为主动生成的（转换性）动机。[34]

图表 5－5
罗西特和珀西的八种基本购买和使用动机

被动生成的（信息性）动机
1. 问题解决
2. 问题回避
3. 不完全满意
4. 混合方法——回避
5. 正常损耗
主动生成的（转换性）动机
6. 感官满足
7. 智力刺激或掌控
8. 社会认可

被动生成的（信息性）动机

消费行为中最常见的动力是**被动生成的动机**（negatively originated motives），诸如问题解决或问题回避。例如，某样东西用完了，这时，我们的大脑便会体验到一种被动状态。为了消除这种感觉，我们就会积极地寻找新产品或替代品。于是，我们暂时性地受到激励，直到去购买的时刻。接下来，如果购买的东西令人满意，驱动力或动机便会减少。

这种动机又叫作**信息性动机**（informational motives）。因为在这种状态下，是消费者主动寻找信息，以缓解这种心理状态。罗西特和珀西指出，实际上，这类动机还可以称为“缓解”动机，因为它是靠缓解人的被动状态来发挥作用的。

主动生成的（转换性）动机

我们总是时常通过购买许诺给我们某些利益或奖励的品牌或服务来放纵自己。对于**主动生成的动机**（positively originated motives），承诺的是积极的奖励，而不是消除或减少一些消极的情况。使用积极强化的目的是增加消费者动机，以及激励消费者调查或搜索新的产品。

三种主动生成的动机——感官满足、智力刺激和社会认可——又称为**转换性动机**（transformational motives），因为消费者希望将此转换成某一种感官的、智力的或社会的感觉。上述三种动机还可以称为“奖励”动机，因为转换也是一种奖励状态。[35]

对某些消费者而言，购买某一特定产品（比如一套新衣服）也许代表着被动生成的动机（他们其实并不想为此而花钱，但为了工作他们又不得不买）；但对另一些消费者而言，这也许代表着主动生成的动机（他们喜欢逛商店买新衣服）。这表明营销商必须了解两个不同的目标市场，并需要完全不同的策略。

在创造讯息之前，企业必须仔细考虑要以引导什么样的消费者动机为目标。如果红辣椒餐厅（Chili’s restaurants）的大多数消费者实际上只是简单地满足于用物美价廉的食物来缓解饥饿，而餐厅的广告却要去表现其浪漫氛围，那它可能会犯下代价高昂的错误。

高卷入度产品与低卷入度产品的问题以及信息性动机和转换性动机的问题都非常重要，因此，我们在第 8 章讨论 IMC 战略时将再次对此加以论述。

IMC 实战模拟

理解消费者在产品中寻求什么

你的客户寄望于你提供能够促使人们采取某些行动的促销讯息方面的建议。多数情况下，所谓的行动是指购买客户的产品或者服务。如果你的客户是非营利组织，则可能包含金钱和时间的捐赠。

这似乎是常识，但事实上，说服人们做他们从未做过的事情是很困难的。为了理清思路，回顾一下营销学和心理学学者有关消费者以及他们如何被说服的知识可能会有所帮助。

在广告活动中，你的挑战是了解消费者，并了解你的客户所提供的产品或服务与消费者的生活有何关系。做好这一点至少需要两件事：充分了解产品及其可能有的好处，以及充分了解消费者。

马斯洛的需要层次理论认为，在一生中，每一个人都有一系列需要并寻求满足。下面是马斯洛的需要层次理论以及与食品相关的案例。想想看，你客户的产品或服务是否具有一个或更多与需要相关的优点。

需要	以食品为例
自我实现	厨艺学位
尊重	烹饪教程
社会	大家都在吃的东西
安全	健康、有机的食品
生理	能消除饥饿感的东西

信息性动机与解决问题有关，转换性动机与获得奖励有关。想一想你的产品能够满足消费者的哪些信息性动机和转换性动机。

信息性动机	
动机	解决方案
问题解决	“快速消除头痛”
问题回避	“在户外晒太阳吧——你受到了保护”
不完全满意	“喝起来不像无糖饮料的无糖饮料”
混合方法——回避	“无痛牙齿保健”
正常损耗	“20 英里内的最后一个加油站”
转换性动机	
感官满足	“这个耳机听起来就像你在现场”
智力刺激或掌控	“充满挑战的拼图游戏带来数小时的欢乐时光”
社会认可	“你的配偶会爱上你的样子”

下边的 FCB 方格（Foote，Cone & Belding grid）用来对消费者如何学习不同类型的产品进行分类。尽管它最初是根据不同产品匹配不同象限的想法设计出来的，但是也有人认为这些象限可以用来对同一产品类别中的竞争品牌进行分类（例如，奢侈品牌与折扣品牌）。你会把客户的品牌放在哪一个象限？这关系到你应该如何说服消费者。以下指南可以帮助你确定客户的品牌属于 FCB 方格中的哪个象限。

卷入

1. 购买或使用产品的决定是重要的还是不重要的？
2. 如果消费者选择了错误的品牌，他会损失很多还是很少？

3. 该决定需要大量思考还是较少思考?

思考和感觉

思考:

1. 决策根据客观标准做出。
2. 决策主要根据真实信息做出。

感觉:

1. 决策根据感觉做出。
2. 决策和消费者的个性密切相关。
3. 决策依据感官（味觉、触觉等）做出。

FCB 方格

	思考	感觉
	信息性	情感性
高卷入度	学习—感觉—行动 （产品：主要购买保险、家电、电脑等） 策略：遵循创意金字塔的步骤，从知晓开始	感觉—学习—行动 （产品：高档汽车、珠宝首饰、高端服饰） 策略：关注产品购买对自尊和自我的益处
	习惯性	满足性
低卷入度	行动—学习—感觉 （产品：汽车燃料、洗涤剂、剃须刀） 策略：关注提供样品，培养消费者购买习惯	行动—感觉—学习 （产品：啤酒、口香糖、贺卡、比萨等体验产品） 策略：关注社会因素和同伴对产品的使用

5.5 人际因素对消费者行为的影响

⑥ 详细说明人际因素对消费者行为的影响

对营销商而言，只知道个人的感知过程、学习、说服以及动机还不够，一些重要的人际因素会影响——有时甚至还会主导——消费者行为。这些因素包括消费者的家庭、社会和文化环境。

家庭的影响

从小家庭交流就影响着我们作为消费者的社会化程度，即我们对许多产品的态度和我们的购买习惯。这种影响一般强烈而持久。如果一个人在童年时所受的教育就是“正确的”止头痛药应该是拜耳公司（Bayer）的阿司匹林，家用电器的“正确”名称应该是三星，这就为成年以后的购买行为打下了坚实的基础。

从 1960 年到 2016 年，儿童与双亲共同生活的比例从 88% 下降到 69%。这意味着过去的 30 多年间，家庭的影响在美国已经发生了变化。[36] 在这种情况下，社会和文化环境的影响强化了。

社会影响

我们生活的社群对我们有强烈的影响，当我们将自己归属于某一社会阶层，或认同某一参照群体，或看重特定舆论领袖的观点时，这些都会影响到我们对生活的看法、我们的感知过滤层，并最终影响到我们购买的产品。

社会分类：我们所属的群体

传统上，社会学家把社会成员划分为上层、中上层、中下层等**社会阶层**（social classes）。他们认为同样社会阶层的人倾向于具有类似的态度、地位象征、消费模式。

但是今天，对于大多数发达国家而言，这已经不再适用。尤其是在美国社会，物质、社会和经济都具有极大的流动性和移动性。

正是由于这种流动性、移民的增加和高离婚率，社会阶层的界限变得相当模糊。单亲父母、股票经纪人、移民店主、退休蓝领工人和银行家都认为自己是伟大的中产阶层的一部分。所以"中产阶层"这个称谓已经没有任何意义了。从广告主的角度来看，社会阶层不再具有功能性或可操作性的价值。

为了应对这些经常令人困惑的变化，营销人员谋求划分社会阶层的新方法和向他们做广告的新策略。我们会在第 6 章中对此进行讨论。图表 5－6 概括了一些营销商所描绘的现今社会的分类：例如上流社会、闪亮之人（Brite Lites，Li'l City）、年轻影响者、都市实现者。属于同一群体的人总是有类似的行为模式和产品使用习惯。

图表 5－6
美国当代社会阶层

上流社会	蓝筹股
在美国，上流社会的人拥有最富裕的生活方式，居住在最高档的地方，那里是 55 岁以上空巢夫妇的天堂。年收入超过 20 万美元或拥有研究生学位的比例比其他任何群体都高。他们是最富裕的一群人。	蓝筹股被认为是从事高薪蓝领工作的年轻大家庭的生活方式。他们的族裔多样，包括大量西班牙裔和非洲裔美国人。他们居住在老龄化社区，住宅布局紧凑、价格适中，周围遍布能够满足有儿童家庭需求的商业中心。
闪亮之人	**昔日荣耀**
在美国，并非所有追求精致生活的人都住在大城市。闪亮之人是一群小康的中年夫妇，定居在卫星城，是典型的丁克（双收入，没有孩子）家庭，受过大学教育，有高薪的商务和专业性的工作，拥有装配最新科技产品的豪华住宅。	他们是美国郊区的退休人员，他们住在老旧的公寓大楼里。这些族裔混合的家庭通常包括依靠固定收入生活的寡妇和鳏夫。他们往往过着以家庭为中心的生活方式，是这个国家最狂热的电视迷之一，对比赛节目、肥皂剧、谈话节目和新闻的收看率很高。
年轻影响者	**城市起步者**
该细分市场包括年轻的中产阶层单身者，以及更专注于平衡工作和休闲追求的夫妇。他们刚离开大学宿舍，住在球场、健身俱乐部和休闲餐厅所环绕的公寓里。	在城市起步者中，年轻的多族裔单身者定居在充满廉价公寓的社区以及拥有咖啡馆、酒吧、自助洗衣店、俱乐部等商业基础设施的社区，这些能够满足 20 多岁年轻人的需求。他们是美国最年轻的群体之一，大学生人数多，这些社区的特点是收入低，西班牙裔和非洲裔美国人多。
都市实现者	**底层生活者**
都市实现者集中在港口城市，这里通常是来自亚洲、南美和欧洲的新兴移民的第一站。这些年轻的单身男女或夫妇一般都受过大学教育，族裔多样；大约 1/3 的人是在外国出生的，甚至更多的人说英语以外的语言。	他们是经济上最困难的城市人群。底层生活被认为是年轻的、多族裔的单身者和单亲家庭的暂时处境。这些人住的房子价格很低，大约是全国平均水平的一半，即使这样，也只有不到 1/4 的居民有能力拥有房产。一般来说，他们夫妻店式的生意处境艰难，必须重振旗鼓。

说明：图表中的社会群体只是克拉瑞塔斯（Claritas）定义的 66 种生活方式中的一小部分。Equifax 想知道，从最富有的（上流社会）到最贫穷的（底层生活者）可能需要怎样的金融服务。

参照群体：与我们有关的人群

大多数人很在意那些有发言权的重要人物的看法。我们甚至可能会模仿某些我们看重的群体成员的行为模式，这便是参照群体的威力。**参照群体**（reference groups）指我们试图模仿或他的认可能够左右我们的人。参照群体可以是人际的（如家人、朋友或同事），也可以是和非人际的（如政党、宗教社团和专业协会）。同伴是一种特殊的参照人群，他们对我们相信什么和如何行动影响极大，他们决定着哪些品牌“酷”而哪些“不酷”。[37] 为了获得同伴（同学、同事）的接纳，我们可能会去购买某一款式或品牌的衣服，选择特定的地方居住，培养能被他们认同的行为习惯。

通常，一个人会受到两个参照群体相反方向的影响，你必须在其中做出选择。例如，一名大学生可能会因为朋友们的压力而加入兄弟 / 姐妹会宿舍（Greek house），或者因为其他人的压力在校外单独居住。在针对学生的广告中，当地的公寓大楼可以通过展示学生们在大楼的泳池里戏水的画面来发挥参照群体的吸引力。

意见领袖：我们信任的人

意见领袖（opinion leader）指信念或者态度受到对特定行动有同样兴趣的人的尊重的个人或组织。任何一个领域（体育、宗教、时尚、政治）都有意见领袖，他既可能是一位学识丰富的朋友，也可能是一位我们觉得可靠的专家。我们坚信：“如果凯拉·奈特利（Keira Knightley）认为香奈儿香水最好，那就一定没错。”因此，意见领袖的购买习惯和推荐对广告主来说很重要。

如果广告主要挑选某位意见领袖充当企业或产品的代言人，那么，广告主必须对自己的目标市场有全面的了解。即使企业的主管自己与代言人没关联，那他也必须跟随市场的品位和兴趣。与市场不同步的代言人只会损害自己的可信度——进而损害企业的可信度。另外，像史蒂夫·乔布斯这样的内部人士，在2011年去世之前，被证明是一个非常可信的代言人，不会有像外界名人和运动员一样的风险。[38]

意见领袖甚至不必是真人，虚构出来的人物也可以。因此，苹果笔记本电脑出现在许多高分的节目和电影中就毫不令人惊讶了。这些娱乐媒体中的关键角色使用该品牌的这一事实，代表了一种信念，即观众会注意到他们喜欢的角色所做的品牌选择，并会受其影响。[39]

文化和亚文化的影响

文化对消费者有着持久的影响。**文化**（culture）指同一社会群体共同遵守的一整套信仰、态度和行为方式，一般代代相传。[40] 美国人喜欢热狗、花生酱、玉米棒和苹果派。加拿大、俄罗斯、德国……每个国家的人都有自己钟爱的东西。广告主发现，与其去改变这些口味，不如去适应这些口味。

全球性营销商特别关注购物环境。用卡罗琳·林（Carolyn Lin）教授的话说，在所有经营活动中，营销活动最容易因文化上的过失而受到损害。[41]

例如，在美国的消费者营销活动中，人口因素和心理因素举足轻重，但在日本，年龄和性别更能说明消费者的行为和生活方式。因为日本人的收入和资历基本上成正

伦理、多样性与包容性

使广告行业看起来更美国

广告公司长期以来一直在努力使它们的职位设置能够体现出美国人口的多样性。毫无疑问，多年来广告公司雇员的背景一直与广义的人口结构有所不同。例如，直到 20 世纪中期，大多数职位和所有高级管理岗都是由白人男性担任的。在这方面，广告公司并不比大多数其他企业好（但可能也不差）。

我们甚至可以举出一些例子，来证明广告界在提拔不同背景的员工方面已经大有成效。例如，1967 年，DDB 精明的创意主管玛丽·威尔斯·劳伦斯成为威尔斯·里奇·格林公司（WRG）的第一位女性首席执行官，她创造了历史。WRG 是一家重要的广告公司，它的客户包括 IBM、宝洁公司和喜来登酒店。劳伦斯最终成为该行业薪酬最高的广告公司负责人之一，也是纽约证交所上市公司的第一位女性领导人。

但广告公司内外都有很多人觉得多样性不足仍然是广告界的一个问题。一些人甚至认为，广告公司有在这一问题上发挥领导作用的特殊义务。毕竟，他们说，如果自己的员工都缺乏多样性，那么广告公司还如何能为多元化的受众提供有效和负责任的讯息？根据 TenUnited 首席执行官里克·米伦塔（Rick Milentha）的说法："我们的行业本应面向所有的美国人做营销，但没有办法反映出所有的美国人，这是一件滑稽的事情……我认为，我们有责任找到一种方法，让这种情况在未来不再出现。事实上，这是一件好事。如果我们要为客户做好分内之事，就不能还是以白人和男性为主。"[42]

到了 2006 年秋天，当纽约市人权委员会（New York City Commission on Human Rights）几乎不加掩饰地对广告业发出威胁时，多样性已经不仅仅是一个抽象的问题了：制定具体措施，帮助招募少数族裔，否则就在公众面前蒙羞。

为了搞清楚纽约市人权委员会和美国最大的广告公司之间发生了什么，我们需要回顾一下历史。该委员会负责消除就业歧视，在 1967 年，它调查了在纽约设有分支机构的 40 家广告公司，发现在近 1.8 万名员工中，只有 634 名黑人和约 300 名拉丁裔员工。计算结果表明，少数族裔在大城市的劳动力中占 25%，而在广告行业仅占约 5%。该委员会敦促各广告公司在雇用和留用黑人及西班牙裔方面采取更积极的举措。

1977 年，该委员会再次审查了广告公司的劳动力情况。在 7 家大型广告公司中，黑人和西班牙裔员工的比例接近 12%。另外两家大型广告公司都同意采取具体的平权行动计划，它们的员工中近 14% 是少数族裔。这是一个进步，但该委员会仍然认为广告公司可以做得更多。到 2006 年，该委员会显然已经不愿再忍耐了。于是宣布将就雇用和留用少数族裔的行业情况举行听证会。或许并非巧合的是，听证会正是在纽约一年一度的广告周期间举行的。广告周自己的宣传材料上说，这是"北美最大的广告和媒体领袖集会"。这个活动是广告业的盛事。

然而，该委员会却威胁说，决不会让广告周成为一场庆典。它向 16 名广告公司的高管发出了传票，其中包括四大广告集团——奥姆尼康、WPP、埃培智和阳狮的首席执行官。传票要求高管们就他们的招聘行为和未能实现多元文化的事实作证。

由于担心在当年最广为人知的事件中遭到羞辱性的盘问，四家广告集团中的三家立即同意了委员会的要求，包括向历史悠久的黑人学院捐款和设定招聘目标。对少数族裔的雇用和晋升目标升至 5% ～ 30% 不等。但奥姆尼康集团不在此列。事实上，奥姆尼康集团并没有忽视多样性问题；它承诺会提供 200 多万美元，用于在历史悠久的黑人学院——美德加艾维斯学院（Medgar Evers College）开设广告课程。奥姆尼康集团辩称，它只是希望以自己的方式处理多元化问题，而不是遵循委员会的指示。但在几周的负面报道之后，奥姆尼康屈服并签署了协议。

这些让步能带来多大的改变呢？根据《广告时代》的评论，并不多，"为什么我们——和（一项行业调查中）93% 的被访者一样——感觉在 30 年后还会看到类似的东西？”该杂志认为，“双方都需要现实一些。委员会要停止让行业陷入困境的哗众取宠的行为……同时要承认这样一个事实：在供需市场中，合格且有兴趣的少数族裔申请者可以获得比在其他领域更多的机会”。对于广告行业来说，应该指出的是，“少一点戒备，多一点主动。挖走既有体系当中已有的合格的少数族裔申请者，并不能增加雇用人数。与其花时间抱怨（广告课程修学项目中）没有足够数量的黑人学生，不如花时间去其他课程修学项目的本科生中找找看。训练和指导会有所帮助。就像打破许多机构普遍存在的‘忠诚谦逊的南方白人男性’氛围一样”[43]。

但也许《广告时代》忽略了大局。AAAA 前首席执行官南希·希尔将多元化作为优先事项，她的继任者玛拉·卡普洛维茨（见第 4 章“广告背后的人物”）也做了同样的事情。任命这两位女性为首席执行官，是开了这个组织 90 年以来的先河，本身也表明观点已经有所变化。AAAA 支持了少数群体广告实习计划（MAIP），该计划为背景不够好的学生安排在顶级广告公司的实习机会，在那里他们可以获得指导并建立有价值的联系。这些努力，以及美国各地广告公司的许多其他努力，最终可能使广告业开始看起来更美国了。

比，而不同的性别对应不同的标准。[44] 因此，在国际市场上，企业必须考虑诸多环境因素：文化趋势、社会规范、潮流变化、市场起伏、产品需要和媒体渠道等。[45]

国民收入较低的国家，贵重物品的需求量也较少，因此，轿车广告主的创意策略可能只会瞄准一小部分富裕的上层消费者。在一个中产阶层较为庞大的国家，同是这个广告主，就可以采用大众营销方式，将轿车定位为中产阶层的产品。

美国和加拿大的文化中还包含着众多亚文化，其中一些还有相当大的规模。这些亚文化可能基于族裔、国籍、宗教、语言，也可能基于地域上的接近。营销商必须了解这些亚文化，因为它们之间的差异会影响到消费者对产品和广告讯息的反应。

美国更是一个少数族裔亚文化的大拼盘，**亚文化**（subculture）是文化的一个部分，其群体内共享的一系列意义、价值或活动与主流文化在某些方面有所不同。[46] 根据美国人口普查局的数据，美国现有 3 900 万非洲裔美国人、4 800 万西班牙裔美国人、1 400 万亚裔美国人。仅上述三大少数族裔就占了美国总人口的 1/3 以上。[47] 加拿大有按语言（英语和法语）划分的两大亚文化群——讲英语者和讲法语者，还有其他一些镶嵌其间的按民族和国籍划分的文化群体。

举例来说，族裔、宗教信仰和民族背景会影响消费者对服装样式、食物、饮料、交通、个人用品以及家具等的偏好。正如我们在第 4 章中讲过的，现在越来越多的广告公司专注于少数族裔市场。例如，当宝洁发现西班牙裔人口增长迅速时，它便每年投资 1.53 亿美元用于了解和开发这个市场。其他主要的西班牙裔市场的营销商包括福特公司、美国电话电报公司、西尔斯等。[48] 全球营销商还面临着文化挑战。在北美，广告鼓励人们保持口腔清洁、口气清新、每天刷牙。但在南欧一些国家，人们却认为过度沉迷于梳洗用品是虚荣和不适当的。荷兰人和英国人使用牙膏的数量是西班牙人和希腊人的三倍。西班牙人将牙膏视为一种化妆品，因此要与他们有效沟通，营销商就必须采用时尚的创意执行而非枯燥的疗效推广。[49]

显然，消费者会受很多人际因素的影响。它们对我们的购买决策有重要作用。了解这些人际影响有助于本土和全球营销商制定 IMC 所依据的战略。

5.6 非人际因素对消费者行为的影响

许多非人际因素也会影响到消费者的最终购买决策。最重要的非人际因素是时间、场所和环境。

❼ 解释非人际因素如何影响消费者行为

时间

常言道，“时机就是一切”，此话也适用于营销活动。一个特别的周末促销刚好提供额外的刺激，穿透顾客的感知过滤层，并把他们带进商店。但广告主如果到周日晚上才为这次特卖活动做广告，那无疑就是在浪费广告费。

同样，消费者的某一特定需要也会因时间的不同而产生变化。天气预报说厄尔尼诺现象将导致一个异常湿冷的冬季，结果引得许多全国性广告主以及许多卖亚麻制品、靴子、雪铲和岩盐的小零售商纷纷亮出了自己的特别广告。消费者不会在夏天需要雪地轮胎和岩盐（尽管一些淡季促销活动也能产生一定效果）。但如果我们在高速公路上意外爆胎，此时的轮胎广告忽然间就变得恰逢其时。正如我们在关于媒体的章节中所看到的，企业必须根据消费者的“生物钟”来做营销活动计划。

场所

即使消费者已经决定要买某种产品，但如果他们不知道去哪里买或无法在方便的地方或自己偏爱的地方买到这种产品，他们仍然会犹豫不决。同样，如果消费者一直相信某一品牌是一种特制产品，但如果有一天这种产品突然满大街都是，那么，他们心目中原有的产品“特殊”感就会荡然无存。因此，营销商在制定分销策略的时候会仔细考虑消费者的需求，他们把很多促销活动的重点放在传播地理位置的便利性上。分销是营销组合的一个重要组成部分，我们将在第 6 章对此做进一步探讨。

环境

许多**环境**（environments）——生态、社会、政治、技术、经济、家庭和售点位置等等，暂且列举这些——都会影响购买决策。例如，在经济衰退期间，公司不能指望在没有足够资金购买商品的消费者身上大有作为。不管美国步枪协会（National Rifle Association）的讯息有多好，价格有多低，对奥杜邦协会（Audubon Society）的会员来说，它的会员资格不太可能成为热门项目。另外，收银台旁边的诱人展示可以提高低成本冲动商品的销售。营销人员必须考虑购买环境对消费者决策过程的影响。

同样，技术发展的状况也会影响经济和社会状况，以及某些产品和服务的广告主前景。例如，不生产计算机的国家可能并不是硬盘驱动器和微处理器等部件的好市场，而低价进口电脑的推广活动却可能会很有成效。

最后，有些政府对其公民和企业施加的控制比美国要严得多。例如，曾经有很多年，事实上几乎没有美国制造的产品可以在东欧国家销售。因为政策层面不允许。政治控制往往延伸到了哪些公司可以进行广告传播和销售它们的产品、能使用什么媒体，以及在广告里说什么。

5.7 购买决策和购买后评价

现在，我们已经了解了消费者购买决策过程的各个组成部分，下面就让我们仔细看看在特定环境下购买过程是如何发生的。广告实验室“消费者行为原则在广告制作中的应用”向我们展示了广告主的做法，但从消费者的视角来看，这个过程也很重要。我们假设有克里斯这么一位消费者，他正打算购买一台新的平板电脑。

克里斯被一所州立大学录取，部分学费来自一笔小额奖学金，他还有一份兼职工作，但仍然必须小心翼翼地过日子，因为学费、书费以及其他费用都不是一个小数目。

一天，克里斯正在翻阅一本消费者电子杂志，突然看见一幅令人兴奋的新型高端平板电脑广告：精美的图片表现出平板电脑的现代和低调的设计，广告文案则突出平板电脑的特有功能，整条广告散发出高科技的光芒。正是克里斯想要的那种！广告说：“在 TechMart 独家发售。”

就在一瞬间，克里斯完成了从感知到动机的过程：去买下它！他非常投入，并希望把这台电脑作为对自己所有辛勤工作的奖励。

第二天，克里斯去了 TechMart。在寻找广告中宣传的那款平板电脑时，他又碰到了许多其他知名厂商生产的不同款式和型号的平板电脑。

这时广告已经产生了作用，购买决策过程正在顺利进行中。然而，在做出购买决策的时候，消费者一般会寻找、考虑和比较其他品牌。

消费者会权衡可供选择的其他品牌（称为**唤起集**（evoked set））。此时，他们会设定一套**评价标准**（evaluative criteria），对备选产品的特点和好处进行评判，但并非所有的品牌都能进入唤起集。实际上，根据自己的心智档案，消费者通常只会考虑四五个品牌——这是广告主要面对的真正的挑战。如果没有一个备选产品能达到标准，消费者就有可能推迟决策或完全放弃购买。

克里斯最后找到了做广告的那款平板电脑，但它在货架上显得比在广告中要大些。在它旁边，还摆放着另外两款不错的平板电脑——两种都很吸引人，价格也都不便宜。克里斯一边看着漂亮的屏幕，一边考虑着风格和设计的其他独特品质。“这个可能有点太笨重了。”“这一款很容易与我的手机同步。”“这一款的价格较低。”

克里斯采用中心路径比较了这些平板电脑，考虑了它们的风格、技术、可能的优势和价格。最后还是认定广告上的那款是最佳选择，也最令他满意。当克里斯使用他的借记卡进行购买时，购买决策过程就完成了。

在回家的路上，**购买后评价**（postpurchase evaluation）开始。克里斯突然意识到有些朋友可能会反对他买这款平板电脑。也许，花这么多钱买这么一个高档设备不太理智。克里斯开始担心，然后开始盘算。

“这真的是一项伟大的技术。它的质量很好，值这个钱。我会从它身上得到很多好处的。”

购买后评价的一大特点是认知失调。**认知失调理论**（theory of cognitive dissonance）又称为**购买后失调**（postpurchase dissonance），该理论认为人们努力通过减少认知（他

广告实验室

消费者行为原则在广告制作中的应用

当宝丽来（Polaroid）需要吸引摄影爱好者的注意力时，它求助于 Leonard/Monahan 的创意人员设计了一系列广告，展示了即拍胶片相对于其他照片产品的优势。创意设计团队面临的第一个挑战是突破消费者的抵制，它是来自感知过滤的难以察觉的阻碍。第二个挑战是，团队必须呈现能够胜过千言万语的图片，避免陈词滥调。

广告的标题是《受害者拒绝说话，而图片拒绝沉默》。这个标题吸引了人们的注意力，同时急切地把大创意（big idea）表达了出来。在这则广告中，被殴打的受害者的黑白画面暗示了主题的严肃性，同时又突显了彩色的宝丽来照片，表现出对现实质朴的描绘。该广告通过展示宝丽来照片的优点以及如何被成功地使用（调查、起诉和赢得审判）让人深信不疑。广告口号“即时证据”总结了产品的特点，并帮助潜在消费者回想起产品的优点。这些因素向那些可能对购买决策持批评态度的人清楚地表明了产品的好处。

实验室应用

从流行杂志中选择一个广告，解释广告的图像、文字和整体设计是如何完成以下任务的。提供具体的细节来支持你的答案。

1. 穿透消费者感知过滤。
2. 刺激消费者学习。
3. 利用消费者已有的信念。
4. 挖掘消费者的欲望和需求以获得动机。

们的感知或信念）与现实间的不协调或不一致来为自己的行为辩护。[50] 事实上，调查显示，为了抵消这种失调，消费者实际上更乐意阅读自己已经购买的品牌的广告，而非新品牌或竞争品牌的广告。[51]

> 一离开商店，克里斯就开始认为其他的平板电脑也很有吸引力，有些更便宜，或者功能更多。这开始使克里斯感到不安，觉得自己可能没有做出一个明智的决定。他也知道，他用来购买平板电脑的钱本可以用于许多更实际的购买。克里斯急切地想证明自己做出了正确的选择，这样他就会感觉好些。他决定上网找一些可以下载的很酷的应用程序。他还访问脸书上分享这款新设备的照片。当看到许多朋友点赞和给出积极评论的时候，克里斯松了一口气。后来，当克里斯在电视上看到这款平板电脑的广告的时候，他为自己决定买下一台而自豪。

在购买后阶段，消费者可以享受到购买带来的满足感，从而强化决策。又或者，因为某些原因，购买并不能令人满意。无论哪种情况，购买后评估反馈都会更新消费者的心智档案，影响品牌感知以及未来类似的购买决策。

克里斯经历的这个过程在高卷入度的购买决策中很普遍。当然，如果克里斯要做的购买决策只涉及一包口香糖，这个过程就会简单得多。

克里斯代表着一个特定的消费者群体，这对营销商来讲很重要。营销商对定义目标市场和为具有相似特征、需求、动机和购买习惯的消费者群体制定有效的营销战略很感兴趣。这是术语市场细分和营销组合的主题，也是第 6 章的重点。

V 广告背后的人物

乔恩·斯蒂尔

广告传奇乔恩·斯蒂尔（Jon Steel）曾被评为“西海岸年度高管”、“广告公司创新者”以及“湾区 100 名最聪明的人”之一，并入选为 40 岁以下高管设立的广告联合会成就名人堂。李岱艾公司著名的首席执行官李·克劳（Lee Clow）称他为“当今广告业最伟大的从业者之一”。

斯蒂尔做了什么赢得了这样的赞誉呢？答案至少部分是，他帮助改变了美国的广告方式。在 GS&P 极其成功的运营中，斯蒂尔成为客户企划最伟大的倡导者和实践者。

斯蒂尔将策划角色的起源追溯到行业传奇人物威廉·伯恩巴克（见第 2 章“广告背后的人物”）创造的广告类型。你可能还记得，伯恩巴克是 20 世纪 50 年代公式化广告的强烈批评者。他认为，最重要的是，广告应该尊重而不是迎合消费者。

什么是客户企划？一些人将其视为把消费者放在首位和中心的市场研究和战略的混合体。在斯蒂尔任职的第一家广告公司，英国的 Boase Massimi Pollitt（BMP）创始人斯坦利·波利特（Stanley Pollitt）坚持让客户经理和市场研究人员在团队中一起工作，从那时起，客户企划就出现了，这就类似于在创意部门里让文案人员和艺术总监一起工作。波利特认为，当市场研究人员把广告活动的控制权交给客户人员和创意人员之后，消费者往往就会被遗忘。客户企划人员应该在整个广告活动中保持对消费者的关注，用斯蒂尔的话说就是，作为广告公司的“良心”来发挥作用。

你能成为一名优秀的客户企划人员吗？斯蒂尔认为，优秀的客户企划人员必须具有一些显著的特质，例如才智、好奇心、左右脑思维能力以及良好的书面和口头沟通技巧。还有一些没那么显著但同样重要的特征，如谦逊、善于倾听而不仅是说话，以及广泛建立关系的天赋。最不显著的特质是，斯蒂尔认为，客户企划人员应该有点特立独行。“我认识的几乎所有优秀的客户企划人员都有些与众不同。这主要表现在两个方面：以某种非主流的视角看待所处情形，并且可以不拘一格地将各种背景和兴趣融合在一起。”为了证明这一点，他列出了一些最出色的背景：职业棋手、音乐家、航空工程师、古典文学学者和海洋世界的虎鲸训练师。

乔恩·斯蒂尔在英国出生和长大，获得了诺丁汉大学（Nottingham University）地理学学位。他参加了 BMP 公司一个客户经理职位的面试，但他的面试官发现他的技能更适合做客户企划工作。斯蒂尔的幸运之处在于，BMP 早在 1968 年就开了客户企划的先河，并因使用这种方法而闻名。

到了 20 世纪 80 年代末，美国广告公司意识到全世界上最好的广告不是来自美国，而是产生于英国。伦敦的卓越表现背后有一个重要因素就是广泛采用了客户企划。但在美国却真的没有人这么做。

1989 年，旧金山一家受人尊敬的广告公司 GS&P 直奔源头，公司找来了斯蒂尔，并聘请他为公司发展客户企划业务。斯蒂尔来到美国，着手改革。例如，斯蒂尔认为，焦点小组的设计往往更多的是为了让坐在单向镜后面的品牌经理感到舒适，而不是为消费者着想，因此他坚持客户企划人员应该到消费者的“原生生活环境”中去探险。所以，为了帮助世嘉（Sega）推出一个广告活动，斯蒂尔和他的同事们走进了孩子们的卧室，观看他们如何玩电子游戏。他的书中讲述了一个有趣的故事：一个六岁的孩子穿着超级英雄的服装从壁橱里蹦出来，咬了一位 GS&P 客户企划人员的胳膊。GS&P 公司最后得到了这个客户。

很明显，客户企划实际上是在以不同方式进行心理研究，正如世嘉的工作所表明的那样，它甚至可能有点危险。但这是一个创造伟大广告的更好方式吗？无论以何种标准衡量，答案都是肯定的。斯蒂尔在 GS&P 任职期间，该公司的营业额猛增了十倍。创意工作也令人惊叹，因为该广告公司为世嘉、挪威邮轮（Norwegian Cruise Lines）、保时捷、美国无毒品伙伴组织和加州液态牛奶加工商咨询委员会（California Fluid Milk Processors Advisory Board）等客户制作了屡获殊荣的广告。

斯蒂尔热情地回答了《当代广告》为学生们问的一些问题：

《当代广告》：你是如何把客户企划带进美国的？

斯蒂尔：我加入 GS&P 的时候，客户企划在美国还处于起步阶段。杰伊·恰特（Jay Chiat）在几年前就推出了它，并公开宣称它是“有史以来最好的新的商业工具”。有了简·纽曼（Jane Newman）、雷尼（Rainey）和罗伯·怀特（Rob White）等伟大的客户企划，李岱艾公司确实赢得了很多新业务。有一段时间，客户企划是李岱艾的独特销售主张（Unique Selling Proposition），但是单靠客户企划并不能让广告公司成功。李岱艾赢得了新的业务并产生了伟大的作品，其原因是优秀的客户企划人员与优秀的创意部门的相互合作。

我从伦敦的 BMP 搬到旧金山来创立客户企划部门时，许多人都认为我将“把 BMP 风格的客户企划带进 GS&P”。这绝不是我的本意，因为最有效的客户企划一定源自广告公司自己的文化，而从来都不是相反的。GS&P 成立的初衷是希望成为世界上最好的广告公司（“由我们的同行和我们在市场上的表现来评价”）。这意味着卓越的创造力和实用性从一开始就是并行不悖的，共同拥有这些理念，对于客户企划者来说是一个优渥的环境。

我想在我负责 GS&P 的客户企划期间，开发一种企划模式，它比 BMP 和其他英国广告公司的传统做法更灵活。如果我们有 6 个月的时间来制定战略建议，那么我们就花 6 个月，但如果我们只有 6 天，那么我们仍然能够提交出一些有趣的东西。我们的目标始终是创造最好的解决方案，而不是展示我们有多聪明。客户企划人员的存在有助于创意，也有助于检验实际效果。但最重要的是，我们采取的企划模式是专门根据这家广告公司的情况设计的。它不易移植到其他地方，经验丰富的客户企划人员很难来自外部还能有效地开展业务。（我的许多最成功的客户企划人员都是土生土长的，他们从学校毕业就直接被雇用，在广告公司的环境里完成训练。）

《当代广告》：你们的两个广告英雄是霍华德·戈萨奇（Howard Gossage）和威廉·伯恩巴克。你最欣赏他们每个人的什么？他们是如何影响你的职业生涯的？

斯蒂尔：伯恩巴克首次将艺术总监和文案整合在一起，从而改变了广告的面貌。现在可能看起来很可笑，但是曾经有一段时间，文案和艺术是分开的，为了让文案看起来更好，文稿会被沿着走廊或不同楼层发送给其他人。创意团队的构想最终改变了所有广告公司的工作方式，DDB 的广告作品激励了一代又一代的创意人才进入这个行业。

即使从未在自己的广告公司雇用过任何名片上印着“企划”两个字的人，伯恩巴克也很重视人的洞察力，就像他的“新广告”所体现的艺术性和诗意一样。他曾说，“有效创意的哲学，其核心是相信没有什么比洞察人性更强大，如什么冲动驱动了人，什么本能支配着人的行为，尽管语言经常把激励人们的真正动机伪装起来”。在过去的 20 年里，我发现自己一直在找寻这样的洞察，尝试把市场研究和创意融为一体，这样我的客户就不会对人喋喋不休，而是会与人倾心交谈；这样我们的受众就不会只能听到讯息和理解讯息，而是能够感受到它。

戈萨奇是旧金山的传奇人物，但知名度不高，因此在更广义的广告界中没有伯恩巴克那么有影响力。但杰夫·古德比（Jeff Goodby）、安迪·柏林（Andy Berlin）和里奇·西尔弗斯坦（Rich Silverstein）都是戈萨奇作品的忠实粉丝，因此他可能对我的职业生涯产生了更大的直接影响。

“广告值得拯救吗？”他写道，“从经济学角度来看，我大体不这么认为。从美学角度看，我敢肯定它不值得；它没有思想，无聊，而且还太多。”在他看来，广告是人们家中的不速之客，因为是不请自来，所以广告不仅应该表现得无可挑剔，还应该为人们的关注附上一些回报。大约在 40 年前，戈萨奇就相信互动广告，那个时候在普通人面前科技还没有无所不能；他在每一个平面广告上都印上一张优惠券，这不是一个简单的交易手段，而是一种与读者建立双向对话的方式。

《当代广告》：你还有什么想和这个行业的学生分享的吗？

斯蒂尔：你问我的建议吗？永远记住：这不过是广告。没有人会死，所以不要把它看得那么严重。你越不把它当回事，作品就会越好。

资料来源：Courtesy of Jonathan Steel.

本章小结

营销是公司用来通过满足客户需要来获利的过程。营销关注客户需要与产品效用之间的特殊关系。营销的本质是感知的等价交换。满足需要是顾客的目标，也应该是营销商的目标。

广告与营销过程的促销方面有关。它是营销商用来告知、说服和提醒顾客群体（市场），关于产品和服务在需要－满足方面的价值的几种工具之一。广告的有效性取决于广告人的沟通技巧，还取决于公司正确实施其他营销活动的程度，例如市场调查、定价和分销。

营销过程中的参与者分为三类：顾客、市场和营销商。为了触达顾客和市场，广告主必须有效地将来自行为科学的数据与传播艺术相结合。广告主研究大量人群的行为特征，以制作针对这些人群的广告。

成功的广告人了解消费者行为的复杂性，它受三项个人过程支配：感知、学习与说服、动机。这些过程决定了消费者如何看待他们周围的世界，他们如何获得信息和习得习惯，以及他们如何满足他们的个人需要。有两组影响因素也会影响消费者的行为：人际因素（消费者的家庭、社会和文化）和非人际因素（时间、场所和环境）。这些因素共同决定了消费者的行为方式，它们的影响在不同的国家差异很大。广告主评估这些因素对消费者群体的影响，以确定如何给他们创造最适当的讯息。

一旦潜在顾客有动力去满足自己的需要和欲望，购买过程就开始了。他们根据一定的标准评价各种备选产品（唤起集）。如果没有一个备选产品符合他们的评价标准，他们可能会拒绝或推迟购买。如果确已购买，他们就可能会体验到认知失调。购买后评估将极大地影响顾客对未来购买的态度。

重要术语

态度（attitude）
品牌兴趣（brand interest）
品牌忠诚（brand loyalty）
商业市场（business markets）
影响力中心（centers of influence）
说服的中心路径（central route to persuasion）
经典条件反射（classical conditioning）
认知（cognition）
消费者行为（consumer behavior）
消费者决策过程（consumer decision process）
消费者市场（consumer markets）
文化（culture）
既有顾客（current customers）
精细加工可能性模型（Elaboration Likelihood Model）
环境（environments）
备选品评估（evaluation of alternatives）
评价标准（evaluative criteria）
唤起集（evoked set）
交换（exchange）
政府市场（government markets）
习惯（habit）
需要层次（hierarchy of needs）
产业市场（industrial markets）
信息性动机（informational motives）
人际影响（interpersonal influences）
学习（learning）

市场（market）
营销商（marketers）
营销（marketing）
心智档案（mental files）
动机（motivation）
需要（needs）
被动生成的动机（negatively originated motives）
非人际影响（nonpersonal influences）
操作性条件反射（operant conditioning）
意见领袖（opinion leader）
组织买家（organizational buyers）
感知（perception）
说服的边缘路径（peripheral route to persuasion）
个人过程（personal processes）
说服（persuasion ）
生理过滤（physiological screens）
主动生成的动机（positively originated motives）
购买后失调（postpurchase dissonance）
购买后评价（postpurchase evaluation）
潜在顾客（prospective customers）
心理过滤（psychological screens）
参照群体（reference groups）
转售商市场（reseller markets）
社会阶层（social classes）
社会认知理论（social cognitive theory）
刺激（stimulus）
亚文化（subculture）
认知失调理论（theory of cognitive dissonance）
转换性动机（transformational motives）
跨国（全球）市场（transnational（global）markets）
效用（utility）
欲望（wants）

复习题

1. 什么是营销？广告在 IMC 中扮演着什么角色？
2. 产品效用与 IMC 有什么联系？
3. 为什么说感知的等价交换是一个重要的广告问题？
4. 顾客与市场有什么区别？市场有哪些不同种类？
5. “消费者行为”这一术语指什么？为什么说它对营销商很重要？
6. 哪个消费者行为过程对营销商的挑战最大？
7. 说服的中心路径与边缘路径有什么区别？
8. 被动生成的动机和主动生成的动机对 IMC 策划者有什么意义？
9. 跨国市场中影响消费者行为的环境因素有哪些？
10. 认知失调理论与 IMC 有什么关系？

广告体验

1. 认知失调

请描述你（或你采访的人）在一次重大购买后感受到的认知失调事件。讨论这次购买产生的感受以及这些感受后来怎么样了。例如，随着时间的推移，产品的质量和价值变得明显，购买者的感觉可能会变好。最后，讨论公司可以做些什么来让买家在认知失调期间感觉好一些。

2. 消费者行为

对现代的广告主来说，理解消费者行为是至关重要的。请浏览下面列出的网站，记住你所学到的关于文化 / 亚文化、社会阶层、参照群体、家庭和意见领袖的知识。识别并描述能使每个组织成功触达其消费者的主要社会影响因素。

- Beech-Nut：www.beechnut.com
- 本杰瑞：www.benjerry.com
- CNN：www.cnn.com
- 摩托罗拉：www.motorola.com
- 音乐电视（MTV）：www.mtv.com
- 奥普拉：www.oprah.com
- PetSmart：www.petsmart.com
- 脸书：www.facebook.com
- See’s Candies：www.sees.com
- 谷歌：www.google.com
- Xbox：www.xbox.com

3. 动机和人际影响

根据马斯洛的需要层次理论，回顾练习2中提到的网站。给五种基本需要中的每一种诉求找出三个实例。接下来，讨论什么样的人可能会通过特定产品来寻求对这些需要的满足。最后，思考意见领袖的问题，他们的证词可以添加到每个网站。这些意见领袖如何增强网站对那些需要未满足的消费者的吸引力？

4. 为两个假设的顾客写故事（类似于“购买决策和购买后评价”中关于克里斯和他的购买决策的故事）：一个在苹果手表和Fitbit之间选择，一个在福乐鸡和麦当劳之间选择。以图表5-1作为指导。

5. 使用学习理论和精细加工可能性模型分析苹果的广告策略（见图表5-3）。公司使用了哪些说服途径？你的证据是什么？苹果如何帮助消费者学习其产品？

本章注释

[1] Walter Isaacson, *Steve Jobs* (New York: Simon & Schuster, 2011).

[2] Ted Friedman, "Apple's 1984: The Introduction of the Macintosh in the Cultural History of Personal Computers," revised version of a paper presented at the Society for the History of Technology Convention, Pasadena, CA, 1997, *www.duke.edu/~tlove/mac.htm*.

[3] Caroline McCarthy, "Remembering the '1984' Super Bowl Mac Ad," *CNET*, January 23, 2009, *http://news.cnet.com/8301-13577_3-10148380-36.html*.

[4] Tom Hormby, "The Story behind Apple's 1984 Ad," *Low End Mac*, January 24, 2014, *http://lowendmac.com/orchard/06/1984-apple-superbowl-ad.html*.

[5] "1984 Apple's Macintosh Commercial," *www.youtube.com/watch?v=OYecfV3ubP8*.

[6] William Perreault Jr., Joseph Cannon, and E. Jerome McCarthy, *Essentials of Marketing*, 16th ed. (New York: McGraw Hill, 2019), pp. 5–6; Eric N. Berkowitz, Roger A. Kerin, Steven W. Hartley, and William Rudelius, *Marketing*, 3rd ed. (Burr Ridge, IL: Irwin, 1992), p. 27.

[7] Dee-Ann Durbin, "Americans Are Becoming Obsessed with $80,000 Luxury Pickups," *Business Insider*, October 12, 2017, *www.businessinsider.com/american-truck-buyers-want-luxury-features-2017-10*.

[8] James J. Kellaris, Anthony D. Cox, and Dena Cox, "The Effect of Background Music on Ad Processing: A Contingency Explanation," *Journal of Marketing*, October 1993, pp. 114–25.

[9] William O. Bearden, Thomas N. Ingram, and Raymond W. LaForge, *Marketing Principles and Perspectives*, 2nd ed. (Burr Ridge, IL: Irwin/McGraw-Hill, 1997), p. 49.

[10] *Consumer Expenditures in 2016*, U.S. Bureau of Labor Statistics, *www.bls.gov/opub/reports/consumer-expenditures/2016/pdf/home.pdf>*

[11] Bureau of Economic Analysis, "Gross Domestic Product by Industry, 1st Quarter 2018," press release, July 20, 2018, *www.bea.gov/news/2018/gross-domestic-product-industry-1st-quarter-2018*.

[12] Bureau of Economic Analysis, "Gross Domestic Product by Industry, 1st Quarter 2018," press release, July 20, 2018, *www.bea.gov/news/2018/gross-domestic-product-industry-1st-quarter-2018*.

[13] William O. Bearden, Thomas N. Ingram, and Raymond W. LaForge, *Marketing Principles and Perspectives*, 2nd ed. (Burr Ridge, IL: Irwin/McGraw-Hill, 1997), p. 99.

[14] S. Kent Stephan and Barry L. Tannenholz, "The Real Reason for Brand Switching," *Advertising Age*, June 13, 1994, p. 31.

[15] "Ad Nauseum," *Advertising Age*, July 10, 2000.

[16] James J. Kellaris, Anthony D. Cox, and Dena Cox, "The Effect of Background Music on Ad Processing: A Contingency Explanation," *Journal of Marketing*, October 1993, p. 123.

[17] Alice Z. Cuneo, "Dockers Takes a Sexier Approach in New Ad Push," *Advertising Age*, January 19, 1999, p. 8.

[18] Daniel Kahneman, *Thinking Fast and Slow* (New York: Farrar, Straus and Giroux, 2011).

[19] Elnora W. Stuart, T. A. Shimp, and R. W. Engle, "Classical Conditioning of Consumer Attitudes: Four Experiments in an Advertising Context," *Journal of Consumer Research* 14 (1987), pp. 334–49.

[20] Albert Bandura, "Social Cognitive Theory," *in Handbook of Social Psychological Theories*, ed. P. A. M. van Lange, A. W. Kruglanski, and E. T. Higgins (London: Sage, 2011), pp. 349–73.

[21] J. Paul Peter and Jerry C. Olson, *Consumer Behavior and Marketing Strategy*, 4th ed. (Burr Ridge, IL: Irwin, 1996), p. 554.

[22] R. E. Petty, J. T. Cacioppo, and D. Schumann, "Central and Peripheral Routes to Advertising Effectiveness: The Moderating Role of Involvement," *Journal of Consumer Research* 10 (1983), pp. 135–46.

[23] This section and the model are adapted from J. Paul Peter and Jerry C. Olson, *Consumer Behavior and Marketing Strategy*, 4th ed. (Burr Ridge, IL: Irwin, 1996), pp. 554–55.

[24] J. Paul Peter and Jerry C. Olson, *Consumer Behavior and Marketing Strategy*, 4th ed. (Burr Ridge, IL: Irwin, 1996), pp. 556–57.

[25] John T. Cacioppo and Richard E. Petty, "Effects of Message Repetition on Argument Processing, Recall, and Persuasion," *Basic and Applied Social Psychology* 10 (1989), pp. 3–12.

[26] Yumiko Ono, "Overcoming the Stigma of Dishwashers in Japan," *The Wall Street Journal*, May 19, 2000, p. B2.

[27] Karen A. Machleit, Chris T. Allen, and Thomas J. Madden, "The Mature Brand and Brand Interest: An Alternative Consequence of Ad-Evoked Affect," *Journal of Marketing*, October 1993, pp. 72–82.

[28] Karen A. Machleit, Chris T. Allen, and Thomas J. Madden, "The Mature Brand and Brand Interest: An Alternative Consequence of Ad-Evoked Affect," *Journal of Marketing*, October 1993, pp. 72–82.

[29] J. Paul Peter and Jerry C. Olson, *Consumer Behavior and Marketing Strategy*, 4th ed. (Burr Ridge, IL: Irwin, 1996), p. 513.

[30] Ken Dychtwald and Greg Gable, "Portrait of a Changing Consumer," *Business Horizons*, January/February 1990, pp. 62–74; Larry Light, "Trust Marketing: The Brand Relationship Marketing Mandate for the 90s," address to the American Association of Advertising Agencies annual meeting, Laguna Niguel, CA, April 23, 1993.

[31] Colin McDonald, "Point of View: The Key Is to Understand Consumer Response," *Journal of Advertising Research*, September/October 1993, pp. 63–69.

[32] William Perreault Jr., Joseph Cannon, and E. Jerome McCarthy, *Essentials of Marketing,* 16th ed. (New York: McGraw Hill, 2019), pp. 5–6.
[33] Vanessa O'Connell, "Nabisco Portrays Cookies as Boost to Women's Self-Esteem," *The Wall Street Journal,* July 10, 1998, p. B7.
[34] John R. Rossiter and Larry Percy, *Advertising Communications and Promotion Management,* 2nd ed. (New York: McGraw-Hill, 1997), pp. 120–22.
[35] John R. Rossiter and Larry Percy, *Advertising Communications and Promotion Management,* 2nd ed. (New York: McGraw-Hill, 1997), p. 121.
[36] U.S. Census Bureau, "The Majority of Children Live with Two Parents, Census Bureau Reports," press release, November 17, 2016, *www.census.gov/newsroom/press-releases/2016/cb16-192.html*.
[37] "The Worth of the Cool: Asking Teenagers to Identify the Coolest Brands," *Adweek,* May 9, 1994, p. 18.
[38] Greg Farrell, "Star Search," *Adweek,* December 6, 1993, p. 26.
[39] Ashley Bergner, "Have Product Placements in Films Become a Necessary Evil?," *Morning Sun,* April 23, 2012, *www.morningsun.net/news/entertainment/x1780488795/Have-product-placements-in-films-become-a-necessary-evil*.
[40] William Perreault Jr., Joseph Cannon, and E. Jerome McCarthy, *Essentials of Marketing,* 16th ed. (New York: McGraw Hill, 2019), pp. 5–6; J. Paul Peter and Jerry C. Olson, *Consumer Behavior and Marketing Strategy,* 4th ed. (Burr Ridge, IL: Irwin, 1996), p. 368.
[41] Carolyn A. Lin, "Cultural Differences in Message Strategies: A Comparison between American and Japanese TV Commercials," *Journal of Advertising Research,* July/August 1993, pp. 40–48.
[42] Marla Martzer Rose, "Advertising Industry Working Fast to Boost Minority Hiring, Increase Internships," *Target Market News Inc.,* February 11, 2007.
[43] "The Ad Industry Diversity Hiring Controversy: Will We Be Reading This Same Story Again in 2036?" editorial, *Advertising Age,* September 17, 2006, *https://adage.com/article/news/editorial-ad-industry-diversity-hiring-controversy/111896*.
[44] Carolyn A. Lin, "Cultural Differences in Message Strategies: A Comparison between American and Japanese TV Commercials," *Journal of Advertising Research,* July/August 1993, pp. 40–48.
[45] Carolyn A. Lin, "Cultural Differences in Message Strategies: A Comparison between American and Japanese TV Commercials," *Journal of Advertising Research,* July/August 1993, pp. 40–48.
[46] J. Paul Peter and Jerry C. Olson, *Consumer Behavior and Marketing Strategy,* 4th ed. (Burr Ridge, IL: Irwin, 1996), p. 413.
[47] U.S. Census Bureau, *Statistical Abstract of the United States: 2010, www.census.gov*.
[48] "Hispanic Fact Pact 2005," *Advertising Age, http://adage.com/article?article_id=46168*.
[49] Rebecca Purto, "Global Psychographics," *American Demographics,* December 1990, p. 8.
[50] The classic studies on cognitive dissonance were initiated by Leon Festinger, *A Theory of Cognitive Dissonance* (Evanston, IL: Row, Peterson, 1957), p. 83; for more recent views, see Hugh Murray, "Advertising's Effect on Sales—Proven or Just Assumed?" *International Journal of Advertising* (UK) 5, no. 1 (1986), pp. 15–36; Delbert Hawkins, Roger Best, and Kenneth Coney, *Consumer Behavior,* 7th ed. (Burr Ridge, IL: McGraw-Hill/Irwin, 1998), pp. 609–10; Ronald E. Milliman and Phillip J. Decker, "The Use of Post-Purchase Communication to Reduce Dissonance and Improve Direct Marketing Effectiveness," *Journal of Business Communication,* Spring 1990, pp. 159–70.
[51] Larry Light, "Advertising's Role in Building Brand Equity," speech to annual meeting of the American Association of Advertising Agencies, April 21, 1993.

第 6 章

市场细分与营销组合：广告战役战略的决定性因素

学习目标

描述营销商如何利用行为特征将潜在消费者聚集成细分市场。没有哪种产品或服务可以使所有人都满意，因此，营销商需要选择销售潜力最大的特定目标市场，这样，它们便可以通过微调产品相关要素（4P）的组合，包括 IMC，去匹配目标市场的需要或欲望。

学习本章后，你将能够：

1. 定义市场细分并描述其目的。
2. 解释目标市场营销流程。
3. 展示在营销活动中，如何将 IMC 与产品要素结合在一起。
4. 说明在营销活动中，如何将 IMC 与价格要素结合在一起。
5. 回顾在营销活动中，如何将 IMC 与渠道要素结合在一起。
6. 讨论在营销活动中，如何将 IMC 与传播要素结合在一起。

IMC 的成功不仅取决于你说了什么，还取决于你对谁说。一个恰当的例子可能是 2011 年度的最佳 IMC 活动——欧仕派（Old Spice）主题为“让你的男人闻起来有男人味”的促销活动。它成功的秘诀是什么？是对女性讲述一款男性沐浴产品的广告。将男性品牌的市场目标定为女性，这不是一种常规的做法，但是，这个广告活动的方方面面就是这样不走寻常路。为了充分理解这个广告，让我们看看为什么欧仕派一开始就需要制作一个改变游戏规则的广告吧。欧仕派最早在 20 世纪 30 年代进入市场，当时它是一款男士剃须后美容水。之后，当男性消费者开始对包括除味剂和沐浴露在内的其他美容产品产生兴趣的时候，宝洁公司收购了欧仕派，并推出了延伸品牌，以满足这些新需求。

1983 年宝洁的全球主要竞争对手联合利华推出了斧头牌（Axe）。作为一个更年轻的品牌，斧头牌把自己定位为一个性感的替代品是有一定的可信度的。多年来欧仕派的广告一直倾向于安全和传统，而斧头牌则使用了更激进的、强调吸引力的广告。[1] 不管其所谓的吸引力看起来多么令人难以置信，但它确实有效。到了 2000 年，斧头牌已经在市场份额上确立了良好的领先地位。到了 2010 年，宝洁不得不考虑是继续投钱在欧仕派上，还是转投另外一个成熟的品牌。宝洁决定将重振欧仕派的挑战交给世界上最伟大的广告公司之一维登 + 肯尼迪（W+K）。W+K 因其助力耐克成为世界鞋业的领导者之一而声名鹊起。它面临的新挑战是让欧仕派变得独特、有价值，甚至更时髦。[2] 在开始之前，广告公司和客户就做了一个重大决定，它们把针对男性（使用沐浴露的人）的广告，直接呈现给女性（通常替男性购买的人）。广告的口号是“让你的男人闻起来有男人味”。

在第一个商业广告中，前 NFL 运动员艾赛亚・穆斯塔法（Isaiah Mustafa）站在淋浴喷头下，只围着一条浴巾，从一开始就对着目标受众讲“你们好，女士们”。他自信满满地说，“看看你们的男人，然后看看我，再看回你们的男人，现在再看向我。好遗憾，他不是我。但如果他停止使用女士香味的沐浴露，换上欧仕派，那他闻起来就像我了。”[3] 快速和有点荒谬的风格和节奏，加上穆斯塔法的魅力和幽默，使这则广告立即引起轰动。欧仕派又回来了。但下一步该怎样呢？广告界从不缺少“昙花一现”的案例。所以 W+K 决定调整玩法。当欧仕派的广告引起全国性的关注以后，广告公司开始把穆斯塔法用在社交媒体上，同时还为类似艾伦・德詹尼丝（Ellen DeGeneres）这样的关键影响者开发了数十个不同的个性化的执行方案。德詹尼丝自然受宠若惊，她邀请穆斯塔法上她的节目。欧仕派有了更多话题。广告活动获得了戛纳的大奖。[4]

W+K 乘胜追击。它决定为穆斯塔法的“欧仕派先生”创造一个病毒式的故事情节。W+K 的创意总监杰森・巴格利（Jason Bagley）设置了一条故事主线，让一位年长的名人尝试取代穆斯塔法发言人的角色。他们选择了因为无数爱情小说担当封面模特而闻名的意大利人法比奥（Fabio），以这两人为主角拍摄了 100 多段视频，主题是“在浴室手牵手”（“Mano a Mano en el Bañó”）。成效如何呢？欧仕派再获成功。仅仅一个星期，视频就被观看了超过 2 000 万次。在 YouTube 观看排行榜上，欧仕派和新“欧仕派先生”法比奥分别位列观看次数排名的第一和第四。此外在脸书上，品牌还吸引了将近 7 万新粉丝。[5] 最重要的是，随着销量的激增，欧仕派重新从斧头牌手中夺回了市场领先地位。欧仕派广告已经收获了一个广告活动所能荣获的所有赞誉。W+K 也借此巩固了它作为一个杰出创意品牌的声誉。而所有这一切均始于那个向女性兜售男性沐浴露优点的决定。[6]

6.1　市场细分

营销人员不停地寻找能够被更好满足的消费者群体。**市场细分**（market segmentation）的过程包括两个步骤：确定具有特定共有需要的人群（或组织），并根据他们对品牌效

1 定义市场细分并描述其目的

用的兴趣将这些群体聚合（合并）成更大的细分市场。这个过程应该产生足够大的细分市场，并通过营销活动组合来赢得细分市场。

市场往往由众多的细分市场构成。企业可以针对每个细分市场采用不同的产品和营销战略，也可以将所有的营销活动集中于一个或几个细分市场。无论哪种都不简单。以向美国中产阶层销售汽车而闻名的丰田公司，开发了赛恩（Scion）系列以吸引年轻驾驶者。它还将雷克萨斯（Lexus）推销给更富有、年龄更大的消费者。要在全球范围内满足所有需要，就需要一个复杂的营销和传播体系。本章我们将首先看看营销商是如何识别和划分消费者市场的，接着看看它们用来细分商业市场的技术。然后，我们将讨论公司如何使用不同的 IMC 策略把它们的产品与市场匹配起来，从而创造有利可图的交换。

细分消费者市场

“共有特征”（shared characteristics）这一概念在市场细分中相当关键。营销人员和广告人员都知道，可以从消费者“留在沙滩上的脚印”，即那些可以显示他们家住何处、在何处工作、购买何物以及如何度过闲暇时光的信号中，识别出他们的需要、欲望。营销商可以通过跟踪这些足迹，来发现并锁定具有相似需要和欲望的消费者群体，针对他们创造讯息，并且了解如何以及在哪里把讯息传递给他们。市场细分的目的就是找到特定的利基市场，也就是营销商的产品或服务刚好匹配的市场空间。回想一下本章开头的欧仕派的故事。花点时间想一想你会替这个品牌选择什么样的目标市场？研究发现，女人买什么，男人就会用什么。这个活动就是要鼓励女性帮助她们的伴侣不再使用“女人味的沐浴露”。“男人”作为类别被缩小为具有以下特征的男人：有伴侣并且已经使用沐浴露。虽然这个群体规模更小，但是比泛泛而谈的男人更有价值。为什么说更有价值呢？因为这群消费者更有可能对广告主的讯息做出回应。

营销商将这些共有特征按行为、地理、人口统计和心理分类，以此来识别和细分消费者市场（见图表 6－1）。大多数营销商都有两个目标：第一，识别那些可能对品牌的利益感兴趣的人；第二，发展有效的讯息组合，帮助这些消费者了解品牌的利益。

行为细分

按购买行为把消费者分组是一种直接的细分市场的方法，我们称之为**行为细分**（behavioristic segmentation）。行为细分市场由许多变量来决定，但其中最重要的变量有用户状态、使用率、购买时机和利益追求。这些类别可以揭示谁是我们目前的顾客、他们何时购买、为什么购买以及消费多少。

用户状态变量 许多市场都可以按潜在顾客的**用户状态**（user status）细分，依据这种方法，研究人员斯蒂芬（Stephen）和坦尼荷兹（Tannenholz）把消费者分成了六大类。

专一用户只选择一个品牌。这些消费者品牌忠诚度最高，需要最低限度的促销。准专一用户通常使用品牌 A，但心里也会有替代品牌，如果品牌 A 一时无法得到，而替代品牌正好在打折，他们就可能会选择替代品牌。折扣用户指竞争品牌 B 的准专一用户，他们不会以全价购买品牌 A，但对品牌 A 印象颇佳，很乐意在它打折时购买。知晓而未尝试用户使用同品类中的竞争产品，他们对品牌 A 并无好感，不同的广告讯

图表 6－1
细分消费者市场的方法

变量	典型类目
地理的	
地区	太平洋；山区；西北中部；西南中部；东北中部；东南中部；南大西洋；中大西洋；新英格兰
县的规模	A、B、C、D
气候	北方、南方
城市规模	低于 5 000 人； 5 000 ～ 19 999 人； 20 000 ～ 49 999 人； 50 000 ～ 99 999 人； 100 000 ～ 249 000 人； 250 000 ～ 499 999 人； 500 000 ～ 999 999 人； 1 000 000 ～ 3 999 999 人； 4 000 000 人或以上
人口密度	城市、郊区、乡村
行为的	
购买时机	常规购买、特殊购买
利益追求	经济的、便利的、有声望的
用户状态	非用户、退出用户、潜在用户、首次试用用户、常规用户
忠诚状态	不忠诚、中度忠诚、强度忠诚、绝对忠诚
准备阶段	不知晓、知晓、熟知、兴趣、渴望、打算购买
营销因素敏感性	质量敏感、价格敏感、服务敏感、广告敏感、促销敏感
心理的	
社会分化	上流社会、有影响力的人、成功的单身人士、社会保障金申领者、温和立场者
生活方式	奋斗者、成功者、实现者
个性	强迫性的、善交际的、权威型的、野心勃勃的

变量	典型类目
人口统计的	
年龄	6 岁以下、6 ～ 11 岁、12 ～ 19 岁、20 ～ 34 岁、35 ～ 49 岁、50 ～ 64 岁、65 岁及以上
性别	男性、女性
家庭规模	1 ～ 2 人、3 ～ 4 人、5 人及以上
家庭生命周期	单身青年；已婚年轻人，无子女；已婚年轻人，幼子小于 6 岁；已婚年轻人，幼子大于等于 6 岁；单身年轻人，有孩子；已婚年长者，有孩子；单身年长者，有孩子；已婚年长者，无 18 岁以下孩子；单身年长者；其他
收入	低于 10 000 美元； 10 000 ～ 19 999 美元； 20 000 ～ 29 999 美元； 30 000 ～ 39 999 美元； 40 000 ～ 59 999 美元； 60 000 ～ 99 999 美元； 100 000 ～ 149 999 美元； 150 000 美元及以上
职业	专业技术人员；经理、行政人员和企业主；办事员、销售员；手工艺人；主管；操作工；农民；退休者；学生；主妇；失业者
教育程度	小学或以下；技校；高中；大专；大学
宗教信仰	天主教、新教、犹太教、伊斯兰教和其他
族裔	白人、黑人、亚裔和其他
国籍	美国、英国、法国、德国、意大利、日本和其他

息也许会发生作用，但这些人的市场潜力不大。尝试 / 拒绝用户对品牌 A 的 IMC 讯息做出了反应，但并不喜欢它，此时，广告再多也无济于事，只有对 A 品牌进行重组才能招揽这批顾客。保留剧目用户认为两种或更多的品牌都具有卓越的属性，他们可以用全价购买它们。他们是主要的品牌转换者，根据自己起伏不定的欲望和心愿对说服信息做出反应。因此，他们应该是品牌讯息的主要诉求目标。[7]

使用率变量　一般说来，重度用户比轻度用户更有价值，原因很明显——他们会购买更多的产品。运用**用量细分**（volume segmentation）方法时，营销商通过测量人们的产品**使用率**（usage rates）来确认其是产品的轻度、中度还是重度使用者（见图表 6-2）。一项经验法则表明，20% 的用户消费了 80% 的产品。营销商想要识别这 20%，并针对他们投放广告。

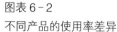

图表 6-2
不同产品的使用率差异

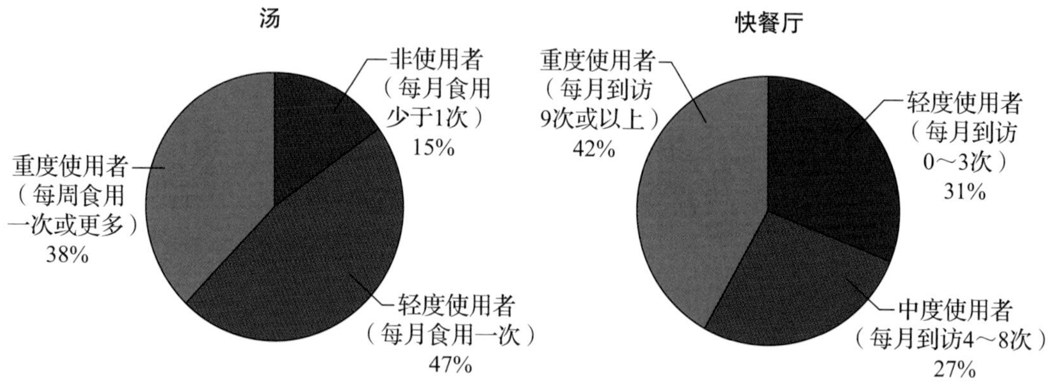

资料来源：Mediamark Research and Intelligence. *Journal of Advertising Research* (www.warc.com/jar).

CKE 餐饮公司旗下的哈迪斯（Hardee's）连锁餐厅甚至还给备受追捧的 17 ～ 34 岁的男性细分市场起了个昵称“HFFU”（读作 who-foo）。CKE 的首席执行官安德鲁·普德策（Andrew Pudzer）说：“这就是‘重度快餐用户’，他每周在这里吃四到五次……是快餐行业的‘有效击球点’，他就是喜欢湿淋淋、乱糟糟的汉堡包，对 99 美分的汉堡包或低碳水的东西毫无兴趣。他可不是大个的卡路里计算器。”[8]

通过发现产品重度用户的相似点，营销商可以更有效地定义产品差异，进而更有重点地做广告。例如，那些自己付差旅费的独立商人、那些法隆全球称之为“马路战士”的人，便是廉价连锁旅馆的重度使用者，有些人每年都要在路上度过 100 多个夜晚。在给假日快捷酒店（Holiday Inn Express）创作广告时，法隆公司还发现，“马路战士”通常在周一开始做旅行计划，喜欢收看 ESPN、CNN 和天气频道。这些知识对法隆公司的媒体人员安排广告排期大有裨益，使他们得以了解广告在什么时候、什么地点更容易触达目标受众。

某一产品的营销商有时会发现其消费者也是其他产品的重度用户，可以根据其他产品的使用率来定义目标市场。研究表明，与非有机食品的消费者相比，大量食用有机食品的人在水果和蔬菜上的花费更多，而在预制食品上花费更少。此外，购买有机食品的人往往在宗教上不那么虔诚，教育程度较高，比那些不买有机食品的人更年轻。[9]克拉瑞塔斯公司（Claritas）[10]也有类似的发现：所谓“第二城市精英”群体比典型的美国人更有可能享受文化活动（读书以及观看戏剧和舞蹈表演），更有可能阅读杂志和开雷克萨斯汽车。

购买时机变量 购买者还可以按照何时购买或使用产品或服务——**购买时机**（purchase occasion）来进行区分。例如，航空旅客可能是因公出差，也可能是度假，所以，一家航空公司可以推广商务旅行，而别的航空公司则可以推广旅游业务。购买时机可能受到需要的频率（定期还是偶尔）、潮流（糖果、电脑游戏）或季节（滑水板、雨衣）的影响。日本气象协会（Japan Weather Association）追踪了 2 万件商品的购买模式，并将它们与室外温度联系起来。不出所料，当气温升高时，人们会买更多的遮阳伞、空调、西瓜和泳衣。当气温变低时，西装、毛衣和加热器的销量会大幅上升。[11] 发现某个群体的通常购买时机的营销商，就获得了一个潜在的目标细分市场，可以更好地决定何时开展特价活动、如何推广特定产品类别。

利益追求变量　营销商经常根据消费者所追求的利益对他们进行细分。消费者从所购买的产品中追求不同的**利益**（benefits），如高品质、低价格、身份象征、好味道、健康意识等。一个十几岁的孩子在麦当劳吃午餐，可能是为了吃一顿便宜又饱腹的饭，而带着两个小孩的父母则可能是想在孩子们吃开心乐园餐的时候找个地方喝杯热咖啡。除了有形的利益，消费者通常还受到象征意义的激励——品牌名称对他们自己、同伴或某些社会参照群体意味着什么。**利益细分**（benefit segmentation）是许多消费者态度调查的主要目标，也是许多成功的广告活动的基础。

有些产品类别的特点是在这一次购买和下一次之间会发生大量的品牌转换。研究人员已经认定，品牌转换是对消费者此一时彼一时的不同“需要状态”的响应。因此，软饮料公司不仅要在饮用者（用户）上展开竞争，还要在饮品（时机）上展开竞争，这受消费者当时所追求的利益的影响。例如，一般不会购买姜汁汽水的消费者可能会在节假日探亲时购买。通过权衡时机性动机的重要性，营销商可以判断是否有必要为产品做重新定位的广告。[12]

利用行为细分，我们完成了识别营销努力前景的第一步。下一步要发展详尽的顾客档案，包括使用地理、人口统计和心理统计特征。

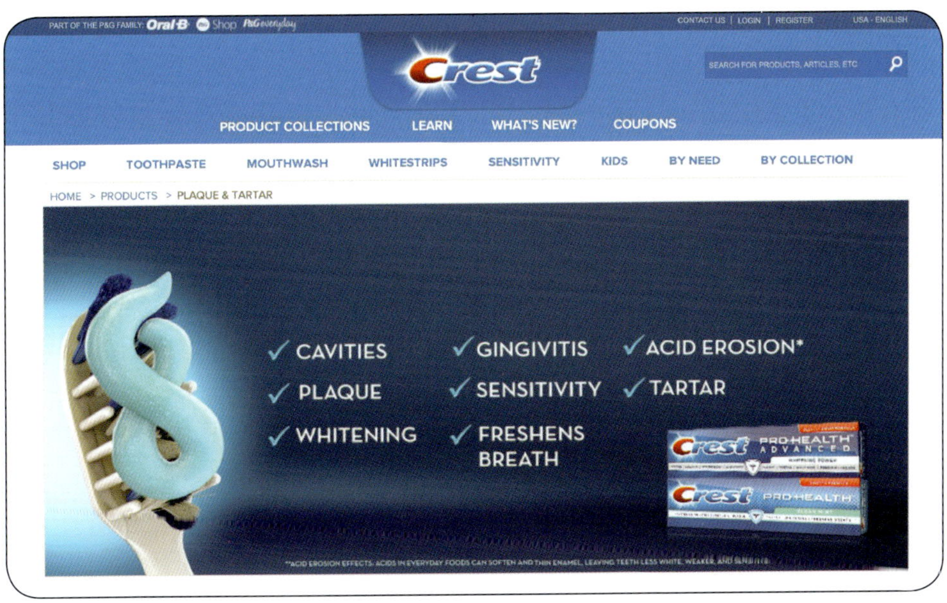

资料来源：Procter & Gamble.

佳洁士的网站在强调使用佳洁士牙膏的利益方面做得很好。

地理细分

市场也可以通过**地理细分**（geographic segmentation）来定义。一个国家（或世界）的某一个地区的人有不同于其他地区的需要、欲望和购买习惯。比如，阳光地带的消费者购买防晒霜较多，加拿大人则会购买一些佛罗里达人可能在商店里连见都没见过的滑雪专用装备。

营销商在分析地理数据时，会研究地区、城市的大小，邮政编码，商店类型。很多产品在城市相当好卖，但在郊区或乡村则不好卖，反之亦然。在第 9 章，我们将会看到，地理信息对于确定广告媒体排期非常重要，因为营销者的预算有限，希望在自己的销售潜力最大的地区做广告。

即使在地方市场上，地理细分也很重要。例如，一家零售商店不会去拉范围有限的商圈以外的顾客。

PRIZM 是一种最受推崇的地理细分系统，它是克拉瑞塔斯公司的产品之一。[13] 营销商使用 PRIZM 系统已经超过 30 年，该系统每十年根据人口统计数据更新一次。PRIZM 分析了城市化措施，以及家庭和社区特征，以便将美国的每个邮政编码区域都划入 66 个地理细分中的一个，同时给出生动的描述，如“年轻数字人”“智力型富翁”“波西米亚组合”“美国梦”。“年轻数字人”生活在城市地区，他们富裕、有孩子，通常有较高学历。与大多数人相比，他们更有可能拥有一辆奥迪车，在星巴克喝咖啡，使用优步。“美国梦”人群也居住在城市，但他们比“年轻数字人”收入少，受教育程度也低。克拉瑞塔斯公司认为他们是沃尔沃车主和诺德斯特龙折扣店（Nordstrom Rack）买家的比例很高。

人口统计细分

人口统计细分（demographic segmentation）是一种通过统计特征来定义人口群体的方法，这些统计特征包括：性别、年龄、族裔、教育、职业、收入和其他可量化的因素。在选择广告的目标市场时，人口统计细分与地理细分经常一同使用，这被称为**地理人口细分**（geodemographic segmentation）。例如，研究显示将自己认同为“典型西班牙裔”的人通常倾向于对特定品牌非常忠诚。此外，如图表 6－3 所示，预计到 21 世纪，拥有西班牙裔血统的美国人的增长速度将远远快于美国总人口的增长速度。这意味着分配给西班牙语媒体的广告费会激增。美国电话电报公司、麦当劳和通用汽车等许多一流的广告主现在都专门针对这一市场投放了大量广告，2018 年这一市场的规模达到了 1.3 万亿美元。[14] 为了有效赢得这一细分市场，它们测量了每个打算进入的营销目标区域中“典型西班牙裔”社区的规模，以及收入、年龄分布和态度。例如，彭尼公司发现，它为西班牙裔女性设计的桑德拉・萨尔塞多（Sandra Salcedo）服装系列，在得克萨斯州和北加州的商店里卖得很好，但在洛杉矶的墨西哥裔美国人居住区却卖得不好。这是一个很好的提醒，只关注一个消费者影响因素而忽略其他，通常是把事情过于简单化了。[15]

图表 6－3
预计的美国西班牙裔人口和西班牙语媒体的最大的广告主（按美国媒体支出排名）

年份	西班牙裔人口	美国人口	西班牙裔占比（%）
2000	35 621 721	282 124 631	12.6
2005	41 800 971	295 507 134	14.1
2010	47 755 585	308 935 581	15.5
2015	53 647 237	322 365 787	16.6
2020	59 755 555	335 804 546	17.8
2025	66 190 911	349 439 199	18.9
2030	73 055 166	363 584 435	20.1
2035	80 242 372	377 886 238	21.2

续表

年份	西班牙裔人口	美国人口	西班牙裔占比（%）
2040	47 584 907	391 945 658	22.3
2045	95 025 560	405 862 392	23.4
2050	102 559 846	419 853 587	24.4

排名	广告主	2017 年广告支出（万美元）
1	宝洁	33 500
2	国际基因组实验室（Genomma Lab International）	26 000
3	德国电信公司（T-Mobile）	11 600
4	Dish Network	11 600
5	美国电话电报公司	10 800
6	Molson Coors Brewing	10 600
7	欧莱雅	10 400
8	软银集团（Softbank Group Corp.）	10 000
9	强生	9 500
10	百威英博（Anheuser-Busch InBev）	9 400

资料来源：AdAge Hispanic Fact Pack, 2018. Crain Communications, Inc.

在采用数据挖掘技术后，百思买意识到女性顾客在该公司门店中没有得到充分的服务，就此发现了一个巨大的未开发市场。为了推动产品在这个人口群体中的销售，百思买开设了 68 家概念店，在这里安排的销售人员都受过培训，知道该如何给女性购物者提供量身定制的信息。百思买副总裁南希·布鲁克斯（Nancy Brooks）指出："我们使用她们的语言，帮助她们变身为一流的电子产品买家。"[16]

随着人们的成熟和收入变化，他们对各种产品类别的兴趣也在变化（见图表 6-4）。截至 2015 年[17]，数量最多的一个世代是千禧一代，他们的数量现在已经略高于"婴儿潮"一代。千禧一代是指到 2015 年年龄在 18 ～ 34 岁之间的消费者，他们的人数约为 7 500 万。[18] 很自然，许多企业都希望更好地理解如何成功地与这些富裕的年轻消费者做买卖。汽车销售商 AutoTrader 对千禧一代做了大样本的访谈，发现了这一人群与前一代的共同点和差异。

图表 6-4
不同年龄组的重度使用模式

年龄	年龄组名称	所购商品
0 ～ 5 岁	幼儿	婴儿食品、玩具、幼儿家具、儿童服装
6 ～ 19 岁	学龄儿童及青少年	服装、体育用品、CD 和 DVD、学校用品、快餐、软饮料、糖果、护肤品、电影
20 ～ 34 岁	青年	汽车、家具、房屋、食品与啤酒、服装、钻石、家庭娱乐设备、健身设施、为更低年龄段细分市场购买的商品
35 ～ 49 岁	壮年	更大的房子、更好的汽车、第二辆车、新家具、电脑、健身设施、珠宝、服装、食品与酒
50 ～ 64 岁	中年	健身物品、为年轻夫妇和婴儿购买的东西、旅行
65 岁及以上	老年	医疗服务、旅行、药品、为更年轻的群体购买的用品

例如，千禧一代和其他群体一样，注重地位，喜欢豪华汽车品牌。作为回应，宝马等汽车制造商正在推出宝马 X2 等价格较低的入门级车型。但与其他几代人不同的是，千禧一代花更多时间在网上购物，尤其是在手机上购物。汽车经销商应该估计到，他们的千禧一代顾客来到展厅时，已经对自己的选择心中有数了。在开始讨价还价时，这些年轻消费者还会拿出他们的手机，来查看新车的价格。[19]

在快餐行业，或者现在常被称为 QSR（速食餐厅）的行业，人口细分同样至关重要。麦当劳作为这个行业的创造者和持续的领跑者，一直长盛不衰。汉堡包一度被认为是只有穷人才选的不卫生的肉类食品，但是在诸如白色城堡（White Castle）和麦当劳这样的连锁店的助力下，汉堡包的形象发生了改变，在 20 世纪 50 年代摇身一变成为全国性美食。[20] 现在，儿童是麦当劳的主要目标消费者。几十年来，开心乐园餐和玩具的广告给人留下了深刻的印象。虚构人物麦当劳叔叔的文化渗透程度仅次于圣诞老人：有 96% 的美国学龄儿童能认出那个穿着黄色连体衣的小丑。[21] 面对这个巨头的品牌价值和广告支出带来的压力，竞争者们只好迂回到汉堡包的传统消费者——年轻的男性身上。在麦当劳略显弱势的领域，哈迪斯打算强势出击。它的加厚汉堡包（Thickburger）的电视广告宣称，消费者应该“随心所欲地吃”（eat like you mean it）。

在国际市场上，许多人群的人口统计数据正在迅速变化。新兴的中产阶层对消费品有着永不满足的需求——从智能手机、iPad 到汽车和冰箱，无所不包。[22] 目前，近 160 万个印度家庭每年在高端商品上的平均花费为 9 000 美元。[23] 中国崛起，成为全球增长最快的广告市场之一，这直接得益于中国日益增长的富裕消费者。根据央视市场研究公司（CTR Market Research）的数据，在全球广告市场上，中国仅次于美国和日本。[24]

任何国家的广告支出都是两个因素的函数：每个消费者的广告费支出金额和总人口。因此，尽管中国市场的总体规模巨大，但人均广告支出却很少，2018 年仅为 48.66 美元。在所有国家中，人均广告费支出最高的仍然是美国，在那里，营销商在每个人身上的支出估计达到 670.65 美元。[25]

地理和人口统计数据能提供有关市场的信息，但很难提供有关个体心理方面的信息。在很多情形下，同一个人口统计或地理细分市场中的人，具有全然不同的产品偏好和电视收视习惯，单凭人口统计标准很难预测人们的购买行为。[26] 这就是营销商要采用心理细分的原因。

心理细分

通过**心理统计特征**（psychographics），营销商可以依据人们的价值观、态度、个性和生活方式对他们进行分类。心理变量使营销商可以将人视为有感情、有倾向的个体。然后，可以按照信仰、生活方式以及使用的产品、服务和媒介对人们进行划分。[27]

最著名的心理分类系统也许是 VALS（价值观、态度与生活方式）分类系统，这是 SRI 咨询商业智能公司（SRIC-BI）开发的一种产品。VALS 根据两个维度——**首要动机**（primary motivation）和**资源**（resources），将消费者分配到八个群体当中的某一个。根据 SRIC-BI 的观点，个体主要受三种因素的激励，分别是理想（或者说基本原则）、成就（成功的有形标志）以及自我表现（对经历或冒险的渴望）。除此之外，人们拥有资源的程度千差万别，包括金钱、教育或自信。VALS 将资源最少的人置于分类的底部，将资源最多的人放在顶部。[28]

VALS 的目的在于帮助营销商确认谁是目标市场，揭示目标人群的购买习惯和行为特点，找出目标群体居住的聚居地，找到与他们沟通的最佳方式，了解目标人群为什么会如此行事。这一系统已经被应用于很多领域，如新产品开发与设计、目标市场营销、产品定位、广告讯息创作、媒介策划等等。[29]

曾有这样一个案例，一家国外汽车制造商运用 VALS 来给自己的一款运动型汽车重新定位，在此之前它的电视广告活动曾经获奖，但在提升销售额方面毫无建树。通过运用 VALS，公司用主题为“打破规则”的新广告活动将“反叛型”消费者作为目标市场。除了广告，一切都没有改变，但在六个月内销售额上升了 60%。[30]

后来，SRIC-BI 又开发了其他的 VALS 产品，如日本 VALS，专门用来判断日本价值观和社会行为的变化对消费者的影响；还有 GeoVALS，判断目标顾客的居住地与他们行为之间的关系。所有这些都有助于广告主选择最佳地点，有效地选择直邮的目标，使广告投入的效益最大化。[31]

在欧洲和亚洲，大量的生活方式研究产生了各种各样的其他分类系统，它们帮助营销商了解不同国家、不同目标群体如何使用产品。调研公司 RISC 调查了 12 个欧洲国家的人对社会变化的反应。研究秉持这样一种基本信念：当人们共享相似的价值、观念和敏感性的时候，其购买行为通常也会表现出一致性。罗普・史塔契全球市场调查公司（Roper Starch Worldwide）开发了 ValueScope 服务，帮助营销商在世界各地找到“市场空间行为的共享模式”，以便实施全球活动。Roper 模型利用三种消费行为驱动因素——国籍、生命阶段和价值观——定义了六个消费者细分市场：创意人士、寻欢作乐者、密友（intimates）、奋斗者、虔诚者和利他主义者。[32] Roper 研究的一个有趣的方面是发现了世界各地的人拥有的前 10 种价值观（见图表 6－5）。

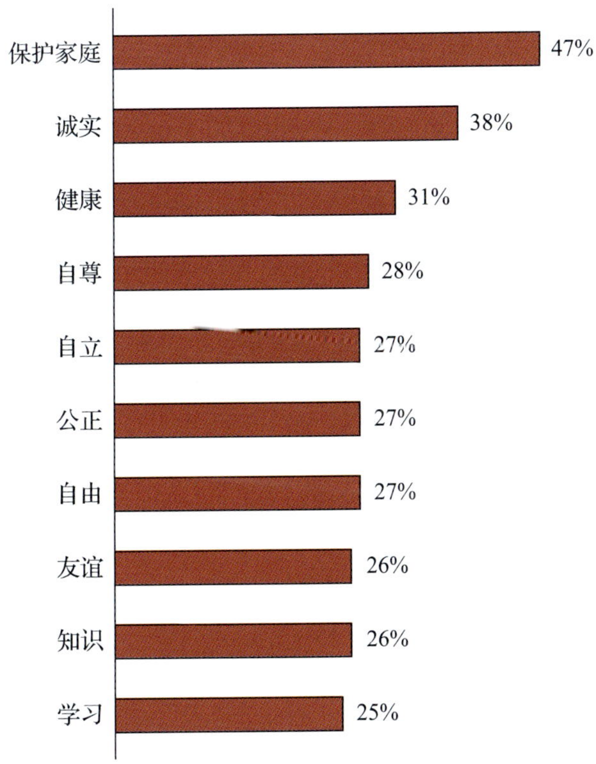

图表 6－5
全世界人们拥有的前 10 种价值观

MindBase 是另一个心理细分体系，它将消费者分为八个心理类别，其中包括“我被驱动”（I am driven）（格言：不入虎穴，焉得虎子）和“我三思而行”（I measure twice）（格言：防患于未然）。全球调查公司凯度（Kantar）使用该系统来展示具有相似人口背景的人在动机和感受上是如何截然不同的。该公司的数据还表明，这些群体在接受营销讯息和媒体依赖方面存在着差异。[33]

西蒙斯公司（Simmons）也提供了一种心理工具，名为行为画像（BehaviorGraphics），这种分类方法基于态度和生活方式测量包括消费者产品使用和媒体消费的信息。该工具将消费者划分为 31 个不同的细分市场，将其命名为诸如“引领潮流者”（深受媒体和流行风格吸引的十几岁青少年，这个群体中使用互联网的人数比另外 30 个群体多）、“孩子中心者”（中产阶层家庭，其日常活动和媒体消费都围着孩子转）以及“嘲讽者”（主要为年轻人，收看喜剧中心频道的电视节目，热衷体育）等。[34]

在一本颇具影响力的书《引爆点》（*The Tipping Point*）中，文化观察家马尔科姆·格拉德威尔（Malcolm Gladwell）提出了另外一个广告商希望从心理上对消费者进行细分的原因：识别出可能对其他人产生巨大影响的一小群人。格拉德威尔认为，某些类型的人创造了他所谓的社会流行（social epidemies），典型的情形是一种产品、时尚或想法几乎可以在一夜之间就爆红起来。他举了暇步士（Hush Puppies）鞋的例子，这款鞋多年来一直销量低迷，直到突然有一天在年轻、酷炫的消费者中再度人气飙升。格拉德威尔认为，这是因为一小群有影响力的人开始使用这个品牌，导致其他人模仿。格拉德威尔提出，大流行通常是对三类人行为的跟风：联结者、行家和推销者。联结者的社交圈子很广。普通人可能只有几十个熟人，而联结者通常认识并密切关注数百人。坐拥如此庞大的社交网络，联结者能够把原本不会相互影响的不同社会群体关联起来。这增加了一个群体中的流行观点传播给其他群体的可能性。行家则花费时间和精力积累大多数人懒得去发现的知识。一个行家会知道在哪里可以买到城里最好的牛排，在哪里能买到最便宜的新电视，以及什么品牌的手机最好。同样重要的是，行家喜欢分享这些信息。联结者和行家是新产品、趋势和观念的重要信息来源，但说服人们接受这些东西的任务则落在了推销者身上。推销者在别人眼里是可信和有权威的。不同于“硬推销”（hard sell）可能会引起的刻板印象，格拉德威尔所说的推销者原型低调、有魅力，更重要的是，有影响力。

格拉德威尔的分析认为，相对小规模的群体会对更大的社会群体的消费产生很大的影响。他所提出的这种影响已经体现在了一些细分工具，包括行为画像中。[35]

消费者细分方法的局限性

赞成心理细分体系的人认为，这些方法帮助找到激励消费者的因素。然而，由于许多产品的市场包含了广泛的消费者群体，心理变量事实上并不一定能提供多少真正的价值，特别是它过度简化了消费者的个性。而有些类型化方法，如 VALS，又因为太复杂且缺乏相应的理论支持而受到批评。[36]

尽管如此，监测和了解自己的顾客对营销商仍然很重要。这不仅能帮助营销商选择目标市场，创作产品属性和形象与消费者类型相匹配的广告，还有助于他们制定有效的媒体计划，并合理地规划自己的广告预算（有关满足市场需求的有趣想法，请参阅广告实验室“市场细分”）。

伦理、多样性与包容性

最年轻的目标市场

想象一下，你是一名品牌经理，正在寻找一个新的目标市场机会。从有效性的角度来看，你认为最年轻的是哪群人？从伦理的角度呢？你会考虑向婴儿或 3 岁以下的儿童做营销吗？他们是不是太年幼了？对迪士尼和其他越来越多的营销商来说，情况可并非如此。《广告周刊》报道了这样一个故事：

> 今年早些时候，珍妮·吉尔在医院生下儿子杰克，一位摄影师顺道过来给母亲和新生儿拍了几张照片。这种做法在医院很常见，但摄影师接下来的举动却让吉尔颇感讶异。在拍照的过程中，她拿出一件可爱的连体外套说："哦，这是免费的迪士尼连体衣。我们只需要你的电子邮件地址。"吉尔回忆道："这让我觉得很怪异。我刚生完孩子，就别扯上迪士尼了！"

迪士尼的营销对象不是珍妮，而是她的孩子。迪士尼的想法是让幼儿甚至是婴儿看到品牌标识和文字，以便尽早接受该品牌。

但是为什么要这样做呢？把品牌烙印在这些不能识字、不会说话，也没有信用卡的消费者心里有什么好处呢?《广告周刊》提出了以下几点：

- 幼儿在很小的时候就能识别品牌，也确实形成了早期的品牌偏好。
- 家人更关注幼儿的产品偏好。
- 低龄儿童对品牌的忠诚度可以持续（很长的）一生。

迪士尼的努力没有止步于连体衣。该公司已经为手机和平板电脑开发了大量的"幼儿应用程序"。如果你认为学龄前儿童还太小，不会使用应用程序，那你就大错特错了。一个儿童权益保护组织估计，14% 的 2 岁以下儿童每天至少花几个小时在数字媒体上。当孩子发脾气的时候，父母似乎越来越倾向于拿起手机而不是奶嘴。

公司对针对儿童营销的批评很敏感，哪怕这些儿童比婴儿大得多。如果没有其他原因，这么做是为了阻止美国联邦通信委员会加强其已经很严格的儿童节目电视广告指南。关于以儿童为中心的广告，一些常见的抱怨包括：儿童太小，无法评估产品的主张或理解广告的目的，以及广告总是以有碍身心健康的方式鼓励儿童影响家庭消费决策。这种做法的捍卫者认为，家人应该承担起教会孩子什么是广告，以及如何做出购买决策的责任。苏珊·林恩（Susan Linn）博士不同意这一观点："指望父母自己的力量就能很好地应对这些问题的想法，既不公平又很幼稚……他们需要政府的帮助。"

在对待最年幼的消费者，也就是 3 岁以下的消费者时，许多针对儿童市场营销的预防措施似乎很软弱无力或无关痛痒。例如，有些人指出，如果没有广告赞助的节目，年龄稍大的孩子，比如 7 ～ 14 岁的孩子，就几乎看不到任何针对他们的媒体内容。但是，一个两岁的孩子是否会发现他自己正成为产品的目标受众?

问题

1. 向 3 岁以下儿童推销产品是否合乎道德？为什么?

2. 你是否同意苏珊·林恩的观点：面对针对他们孩子的营销努力，父母们无法确定什么才是最好的回应方式。

3. 从伦理的角度来看，在这种情况下谁是利益相关者？关于何为正当的价值观或概念需要慎重考虑吗？关心幼儿比关心其他人更重要吗?

资料来源：Brian Braiker, "The Next Great American Consumer: Infants to 3-Year-Olds: They're a New Demographic Marketers Are Hell-Bent on Reaching," *Adweek*, September 26, 2011, retrieved December 31, 2011, from www.adweek.com/news/advertising-branding/next-great-american-consumer-135207; Christine Lagorio, " The Hard Sell: Marketing to Kids," *CBS Interactive*, May 14, 2007, retrieved December 31, 2011, from www.cbsnews.com/8301-18563_162-2802643.html.

广告实验室

市场细分

市场细分并不一定总是平淡无聊的。迈克尔·雷尼莫（Michael Reinemer）在《广告时代》上的一篇文章中描述了一个能让他乐在其中的宠物狗市场。雷尼莫分享了是什么促使他思考的。他在一家高档宠物店里看到了一段关于狗的视频，一则针对宠物狗饭后不刷牙问题的广告，以及一篇介绍狗的健康保险、幼犬心理治疗、狗用百忧解的文章。

他突然意识到，在美国许多狗可能享有比数百万生活在同一个世界的人都还要好的营养和保健。他的反应是："我要怎么利用这个机会？"雷尼莫想到要成立一家名为"狗潮流 $"的咨询公司，去寻找每一种可能出现的与狗有关的流行趋势或时尚，他还赞助了一场狗狗营销大会。然后，他为人类最好的狗朋友创造出了一系列潮流[37]：

- 狗狗健身中心。"婴儿潮"一代追求健身，为什么不让狗也锻炼呢？
- 狗狗视频游戏。促进狗狗眼爪协调的互动游戏，如《致命混战》（Mortal Dogfight）、《消防探测器》（Hydrant Finder）、《汽车追逐赛》（Car Chase）。
- 狗狗时尚杂志。寒冬来临，你会穿上毛衣保暖，为什么不给你的狗也来一件时尚的毛衣？（Dogmopolitan、smELLE、Dogue 和 DQ）。
- 狗狗退休社区（日落休闲犬舍（Sunset Leisure Kennels））。
- 狗狗有线网络（DoggieVision）。
- 狗狗高档百货公司（BloomingDog's）。

也许，雷尼莫的想法不仅仅是好玩。它们真的会出现在市场营销的下一个阶段吗？

实验室应用

1. 想一个你认为做起来会很有趣的细分市场。你可以推销哪五种产品？

2. 说说你自己想到的有关狗（或者猫）的流行趋势。提出五个可以利用人们对动物伙伴的宠爱的新商业构想。

细分商业市场：了解组织购买行为

商业市场（business markets），或者产业市场，包括那些购买产品或服务用于自身经营的制造商、政府机关、批发商、零售商、银行和其他机构。这些产品包括原材料、电子部件、机械设备零部件、办公用品、交通工具，或用于维持经营的服务等。许多商业卖主会将产品出售给**转售商**（reseller），比如零售企业。有些品牌是用自己的名字生产、销售和转售的，比如李维斯牛仔裤。其他的转售商则既提供有品牌名称的产品，也提供无品牌产品。例如，哈迪斯的大部分食品由 Siméus 国际食品公司提供，这是一家集加工、生产和分销于一体的大型综合企业。Siméus 的两家工厂生产冷冻菜品，如汉堡包和鸡肉馅饼，以满足像哈迪斯和丹尼斯（Denny's）这样的顾客的要求。哈迪斯转售最终产品的时候，Siméus 的名字并不会被提及。然而，在哈迪斯与可口可乐的转售合同中，可以明显看得出它们之间的"品牌合作伙伴关系"，可口可乐的产品还经常出现在哈迪斯的广告中。

识别潜在的商业顾客目标市场和识别消费者目标市场一样复杂。用于识别消费者市场的许多变量同样适用于商业市场，比如地理变量和行为变量（购买时机、利益追求、用户状态及使用率）。

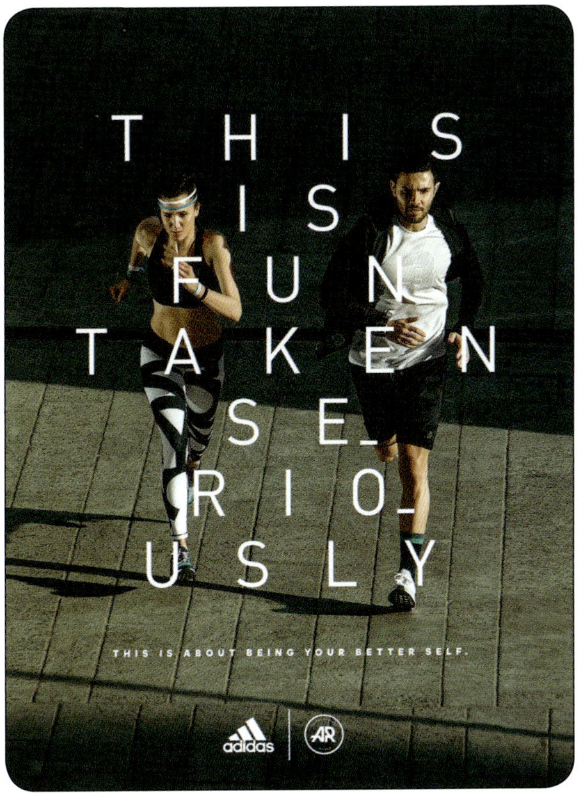

资料来源：Adidas America Inc.

阿迪达斯的广告抓住了目标市场的态度和生活方式：遍布全球的运动型青年，通过运动方面的成就定义自己。追求乐趣将阿迪达斯牢牢定位于活跃的年轻人的生活中。

企业采购程序

在评价新产品时，企业人员所采用的程序比第 5 章所描述的消费者购买程序复杂得多，因此商业市场的卖主在设计自己的促销活动时必须对此加以考虑。

大公司一般都设有扮演专业买家角色的采购部门，它们评估产品需求，分析采购提案，权衡竞争性投标，寻求管理者的批准，生成请购单，下订单，并监督所有的产品采购。这种结构化的采购过程意味着一种理性的决策方式，但近来的调查表明，专业采购人员也常常愿意为他们喜欢的品牌支付高的溢价。这表明广告在企业对企业的营销中发挥的作用比我们以前想象的要大。[38]

在商业市场上，完成一次销售可能需要几个星期、几个月甚或几年的时间，特别是政府机关采购的时候。采购决策往往不仅取决于价格和质量，还取决于产品展示、交货时间、销售条件和供货保障这些因素，因此，卖主往往会在促销诉求中不断强调这些问题。

在选定目标市场以前，商业市场的卖主应当对不同细分市场的购买决策过程加以考虑。比如，新企业可以瞄准小公司，因为它们做出购买决策的时间一般较短；或者由只收取佣金的代表去拜访那些需要较长时间才能做出购买决策的大型潜在客户。

产业分类系统

产业客户根据业务情况，有不同的产品需要。例如，李维斯等服装制造商是纽扣和拉链制造商的客户。营销经理需要将销售和广告努力集中于那些适合自己产品的公司。[39] 美国人口普查局利用**北美行业分类系统代码**（North American Industry Classification System（NAICS）codes）对所有美国企业进行了分类，在此基础上收集并发布了产业统计数据。NAICS 收入了许多与当今不断变化的经济活动相关的新产业。这个系统是与加拿大和墨西哥合作开发的，能够确保整个北美地区的一致性。

NAICS 将所有产业划分为 20 个大的部门，如采矿、制造、批发贸易和信息。然后再细分为四个层次，包括子部门、产业集群、产业和不同的美国产业。（参见图表 6－6，了解信息和无线电信行业的 NAICS 代码细目。）美国人口普查局利用 NAICS 向营销商提供有用的信息，包括按照地理区域划分的公司数量、销售额和雇员数量。因此，NAICS 代码可以帮助公司进行市场细分和市场研究，营销商甚至还可以从特定的 NAICS 部门获得公司名单，用于直邮。[40]

图表 6－6
NAICS 的结构和代码

层次	代码	门类
部门	51	信息
子部门	513	广播和远程沟通
产业集群	5133	远程沟通
产业	51332	无线远程沟通传输（除卫星）
美国产业	513321	寻呼

说明：向寻呼产业的公司销售商品或服务的营销商可以使用 NAICS 代码在名录或订阅数据库中找到潜在的企业客户。

技术使用者也是细分化的。想想年龄、性别、全球区域和年收入在智能手表诉求中的重要性。

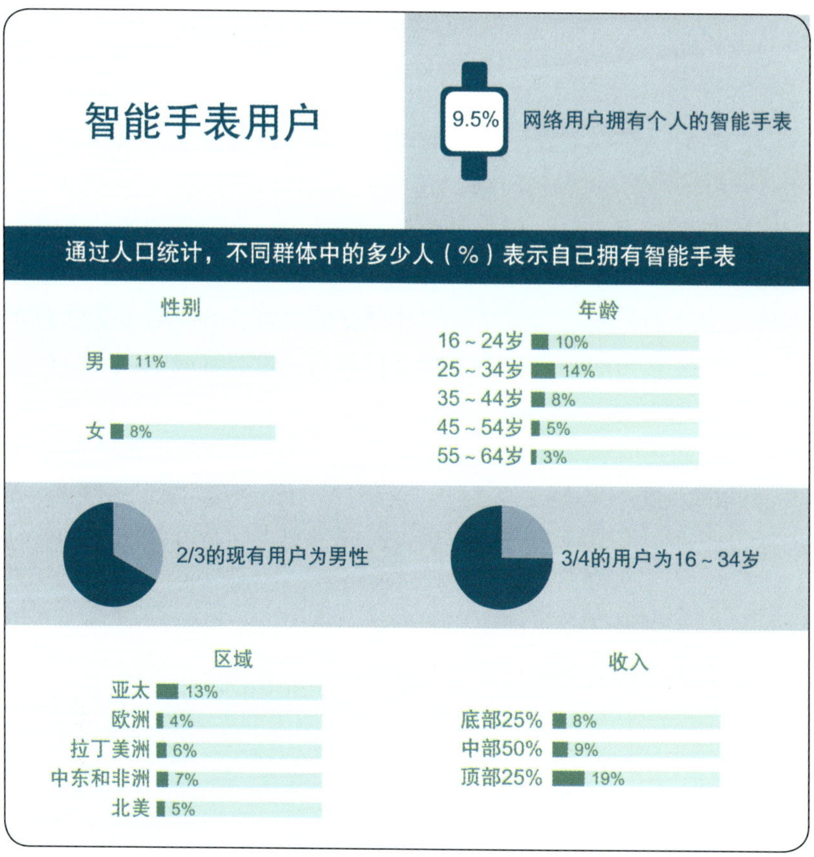

市场集中度

许多国家的工业用品市场多半集中在某一地区或几个大都市。例如在美国，工业品市场在中西部、南部和加利福尼亚州相当集中。市场集中可以减少广告主的地理目标数量。

再者，商业营销商面对的购买者要比消费者营销商少，不多于 7% 的美国制造企业贡献了超过 80% 的制造业总收入。[41] 客户规模对市场细分极为重要，一家企业既可以将其营销和广告力量集中在几家大客户身上，也可以集中在多个小客户身上，或二者兼顾。

李维斯通过三种渠道销售：独立百货商店、专卖店（如城市旅行者（Urban Outfitters））和连锁店（如彭尼）。它的前 100 家客户通过 1.3 万个零售网点完成了公司 80% 的年销售额。剩下的客户则在另外 1.3 万家门店。主要客户由来自李维斯不同部门的销售代表提供服务，较小的客户则由电话推销员和部门销售代表服务。百比赫（Bartle Bogle Hegarty）创作和协调了大部分李维斯的分支机构在美国的广告。

商业营销商也可以按终端用户进行细分，例如，一家企业既可以为某一行业（如银行业）开发专门的软件，也可以为各行业开发通用的软件。当然，这些决策会影响到广告的媒介决策。

聚合细分市场

一旦营销商识别出了具有共有特征的（行为的、地理的、人口统计的或心理的）基于产品的广泛的市场以后，它们便可以着手进行市场细分的下一步：（1）选择对产品效用共同感兴趣的人群；（2）根据销售潜力和利润潜力，将他们重新组合或聚合成稍大的细分市场。下面就让我们来看看这个过程能为李维斯公司的美国市场发挥什么作用。

首先，公司管理层必须了解各市场区域牛仔裤和休闲裤的市场潜力，也就是需要找到整个美国市场对裤装的**基本需求趋势**（primary demand trend）。为此，他们采用了各种营销调查技术（见第 7 章）。

然后，管理层必须确认自己零售商周边区域的休闲服装市场中各个不同人群的需要、欲望和共同特征。他们可以利用大型营销信息公司如尼尔森（Nielsen）的服务，来收集涉及人们购买行为的数据，得出全国各地理市场的情况。

李维斯发现在美国的潜在顾客市场相当庞大：学生、蓝领工人、单身青年、专业人士、家庭主妇等等。然后，按人口统计、生活方式和购买特征测定和分析了各主要零售区域的家庭群体，将他们划分为 66 种不同的地理人口细分市场：上流社会、权势人物、底层美国人、泳池与庭院族等。所有这些人都有服装需要，其中许多人对李维斯品牌的风格、声誉或结实耐用感兴趣。

选择喜欢产品效用的人群

接着，李维斯选择了这样一些人群：他们喜欢李维斯服装的效用或利益——适于穿着上班或游玩、舒适、有型、价格合理、耐用等——且有经济实力购买。所有喜欢这些特点的消费群体组成了李维斯服装的整个潜在市场。

市场细分的一个挑战在于估算公司在两种情况下可能实现的利润：（1）以整个市

场为目标；（2）只去迎合具体的细分市场。服装市场的竞争极其激烈，但 1 000 的 10% 总比 100 的 90% 大。因此，对李维斯这种公司来说，目标市场必须是一个规模足够大的大众市场，否则就无利润可言。[42]

联合各群体共同形成目标细分市场

企业必须找出相对同质（相似）并具备良好利润潜力的群体。市场数据显示了大量的人口和生活方式群体，包括族裔多样化的家庭、年轻的单身者，以及受教育程度和收入较低的常年居住于出租屋和公寓里的老年人——新空巢家庭（1.1%）、公园长椅老人族（1.1%）、底层生活者（1.3%）。由于他们很少购物，也很少使用信用卡，所以，这些群体不是高档品牌百货商场中产品的首选目标。

其他细分市场有更大的潜力，他们是青年至中年家庭，中等收入至高收入，平均水平至高水平的零售活跃度：权势人物（1.63%）、波西米亚组合（1.8%）、甜蜜之家（1.8%）。通过将这些（以及类似的）群体与年轻影响者（1.5%）和起步者（1.5%）中的年轻专业人士结合在一起，李维斯可以将目标锁定在从年轻人到中年人的细分市场中。在全美范围内，他们的数量约为 2 000 万户家庭。虽然这个市场并未将每个人都包含进去，但也足以形成一个庞大的、利润潜力可观的大众细分市场。这些人可能会喜欢李维斯 550 牛仔裤的款式与舒适，以及他们所熟知并信赖的该品牌的传统，企业可以专门开展迎合这群人特殊需要、欲望和自我形象的广告活动。

李维斯推出了多条产品线，以满足不同消费者细分市场的需要和欲望。其中一个成功的系列是多克斯（Dockers）品牌休闲服装。这个出色的广告用巧妙的方式表现了用户形象，引发了对品牌的关注；直到 2019 年这则广告仍在使用。

资料来源：Levi Strauss & Co.

6.2 目标市场营销流程

❷ 解释目标市场营销流程

市场细分步骤完成后，企业便可以进入**目标市场营销流程**（target marketing process）。这个过程将决定广告的内容、外观以及感觉。

目标市场的选择

目标市场营销的第一步是预测哪一个新开发的细分市场具有最大的利润潜力以及哪个市场最容易渗透。企业将一个或多个细分市场定为自己的**目标市场**（target market），即企业希望吸引，并为之设计产品、开展营销活动的一组细分市场。[43] 企业可以将另一组细分市场作为次级目标市场，把一部分资源投向它们。

让我们来看看最有可能成为宽松牛仔裤目标市场的人群：30 ～ 50 岁的中高收入、中高文化程度，喜欢李维斯服装的款式、舒适性与时尚感的人群。这个群体占服装市场的很大一部分，如果能争取到他们，将产生可观的利润。李维斯提供了能够满足这个潜在群体需要和欲望的产品：伴随他们长大的牛仔裤款式和风格，改良后升级为更适合成年人体型的样子。

但以舒适为导向的中产阶层细分市场不足以让李维斯盈利，因此它还为至少两个其他的重要市场提供服务。从 21 世纪初开始，为了应对大量消费者前去沃尔玛和塔吉特这样低成本零售巨头购物的情况，李维斯开发了一条定价低于其常规系列的新产品线 Levi's Signature。这种牛仔裤吸引的是那些关注预算的有孩子的家庭，如家庭储蓄者和广阔天空家庭。此外，李维斯发现，迎合注重形象的 20 多岁的年轻消费者是有利可图的，这些消费者喜欢价格在 200 美元以上的高级设计师牛仔裤。即便如此，在 21 世纪初的大部分时间里李维斯都在苦苦挣扎，销售额一度从 1997 年的 71 亿美元下降到 2005 年的 40 亿美元。[44] 在首席执行官奇普・伯格（Chip Bergh）的领导下，公司东山再起。究其原因是在俄罗斯、中国和印度等新兴市场进行的营销和分销。想了解更多关于细分市场的内容，请参见广告实验室“理解产品元素：亚马逊”，思考亚马逊是如何选择新的目标市场的。

营销组合：产品与市场配合的战略

一旦企业确定好了自己的目标市场，便能知道应该将自己的精力、人力、物力和财力准确地投向什么地方，这时便可以形成产品概念，甚至可以为目标市场进行专门设计（如特殊的颜色或尺寸），制定恰当的价格，决定商店或经销商的位置，还可以制定最具说服力的广告讯息。

正如第 5 章所述，一种产品具有多种效用，被消费者视为一系列价值。出于这种考虑，营销商和广告主一般都会尽量为自己的基础产品形成一个完整的**产品概念**（product concept），即消费者将产品感知为一整“套”满足功能、社交、心理和其他需要、欲望的实用性和象征性价值。

企业可以采取多种战略来巩固自己的产品或服务概念，从而对营销交换（销售）施加影响。营销商将这些选项分为四类：（1）产品；（2）价格；（3）分销；（4）传播。[45] 而它们组合这些不同元素的方式就构成了企业的营销战略——我们通常称之为**营销组合**（marketing mix）。为方便起见，营销教育家杰罗姆・麦卡锡（Jerome McCarthy）提出了一种便于记忆的方法，即 **4P**（four Ps）：产品、价格、渠道和促销。[46]

4P 是一种记忆营销组合基本要素的简单方法。但是在每一个要素中，公司都可以采用大量的营销活动去调整它的产品概念并促进销售。例如，广告是传播（促销）要素中的一种工具。本章的其余部分将聚焦于广告和营销组合其他要素之间的关系。

广告实验室

理解产品元素：亚马逊

当提及亚马逊的时候，你会想到什么？这家公司的历史可以追溯到互联网繁荣的早期。亚马逊创始人兼首席执行官杰夫·贝索斯（Jeff Bezos）在20世纪90年代初放弃了华尔街的一份收入丰厚的工作，投身于尚在发展早期的互联网。为什么要放弃一份高薪的工作去开始高风险的新事业呢？贝索斯发明了“遗憾最小化框架”（regret minimization framework）这个词，来描述他的感觉：赌上一把的时候到了，不要活在错过机会的悔恨中。

自1995年成立以来，亚马逊推出了很多“产品”。它最早的前身是一家在线书店。这个想法实际上导致了一场诉讼。巴诺书店（Barnes & Noble）把亚马逊告上法庭，因为它在网站上自称是“世界最大的书店”。而对于巴诺书店来说，亚马逊网站只是书籍掮客，不是商店。两家公司和解后，亚马逊继续如此宣称。

亚马逊很快将业务扩展到书籍之外，并开始销售各种各样的商品，有的来自亚马逊自己的大型仓库，也有的来自合作伙伴，通过亚马逊网站向顾客进行销售。

在绝大多数人还把亚马逊看作在线零售商的时候，它的产品已经远超于此。其产品包括亚马逊智能音箱（Echo）之类的技术、许多国家网络服务器的云存储、社区杂货（在收购全食超市（Whole Foods）后），以及电视和电影作品（亚马逊Prime的原创剧集）。公司甚至还是美国邮政署（U.S. Postal Service）的合作伙伴，提供周日邮件快递。

鉴于对亚马逊售卖什么产品有如此多的看法，很显然它已经不能再将自己称作“世界上最大的书店”了。那么，亚马逊是如何实现自己的雄心壮志、大胆无畏以及不断调整产品重心以满足全球数十亿人的需求的呢？该公司的新口号是：地球上最以顾客为中心的公司。

实验室应用

通过改变人们思考本公司产品的方式，亚马逊已经成长为世界上最成功的公司之一。说出另一家成功做到这一点的公司，它是如何做到的？试想一家没能成功地发展其产品的公司，是什么因素阻碍了它的成功？

IMC实战模拟

细分受众

你的产品的目标市场是什么？回答这个问题并不简单，为此，需要再一次运用你的战略思维。为了做出决策，你需要从客户或二手资料中收集尽可能多的聚焦于产品市场、用户和竞争者的信息。你在第5章“IMC实战模拟”中收集的消费者信息也很重要。在某些情况下，对品牌当前顾客或者使用竞争产品的顾客进行初步调查是有意义的。

你有机会就所追求的目标市场恰当与否向你的客户提供建议。在提供这类建议前要首先进行确认，有些客户并不希望收到这样的建议。如果客户感兴趣，就要考虑是否有未被满足的细分市场可以为客户带来销售和潜在盈利。例如，如果你的客户是一家坐落于学校附近的本地比萨店，它可能专注于吸引学生顾客。这是意料之中的事情，因为在任何大学城，学生通常都代表着一个相当大的市场。此外，你的客户无疑使用着老套的策略，通过强调低价、大分量和优惠券来吸引饥肠辘辘、囊中羞涩的大学生。不过，虽然学生可能代表着一个巨大的比萨市场，但还有许多其他食品企业也在争夺这一细分市场。如果是这样，那么转而专注规模较小但服务不足的细分市场，尤其是那些有着巨大利润潜力的细分市场，则可能是更明智的做法。如果你所在的城市缺少供应高端特色馅饼的比萨店，改善餐食供应品和就餐设施、提高价格、向愿意为比萨质量付更多钱的非学生促销比萨，可能会更好地服务于客户。

当然，要想评估市场机会，你首先需要进行市场细分。很多广告主认为，基于诸如年龄、性别、族裔、地理位置、社会阶层和收入水平等基本的人口属性来细分市场是有道理的。根据产品的忠诚度或者产品使用水平来划分市场，也是值得考虑的。从心理和生活方式的角度理解你的市场，将会非常有益，特别是在发展创意纲要的时候。然而，这类数据更难以获得。

定义目标市场

	你客户的消费者	竞争者的消费者	非用户
人口统计特征			
年龄			
性别			
族裔			
地理位置 / 区域			
社会阶层			
收入			
教育			
行为			
产品使用（轻度、中度、重度）			
产品忠诚（忠诚、转换）			
心理统计特征			
原则导向			
地位导向			
行动导向			
追求的利益			
低价格			
质量			

6.3 IMC 与产品要素

在发展营销组合时，营销商通常从**产品要素**（product element）入手，其主要包括产品生命周期、分类、定位、差异化、品牌化和包装。上述任何一点都会影响到产品的广告。

❸ 展示在营销活动中，如何将 IMC 与产品要素结合在一起

产品生命周期

营销商的理论认为正像人类要经历从婴儿到死亡的各个生命阶段一样，产品（尤其是产品类别）也会经历**产品生命周期**（product life cycle，见图表 6－7）。[47] 而产品在生命周期中的位置则会影响到目标市场的选择以及所采用的广告形式。产品生命周期分为四个阶段：导入期、成长期、成熟期和衰退期。

图表 6 - 7
产品生命周期曲线

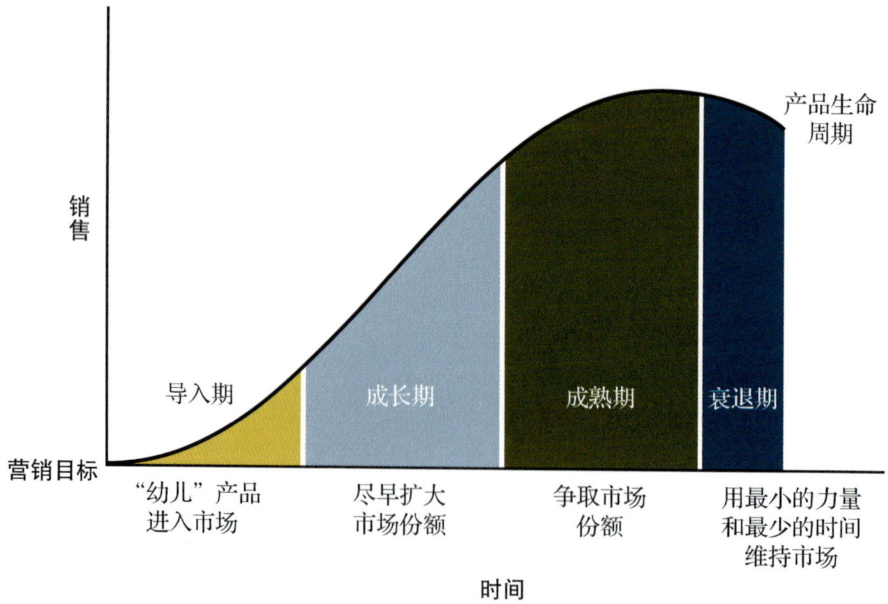

说明：产品生命周期曲线可能因产品类别而异，随着产品所处的时期不同，营销战略和营销目标也应进行相应的调整。

当企业向市场上推出某种新产品品类时，没人知道它。但通过市场细分，企业或许就可以找出自己的潜在顾客，也就是那些勇于尝试新产品的人——**早期采用者**（early adopters），然后直接针对他们促销这个新品类。目的是刺激市场的**基本需求**（primary demand），即消费者对整个产品品类而非某一特定品牌的需求。

在**导入（开创）期**（introductory（pioneering）phase），任何新产品品类都会让企业付出高昂的代价，用于教育顾客、建立广泛的经销网络、刺激需求。在该阶段，企业必须花费大量的广告费建立自己的市场领导地位，力争在成长期开始之前就赢得较大的市场份额。

20 世纪 80 年代后期，当手机刚刚面市时，广告主不得不首先培育足够的消费需求，以便通过分销渠道将产品拉入市场，我们把这种做法称为**拉式策略**（pull strategy）。IMC 则对消费者进行教育，介绍这种新产品及品类，解释什么叫手机、它如何工作，以及拥有一部手机的好处。与此同时，针对零售商的**销售促进**（sales promotion）活动则采用**推式策略**（push strategy）来鼓励经销商和批发商进货、陈列和为这种新产品做广告。

当销量飞速上升时，产品进入**成长期**（growth stage）。这一时期的特点是市场快速扩张，越来越多的顾客受大众广告和口碑的影响，进行第一次、第二次和第三次购买，竞争对手出现，但已经确立了早期领导者地位的企业仍是最大的获利者。此时，按销售总额的百分比计算，广告费支出所占比例会有所下降，个别企业会首次获得大量利润。

20 世纪 90 年代早期，移动电话需求暴增，品类销量每年都有 4 倍的增长。许多竞争者突然间出现。随着产量增加和竞争加剧，价格开始回落，导致更多消费者进入这个市场。截至 2005 年，70% 的美国家庭已经有了移动电话。[48]

进入**成熟期**（maturity stage），市场上的竞争产品饱和，新顾客减少，行业销售进入平稳期。竞争加剧，利润减少。公司加大促销力度，但是强调**选择性需求**（selective demand)，目的是使消费者对特定品牌的潜在优势留下深刻印象。在这个阶段，公司只能在竞争对手受损的情况下增加销售（征服性销售）。市场细分、产品定位和价格促销策略在这个震荡期变得更加重要，因为弱小的公司被淘汰出局，剩下的公司则为了市场份额的小幅增长而奋战。例如，90 年代中期，一度售价高达 1 500 美元的电话，却在广告里经常标价 100 ～ 200 美元。广告强调产品属性和低价格，产品变成了折扣店里的主要商品。[49]

在成熟期后期，公司不得不争相扩展产品生命周期。如果没有创新和营销支持，知名品牌的销量终究会下降。例如，曾经的市场领导者黑莓（BlackBerry）手机，在 2011 年的时候正挣扎于与苹果手机和谷歌手机的竞争当中。如果做广告的品牌没有感知优势，人们就会购买最便宜和最方便的东西。布莱恩 · 文森克（Brian Wansink）教授是康奈尔大学食品与品牌实验室的主任，他认为许多老品牌的消亡并不是生命周期的原因，而是因为对营销的忽视。他指出，老化的品牌往往拥有很多品牌资产。营销者的挑战是确定哪些品牌能够复兴，应该如何采取行动。但考虑到如今推出新产品的高昂成本（通常为 1 亿美元或更多），只要有可能，品牌复兴都应该成为战略性的选择。营销商可以尽量寻找品牌的新用户，发展产品新的使用方式，改变包装大小，设计新的标签，提升质量，或者通过促销提升使用频率。[50]

如果不能实现品牌复兴，产品终将因为过时、新技术或消费者品位的变化而进入**衰退期**（decline stage）。在这一阶段，公司可能会停止所有的促销活动，并迅速淘汰产品，比如唱片，或者像大多数丝袜品牌那样，只做很少的广告，让它们慢慢淡出市场。

产品分类

公司类型化自己产品的方式对于界定产品概念和营销组合都至关重要。如图表 6－8 所示，有很多种划分有形产品的方式：按市场、按消费率和有形程度、按买家的购买习惯，或者按物理属性。

图表 6－8
产品分类

按市场	按消费率和有形程度	按买家的购买习惯	按物理属性
• 消费者商品 日常生活用品与服务（食品、衣服、家具、汽车等） • 工业用品 用于再生产的产品（原材料、农产品、机械、工具、设备等）	• 耐用品 使用周期较长、更换频率较低的有形产品（汽车、卡车、冰箱、家具） • 非耐用品 供一次或几次使用、通常需定期更换的有形产品（食品、香皂、汽油、食用油等） • 服务 供销售的活动、利益、满足感（旅行、理发、法律和医疗服务、按摩）	• 便利品 不必付出特别努力并经常购买的产品（软饮料、食品、报纸） • 选购品 需要付出较多时间比较价格、质量、款式、担保条件，不经常购买的产品（家具、汽车、衣物、轮胎） • 特制品 具有独特特点的产品，消费者不惜费时费力付出较高价格去购买（昂贵的电子设备、特制女士时装、计算机部件） • 未请求的产品 潜在顾客还不想要（保险）或不知道他们可以购买（新产品）所以他们并不会去搜索的产品	• 包装商品 麦片、生发水等 • 硬商品 家具、家电 • 软商品 衣物、床上用品 • 服务 无形产品

与有形的商品不同，**服务**（service）是满足某种需要或欲望的无形利益的集合，本质上是暂时的，通常需要完成一项任务。[51] 因此我们有任务效用（task utility），就像第5章所描述的那样。例如，铁路服务是短暂的，它按照时间和距离来使用和定价。它为人、畜、货物提供运输方面的功能性利益。但是，它也能够提供心理利益。想想乘坐东方快车穿越欧洲大陆的浪漫和闲适吧。铁路有赖于使用专属设备——能在特定的轨道上拖动巨大货物的交通工具，提供一种**设备导向型服务**（equipment-based service）。

与此相反，广告公司，就如同法律公司和银行一样，提供的**人员型服务**（people-based service）。它有赖于个人的创意天赋和营销技巧。正如一家广告公司的首席执行官所说的："我的'存货'每天都在电梯里上上下下两次。"[52]

产品定位

一旦广告人员掌握了产品所处的生命周期、分类及其现阶段被市场认知的程度，便可以着手制定第一个战略决策——如何给产品**定位**（position）。定位战略的基本目的是在潜在消费者的心目中赢得一个可以用于产品排序的词语。李维斯赢得了"牛仔裤"这个词，联邦快递赢得了"次日送达"这个词，沃尔沃则赢得了"安全"这个词。正是由于在消费者心目中为品牌创造了独特的定位，营销商才帮助消费者记住了这个品牌名称以及它所代表的意义。

产品的定位有多种不同方法，通常根据它们差异化的方式、所提供的不同利益、针对的特定细分市场以及分类方式进行归类。施乐将自己重新定位为"文件管理公司"，从而使自己从狭小拥挤的复印机市场转向正在成长的更广阔的文件处理市场。这次，施乐重新定义了自己从事的业务，使自己区别于竞争对手，获得了新的老大地位。[53]

产品差异化

产品差异化包含解释一个品牌如何向目标市场提供独特和令人渴望的东西。在广告中，没有什么比能够实实在在地告诉潜在消费者你的产品新颖而独特更重要的了。营销商知道，由于竞争压力、创新和技术以及分销的限制，许多产品的开发周期都很短。结果是，品牌经理发现自己推出的新产品"只有85%的新意"[54]，这就难怪很多产品都没有给消费者留下任何印象（图表6-9为美国营销商表现欠佳的主要产品）。简单添加新色彩也许可以使产品足够不同，以吸引新的消费者，但不是所有的产品差异都需要以这样明显的方式来表现。产品之间的差异分为可感知的、不可感知的（隐性的）和诱导性的。[55]

图表6-9
新和不同？消费者没有对这些产品的差异化给出足以使其获得成功的积极评价

产品	竞争者	差异点	存在时间（年）
微软 Zune	苹果 iPod	共享音乐	2006—2012
美国橄榄球联盟	NFL	夏季赛程	1982—1986
水晶百事	可口可乐	无色素添加	1992—1994
苹果Ⅲ	IBM PC	没有散热风扇	1980—1984

续表

产品	竞争者	差异点	存在时间（年）
汉堡王“大王汉堡”	麦当劳“巨无霸”	大王酱汁，烤肉饼	2016—2017
3D 电视	2D 电视	三维图像	2011—2018

对消费者来说显而易见的差异叫作**可感知差异**（perceptible differences）。例如斯奈普（Snapple）因其独特的口味而初获成功，为了向全美消费者推广这一差异，公司运用了各种非传统的营销技术，包括持续独家赞助波士顿的一家广播电台 40 天。[56] 与此相反，**隐性差异**（hidden differences）没有这么显而易见，三叉戟（Trident）牌口香糖外观和口味都与别的品牌没有什么区别，但差异化在于使用的人工甜味剂。隐性差异可以提高产品的吸引力，但通常还需要 IMC 让消费者对此有所了解。

对于许多产品类别，例如阿司匹林、盐、汽油、包装食品、饮料和金融服务，广告能够创造**诱导性差异**（induced differences）。例如，提供几乎完全相同的金融产品和服务的银行、证券和保险公司，都是利用促销来使自己差异化的。它们都了解一致的广告活动、良好的公共宣传、特殊事件赞助以及良好口碑的价值。[57]

资料来源：Microsoft Corporation.

微软的 Surface Pro 3 大获成功。它通过与 Macbook Air 的直接对比来突出自己的独特功能，包括可拆卸键盘和交互式屏幕。这是产品差异化的最好体现。

产品品牌化

在第 1 章中已经讨论过，**品牌**（brand）是基本的产品差异化工具——包括品牌的名称、文字、符号或者设计，它标识了产品及其来源，并使它和竞争者区别开来。没有品牌，消费者就难以区分不同产品。

品牌决策是一件很难的事情，生产厂家可以为自己生产的每一种产品确定一个**独立品牌**（individual brand）。例如，联合利华的牙膏产品使用不同的独立品牌：Aim、Pepsodent 和 Close-Up。这类企业使其每种产品各自瞄准一个不同的目标市场，为每个品牌设计不同的个性和形象，但这种战略非常昂贵。

此外，企业可以采用**家族品牌**（family brand），即在同一伞状名称下推广不同产品。亨氏（Heinz）在促销番茄酱的同时，也希望借此促进自己的其他调味品的销售。

由于制造商推出**全国性品牌**（national brand，也称为制造商品牌）的花费颇高，因此一些公司会采用自有品牌策略，制造产品并转售给转售商（分销商或经销商），再由转售商给产品加上自己的品牌。**自有品牌**（private labels）通常在大型连锁店中以较低的价格出售，如 Kenmore、Craftsman、Cragmont、克罗格、Party Pride。目前它们占杂货店购买量的近 20%。[58] 分销商或零售商承担建立品牌形象和熟悉度的责任，它们也是品牌成功的主要功臣。最近的趋势是向高端自有品牌的方向发展，例如总统之选（President's Choice）就取得了巨大的成功。这些产品的特点是包装更好、质量更优、价格更高，可与全国性品牌相媲美。

品牌决策至关重要，因为一家企业所拥有的品牌也许就是它最重要的资产。想象一下拥有可口可乐、保时捷或李维斯等品牌所能获得的价值（见图表 6-10）。[59] 一些企业不惜花费巨资换取使用另一家企业品牌名称的权利，我们称这种品牌为**特许品牌**（licensed brand）。如新奇士维生素、可口可乐服装、保时捷太阳镜和米奇（Mickey Mouse）手表。

图表 6-10
全球最具价值品牌

排名	品牌	2018 年品牌资产（亿美元）
1	苹果	1 828
2	谷歌	1 321
3	微软	1 048
4	脸书	948
5	亚马逊	709
6	可口可乐	573
7	三星	476
8	迪士尼	475
9	丰田	447
10	美国电话电报公司	419

资料来源：" The Worlds's Most Valuable Brands," *Forbes*, 2018, retrieved at www.forbes.com/powerful-brands/list/#tab:rank.

品牌的作用

对消费者来说，品牌提供了即时识别的功能。品牌也承诺了一致、可靠的质量、品位、尺寸，甚至心理满足，这些承诺同时提升了产品对消费者和生产商的价值。一项调查显示，44% 的消费者在选购电子产品时，品牌是考虑的首要因素，而价格则排在第二位。[60]

品牌建立在形象、意义和联想的差异性之上，营销商试图对它们的产品进行清晰的差异化，并提供有竞争力的价值。产品必须味道更好，或能将衣服洗得更干净，或采用了更加环境友好的包装材料。[61] 为一个成熟的品牌，特别是一个充分差异化的品牌做广告，如果能够利用品牌的定位，效果会更好。[62] 理想的状态是：消费者一看到货架上的品牌，便马上能理解品牌的承诺，对其质量产生信心。当然，他们必须熟悉并且相信该品牌的承诺（这是有效的 IMC 的作用）。正如我们在第 5 章中指出的那样，营销商的目标是品牌忠诚——因为这不仅有利于消费者，也有利于营销商。对于消费者来说，品牌忠诚能减少不确定性和购物时间；对于营销商来说，品牌忠诚能建立**品牌资产**（brand equity），即消费者、分销商、经销商甚至竞争对手经过较长时间而形成的对某一品牌的全部感受和看法。简而言之，品牌资产就是品牌资本的价值。

高水平的品牌资产为产品营销商带来很多好处：顾客忠诚、价格弹性、长期利润。留住顾客和建立忠诚的价值是巨大的。例如，寻找新顾客的成本是保持现有顾客的 4 ～ 10 倍。重复购买的顾客在一家公司花的钱比新顾客更多。而且，随着时间的推移，重复购买的顾客会继续在一家公司花更多的钱。[63] 不过，建立品牌资产需要时间、努力和金钱。品牌价值和偏好能够提高市场份额，但是，通常能够得到这些好处的只有那些花费最多的广告主。

要想提高品牌忠诚度，需要增加 200% ～ 300% 的广告费用才能产生明显的效果。[64] 智威汤逊广告公司前主管夏洛蒂·比尔斯（Charlotte Beers）指出了“品牌管家”的重要性，她相信企业必须整合自己的所有营销传播活动——从包装到广告到促销再到公共宣传——以在现实生活中保持和强化品牌个性，避免做出诸如改变莱德（Ryder）租赁货车特有颜色那样的蠢事。[65]

产品包装

产品的包装是产品元素的组成部分，也是一种起到展示作用的媒介，在零售商的货架竞争中至关重要。事实上，包装可以是特定品牌体现其差异化的一个优势，也是营销商在售点进行沟通的最后机会。因此，包装设计师（他们有时在广告公司工作）必须让包装令人兴奋、着迷，同时又具备功能性。包装设计中要考虑的四大因素为：可识别性；容纳性、保护性和便利性；消费者吸引力；经济性。这些功能甚至可以变成产品广告中的**文案要点**（copy points），即广告主题。

资料来源：Amazon.com, Inc.

在全球范围内，包装都很重要。通过把包装和广告融合在一起，亚马逊利用自己的全球航运材料的价值，为广告主提供了一个新的平台。图中的这些包装盒有助于电影《小黄人》的新片上映推广。

可识别性

为什么一些企业使用相同的包装和标志设计多年不变？这是因为商号、商标或吉祥物的独特组合通过包装设计得到突出后，可以让人迅速地辨识品牌，将其与竞争对手区别开来。例如，可口可乐传统的曲线瓶如此与众不同和广受欢迎，以至于 20 世纪 90 年代可口可乐公司又在美国市场上重新推出了这种瓶子。在国际市场，可口可乐公司从来没有停止过使用这种瓶子，因为它极易使可口可乐与其他可乐产品区别开来。

包装应该具有高可见度和可识别度，以穿透顾客的生理过滤。产品特点必须一目了然，色彩组合要有强烈对比以区别产品。为了穿透消费者的心理过滤，包装设计必须反映出产品概念的基调、形象和个性。对许多产品品类来说（如酒类、化妆品类），包装质量在很大程度上会左右消费者对产品质量的感觉。

容纳性、保护性和便利性

包装的基本目的是容纳和保护产品，使其方便使用。营销商还要尽力确保包装能够保持产品新鲜，保护其内容物不会因水蒸气（对冷冻食品而言）、油污、虫害和异味而受到损害，同时，包装还必须遵守法律要求。

佳得乐（Gatorade）通过推荐 G Organic 提供的新利益，帮助消费者记起他们所喜爱的品牌。彩色的标识有助于使人们对这种包含天然成分的运动饮料产生兴趣。

资料来源：Sheila Fitzgerald/Shutterstock.

零售商希望包装便于码放和陈列，同时希望包装规格齐全，能满足顾客的不同需要；消费者则希望包装便于携带、打开和储藏。因此，这些都是设计包装时应该考虑的重要因素。

消费者吸引力

包装设计的消费者吸引力由多种因素决定，包括规格、颜色、材料和形状。某些颜色对消费者而言具有特殊的含义，颜色上哪怕是微小的改变都可能在销量上造成高达 20% 的变化。[66]

在这个环境意识觉醒的时代，绿色营销对企业和消费者都是一个重要的问题。新技术已经使生态安全型包装成为许多产品类别可以采用并负担得起的包装。很多企业都在宣传自己的包装是对环境负责的。

包装的形状也提供了一个通过奇思妙想、幽默或浪漫来实现消费者吸引力的机会。情人节糖果的心形包装会立即告诉你产品是什么。一些罐子和瓶子甚至成为收藏品（如芝华士）。这些包装确实给买主带来了额外的价值。

经济性

在包装的可识别性、保护性、便利性和消费者吸引力方面的投资增加了基础的生产成本，但这种增加可能会被消费者吸引力的提升所抵消。这些利益可能会对消费者产生相当大的影响，同时也会影响产品概念和 IMC 讯息。

6.4 IMC 与价格要素

很多企业，尤其是小型企业，都会向广告人员征询有关定价策略的意见，这是因为营销组合中的**价格要素**（price element）极大地影响着消费者的品牌感知。

❹ 说明在营销活动中，如何将 IMC 与价格要素结合在一起

影响价格的重要因素

企业一般根据市场对产品的需求、生产成本、分销成本、竞争状况和企业目标来确定产品价格。不过，有一个实际的问题：基于理想的产品概念，企业往往只有少数几种价格策略可供选择。

市场需求

如果产品供应量比较固定，而对该产品的欲望（需求量）却在增加，那么价格会趋于上升；如果供过于求，则价格趋于下降。这一点会对广告讯息有很大的影响（见图表 6－11）。

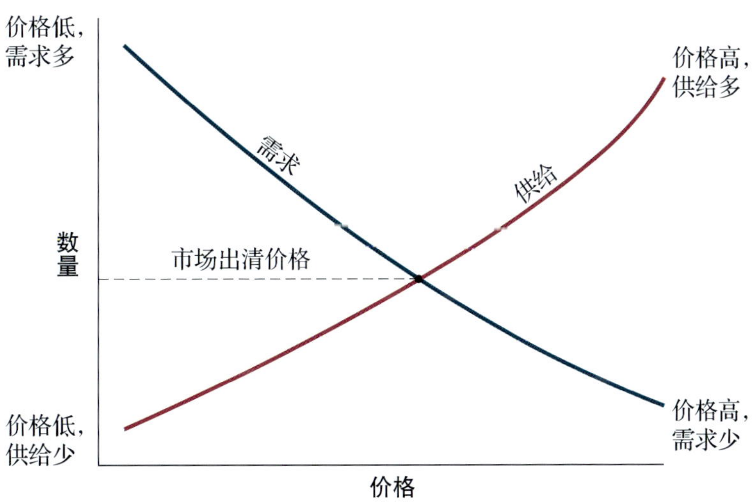

图表 6－11
本图表描绘了需求与价格、供给与价格的关系。需求曲线显示不同价位的购买量，供给曲线则显示不同价位的供给量。两线相交点为市场出清价格，此时供求平衡。从理论上讲，这个价格就应该是产品的售价

在最近一次的衰退中，汽车制造商面临着新车滞销和需求下降的情况。一些公司提供了相当大的工厂折扣——降价——来激励潜在的买家。这样一来，经销商们马上

就卖出了更多的汽车。现代汽车是另一个创新的例子，公司提出，如果买车人失业，现代汽车可以回购他的新车，结果现代汽车的销售额猛增。再多的形象或告知广告也无法达到同样的效果。但是，广告在告诉消费者“现在恰是购买的最佳时机”这一点上至关重要。

一些营销研究者提出的理论认为，对于新的耐用品，广告和口碑及社交媒体传播共同建立了对产品利益的知晓和信念。一旦消费者意识到产品的价值与购买价格相符，就会发生销售。随着产品体验和信息扩散，与新产品相关的风险降低，这增加了消费者以更高价格购买产品的意愿。[67]

生产与分销成本

产品的价格在一定程度上取决于生产和分销成本。如果这些成本增加，必然会转嫁给消费者，否则，企业便无法冲抵其日常费用开支，将被迫终止经营。常用的一种 IMC 战略是宣传制造产品所用的材料，这有助于证明制造商为支付生产成本而必须收取的价格是合理的。

竞争

在许多产品类别中，消费者关心的不是产品的实际价格，而是相对于竞争对手的感知价格。对营销商来说，在激烈的价格竞争和波动中，保持好消费者的价值感知具有挑战性，但也非常重要。[68]

企业目标与战略

企业的目标也会影响到价格。在推出新产品时，企业往往会在初期定出较高的价格，以抵消新产品的开发费用和启动费用。但是，如果企业的目标是将该品牌定位为针对广大目标市场的便利品，那么广告就会强调产品的经济性。

价格还取决于企业的营销战略。形象广告可以为较高的价格提供正当性理由。许多高端产品标榜的理由就是它确实更贵。关键在于价格必须与品牌形象统一，天美时手表绝对卖不出劳力士的价格。

产品进入成熟期以后，企业目标便倾向于增加（至少保持）市场份额。为了实现这一目标，竞争性广告和促销活动白热化，价格趋于下降。

其他影响因素

经济状况、消费者收入与品位、政府管制、营销成本以及其他因素均会影响到产品的价格，进而影响到广告。营销管理人员必须考虑到所有这些因素，从而制定出恰当的定价战略，创作出能支持产品价格的广告。

6.5 IMC 与分销（渠道）要素

⑤ 回顾在营销活动中，如何将 IMC 与渠道要素结合在一起

在创作第一条广告之前，必须确定产品的**分销要素**（distribution element）或渠道要素。营销商必须明白，像价格一样，分销方法也必须与品牌形象一致。想要了解星巴克的分销策略，参见广告实验室“星巴克与渠道要素”。公司使用两种基本的分销方法：直接分销或间接分销。

广告实验室

星巴克与渠道要素

营销战略中的渠道或分销要素总是与企业的成功息息相关。你也许有世界上最好的产品，但如果你的潜在顾客没有发现，就不会有人购买它。

星巴克改变了人们对咖啡的看法，从很大程度上讲，这可以归因于它们对渠道要素的创造性使用。你会发现，在每个市场上，星巴克咖啡店都选址在客流量大、引人注目的地方。在有些地方，你甚至在每一个街角都能看到星巴克。虽然普通消费者可能会觉得星巴克太多了，但实际上，每一个店的位置都是经过精心选择和策划的。

对于星巴克这样的企业而言，街道空间的作用就和货架空间是一样的。从这个意义上说，星巴克收购现有的咖啡馆就像可口可乐买下超市的货架空间一样。星巴克的管理层认为，连锁店扩张是公司成功的一部分，就像它的咖啡吧和顾客服务理念一样。自开张以来，星巴克的门店已经遍布全球各大城市，而且毫无止步的迹象。截至 2017 年，全球有超过 2.7 万家星巴克，其中美国有 1.5 万家。

除了门店，星巴克独特的混合咖啡也可以在一些精选航线、餐馆、饭店以及超市找到。其他的渠道还包括：目录分销的邮购业务，与巴诺书店建立的东西海岸联盟，与波士顿的星市场（Star Markets）和美国东南部的大众超市（Publix）的合作，以及向华盛顿州渡轮系统、荷兰 – 美国西部邮轮、西雅图的塞弗柯体育场（Safeco Field）和芝加哥的瑞格利球场（Wrigley Field）进行的分销。

显然，星巴克意图全面渗透每一个咖啡市场。在消费者购买日用百货的时候，他们可不想为了喝杯咖啡专门跑一趟星巴克。因此，星巴克咖啡现在也开始与超市中的其他特制咖啡直接展开竞争。1998 年，卡夫食品公司与星巴克签订了一项协议，同意在美国境内的 25 000 多家杂货店销售星巴克的咖啡豆。这次合作是星巴克超越福杰仕成为美国领先的超市咖啡品牌的重要一步。

实验室应用

以你在广告实验室“理解产品元素：亚马逊”中使用的产品为例，比较星巴克和该产品的分销原则。此外，思考在其他渠道投放产品或服务时应该考虑什么因素，它和星巴克相比表现如何呢？

直接分销

当公司直接向终端用户或消费者销售产品时，它们采用的是**直接分销**（direct distribution）。例如雅芳雇用为制造商而非零售商工作的销售代表，直接向消费者售卖产品。像戴尔和微软这样的技术巨人，大部分产品直接销售给在网上下单的消费者。在这些例子中，促销的任务完全由制造商承担。

网络体系直销（network marketing）（又叫多层次直销（multilevel marketing）），利用个人和家庭关系，由个人充当制造商或私有品牌营销商的独立分销商。这些人会与亲朋好友签约购买该公司的产品，并发展其他人加入。通过这种循序渐进的、口口相传的过程，这些人逐渐形成了独立分销商的“购买俱乐部”，购买并使用直接从厂家批发来的产品，同时向更多的朋友和熟人兜售该产品。

如果成功，网络体系直销公司（以及许多分销商）的报酬可能是惊人的。安利国际（Amway International）是网络体系直销的鼻祖，如今自称在美国的销售额已经超过 80 亿美元。[69] 其他公司的销售额也突破了 10 亿美元大关，其中包括日研（Nikken）

（日本）、康宝莱（Herbalife）和嘉康利（Shaklee）。这些公司自诩从来不做媒体广告，因为它们通常售卖的是消费者产品（这些商品通常需要背负巨额广告和促销费用），所以不做广告可以省下钱来。其绝大多数营销传播只是通过简单的口碑，包括诸如脸书、Pinterest 和 Instagram 等平台上的数字口碑。因此，雅芳允许网络体系直销人员创建自己的数字群组，以便朋友们关注。

间接分销

制造商一般不直接向消费者销售产品。大多数企业通过由转售商网络组成的分销渠道销售自己的产品，**转售商**（reseller，又叫中间商）是在制造商与消费者或产业购买者之间经营的商业公司。它从事贸易而非生产活动。[70] 转售商包括批发商、零售商、厂家代表、经纪人、分销商。**分销渠道**（distribution channel）包括在产品从生产者到消费者的过程中取得或协助取得产品所有权的所有公司和个人。

间接分销渠道使消费者可以便捷而经济地获得产品。例如，家电公司与某地区的独家代理商签订合同，由其从厂家购买产品转售给当地的经销商，再由经销商转售给消费者。很多工业企业通过销售代表或代理商将产品卖给原始设备制造商（OEM）。这些 OEM 可以将该产品作为它们自己产品中的一个组件，然后将产品出售给客户。

企业使用的广告取决于产品的分销方式，我们所看到的很多广告是由分销商或零售商而非生产厂家来准备和付费的。分销渠道的成员为它们所代表的制造商提供巨大的促销支持。

营销战略的一部分是确定产品所需的覆盖率。例如，宝洁公司将佳洁士牙膏分销到了几乎所有的超市、折扣店、药店和杂货店。而其他产品也许每 50 000 人才需要一家经销店。消费品生产商一般采用以下三种分销战略中的一种：密集分销、选择性分销和独家分销。

密集分销

由于**密集分销**（intensive distribution）的作用，几乎在每家店铺都可以找到软饮料、糖果以及其他便利商品。事实上，消费者毫不费力就可以买到这类商品。商品的单位利润一般都很低，但销售量却很大。销售的重担通常由生产商的全国性广告来承担：一方面，刊登在行业杂志上的广告将产品推进零售"管道"；另一方面，刊登在大众媒介上的广告则鼓励消费者将产品从"管道"里拉过来。制造商会调整自己的战略，或更倾向于推式，或更倾向于拉式，可以针对商家，也可以针对消费者进行特别促销以增加销售。

选择性分销

通过**选择性分销**（selective distribution）限制售点数目，制造商可以降低分销和促销成本。许多五金工具有选择地通过折扣连锁店、家装中心和五金商店进行销售。一些宠物食品可以在兽医办公室或宠物商店买到，但在杂货店买不到。通常由制造商采用全国性广告，而由零售商完成销售任务。正如我们在第 4 章讨论的那样，制造商也可以通过**联合广告**（cooperative（co-op）advertising）计划分担零售商的部分广告成本。例如，李维斯的零售商在当地为其服装做广告时，会从制造商那里获得可观的补贴。作为回报，零售商愿意以醒目的方式为这些服装做广告和陈列。

独家分销

在**独家分销**（exclusive distribution）协议中，被选定的批发商和零售商享有分销特定产品的排他性权力。例如，咖啡零售商星巴克是鲍勃·迪伦（Bob Dylan）尚未发行的一张歌曲 CD 的独家销售商。[71] 滚石乐队发行的演唱会 DVD，只能在百思买买到。高级时装、主要电器和家具经常采用这种方法。在市场覆盖方面的损失常常可以通过维护高级形象和高价格得到补偿，独家分销协议还会迫使制造商和零售商在广告活动和促销活动中紧密合作。

垂直营销系统：特许经营的发展

为了提高效率，同一分销渠道的成员必须彼此密切合作才行，这就导致了垂直营销系统的产生。这种需要催生了**垂直营销系统**（vertical marketing system，VMS），它是一种服务于一批店铺或其他企业的集中管理的分销体系。

垂直营销系统有很多类型。在过去的 1/4 个世纪里，最大的增长来自**特许经营**（franchising）：零售经销商（或特许经销商）支付一定的费用，并按照母公司或制造商（特许专营授权公司）的方针和指示进行经营，比如福乐鸡或 Mailboxes 等。

特许经营和其他垂直营销体系给制造商和零售商带来了许多优势：集中调配营销力量、节省资金以及保证广告上的一致，或许，最重要的是消费者的识别度。每当有一家新的麦当劳开业，这家特许经营店便马上会有顾客上门。此外，一条简单的报纸广告就可以对同一经营区域内的所有连锁零售店进行促销。

资料来源：Chick-fil-A.

垂直营销系统使许多成功的商业计划得以兴起，比如特许经营。特许经销商需要支付一定的费用，并在母公司的指导下经营。例如，独立的所有者和经营者在数以千计的福乐鸡餐厅服务顾客。母公司通过全国性的广告活动支持它们的经营努力，反过来也会指导这些特许经销商在本地市场投放广告。

许多营销商发现特许经营是将其服务推向全球市场的最佳途径。以全球特许经营业发展最快的赛百味（Subway）三明治店为例，它有超过 25 000 家店铺，分布在全球

84 个国家和地区。[72]

最近十年，坐拥近 4.62 亿人口的欧盟市场，已经向创新型的营销商敞开了大门。因此，特许经营迅速发展，尤其是在英国、法国、德国、西班牙、比利时和荷兰。目前，欧洲 20 个国家约有 1 万个特许经营品牌。[73] 特许经营在欧洲受到的监管较少，而广告业受到的监管要多得多。这再次表明，在海外市场，需要本地专家来管理广告职能。

6.6 IMC 和传播（促销）要素

一旦确定了产品、价格和分销，企业就会着手制订它的营销传播计划，广告只是其中一个组成部分。

⑥ 讨论在营销活动中，如何将 IMC 与传播要素结合在一起

传播要素（communication element）包括所有与营销相关的买方和卖方之间的沟通。各种各样的营销传播工具构成了**传播组合**（communications mix），它们可以分为人际传播和非人际传播活动。

人际传播（personal communication）包括所有与消费者的人际接触。**非人际传播**（nonpersonal communication）使用媒介作为沟通中介，包括广告、直复营销和某些公共关系活动、辅助宣传材料、销售促进。今天，成功的营销经理要将所有这些元素融入一个整合营销传播计划中。

人员推销

有些消费品由售货员在零售店中出售，有些则由销售人员直接登门推销。人员推销在企业对企业的营销中非常重要，这种方式营造了面对面情境，营销商可以获得有关顾客需要和欲望的第一手资料，而顾客在这种情形下也更难以拒绝。我们将在第 17 章对人员推销做更进一步的讨论。

广告

广告有时又称大众推销或非人员推销，它通常的目的是告知、说服，以及使顾客想起特定的产品和服务。有时，广告甚至能够完成销售，如通过邮购。

有些产品非常依赖广告，广告扮演主导性的传播角色。以下因素是广告取得成功的重要基础：

- 较强的基本需求趋势。
- 显著的产品差别化机会。
- 对消费者而言非常重要的隐性品质。
- 采用情感诉求的机会。
- 支持广告活动的充足资金。

在具备这些条件的行业，如化妆品、汽车或无线电话行业，企业可以花费大量资金来做广告，广告成本在销售收入中所占的比重也非常高。对完全没有差别的产品，诸如食糖、食盐和其他原材料或设备，价格一般是最主要的影响因素，广告最不重要。新奇士是一个有趣的例外，农业合作社成功地给一个无差别的产品（柑橘类水果）打上了品牌，并开辟了国际市场。

资料来源：Land Rover.

广告是非人员推销。但是，就像人员推销一样，它可以用来完成销售，特别是在邮购情景中。这篇来自路虎（Land Rover）的幽默的直邮文案兜售一份“可食用生存指南”。

直复营销

直复营销（direct marketing）就像是把商店搬到了顾客面前。通过广告和产品目录与消费者直接沟通的邮购公司便是一类直复营销企业，它们建有自己的顾客数据库，并采用不同媒介与他们沟通。

由于企业看重过程控制、成本效率和绩效的可说明性所带来的好处，因此，直复营销领域正在迅速发展。许多企业，如李维斯公司，采用**电话营销**（telemarketing，一种直复营销技巧）的方式，通过人与人的电话接触来提高生产率。通过在直邮广告后接着使用电话沟通，企业可以大幅度提高消费者的反应率；再者，通过电话营销，企业还可以形成有价值的现有顾客和潜在顾客的数据库，以备将来邮寄和促销之需。[74] 我们将在第 17 章对此进行全面探讨。

公共关系

许多公司采用各种公共关系活动，诸如**公共宣传**（publicity）（新闻发布、专题报道等）和**特别事件**（special event）（如开放日、生产场地观光、贵宾聚会、大型开幕式等）

资料来源：KLM Royal Dutch Airlines.

要想表现荷兰皇家航空公司（KLM）经济舱的舒适，还有什么方式比在机场组织一场公共宣传活动，现场来表现这种感觉更好呢？

V 广告背后的人物

特雷·苏比和乔·苏比

拉丁裔人口数量和经济实力的急剧增长是广告主将大部分促销预算转向西班牙语媒体的原因之一。

靠近迈阿密的科勒尔盖布尔斯（Coral Gables）是美国最大的独立拉丁裔广告公司——苏比广告（Zubi Advertising）的总部。苏比（Zubi）是苏比萨雷塔（Zubizarreta）的简称，它是由特雷·苏比（Tere Zubi）和她的丈夫在从古巴来到美国之后创立的。当然，和许多移民一样，特雷并没有轻易地获得成功。事实上，正如她在接受美国公共广播公司（PBS）采访时所说的那样，她自己的职业生涯是迫于生计才开始的。那是在 20 世纪 70 年代早期，她丈夫的小企业失败以后，为了维持收支平衡，特雷申请了一份秘书工作。

> 我去找的第二份工作（面试）来自一家广告公司。我对广告一无所知。我甚至不知道如何使用电动打字机，因为我只是在使用手册上学过。面试我的人——无论他问我什么——都会问："你了解广告吗？"我的回答是："我不知道，但我会学会的。"那天是星期五。周一早上，我接到电话说我得到了这份工作。
>
> 后来我问我的老板："你为什么雇我？"他说："因为我在面试中从未遇到过其他人有更诚实的回答，你没有试图骗我。"

特雷确实学会了。在朋友的鼓励下，她用很少的资金和设备在南佛罗里达开办了一家自己的小型广告公司，办公的地方还是从朋友那里借来的。在 20 年间，苏比广告为福特和美国航空公司（American Airlines）等客户代理了价值 8 000 万美元的广告业务。

至今，崇尚学习仍是苏比广告的一部分。"苏比妈妈"（特雷的同事和客户都这样称呼她）在 2007 年去世了，这家公司继续由包括特雷的儿子乔和女儿米歇尔在内的苏比萨雷塔家族经营。

作为首席运营官，乔负责苏比的业务发展、战略规划和客户关系。在加入苏比之前，他在 Beber, Silverstein and Partners 工作了八年，在五年之内，他就成为最年轻的客户主管。

作为首席行政官，米歇尔处理广告公司的财务、预算和运营事务，包括人事和管理关系，以及员工招聘、留任和福利。

目前的蓝筹股客户包括唐恩都乐（Dunkin' Donuts）、福特汽车、大通银行（Chase）、沃尔格林（Walgreens）等。

乔就多元文化广告公司面临的独特问题与我们（《当代广告》）分享了一些他的想法。

《当代广告》：多元文化广告公司的作用是什么？

乔：作用是双重的。首先，我们为客户提供能够促进有效沟通的平台的文化洞察。其次，我们与一般市场的广告公司合作，帮助它们更有效地开展针对美国所有居民的广告活动。

《当代广告》：您如何追踪美国人口构成正在发生的全部变化？

乔：这是一个挑战。我们定期查阅所有重要的二手信息来源，包括美国人口普查局、西蒙斯市场调查局（Simmons Market Research Bureau）的报告，以及扬克洛维奇（Yankelovich）和尼尔森等民意调查机构的研究。我们也会去仔细查看定制的特定品类的专项研究报告。对变化的适应基于品类，也基于竞争组合和品牌在生命周期中所处的位置。

《当代广告》：在未来的几年中，苏比广告公司想要在招聘中寻找什么样的人才？

乔：我们需要能够超越自己潜能的人——自信、热情和渴望学习的人。我们一直在找那些愿意冒险的人。

《当代广告》：您还有什么想和广告专业的学生分享的吗？

乔：不要犹豫，去做摆在你面前的任何事情。接受所有的挑战，从错误中汲取教训，享受成功。人生苦短，别太一本正经，开心就好！

资料来源：Courtesy of Tere and Joe Zubi, Zubi Advertising.

来补充（或取代）广告，向不同受众传递有关企业及其产品的信息，建立企业的信誉和形象。正如阿尔（Al）和劳拉·里斯（Laura Ries）指出的那样，由于几十年的滥用和过度承诺，广告的效果和可信度如今已大打折扣[75]，公共关系活动（详见第 18 章）却成为建立品牌的一种特别可信的工具，它应当始终被整合进企业的传播组合。

辅助宣传材料

正如我们在第 1 章中所言，**辅助宣传材料**（collateral materials）指企业制造的、用于整合和补充其广告或公共关系活动的多种辅助性材料，包括手册、目录、说明书、影片、销售工具包、促销礼品和年度报告。辅助宣传材料的设计应该使企业的形象或品牌定位在顾客心目中得到加强。

销售促进

销售促进（sales promotion，详见第 17 章）是一种特殊的传播手段和活动。销售促进的目的是在短时间内补充营销组合的基本要素，目标是刺激顾客或分销渠道的成员立即采取明显的行动。[76]这是一个宽泛的类别，包括经销商折扣、免费样品、陈列、交易印花（集点优惠）、抽奖、打折优惠券和奖品等。例如，《读者文摘》就以其每年旨在增加发行量的抽奖活动而闻名。一项调查发现，美国 90% 的购物者会使用优惠券，平均每年节省 31 亿美元。[77]

有些促销活动主要与营销组合的传播功能有关（陈列、事件、贸易展览）；有些与产品因素（免费样品、奖品）或价格因素（优惠券、批量折扣、月末减价）的关系更为密切；有些则补充分销因素（经销商折扣、销售竞赛）。销售促进（往往简称为促销）主要被用作一种适应外部形势——如竞争压力、换季、销量下降或新产品上市——的策略。[78]由于企业经常要求广告人员解决各种营销难题，因此，它们有必要了解并掌握如何全面整合所有的传播技巧。

6.7　营销组合透视

随着目标市场的确定和营销组合要素的确定，公司有了一个完整的产品概念和针对该目标市场的营销战略基础。至此，可以以书面的营销计划和广告计划的方式，形成正式的战略和战术。作为计划过程的一部分，企业会采取营销调查和广告调查。在第 8 章讲正式计划的制订过程之前，我们先在第 7 章对此进行讨论。

本章小结

市场细分是在一个广泛的产品市场中确定具有某些共同特征的人群，并根据他们对产品效用的共同兴趣，将他们聚合成更大的细分市场的过程。然后，公司从这些细分市场中选择一个作为目标市场。营销商使用许多方法来识别行为群体和细分市场。常见的有行为的、地理的、人口统计的和心理的方法。

通常商业市场的细分方式与消费者市场相同，可以按企业采购程序、NAICS 代码或市场集中度来分组。

在目标市场营销流程中，营销商把特定的细分市场作为目标，并为其发展营销组合。产品概念是消费者对产品的感知，是一套能够满足消费者需要的实用性和象征性价值。

每个公司都可以增加、减少或修改营销计划中的四个要素，以获得理想的营销组合。这些要素是产品、价格、分销（渠道）和传播（促销），即 4P。

产品要素包括产品生命周期、分类、定位、差异化、品牌化和包装。就像人会经历生命周期一样，产品和产品类别也会经历生命周期。产品所处的生命周期阶段决定了它要如何推广。

为了满足消费者的不同品位，获得竞争优势，营销商要建立产品差异。产品的包装也可以成为产品概念的一部分。产品概念还可以通过区别于竞争产品的独特定位来形成。

价格涉及顾客为产品付出什么以及如何支付的问题。公司使用许多常见的定价策略。有些产品靠价格来竞争，但也有许多不会如此。

分销涉及如何把产品交付给客户处置的问题：产品在哪里分销、如何购买，以及如何销售。公司可以使用直接或间接的分销方法。消费者产品制造商使用几种不同类型的分销策略。

传播涉及买卖双方之间所有与营销相关的沟通。传播要素的工具包括人员推销、广告、直复营销、公共关系、辅助宣传材料和销售促进。营销商尽力整合所有的营销传播方案，以获得更好的效果和一致性。

重要术语

行为细分（behavioristic segmentation）
利益（benefits）
利益细分（benefit segmentation）
品牌（brand）
品牌资产（brand equity）
商业市场（business markets）
辅助宣传材料（collateral materials）
传播要素（communication element）
传播组合（communications mix）
联合广告（cooperative（co-op）advertising）
文案要点（copy points）
衰退期（decline stage）
人口统计细分（demographic segmentation）
直接分销（direct distribution）
直复营销（direct marketing）
分销渠道（distribution channel）
分销要素（distribution element）
早期采用者（early adopters）
设备导向型服务（equipment-based service）
独家分销（exclusive distribution）
家族品牌（family brand）
4P（four Ps）
特许经营（franchising）
地理人口细分（geodemographic segmentation）
地理细分（geographic segmentation）
成长期（growth stage）
隐性差异（hidden differences）
独立品牌（individual brand）
诱导性差别（induced differences）
密集分销（intensive distribution）
导入（开创）期（introductory（pioneering）phase）
特许品牌（licensed brand）

营销组合（marketing mix）
市场细分（market segmentation）
成熟期（maturity stage）
全国性品牌（national brand）
网络体系直销（network marketing）
非人际传播（nonpersonal communication）
北美行业分类系统代码（North American Industry Classification System（NAICS）codes）
人员型服务（people-based service）
可感知差异（perceptible differences）
人际传播（personal communication）
定位（position）
价格要素（price element）
基本需求（primary demand）
基本需求趋势（primary demand trend）
首要动机（primary motivation）
自有品牌（private labels）
产品概念（product concept）
产品要素（product element）
产品生命周期（product life cycle）
心理统计特征（psychographics）
公共宣传（publicity）
拉式策略（pull strategy）
购买时机（purchase occasion）
推式策略（push strategy）
转售商（reseller）
资源（resources）
销售促进（sales promotion）
选择性需求（selective demand）
选择性分销（selective distribution）
服务（service）
特别事件（special event）
目标市场（target market）
目标市场营销流程（target marketing process）
电话营销（telemarketing）
使用率（usage rates）
用户状态（user status）
垂直营销系统（vertical marketing system，VMS）
用量细分（volume segmentation）

复习题

1. “共有特征”这一概念与市场细分过程之间有什么联系？
2. 你如何运用 VALS 分类系统为你所选择的某一产品制定营销战略？
3. 商业市场的细分与消费者市场的细分有什么区别？
4. 在确定营销组合要素时，要考虑的最重要的因素有哪些？
5. 产品与产品概念之间有什么区别？
6. 除本章提到的产品定位案例外，你还知道哪些案例？
7. 产品生命周期对企业的广告策略有什么影响？
8. 影响产品价格的因素有哪些？
9. 基本的分销方法对广告有什么影响？
10. 具有什么特征的产品需要大量广告，或者需要少量广告？为什么？

广告体验

1. 产品生命周期
   许多成熟的美国品牌似乎正处于产品生命周期的衰退期，导致这些产品过时的原因也许是品位的变化或新技术的使用。请选择一个这样的品牌，为其制订产品复兴计划，特别注意 4P 方面。
2. 营销世界
   第一部分：营销。你们已经知道了营销对广告研究和实务的重要性。请访问以下网站，以拓宽营销领域的视野，了解优秀营销战略的重要性。访问每一家网站并回答问题：
   - 美国市场营销协会：www.ama.org
   - 商务营销协会（Business Marketing Association，BMA）：www.marketing.org
   - B2B：www.btobonline.com

- 《广告周刊》品牌营销（AdWeek Brand Marketing）：www.adweek.com/brand- marketing/
- 销售和营销管理（Sales & Marketing Management）：www.salesandmarketing.com

a. 什么团体赞助了这个网站？目标受众是谁？
b. 网站的目标是什么？成功与否？为什么？
c. 组织的规模和领域是什么？组织的目标是什么？
d. 组织的成员是谁？选举人是谁？

第二部分：营销组合。访问激浪的网站（www.mountaindew.com/），然后就它的一个产品回答下列问题：

a. 识别产品、价格、渠道和促销。（如果有多个产品，请选择一个。）
b. 识别产品在产品生命周期中所处的阶段。
c. 产品定位是什么？
d. 产品差异化的关键要素是什么？

3. 市场细分和目标市场营销

细分市场并形成可靠的人口统计学、地理、心理和行为档案是制定广告策略的关键。互联网上有大量来自政府和私营部门的市场细分数据。仔细阅读以下关于目标市场信息的在线资源范例：

- 克拉瑞塔斯：www.claritas.com
- 弗雷斯特调查公司（Forrester Research）：www.forrester.com
- 目标市场营销（Target Marketing）：www.targetonline.com
- 美国人口普查局资料速查（FactFinder）：http://factfinder.census.gov

现在选择一个有网站的公司，使用在线资源回答以下问题。除了上面提到的，你还可以使用任何你用过的其他在线资源。

a. 公司采取了什么类型的细分方法（单一市场、多市场和完全覆盖市场）？
b. 制定目标市场的人口统计档案，包括年龄、收入、受教育程度和性别。
c. 描述该公司市场的总体地理分布情况。
d. 公司的消费者有哪些明显的消费模式？

4. 广告活动重振了欧仕派在消费者心目中可能已经过时的品牌形象。找出另一个在你看来形象也需要改善的品牌。解释为什么它的品牌形象是过时的。提出一种新的品牌识别，并找到一种方法让广告帮助品牌获得识别。请务必描述新的品牌识别是如何与产品目标市场的特征相联系的。
5. 欧仕派广告成功的另一个重要因素是它识别出了一群不同寻常的目标受众。广告指向购买产品的消费者（女性），而非使用产品的消费者（男性）。找到另一个购买者和使用者不相同的品牌。分析在广告中品牌针对的是哪个群体以及为什么。

本章注释

[1] Axe Ads, *http://axeads.blogspot.com/*.
[2] Jeff Hirsch, "Reinvigorating the 'Solid Citizen' Brand," July 11, 2011, *www.therightbrainstudio.com/reinvigorating-the-%E2%80%9Csolid-citizen%E2%80%9D-brand/*.
[3] "Old Spice: The Man Your Man Could Smell Like," *www.youtube.com/watch?v=owGykVbfgUE*.
[4] Todd Wasserman, "How Old Spice Revived a Campaign That No One Wanted to Touch," Mashable.com, *http://mashable.com/2011/11/01/old-spice-campaign/*.
[5] Todd Wasserman, "How Old Spice Revived a Campaign That No One Wanted to Touch," Mashable.com, *http://mashable.com/2011/11/01/old-spice-campaign/*.
[6] Noreen O'Leary and Todd Wasserman, "Old Spice Campaign Smells Like a Sales Success, Too," *Adweek*, July 25, 2010, *www.adweek.com/news/advertising-branding/old-spice-campaign-smells-sales-success-too-107588?page=2*.
[7] S. Kent Stephan and Barry L. Tannenholz, "The Real Reason for Brand Switching," *Advertising Age*, June 13, 1994, p. 31; S. Kent Stephan and Barry L. Tannenholz, "Six Categories That Hold Elusive Consumers," *Advertising Age*, June 20, 1994, p. 32.
[8] Quoted in Al Stewart, "Edgy Ads, Burgers Drive CKE," *Orange County Business Journal* 27, no. 30 (July 26, 2004), p. 5.
[9] L. Zepeda and J. Li, "Characteristics of Organic Food Shoppers," *Journal of Agricultural and Applied Economics* 39, no. 1 (2007), pp. 17–28, doi:10.1017/S1074070800022720; "Descriptive Materials for the VALS2 Segmentation System," *Values and Lifestyles Program* (Menlo Park, CA: SRI International, 1989).
[10] "Second City Elite," Nielsen: My Best Segments, 2014 PRIZM Segmentation Systems, *www.claritas.com/MyBestSegments/Default.jsp?ID=37&id1=1027&id2=10*.
[11] "Weather or Not to Sell," *Personal Selling Power*, September 1994, p. 79.
[12] Joel S. Dubow, "Occasion-Based vs. User-Based Benefit Segmentation: A Case Study," *Journal of Advertising Research*, March/April 1992, pp. 11–18.
[13] "PRIZM Premier," *Claritas*, *https://claritas360.claritas.com/mybestsegments/#*.
[14] "Hispanic Consumer Expenditure in the United States from 2018 to 2024 (in Billion U.S. Dollars)," Statista, *www.statista.com/statistics/899107/hispanic-consumer-expenditure-us/*.
[15] Leon E. Wynter, "Business and Race: JCPenney Launches

Diahann Carroll Line," *The Wall Street Journal,* July 2, 1997, p. B1.
[16] Pallavi Gogoi, "Retailing, the High-Tech Way," *BusinessWeek Online,* July 6, 2005, www.businessweek.com/technology/content/jul2005/tc2005076_5703.htm?campaign_id=search.
[17] Richard Fry, "This Year, Millennials Will Overtake Baby Boomers," Pew Research Center, January 16, 2015, www.pewresearch.org/fact-tank/2015/01/16/this-year millennials-willovertake-baby-boomers/.
[18] Richard Fry, "This Year, Millennials Will Overtake Baby Boomers," Pew Research Center, January 16, 2015, www.pewresearch.org/fact-tank/2015/01/16/this-year-millennials-willovertake-baby-boomers/.
[19] Mark Huffman, "Millennials Buy Cars Differently Than Their Parents," *Consumer Affairs*, September 15, 2014, www.consumeraffairs.com/news/millennials-buy-cars-differently-than-their-parents-091514.html.
[20] Eric Schlosser, "Meat & Potatoes," *Rolling Stone* 800, November 26, 1998 (retrieved via EBSCO).
[21] Eric Schlosser, "The True Cost of America's Diet," *Rolling Stone* 794, September 3, 1998 (retrieved via EBSCO).
[22] Peter D. Kiernan, "The World's Middle Class Is Growing—and America Is Getting Left Behind," *Business Insider,* June 18, 2015, www.businessinsider.com/world-is-more-middleclass-2015-6.
[23] Shoba Narayan, "India's Lust for Luxe," *Time.com,* April 3, 2006, www.time.com/time/nation/article/0,8599,1179415,00.html.
[24] "Global Ad Spending Growth to Double This Year," *eMarketer,* July 9, 2014, www.emarketer.com/Article/Global-Ad-Spending-Growth-Double-This-Year/1010997.
[25] Emarketer, "Total Media Ad Spending per Person Worldwide, by Country, 2012–2018," as reported in "Global Ad Spending Growth to Double This Year," HispanicAd.com, July 10, 2014, http://hispanicad.com/agency/business/global-ad-spending-growth-double-year.
[26] Henry Assael and David F. Poltrack, "Can Democrapbic Profiles of Heavy Users Serve as a Surrogate for Purchase Behavior in Selecting TV Programs?," *Journal of Advertising Reserach,* January/February 1994, p. 11.
[27] Sulekha Goyat, "The Basis of Market Segmentation: A Critical Review of the Literature," *European Journal of Business and Management* 3, no. 9 (2011), pp. 45–55.
[28] SRI Consulting Business Intelligence, "Welcome to VALS," www.sric-bi.com/vals.
[29] SRI Consulting Business Intelligence, "Welcome to VALS," www.sric-bi.com/vals.
[30] SRI Consulting Business Intelligence, "Welcome to VALS," www.sric-bi.com/vals.
[31] Strategic Business Insights, "VALS Links Global Strategies to Local Efforts through GeoVALS," www.sric-bi.com/vals/geovals.shtml; SRI Consulting Business Intelligence, "Japan-VALS," www.strategicbusinessinsights.com/vals/international/japan.shtml.
[32] "Re-Mapping the World of Consumers," special advertising section by Roper Starch Worldwide, *American Demographics,* October 2000.
[33] "MindBase," Kantar Consulting, https://consulting.kantar.com/our-solutions/monitor/monitor-analytics/mindbase/.
[34] www.experian.com/simmons-research/behavioral-targeting.html/about.html.
[35] Malcolm Gladwell, *The Tipping Point: How Little Things Can Make a Big Difference* (New York: Little, Brown, 2002).
[36] Lewis C. Winters, "International Psychographics," *Marketing Research: A Magazine of Management & Application,* September 1992, pp. 48–49.
[37] Michael Reinemer, "It's a Dog's Life, and Its Time to Cash In," Advertising Age, October 03, 1994, https://adage.com/article/news/a-dog-s-life-time-cash-trend/89886.
[38] James Hutton, "A Theoretical Framework for the Study of Brand Equity and a Test of Brand Sensitivity in an Organizational Buying Context," dissertation, University of Texas, Austin, 1993.
[39] William D. Perreault Jr. and E. Jerome Mccarthy, *Basic Marketing,* 12th ed. (Burr Ridge, IL: Irwin, 1996), p. 261.
[40] U.S. Bureau of the Census, Economic Classification Policy Committee, *New Data for a New Economy* (Washington, DC: U.S. Department of Commerce, 1998).
[41] U.S. Bureau of the Census, *Statistical Abstract of the United States: 1999,* 119th ed. (Washington, DC: U.S. Department of Commerce, 1999), pp. 741–42, 744.
[42] Michael Schrage, "Think Big," *Adweek,* October 11, 1993, p. 25.
[43] William D. Perreault Jr. and E. Jerome McCarthy, *Basic Marketing,* 12th ed. (Burr Ridge, IL: Irwin), pp. 48–49, 91–112.
[44] Walter Loeb, "How the Retail Industry Can Learn from Levi Strauss' Transformation," *Forbes,* September 28, 2017, www.forbes.com/sites/walterloeb/2017/09/28/how-the-retail-industry-can-learn-from-levi-strauss-transformation/#423e34c245bf.
[45] Walter van Waterschoot and Christophe Van den Bulte, "The 4P Classification of the Marketing Mix Revisited," *Journal of Marketing,* October 1992, pp. 83–93.
[46] The now widely popularized conceptual model of the 4Ps was developed by E. J. McCarthy, *Basic Marketing* (Homewood, IL: Irwin, 1960); the usage of the marketing mix derived from Neil H. Borden, "The Concept of the Marketing Mix," *Journal of Advertising Research,* June 1964, p. 27.
[47] William D. Perreault Jr. and E. Jerome McCarthy, *Basic Marketing,* 12th ed. (Burr Ridge, IL: Irwin, 1996), pp. 310–21.
[48] Gene Koprowski, "Cell Phone Services Vendors Banking on Mobile Gaming Apps," *TechNewsWorld,* April 8, 2006, www.technewsworld.com/story/49707.html.
[49] Decision Analyst Inc., "Use of Cellular Phones Trends Upward, Survey Shows," press release, July 24, 1998; Matthew Klein, "More Callers Unleashed," *Forecast,* September 1998, www.demographics.com.
[50] Brian Wansink, "Making Old Brands New," *American Demographics,* December 1997, www.demographics.com.
[51] Adapted from William O. Bearden, Thomas N. Ingram, and Raymond W. LaForge, *Marketing: Principles & Perspectives* (Burr Ridge, IL: Irwin, 1995), pp. 211–13; and from Philip Kotler and Gary Armstrong, *Principles of Marketing* (Englewood Cliffs, NJ: Prentice Hall, 1994), pp. 640–43.
[52] Hank Seiden, *Advertising Pure and Simple, The New Edition* (New York: AMACOM, 1990), p. 11.
[53] Pat Sabena, "Tough Market for New Products Requires Partnership," *Marketing Review,* June 1996, pp. 12–13.
[54] Adrienne Ward Fawcett, "In Glut of New Products, 'Different' Becomes Key," *Advertising Age,* December 13, 1993, p. 28.
[55] Hank Seiden, *Advertising Pure and Simple, The New Edition* (New York: AMACOM, 1990), pp. 23–30; Robert Pritikin, *Pritikin's Testament* (Englewood Cliffs, NJ: Prentice Hall, 1991), pp. 25–33.
[56] "Snapple Promotional Campaign Pays for 40 Ad-Free Days on WFNX-FM," *Boston Business Journal,* May 26, 2006, http://boston.bizjournals.com/boston/stories/2006/05/22/daily64.html.
[57] Haim Oren, "Branding Financial Services Helps Consumers Find Order in Chaos," *Marketing News,* March 29, 1993, p. 6.
[58] Frank Bilorsky, "Grocers Labels Offer a New Kind of Branding," *Rochester Democrat and Chronicle,* July 11, 2004, www.rochesterdandc.com.
[59] "The Best Global Brands; *BusinessWeek* and Interbrand Tell You What They're Worth," *BusinessWeek* Special Report, August 5, 2007, www.businessweek.com.
[60] Alan Wolf, "TWICE/Campaigners Poll Shows Shoppers Choose Brand over Price," *Twice: This Week in Consumer Electronics,* December 5, 2005, p. 18.
[61] C. Manly Molpus, "Brands Follow New Shopping Patterns," *Advertising Age,* February 14, 1994, p. 22.

[62] S. Kent Stephan and Barry L. Tannenholz, "The Real Reason for Brand Switching," *Advertising Age,* June 13, 1994, p. 31.
[63] Mathew Draper, "What Is the True Value of Customer Retention?," *Liferay,* September 27, 2017, *www.liferay.com/blog/en-us/customer-experience/what-is-the-true-value-of-customer-retention-.*
[64] Larry Light, "Brand Loyalty Marketing Key to Enduring Growth," *Advertising Age,* October 3, 1994, p. 20.
[65] Andrew Jaffe, "A Compass Point Out of Dead Calm: 'Brand Stewardship,'" *Adweek,* February 7, 1994, p. 38.
[66] Linda Trent, "Color Can Affect Success of Products," *Marketing News,* July 5, 1993, p. 4.
[67] Kristin Zhavago, "How Customers Choose a Product or Service: Debunking Common Marketing Myths," *Business 2 Community,* November 15, 2012, *www.business2community.com/customer-experience/how-customers-choose-a-product-or-service-debunking-common-marketing-myths-part-2-of-4-0333002.*
[68] Nielsen Global Retail-Growth Strategies Survey, "Valuable Variables: Consumers Want More Than Low Prices from Retailers," news release, June 20, 2016, *www.nielsen.com/us/en/insights/news/2016/valuable-variables-consumers-want-more-than-low-prices-from-retailers.html.*
[69] Amway, "Amway Announces Sales of $8.6 Billion USD for 2017," news release, February 12, 2018, *www.amwayglobal.com/amway-announces-sales-8-6-billion-2017-emphasis-product-innovation-technology-leads-companys-future-focus/.*
[70] William D. Perreault Jr. and E. Jerome McCarthy, *Basic Marketing,* 12th ed. (Burr Ridge, IL: Irwin, 1996), p. 16.
[71] Mya Frazier, "Retailers Scramble for Exclusive Music Rights," *Advertising Age,* September 19, 2005, *http://adage.com/article.php?article_id=46812.*
[72] Subway, *www.subway.com/subwayroot/index.aspx.*
[73] Sean McGarry, "Is Europe a Fit for Your Franchise?" *Franchising World* 42, no. 6 (June 2010), p. 58.
[74] Jim Emerson, "Levi Strauss in the Early Stages of Shift to Database Marketing," *DM News,* December 7, 1992, pp. 1–2; Lisa Benenson, "Bull's-Eye Marketing," *Success,* January/February 1993, pp. 43–48.
[75] Al Ries and Laura Ries, *The Fall of Advertising and the Rise of PR* (New York: HarperBusiness, 2002), pp. 8–12.
[76] Walter van Waterschoot and Christophe Van den Bulte, "The 4P Classification of the Marketing Mix Revisited," *Journal of Marketing,* October 1992, p. 89.
[77] Doreen Christensen, "Coupons by the Numbers: Savings Up, Redemption Down in 2017," *Sun Sentinel,* October 6, 2018, *www.sun-sentinel.com/features/deals-shopping/fl-bz-doreen-christensen-2017-coupon-redemption-down-story.html.*
[78] Walter van Waterschoot and Christophe Van den Bulte, "The 4P Classification of the Marketing Mix Revisited," *Journal of Marketing,* October 1992, pp. 89–90.

第 7 章

调查：为整合营销传播计划收集信息

学习目标

了解广告主如何收集有关市场的情报，以及它们如何在营销和广告决策过程中运用调查结果。

学习本章后，你将能够：

1. 详细阐述 IMC 调查的目的。
2. 解释调查过程的基本步骤。
3. 区分定性调查和定量调查。
4. 描述广告战役讯息的事前测试和事后测试之间的区别。
5. 列出有效的 IMC 调查中的重要问题。

“百威小狗完成了西雅图海鹰队（Seattle Seahawks）无法做到的事情——它接连成为超级碗的赢家。”《今日美国》撰稿人布鲁斯·霍罗维茨（Bruce Horovitz）被它惊艳到了。[1]

这则名为《迷路的狗》的商业广告聚焦于一只走失的小狗，它获得了百威标志性的克莱兹代尔马的帮助。这则广告让人感到暖心，但我们有理由提出这样一个问题：基于战略考虑，这一广告是否合理？首先，2015 年超级碗 30 秒的广告以 400 万美元的价格售出，这还不包括制作成本。那么百威能否从投资中获得回报，从而证明其在一场比赛中花那么多钱是合理的？有些人可能会质疑广告的重点。这则广告让观众感受到各种各样的情绪，最后以小狗与主人团聚的温馨画面收尾。人们对广告有情感反应是很好的。但是这则广告所营造出的情感主要集中在一只可爱的小狗、几匹勇敢的克莱兹代尔马和一位宠物主人团聚时的喜悦上。而其真正的“明星”应该是一个啤酒品牌，那么这个广告击中目标了吗？在没有回答这些问题的情况下，没有哪个广告主会如百威这般大方地花那么多钱。而安海斯－布希公司是经过仔细、审慎和定量调查分析后才确信它对这则百威广告的投资是合理的。首先可以知道消费者喜欢这则广告。这个判断可以从各种来源加以验证，其中包括广受欢迎的 USA Today Ad Meter。该公司从大约 7 000 名消费者小组成员那里获得评级，每个人都对游戏中出现的 61 个广告进行了评估。《迷路的狗》获得了第一名，打败了赛事中播放的其他所有制作精良的广告。但广告主认为喜欢是达到目的的一种手段，而不是目的本身。一个更相关的目标是利用广告来说服消费者喜欢这个品牌。一只可爱的小狗能让人们对一个全球性啤酒品牌产生积极的感觉吗？根据 Bully Pulpit Interactive 公司的研究，答案似乎是肯定的。[2] 该公司抽样调查了一组消费者对超级碗广告品牌的态度，包括比赛开始前和比赛结束后。百威的品牌知名度比赛事中其他任何广告商都要高。在吸引消费者购买兴趣方面，百威位居其他品牌之首，是比赛中最令人难忘的广告。不过，有人可能会说，喜欢、回忆、品牌好感度都只是兴趣和销量的衡量标准，销量如何呢？要回答这个问题，重要的是要记住购买是消费者一系列决策反应的最后一步。正如你在第 5 章中学到的，广告需要经过感知和认知两个阶段的过滤才能影响消费者。观众对这一场景的好评表明广告是成功的。正如你将在第 8 章中看到的那样，采取行动的决定，在这里是指购买品牌的决定，源自一系列早期步骤，包括知晓、理解、信服和期待。触发这些心理反应是一个重要的广告目标，研究证实《迷路的狗》实现了这些目标。但回到销量，我们有什么证据可以证明广告的心理效果会带来预期的销量增长？通过调查也能够解决这个问题。斯坦福大学营销学教授韦斯利·哈特曼（Wesley Hartmann）分析了来自美国 55 个市场的数据以及尼尔森公司提供的销售数据。分析显示，百威在这场大赛上的广告支出带来了 9 600 万美元的销售额增长，或者说投资回报率达到了 172%。[3] 总的来说，这是一个相当令人满意的回报。

当广告公司花客户的钱时，风险是很高的。约翰·沃纳梅克（Jonh Wanamaker）是一位多年前的广告专家，他有一句名言：“我知道我的广告有 50% 是浪费的。我只是不知道是哪 50%。”随着现代调查技术的发展，对广告结果的无知不再是不可避免或可以接受的。

7.1 调查在营销与 IMC 中的必要性

① 详细阐述 IMC 调查的目的

公司每年将数百万美元投入广告制作和促销活动中，希望它们的顾客和潜在顾客能够注意这些活动，并与它们产生某种联系。于是，它们又在各种媒介上花费更多的资金以进行沟通，希望它们的顾客能看到、听到与它们相关的信息，并做出回应。

广告价格不菲。在 AMC 大热电视剧《行尸走肉》中播出一条 30 秒商业广告的费用接近 334 000 美元。[4] 同样，在全国性商业杂志上刊登一次整版彩色广告的千人成本平均为 100 美元。[5] 在没有足够地了解谁是自己的顾客、他们想要和喜欢什么以及他们把时间花在哪些媒介这些问题之前，广告商投入那么多资金是十分冒险的。因此，营销人员有必要进行调查。

调查能够为营销决策提供有力的依据。没有这些信息，公司就只能靠直觉或猜测行事。在这个日新月异、竞争激烈、全球化的经济状态下，这无异于自取灭亡。

什么是营销调查?

用于收集、记录和分析新信息，帮助管理者制定营销决策的系统程序被称为**营销调查**（marketing research）（它有别于市场调查，后者收集某一特定或细分市场的信息）。[6] 营销调查具备许多功能：协助识别消费者需求和细分市场；为开发新产品和制定营销战略提供必要的信息；帮助管理者评估促销活动的效果。此外，营销调查还有利于财务规划、经济预测和质量控制。

如今，调查业已成为一个庞大的行业。2018 年，全球前 10 家调查公司在营销、广告和公关调查上获得的收入超过了 55 亿美元。尼尔森公司是领头羊，在 100 多个国家设有办事处。排名前 25 的调查公司母公司分别位于英国、瑞典、巴西、法国、德国、日本、荷兰和美国，但它们一半以上的收入来自海外运营。[7] 图表 7－1 列出了美国全球收入排名前十的调查公司。

图表 7－1
2018 年美国全球收入排名前十的调查公司

2018 年美国排名	公司	总部	全球收入（亿美元）	网站
1	尼尔森控股	纽约	65.7	nielsen.com
2	艾昆纬（IQVIA）	北卡罗来纳州达勒姆	34.6	iqvia.com
3	凯度	伦敦	39.9	kantar.com
4	信息资源公司（IRI）	伊利诺伊州芝加哥	11.4	iriworldwide.com
5	益普索（Ipsos）	法国巴黎	19.7	ipsos-NA.com
6	维思达特（Westat）	马里兰州罗克维尔	5.5	westat.com
7	康姆斯克（comScore）	弗吉尼亚州雷斯顿	4.0	comscore.com
8	捷孚凯市场研究集团（GfK）	德国纽伦堡	16.5	gfk.com
9	NPD 集团（NPD Group）	纽约华盛顿港	3.8	npd.com
10	ICF 国际（ICF International）	弗吉尼亚州费尔法克斯	2.3	icfi.com

资料来源：Diane Bowers, "The 2018 AMA Gold Top 50 Report," *American Marketing Association* (November 13, 2018), retrieved at: www.ama.org/publications/MarketingNews/Pages/2018-ama-gold-top50-report.aspx.

营销调查被用来收集大量不同类型的信息。其中市场营销中的 3R 或许最便于我们理解调查对营销的作用。3R 指的是吸纳（recruiting）新顾客、留住（retaining）老顾客和重新赢回（regaining）失去的顾客。[8]

例如，为了吸纳新顾客，调查人员可研究不同的细分市场，用合适的产品和服务，设计出与买家相匹配的产品属性模式。营销人员需要解答很多问题：消费者想要什么样的新产品？我们应该有什么想法？对我们的顾客来说，什么产品特征是最重要的？

对产品外观和性能进行哪种变化才能增加销量？什么价位才能既保持品牌形象、创造利润，又能吸引顾客，让他们买得起？这些问题的答案可能会关系到营销决策，直接影响产品的性质、内容、包装设计、定价以及 IMC。[9]

另外，为了留住现有顾客，营销人员可能会运用顾客满意度调查。同样，顾客交易数据库可以指明客户满意或不满意的原因。[10] 现在，企业已经意识到，与顾客个人保持良好的关系是获得最佳销售效果的一个途径。[11] 因此，顾客满意度调查便成为营销调查中发展最快的一个领域。

前两种调查（吸纳新顾客和留住老顾客）所获得的信息有助于解决第三个问题，即重新赢回失去的顾客。例如，如果一家办公设备制造商通过调查发现要求维修的电话增多，通常意味着顾客可能会取消服务合同，公司就可以密切关注现有顾客的动向，采取预防性措施。此外，公司还可以检查老顾客的服务记录（如果记录属实的话），针对他们的情况设计一些营销活动或广告诉求，再把他们争取回来。[12]

总而言之，良好的营销调查能使公司将产品、价格、分销和传播要素有机地组合起来。为公司提供它们所需的信息，帮助它们判断哪种策略更能提升品牌形象，并带来更多的收益。最后，营销调查还能使公司判断以往营销计划和活动的效果。

什么是 IMC 调查？

在开展任何活动之前，公司都需要了解消费者对产品的感知、对竞争对手的看法、对品牌形象和企业形象的信任度，以及哪些广告提出了最重要的诉求。若想获得这些信息，公司可以使用 IMC 调查。营销调查提供的是营销决策所需的信息，而 **IMC 调查**（IMC research）提供的是整合营销传播决策所需的信息。从定义上看，IMC 调查是指为了帮助公司制定或评估讯息策略、单条广告或整个广告战役而对信息进行系统的收集和分析。

超级碗的 30 秒广告花费了 450 万美元。在这样的价格下，广告主很聪明，它们会尽一切可能确保它们的广告能引起消费者的共鸣。百威的《迷路的狗》广告在许多广告指标排行榜上名列榜首，其中包括调查公司 Ace Metrix 的广告指标。

资料来源：Courtesy of Ace Metrix.

在本章中，我们着重讨论信息收集对 IMC 计划和战略制定的重要意义；观察公司如何运用调查去检测广告投放前后的效果；另外，我们还要学习一些具体的调查技巧。

7.2 在 IMC 决策中运用调查

IMC 调查的目的各不相同，但总的来说，大多数广告调查可以分为四类：IMC 策略调查、创意概念调查、事前测试和事后测试。

1. IMC 策略调查。用来帮助确定产品概念或帮助选择目标市场、广告讯息或媒介载体。

2. 创意概念调查。在概念阶段测定目标受众对不同创意思路的接受程度。

3. 事前测试。用来在广告战役开展之前诊断可能出现的传播问题。

4. 事后测试。帮助营销人员在广告发布后对广告战役进行评估。

如图表 7-2 所示，营销人员在不同的广告战役阶段会采用不同的广告调查方法，在每一个阶段，它们所运用的技巧也有很大差别。在学习调查过程之前，我们先要对每一种调查进行简要的讨论。

	IMC策略调查	创意概念调查	事前测试	事后测试
时间	创意工作开展之前	广告制作开展之前	提交完稿和图片之前	广告发布之后
调查问题	产品概念界定 目标受众选择 媒介选择 讯息要素选择	概念测试 名称测试 口号测试	平面测试 电视故事板事前测试 广播广告事前测试	广告效果 消费者态度变化 销售额增加
技巧	消费者态度与使用情况调查 媒介调查	自由联想测试 定性面访 陈述比较测试	消费者评审小组 配套样品组合测试 故事板测试 构图手段 心理评级衡量	辅助回忆法 自由回忆法 态度测试 问询测试 销售测试

图表 7-2
不同广告阶段的调查类型

讯息策略调查

企业将通过融合各种创意组合元素来制定讯息策略。这包括产品概念、目标受众、传播媒介以及创意讯息。为了获取关于这些要素的信息，企业可以使用 **IMC 策略调查**（IMC strategy research）。

产品概念

正如我们在本章一开始看到的那样，营销人员必须了解消费者如何看待自己的品牌。他们还希望了解是哪些因素导致了消费者的第一次购买，进而逐渐形成品牌忠诚。

通过这些信息，他们力图为自己的品牌建立一个独特的产品概念（product concept），即我们在第 6 章讨论过的那一系列能给消费者带来实用性和象征性利益的价值。

本章的开篇案例说明了调查如何影响产品概念的发展。百威知道，它的温暖、饱含情感的信息，加上对象征意义和故事情节的高度强调，将会有效地创造出对该品牌有利的态度。这也是巴德（Bud）在超级碗中独家购买啤酒类广告的原因之一。[13]

这类信息恰恰可以为品牌制定有效的定位策略。随着时间的推移，IMC 可以塑造或放大品牌的定位和形象。但是为了有效地使用讯息策略，必须利用策略调查为创意人员制定出可遵循的蓝图。[14]

IMC 对不同的产品种类——甚至同一种类中的不同品牌——的效果不会完全相同，也就是说，每个品牌都应该根据自己对特定消费者的需要、欲望和动机的了解来制定相应的创意模式。只有经过一段时间的正确培育（比如一两年），品牌资产才能建立起来。[15]

扬罗必凯广告公司创建了一种名为 BrandAsset® Valuator 的品牌评估模式，以确定如何树立品牌并让其富有生机。该模式按差异化、关联性、声誉和熟知度依次来衡量品牌。按照扬罗必凯的理论，品牌要想生存，必须首先形成差别，即必须具备某种独特之处和不同之处；其次，还必须让目标市场感觉到该品牌与其需要和欲望之间的联系；最后，还必须通过声望和知名度确立地位。只有完成了所有这些步骤，一个品牌才可能取得领导者的地位。在 20 世纪 90 年代中期实施的一项对 19 个国家的调查中，扬罗必凯发现迪士尼在所有这些方面都做得非常出色。[16]

紧随扬罗必凯之后，其他一些公司也开发出了自己的品牌资产调查方法。1998 年，WPP 集团推出了一种名为“BRANDZ”的调查工具。然后，在 2000 年，DDB 全球推出了“品牌资本”，李奥贝纳推出了“品牌证券”的品牌调查。所有这些调查方式都是为了在花费巨资创作以及传递广告信息之前了解消费者如何与品牌产生联系。[17]

目标受众

创意组合的第二个要素是目标受众（target audience）。在第 5 章和第 6 章我们已经指出，没有哪个市场可以将所有人全部包容进去。因此，调查的一个重要目的是对某一品牌的目标市场进行全面的了解，营销人员希望弄明白到底哪些顾客才是这个产品类别的主要用户，然后仔细研究他们的人口统计特征、地理位置、心理统计特征、生活方式以及购买行为。

对于任何新产品，企业都不可能有足够的资金同时有效地覆盖所有地理或人口市场。因此，营销人员经常采用主导概念，即调查哪些市场（地理的或其他因素的）对产品销售最重要，然后集中精力瞄准最有可能获得宣传优势的市场。

位于明尼阿波利斯的法隆全球公司，与假日快捷酒店展开了密切合作，为该客户著名的“保持聪明”（Stay Smart）广告战役确定目标受众。该机构认为，重要的是找到一个目标受众，他们是酒店的重度用户，但又往往容易被其他连锁酒店所忽略。而其中一个被该机构称为“马路战士”的群体就十分匹配这个要求。他们由有主见的男性商人构成，并往往就职于小公司或为自己打工，差旅费完全自理。作为酒店的重度使用者，他们代表着一个利润丰厚的细分市场。但由于“马路战士”认为没有哪个酒店品牌会特别关注他们，所以法隆可以专门针对他们的需要和关注点来设计活动。

传播媒介

为了制定媒介策略、选择媒介载体并评估其效果，广告公司会进行**媒介调查**（media research），这是 IMC 调查的一个分支。广告公司订购辛迪加调查服务（如 AC 尼尔森（ACNielsen）、阿比创（Arbitron）、西蒙斯、@plan），监测并发布美国和加拿大各主要地理市场内媒介载体——广播、电视、报纸、网页等的触达率和效果评定。（我们将在第 9 章深入讨论这些内容。）

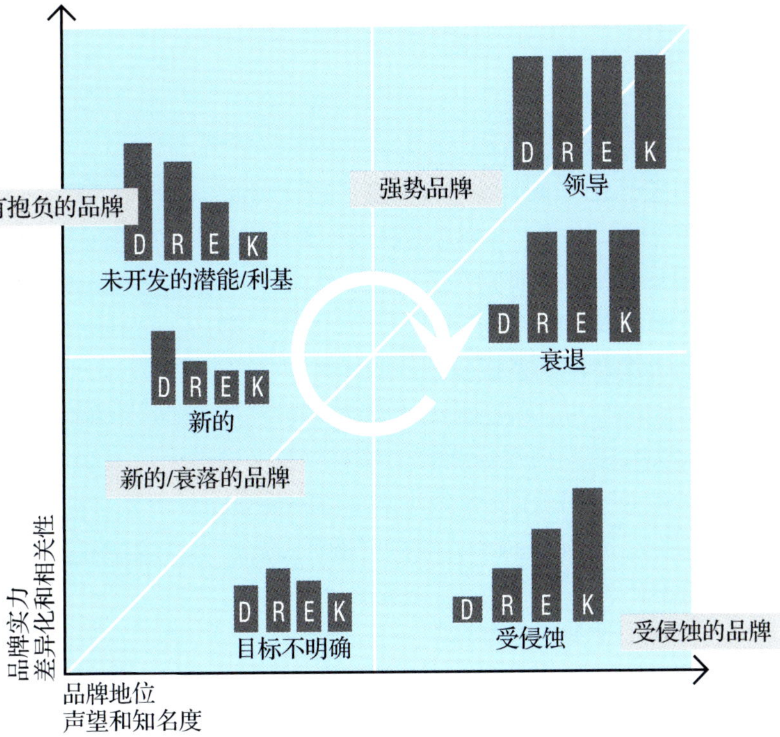

资料来源：Courtesy of Young & Rubicam New York.

扬罗必凯的 Brand Asset® Valuator 模型用于定量地确定如何树立品牌，以及从中可以获得什么市场优势。BrandAsset® Valuator 迄今已对 50 000 多个品牌的 1 100 000 多名消费者进行了调查。其自 1993 年以来一直收集数据。确定品牌在矩阵中位置的核心维度是差异化（D）、相关性（R）、声望（E）和知名度（K）。D 和 R 是衡量品牌实力的标准，E 和 K 衡量品牌的地位。

对于假日快捷酒店，法隆调查了“免下车者”（drive-ups）的媒介接触习惯，发现这个群体喜欢收看有线新闻和体育节目，包括 ESPN、CNN 和天气频道。调查还显示，这些目标受众在一周的开始时做计划，于是法隆决定只在周日和周一晚上播出广告。虽然整个广告预算相对较少，但由于广告集中在两个晚上播出，又只选择了很少的几个联播网，因此在“免下车者”收看电视和考虑出差的时候，广告便给人一种无处不在的感觉。此外，由于广告战役比较另类，其在 ESPN、《大卫 · 莱特曼深夜秀》（*Late Night with David Letterman*）、NPR 以及《华盛顿邮报》上发布的广告语“不是，不过昨晚我确实住在假日快捷酒店”也带来了很多免费宣传。

创意讯息

IMC 策略中的最后一个要素是讯息要素。企业希望通过调查消费者对品牌和产品的好恶，找到大有前景的广告讯息。例如，卡夫食品公司希望能找到一些办法劝服家长从那些廉价品牌转向加工奶酪。尽管 Kraft Singles 品牌在加工奶酪切片类产品中属领导品牌，但公司仍然担心品牌没有跟上市场的整体增长。

与几家调查公司及其广告代理商智威汤逊一起，卡夫实施了一系列消费者态度定性调查，希望了解女性尤其是妈妈们是如何感知 Kraft Singles 这个品牌的，并期望从中找出广告的潜在主题。妈妈们说，当她们给孩子吃 Kraft Singles 奶酪时，她们感觉很好，因为品牌很有营养价值。但有一个棘手的问题——妈妈们还说，如果有更便宜的品牌，她们也会转而消费那些品牌。幸运的是，公司通过电话调查找到了一些解决问题的办法。在这次电话调查结果中，78% 的消费者认为该品牌为孩子提供了额外的钙来源。12 岁以下孩子的妈妈中，有 84% 说她们会因为产品提供的附加利益而产生购买动机。[18]

根据这些信息，广告公司采用概念测试来确定哪些讯息要素方案最有可能成功，这便是针对开发创意概念的第二类调查。

开发创意概念

一旦企业要制定 IMC 策略，企业（或其广告代理商）就开始为广告战役开发创意概念。在决定到底应该采用哪一个概念的时候，调查再次发挥作用。

从全部调查结果中，卡夫研究人员发现有两个广告概念能防止妈妈们受到竞争品牌的影响：第一，展示孩子们有多喜欢 Kraft Singles；第二，强调品牌含有孩子所需的钙的事实。智威汤逊准备了两条试验性的电视广告，并就此举行了由妈妈们参与的焦点小组，以了解她们的反应。谈话在主持人的主持下进行，每个小组都观看广告，而她们对广告的反应则由单向玻璃后面智威汤逊以及卡夫的工作人员加以观察、测量、记录。马上，问题就浮出了水面：孩子们喜欢 Kraft Singles 的想法没有得到足够的认同；宣称卡夫含有钙成分也不是很有说服力。妈妈们说："它当然含钙了，它是奶酪嘛。"于是广告公司不得不尝试寻找新的方法来传播信息。

智威汤逊公司将受试的广告融合在一起，创作了一条新的广告：几个小孩正在大嚼蜜糖烤奶酪三明治，画外音说，五个孩子当中有两个摄入的钙量不足。然后又设立了几个焦点小组来测试。这次，妈妈们都认为广告中孩子们狼吞虎咽三明治的场面传达了美味的主题，但是 2/5 的孩子缺钙的说法却让一些妈妈感到特别惭愧。

为了弱化这一讯息，广告公司把旁白换成了女性，并引进了早期广告战役中用过的牛奶仙子形象，从而使整条广告的基调轻松下来。这样似乎很奏效，于是广告公司继续进行文案测试。

事前测试和事后测试

IMC 是企业营销预算中最大的一块。因此，广告公司想知道自己花了钱都能得到什么，以及自己的广告是否奏效。而且它们希望在广告投放之前得到一些保证。

卡夫也不例外。明略行调查公司（Millward Brown Research）实施了一些文案测试，观察广告公司这条最新的广告表现如何。测试显示，这条广告在品牌和劝服力两个关键测量指标上都显著高于标准水平。在接下来的文案测试里，公司在五个测试市场中播放《他们需要的钙》这一广告，观察广告对销售的影响。在上述市场中，卡夫的销售很快就增长了 10 个百分点。在此基础上，卡夫将整个活动在全美国铺开，销售量从此飞升。基本总销量增长了 14.5%，销售额增长了 11.8%。[19]

这个广告战役极为成功，因而卡夫和智威汤逊获得了广告调查基金会的提名并参加大卫·奥格威调查奖（David Ogilvy Research Award）的决赛，该奖专门颁给以调查为依据而创作的最有效的广告战役。

测试的目的

测试是用来确保 IMC 资金得到合理使用。测试可以防止严重的失误，尤其是在判断哪种广告策略或媒介最有效的时候。而且它可以使营销人员对广告战役的价值进行一番衡量。

为了提高设计出最有效广告讯息的可能性，很多公司都采取了**事前测试**（pretesting）。

事前测试在创意人员中有点争议，因为他们认为这可能会形成乏味而保守的同质性文案。但大客户经常坚持这样做，现在这种做法甚至在数字广告战役中也越来越普遍。[20] 如果不对广告进行事前测试，公司就可能遭遇来自市场的意外反响。先灵葆雅加拿大公司（Schering Canada）就因为没有进行事前测试，结果在广告推出后批评如潮，许多客户写信抱怨说他们不喜欢在加拿大普通消费品市场中推出的抗过敏药氯雷他定的广告。其实，大部分不利反应并不会如此强烈，消费者只是跳过广告或切换频道，但销售却会受到隐性的不良影响。因此，在广告发布之后也必须对广告效果进行测试。**事后测试**（posttesting）（也称广告追踪），可以为营销人员未来的广告战役提供有用的指导。

测试有助于营销人员制定重要决策

公司运用事后测试帮助自己决定一系列变量，为了方便起见，我们可以把这些变量称为 5M，即商品、市场、动机、讯息和媒介，其中许多变量在事后测试中也可以测量。下面，我们就对 5M 做一个简要的概述。

商品　**商品**（merchandise）一词指产品概念。企业可以在事前测试一系列因素：包装设计、广告如何给品牌定位或广告传播产品特点的效果。

市场　广告主可能会通过事前测试，测试广告策略或某一特定广告在代表不同**市场**（markets）的人群中的反应，从中获得信息以指导它们修正自己的策略，并将营销活动的目标锁定在新的细分市场。广告主希望通过事后测试了解自己的广告战役是否成功触达自己的目标市场。知晓度的变化和市场份额的扩大是其中的两项指标。

动机　广告主无法控制消费者的**动机**（motives），但可以控制针对这些动机的广告讯息。事前测试有助于广告主找到最能针对消费者需要和动机的好方法，并评估消费者是否认为满足这些需求的品牌主张是有吸引力的和可信的。事后测试则可以评价效果如何。

讯息　事前测试有助于判断出广告是优秀还是平庸，有助于（站在消费者的角度）判断**讯息**（message）说了些什么，说得如何。

如果讯息是一条广告，广告主可以借此测试广告标题、正文、插图、字体或讯息设计思路。最重要的是，事前测试可以为改进广告提供指导。

不过，事前测试也不是万无一失的，了解广告是否真正有效的唯一办法是事后测试。通过事后测试，广告主能够判断出人们看见、记住和信任广告讯息的程度。几乎所有的测试都评估认知变化（例如，增加品牌认识，或者提高口号或利益的可记忆性）和评价变化（例如，品牌兴趣或更积极的品牌态度）。

媒介　媒介广告的价格正在急剧上升，营销人员要求他们的广告代理商对媒介购买的有效性负责。事前测试得到的信息会影响到媒介决策的几个方面：媒介种类、媒介子类、具体媒介载体、媒介版面与时间单位、媒介预算以及排期标准。

印刷媒体、电子媒体、数字互动媒体、直邮媒体和户外媒体等广泛的媒介类别称为**媒介种类**（media classes）。相反，**媒介子类**（media subclasses）指的是报纸或杂志、广播或电视等。特定的**媒介载体**（media vehicle）是特定的出版物或节目。**媒介单位**（media units）衡量广告的大小或长度：半版或整版广告，15 秒、30 秒、60 秒广告，等等（参见图表 7－3）。

图表 7-3
媒介分类

媒介种类	印刷	电子	数字互动	直邮	户外
媒介子类	报纸 杂志	电台 电视	互联网 社交媒体 智能手机	目录 手册	户外 交通工具
媒介载体	《纽约时报》 《世界时装之苑》	KNX-AM 《幸运之轮》(*Wheel of Fortune*)	应用程序 网站 电子邮箱 脸书	Lands' End	巴士站台广告牌 地铁站台广告牌
媒介单位	半版 整版	30 秒广告 信息性广告	横幅广告 数字视频 应用程序游戏外观	16 页 信纸大小	招贴板 车内卡片

广告发布后，事后测试可以判定媒介组合是否有效地触达目标受众，传递了预期的讯息。我们将在第 13 ～ 17 章对受众测量进行深入的讨论。

一家企业的广告预算到底应该多少才算合适？不同市场和媒介应当分配多少资金？具体到某一产品又该分配多少资金？这是所有广告主一直面对的问题。广告主可以利用一些事前测试技术，在推出全国性广告之前找出最佳投入水平。（第 8 章将对预算进行更深入的探讨。）

媒介排期也是一直困扰许多广告主的一个问题。通过事前测试，广告主可以测试消费者在一年内的不同季节、一周内的不同日子的反应，还可以测试经常性广告是否比偶然性或一次性广告更有效，测试全年性广告是否比礼品购买季节的集中性广告更有效。（第 9 章将讨论最常见的媒介排期种类。）

数字媒体测试 数字媒体的一大吸引力在于，即使是小型广告商也可以轻松测试潜在讯息。使用搜索引擎谷歌做广告可能会非常昂贵，除非营销人员知道潜在顾客正在使用哪些关键词。谷歌的关键词规划器允许广告商查看在特定时间有多少人在网络上搜索一个词或短语。[21] 同样，谷歌工具也可以用来测试谷歌收集网间操作系统中移动广告的有效性。[22]

脸书还鼓励广告商在投入大量资源运行广告之前，先测试广告，并就如何测试提供有价值的帮助。[23] 然而，有效的网络营销不仅仅与吸引受众有关，也与将那些被吸引的人转化为顾客有关。Google Analytics 是一个著名的跟踪网站访问的工具，但推特提供了复杂的工具来确定该平台上的社交媒体活动是否带来了销量。[24]

总体效果 最后，营销人员还希望判定广告的总体效果，评估广告对其目标的完成情况。事后测试最有助于明确是否应该继续发布广告、如何继续、有无更改的需要，以及未来的广告投入。我们将在后文对事前测试、事后测试中运用的主要方法进行探讨。

7.3 调查过程的步骤

② 解释调查过程的基本步骤

现在，我们已经知道了营销人员需要的各种与决策有关的信息，下面让我们来看看整个调查过程以及一些具体技巧，了解他们如何收集信息。

调查过程一般分为五个基本步骤（见图表 7-4）：

1. 情境分析与问题界定。
2. 非正式（探索性）调查。
3. 设定调查目标。
4. 一手资料调查。
5. 调查结果的解释与汇报。

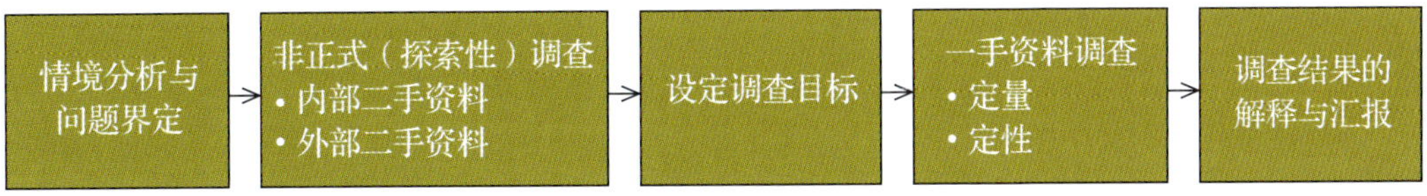

图表 7－4
营销调查过程始于对企业形势的评估和对问题的界定

第一步：情境分析与问题界定

营销调查过程的第一步是情境分析与问题界定。许多大型企业设有自己的专属调查部门，营销部门一般配有专门的**营销信息系统**（marketing information system，MIS），这是一套能连续不断地、有条理地提供制定营销决策所用信息的复杂程序，这一系统保证管理者在需要信息的时候能得到所需的信息。[25]

大多数小企业没有专门的调查部门，它们获得营销信息的方法往往不够全面。它们往往觉得问题界定这个步骤既费时又费力，但如果问题界定错了，调查再好也是浪费精力。

第二步：非正式（探索性）调查

调查过程的第二步是运用**非正式调查**（informal research）（又称探索性调查或形成性调查），对市场、竞争和企业环境进行更深入的了解，以便更好地界定问题。调查人员可以与公司外部的批发商、分销商、零售商、顾客，公司内部的知情人士，甚至是竞争对手探讨这些问题。谁最有可能提供最多的信息，他们就找谁。在为百威啤酒开展超级碗活动时，广告公司的客户企划人员与目标市场的个体进行了交谈，同时也与公司高管、特许经营商和竞争饮料的消费者进行了交谈。

对百威屡获殊荣的超级碗广告的调查也建立在讲故事的基础上。[26] 60 秒的广告遵循了一个熟悉的故事框架：一个普通人（或小狗）遇到一个挑战，努力克服，然后回归正常，经历了成长或变化。百威对讲故事的关注也遵循了一项调查，该调查显示了有力的故事对大脑的影响。[27]

调查信息分两种：一手资料与二手资料。就某一具体问题直接从公司或者广告商那里收集到的信息叫作**一手资料**（primary data），收集一手资料花费较高，所需时间较长。因此，在探索性调查阶段，调查人员往往利用**二手资料**（secondary data）——过去收集或公布的信息，通常不是为一些其他目的而专门收集的，这种信息是现成的，既可以是内部的，也可以是外部的，收集二手资料比收集一手资料更快捷、更便宜。举个具体的例子，当法隆的战略人员采访“免下车者”时，他们正在收集一手资料；当他们在网上搜索有关连锁酒店的信息时，他们正在收集二手资料。

整理内部二手资料

企业记录往往是宝贵的二手信息资源。产品发货数字、账单、保修卡记录、广告费支出、销售费用、顾客来信以及与销售人员的会谈记录等，都是非常有用的内部信息。

周密的营销信息系统有助于调查人员分析销售信息，审核过去的跟踪调查，检验原来的营销调查信息。这些信息有可能产生出别致的标题或定位陈述，例如捷飞络（Jiffy Lube）的“高效机器”。

收集外部二手资料

用很低的代价，甚至无须任何代价就可以从政府部门、市场调查公司、行业协会、各种商业刊物或电脑数据库中获得大量的信息。绝大多数大公司都可以从任何一家调查辛迪加那里了解到有关本行业的信息。例如，作为某大型营养公司的广告经理，你准备向市场推出一种新的维生素，这时，你就可能要了解目前市场对维生素与食物补充剂的需求量、竞争对手数量、每家企业投入的广告数量以及本行业面临的挑战与机遇。

在美国，使用频率最高的二手资料包括：

- 图书馆参考资料，如商业杂志类的《商业期刊索引》（*Business Periodicals Index*）、消费者杂志类的《文学期刊读者指南》（*Reader's Guide to Periodical Literature*）、《公共信息服务公告》（*Public Information Service Bulletin*）、《纽约时报索引》（*New York Times Index*）、《世界事件年鉴与记录》（*World Almanac and Book of Facts*）等。
- 政府出版物，如《美国统计摘要》（*Statistical Abstract of the United States*）。
- 行业协会刊物，如《全国行业协会名录》（*Directory of National Trade Associations*），它列出了各行业组织收集的包括政府部门信息在内的年度记录。
- 调查机构及其刊物或辛迪加信息（如大学商业调查机构的文献、尼尔森零售店审计报告、MRCA 消费者购物日记、西蒙斯媒介与市场研究，IRI 信息调查市场跟踪服务、丘比特调查公司（Jupiter Research）标准费率与数据服务（Standard Rate & Data Service）的报告等）。
- 消费者 / 商业刊物，如《彭博商业周刊》、《福布斯》、《财富》、《美国人口统计》（*American Demographics*）、《广告时代》、《预防》（*Prevention*）等。
- 计算机数据服务（如对话框信息服务（Dialog Information Service）、学位论文全文数据库（ProQuest）、电子图书馆（Electric Library）、Lexis-Nexis 以及道·琼斯新闻检索服务等）。
- 互联网搜索引擎（谷歌、必应、Digg 等）。
- 谷歌研究工具，包括 Think Insights[28]、Google Trends[29] 和 Google Keyword Tool[30]。

第三步：设定调查目标

在试调查完成之后，企业可能还需要更多的信息，这时只能通过一手资料调查才能获得这些信息，如明确自己的顾客究竟是谁、他们对本公司和竞争对手的认识如何。而要做到这一点，企业必须首先确定具体调查目标。

调查项目开始时，应该编制一份关于调查问题和目标的简洁书面说明。企业必须明确自己要做出的决策，为调查指明方向。一旦企业了解了情况，就能设定明确的调查目标。[31] 例如，一家百货商店注意到自己的市场份额正在缩小时，也许会如此表述自己的问题和调查目标：

市场份额

我们公司的销售额虽然依然呈上升趋势，但已势头大减，没能带来股东所期望的利润。去年，我们男鞋部的市场占有率下滑了 10%，高档女装部下滑了 7%。调查显示，我们的销售量是被同商场内的其他百货商店夺去的，顾客搞不清我们的市场定位。我们必须明确在未来的市场中如何给自己定位。

调查目的

我们必须解答以下问题：(1) 谁是我们的顾客？(2) 谁是其他百货商店的顾客？(3) 这些顾客喜欢和不喜欢我们的什么？喜欢和不喜欢竞争对手的什么？(4) 我们目前给人的印象如何？(5) 我们必须怎么做才能澄清印象或改善印象？

这种问题陈述既具体又可以测定，决策点清晰，问题之间彼此相关、相互联系。调查结果将为公司制定新的定位战略提供必要的信息，定位战略进而推动营销计划和广告计划的制定，使企业在未来走上正轨。

第四步：一手资料调查

如果某家企业收集关于特定问题的数据时，它会使用**一手资料调查**（primary research）。主要调查分两种类型：定性调查和定量调查。

为了获得对市场、消费者或产品的总体印象，广告主一般会从**定性调查**（qualitative research）入手。这种方法使调查人员既可以了解被抽取的样本人口的观点，又可以了解问题本身。然后，他们可以运用实地调查或其他**定量调查**（quantitative research）方法找出有关具体营销形势的确凿数据。老练的广告公司会在这两种方法之间保持平衡，巧妙地避免它们各自的缺陷，将两者结合起来（见图表 7 - 5）。[32]

	定性	定量
收集数据的主要技术	焦点小组和深度访谈	调查和实验（复制或消息测试）
问题类型	为什么？通过什么思考过程？用什么方式？与其他什么行为或想法有关？	数量多少？
采访者的职责	关键：采访者的思路必须立得住脚，并根据受访对象的反应来组织和调查问题，最好由受过严格训练的专业人员担任	重要，但采访者只需能看懂大纲即可，他们不必即兴发挥，无须太多培训，有责任心的员工即可胜任
提出的问题	小组之间、访谈之间的问题顺序和措辞要有变化。增加新问题，去掉老问题	每一次访谈都应毫无差别，问题顺序和措辞要小心掌握
访谈数量	若访谈次数少，时间可以稍长	大量访谈，以便得到能科学反映情况的样本
结果类型	设计前提、获得情报、改进语言、精炼概念，使数据具体化，给广告文案提出诊断意见	测试前提、优化因素，为数学模型和推算过程提供数据

图表 7 - 5
定性调查与定量调查的区别

IMC 实战模拟

调 查

调查是准备广告战役的一个复杂方面，如果一门广告调查课程都没有学过，你可能会觉得很难。然而，如果没有调查，你会发现很难做出一些艰难的创造性和战略性决策。即使缺乏广泛的研究背景，你也可以进行一些次要和定性调查，从而为你的广告战役带来更好的选择。

二手资料调查

二手资料调查需要从现有来源获取信息，这些来源还包括你的顾客。一定要尽你所能，获取你能收集到的所有信息，并清楚你的顾客所分享的信息是有价值的，并且大多数客户会坚持严格保密。违反保密协议是一种非常严重的违规行为，在任何情况下都不应发生，无论是故意的还是无意的。

定性调查

你还可以规划一些定性调查研究。其中最常见的两个调查方法是焦点小组和观察调查。在焦点小组中，你将精心挑选的参与者（你的顾客、竞争品牌的顾客等）聚集在一起，并主导一个有可能提供战略见解的小组讨论。

观察调查技术包括监控消费者在他的原生环境（商场、餐厅、滑板公园等）中的情况。目标是了解消费者在自然环境中的行为方式。通常要仔细注意消费者的语言、着装、互动、标志和风格。

定量调查

你的项目还可能涉及管理调查。Google Forms 可能有助于创建易于管理且成本低廉的在线调查。困难的部分是编写一个好的调查工具，然后选择可以为你和你的顾客提供有用信息的数据分析技术。下面列出了一些网络教程。

问卷调查

写出好的问题：www.accesswave.ca/~infopoll/tips.htm

响应选项：https://explorable.com/survey-response-scales

使用谷歌表单创建在线调查：www.google.com/forms/about/

使用 Excel 进行数据分析

www.ncsu.edu/labwrite/res/gt/gt-menu.html

第五步：调查结果的解释与汇报

调查过程的最后一个环节是对数据进行解释和汇报。调查的费用非常高昂（见图表 7-6），其主要目的是解决问题。因此，最后的报告必须便于企业的管理者理解，并符合他们的需要。

图表很有帮助，但必须用管理者看得懂的语言加以解释。在报告中应避免诸如“方差模型的多元分析”之类的专业术语，方法描述、统计分析和原始数据应控制在一份附录里。报告应就问题和调查目标进行说明，对结果进行小结，并最终形成结论。调查人员应该向管理层提出实施建议，报告应该以正规陈述的形式出现。这一方面便于管理层进行反馈，另一方面可以突出重点。

调查类型	特点	成本（美元）	人均成本（美元）	影响质量和成本的因素
电话和邮件调查	500 份 20 分钟访谈，附带报告	30 000 ～ 55 000	60 ～ 110	反应率、访问时间、受访对象合格与否、报告所要求的分析水平
在线调查	500 份调查，附带报告	15 000 ～ 35 000	30 ～ 70	电子邮件可触达的人口量、反应率、报告所要求的分析水平
焦点小组	2 组，每组 10 人，附带报告	8 000 ～ 12 000	400 ～ 600	焦点小组所需设施的费用、主持人费用、受访对象酬金

图表 7－6
专业调查的成本

资料来源：Dave Glantz, “ Let’s Talk Price: How Much Does Research Cost?—(Archived),” Market Connections, Inc., www.marketconnectionsinc.com/lets-talk-price-how-much-does-research-cost/, accessed October 14, 2018; Vernon Research Group, “ How Much Does Research Cost?, ” www.vernonresearch.com/wp-content/uploads/2018/01/HowMuchDoesMarketResearchCost_ebook.pdf, accessed October 14, 2018.

7.4 理解定性和定量调查方法

本节我们将讨论广告主在定性调查和定量调查中经常采用的基本方法，然后看看它们如何运用这些技巧去测试广告战役。

3 区分定性调查和定量调查

定性调查方法

为便于他人分享自己的动机、想法与感受，调查人员采用定性调查方法，鼓励消费者在面对采访者的问题时，开放地讨论他们的想法和感受。部分营销人员将此称为动机调查。遗憾的是，无论问题设计得多么巧妙，有些问题仍然会令消费者回答起来不太舒服。比如，在被问到为什么要买一辆标志身份地位的车时，很少有消费者愿意承认是因为这样的车让他们觉得自己是个有地位的人，他们多半会说是因为便于驾驶，或比较实惠，或性能可靠。深入挖掘未明确或甚至未被承认的动机需要特殊的技能。定性调查一般采用投射技术或深度调查技术。

投射技术 广告主通过**投射技术**（projective techniques）来了解人们潜藏的或下意识的感觉、态度、兴趣、观念、需要和动机。调查人员间接地问一些问题（诸如：“你认为在此购物的人都是些什么样的人?”）调查人员试图让消费者参与到一种情境中，让他们能够表达对问题或产品的感受。一名调查人员使用的一种方法包括要求个人找到对他来说能代表某个品牌、公司或个人的图片。这些图片可用来引出讨论，如为什么选择这些图片以及它们的意义。

投射技术最初是心理医生用于临床诊断的，后来，营销调查也借鉴了这种技术，但这种技术要求调查人员必须具备老练的调查技巧。

深度调查技术 **深度调查技术**（intensive techniques），如深度访谈，也要求调查人员小心对待、合理控制。在进行**深度访谈**（in-depth interview）时，设计周密而结构松散的问题有助于采访者挖掘受访对象更深层的感受。例如，大型制药企业先灵葆雅公司就曾组织医生进行深度访谈，希望了解医生在开处方时最看重药的哪种属性，他们会把哪种属性与哪种品牌联系起来。[33]

尽管深度访谈有助于揭示个体的动机，但这种方法代价高昂、费时颇多，而且老练的采访者供不应求。

最常见的一种深度调查技术是**焦点小组**（focus group）。在这种活动中，公司邀请六名以上人员作为目标市场的典型代表参加小组座谈，就产品、服务或营销状况等展开讨论。座谈会的时间一般以一个小时或稍长为宜，由一位经验丰富的主持人控制与会者的自由漫谈。与会者之间的互动会揭示出每个人对产品的真实感受或行为。通常在单向玻璃墙后面还有另一批调查人员对焦点小组的实况进行记录、观察或录像。

参加小组访谈的人并不是人口的代表性样本，但他们的反应却有利于解决以下几个问题：提供候选代言人的可行性的信息，判定视觉元素和策略的效果，区别广告中哪些因素不够清楚、哪些承诺不太可信。焦点小组最好能与全面调查配合使用。事实上，从焦点小组获得的反馈往往有助于设计正式调查的问题。[34] 如果在全面调查之后进行焦点小组访谈，则焦点小组可以使原始数据更加充实。[35]

焦点小组对于更深入地了解特定的细分市场特别有用。格里科调查集团（Grieco Research Group）在科罗拉多州举办了一场以“展示与讲述”为主要形式的焦点小组，为大众了解“婴儿潮”那一代人的核心价值观提供了多样化的视角。本次焦点小组的参与者被要求携带三四件他们自认为能够代表他们理想环境的物品来参会，物品包括照片、杂志照片以及纪念品等各种形式。有一位两个孩子的母亲带了一张复古摇滚音乐会的门票；一位保守的公司老板带来了一顶彩色假发，表示他仍然具有反叛精神；还有一位中年父亲带来了一块他父亲给他孩子的幸运鱼饵。

这次调查揭示了在城市“婴儿潮”那一代人看来最为重要的五个关键主题：家庭成员之间的爱与支持以及维持良好的家庭生活被视为重要成就；长期友谊也非常重要，它为人们提供了联结的机会；居住在城市中的“婴儿潮”一代因为生活、工作的压力而想要“远离这一切”，逃到郊外；精神健康与身体健康同样重要，因此他们愿意开发自己的智慧潜力；他们从不认为自己因年纪太大而放弃提升自己。显然，这些价值观所传递出来的宝贵信息都可以为商业所用，演化为精彩的广告方案。[36]

定量调查的基本方法

广告主使用**定量调查**（quantitative research）来获得关于某一特定市场状况或形势的确切可靠的统计数据。收集定量数据可以采用的基本方法有三种：观察法、实验法和全面调查法。

观察法 调查人员运用**观察法**（observation method）监测消费者的行为，通常是在人们熟悉的原生环境中，比如商店、公园或工作场所。他们可以统计经过广告牌的人流量，可以通过连接在电视机上的仪器统计电视观众，或者到超市观察消费者对某一产品的反应。大多数观察法调查都是由大型独立营销调查公司来操作，如 AC 尼尔森和 IRI。例如，Healthtex 订购了 NPD 的服务，NPD 跟踪调查了全美范围内 16 000 个样本家庭的服装购买情况。调查者通过 NPD、Healthtex 可以清楚自身的市场份额，更好地从统计学角度了解市场动向。

评估新网站和其他数字内容的用户体验的一个重要工具称为用户体验测试，或简称为用户体验。鉴于需要确保访问者的直接、顺畅的体验，测试是开发有效网站的关键步骤。[37]

科学技术极大地改进了观察方法，附在每件消费者包装商品上由 12 位数组成的**通**

用产品代码（universal product code，UPC）便是其中之一。调查人员利用光学扫描仪读取代码，便可判断哪些产品正在销售以及销售情况如何。UPC 不仅提高了结账柜台的工作效率和准确性，还能及时调整库存，为店铺和生产厂商提供价格、店内促销、优惠券以及广告效果方面的准确售点信息。

例如，AC 尼尔森的扫描跟踪调查（ScanTrack）向顾客提供来自 52 个市场，800 家零售商，4 800 多家商店的包装商品的销售状况、市场份额和零售价格等信息数据。而它的一项配套服务——家庭扫描（Homescan）——则通过使用家庭条形码扫描仪来收集消费者购买数据和购物模式信息。因此，营销人员有了有效可靠的 IMC 数据，并基于此开发相关模型，用来评估备选营销计划、媒介载体和促销活动。[38] 例如有一次，调查数据显示，40 美分的牙膏优惠折扣将产生 15 万美元的利润，但同样的产品，采用 50 美分的优惠折扣将造成 30 万美元的损失。

条形码

913467733　(99) 34468 - 99　12295531119814O417　7 33608392　2364351277699 - 090

(99) 919336 - FT　5 01219922　36518791737398 - 7317　10 6765- 3245-109374

11653 - 23523 - 123　(50) 1669264 - 81　373987　(150) 9922 - 876 151148720 - EY

(889) 15016692648800 - KD　(12) 80 - 399 131506　501219922594　6 13135561

资料来源：pikepicture/Shutterstock.

包装上的通用产品代码在付款台被仪器扫描贮存。它缩短了结账付款时间，提高了库存管理效率，并提供了大量可用于测定广告反应的可获取数据。

广告主过去一贯认为市场份额和品牌地位的变化是缓慢发生的，但观察表明，包装商品的市场是复杂且多变的。在地方层面，每周的销售数据都可能会有较大波动，这使得很难衡量广告的短期效果。

其他技术也在影响着观察法研究的发展。Envirosell 总部位于纽约，主要依靠安全型摄像头来捕捉消费者在店内的购物习惯。公司的分析人员根据消费者花费在某一物品上的时间以及他们阅读标识的方式，进一步判断产品包装和产品展示的效果。[39]

实验法　调查人员使用**实验法**（experimental method）来测量因果关系。实验法是一种科学的调查方法，调查人员将不同的消费者随机分配到含有两个或以上信息刺激的变量组。例如，一个营销人员可能会设计两个包含不同代言人的平面广告，然后随机曝光给不同的消费者，以此来确定哪种广告效果更好。

这种调查方法常被用于新产品上市或新广告战役启动。正如我们在卡夫的案例中看到的那样，营销人员会选择一个**试销市场**（test market），并只在这个区域推出产品；或在全国范围推广之前，先在该区域进行新广告战役和新推广活动的测试。例如，某个广告战役可能在甲地投放，但不在乙地投放，然后比较这两个地区的销售情况，从而判断广告效果。但是，调查人员必须进行严格的控制，以便能够准确地判断导致该结果的变量。

全面调查法　**全面调查法**（survey）是收集一手调查资料的一种常用方法，调查人员通过询问现有或潜在顾客来获得有关态度、意见或动机的信息（政治民意调查是常见的调查类型）。全面调查可以通过个人访谈、电话或借助互联网的形式等来展开，每一种方法都有其优点和缺点（见图表 7-7）。在评估一项调查的有效性时，需要考虑的一个重要因素是调查是否采用了随机选择的样本。如果未采用，那么调查结果则不具有所要研究的目标人群的代表性。在本章的最后一节中，我们将对全面调查法相关的重要问题加以探讨。

图表 7-7
资料收集方法比较

	个人访谈	电话	互联网
资料收集成本	高	中	低
资料收集时间	中	少	中
给定预算的样本量	少	中	多
每个受访者的数据量	多	中	少
触达分布广泛的样本	无	可能	有
触达特殊地点	有	可能	有
与受访者互动	有	有	无
访谈者的偏向程度	高	中	无
无反馈偏差的程度	低	低	中
视觉刺激展示	有	无	有
现场工作人员培训需求	有	有	无

7.5 广告战役前后的信息测试

4 描述广告战役讯息的事前测试和事后测试之间的区别

虽然没有绝对可靠的方法可以预测每条广告的成功与失败，但只要运用得当，事前测试与事后测试可以给营销人员提供有用的信息。事前测试是指在广告战役启动前进行的信息测试；事后测试描述了在活动开始后发生的测试活动。

事前测试方法

广告主经常采取各种定性调查方法和定量调查方法来测试广告受人喜欢的程度和消费者对广告的理解情况。

例如，在预测印刷广告时，调查人员经常会直接问一些问题：广告对你说了什么？广告能告诉你这个公司有什么新的或不同的东西吗？如果有，是什么？这些广告是否呈现了你想参与的活动？广告可信吗？广告是否影响到你对其宣传的商品的感受？你喜欢这些广告吗？

通过**直接提问法**（direct questioning），调查人员可以获知人们的全部反应，进而推断出广告讯息对文案关键点的传递力度。在广告创作早期，用直接提问法测试备选广告效果尤其明显。在那个阶段，调查对象的反应和信息最好掌握。印刷广告的事前测试的技术方法有很多，包括焦点小组法、优劣顺序测试法、成对比较法、组合测试法、模拟杂志法、知觉意义调查法和直邮测试法（参见 IMC 实战模拟“事前测试方法”）。

IMC 实战模拟

事前测试方法

广告主在评估创造性工作时有很多方面的考量，很少只相信直觉。事前测试是指广告公司或者营销人员在将信息蓝本投放到大众媒体之前对其进行测试。以下是真实广告公司测试其工作的综合列表。或许你没有足够的资源和能力做到面面俱到，但是你可以使用其中某些方法，在目标受众中抽取一小部分样本来测试你的广告创意。这样你在为客户品牌打造强有力的战略方案时会更有说服力。

印刷广告

- 直接提问法：提出有关广告的具体问题，常用于开发早期测试备选广告。
- 焦点小组法：控制下的自由漫谈方法，一般由六人或六人以上调查对象组成座谈小组。
- 优劣顺序测试法：调查对象观看两条或以上广告，然后将它们按某一标准顺序排列。
- 成对比较法：调查对象比较同一组中的每条广告。
- 组合测试法：一组调查对象观看的是一套与其他广告和评论文章穿插在一起的受试广告组合，另一组看的则是将受试广告抽掉后的组合。
- 模拟杂志法：将受试广告“插进”一本杂志里，然后将它留给调查对象看一段时间（此法也可用于事后测试）。
- 知觉意义调查法：调查对象看定时曝光广告。
- 直邮测试法：将两条或两条以上的备用广告寄给邮寄目录上的不同潜在客户，测试哪条广告引起的订购数量最大。

广播广告

- 中心场所投射测试法：调查对象在购物中心这类中心场所观看受试的电视广告。
- 活动房测试法：调查对象在购物中心的活动房中收看电视广告，然后向他们赠送被宣传产品的优惠券；另一组样本只得到优惠券，未看电视广告。调查人员测定两组调查对象的优惠券使用差别。
- 剧场测试法：电子设备使调查对象得以在剧场观看电视广告时表明自己的好恶。
- 实况转播实验法：受试电视广告通过闭路电视或有线电视播放，通过电话访问调查对象或在收视范围内对店铺的销售量进行审核。
- 销售实验法：在两个或两个以上的地区播放备选广告。

生理测试

- 瞳孔测量仪：观测调查对象瞳孔放大的程度，大致能得出调查对象的反应。
- 眼动摄像机：观察调查对象的视线在广告上的运动轨迹，从中找出使其被吸引并保持注意力的地方。
- 电流计：利用微弱电流测量调查对象的汗腺活动。一般说来，广告越使人紧张，测试效果越好。
- 音调分析：将消费者的反应录下来，然后用电脑测量他们在受到情感刺激时音调发生的变化。
- 大脑活动分析：用扫描仪监测调查对象大脑的反应。

有几种专门用于事前测试广播和电视广告的方法。**街头定点访问法**（central location test）是向受访者播放被测试广告，地点一般是在购物中心，在播放之前和之后均向调查对象提出一些问题；**混杂测试法**（clutter test）是将被测试广告与其他非竞争性的控制广告放在一起，播放给受访者看，以此来判断广告效果，测量受访者对广告内容理解的一致性和对广告产品偏好的态度变化，发现广告的弱点。

企业自己的员工就是重要的支持者，事实上，有些企业就是在其内部的有线电视系统上预筛选并征求反馈意见，来对新广告进行预测。

事前测试面对的挑战

选择绝对正确的方法来进行事前测试是具有挑战性的，因为每种方法都有自己的优点和缺点。

事前测试有助于区分强势广告和弱势广告。但由于测试是在人为环境中进行的，因而受调查对象有可能假设自己是专家或评论家，给出无法反映其真实购买行为的答案；此外，他们还有可能为了迎合调查人员而捏造观点，或者不情愿地承认自己受到了广告影响，或支持他们认为自己喜欢的广告。

调查人员在要求人们给广告排序时也遇到不少问题。受访者通常会把那些第一印象最好的广告评为所有类别中最好的（**晕轮效应**（halo effect））。此外，涉及受访者购买行为的问题可能也得不到有效的回答，因为行为意图并不能等同于行为事实。还有一些创意人员根本不相信广告测试，因为他们认为这会扼杀人们的创造力。

虽然有这些困难，但归根结底涉及一个字——钱。小广告主很少进行事前测试，但它们的风险也不会很大；如果公司投入上百万美元的资金制作新广告，那么必须事前进行测试，确保新广告有趣、可信、受人欢迎、便于记忆，进而提升品牌形象。

事后测试方法

事后测试一般比事前测试更昂贵、更耗时，但它可以在真实的市场环境中进行。像我们在卡夫的案例中看到的那样，一些营销人员在进行全国性广告活动之前会在试销市场投放广告，对其进行事前测试和事后测试，并从中获益。

与事前测试一样，营销人员在事后测试中也采用定量方法和定性方法。大多数事后测试技术可归为五大类：辅助回忆法、自由回忆法、态度测试法、查询测试法和销售测试法（参见IMC实战模拟“事后测试方法”）。

IMC 实战模拟

事后测试方法

- 辅助回忆法：唤起调查对象的记忆，向他们展示特定的广告，然后问他们过去是通过什么途径接触到（读到、看到或者是听到）这些广告的。
- 自由回忆法：不经提示，问调查对象是否看过或听到过广告讯息。
- 态度测试法：用直接提问、语义分化测试或非结构化问题测量调查对象在看过广告后的态度变化。
- 查询测试法：向某一广告的读者或观众分发额外的产品信息、产品样本或优惠券，反响最强烈的广告一般效果也最好。
- 销售测试法：对已实现的销售进行测定，将销售情况与广告力度进行比较。控制实验测定不同市场的不同媒介；消费者购买测试测定某一广告引起的零售量；店面库存审核对照零售商库存在广告前后的存量变化。

伦理、多样性与包容性

营销调查人员的多样性

营销调查人员在美国的表现如何？据少数族裔市场研究专业人员协会（Association of Minority Market Research Professionals）的创始主席里尔·霍达里（Rill Hodari）说，情况不是很好。霍达里将成年人口中少数族裔的比例与从事营销调查的群体的比例进行了比较，发现黑人（占总人口的 13%，营销调查中的比例为 5%）和西班牙裔（16%，2%）的代表性不足，而亚裔（6%，10%）和非西班牙裔白人（63%，71%）的比例偏高。

为什么会存在这样的差异呢？霍达里给出了一些解释。首先，部分族裔对营销调查职业的认知较少。此外，在教育方面的不足也造成了一定的影响。美国医学会（AMA）认为市场多样性十分重要，以至于在《公共政策与营销杂志》的特刊上讨论了该主题。它突破了国籍、性别、性取向、身体、宗教和其他社会文化等差异的壁垒，扩大了多样性。

调查最终是关于理解的。显然，我们最容易理解的人就是与我们相似的人，但理解那些来自不同背景、文化或经历的人则是一个很大的挑战。因此，想要更好地理解多元化的市场需要多元化的营销调查人员。

问题

1. 为什么营销调查人员拥有多元背景可以提高消费者对广告的认知？
2. 营销调查人员是否有可能了解与自己背景不同的人？这需要拥有怎样的经验？

资料来源：Rill Hodari, “Analyzing the Current Representation of Minorities in Market Research,” *Quirks Media*, August 20, 2015, www.quirks.com/articles/analyzing-the-current-representation-of-minorities-in-market-research; “Diversity in the Marketplace,” *Journal of Public Policy and Marketing*, November 2014, www.researchgate.net/publication/281865085_From_Exclusion_to_Inclusion_An_Introduction_to_the_Special_Issue_on_Marketplace_Diversity_and_Inclusion.

事后测试包括在广告投放后评估它的影响。这是企业判断广告传递的信息是否帮助它们实现目标的一种重要方式（见第 8 章）。你很可能不会直接为你的客户做事后测试，然而，对于你来说，向客户提供如何进行事后测试来衡量广告效果的建议是很好的做法。这是你可以在你的竞标书中加入的材料。当你提出一个事后测试方法时，一定要参考你的目标。

有些营销人员采用**态度测试法**（attitude test）来衡量广告为其企业、品牌或产品树立良好形象的能力。大概率来说，如果消费者的态度往有利方向改变，他们购买本公司产品的概率就会增大。

IAG 调查公司开发出了一种名叫“IAG 广告”的综合数据服务，为美国运通、通用汽车和宝洁等客户提供管理服务。

IAG 广告通过 80 000 多项调查，收集了观众前一天晚上观看广告的相关关键数据，并生成详细的广告表现分析，包括品牌回忆、信息理解、喜爱偏好及购买意图。这一工具有助于广告主了解其营销活动的真实广告效果。[40]

与此相似，尼尔森公司每月采访 1 000 名消费者，跟踪调查品牌知名度、车型熟悉度、广告记忆度、态度偏好变化或形象感知的变化。某条广告如果投放效果不佳，很快就会被撤下来。[41]

儿童服装制造商 Healthtex 进行了一些印刷广告的事后测试，发现虽然新妈妈们很欣赏长文案广告形式所包含的信息，但许多更有经验的妈妈却不喜欢。对她们来说，标题和一行副标题就足以传达广告要点。对于其他部分，她们早已心中有数。因此，该公司重新设计了较短文案的广告，专门针对有经验的父母。

事后测试面对的挑战

每种事后测试方法都有局限性。**回忆测试法**（recall test）能揭示广告各要素（如大小、颜色或主题）的效果，但这种方法只能测量调查对象注意到了什么，却无法测出他们是否真的购买了该产品。

在测量销售效果方面，态度测试法往往比回忆测试法更有成效。态度的改变与产品购买的关系更为密切。掌握了消费者的态度变化，经营管理者就更有信心对广告计划做出明智的决定。遗憾的是，许多人觉得明确和表达自己的态度是件很困难的事。对于成熟的品牌来说，品牌兴趣可能是一个更好的销售指标，现在，广告主已经开始着手这方面的评估了。[42]

通过使用**查询测试法**（inquiry test）——消费者对广告信息或免费样品做出反应——调查人员可以测试信息的注意力值、可读性和可理解性。这些测试还能较好地控制驱动读者行为的变量。如果运用分版测试法（见第 12 章）的话，测试效果更佳。查询测试法对测试小版广告也很有效。

遗憾的是，查询测试法可能并不能完全反映消费者对产品的真实兴趣，而且有时需要好几个月才能得到反馈。当广告在企业营销计划中成为主导要素或唯一变量时，**销售测试法**（sales test）能较好地反馈广告效果。然而，常常还有很多其他变量影响销售，如竞争对手的活动、季节甚至天气等。销售反馈可能不及时，而销售测试，尤其是实地调查往往成本较高，费时较长。

GfK MRI Starch 通过两次召回产品及解决消费者担忧的努力尝试，来追踪消费者对丰田的情绪。这是一个针对不理想环境事件和公司努力处理该问题的事后测试的例子。

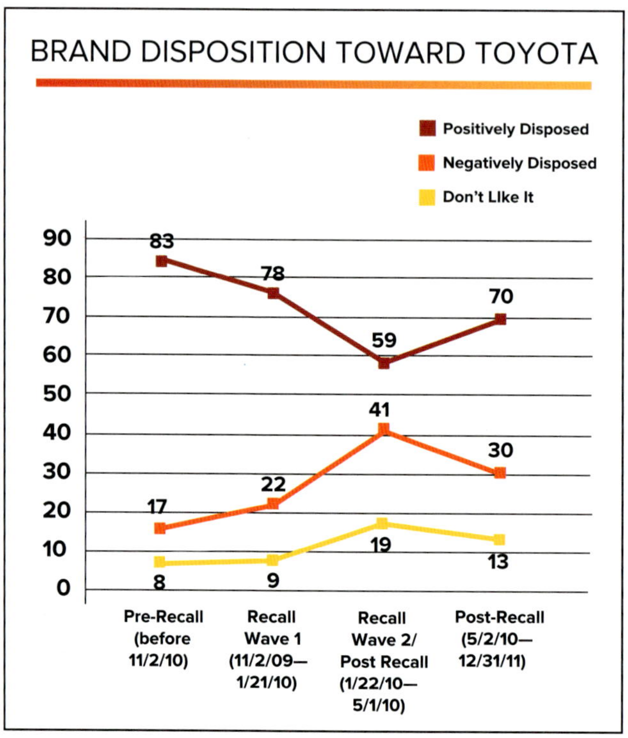

资料来源：GfK MRI Starch.

对于包装消费品来说，由于百货店扫描仪的普遍使用，销售测试的成本已经大大降低。最后，销售测试法更适合衡量广告战役的效果，而不是某条广告或某个广告元素的效果。

7.6 IMC 调查中的重要问题

当营销人员进行初步调查时，总会担心调查结果的准确性。尤其是在实施正式的定量调查和在国际市场上进行调查时，这个问题更加重要。

❺ 列出有效的 IMC 调查中的重要问题

实施初步定量调查时应考虑的因素

定量调查需要正式的设计以及严格的数据收集和制表标准，以确保它的准确性和可用性。在实施初步调查时，营销人员必须认真考虑一些问题，尤其是调查是否真实可靠。

效度与信度

假设你计划推出一种新玩具，想判断由 1 000 万个个体组成的目标市场对它的态度。你将样品拿给 5 个人看，其中 4 个说喜欢（80% 的人表示赞同）。但是，这个实验真实有效吗？具有**效度**（validity）的实验，其结果必须无偏差，并反映出市场的真实状况。[43] 5 个人还不足以构成最小的样本量，而且喜欢并不代表一定会发生购买行为。

此外，如果你对另外 5 个人重复这一实验，你可能会得到完全不同的回答。因此，你的实验还缺乏**信度**（reliability）。一个可靠的实验必须是可重复的，其每次实验时必须得到大致相同的结果（见图表 7－8）。

图表 7－8
信度 / 效度图

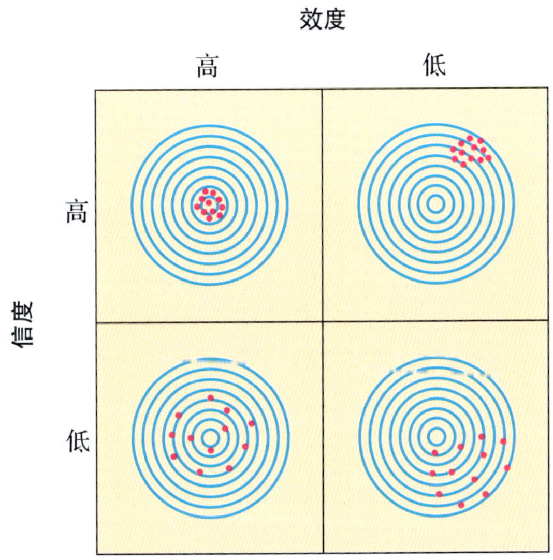

说明：信度 / 效度图采用镖靶类比形式，靶心代表某一人群某个值的实际均值（比如说某一社区的平均年龄）。上面两靶表明信度高（重复性高），镖呈集中分布状态。如果信度下降，镖呈随意散布状态，分布的区域广泛且不定，如下边两靶所示。左边两靶表明效度高，镖均围绕靶心分布；右边两靶代表效度低，镖全偏向一边，说明在测试过程中有偏差出现。右上靶为同一年龄段成员（信度或重复性高），但他们的年龄并没有反映出社区人群的平均年龄（效度低）；左下靶表示平均年龄样本的测试效度高，但因为包含的年龄段太广，因而不可靠；左上靶为数据最真实的情况。

效度与信度取决于几个关键因素：抽样方法、问卷设计、数据制表与分析方法。

抽样方法

当企业想了解消费者想法时，不可能挨个去问。但它的调查必须反映**总体**（universe，即整个目标人口）的情况，这就需要调查人员从这些人中选择出他们希望能代表总体特点的**样本**（sample）。要实现这个目的，他们必须决定调查对象、调查样本量以及如何选择调查对象。因此，确定**样本单位**（sample unit）——被调查的个体、家庭或企业——十分重要。

抽取的样本量要足够大，这样才能保证实验的精确性和稳定性。一般说来，样本量越大，其结果越可靠。统计学家指出，相较于选择100个样本，仅选择10个样本的数据统计估算结果与总体数值之间的误差扩大了三倍。与1 000个样本相比这个误差可能要扩大10倍。所以，通常建议选择500名或更多的调查对象，以此来保证其信度。有两种类型的样本：随机概率样本和非概率样本。

由于总体中每个人被抽中的机会均等，因此**随机概率样本**（random probability samples）的准确度最高。[44] 例如，如果调查人员想了解某一社区对某一问题的看法，他就可以在社区完整人员名单中随机选取部分成员。但这种方法也有其难点，就是必须对每个单位（个人）进行了解、记录和编号，这样才能保证每个人被选中的机会均等。这常常是一项费用昂贵且甚至不可能完成的工作，尤其是为全国性产品的客户进行这种调查的时候。

与随机概率样本相反，调查人员广泛地使用**非概率样本**（nonprobability samples），因为这种样本比使用随机概率样本更简单，成本更低且更省时。但非概率样本不按机会均等的形式抽取，因而无法保证样本的代表性。因此，调查人员不可能对回答的准确性充满信心。[45] 大多数营销调查只需要数据的一般测量。例如，在商场内用非概率方法采访购物者就可能足以确定顾客的购物偏好、形象认知和态度。

问卷设计

制作一份好的问卷需要相当多的专业知识。调查中的许多偏差都可归咎于设计不当的问卷。典型的错误包括提出错误的问题类型、过多的问题、问题形式的错误（这使得回答或制表变得过于困难）以及选择单词的错误。图表7-9提供了一些可用于零售店调查的典型问题。

让我们来思考一个简单的问题："你使用哪种清洗剂？"调查对象搞不清楚它是指什么：洗手液、洗发水、洗衣粉，还是洗碗剂？"哪种"是指品牌、尺寸还是种类？最后，"使用"又是什么意思？某人购买（可能是为其他人）什么，他自己又使用什么，出于什么目的？事实上，一个人可能会根据不同情况使用几种不同的清洗剂，所以他们无法非常准确地回答这个问题。更糟糕的是，如果消费者真的回答了这个问题，调查人员也不会明白答案所表示的真正含义，得出的结论便有可能出现错误。基于这些原因，问卷必须预先进行测试（参见IMC实战模拟"制作一份有效的问卷"）。

有效的调查问题具有三个重要属性：重点突出、简洁和明确。问题必须围绕调查的主题，尽可能简短，表述简单明了。[46] 这些问题都是为了最终的目标：保证所有回答者都能够以同样的方式阅读和理解这些问题。

图表 7-9
调查问卷示例

1. 您打算现在至周日到__（店名）__购物吗？
是；否（如果选项为否，跳答第 5 题）

2. 您是有具体购买目标还是随便看看？
购买；随便看看

3. 在您打算买的任何物品中，您见没见过__（店名）__做的广告？
见过（继续）；没见过（跳答第 5 题）

4. 您在何处看到过这些商品的广告？是在随报赠送的__（店名）__广告插页、邮寄的__（店名）__传单、报纸、电视上，还是在其他地方？

□随报赠送广告插页	□电视
□邮寄传单	□报纸
□其他地方（具体说明）____________	□想不起来

5. 请按以下特点给__（店名）__广告打分，请在最能代表您对该广告的态度的方框内打"√"，中间表示中立，"√"越接近左边或右边的表述，越能说明您对__（店名）__广告的态度。

	1	2	3	4	5	6	7	
觉得便宜								觉得贵
没有技巧								做得精巧
没有让人感兴趣								让人感兴趣
服装展示不吸引人								服装展示吸引人

6. 请指出您认为此广告插页吸引哪些类型的人。

□年轻人	□讨价还价的人
□穿着保守的人	□注重时髦的人
□富人	□专业人士
□高收入阶层	□男性
□像我一样的人	□职业女性
□注重质量的人	□低收入者
□精打细算的人	□老年人
□中等收入人群	□蓝领阶层
□女性	□白领阶层
□会打扮的人	□其他（具体说明）____________

7. __（店名）__广告的哪些方面最吸引人？哪些方面最不吸引人？
____
____
____

说明：像这样的个人问卷有助于确定购物者对一个连锁店、它的商品和它的广告的感受。问题 1 ～ 3 是二分式问题（只有两个选择）。问题 4 是一道提供了多个选项的题目，要求消费者进行单项选择，而问题 6 是多项选择题，消费者可以根据需求选择尽可能多的答案。问题 5 使用评分量表。最后的问题 7 是一个开放式问题。

最常见的问题类型有四种：开放式、二分式、多项选择式和量表式。在这四种类型中，提问方法又有很多种。图表 7-10 展示了一些例子。量表式问题中的中性答案可以取消，迫使调查对象在两极之间做出选择。

问题应该得到准确而有用的回答。通过选取小部分样本测试问卷，调查人员能够发现混乱、偏向或模棱两可之处。

IMC 实战模拟

制作一份有效的问卷

在多年教授广告调查的课程中，我一直告诉学生，对于他们而言，最难做的事情就是制作出一份好的问卷。学生们听到这话时，往往都会持怀疑态度；毕竟，他们中的许多人都具有较高的写作水平。但是，如果你以前从未做过调查，那么编写问卷会非常困难。其中最关键的是，要有触及目标核心的问题和陈述。每个调查项目都必须是相关的、清晰的和有用的。不要将你的被试的时间（或你自己的时间）浪费在那些几乎没有潜力帮助你更好地服务客户的项目上。以下是一些制作问卷的技巧，可以帮助你做出更好的决定：

- 列出具体的调查目标。不要花钱去收集不相关的数据。
- 制作简短的问卷。研究对象没有义务保持耐心；问卷过长可能会让你得到随意或相反的回答。
- 清楚地表述问题，以免产生误解。要避免笼统和模棱两可。
- 先写个草稿，再进一步改善它。
- 采用简短的开场白。包括受访者的名字、受访组织的名称和问卷目的。
- 让受访者轻松自在。用一两个轻松简易的问题作为开头。
- 问题的编排应该流畅且符合逻辑。在具体问题前先问一般性问题。
- 避免会暗示答案的问题或诱导性问题。这会让结果出现偏差。
- 安排几个查验性问题。用于检查前面的答案是否有效，确保答案的效度。
- 将人口统计问题（如年龄、收入、受教育程度）和有关个人的问题安排在问卷的最后。
- 预先测试问卷。选取 20 ～ 30 个人，检验他们是否能够正确理解问卷中的问题，以及所需的信息是否都已包含在内。

图表 7 - 10
对调查问题的不同表达方式

类别	问题
开放式	你如何描述（店名）广告？
二分式	你认为（店名）广告吸引人吗？ 是___ 否___
多项选择式	以下哪种情况最符合你对（店名）广告的看法？ 现代___ 没有说服力___ 很好___ 过时___ 可信___
量表式	请在下列量表中注明你对（店名）广告的评分： ___ 1 糟糕　___ 2　___ 3　___ 4　___ 5 优秀

数据制表与分析方法

收集好的资料必须经过验证、编辑、编码和列表，要对答案进行检查，以消除错误和不一致。例如，某人的答案是“两年”，而另一人的答案却是“24 个月”。这类答案必须修改成统一的单位，才能绘制出正确的图表。如果问卷显示答卷人对问题有误解，这份答卷要剔除。最后，用计算机对数据进行分析。

很多调查人员喜欢使用交叉表（如按年龄和教育程度呈现的某一产品的使用情况）。

SPSS 和 SAS 这类软件可以使小企业像大型公司一样具备在个人电脑上绘制图表和运用高级统计技术的条件。现在，多种交叉表已成为可能，但调查人员必须利用专业技术和想象力来挑选那些符合正确回答问题这一条件的数据。

收集国际市场的一手数据

面向国际市场的营销人员在收集一手资料时面临许多挑战。一方面，海外调查的费用往往比国内调查更昂贵。许多营销人员惊讶地发现，在 5 个国家进行调查的费用是在 1 个国家进行调查的 5 倍，不存在规模经济。[47]

但营销人员又必须弄清自己的广告讯息在外国市场是否能发挥作用。(例如，当麦斯威尔公司（Maxwell House）发现德国人不太认可美国咖啡后，不得不对自己的"了不起的美国咖啡"(great American coffee) 广告战役进行相应的修改。)

此外，对调查的控制和指导也是一个问题。有些公司想由总部指导调查，但将其计入子公司的预算，结果导致双方的争端。同时，这还意味着该项目会让一个不了解所在国进而对当地文化也缺少敏感性的人来负责，这可能造成调查数据的无效。营销人员需要的不仅是有关某个国家文化的客观情况，还需要理解和体会该文化特征与习惯的微妙之处，这对并非生活在当地或是不会说当地语言的人来说是一项艰巨的工作。经验丰富的国际公司，如高露洁 - 棕榄，与当地办事处合作，在海外进行一手资料调查时，雇用当地掌握双语的营销人员。[48]

许多年来，美泰在日本市场推广芭比娃娃一直未获成功，最后，公司将生产许可权卖给了一家叫作 TAKARA 的日本公司，由它自行进行市场调查。经调查，TAKARA 发现大多数日本女孩及其父母认为芭比娃娃的身材比例不符合日本审美。于是，TAKARA 对芭比娃娃做了一番修改，还将蓝色眼睛变成了棕色眼睛。两年内，该公司售出了 200 万个芭比娃娃。

在马来西亚，雀巢为了了解当地市场，让自己的产品适应当地的口味与风俗，进行了全面调查。最后，雀巢在马来西亚的一些产品去除了明胶这种成分。[49]

在国外实施一手资料调查可能会问题重重。首先，调查人员必须使用当地语言，翻译问卷可能非常棘手。其次，很多文化对陌生人持怀疑态度，不愿对他们谈论个人生活。美国一些公司就发现在日本邮寄调查和电话访问根本行不通，它们只好采用费时又费钱的个人访谈方式。[50]

尽管存在着这些问题，又或许正是因为有这些问题，全球性广告主才有必要去进行调查。在所有发达国家都可以找到合格的调查人员，大型国际调查公司在大多数发展中国家都设有本土分支机构，其中那些最大的、服务于最大的跨国客户的公司，会基于它们日常所使用的专业方法，在全球实施调查。例如，国际市场研究集团（Research International Group）有专门负责全球广告调查与顾客满意度调查的总监，有负责世界客户项目的全球客户总监。[51]

营销人员在进行国际调查时遇到的一些差异常令他们大为惊讶。国际调查项目的预备期通常都比较长，麻烦也更多。在国外组建调查小组需要两倍的时间，结构也不一样。例如焦点小组，往往只有 4 ～ 6 位受访对象，而在美国一般要 8 ～ 10 位。在国外，挑选参加者的要求也没有那么严格，主持人的主持控制能力一般也差一些。此外，设备方面往往也不如美国，但成本却更高，欧洲是美国的两倍，亚洲则是三倍。[52]

V 广告背后的人物

乔治·盖洛普

如果通过得当的挑选，在了解了 2 000 人左右样本的观点、信仰和意图后，便能掌握一个国家的整体情况。即使在今天这个时代，这仍然是一个相当惊人的事实，以至于你可能难以相信，但这是真的。

民意调查在审查社会问题时不会联系所有人，样本只有两三千人。尼尔森报告电视节目收视率时，并不是对每个家庭都进行测量，而是只测量一小部分代表性家庭。西蒙斯市场调查办公室（SMRB）也不会打电话给每个美国人了解产品使用情况或媒介消费习惯，而只会精心挑选数千人。

事实上，我们所知道的关于民意的几乎所有信息都来自使用概率抽样方法选择出的小群体。这些样本的选择方式可以确保总体中的每个成员都有平等的机会被选中。今天我们知道，如果使用得当，这些样本具有巨大的预测能力。没有人比广告传奇人物乔治·盖洛普（George Gallup）更能加深我们对正确进行调查的影响力的理解。

盖洛普于 1901 年出生在艾奥瓦州的杰斐逊小镇。他就读于艾奥瓦大学，在那里学习了足够长的时间并获得了心理学博士学位。盖洛普随后在德雷克大学、西北大学和哥伦比亚大学教授新闻课程。

在大学任教期间，盖洛普培养了毕生对了解民意的热情。他的兴趣范围从了解人们对当今重要问题的态度到了解人们阅读报纸和杂志时关注的内容。他特别感兴趣的是找出哪些类型的广告吸引了人们的眼球，并意识到这些信息对蓬勃发展的广告行业的价值。

1932 年，纽约顶级广告公司之一的扬罗必凯招募盖洛普到纽约担任其调查和营销部门的负责人。在扬罗必凯期间，盖洛普将他的调查范围从了解印刷效果扩展到跟踪广播广告效果。自然地，几年后，当电视成为主要的广播媒介时，盖洛普是最早衡量电视广告效果的人之一。

盖洛普最终离开了该公司，开始经营自己的民意调查公司。他首先通过准确预测 1936 年总统选举的结果，在全国范围内引起广泛关注。当时美国最著名的民意调查——《文学文摘》民意调查（*Literary Digest* Poll）预测阿尔弗雷德·兰登（Alfred Landon）会战胜富兰克林·罗斯福（Franklin Roosevelt）。然而，盖洛普正确地预测罗斯福会获胜。（他以几乎 2∶1 的优势做到了！）盖洛普为他的方法的准确性感到高兴，并承诺民意调查将“从一种美化的算命方式转变为一种了解国家想法的实用方式”。

盖洛普以“民意调查行业的贝比·鲁斯”（Babe Ruth of the polling profession）这一称呼出现在《时代》杂志的封面。但遗憾的是，他很快就面临了职业生涯最大的尴尬。

1948 年，盖洛普和许多民意调查者一样，宣称哈里·杜鲁门（Harry Truman）将败给挑战者托马斯·杜威（Thomas Dewey）。盖洛普声称，二者的选票甚至不会非常接近。事实证明，选举的最终结果是杜鲁门胜利了，而不是杜威。

犯错从来都不是一件容易释怀的事。但这个错误导致盖洛普将更多注意力集中在改进采样方法上。当他意识到概率抽样相对于配额抽样更有价值时，他展现了自己的洞察力，并找到了减少调查采访者导致的系统偏差的方法。1948 年将是盖洛普错误地预测总统选举获胜者的最后一年。

最终，公众和行业都接受了盖洛普的方法。今天，如果没有广泛使用社会科学方法来仔细测试和校准活动，任何大型的广告主或广告公司都不会发起活动。如果不仔细研究哪些观众在观看以及他们是什么类型的群体，任何广告主都不会在电视节目上购买广告时间。如果没有获得大量的消费者数据，制造商不会考虑开辟新的市场。这些方法，以及本章中描述的许多其他方法，都受到了盖洛普洞察力的影响。虽然乔治·盖洛普来自艾奥瓦州的一个小镇，但他的发现却帮助世人更好地了解世界。

国际调查的两个目标是灵活性和标准化，只有保证这两条，才能保证得到最佳的调查结果。灵活性意味着在每个市场都要采用最佳的方法，如果你在调查洗涤产品，那么问泰国人如何把衣服上的萨尔萨辣酱洗掉就如同问墨西哥人如何洗酱油痕迹一样不切题。[53]

另外，标准化也非常重要。只有标准化，才能对不同国家的信息进行比较。[54]否则，调查就毫无意义。因此，保持灵活性与标准化之间的平衡很有必要。

由于计算机访谈技术、互联网、电子邮件、电话、传真和快递服务的结合，在全球范围内进行企业对企业的调查所需的时间已大大缩短。现在，大约有 3/4 的市场调查公司利用网络来进行某一种类型的调查。[55]随着互联网技术在全球的应用，专家们预测，未来收集顾客资料以便制定营销与广告决策的费用与时间都会下降。

本章小结

营销调查是一个系统的过程，用来收集、记录和分析新的信息，并协助管理层制定商品和服务营销决策。营销调查有助于管理人员确认消费者的需要，开发新产品，制定传播策略，评估营销活动和促销活动的效果。营销调查得来的不同信息可以帮助卖家吸纳新顾客、留住老顾客和重新赢回失去的顾客。

IMC 调查是营销调查的一个分支，它为设计广告或评估广告收集并分析信息。广告调查有助于广告主制定战略和测试概念；调查结果则有助于明确产品概念，选择目标市场，确定主要的讯息要素。

广告主利用测试确保自己的广告资金得到合理的利用。事前测试有助于在整个广告战役开始之前发现和排除不足之处；事后测试则有助于在广告发布之后或整个广告战役展开之后评估其效果。广告主可以利用测试来评估多种变量，包括商品、市场、动机、讯息、媒介以及整体结果。

调查过程分为以下几步：情境分析与问题界定；在分析内部二手资料、收集外部二手资料的基础上实施非正式（探索性）调查；设定调查目标；运用定性、定量方法实施一手资料调查；最后，解释与汇报调查结果。

营销人员利用定性调查获得对市场的总体印象，可采用投射技术或深度调查技术。定量调查方法包括观察法、实验法和全面调查法。

事前测试所采用的方法包括街头定点访问法、混杂测试法和直接提问法。事前测试存在不少问题，如虚假作答、消费者回答不准确以及消费者反应中的晕轮效应。最常用的事后测试方法包括辅助回忆法、自由回忆法、态度测试法、查询测试法和销售测试法。

定量调查的效度和信度取决于抽样方法和问卷设计。抽样方法有两种：随机概率抽样法和非概率抽样法。全面调查的问题要求重点突出、简洁明了。

在国际市场进行调查，费用往往比在美国高，而且信度也低于美国。但广告主必须通过调查才能弄清海外市场的文化特征和习俗。

重要术语

态度测试法（attitude test）
街头定点访问法（central location test）
混杂测试法（clutter test）
直接提问法（direct questioning）
实验法（experimental method）
焦点小组（focus group）
晕轮效应（halo effect）
IMC 调查（IMC research）
IMC 策略调查（IMC strategy research）
深度访谈（in-depth interview）

非正式调查（informal research）
查询测试法（inquiry test）
深度调查技术（intensive techniques）
营销信息系统（marketing information system，MIS）
营销调查（marketing research）
市场（markets）
媒介种类（media classes）
媒介调查（media research）
媒介子类（media subclasses）
媒介单位（media units）
媒介载体（media vehicle）
商品（merchandise）
讯息（message）
动机（motives）
非概率样本（nonprobability samples）
观察法（observation method）
事后测试（posttesting）
事前测试（pretesting）
一手资料（primary data）
一手资料调查（primary research）
投射技术（projective techniques）
定性调查（qualitative research）
定量调查（quantitative research）
随机概率样本（random probability samples）
回忆测试法（recall test）
信度（reliability）
销售测试法（sales test）
样本（sample）
样本单位（sample unit）
二手资料（secondary data）
全面调查法（survey）
试销市场（test market）
通用产品代码（universal product code，UPC）
总体（universe）
效度（validity）

复习题

1. 调查是如何帮助广告主应对营销 3R 的挑战的？
2. 举一个例子来说明市场调查和营销调查之间的区别。
3. 哪种调查资料的收集成本更高，一手还是二手？为什么？
4. 你会如何使用观察法去理解一个消费者的行为？
5. 晕轮效应会如何影响软饮料广告的事前测试？
6. 什么时候调查可以提供信度而不提供效度？
7. 你将如何设计一个对照实验来测试一个新餐厅的广告？
8. 调查何时可以帮助国际广告主制定广告策略？举个例子。

广告体验

1. 营销调查组织和出版物

许多广告主选择自行实施调查，如果它们自己收集资料，网上有大量可资利用的广告调查和营销调查资料。请访问以下调查组织和出版物的网站，回答后面的问题：

- 广告调查基金会：www.thearf.org
- 美国市场营销协会：www.ama.com
- 《广告调查》杂志：www.journalofadvertisingresearch.com/
- 营销调查协会：www.insightsassociation.org/issues-policies/glossary/marketing-research-association-mra

a. 哪个调查群体赞助该网站？其受众应该是谁？
b. 上述网站的目的何在？是否成功？为什么？
c. 上述组织的业务范围有多大？
d. 上述组织的目的是什么？

2. 市场调查公司

在准备广告策划的过程中，营销人员和广告人员非常依赖于及时而又准确的调查。许多市场调查公司可以满足几乎所有营销和广告调查需求。访问以下联合和独立的调查公司的网站并回答以下问题：

- 尼尔森：www.acnielsen.com
- 伯克（Burke）：www.burke.com
- 邓白氏（Dun & Bradstreet）：www.dnb.com
- 盖洛普组织（The Gallup Organization）：www.gallup.com
- GfK NOP：www.gfkamerica.com
- 国际数据公司（IDC）：www.idc.com
- Ipsos Connect：www.ipsos.com/en-us
- J. D. Power and Associates：www.jdpower.com
- 凯度：www.kantar.com
- Qualtrics 在线样本：www.qualtrics.com/online-sample/

a. 上述公司各自精于哪一类调查？
b. 哪种行业 / 企业最适合利用这些公司的资源？
c. 上述公司提供具体哪些产品、服务或出版物？
d. 上述公司提供的资料属于一手资料还是二手资料？
e. 上述公司对广告调查和营销调查有什么作用？
为什么？

3. 政治市场调查
担任某选区州参议员 30 年的华发老者阿曼德·利姆切（Armand LeMouche）最近去世了，他指定的接班人米勒德·弗鲁姆比（Millard Frumpe）却缺乏坚实的政治基础。萨莉·戴利（Sally Daily）是一位白手起家的百万富翁，拥有一系列面包店，想要挑战米勒德，但她想先做一点调查。她坚信是广告调查帮助她取得了目前的成就。萨莉需要进行哪些调查才能确定她的竞选活动是否可行？如果可行，她如何才能获胜？
4. 百威在制作出色的超级碗广告时面临哪些调查挑战？广告公司选择调查技术时是如何取舍的？你认为它为什么会做出这样的决定，你赞同这些决定吗？
5. 通过确定你对广告中每个场景的感受，对百威广告进行“情感”实验。制作可以标记到每个关键场景的“情感地图”。将你生成的情感地图与同学的情感地图进行比较。

本章注释

[1] Bruce Horovitz, “Budweiser ‘Lost Dog’ Finds Way to Top of Super Bowl Ad Meter,” *USA Today*, February 2, 2015, *www.usatoday.com/story/money/business/2015/02/01/usa-today-ad-meter-2015-super-bowl-money/22378605/*.
[2] “Here Are the Super Bowl Advertisers That Got the Biggest Brand Lifts,” *Adweek*, February 5, 2015, *www.adweek.com/news/advertising-branding/here-are-super-bowladvertisers-got-biggest-brand-lifts-162805*.
[3] Clifton B. Parker, “Super Bowl Ads Not Profitable for Competing Brands, Stanford Scholar Says,” *Stanford News*, January 26, 2015, *http://news.stanford.edu/news/2015/january/super-bowl-ads-012615.html*.
[4] Wayne Friedman, “‘The Walking Dead’ Posts Top 30-Second Ad Pricing for Season’s End,” *Media Post*, July 24, 2018, *www.mediapost.com/publications/article/322657/the-walking-dead-posts-top-30-second-ad-pricing.html*.
[5] Media kits: *www.businessweek.com* and *www.forbes.com*, October 2000; Chad Rubel, “Some Cute Super Spots Now Just a Memory,” *Marketing News*, March 13, 1995, p. 15.
[6] William Perreault Jr., Joseph Cannon, and E. Jerome McCarthy, *Basic Marketing: A Marketing Strategy Planning Approach* (New York: McGraw-Hill Education, 2013).
[7] “Top 50 Research Organizations,” *American Marketing Association*, *www.data.marketingpower.com*.
[8] Edward F. McQuarrie, *The Market Research Toolbox* (Thousand Oaks, CA: Sage, 2016).
[9] Livia Marian, Polymeros Chrysochou, Athanasios Krystallis, and John Thorgersen, “The Role of Price as a Product Attribute in the Organic Food Context: An Exploration Based on Actual Purchase Data,” *Food Quality and Preference*, October 2014, pp. 52–60.
[10] Livia Marian, Polymeros Chrysochou, Athanasios Krystallis, and John Thorgersen, “The Role of Price as a Product Attribute in the Organic Food Context: An Exploration Based on Actual Purchase Data,” *Food Quality and Preference,* October 2014, pp. 52–60.
[11] Dennis B. Arnett and C. Michael Wittman, “Improving Marketing Success: The Role of Tacit Knowledge Exchange Between Sales and Marketing,” *Journal of Business Research,* March 2014, pp. 324–31.
[12] V. Kumar, Yashoda Bhagwat, and Zi (Alan) Zhang, “Regaining ‘Lost’ Customers: The Predictive Power of First-Time Behavior, the Reason for Defection, and the Nature of the Win-Back Offer,” *Journal of Marketing* 79, no. 4 (2015).
[13] Clifton B. Parker, “Super Bowl Ads Not Profitable for Competing Brands, Stanford Scholar Says,” *Stanford News,* January 26, 2015, *http://news.stanford.edu/news/2015/january/super-bowl-ads-012615.html*.
[14] Tom Alstiel and Jean Grow, *Creative Strategy, Copy, Design* (Menlo Park, CA: Sage, 2013).
[15] Tom Alstiel and Jean Grow, *Creative Strategy, Copy, Design* (Menlo Park, CA: Sage, 2013).
[16] “BrandAsset Valuator,” *Landor*, retrieved at *www.bavgroup.com/about-bav*.
[17] Kathryn Kranhold, “Agencies Boost Research to Spot Consumer Views,” *The Asian Wall Street Journal,* March 10, 2000, p. 6.
[18] Story adapted from “Cheese, Please!,” *American Demographics,* March 2000, pp. S6–S8 (Copyright Primedia Intertec, March 2000).
[19] Story adapted from “Cheese, Please!,” *American Demographics,* March 2000, pp. S6–S8 (Copyright Primedia Intertec, March 2000).

[20] Jack Neff, “Copy Testing Coming to Digital Marketing,” *Advertising Age,* February 27, 2011, *http://adage.com/article/digital/copy-testing-coming-digital-marketing/149100/*.
[21] Perry Marshall, Mike Rhodes, and Bryan Todd, *Entrepreneur Ultimate Guide to Google AdWords,* 4th ed. (Irvine, CA: Entrepreneur Press, 2014).
[22] “Test Ads,” *Google, https://developers.google.com/admob/android/test-ads*.
[23] “How Can I A/B Split Test My Facebook Ads?” *Facebook Help Center, www.facebook.com/help/community/question/?id=10152988283170078*.
[24] “Conversion Tracking for Websites,” Twitter Help Center, *https://support.twitter.com/articles/20170807-conversion-tracking-for-websites*.
[25] William Perreault Jr., Joseph Cannon, and E. Jerome McCarthy, *Basic Marketing: A Marketing Strategy Planning Approach* (New York: McGraw-Hill Education, 2013), p. 153.
[26] Harrison Monarth, “The Irresistible Power of Storytelling as a Strategic Business Tool,” *Harvard Business Review,* March 11, 2014, *https://hbr.org/2014/03/the-irresistible-power-of-storytelling-as-a-strategic-business-tool*; Joyce Steinberg, “How Stories Impact the Brain,” *LinkedIn,* July 26, 2017, *www.linkedin.com/pulse/how-stories-impact-brain-joy-steinberg/*.
[27] Harrison Monarth, “The Irresistible Power of Storytelling as a Strategic Business Tool,” *Harvard Business Review,* March 11, 2014, *https://hbr.org/2014/03/the-irresistible-power-of-storytelling-as-a-strategic-business-tool*; Joyce Steinberg, “How Stories Impact the Brain,” *LinkedIn,* July 26, 2017, *www.linkedin.com/pulse/how-stories-impact-brain-joy-steinberg/*.
[28] *www.google.com/think/*.
[29] *https://trends.google.com/trends/?geo=US*.
[30] *https://adwords.google.com*.
[31] Economic and Social Research Council, “Setting Objectives,” *https://esrc.ukri.org/research/impact-toolkit/developing-a-communications-and-impact-strategy/step-by-step-guide/setting-objectives/*.
[32] Michael L. Garee and Thomas R. Schori, “Focus Groups Illuminate Quantitative Research,” *Marketing News,* September 23, 1996, p. 41.
[33] Robert West, Schering Canada, personal interview, May 17, 1993.
[34] William Weylock, “Focus: Hocus Pocus?” *Marketing Tools,* July/August 1994, pp. 12–16; Thomas L. Greenbaum, “Focus Groups Can Play a Part in Evaluating Ad Copy,” *Marketing News,* September 13, 1993, pp. 24–25.
[35] Pat Sloan and Julie Liesse, “New Agency Weapon to Win Clients: Research,” *Advertising Age,* August 30, 1993, p. 37.
[36] Rex Hartson and Partha S. Pyla, *The UX Book: Process and Guidelines for Ensuring a Quality User Experience* (Amsterdam: Elsevier, 2012).
[37] Rex Hartson and Partha S. Pyla, *The UX Book: Process and Guidelines for Ensuring a Quality User Experience* (Amsterdam: Elsevier, 2012).
[38] Jack Honomichl, “The Honomichl 50,” *Marketing News,* June 10, 2002, p. H2; Don E. Schultz, Stanley I. Tannenbaum, and Robert F. Lauterborn, *Integrated Marketing Communications: Putting It Together and Making It Work* (Lincolnwood, IL: NTC Business Books, 1993), pp. 149–50; ACNielsen, *http://us.acnielsen.com/products*.
[39] Leah Rickard, “Helping Put Data in Focus,” *Advertising Age,* July 11, 1994, p. 18.
[40] IAG Research, *www.iagr.net*.
[41] Richard Gibson, “Marketers' Mantra: Reap More with Less,” *The Wall Street Journal,* March 22, 1991, p. B1.
[42] Karen A. Machleit, Chris T. Allen, and Thomas J. Madden, “The Mature Brand and Brand Interest: An Alternative Consequence of Ad-Evoked Affect,” *Journal of Marketing,* October 1993, pp. 72–82.
[43] Pamela L. Alreck and Robert B. Settle, *The Survey Research Handbook,* 2nd ed. (Burr Ridge, IL: Irwin, 1995), pp. 56–59.
[44] Pamela L. Alreck and Robert B. Settle, *The Survey Research Handbook,* 2nd ed. (Burr Ridge, IL: Irwin, 1995), p. 40.
[45] William Perreault Jr., Joseph Cannon, and E. Jerome McCarthy, *Basic Marketing: A Marketing Strategy Planning Approach* (New York: McGraw-Hill Education, 2013), p. 173.
[46] Pamela L. Alreck and Robert B. Settle, *The Survey Research Handbook,* 2nd ed. (Burr Ridge, IL: Irwin, 1995), pp. 88–90.
[47] George S. Fabian, panelist, “Globalization: Challenges for Marketing and Research,” *Marketing Review,* February 1993, p. 23.
[48] Maureen R. Marston, panelist, “Globalization: Challenges for Marketing and Research,” *Marketing Review,* February 1993, pp. 20–21.
[49] Suzanne Bidlake, “Nestlé Builds Database in Asia with Direct Mail,” *Advertising Age International,* January 1998, p. 34.
[50] Michael Brizz, “How to Learn What Japanese Buyers Really Want,” *Business Marketing,* January 1987, p. 72.
[51] Simon Chadwick, panelist, “Globalization: Challenges for Marketing and Research,” *Marketing Review,* February 1993, p. 18.
[52] Thomas L. Greenbaum, “Understanding Focus Group Research Abroad,” *Marketing News,* June 3, 1996, pp. H14, H36.
[53] Maureen R. Marston, panelist, “Globalization: Challenges for Marketing and Research,” *Marketing Review,* February 1993, p. 24.
[54] Maureen R. Marston, panelist, “Globalization: Challenges for Marketing and Research,” *Marketing Review,* February 1993, p. 24.
[55] Deborah Szynal, “Big Bytes,” *Marketing News,* March 18, 2002, p. 3.

第 8 章

市场营销和整合营销传播计划

学习目标

阐明市场营销和 IMC 计划的过程。营销人员需要了解制定营销计划和传播计划的各种方法，此外，他们还必须知道如何分析形势，确定切实可行的目标，制定实现这些目标所需要的战略，并确定营销传播的预算。

学习本章后，你将能够：

1. 使用营销计划解释战略规划。
2. 详细介绍小型企业青睐的战术或“自下而上”方法。
3. 区分 IMC 方法和战术方法。
4. 描述 IMC 计划的重要组成部分。
5. 解释如何确定 IMC 预算。

凯文·哈特（Kevin Hart）在 2018 年底推出了激浪的最新活动“给你的头部一个激浪启动”（Give Your Head a MTN DEW KICKSTART）。这一系列广告包括了这位受欢迎的喜剧演员在喝激浪饮料时的头部状态。该广告巩固了该品牌的发展，使其成为都市、时尚、年轻消费者的流行选择。要想知道品牌已经走了多远，从头开始是有帮助的。

60 多年前，田纳西州诺克斯维尔的阿里·哈特曼（Ally Hartman）和巴尼·哈特曼（Barney Hartman）为家人和朋友生产了一种柠檬味碳酸饮料。当邻居们吵着要一些时，他们便将这种饮料装瓶并分销给当地居民。他们的第一个商标是一个持枪的乡下人，为了向田纳西州著名的山地私酿烈酒表示敬意，他们将这种饮料取名为“激浪”。兄弟俩认为他们的事情进展顺利，但公众并没有如他们所期望的认可。激浪迎来了一次销售失败。

正如我们在第 2 章中展示的可口可乐品牌，有时一个品牌只需要一个懂营销的人。对于激浪来说，这个人就是比尔·琼斯（Bill Jones）。琼斯是一名销售员，他在一次晚宴上说服阿里·哈特曼成为一名投资者。除了他的资金，阿里还提供了激浪品牌，条件是琼斯请客。时光流转，这个品牌逐渐成长起来。喝私酿烈酒的“乡巴佬威利”以及朗朗上口的广告语“呀–呼！激浪”（Ya-hoo Mountain Dew）很快帮助它在地区性品牌中赢得了一席之地。1964 年，百事公司注意到并买下了这个品牌。在后来的几年里一直沿用原有的广告。但随着销售额的下降，百事公司负责营销的主管们决定给它找一个新的方向。

1973 年，他们将激浪这个品牌重新定位为一种高能量、面向年轻人、别有风味的软饮料，并重新推出。BBDO 纽约公司创作的新广告片以喜爱户外运动的活跃的年轻人为主要受众，主题是“你好，阳光；你好，激浪”（Hello Sunshine，Hello Mountain Dew）。到 1978 年，这个充满动感的方法已使激浪的销售量突破了 1 亿箱大关。20 世纪 80 年代，他们又在广告中增加了大量消耗热能的运动和冒险元素。[1]

从那时起，激浪便制定了一项标准，通过一系列营销平台传达了它对“活力”的定义。激浪营销总监斯科特·莫菲特（Scott Moffitt）说，“我们有相当统一的信息和目标，不管时间如何流逝，这些信息和目标对我们是什么、不是什么都会做出一致的诠释”[2]，“这个品牌是关乎活力与欢乐的，你可以在我们所做的一切中看到这一点，从广告和社区，到基层项目，再到我们对运动主题的关注。我们都有非常清晰、生动的定位”。这一定位概念让激浪拥有了更大的自主权：该品牌的营销范围从滑板公园和另类活动延伸到超级碗等主流盛会。在百事内部，如此广泛的营销活动被称为“大众亲密接触”（mass intimacy）。[3] 一位百事的高管这样提道：“这就是我们传达我们没有终止激浪传播的方式。我们必须通过像在超级碗期间发布广告这样的活动，保证我们的顾客仍然可以以一种为他们设计的方式看到品牌。”[4] 因此，在激浪谈到品牌的两大关键消费群体——十几岁的青少年和 20 ～ 39 岁的成年人时，无论它谈论的是广告、事件、代言，抑或仅仅是奖励，都始终将“激浪体验”放在首位。

激浪的独特销售主张一直保持不变——“终极的、痛快的、解渴的软饮料”。这一定位使激浪在 20 世纪 90 年代初成为“重柑橘”碳酸类饮料的领导品牌。到 1999 年，它一度超过健怡可乐，成为美国第三大软饮料，仅次于经典可口可乐和百事可乐。对于价值高达 620 亿美元的碳酸饮料行业来说，这无疑是一个巨大的成功。

21 世纪，随着人们在风味饮料和瓶装水上的支出增加，碳酸软饮料市场陷入停滞。为了遏止这一趋势，百事公司推出了“红色代码”（Code Red），这是一款樱桃味的激浪延伸产品。“红色代码”秘密发布，仅使用有限的广播广告，瞄准了引领潮流的青少年，取得了巨大成功。作为 IMC 的早期采用者，激浪在 21 世纪初避开了广告，转而出资制作了一部关于单板滑雪历史的纪录片。这部名为《绝妙降落》（*First Descent*）的电影含蓄地指向品牌，主要是通过激浪对两名运动员的赞助。之所以决定为一部成本接近传统 30 秒电视广告的电影提供资金，是因为激浪的营销人员认识到，其目标受众比其他群体更少看电视。[5]

通过了解其消费者，清晰而富有创意地定义其品牌，并确保其信息具有吸引力、令人兴奋且符合战略，激浪已经可以确认自己的复苏并非昙花一现。激浪的成功是否会继续？尽管碳酸饮料的受欢迎程度有所下降，但激浪仍在不断增长，并在同类产品中赢得了市场份额。原因是什么？世界上最强大的品牌形象之一，由世界上最好的一些 IMC 支持。[6]

8.1　战略规划：营销计划

❶ 使用营销计划解释战略规划

尽管 BBDO 在激浪的广告中运用了出色的创意，但激浪的故事实际上表明，商业成功往往更多地取决于精心的营销和 IMC 计划，而不是创意。然而，由于缺乏计划，公司每年都会在无效的信息上浪费数百万美元。为了防止这种情况发生，大多数公司都会采用通常所说的“自上而下”的营销计划。这个过程开始于对公司使命的审查、对当前形势的审计（称为情境分析）以及从该审计中合乎逻辑地产生的战略和战术（见图表 8－1）。

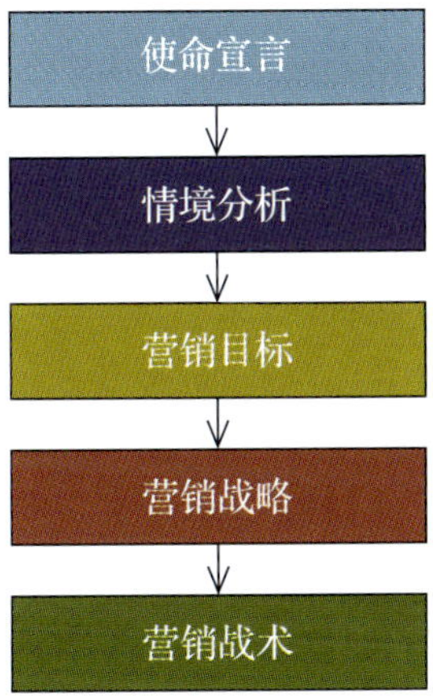

图表 8－1
传统的自上而下的营销计划

营销计划（marketing plan）是一种组织当前和未来营销活动的书面指南。营销计划通常会做一些重要的事情，包括：（1）明确组织的使命；（2）评估品牌目前的营销状况，并确定公司内部和环境中可能有助于或阻碍实现营销目标的因素；（3）提出明确的、可衡量的、按时间划分的营销目标；（4）描述可用于针对特定目标市场实现营销目标的战略；（5）描述实施营销战略的战术或行动方案；（6）说明如何评估营销工作；（7）为这些活动提出预算（见附录 A）。

营销计划对组织的 IMC 有着深远的影响。它决定了促销信息在营销组合中的作用。它能够更好地实施、控制和连续开展活动，并指导促销资金的分配。成功的组织不会将 IMC 计划与营销分开。它们认为每个因素都是成功的重要基石。

使命宣言

一个好的营销计划通常始于组织的使命宣言。**使命宣言**（mission statement）是对组织宗旨和理念的简短描述。它应当既充满抱负又鼓舞人心。以使命宣言启动计划有助于提醒计划者和营销合作伙伴，该组织是什么以及它代表什么。百事公司的使命宣言是：

成为全球首屈一指的消费品公司，专注于方便食品和饮料。我们力求为投资者提供健康的财务回报，同时为我们的员工、合作伙伴和我们经营所在的社区提供成长和充实的机会。在所做的每一件事中，我们都努力做到诚实、公开、公平和正直。[7]

这份使命宣言很好地总结了百事是谁、它做什么以及它是如何做到的。图表 8-2 列出了其他一些著名品牌的使命宣言。

图表 8-2
一些著名品牌的使命宣言

品牌	使命宣言
谷歌	组织世界的信息，使其普遍可用和有用。
Life is Good	传播乐观主义的力量。
脸书	让人们有能力建立社区，让世界更紧密地联系在一起。
宜家	为大众创造更美好的日常生活。
Trader Joe’s	为我们的客户提供他们在任何地方都能找到的最超值食品和饮料，并为他们提供做出明智购买决策所需的信息。
捷蓝航空	激励人类——无论是在空中还是在地面。

情境分析

营销计划的第二部分是**情境分析**（situation analysis），它详细描述了品牌目前的营销情况。你可以在 IMC 实战模拟“开展情境分析”中看到一个示例大纲。情境分析提供了与制定营销战略相关的所有事实。大多数情境分析包括对品牌历史、市场份额、增长、盈利能力、促销支出、主要竞争对手等的描述。良好的营销计划还为其包含的事实提供背景。例如，当营销计划指出碳酸饮料的整体销售额下降时，激浪轻怡（Diet Mountain Dew）在最近一年的销售额增长了 8%。在这种背景下，8% 的增长是十分突出的。

计划人员通过 **SWOT 分析**（SWOT analysis），将注意力集中在品牌最重要的方面。SWOT 分析利用情境分析中包含的事实来确定品牌的优势、劣势、机会和威胁。优势和劣势是代表公司能力的内部要素，而机会和威胁则代表外部环境因素。激浪的一个明显优势是其定义明确、极具吸引力的品牌形象，它是一种高能量、口味浓郁的碳酸饮料。一个可能的劣势是品牌的年龄，也可能是母品牌百事面临的分销挑战。激浪的一个机会可能是人们对能量饮料的兴趣增加。因为激浪是一种高咖啡因饮料，它可能会从这种趋势中获利。对激浪的威胁可能包括生产中使用的商品（糖、调味品）价格上涨，这将迫使激浪提高价格以保持盈利。其他威胁可能是其目标市场饮料选择的变化（目前一些增长最快的软饮料是维生素饮料，如百事的 Tava）。

营销目标

营销目标（marketing objectives）是营销计划的第三部分，是明确的、可量化的、现实的营销目标，将在规定的时间内完成。营销目标通常分为两大类：销售导向目标和传播目标。

销售导向目标（sales-target objectives）包括与增加或保持销售量和市场份额相关的目标。当然，鉴于这些问题，在情境分析的描述中这些目标必须切合实际。在经济景

IMC 实战模拟

开展情境分析

在前面的章节中，你已经学习了对消费者的理解，对受众进行了细分并进行了调查。现在是时候将所有这些信息汇集在一起，对客户的当前情况进行评估了。营销人员称这种评估为情境分析。使用下面的条目来组织你的分析。

行业

- 行业公司：销售额、优势。
- 行业内的增长模式：初级需求曲线、人均消费、增长潜力。
- 工业历史：技术进步、趋势。
- 行业特征：分布格局、行业控制、促销活动、地理特征、盈利模式。

公司

- 公司故事：历史、规模、增长、盈利性、业务范围、能力、声誉、优势、劣势。

产品或服务

- 产品故事：开发、质量、设计、描述、包装、价格结构、用途、声誉、优势、劣势。
- 产品销售特点：独家和非独家的差异化品质、竞争地位。
- 产品研究：技术突破、计划改进。

销售历史

- 销售和销售成本：按产品、型号、销售地区划分。
- 利润历史。

市场份额

- 全行业销售历史：以美元为单位计算的市场份额。
- 市场潜力：行业趋势、公司趋势、需求趋势。

市场

- 市场是谁，市场在哪里：市场是如何细分的？如何对其进行细分？消费者的需求、态度和特征是什么？消费者如何、为什么、何时、在哪里购买？
- 过去的 IMC 诉求：成功或失败。
- 谁是我们的顾客：过去和未来？他们有什么共同点？他们喜欢我们的什么产品？他们不喜欢什么？

分销

- 历史和评估：产品的分销方式和地点、当前趋势。
- 公司关系：分销渠道及其对产品 / 公司的态度。
- 过去的政策：行业广告、交易、合作计划。
- 状态：行业书籍、经销商促销、购买点展示。

定价政策

- 价格历史：趋势、与买家需求的关系、竞争价格情况。
- 过去的价格目标：管理层态度、买家态度、渠道态度。

竞争

- 谁是竞争对手：主要、次要、市场份额、产品、服务、目标、态度。竞争对手的发展历史和规模如何？
- 优势和竞争：销售特点、产品质量、规模；竞争的弱点。

- 营销活动的竞争：广告、促销、分销、销售团队；估计预算。

促销

- 成功和失败：过去的促销政策、销售团队、广告、宣传。
- 促销支出：历史、预算重点、与竞争的关系、趋势。
- IMC 计划：战略、主题和活动的回顾。
- 销售队伍：规模、范围、能力、成本/销售额。

气时期和新产品类别中，公司可能会设定雄心勃勃的销售导向目标。由于激浪是成熟产品类别中的知名品牌，它可能会提出一个销售导向目标，即在一年内整体销售额增长 5%。这一总体销售目标可能是按分销点划分的更具体目标的结果。例如，激浪可能会在一个分销点（杂货店）提出适度的销售导向目标，而在另一个分销点（餐馆）提出更高的目标。

传播目标（communication objectives）是指可以合理地与促销活动相关联的结果，例如品牌认知度或知名度的提高、对品牌属性或优势的理解加深、对品牌的态度更加积极、品牌或其典型用户的形象更加良好，以及尝试或购买品牌的意愿更加强烈。激浪的 IMC 旨在帮助消费者将该品牌视为一种美味的高能量饮料，适合那些正在寻找可乐替代品的年轻人。

专家建议，好的营销计划应该更多地强调传播目标，而不是销售目标。这似乎是违反直觉的。毕竟，整合营销的目的不就是推动销售吗？在某种程度上，答案是肯定的。公司把钱花在营销活动上，以产生更大的销售回报。但是，仅从销售的角度来看待 IMC 的有效性，忽略了一些关键问题。例如，营销活动对销售的影响通常是通过中间步骤实现的（参见本章后面的图表 8－6）。在许多情况下，消费者在采取行动和购买产品之前，必须经历知晓、理解、信服和期待等。这些中间步骤最好通过指定传播目标来实现。

此外，销售与 IMC 之间的关系是复杂的。有效的营销活动可以让消费者想要尝试一种产品，但重复销售通常会受到消费者的产品体验的影响。因此，如果消费者在试用产品时不满意，即使是伟大的营销活动也可能失败。最后，许多与 IMC 无关的因素（经济衰退、新竞争者、政府监管等）都会对销售产生很大影响，无论广告效果如何。

设定目标的传统模型：DAGMAR

确定营销计划的目标可能很困难，尤其是对于没有多年经验的计划人员而言。当罗素·科利（Russell Colley）引入一个**定义广告目标以测量广告效果**（DAGMAR）的系统时，这项任务被大大简化了。DAGMAR 方法强调传播目标，因为科利认为，评估活动的正确方法是在给定的预算范围内确定它向目标受众传播信息的效果。

遵循 DAGMAR 的计划人员制定了与四个结果之一相关的目标：知晓（了解品牌存在）、理解（了解品牌的利益或属性）、信服（对品牌的良好态度）和行动（购买和使用品牌）。与其他分层模型一样，DAGMAR 假设消费者按顺序经历这些阶段。因此，营销人员知道，如果目标市场对品牌的认知度很低，那么专注于序列中的后续目标可能不是一个好的策略。

DAGMAR 也很清楚一个良好目标具备的品质。好的目标可以明确指出受众，并定义具体且可衡量的结果。它们也清楚目前的情况、期望的情况以及从前者转向后者的时间框架。

让我们考虑一个虚构的例子，看看公司如何制定目标。我们虚构的品牌是一个名为 EasyFile 的税务软件程序。EasyFile 与其他税务软件程序（或在没有软件程序的情况下报税）之间的关键区别在于，它极大地简化了税务准备。EasyFile 的营销计划人员知道，简化税务准备有一项好处，即可以吸引那些自己纳税的人。计划人员还认为，如果他们能使目标受众认为 EasyFile 比其他程序容易得多，销售额将会大幅增加。EasyFile 的销售目标可以这样表述：“ EasyFile 将使面向自行报税人群的目标市场的单位销售额从 2020 年的 165 000 美元增加到 2021 年的 355 000 美元。”这一乐观假设是基于情境分析得出的，情境分析表明，报税软件这一产品类别正在快速增长，人们对现有程序的难度感到沮丧。

请注意，上面描述的销售目标对于帮助 EasyFile 实现销售增长的策略提供的见解很少。这就是为什么传播目标在营销计划中非常重要。传播目标有助于定义 IMC 应该做什么，以帮助品牌实现其销售目标。EasyFile 的传播目标可以这样表述：“研究表明，税务软件最受欢迎的优势是易用性。虽然 90% 的目标市场知道 EasyFile，但只有 10% 的人认为 EasyFile 是准备所得税的最简单方法。到 2020 年，我们将把这一比例提高到目标市场的 35%。”

营销战略

营销战略（marketing strategy）描述了公司计划如何实现其营销目标（参见广告实验室“营销战的战略”）。制定营销战略通常包括三个步骤：（1）确定目标市场；（2）确定战略定位；（3）为每个目标市场确定适当的营销组合。一个公司的营销战略对其广告产生了巨大的影响。它决定了广告在营销组合中的作用和数量、其创意推动力以及要使用的媒介。

确定目标市场　战略制定的第一步是使用第 6 章和第 7 章讨论的市场细分和调查过程来定义和选择目标市场。

特斯拉的 X 型车于 2015 年首次推出，是一款针对“超豪华”消费者的全电动 SUV，原因很简单，它的售价接近 15 万美元，并提供多种选择。当捷豹（Jaguar）最近推出另一款全电动 SUV I-Pace 时，它决定“切入”特斯拉的目标人群，瞄准豪华车买家。为什么？ I-Pace 的售价略低于 7 万美元，与奔驰和宝马的豪华汽油动力 SUV 展开竞争。通过为新的细分市场带来预期的好处（降低燃料成本和环境友好），捷豹有望取得成功。[8]

同样，激浪将其目标市场定义为活跃的青少年以及 20 ～ 39 岁的年轻人。此外，该品牌的营销活动很大一部分针对城市青年，尤其是非洲裔美国人和拉丁裔美国人。[9] 对于激浪来说，典型的消费者是 18 岁的街头少年。[10]

确定战略定位　著名的广告人大卫·奥格威说，营销中的首要也即最重要的决策之一是如何定位产品。我们在第 1 章中介绍的定位是指一个品牌相对于与其竞争的其他品牌在消费者心目中所占据的位置。每个产品都有一些位置——不管是否有意——即使这个位置“无处可寻”。位置是基于消费者的信念，它可能反映也可能不反映现实。强势

广告实验室

营销战的战略

杰克·特劳特（Jack Trout）和艾尔·里斯（Al Ries）合著的《营销战》（*Marketing Warfare*）是根据卡尔·冯·克劳塞维茨（Carl von Clausewitz）于 1832 年出版的军事战略经典著作《战争论》（*On War*）编写的。该书概述了所有成功战争背后的原则，其中两个简单的理念占主导地位：武力和防御优势。

战略方阵

战争原理如何应用于营销？归结于“战略方阵”：

每 100 家公司中：

1 家应该防御。

2 家应该进攻。

3 家应该在侧翼。

94 家应该是游击队。

防御战

达特利尔（Datril）通过价格攻击的手段开始了对泰诺的战争。强生公司立即降低了泰诺的价格，甚至在达特利尔开始做价格广告之前就已完成。结果泰诺击退了达特利尔的进攻，并给百时美施贵宝公司（Bristol-Myers Squibb）的进入带来了重大损失。

以下是防御性营销战的规则：

1. 只有当你是市场领导者时才参与。
2. 在竞争开始前推出新产品和服务。
3. 通过快速复制的方式来阻止强大的竞争攻势。

进攻战

高露洁在牙膏行业稳居第一。但竞争对手宝洁公司对克劳塞维茨的《战争论》略懂一二。宝洁公司推出的佳洁士牙膏不仅具有 2 000 万美元的巨额广告预算，还获得了美国牙科协会（American Dental Association）的“认证标志”。佳洁士一举成为美国最畅销的牙膏。

但超越领先者并不常见。只要有利可图，很多企业都乐意为自己营造一个“老二”的地位。

发动进攻性营销战的规则如下：

1. 考虑领导者地位的强弱。
2. 在尽可能狭窄的战线上发动进攻，最好使用单一产品。
3. 在领导者最薄弱的位置发起攻击。

侧翼作战

第三种类型的营销战是许多公司采取的行动。实际上，这意味着在没有竞争的地方推出产品。联合利华推出了 Mentadent，这是第一款碳酸氢盐 / 过氧化物牙膏，非常成功。

以下是侧翼营销战的原则：

1. 在无人防守的区域进行侧翼进攻。
2. 使用惊喜。过多的调查往往会浪费宝贵的时间。
3. 继续追求；太多公司在领先后退出。

游击战

大多数美国公司都应该发动游击战。游击战成功的关键是灵活性。如果战局发生变化，游击队员应该放弃产品或市场。

以下是游击营销战的原则：

1. 找到一个足够小的细分市场来防御。

2. 无论你有多成功，都不要表现得像个领导者。

3. 做好准备，随时“撤退”。

自下而上战

特劳特和里斯后来的著作《自下而上的营销》(*Bottom-Up Marketing*)（本章稍后讨论）延续了军事类比。他们说：“在狭窄的战线上的深入渗透是赢得营销战的关键。”这意味着，规模较小的公司应该将其产品狭隘地集中在单一概念上。太多的公司把兵力分散在广阔的战线上。事实上，如今大多数大公司都必须抵御小公司的集中攻击。

实验室应用

1. 思考一个成功的产品，并从营销战的角度来解释它的成功。

2. 选择一种产品，并解释如何使用营销战来获得更大的成功。

品牌在目标市场中具有明确的、通常是独特的地位。1957 年，奥美公司将多芬（Dove）香皂定位为干性皮肤女性的“肤色能量棒”。如今，半个多世纪过去了，该公司仍然以自然美为主题，多芬一直是第一品牌，市场份额是仅次于它的竞争对手的两倍。[11]

市场上有很多位置。许多公司犯的最大错误就是没有确定好任何位置。不可能事事如意，但又不想无所作为。[12] 因此，一家公司可能会选择与竞争对手类似的位置，并争取相同的客户。或者，它可能会找到一个竞争对手没有占据的位置——市场空白——然后通过产品差异化或市场细分，迅速占领这一空白领域。

欧内斯特·马丁（Ernest Martin）提出了七种不同的方法来制定定位策略：

1. 产品属性——通过强调对消费者重要的特定产品的特征，使品牌与众不同。如佳洁士 3D 美白疗法牙釉质护理牙膏。

2. 价格 / 质量——基于价格或质量的定位。如无广告的防晒霜（基于价格定位）；宝马，“终极驾驶机器”（基于质量定位）。

3. 使用 / 应用——根据产品的使用方式进行定位。如艾禾美（Arm & Hammer）的网站列出了婴儿、浴室、地毯、家庭、厨房、户外和个人卫生的解决方案。

4. 产品类别——将品牌与其他产品进行对比定位，这些产品虽然不同，但提供相同类别的好处。如星巴克的气致冷萃咖啡（Nitro Cold Brew）与热咖啡。

5. 产品用户——使用消费产品的特定群体进行定位。如贝茨（Bates）防水靴，广告上说它是美国海军陆战队使用的。

6. 产品竞争对手——针对竞争对手的定位（利用竞争对手的地位优势来帮助定义主题品牌）。如苹果 Mac 电脑与 PC 电脑；道奇公羊卡车和福特 F150。

7. 文化符号——通过创造或使用一些公认的符号或图标，与竞争对手区分开来。如爱彼迎（Airbnb）、来福车（Lyft）、Snap。[13]

我们添加了第八种方法：按类别——通过定义或重新定义业务类别进行定位。一家公司要想获得第一的位置，一个简单的方法就是发明一个新的产品类别。这被称为“蓝海战略”，金（Kim）和莫博涅（Mauborgne）将其定义为“同时追求差异化和低成本，以开拓新的市场空间并创造新的需求”。这是创造和占领无可争议的市场空间，从而使竞争变得无关紧要。[14] 作者引用的一个经典例子是太阳马戏团（Cirque du Soleil），它创造了一种与众不同的娱乐形式。

成功的定位可以带来巨大的利益。尽管苹果是作为一家电脑公司成立的，但它最大的成功来自定义新类别的创新：平板电脑、在线音乐商店和智能手机。原始品牌的强势定位为这些创造了可能。[15]

基于激浪呈现的所有高能量和兴奋感，“青春”不仅是它的定位，更是品牌的心脏。[16] 百事公司对激浪定位的定义如下：

> 对于喜欢刺激、冒险和乐趣的18岁男性来说，激浪是一种口感绝佳的软饮料，因为它充满活力，解渴，并具有独特的柑橘风味。[17]

确定营销组合 制定营销战略的下一步是为公司追求的每个目标市场确定具有成本效益的营销组合。正如我们在第6章中所讨论的，这种组合混合了公司控制的各种营销要素：产品、价格、分销和传播。

激浪拥有广泛的营销工具箱。首先，它为消费者提供了一种充满活力、解渴的软饮料产品，具有独特的柑橘风味以及充满青春活力、兴奋和冒险的形象。然后，为了建立分销渠道，它使用了各种促销手段，使杂货商和其他经销商能够增加销量和利润。虽然它的价格与其他软饮料相比具有竞争力，但激浪仍通过在各种街头和体育赛事中提供免费样品、赠品和奖品来积极宣传自己——这有效地为消费者降低价格。

最后，激浪启动了一项综合传播计划，包括在电视、广播、户外和印刷媒体以及互联网上进行广泛的广告宣传；赞助体育运动和赛事；出席基层活动；开展一系列公关活动——所有这些活动都旨在发展和推广激浪独特的个性。

公司有各种各样的营销战略选择。它们可能会增加分销、启动产品的新用途、改变产品线、开发全新的市场或开始折扣定价。每个选项都强调一个或多个营销组合要素。选择取决于产品的目标市场、它在市场中的地位以及它在产品生命周期中所处的阶段。

营销战术

公司的目标表明了它想要到达的目的地；战略指明了预期的路线；**战术**（tactics）决定了在内部和外部的具体短期行动由谁采取，何时采取。广告活动存在于营销战术之中。主要营销人员采用了哪些战术来实现他们的战略部署？

GoPro想要展示该设备在捕捉生活中紧张时刻方面的强大功能。为此，它鼓励用户在YouTube等热门视频网站上发布视频。为CopyBlogger.com撰稿的德米安·法恩沃思（Demian Farnworth）展示了原生广告策略的一些很好的例子，这些广告旨在通过看起来像出版商的内容来巧妙地推广品牌。

这方面的例子包括IBM赞助的《大西洋月刊》（*Atlantic*）中的大数据内容和iClick赞助的Gawker上的文章。最后，“冰桶”挑战鼓励人们拍摄自己被浇上冰水的视频，同时承诺支持慈善事业，这被认为是历史上最伟大的营销战略之一。

8.2 战术规划：小企业的自下而上的营销

在一家小公司里，每个人既是球员又是教练，日常细节似乎是第一位的，很少或根本没有时间进行正式的规划。然而，有一种方法可以解决这一困境：**自下而上的营销**（bottom-up marketing）（见图表 8－3）。

❷ 详细介绍小型企业青睐的战术或“自下而上”方法

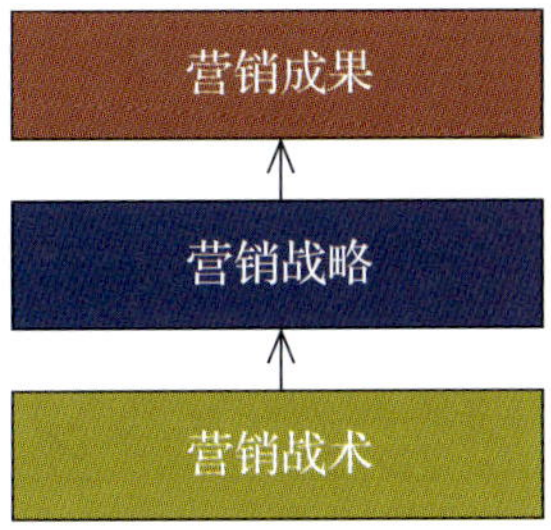

图表 8－3
自下而上的营销计划

杰克·特劳特和艾尔·里斯认为，公司发展竞争优势的最佳方法之一是首先专注于一个巧妙的战术，然后将该战术发展为战略。通过逆转正常流程，营销人员有时会有重要的发现。[18] 维克斯（Vicks）的研究人员开发了一种有效的液体感冒药，但发现它会让人昏昏欲睡。维克斯并没有放弃这项研究，而是将该配方定位为夜间感冒药。奈奎尔（NyQuil）后来成为排名第一的感冒药，也是维克斯历史上最成功的新产品。

战术是帮助完成战略的具体行动。通过自下而上的计划，企业家可以找到独特的战略来加以利用。小公司的战略通常集中在当地社区。这是非常有意义的，因为这是小公司可以比大型全国性或跨国公司更有优势的地方。《福布斯》推荐以下小公司战略：（1）与其他本地公司合作；（2）使用交通广告；（3）与当地技术团体建立关系；（4）利用生动、有力的故事；（5）赞助或出席活动；（6）组织行业活动；（7）参与慈善事业；（8）将用户转变为拥护者。[19]

战术和战略的巧妙结合在消费者心目中创造了一个位置。当汤姆·莫纳汉（Tom Monaghan）想到在 30 分钟内把比萨饼送到顾客家中的战略时，他把整个战略都集中在这个独特的想法上。他最终靠达美乐比萨（Domino's Pizza）赚了一大笔钱，创造了营销历史。

小公司的经理在这方面有优势。在业务细节的包围下，他们更有可能发现一种可以发展成强大战略的好战术。然而，这并不是说大公司不能从自下而上的营销中获利。很多公司都能，比如 3M 公司的便利贴。

8.3　营销和活动规划的 IMC 方法

❸ 区分 IMC 方法和战术方法

IMC 提出了一种新的营销和传播活动规划的方法。与传统流程不同，它将营销和传播规划混合在一起，而不是将它们分开。这种 IMC 方法使用由外而内的流程，也就是最先从顾客开始。营销人员了解顾客使用什么媒介，他们的信息与顾客的相关性，以及潜在顾客何时最容易接受这一信息。

如图表 8－4 所示（从底部开始），IMC 活动从顾客开始，然后再回到品牌。[20] 反过来，所有的企业营销职能部门都致力于通过对利益相关者忠诚度的统一关注来建立和维护品牌资产。

由于技术的发展，营销人员可以随时获得丰富的信息。例如，利用超市扫描仪数据，包装商品营销人员可以：（1）识别产品和服务的特定用户；（2）测量他们的实际购

图表 8 - 4
IMC 宏观模型

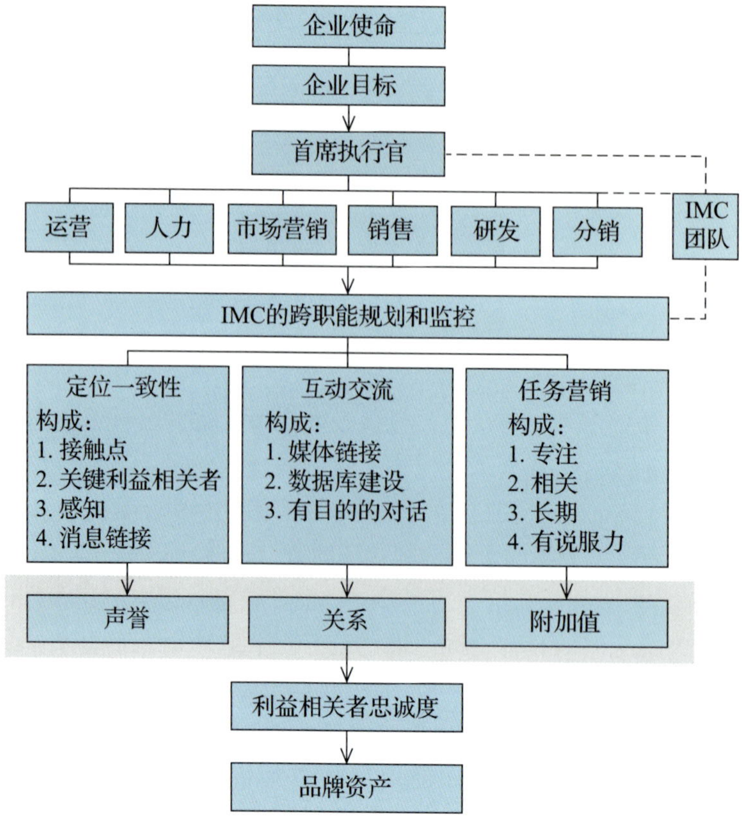

买行为并将其与特定品牌和产品类别相关联；（3）测量各种广告和营销传播活动的影响并确定它们在影响实际购买方面的价值；（4）随着时间推移获取和评估这些信息。[21]

但这真的只是一个开始。移动支付设备和计划（Apple Pay、PayPal）为营销人员提供了更丰富的消费行为数据。大数据巨头亚马逊可以轻松地将其全食超市（Whole Foods，亚马逊于 2017 年收购了该连锁店）的购买行为与其保存的关于消费者（包括 Prime 视频用户）的所有其他信息联系起来。[22]

这个不断扩大的顾客行为数据库可以成为规划未来营销和传播活动的基础，特别是如果数据库包含有关顾客人口统计特征、心理统计特征、购买数据和品牌或产品类别态度的信息（见图表 8 - 5）。

使用数据库开始计划过程，公司关注的是消费者或潜在顾客，而不是公司的销售或利润目标。这些营销目标在计划过程中被进一步下移。[23]

那么，如何在综合方法下进行计划呢？王（Wang）和舒尔茨（Schultz）把 IMC 计划模式分为七步。

第一步是对数据库中的顾客和潜在顾客进行细分——通过品牌忠诚度（如图表 8 - 5 所示）或其他一些可衡量的购买行为（例如使用情况）。

第二步是分析有关顾客的信息，以了解他们的态度、历史以及他们如何发现品牌或产品并与之相互动。我们的目标是找到建立和维持关系的最佳时间、地点和情境。

第三步，根据此分析设定营销目标。在示例中，这些目标与培养和维持使用，或培养品牌忠诚度有关。

第四步，营销人员确定需要哪些品牌接触和哪些态度变化来支持消费者继续或改变购买行为。

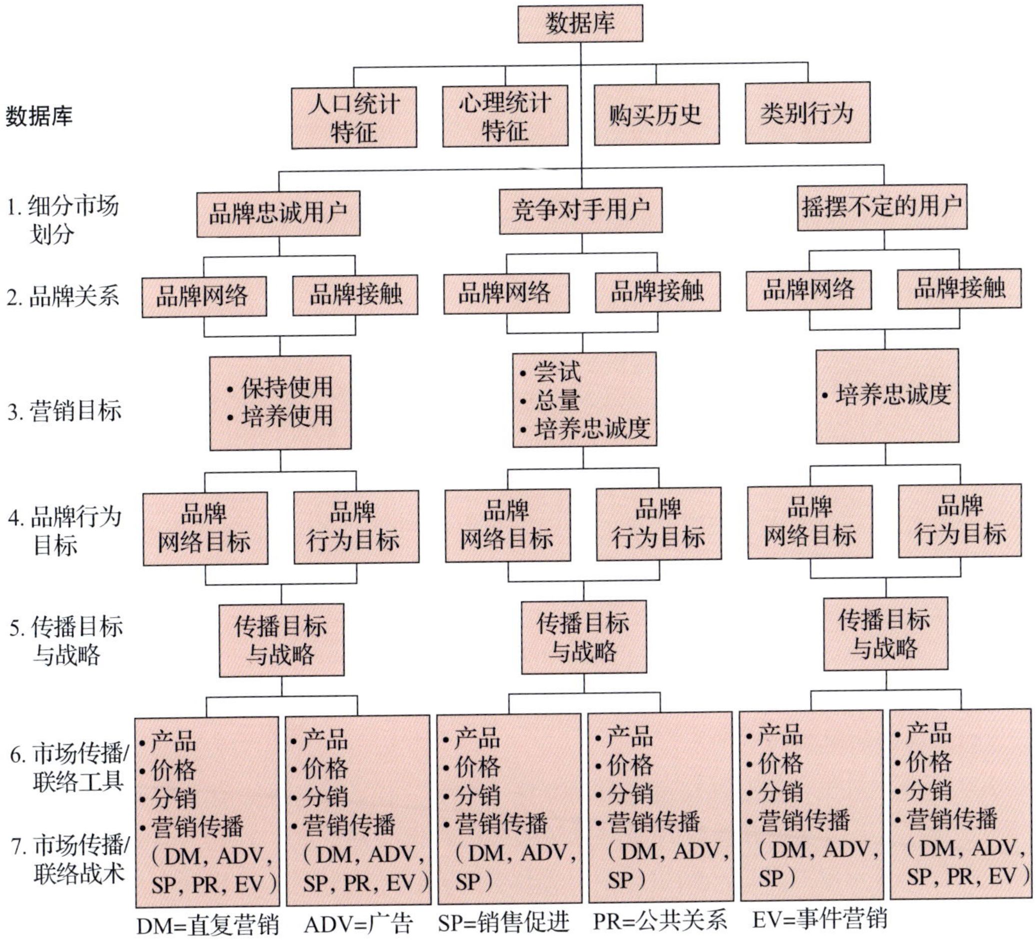

图表 8－5
王－舒尔茨 IMC 计划模型

第五步设定传播目标和战略，以接触消费者并影响其态度、信念和购买行为。第六步，营销人员可以决定营销组合中的其他要素（产品、价格、分销），进一步鼓励所期望的行为。第七步，决定使用什么传播战术——广告、直复营销、公共关系、销售促进、事件营销——来进一步接触和影响消费者的行为。[24]

通过遵循这一模式，营销人员根据顾客或潜在顾客的需求设定目标。因此，所有形式的营销都变成了传播，并且将所有形式的传播都融入营销。[25]

IMC 对广告研究的重要意义

由于顾客将所有被赞助的传播视为广告，因此广告人员（客户经理、创意人员、媒介策划人员）必须超越其传统专业，成为知识渊博的通才，熟悉并能够整合所有类型的营销传播手段。相反，营销人员传统上将广告视为 IMC。换句话说，营销人员在创建营销活动时未能超越传统的广告方法，并且未能认识到有效的传播可以（并且应该）来自各种媒体、平台和来源。IMC 方法有助于拓宽公司的视野，因此信息策略来自对更广泛的营销战略的考虑，而不是仅仅使用广告。

在一项对 122 名《财富》500 强营销、广告和传播高管的调查中，大多数受访者表示对整合营销有大致的了解，并赞同协同效应是 IMC 的主要好处。[26] 然而，该调查还指出，对整合营销的使用仍存在混乱之处。这意味着如今绝大多数从业者仍然缺乏制定、监督和执行完整的 IMC 计划所需的广泛知识和能力。[27]

伦理、多样性与包容性

潜意识说服

想象一下，你可以绕过普通的感知，直接将广告信息注入人们的大脑。消费者将无法质疑或忽视你的传播，因为他们从一开始就不会注意到它。令人难以置信的是，在 1957 年，詹姆斯·维卡里（James Vicary）声称他拥有这样的技术。这位市场调查人员说，在一部电影中，他使“喝可口可乐”和“饿了吗？吃爆米花”潜意识地闪现（快速显示的单词让人无法察觉）。维卡里称，爆米花和可乐的销量分别飙升了 18% 和 58%。

公众注意到了。正如心理学家安东尼·普拉特卡尼斯（Anthony Pratkanis）所观察到的那样，“人们对这种技术感到愤怒和恐惧，这种技术可以绕过他们的意识智力，将潜意识指令直接传送到他们的潜意识中”。英国和澳大利亚禁止了**潜意识广告**（subliminal advertising），美国联邦通信委员会威胁要吊销任何播放潜意识广告的电视台的执照。

当维卡里无法在监督下重现他的效果时，人们的担忧减轻了。他后来承认他编造了整个事件。但对潜意识广告的痴迷在 20 世纪 70 年代初再次出现，当时威尔逊·布莱恩·基（Wilson Bryan Key）出版了一本书，声称在数百个广告中发现了“性”这个词，从杜松子酒广告中的冰块到乐之（Ritz）饼干的表面。虽然几乎没有人能看到这些“嵌入”，但他的书火爆一时。

结案了？嗯，不完全是。区分潜意识广告（证明真正的广告主通过商业广告中嵌入的隐藏信息影响了产品销售）和潜意识影响（证明人们会受到无法察觉的信息的影响）是有必要的。令人惊讶的是，目前的证据是确凿的：人们可以受到潜意识的影响。

展示潜意识影响需要几件事。首先，你必须快速地呈现信息（图片、单词或短语），让人们无法分辨它的存在。心理学家说，120 毫秒（0.12 秒）或更短时间内显示的东西是无法察觉的。其次，必须证明信息以某种方式影响了人们。例如，显示潜意识信息的组与没有看到潜意识信息的对照组在思考、感受或行为方面表现不同。

数十项已发表的研究提供了这样的证明。举个例子：一组研究人员想知道，如果有恐蛇症的人下意识地看到一张蛇的图片，会发生什么。当恐惧症患者看到蛇的照片时，他们通常会开始出汗并变得焦虑，而大多数人都很正常。那么，如果蛇的照片被潜意识地呈现出来，会发生什么呢？研究人员发现，即使被试者不能“看到”蛇的图片，但他们的反应就像他们能看到一样：恐惧症患者很焦虑；非恐惧症患者则不然。我们对检测不到的信息免疫的想法也到此为止。

但蛇和恐惧症与大多数广告主的担忧相去甚远。广告主想要影响购买行为，而不是引起恐惧。这让我们想到了三位商科教授雅尔·泽马克 – 鲁加尔（Yael Zemack-Rugar）、詹姆斯·贝特曼（James Bettman）和加万·菲茨西蒙斯（Gavan Fitzsimons）所做的研究。在一项巧妙的实验中，他们潜意识地向研究参与者呈现与悲伤或内疚有关的词语。悲伤词（即悲伤的、悲惨的）和内疚词（内疚的、应受责备的）都描述了不好的感觉。但是当人们在感到悲伤和内疚时，他们会采取不同的行动。悲伤的人寻找奖励来让自己振作起来，而内疚的人却拒绝接受奖励。因此，研究人员预测，作为对内疚词的潜意识表现的回应，有负罪感倾向的人（相对于没有负罪感倾向的人）将不太可能放纵自己。相反，在回应悲伤的话语时，与其他人相比，有负罪感倾向的人更有可能会放纵自己。事实上，他们的实验证明了这些结果模式。通过潜意识影响特定情绪，研究人员影响了购买行为。

心理学家约翰·卡瑞曼斯（Johan Karremans）、沃尔夫冈·斯特罗贝（Wolfgang Stroebe）和贾斯帕·克劳斯（Jaspar Claus）所做的一项研究更直接地证明了潜意识广告可以发挥作用。他们认为，只有当人们一开始就有购买动机时，潜意识广告才会影响品牌偏好。在他们的实验中，人们在电脑屏幕上追踪字母串。参与者不知道的是，潜意识信息每隔一段时间就会闪现。一半的参与者接触到潜意识信息“立顿冰茶”（Lipton Ice），一半接触到控制词。后来，在据称不相关的第二项研究中，参与者被问及他们的口渴程度，以及他们更喜欢立顿还是其竞争品牌。结果，当参与者不口渴时，两组人对立顿表现出相同的偏好。但口渴的参与者表现出不同的模式：那些接触到立顿潜意识信息的人表现出对立顿的强烈偏好；而对照组则没有。作者的解释是：动机加上潜意识首选等于增加对首选品牌的偏好。

总之，这些研究和许多其他研究最终表明，我们可能会受到意识之外的信息的影响。维卡里最先意识到这点。但是，从说可以做到这一点到证明它已经完成，还有很长的路要走。事实上，如前所述，没有人曾经证明广告活动使用了潜意识刺激。没有研究支持威尔逊·布莱恩·基关于在平面广告中“嵌入”的说法。

但我们能确定没有广告商使用过潜意识广告吗？证明某事从未发生是相当困难的。但是，广告主使用潜意识信息的风险远远超过可能的回报。消费者会如何看待一家违法使用潜意识广告的公司？会产生什么法律后果？此外，当非潜意识广告可以很好地运作时，为什么公司还会选择潜意识广告？

人们似乎对他们可以在潜意识中受到影响的想法既排斥又感兴趣。它似乎暗示着一种隐藏的力量，并与普遍的兴趣相吻合，即并非一切都是表面上看起来的那样。对潜意识广告现象的兴趣不会很快消失，尤其是现在我们知道它可以起作用。

问题

1. 潜意识广告会引发哪些伦理问题？谁是利益相关者（将受此做法影响的个人或团体）？
2. 潜意识广告与我们之前讨论过的完全信息的自由市场原则有什么关系？

资料来源：Anthony R. Pratkanis, “The Cargo-Cult Science of Subliminal Persuasion,” *Skeptical Inquirer*, 1992, retrieved March 4, 2007, from http://csicop.org/si/9204/subliminal-persuasion.html; P. J. Lang, D. N. Levin, G. A. Miller, and M. J. Kozak, “Fear Behavior, Fear Imagery, and the Psychophysiology of Emotion: The Problem of Affective Response Integration,” *Journal of Abnormal Psychology* 92 (1983), pp. 276-306; A. Ohman, A. Flykt, and D. Lundqvist, “Unconscious Emotion: Evolutionary Perspectives, Psychophysiological Data, and Neuropsychological Mechanisms,” in *Cognitive Neuroscience of Emotion*, ed. R. D. Lane,L. Nade, and G. Ahern (New York: Oxford University Press, 2000),pp. 296-327; Y. Zemack-Rugar, J. R. Bettman, and G. J. Fitzsimons, “The Effects of Nonconsciously Priming Emotion Concepts on Behavior,” *Journal of Personality and Social Psychology* 93 (2007), pp. 927-39; J. C. Karremans, W. Stroebe, and J. Claus, “Beyond Vicary’s Fantasies: The Impact of Subliminal Priming and Brand Choice,” *Journal of Experimental Social Psychology* 42 (2006), pp. 792-98.

8.4 IMC 计划

IMC 计划（IMC plan）是营销计划的自然产物，其编制方式大致相同。本书末尾的附录 B 概述了传统广告计划和 IMC 计划。

④ 描述 IMC 计划的重要组成部分

审查营销计划

品牌经理首先审查营销计划，以了解公司的发展方向、打算如何实现目标以及 IMC 在营销组合中的作用。计划的第一部分是简要总结情境分析和 SWOT 分析，回顾目标市场细分，详细列出长期和短期营销目标，并重申有关市场定位和营销组合的决策。

设定目标

然后，品牌经理确定 IMC 必须完成的任务。可以利用哪些优势和机会？需要解决哪些劣势和威胁？遗憾的是，一些公司高管（和广告经理）提出了模糊的目标，比如“通过在市场上创造良好的产品印象来增加销售和实现利润最大化”。没有人知道这些信息的意图是什么，它们的支出是多少，或者如何衡量结果。目标应该是具体的、现实的和可衡量的。

了解活动可以做什么

大多数 IMC 计划鼓励潜在顾客采取一些行动。然而，将 IMC 计划所承担的实现销售的全部责任都推给广告通常是不现实的。销售是营销的目标而不是广告的目标。公司在说服顾客购买之前，必须告知或提醒其目标受众有关公司、产品、服务或问题的信息。在设定目标时要记住一句简单的格言："营销是卖，广告是讲。"（marketing sells, advertising tells.）换句话说，IMC 的目标应该始终与传播效果相关。

早些时候，我们认为传播目标对整个营销计划也很重要。IMC 计划只是重申了这些吗？在大多数情况下，IMC 计划中所阐述的传播目标将是信息宣传活动最适合实现的目标。而通过其他传播工具最能实现的那些目标则可以在单独的计划中处理。

IMC 金字塔：设定传播目标的指南

假设你在一个新的产品类别中为一个新品牌做广告，你不确定会有什么样的结果。图表 8－6 中的金字塔显示了 IMC 可以执行的一些任务。很明显，在你的产品推出之前，潜在客户是完全不知情的。因此，你的第一个传播目标是创造知晓——让人们了解公司、产品、服务和品牌。

图表 8－6
IMC 金字塔

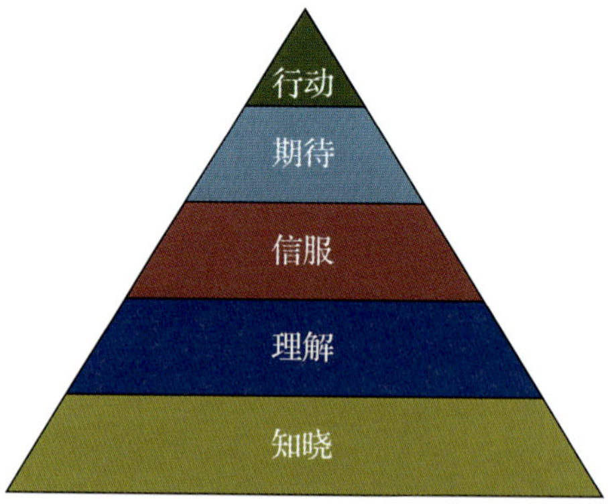

说明：IMC 金字塔描述了传播效果对广大受众的影响过程——尤其是对新产品而言。最初的信息促进了大量受众对产品的知晓（金字塔的底部）。但在这个庞大的群体中，只有一部分人会理解该产品的好处。在这个群体中，又只有一小部分人感到信服，然后对该产品产生期待。最后，与知晓该产品的人数相比，实际采取行动的人通常很少。

下一个任务是促进理解，即传递充分的产品信息，以便知晓人群中一定比例的人认识到产品的功用、形象、定位和某些特点。

接下来，广告还需要传递足够的信息让人信服，即劝服一定数量的人，使其真正相信产品的价值。一旦感到信服，一部分人可能会期待这个产品。最终，一部分期待该产品的人会采取行动——索取额外信息、要求优惠券、访问商店，或实际购买产品。

金字塔的作用体现在三个方面：时间、金钱和人。活动效果的体现需要时间，特别是价格昂贵或购买频率较低的产品。一段时间后，随着企业不断发布广告，知晓产品的人数会不断增加。理解产品、信任产品、期待产品的人越多，采取最终行动购买产品的人也越多。

让我们将这些原则应用到一个假设的案例中。假如你负责一款名为"萤火虫"（Lightning Bug）的新产品，这是由大众汽车公司制造的一款混合动力汽车。你给这款虚拟汽车制定的初步广告目标大概可以表述如下：

1. 在两年内，向 50 多万每年购买外国经济型轿车的人中的一半传递“萤火虫”上市的消息。

2. 让上述知晓群体中的 2/3 知道“萤火虫”是一款具有许多设计、安全和环保的高档经济型轿车；它是一个全新的品牌标识，建立在无与伦比的服务、质量和价值基础之上；而且只通过指定的大众经销商销售。

3. 让 2/3 的“理解”人群相信“萤火虫”是一款高品质的汽车，可靠、经济，开起来乐趣无穷。

4. 激发 2/3 的“信服”人群的试驾欲望。

5. 激励 2/3 的“期待”人群去光顾某家经销商，试驾“萤火虫”。

这种 IMC 目标在时间和程度上都是具体的和量化的。从理论上讲，在第一年的年底，调查可以确定有多少人知晓“萤火虫”，多少人了解该车的主要性能等等，从而衡量该计划的有效性。IMC 实战模拟“制定 IMC 目标”介绍了 IMC 目标如何帮助营销商取得成功。

大众汽车公司的活动可以实现知晓、理解、信服、期待及行动的目标。但是，一旦顾客进入商店，通过有效的推销与服务来完成销售就是零售商的责任了。

随着 IMC 的出现，我们可以用另一种方式来看待这个金字塔。通过使用各种营销传播工具和广泛的传统和非传统媒介，我们可以以更有效的方式实现金字塔提出的传播目标。例如，创造“萤火虫”的知名度以及汽车和企业的品牌形象，大众媒介支持下的公共关系活动可能是首选的传播工具；媒体广告、媒体宣传、直邮手册以及特别事件（如赛车展）可以实现“理解、兴趣与信服”目标；“期待”则可以通过车迷杂志上的正面评述文章、媒体广告、精美的宣传册照片以及销售促进（诸如抽奖）所产生的兴奋等因素的结合增强；最后，由直邮、销售促进以及在有吸引力的新车展厅中零售商周到的服务来激发“行动”。在销售完成之后，可以继续通过直邮强化消费者的购买决策。同时，可以通过电话来感谢客户，征求客户的体验反馈，并在有需要的情况下提供帮助。这表明销售只是一段宝贵关系的开端。事实上，为了维护和深化营销商和客户之间的关系，营销人员可能请求新顾客在“萤火虫”的脸书页面点赞，并鼓励他们在推特上关注该品牌，以便在公司商店购买“萤火虫”配件时获得团购折扣。

传统的广告策略通常以销售结束，而 IMC 策略则将销售视为客户与品牌之间更广泛关系的一部分。

消费者认识品牌的不同模式

IMC 金字塔代表着认识—感觉—行动模式。也就是说，假定人们能理性地考虑是否购买某件产品，一旦他们感觉良好，就会采取行动。该理论认为 IMC 影响态度，而态度导致行为。对于某些昂贵的、高参与度的产品来说，这可能是真的，购买这些产品需要仔细斟酌（购买房屋、汽车，或选择大学）。但是其他购买行为可能遵循不同的模式。例如，在收银台的冲动购买可能涉及行动—感觉—认识模式，在这种模式中，行为导致态度（每次去超市后随手拿起一包口香糖或一本杂志）。还有一些购买行为可能遵循其他模式。因此，在设定营销目标时，有许多营销因素需要考虑，而且必须考虑周全。

金字塔模型也反映出一种一言堂式的传统大众营销模式，即营销商讲，客户听。[28]在计算机和数据库出现之前，这种做法是合适的。同时，在那些营销商几乎没有选择

IMC 实战模拟

制定 IMC 目标

在接下来的一系列重大决策中，无论是媒体决策还是创意决策，你都必须明确广告和其他促销活动应该做什么。使用下面的清单将帮助你将想法集中在自己的目标上。

该讯息是否针对即时销售？如果是这样，目标可能是：

- 执行完整的销售功能。
- 促成已部分完成交易的潜在顾客最终成交。
- 告知立即购买的特殊原因（价格、优先选择权等）。
- 提醒人们购买。
- 配合特殊的购买活动。
- 刺激冲动销售。

讯息是否针对近期销售，如果是这样，目标可能是：

- 创建认知。
- 提升品牌形象。
- 灌输信息或态度。
- 打击或抵消竞争性广告。
- 纠正错误印象、错误信息。
- 增强熟悉度和易识别度。

讯息是否旨在建立“长期消费者特许经营权”？如果是这样，目标可能是：

- 建立对公司和品牌的信心。
- 建立客户需求。
- 挑选首选的分销商和经销商。
- 安全广泛的分销。
- 为推出新品牌或产品线建立“口碑平台”。
- 建立品牌认知度和接受度。

讯息是否旨在增加销售量？如果是这样，目标可能是：

- 留住现有客户。
- 将其他品牌用户转化为该广告主品牌用户。
- 促使人们指定该广告主品牌。
- 将非用户转化为用户。
- 将偶然的顾客转化为稳定的顾客。
- 建议新用途。
- 说服用户购买更大尺寸或多个产品。
- 提醒用户购买。
- 鼓励更高的使用频率或数量。

讯息是否针对带来销售的某些特定步骤？如果是这样，目标可能是：

- 说服潜在客户写信要求提供商品信息、返回优惠券、参与活动。
- 说服潜在客户参观展厅，要求展示产品。
- 引导试用（提供试用机会）。

讯息的附加好处有多重要？目标将是：

- 帮助销售人员建立新用户。
- 帮助销售人员从批发商和零售商那里获得更大的订单。
- 帮助销售人员获得首选的展示空间。
- 为销售人员提供销售入口。
- 培养销售团队的士气。
- 使交易留下深刻印象。

是否应该传递完善销售和增强客户满意度所需的讯息？如果是这样，目标可能是使用：

- “哪里可以买它”的讯息。
- “如何使用它”的讯息。
- 新型号、功能、包装。
- 新价格。
- 特殊条款、以旧换新优惠等。
- 新政策（如担保）。

讯息是否应为公司建立信心和好感？目标可能包括：

- 客户和潜在客户。
- 行业（分销商、经销商、零售人员）。
- 雇员和潜在雇员。
- 金融界。
- 广大公众。

公司需要建立什么样的形象？

- 产品质量佳，可靠。
- 服务上乘。
- 多元化产品的家族相似性。
- 企业公民。
- 成长、进步、技术领先。

或不期望重复购买的产品类别中，这可能仍然是合适的（例如，当一个家庭有一个车库甩卖，或在度假目的地的商店出售 T 恤）。

资料来源：Unilever.

并不是每条信息都遵循“认识—感觉—行动”的方法。多芬的这则广告邀请读者通过挑战传统的美的标准来“感觉—认识—行动”。

但如今，正如 IMC 模式展示的那样，很多营销商建立了自己的数据库，详细记录消费者住在哪里、购买何物、喜欢什么和不喜欢什么。当营销商可以与消费者进行对话并建立起一种关系时，模式就不再是金字塔式而是环形的（见图表8-7）。消费者和行业用户以优惠券、电话、电子邮件、社交媒体帖子、调查与购买数据库信息的形式将讯息反馈给营销商。借助互动媒介，反馈实时进行。这些反馈可以帮助营销商改进产品、服务和讯息。[29] 而用于培养品牌忠诚的不断强化的IMC则会使人们回想起使用该产品的成功经验，并鼓励再次使用该产品。

图表8-7
讯息通过广告和其他传播渠道到达顾客，再通过直接响应、调查和购买行为数据返回。营销商的讯息可以根据这个反馈改进

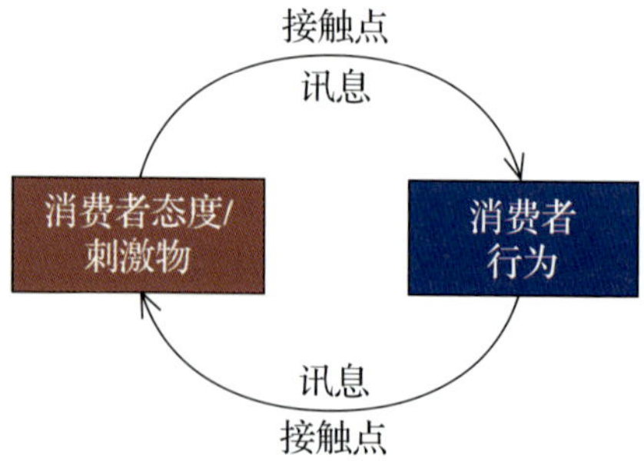

从顾客入手，然后整合其营销传播的各个方面——从包装和店面设计到人员推销、广告、公关活动、特别事件和销售促进——企业希望加速传播过程，使其更有效率，并从优质潜在客户（而不仅仅是一般的潜在客户）那里获得持久忠诚。[30]

IMC 策略和创意组合

IMC目标表明了营销商希望在消费者认知、态度和偏好方面达到的目标；广告（或创意）策略描述了如何实现这一目标。

IMC策略（IMC strategy）融合了**创意组合**（creative mix）的要素：目标受众、产品概念、传播媒体和IMC讯息。

目标受众：所有应该知道的人

目标受众（target audience）指IMC将触及的特定人群，一般比目标市场要大。营销商需要知道谁是产品的最终用户，谁进行购买，谁影响购买决策。例如，孩子常常对一家人到哪里吃饭产生强烈的影响。因此，虽然麦当劳的目标市场是成年人，但其目标受众也包括儿童。为此，麦当劳将大部分的促销预算用于针对儿童的活动。

类似地，虽然公司可能以产品的重度用户为目标，但许多轻度用户和非用户实际上也会接触到该活动。这很好，因为研究表明，品牌普及度（IMC尤其擅长打造）分布在购买频率的各个层次。[31] 主导地位的品牌的购买者主要是重度和轻度用户（见图表8-8）。正是所有这些销售的长期积累才使产品占据主导地位。

产品概念："一系列价值"

营销商呈现给消费者的"一系列价值"就是**产品概念**（product concept）。通用汽车公司最初向两个不同的市场出售相同的卡车，但提出了两种不同的产品概念。索罗德（Silverado）面向广大中产阶层，宣传活动强调其坚固耐用。西拉（Sierra）的促销活动针对的是白领专业人士，强调卡车的高档诉求。[32]

在撰写IMC计划时，品牌经理必须制定一个简单的陈述来描述产品概念，即IMC将如何展示产品。为此，公司首先考虑消费者对产品的感觉，然后将其与公司的营销战略对照。

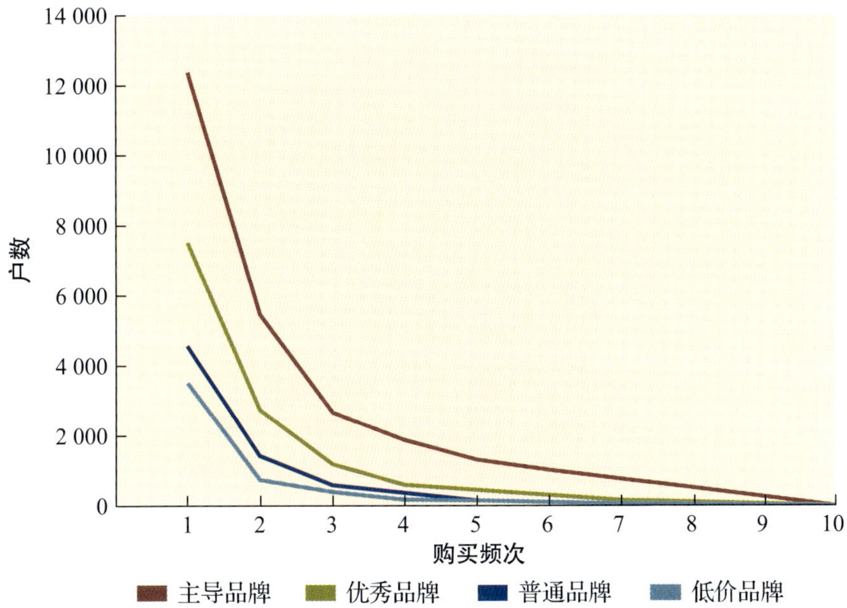

图表 8－8
品牌受欢迎程度

说明：主导品牌在每种购买频次上都是最受欢迎的。

现在，让我们回顾一下第 5 章中对精细加工可能性模型和产品信息卷入度的讨论。几年前，博达大桥广告公司的理查德·沃恩（Richard Vaughn）指出，不同类型的产品通常会引起不同的消费者卷入度（高或低）和不同类型的卷入，无论是认知（思考）还是情感（感觉）。这意味着不同的产品需要不同类型的广告来配合。他创建了一个被称为“FCB 方格”的两层模式，根据“高卷入度”或“低卷入度”以及“思考”或“感觉”的程度，将消费者产品分为四个象限。按照消费者在做出购买决策时对产品的卷入度和卷入类型，广告公司给品牌在坐标中确定对应的位置，从而判断哪种类型的广告最合适。罗西特和珀西拓展了这一研究，这也表明不同的品牌需要实施不同的创意。

最近，学者金（Kim）和洛德（Lord）认识到，人们可以同时既有认知投入，又有情感投入。因此，他们开发了金洛方格（见图表 8－9）。这个方格也展现了消费者在对不同产品做出购买决策时的卷入程度和卷入类型。有些购买行为，比如购买汽车，在认知和情感层面都需要高度的个人卷入。[33] 对于其他产品，如洗涤剂，在这两个维度的卷入度都很低。有时，营销商的广告策略旨在将产品变成在任意一个维度卷入度较高的产品。产品在坐标系中的位置还可以显示产品的购买方式（认识—感觉—行动或感觉—认识—行动）以及撰写何种广告文案（更偏于情感或更偏于理性）。[34]

百事营销人员将激浪视为在购买中情感高度卷入的产品。“我们需要不断地给人们一个选择我们的理由，”一位高管表示，“因为我们不是（可乐）明显的替代品。人们会有意识地选择消费激浪，所以我们努力保持这种定位的纯粹性。”[35]

传播媒体：信息传递系统

传播媒体（communications media）指可用于传播营销商信息的所有工具，是创意策略的一个组成部分，包括广播、电视、报纸、杂志和广告牌等传统媒体，以及互联网、直复营销、公共关系、特别事件、销售促进和人员推销。

激浪的营销人员使用各种媒体为产品创造一个特别的环境。这意味着不仅要在主流媒体上推广产品，在体育赛事上试用产品，还要创造一些特殊环境使得消费者想要

图表 8－9
金洛方格

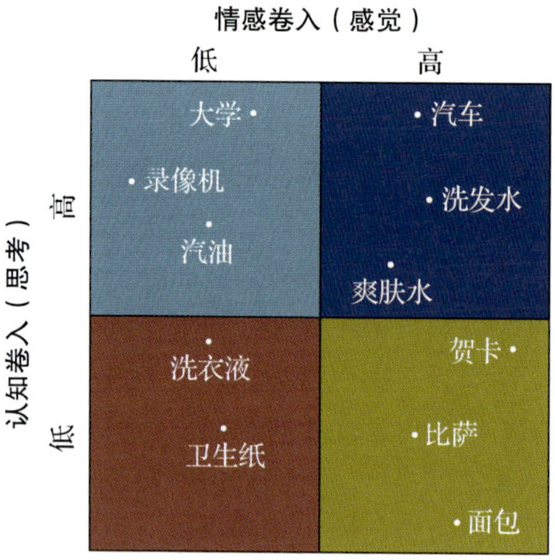

饮用激浪。例如，激浪曾用汽车、广播、电脑游戏试用版、极限运动等作为激浪体验的一部分。有一年夏天，营销人员用“来点激浪”（Do the Dew）纪念品装饰了一节地铁外车厢，并把它拖到全国各地面向年轻人的大型活动上，在那里他们分发滑雪板、装备和T恤等与目标消费群体有关的品牌赠品。

然而，在权衡激浪在草根和大众两方面的吸引力的同时，百事的营销人员意识到并不是所有的青少年都喜欢这些另类运动。这种曾经的“乡巴佬饮料”开始积极面向非洲裔美国人和拉丁裔青年。嘻哈歌手的代言使激浪能够吸引快速增长的少数族裔市场——这也与其目标区域的城市市场相吻合。[36]“激浪是这样一种品牌，其核心同人类对有趣和欢快的需求密切相关，”激浪的一位主管说，“这一基本需求经久不变，因此我们必须坚持这一点，并尽可能保持与时俱进。”[37]

IMC讯息：活动传播什么

企业计划传播的内容以及通过文字或非文字在广告中传播的方式构成了**IMC讯息**（IMC message）。正如我们在第12章中将要讨论的，文案、美术和制作元素的组合形成讯息，并且有无穷的方法来组合这些元素。

激浪不仅通过活动，还通过一支由10名极限运动员组成的团队来使其产品概念人格化，每一名运动员都代表着一项冒险的运动。激浪广告也传递同样的态度。由于长期合作的广告公司BBDO帮助该品牌保持其年轻的感觉，它的广告锐利且大胆，与大型可乐公司品牌形成鲜明对比。在超级碗的一个广告中，一个骑着自行车的激浪小子追上了一只猎豹，并把它摔倒在地。他把手伸进它的嘴里，找到了一罐偷来的激浪。“你这个坏猎豹。”他说。

该广告是在超级碗中收视率排名第二的商业广告。在另一条收视率很高的广告中，激浪小子们制作了皇后乐队的经典歌曲《波希米亚狂想曲》的搞笑版。第三条受欢迎的商业广告叫作《精彩表演》，在一场由激浪小子担任导演的壮观的演出中，精心编排的山地车表演使人回想起20世纪30年代MGM音乐剧的特别盛典。据《今日美国》报道，青少年喜欢这条广告。“怀旧很受青少年欢迎，”百事公司高级副总裁道恩·哈德森（Dawn Hudson）说，“我们尝试通过青少年的眼睛看世界，这样就充满了活力与欢乐。除此之外，品牌不能总是依赖滑板狂欢，激浪应该始终保持对事物的新颖看法，而不是千篇一律。”[38]

广告作品集

创意组合的战略性应用

在营销和广告策划过程中，企业需要认真考虑谁是它们的目标市场，以及谁应该是它们的广告目标。它们还需要考虑广告策略的其他要素。这带来了很多问题：我们试图传达什么产品概念？将使用哪些不同的媒体来传达信息？我们的广告信息的性质应该是什么？一旦决定了这些事情，创作团队就可以开始工作了。

本作品集中的广告展示了一些良好的创造性思维，但更重要的是，表现了一些杰出的战略思维。你能否确定每个广告中强调了创意组合中的哪些要素？

宜家的品牌是简单朴实的。这则广告具有相同的特质，并增加了一点幽默，以促进情人节宜家的商店购物。

资料来源：Inter IKEA Systems B.V.

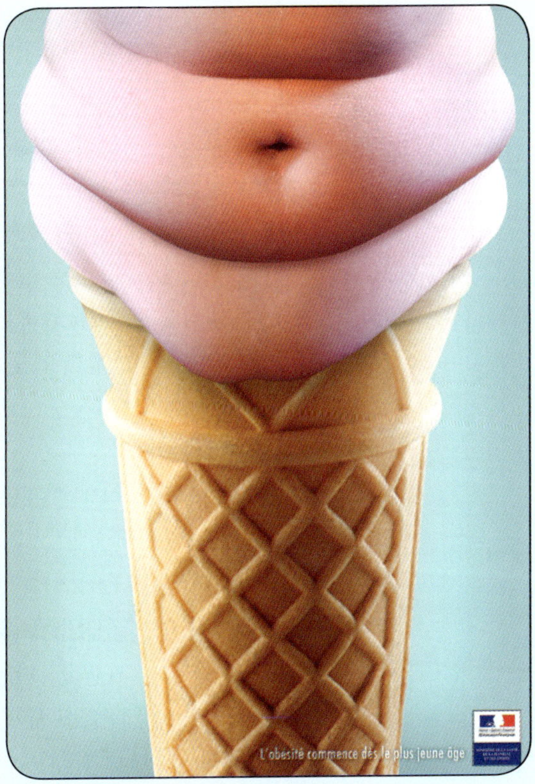

良好的健康来自良好的习惯，这是法国卫生部在促进儿童营养健康的广告中提到的一点。该文案翻译过来就是“肥胖始于年轻时”。

资料来源：Ministère des Affaires sociales et de la Santé.

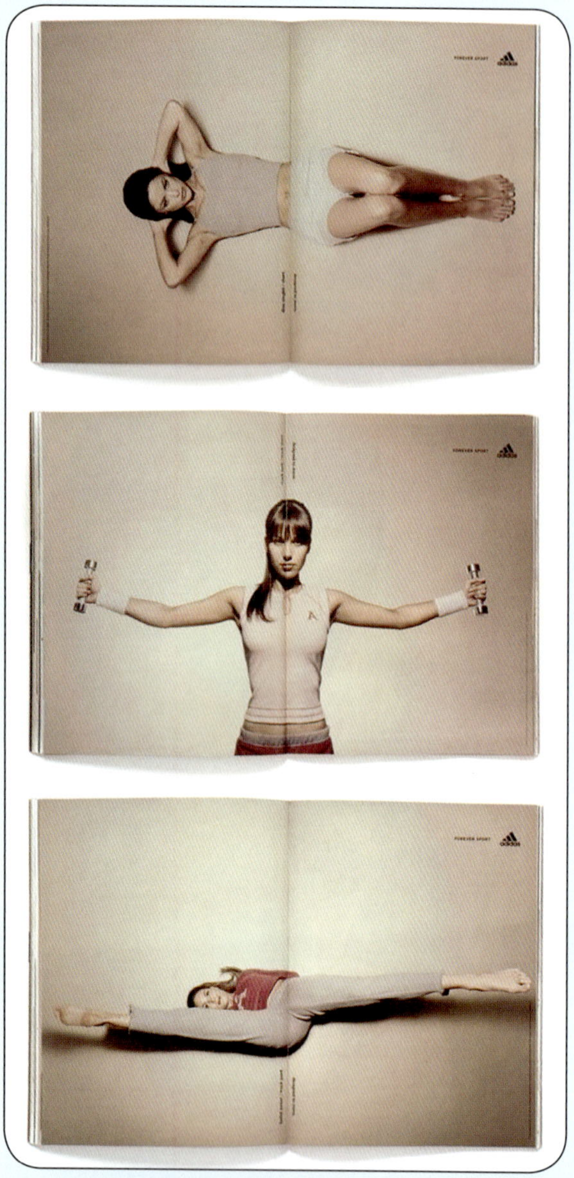

要在杂志上获得最大的影响力，需要大胆、有力的图像。占据两个相邻页面的广告确实很突出，但这种做法的一个不可避免的问题是折页，这将削弱广告的美感。除非你是阿迪达斯，它通过使用折页来增强这些广告创意的吸引力。

资料来源：Adidas America Inc.

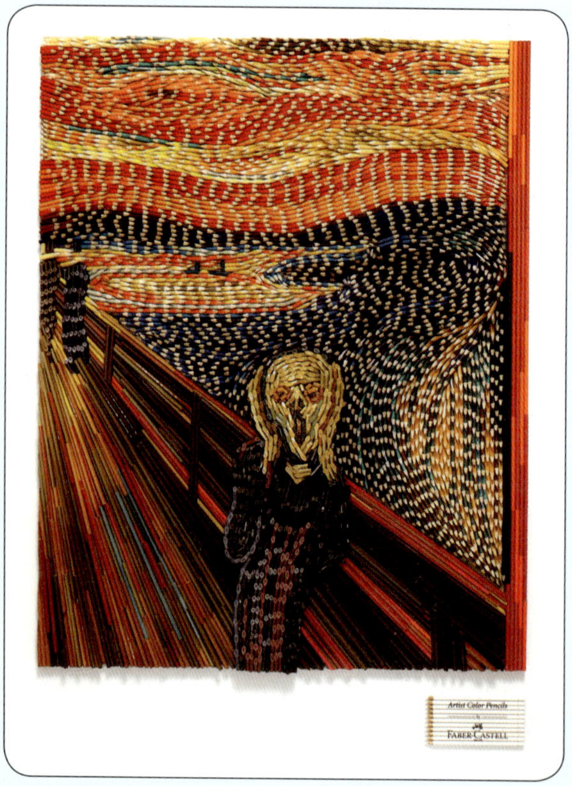

广告的一个很好的用途是展示产品的可能性。优质铅笔制造商辉柏嘉（Faber-Castell）对爱德华·蒙克（Edvard Munch）的名作《呐喊》进行了令人惊叹的重新构思，从而实现了这一目标。

资料来源：Faber-Castell USA, Inc.

使自己成为偶像的一种方法是与其他偶像建立关联。自从这种广告首次出现以来，苹果显然已经取得了标志性的地位。但是，当非同凡想（Think Different）运动在 20 世纪 90 年代末开展时，它还没有引入我们今天所知道的许多技术，包括 iPod、iPhone 和 iPad。

资料来源：Apple, Inc.

BBOD 的首席创意总监特德·萨恩（Ted Sann）说："创意会发展成广告活动，并把它带上下一个台阶。"[39]

销售数据清晰地表明，广告活动起作用了。而且，该活动还有持久的生命力——"来点激浪"是软饮料类别中持续时间最长的活动。即使如此，激浪知道新鲜的创意是其品牌成功的引擎，并继续发展其品牌和讯息。

成功计划的秘诀

无论营销商是大公司还是小公司，计划成功的关键都是信息。但业务成功的精髓还是在于如何解读这些信息。正确的解读会指明正确的前进方向，也会使计划更容易，有更高的回报。

8.5　IMC 预算编制方法

2008 年初，美国和加拿大经历了第一次阵痛——现代历史上最长的经济衰退。消费者信心下滑，房地产销售下降，新房建设放缓，失业率开始上升。更糟糕的是，中东的动荡导致燃料价格上涨。

当销售额下降时，许多高管会削减营销传播预算，有些甚至削减到零。后来，当经济衰退结束时，这些高管会想：为什么销售额仍然下降？他们的公司怎么会失去这么多市场份额？

金钱是每一个营销和 IMC 计划的发动机。如果你突然关掉发动机，汽车可能会滑行一段时间，但不久它就会停止运行。营销部门有一项艰巨的任务，即说服高层管理人员，即使在不利的经济条件下，传播支出也具有良好的商业意义。

IMC：对未来销售的投资

⑤ 解释如何确定 IMC 预算

会计师和美国国税局（Internal Revenue Service）将许多促销支出视为经常的业务支出。因此，当销售额下降时，管理人员将 IMC 作为一个预算项目，像其他支出项目一样进行削减。他们的行为是符合情理的，但缺乏远见。

新工厂或分销仓库的成本是企业对未来生产和配送产品能力的投资。同样，IMC——作为营销组合的一个要素——是对产品或品牌的投资。虽然 IMC 经常被用来刺激即时销售，但其最大的力量在于其累积的、长期的巩固效应。[40]

营销活动能培养消费者偏好并促进好感。这反过来又提高了企业名称和品牌的声誉与价值，促使顾客重复购买。

因此，虽然 IMC 是一项用于会计目的的当期费用，但它也是一项长期资本投资。不过，如果管理层要将 IMC 视为一项投资，就必须了解信息活动与销售和利润之间的关系。

IMC 与销售以及利润的关系

长期以来，经济学家一直研究公司在广告（传统上是最重要的 IMC 要素之一）上花费的金额与随后的销售或盈利能力的增加或减少之间的关系。这样的分析是不完美的，因为它们发生在现实世界中，而不是在实验室里，而且产生于广告研究而不是 IMC 研究的大多数结论被更广泛地考虑。然而，大多数研究的确支持以下原则：

- 在消费品营销中，市场份额的增加与营销预算的增加密切相关。市场份额是盈利能力的主要指标。[41]
- 销售额通常会随着广告的增加而增加。然而，在某一点上，回报率会趋于平稳，然后下降（参见广告实验室“广告对销售的经济效应”）。
- 销售对广告的反应可能会随着时间的推移而增加，但广告的持久性是短暂的，因此持续的投资很重要。
- 低于最低水平的广告支出对销售没有任何影响。
- 即使不发布广告，也会有一定的销售额。
- 广告存在着由文化和竞争引起的饱和限度，超过这个限度，再多的广告也不能增加销售。

广告实验室

广告对销售的经济效应

通常，产品的销售水平与广告支出水平成正比——也就是说，在合理的范围内，你花的钱越多，你卖的就越多（假设广告计划不是太令人反感）。然而，即使是最狂热的广告公司也会不情愿地承认：广告主有可能花了太多钱。

理想情况下，经理们想知道每增加 1 美元的广告费，他们能多卖多少钱，以及额外的广告费用何时不再产生广告效果。他们需要的不是一个代表潜在需求的固定数字，而是一个描述销售和广告投入之间关系的图表或统计方程。

在我们的图中，当我们向右移动时，曲线的大部分是上升状态（斜率为正）。这意味着增加广告支出将继续增加销售，直到（在 X 处）信息变得饱和，以至于人们开始排斥它们并远离产品。

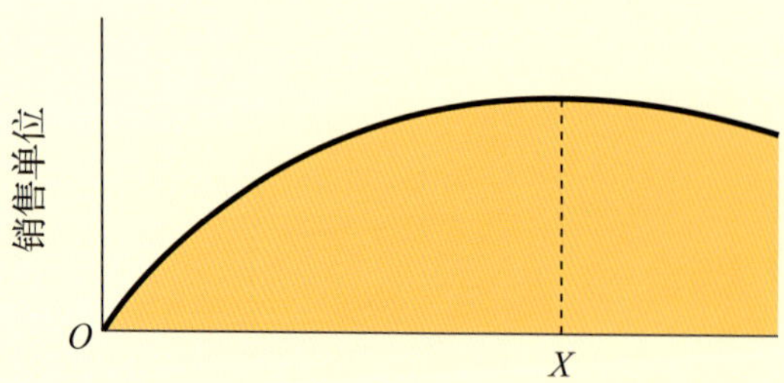

即使在企业能够负担的支出范围内不能达到饱和水平，随着广告支出越来越大，接近饱和点，曲线也可能变得越来越平坦。曲线开始变平的点就是广告回报开始减少的点。当总广告预算很小，即使是增加 1 美元的支出也可能带来多达 10 美元的新销售额；但当市场接近饱和时，每增加 1 美元可能只会贡献 30 美分的新销售额——如果有的话。

实验室应用

1. 广告支出曲线何时出现负斜率？
2. 经济学家认为，销售数量取决于企业在广告上花费的金钱数量。这种设想可靠吗？请讨论。

对管理层来说，上述事实可能意味着，花更多的钱在广告上，直到其不再发挥作用。但事实上，问题并不那么简单。IMC 并不是唯一影响销售的营销活动。导致市场份额发生变化的原因也可能是质量感知、口碑、新产品的推出、竞争性贸易促销、更吸引人的零售店的开设、更好的人员推销、商业周期中的季节性变化或消费者偏好的转变。

2019 年，派勒斯鞋业公司（Payless Shoes）、金宝贝（Gymboree）和科纳烧烤（Kona Grill）都申请了破产。在这之前，玩具反斗城（Toys R Us）、布鲁克斯通（Brookstone）、西尔斯和乐步（Rockport）等其他知名品牌也在衰退，仅仅增加 IMC 的支出并不能改善这一现状。

有一件事仍然很清楚：由于对促销讯息的反应是随着时间的推移而扩散的，IMC 应被视为对未来利润的长期投资。与所有支出一样，应对活动的浪费情况进行评估。但从历史看，在经济困难时期让 IMC 成为替罪羊的公司，最终会在经济再次开始增长之前失去大量市场份额。[42]

反过来同样成立：在经济困难时期的持续支出可以保护（在某些情况下甚至可以增加）市场份额并建立品牌。在上一次全球经济衰退期间，领先的欧洲营销商认识到了这一事实，在意大利、奥地利、德国、法国和西班牙，只有不到 40% 的公司削减了预算。[43]

影响经营的环境变量

在试图确定 IMC 分配之前，品牌经理必须考虑公司的经济、政治、社会和法律状况。这些因素会影响整个行业的销售状况和企业销售利润。经理必须考虑企业的制度和竞争环境。行业内的销售水平如何？竞争对手支出多少？他们正在做的什么事情可能帮助或阻碍企业的营销工作？

最后，品牌经理还必须考虑内部环境。企业现行政策和运行流程能否保证活动履行其预期的承诺？

制定 IMC 预算

大多数企业主管会在 IMC 上投入更多资金，只要他们确信这可以带来更多的利润。然而，在制定预算时，均衡点却很难预测。

公司使用多种方法来确定在 IMC 上的花费，包括销售比率法、利润比率法、销售单位法、竞争对抗法、市场份额法和目标 / 任务设定法（见 IMC 实战模拟“制定 IMC 预算的方法”）。

没有一种技术可以适用于所有情况。以下讨论的三种方法主要用于制定全国性广告预算。当然，地方零售商同样可以使用它们。

销售比率法

销售比率法（percentage of sales method）是制定广告预算最常用的方法之一，它可以基于上年销售额、下一年的预期销售额或两者的结合。这种方法因为很简单，无需任何花费，但又与收入有关，被视为一种安全可靠的方法，所以很受商业人士喜欢。这种方法的难点是要知道使用的比率。如图表 8-10 所示，不同行业的营销支出差异很大。在其中列出的类别中，营销支出从仅占销售额的 2.4% 到近 19% 不等。查看整个图表，你认为哪些因素会导致营销支出占销售额的比率升高或降低？

频次（frequency）
总印象数（gross impressions）
毛评点（gross rating point，GRP）
市场（markets）
配置（mechanics）
媒介（media）
媒介策划（media planning）
媒介载体（media vehicles）
讯息力度（message weight）
方法（methodology）
组合媒介法（mixed-media approach）
资金（money）
驱动值（motivation value）
看见机会（opportunity to see，OTS）
程序化广告（programmatic advertising）
脉冲式（pulsing）
收视率（rating）
到达范围（reach）
每册读者数（readers per copy，RPC）
近期策划（recency planning）
路障式（roadblocking）
溢出媒介（spillover media）
协同效应（synergy）
电视家庭（television household，TVHH）

复习题

1. 哪些要素使得媒介策划变得更加复杂？
2. 在开始策划之前，媒介策划人员首先必须考虑哪些要素？
3. 媒介策划人员可以通过什么途径获得二手调查信息？
4. IMC 法与自上而下媒介策划法有什么区别？
5. 对某一指定的讯息，“适当”的到达范围和频次是什么？
6. 如何计算 GRP 和 CPM？
7. 什么叫媒介组合的 5M，如何决定 5M？
8. 哪些重要因素会影响到对单个媒介载体的选择？
9. 广告客户为什么要使用组合媒介法？
10. 设定媒介排期的主要方法有哪些？

广告体验

1. 媒介策划的多样性

作为在一家大型玩具公司工作的策划人员，你的工作是为 Kitchi Kiss 玩偶的推出购买媒介空间，所有广告调查都表明，这将为公司带来巨大的利润。该产品预计对 5 ～ 11 岁的女孩最有吸引力。你如何将本章“伦理、多样性与包容性”专栏中概述的多元化因素融入你的媒介计划中？

2. 媒介购买服务

传媒业涉及三个方面：策划、购买和销售。媒介策划和媒介购买往往是广告公司的分内之事，而媒介销售代表则代表不同的媒介，与客户、广告公司和媒介购买公司打交道。

请访问以下媒介公司的网站，思考它们对广告主及其广告代理商产生了什么影响，具有什么意义？然后回答后面的问题：

- 戴维斯集团（The Davis Group）：www.thedavis-grouptx.com
- 极致传媒（Initiative Media）：www.initiative.com
- Wavemaker：www.wavemakerglobal.com
- Media Solutions：www.mediasol.com
- Worldata：www.worldata.com
- Zenith：www.zenithmedia.com

a. 上述网站的目标对象是谁？
b. 上述网站有什么目的？是否取得了成功？为什么？
c. 上述企业的目的是什么？
d. 上述公司是否精于某一特定的细分市场（消费者市场、企业市场、农业市场或汽车市场）？

3. 媒介组织

媒介界非常庞大，而且始终处在变化之中。许多媒介巨头拥有多个媒介类别的资产，并在广告界拥有强大的势力。请访问以下媒介公司的网站，并回答后面的问题：

- Valassis：www.valassis.com
- 考克斯企业（Cox Enterprises）：www.coxenterprises.com
- 甘尼特（Gannett）：www.gannett.com
- 赫斯特公司（Hearst Corporation）：www.hearst.com
- 麦格劳－希尔：www.mheducation.com
- 华纳媒体（Warner Media）：www.warnermedia-group.com
- 论坛公司（Tribune Company）：www.tribune.com
- 维亚康姆（Viacom）：www.viacom.com

a. 上述网站的目标受众是谁？

b. 上述组织的规模有多大？业务范围有多大？

c. 上述组织的目的是什么？其网站的目的是什么？

d. 上述组织对广告业有什么意义？为什么？

4. 重读 HIV.gov 开篇故事，回答以下问题：

a. 哪些应该被使用的媒介选项没有被使用？

b. 哪些目标受众不应该成为目标受众？

证明你对这两个问题的回答是正确的。

5. 想象一下，你是一名媒介策划人员，一位客户建议你借助 Snapchat，为青少年提供一些关于防止艾滋病病毒传播的信息。你会如何评估这个请求？对目标受众来说，使用 Snapchat 作为广告媒介的利与弊是什么？做一些调查来证明你的建议是正确的。

本章注释

[1] "Campaigns," HIV.gov, *www.hiv.gov/federal-resources/campaigns/*.

[2] "Prevention IS Care," Centers for Disease Control and Prevention, March 26, 2009, *www.cdc.gov/actagainstaids/campaigns/pic/index.html*.

[3] Ana Swanson, "Video: What Happens When a Man with HIV Asks Strangers to Touch Him?," *The Washington Post,* June 27, 2015, *www.washingtonpost.com/blogs/wonkblog/wp/2015/06/27/video-what-happens-when-a-manwith-hiv-asks-strangers-to-touch-him/*.

[4] AIDS.gov, "Communication Strategy: Internal Working Plan," January 2013, *https://docplayer.net/4673208-Communication-strategy.html*.

[5] Corey McNair, *US Ad Spending: The eMarketer Forecast for 2017,* September 19, 2017.

[6] "The Year's 23 Best Media Plans Sparked Conversation with Next-Level Innovation and Creativity," *Adweek,* September 16, 2018, *www.adweek.com/brand-marketing/2018s-23-most-effective-media-plans-used-next-level-innovation-and-creativity-to-reach-consumers/*.

[7] Yumiko Ono, "Cordiant Puts Hamilton in Key U.S. Post," *Advertising Age,* July 18, 1997, p. B2.

[8] Stephanie Thompson, "Universal McCann Gets $150 Million Nestlé Account," *Advertising Age,* April 12, 2002, *http://adage.com*; Richard Linnett and Jack Neff, "Mindshare Wins $600 Million Gillette Media Account," *Advertising Age,* September 26, 2002, *http://adage.com*.

[9] Alexandra Bruell, "GM Parks $3 Billion Media Account at Carat," *Advertising Age,* January 24, 2012, *http://adage.com*; Alexandra Bruell, "MediaVest Emerges Winner in Cox Communications Review," *Advertising Age,* December 7, 2011, *http://adage.com*.

[10] Lisa E. Phillips, "Trends in Consumers' Time Spent with Media," *eMarketer,* December 28, 2010, *www.emarketer.com*.

[11] Jasper Jackson, "Know Your Audience: How the Digital Native Generation Consume Media," *The Media Briefing,* August 30, 2013, *www.themediabriefing.com/analysis/know-your-audience-how-the-digital-native-generation-consume-media*.

[12] *2018 Accenture Interactive Personalization Pulse Report,* *www.accenture.com/us-en/service-propelling-growth-through-personalization*.

[13] "Business: Hi Ho, Hi Ho, Down the Data Mine We Go," *The Economist,* August 23, 1997, pp. 47–48.

[14] Larry Allen, "The Traditional Media Buying Agency Is Dead," *Business Insider,* January 17, 2012, *www.businessinsider.com/the-traditional-media-buying-agency-is-dead-2012-1*.

[15] Callum Borchers, "In Ad Wars, Clients Want Proof of Success," *Boston Globe,* May 8, 2015, *www.bostonglobe.com/business/2015/05/07/firms-face-new-pressure-deliver/y9gLXbmWHwBkMEqoonlcPM/story.html*.

[16] Rick Klein and Jeff Jensen, "GM's Huge Pact Raises Olympics Bar," *Advertising Age,* August 4, 1997, p. 6.

[17] Christina Merrill, "Media Rising," *Adweek,* November 9, 1998.

[18] Joe Mandese, "Boost for Media Buyers," *Advertising Age,* March 7, 1994, p. 47.

[19] "Display Campaigns," Google, *https://ads.google.com/intl/en_us/home/campaigns/display-ads/*

[20] "Facebook Ads," Facebook, *www.facebook.com/business/products/ads*.

[21] Bob Lauterborn, "New Marketing Litany; Four P's Passe; C-Words Take over," *Advertising Age,* October 1, 1990, *http://rlauterborn.com/pubs/pdfs/4_Cs.pdf*.

[22] Jullie Liesse, "Inside Burnett's Vaunted Buying Machine: Giant Agency Opens Classroom to Integrated Marketing, AA Reporter," *Advertising Age,* July 25, 1994, p. S6, *https://adage.com/article/news/rethinking-media-burnett-style-chart-inside-burnett-s-vaunted-buying-machine-giant-agency-opens-classroom-integrated-marketing-aa-reporter/90860*.

[23] Don E. Schultz, Stanley I. Tannenbaum, and Robert F. Lauterborn, *Integrated Marketing Communications: Putting It Together & Making It Work* (Lincolnwood, IL: NTC Business Books, 1993), pp. 81–82, 108.

[24] Adapted from Donald W. Jugenheimer, Arnold M. Barban, and Peter B. Turk, *Advertising Media: Strategy and Tactics* (Dubuque, IA: Brown & Benchmark, 1992), p. 131.

[25] Donald W. Jugenheimer, Arnold M. Barban, and Peter B. Turk, *Advertising Media: Strategy and Tactics* (Dubuque, IA:

Brown & Benchmark, 1992), pp. 131–33.

[26] Jim Surmanek, *Introduction to Advertising Media: Research, Planning, and Buying* (Chicago: NTC Business Books, 1993), p. 54.

[27] Shula Bigman, "First, Let's Find Out How Media Works: Making Media Accountable Means Creating New Tools," *Advertising Age,* October 5, 1998, p. 40.

[28] Adapted from Jim Surmanek, *Introduction to Advertising Media: Research, Planning, and Buying* (Chicago: NTC Business Books, 1993), p. 106.

[29] Donald W. Jugenheimer, Arnold M. Barban, and Peter B. Turk, *Advertising Media: Strategy and Tactics* (Dubuque, IA: Brown & Benchmark, 1992), p. 135.

[30] Joe Mandese, "Revisiting Ad Reach, Frequency," *Advertising Age,* November 27, 1995, p. 46.

[31] George B. Murray and John G. Jenkins, "The Concept of 'Effective Reach' in Advertising," *Journal of Advertising Research* 32, no. 3 (1992), pp. 34–44.

[32] John Philip Jones, *When Ads Work: New Proof That Advertising Triggers Sales* (New York: Simon & Schuster/Lexington Books, 1995); Colin McDonald, "From 'Frequency' to 'Continuity'—Is It a New Dawn?," *Journal of Advertising Research,* July/August 1997, p. 21.

[33] Hugh M. Cannon and Edward A. Riordan, "Effective Reach and Frequency: Do They Really Make Sense?," *Journal of Advertising Research,* March/April 1994, pp. 19–28.

[34] Hugh M. Cannon and Edward A. Riordan, "Effective Reach and Frequency: Do They Really Make Sense?," *Journal of Advertising Research,* March/April 1994, pp. 27–28; John Philip Jones, "What Does Effective Frequency Mean in 1997?" *Journal of Advertising Research,* July/August 1997, pp. 14–20.

[35] Kenneth A. Longman, "If Not Effective Frequency, Then What?" *Journal of Advertising Research,* July/August 1997, pp. 44–50; Hugh M. Cannon, John D. Leckenby, and Avery Abernethy, "Overcoming the Media Planning Paradox: From (In)Effective to Optimal Reach and Frequency," *Proceedings of the 1996 Conference of the American Academy of Advertising,* pp. 34–39.

[36] Erwin Ephron, "Recency Planning," *Journal of Advertising Research,* July/August 1997, pp. 61–64.

[37] Laurie Freeman, "Added Theories Drive Need for Client Solutions," *Advertising Age,* August 4, 1997, p. S18.

[38] Don E. Schultz, Stanley I. Tannenbaum, and Robert F. Lauterborn, *Integrated Marketing Communications: Putting It Together & Making It Work* (Lincolnwood, IL: NTC Business Books, 1993), pp. 116–22, 132–33; Julie Liesse, "Buying by the Numbers? Hardly," *Advertising Age,* July 25, 1994, p. S16.

[39] "The European Advertising & Media Forecast," *European Advertising & Media Forecast,* April 2006.

[40] Joe Mandese, "Cultures Clash as 'Optimizers' Sort Out U.S. Media," *Advertising Age,* August 4, 1997, p. S2.

[41] Rein Rijkens, *European Advertising Strategies* (London: Cassell, 1992), pp. 86–87.

[42] Special Report: Best Media Plan Competition, "Guerrilla Tactics Get Panasonic Noticed," *Strategy* (Canada), March 27, 2000, p. BMP10.

[43] Todd Pruzan, "Global Media: Distribution Slows, but Rates Climb," *Advertising Age International,* January 16, 1995, p. 119.

[44] Dan O'Leary, "Announcing: 2017 Google Search Click Through Rate Study," *Internet Marketing Ninjas,* July 24, 2017, *www.internetmarketingninjas.com/blog/google/announcing-2017-click-rate-study/.*

[45] Sara Jabbari, "What Are the Different Video Ad Formats Available?" *Pulpix,* June 8, 2017, *www.pulpix.com/insights/blog/what-are-different-video-ad-formats/.*

[46] Neil Kelliher, "Magazine Media Planning for 'Effectiveness': Getting the People Back into the Process," *Journal of Consumer Marketing,* Summer 1990, pp. 47–55.

[47] Kenneth Longman, *Advertising* (New York: Harcourt Brace Jovanovich, 1971), pp. 211–12.

[48] Kevin Goldman, "With Vietnam Embargo Lifted, Agencies Gear Up for Business," *The Wall Street Journal,* February 7, 1994, p. B8.

[49] "The Power of Partnership," NBC Marketing Supplement, *Advertising Age,* November 16, 1992, p. 13.

[50] Kevin Goldman, "Digital Warms Couch Potatoes with Only-on-Sunday TV Ads," *The Wall Street Journal,* November 22, 1994, p. B8.

[51] "US Programmatic TV Ad Spending, 2015–2019 (billions, % change and % of TV ad spending)," *eMarketer,* June 3, 2019, *www.emarketer.com/Chart/US-Programmatic-TV-Ad-Spending-2015-2019-billions-change-of-TV-ad-spending/209351.*

[52] "eMarketer Releases New Programmatic Advertising Estimates," *eMarketer,* April 18, 2017, *www.emarketer.com/Article/eMarketer-Releases-New-Programmatic-Advertising-Estimates/1015682.*

[53] Telmar, July 2006, *www.telmar.com.*

[54] Bionic, *www.bionic-ads.com/planner/.*

[55] Alexandra Bruell, "Inside the Hidden Costs of Programmatic," *Advertising Age,* September 14, 2015, *http://adage.com/article/print-edition/inside-hidden-costs-programmatic/300340/.*

[56] Vivienne Tay, "LOOK Citibank Digital Ad Placement Gone Wrong," *Marketing,* October 19, 2016, *www.marketing-interactive.com/look-citibank-digital-ad-placement-gone-wrong/.*

[57] "Digital Ad Industry Will Gain $8.2 Billion by Eliminating Fraud and Flaws in Internet Supply Chain, IAB & EY Study Shows," *IAB,* December 1, 2015, *www.iab.com/news/digital-ad-industry-will-gain-8-2-billion-by-eliminating-fraud-and-flaws-in-internet-supply-chain-iab-ey-study-shows/.*

[58] Ads.txt—Authorized Digital Sellers, *https://iabtechlab.com/ads-txt/.*

第 10 章

创意策略和创意过程

学习目标

展示整合营销传播策略如何转化为指导创意过程的创意简报和广告讯息策略。本章考察了大型广告活动的特征、思维方式、创意的本质及其在广告中的重要性，以及创意团队的作用。我们还讨论了调查如何服务于创意开发与策划，总结了创意团队所面临的常见问题和陷阱。

学习本章后，你将能够：

1. 解释好创意是如何形成的。
2. 描述如何开发和运用创意策略。
3. 揭示创意如何提升广告。
4. 展示广告人才在创意过程中所发挥的作用。

沃尔玛从根本上改变了零售世界，因为它始终坚持以低价提供多元化的商品。这种方式使其成为全球年收入最高的上市公司。

对于那些与沃尔玛竞争的商店（在这个时代，就是绝大多数商店）而言，找到通向成功的正确策略是一项长期的挑战。有些商店主打单一产品类别，如服装、电子产品、宠物用品或玩具，并在该类别里提供更丰富的选择，有时这种策略会奏效（如美国鹰（American Eagle）），有时则不会（如电路城（Circuit City）、醒目形象（Sharper Image）、玩具反斗城）。另一种更冒险的策略则是正面交锋，就像凯马特（Kmart）、西尔斯和蒙哥马利·沃德（Montgomery Ward）等商店那样，它们已经从一条艰难之路中吸取教训。但是，在沃尔玛的直接竞争对手的“尸首”中，有一家公司找到了繁荣之路，它就是塔吉特。

塔吉特的历史可以追溯到 1962 年，当时代顿公司（Dayton Company）在明尼阿波利斯的郊区开了第一家商店。该公司从此通过开店和收购对手的策略发展壮大。[1] 塔吉特在美国拥有近 1 700 家门店，2019 年在《财富》500 强企业中排名第 39 位，总收入名列美国零售业的第八位。塔吉特确实干得不错，要知道在它实施最大规模扩张的同一时期，沃尔玛也正在征服世界。当其他零售巨头都失败时，塔吉特是如何成功的呢？部分原因在于它是定位策略最伟大的实践者之一，前面的章节曾介绍过这个概念。人人都知道沃尔玛是“大卖场”的代名词，但有的人想省钱，却发现沃尔玛的商品有点普通，有些人则期望一个更有吸引力的购物环境，塔吉特自豪地对这些人宣称：“期待更多，支付更少。”广告口号说明了一切。你会在塔吉特省钱（与许多零售商相比），也会有更多的购物乐趣（与沃尔玛相比）。塔吉特承诺更好的购物体验（口号中的“期待更多”），就是关键。以商品为例，你在塔吉特找到的很多东西，沃尔玛也有，但塔吉特展示它们的方式更多样、空间更充裕。有些东西则是你在沃尔玛或其他地方都买不到的，像 Xhilaration[2] 和 Universal Thread 的家居线产品，还有从 Opalhouse 和 Heyday[3] 定制的系列产品。然后，就是红色，许多的红色。就像塔吉特的高级营销副总裁迈克尔·弗朗西斯（Michael Francis）所说的，“相信我们，红色可以搭配一切”。塔吉特的策略是“占有红色”，让消费者将颜色与品牌联系起来。塔吉特占有红色的一种方式是将该颜色用于零售店铺环境。颜色也在塔吉特的广告中广泛应用，并和其他活动无缝衔接。塔吉特的广告支出在销售额中的占比几乎是沃尔玛的 4 倍。[4] 它的广告有趣又奇特，与沃尔玛更为保守的“硬推销”手法形成鲜明对比。塔吉特采用“生活方式”的主题来鼓励消费者借助产品表达自我，其广告活动非常有效，推动了企业发展。“价值”在不同人眼中有不同的含义，塔吉特富有创意和魅力的广告将该公司定位为一个比竞争对手更令人愉快的购物场所。即使面对着成功的沃尔玛，这一策略仍帮助塔吉特茁壮成长。

本章的重点是广告创意，因为广告是 IMC 的一部分，因此创意人对 IMC 拥有最大的控制权。当然，整合营销传播的其他部分也需要创意。在下一章，我们将讨论整合营销传播中的文案和美术部分。

创意火花通常始于一个由美术总监和文案人员所组成的团队。**文案人员**（copywriter）负责语言讯息，即广告中想象出来的配音员所说的话。**美术总监**（art director）负责非语言方面，即设计，它决定了广告的视觉外观和直观感受。这两类人一起在创意总监（通常是上一任文案人员或美术总监）的管理下工作，**创意总监**（creative director）负责最终的创意成品——广告讯息的形式。在大型广告公司里，一个创意总监领导多个创意小组，在小公司里，创意总监的团队可能只有一个人。作为一个群体，他们被统称为**创意人**（creatives）。

10.1 什么造就了好创意

1 解释好创意是如何形成的

想想你见过的一些很棒的、让你印象深刻的广告。这些优秀广告的共同点是什么？在你看来，什么样的广告算得上好广告？

历史上的经典广告可以提供一些线索：想想大众著名的“想想小的好处”、戴比尔斯的“钻石恒久远”、伊卡璐（Clairol）的“她染了还是没染？”（Does she or doesn't she?）、汉堡王的“带它上路”（Have it your way），还有可口可乐的“地道好物”（The real thing）。到底是什么让这些广告成为经典？

这是一个非常重要的问题。已有研究表明，用户“喜欢广告”的态度能预测广告成功。难怪广告公司都想制作出人们喜爱的广告。但是，被喜欢的广告就一定是好的吗？

明亮的彩色图案、几何图形、图文的强烈对比，都是富有创意的好广告的品质，它们不仅能吸引受众的注意力，还帮助塔吉特定位为“高档”的折扣商店。

资料来源：Target Brands, Inc.

无论是广告牌、印刷广告，还是 Instagram 故事、网络广告，好广告确实具有一定的共性。我们可将其归纳为两个方面：受众震撼力（audience impact）和策略相关性（strategic relevance）。

震撼力维度

广告必做的第一件事是捕获受众的注意力，接着抓牢它。所以，一个好广告能震撼到目标受众。它会引发共鸣。

为什么？因为“爆点”(boom) 效应。

当一门大炮发出“轰”的一声，它立刻吸引了你的注意力。广告也是如此，它带来惊讶，也就是你的一声“啊哈”。它不光能吸引你的注意力，还能激发想象力。从这个意义上说，它就像伟大的艺术，邀请你驻足并开始思考。

广告出于不同的原因带来震撼。看看塔吉特的广告，大胆的撞色、模特的表情，还有文案，例如“有关温暖的一切”（all about warm）、“有关闪耀的一切”（all about sparkle）。下面这则广告即使对塔吉特而言也很不寻常，因此我们仔细审视一下。这则广告中的颜色和熟悉的标志传达出塔吉特的许多信息。诸如此类的广告帮助零售商自信地宣称你应该“期待更多”。这就是引起共鸣。

资料来源：Target Brands, Inc.

塔吉特传递其提供绝妙购物体验理念的方式之一是使用富有吸引力的绝妙广告，体现在颜色的应用、模特的姿势与表情上。

资料来源：Ultimate Fitness Group.

橙色原理（Orangetheory）的广告通过展示人们更强壮、更健康的身体所能提供的回报，强调做出改变的动机。

可惜大多数广告，无论是提供信息还是寻求改变，都没有什么震撼力。因为它们缺少“大创意”（big idea）或者掉进了“执行”的坑。它们要么文案缺乏灵感、视觉效果不吸引人，要么制作不够精良。消费者视它们为浪费时间，广告主则认为浪费金钱。

相关性维度

好广告的第二个属性是策略相关性。一个广告可能促使你思考，不过它让你思考什么呢？一个经典的广告战役是塔可钟快餐的“我想要塔可钟”（Yo Quiero Taco Bell），里面有只会说话的吉娃娃狗。这个广告激发了人们的想象力，但它也强化了一种错误感受——人们喜欢的是可爱的狗狗，而不是菜单上的菜品。

每个创意小组所确定的表达语气、词语和想法，其背后都有一个广告战略。广告成品必须与战略相关，否则就会失败——即使它有时引起观众的共鸣，也就是说，它可能有很好的娱乐性，但它不是好广告。真正的好广告总是会完成战略任务。

让我们回忆一下第 5 章对消费者动机的讨论。一种是被动生成的动机，如回避问题或解决问题，这是许多优秀广告的基础。广告可以通过高度**信息性**（informational）策略来建立相关性，即提供解决问题的方式（例如一家健身馆的广告标题是“想减掉 30 磅？”）。还有一种动机是主动生成的动机，如消费者寻求感官享受、智力挑战或者社会认可。这时的广告会采用**转换性**（transformational）策略，即运用正向强化机制带来奖赏（如微软公司为 Office 系统所做的广告的标题是“我想做得很棒”，后面接着一个理由，比如“为 VIP 客户做提案”或“我能在学校拿 A”）。

相关策略的最好例子也许是搜索引擎广告的成功。正如我们将在第 14 章中指出的那样，谷歌广告可能不是最漂亮的，也不是最有创意的，但它们总是相关的，因为谷歌根据用户在搜索框里输入的词条来显示广告，谷歌的巨额营收表明，当一条整合营销传播讯息是相关的，人们就会做出回应。

让我们来看看塔吉特及其广告代理商的广告战略。接着，我们将看到广告战略如何转化成讯息策略和大创意，并最终转化为有效的广告。

10.2 开发和实施创意策略

❷ 描述如何开发和运用创意策略

回忆一下第 8 章，创意策略包括四个要素：目标受众、产品概念、传播媒体以及 IMC 讯息。

塔吉特的**目标受众**（target audience）是谁？塔吉特聚焦注重价值的购物者，通常是 25 ～ 49 岁有家庭的成年人。他们寻求的商品比大减价商店里常见的东西更好一点，这些购物者不算贫穷，但他们也希望省钱（塔吉特公司称他们的购物者家庭收入中位数为 6 万美元）。这个群体是塔吉特公司的主要市场，即产品的销售对象，塔吉特肯定希望他们看到并喜欢广告。由于塔吉特提供价值，也提供时尚感，所以 18 ～ 25 岁的人群是另一个重要市场，虽然这个群体整体上没有第一个主要市场消费那么多，但他们是影响力中心（关键影响者）。这个群体是次级目标市场。当然，随着时间推移，18 ～ 25 岁的人群也最终会进入主要目标市场。

塔吉特的**产品概念**（product concept）是什么？塔吉特被形容为“低价时髦”（cheap chic），换句话说，它是一个吸引有时尚感的人的大众化卖场。商店本身体现出产品概念，而且塔吉特公司持续改进购物体验。它是怎么做的？开设服务社区的小商店，不断地开发公司的独家品牌，整合线下和线上购物方式。[5]

在**传播媒体**（communications media）方面，塔吉特将近 3/4 的广告费用于电视广告和报纸广告。电视是进行全国性品牌塑造活动的绝佳选择，报纸则适合向本地消费者告知当地塔吉特的促销信息。还有些钱花在户外和广播广告上，消费者可以在开车时接触它们。和许多公司一样，塔吉特也在增加数字媒体，包括电子邮箱、Instagram 和脸书方面的支出。

塔吉特的 IMC 讯息是什么？简单来说，讯息策略取决于公司想说什么以及想怎么说。塔吉特的广告主张双重利益："期待更多，支付更少"。沃尔玛的广告以产品为中心，塔吉特的广告则强调消费者及其生活方式，这进一步加强了"期待更多"的利益点。为了有效实现它，广告讯息必须激发一种高质量的感觉。所以广告创意团队选择的讯息策略是简洁、深刻、有趣、可信，最重要的是与众不同。

在创意工作开始之前，广告公司和客户必须理解并同意整合营销传播策略的四个要素——目标、产品、媒体和讯息。在大多数广告公司里，客户管理团队负责制定广告活动策略。有的大型广告公司会由客户企划人员花大量时间研究市场，然后他们根据客户经理的指导来准备活动策略，由其批准。当策略开发任务完成后，客户主管准备一份创意简报，将策略传达给创意部门。

撰写创意简报（文案大纲）

当讯息目标和策略确定后，客户经理要写一份策略的简要说明。**创意简报**（creative brief）是创意团队撰写和制作广告的指南。有些广告公司称其为文案大纲（copy platform）、工作计划（work plan）或者文案（创意）策略单（copy（creative）strategy document）。不管叫什么，它都是一个简要的书面陈述，说明在制订广告计划过程中所需要考虑的最为重要的事项：谁、为什么、是什么、何地、何时。

- 谁？——基于行为、地理、人口统计和心理变量细分的潜在用户是谁？典型客户的个性是什么？确定"谁"的目的是明确广告所针对的个体的重要特质。
- 为什么？——消费者是否有广告应该吸引的特定需求或需要？营销人员一般采用两大类诉求：**理性诉求**（rational appeal）针对消费者向产品或服务提出的实际功能性需要；**情感诉求**（emotional appeal）针对消费者的心理性、社会性或者象征性需要。关于这些类别的具体诉求案例见图表 10－1。

图表 10－1
整合营销传播诉求举例

需要形式	理性诉求	情感诉求	
自我实现	更多休闲机会 操作或使用中的高效	野心 避免费力的任务 好奇心 娱乐	反馈的乐趣 简洁 运动 / 游戏 / 身体锻炼
尊重	质量上的可靠性 使用上的可靠性 增加收益的多样性选择	对个人外表的骄傲 对占有的骄傲	风格 / 美感 品位
社会	洁净 购买的经济实惠	合作 对他人奉献 内疚 居家舒适 幽默	浪漫 性吸引 社会成就 社会认可 同情他人
安全	耐用性 保护他人安全	恐惧 健康	安全感
生理	休息或睡觉	胃口	个人舒适感

- 是什么？——产品的哪些特色将满足消费者的需求？公司提出了什么“证据”来支持其主张？产品如何定位？产品或公司可以或者已经被赋予了什么样的个性、形象？
- 何地与何时？——将在何时何地传达这些讯息？通过何种媒体？在一年中什么时候传达？在本国哪些区域？
- 最后，广告活动将采用什么风格、方式、调性？文案将大致说些什么？

宝洁和李奥贝纳所采用的创意简报，分为三个部分：

1. 目标陈述。有关这个广告活动要完成什么任务或者要解决什么问题的具体而简明的描述。目标陈述还包括品牌名称和对目标消费者的简要描述。举例如下：

> 本活动将让具有价值意识的消费者相信，塔吉特商店为他们提供了一种省钱的日常购物方式，此外，塔吉特还提供了让生活更美好的大量商品。

2. 支持陈述。简要描述支持产品承诺的证据。举例如下：

> 塔吉特公司定期投放的两类广告提供了证据。包括插页广告在内的报纸广告向消费者展示了塔吉特在售商品的低价；电视广告强调塔吉特提供的日常产品的质量和价值。电视和报纸广告不仅关注产品本身，还传递出塔吉特的产品让生活变得更轻松、更美好的理念。社交媒体也将强化价值和更美生活的理念，宣扬即使对于预算紧张的家庭而言，塔吉特的产品也能点亮生活。

3. 调性或者品牌性格陈述。关于广告基调或者品牌长期特征的简要陈述。调性是对短期广告战略的情感描述，品牌性格是对长期的品牌价值的描述，即赋予产品成为品牌资产的东西。调性描述可以这样措辞：

> 塔吉特广告的调性应该传达出乐观和精力充沛的个性品质。广告应表明塔吉特理解消费者以及他所面临的生活挑战，消费者在塔吉特购物充满乐趣，塔吉特是符合购物者个性和生活方式的高性价比购物场所。

品牌性格描述也可以这样措辞：

> 塔吉特能够在一个优雅且有品位的商店里为消费者提供大量的多样化和高性价比的商品。塔吉特是购物者能够省钱并享受有趣购物体验的地方。

创意部门收到创意简报后，整合营销传播策略的制定过程就结束了。这也意味着下一步的开始：广告活动创意过程。创意团队制定讯息策略，开始寻找大创意。写完第一条广告讯息后，文案人员应该再次核对创意简报，检查讯息是否符合共鸣和震撼力标准。如果不够，团队必须重新开始。

讯息策略的要素

有了创意简报，创意团队就可以开发创意想法。第一步是创建一个讯息策略。

讯息策略（message strategy），或称**基本原理**（rationale）是对广告活动的整体创意方式的简单描述和解释——一个广告活动说什么、如何说以及为什么说。讯息策略有三个组成部分：

- **语言的**（verbal）。广告讯息应该说什么的指导方针、影响词语选择的因素以及文案同承载讯息的媒体的关系。
- **非语言的**（nonverbal）。广告活动中图像的基本属性、必须用到的视觉元素以及图像与显示讯息的媒体之间的关系。
- **技术的**（technical）。首选的执行方法和操作结果，包括预算和进度限制（通常由媒体方控制），还有一些**必需要件**（mandatories），比如公司地址、标志和口号等。

上述讯息策略的各个部分交织在一起，因此它们通常会同步推进，语言影响形象，反之亦然。然而，语言因素是许多广告活动的起点。

讯息策略帮助创意团队向客户经理阐述活动概念，并帮客户经理向广告客户解释创意工作。当然，讯息策略必须符合创意简报中的策略框架，否则很可能会被否定。

在讯息策略的开发中，有些基本问题需要回答：市场是如何划分的？产品如何定位？谁是该产品的最佳潜在用户？消费者的主要利益点是什么？产品（或公司）目前的形象如何？产品的独特优势是什么？[6] 此时，研究数据很重要，研究有助于创意团队回答这些问题。

10.3 创意如何加强整合营销传播？

什么是创意？

在塔吉特的广告活动中，形象、文案甚至幽默的有力运用显示出创意如何增强整合营销传播。不过，创意或者创意过程到底是什么？创意的作用是什么？创意从何而来？

③ 揭示创意如何提升广告

创意，这个看似简单的概念，定义却难以捉摸。社交媒体专家李·奥登（Lee Odden）写道："创意是以独特的、引人注目的和意想不到的方式看待和传播点子。"[7] 营销专家大卫·米尔曼·斯科特（David Meerman Scott）认为创意包括"发现别人没发现的形式，并能有效地传播它们"。作家赛思·戈丁（Seth Godin）给出了针对创意的创新性定义，提出创意包括想象和思考。"这可能不对，"作家丹尼尔·平克（Daniel Pink）争辩道，"创意给了世界一些它所不知道的自己缺失的东西"[8]。创造意味着开创，是指构思一个以前不存在的事物或想法。不过通常而言，**创意**（creativity）被认为是将两个或两个以上的，以前不相关的事物或想法结合成新东西。

许多人以为创意直接迸发于人类的直觉，但是创意也可以从训练有素的方法中产生。我们将在本章讨论这种方法。

创意在整合营销传播中的作用

企业通常会选择具有鲜明创意风格的广告公司，它们以大胆创新的理念而闻名。创意不仅对广告的告知、说服和提醒等基础目的很有用，还对"爆点"效应至关重要。

创意有助于讯息告知

创意极大地提升了广告信息告知的能力。好的创意能让广告更加生动，许多研究者认为生动能够吸引注意力、保持兴趣，并激发思考。[9] 一个常用的技巧是使用文字游戏以及语言或视觉隐喻。比如“非同凡想”(Think different，苹果)、“进无止境”(Go further，福特汽车)、“你会得到很好的照顾”(You're in good hands，安联保险)。隐喻用一个熟悉的概念来描述另一个概念，帮助观众了解产品。[10]

其他创意技巧也能提升传达讯息的能力。文案人员和美工必须根据社会意义来安排视觉和语言信息，这样读者或者观众可以轻易地用普遍接受的象征符号来理解讯息。例如灯光、模特的姿势、背景和服装等审美方面的线索，可以通过非语言方式快速地提示观众一则时尚广告表现的是浪漫旅程还是体育赛事。[11]

像这样的户外广告只用很少的文案就传达了大量信息。塔吉特如何在这块广告牌中巧妙地融合了创意设计，同时又不动声色地暗示了商品丰富的选择性？灯光、模特姿势、背景和服装的审美线索可以快速向观众传达非语言讯息。

资料来源：Target Brands, Inc.

创意有助于信息说服

古人创造了神话传说和英雄人物，它象征了影响人类行为和思想的本能欲望与原始恐惧。为了激励人们行动起来或产生某种态度，文案人员也创造了新的神话和英雄，比如万宝路(Marlboro)“牛仔”和劲量兔(Energizer Bunny)。一个有创意的故事或人物角色可以在集体心理中为产品建立独特身份，这是帮助产品击败竞争对手的关键因素。[12]

创意也有助于将产品定位在消费者心理阶梯的顶端。比如，本章的塔吉特广告通过隐喻暗示，日常产品可以创造性地组合在一起让生活变得更美好。更高级的表达形式创造出更宏大的印象，当这一印象在市场中流传开来，产品的感知价值同时上升。

语言讯息必须借助非语言信息要素来增强说服力。艺术家们掌管这些要素（例如色彩、布局和插图），以增加生动性。研究表明，在印刷和数字媒体中，信息图表(info graphics，指彩色的说明性图片、表格等)可以提高质量感知。[13]艺术作品还可以激发情绪。色彩经常激励消费者，这取决于他们的文化背景和个人经历（参见广告实验室“色彩的心理影响”）。

广告实验室

色彩的心理影响

民族来源和文化会影响色彩的偏好。比如红、黄、橙等暖色会激发、唤起和产生积极的反应。特定的色彩组合还富有民族内涵。比如带有红色和金色能让人想到中国，蓝绿色和米黄色则与美国西南部的印第安部落联系在一起。

颜色可以传达生活方式偏好。鲜艳的原色（红、蓝、黄）与白色条纹并列，散发出果断的气息，经常在体育赛事中作为参赛队伍的代表色。继而这些颜色与运动生活方式联系在一起。

我们体验的四季的色彩可以指导色彩的组合，预测人们特定的季节服装或建筑装饰用色。例如，黄、绿和浅蓝等春天的色彩暗示着清新而昂扬的个性；深蓝色、深紫罗兰和黑色等冬季色彩，则与冷静的、深沉的气质联系在一起；因为我们通常睡一觉后觉得神清气爽，所以早晨的颜色——翠绿色、覆盆子红色和淡黄色象征着能量；而当我们回家放松时，日落的柔和颜色成为主角，从而桃红色、蓝绿色和红橙色就与放松、反思等情绪联系在一起。有些颜色的意义较为模糊，紫罗兰色和叶绿色处于冷暖之间，其意义取决于明暗度。

以下是更多的发现：

红色。血与火的象征。是人们最喜爱的颜色之一，仅次于蓝色，但比蓝色用途更广。它是最热烈的颜色，具有最高的行动指数，常用于汤类、冷冻食品和肉类。

棕色。男性气质的色彩，与土地、林木、成熟、年龄、温暖、舒适相连，可用来销售任何东西，甚至化妆品。

黄色。强烈吸引消费者眼球的颜色，尤其当与黑色搭配使用时，适用于玉米、柠檬或防晒产品。

绿色。健康和新鲜的象征，环境友好型产品爱用。

蓝色。最有吸引力的、最冷的颜色，用于冷冻食品，如果是浅蓝色，会变得“甜”起来，如卢云堡啤酒（Lowenbrau beer）、旺德拉面粉（Wondra flour）。

黑色。传达精致感和高端感，刺激昂贵产品的购买，适合作为背景和其他颜色的衬托。

橙色。最“能吃”的颜色，尤其略带有棕色调的橙色，让人想起秋天和好吃的东西。

实验室应用

说明本书中的彩色广告图片或包装所引发的情绪或感觉。

因此，毫不奇怪，塔吉特的前首席市场营销官迈克尔·弗朗西斯想让这家零售商“占有红色”。什么意思？当你在广告中看到红色，即使还没识别品牌，你也应该能预测到这是塔吉特的讯息。[14]

创意有助于 IMC 提醒

想象一下，用同样的方式邀请人们一而再再而三、年复一年地尝试你的产品，没有任何创新，你的邀约很快就会失效。只有创意才能将令人乏味的提醒变得有趣和好玩。耐克就是一个明证。许多耐克的广告战役从来不提公司的名字。相反，它们讲故事。识别出出资者的唯一提示是一个对钩标志。耐克的一位发言人表示，“鉴于耐克的标志如此知名”，这种做法并无风险。[15]我们每天都被有创意的软饮料、零食和谷物广告所逗乐，这些广告只是为了提醒我们再去放纵一次。

创意为广告带来“爆点”

成功的喜剧通常都有一个爆点，或者叫笑点。当笑话在一个绝妙的文字游戏或者抖包袱中完成，当观众突然明白并表示赞同时，这就是笑点的精准时刻。

好的笑点来自日常生活的创新性视角，再加一点夸张，然后带来惊喜。伟大的广告做同样的事。以弗洛（Flo）形象而闻名的长期广告战役运用了所有这些元素来塑造前进保险的品牌形象。

爆点并不总是好笑。它可能来自对一个意想不到的双关含义的瞬间明了，就像塔吉特广告那样，或者来自戴尔在社交媒体上那些有趣又吸引人的回复，或者来自添柏岚靴子广告照片中美妙绝伦的自然风光。在 B2B 广告中，爆点可能来自突然意识到某种新高科技产品能提高工作环境生产力。简而言之，爆点元素来自多方面，但它总是要求创意的参与。

好消息是爱尔兰有蛇？奥迪是这么认为的。这家汽车制造商瞄准爱尔兰消费者推出了一则能引发共鸣的广告。很棒的设计，一个让读者驻足的标题，这一切都完全出乎意料。这就是爆点元素在起作用。

资料来源：Audi of America.

理解创意思维

有些人可能比别人展露出更多的创意思维，但我们每个人都不乏创意。经过数百万年的发展，创造力使我们的祖先得以生存。作为个体，每当我们试图解决一个问题或者创造一些美好的、有意义的东西时，我们就是在发挥天生的创意。

思维方式

德国社会学家马克思·韦伯（Max Weber）提出，人们用两种方式思考：一种是客观的、理性的、基于事实的方式，一种是定性的、直观的、基于价值的方式。有时我们同时使用这两种方式。买车时，我们会考虑价格、里程和保修服务，同时也会考虑造型、美观以及别人会怎么评价我们的购买。第一套评价标准依赖于我们理性的事实型思维方式，第二套标准依赖于品位、直觉和情感。

罗杰·冯·奥克（Roger von Oech）将这种二分法定义为硬思维和软思维。硬思维指的是逻辑、理性、精确、一致、工作、现实、分析、特殊性等概念，软思维指的是那些不太有形的概念，如隐喻、梦想、幽默、暧昧、游戏、幻想、预感。从硬思维的角度来说，事情会分对错、黑白；而从软思维的角度，可能有多个正确答案、有许多灰色地带。[16]

事实型思维与价值型思维

大多数理论将思维分为两大类：价值型或事实型。让我们更仔细地探讨一下。

偏好**事实型**（fact-based）思维方式的人倾向于将概念分解成单个元件，并分析情况以求最佳解。虽然事实型思维的人也具有创造力，但他们往往是线性思考者，更喜欢事实和数字，即可以分析和控制的硬数据。他们不喜欢模棱两可，喜欢逻辑、结构和效率。

相反，**价值型**（value-based）思考者根据直觉、价值和道德判断来做决策。他们能够更好地应对变化、冲突和矛盾，这从根本上依赖于融合各种概念的能力。例如，价值型思考者试图将群体内的不同想法进行整合从而达成共赢，他们擅长运用想象力来产生一连串的新点子，并综合现有的概念以创造新事物。

思维方式如何影响创意

如果创意团队偏爱价值型思维方式，那么他们会做出像塔吉特那样的广告——情感的、隐喻的。假如客户也喜欢这种思维方式，那没问题。

资料来源：Target Brands, Inc.

优雅和价值。这样的广告让塔吉特的承诺显得可信，它的顾客可以同时期待这两样，也被软硬思维同时吸引。

另外，偏爱事实型思维的客户通常会寻找务实的、挑剔的广告公司。其作品的特点是简单、直截了当的版式，理性诉求以及大量的数据。事实型的客户会觉得价值型思维的广告让人不安。

盛世长城为惠普激光打印机所做的广告曾引起内部争议。广告模拟了访谈，演员扮演起苦恼的客户，谈起他们无暇考虑自己的打印机事宜。“惠普公司内部有些人对广告活动的方向感到不适，”惠普的营销传播经理阿琳·金（Arlene King）说道，“因为我们是一家高科技公司，广告却没有关注任何科技方面。”[17]

价值型思维引导了许多塔吉特广告的创作。这些讯息是情绪化的，远离具体的产品事实。但是塔吉特的广告不能轻易归类。这则广告和其他广告都切中即时而重要的话题。

资料来源：Target Brands, Inc.

创意团队需了解广告的目标受众。在某些细分市场（比如高科技），客户可能偏向一种特定的思维方式，这会决定广告采用哪种方式。

我们将在下一章讲到，最好的美术总监和文案人员都会使用这两种思维方式来完成任务。在创意过程中，他们需要运用想象力（即价值型思维）来发展各种概念。但是为了选择最佳方案并搞定工作，他们必须使用事实型思维。

10.4 创意过程

4 展示广告人才在创意过程中所发挥的作用

创意过程（creative process）是逐步推进的，先发现原始的想法，再以新的方式重组现有的概念。遵循这一步骤，人们可以提高自身的能力去挖掘灵感、交叉思考和选择胜出的点子。

新一代的创意人将面对日益复杂的世界。当他们帮助客户与高度分散的目标市场建立关系时，必须应对整合营销传播的诸多挑战。他们需要了解影响广告的各种新技术，还必须学会如何针对新兴的国际市场做广告。要做到这些，创意人需要一个能简单地处理复杂情况的模型。

多年来，许多创意过程的观念被提出。它们大多数是相似的，但每种模式都有其独特的优点。罗杰·冯·奥克发表了一个四步创意模型，许多《财富》100 强公司都采用这一模型。它能灵活适用于事实型和价值型思考者。冯·奥克描述了四个想象的角色（探险者、艺术家、法官和战士），每个美术总监和文案人员在创意过程中的特定时刻都需扮演这四个角色[18]：

1. 探险者收集信息，关注不同寻常的模式。
2. 艺术家尝试各种方法，寻找原创想法。
3. 法官评估各种尝试结果，决定哪种方法最实用。
4. 战士战胜借口、点子杀手、挫折和阻碍，最终诞生创意概念。

探险者角色：收集信息

文案人员和美术总监需应对创造广告讯息，也就是编码过程的挑战。但他们首先需要点子的原材料：事实、经验、历史、知识、感受。

担任**探险者**（explorer）角色的创意人检查他们所掌握的信息，回顾创意简报和营销、广告计划，研究市场、产品和竞争者，可能还从公司的客户经理和客户方人员（销售、营销、产品或者调查经理）那里寻找额外的信息。

培养洞察力

重要的是，当创意人扮演探险者时，他们将离开老路，从特别的新地方寻找信息，发现新点子，识别不寻常的模式。一位塔吉特广告的评论者问道，如果没有安迪·沃霍尔（Andy Warhol）的影响，塔吉特的广告活动或者店铺设计能否实现？十有八九，答案是不行。塔吉特广告的创作灵感肯定来自美术界。

资料来源：Target Brands, Inc.

相比大多数零售商，塔吉特在全国性品牌推广上投入更多。但它也没忽视报纸广告，左侧的这种广告通常强调和顾客密切相关的促销、特价和降价。

冯·奥克建议采用“洞察态度”（insight outlook）（相信“好的信息是可得的，并且你拥有发现和使用它的能力”的积极信念），这意味着向外界开放、接受新知识。点子无处不在：博物馆、美术馆、五金店和历史书。来源越多元，你会发现原创概念的机会越大。

萨姆·加农（Sam Cannon）在数字广告公司睿域（Razorfish）领导创意团队。他认为，创意来自约束，通常是创意简报的约束。限制，而不是无拘无束的想法，才能带来深刻洞察。他告诫人们警惕习惯，“如果你习惯喜剧，那么停止你的下一个任务，尝试做点更严肃的事”，“换个角度，看看它把你引向何方”[19]。

了解目标

哲学家约翰·杜威（John Dewey）说过：“一个表述清楚的问题就解决了一半问题。”这就是为什么创意简报如此重要。它确定了创意人所寻找的东西。创意人通常在探险阶段就开始研究讯息策略，这有助于他们确定自己该寻找什么。

为了让创意源源不断，大部分文案人员和美术总监拥有大量的获奖作品集和行业杂志，许多人还保留一个自己喜爱的广告备忘录，以便找到方向。

创意总监康纳·巴迪（Conor Bady）提供了一些启动创意思维的具体建议：“远离电脑，小组一起走出办公室，一起社交，喝着啤酒讨论问题，期待好运，思考数码之外的东西，看一场电影或者戏剧，了解其他人如何解决问题。”[20]

头脑风暴

作为探险者，创意团队首先要寻找大量的点子。一种技巧是**头脑风暴**（brainstorming），它是两个或更多的人聚在一起产生新想法的过程。头脑风暴通常是突发的灵感来源。要想成功，它必须遵循几条规则：所有的想法都不能被评判（没有一个点子是“错的”），所有的想法都要写下来，以备日后审查。头脑风暴的目的是记录任何想到的灵感，心理学家称之为自由联想，让每个想法有机会刺激另一个。冯·奥克还为探险者贡献了其他技巧：离开自己地盘（在圈外和业外找灵感），转移注意力（留意各种信息），看大图（后退一步，看看出现什么），别忽视显而易见的东西（有时最好的点子就在眼皮底下），不要害怕迷路（可能发现一些你没想找的东西），声明新“领土”的所有权（赶紧写下任何新点子以免丢失）。

探险者的工作是发现新信息。要成为高效的探险者，他们必须是随机应变、勇敢和开放的。[21]

艺术家角色：开发和实施大创意

艺术家的角色是最艰难、最漫长，但也是最有收获的。**艺术家**（artist）实际上必须完成两项基本任务：开发大创意，然后实施它。

任务 1：开发大创意

艺术家完成第一个任务的过程漫长而乏味，要回顾探险者收集的所有相关信息，分析问题，并寻找一个关键的视觉或语言概念。

创建讯息的心理图像，也称为**可视化**（visualization）或**概念化**（conceptualization），这很重要。它是搜寻大创意的地方，是一闪而过的洞见产生的地方。**大创意**（big idea）是策略基础上的大胆而有创新性的倡议，用新颖而融合的方式糅合产品利益和消费者需求，赋予生活以意义，并让受众停下来观看和倾听。[22]

策略和大创意有什么区别？一个策略描述了广告讯息应该指向的方向，而一个大创意赋予策略生命力。举个例子，之前讨论的塔吉特的创意简报包含了一个策略性品牌性格的陈述：

> 塔吉特能够在一个优雅且有品位的商店里为消费者提供大量的多样化和高性价比的商品。

塔吉特可以将这条策略说明用作广告标题，但那会非常无聊，缺少一个大创意标题所能传递的内容：能带来兴趣、记忆，甚至是刺激的一组复杂意义系统。塔吉特最终选取了简短有力的标题来传达相同的策略：

> 期待更多，支付更少。

约翰·奥图尔（John O'Toole）说过："策略需要演绎，而大创意需要灵感。"[23] 伟大的想法几乎总是通过文案和美术的结合来表达。塔吉特的做法是使用简短而巧妙的文案，漂亮的摄影以及一眼就能认出的红色"标靶"（target）标志，它能从视觉上传达出品牌的精髓。

转化概念：对大创意做点什么 冯·奥克还指出，当我们扮演艺术家的角色时，必须对探险者收集的信息做点什么，赋予它价值。这意味着要问很多问题：如果我加上这个会怎样？拿走它呢？是从后往前看，还是和别的东西对比？艺术家用各种方法改变方案、做尝试。

例如，一则塔吉特的化妆品广告采用了传统的高级时尚感版式——多行标题，突出后缀" less"。这个简单却有力的变化将广告从一种有点功利的诉求转变为高性价比主张，表明消费者可以低价买到好产品。

在创意过程的这个阶段，一个优秀的艺术家能采用各种有策略的手法来改变事物。冯·奥克提出了几个玩转创意的技巧[24]：

1. 改编（adapt）。改变语境。想想一个产品除了显而易见的认知，它还可以是什么。金宝汤的一个广告展示了一碗热气腾腾的西红柿汤，标题写着：健康保险。

2. 想象（imagine）。问一下"如果……"让你的想象力飞翔。如果人们可以在睡梦中做家务会如何？如果有一个地方，人们可以把所有的分歧抛到脑后，会怎么样？乔治城的一个克莱德酒吧（Clyde's Bar）实际上就用了这个点子。广告漂亮地描绘了一头大象和一只驴（象征两个党派）穿着西装，坐在桌子旁互相敬酒。标题是：克莱德酒吧，人民的选择（Clyde's. The People's Choice）。

3. 反转（reverse）。反过来看。有时与预期相反的事会产生强烈的震撼，让人记忆深刻。如一家化妆品公司的保湿霜广告标题是"把你的丈夫介绍给一个更年轻的女士"，一辆二手大众汽车的广告使用"丑陋只是表面"。

4. 连接（connect）。将两个不相干的想法连在一起。问问自己：我能把什么点子同我的产品概念联系起来？一则塔吉特的广告展示一个高级时装模特的后视图，她只穿着一个背包和一个灯罩，灯罩像迷你裙一样将她包裹其中。塔吉特的标志旁边简单地写着：时尚与家居用品。

5. 比较（compare）。用一个创意来描述另一个。有没有注意到银行家说的话像水管工？涌入市场、洗钱、流动资产、现金流、洗澡（take a bath）[①]。英语中充满了大量的隐喻。杰克盒子（Jack in the Box）品牌为其洋葱圈做广告，在广告牌上画出洋葱圈的图案并邀请摩托车手“开过来领个‘圈’”(drive thru for a ring job)。派克（Parker）高级钢笔的一则精致的杂志广告使用了“诞于纯银，下笔丝般顺滑”（It's wrought from pure silver and writes like pure silk）的比喻。

6. 排除（eliminate）。减少一些东西，或者打破规则。在整合营销传播中，用一贯的方式来做事并无好处。七喜因其“非可乐”(Uncola）的广告而出名，从而将自己定位成耳目一新的替代品。大众公司为了介绍年度新车型，发布了一系列幽默逗趣的广告，却没出现一辆汽车。其中一则是一只毛茸茸的狗耐心地坐在排风扇前。广告大概想展现狗经常把头伸出车窗外吹风的动作，只不过这只狗是坐在室内。

7. 戏仿（parody）。胡闹，找乐子。讲点笑话，尤其当你身处压力中。幽默的“哈哈”体验和广告的“啊哈”创意惊喜之间有着密切关系。幽默拓展我们的思维，辅以好品位，就能产生很棒的广告。在 Priceline.com 的广告中，威廉·夏特纳（William Shatner）模仿了自己的公众形象，他甚至在其中一则广告里被“解雇”，由《星际迷航》(*Star Trek*）的剧组演员伦纳德·尼莫伊（Leonard Nimoy）替代。

冯·奥克许多玩转创意的技巧都体现在塔吉特的广告中，你能在这个广告中发现多少？

资料来源：Target Brands, Inc.

创意受阻 每个人都经历过创意枯竭的时候，原因有很多：信息过载、精神或身体疲劳、压力、恐惧、不安全感。然而，通常问题只是在于你的思维方式。

---

① 指注销一笔巨大资产，也指上市公司有意压低坏年景的业绩，将利润推迟到下一年度集中体现，以达到下一年度业绩大增的会计操纵手段。——译者

IMC 实战模拟

创意简报

每个广告公司对创意简报的理解都略有差异。大多数创意简报的构成要素如下：

- 谁（潜在用户）。
- 为什么（广告应提出怎样的诉求来满足需求或需要）。
- 是什么（满足消费者需求的产品特色有哪些）。
- 何地与何时（何时何地发送广告讯息）。
- 风格、方式、调性。

我们还描述了李奥贝纳为宝洁公司所做的创意简报，它更简单。

- 目标陈述（你想做什么）。
- 支持陈述（支持利益承诺的证据）。
- 调性或者品牌性格陈述（广告战略的情感描述）。

你对创意感兴趣吗？在网上访问最好的广告公司资源之一 Ogilvy.com，可获得大量的成功创意的信息，包括广告公司对创意简报的看法。简述如下：

1. 传播目标是什么？
2. 消费者会作出什么不同的选择？为什么？
3. 讯息如何影响消费者的信念和行为？
4. 竞争对手如何做广告？怎样能让我们的广告与众不同？
5. 目标受众是谁？品牌可以满足的共同需求有哪些？
6. 受众的人口统计变量，更重要的是，他们共同的态度。
7. 品牌：

- 品牌如何满足共同的需求？
- 如何界定品牌体验（策划的以及非策划的广告讯息）？
- 主张（或者利益）是什么？
- 什么证据让人有理由相信这个主张？
- 品牌的个性是什么？
- 广告的调性或基调如何与品牌个性相匹配？

奥美网站提供了更多有用信息，包括最大化地提高创意简报激发灵感的可能性的建议。去看看吧。

在探险者阶段，当创意人员研究大量的营销数据时，各种销售和市场份额的数据让他们处于事实型思维框架里，但想要有效地构思创意，他们得转换到价值型思维方式。

正如冯·奥克所说的，“创意思维需要一种允许你寻找创意并操控知识和经验的态度”，可惜对于创意人来说，有时很难立即实现这样的思维转换。冯·奥克推荐了一些刺激整合思维的技巧。比如，寻找第二个正确解答（任何问题一般都不止一个答案，第二个可能更有创意），寻求相互启发（电视人可以从教师那里学到很多，反之亦然），想象一下别人会怎么做（通过角色扮演来拓展想象力），一笑置之（为自己正做的事编个笑话），转换视角（打开思维，发现你通常忽略的事物）。[25]

Leap Partnership 的联合创始人乔治·吉尔（George Gier）表示“广告公司能卖给客户的唯一东西，就是客户在其他地方找不到的创意”[26]，也许这就是为什么南卡罗来纳州的一家小广告公司的老板德里克·维克尔（Derek Waker）写道：“在广告业，客户并不总是对的。”[27]

当广告公司开始“像客户一样思考”，创意可能就会受阻，尤其是面对事实型思维的客户。这也可能损害广告公司的创意力声誉，有时也让广告公司会因为“创意差异”而拒绝某些客户。广告公司可以预先评估客户的企业文化、集体思维方式和创意宽容度，从而化解挫折，避免浪费彼此的时间、金钱。

当广告公司为一个客户服务了很长时间，所有的新点子都尝试和修改后，有时会出现创意疲劳。如果客户拒绝了多个方案，或者灵感丢失而创意人不得不开始挤广告点子时，也会出现这种情况。创意人发现很难调转思维或重启创意过程。如果持续下去，唯一的解决办法就是任命一个全新的创意团队或者放弃该客户。

酝酿一个概念：什么都不做 当大脑出现信息过载时，创意人有时发现此时最好暂停一会儿，做点别的事，让无意识心理来琢磨它。这种方式有几个好处。它让我们重新审视这个问题，还能让大脑休息，让问题在潜意识中酝酿，让更好的想法浮现。当重回任务时，创意人员经常能发现一系列全新的设想。

任务 2：实施大创意

一旦创意人抓住了大创意，就必须去实现它。这就是真正的广告美术之所在：写出明确的文字，设计出精确的版式。了解广告创意人如何做到这一点，将有助于理解广告中的美术是什么，美术元素和工具如何被选择和使用，以及好美术和坏美术之间的区别。

创意思维没有边界，正如潘婷（Pantene）这则广告所示，该公司的研究表明，空气污染对头发的损害甚至超过皮肤，曼谷的空气污染尤其严重。为了说明这一点，该活动建造了一个广告牌，当处于高空气污染水平时，它会降下巨大的绳索，这些绳索象征着掉发。该活动同时引发人们的双重关注：空气污染的危害，以及潘婷洗发水的功效。

资料来源：Procter & Gamble.

美术将讯息塑造成完整的交流形式以吸引人们的感官和心灵。虽然**美术指导**（art direction）指的是管理信息的视觉呈现的行为和过程，但这里的术语**美术**（art）实际指的是整个呈现——视觉、语言和听觉。比如巧妙地选择词汇，不仅能传递信息，还能激发对产品的积极感受。巧妙设计的字体不仅使阅读更容易，还能唤起情绪。通过格式要素的创意安排，用线条、方框和颜色围绕文本，并将它们按比例和谐地搭配在一起，美术指导能提高广告的吸引力。美术也塑造了摄影和插图的风格，亲密式风格使用柔焦和近景，而纪录片风格描绘出没有使用图像增强技术的场景，戏剧风格则以不寻常的视角和模糊动图为特色。

简而言之，如果文案是讯息的口头语言，那么美术就是身体语言。电视使用视觉和声音来吸引观众，广播广告利用声音在听众的头脑里形成文字画面（word pictures）。文字、视觉和声音的特别组合构成了广告的表现力。因此虽然质量不同，但每个广告都使用美术。

在广告中，将文字、图像、声音和色彩组合成一个单纯的信息的基本指导原理是平衡、比例和运动，它们互为关联且互相增强。我们将在第 11 章讨论更多这样的概念。

创意金字塔：设计文案和美术的指南

创意金字塔（creative pyramid）是一种帮助创意团队将广告策略和大创意转化为实体广告或电视广告的模型。它使用一个简单的五步结构（参见图表 10－2）。

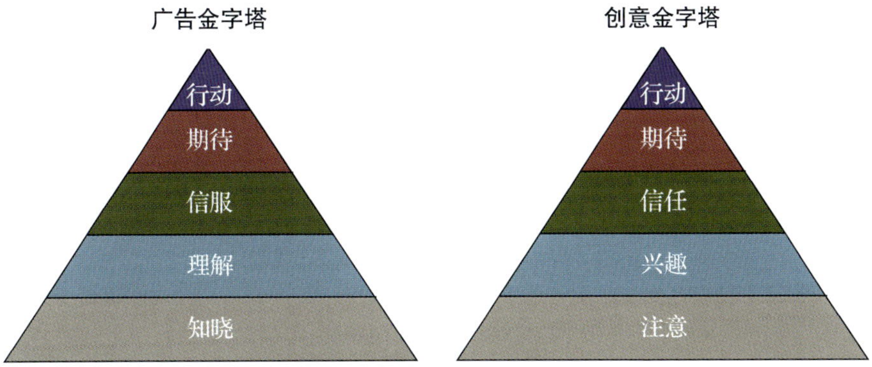

图表 10－2
创意金字塔指导文案目标的确定

文案和设计的主要目的要么是说服潜在用户采取特定行动来满足需求，要么是提醒他们再次行动。对新产品来说，人们可能首先需要意识到问题的存在，如果该问题显而易见，解决方案也是如此。对于常购的产品而言，营销人员只需在临近购买时机时提醒人们这个解决方案。无论哪种情形，企业都必须首先吸引用户的注意力。之后是激发人们对广告讯息或产品的兴趣。接下来，建立产品陈述的信任感非常重要，特别是对于新产品来说。然后，广告活动可以集中在产生期待上，最终刺激行动。这五个要素应该体现在几乎所有的营销诉求中。我们简要讨论一下这五步。

注意 产品讯息是一种刺激物，它必须突破消费者的心理屏障，引起注意，并能被认知。因此，注意是任何广告活动的首要目标，也是创意金字塔的基石。美工们可能会像寻找大创意一样，花差不多的时间和精力去琢磨如何用一种有趣且能吸引注意力的方式来表达大创意。

印刷广告经常使用标题来作为吸引注意力的主要手段，文案人员的目标就是写出一个能生动地表达大创意的标题。标题通常用最大最醒目的字体，在视觉和概念上都是最强力的焦点。在印刷媒体中，动态的视觉效果、特别的构图、鲜明的色彩或者显眼的尺寸也能提高关注度。而在电子媒体中，则有特殊声效、音乐、动画或者不寻常的视觉技术。

有些因素是创意人所无法控制的。比如预算能决定赞助的规模和病毒式视频的长度，这会影响突破消费者心理屏障的速度和程度。类似地，电视广告在节目间一堆广告中的插入位置或者印刷广告在出版物中的位置，都将决定谁会看到它。

吸引注意力的手段应该是戏剧性的、强有力的和激烈的。它还必须恰当，与产品、活动的调性和目标受众的需求或兴趣相关。尤其是在 B2B 广告战役中，当理性诉求和事实型思维占据主导地位时，这一点格外重要。性诉求吸引注意力的天然价值经常被营销人员采用。参见本章的“伦理、多样性与包容性”专栏，了解更多关于利用性来吸引注意力的手法的利弊。

做出缺乏信任的承诺的标题是不会成功的。事实上，它们可能还会疏远潜在的顾客。使用与产品无关的不雅标题或者裸体形象的广告通常影响销量，因为潜在客户并不会购买只是最初吸引眼球的东西。

兴趣 创意金字塔的第二步“兴趣”将正在关注的潜在客户带到讯息的核心地带。随着讯息愈加详细，广告必须让潜在客户卷入度更高、更加兴奋。为了做到这一点，文案人员要回答注意步骤中所提出的问题，或者增加与标题相关的事实。

这则塔吉特的广告实施了创意金字塔的哪几步？

资料来源：Courtesy of Outdoor Advertising Association of America.

为了维持观众的兴趣，调性和语言应该符合目标市场的偏好。正如我们之前所讨论的，成功的讯息才有影响力。

撰稿人和设计师必须带领潜在客户一步步走下去。研究表明，人们阅读他们感兴趣的内容，而忽略不感兴趣的，因此文案人员必须始终保持住潜在顾客的兴趣。[28] 有一种方法是令人可信地证明广告主理解用户，知道他们的问题、需求，以及产品和服务如何解决这些问题。因此广告文案经常用“你”这个字。

激发兴趣的有效方法包括：使用戏剧性的情景、故事、漫画、图表；广播广告的文案使用音效或朗朗上口的对话；电视广告常用快剪镜头来留住人们的兴趣。我们将在广告制作章节讨论其中的技巧。

信任 创意金字塔的第三步是为产品服务的主张建立可信度。顾客都是多疑的，他们想要证据。比较广告可以建立起信任，但它们必须与顾客的需求相关，而且必须公平。

知名人士可能给广告带来可信度。比如，演员凯拉·奈特莉（Keira Knightley）因其迷人而优雅的气质代言香奈儿，滑雪运动员肖恩·怀特（Shaun White）代表了激浪的运动和自由精神。

营销人员经常展示独立的测试结果来证明产品主张。要想真正发挥作用，这些证据必须是正当的，而不是统计上的操纵。许多消费者拥有丰富的产品知识，甚至在极其专业的领域。

期待 在期待阶段，文案人员鼓励潜在顾客想象自己享受产品服务的好处，实际上，他们是被邀请着去想象。

伦理、多样性与包容性

广告中使用性诉求是否道德

2018 年，“我也是”（#metoo）标签强力地提醒了每个人，许多女性正在工作场所遭受性骚扰和不公对待。女性的强有力故事对广告中性的随意使用提出了质疑。

广告主经常暗示性，鼓励消费者自己得出结论，然而，发布这种有伤风化广告的品牌必须应对批评家以及淫秽（obscenity）和无礼（indecency）之间棘手的法律区分。淫秽是违法的，会受到刑事指控，而无礼则不会。如果被认定为淫秽，一个广告必须满足三个条件：引发色情的兴趣；明显是冒犯性的；缺乏任何可取的社会价值。

一般来说，大部分性诉求广告并不符合淫秽的标准，但仍可能被认为是无礼的，因为这取决于旁观者的看法。如果足够多的人认为性导向的广告是无礼的，那么“社区标准”（community standard）将反映这一看法。在此情况下，社区压力团体（community pressure groups），连同媒体组织和地方法院，通过禁止这样的冒犯性广告来实施社区标准。

看看 A&F 公司（Abercrombie & Fitch）。这家服装零售商曾经在奥马哈一家购物中心的橱窗内展示了一名赤裸上身、双手捂胸的女模特，这引发了争议。一家社会组织迅速表示反对，声称 A&F 的海报创造了一个“色情通道”。A&F 的发言人回应，这个陈列可能是“性感的”，但不是“充斥色情的怪物”（sexually charged monstrosities）。然而，社区标准已经起作用。一些组织开始给购物者和商场的其他零售商施压，要求它们抵制这些照片，9 天之后，橱窗海报被更换。

这些海报到底是淫秽还是无礼？像 A&F 这样持续追求性感诉求的广告主，开始发现越来越难以划清单纯的性感和不道德的剥削之间的界限。

想解决这个困境没有捷径，已有研究表明，当性与产品相关时，性诉求是有效的。然而，如果不是，性就会分散观众对主要讯息的注意力，并严重拉低广告主在消费者心目中的形象。这就引出了一个关于性诉求广告的普遍悖论：橱窗海报中的裸体模特如何为服装做广告？许多人认为做不了，这样的广告不仅会分散注意力，还会产生负外部性——目标市场之外的消费者的社会成本，比如受到间接影响的儿童。

广告主必须根据每个案例的情况逐个检查什么情况下性诉求的效果会适得其反？在一个案例中，胜牌（Valvoline）的客服为“情色日历”（girlie calendars）的做法辩解道：“它可能会冒犯一些人群，但它们不是我们的客户。”

米勒清啤（Miller Lite）的“猫斗”（Catfight）广告运动让很多人大为惊讶。这场运动标志着公司回归到“啤酒与美女”的风格，将女性描绘成性对象。在电视广告中，餐馆里的两个女子开始了针对米勒清啤“味道好极了还是不咋地”的经典吵架，这场争论很快变成一场全面的猫斗，两名女子脱得只剩内衣，在喷泉里水花四溅。接着，我们看到两人在湿漉漉的泥坑里打架，最后广告切换到一个酒吧。原来这场打斗只是酒吧里两个男人的幻想，他们憧憬着完美的啤酒广告，这让旁边的女友们感到震惊又愤怒。

那么，这些和卖啤酒有什么关系呢？报道啤酒业的《广告时代》记者希拉里·邱拉（Hillary Chura）解释说，像“猫斗”这样的广告战役是“让人充满渴望的”，看过两个美女扭打了 30 秒后，米勒希望男人们说“嘿，如果我喝米勒啤酒，我就能得到这些辣妹”，米勒还希望女人们认为“如果我喝了这杯啤酒，我会看起来像那些女人”。

有些人会辩护，使用性诉求能卖出东西。也许是的。不过广告对性诉求的随意使用会引发伦理问题，由“我也是”运动引发的文化转向，也让许多广告主重新思考它们的方法。依赖性诉求的广告做法将不再是懒惰所致，而是彻底的错误。

问题

1. 你如何理解广告中性诉求的“补偿价值”(redeeming value)？

2. 如果直接的目标受众觉得性诉求是可以的，广告主对间接受众负有什么责任，比如工作场所面临性骚扰的女性？你对广告中性吸引的使用，持什么样的立场？

资料来源：Erin Cooksley, “ Sex Sells, Ethics Absent from Advertising Industry,” *The Daily Skiff*, February 11, 2004, retrieved from www.skiff.tcu.edu/2004/spring/issues/02/11/sex.html; Florence Kennel, “ Burgundy Ads Banned for Sexual Innuendo,” *Decanter*, January 23, 2004, retrieved from www.decanter.com; “ Does Sex Really Sell?,” *Adweek*, October 17, 2005;Robynn Tysver, “ Family Group Protests ‘ Sexualized ’ Ads at Stores in Lincoln Mall, ” *Omaha World-Herald*, February 12, 2003, retrieved from www.nexis.com; Deborah Alexander, “ Family Group Ends Protest after Shop Changes Displays, ” *Omaha World-Herald*, February 21, 2003, retrieved from www.nexis.com; Rance Crain, “Relevance Is Operative Word in ‘Catfight’ or Chip-Dip Ads,” *Advertising Age*, January 27, 2003; Basem Boshra, “ Uh, Can You Say Appallingly Sexist?” *Montreal Gazette*, February 1,2003, retrieved from www.nexis.com; Julie Dunn, “ The Light Stuff. Coors Loves the Young Male Demographic—and Twins! ” *Denver Westword*, January 23, 2003, retrieved from www.nexis.com; Tom Daykin, “ Miller Gets Down and Dirty with Lite Ad; Reaction Mixed, but Commercial Is Being Noticed,” *Milwaukee Journal Sentinel*, January 26, 2003, retrieved from www.nexis.com.

在印刷广告中，文案通过使用“设想一下”或“想象”这样的字眼来引发视觉化。在电影或视频中，詹妮·克雷格（Jenny Craig）展示了瘦身前后的顾客照片，而e-Harmony 展示的是通过它的服务而结识的幸福夫妻，背后并不隐晦的讯息是：“这可能是你！”

期待步骤暗示了各种可能性。如果潜在顾客觉得自己被牵着鼻子走，他们就会觉得受到侮辱，对广告不满，并失去兴趣。有时，文案人员设计一个配角，让他同意主角观点，闲聊一点产品的好处，通过这种手法来保持微妙的平衡。配角的出现，能让主角的形象，即与观众最相关的人，更为完整。

行动 创意金字塔的最后一步是行动，其目的是激励人们去做点什么：使用优惠券、访问网站、逛商店。至少，同意广告主的观点。

金字塔的这一步所接触到的受众人数最少，但他们从产品功用中获益最多，所以最后一步往往最容易。如果文案清楚地说明了读者该做什么，并要求、敦促他们赶紧行动，他们很可能就会这么做。

行动的号召可以是明确的，如“致电获取更多信息”；也可以是含蓄的，如“飞越友好天空”(fly a friendly sky)。美工可以用虚线框突出优惠券或者用大号字体、亮色突出显示公司电话号码来督促行动。

营销人员可以采用一些计谋来督促用户行动，比如免费电话或者吸引人的网站。在关系营销中，广告活动先让人们选择自己感兴趣的一种关系，接着营销人员用更高效的一对一媒体来发展关系。

法官角色：决策时刻

创意过程的下一个角色是**法官**（judge）。这时创意人评价大创意的价值，决定是否实施、修改或抛弃它们。[29]

法官的角色很微妙。一方面，创意人必须有足够的自我批判能力，以确保在扮演战士角色时，他手头上有值得继续奋斗的点子；另一方面，不能扼杀艺术家角色的想象力，比起概念化或者辩护，批评更为容易，但法官的目的是产出好的点子，而不是陶醉于批评本身。冯·奥克认为应该首先关注一个新点子积极有趣的方面，虽然坏的部分马上就会出现。

当扮演法官时，创意人需问如下问题：这个点子带来的是“啊哈”的惊叹还是“呃”的迟疑？（我的第一反应是什么？）这个点子哪里不对？（它有哪里是对的？）如果失败了怎么办？（值得冒这个险吗？）我的文化偏见是什么？（受众是不是也有？）什么遮蔽了我的思路？（我戴了眼罩吗？）

为了打造世界级的广告战役，李奥贝纳前全球首席创意官，现任新戛纳金狮学院（Cannes Lions Academy）院长的迈克尔·康纳德（Michael Conrad）开发了如图表 10－3 所示的评级量表，现在，李奥贝纳的全球产品委员会在向客户展示每一条讯息时都会用这个量表来进行评估。得分为 4 或者 4 以下的不会被演示，目的是只发展得分 8 及以上的、整个公司认可的活动方案。最高等级的世界级意味着“世界上最好的，无与伦比”。

图表 10－3
李奥贝纳全球产品委员会的评级量表

10	世界级（world-class）
9	广告中的新标准（new standard in advertising）
8	产品类别中的新标准（new standard in product category）
7	工艺精湛（excellence in craft）
6	点子新颖（fresh idea）
5	策略创新（innovative strategy）
4	陈词滥调（cliché）
3	没有竞争力（not competitive）
2	破坏性的（destructive）
1	可怕的（appalling）

风险是一个重要的考量因素。当广告活动成功了，每个人都高兴，销售额上升，人们得以加薪，偶尔甚至会有正面的公开报道。但当活动失败时，销售额可能持平甚至下滑，竞争对手多了几个百分点的市场占比，经销商和分销商抱怨，来自客户经理的不满电话不断响起。也许最糟糕的是业内的嘲笑。专家在电视采访中对广告活动发表着讨厌的评论，编辑在《广告时代》或者《广告周刊》上写文章，就连大型的日报也来插一脚。这对广告公司和客户的股票业绩都不是好事，也成为广告公司被取代的原因，所以法官的角色至关重要。

印第安纳大学的学者罗伯特·史密斯（Robert Smith）基于创意心理学研究，提出了一系列问题，供创意法官来针对他的点子提问。

1. 这个广告“与众不同”吗？
2. 它是否背离常规思路？
3. 它是独一无二的吗？
4. 这个广告是否包含从一个主题转移到另一个主题的多个点子？
5. 是否包含不同的点子？
6. 它能从一个点子转到另一个点子吗？
7. 这个广告是否包含大量的细节？
8. 它是否拓展了基础想法并让它们更加精细？
9. 它是否包含超出预期的细节？

10. 这个广告是否把通常不相关的东西联系在一起？
11. 是否包含不寻常的联系？
12. 是否将不寻常的联系汇集到一起？
13. 这个广告是否在视觉或语言上别具一格？
14. 它是否使点子从图像或语言上落地？
15. 它的制作有艺术性吗？[30]

如果艺术家兼法官做得好，那么创意过程中的下一角色——战士——就更容易实现。

战士角色：战胜挫折和阻碍

当来到创意过程的最后一步时，**战士**（warrior）在一个拒绝改变的世界里守住伟大创意的领地。战士将概念付诸行动。这意味着要让大创意被认可、生产和投放媒体。冯·奥克曾说战士必须勇敢，磨砺他们的剑（技能），加固他们的盾（提前检查批评），一路向前（克服阻碍），明智地使用其力量，坚持不懈，享受他们的胜利，并从失败中学习。

为了让大创意获批，战士必须与公司内部，通常还有客户进行“斗争”。因此，战士的部分角色是将广告公司的客户团队变成向客户演示的合作者。在这一点上，创意人必须完成信息策略备忘录，提出他们的文案、美术和制作的概念方案所基于的理由。讯息策略最好与创意简报相呼应，否则勇敢的战士可能会面对一条宽阔的护城河，却无桥可过（参见广告实验室“创意体育馆”）。

战士的部分职责还可能是帮助客户经理向广告主展示活动方案。那么艺术家或代表他的客户经理该如何提高创意获准的机会呢？[31]

1. 早点出手。和关键决策者一起测试你的想法。这通常有助于战士预测在正式提案中会出现的问题。测试还有其他好处，如获得认可、表明你需要投入、让创意变得更好。

2. 做好准备。演示包括问题和答案。不知道如何回答问题将损害战士的信誉。哈佛商学院（Harvard Business School）的迈克尔·诺顿（Michael Norton）说过：“当你看到有人结结巴巴地回答时，你会推断他们不知道自己在讲什么。”[32]要预计别人会攻击你的点子，与其回避批评，不如深思熟虑地、详细和诚实地回应那些人身攻击、混淆视听或者使你感到害怕或担心的伎俩。

3. 你在和谁说话？精彩的演讲有目标受众，精彩的广告也应该如此，迈克尔·诺顿说过：“你绝对想为你的受众量身定制一套提案。”你的点子如何解决他们的问题？让他们看起来不错？触及他们的顾虑？向他们提供奖励或者实惠？

4. 简单胜过复杂。你比受众更熟悉自己的点子，分享一切，这很难实现也不可取。许多欠准备的演示拖得很长，却没有充分发挥出大创意。因此把重点放在本质上，审慎地分享数据，不要偏离你试图表达的核心。

5. 自信地回答。战士们面临着各种问题：有些看起来友好，有些充满敌意，还有一些跑题了。根据科特国际（Kotter International）的首席创新官约翰·科特（John Kotter）的说法，无论面对哪种问题，战士的职责就是“以政治家的身份出场”，“像一个讲道理的人那样，带着讲道理的回答来面对你的提问者”。如果问题离题太远，以至于必须分散你的主要讯息才能回答，该怎么办？迈克尔·诺顿建议你“闪避”（dodge），即“给出一个点到为止的回应，但马上转回到你试图提出的观点”[33]。

广告实验室

创意体育馆

探险者

探险者搜寻看待事物的新颖的方式。要成为一个探险家，必须清醒地认识你看待世界的方式，力图发现藏在表象之下的新颖的、不寻常的方式。

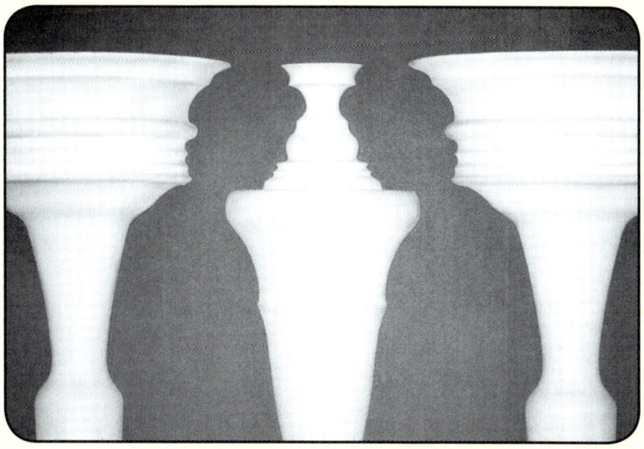

资料来源：Juriah Mosin/Shutterstock.

法官和战士

作为一个创意人，你的法官身份会对以创意技巧为特色的广告做出何种裁决？你的战士身份如何向客户展示这样的广告以获得批准？

艺术家

艺术家用幽默和荒谬的“如果－怎么样”问题来放松精神。试试这些热身技巧：

1. 想出一套新的换算因子：

10^{12} microphones = 1 megaphone

10^{12} pins =1 terrapin

3⅓ tridents = 1 decadent

4 seminaries = 1 binary

10^{21} piccolos = 1 gigolo①

2. 另一种精神拉伸器是改变上下文语境。比如只添加一条线，就能将罗马数字 9 变成 6：有人将一条线横穿IX中心，再折回来，如此反复，覆盖住IX的下半部分，再上下颠倒，就能得到一个罗马数字VI。更艺术的解决方法是将 S 放到IX的前面，这就是把IX从罗马数字的语境中抽出来，放进英语语境。还有一种答案是在IX后面写一个 6，即得到 1 乘以 6。

实验室应用

1. 尝试上面的练习，解释你的选项。

2. 为每组概念创造一个比喻。

a. 拳击 + 水。

b. 磁铁 + 图书馆。

c. 彩虹 + 时钟。

---

① 这是英语中的拆解游戏，前缀的变化带来一个新意义。只能在英语语境里理解。——译者

广告作品集

《广告时代》提名的创意总监心目中的“最好的广告”

创意总监总是希望制作出最有效的广告，能给客户带来最大的收益。这意味着首先要想出一个绝妙的创意，既能引发目标市场的共鸣，又能与客户的营销、广告战略相关。那么这个创意必须被熟练地实施。

广告圈权威杂志《广告时代》选出了 21 世纪的最佳广告。

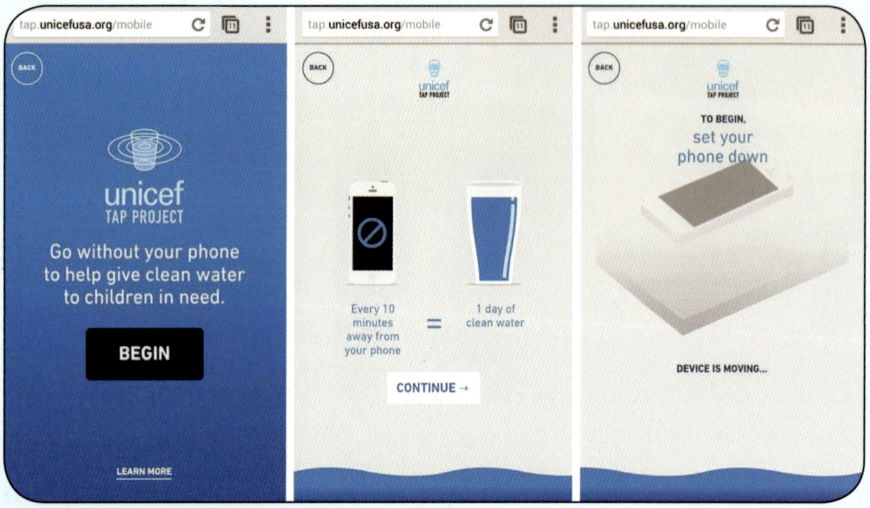

排名第 15 位的是联合国儿童基金会（UNICEF）的《自来水计划》（Tap project）。当《时尚先生》杂志向创意公司 Droga5 的主席和创始人、澳大利亚人戴维·德罗加（David Droga）发起挑战，要求他推出一个能带来积极的社会改变的品牌时，他以这场广告活动作为回应。事实证明，让手机使用变得简单、便捷是其成功的关键。联合国儿童基金会相信该计划将为 50 多万人带来健康的饮用水。

资料来源：UNICEF.

排名第 14 位的是奇波雷墨西哥烧烤店（Chipotle Mexican Grill）的《回到起点》，这是其第一个全国性广告活动，因为一段推销家庭农场的动画短片而闻名。一开始限于小剧场和线上，最终在 2012 年格莱美颁奖典礼上播放。有趣的是，这家餐厅没有聘用任何广告公司，而是在自己内部完成所有工作。

资料来源：Chipotle Mexican Grill.

排名第 13 位的广告爆点因素异常明显。百威啤酒的广告有一个简单的情节设定：一群朋友登记入住后互发“怎么啦”（Whassup）。这则独到的广告旨在吸引百威的年轻目标群体。广告活动大受欢迎，以至于涌现了一大堆未授权的仿作。

资料来源：Anheuser-Busch.

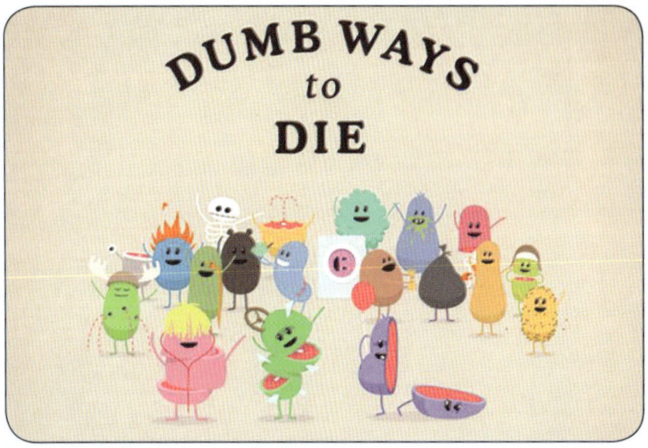

如果因为愚蠢而死，人们会更怕死亡吗？这是该广告活动的假设，排名第 12 位的《愚蠢的死法》广告展现了惊人的创造力，其目的是防止列车周边的危险行为。在下一章可以读到更多关于这个活动的信息。

资料来源：Metro Trains Melbourne.

当 Dos Equis 啤酒向美国人介绍“世界上最有趣的男人”时，它发掘了自己内心的大卫·奥格威（穿着哈撒韦（Hathaway）衬衫的开创者和指挥官史威士（Commander Schweppes））。《广告时代》选出的第 11 个最佳广告逗乐我们，鼓励我们“保持饥渴”（Stay Thirsty）。

资料来源：Cervezas Mexicanas.

排名第 10 位的广告是本书第 11 章“广告背后的人物”亚历克斯·博古斯基（Alex Bogusky）的手笔。从健康转到烟草业声誉的做法，让《真相》广告令人难忘。

资料来源：Truth Initiative.

左上的广告排名第 9，赞美一位比人们经常崇拜的运动员或明星还要强大的英雄：母亲。显而易见，提出这个想法并出色执行的责任落在宝洁公司身上。右上的广告排名第 8，是苹果的《我是 Mac》电视广告，它表明比较广告可以是温和的，但仍能咬对方一口。

资料来源：Procter & Gamble；Apple, Inc.

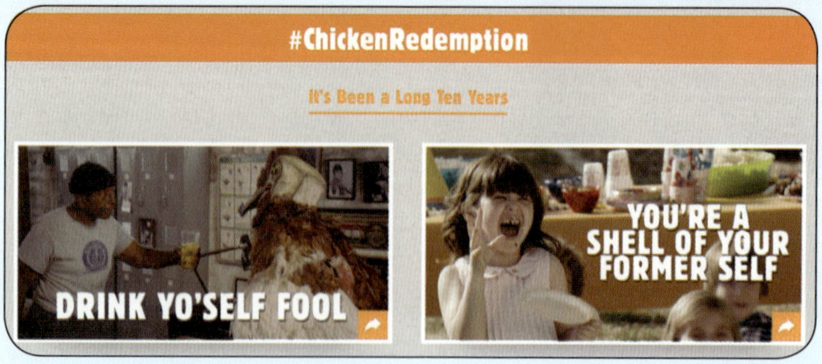

排名第 7 的广告来自美国运通，该广告旨在推广星期六小企业项目（Small Business Saturday），并确保小企业获悉它们可从信用卡公司获得的支持。来自汉堡王的广告排名第 6，是另一个受亚历克斯·博古斯基启发的创意。你如何提醒消费者在汉堡王能“随心所欲”？把小鸡侍者（Subservient Chicken）带回家，让它干什么它就干什么。

资料来源：American Express Company; Burger King Corporation.

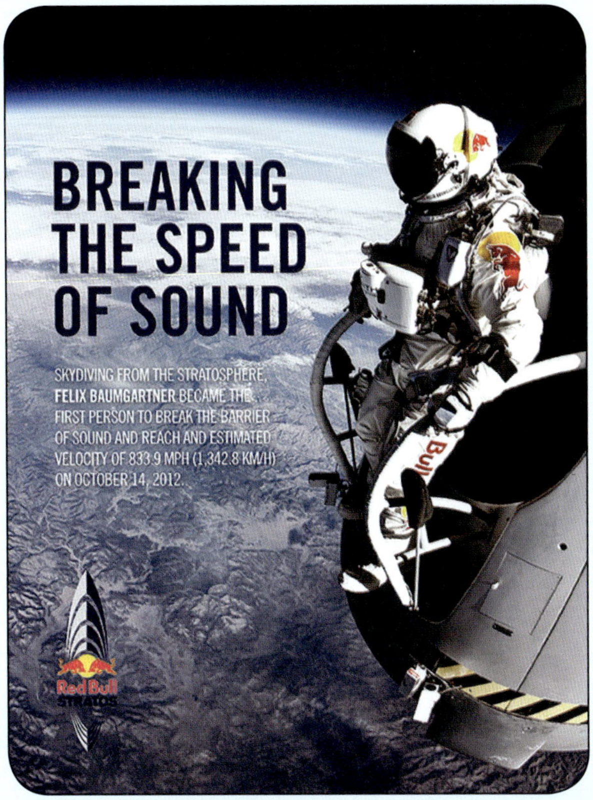

当菲利克斯・鲍姆加特纳（Felix Baumgartner）从 3.9 万米高空一跃而下开始自由落体，为红牛饮料创造了超过 1 300 公里 / 小时的速度时，保证有许多观众观看。750 万观众让这个广告活动荣登 21 世纪最佳广告的第 5 位。第 4 名是欧仕派沐浴露的《让你的男人闻起来有男人味》，爆点因素让品牌销量激增。排名第 3 的是宝马受詹姆斯・邦德（James Bond）启发而推出的以克里夫・欧文（Clive Owen）为主角的网络微电影。它确保宝马能维持自己“终极驾驶机器”的声誉。最后，第 2 名和第 1 名是谁？请点击《广告时代》网址 https://adage.com/lp/top15/#getamac。

资料来源：Red Bull; Procter & Gamble; BMW of North America.

V 广告背后的人物

蒂姆·皮佩

说到底，创意是广告公司业务运转的燃料。

因此，多伦多奥美广告公司一定非常高兴，它的一名员工入选《时代》杂志所评选的“2008 年全球 100 名最佳创意人”，还被《战略》（*Strategy*）杂志评为“全球最佳美术总监”，另一个追踪业内认可度的数据库 The Big Won 将他评为“全球第二优秀文案”。

集所有这些认可于一身的就是多伦多奥美公司的前创意副总监蒂姆·皮佩（Tim Piper）。

皮佩目前在他参与创办的 PiRo 公司工作。这位土生土长的澳大利亚人帮助奥美连续多年获得创意能力的好评。2007 年是非常好的一年，皮佩担任了《进化》（Evolution）广告的文案和美术总监，《进化》是 2007 年度戛纳广告节的金奖，这是该行业最负盛名的奖项。

多芬公司的《进化》广告，让“真美”广告战役的伟大创意走进千家万户。一位普通的年轻女孩坐在化妆间，延时摄影拍下了化妆团队把她变成模特般美女的全过程，但是因为还不够美，她的照片又被加以数字处理，拉长脖子、锐化脸部线条，最终的照片几乎不像本人了。最后一个镜头是这张照片做成了户外广告牌，竖立在年轻女孩来往的街道旁。广告讯息很明显：有时甚至连模特都达不到美容业的标准，为什么普通人要那么努力去追赶呢?

这场广告战役采用强有力的方式获得女性的共鸣，引发了成千上万的关于美丽和强加于女性身上的期望的讨论。这又是一个广告可能带来惊喜和感动的例子。

伴随着成功，更大的问题变成：下一步怎么办？皮佩没有让人失望，他协助创造了《进化》的续篇——《猛攻》。《猛攻》广告从一个小女孩布满雀斑的面部特写开始，她天真地看着镜头，接着，我们看到一系列女模特节食、锻炼和使用美容产品的图片，它们暗示了美容行业的力量迫使女性把外表作为幸福的标准。随后，画面变得更糟，一些女性接受整形手术、经历剧烈的体重波动，最终出现饮食失调。广告以“在美容行业动手之前和你女儿谈谈”的告诫结束。

这就是如何推进世界上最好的广告的做法：用一个更好的。

像其他人一样，皮佩承认他遭遇过创意瓶颈，他告诉《战略》杂志，他的解决方案是“看一场电影、读一本书、发一封可能让我被解雇的骂人邮件，诸如此类”。

皮佩的职业生涯始于平面设计师，在澳大利亚的小镇阿德莱德的自由职业。当《战略》杂志问他第一份工作教会了他什么时，他苦笑着说“教会了我不想成为一名自由平面设计师”。他承认，戛纳大奖是他梦寐以求的奖项，但他对自己工作最美好的感觉来自“我在澳大利亚的家人告诉我他们从新闻上看到了我获奖的消息”。

鉴于他一直以来的成就，我们只有一条给蒂姆·皮佩的建议：“习惯这种感觉。”

对客户来说，识别并且评估一个好创意，几乎和提出一个创意一样困难。当广告公司提出概念时，客户没有经过前面的步骤而突然变成了法官角色。大卫·奥格威建议客户问自己五个问题：当我第一次看到它时，它让我喘不过气吗？我希望是我自己想到的吗？它是独一无二的吗？它是否符合完美的策略？它能用 30 年吗？[34]

正如奥格威所指出的，能运转五年或更久的广告都是超级巨星：多芬香皂（含 33% 的清洁乳霜）、宝马（终极驾驶机器），等等。这些广告战役有的至今还在进行，有的已经持续了 30 年之久，它们都是大创意！

当客户批准了活动方案，创意人作为战士的角色只完成了一半。现在，广告战役开始执行，这意味着战士得关注设计和制作的复杂细节，以确保它能按时在预算内高质量地完成。同时，创意人回到自己的艺术家角色，去设计、撰写和制作广告。

因此，这一过程的下一步是实现这个伟大的创意，为印刷和电子媒体制作广告——这就是接下来两章的主题。

本章小结

在营销传播过程中，创意团队负责构思和设计广告讯息。它是传播的创作者。创意团队通常由美术总监和文案人员组成，并向创意总监汇报。

创意团队的工作是为它们的客户创造优秀的广告。好广告有两个特征：受众震撼力和策略相关性。要真正引起共鸣，广告讯息需有爆点因素，即吸引受众注意力，让他们参与进来并激发想象的惊喜元素。有些信息性广告活动通过解决难题来引起共鸣，有些转换性广告则通过提供奖励的方式。

好广告的第二个维度是策略相关性，隐藏在每条广告讯息的视觉和文本表达后面。相关性是数字广告成功的重要原因，事实上，策略是所有伟大的创造性工作的关键。

创意策略通常由客户管理团队编写，包含四个部分：目标受众、产品概念、传播媒体和 IMC 讯息。一旦策划的基本规范制定出来，客户经理就要准备一份创意简报来概述核心的策略决策。创意简报至少包含三个方面：目标陈述、支持陈述、调性或者品牌性格陈述。简报为美术总监和文案人员提供策略指导，但两者负责制定讯息策略，详细说明如何执行讯息策略。讯息策略由文案、美术和制作三个要素组成。

文案是讯息策略的语言表达，美术则是非言语（视觉）表达。制作指广告讯息如何生产出来的技术细节。

创意意味着创新，包括将两个或两个以上的不相关的元素、物体或想法结合起来，变出新东西。创意有助于告知、说服和提醒顾客及潜在客户，让广告活动更加生机勃勃。所有人都有创意，只是程度不同。

研究者认为某些思维方式更为适合产生创意。事实型思维和价值型思维是两种基本的思维方式，倾向于事实型思维方式的人是线性思考者，是善于分析和理性的人，价值型思考者则倾向于弱结构化、强直觉，更愿意运用想象力。他们擅长综合多样的观点以得出新的创意。另外，得益于隐喻思考的能力，他们往往更有创意。

在创意过程模型中，创意人必须在新创意被接受的进程中扮演四个角色：探险者、艺术家、法官和战士。探险者收集信息，关注不同寻常的模式。艺术家尝试各种方法来开发大创意，也需确定如何实施它。对于这一点，创意金字塔可能会有所帮助。金字塔根据人们学习新信息的方式来形成五步模型：注意、兴趣、信任、期待、行动。

法官评价尝试的结果，判定哪种做法最实用。战士战胜借口、点子杀手、挫折和阻碍以实现创意概念。每个角色都有其独特的性格，并借助许多技法来提高角色的能力。在创意过程中，最好采用价值型思维，而在法官和战士阶段，事实型思维更有效。

创意的最大阻碍之一是面对手头任务时陷入错误的观念定式和思维模式。不过，仍有许多方法可以摆脱这些心理障碍。

重要术语

美术（art）
美术指导（art direction）
美术总监（art director）
艺术家（artist）
大创意（big idea）
头脑风暴（brainstorming）
传播媒体（communications media）
概念化（conceptualization）

文案人员（copywriter）
创意简报（creative brief）
创意总监（creative director）
创意过程（creative process）
创意金字塔（creative pyramid）
创意人（creatives）
创意（creativity）
情感诉求（emotional appeal）
探险者（explorer）
事实型（fact-based）
IMC 讯息（IMC message）
信息性（informational）
法官（judge）
必需要件（mandatories）
讯息策略（基本原理）(message strategy（rationale))
非语言的（nonverbal）
产品概念（product concept）
理性诉求（rational appeal）
目标受众（target audience）
技术的（technical）
转换性（transformational）
价值型（value-based）
语言的（verbal）
可视化（visualization）
战士（warrior）

复习题

1. 从本书上一章中挑选一个广告。你认为该出资者的创意策略和讯息策略是什么？广告的爆点因素是什么？
2. 选择一个日常产品，针对你所在学校的学生为其创建一个策略简报。
3. 讯息策略的要素有哪些？它们与广告（或创意）策略有什么不同？
4. 过去一周里你通过什么方式锻炼了个人创意能力？
5. 两种基本思维方式的特征分别是什么？想想其中一种思维方式的常用场景，接着想想另一种思维方式的常用场合。为什么不同的思维方式适合不同的场合？
6. 创意过程的四个角色是什么？你在准备学期论文时扮演过这些角色吗？怎么做的？
7. 策略陈述和大创意的区别是什么？
8. 从杂志中挑选五个创意广告，在这些广告中你能识别出哪些艺术家角色的技巧？
9. 在上述广告中，你能否辨认出创意金字塔的每一个步骤？
10. 设想一个你希望能说服别人的真实场景。你如何使用战士角色的战术来提出自己的想法？

广告体验

1. 色彩的影响

   不同颜色会给人不同的印象。找一个黑白印刷广告，利用色彩重制三次，每次采用不同的颜色组合，询问不同的受众（比如同学、朋友和家人）对每种配色方案的印象。为每个结果写一个分析，说明色彩如何增强或减弱广告讯息。

2. 有效的创意策略及执行

   将创意过程和产出以及判断“好”广告的各种方法应用于下列网站，注意其创意质量和作品背后的策略意图，然后回答后面的问题。

   - 阿迪达斯：www.adidas.com
   - 劲量：www.energizer.com
   - Xbox：www.xbox.com
   - 哈雷－戴维森：www.harley-davidson.com
   - AT&T：www.att.com
   - 海洋世界（SeaWorld)：www.seaworld.com
   - 塔可钟：www.tacobell.com

   a. 谁是该网站的目标受众？
   b. 什么决定了该网站创意的好与坏？为什么？
   c. 确定该网站传播的“谁、为什么、是什么、何时、何地、风格、方式和调性”。

d. 为每个网站写出目标陈述、支持陈述和品牌性格陈述。

3. 客户企划

客户企划师帮助确保调查过程为创意人员获取了适合的信息，客户企划的重要性——为创意团队制定策略收集调查结果——不可低估。客户企划团体（APG）是一个由 700 名客户企划师和传播策略师组成的组织。请浏览 APG 网站（www.apg.org.uk）上的文件，并回答如下问题。

a. 谁是该网站的目标受众？

b. 什么是客户企划？它为什么重要？

c. 客户企划职能产生的主要文件是什么？文件的主要部分是什么？

d. 选择该网站的一篇文章，详细地讨论它，并解释文章主题与客户企划和广告业务的相关性。

4. 策略如何执行

塔吉特的价值型广告倾向于采用幽默和出人意料的手法向读者传达信息。但它也做“硬推销”（hard-sell）的报纸插页广告。为什么？

本章注释

[1] “Target Through the Years,” Target Corporate, *https://corporate.target.com/about/history/Target-through-the-years*.

[2] “xhiliaration,” Target.com, *www.target.com/bp/xhilaration*.

[3] Corinne Ruff, “8 Target Private Label Brands That Launched This Year,” *RetailDive,* November 20, 2018, *www.retaildive.com/news/8-target-private-label-brands-that-launched-this-year/541814/*.

[4] Steve McKee, “What Should You Spend on Advertising?” *Bloomberg Business,* February 1, 2009, *www.businessweek.com/smallbiz/content/feb2009/sb20090210_165498.htm*.

[5] A Bullseye View, “Investing to Grow: Target Commits More Than $7 Billion to Adapt to Rapidly Evolving Guest Preferences,” February 28, 2017, *https://corporate.target.com/article/2017/02/financial-community-meeting*.

[6] Pat Fallon and Fred Senn, *Juicing the Orange: How to Turn Creativity into a Powerful Business Advantage* (Cambridge, MA: Harvard Business School Press, 2006).

[7] Damian Farnworth, “What Is Creativity? 21 Authentic Definitions You'll Love,” *Copyblogger,* April 11, 2016, *www.copyblogger.com/define-creativity/*.

[8] Damian Farnworth, “What Is Creativity? 21 Authentic Definitions You'll Love,” *Copyblogger,* April 11, 2016, *www.copyblogger.com/define-creativity/*.

[9] J. Scott Armstrong, *Persuasive Advertising: Evidence-Based Principles* (New York: Palgrave Macmillan, 2006).

[10] Maja Petricevic, “Bring Out the Power of Metaphors!” *creitive,* September 23, 2015, *www.creitive.com/blog/bring-out-the-power-of-metaphors*.

[11] Charles Forceville, “The Strategic Use of the Visual Mode in Advertising Metaphors,” in *Critical Multimodal Studies of Popular Discourse,* ed. Emilia Djonov and Sumin Zhao (Abingdon, UK: Routledge, 2013).

[12] Matt Britton, *Youthnation: Building Remarkable Brands in a Youth-Driven Culture* (Hoboken, NJ: John Wiley & Sons, 2015).

[13] Andrea Ovans, “What Makes the Best Infographics So Convincing,” *Harvard Business Review,* April 22, 2014, *https://hbr.org/2014/04/what-makes-the-best-infographics-soconvincing*.

[14] Aleksi Tzatzev, “10 Colors That Might Get You Sued,” *Business Insider,* September 29, 2012, *www.businessinsider.com/colors-that-are-trademarked-2012-9*.

[15] Cam Wolf, “Colin Kaepernick Is the Star of Nike's New Ad Campaign—and the Protests Against It Are Hilarious,” *GQ,* September 4, 2018, *www.gq.com/story/nike-colin-kaepernick-sock-protest*.

[16] Roger von Oech, *A Whack on the Side of the Head* (New York: Warner Books, 1990).

[17] Kevin Goldman, “Nike, H-P Gamble on New Sales Pitches,” *The Wall Street Journal,* April 8, 1994.

[18] Roger von Oech, *A Kick in the Seat of the Pants* (New York: HarperPerennial, 1986).

[19] Tim Nudd, “Genius or Process? How Top Creative Directors Come Up with Great Ideas,” *Adweek,* September 25, 2013, *www.adweek.com/brand-marketing/genius-or-process-how-top-creative-directors-come-great-ideas-152697/*.

[20] Tim Nudd, “Genius or Process? How Top Creative Directors Come Up with Great Ideas,” *Adweek,* September 25, 2013, *www.adweek.com/brand-marketing/genius-or-process-how-top-creative-directors-come-great-ideas-152697/*.

[21] Adapted with permission from Roger von Oech, *A Kick in the Seat of the Pants* (New York: HarperPerennial, 1986).

[22] Eleftheria Parpis, “What's the ‘Big Idea’?” *Adweek,* September 13, 2010, *www.adweek.com/news/advertising-branding/whats-big-idea-103274*.

[23] John O'Toole, *The Trouble with Advertising,* 2nd ed. (New York: Random House, 1985), p. 132; Fred Danzig, “The Big Idea,” *Advertising Age,* November 9, 1988, pp. 16, 138–40.

[24] Roger von Oech, *A Whack on the Side of the Head* (New York: Warner Books, 1990).

[25] Roger von Oech, *A Whack on the Side of the Head* (New York: Warner Books, 1990).

[26] Kevin Goldman, “Leap Partnership Touts All-Creative Shop,” *The Wall Street Journal,* December 23, 1993.

[27] Derek Walker, “If the Client Was Always Right, It Wouldn't Need an Ad Agency,” *Advertising Age,* July 29, 2011, *http://adage.com/article/small-agency-diary/client-adagency/228932/*.

[28] Joseph Sugarman, *The Adweek Copywriting Handbook* (New York: John Wiley & Sons, 2012).

[29] Adapted with permission from Roger von Oech, *A Kick in the Seat of the Pants* (New York: HarperPerennial, 1986).

[30] Werner Reinartz and Peter Saffert, “How to Assess an Ad's Creativity,” *Harvard Business Review,* May 21, 2013, *https://hbr.org/2013/05/how-to-assess-an-ads-creativity*.

[31] Amy Gallo, “How to Get Your Idea Approved,” *Harvard Business Review,* November 15, 2010, *https://hbr.org/2010/11/how-to-get-their-approval.html*.

[32] Amy Gallo, “How to Get Your Idea Approved,” *Harvard Business Review,* November 15, 2010, *https://hbr.org/2010/11/how-to-get-their-approval.html*.

[33] Amy Gallo, “How to Get Your Idea Approved,” *Harvard Business Review,* November 15, 2010, *https://hbr.org/2010/11/how-to-get-their-approval.html*.

[34] David Ogilvy, *Ogilvy on Advertising* (New York: Random House, 1985).

m&m's
180

PART 3

第 3 篇

执行和评估广告战役

第 11 章　创意执行：美术与文案

第 12 章　印刷媒体广告

第 13 章　电子媒体的运用：电视与广播

第 14 章　数字互动媒体的运用

第 15 章　社交媒体

第 16 章　户外媒体、展示性媒体和辅助性媒体的使用

第 17 章　建立关系：直复营销、人员推销和销售促进

第 18 章　建立关系：公共关系、赞助和企业广告

第 11 章

创意执行：美术与文案

学习目标

广告人可以在印刷、广播、电视和网络上展示美术和文案——讯息策略的非语言要素和语言要素的作用。美工和文案人员涵盖各类专家，他们遵循特定的流程来构思、设计、撰写和制作整合营销传播信息。要想成功，创意人必须熟悉行业内文案和商业美术的术语及样式。他们还必须培养审美敏感性，以便能够识别、创造、评价或推荐高质量的作品。

学习本章后，你将能够：

1. 描述印刷版式的有效设计工具和原理。
2. 说明如何写出出色的印刷广告文案。
3. 确定广播和电视广告文案写作的重要部分。
4. 回顾如何在广播和电视广告中制造亮点。
5. 提出有效的数字媒体广告文案的写作方法。
6. 归纳为国际市场设计广告讯息所面临的挑战。

一个创意能拯救生命？也许是的，如果创意出众而且策略完美的话。一项旨在说服人们不要在列车周边愚蠢冒险的小型广告战役完美地诠释了这一点。

在公益广告（PSA）历史上，劝人戒烟、远离毒品、不酗酒和不做无保护的性行为的公益广告屡遭失败，让人沮丧不已。为什么这么多广告都失败了？原因不一而足，但有一些是因为策划者的失误。首先，许多人误以为人们不知道他们在冒险，吸烟者非常清楚吸烟的危害，他们还是这么做了。其次，策划者忘记了人们讨厌被说教或被告知应该做什么。

当麦肯广告公司设在澳大利亚墨尔本的办事处开展一项力图减少列车周围致命事故的广告战役时，他们清楚地了解现实是什么。现实是跑过轨道、沿轨道行走、站得离月台太近以及在下降的道口门附近跑。人们为什么会做这些事？一个原因可能是无知，但也有人认为在列车周边作出危险行为是勇敢的表现，或者表现了满不在乎的态度。例如有则新闻报道说，一群青少年站在列车轨道上，直到列车启动的最后一刻。[1]

鉴于这些，你会推荐什么讯息来减少列车区域的事故？吓到大多数人的讯息可能反而会鼓动那些胆大的人，说教式讯息又让大多数人反感。麦肯不走寻常路。它传达的讯息是把所谓的“勇敢”重新定位为愚蠢。

为了达成这一点，麦肯推出了被《广告时代》评为 21 世纪最佳广告之一的《愚蠢的死法》。它吸引人的方式很简单：卡通人物表演了大多数人所认为的极其愚蠢的冒险行为和死亡方式。儿歌般的音乐、卡通化的几何图形和总体上蠢萌的感觉缓解了人们对死亡的天然恐惧感，有助于吸引观众继续观看。

这段三分钟的视频在两周内吸引了 3 000 万人观看，截至 2017 年，观看次数达到 1.4 亿次。[2] 它也是广告业顶级赛事的戛纳广告奖的大赢家。实际上，它赢得了五个奖项，成为戛纳历史上最成功的广告战役。[3] 该广告战役是否完全达到预防事故和死亡的预期，还存有争议。其客户地铁公司声称死亡率下降了 21%[4]，但包括澳大利亚艾菲奖评委在内的一些专家提出质疑。[5] 关于这场广告战役对于列车死亡事故的最终影响的争论可能不会很快消失。但是，毫无疑问，它提高了人们对列车周边危险行为的认识，其到达范围、影响力或有效性没有争议。

麦肯的成功让人想起伯恩巴克，这位或许是广告史上最有创意的人曾经说过：“你可以针对一件产品说正确的话，但没人会听。你必须说得能触动人心，如果做不到这一点，什么也不会发生。”

正如《愚蠢的死法》广告所显示的，怎么说和说什么一样重要。这就是创意在广告中如此重要的原因。在视频中，非语言讯息承担了至少一半的传播任务。非语言讯息元素帮助定位产品，为品牌创造个性，它们烘托了气氛，并决定了观众感受一个广告的方式。这种气氛丰富了体现在文案中的语言讯息。

在本章中，我们将从美术和文案两个角度讨论创意概念如何被执行。我们首先讨论印刷媒体，接着是电子和数字媒体中的视觉与语言细节。广告战役必须传达信息（参见 IMC 实战模拟“给创意人的产品事实”），但它们应该以清晰、有吸引力、参与式的方式来传达。与其他章节相比，本章侧重策划类讯息，例如广告，因为营销人员和广告公司对广告的形式和内容有最大的控制权。而设计在固定版式的网站（如脸书和其他社交媒体）中是次要的考虑因素，在许多公关活动尤其是报道中也是最不重要的。

你还将学习制作。制作包括了一个大创意到一个成品商业讯息之间的步骤。如果执行不当，一个伟大的点子仍然会失败。尽管许多人认为创意只是想法的产出，但它也是制作环节中非常重要的一环。

IMC 实战模拟

给创意人的产品信息清单

美术总监和文案人员必须透彻地了解品牌，才能创作出引起共鸣的广告。确保你的创意人员掌握了能帮助他们写出绝妙文案的信息，并设计出防止消费者失去兴趣中途退出的版式。

- **专有信息**

产品名

商标

产品符号

其他版权或授权信息

- **历史**

产品何时被发明或创造?

谁引入了它?

它还有别的名字吗?

产品是否有变化?

产品有什么“浪漫的成分”?

- **调查**

有调查成果吗?

供应商对产品做了什么调查?

哪项调查针对哪种媒介最有用?

- **生命周期**

产品的寿命或使用期限是多长?

产品目前处于生命周期的什么阶段? 应该用什么风格的文案?

竞争对手的产品处于生命周期的什么阶段?

- **市场定位**

产品在整个市场中的份额是多少?

产品的市场份额能否暗示其定位策略?

公司希望占据什么位置?

- **竞争者信息**

产品的竞争对手是谁?

产品比竞争者更有优势吗?

产品是否有缺点?

同类型产品是不是差不多?

本产品是否能解决竞争对手产品的问题?

- **产品形象**

人们如何看待产品?

他们喜欢产品的什么?

他们不喜欢的是什么?

它奢侈吗?

它是必需的吗?

它是习惯吗?

它是自我放纵吗?

是否有人不得不拥有但又希望没有它?

- **顾客使用**

产品是如何使用的?

有无其他可能的用途?

多久买一次?

什么类型的人使用该产品? 为什么买? (自用、礼物、工作用途?)

什么类型的人使用该产品最多（重度使用）?

重度用户买多少?

最好的顾客住在哪里?

- **表现**

产品能做什么?

有无人们期望它做而它没做到的地方?

它如何工作?

它如何制作或生产出来?

由什么组成? (原材料、特殊成分、防腐剂、化学物质、营养素)

- **产品的物理特征**

气味

外观

颜色

质地

味道

其他

- **有效性**

是否有证据证明产品经过测试且运行良好?

是否需要提及或注意任何规定或法规?

同竞争对手相比，它的运行状况如何?

- **生产**

产品如何制作出来?

做出来需要多久?

这个过程有多少步骤?

有多少人参与制造?

要使用特殊的机器吗?

它在哪里制造？

- **分销**

该产品的销售范围有多广？
是否为专卖？
是现货供应还是限量供应？
是否为季节性的短期供应？
必须铺货到哪些分销渠道？

- **包装**

单位尺寸或可以提供的尺寸
包装形状
包装设计（样式、颜色）
产品的特殊保护设计
产品的运输装置
包装标签

11.1 设计印刷版式

❶ 描述印刷版式的有效设计工具和原理

设计（design）指美术总监和平面设计师如何选择和安排一则广告的美术元素。设计师通过选择美术元素并以独特的方式组合它们，从而建立一种风格——表达思想或图像的方式。

数位设计师在美术总监的指导下，先制作广告概念的初始版式。这些美工与文案人员一起工作，运用他们在平面设计（包括摄影、排版和插图）方面的专业知识来创造最有效的广告、手册或网站。

版式的用处

版式（layout）是指广告样式元素的整体安排，这些元素包括图像、标题、小标题、正文、口号、印章、标志和签名。版式有几个用途：首先，它们帮助广告公司和客户提前考虑广告的观感，给了客户一些可以纠正、更改、质疑或认可的实体东西。

其次，版式有助于创意团队发展讯息的心理元素：非语言的、象征的成分。老练的营销人员希望广告讯息能创造产品个性，并在消费者心目中建立品牌（公司）资产。要做到这一点，讯息的“样子”应该营造一种能反映和强化营销者与产品的氛围。在《愚蠢的死法》广告中，几何图形、明亮的色彩和音乐的选择都经过了深思熟虑，滑稽元素有助于软化诉求，使观众更容易理解讯息。

最后，一旦最佳设计选定，版式就成为蓝图，它展示了广告中每个元素的尺寸和位置。一旦制作经理知道了广告的规模、照片的数量、字体的大小以及美术方面（如颜色和插图）的使用情况，他就可以确定广告制作的成本（参见广告实验室“美工的角色”）。

设计与制作：创意及批准过程

设计既是创意过程，也是批准过程。在创意阶段，设计师运用缩略图、大样、仿真品和末稿，即非成品来建立讯息的外观和感觉。以前在创建版式到印刷之间的预印刷阶段[6]，美工会准备一份机械图，它在相应位置上有真实的字体以及印刷工或投放媒体需复制的图像的一份成品。如今，几乎所有商业印刷的前期工作都是通过 Adobe 创意套装等桌面出版系统来完成。

认可过程是第一步，在设计和制作过程中的任何时刻，广告或者广告概念都有可能被修改甚至取消。

广告实验室

美工的角色

所有从事商业艺术工作的人被称为美工，但他们做的事可能完全不同，有的甚至连画画都不会，因为他们接受不同的艺术专业训练。

美术总监

美术总监负责广告的视觉呈现，他们和文案人员一起开发最初的概念，设计最初的草图或版式，之后他们可能不会再接触广告，其主要职责是监督广告的进展直至完成。

最好的美术总监擅长用文字和图像来表达想法，他们通常非常了解消费者，是经验丰富的平面设计师。他们有或多或少的员工，这取决于机构规模。他们也可能是自由职业者（独立承包人），亲自做更多工作。

网页设计师

网页设计师帮助规划和设计网站的布局及内容。网页设计师能够使用 HTML、CSS、JavaScript、PHP 等能被浏览器读取的语言来编写网页。网络程序员拥有更多的编码技能，并帮助创建应用程序，让网站执行特定任务，比如链接到数据库或者处理购买请求。

同其他创意人相比，网页设计师面临两个独特的挑战。第一，他们设计的讯息必须在各种观看平台上都能呈现。一则平面广告只会出现一次，网页却可以在多个浏览器中被看到，每种浏览器处理代码的方式可能不同。此外，人们在手机和平板电脑等移动设备上浏览网页时，广告内容必须自动适应浏览者的屏幕。网页设计师的第二个挑战是，网页不是一个单独的页面，而是不同的链接页面的集合，将这些集合的结构进行概念化设计是一个重要的考量。

平面设计师

平面设计师是专注于形状和形式的精密专家。他们安排和组合最吸引人的、有效的广告要素（字体、插图、照片、空白）。虽然他们从事广告工作，但他们也设计辅助宣传材料，如海报、手册和年度报告。

广告公司的美术总监通常担任设计师。有时候，广告公司聘用一个独立设计师提供独特的设计风格。

插画师

插画师描绘或绘制广告中的图像。他们经常专门为汽车、时装或者家具产品创造图像，广告公司或者广告主很少雇用全职插画师，大多数插画师是自由职业者。广告公司根据广告的特定需求、外观和感觉来为不同的工作雇用不同的插画师。

摄影师

像插画师一样，广告摄影师用非语言表达方式增强语言讯息。摄影师使用相机镜头等摄影工具和光线来创造图像。他们选择有趣的角度，用新颖的方式安排主题，仔细控制光线，并使用各种技术来提高图像质量。摄影棚摄影师使用高功率灯在背景前或安排好的场景里拍摄产品，外景摄影师通常在现实环境中拍摄，比如添柏岚的广告场景。有的摄影师专攻汽车、明星、时装、食物、设备或建筑类型，广告公司很少雇用专职摄影师，而是按小时雇用自由职业者，有时使用现成的存档照片，或从供应商处购买照片。

实验室应用

1. 从第 10 章的广告作品集选择一个广告，解释哪些种类的美工可能参与了该广告的制作，每种美工的职责是什么？

2. 在第 10 章的广告作品集中，你认为哪个广告需要的美工最少？为什么？

缩略草图

缩略草图，或称**缩略图**（thumbnail），是一种小型的、粗略的、快速制作出的图纸，美工用它来将版式视觉化，不用考虑过多细节。缩略图是基础性的，常用直线或方块表示文案的位置，用方框表示图像的位置。缩略图会逐步完善直至最佳。

大样

在大样（rough layout）中，美工绘制的是广告或网站的实际尺寸。标题和小标题采用最终的字体风格，插图和照片是草图，正文用线条代替。广告公司可能提交版式大样来获批，特别是对于那些注重成本的客户。

末稿

末稿（comprehensive layout；comp），是广告成品的高度精确复制版本。末稿通常非常精细，使用彩色照片、最终的字体样式和尺寸、子视图以及光滑的喷涂层。末稿的文案在电脑上输入，和图像一起排列好，接着以全彩色校样打印出来。到这一阶段，所有的视觉效果都是最终的形式。

仿真品

仿真品（dummy）展示手册、多页材料或售点展示的手持外观和感觉。美工可以手工组装模型，使用彩色马克笔和打印校样，将它们粘贴在结实的纸张上，然后切割、折叠成合适的尺寸，一本逐页拼在一起的手册仿真品，看起来和成品一模一样。

计算机在出版业中的应用

现在的台式电脑功能强大，足以创建最高专业质量的印刷和数字信息。出于商业目的，使用计算机和出版软件准备印刷及数字材料的系统被称为**桌面排版系统**（desktop publishing）。

今天，大多数平面广告和网络广告都使用桌面排版系统，因为它比传统方式有着更多的优势。首先，它加快了出版物的开发和设计速度。设计师曾经不得不仔细地考虑字体和尺寸来调整图像和文字，现在这些都可由计算机自动处理。此外，数字媒体中的设计元素可以通过**样式表**（style sheet）保存和重复使用，或者通过**层叠样式表**（cascading style sheet）在网站上实现。其次，它大大降低了出版成本，部分原因是一个人就可以完成过去团队的大部分工作。另外，它允许对广告的版式进行快速且便宜的修改。最后，可以使用相同的计算机和软件套装来创建数字格式（如网页）或印刷格式的信息。

批准

文案人员和美术总监的工作需要审批。广告公司规模越大，客户越大，批准过程就会越复杂（参见图表 11 - 1）。一个新的广告概念首先由广告公司的创意总监批准，然后客户管理团队审核，接着客户方的产品经理和营销人员开始审查，他们通常会改一两个字，有时则会拒绝整个方案。广告公司和客户的法务部门都会仔细检查文案和美术，寻找潜在的问题。最后，客户公司的高管审核最终的概念及文本。

批准过程中最大的挑战是防止审查者破坏广告的整体风格。创意团队力图达成一个整体统一的风格，但想保持艺术的纯粹性是极其困难的，这需要耐心、灵活性、成熟度，以及表达核心观点和解释选择的能力。从一开始就给决策者提供好文案的做法，

图表 11－1
文案批准过程

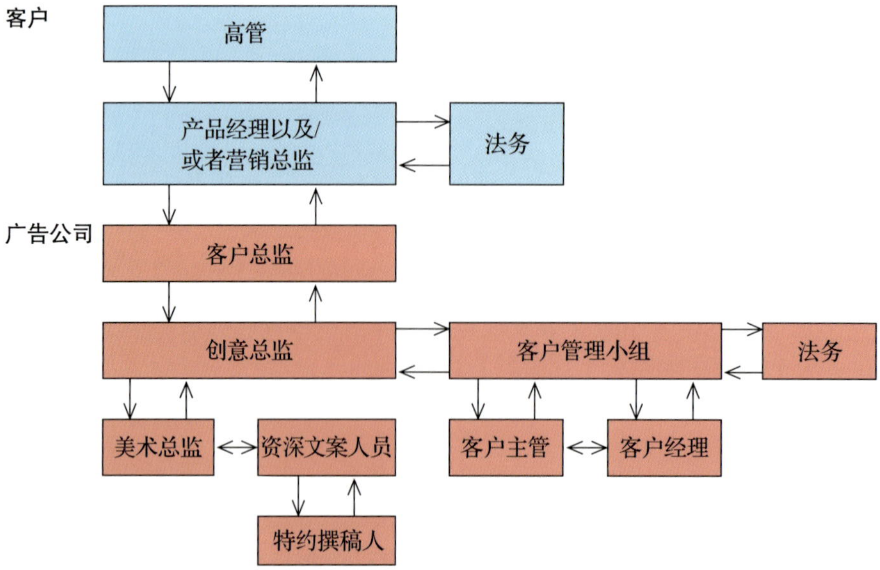

说明：文案批准过程始于广告公司内部，止于客户公司主要高管的批准。每次审查后文案可能都需要修改，并向随后层级的审批者演示。大型广告公司和广告主的审批过程需要更长时间。

有助于建立信誉和顺利获批。关于如何写好文案和标题，参见乔治·费尔顿（George Felton）的建议，如 IMC 实战模拟“创造绝妙的标题和文案”所示。

创建有效版式：工具和样式

基于微软 Windows 和苹果 Mac 的小型系统非常适合计算机设计，复杂的图形软件现在可用于页面版式设计（InDesign）、绘画和绘图（Adobe Illustrator）、图像处理（Adobe Photoshop）以及网页设计（Adobe Dreamweaver 和 Adobe Animate）。[7] 当今的图形艺术家、插画师和修图师除了对美学知识有透彻的了解，还必须熟练使用设计软件。

促销广告旨在吸引消费者，但竞争激烈。事实上，有研究表明，普通的美国人每天会看到 3 000 条广告，与此同时，约 53% 的消费者认为“大部分营销都是一派胡言”[8]。研究还显示，营销的花费高低与广告的回忆度几乎没有关系，但是讯息的外观质量很重要。好的设计不仅能吸引注意力，还能让人记住它。为 UX Mastery 撰稿的亚力克斯·帕尔默（Alex Palmer）说道：“设计意味着以一种清晰的方式展示一个动作或物体背后的意图。伟大的设计剥离了其他可能的被猜测的意图，只留下一个。”[9]

创意人使用多样的版式（参见本章的广告作品集）。获得最高回忆率的传统广告采用标准**海报式构图**（poster-style format），也称**方框图片式版式**（picture-window layout）或者**艾耶 1 号式**（Ayer No.1）。这种构图由一个单纯的主导图像占据广告总面积的 60%～70%。[10] 图像是为了让读者停步并唤起兴趣，因此其内容必须是有趣的。

正如我们在下一节中讨论的，标题应该让读者停下来，让他们记住广告的关键点。[11] 作为一种设计元素，标题的总面积一般不超出广告的 10%～15%，因此字体不需要特别大。视情况而定，标题可能出现在画面的上方或下方。正如阿尔茨蒂尔（Altstiel）和格罗（Grow）所指出的：“标题的有效性最终与它在上下文中的表现有关。”[12]

研究还表明，如果广告超过 50 个字，读者人数会大为减少。因此，为了吸引阅读，广告中的文字量应该保持在 20% 以下。然而，对于某些高卷入度的商品而言，你

IMC 实战模拟

创造绝妙的标题和文案

乔治·费尔顿在他的《广告概念和文案》一书中，为有抱负的文案人员提出了如下建议。

标题

- “实现协同效应，而不是冗余。”标题和美术应该共同创造一个点子，而不是各自多余。
- “让消费者来做点事。”撰写能引发思索甚至困惑的标题都是可行的，要避免侮辱观众智力的广告（来自伯恩巴克的哲学）。参见第 2 章“广告背后的人物”。
- “把夸大和轻描淡写结合起来。”如果图像很“大”，那就将标题变小。反之亦然。
- “一个广告只强调一个点子。”如果有多个想法，应让它们组合成一个大创意。

文案

文案博客（Copyblogger）的德米安·法恩沃斯提供了写出“绝好文案”的方法。

1. 简明文案：简单、简短、切中要点。这种文案很适合搜索广告，如“你可能有资格获得的大学奖学金”。

2. 讲故事文案。运用故事元素（开场、冲突、对话和解决方案）。例如：“阿丽尔希望自己的外表和气质看起来更好，但她的婚礼只剩几个月了。她准备好改变（开场）。多年来，她一直为忽高忽低的体重而苦恼（冲突），一个朋友告诉她慧俪轻体（Weight Watchers）可以帮她减肥（对话）。它所需要的只是简单的慧俪轻体计划，跟踪饮食、运动和水摄入量（解决方案）。”

3. 对话文案。写得好像你在和潜在客户说话。例子：“今天我想和你分享三个真正帮助我和孩子沟通的办法。”

4. 想象文案。邀请潜在客户做梦或想象一个问题被解决，做出了改变。“想象一下你穿着心仪泳衣的样子，你找到一个简单实惠的方式让自己明年夏天自信满满。”

5. 长文案。法恩沃斯曾指出“你说得越多，就卖得越多”。当产品利益点较为复杂或者不容易传达时，这一方式尤其有用。

6. 杀手诗人文案（killer poet copy）。特定的风格与推销相结合。最好的例子来自传奇人物大卫·奥格威：“时速 60 英里时，劳斯莱斯汽车的最大噪声来自电子钟。”

7. 总裁文案。让老板来推销，直接与顾客和客户沟通。例如，皮特·库尔斯（Pete Coors）出现在康胜（Coors）的清啤广告中，身后是白雪皑皑的群山，库尔斯直视着镜头说道：“有的酿酒师看向窗外，只见烟囱。有人则不是。”

8. 坦诚文案。承认产品中的不方便、不简易、不完美的地方。这种诚实能赢得信誉，也有助于让消费者视自己为独一无二的。如奢侈健身品牌 Equinox 广受推崇的品牌主张“只专注于某事”。

9. 最高级文案。离谱的说法？这就是最高级文案想要的。如激浪的“要么激浪要么死”，以及怪物能量（Monster Energy）的“释放野兽”。

10. 拒绝文案。谁不想成为专属俱乐部的一员？法恩沃斯援引美国运通黑卡和 Beautiful People 交友网站的“不是每个人都足够优秀”作为例子。[13]

说得越多，卖得才越多。如果推销是广告目的，信息型文案就很重要。当广告主对读者群的质量比数量更感兴趣时，长文案可以起作用。[14]

最后，大多数人都想知道是谁投放的广告。公司标志或签章不需要很大，也不用超出 5%～10% 的面积。为了获得最佳效果，它们应该放置在广告的右下角或者底部。

广告作家罗伊·保罗·纳尔逊（Roy Paul Nelson）指出，设计原理对于版式设计师就像语法规则对于作家一样重要。基本规则如下：

- 设计必须保持平衡。
- 广告的空间应该以令人舒服的比例分配。
- 方向性必须明显，读者才知道按什么顺序阅读。
- 具有把广告聚拢为一体的力量，给它整体感。
- 广告中应有一个元素或某一部分能主导其他元素。[15]

更多关于广告设计的基本原则（平衡、运动、比例等）参见 IMC 实战模拟“设计原则”。

印刷广告中的印刷术使用

印刷广告字体的功能之一是服务于广告的外观。美术总监选择字体风格来增强产品的个性并完善广告的调性。字体影响广告的外观、设计和可读性。好的字体并不能挽救一个无力的标题、糟糕的正文和不合适的插图，但它可以激发兴趣、吸引读者。

印刷术（typography）是选择和设置字体的艺术。广告艺术家熟知基本字体、常见字体的变体以及字体的结构。选择字体时最重要的考虑因素是易读性、适当性、协调/外观以及重点。广告实验室“字体的特点”介绍了字体相关问题。

印刷广告中图像的使用

在广告中进行画图、绘画、素描的人称为**插画师**（illustrator），用相机拍摄图片的人是**摄影师**（photographer）。他们共同负责我们在整合营销传播中所看到的图片或者**图像**（visuals）。

图像目标

当面对一幅印刷广告时，大多数人首先看到图片，然后阅读标题，再仔细阅读正文。因为图像对广告的成功负有极大的责任，所以设计应考虑如下几个明显目的。

- 吸引读者的注意力。
- 让文案的主张更明确。
- 确定主题。
- 展示实际使用的产品。
- 让合适的潜在顾客驻足从而圈定读者。
- 促使读者相信文案主张的真实性。
- 引起读者对标题的兴趣。
- 强调产品的独特之处。
- 为产品或广告主创造良好的印象。
- 通过统一的视觉技术来赋予广告活动持久性。

确定图像的主要焦点

图像捕捉一种心境，创造一种感觉，它是消费者感知产品的语境。

选择图像焦点是创意过程中的主要步骤，它决定了一个大创意到底执行得好不好。平面促销广告使用多种图像焦点主题，包括：

1. 产品的包装。这一点对包装商品尤其重要，它有助于消费者识别货架上的产品。

IMC 实战模拟

设计原则

请确保你的版式设计遵守下列经验法则来创造富有吸引力、信息丰富的广告。

平衡

视觉中心是决定版式平衡的参考点。视觉中心位于页面实际中心上方的 1/8 的位置。可以通过页面上的元素搭配来达成平衡，如视觉中心的左右侧，视觉中心的上下处。

- 对称平衡。完美的对称构成了对称平衡：一条广告的分割线让其两侧的搭配元素具有相同的视觉重量。这种技巧给人一种庄重、稳定、保守的印象。
- 非对称平衡。具有不同形状、大小、色彩饱和度或明度的物体分布在视觉中心的不同距离处，由此而形成视觉平衡。就像一个跷跷板，靠近中心的较大视觉重量的物体可以和远离视觉中心的轻量物体实现平衡。许多广告采用非对称平衡来让广告显得更有趣、更有想象力、更令人兴奋。

运动

- 运动是引导观众按照安排好的顺序阅读材料的设计原则。可以通过多种技术来实现：
- 安排人或者动物，这样他们的眼睛能引导读者的眼睛聚焦到重要元素上去。
- 用伸出的手指、方框、线条或者箭头，或者移动演员、摄像机以及改变场景等手法，引导注意力的转移。
- 利用读者自然的阅读习惯，从页面的左上角向右下方呈 Z 形运动。
- 连环画序列和带字幕的图片迫使读者从头开始，按照顺序来理解信息。
- 利用空白和色彩突出字体或插图区域。人的视线一般是从黑暗到明亮，从彩色到黑白转移。
- 尺寸本身吸引注意力。读者会被页面上最大的、最主要的元素吸引，其次才注意到较小的。

比例

应该根据元素对整个广告的重要性来分配空间。引人注意的元素通常被分配更大的面积，应避免给每个元素均等的面积。

空白（隔离）

空白是广告中未被其他东西占据的部分（注意：空白可以是白色以外的其他颜色）。空白有助于将注意力吸引到被鼓励观看的元素上，它使文案看起来像在聚光灯下。空白是广告整体形象的重要组成部分。

对比

将注意力集中到特定元素的有效方法是使用颜色、大小和风格的对比。比如反白广告（黑色背景白色字体）或者带有红色边框的黑白广告。

清晰和简洁

任何能删除且不损害整体效果的元素都应该删除。例如太多的字体，太小的字号，过多的反白、插图和方框。不必要的文案也会让版式过于复杂，使广告难以阅读。

整体感

整体感意味着广告的诸多不同元素必须以特定的方式相互联系，使广告给人一种单纯且和谐的印象。平衡、运动、比例、对比和颜色都有助于设计的统一感。还可以使用的技法有：风格接近的同类字体、统一所有元素的边框、图片等元素的叠放、合理使用空白以及利用图形工具（方框、箭头、颜色）。

连续性

连续性指一个广告与广告活动其他部分的关系。这可以通过使用相同的设计样式、风格和调性来实现。还可以用同一个代言人，以及相同的图形、标志、卡通形象或者朗朗上口的口号。

广告实验室

字体的特点

易读性

选择字体时最重要的考虑是易读性。影响易读性的一般因素包括字体的风格、粗细和大小，行的长度，以及字、行和段之间的间距。广告是用来阅读的，不易读的话会扼杀人们的兴趣，难读的字体应尽量少用，只限于特殊效果。

大而粗、简单的字体最容易阅读。然而，广告的空间总量和必须撰写的文本量限制了其使用。广告中文字栏的宽度应少于 3 英寸。

行距也会影响广告的易读性。行之间的距离应能容纳字的降部（字母向下伸出的部分，如 j、g、p 的字尾）和升部（字母向上伸出的部分，如 b、d、k 的字头）。如果这两部分占满了行的仅有距离，我们就称“满排”(set solid)。美术总监会增加行之间的距离，即**行距**（leading），从而赋予文案更“轻快的”感觉。

字距调整（kerning）（扩大或缩小字母间距）也能改善广告的外观和可读性。字距越窄，可用空间能容纳的文字就越多。标题用窄字距很有效，因为当字母靠得近时，人们阅读大号字体会更快。但窄字距用在小号字中则不利于阅读。

恰当性

字体必须适合广告中的产品。每一种字体和其大小都可能传达出与文字本身的含义可能截然不同的情绪和感觉。一种字体低声诉说着“奢华”，另一种字体叫嚣着“打折！”某些过时的字体则不适合移动媒体。

协调 / 外观

广告新手经常混合太多的字体，造成混淆和杂乱。字体应该与广告中的其他元素，包括插图和版式相协调。老练的美工往往选择同一字系的字体或外观较为相似的字体。

重点

对比产生重点。美工经常使用不止一种字体，或者混搭斜体和罗马体、小号与大号字体、小写与大写。但是必须谨慎处理，不能强调所有的元素，否则任何元素都无法凸显。

字体类别

广告使用两种字体类别。**特排字体**（display type）比正文字体大且粗，它在标题、小标题、标志和地址中很有用，还可用于强调。**正文字体**（text type）更小且细，用于广告正文。

字体组

衬线字体（serif），即罗马体，是最常用的字体组之一，因为它便于阅读，且传递亲和的个性。它的特色在于笔画末端的小线条（称为衬线的尾巴），以及富有变化的笔画粗细。罗马体有各式各样的设计和尺寸。

无衬线体（sans serif），又称哥特体，也是应用最广泛的字体组合，它也称方块体或当代体。它的特点是没有衬线（因此得名无衬线体），且笔画粗细较为均匀。其易读性不如罗马体，但依然广泛使用，其简单、干净的线条给人一种顺滑的、现代的观感。

方形衬线体（square serif）结合了无衬线体和衬线体，有衬线但字母粗细均匀。

草书（cursive 或 script）类似于手写体，字母通常传达出一种女性的、正式的、古典的优雅感觉。它不便于阅读，主要用于标题、正式声明、化妆品和时装广告。

装饰字体（ornamental）使用新颖的设计，具有高度的装饰性。它增加了一种“特效”的气质，但不易阅读。

Roman type	Square serif type
Typography	Typography
Typography	
Typography	Script type
Typography	Typography
Sans serif type	Typography
Typography	Ornamental type
Typography	Typography
TYPOGRAPHY	Typography

a.

字系

字系（type family）由相关的字体组成。在一个字系中，字体的基本设计保持不变，但在比例、轻重、倾斜方面有所不同。字体可以是细的、中等的、加粗的、特粗的、压缩的、扩展的或是斜体的。这些变体能让设计者在不改变字体的情况下做出对比和调整。

Garamond Book	Garamond Condensed Book
Garamond Book Italic	*Garamond Condensed Book Italic*
Garamond Bold	**Garamond Condensed Bold**
Garamond Bold Italic	***Garamond Condensed Bold Italic***
Garamond Light	Garamond Condensed Light
Garamond Light Italic	*Garamond Condensed Light Italic*
Garamond Ultra	**Garamond Condensed Ultra**
Garamond Ultra Italic	***Garamond Condensed Ultra Italic***

b.

字形（font）是特定字体和大小的大写字母、小写字母、数字、标点符号的一整套组合。

测量字体

字体有高度、宽度和粗细之分，某些装饰字体还有深度。它们有着被称为“套”（case）的形状。随着计算机的应用，字体还有了分辨率。

大小是一个字符（或字母）的宽度，以**磅**（points）为单位。

Text type	Display type
6 pt. Type size	16 pt. Type size
8 pt. Type size	18 pt. Type size
9 pt. Type size	20 pt. Type size
10 pt. Type size	24 pt. Type size
12 pt. Type size	30 pt. Type size
14 pt. Type size	36 pt. Type size

c.

相当于一种字体大写字母 M 的最大宽度的空间称为“全角空格”（em space），相当于字母 N 的宽度的空间称为“半角空格”（en space）。

分辨率指字体的精细程度。精细排版的目的是实现可读性、清晰性和外观的流畅性。杂志和宣传册的首选分辨率从 1 000 dpi（每英寸点数）开始，广告主通常采用 2 400 ～ 3 750 dpi。

实验室应用

使用本广告实验室中的各种图表和术语回答如下问题：

1. 找到杂志或网络中的五种字体组，分析这些字体如何完善了广告的设计。
2. 选择一个你认为的使用了不恰当字体的例子。你会如何改进它?

2. 产品本身。这通常对无包装的商品不太适合。

3. 正在使用中的产品。化妆品广告经常用一张美女或帅哥的特写照片展示正在使用的产品。

4. 如何使用产品。食谱广告的特色是展示食品如何加工，历来都能吸引很高的读者量。

5. 产品特色。汽车广告经常展示汽车所采用的技术，以区别于竞争者。

6. 产品比较。营销人员将自己的产品与竞争对手的产品放在一起展示，并比较它们的重要特征。

7. 用户利益点。无形的用户利益很难说明，营销人员知道吸引顾客注意力的最佳方式是展示产品如何让他们获益，因此值得格外认真的创意工作。

8. 幽默。如果用得好，幽默的视觉效果会给人留下有趣而持久的印象。但如果运用不当，它也可能损害可信度。

9. 证言。前后对比的证言对减肥产品、护肤品和健身课程都非常有效。

10. 负面诉求。有时候图像指出如果你不用此产品将会发生什么。运用得当的话，这种方法能激发兴趣。

选择图像

图片的类型经常在创意的概念化过程中确定。不过，最终的图像只有等美术总监或设计师将广告排版出来后才能确定。

如果美术总监确定了所需的图像，那么需要多少个？一个、两个还是更多？图像应该是黑白还是彩色的？这些可能取决于预算。美术总监接着还需决定图像的主题，应该采取之前的标准主题序列吗？还是其他？它和广告的创意策略有多大关系？

最后，美术总监必须知道那些需要被考虑的技术和预算问题。在此基础上，确定图像显然不是一件容易的事。在第 13 章中，我们将看到在制作广告的过程中，所有这些决定如何汇总到一起。

11.2 撰写出色的印刷广告文案

现在你已经理解了优秀设计的目标和样式，让我们来看看文案的基本样式，以及美术如何与文案联结到一起。

广告作品集

美术总监的版式风格指南

美术总监使用多种类型的版式。当加州恩西尼塔斯的市场设计公司（Market Design）创意总监汤姆·迈克尔（Tom Michael）为虚构的帝国游轮公司（Imperial Cruise Lines）制作广告时，他准备了几个不同版式的缩略草图，看看哪个效果最好。

注意这些广告中的文案是用一行行重复的胡言乱语来代替的。美术总监所用的计算机程序提供了一个选项，可用这种不连贯的随机文字来表现版面的文案排版，这在实务中被称为“希腊文”(greek)。

请分析不同的版式并讨论每种版式的优缺点。你推荐将哪个版式用于帝国游轮公司？为什么？你还可以想出什么其他的版式或文案创意？

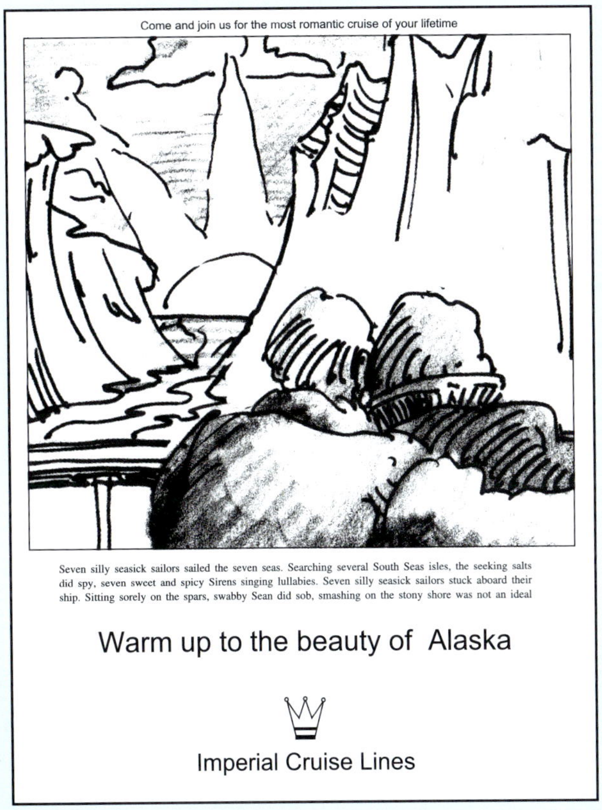

方框图片式版式（picture-window layout）——被阿拉斯加之美暖身。这也称为海报版式。单个大图像占据了广告 2/3 的空间。标题和正文出现在方框的上方或下方。

资料来源：Tom Michael/Market Design.

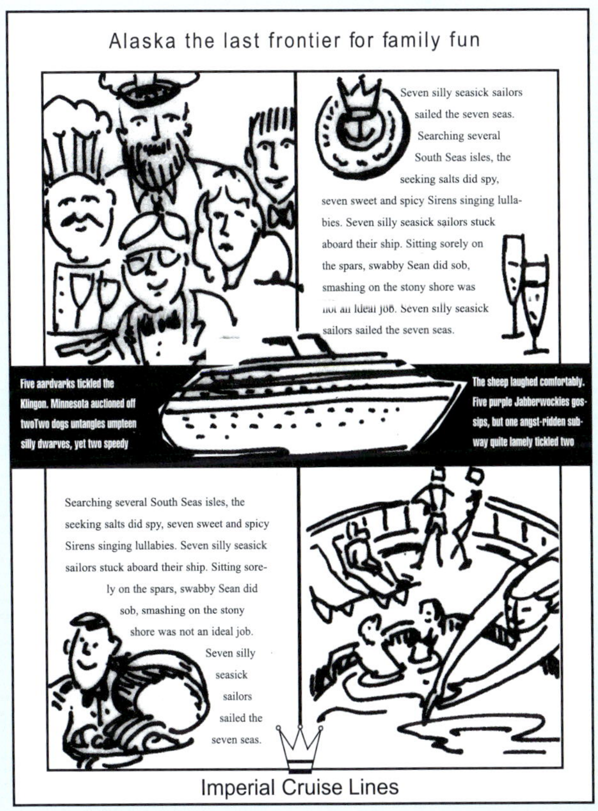

蒙德里安网格版式（Mondrian grid layout）——阿拉斯加：家庭欢聚的最后胜地。蒙德里安网格版式以荷兰画家皮埃特·蒙德里安（Piet Mondrian）的名字命名，在设定好的网格中使用一系列纵横线条、矩形和正方形来赋予广告几何比例。

资料来源：Tom Michael/Market Design.

马戏团版式（circus layout）——想象你在这儿。被各式各样的插图、大号字体、倾斜等噱头填满的版式，让广告生动有趣。

资料来源：Tom Michael/Market Design.

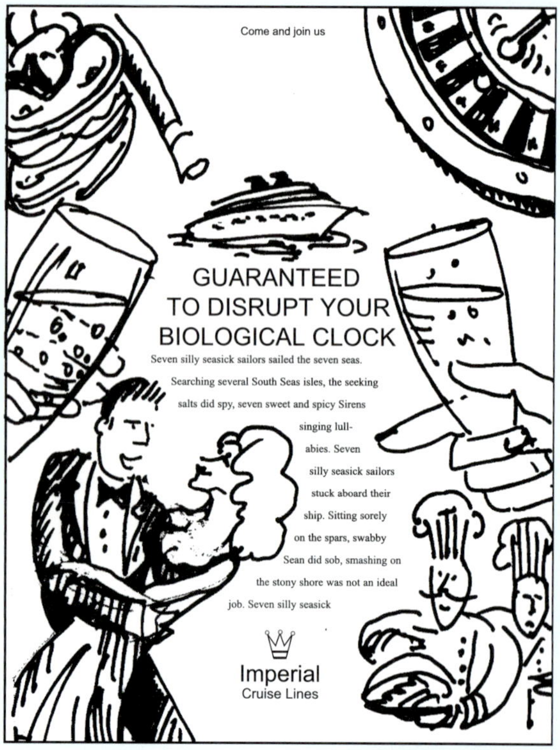

框架版式（frame layout）——保证打乱你的生物钟。这种版式中，文案被图像包围，有时图像可能被文案包围。

资料来源：Tom Michael/Market Design.

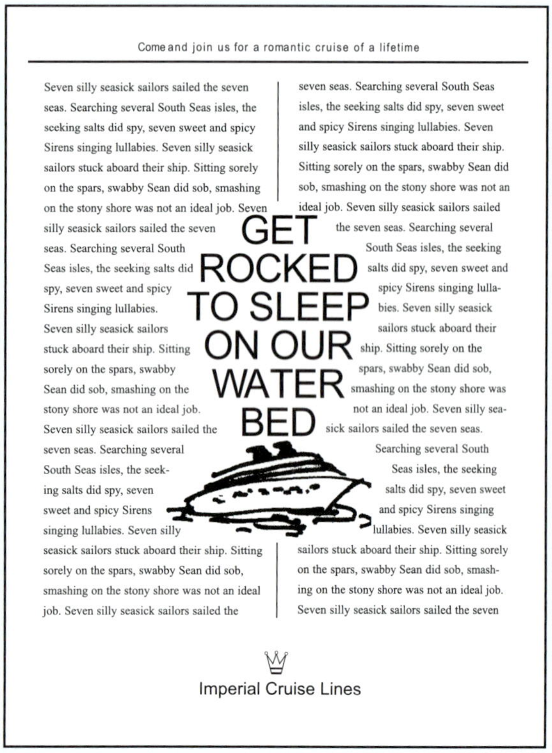

文案为主型版式（copy-heavy layout）——在我们的水床上摇晃入眠。当你有很多话要说而图像无法表达时，使用文字。但要确保标题和小标题是有趣的。在这个例子里，长文案框住标题和图像以增加视觉的吸引力。标题也可以放在文案上方或下方。

资料来源：Tom Michael/Market Design.

蒙太奇版式（montage layout）——通宵营业，鼓励闲逛。和马戏团版式类似，蒙太奇版式将多个插图放置一起，通过叠加或重合的方式形成一整幅图。

资料来源：Tom Michael/Market Design.

杂烩版式（combo layout）——到阿拉斯加暖身。创意将两个或以上的无关元素组合在一起创造出新元素，设计也是如此。为了让广告更有趣、更时尚，美术总监也将两种或以上的版式结合起来，形成杂烩版式。这个广告始于一个网格构图，但在网格的中心，文案像框架版式那样围绕标题和标志。

资料来源：Tom Michael/Market Design.

2 说明如何写出出色的印刷广告文案

在印刷广告中，版式的核心元素是图像、标题、小标题、正文、口号、印章、标志和签名。正如图表 11－2 所示，文案人员将图像、标题以及小标题与创意金字塔的注意步骤联系起来。兴趣步骤通常对应于小标题和正文的第一段。正文处理信任和期待，而行动步骤发生在标志、口号和签名部分。我们先讨论这些要素，再来讨论广播和电视广告的文案。

图表 11－2
一个广告的成功取决于读者通过创意金字塔阶梯的能力。并不是每个广告都能像这则家得宝广告一样有效地运用各种设计要素将潜在顾客顺利送达每一级阶梯

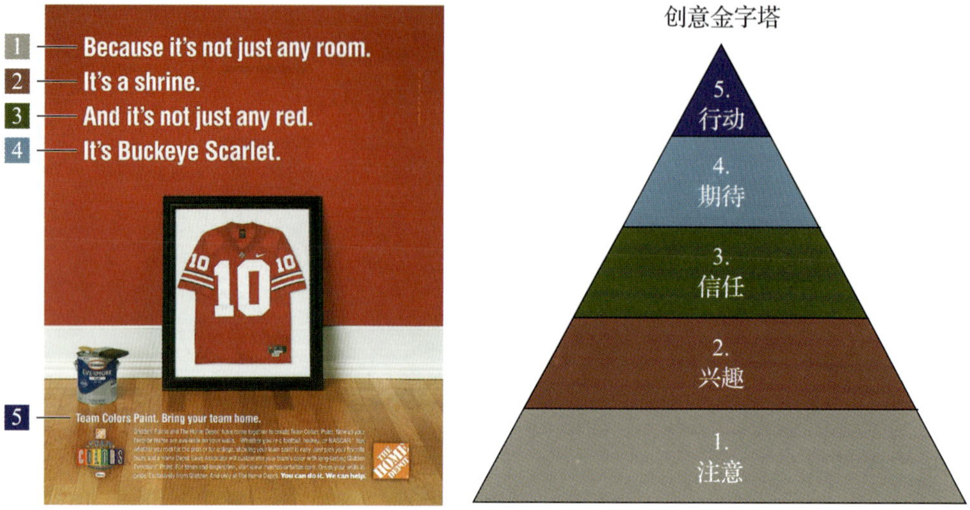

资料来源：Homer TLC, Inc.

如果你对文案写作感兴趣，请仔细关注你每天接触的信息。试着不仅仅作为一个消费者，也作为一个学习创意的学生来阅读它们。仔细考虑作者在讯息的用词和结构中的用意。记住，虽然好文案可能来自模仿（参见伦理、多样性与包容性“同理心：理解广告可以伤害人也可以治愈人”），但伟大的文案来自真正的原创。

标题

标题（headline）包含了页面上最大的字体——最先被读到而且最能吸引注意力的文字。

标题的作用

有效的标题能吸引注意力和目标受众，解释图像，引导观众注意正文，介绍品牌并呈现销售讯息。

标题的另一目的是快速地吸引读者，并给出阅读其余内容的理由。如果标题缺乏即时性，潜在客户就会调转注意力，从而忽略广告讯息。[16]

埃塞（Esser）葡萄酒广告是通过标题吸引读者阅读正文的典型例子。

> 标题：埃塞知道
> 正文：曼弗雷德·埃塞的鼻子知道好酒……

标题是广告传达给潜在客户的最重要的东西。无论读者是否继续读下去，它都解释了图像并确定了营销人员在客户心目中的定位。

理想情况下，标题呈现完整的卖点。研究表明，阅读标题的人数是阅读正文的 3～5 倍。因此，如果卖点在标题中没有体现，广告主就是在浪费钱。[17]

V 伦理、多样性与包容性

同理心：理解广告可以伤害人也可以治愈人

正如本章所强调的，语言和想法至关重要，不仅可以销售和说服，而且可以授权或伤害。今天有道德感的创意人应该意识到他所承担的责任不仅是影响目标受众。

举几个例子。

过去几年最重要的社交媒体运动之一是“Me too”运动。这场运动某种程度上是由针对好莱坞制片人哈维·韦恩斯坦（Harvey Weinstein）的性骚扰和强奸指控所引起的，并可追溯到社会活动家塔拉纳·伯克（Tarana Burke）。伯克在社交媒体上使用标签来呼吁人们关注“通过同理心赋权”。该运动发展迅速，并增进了人们对女性所面临的生活挑战的理解。

鉴于性骚扰和性虐待的严重性，当布鲁明戴尔公司（Bloomingdales）打出“趁你最好的朋友不注意，赶紧给她们掺入蛋酒”标题的广告时，简直不可想象。该广告描绘了一个男人看着一位美丽的女孩，她正看向别处。百威清啤则决定在易拉罐上贴上这样的标签：“让你晚上不再说不的完美啤酒。#UpForWhatever”。这些广告的本意是搞笑，但其实它们不是。

麻木不仁甚至伤人的广告不一定涉及性骚扰这样的严肃主题。一则零售钻石经销商的广告展示了一块漂亮的宝石，旁边写着“让她闭嘴。换换口味”。某动物保护组织赞助了一个宣传素食主义的户外广告，上面画着一个超重妇女的背影和“救救鲸鱼”的标题。虽然广告本意不是伤人，但这些讯息强化了刻板印象，并含有羞辱意味。

令人鼓舞的消息是，一些营销人员正在挖掘尊重、尊严和美德的价值。一个典型的例子是：宝洁公司通过一场关注常用语伤害的广告运动重新定义了“像个女孩”（like a girl）这种随意辱骂的危害（比如“你扔得就像个女孩”）。

另一位市场领导者可口可乐，与广告委员会合作，制作了以“谁是美国人”观念的包容性愿景为中心的广告。广告运动“爱不需要标签”（Love has no labels）面向所有美国人赞颂了包容和宽容。

《广告时代》总结道，出色的营销能让社会变得更好，原因在于这些广告的目的是“激发同理心（empathy），而不是同情心（sympathy）”。文章接着指出：“最终，感觉良好和鼓励人的文字是不错的，但要真正有所作为，决策者应该让人们支持多样化的理性决策……”[18]

问题

1. 有的人会说，反对上述广告的许多人太敏感了，太把自己当回事了，你会如何回应这种批评？
2. 为了更好地理解和你不同的人，你可以做些什么？如果你希望从事广告或营销工作，为什么这种理解至关重要？

许多专家认为，超过 10 个字的标题会获得更多的阅读量。但当一名研究者试图证实这一点时，却发现标题的长度没有影响，至少就广告的回忆度而言。他总结道：“目前，我们必须假设，对于杂志广告而言，你在标题中说的内容比你用了多少个字更重要。”[19] 大卫·奥格威说过，他写过的最好标题包含 18 个英文单词，并成为经典：时速 60 英里时，劳斯莱斯汽车的最大噪声来自电子钟（At 60 miles an hour, the loudest noise in the new Rolls-Royce comes from the electric clock.）。[20]

标题应该提供令人信服且容易理解的利益点。例如，“请不要开得比你的 GPS 定位还要快”（兰博基尼），或者“不是所有的大脑补充剂都是非法的”（《经济学人》。戛纳广告节上的一个简单印刷广告只有一个标题："癌症治愈吸烟"。阿尔苏蒂尔和格罗以 1934 年的一则报纸广告来说明何为简洁有力："布克兄弟，值得购买（It pays to buy at Brooks Brothers.)"。[21]

最后，标题应该呈现产品新闻（product news）。消费者会从现有讯息中找新产品、新用途或改良版。假如它还没有在美食广告中被过度使用，"力量"（power）这个暗示新颖的词能增加阅读量并有助于一则广告的爆点。只要诚实适用，这些词应该多用[22]：免费、现在、惊人的、突然地、宣布、推出、在这儿、改进、最后、革命性的、刚到的、新的、重要的发展。

标题的类型

文案人员基于创意策略来使用不同的标题。一般而言，他们会采用最能成功地表达出大创意的标题。标题根据其承载的信息类型分为如下几种：利益式、新闻式 / 信息式、启发式、疑问式和命令式。

利益式标题（benefit headline）向受众承诺，体验产品的功用或者服务是值得的。利益式标题不能太可爱、太抖机灵，它只是简单地陈述产品的最重要好处。这是两个优秀的例子：

> 美国在唐恩都乐上运行。
> 30 天内学会一门外语，否则退款。

请注意，这两个标题侧重于使用产品的好处，而不是产品本身的特点。[23]

新闻式 / 信息式标题（news/information headline）发布新闻或承诺信息。海洋世界（Sea World）在电视上发布有关新生幼鲸的声明，标题是"它是个女孩"。信息必须是可信的。如果一个剃须刀宣称"刮起来 200% 的顺滑"，这有可能不是真的。[24]

文案人员用**启发式标题**（provocative headline）来唤起读者的好奇心，引发问题和思考。"打赌你不能只吃一片"（乐事薯片）就是如此。另一个例子是伯恩伯克为大众汽车所写的经典标题"柠檬"。要了解得更多，读者必须阅读正文。当然，风险是读者可能不会读下去。为避免这一点，一个引人注目的图像能够阐明讯息或者提高故事的吸引力。

疑问式标题（question headline）增加了不确定性，鼓励读者去广告正文中寻找答案。一个轮胎零售商的广告问道："是什么让我们的轮胎客户比别人更聪明、更富有？"一个好的疑问式标题会引发读者的好奇心和想象力，但是面对标题提出的问题，如果读者可以快速回答（更糟的是给出负面回答），那么广告的其余内容就不会被阅读。如果一个标题询问"你要买保险吗"，读者回答"不"，这样的广告将收效甚微。

命令式标题（command headline）命令读者做某事，所以它看起来是负面的。但读者因此注意到这类标题。雪碧广告向潜在客户号召"顺从你的渴望"；美国运通卡多年来一直使用流行的命令语"没它别离家"。

许多标题混合了多个类型。相比于标题的类型，更重要的是标题的使用方式。文案人员必须以取悦受众的风格，而不是以自己的风格来写作。

数字广告的标题

当标题应用于搜索广告，例如出现在谷歌搜索结果栏中时，需要考虑新的因素，这主要是因为标题的主要目的是吸引点击。在线广告公司 WordStream 提出了有效的 PPC 标题，即点击付费（pay-per-click）标题写作建议。例如：（1）包含与广告客户相关的特定关键词；（2）解决潜在顾客的问题；（3）字符限制在 25 个以内，该限制和赞助搜索标题中所能显示的字符有关。[25]

互随（Hootsuite）分析了数以千计的脸书展示广告，试图在最有效的广告中找出合适的元素组合。结论是，理想的脸书广告标题应该简短（某些广告只有五个词），运用证言和推荐，提供可证实的好处，列数字清单（招聘时要寻找的四个素质），以及解决一个问题（如何……）。[26]

小标题

小标题（subhead）是附加的更小的标题，出现在标题的上方或下方。小标题在当代广告中不太常见，但仍然出现在文本量较大的广告中。它们有助于分割文案，吸引读者注意到他们正在寻找的产品的好处。小标题比标题更长，更像句子。它们是从标题到正文的铺垫，预示着即将陈述的内容。

小标题通常比标题字号小，但比正文字号大。小标题用**粗体**（boldface）或**斜体**（italic），或者其他色彩显示。像标题一样，小标题也能快速地传递关键卖点，但是它们所包含的讯息比标题次要一些。小标题之所以重要，有两个原因：大多数人只读标题和小标题，小标题最能实现创意金字塔中的兴趣目标。

正文

广告主在**正文**（body copy）或称**文本**（text）里讲述完整的营销故事。正文包括兴趣、信任、期待，有时甚至包括行动的步骤。它是标题和小标题的逻辑性延续，其字号较小。正文内容覆盖了产品服务的特色、利益点或功能。最重要的是，正文是标题或图像所发出的号召背后的证据。

只有一小部分读者会阅读正文，因此正文必须针对读者的个人兴趣说话，解释产品或服务如何满足顾客的需求。最好的广告聚焦于一个大创意或者明确的利益点。文案人员经常大声朗读文案并听听它的效果，即使它只是为印刷媒体所准备的文案。耳朵是强大的文案写作工具。[27]

IMC 实战模拟“撰写有效的文案”重点介绍了一些顶尖专家的文案建议。

正文风格

经验丰富的文案人员会寻找最具卖点的技巧和风格来表达创意。常见的文案风格包括直接售卖式、企业形象式、叙事式、对白 / 独白式、图片说明式、技巧式。

在**直接售卖式文案**（straight-sell copy）中，写作者直接用简单、真实的陈述来解释标题与图像。直接售卖式文案影响顾客的理性判断，因为它按重要性列出了卖点和原因，所以它特别适合卷入度高的产品或者难以操作的产品。它在直接反应广告、搜索广告和工业或高科技产品广告中的效果很好。

广告主使用**企业形象式文案**（institutional copy）来宣扬一种理念或赞美一个机构，而不是产品特性。企业形象式文案旨在为组织的形象增添亲和力和可信度。银行、保险公司、上市公司和大型制造企业都采用印刷和视听企业形象式文案。不过，大卫 · 奥格威告诫人们不要“自私自利、气焰嚣张”，这是许多企业广告的通病。[28]

IMC 实战模拟

撰写有效的文案

- 迅速切入主题。
- 简单明了地突出某一主要观点。
- 专心。不要贪多，同时追几只兔子，最终一只也抓不到。
- 赋予产品清楚的定位。
- 让品牌名称醒目并突出品牌。
- 写作时始终牢记消费者的最终利益。
- 采用短句。采用人们理解的简单、熟悉的词语和主题。
- 不要浪费口舌。只说必须说的，一个字不多，一个字不少。既不画蛇添足，也不遗漏重点。
- 避免吹嘘与自吹自擂。站在读者而非你自己的立场写文案，避免“我们”“我们的”这类字眼。
- 不用陈词滥调。虽然很流行，但要尽量学着不用。亮丽、令人惊讶的字眼和句子会让读者感觉良好，从而愿意继续往下看。
- 构思奇巧。保持读者的兴奋，确保你的热情贯穿正文。
- 使用生动的语言。多使用动词和副词。
- 使用现在时和主动语态。避免使用过去时和被动语态。为特殊效果而不得不用时，也须谨慎。*
- 使用人称代词。切记，你的交流对象是一个人，因此应该像和朋友聊天一样，多用“你”或“你的”。
- 使用缩略形式。它们简短、自然、更具人情味。人们的口语都是这种形式。（听听你自己讲的话。）
- 标点不要过多。这会破坏文案的流畅，过多的逗号是造成这种后果的主要原因。不要给读者提供任何脱离文案的机会。
- 高声朗读。听听文案读起来是什么感觉，发现错误。书面语言和口语绝对不同。
- 修改与锤炼。毫不留情地删改，讲清你要讲的事情，但绝不再多。一旦讲完立即打住。

叙事式文案（narrative copy）讲述一个故事。理想的情形是，写作者用叙事式文案建构起一个情境，然后在最后一分钟里用产品或服务来解决问题。叙事式文案擅长情感诉求。如一家保险公司的广告讲述一个令人心酸的故事，某人意外去世，然而幸运的是，他刚刚续保。[29]

通过**对白 / 独白式文案**（dialogue/monologue copy），广告可以增加叙事式文案有时欠缺的可信度。印刷广告中的人物角色用他自己的话来推销。注意：写得不好的对白式文案会显得乏味，甚至更糟，有虚伪和有意操纵之嫌。

有时候用插图及其说明文字来讲述一个故事更容易。**图片说明式文案**（picture-caption copy）适用于用途或者设计风格多样的产品。

不管哪一种风格的文案，写作者都需要使用一些**技巧式文案**（device copy）来提高注意力、兴趣和记忆度。技巧式文案使用修辞手法（如双关、头韵、谐音尾韵）以及幽默和夸张。文案人员保罗·萨格特（Paul Suggett）举了一个例子：“没电的电池，现在免费了”（Dead batteries，now free of charge）。有些人相信语言技巧能帮助人们记住品牌并积极地影响态度，但萨格特不建议使用技巧式文案。

---

* 在英语语言环境下。——译者

当广告主需要在短时间内获得高记忆度，想要消除先入为主的负面形象，或者需要为同质化的产品创造鲜明的个性时，幽默可能是有效的。然而，幽默始终应该小心谨慎地使用，且永远不能让人有一丝的怀疑。

正文的格式

优秀正文的关键是简洁、有序、可信和清晰。正如约翰·奥图尔所说的，文章“应该写得清楚、信息丰富、有趣、有力、有说服力、引人注目、让人难忘而且轻松优雅。仅此而已”[30]。

四个基本元素构成了长文案广告：导入段、中间段、收尾和结尾。

导入段（lead-in paragraph）是标题与正文中销售点子之间的桥梁。像小标题一样，导入段是引起兴趣步骤的一部分。它必须吸引潜在顾客的阅读兴趣，并将其转化成对产品的兴趣。

中间段（interior paragraph）通过提供广告主张和承诺的证据来推进信任步骤。它们应该通过富有想象力的语言来引发期待。广告主应该使用调查数据、证言和担保来支持自己的产品承诺。这些证明能让顾客相信产品的价值，提高对广告主的好感，并刺激销售。

穿插在中间段的文字应该是行动建议。优秀的文案不止一次地请求读者下订单，邮购广告则会询问好几次。消费者经常没有阅读正文就做出购买决定，因此**收尾**（trial close）鼓励他们尽早做决定。

结尾（close）是真正的行动步骤。优秀的结束语会要求消费者做某件事，并告诉他如何做。结尾段可以是含糊的，也可以直截了当（巧妙的建议或直接的命令）。直接的结尾以请求购买、访问店铺和网站，或索取更多信息的形式寻求立即回应。

结尾应该简化受众的反应，让他们更容易订购商品、发送信息、访问展厅和网站，有的会附上商业回复卡或免费电话号码。

当然，不是所有的广告都卖产品或服务。广告主可能想改变态度、解释他们的观点或寻求投票。提供网址的做法能给那些感兴趣的人提供更多信息。

口号

许多**口号**（slogan），也称为**主题句**（themeline）或**标语**（tagline），都从成功的标题开始，比如美国电话电报公司的“联系某人”（Reach out and touch someone）。通过重复使用，它们成为标准的陈述，不仅用于广告，也用在销售人员之间和公司内部。

口号具有两个基本目的：保证广告战役中的一系列广告是连续的，以及将广告讯息策略简化为一句简短、可重复、易记的定位声明。Wheaties 麦片将自己定位为“冠军早餐”（Breakfast of Champions），戴比尔斯的广告一直使用著名的“钻石恒久远”口号。但根据《华尔街日报》的一篇文章，米勒清啤的口号“这是这，那是那”（It's it and that's that）纯属“差劲的组合”。由于缺乏创意、新颖性和发展为成熟口号的能力，它很短命。[31]

印章、标志和签名

只有当产品符合特定组织（如有机作物改良协会（Organic Crop Improvement Association）、好管家研究院（Good Housekeeping Institute）、美国保险商实验室（Underwriters

Laboratories）或父母协会（Parents Institute））制定的标准时，才能获得**印章**（seal）。因为这些机构是公认的权威组织，它们的印章能为广告主的产品提供独立的、可信的背书。

标志（logotype）和**签名**（signature cut）是广告主或产品名称的特殊设计样式。它们出现在公司的所有广告中，就像商标一样，赋予产品个性并在购买时促成快速识别。

11.3 撰写出色的广播和电视广告文案

撰写广播广告文案

③ 确定广播和电视广告文案写作的重要部分

对于音频和视频媒体而言，创意金字塔的五个步骤依然是主要的指南，但其文案格式有所不同。广播和电视文案人员需准备脚本和故事板。

脚本（script）类似于两栏列表。左侧一栏垂直排列说话人的名字，以及声效和音乐的说明。右侧一栏包含对话，称为**音频**（audio）。

广播为通常正在做其他事的听众提供娱乐和新闻，他们听广播时，可能同时在开车、洗碗、读报，甚至学习。要想被听到，广告讯息必须引人注目、有趣和令人难忘。广播听众经常几秒内就决定是否该予以注意。为了抓住和保持听众的注意力，特别是那些没有被某个产品类别所吸引的听众，广播广告必须具有侵扰性。

侵扰，但不是冒犯。随意地用词，故意用恼人的噪声（汽车鸣笛、闹钟声、刺耳的轮胎摩擦地面声等）来吸引听众，或者听起来特别奇特、古怪或烦人的人物角色，都会引起听众的反感，这些做法最终会导致推销失败。其他的准则参见 IMC 实战模拟“创作有效的广播广告”。

广播脚本像两栏列表，说话者的姓名和音效列在左边，对话写在右边更宽的栏内。右侧这则全国性公益广告由麦肯公司制作，是一项激励人们朝着更健康的生活方式迈出一步的广告战役的一部分。

Healthier America
Lost Campaign
Radio: 60
“Neighbor”
Expiration date: 2/23/05

SFX: Phone ringing

Bill:	Hello . . . ?
George:	Hi, Bill? This is George Dewey from up the street.
Bill:	Hey, George. How ya doin?
George:	Good, good. Say, I noticed you’ve been walking to work these days instead of driving . . . and I, uh, don’t quite know how to say this, but . . . but . . .
Bill:	But what?
George: *(stammering)*	But . . . But . . . Your butt, your buttocks, your butt—I think I found your butt on my front lawn. Have you recently lost it?
Bill:	As a matter of fact, I have, George. *(pleased)* It’s about time someone noticed.
George: *(playful)*	Well, it was kinda hard to miss if you know what I mean . . . . . . Anyways, would you like it back?
Bill:	Would I like it back? No, not really.
George:	So, it’s okay if I throw it out?
Bill:	Sure, that’s fine. Take it easy, George.

SFX: Phone ringing

Announcer:	Small step #8—Walk instead of driving whenever you can. It’s just one of the many small steps you can take to help you become a healthier, well, you. Get started at www.smallstep.gov and take a small step to get healthy.
Legal:	A public service announcement brought to you by the U.S. Department of Health and Human Services and the Ad Council.

IMC 实战模拟

创作有效的广播广告

创作广播文案需要敏锐的耳朵、对听众的同理心以及在消费者头脑里创造画面的能力。这些建议将帮助你创作出色的广播广告。

- 让大创意无比清晰。集中于一个主要卖点。广播是建立品牌意识的好媒介，但不适合创作冗长的文案或复杂的论点。
- 尽早且重复提及广告主的名字。如果产品或公司名称难以理解，考虑拼读出来。
- 花时间设置场景并建立前提。没人记住的 30 秒广告是浪费钱。争取 60 秒广告。
- 使用熟悉的音效。玻璃杯中的冰块叮当声，鸟儿的啁啾声和关门声都能创造出视觉形象。如果意思清楚，音乐也可以使用。
- 用语言描述画面。使用描述性语言让广告被记得更牢。
- 确保每个字都有用。使用主动语态，多用动词，少用形容词。多用会话。用读得出的字和短句。
- 反常一点。最好的喜剧广告以一个荒谬的前提开始，随后的发展却是合乎逻辑的。但是要记住，如果实在做不到幽默，就追求戏剧性。
- 要求下订单。请求听众采取行动。
- 谨记广播是地方性媒介。调整你的广告以适应听众的语言和他们的生活节奏。
- 展示很重要。即使是最好的剧本，写在纸上也会看起来无聊。表演、时机、奇特声效和音效让剧本富有生气。

最有挑战性的因素之一是让脚本配合时长。各类商业广告的投送方式不同，因此写作者会大声朗读脚本以掌握时长。有了数字压缩技术，现在录制的广播广告可以比现场朗读的文本多包含 10% ～ 30% 的内容。不过，以下是很好的经验法则：

10 秒：20 ～ 25 个词；
20 秒：40 ～ 50 个词；
30 秒：60 ～ 70 个词；
60 秒：130 ～ 150 个词。[32]

广播文案比其他文案更要求清晰。听众不能像看印刷广告那样通过回看来寻找一个代词前面的词。听起来像其他词的同音异义词并不少见，人们很容易混淆句子的意思（比如 who's who is whose）。

撰写电视广告文案

电视脚本由两栏组成，左侧的“视频”栏和右侧的“音频”栏。视频栏描述观众所看到的内容，比如机位、动作、场景和特效。音频栏描绘观众所听到的：对话、声效、音乐等。

视频广告必须可信且相关。即使是奇特的或幽默的广告也必须保证创意和制作质量，因为这会反映产品的质量。美术总监的工作非常重要，但文案人员设定了广告的调性，确立了决定图像的语言，并且指出了图像出现的时间。学术研究和业界专家都表示，IMC 实战模拟“创作有效的电视广告”中的建议最为有效。

IMC 实战模拟

创作有效的电视广告

- 从结尾开始。关注广告留给人们的最终印象。
- 创造一个引人注目的开头。一个具有令人惊讶的视觉效果或者充满动作、戏剧性、幽默或人类普遍感兴趣的开头设置了语境，使广告可以顺利地过渡到其余部分。
- 使用从故事里自然生发出的情境。避免分散注意力的噱头。让观众容易认同角色。
- 人物角色是产品活的象征符号。他们应该是吸引人的、可信的、不偏离主题的。最重要的是，他们是相关的。
- 保持简洁。想法的推进过程应该容易理解，使广告中的元素尽可能少。
- 写出简要的音频文案。视频应该承担大部分任务。每秒少于两个字是有效的。一则 60 秒的广告，101 ～ 110 个字是最有效的，超过 170 个字就太多了。
- 让表演生动但是可信。表演应该始终忠于生活，不要玩弄摄像把戏。
- 用文字阐释画面，让观众为下一幕做好准备。使用日常的语言。避免“广告的口气”，如炒作和吹嘘。
- 平均五六秒钟运行一个场景。一个场景很少会少于 3 秒钟。提供富有动感的场景序列，但不要有突兀的镜头。
- 让视频看起来有新鲜感。

露比丽登（Lubriderm）润肤露的一个优秀广告证明了这些原则。人们想要光滑柔软的肌肤，认为粗糙干裂的皮肤让人失望。如果你是该品牌的文案人员，你会如何处理这个有点敏感的负面话题？

智威汤逊广告公司的创意人精心设计了一个巧妙的解决方案，选择鳄鱼作为大创意。这种爬行动物的鳞片是粗糙干裂肌肤的隐喻。当一只大鳄鱼从一位美丽、成熟、皮肤光滑柔美的女子身旁走过时，人们的求生本能被激发，他们开始注意它。但是这位女子似乎对路过的鳄鱼无动于衷。鳄鱼脊背和尾巴的摆动呼应了背景中两件简单家具的优美曲线，它缓慢的步伐保持着轻快的爵士乐曲调的节奏。

这则广告用一个引人注目的大创意开场，该创意在视觉上令人惊讶、引人注目、富有戏剧性且相当有趣。这也是一次准示范广告：我们看见鳄鱼多鳞、粗糙的皮肤，以及女子在鳄鱼经过时自信和主动地触摸它，这象征着露比丽登所带来的自信。

这则广告也遵循了创意金字塔的步骤。鳄鱼在视觉上吸引眼球，配音员的第一句话成为引人注目的标题“一个简单的提醒”。广告命令我们倾听，并提出“露比丽登补充失去的水分，滋润你的干燥肌肤并保护它”的主张，来建立起兴趣。接着是信任阶段：“记住，皮肤科医生所用的才能治愈和保护你。”然后是收尾（行动）文案：“露比丽登”。最后，期待这一步骤概括了产品的主要好处，并加入一点幽默：“再见，鳄鱼。”

11.4 为广播和电视广告开发有效的创意

《广告时代》前专栏作家鲍勃·加菲尔德（Bob Garfield）在被问及年度最佳广告时，

提及了巴塞罗那的达彼思（Delvico Bates）为 Esencial 护手霜创作的一则广告。广告场景从一个骑自行车的女人开始，不够润滑的链条一直发出吱吱声，她停下车，打开一罐 Esencial，抹到链条上，接着她骑走了。可是，吱吱声还在。为什么？正如画外音所指出的，“Esencial 保湿，但不油腻”。

没有大制作，没有数字效果，没有广告歌，没有名人，也没有大喜剧包袱，只有纯粹的创意：有一个问题待解决，广告品牌却根本无能为力，但这种无能为力正是一个护手霜的优点。总之，该广告生动展示了品牌特点，别出心裁，棒极了。它也展示了创意人所说的“大创意”。[33]

④ 回顾如何在广播和电视广告中制造亮点

为广告开发美术概念

为电视广告创造概念的做法类似于印刷广告。先从大创意开始，接着美术总监和文案人员决定使用什么样的广告形式。应该由名人传达讯息吗？还是用一个半虚构故事来戏剧化地表现产品优点（或缺点）？然后是写脚本，需包含必要的文案、对话和音乐、音效或摄像取景的大致描述。

在电视和广播广告中，美术总监协助文案人员开发脚本。但在电视广告中，美术方面的开发更加宽泛。美术总监用电视脚本来制作一系列的**故事板草图**（storyboard rough），以呈现广告的艺术技法、动作序列以及广告风格。故事板一旦获批，它就成为广告制作的指南。

好的选角很关键。最重要的考虑是产品的相关性。广告公司不会用漫画来推销金融产品或丧葬服务。广告应该用名人吗？有的专家不赞成使用名人。比如大卫·奥格威认为观众记住的是名人而不是产品。[34] 名人可以在广告中胜任几项任务：吸引和保持注意力、建立信誉。许多广播和播客广告是由节目主持人阅读的，听众通常对他们表现出很高的忠诚度。

随着概念的发展，创意团队在详细的**选角简报**（casting brief）中界定了角色的个性。当演员试镜时，这些描述可以作为选角指导。有时广告公司会发掘不知名的新星，这些明星逐渐成长为可靠的、令人难忘的角色，他们超越了简单角色而赋予产品鲜明的个性和形象。前进保险公司的知名代言人弗洛为该品牌代言了将近 20 年。大多数人觉得她比演员斯蒂芬妮·考特尼本人还要有名。

广播和电视广告的样式

和印刷广告相似，广播广告的标准样式能将各种讯息要素组合成一定的模式。一旦美术总监和文案人员确立了大创意，紧接着他们就得确定广告的样式。

许多广播和电视广告的风格都很成功，其中一部分参见广告实验室“通过广播来销售的创意方法”。凯旋广告公司（Ketchum Advertising）前总裁汉克·塞登（Hank Seiden）提出了广告执行谱系：从轻松到严肃的 24 种基本样式（见图表 11－3）。我们介绍八种可用于广播或电视广告的常见样式。

直述式

直述式（straight announcement）广告是最早，也最简单的广播或电视广告。一个人，通常是配音员传达销售讯息。可能有背景音乐。直述式广告很受欢迎，因其适合任何产

广告实验室

通过广播来销售的创意方法

- 产品试用。广告告诉人们产品的用法或者用途。
- 声音的力量。独特的声音赋予广告力量。
- 电子声效。合成音效设备创造出令人难忘的产品 - 声音的联想。
- 顾客访谈。发言人和顾客自然地讨论产品的优点。
- 幽默假访谈。在轻松的氛围中进行的顾客访谈。
- 夸张（夸大）陈述。夸大引起人们对适当的产品陈述的兴趣，否则容易被忽略。经常是滑稽的。
- 第四维度。时间和事件压缩成一个点，让听众参与到对未来的想象。
- 热门。广告采用当前的热点：热门综艺、演员或歌曲。
- 喜剧力量。老牌喜剧演员用自己独特的表演方式来做广告，隐含着名人背书效应。
- 历史幻想。复活的历史人物传达产品信息。
- 声音图像。激发顾客想象力的可识别声音。
- 人口统计。针对细分人群，比如特定年龄或兴趣群体的音乐或参照物。
- 形象移植。音乐标识或者其他声音强化电视广告的记忆度。
- 名人访谈。名人非正式地为产品背书。
- 产品歌曲。音乐和语言组合成音乐标志，用流行歌曲来卖货。
- 编辑天才。不同情境、声效、音乐和音效组合成一系列的剪辑。
- 即兴表演。表演者为指定情境即兴创作对话。

实验室应用

1. 选择三个熟悉的广播广告，讨论它们运用了哪些创意技巧。
2. 选择一个知名的广播广告，讨论不同的创意技巧如何提升效果。

图表 11 - 3
汉克・塞登的广告执行谱系

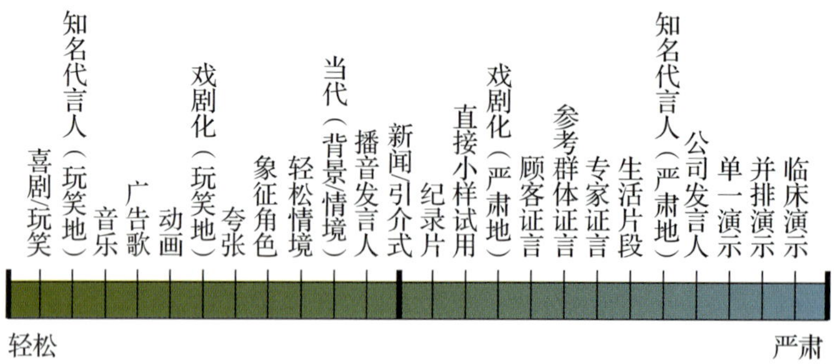

资料来源：Hank Seiden. “Advertising Pure and Simple,” American Management Association, March 1, 1977.

品或情景。在广播中，直述式广告也能设计成**整合式广告**（integrated commerical），即编排进一个综艺节目或者融入节目已有的风格。

对于电视，播音员**在镜头内**（on camera）传达销售讯息，也能通过**旁白**（voice-over）加上演示、幻灯片或者影片的播放来传达。如果脚本写得好，播音员有说服力，直述式会很有效。由于它们不需要复杂的制作设备，因此也省钱。

直述式广告在深夜电视节目、本地广告主、非营利或政治组织中应用普遍。

主持人式

主持人式广告（presenter commercial）由一个人或角色来展示产品并传达销售讯息。有的主持人是名人，例如代言汰渍的大卫·哈珀（David Harbour）；有的是出资公司的职员，比如代言棒约翰的约翰·施耐特（John Schnatter）（2018 年他被迫离开自己的公司）；还有的是扮演角色的演员，比如迪恩·温特斯（Dean Winters）所扮演的好事达保险（Allstate）的“Mayhem”角色。

诸如拉什·林堡（Rush Limbaugh）和霍华德·斯特恩（Howard Stern）等**广播或播客名人**（radio or podcast personality）会朗读脚本，或者根据他自己的风格即兴创作广告。写得好的这类广告会非常成功，然而广告主将控制权交给了名人。除了偶尔的失误以外，主要的风险在于名人可能会批评产品。即便如此，这种做法有时也会带来吸引人的现实主义导向。名人会得到一张列出产品特色的标注清单，以及需要强调的重点和需要重复的短语或公司的口号。但名人可以自行选择措辞和表达方式。

《猫闲话》：30秒
（开场是苏坐在客厅地板上给她的猫咪做足部护理）
字幕：苏·克里斯特的《猫闲话》

苏：是的，我也喜欢你的灰玫瑰色。大家好，欢迎回到《猫闲话》。今天是我们的美容日，让我们安静一些。（展示挤满猫的房间，猫在躺着休息，眼睛上盖着黄瓜片。持续大约10秒。此处安静祥和。镜头切到杰克坐在他的办公室里。他十分认真。）

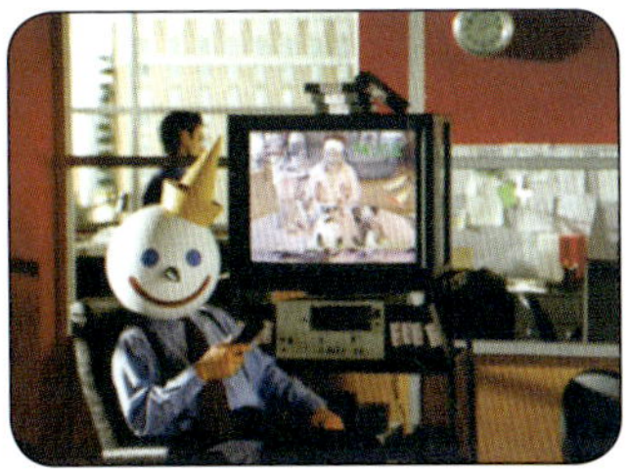
杰克：你觉得我在吹牛？尝尝我的烟熏培根奶酪汉堡包，配上烤洋葱、烤肉酱和融化的芝士，否则就让你看看无聊的《猫闲话》。
字幕：限时供应

广告主经常使用主持人广告来传达促销讯息。在左侧这则幽默广告里，作为杰克盒子代言人的杰克威胁道，如果人们不买这种特色三明治，就要播放无聊的《猫闲话》（Cat Chat）节目。

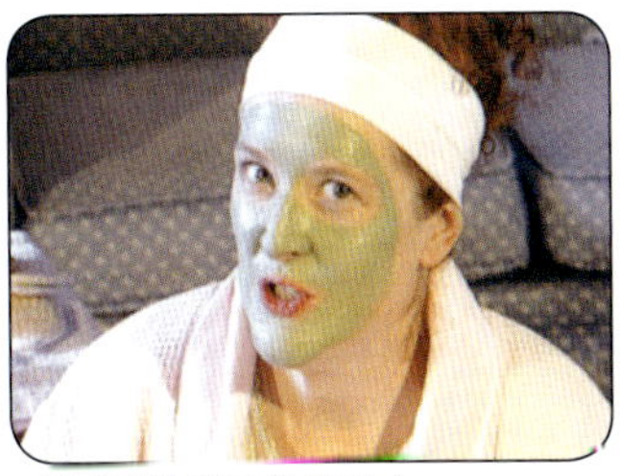
（切回猫咪睡觉镜头）
苏：嘘……伊万卡正开心地待着。谁是下一个做足部护理的？

（纸袋掉落）
纸袋1：停止《猫闲话》
纸袋2：新上市的烟熏培根奶酪汉堡

资料来源：Jack in the Box, Inc.

证言式

真正的**证言**（testimonial），即满意的用户讲述产品的效果，在电视和广播中都极其可信。名人可能会获得关注，但他们必须是可信的，且不能分散人们对产品的注意力。实际上，各行各业的人都在为产品代言，从知名人士到不知名者和非专业者。使用哪种类型的人，这取决于产品和策略。满意的客户是最好的证言来源，因为他们的真诚最具有说服力。奥格威建议，在拍摄对象不知情的时候去拍摄公正的证言。[35] 创意大师亚历克斯·博古斯基在“皇堡吓掉掉”（Whopper Freakout）里的绝妙点子就是秘密地拍摄真正的顾客面对虚构的新闻“汉堡王的皇堡没了”的反应。

演示型

电视广告非常适合视觉**演示**（demonstration）。演示比口头讯息能更快更好地说服观众。所以，不要说出来，要展示出来。当然，在电视上做演示比在广播上更容易，但有的广告主会利用广播的形象性来创作出幽默的、半开玩笑的演示。

产品可能会演示使用中的情形，和竞争对手的比较，或者使用之前和之后的情形对比。这些技巧帮助观众实际地看到产品如何操作。

音乐式

我们在广播和电视上听到的**音乐广告**（musical commercial）或者**广告歌**（jingle），可能是最好的，也可能是最差的广告。做得好，它们能带来巨大成功，远超一般的非音乐广告。但如果做得不好，它们就会浪费广告预算，使观众陷于难以置信的恼火中。

迎合生活方式的广告展示了与产品相关的用户类型，而不是产品本身。IBM 的这则广告利用哈雷机车的员工来描述 IBM 如何帮助每一个企业，无论大还是小。

资料来源：IBM.

音乐广告有几种形式：将整个广告讯息唱出来；广告歌的中间有一段**念白**（donut）；管弦乐队演奏交响乐或流行歌曲。许多制作人使用统一的主题音乐作为背景或者广告的结尾，比如麦当劳的简短音乐片段“吧嗒吧吧吧，我就喜欢”出现在每个广告的结尾处，这被称为**音乐标识**（musical logo）。在多次重复广告的主题音乐后，听众开始将音乐标识和产品联系起来。为了实现这一点，广告歌曲应该有**副歌**（hook），即歌曲中让人印象深刻的部分。[36]

广告主的音乐来源有三种。它们可以向版权所有者购买一首曲子的使用权，也可以免费使用一段公共版权的旋律，还可以聘用作曲家写一首原创歌曲。有的原创歌曲，例如可口可乐那首著名的《我想教这个世界唱歌》，变成了热门歌曲。

生活片段式（问题—解决式）

把现实生活戏剧化的广告称为**生活片段**（slice of life）广告。这种手法通常由专业演员扮演的普通人开场，讨论特定的问题。这些问题通常涉及个人生活：口臭、牙齿松动、头皮屑、体味或者衣物发黄。接着一个亲戚或者同事给出点子，产品试用，下一场景展示了效果：一个更高兴、更干净、香喷喷的人与新的约会对象离开了。这种广告总是以成功的画面收场，它能吸引注意并引发兴趣，即使它们经常惹怒观众，还被文案人员嫌弃。一个优秀的创意案例是亚马逊的《Alexa 失声了》广告，它是 2018 年超级碗的最有效广告之一。

有效的生活片段广告的关键是简单。广告应该集中在产品的一个好处上，让它难忘。通常**助记手段**（mnemonic device）能突出产品利益并引发即时回忆。比如，帝国（Imperial）人造黄油的用户突然发现他们头上戴着皇冠。

可信度在生活片段广告中很难实现。人们并不会真的讨论“食客优选（Taster's Choice）的复杂口味”，所以演员必须具备高可信度，才能顺利推进幻想。这就是大多数地方性广告主不使用生活片段广告的原因，即创造这种可信度需要非常专业的演员和大笔预算。在任何情况下，故事都应该和产品相关，并且说得简单明了。

生活方式

展示用户而不是产品，这是广告主使用的**生活方式技巧**（lifestyle technique）。例如，服装品牌迪赛（Diesel）向都市人推出牛仔系列时，展示了穿着最新系列服装工作和玩耍的人物形象。同样，啤酒和软饮料广告主经常将讯息瞄准热爱户外运动的活跃年轻人，把重点放在谁喝了这个品牌的产品，而不是具体的产品优点上。

动画式

用卡通、木偶和计算机生成图像是非常有效的**动画**（animation）技术，这种技术可以传达复杂的讯息，并直达特定的市场，比如儿童。阿司匹林等药物影响人体系统的方式很难解释，头痛和胃痛药的动画片可以简化主题，让演示清晰易懂。

电脑动画需要广告主的高度信任，因为这种非常昂贵的工作大部分在电脑上完成，所以在动画制作完成并花了一大笔钱之前，没什么可看的。

制作故事板的基本机制

当创意团队选择了大创意和电视广告的样式之后，美术总监和编剧开始编写剧本。电视在视觉上非常强大和富有表现力，美术总监的任务尤其重要。美术总监必须能够与各类专业人士合作，包括制片人、导演、灯光师和布景设计师，从而成功地制作广告。

故事板设计

一旦初步的脚本完成，美术总监必须把脚本的视频部分变成真实的图像，这是通过**故事板**（storyboard）完成的，它是一张预先打印的纸，印有 8 ～ 20 个电视屏幕形状的空白窗口（方框），每一帧的下面都预留了广告文字的空间，包括图表 11 - 4 所示的声效和镜头画面。故事板的工作方式有点像漫画。

美工们仔细设计每个场景应该如何呈现，安排演员、场景、道具、灯光和摄像角度，以最大限度地提高冲击力、美感，并改善气氛，这类似于印刷广告的布局过程（缩略图、大样到末稿）。故事板有助于创意人将广告的调性与情节形象化，发现概念上的不足之处，并向管理层做演示的准备。它也是正式拍摄的指南。

图表 11－4
电视脚本常用的缩略语

CU：特写（close-up）。人或物体的特写镜头。
ECU：极特写（extreme close-up）。上述特写的更极端版。有时指大特写（big close-up，BCU）或近特写（tight close-up，TCU）。
MCU：中特写（medium close-up）。强调主体但也容纳附近的其他对象。
MS：中景（medium shot）。拍摄对象的广角镜头，但不是全部场景。
FS：全景（full shot）。整个场景或物象。
LS：远景（long shot）。场景的全景拍摄，以制造距离感。
DOLLY：推拉，将摄像机移向或远离拍摄对象。分为向内推拉（dolly in，DI）、向外推拉（dolly out，DO）、向后推拉（dolly back，DB）。
PAN：平移，从一边扫到另一边。
ZOOM：缩放，在不虚焦的情况下推进或推远物象。
SUPER：叠映，将一个图像叠加在另一个图像上（如在场景上显示文字）。
DISS：淡入淡出（dissolve）。淡出一个场景，同时淡入另一个场景。
CUT：切，快速地从一帧换到另一帧。
WIPE：擦除，从屏幕上逐渐消除图片（有多个效果选项）。
VO：旁白。屏幕外的声音，多是配音员的声音。
SFX：音效（sound effects）。
DAU：降低（down and under）。人声出现后音效减弱。
UAO：放大（up and over）。人声减弱，音效加强。

然而，即使设计到末稿的水平，故事板也只是和最终广告近似。实际制作时，灯光、机位、对焦、重点等都会变化。通过镜头能看到许多艺术家无法想象的东西，反之亦然。

样片：视频末稿

为了补充故事板或测试一个概念，编剧和美工可能担任演员先粗略地录制一个广告，或者拍摄一个**样片**（animatic），它是故事板中草图的视频，附有电视广告录制好的音频部分。计算机辅助技术降低了制作标准样片的成本，比如 Avid Technologies 公司开发了一个编辑系统，能让广告公司处理和编辑图片连播，配上声音后，能将整个文件包传输给客户。苹果公司开发了一个类似的高性能数字非线性编辑系统，称为 Final Cut Studio。这些技术让广告公司可以用更少的钱来更好地满足客户需求。

11.5 高效地撰写数字媒体广告文案

⑤ 提出有效的数字媒体广告文案的写作方法

大多数大学生都不了解没有互联网的那个时代了。全球超过一半的人口使用互联网，截至 2018 年，网民数高达 40 亿。[37] 在美国，除了 65 岁以上，所有年龄群体的绝大部分人都使用互联网。但是在这数以百万计的用户中，有一个特别重要的群体值得网络文案人员关注。

根据纽约大型公关公司 BCW（Burson Cohn & Wolfe）的研究，美国约有 1 100 万特别有影响力的用户，他们的想法影响着 1.55 亿消费者的线上和线下购买决策。BCW 称这些意见领袖为线上影响者（e-fluentials）。

BCW 的总裁兼首席执行官切特·伯切特（Chet Burchett）表示："线上影响者一石激起千层浪，每个人平均与 14 个人交流。"线上影响者是美誉的创造者，也可能是破坏者。[38]

有趣的是，BCW 的研究发现，在技术、零售、金融、制药和汽车等众多行业里，90% 的电子商务人士使用公司网站来验证广告信息，但只有 10% 的人认为公司网站是可信的。

因此，如何有效地为互联网写作，尤其是为"网红"的受众写作至关重要。公司网站如能为网红提供直接易用的信息，将可以建立和提升品牌价值。在社交媒体时代，内容必须更加清楚和引人入胜，它必须是值得分享的。

里德·哥德斯伯雷（Reid Goldsborough）是一位知名的科技专栏作家和前广告文案人员，他坚持认为尽管传统广告视形象为一切，但互联网上内容才是王道。首先，他指出，研究表明，与报纸和杂志的读者不同，互联网用户通常先注意文本，然后再看照片和图片。换句话说，文字是最重要的，文字意味着实质，内容超过形式。

其次，互联网用户不做深入阅读，而是浏览内容，因此呈现出的信息必须简明又全面。与印刷媒体相比，列表和项目符号可以在互联网上更多使用。数字消费者不像报纸读者那样浏览全页，而是阅读网站打开的第一页屏幕，然后继续浏览，如果他们喜欢自己所看到的内容，他们会想看更多，停在网页上并搜索信息。与其他媒介相比，互联网的空间限制更少，是适合做深度阐述的理想媒介。但是根据哥德斯伯雷的说法，在网页上一屏接一屏地漫灌内容，是虐待读者。

最后，网站应该总是提供互动性，让读者回应的方式包括电子邮件或网络回复链接，互联网是互动的，谁忘记这一点，就是浪费钱。

当然，数字媒体不止网站，还包括脸书、Instagram 和推特，以及那些让戴尔、苹果、星巴克等公司能和忠诚顾客保持定期即时沟通的所有平台。推特最初的吸引力很大程度上来自 140 字的字数限制，这确保了信息有重点且切题。但是 2017 年推特将字数放宽到 280 个，这让博客变得不那么"微"了。

《推特的力量》一书的作者乔尔·科姆（Joel Comm）提供了一些公司如何有效地与顾客交流的建议。他建议那些想践行"推特艺术"的公司：（1）不要发垃圾邮件广告；（2）遵守推特风格，如发短信时使用缩写在推特上是不允许的；（3）对转发给予奖励；（4）坚持字数限制；（5）跟随你的追随者。我们将在第 15 章讨论社交媒体的更多内容。[39]

网页文案能很好地吸引搜索引擎，杰森·福尔斯（Jason Falls）建议文案人员去了解 SEO（搜索引擎优化）。创意人只有强调简短、激动人心的讯息，才能让观众点击、分享和回复。福尔斯还建议文案人员牢记，虽然讯息是"双向的"，但它不只是"对话"，因为"你也可以看到别人互相交谈"，那是强有力的。[40]

福尔斯指出："你的讯息需要更人性化……'我们只是来闲逛的。如果你想谈谈你的汽车维修，我恰好略知一二'。"事实上，如果广告看起来根本没有文案，那才是最好的。将品牌放到"自然的环境"中，在"秀产品的同时也秀了公司多么酷、多么聪明、多么乐于助人"。越少表演越好。[41]

11.6 为国际市场创造广告

⑥ 归纳为国际市场设计广告讯息所面临的挑战

面对国际市场，文案人员和创意总监最需要考虑的是语言。在西欧，人们至少说15种语言，方言的数量是别处的两倍。同样的问题存在于亚洲、非洲以及南美洲。

多年来，全球性广告主一直在争论广告战役的可转化性。一方认为为每个国家创作一项独特的广告战役成本太高，因此只是把整个广告翻译成另一种语言。另一方则认为应该是全球策略，本土执行，用各种语言制作广告并且反映不同群体的需求，但在全球范围内保持一致的主题。还有的广告主认为确保成功的唯一办法是为每个市场专门制作一则广告。花旗集团（Citigroup）稍微变通了这种做法。这家金融服务巨头在100多个国家设有分支机构，根据每个国家目标人群的需求调整广告和产品。比如大量在国外工作的印度人能够以卢比而不是当地货币来开户，印度国内的家庭成员可以通过设在境内的34个花旗银行的自动取款机进入账户，避免了转账所需的高额手续费。有的广告主发现这种方案既贵又不必要，因此它们在全球范围内用英语做广告，笼统地而不是具体地推销产品。

营销人员必须指出他们的独特情况，此外，他们还必须衡量各种促销策略的经济性。

翻译广告文案

不管什么策略，翻译是基本问题。国际广告中错译和用词不当的例子比比皆是。柏杜（Perdue）鸡块的一个西班牙语错误翻译是“一个强硬的男人能让小鸡充满爱意”，真正的文案应该是：硬汉才能做出嫩鸡肉。[42]

选择不当或翻译不当的产品名称会降低在国外市场的广告可信度。一个经典例子是可口可乐在刚入中国时被翻译成“蝌蚪啃蜡”。[43]

美国、加拿大、英国、澳大利亚和南非人都说英语，但在词汇、用法和语法方面存在很大的差异。同样，法国、加拿大、越南和比利时人所说的法语也迥然不同。甚至一个国家内部也存在语言差异，日本人使用五种语言“系统”，从傲慢到卑屈，取决于说者和听者的地位。日语翻译必须知道何时切换。

翻译时必须遵循的基本规则有：

- 译者必须是专业的文案人员。在美国和加拿大，大多数人说英语，但优秀的作家相对较少，优秀的文案人员更少。营销人员常常只是让翻译从业者用外语改写一下文案，这还不够好。
- 译者必须了解产品。译者必须了解产品的特色和市场，让产品或市场专家而不是多面手来翻译会更好。
- 译者应该将广告翻译成他们的母语。理想的情况下，他应该生活在要做广告的国家，如此，公司才能确保他对该国的社会、文化、习俗有最新的了解。
- 给译者提供容易翻译的英语文案。英语中的双重含义和惯用表达如此丰富，以至于广告人很难翻译得好。复杂的英语文案只会让翻译工作变得更难。

滥用语言是对外国市场最大的侮辱。译文必须准确、标点符号恰当，还必须是好文案。

V　广告背后的人物

亚历克斯·博古斯基

广告业的某些人被认为是他们那个时代最优秀的人才。克劳德·霍普金斯是广播媒体出现以前的杰出创意人，大卫·奥格威定义了谁是 20 世纪 50 年代的创意天才，60 年代伯恩巴克被公认为拥有业界最强大脑。在 21 世纪，谁将作为美国广告业最伟大的创意人被后辈记住呢？

行业期刊《广告周刊》的选择是亚历克斯·博古斯基。他曾是 CPB（Crispin Porter & Bogusky）的创意总监以及联席主席。你可能看过他的作品：当发现他们最爱的皇堡断供了，汉堡王的顾客“大惊失色”；极受欢迎的“小鸡侍者”网站最近又回归；为海绵宝宝儿童套餐而做的有趣的《方屁股》广告；强有力的《真相》广告让烟草业熠熠生辉；还有早期的 MINI Cooper 促销活动，以及近期为大众汽车所做的活动。独一无二，甚至有点古怪？无可否认。但它们也展示了脱颖而出和塑造品牌的特殊能力。这使得 CPB 成为美国最知名和最受尊敬的广告公司之一。

让人震惊的是，博古斯基在 2010 年放弃一切转向其他兴趣。直到 2018 年，他才重返 CPB 执掌创意，准备迎接新的挑战。“ CPB 融入了我的血液里，MDC Partners 依然是真正推动创新发展的组织，”博古斯基这样解释他的回归，“时机刚好合适。”

在博古斯基离开公司之前，《当代广告》杂志采访了他，以下是他的分享。

你可能知道的博古斯基的那些事

1989 年，他在当时名为 Crispin and Porter Advertising 的广告公司开始美术总监事业。他是第 16 号员工。五年后，他成为创意总监，1997 年成为合伙人，2008 年 1 月升任联席主席。在他的指导下，该公司发展到拥有 700 多名员工，并曾获评全球获奖最多的广告公司。亚历克斯曾登上《沟通艺术》《广告周刊》《广告时代》《快公司》《商业周刊》等杂志。他的作品被《纽约时报》《华尔街日报》《今日美国》《新闻周刊》《时代》以及全国性电视和广播报道。2002 年，亚历克斯入选美国广告联合会名人堂。

你可能不知道的博古斯基的那些事

亚历克斯·博古斯基丢钱包的次数比常人多。在他的余生中，他会非常满足于吃墨式得州美食。大多数周一的早上，他都带着至少一处伤口来上班。他已经很少喝酒，但如果喝的话，肯定是龙舌兰。他保持专注的时间非常短。在小学时，老师建议把他放到特殊班级里。他有 11 辆自行车、四辆越野自行车和一辆越野摩托车。他过目不忘，但只是对广告。他对圣路易斯这个地方感到莫名的厌恶，虽然他最喜欢的人很多来自那里。他曾经是一名优秀的越野摩托车手，水平堪比职业选手。他的父母都是设计师，比他更有才华。他用 Flowbee 理发器给自己理发。

亚历克斯向《当代广告》讲述了自己的影响力、他觉得有益的事情、他管理创意部门的哲学，以及他对寻求职业规划的学生的建议。在接受采访后不久，博古斯基离开了 CPB，创办了自己的咨询公司。

《当代广告》：你经常说起父母在你的创造力发展中所起的作用。他们是如何做的？

博古斯基：我的父母比我更有创造力。我母亲在一家小学教艺术，我们家到处都是艺术和设计的书。当我父母举办聚会时，他们玩这样一个游戏，所有人必须在三分钟之内为一个产品想出最好的标志。

《当代广告》：那么他们有没有鼓励你走创意方向？

博古斯基：不是直接的。他们太棒了，我其实觉得有点沮丧。但我母亲教了我一些实用的创意技巧，比如做拼贴画。这帮我找到了第一份广告公司的工作。

《当代广告》：你是否觉得没有父母那么有创意，是一种挑战呢？

博古斯基：不完全是。我只是接受了它。最后，我认为这种经历给了我一种非常正确的职业观。我认识到只有投入时间，没有捷径可走。变得聪明能取代天赋，但正因为如此，有的人没有在工作中投入应有的艰苦努力。

《当代广告》：所以谦虚是一个创意人的重要品质吗？

博古斯基：谦虚是任何人的重要品质，对创意人来说更是如此。在广告公司里，点子总是不断被发现又被推翻。如果你太自大，你就看不到这样的情况发生。我倾向于想数百万个点子，那我就不用太担心。如果别人认为一个点子不好，我还有下一个。

《当代广告》：这些年，你一直谈论 CPB 创意部门的协作机制。按照你的说法，你的创意人愿意为彼此“扑向手榴弹”。这话是什么意思？

博古斯基：在 CPB，我们相信过程。你可能会花大量时间去思考和担心你要想出来的东西。在公司里，大家相信你有自己的角色，其他人也有他们的。任何人有需要时，别人会尽力帮助。这让人安心，并有助于享受工作。

《当代广告》：享受感有多重要？

博古斯基：如果你已经做了一段时间，你会意识到这份工作永远不会改变，永远不会变得容易。创意过程是一种折磨，所以你必须热爱它。每当你取得一点成就或者赢得一些奖励时，你会意识到下周一你得回去工作，而且工作都一样。工作就是回报。

《当代广告》：作为一名创意总监，你的工作更多的是监督创意人，并和他们一起工作，而不是具体地创作广告。你是如何做到的？

博古斯基：这份工作和做文案与美工是不一样的。它更多的是帮助人们找到自己的创意，和指导有关。

《当代广告》：你领导别人创作出优秀作品的指导思想是什么？

博古斯基：意识到每个人都想有所贡献。有时候创意总监没有多少事要做。我们 CPB 有很棒的员工，他们知道如何做好自己的工作。我觉得有的创意总监很难退后一步，但我不是。当然，有时候你只是祈祷有人能提出一个好点子。但即使我不得不给出反馈意见，我也会在草稿纸的边上写上我的评论，我不会直接在别人的电脑上写东西。等我写完一张纸，我交还给他们，让他们自己做。允许一个有创意的人怀有贡献感很重要。

《当代广告》：还有什么是重要的？

博古斯基：我工作中最难的一部分是保持高标准。我们需要什么样的工作水准来保持我们的高目标？降低标准很容易。只要你把目标放那儿，人们就会追求它。拥有保持高标准的精力是关键。对一个创意总监来说，说出“我很优秀，我周围的人却不怎么样”这样的话很容易，但我相信那就意味着自取灭亡。你对自己的期望应该和对周围人的一样多。

《当代广告》：你对那些想去 CPB 这样的公司工作的学生有什么建议？

博古斯基：这些年我得到了不少建议。我学会了谨慎地给出建议。我曾和实习生说过，我自己从来没做过很艰难的决定。当我做决定时，即使是艰难的事情，我总能感觉到什么对我来说是正确的。当我决定自己的职业生涯时，我总是试图去一个感觉像最佳击球点的地方，在那儿我能做我喜欢的事。许多人带着先入为主的想法进入广告业，也许他们在电视和报纸上看到过，他们不愿意四处尝试。但是这个行业有太多地方可以去，实际上有数百万个利基市场。对我来说，这么多的成功取决于我找到正确的利基。我总是觉得不必马上找到它，所以我做过广告业的很多工作，但是毫无疑问，我会努力去做那些能给我带来满足感和快乐的工作。我喜欢称之为“下坡跑”的工作。我做过一次“往上爬”的工作，在这种情况下坚持是没有意义的，你应该顺应潮流，发挥自己的能量，不要去对抗那些东西，跟着让你开心的东西走。我认为很多学生过于担心钱的事，我最喜欢的榜样是迈克尔·乔丹，他找到了自己真正想要的东西。乔丹是一个很有天赋的人，也曾是优秀的棒球运动员、出色的营销专家。但他在篮球上找到了自己的东西。

《当代广告》：这也适用于你对员工的要求吗？

博古斯基：是的。我面试了一个非常有才华的人，他现在是我们的顶尖创意人之一。我问他如果没得到这份工作，他想做什么？他开始讲述自己的音乐经历，到小俱乐部演奏，也许还录制一点唱片。他真的考虑过这件事，我能看出他的热情。故事讲到一半，他知道自己已经搞砸了面试。

《当代广告》：但是这个故事是快乐的结局吧？

博古斯基：几年后，他再来面试。他知道第二次该如何回答这个问题。我们真正寻找的是一个只想做广告的人，这就是我们的感觉，也是我们对一起工作的人的要求。

资料来源：Courtesy of Alex Bogusky.

英语正迅速成为面向国际商务人士的广告活动的通用语言。一些公司也用英语印刷它们的说明书和手册，但这种做法可能会激起针对该公司的民族主义情绪。更糟糕的是，它自动地将产品的用户限制在懂科技英语的人群身上。

国际市场的美术指导

哲学家经常称艺术为全球语言，因为无论哪种文化都可以自由翻译它的非语言要素。这是个好主意。但在广告业中，这是代价很高的主意。人们基于自己的文化赋予颜色不同的含义，当美术总监为其他国家设计广告时，他必须非常熟悉各国的审美偏好和特点。

有些人认为颜色表示情绪。有的人“有点蓝”或者“嫉妒得脸都绿了”（参见广告实验室“色彩的心理影响”）。国旗是激发爱国情感、思想和行动的非语言符号。然而，同样的符号可能损害销量。例如使用美国和法国国旗颜色的广告在东南亚可能招致失败，因为那里的人对当年与两国的战争仍有痛苦的记忆。

图符（icon）是代表某种想法或事物的视觉形象，具有跨国界的意义，反映出一个文化群体的品牌和态度。一则带有蛇（在许多西方文化中，蛇是魔鬼的象征）的广告很容易打击北美市场的销售。但在有些地区，蛇代表着新生（通过蜕皮），同样的视觉形象可能成为产品耐用性的生动表达。

在个人层面，文化图符表达一定的社会角色形象。当广告公司给选角公司或经纪人打电话寻找一位模特时，它实际上在寻找一个图符。广告公司希望这位模特能出色地象征产品利益或者帮助目标受众更好地与广告关联起来。然而，一种文化所认为富有吸引力的模特在另一种文化中却不一定如此。

当地文化中的流行语经常用于广告。即使将一个创意翻译成另一种语言——尽管这种情况很少——美术总监仍然很难使用同样的意象。为全球市场工作的广告人必须与当地人一起预先测试美术和设计的概念。

国际营销者的法律约束

最后，所有的广告创意，包括广告说什么、秀什么、做什么，都受到政府和文化的影响。正如我们在第 3 章中所讨论的，许多国家对广告主张和媒体使用进行严格的监管。

本章小结

广告讯息的非语言方面承担了传达大创意的一半职责。事实上，非语言讯息同语言讯息不可分割。任何一方都可以增强或破坏另一方。

设计涉及美术总监与图形设计师如何从概念上选择和安排构成讯息外观或设定基调的艺术元素。对印刷广告而言，美术部门的第一件作品是一个还未被充分开发的简单版式设计。版式的目的有数个：显示广告的各部分放置在哪里；用省钱的方式开发创意；帮助创意团队检查广告讯息的心理或象征意义；作为制作环节的蓝图。

文案时刻伴随着编辑。文案人员必须做好准备，以应对来自广告公司、客户经理和法律部门不可避免的（有时是漫长的）编辑和再编辑。文案人员不仅要有创意，还需要耐心、灵活、成熟，并有很强的自制力。

排版影响广告的外观、设计和易读性。选择字体需考虑四个重要的因素：易读性、恰当性、协调或外观、重点。

设计过程有几个步骤：缩略草图、大样和末稿。机械图是为复制准备的美术终稿，使用三维图制作的手册和其他材料称为仿真品。

计算机极大地影响了平面设计，各种软件让美工以手工不可能做到的方式来绘画、排版和处理图像。现在每个平面设计师都必须懂电脑。

在印刷媒体中，图像很大程度上决定广告讯息的成功与否。图片能抓住读者的注意力，确定主题，创造良好的印象等。

描述广告讯息的两大基本方式是照片和图画。摄影可以提供现实性、在场感、实景真人感，能增强氛围、审美和敏锐度，以及具有高效、灵活和经济实惠的优点。绘制的插图也能做到这些，有些美工觉得它们比照片的感染力更强。图像的重点可能是各种背景下的产品、用户利益、幽默情境、证言，甚至一些负面诉求。

印刷广告文案版式的核心元素包括标题、小标题、正文、口号、印章、标志和签名。印刷广告运用多种标题类型和文案风格。主要的五种标题类型是：利益式、启发式、新闻式/信息式、疑问式和命令式。文案风格分为：直接售卖式、企业形象式、叙事式、对白/独白式、图片说明式、技巧式。

创意金字塔和版式元素共同创作出有效的广告讯息。标题承担吸引注意力的任务，小标题和导入段引发兴趣，中间段、收尾和结尾负责唤起信任和期待。行动步骤经常体现为文案的最后一行，或者借助标志、口号和签名来实现。

在电子媒体中，文案通常是以脚本形式呈现的口头对话，它被称为广告的音频部分，文案可以作为旁白由一个看不见的配音员念出，也可以由镜头里的代言人或者演员说出。

广播广告必须具有侵扰性，才能吸引和抓住正在做其他事情的听众的注意力。广播文案必须比印刷广告文案更有对话感，并在听众心中描绘出文字画面。

电视广告文案用脚本和故事板一起来传达广告的语言和非语言想法。撰写电视广告文案的创意团队必须尽力做到可信、相关和调性的一致性。虽然电视广告应该有娱乐性，但娱乐不能干扰销售讯息。

在广播和电视中，美术起着重要作用。美术包括概念开发、角色确定、场景和布景设计、服装、灯光、脚本和机位，这些全都与广告的视觉价值有关。

广播和电视广告的常见格式有：直述式、主持人式、证言式、演示型、音乐式、生活片段式、生活方式、动画式。美术总监同文案人员一起开发大创意、版式和故事板。故事板是电视广告的粗略设计，由场景草图和脚本组成。为了补充故事板和预演广告，有时会用到样片。

数字媒体广告的文案写作需要了解消费者如何在网上收集和回应信息。数字时代，内容为王，大多数观众浏览内容，而不是阅读，社交媒体是受众分享和评价内容的地方，因此文案的风格应该考虑这些行为。

在为国际市场策划广告活动时，广告主必须考虑语言的变化和外国政府与文化的法律约束。面向国际市场的美术指导需深入了解外国文化。即使语言讯息能准确翻译，图符和形象讯息却不一定翻译得好。

重要术语

样片（animatic）
动画（animation）
音频（audio）
艾耶 1 号式（Ayer No.1）
利益式标题（benefit headline）
正文（body copy）
粗体（boldface）
层叠样式表（cascading style sheet）
选角简报（casting brief）
结尾（close）
命令式标题（command headline）
末稿（comprehensive layout（comp））
演示（demonstration）
设计（design）
桌面排版系统（desktop publishing）
技巧式文案（device copy）
对白 / 独白式文案（dialogue/monologue copy）
特排字体（display type）
念白（donut）
仿真品（dummy）
字形（font）
标题（headline）
副歌（hook）
图符（icon）
插画师（illustrator）
企业形象式文案（institutional copy）
整合式广告（integrated commercial）
中间段（interior paragraph）
斜体（italic）
广告歌（jingle）
字距调整（kerning）
版式（layout）
行距（leading）
导入段（lead-in paragraph）
生活方式技巧（lifestyle technique）
标志（logotype）
助记手段（mnemonic device）
音乐广告（musical commercial）
音乐标识（musical logo）
叙事式文案（narrative copy）
新闻式 / 信息标题（news/information headline）
在镜头内（on camera）
摄影师（photographer）
图片说明式文案（picture-caption copy）
方框图片式版式（picture-window layout）
磅（points）
海报式构图（poster-style format）
主持人广告（presenter commercial）
启发式标题（provocative headline）
疑问式标题（question headline）
广播或播客名人（radio or podcast personality）
无衬线字体（sans serif）
脚本（script）
印章（seal）
衬线字体（serif）
签名（signature cut）
生活片段（slice of life）
口号（slogan）
故事板（storyboard）
故事板草图（storyboard rough）
直述式（straight announcement）
直接售卖式文案（straight-sell copy）
样式表（style sheet）
小标题（subhead）
标语（tagline）
证言（testimonial）
文本（text）
正文字体（text type）
主题句（themeline）
缩略图（thumbnail）
收尾（trial close）
字系（type family）
印刷术（typography）
图像（visuals）
旁白（voice-over）

复习题

1. 版式是什么？它的目的有哪些？
2. 设计的元素有哪些？它们如何吸引和引导注意力？
3. 空白的目的是什么？
4. 从本书中任一章，任选一则包含图像的广告，说出该图像的目的是什么。如果你是美术总监，你会如何改善该图像？
5. 问题4中广告的标题是哪种类型？试解释创意团队是否遵循了创意金字塔的步骤？
6. 选择一则你不喜欢的广告。用三种不同样式重写其标题。
7. 什么是故事板？它的作用是什么？选择你喜欢的一则广告并为它创作一个故事板。
8. 举例说明八种主要的电视广告类型。
9. 找一则你喜欢的国际广告。它的讯息策略是什么？你能辨认出其文案样式吗？文案和标题是否反映出策略？你喜欢该广告的哪些地方？为什么？
10. 你可以用哪些指导原则来为外语广告做准备？

广告体验

1. Big Stan 的三州床垫折扣店（Tri-State Mattress Outlet）经常通过赞助巨兽卡车展和撞车比赛来做广告。然而，Big Stan 想拓展业务，决定尝试广播广告。请用“撰写广播广告文案”中的脚本格式，为 Big Stan 创作一则能满足潜在顾客需求的广播广告。
2. 创意工作室

   广告业的一大趋势是创意工作室增多。许多这样的小公司从以前提供全方位服务的大型广告公司那里赢得了更多客户。仔细阅读下列创意工作室的资料并回答如下问题。
   - Brolik：http://brolik.com/
   - Crispin Porter & Bogusky：www.cpbgroup.com
   - The Idea Boutique：www.theideab
   - Love & War：www.loveandwar.com

   a. 这些公司的工作重点是什么（消费者、B2B、少数族裔、一般市场）？

   b. 这些公司的规模和业务范围有多大？

   c. 这些公司提供什么服务？

   d. 你对这些公司及其业务的整体印象如何？为什么？
3. 创意资源

   正如你在本章所看到的，写出好文案、剧本或者开发有效的视觉效果，需要投入很多。互联网为创意团队提供了很多可用资源。

   文案人员经常使用不同的资源来帮助自己写作文案。试访问下列网站，并分析每个网站如何辅助文案人员写出出色的文案。
   - Copy Chef：www.copychef.com
   - The Slot：www.theslot.com
   - 美国作家协会（Writers Guild of America）：www.wga.org

   和文案人员一样，美术总监在推进其美术设计时也需要很多资源。通过浏览以下网站，进一步熟悉美术总监的工作。讨论每个网站对美术总监的重要性。
   - 美国平面艺术协会（American Institute of Graphic Arts）：www.aiga.org
   - The One Club：www.oneclub.org
   - 创意咖啡馆（Creativity Cafe）：www.creativity.net
   - 平面设计与出版中心（Graphic Design & Publishing Center）：www.graphic-design.com
   - PhotoDisc：www.photodisc.com
   - 摄影师索引（Photographers Index）：www.photographersindex.com
   - GoCreate：www.gocreate.com

本章注释

[1] Hannah Rand, "Horrifying Video Shows Gang of Youths Risking Death by Playing Game of Chicken on New York Subway Tracks," *Daily Mail,* April 18, 2012, *www.dailymail.co.uk/news/article-2131549/Horrifying-video-shows-gang-youths-riskingdeath-playing-game-chicken-New-York-subway-tracks.html.*

[2] Tim Nuddl, "5 Years Later, 'Dumb Ways to Die' Remains Advertising's Most Delightfully Horrible Creation," *Adweek,* April 11, 2017, *www.adweek.com/creativity/5-years-later-dumb-ways-to-die-remains-advertisings-most-delightfully-horrible-creation/.*

[3] Mark Sweney, "Cannes Lions: Dumb Ways to Die Scoops Top Award," *The Guardian,* June 22, 2013, *www.theguardian.com/media/2013/jun/22/cannes-lions-advertisingawards.*

[4] "Top Ad Campaigns of the 21st Century: Metro Trains: Dumb Ways to Die," *Advertising Age,* *http://adage.com/lp/top15/#tapproject.*

[5] Miranda Ward, "Has Dumb Ways to Die Been Effective?" *mUmBRELLA,* January 30, 2015.

[6] "The History of Prepress," Prepressure.com, *www.prepressure.com/prepress/history.*

[7] "Adobe Agency Partner Program," *Adobe,* *www.adobe.com/solutions/advertising.html.*

[8] "The State of Online Advertising," *Adobe,* *www.adobe.com/aboutadobe/pressroom/pdfs/Adobe_State_of_Online_Advertising.pdf.*

[9] Alex Palmer, "The Difference between Good and Great Designers," *UX Mastery,* August 9, 2016, *https://uxmastery.com/difference-good-great-designers/.*

[10] Robyn Blakeman, *Advertising Campaign Design: Just the Essentials* (Armonk, NY: M. E. Sharpe, 2015).

[11] Nathan Collins, "Poorly Chosen Headlines Can Hurt Your Memory," *Pacific Standard,* November 6, 2014, *www.psmag.com/politics-and-law/headlines-hurt-memory-94053.*

[12] Tom Altstiel and Jean Grow, *Advertising Creative: Strategy, Copy, Design* (Thousand Oaks, CA: Sage, 2013).

[13] Demian Farnworth, "10 Ways to Write Damn Good Copy," *Copyblogger,* January 28, 2013, *www.copyblogger.com/good-copywriting/.*

[14] Tom Altstiel and Jean Grow, *Advertising Creative: Strategy, Copy, Design* (Thousand Oaks, CA: Sage, 2013).

[15] Roy Paul Nelson, *The Design of Advertising* (Dubuque, IA: Brown & Benchmark, 1994).

[16] Tom Altstiel and Jean Grow, *Advertising Creative: Strategy, Copy, Design* (Thousand Oaks, CA: Sage, 2013); Neil Raphel and Murray Raphel, "Rules to Advertise By," *Progressive Grocer,* December 1993, pp. 13–14; Murray Raphel, "How to Get Ahead in Direct Mail," *Direct Marketing*, January 1990, pp. 30–32, 52.

[17] Nathan Safran, "5 Data Insights into the Headlines Readers Click," *Moz Blog,* July 17, 2013, *https://moz.com/blog/5-data-insights-into-the-headlines-readers-click.*

[18] Shelley Zalis, "Diversity and Inclusion, Rewriting the Rules for Marketing," *Advertising Age,* November 14, 2017, *https://adage.com/article/deloitte-digital/diversity-inclusion-rewriting-rules-marketing/311262/.*

[19] David A. Wesson, "Headline Length as a Factor in Magazine Ad Readership," *Journalism Quarterly, Summer* 1989, p. 468.

[20] David Ogilvy, *Ogilvy on Advertising* (New York: Random House, 1985).

[21] Tom Altstiel and Jean Grow, *Advertising Creative: Strategy, Copy, Design* (Thousand Oaks, CA: Sage, 2013).

[22] Philip Ward Burton, *Advertising Copywriting,* 6th ed. (Lincolnwood, IL: NTC Business Books, 1991), p. 54; Arthur J. Kover and William J. James, "When Do Advertising 'Power Words' Work? An Examination of Congruence and Satiation," *Journal of Advertising Research,* July/August 1993, pp. 32–38.

[23] MCNG Marketing, "Market the Benefits, Not the Features of Your Product," *From the Blog,* May 16, 2013, *www.mcngmarketing.com/market-the-benefits-not-the-features-of-your-product/#.VZgsdflVhBc.*

[24] Tom Altstiel and Jean Grow, *Advertising Creative: Strategy, Copy, Design* (Thousand Oaks, CA: Sage, 2013).

[25] Dan Shewan, "21 Tips for Writing Great Ad Headlines," *WordStream,* February 2, 2015, *www.wordstream.com/blog/ws/2015/02/02/ppc-ad-headlines.*

[26] Brad Smith, "7 Facebook Headline Hacks to Drive Clicks through the Roof," *AdEspresso by Hootsuite,* June 28, 2017, *https://adespresso.com/blog/headline-hacks-high-click-rate/.*

[27] Margo Berman, *The Copywriter's Toolkit* (Malden, MA: Wiley-Blackwell, 2012).

[28] David Ogilvy, *Ogilvy on Advertising* (New York: Random House, 1985).

[29] Philip Ward Burton, *Advertising Copywriting,* 6th ed. (Lincolnwood, IL: NTC Business Books, 1991); Marjorie Zieff-Finn, "It's No Laughing Matter," *Direct Marketing,* September 1992.

[30] John O'Toole, *The Trouble with Advertising,* 2nd ed. (New York: Random House, 1985).

[31] Joanne Lipman, "It's It and That's a Shame: Why Are Some Slogans Losers?" *The Wall Street Journal,* July 16, 1993.

[32] Herschell Gordon Lewis, "Radio Copywriting—Not as Easy as You May Think," *Direct Marketing,* July 1992.

[33] Adapted with permission from Bob Garfield, "The Best Ad Missed the Boat to Cannes," *Advertising Age,* June 23, 1997.

[34] David Ogilvy, *Ogilvy on Advertising* (New York: Random House, 1985).

[35] David Ogilvy, *Ogilvy on Advertising* (New York: Random House, 1985).

[36] Fast Company Staff, "The 10 Most Addictive Sounds in the World," *Fast Company,* February 22, 2010, *www.fastcompany.com/1555211/10-most-addictive-sounds-world.*

[37] Simon Kemp, "Digital in 2018: World's Internet Users Pass the 4 Billion Mark," *We Are Social,* January 30, 2018, *https://wearesocial.com/blog/2018/01/global-digital-report-2018.*

[38] "Corporate Advertising Study," *Burson-Marsteller,* October 13, 2003, *www.efluentials.com/documents/pr_101303.pdf.*

[39] Joel Comm and Dave Taylor, *Twitter Power 3.0* (Hoboken, NJ: John Wiley & Sons, 2015).

[40] Jason Falls, "Why You Shouldn't Trust Social Media to an SEO Consultant," *Social Media Explorer,* March 9, 2009, *www.socialmediaexplorer.com/search-enginemarketing/why-you-shouldnt-trust-social-media-to-an-seo-consultant/.*

[41] Jason Falls, "Copywriting for Social Media," *Social Media Explorer,* June 9, 2010, *www.socialmediaexplorer.com/digital-marketing/copywriting-for-social-media/.*

[42] John Freiralds, "Navigating the Minefields of Multilingual Marketing," *Pharmaceutical Executive,* September 1994.

[43] Phil Mooney, "Bite the wax tadpole?" Coca Cola History, March 6, 2008, *www.coca-colacompany.com/stories/bite-the-wax-ta.*

第 12 章

印刷媒体广告

学习目标

讨论印刷广告如何增强广告主的媒体组合效果。报纸和杂志，因其独特的性质，可以对广播、直邮等媒体起补充作用。通过合理地使用印刷广告，广告主能在预算范围内显著改善广告的到达范围和影响力。

学习本章后，你将能够：

1. 说明杂志广告的优缺点。
2. 用几种方法分析杂志的发行量。
3. 分析如何确定印刷媒体的广告费率。
4. 列出报纸广告的优缺点。
5. 说明报纸如何分类。
6. 确定报纸广告的主要类型。
7. 详细说明如何购买报纸版面。
8. 描述印刷广告如何制作。

数字革命挑战了所有媒体，尤其是报纸。要了解其原因，需考虑几年前开始并持续到今天的几个趋势。

首先是报纸收入的下降和谷歌与脸书广告收入的飙升。Baekdal/Plus 博客的数据显示了新媒体取代旧媒体所带来的巨大影响。皮尤研究中心（Pew Research Center）的《报纸现状一览》提供了其他数据，该报告显示美国 2017 年报纸的发行量为每周 3 100 万份，较前一年下降了 11%，数字版的发行也有所下降。[1] 受过良好教育的美国人更有可能读报纸，今天美国人平均受教育程度比过去高，1947 年只有 5% 的美国人拥有本科学历，2012 年这一数字达到 30%，创历史新高。然而，受过大学教育、阅读报纸的成年人可能比历史上任何时候都少。[2]

尽管报纸读者人数的下降持续且显著，但与广告收入的下降相比，可以说是微不足道。2006 年，来自印刷及其数字版的广告的收入达到峰值，约为 490 亿美元[3]，到了 2017 年，已降至 160 亿美元。

钱到哪里去了？如果你的答案是互联网，那么你猜对了。广告主已经将大部分支出转移到网络和社交媒体上。事实上，2018 年在线广告费超过了 1 100 亿美元，2019 年数字广告占广告支出的 55%。[4] 报纸长期以来寄希望于它的数字广告收入成为行业救星，但是报纸只能从其在线产品中获得一小部分广告及发行收入。皮尤报告称，报纸每获得 1 美元的数字广告收入，就会从印刷广告中损失 7 美元。[5] 包括顶尖品牌在内的大多数报纸都感受到了这种痛苦。2015 年，《华尔街日报》的广告收入较上年下降了 11%，导致裁员。[6]《纽约时报》的订户收入虽然有所增加，但其广告收入在 2018 年下滑了差不多 6%。[7]《今日美国》的母公司甘尼特集团 2018 年的数字收入尽管有所增长，但未能抵消印刷收入的下降。[8] 所以，报纸何去何从？业界早就知道需要一种新的模式，面对数字挑战者掀起的巨大风暴和年轻人的兴趣缺失，报纸一直在努力寻找一种既能维持新闻完整性又能保证收入健康增长的方法。显然，报纸业必须尽快找到答案，而不是继续“枯萎”。

12.1 印刷媒体采购员的职能

一旦媒体策划完成，广告主就可开始安排和购买广播和电视媒体的时段，以及数字媒体、杂志和报纸的版面等战术细节。广告花费最多的地方是广告在媒体上的实际投放位置。因此，能否熟练地完成媒体购买任务，对于广告客户的收益最大化至关重要。

如图表 12－1 所示，2018 年，报纸和杂志广告的总支出占全美广告支出的 14.4%。正如开篇所讨论的，由于广告支出转向数字媒体，这一比例在 21 世纪持续下降。尽管如此，了解如何以及为什么购买印刷广告，对于广告主仍然重要，因为这些媒体提供了独特的机遇。

负责与媒体谈判和签约的人称为**媒体采购员**（media buyer）。媒体采购员通常是专业人员，细分为印刷媒体采购员、电视媒体采购员、网络媒体采购员等。但是随着媒体发展，他们能为广告主提供跨平台服务，创造更多价值。对娱乐体育节目电视网（ESPN）感兴趣的广告客户可以选择公司的杂志、网站、零售店、社交媒体和西班牙语频道等。[9] 因此，现在的媒体采购员必须了解混合媒体所带来的协同效应，以实现预期目标。

图表 12－1
美国的报纸和杂志广告支出

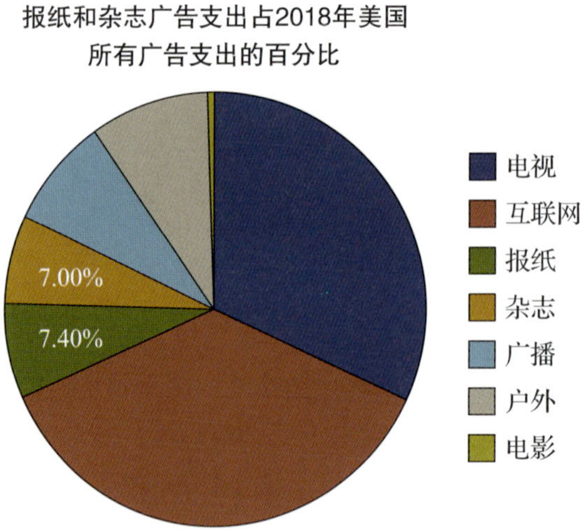

资料来源：Advertising Age Fact Pack, "200 Leading National Advertisers 2018 Fact Pack."

广告公司和客户的规模与范围都会影响媒体策划的实施。例如，小型广告公司的媒体采购员很少细分，而是一个人同时完成策划和购买。有些雇用数百人的广告公司只从事媒体相关工作，并为跨国企业服务。这些大型公司购买大量的时段和版面，这样它们有资格享受较多的折扣，接着再把这些折扣转送给客户。凯络媒体策划购买通用汽车全部品牌的媒体资源，包括雪佛兰、凯迪拉克和别克。

要成为一名优秀的印刷媒体采购员，首先需要充分了解所有可用的印刷媒体和该领域的术语。比如采购员需知道杂志和报纸如何分类，每种类别可供投放的广告类型以及各种媒体的利弊。他们还应了解新技术对印刷媒体的影响。

其次，采购员需了解如何购买杂志和报纸的版面。他们需了解如何分析发行量、阅读价目表、获取可信的信息，就最有效的媒体购买进行计算和谈判。

最后，采购员亟须富有创意地开发巧妙而成熟的方法来将印刷媒体整合到广告主的整个创意组合中。

这些都不是小任务。对于在媒体部门开始其职业生涯的广告学学生来说，机会是很多的。媒体选择和整合营销传播的其他部分一样具有战略意义和重要性。本章的目的是让这些问题变得清晰。

12.2 在创意组合中使用杂志

广告主在其创意组合中出于多个原因使用杂志。首先，也最重要的是，杂志能让客户用高质量的展示接触特定的目标受众。2018 年，辉瑞、强生、欧莱雅和宝洁是创意组合中杂志广告支出最多的四家公司。

杂志广告的优缺点

❶ 说明杂志广告的优缺点

为什么媒体采购员选择杂志来做创意组合？杂志具有很多优点：灵活的设计选择、声誉好、权威、可信和较长的使用期。它们可能在茶几和书架上放几个月，被反复阅读。人们可以在闲暇时间读杂志广告，仔细研究照片的细节，反复阅读文案信息。这使得杂志成为卷入度高的理性和感性产品的理想媒介。像辉瑞、强生这些大型制药公司是杂志广告最大的投资者，这还说明了杂志广告的一个好处：能够以文本、图像或者两者兼具的方式呈现大量讯息。

杂志也有缺点（参见 IMC 实战模拟“杂志广告的优缺点”）。它们很贵（基于千人成本），尤其是彩色广告。因为它们多是每月发布一期，最多每周一期，所以很难达成高频次。为弥补这一点，广告主将杂志和其他媒体，如报纸、电视和数字媒体结合使用（参见广告实验室“杂志及创意组合”）。

IMC 实战模拟

杂志广告的优缺点

优点

- 读者和广告的灵活性。杂志涵盖所有的潜在顾客，既有灵活的地理覆盖面可选，也有各种长度、方式和编辑风格。
- 色彩。色彩给读者视觉的愉悦感，光滑的杂志纸张色彩还原最为逼真。色彩增强了形象效果和包装识别度。简而言之，它能卖货。
- 权威性和可信度。这提升广告讯息的效果。电视、广播和报纸提供大量信息，但缺乏读者所需的信息深度和意义。杂志能提供上述所有信息。
- 持久性。杂志给读者时间来详细评估广告，呈现更完整的知识和销售讯息，并且能传达企业个性。
- 声誉。在高档或专业杂志，如《建筑文摘》（*Architectural Digest*）、《鉴赏家》（*Connoisseur*）、《城乡》（*Town and Country*）上登广告有助于提升广告产品的声誉。
- 受众可选性。除了直邮之外，杂志的受众选择比其他任何媒体都有效。可预测的、专业的内容能选择受众，并精准确定其广告活动。例如针对高尔夫爱好者的《高尔夫文摘》（*Golf Digest*）、针对商人的《彭博商业周刊》（*Bloomberg Businessweek*）、针对 20 多岁男性的《细节》（*Details*）或针对女孩的《17 岁》（*Seventeen*）。
- 成本效益。杂志浪费的发行量最少。印刷网络能为在两个或更多网络出版物上做广告的广告主提供优惠的价格。
- 销售力。杂志的销售力已被证实，而且结果可测量。
- 读者忠诚度。有些杂志的读者忠诚度近乎狂热。
- 广泛传阅读者群。杂志的发行量，即出版物的印刷量，通常比读者的数量少得多，因为订阅者会与他人分享他们的杂志。
- 销售助力。广告主可以制作重印版和配套营销材料，这能帮助它们从广告活动中获益更多。

缺点

- 缺乏即时性。广告主可通过数字和广播媒体获得即时性。
- 过窄的地理覆盖范围。杂志不是全国性媒体。
- 无法以低价获取大量受众。想接触大范围的人群，杂志广告会很昂贵。
- 无法高频传播。杂志是频率表现最差的主流大众媒体。因为它按月或周出版。
- 广告刊入的准备时间长。有时需要两到三个月。这段时间里，世界和广告主竞争情形都可能发生大变化。

- 激烈的广告竞争。发行量最大的杂志刊登 52% 的广告和 48% 的编辑内容。
- 千人成本高。面向全国的消费者杂志的平均千人成本很高。一些面向专业人群的行业杂志，一页黑白广告的千人成本超过 50 美元。
- 发行量下滑。特别是单本杂志销量下滑，这是整个行业的趋势，限制了广告主的到达范围。

杂志的特殊本领

媒体采购员意识到杂志通过多种形式为广告主提供了许多创意机会，包括出血页面、封面位、插页和折页，以及特殊尺寸，如基础页面和中岛广告。

当广告的深色和彩色背景延伸到页面边缘时，就被称为页面**出血**（bleed）。大多数杂志提供出血版面，但多收 10% ～ 15% 的费用。出血的好处是在表达广告创意时更有灵活性，印刷面积更大，而且更具戏剧性的效果。

如果一家公司计划在特定的杂志上持续做广告，它会希望找到一个理想的**封面位**（cover position）。出版商很少卖真正封面（即封一）的广告位，它们卖的往往是封面内侧、封底内侧以及封底外侧（分别是封二、封三和封四），通常它们会通过多个插页来获得溢价相当高的销售。

利用杂志空间的一个更省钱的办法是把广告放置在页面上不寻常的地方或者是跨页。**基础单元**（junior unit）是放在页面中间的大广告（占页面的 60%），周围是编辑内容。类似于基础单元的是**中岛**（island half），它被更多的编辑内容所环绕。中岛有时比普通的半页纸还要贵，但因为它占据了整个版面，许多广告主认为它值得额外加价。图表 12－2 展示了杂志如何利用空间组合来创造冲击力。

有时候，广告主购买**插页**（insert）而不是标准页面。广告主将广告印制在高质量纸张上，以增加广告讯息的分量和效果，然后将广告成品运送给出版商，以特定价格插入杂志中。另一种选择是多页插页。Calvin Klein 曾在《名利场》(*Vanity Fair*）内夹

广告实验室

杂志及创意组合

阅读 IMC 实战模拟“杂志广告的优缺点”，看看你能否将其应用到以下情形：

你在洛杉矶经营一家优雅的法国餐厅，这家餐厅以其温馨的环境、优质的服务和美丽的室外花园露台而闻名。你决定推广这家餐馆的别致氛围来拓展业务。为了增加浪漫感，你打算随每道主菜附赠一枝长茎玫瑰和一杯香槟。你的顾客主要是富有的、受过良好教育的商界领袖和名人。然而，你的细分顾客越来越多，包括游客和外出共度一个美好夜晚的中产夫妇。

实验室应用

1. 杂志是宣传这种特色的最佳方式吗？杂志可以和其他媒体一起使用吗？哪种类型的杂志最好？
2. 杂志广告该如何帮助你建立餐厅的形象？杂志广告的哪些特点能让餐厅富有吸引力？
3. 查看图表 12－2，为广告主确定一个合适的杂志广告版式。描述你的广告并解释你的版式设计选择。

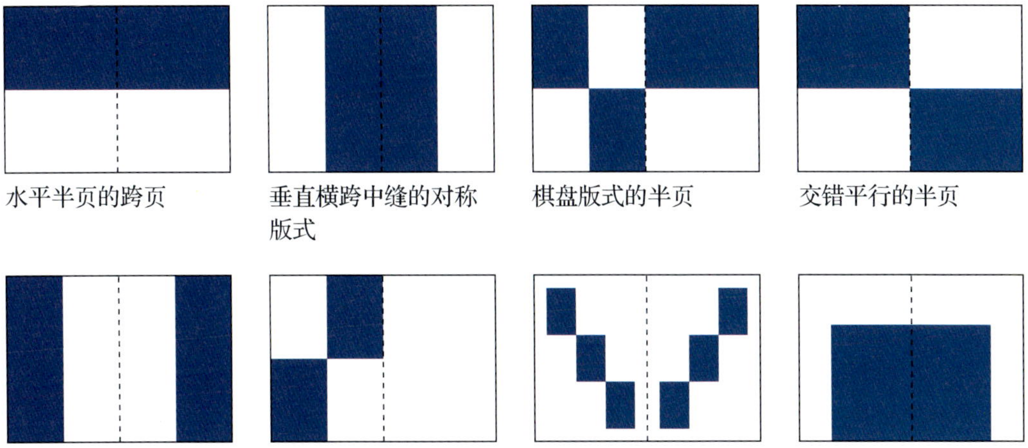

水平半页的跨页　垂直横跨中缝的对称版式　棋盘版式的半页　交错平行的半页

跨页的半外侧　棋盘版式（单页上的多个小空间单元）　对页的楼梯单元和双楼梯单元　中岛跨页

图表 12－2
杂志、广告可用的空间组合

说明：广告在页面上的位置会影响其效果。广告的大小和形状通常决定了其在页面上的位置，这里八个两页的广告位展示了杂志广告可以出现的大部分位置。

入 116 页的插页来宣传其牛仔裤。据报道，这些插页花了 100 多万美元，但主要报纸关于此事的新闻报道让它获得了额外的宣传价值。广告插页可以专门针对一家公司的产品，也可以由杂志赞助，将重点相同的杂志内容与广告结合。

折页（gatefold）也是一种插页，它的页面更宽，最左侧和最右侧的页面必须折叠到中间，以保持与其他页面的大小一致。当读者打开杂志时，折叠的页面会像一扇大门一样打开，展示广告。不是所有的杂志都提供折页，而且它们往往溢价很高。

有些广告主出版自己的**定制杂志**（custom magazine）。它们看起来像普通杂志，通常由出版传统杂志的同一家公司制作，但是它们本质上是杂志式样的广告，在报摊上等待着被读者购买。索尼、通用汽车、通用电气、珍妮·克雷格（Jenny Craig）和雷朋（Ray-Ban）太阳镜都出版了定制杂志。卡夫食品决定将其定制出版的免费杂志《食品与家庭》推广到 100 万个美国家庭，该杂志刊登食谱和烹饪方法。此前，卡夫食品在加拿大成功地推广了另一份定制杂志《烹饪是什么》，该杂志的受欢迎程度甚至催生了一档同名电视节目。[10] 广告实验室“原生广告”讨论了与定制杂志相似的另一项创新：原生广告。

近年来最重要的发展之一是**原生广告**（native advertising）。原生广告协会将其定义为“付费广告，其中广告的形式、感觉和功能与它投放的媒体内容相匹配”[11]。本质上，原生广告是看起来不像广告的赞助内容。比如报纸和杂志上的软文、网络或电视上的视频和社交媒体上的推广内容，它们的有效性受到赞助讯息和编辑内容之间的相关性的影响。

杂志的类型

媒体采购员通常根据内容、地理和尺寸对杂志进行分类。

内容

根据内容划分的基本类别有消费者杂志、农业刊物和商业杂志。每类又可细分为几百种。

广告实验室

原生广告

随着原生广告的增长，许多杂志的广告和内容之间的界限越来越模糊。原生广告是一种看起来像编辑内容，但其实是赞助内容的广告。杂志和广告主密切合作开发了这种广告。

根据国际期刊联盟（FIPP）和原生广告协会的数据，2020 年原生广告收入将占杂志广告收入的 40%，高于 2016 年的 21%。对于一个收入逐年下降的行业来说，原生广告是一个重要的机会。

然而，这种做法也招来批评。奥利弗和许多人的观点是，原生广告的成功是出于不道德的原因：它使人们误认为自己正在读的内容是出版社的编辑审查过的。而实际上，它是为了销售或说服而设计的。

为什么要伪装广告？这要归功于科技的成就、消费者的成熟，甚至包括针对广告的批评。因为消费者有很多方法来回避广告，广告主于是打算采用新的、更狡猾的方法来获得曝光。伪装广告本质上有助于避开消费者对赞助内容的怀疑。

当然，原生广告也改变了出版商和读者之间的关系。读者一直认为，强大的编辑审查能确保杂志内容的价值和效果。允许原生广告的出现，意味着出版商将部分内容转交给他人。尽管有些读者可能对赞助内容持有怀疑，但研究表明，至少一半的消费者并不真正知道什么是原生广告或者为什么他们应该怀疑。

原生广告成功的关键是内容。一个好例子是轩尼诗（Hennessy）在《名利场》上刊登的关于马丁·坎贝尔爵士（Sir Martin Campbell）的广告，他是车速超过 300 英里的第一人。这篇题为《轩尼诗为我们追逐野兔加油……但这一切意味着什么？》的文章被博客 Wordstream 描述为“非常有趣”，该评论指出“内容中不可避免的产品植入处理得很好，它不会让人觉得与主题无关或者关系不大。最终，这篇文章与《名利场》的常规特稿一样，给读者带来引人入胜的体验”[12]。

Wordstream 博客归纳了原生广告使用不当的例子。比如《大西洋杂志》（*Atlantic Magazine*）上关于一位著名领导人的文章，以及《纽约时报》上的文章《千禧一代会彻底躲避办公室吗？》。该评论指出，“千禧一代职业道德”的角度太陈旧了，实际上人们已经麻木了。甚至这个广告所提出的问题也很可笑——不，千禧一代不会“躲避”办公室，因为他们中的大多数人都背负着沉重的学生贷款债务，并且找不到工作。

不管你是喜欢它、讨厌它，还是无所谓，原生广告会一直存在。最有效的办法是专注于吸引读者的内容，讲述引人入胜的故事的方式，以及微妙地点明赞助品牌的方式。

实验室应用

请确定一些可以为以下产品制作原生杂志广告的故事主题：

- 清洁剂
- 有机食品
- 电动汽车

为娱乐、信息或两者兼有的目的而购买的杂志是**消费者杂志**（consumer magazines），它为个人消费者刊发。比如《时代》《马克西姆》《魅力》《好管家》。

农业刊物（farm publications）直接针对农民及其家庭，或生产、销售农业设备、用具和服务的公司，比如《农业》（*Farm Journal*）、《进取农民》（*Progressive Farmer*）、《草原农民》（*Prairie Farmer*）、《成功农业》（*Successful Farming*）。

广告作品集

杰出的杂志广告

杂志为创意人提供了无限的、丰富多彩的想象空间。杂志的优点有色彩持久、无与伦比的复制质量和出色的可信度，它是广告主的有力武器。在本作品集里，我们挑选了一些优秀的广告杂志。

你是否能透过这些广告的优点，确定引导艺术家思路的潜在策略？其目标受众是谁？它和目标市场是否不同？关于广告主，它们想说什么？广告主如何定位？一旦你确定了策略，你会在哪个杂志上投放该广告？

一块宝路（Pedigree）点心能像游戏遥控器一样有效地控制狗狗的行为吗？这则巧妙的广告暗示了这一点。
资料来源：Mars, Incorporated.

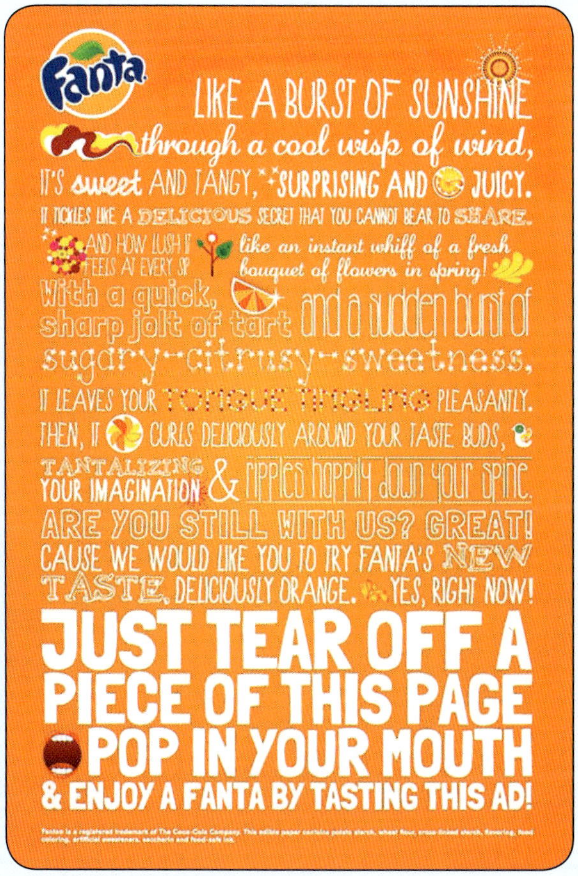

味觉和嗅觉可能是少数不受印刷媒体影响的感觉。在大多数情况下。这则来自芬达（Fanta）的吸引眼球的杂志广告鼓励用户撕下一片纸，塞进嘴巴里，尝尝该广告，感受芬达的味道。[13]
资料来源：The Coca-Cola Company.

通过唤起人们对品牌利益点的关注，以一种富有灵感的方式改变熟悉的事物，这是广告的最佳表现。这则 KelOptic 的广告就是一个典型的例子。

资料来源：KelOptic.

为什么蚂蚁避开棒棒糖？因为它是无糖的，当然！这只是珍宝珠（Chupa Chups）棒棒糖长期以来的优秀创意广告之一。

资料来源：Perfetti Van Melle.

创意顾问罗杰・冯・奥克强调隐喻的力量，用一种有力而简单的方式来进行沟通。妮维雅（Nivea）的杂志广告将该产品比喻成月亮，使用隐喻来吸引注意力和说服受众。

资料来源：Beiersdorf.

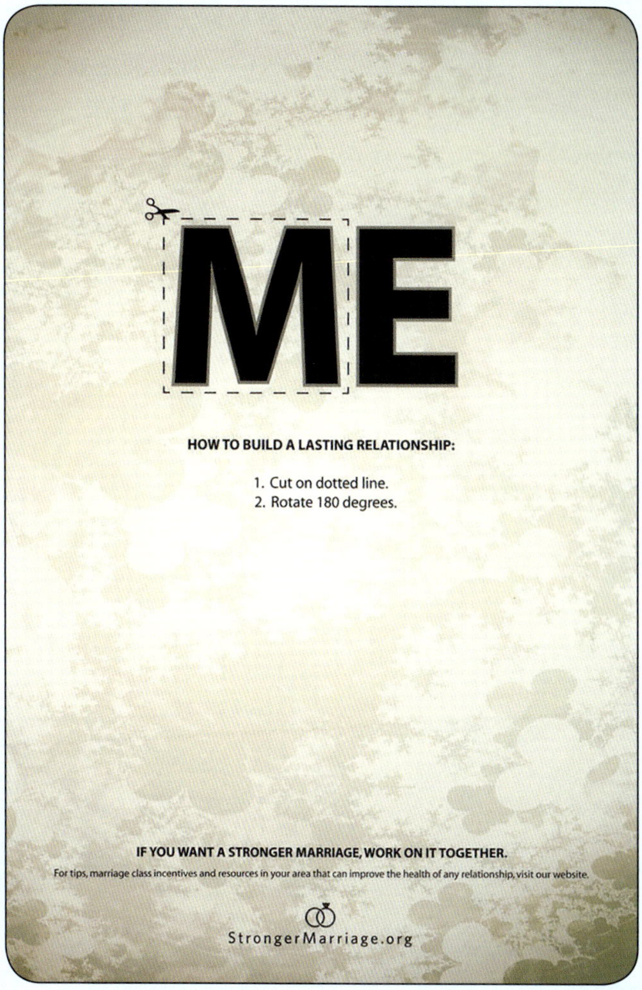

罗杰・冯・奥克的另一个建议是在进行创意思考时使用“文字游戏”。右边这则以改善婚姻为主题的广告耍了这样的“小把戏”，引导读者更仔细地阅读后，就能以一记重拳传达出信息。

资料来源：StrongerMarriage.org.

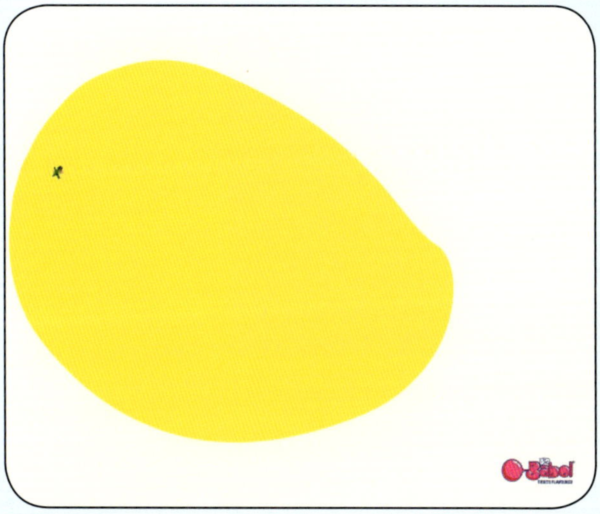

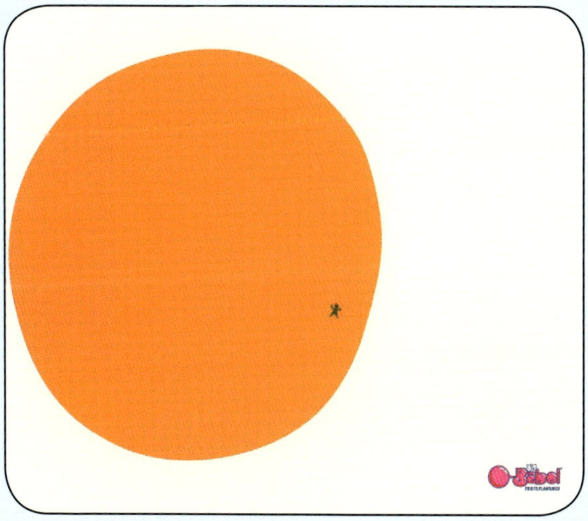

不凡帝范梅勒（Perfetti Van Melle）是一家全球性的糖果制品生产商和分销商。这些明亮的广告通过出色的颜色和设计传达出糖果甜美出众的味道。

资料来源：Perfetti Van Melle.

到目前为止，**商业杂志**（business magazines）是最大的类别，面向商业读者，包括面向零售商、批发商以及其他分销商的贸易出版物，如《进取杂货商》（*Progressive Grocer*）、《包装世界》（*Packaging World*）；为从事制造业和服务业的人士提供的行业杂志，如《电子设计》（*Electronic Design*）、《美国银行家》（*American Banker*）；以及面向律师、医生、建筑师和专业人士的专业期刊，如《眼科学档案》（*Archives of Ophthalmology*）。

地理

杂志也可以分为地方性、区域性和全国性杂志。今天，美国大部分城市都有**地方城市杂志**（local city magazine），如《圣迭戈》（*San Diego Magazine*）、《纽约》（*New York*）、《洛杉矶》（*Los Angeles*）、《芝加哥》（*Chicago*）、《棕榈泉生活》（*Palm Springs Life*）。它们的读者通常是对当地艺术、时尚和商业感兴趣的高端商务和专业人士。

区域性杂志（regional publications）针对国家的特定地区，比如针对西部或南部的《日落》（*Sunset*）、《南方生活》（*Southern Living*）。全国性杂志有时为特定的地区提供特殊的服务。《时代》、《新闻周刊》、《妇女节》（*Woman's Day*）和《体育画报》都允许广告主针对单一的目标市场实施购买。

迎合特定地理区域的杂志是区域性刊物。大多数大都市都出版专门针对它们城市的杂志。《圣迭戈》为读者提供关于圣迭戈的一切信息，从最佳的餐厅、购物中心，到适合徒步旅行和骑行的地方。

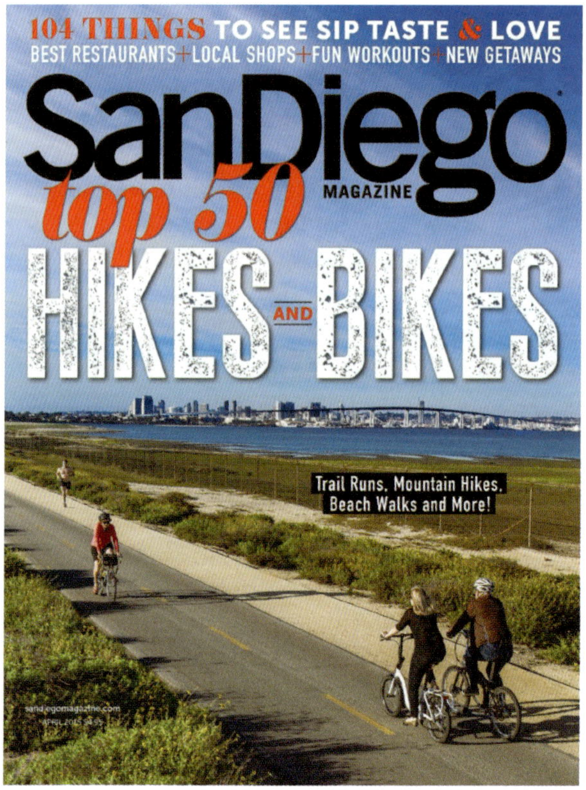

资料来源：SDM, LLC.

全国性杂志（national magazines）包括发行量很大的杂志如《电视指南》（*TV Guide*），也有不太知名的小型杂志，如《自然》（*Nature*）和《排球》（*Volleyball*）。当今美国发行量最大的杂志是《美国退休人员协会杂志》（*AARP The Magazine*），分发给美国退休人员协会的 2 240 万名会员。[14]

尺寸

杂志有不同的形状和尺寸，弄懂如何让一个广告在不同大小的杂志上刊登，而且看起来还是一样的需要花点时间。杂志的尺寸各种各样，这让标准化生产成为一场噩梦。常见的杂志尺寸如图表 12－3 所示。

尺寸分类	杂志	整版广告的大概尺寸
大	《旋转》(*spin*)、《滚石》(*Rolling Stone*)	4 列 ×170 行（9½×11⅓ 英寸）
较大	《人物》《娱乐周刊》	3 列 ×140 行（7×10 英寸）
标准	《国家地理》	2 列 ×119 行（6×8½ 英寸）
压缩（digest）	《读者文摘》、《黑玉》(*Jet*)	2 列 ×91 行（4½×6½ 英寸）

图表 12－3
常见的杂志尺寸

12.3　购买杂志版面

在分析杂志时，媒体采购员会考虑读者、成本、机械要求和广告关单日期（截止日期）。这些数据信息包含在杂志的**价目表**（rate card）中。

了解杂志的发行量

分析一本杂志潜在效用的第一步是评估其受众。采购员研究发行量数据、一级和二级读者群、订阅量和贩售销量，以及杂志提供的特别销售服务。

基本发行量与交付发行量

❷ 用几种方法分析杂志的发行量

杂志的价目一定程度上取决于其发行量。出版商据以确定其费率的发行量数据是**费率基准**（rate base）。其中，**基本发行量**（guaranteed circulation）是出版商期望发行的杂志份数，这保证了广告主能接触到一定数量的人群。如果出版商没有达到它的交付数字（delivered figure），出版社必须退款。因此，基本发行量的数字经常低于实际发行量。然而，事实并非总是如此。发行量实际上比人们想象的更容易被夸大。每年被**审计媒体联盟**（Alliance for Audited Media，AAM）（前身是发行量审计局（ABC））审计的消费者杂志中，多达 30% 的刊物达不到它们向广告主所保证的发行量水平。[15]

因此媒体采购员希望出版社能够核实它们的发行量。出版社每年支付数千美元进行**发行审核**（circulation audit），由 AAM 等对其发行流程、发行渠道、读者群和其他因素进行全面的分析。由标准费率和数据服务（SRDS）所发布的索引，在每一份经过审计的杂志名单上都盖有审计组织的标志。

一级和二级读者群

AAM 的数据或其他经过认证的报告告知媒体采购员杂志的全部发行量。**一级发行量**（primary circulation）代表了订阅或在报摊购买杂志的人数。**二级（传阅）读者群**（secondary（pass-along）readership）对杂志来说非常重要，它指多少人阅读某一期出版物，通过市场调查来估算。有些刊物每册的读者超过 6 个人。将平均传阅的读者数乘以 100 万订阅者，就能让杂志拥有除一级读者之外的大量受众。

垂直刊物和水平刊物

商业刊物根据读者群分为垂直和水平两类。**垂直刊物**（vertical publication）涵盖特定行业的所有方面，例如由卡纳斯出版公司（Cahners Publishing）制作的《餐厅与机构》（*Restaurants & Institutions*）专门面向餐馆老板和食品服务从业者。该杂志的内容从餐饮业的新闻到企业所需的食谱均有涉及。

与之相反，**水平刊物**（horizontal publication）涉及各行各业的特定工作职能，《采购》（*Purchasing*）的读者在众多行业从事采购管理工作。水平行业刊物是非常有效的广告载体，因为它兼有很好的到达范围和阅读度。[16]

订阅量和贩售销量

采购员还想知道订阅量与贩售销量的比例。今天，大部分杂志的销售以订阅为主，报摊（包括连锁书店）是单本杂志销售的主要渠道之一。每种渠道销售的杂志都只占现有杂志数量的一小部分。

从广告主的角度来看，报摊的销售量很吸引人，因为它表明购买者确实想要阅读杂志，而不是仅仅出于习惯而订阅。根据杂志出版商协会（Magazine Publishers Association）的统计，典型的头部杂志的单本销售占其总收入的 34%。

付费发行和赠阅发行

商业刊物可以分为付费发行和赠阅发行。付费制指收件人付费接受杂志，《彭博商业周刊》就是一份**付费发行**（paid circulation）的商业杂志。

赠阅发行（controlled circulation）则是出版社将杂志免费地赠送给那些和广告主有关的重要人士。《财富》1 000 强企业的高管都会收到《战略 + 商业》（*Strategy+Business*）杂志。要想获得免费订阅的资格，人们必须明确表示他们希望收到该杂志，并且提供个人职位与公司规模的信息。缴纳会费的组织成员经常获得免费赠阅，例如全国女性高管协会（National Association for Female Executives）的成员都可以免费得到《高管女性》（*Executive Female*）这本杂志。

付费发行杂志的出版社表示，付费订阅者比免费订阅者更有可能阅读刊物，但是赠阅发行的杂志能为广告商品及服务带来增值。

商业服务：附加值

杂志和报纸一样，经常向它们的老主顾广告主提供免费的增值服务。包括：

- 针对店铺的特别免费促销服务。
- 帮助读者找到当地品牌折扣店的营销服务。
- 向读者提供索取手册和名录的回执卡。
- 协助召开推销员、经纪人、批发商和零售商会议。
- 提供面向行业的高级版本。
- 针对品牌偏好、消费者态度和市场状况进行调查。

如果一份刊物的编辑、发行和读者等基本元素都很强大，这些附加服务可以提升广告的效果。[17]杂志在关系营销方面的潜力巨大，因为它和订户已经建立了关系。新的增值服务包括：利用杂志在定制出版、编辑和制作方面的知识，以及读者数据库，来帮助客户开发视频、书籍和网站，进而为品牌创造附加值。[18]

阅读价目表

杂志的价目表有标准格式。它能帮助广告主确定成本、折扣、技术要求、关单日期、特别版本和额外加收的费用，如用于色彩、插页、出血页、分版测试或自选版位的花销。

③ 分析如何确定印刷媒体的广告费率

三个日期影响杂志的购买。**封面日期**（cover date）是印制在杂志封面上的日期；**上市日期**（on-sale date）是杂志实际发行的日期；**关单日期**（closing date）是某一期杂志所有的广告材料必须送达出版商的日期。

费率

正如我们在第 9 章中所讨论的，比较杂志广告费高低的方法之一是根据杂志的一次整版广告的价格来计算触达一千人需要多少钱。计算**千人成本**（cost per thousand，CPM）是用整版广告的费率除以每千人的订阅数：

千人成本 = 广告费 /（发行量 / 1 000）

如果杂志的一页黑白广告价格为 10 000 美元，杂志的发行量为 500 000 份，则：

10 000/（500 000/1 000）= 10 000/500 = 20（美元 / 千人）

思考一下这个比较。最近《汽车与司机》（*Car & Driver*）杂志的全彩单页广告价格为 196 632 美元，其总付费发行量为 120 万份。而《路与卡车》（*Road & Truck*）杂志以 105 309 美元的价格提供同样的广告，其总付费发行量为 60 万份。从 CPM 的角度来看，哪个杂志更值得广告主买进（记住越低越好）？[19]

折扣

报纸和杂志的广告费经常打折。**频次折扣**（frequency discount）基于广告插入的数量。**数量折扣**（volume discount）基于特定时间内，通常是一年内，购买的版面总量。大多数杂志还为立即付款的客户提供现金折扣（一般为 2%），有些杂志为在一期中连续购买 4 页或更多页的广告主提供折扣。事实上，现在许多杂志社都采用协商定价。出版商哈罗德 · 沙恩（Harold Shain）表示："每一笔业务都是谈判过的。"[20]

额外费率

杂志对特稿收取额外费用。彩页通常比黑白页高 20% ～ 60%。一些刊物，如《金钱》（*Money*）甚至提供金属色墨水和特殊颜色的广告页。出血页的价格比常规价格高 15%，有的甚至达到 20%。

封二和封三（内封）的收费通常低于封四（封底）。然而，据 SRDS 的统计，2008 年 *ESPN* 杂志的普通彩页广告收费 208 000 美元，封二收费 457 600 美元，封四只收 270 400 美元。[21]

杂志根据地理或人口变量收取不同的广告费用。**地理版**（geographic editions）针对不同地理市场，**人口统计版**（demographic editions）针对具有相同人口统计特征（如年龄、收入或职业等）的读者。《时代》杂志在其波士顿版提供一页四色广告（单次插入），售价 21 495 美元（发行量 135 000 份），纽约版的售价为 34 708 美元，对于四色的全页广告，针对高管的版本售价 90 000 美元（发行量 805 489 份）。同样的广告如果刊登在《时代黄金》(*Time Gold*) 上，则需花费 69 000 美元，该杂志的目标群体是“婴儿潮”一代，发行量超过 100 万份。

购买印刷媒体的软件

广告业的最主要任务之一是在各种媒体上投放广告。因此媒体采购员的角色对于整个广告活动的成功至关重要。

在杂志和报纸上投放广告并不那么容易，尤其面对全国数百家报纸和杂志有着不同的关单日期、发布要求和费率的时候。退一步说，媒体采购这份工作可能非常单调乏味而且耗时。

幸运的是，由于技术的进步，媒体采购员现在可使用各式各样的软件程序来辅助自己。

例如 STRATA Marketing 公司针对每种媒体形式开发了媒体采购软件。其印刷软件程序提供各种方式来跟踪订单、客户和价格信息，也提供各种样式的插入订单报告格式。该程序还可以让媒体采购员将订单插页复制到众多刊物中，只需轻轻一点。

类似的程序软件为媒体采购员节省了大量时间，提高了生产力和效率。采购员可以将更多的时间花在分析信息、评估印刷媒介和发挥创意上。通过这样的软件，媒体采购员能更灵活地投放广告并掌握主动权。

12.4 有创意地使用报纸广告

当纽约的一家小型另类报纸向该市最热门的创意工作室之一寻求帮助以提高订阅量时，它还不知道这家有着滑稽名字“疯狗与英国人”(Mad Dogs & Englishman)(以下简称“疯狗”公司）的小公司能提供什么服务。

报纸《乡村之声》(*Village Voice*) 经常刊登一些抨击社会、政治、媒体和文化问题的评论文章。因此当“疯狗”公司采用该报纸自己的行文风格，发布一系列自我嘲讽的广告，或许听上去并不让人惊讶。

该系列广告中的一则咆哮道：“见鬼，如果你免费赠送一台五档变速搅拌机，我家就不会被那些订购的精英杂志给污染。”另一则指出，“你们以为纽约是该死的世界中心”，接着第二段发生了戏剧性的转折，“是的，我要订一年的《乡村之声》”，还附有一张优惠券。

该报的读者也未能幸免，一则广告讽刺新时代的环保主义者：“杀人犯！树木正在被工业大口吞噬，而你坚持要我订阅来参与这场恐怖活动？”

“疯狗”公司的负责人尼克·科恩（Nick Cohen）认为，《乡村之声》会喜欢这个活动，因为这是一份诚实的报纸。“这个报纸真的在支持作家的自由写作，即使作家批评自己的管理层”。

选择媒介是容易的，因为大多数对订阅感兴趣的人都是《乡村之声》的读者，所以该系列广告都登在该报纸上。事实证明，这是一个明智的决定，在活动的第一年，《乡村之声》的订户增加了 30%，超出所有人的预期。[22]

V 广告背后的人物

南希·伯格·卡尔多内

《广告时代》曾评论道:“《嘉人》(*Marie Claire*)不断超越自我”，这很大程度上归功于其副总裁、出品人兼首席风险官(CRO)南希·伯格·卡尔多内(Nancy Berger Cardone)和她的团队。《广告时代》提名她为年度出版人，并将《嘉人》放在A级杂志之列。通过《当代广告》对南希的访谈，我们感受到了她的充沛活力、工作热情和对未来的激情。但是南希真正的秘密在于她拥有伟大创意的天赋，就像一个顶级广告公司的创意总监一样成熟老练。例如，《嘉人》在吸引传统的女性方面轻车熟路，但是南希向那些不以杂志读者为目标市场的品牌，比如露丝的克里斯牛排店(Ruth's Chris Steak Houses)，展示了《嘉人》的价值并推动广告收入增长。我们请南希介绍一下她的工作，并给那些追随她的人提提建议。

《当代广告》：请描述一下你所在的《嘉人》集团的文化。

南希:《嘉人》是印刷、数字、社交、广播和活动领域的媒体品牌。我们所有渠道的受众是1 600万受过教育的、时尚的、具有影响力的女性。杂志是我们收入中最大的一部分，但其他平台也在快速增长。《嘉人》是一个全球性品牌，在全球33个国家出版。我们是一个由充满激情的媒体从业人员组成的机构，擅长创新、相关性和讲故事。

《当代广告》：请描述一下能体现你职业角色的“典型”一天。

南希：我们每月出版一期杂志，并在封面日期的前两月关单。我们的数字和社交媒体平台的关单时间更接近实际的传播交付日期。因此，我们连续不断地做着关单业务。我的一天由许多会议组成，内部的和外部的。我通常每天都有商务早餐会和午餐会，我大约有1/4的时间在全国出差(比如芝加哥、达拉斯、旧金山、洛杉矶等大型广告市场)，也去国外出差(主要是伦敦、巴黎和米兰)。我是媒体重度用户，以便了解可能影响我业务的最新行业动态。

《当代广告》：今天媒体销售中最重要的变化是什么？未来会有什么变化？

南希：当我初入行时，我的工作是销售广告页，仅此而已，我的竞争对手是其他杂志。今天，我们在所有投放渠道上销售内容，并在每一种媒体中进行营销竞争。如今，典型的广告方式涵盖了各种信息接触点的管理，以拉近广告和受众的距离。我们举办活动、制作广告、做定制研究、建立和维持营销合作者关系、开发创意、为客户争取权益。而且这样的工作会持续一整年。随着新产品和新评估工具的开发，未来将持续发展和变化。

《当代广告》：从整合营销传播的角度来看，广告销售有多重要？你认为它会越来越重要吗？学生如何获得全球视野？

南希:《嘉人》是一个全球品牌，我们的大部分广告主也是全球品牌。过去每个国家都是独立运作的，但我们意识到基于共同立场在世界范围内交流的好处。客户也开始更多地这样做，我们已经率先开发了一些令人激动的全球策划。在过去的几年里，我们取得了巨大成功，并期待着在全球舞台上继续保持这一势头。

《当代广告》：你想寻找什么样的新人？

南希：我寻找野心。我寻找有创造力和主动性的人。我寻找强烈的职业信念，我想看到他对工作的热情。我想要一个总是想学习和提高自己的人。我尊重有一天想取代我工作的人。

《当代广告》：你工作中最愉快的地方在哪里？

南希：我喜欢指导人，喜欢创造从未有人做过的东西和想法。我喜欢寻找空白再来填充它，我喜欢与见多识广、热情的人交流。

《当代广告》：一个大学生应该做些什么来为有一天追随你的脚步做准备呢？

南希：一个大学生应该总是保有强烈的好奇心和雄心，同时带着他们在大学期间磨炼出来的知识进入职场。

《当代广告》：你在业余时间做什么？

南希：我做很多的慈善工作。我的小儿子雅各布（Jakob）在五年前被诊断出 I 型糖尿病，因此我努力筹集资金并提高人们对这种疾病的认识。我沉迷于动感单车，喜欢做饭、和家人待在一起、旅游、学习新东西。

《当代广告》：你最喜欢世界上的哪个地方？

南希：世界上我最喜欢的地方是家。第二喜欢的地方是意大利……因为那里的人、食物，还有鞋子！

资料来源：Used with permission of Nancy Berger Cardone.

谁在使用报纸广告？

就广告总量而言，报纸现在是第三大媒体（仅次于电视和杂志），占美国广告主支出的 13.7%。[23]

看看这些重要的事实：

- 报纸的总发行量（数字版和印刷版算在一起）是每天 3 100 万份，星期天为 3 400 万份。[24]
- 2018 年美国报纸产业的广告收入是大约 165 亿美元，从 2006 年的将近 500 亿美元高位下降。[25]
- 约 23% 的美国人受访时说前一天读了一份印刷报纸（基于 2012 年的调查），这一比例比 10 年前减少了 18 个百分点。[26]
- 2017 年日报读者的平均年龄是 58 岁。网络报纸的访问者更年轻一些，平均年龄为 41 岁。[27]
- 据尼尔森的调查，报纸主要读者拥有大学学历及 6 位数的收入，尤其是电子版报纸的读者。[28]

尽管报纸是新闻与广告的重要传播服务媒体，但是全国性广告主更倾向于广播和电视，广播和电视在 20 世纪 90 年代播放了大部分的全国性广告。

在美国，84% 的报纸广告收入来自地方性广告主。如图表 12-4 所示，报纸的顶级全国性广告主包括多元化的品牌。

图表 12-4
顶级报纸广告主

排名	广告主	2017 年报纸广告支出（亿美元）
1	新闻集团（News Corp.）	830
2	安达信公司（Andersen Corp.）	830
3	梅西百货	760
4	Rooms To Go	550
5	酩悦·轩尼诗－路易·威登（LVMH）	550
6	Realogy 控股集团	510
7	康卡斯特	500

续表

排名	广告主	2017 年报纸广告支出（亿美元）
8	塔吉特	490
9	伯克希尔·哈撒韦（Berkshire Hathaway）	480
10	科尔士百货（Kohl's Corp.）	430

资料来源：Advertising Age Fact Pack, "200 Leading National Advertisers 2018 Fact Pack," Crain Communications.

报纸广告的优缺点

❹ 列出报纸广告的优缺点

《乡村之声》的推广展示了预算较少的小公司如何通过有创意的报纸广告来获益。一般而言，平面广告，尤其是报纸广告，为广告主，尤其是那些依靠本地消费者的企业，提供了一个独特而灵活的媒介来表达创意。

报纸对广告主而言具有许多优势。最重要的是它的时效性：一个广告可以迅速投放，有时仅需一天。报纸还提供地理定位、广泛的市场、合理的成本优势等。但是报纸缺乏选择性、制作质量不高以及杂乱无序。读者批评报纸缺少深度和对重要问题的跟进。[29]

请参考 IMC 实战模拟“报纸广告的优缺点”，回答广告实验室“报纸和创意组合”中的问题。

报纸如何分类?

❺ 说明报纸如何分类

报纸可以根据投递频次、物理尺寸和受众类型来分类。

投递频次

日报（daily newspaper）一周至少出版五次，从周一到周五，要么是晨报，要么是晚报。美国的约 1 400 种日报中，大多数是晨报。[30] 晨报往往有更广泛的发行地域和更多的男性读者，女性读者更多地读晚报。

由于侧重本地新闻和广告，**周报**（weekly newspaper）为小城市或郊区的居民及农场服务。虽然没有日报那么有名，但美国的周报更多，有将近 7 000 种。周报的千人成本比日报高，但是周报的流通寿命更长，每份报纸的读者会更多。

物理尺寸

报纸有两种基本的形式：标准尺寸和小报。**标准尺寸报纸**（standard-size newspaper）大约 22 英寸高、13 英寸宽，分为六栏。**小报**（tabloid newspaper）大约 14 英寸高、11 英寸宽。《国家询问报》（*National Enquirer*）和《星报》（*Star*）等全国性小报刊登吸引人的故事来争取销量，其他小报，如《纽约邮报》（*New York Post*）着重于直截了当的新闻和专题。

报纸曾提供大约 400 种广告尺寸。但是在 1984 年，这个行业引入**标准广告单位**（standard advertising unit，SAU）系统，它对报纸的栏宽、页面大小和广告大小都进行了标准化设计。一个 SAU **栏**（column inch）是 2¹⁄₁₆ 英寸宽 ×1 英寸高。现在标准尺寸报纸有 56 种标准广告尺寸，小报有 32 种。几乎所有的日报都已采用 SAU 系统（有的花费巨大），大多数周报也是如此。

IMC 实战模拟

报纸广告的优缺点

优点

- 大众媒介。大众媒介渗透到社会的每一个角落。大多数消费者都会阅读报纸。
- 本地媒介。报纸是覆盖面广的本地媒介，瞄准特定的区域——要么是目标市场，要么是由拥有共同关注点和兴趣的人组成的社区。
- 范围广泛。报纸覆盖极其丰富的主题和兴趣点。
- 时效性。报纸主要报道当天的新闻，并且在当日被阅读。
- 可信度。研究表明，报纸广告的可信度最高，远超位列第二的电视广告。
- 选择性注意。报纸的少数活跃的潜在客户在任何时候都对广告主向他们告知和推销的信息感兴趣。
- 富有创意的灵活性。报纸广告的尺寸和形状均可以改变，以达到符合广告目的的凸显或重复。广告主还可以使用黑白、彩色、周日版或者定制插页。
- 主动媒介。报纸不是被动媒介。读者可以翻动报纸、剪贴保存，在页边空白处写字，并对内容进行分类。
- 永久记录。报纸与广播和电视的短暂特质不同。
- 合理的成本。

缺点

- 发行量下降。这一点在年轻和多元受众中尤其明显。许多消费者从其他渠道获取新闻。
- 缺乏可选性。报纸不针对特定的社会经济群体。大部分报纸触达广泛的读者群，这与广告主想要针对的目标群体不符。
- 生命周期短。除非读者剪贴并保存广告或优惠券，否则报纸广告可能永远丢失。
- 制作质量不高。相比光滑的杂志纸张，粗糙的报纸通常给人留下较差的印象。很多报纸依然是黑白印刷的。
- 杂乱。每则报纸广告都与新闻、社论以及同一页或跨页的广告竞争。
- 缺乏控制权。除非广告主为首选位置支付额外的费用，否则它无法控制广告出现的位置。

受众类型

有些日报和周报为特定读者群服务，广告主重视这一现象。这些报纸刊登面向特定受众的广告，并且它们可能有特殊的广告规定。

有的报纸服务特定的人群。今天，美国有超过 200 份日报和周报面向非洲裔美国人，还有的面向外语人群。在美国，除了英语报纸，还有用 43 种其他语言印刷的报纸。

专业报纸为商业和金融读者服务。《华尔街日报》是领先的全国性商业和财经日报。其他报纸针对工会、专业组织、宗教团体或业余爱好者。

其他类型的报纸

美国共有 919 份周日报，大部分是日报的周日版，总发行量约为 3 400 万份。[31] 周日报通常结合了常规新闻报道和特殊功能，比如：

广告实验室

报纸和创意组合

研究 IMC 实战模拟“报纸广告的优缺点”，看看你能否将其运用到如下情形：

你是一个主流肥皂品牌的产品经理，想在全国范围内做一个优惠券广告。

实验室应用

1. 哪种报纸最好？
   a. 周报　　b. 日报
2. 如果你用日报，你希望广告出现在报纸的哪个版面？
3. 如果你选择周日增刊，你会选择下列哪一项？为什么？
   a.《美国大观》(*Parade*) 杂志　　b. 彩色优惠券插页

- 增加了分类广告的数量。
- 有更多的广告和新闻。
- 对商务、体育、房地产、文学艺术、娱乐和旅游进行深度报道。
- 回顾和分析过去一周的事件。
- 有扩充的社论和观点部分。

大部分周日报也有**周日增刊**（Sunday supplement）。有些自己出版增刊，如《洛杉矶时报》的增刊《洛杉矶杂志》。有些报纸出版联合增刊，如《美国大观》拥有 5 400 多万读者，发行量为 2 200 万份。[32]

周日增刊通过轮转凹版技术印刷在克重更高的铜版纸上，它比新闻纸更适合彩色印刷，这对想要更好印刷质量的广告具有吸引力。

另一种报纸，**独立购物指南**（independent shopping guide）或者免费的社区报纸，能满足地方性广告主的需求，例如《省钱一族》(*Pennysavers*)。它们提供免费分发的大量广告页面，目标受众基本上与周报相同，都是城市及郊区的社区读者。其阅读率通常很高，出版商使用专人递送或直接邮寄的方式来达到最大饱和量。

北美人也阅读全国性报纸，包括加拿大的《环游邮报》(*Globe and Mail*)、《今日美国》。《华尔街日报》是美国最大的全国性报纸，发行量有 230 万份，其次是《纽约时报》(220 万份) 和《今日美国》(100 万份)。[33]

报纸广告的类型

报纸广告的主要类型有展示广告、分类广告、公告和广告插页。

展示广告

⑥确定报纸广告的主要类型

展示广告（display advertising）包括文案、插图或照片、标题、优惠券及其他视觉要素，比如前面所讨论的《乡村之声》广告。展示广告大小不一，除了主要栏目的首页、社论页、讣告页和分类广告页，可出现在报纸的所有页面。

展示广告的一个常见变体是**阅读告示**（reading notice），它看起来像报纸社论，有时比普通的展示广告花费更多。为了防止读者误以为是报纸的内容，“广告”一词会放在顶部。

正如我们在第 4 章和第 6 章中所讨论的，零售商经常通过**联合广告**（cooperative (co-op) advertising）来开展报纸广告战役，这些广告由制造商赞助。制造商支付全部的或部分的广告费用，其特征就是制造商的标志连同本地零售商的名字及标志一起出现在页面上。

分类广告

分类广告（classified ad）为各种产品、服务和机会提供了一个集中的市场，从房地产和新车销售到就业与商业机会。一份报纸的盈利能力往往依赖于庞大且健全的分类版面。

分类广告通常出现在描述商品类别或满足特定需求的小标题下面。大多数招聘、住房和汽车广告都使用分类广告。为了提高《乡村之声》的分类广告量，“疯狗”公司制作了一系列展示广告，使用幽默的“职位需求”广告作为主要的视觉效果。

分类广告的收费基于广告所占据的行数和发布的次数。有些报纸接受**分类展示广告**（classified display ad），这种广告刊登在报纸的分类版面，但用更大的字体和 / 或照片、艺术边框、大量的空白，有时甚至是彩色的。

公告

报纸象征性地收费并刊登商业或个人关系变动的合法**公告**（public notice）、公开的政府报告、私人或组织的通知以及财务报告。这些广告遵循固定的格式。

广告插页

和杂志一样，报纸也有**预印插页**（preprinted insert）。广告主印制插页并将其交给报社插入特定版面里。插页尺寸从典型的报纸版面到双面明信片不等。格式包括目录、手册、回邮材料以及打孔优惠券。

有些大型的城市报让广告主将插页限定在特定的发行区域。一个零售广告主如果只想接触到其直接销售区域的购物者，可在本地版报纸中插入广告。零售店、汽车经销商和全国大型广告主都发现，与邮寄或上门递送的方式相比，报纸插页的成本更低。

12.5 购买报纸版面

为了让广告预算充分获利，媒体采购员必须了解报纸读者的特征，包括典型读者的平均年龄、性别、职业、收入、受教育水平和购买习惯。

了解读者和发行量

7 详细说明如何购买报纸版面

读者信息可以从大多数报社获得，而且经过美国审计媒体联盟验证。多数大型报纸还分别提供印刷版和数字版订阅户的丰富数据。

在单一报纸的城市，读者的人口统计特征反映出总人口的典型信息。而在拥有两份或更多报纸的城市，这些特征可能会有很大的不同。《洛杉矶时报》（*Los Angeles Times*）针对的是该城市广泛的典型人群；《舆论报》（*La Opinion*）则面向洛杉矶的大量西班牙裔族群。

广告主必须了解报纸发行量的全部情况。报纸的总发行量包括订阅户、报摊单份购买者以及二手读者。

价目表

和杂志的价目表一样，报纸的**价目表**（rate card）列出了广告费率、技术要件和印刷要求、截止日期及其他信息。因为费率差别很大，广告主应该计算出哪种报纸能为它们的广告支出带来最多的读者和最佳的人口变量。

本地费率与全国费率

许多报纸面向本地和全国的广告主收取不同的费用。**全国费率**（national rate）可能高出 75%。[34] 报纸将这部分高出的费率归结到为全国性广告主服务所需的额外花销。比如发布全国性广告的广告公司要从报纸收取 15% 的费用。

但是许多全国性广告主拒绝该高费率，并将业务转移到其他地方。现在，全国性广告的支出只有一小部分流向报纸。[35] 为了应对全国性广告收入的下降，报纸正在探索如何为全国性客户简化计费系统。

报纸也在调整它们的商业模式，以应对广告收入的骤减。以《纽约时报》为首的许多报纸为了继续经营下去，会收取更高的订阅费。[36]

统一费率和折扣费率

许多全国性报纸收取**统一费率**（flat rate），这意味着它们不打折；还有一些报纸不论全国性广告主还是地方性广告主，都按照一个统一费率收取费用。

提供批量折扣的报纸有**开启费率**（open rate，即报纸里一次插页广告的最高费率）和**合约费率**（contract rate），此时地方性广告主可以通过签署多次或大宗购买版面的合同，获得高达 70% 的折扣。当广告客户购买更大尺寸的广告时，它们可以获得**批量折扣**（bulk discount）（一种递减的费率，按照版面的英寸数乘以每英寸的成本来计算）。广告主还通过在特定时间内重复发布既定广告的方式来获取**频次折扣**（frequency discount）。最后，广告主有时可获得**增量折扣**（earned rate），这是一种随着全年广告量的增加而溯及既往的折扣。许多报纸加入了“新闻计划”（Newsplan），这是一个向每年购买 6 页及以上版面的全国性与区域性广告主提供的折扣计划。

欠资价

签订了一年期内以折扣费率购买特定数量版面的合同，然而却未能履行合同的广告主将被收取**欠资价**（short rate）。该费率是合约费率和实际版面尺寸的费率之间的差额。相反，如果广告主购买了超过合同约定尺寸的广告版面，则能基于额外广告版面的增量折扣而获得返利或退费。

组合费率

组合费率（combination rate）通常运用于下列三种情况：一是同一报纸的早间版和晚间版；二是属于同一家报社的两种及以上的报纸；三是两种及以上的报纸加入一个辛迪加组织或报业集团。

任意版位价与自选版位价

任意版位价（run-of-paper（ROP）advertising rate）使得报纸可在任意版面或位置放置广告。尽管广告主无法控制广告出现在哪个位置，但是大多数报纸都尽量按广告主的

伦理、多样性与包容性

抽奖的风险是什么？

你有没有收到过这样的邮件？信封上面写着“你中奖了”或者类似的内容，它用大号粗体写在信封前面的开口处。也许有那么一瞬间，你以为你赢得了十万美元的奖金。接着，你发现了真相，在微小的、几乎不可辨认的字体里，它告诉你不是那么回事。的确有人没注意到真相，并前往抽奖总部，他们相信自己赢得了头奖。其他人，则相信如果购买了广告产品，将提高他们的中奖率，并花费数千美元去订杂志。这些人被骗了吗？

虽然任何公司都可以使用抽奖，但杂志社用得最多，它们也是混淆消费者视听的获利者。

根据直复营销协会（Direct Marketing Association）的定义，抽奖是“一种广告或营销手段，通过这种手段，有价值的物品（或奖品）被随机授予参加的消费者，他们不需要购买物品或缴纳‘入场费’就可以获得”[37]。然而，通过参加抽奖活动，消费者自愿地将自己的名字、地址和对广告产品的潜在喜好列表提供给直复营销商，并因此有机会赢得看似得来容易的钱。多年来，中奖者很难判断他们是否真的获奖。伴随着“你中奖了”的声明、仿造的支票或类似政府通信的材料，促销和欺骗之间的界限变得非常模糊。

这一切在2000年发生改变。在调查了40多个州的抽奖公司后，州监管机构将最大的三家抽奖营销商——出版商结算机构（Publisher's Clearing House，PCH）、时代公司（Time Inc.）和美国促销公司（U.S. Sales Corp.）——告上法庭，声称它们的宣传具有欺骗性。仅在加利福尼亚州，州政府官员表示，就有5 000名消费者每年通过PCH订阅自己并不需要的杂志，其费用超过2 500美元，因为他们认为这能提高中奖的概率。这些公司为其行为辩护，声称它们的邮件信息是清楚的。PCH的一位发言人表示，通过其促销活动购买杂志的顾客里，98%的人每年花费不到300美元。但是，最终每个公司都同意解决问题并改变其做法。这些公司总共向州监管机构和消费者支付超过5 000万美元的罚款及赔偿金。

这些公司所同意的改革方案符合2000年4月开始生效的《欺骗性邮件预防和执行法》。该法改变了直邮抽奖呈现和包装的方式。其中最重要的变化是摈弃“中奖者”的字眼，除非是真的中奖，并且需展示一个“事实框”，里面清晰且明显地解释抽奖的所有条款和规则，包括中奖的概率。每封邮件还要求在信件正文、规则和订单/报名表中，以大写粗体字注明“无需购买”和“购买不会增加你的中奖概率”等字样。

立法很大程度上终结了抽奖营销。只有PCH现在仍然使用抽奖来推销杂志。这很可能是因为法律的效力。2010年，PCH公司因为违反该法而支付了350万美元的罚款。

抽奖活动到底会造成多大的伤害？有些抽奖，比如麦当劳的《大富翁》游戏，顾客觉得有趣而无害。促销的一部分不就是让消费者相信他们要的就是广告里的东西吗？毫无疑问，这里所涉及的伦理问题是复杂的，但至少现在你不必通过阅读很小的字就能了解整个事情的来龙去脉。

既然州政府已经终结了大部分抽奖活动，取而代之的会是什么呢？也许是彩票。事实上，抽奖的减少与彩票的增长完全是同步的。从2009年到2016年，彩票销售从580亿美元跃升到近810亿美元。

问题

1. 抽奖公司是否真的在误导消费者？为什么？
2. 你认为抽奖伪装它们的促销目的是不道德的吗？
3. 彩票是否比抽奖更道德？为什么？

位置要求来发布。

广告主也可以支付更高的**自选版位价**（preferred-position rate）来确保自己想要的广告版位。比如一家轮胎厂商支付自选版位价来保证其广告出现在体育版。

在给定的版面上也有自选版位价。报纸页面的顶部或报纸编辑内容旁边栏的顶部位置被称为**黄金版位**（full position）。通常它被报纸资讯所围绕，比任意版位价高出 25% ～ 50%。稍微差一点的位置是放在报纸资讯旁边，价格通常比任意版位价高 10% ～ 20%。

彩色广告

彩色广告的价格以任意版位价为基础。由于报纸使用高速印刷和多孔纸，并不以高质量的彩色印刷为优势，因此广告主经常使用高保真彩印（HiFi color）和 Spectracolor 程序来印制彩色广告。彩色广告的价格一般是基于黑白广告的价格，根据增添的颜色的数量增加额外费用。

分版测试

许多报纸（和杂志）提供**分版测试**（split run），这样广告主能测试不同广告的吸引力。广告主在同一天内，在相同或不同报纸上，为相同的产品投放两个尺寸相同但内容不同的广告。这种做法的目的是尽量消除其他影响因素。通过测试人们对两则广告的反应，广告主能对比出每个广告的效果。报纸针对这项服务收取额外费用，并设定最低的版面要求。

合作组织和网络

出于对全国性广告主的支持，NAB 创建了报纸合作网（Newspaper Co-op Network，NCN）。加入该网络的报纸，其销售人员帮助全国性广告主为经销商列表广告寻找零售商。广告主制作广告并在每个页面上留出空白位，以便插入当地零售商的名字。该系统还帮助制造商管理与全国性广告战役和主题相关的地方性广告。在 NCN 出现之前，全国性广告主不得不独自投放广告和招募当地经销商。

1992 年，报纸广告局（Newspaper Advertising Bureau）与美国报社协会（American Newspaper Publishers Association）和其他 5 个营销协会合并，成立了美国报纸协会（Newspaper Association of American）。后来，该组织以新名称——**新闻媒体联盟**（News Media Alliance，NMA）重组，继续简化全国性报纸广告购买的流程。1994 年，该组织为全国性广告开发了“一张订单，一份账单”系统，可以让广告主通过一次性订购并支付的方式进行多个市场的报纸购买，而不必单独联系每家报社并付费。

克莱斯勒是第一个使用新网络的公司，于 1994 年 3 月在 75 家报纸上刊登了其小型汽车的全国性广告。[38] 除了“一张订单，一份账单”的优势，报纸全国网络还为广告客户提供富有竞争力的千人成本价格以及承诺的版面。[39] 它也允许较小的报社参与全国性广告业务。[40]

刊登委托单和广告样张

当广告主投放广告时，它们向报社提交一份**刊登委托单**（insertion order），说明广告投放的日期、大小、所需位置、价格以及图片类型。

刊登委托单是广告主（或为其服务的广告公司）与报社之间的合同。如果广告主未能向广告公司付费，广告公司仍必须向报社支付广告的刊登费用。为了避免这种责任，现在许多广告公司在刊登委托单上附上一条免责声明，声明它们只是“被披露委托人的代理人”（法律术语的意思是广告公司只是广告客户的代理，因此不对付款负责）。一些报社拒绝接受带有免责声明的委托单，除非同时付款。1991年，美国广告商协会建议其会员不再接受为客户账单单独承担责任。[41]然而，许多广告公司仍然接受此责任条款，也许是因为怕失去广告费或者引起客户的担忧。

当报纸制作了广告文案和图片后，它会给广告主一份**清样**（proof copy）进行检查。与之相对的是，大部分全国性广告都是以照片打印或者电子邮件的形式送交给报社。为了核实广告是否刊登，报社会撕下刊登广告的那一页并寄给广告公司或客户。今天，大多数全国性广告主的**样张**（tearsheet）都是通过一个私人中央办公室，即广告审查办公室（Advertising Checking Bureau）来处理的。

当收到广告样张时，广告主进行检查并确保广告按照已指示的事项在推进：广告登在正确的版面和版位，并被准确地印刷。如果广告没有完全地遵照指示，广告公司或广告主通常会进行调整，或者获得折扣，甚至免费的重登服务。

12.6 制作印刷广告

❽ 描述印刷广告如何制作

在广告业，制作指的是从广告草图到展示给消费者的广告成品之间的步骤。**印刷制作流程**（print production process）因采用手动还是计算机流程而各有差异。这个流程的简单模型见图表12-5。

图表12-5
印刷广告制作流程

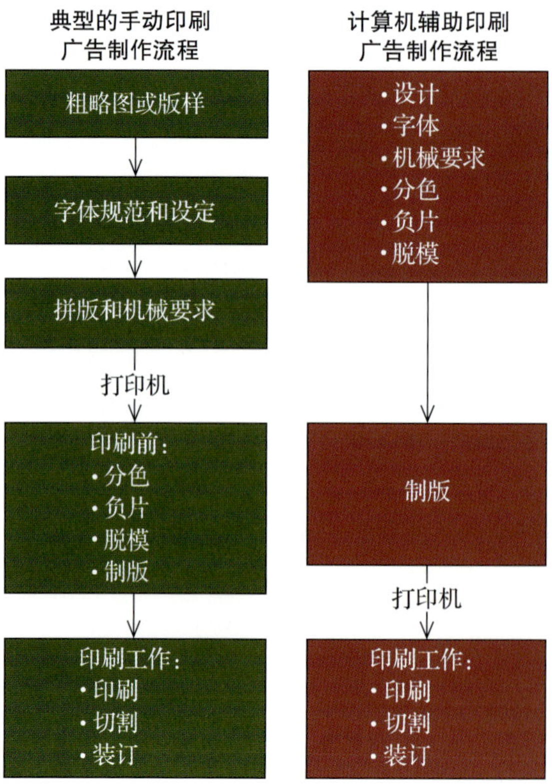

预制作阶段：策划项目

第一步是**预制作**（preproduction），从创意部门将获批的创意概念（粗略图或者版样加文案）提交给制作部门开始。制作部门的首要任务是统筹考虑该工作并回答如下问题。

- 需要什么设备？
- 我们如何得到该设备？（我们是否需要再租借一台机器？）
- 需要哪些材料？（如果这是一个产品包装，我们在什么材料上印刷，锡、纸还是纸板？）
- 需要哪些人力资源？（我们是否需要雇自由职业者？）
- 这个工作会产生什么特别的费用吗？（比如我们需要出外景吗？）
- 需要多少制作人员？（如果时间紧，我们必须召集后备人员吗？）

一旦这些问题得到回答，制作经理就可以更仔细地研究项目的具体要求。

从出版的关单日期往前追溯，渠道和制作经理决定何时必须完成哪一步工作。关单日期可能从几个月到几个小时不等，经理试图为每一步留出额外的时间，因为每个字和美术元素都可能需要最后的修改。

安排工作

预制作阶段的最终目标是完整地安排工作，这需要在全面投入生产之前做出一系列决策。比如，由于美术总监所设计的版式大样经常使用与印刷油墨不匹配的马克笔色彩，制作经理会询问美术总监并使用潘通（PANTONE）色彩系统来提前确定颜色。

对于手册印刷来说，还存在使用哪种印刷工艺和哪种打印机的问题。这将影响预算分配，以及印制前的美术准备工作。

同样地，美术总监和制作经理会就纸张进行讨论。有三类纸张可用于广告印刷：书写纸、印刷纸和封面纸。信件和传单通常使用**书写纸**（writing paper），其中债券书写纸是最耐用和最常用的。对于手册而言，有许多类型的**印刷纸**（text paper），比如新闻纸、仿古纸和涂层纸等，既有便宜的，也有高档杂志所用的光滑、昂贵的涂层纸。**封面纸**（cover paper）有多种饰面和纹理，用于软装书籍封面、直邮广告和宣传册封面，它们更厚实、坚韧、耐用。

为了制作广告、手册和包装的美术图片，制作美工一般先画出一个网格来放置字体和图片。美术总监使用计算机的设置栏和辅助线功能来完成这项工作。网格为作品的空间和设计划定了基准。

接着，制作美工确定文本的字体样式和大小，并将这些信息与文案一起输入计算机。

各种美术要素必须正确地放置在作品中，不论是机械的还是计算机生成的。因为打印机必须存储图片的各个图层，这样设计师才能单独复制某个图层。然后，当每一个图层都印制在前一层上时，整个图像就完成了。打印机必须拍摄每个图层，并制作分离的印版，这个过程称为**拍照制版**（camera-ready art）。

整个过程在计算机中很容易完成，各个美术元素被分配到操作员所命名的图层，并根据需要作为单独的胶片负片或纸张正片图像输出。

制作阶段：创作图片

制作阶段（production phase）包括下列从属工作，如插图或摄影，设置图片和排版，然后将所有这些部分组合成最终的印刷形式。

创作视觉效果

几乎每个广告除了排版之外都有某种视觉效果。很多广告登有数张照片。视觉效果可以是插图或照片。但是这些图片来自哪儿呢?

团队与美术总监一起审查版式，决定使用插图还是照片，以及如何获得创意人想要的图片。许多时候，为了省钱，美术总监和制作人会付一点合理的许可费来使用储备相片库。许可费根据预期的用途和使用的时间长短来定。

最昂贵的是委托插画师绘制一幅原创图像或者雇用摄影师去拍摄特定的场景。制作人必须考虑雇用合适的摄影师。有的摄影师精通新闻摄影技术，有的擅长内景拍摄，还有的专攻美食或者时尚摄影。

彩色印刷

非全彩色的设计是用混合墨水印制，而不是印刷色。例如，需要两种印刷色（洋红和黄色）才能打印出红色，需要三种印刷色（洋红、黄色和青色）才能产生酒红色。如果要用黑色和酒红色打印手册，只使用两种墨水色彩，会比黑色加三种印刷色的方式更便宜。

潘通色是**潘通配色系统**（PANTONE Matching System，PMS）的系列颜色之一，是根据配方预混合的单一墨水，并具有特定的色号。潘通色卡册提供了100多种纯色和网屏色块，印刷在各式纸张上。[42]

四色分色

一套四色印版需要四张单独的半色调负片来制作——青色、黄色、洋红和黑色，由此产生的每张底片都是黑白的，这种设置称为**分色**（color separation）。印刷墨水是半透明的，两种或三种颜色重叠可以创造另一种颜色，例如重叠黄色和青色可以产生绿色。

今天，复杂的电子扫描系统，如硅谷图形公司（Silicon Graphics）、Hell ScriptMaster、赛天使公司（Scitex）和克劳斯菲尔德公司（Crosfield）所提供的工作站可以在一个过程中产生四色分色和屏幕，同时可以放大或缩小。

复制和分发阶段：印刷、装订和运输

传统印刷广告的最后一个阶段包括实际的印刷、打样以及干燥、切割、装订和运输等步骤。

印刷启动

一旦纸张、印版和墨水准备完毕，印刷机开始启动和暂停数次来调整图像在纸张上的对齐。在多色印刷中，所有颜色的正确对齐至关重要。当最初的校样显示校准良好后，印刷机就加速到最大输出量。

完成

一旦所有的材料打印出来，墨水必须尽快干燥（除非使用热固墨水或者冷固墨水）。接着多余的纸张（包括其他材料）被巨大的切割机裁掉。根据工作性质，这些广告交付给特定的分包商，由它们来压花、模切或使用特殊技术来改善最后的印刷成品。最后一站是装订厂两孔或三孔钻孔，完成装订和折叠。

IMC 实战模拟

策划和评估印刷媒体

在项目的这一阶段，你应该已经决定是否使用印刷媒体（杂志和报纸）作为传播载体。下一步是决定从数以千计的选项里选择哪一个，才能对客户的品牌最有价值。

媒介策划和购买的美妙之处在于，你在一张白纸上进行策划。然而，当你开始制订计划时，你需要考虑自己的工作方向。通过回答一系列简单的问题，你能为自己的建议找到依据。你应该用规划品牌战略的方法策划印刷媒体：

- 你想触达谁？
- 为什么用印刷媒体？
- 品牌目标是什么？
- 你在哪里投放广告才能最好地实现目标？
- 你应该如何执行该计划？

当你回答了上述问题后，就需分析和评估你的机会并细化策划方案。

选择出版物需要批判思维和精确的数据。比如月刊可能需要 12 周才能获得足够的读者群（业内称为“累积”受众）。如果你的传播目的是快速建立触达，这显然是个问题。而周刊累积读者的时间是 1 ～ 2 周，这能让它围绕重要事件的议题来接触读者群。此外，广告插页的数量也取决于你的策略。如果你通过三个广告来讲述一个系列故事，那么你需要在每个出版物里插入三个广告，这显然会很昂贵，而且可能减少计划中的出版物的数量，最终损害你的触达范围。

印刷广告的厉害之处在于，它为品牌提供了在利基市场环境中吸引消费者的大量机会，从而减少品牌浪费。然而，并非所有的品牌都想要或者需要这样的利基市场。幸运的是，这些品牌也有面向更多大众的出版物。

目标市场出版物：

《高尔夫》(*Golf*)

《田野与溪流》(*Field and Stream*)

《宝贝说话》(*Baby Talk*)

《滑雪》(*Ski*)

《玛莎·斯图尔特生活》(*Martha Stewart Living*)

大众出版物：

《人物》(*People*)

《电视指南》

《美国大观》

《国家询问报》

《读者文摘》

你们中的一些人将专注于大型全国性广告主，并且可以运用几乎所有类型的出版物。但是对地方性广告主来说，有哪些机会呢？其实，我们所讨论的大部分出版物都能从地理维度进行定位，以便优化策划方案。在制订计划时，也需考虑这一点。如果你的客户位于美国西南部，那么在全国性出版物上做广告是没有意义的。

参见本章的 IMC 实战模拟，了解杂志和报纸广告的利与弊。

正如你所看到的，策划印刷广告活动依靠常识，尤其是对大型广告主而言。但对其他品牌而言，在印刷媒体上做广告就有些困难，因为目标出版物的名字不会像《体育画报》和《人物》那样人人皆知。为了策划广告战役，大部分广告主会使用捷孚凯市场研究集团（GfK）的 MRI 工具做联合研究。这是一个策划软件，能通过调查罗列出成千上万种出版物的读者群。因此，当微软希望接触企业中的 IT 决策者（在超过 100 个员工的公司内）时，MRI 告诉媒体策划人，它可以在《每周电脑报》(*eWeek*)、《信息周刊》(*Information Week*）和《基线》(*Baseline*）这些杂志里找到高构成率（读者群的总体集中度）的目标读者。

虽然我们在本章中详细介绍了一些工具，但是对于大多数项目来说，这些工具仍然有限。因此，当你把广告放在读者面前时，请以他们的心态来考虑媒体。你越能让自己的心态接近品牌类别和行业，越和品牌产品相关，你将越有优势。

本章小结

杂志和报纸上的印刷版面为广告创意提供了一种独特而灵活的媒介。

在选择做广告的杂志时，媒体采购员必须考虑杂志的发行量、读者群、成本和制作要求。一份杂志的广告费率可能由几个因素所决定：它的一级和二级读者群、订阅量和贩售销量，以及基本发行量和交付发行量。

杂志的价目表遵循标准样式，因此广告主可以很容易地比较广告费用。价目表列出了黑白和彩色广告各自的价格、折扣、关单日期以及刊登要求。

杂志广告具有明显的优势。它们是所有大众媒体中最具有针对性的，无论选择读者群还是广告都很灵活。它们还提供无与伦比的色彩、卓越的复制质量、权威性、可信度、持久性和成本效益。然而，杂志广告往往需要很长的准备时间，在覆盖面和频次方面也存在不足，并且面临激烈的广告竞争。某些杂志的广告费用居高不下。

报纸是大众媒体，几乎每个人都阅读。它具有极大的灵活性，这有助于创意发挥，而且它的印刷版广告比电子版更持久。然而，报纸也有缺点：受众针对性弱、生命周期短、制作质量不高、广告竞争激烈、可选广告位少以及发行区域重复。尽管如此，报纸仍然是今天新闻和广告的主要服务阵地。

报纸的价目表列出了价格、关单日期、刊登要求和其他相关信息。地方性广告和全国性广告的费用各不相同。价目表也列出了报纸的欠资价政策、组合费率、频次折扣、任意版位价等。

专业人士参与印刷广告的制作，其中最重要的是制作经理和美术总监。计算机技术的广泛使用改变了印刷流程，让印刷制作变得更加容易和便利。

报纸和杂志正在与有线电视、区域电话系统以及网络计算机公司结盟，进入交互式信息市场。它们也尝试在线上版出售广告。有的专家认为，文本、视频和图像的融合将引起广告界的创造性革命，具有靶向性的丰富讯息能够引导消费者足不出户地逐步完成交易。

印刷制作流程包括四个阶段：预制作阶段、制作阶段、印前阶段以及印刷和分发阶段。在预制作阶段，制作经理需仔细策划整体的工作方案，再开始处理工作的具体要求。

重要术语

审计媒体联盟（Alliance for Audited Media，AAM）
出血（bleed）
批量折扣（bulk discount）
商业杂志（business magazines）
拍照制版（camera-ready art）
发行审核（circulation audit）
分类广告（classified ad）
分类展示广告（classified display ad）
关单日期（closing date）
分色（color separation）
栏（column inch）
组合费率（combination rate）
消费者杂志（consumer magazines）
合约费率（contract rate）
赠阅发行（controlled circulation）
联合广告（cooperative（co-op）advertising）
千人成本（cost per thousand，CPM）
封面日期（cover date）

封面纸（cover paper）
封面位（cover position）
定制杂志（custom magazine）
日报（daily newspaper）
人口统计版（demographic editions）
展示广告（display advertising）
增量折扣（earned rate）
农业刊物（farm publications）
统一费率（flat rate）
频次折扣（frequency discount）
黄金版位（full position）
折页（gatefold）
地理版（geographic editions）
基本发行量（guaranteed circulation）
水平刊物（horizontal publication）
独立购物指南（independent shopping guide）
插页（insert）
刊登委托单（insertion order）
中岛（island half）
基础单元（junior unit）
地方城市杂志（local city magazine）
媒体采购员（media buyer）
全国性杂志（national magazines）
全国费率（national rate）
原生广告（native advertising）
新闻媒体联盟（News Media Alliance，NMA）
上市日期（on-sale date）
开启费率（open rate）
付费发行量（paid circulation）
潘通配色系统（PANTONE Matching System，PMS）
自选版位价（preferred-position rate）
预印插页（preprinted insert）
预制作（preproduction）
一级发行量（primary circulation）
印刷制作流程（print production process）
制作阶段（production phase）
清样（proof copy）
公告（public notice）
费率基准（rate base）
价目表（rate card）
阅读告示（reading notice）
区域性刊物（regional publications）
任意版位价（run-of-paper（ROP）advertising rate）
二级（传阅）读者群（secondary（pass-along）readership）
欠资价（short rate）
分版测试（split run）
标准广告单位（standard advertising unit，SAU）
标准尺寸报纸（standard-size newspaper）
周日增刊（Sunday supplement）
小报（tabloid newspaper）
样张（tearsheet）
印刷纸（text paper）
垂直刊物（vertical publication）
数量折扣（volume discount）
周报（weekly newspaper）
书写纸（writing paper）

复习题

1. 如果你在一家高端家具制造商的广告部工作，你会推荐杂志广告吗？为什么？
2. 如果你是一家针对老年人的杂志社的广告经理，你会向潜在的广告主指出该杂志具有哪些优势？
3. 杂志广告对于 B2B 企业的优势是什么？
4. 审计媒体联盟的重要性在哪里？
5. 为什么零售商在地方性报纸上做那么多的广告？
6. 广告主如何提高报纸广告的针对性？
7. 广告主在选择地方性报纸（包括日报和周报）时应考虑哪些因素？
8. 全国性广告主应该比地方性广告主支付更高的广告费用吗？为什么？
9. 广告公司应该为客户的广告费用负责吗？为什么？
10. 地方性报纸如何利用线上数据库服务或者互联网来帮助自己及其广告客户？

广告体验

1. 使用印刷广告

作为一家大豆制品生产企业，你为新的巧克力豆奶饮料感到兴奋。只要孩子们不知道里面含有大豆，其实相比于牛奶他们会更喜欢它的味道。这款新产品现在被命名为 Swoosh，并有一个龅牙的冲浪者卡通形象。现在它们为印刷广告准备就绪。请你选择一个地区，调查该地区主要的区域性杂志和报纸，并确定如何分配广告预算。解释你选择报纸或杂志，或同时选择两者的原因。

2. 印刷媒体组织

访问以下印刷行业网站，进一步熟悉印刷媒体领域的规模和业务范围。回答如下问题。

- 美国报纸编辑协会（American Society of Newspaper Editors，ASNE）：www.asne.org
- 国际新闻媒体协会（International News Media Association，INMA）：www.inma.org
- 全国报业协会（National Newspaper Association，NNA）：www.nnaweb.org
- 全国报纸出版商协会（National Newspaper Publishers Association，NNPA）：www.nnpa.org
- 新闻媒体联盟（News Media Alliance，NMA）：www.newsmediaalliance.org

a. 赞助该网站的组织的目的是什么？
b. 谁是该网站的目标受众？
c. 谁是该组织的成员？它的支持者是谁？
d. 你觉得该组织对广告业是否重要？为什么？

3. 印刷媒体工具

如果没有以下公司所提供的产品和服务，策划和购买印刷媒体，对于媒体专业人员来说可能是一项艰巨的任务。从审计报告到媒体资料包，广告公司和媒体工作室每天都获得那些试图减轻媒体策划人和采购员负担的专业人士的帮助。访问以下独立和联合媒体公司的网站，回答如下问题。

- 广告审查办公室：www.acbcoop.com
- 广告媒体互联网社区（Advertising Media Internet Community，AMIC）：www.amic.com
- 审计媒体联盟：https://auditedmedia.com/
- BPA 全球（BPA Worldwide）：www.bpaww.com
- 媒体中心（MediaCentral）：www.mediacentral.net
- 媒体发现者（MediaFinder）：www.mediafinder.com
- Vividata：http://vividata.ca
- 尼尔森斯卡布罗（Nielsen Scarborough）：www.nielsen.com/us/en/solutions/capabilities/scarborough-local/
- 凯度 SRDS 媒体策划平台（Kantar SRDS Media Planning Platform）：http://next.srds.com

a. 谁是该网站的目标受众？
b. 该公司的规模和业务范围是什么？
c. 公司专门处理哪种类型的印刷媒体信息？
d. 你认为该公司或组织是否有助于获取印刷媒体信息？为什么？

本章注释

[1] "Newspapers Fact Sheet," Pew Research Center, June 13, 2018, *www.journalism.org/fact-sheet/newspapers/*.

[2] Daniel de Vise, "Number of U.S. Adults with College Degrees Hits Historic High," *The Washington Post*, February 23, 2012, *www.washingtonpost.com/national/highereducation/number-of-us-adults-with-college-degrees-hits-historichigh/2012/02/23/gIQAi80bWR_story.html*.

[3] Rick Edmonds, "Newspapers: By the Numbers," State of the News Media 2013, May 7, 2013, *www.stateofthemedia.org/2013 /newspapers-stabilizing-but-still-threatened/newspapers-by-the-numbers/*.

[4] US Ad Spending 2018," *eMarketer*, October 16, 2018, *www.emarketer.com/content/us-ad-spending-2018*

[5] Tom Rosenstiel, Mark Jurkowitz, and Hon Ji, "The Search for a New Business Model," Pew Research Center, March 5, 2012, *www.journalism.org/2012/03/05/searchnew-business-model*.

[6] "Wall Street Journal Hit with Layoffs That Could Top 100," *CNN Money*, June 18, 2015, retrieved at *http://money.cnn.com/2015/06/18/media/wall-street-journal-layoffs/*.

[7] Jaclyn Peiser, "New York Times Co. Reports Revenue Growth as Digital Subscriptions Rise," *The New York Times*, May 3, 2018, *www.nytimes.com/2018/05/03/business/media/new-york-times-earnings.html*.

[8] Mike Snider, "Gannett Swings to a Q2 Profit, Beats Expectations as Digital Revenue Continues to Rise," *USA Today*, August 9, 2018, *www.usatoday.com/story/money/media/2018/08/09/gannett-posts-q-2-profit-surpassing-expectations-digital-revenue-rises/937161002/*.

[9] "ESPN Digital," ESPN Consumer Marketing and Sales, *https://*

espncms.com/digital/.
[10] Audit Bureau of Circulation, December 31, 2008, *http://abcas3.accessabc.com/ecirc/magtitlesearch.asp*.
[11] Anders Vinderslev, "What Is the Definition of Native Advertising?" *Native Advertising Institute, https://nativeadvertisinginstitute.com/blog/the-definition-of-native-advertising/*.
[12] Dan Shewan, "Native Advertising Examples: 5 of the Best (and Worst)," *WordStream,* December 18, 2017, *www.wordstream.com/blog/ws/2014/07/07/native-advertising-examples*.
[13] World's first tastable print ad. The Coca-Cola Company.
[14] Audit Bureau of Circulation, June 30, 2011, *http://adage.com/datacenter/datapopup.php?article id=229488*.
[15] Patrick M. Reilly and Ernest Beck, "Publishers Often Pad Circulation Figures," *The Wall Street Journal,* September 30, 1997, p. B12.
[16] Shu-Fen Li, John C. Schweitzer, and Benjamin J. Bates, "Effectiveness of Trade Magazine Advertising," paper presented to the annual conference of the Association for Education in Journalism and Mass Communication, Montreal, Quebec, August 1992.
[17] Gene Willhoft, "Is 'Added Value' Valuable?" *Advertising Age,* March 1, 1993, p. 18.
[18] Stephen M. Blacker, "Magazines' Role in Promotion," *Advertising Age,* June 30, 1994, p. 32.
[19] *Car and Driver, www.caranddrivermediakit.com/hotdata/publishers/cardrivermk/cardrivermk/materials/Car_and_Driver_General_Rates.pdf*; *Road and Track, www.roadandtrackmediakit.com/r5/showkiosk.asp?listing_id=4182649*.
[20] Lisa I. Fried, "New Rules Liven Up the Rate-Card Game," *Advertising Age,* October 24, 1994, p. S8.
[21] SRDS Media Solutions, "Sample SRDS Listing," *www.srds.com/frontMatter/ips/consumer/sample.html*.
[22] Joyce Rutter Kaye, *Print Casebooks 10/The Best in Advertising,* 1994–95 ed. (Rockville, MD: RC Publications, 1994), pp. 63–65; Tony Case, "Getting Personal," *Editor & Publisher,* February 1, 1992, pp. 16, 31; Ann Cooper, "Creatives: Magazines—Believers in the Power of Print," *Adweek* (Eastern ed.), April 12, 1993, pp. 34–39.
[23] "ZenithOptimedia: U.S. Ad Spending Forecasts through 2012," *http://adage.com/datacenter/datapopup.php?article_id=228231*.
[24] "Newspapers Fact Sheet," Pew Research Center, June 13, 2018, *www.journalism.org/fact-sheet/newspapers/*.
[25] "Newspapers Fact Sheet," Pew Research Center, June 13, 2018, *www.journalism.org/fact-sheet/newspapers/*.
[26] Russell Heimlich, "Number of Americans Who Read Print Newspapers Continues Decline," Pew Research Center, October 11, 2012, *www.pewresearch.org/fact-tank/2012/10/11/number-of-americans-who-read-print-newspapers-continues-decline/*.
[27] Jim Conaghan, "Young, Old and In-Between: Newspaper Platform Readers Ages Are Well-Distributed," News Media Alliance, May 17, 2017, *www.newsmediaalliance.org/age-newspaper-readers-platforms/*.
[28] "Newspapers Deliver across the Ages," *Nielsen Insights,* December 15, 2016, *www.nielsen.com/us/en/insights/news/2016/newspapers-deliver-across-the-ages.html*.
[29] Ronald Redfern, "What Readers Want from Newspapers," *Advertising Age,* January 23, 1995, p. 25.
[30] National Newspaper Association, "Community Newspaper Facts & Figures," July 3, 2018, *www.nnaweb.org/about-nna?articleCategory=community-facts-figures#2*.
[31] "Newspapers Fact Sheet," Pew Research Center, June 13, 2018, *www.journalism.org/fact-sheet/newspapers/*.
[32] Sara Guaglione, "Correction: 'Parade' Magazine Circulation, Readership Is Weekly," *Publishers Daily,* February 27, 2017; "Newspapers Fact Sheet," Pew Research Center, June 13, 2018, *www.journalism.org/fact-sheet/newspapers/*.
[33] Douglas A. McIntyre, "America's 100 Largest Newspapers," Yahoo! Finance, January 24, 2017, *https://finance.yahoo.com/news/america-100-largest-newspapers-180528599.html*; "USA Today," *Wikipedia, https://en.wikipedia.org/wiki/USA_Today*.
[34] *Newspaper Rate Differentials* (New York: American Association of Advertising Agencies, 1990); Christy Fisher, "NAA Readies National Ad-Buy Plan," *Advertising Age,* March 1, 1993, p. 12.
[35] *The Source: Newspapers by the Numbers,* Newspaper Association of America, *www.naa.org/thesource*.
[36] Derek Thompson, "The Print Apocalypse and How to Survive It," *The Atlantic,* November 3, 2016, *www.theatlantic.com/business/archive/2016/11/the-print-apocalypse-and-how-to-survive-it/506429/*.
[37] *Sweepstakes Assistance: A Caregiver's Guide* (Data & Marketing Association, 2018).
[38] Christy Fisher, "Chrysler's One-Stop Ad Buys Boost Ailing Newspapers," *Advertising Age,* March 7, 1994, p. 49.
[39] Dorothy Giobbe, "One Order/One Bill System Gets a Dress Rehearsal," *Editor & Publisher,* March 12, 1994, pp. 26, 46.
[40] Christy Fisher, "Chrysler's One-Stop Ad Buys Boost Ailing Newspapers," *Advertising Age,* March 7, 1994, p. 49; Dorothy Giobbe, "One Order/One Bill System Gets a Dress Rehearsal,"*Editor & Publisher,* March 12, 1994, pp. 26, 46.
[41] Joe Mandese and Scott Donaton, "Wells Rich Tests 4A's Liability Clause," *Advertising Age,* April 22, 1991, pp. 1, 40; Willie Vogt, "Defining Payment Liability," *AgriMarketing,* May 1992, pp. 42–43.
[42] PANTONE® is a registered trademark of PANTONE Inc.

第 13 章

电子媒体的运用：电视与广播

学习目标

说明广告主在创意媒介组合中考虑运用广播、电视媒介时需要评估的重要因素。每种媒介都有其特征和优缺点。广告主必须能够比较它们各自的优势，了解如何进行最经济合算的广告时间购买。

学习本章后，你将能够：

1. 描述广播电视和有线电视作为广告媒体的优缺点。
2. 了解流媒体视频崛起后传统电视所面临的挑战。
3. 提供电视观众趋势概览。
4. 描述可购买的电视广告的类型。
5. 回顾电视收视率的重要衡量指标。
6. 掌握购买电视时间时应考虑的主要因素。
7. 分析在创意媒介组合中运用广播的利弊。
8. 了解如何购买广播广告。
9. 总结音频和视频广告是如何制作出来的。

在西班牙内战期间，福利斯特·马尔斯（Forrest Mars）看到士兵们吞食一种有巧克力糖衣的英国糖果 Smarties 之后，发明了玛氏。玛氏一上市就一鸣惊人。回到美国后，马尔斯创造自己的版本，并且命名为 M&M，这两个 M 是取自福利斯特·马尔斯的姓氏以及好时集团（Hershey's）总裁威廉·莫里（William Murrie）的姓氏。

这种糖果在另一场战争，即第二次世界大战中继续流行。尽管专售给士兵，但需求如此之大，以至于公司建立起更大的工厂来保证这种糖果的供应。战后，玛氏引入了日后成其经典的广告口号。玛氏注意到士兵们喜爱这种在运输过程中即便遇热也不会融化的糖果，因此，一个完美抓住品牌独特销售主张的口号——"只融于口，不融于手"，就诞生了。

到了 20 世纪 90 年代，玛氏的一些营销魔力开始消失，销量开始下滑。玛氏选择与一家新的广告公司合作，试图扭转不利的局面。BBDO 是全球最好的广告公司之一。BBDO 的创意总监苏珊·克雷德尔（Susan Credle）敏锐地判断下滑的销售跟品牌弱化有关。"它们仅仅变成了糖果。一种商店过道摆放的普通零食。"[1]

解决方案是引入有趣的品牌"主张"。黄 M 豆是"圆鼓鼓、黄皮肤和喜形于色的"，他最好的朋友是红 M 豆，"因为红 M 豆看起来见多识广"。橙 M 豆一直怀有梦想，希望自己"能够上到濒危物种名单中"，并通过"想吃它的人"来完成这一梦想。蓝 M 豆自信、镇定，还很酷。棕 M 豆则认为它的最突出的属性是"大大的、美丽的大脑"，它隐藏的天赋是"总是对的"。最后，绿 M 豆坚持认为自己"不会为谁融化"，并且坦承自己的缺点是"有时很吓人"。[2] 这些卡通形象支撑了玛氏近 20 年来伟大的电视和电影广告，包括超级碗中一条广受喜爱的广告，广告中红 M 豆变成了丹尼·狄维图（Danny DeVito）。更重要的是，这些形象帮助玛氏成为全美糖果的销量冠军。在 2017 年，玛氏的销售额接近 7 亿美元，超过了第二位好时及第三位锐滋（Reese's）的销量总和。[3]

这是有史以来最成功的广告战役吗？我们可以证明它就是，一个强有力的但依然简洁的创意——使糖果成为明星。苏珊·克雷德尔虽然不在 BBDO 工作了，但她功不可没。克雷德尔的创意源源不断（她其他方面的创意包括为好事达保险创作的那个广受欢迎的、引起混乱的角色）。2018 年她作为博达大桥纽约的全球首席创意官接受了新的挑战。她对其他首席创意官的建议是："有更大的梦想，留下我们的遗产，野心勃勃。不仅仅有底线思维。我们将要做的事，是你从来没想过要做的。时代广场上玛氏的店铺仍在，就是因为保罗·迈克尔（Paul Michael）（玛氏前总裁）的大梦想。"[4]

13.1 广播电视、有线电视和流媒体视频

1 描述广播电视和有线电视作为广告媒体的优缺点

1950 年，美国广告主在当时新兴的电视媒体上投入 1.71 亿美元，仅占美国广告总花费的 3%。然而，没多久，广告主们就发现这一新兴媒体在快速和高频次触达大批受众方面所具有的优势。电视还为广告主们提供了前所未有的独特的创意机会，给它们的品牌赋予人格和形象。2018 年，广告主在有线电视和广播电视上的花费接近 680 亿美元。这个数字令人印象深刻，但仍不足以让电视保住广告投放头把交椅的位置，现在这个位置已经让位了互联网。[5] 图表 13－1 列出了美国联播网电视广告投入的广告主排行榜以及它们的年度花费。

图表 13－1
美国联播网电视广告投入前十名的广告主（2017 年）

排名	广告主	2017（万美元）
1	宝洁	102 900
2	福特汽车	69 200
3	辉瑞	68 600
4	美国电话电报公司	63 400
5	通用汽车	61 000
6	伯克希尔·哈撒韦	60 700
7	德国电信	54 500
8	威瑞森	53 800
9	苹果	52 100
10	三星	44 400

资料来源："Biggest U.S. Spenders by Medium, Broadcast Network TV," *Ad Age* 200 Leading National Advertisers 2018 Fact Pack, Crain Communications.

直到最近，电视一直都以两种形式为广告主提供服务：广播电视和有线电视。**广播电视**（broadcast TV）通过在空气中跨地理区域发送电磁波来触达受众。**有线电视**（cable TV）通过线缆触达受众，这些线缆或从电话线杆接入或埋在地下。今天，出现了第三种选择，**流媒体视频**（streaming video），它的增长速度比广播电视或有线电视快得多，为广告主提供了触达受众的新方式。受众通过互联网接口，例如 YouTube、Hulu 和奈飞获得免费或付费内容。

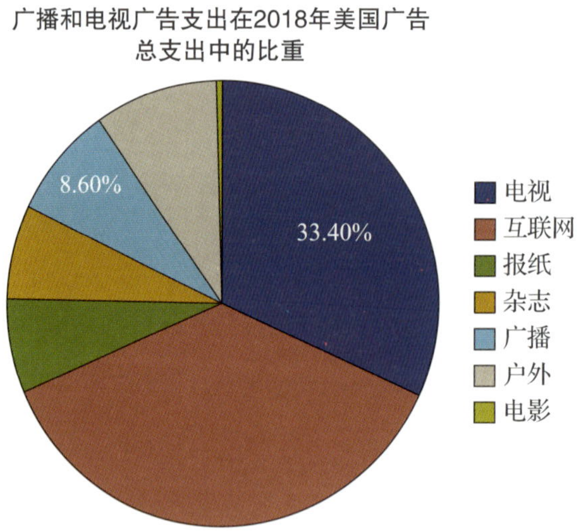

资料来源：Zenith forecast for 2018 total U.S. ad spending (via *Advertising Age*'s 200 Leading National Advertisers report).

广播电视

在互联网问世之前，广播电视的增长速度超过了历史上任何其他广告媒介。从 20 世纪 50 年代开始，电视迅速崛起，成为唯一提供场景、声音、动作的媒介。随着电视观众数量的增加，全国性品牌的广告主们很快就发现可以通过电视有效地向全国拓展分销渠道，并以前所未有的方式销售商品。不仅如此，电视还是理想的塑造品牌形象的媒介，杂志之前被认为是创建形象的首选媒介，现在电视比杂志更好。很快地，营销商就将它们的预算从广播、报纸和杂志转移到电视上。

美国现有 1 761 家商业电视台。其中，656 家是**甚高频**（very high frequency，VHF）；其余的是**特高频**（ultrahigh frequency，UHF）。[6] 美国电视台通常独立运营，除非它们附属于某个电视网（美国广播公司（ABC）、全国广播公司（NBC）、哥伦比亚广播公司（CBS）、福克斯（Fox）、哥伦比亚及华纳兄弟联合电视网（CW））。无论是电视网附属的电视台，还是独立运营的电视台，都可以签署全国性联合节目，也可以制作自己的节目。然而，来自有线电视和其他电视节目的日益激烈的竞争正在夺走全国性电视网节目的观众。为了弥补观众的流失，一些电视网投资有线电视系统或自己创建有线电视。如 NBC 设立了消费者新闻与商业频道（CNBC）和微软全国广播公司（MSNBC）；ABC 则在娱乐与体育节目电视网（ESPN）拥有主要股份；迪士尼（ABC 的拥有者）、21 世纪福克斯（拥有福克斯广播）、康卡斯特（拥有 NBC）以及华纳媒体（家庭影院频道（HBO）、特纳电视网（Turner）、特纳广播公司（TBS）和美国有线电视新闻网（CNN）的拥有者）合力创建了它们自己的流媒体平台 Hulu。

有线电视

有线电视的起源可追溯到 20 世纪 40 年代。最初，有线电视的发展是为了将电视节目提供给那些接收信号较差的地区，如农村和山区。但 70 年代卫星电视信号问世，电视频道激增，一些有线付费频道如家庭影院和娱乐时间（Showtime）引入未删减的首播电影，使得有线电视对观众来说更吸引人。

大量广告主支持的有线网络不久就出现了，它们在艺术、历史、体育、新闻和喜剧方面有专业化的节目，还有多样化的付费服务和更多的地方秀。当有线电视顾客的数量增长的时候，观众开始放弃收看大型广播电视网播出的节目。

30 多年间有线电视的增长是异乎寻常的。1975 年，美国有电视机的家庭户仅有 13% 购买有线服务。到 2010 年，这一数字几乎达到 90%。[7] 然而，从那以后，有线电视开始衰退，因为消费者发现有更便宜和更具响应性的内容收看方式。事实上，2018 年只有 78% 的家庭户订阅了有线电视。[8] 虽然有线电视用户能够接收超过 100 个频道，但多数的家庭户只观看其中的 15 ～ 20 个。[9] IMC 实战模拟“策划并购买电视和广播广告”会引导你了解所有这些电视选择的计划过程。

多数频道是私人拥有并且商业化运营的。包括地方网络的附属电视台和独立电视台、有线电视网、特大功率电视台、本地有线系统频道和社区接入频道。有线电视收费占了有线电视台收入的 1/3；其余的都是广告收入。电视网如 CNN、USA、发现频道、艺术和娱乐、生活时间（女性频道）、喜剧中心和斯派克（Spike TV），都在竞争广告主的预算，每家都在兜售自己专营的受众群。[10] 额外付费，用户可以获得溢价服务，如收看家庭影院频道、娱乐时间频道和电影频道，这些频道有特别的节目，如首播电影、拳击锦标赛和体育赛事。

现在美国有超过 900 家有线电视网络。图表 13－2 列出了其中用户最多的网络。也有少数几个特大功率电视台和地方无线电视台，它们的信号能够通过卫星传输到全国的有线系统并且播出一些全国性广告。

IMC 实战模拟

策划并购买电视和广播广告

媒体策划者采用联合开发和专有的研究工具策划和购买电视和广播广告。这些工具有助于确定特定节目中目标受众的更大集中度（构成）以及与这些受众相关的成本。对于这两种媒体来说，通常用一个收视点代表 1% 的目标受众人口。电视和广播的广告购买都是基于人口统计学特征的。因此，当特定黄金时段的节目在 25 ～ 49 岁年龄段的收视点是 14%，就意味着这个特定的节目覆盖了 25 ～ 49 岁总人口的 14%。一个广告主购买的每收视点成本是以收视点的方式确定一个媒体载体（节目）将广告传达给其目标受众的效率。收视点是可累加的，因此在播出过程中两次广告暴露于目标收视点 14% 的节目，意味着广告主购买了 28 个毛评点。

你接触不到这些用于策划和优化电视和广播媒体计划的各种工具，因此你应该聚焦于这些媒体在实现你的营销和广告目标方面所具有的优势，以及它们如何匹配你整体的媒体策略（请回看第 9 章的 IMC 实战模拟“制定媒介目标和战略”）。

流媒体视频

流媒体视频可以作为你的广告战役的一个选项，因为即使你的目标群体是一小群客户，在 YouTube（现为谷歌所有）上购买广告或播出视频也是可行的。YouTube 提供了创建、放置、货币化并评估视频广告的课程。YouTube 上的品牌讯息可以放在人们想观看的内容中，或只是出现在其前后，或者嵌入内容之中。

并不只有 YouTube，其他提供广告投放的流媒体服务目前还有 Hulu、Spotify、Pandora、Google Play Music、DirectTV Now。

电视

在美国大约有 1.15 亿家庭至少拥有一部电视机。然而，电视领域正在变成一个碎片化的市场空间。尽管一个观众通常平均收看 15 个频道，但他所收看的 15 个频道跟他的邻居收看的 15 个频道并不相同，这就使得媒体策划工作在触达大众市场方面困难重重。

除了触达大众，电视的其他核心利益是能相对快地建立品牌知名度。如果你想发布一款新产品，或者试图在相对短的时间内赢得高知名度，电视是不二选择。尽管电视广告会花去你预算的一大部分，但它的动态特性，在广告中融合视听及动作的能力，使它特别擅长讲故事。

最后，电视仍然是生成品牌精彩内容的最佳媒介，无论是面对内部公众（员工），还是面向外部受众。正如第 9 章所说的，媒介即讯息，时至今日，还没有哪个媒介能像精心制作的电视广告给人们带来同样的感觉。

广播

为什么广告主使用广播？一个原因是广播比电视有效率得多，每收视点成本有时仅为电视的 1/10。广播制作成本也要低廉得多。事实上，你制作时只需要文案和人，这使得广播广告制作从下单到交付作品的时间可以短到一至两周。巧的是，它在本质上更有促销性——电台通常拥有忠实的听众，广告主通常可以参与到任何本地电台的事件中，并利用电台主持人为品牌背书。证言，特别是个人证言，对广告主来说很有价值，它有助于广告主建立它们或它们产品的合法性。

因此，当你思考电视和广播广告会为你的品牌做什么的时候，很重要的一点是，你要考虑它们能够实现目标和策略的哪些部分，以及它们如何彼此呼应。想想采用电视讯息以及广播支持来发动一场新的广告战役。电视将快速建立认知度和合法性，广播则允许你及时跳出高成本的媒体，但仍然以一种更有效率的方式保持长期连续的讯息影响力。

播客

广告主可以从一个播客那里购买时段，既可以从播客媒体直接购买，也可以通过日益普遍的播客网络来购买。数字营销咨询机构 Singlegrain 在报告中写道，目前有超过 50 万个活跃的播客节目。[11] 播客对广告主来说有两个最大的优势，一是它能吸引它的听众，二是听众认为播客主持人是可信赖的。在此我们认为，播客是基于生活方式、兴趣、价值观和目标来吸引受众的。换言之，播客受众提供了独特的细分市场机会。

图表 13－2
2018 年用户数最多的有线电视网络

福克斯新闻	240 万
MSNBC	160 万
美国家居与园艺（HGTV）	140 万
USA	130 万
历史	110 万
发现	110 万
贺曼（Hallmark）	100 万
调查探索（Investigation Discovery）	100 万
TBS	100 万
CNN	90 万

资料来源：A. J. Katz, "The Top Basic Cable Networks for July 2018 Are ...," *TV Newser* (Adweek, LLC), August 1, 2018, www.adweek.com/tvnewser/the-top-basic-cable-networks-for-july-2018-are/372335.

流媒体视频

❷ 了解流媒体视频崛起后传统电视所面临的挑战

流媒体视频的起源可能比你想象的要早。乔治·欧文·斯奎尔（George Owen Squier）出生于 1865 年美国内战结束前。他曾经是一名被授勋的士兵，从西点军校毕业，在约翰霍普金斯大学（Johns Hopkins University）获得博士学位后，他拥有几项专利和发明。其中有一项涉及将音乐通过电线传输的方法，他将之命名为"有线载波通信"。1934 年，在去世前不久，斯奎尔将它的名字改为背景音乐（Muzak）。

背景音乐在今天依然是许多办公场所和零售店内可听到的音乐，是最早使用广播频谱来传递大众音频内容的方式。但在它发明之后直至 20 世纪 90 年代晚期，除了有线电视外，在其他广播替代品上几乎没有什么发展。

这种情况在 20 世纪 80 年代晚期随着个人电脑逐渐流行而有所改观。第一批家用电脑跟数字打字机没多大差别，直到有人尝试通过电话线和调制解调器将电脑联结起来。这种技术对于收发电子邮件是够用的，但无论是电脑，还是电话线，都还不足以将人们连接到流媒体视频或音频内容。

21 世纪初，一些技术进步改变了流媒体技术行业。这些技术包括家庭互联网连接中更高流量的宽带、更强大的电脑、压缩视频和音频内容的更复杂的软件算法。

2005 年，三个年轻的 PayPal 员工共同创建的 YouTube 在 4 月 23 日发布了第一个视频（观看 YouTube 上的第一个视频《我在动物园》。同年，奈飞公司早已预料到 DVD 租赁的终结，开始着手建立流媒体系统"奈飞盒"。两年后，DVD 技术寿终正寝，公司引入按需点播的互联网视频业务。

从这些不起眼的开始，流媒体视频出乎意料赢得关注。2017 年，所有成年人中有 59% 声称有线或卫星订阅是他们观看电视的主要途径，仅有 9% 的人说他们使用数字天线，剩下的 28% 则表明他们使用在线流媒体服务。让人印象深刻的是，在 18 ～ 29 岁的观众中，61% 的人声称流媒体是他们观看电视的主要途径，而这些人正是广告主最喜爱的群体。[12]

流媒体视频对于电视的传统观众而言是一种破坏性的力量。为什么呢？第一，许多流媒体视频是无广告的（奈飞、家庭影院以及 Hulu 的一些订阅），因为订阅者为此付费。第二，流媒体已经取代有线和广播电视成为最常使用的观看电视的途径，导致数百万的用户取消了他们的有线电视订阅。第三，流媒体视频最吸引人的地方在于根据需要点击浏览，消费者可以看他们想看的，决定何时何地观看。即便在广播电视上，“预约观看”的旧模式也正在消失，迫使尼尔森公司提出新的受众测量方式：现场直播 +3（现场直播的观众数加上那些在录制节目后三日内观看的观众数）。

如果奈飞的流媒体视频方式获胜的话，旧模式所支持的大量媒体将艰难求生。这些媒体包括广播网，它试图用广播标准和限制来吸引大量人群，而这些标准和限制却是像奈飞这样的公司可以放心地忽略掉的。还有本地电视台的附属台，它们在流媒体视频中没有自己的位置，也不可能从中赚钱。有线电视公司已没有很好的理由让用户支付超过 100 美元的订阅费，人们已经不愿为大量不想要的频道买单。在流媒体视频领域也有一批明显的赢家。在奈飞平台上，制片人和演员都从该公司数十亿美元的内容狂欢中获益。在 YouTube 上，年轻的明星和企业家通过他们的聪明才智吸引了大量受众，完全把好莱坞体系甩在身后。

电视观众趋势

③ 提供电视观众趋势概览

作为一种触达大众的方式，没有哪种媒介具备电视那样独特的创意能力：集视听和动作于一身、展示产品、运用特效的潜力、让观众移情、有身临其境的真实感（参见 IMC 实战模拟“广播电视广告的优缺点”）。超过一半的观众相信电视是最权威的广告信息来源，与此相比，报纸只有 15.4%，杂志 10.8%，广播 8.6%，互联网 4.4%。电视还被评为最具影响力、最有说服力和最令人兴奋的媒介。[13]

广播电视节目的忠实观众是那些中等收入并受过高等教育的个体以及他们的家庭，因此多数节目制作都是瞄准这类群体。那些有着更高收入以及更高教育程度的人通常有更多样化的兴趣和娱乐选择。

在争夺受众闲暇时间中，电视有很多竞争者，但受众观看电视的时间仍然很长。《广告时代》预计一个美国人每天观看电视的平均时长接近两个小时。[14]

从全世界来看，收看电视时间最长的是年龄大的女性（美国和加拿大两国平均每周 36 小时）。这使得电视作为一种广告媒介很受那些针对中老年女性群体的广告主的欢迎。相反，18 ～ 29 岁之间吸引广告主的受众群体观看电视最少。

北美家庭中的有线电视极大地改变了观看电视的行为模式，并影响到其他媒体的使用。拥有有线电视的家庭花更少的时间观看广播电视。他们听广播、阅读，或看电影的时间也减少了。有线电视看起来像是触达了一群其他任何方式都难以触达的受众。[15] 受众碎片化的结果是，在广播电视网上投放广告的成本效益更差了。

IMC 实战模拟

广播电视广告的优缺点

优点

当代广播电视给广告主们提供了许多超过其他竞争媒介的优势。

- 大众覆盖。美国 98% 的家庭拥有电视机（大多数不止一台），每家庭户的平均收视时间已从 1960 年的约 5 小时 / 天上升到 2004 年的超过 8 小时 / 天。
- 相对成本低。虽然广告的初期制作费用与播出费用往往很高，但电视巨大的观众数使其每千人曝光成本低到 2 ～ 10 美元。
- 有针对性。每天的不同时段、每周的不同日子以及不同性质的节目，都会使收看的观众大不相同，因此，广告主可以只在潜在顾客收看节目的时间播放广告。广告主还可以通过购买地方性或区域性市场播放的方式触达指定区域内的受众。
- 有冲击力。电视所具备的直接性是其他形式的广告所不具备的。电视将声音和色彩全面展现在顾客眼前，展示和演示产品。
- 有创意。电视广告的各个组成元素——画面、声音、色彩和动作——为诉求提供了无限的创作与想象空间。
- 声誉好。由于大众普遍认为电视是最具权威性和影响力的媒介，因此，它为广告主提供了一个有声誉的形象。贺曼、施乐、可口可乐和 IBM 都通过定期赞助电视网播出的文化节目的方式来提高自己的声誉。
- 是社会主流。在北美，大多数 35 岁以下的人是在电视节目的陪伴下成长的，电视是他们了解社会的一个窗口。他们持续处于电视屏幕带给他们的奥运会、太空旅行、战争以及政治丑闻中。

缺点

尽管电视广告有诸多优势，但由于其较高的费用、受众针对性降低、固有的短小形式以及其他讯息的竞争，所以有时它无法进入创意组合的选择。

- 制作成本高昂。广播电视最大的障碍就在于，若要制作一条高品质的广告，其成本相当昂贵。这取决于不同的创意方式，现在拍摄一条全国性电视广告的费用在 20 万～ 100 万美元之间。
- 播出费用高昂。电视网黄金时段商业广告的平均播出费用为 20 万～ 40 万美元，在黄金时段播出的一档收视率最高的节目中，播一则 30 秒的广告的费用超过 50 万美元；而在特别事件（如超级碗）中间插播一次广告的费用则超过 200 万美元。即使是低费率，大面积覆盖人群的成本也足以把中小广告主吓退。
- 针对性降低。对只想触达少部分特定受众的广告主，电视广告并不划算，而且，由于受众趋势的变化，广播电视的针对性正在逐渐降低。现在，越来越多的女性外出工作或收看有线电视，这大大伤害了在电视网肥皂剧节目中投放广告的广告主。
- 短小。调查研究显示，绝大多数电视观众记不住他们最近才收看过的电视广告中的产品或企业，即使 5 分钟前刚刚看过也记不住。广告越长，回忆率越高，人们对 60 秒广告的印象比 30 秒深。
- 讯息混杂。电视广告通常都被间歇、片头 / 片尾字幕、公益广告以及六七个其他广告所包围。所有这些讯息一同争夺观众的注意力，因此，观众时常感到气愤、迷惑，往往会错误识别商品。
- 易被用户快进和换台。数字录像机（DVR）用户在重放录制节目的过程中，往往跳过广告不看，这叫快进；而手中握有遥控器的用户则可以在广告开始时就换台。

20 世纪 70 年代末，广告主就开始使用有线电视，有线电视广告收入稳步增长，2010 年超过 210 亿美元。[16] 一个原因是有线电视的高收入观众群体比起非有线用户相应购买更多商品和服务（见图表 13－3）。宝洁公司过去在有线电视网上花费最多。然而，本地零售商也发现有线电视是一个做广告的好地方。

图表 13－3
有线电视用户家庭为广告主提供了有吸引力的人口统计学特征（指数 100= 美国平均家庭）

有线电视与非有线电视用户家庭特征对比			
高收入群体画像	有线电视用户家庭相对于美国平均家庭（指数）	非有线电视用户家庭相对于美国平均家庭（指数）	有线电视用户家庭优势值
职业：专业人员	108	88	+23%
教育：大学毕业及以上	110	85	+29%
职业：管理 / 财务	105	93	+13%
家庭收入：75 000 美元以上	112	80	+40%
房产价值：50 万美元以上	109	87	+25%
低收入群体画像	有线电视用户家庭相对于美国平均家庭（指数）	非有线电视用户家庭相对于美国平均家庭（指数）	有线电视用户家庭优势值
教育：高中以下	86	122	-30%
就业：无工作	99	101	-2%
职业：建筑 / 维修	87	120	-17%
家庭收入：低于 20 000 美元	87	121	-28%
房产价值：低于 6 万美元	83	127	-35%

资料来源：Cable Viewer Summary, Cable TV Advertising Bureau, 2018.

尼尔森的研究表明，每个美国家庭平均可以收看超过 100 个电视频道。然而，大量的频道并没有转化成电视收视。尼尔森数据发现，一个家庭拥有的频道越多，被观看的频道比例越低。那些拥有最多频道的家庭（超过 150 个）通常只观看其中 16 个频道。[17]

尽管在我们的日常生活中，媒体的数量在不断增加，但是人们能够吸收的广告量却是有限的。一旦到达那个极限，任何新媒体都不得不彼此争夺市场份额。这便是受众日益分流和无线电视受众数量暴跌的原因。广告主在努力追逐逃避的受众，在过度拥挤的媒介环境中争抢受众份额，也使得媒介购买人员和媒介策划人员的重要性日益突显。

电视在整合营销传播中的运用

当今的电视无所不能。多年来，它一直是一种严格意义上的大众媒介，为大众消费商品——卫生用品和化妆品、食品、家电、汽车——的制造商带来了很大的好处（见图表 13－4）。但如今，由于有线电视的窄播能力，电视也可以承担具有高度人群针对性的定向任务。例如，在 ESPN 的马术场地障碍赛中就时常看到为纯种马和表演马做的广告。由于本地有线电视的出现，本地小广告主也能用电视来做广告，这为它们在整合营销传播计划中运用电视提供了切实可行的选项。

虽然任何一个单一的节目都不可能再像从前那样触达大规模受众，但电视仍然是向大规模和精细定义的受众传递特定讯息的最划算的途径。尤其是在创造知名度和树立形象方面，电视广告迄今仍然没有对手，在巩固品牌讯息方面也是如此。[18]

由于整合营销者正在努力建立、培育、加强与众多利益相关者团体的关系，因此，电视还发挥着另一个有效功能：它可以同时面向许多不同的利益相关者——不单单是顾客。此外，借助其传递大创意的独特能力，电视还可以赋予品牌特定的意义（品牌的象征或个性），一方面引起人们对品牌的注意，另一方面巩固他们目前与品牌的关系。

电视还能发挥杠杆作用，也就是说，广告主可以利用电视相对较低的千人成本触达更多的潜在对象，通过他们对广告所做出的反应进一步识别目标受众，然后再利用价格低廉的一对一的或可寻址的媒介对他们继续跟进。[19]

其中最重要的一点是，电视的高度直观性迫使出资者制作人们感兴趣的广告，并且不断加强品牌的战略地位。成功的品牌都是最受欢迎的品牌，而“广告喜爱”与品牌受欢迎程度有着密切的关系。

排名	广告主	有线电视广告投入（万美元）
1	宝洁	72 400
2	伯克希尔·哈撒韦	51 300
3	百事	43 700
4	百胜集团（Yum Brands）	41 600
5	美国电话电报公司	35 800
6	通用汽车	29 500
7	通用磨坊	29 300
8	康卡斯特	27 800
9	好时	27 000
10	联合利华	26 700

资料来源：“Biggest U.S. Spenders by Medium, Cable TV Network,” *Ad Age* 200 Leading National Advertisers 2018 Fact Pack, Crain Communications.

图表 13 - 4
有线电视网十大广告主（2017 年）

电视广告类型

④ 描述可购买的电视广告的类型

广告主采取不同的策略购买广播电视和有线电视的时间。主要的广播电视网为不同的观众提供大量不同的节目。因此，广告主可以依据每一个节目的观众来购买广告时间。举例来说，一个全国性广告主想要触达很宽泛的、跨越不同年龄层的 25 ～ 45 岁女性，可能会发现在《实习医生格蕾》电视剧中以 203 078 美元的价格购买一条 30 秒的电视插播广告是有效的。[20] 在确认市场细分中的某类人群为目标群体的过程中，广告主应当考虑广告诉求中的伦理问题。例如，对某些品牌来说，儿童是一个目标市场，但瞄准儿童也意味着重要的责任。请阅读本章后面伦理、多样性与包容性“儿童应该成为一个目标受众群体吗？”中关于儿童广告指南的内容。

在购买有线电视时段的时候，广告主可以从一个频道的整个时间表中选择，因为有线电视网通常将它们所有的节目制作都瞄准相对具体的受众人群。生活和家庭频道播出大量面向女性的节目；MTV 瞄准 16 ～ 25 岁的年轻人。有线公司以捆绑和折扣的方式销售它们的电视网频道，它们为非指定时段广告位置提供折扣——它们在一个频道的日程安排中设置多个广告时段（参见 IMC 实战模拟“有线电视广告的优缺点”）。

广告主能够通过几种方式购买电视广告时间。包括赞助一个完整的电视网节目、协办一个电视网节目、从一个电视网附属电视台购买点播广告、从辛迪加组织购买广告以及从有线电视购买广告。

广播电视网广告

传统上，美国大型广告主主要购买某一个全国性广播**电视网**（networks）（美国广播公司、哥伦比亚广播公司、全国广播公司或福克斯）的时间。1995 年联邦通信委员会放宽规则，允许两家最大的黄金时段节目制作者——华纳兄弟（Warner Bros.）和派拉蒙影业（Paramount），建立它们自己的广播电视网——WB 和 UPN，给了它们独家垄断发布自制和购买的节目的渠道。[21] 拥有 31 家附属电视台，UPN 瞬间覆盖了全美 80% 的地域，虽然最初它的节目只在一周的几个晚上播出。2006 年，UPN 和 WB 合并成 CW。[22]

有线电视侵蚀了广播电视网的受众。美国三大电视网（美国广播公司、哥伦比亚广播公司、全国广播公司）在黄金时段的受众总人口中的占比一度超过 90%。今天它们这个总占比只有大约 38.3%，而有广告支持的有线电视网则拥有 60% 的受众。[23]

由于广播电视网的讯息可以通过设在全国各地的众多附属电视台同时播出，因而可以为大型广告主提供方便，提高效益。而有线电视网一般触达更有选择性的利基受众。

电视在赋予品牌个性方面扮演重要的角色。电视同时和许多利益相关群体进行沟通，有传递“大创意”的独特能力。玛氏的这则电视广告延续了之前的创意，通过让红 M 豆希望自己变成人，然后变身成丹尼·狄维图，赋予其品牌个性和活力。

资料来源：Mars, Incorporated.

广告主负担某一节目的费用的行为称为**赞助**（sponsorship）。在独家赞助中，广告主不仅要负责节目的内容，还要负担其全部制作费用。赞助活动代价高昂，因此独家赞助通常只限于几家特别的企业。赞助节目的企业（如美国电话电报公司、施乐和贺曼）能够获得两大重要好处。第一，由于赞助一流娱乐节目，企业的声望自然上升，因而大众也更容易识别其产品；第二，赞助者有权控制自己广告的插播位置与内容，在不违反广播电视网或电视台规章的前提下，广告可以按照赞助者希望的位置和长度进行安排。此外，由于广播电视网是中心化管理，广告主只需支付统一费用。

IMC 实战模拟

有线电视广告的优缺点

优点

- 有针对性。有线电视为特定类型的观众提供专门的节目。有线电视的窄播特点使广告主能够选择到最符合自己目标顾客人口统计特征的节目。
- 观众优质。有线电视订户年轻、文化程度高、富有、职业层次高、住房较大、更乐意尝试新产品和购买高档商品——诸如汽车、家电和高科技设备。
- 费用低。许多小型公司无须花费购买广播电视时间那么昂贵的费用即可获得电视的直接性与影响力。有线电视广告费有时甚至低得与广播一样。许多全国性广告主发现，赞助某个节目也相当不错，因为一套有线电视节目的制作费用有时还不到购买一次广播电视广告时间的花费。
- 灵活。出于制作费用和播出费用的考虑，广播电视广告必须短小，但有线电视广告长度却可长达 2 分钟，如果是信息性广告，甚至可以更长，还可以根据节目条件进行定制。
- 有测试功能。有线电视是进行试验的好地方，既可以测试新产品，也可以测试各种广告手段，如广告频次、文案影响力以及不同媒体组合的效果等。

缺点

与任何其他媒介一样，有线电视也有它的短板。

- 触达范围有限。美国约有 23% 的家庭没有有线电视，这是过去有线电视最主要的缺陷，不过现在已没有那么严重了。
- 碎片化。有线电视观众有 50 多个频道可供选择，因此，他们收看哪个节目的时间都不太多，若想触达某一特定市场的大部分有线电视受众，广告主就必须在许多有线台同时播出广告。
- 质量不高。有线电视，尤其是地方有线电视的节目制作质量，有时比不上广播电视的质量，受众对节目的观看欲较低。
- 易被用户快进和换台。有线电视也存在与广播电视相同的一些缺陷，包括观众换台或快进跳过广告。

赞助活动为广告主提供大量的机会。因此，当热播电视连续剧《反恐 24 小时》第二季开播时，其第一集就因为福特汽车公司的全面赞助完全没有插播广告，但其中却不时闪现出福特汽车的身影。为了节省成本、降低风险，现在许多企业开始联手赞助电视节目，或一周一家轮流赞助，或将节目划分为几个部分。比如，NFL 比赛总是同时销售给几家赞助商。

大部分电视网的广告时间以**协办**（participation basis）的方式出售，由几家广告主共同购买某一节目中的 30 秒或 60 秒广告时间板块，这使它们得以分散自己的广告预算，避免长期固定在某一个节目上。同时，这种做法还使得小广告主只需要购买有限的时间，便同样能获得它们所需的全国覆盖效果。

广播电视网广告也有一些劣势：缺乏灵活性、从预订到播出的时间长、各种麻烦的限制、强制依从广播电视网标准和操作以及价格昂贵。有线电视现在也服务大量的观众，能够与广播电视网的观众数量相匹敌，甚至超过广播电视网。有线电视没有那么多的限制，但广告价格同样昂贵。正如图表 13－5 所示，广告主为了让自己的品牌出现在最受欢迎的节目上需要一大笔预算。基于这个原因，许多广告主决定购买点播广告。

图表 13-5
2017 年十个最受欢迎黄金时段节目 30 秒广告的价格

排名	节目和电视网	价格（美元）	观众数（万人）
1	《生活大爆炸》(CBS)	286 000	1 850
2	《周日橄榄球之夜》(NBC)	670 000	1 840
3	《良医》(ABC)	126 000	1 780
4	《海军罪案调查处》(CBS)	140 000	1 770
5	《我们这一天》(NBC)	394 000	1 650
6	《周一美国好声音》(NBC)	259 000	1 600
7	《福克斯 NFL 周日赛后节目》(福克斯)	289 000	1 580
8	《行尸走肉》(AMC)	236 000	1 510
9	《周二美国好声音》(NBC)	230 000	1 470
10	《庭审专家》(CBS)	129 000	1 440

资料来源："Top Broadcast and Cable TV Prime-Time Shows in 2017," *Ad Age* Marketing Fact Pack 2018, Crain Communications Inc.

点播广告

全国性**点播广告**（spot announcement）指夹在两个节目之间播出的广告，这种广告费用比协办节目广告低，又比电视网广告灵活，因为它可以只针对某一个地区集中投放。广告预算少、分销能力有限的广告主可以运用点播广告一次向一个地区推出新产品，广告主也可以根据不同的市场情况，制作不同讯息的广告，以适应促销的需要。[24]

点播广告时长分别为 10 秒、15 秒、30 秒和 60 秒，可以购买全国范围，也可以只购买某一地区。购买点播广告要直接与各家电视台分别打交道，因此比购买电视网广告时间更麻烦。在有线电视频道投放广告让人头痛，因为服务一个城市的有线电视公司通常有 10 家或者更多。对于广播电视来说，全国代表系统（national rep system）通过电子数据交换（electronic data interchange，EDI）有效地减少了这一方面的问题，在该系统中，单个交易者能够担任多家电视台的销售和服务代表。[25] 这种技术使代理商能够以电子化方式处理订单、广告时间补偿（为播出差错补偿免费的广告时间）、修改以及保持贯穿排期表始终的电子审核跟踪。同样，销售代表能够通过卫星直接将订单发送给他们的电视台，同时与广告代理商的买家保持日常联络。[26]

同时，一些大的有线电视代表公司也在努力通过卫星技术和数字系统，让全国性广告主购买点播有线电视广告更简便，该系统将一个区域内不同的有线电视公司连接起来。[27]

点播广告在电视台的间歇时间，以及当电视网的广告主购买的时间不足时才会出现。因此，点播广告有可能被淹没在其他讯息的汪洋大海之中，这也是点播广告收视率较低，在广告支出这个大蛋糕中只占有一小块的原因。

电视辛迪加

随着电视观众的分流，辛迪加节目正日益成为电视网广告的补充品或替代品。电视辛迪加已发展成为一个价值 41 亿美元的广告媒介。[28]

所谓辛迪加，就是逐家电视台、逐个市场销售电视节目的方式。换言之，也就是节目生产商（如华纳兄弟或迪士尼）不通过电视网而通过某一销售公司直接与各台签订合同。这种高效的“工厂直销”形式为地方电视台提供了更多的节目控制权和更大的利润空间，同时，也使广告主得以买到点播广告**库存时间**（inventory）（广告时段），而这也许正是它们在电视网上得不到的东西，其价格也更为合理。[29] 辛迪加已经成为美国电视节目编选的一项重要来源（见图表 13－6）。

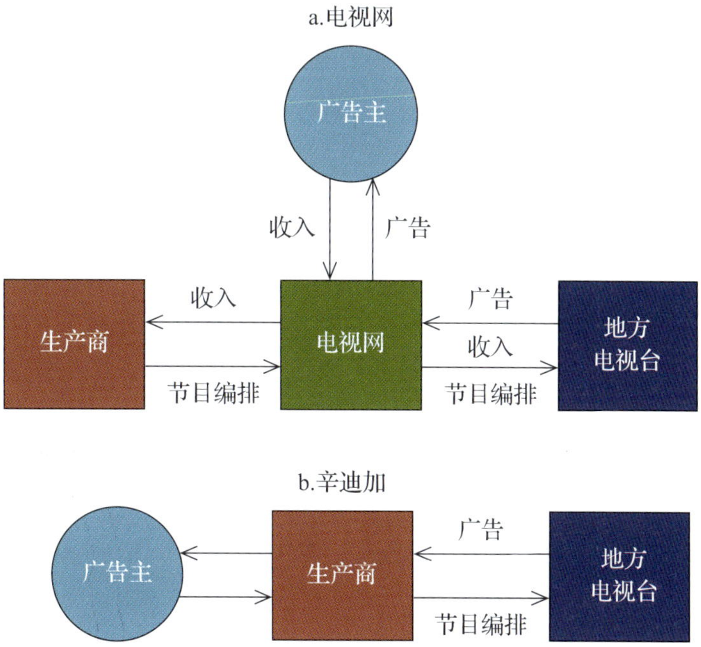

a. 电视网基本上充当中间人；
b. 辛迪加往往在节目资金筹措和发行方面更有效。

图表 13－6
电视网发行与辛迪加发行

电视辛迪加有三种形式：网外辛迪加、首播辛迪加和交换辛迪加。**网外辛迪加**（off-network syndication）是将已经播出的热播节目出售给各电视台重播，如《宋飞正传》《老友记》；**首播辛迪加**（first-run syndication）播放专为辛迪加市场制作的原创节目，如《艾伦秀》《内幕新闻》。**交换辛迪加**（barter syndication）（也叫作广告主支撑型辛迪加）发展最快，首播节目以免费或低价的方式播出，但要将一定量的广告时间（通常为 50%）预售给全国性广告主。由国王世界制作公司（King World Productions）发行的《财富之轮》《杰帕迪》就是两个最受欢迎的节目。[30]

辛迪加是创造触达的有力工具，广告主喜欢这种形式，因为它们可以借此与名牌节目挂上钩，尽可能地增加自己利用广播电视的机会，赢回它们以往通过电视网才能触达的大批受众（见图表 13－7）。

直接反应电视广告

1992 年秋，无党派总统候选人罗斯·佩罗（Ross Perot）在电视摄像头前坐了 30 分钟，他带着自制的活动挂图开始了一场接地气的进军白宫的演说，吸引了 2 000 万的观众。一个月后，他拉到了很可观的 19% 的选票。

佩罗把**节目式广告**（program-length advertisement，PLA），即**专题广告片**（infomercial）引入公众注意中心的举动使他名垂广告史，他的举动还证明了那些制作和发布专题广告片的公司多年来的声明：长广告能够传递其他形式广告无法传递的讯息。[31] 为此，《广告时代》提名佩罗为该年度最佳广告人。

伦理、多样性与包容性

儿童应该成为一个目标受众群体吗？

从一开始，父母、监管者和倡导者就非常谨慎地看待通过电视向儿童播放广告这件事。在互联网出现之前，电视是一个能够让广告主直接影响儿童心智的媒介平台。

可能有人会争论说，面向未成年人的广告是无效的，因为父母才是控制钱袋的人。真相并非如此。广告公司狄杰斯（Digitas）2012 年发布的一份报告预计儿童和青少年在邻近社区的购买力为 1.2 万亿美元。这个数据包括了孩子们自己能够控制的零花钱，以及他们能够影响到父母购买的金额。报告表明 6 ～ 10 岁的儿童对成年人做出购买一辆车的决定有着“实质性影响”！根据一位专家的说法，小型货车之所以被创造出来是因为儿童需要更多的空间。当孩子们认为车不够酷的时候，他们的意见对于运动型多用途车（SUV）的开发有帮助。

麦迪逊大道看起来很敏锐地意识到这些小小“影响者”的力量，结果儿童观看了大量的电视广告。有研究估计，6 ～ 11 岁的儿童每年观看的广告数多达 2 万条。这个数量很容易达到，因为儿童群体每周花在看电视上的时间接近 30 小时。

当然，也有人认为，父母在监管儿童观看和消费方面扮演主要的角色。在抵制电视广告讯息的浪潮中，父母看起来并不占上风。世界卫生组织（WHO）关注一个具有特大危害的问题，即儿童肥胖症。他们建议广告主减少“高糖、高脂、高盐食品和饮料面向儿童市场的营销，以帮助解决世界范围的肥胖问题”[32]。在美国，联邦贸易委员会指出，自 1980 年以来，“少年儿童肥胖症的比例在青少年当中增加了两倍，在更小的儿童中增加了一倍”。虽然这一健康问题背后的原因很复杂，但广告公司总结道：“不管原因是什么，负责任的营销应当在改善儿童饮食和体育锻炼水平方面扮演积极的角色。”[33]

有些人为瞄准儿童的广告提出肯定的理由。在最流行的争辩中，有一种观点认为，如果没有广告收入，那些非公共电视台将不会制作面向儿童的电视节目，这个观点虽然正确但不充分。在广告禁令和尽其所能说服儿童购买 / 纠缠他们的父母去买之间，应该有一个折中方案，即承认广告主在保护儿童中所扮演的角色。

问题

1. 面向儿童的广告应该完全禁止吗？为什么？
2. 如果面向儿童的广告不完全禁止的话，负责任的广告看起来应该是怎样的呢？

专题广告片并不是什么新鲜事物，但其好名声却是近年才有的。在佩罗之前，大多数使用节目式广告的人是麦迪逊大道之外的手摇搅拌器、榨汁机和汽车蜡的营销人员。今天，主流营销者，像辉瑞、微软的 MSNTV2 和 Voom 都开始涉足专题广告片领域。[34] 在科罗拉多，长时间形式的广告在劳资纠纷中作为一种谈判工具被使用。[35] 现在一些广播电视网甚至也开始播放这种广告，以前这种广告通常只出现在独立电视台和有线频道上。[36] 这种广告迅猛发展的原因其实很简单：

1. 消费者关心并立刻有所反应。
2. 品牌经理通过这个竞争不那么激烈的空间赢得竞争优势。
3. 节目式广告能够实现某些讯息目标，如产品演示和品牌差异化表现，效果远比 30 秒的广告好。
4. 效果可测量。

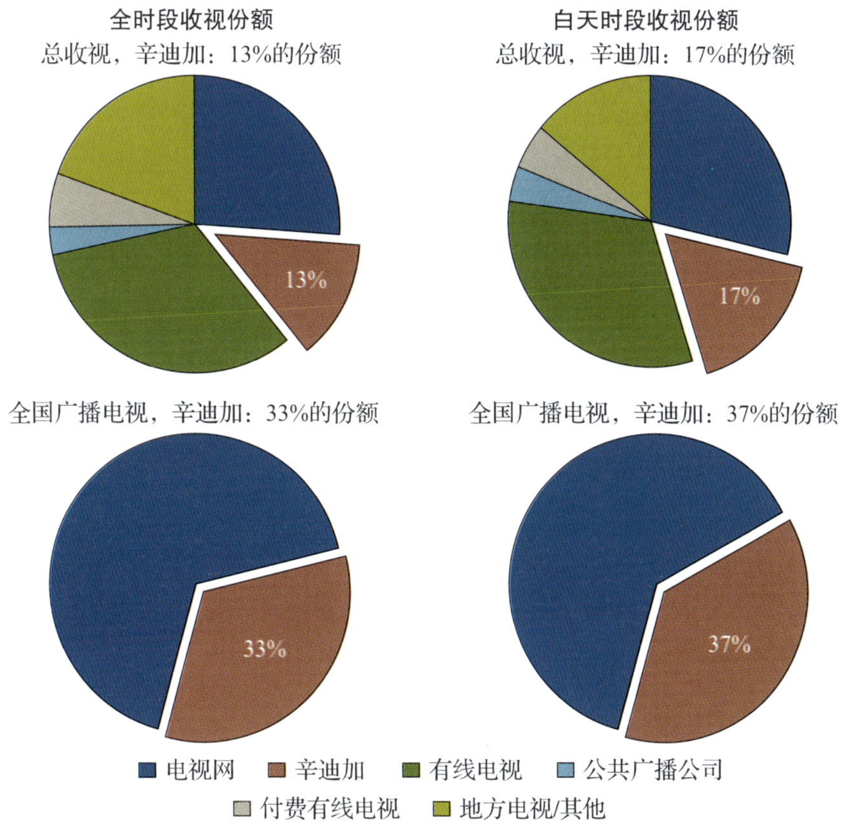

图表 13－7
辛迪加在全时段和白天时段的收视份额

说明：虽然辛迪加掌握了全时段总收视中仅 13% 的份额，但它控制了全国广播电视中 1/3 的收视份额。在白天的黄金时段，与电视网情景喜剧和偶像剧竞争的过程中，辛迪加的收视份额一直下滑。但在早上黄金时段，辛迪加控制了超过 75% 的全国广播电视收视份额，在晚上的边缘时段，它控制的份额也接近 50%。辛迪加在早上黄金时段和晚上边缘时段收视率排行很高，是因为这两个时段唯一的电视网竞争来自晚间新闻节目和深夜脱口秀。

资料来源：Billboard/Howard Appelbaum Publisher.

5. 广告既可以为自身带来好处，又可以支持零售贸易。

6. 节目式广告综合了广告、直接反应和销售促进的力量。[37]

除了专题广告片，直接反应电视广告还包括邀请消费者订购产品的短广告（通常 60 秒至 2 分钟），以及支持全天候销售的有线电视网（家庭购物网）广告。不难看出为什么某些全国性广告主也要跳上节目式广告的宣传车。直接反应电视广告的市场已经增长到 78 亿美元。[38]

地方电视广告

地方企业和零售商通常与全国知名的制造商合作，现在每年在地方广播电视和有线电视上的花费超过 160 亿美元。[39] 多数地方电视台销售点播广告，但一些地方性广告主开发和赞助地方节目，或者购买一个辛迪加系列的权限。

有效率的广告主研究不同节目的观众，并分析该媒体相对于其他媒体的影响力和成本效益。为了进行比较，它们必须懂得电视观众测量所使用的技术和术语。

为广告主和广播电视台测量电视台和广播电台节目受众的公司称为**视听率调查服务公司**（rating service）。这些公司通过选择市场中有代表性的样本，为测量观众或听众的数量及其特征提供相应的数据。有几家调查机构自己花钱收集数据，并将之出版。公司可以订阅该服务，并将它作为策划、购买或销售媒体广告的基础。

专题广告片是长篇讯息的好例子。它们采取娱乐内容的形式来吸引观众，并且花时间去讨论人们不熟悉的产品利益点。这种广告片也可以放到网站上。Squatty Potty 公司使用一只独角兽的隐喻方式，在一个微妙的主题上传递令人捧腹的讯息。

资料来源：Squatty Potty, LLC.

在美国，尼尔森媒体研究是电视领域最主要的视听率调查服务公司。它最重要的服务——尼尔森电视指数（NTI），采用一个全国性样本，在 5 100 个家庭中安装了收视记录器（people meters），为全国电视节目资源，包括 7 家广播电视网、47 家有线电视网、3 家西班牙语电视网以及超过 200 家电视辛迪加提供受众调查。在地方性广告调查方面，尼尔森在 55 个最大的市场使用收视记录器，在 210 家电视市场使用日志调查，为超过 1 500 家地方电视台、140 家有线电视运营商、48 家电视辛迪加和 2 000 家地方广告代理商提供收视率调查服务。[40] 它每年至少出版两次调查信息，出版物通常称作《手册》(*The Book*)（见广告实验室 "那些臭名昭著的电视收视率从何而来"）。

数字录像机改变了电视收视率测量。觉察到观众总是想方设法跳过广告只观看电视节目内容——这种情况甚至出现在数字录像机问世之前——广告主和广告公司游说尼尔森公司，认为它应该测量电视广告的时段，而不是节目时段。随着数字录像机的出现，节目制作公司被迫考虑节目在非现场直播情况下的收视测量，而以前这种情况通常忽略不计。2007 年广告收视调查的时间段向后延长，新的名称 C3 指现场直播当天的收视率，再加上播出后三天内的收视率。新的测量标准取代了有着 65 年历史的旧测量标准。这些新测量的推出始于 2008 年。[41]

至于电视观众的人口统计学研究，广告主也使用西蒙斯市场调查办公室和米迪马克调查公司的数据。它们进行美国市场调查，出版关于消费者生活方式、产品使用和媒体习惯的研究发现。广告主使用这些数据作出战略计划。

植入式广告

触达电影和电视受众的另一条途径是花钱将产品植入电影或电视节目中。这样的**植入式广告**（product placement）很普遍。你看下一部电影或电视节目的时候请注意里面出现的可以看清楚的产品的数量。

通过在电视节目和电影中出现品牌，有时让品牌扮演某种角色，公司可以与顶级演员发生关联并从中获益。诺基亚通过这种技巧获得过巨大的成功：它的手机在电影《黑客帝国》(*The Matrix*) 中十分显眼，以至于 31% 的电影观众认为《黑客帝国 2：重装上阵》(*The Matrix Reloaded*) 中的角色仍然在使用诺基亚手机，而实际上电影中所用的手机品牌已经换成三星了。[42]

广告实验室

那些臭名昭著的电视收视率从何而来

据《综艺》(*Variety*）杂志的报告，2018 年观看奥斯卡颁奖典礼的观众数量创历史新低，虽然奥斯卡是电影行业最著名的奖项。观看这一盛典的观众数刚刚超过 2 600 万，2017 年的观众则有 3 300 万。

观众人数的下降对于好莱坞以及付费参与这一盛典的广告主来说具有很多含义。但你可能会问一个问题：他们是怎么知道有 2 600 万人收看了颁奖典礼？

美国人的收视习惯主要由尼尔森这家公司出具报告。尼尔森在 20 世纪 30 年代创立，最初是调查广播节目的收听情况，到了 50 年代进入电视时代后转向电视观众的追踪调查。这种情况一直延续至今。

但它是如何来调查观众的？比如你正在观看吉米・坎摩尔（Jimmy Kimmel）的奥斯卡节目，它是怎么知道的？

坦率地说，答案是它并不知道你是否观看了节目。尼尔森通过采用一种强大的技术来确定收视率，也就是著名的随机取样，抽取一组家庭代表所有美国家庭。

与尼尔森签约的家庭允许该公司使用技术手段监控其收看习惯，这些技术会在家庭成员看电视时进行实时跟踪。该公司在电视机上安装一个盒子并要求观看者输入号码以表明是谁在看电视。这些数据每天晚上都会传送到尼尔森公司。

看起来好像很简单。但是尼尔森近年来受到了极大的挑战。举个例子来说，许多人在体育酒吧观看赛事，而有些人在家中观看，究竟应当如何测量赛事的观众？（尼尔森调查显示，有相当多的人偶尔在家之外的地点观看赛事。）[43]

在受众测量方面一项有趣的进展是超市扫描仪提供的单一来源数据。一旦收集了家庭收视习惯的信息，他们在超市里购买包装商品的情况就可以测量出来。这对营销和媒体策划人员来说意义非凡。今天单一来源测量的领导者是提供行为监测服务的信息资源公司（IRI）以及提供家庭监测服务的尼尔森公司。

实验室应用

1. 不同的受众测量方法各有哪些优点和缺点？
2. 哪一种方法你认为是最好的？为什么？

观众发现通过数字录像机可以避开商业广告，这给广告主带来持续的困扰，也因此更经常地将它们的产品植入电视节目中。福特和可口可乐在《美国偶像》(*American Idol*）中广受关注——评委拿着带有可口可乐标志的红杯子喝水，选手在福特汽车内表演——这仅是方兴未艾的“品牌播出”趋势的一个例子，2005 年美国这种植入的花费估计为 15 亿美元。预期产品植入的增长速度显著超过传统广告的增长速度。根据 PQ 传媒（PQ Media）的报告，2017 年美国植入式广告的金额接近 90 亿美元。[44]

然而，一些植入产品的类别充满了争议。严苛的新法规中禁止多数形式的香烟广告，加拿大烟草制造商委员会（Canadian Tobacco Manufactures’ Council）对此进行响应，禁止在电影、电视节目和电脑游戏中植入烟草广告。

电视市场的界定

电视视听率调查服务公司一般按地域划分电视市场，以期最大限度地减少电视信号重叠引起的混乱。尼尔森的电视台索引采用**指定市场区域**（designated market area,

DMA）一词来代表地方电视台收视率最高的地区（城市或县）。例如，美国佐治亚州哥伦布县的 DMA，该县是该州 17 个县中收看地方电视台最多的县。

受众测量

⑤ 回顾电视收视率的重要衡量指标

视听率调查服务公司和媒介策划人员运用多个术语来界定电台和电视台的受众、渗透率及效率。**电视家庭**（TV households，TVHH）指拥有电视机的家庭数目。某一特定市场的电视家庭数能使广告主了解该市场的规模。同样，电视家庭中收看某一节目的户数也有助于广告主估算该节目的受欢迎程度以及某条广告可能触达的人数。

家庭开机率（households using TV，HUT）指某一指定地区内在任意特定时间开着一台或多台电视机的家庭百分数。假设在调查地区有 1 000 台电视机，其中 500 台开着，则家庭开机率为 50%。

节目收视率（program rating）指某一地区电视家庭中观看某一具体节目的百分数，计算如下：

$$\text{收视率} = \frac{\text{观看特定节目的电视家庭数}}{\text{地区总电视家庭数}}$$

电视网希望获得高收视率，因为这表明某一节目大受欢迎。节目越受欢迎，广告收费就越高。地方电视台常常以改变节目编排的方式（如购买不同的辛迪加节目）来吸引更多观众，进而提高收视率（和收入）。

受众份额（share）指开机家庭中收看某一特定节目的百分比。只有 500 名观众的节目受众份额也可以达到 50%，条件是当时的开机家庭只有 1 000 户。与此不同的是，收视率的测量是受众占该地区电视家庭总数的百分数，无论其电视机是否打开。

总受众人数（total audience）指某节目的某部分触达的受众人数总和，该数字一般被分解以便清楚地确定**受众构成**（audience composition）——受众的人口统计类别分布。

毛评点

在电视测量中，**毛评点**（gross rating point，GRP）指某一特定电视媒介排期在一定时期内获得的总收视率。如我们在第 9 章所言，假设某广告一周排期 5 次，其平均家庭收视率为 20，那么，其毛评点则为 100。请回想一下毛评点的计算方法：

毛评点 = 到达率（平均收视率）× 频次

毛评点使广告主能够通过提供广告权重的可比衡量标准，对一个客户广告所到达的不同市场进行效果比较，并得出结论。不过，毛评点无法反映市场的规模大小。比方，某广告在诺克斯维尔地区和夏洛特地区的毛评点虽然一样，但夏洛特的人口规模（859 000 人）比起诺克斯维尔（187 000 人）大得多，因此两个地区一个收视点代表的目标受众人口数量也有着巨大差异。

	电视家庭（户）	平均点播费 / 次（美元）	平均收视率（%）	点播次数	毛评点
诺克斯维尔	63 800	1 100 美元	15	5	75
夏洛特	264 000	5 782 美元	15	5	75

为了更好地判断电视广告市场的相对价值，还可以运用其他一些测量方法，诸如第 9 章中提到的每收视点成本和千人成本。

13.2 购买电视广告时间

⑥ 掌握购买电视时间时应考虑的主要因素

购买电视广告时间的过程有时很长，而且根据购买的电视台的数量有所不同，同时购买需投入的精力相当大。无论是广告主还是媒体购买人员都必须：

- 决定以哪种价格购买哪个节目的广告时间。
- 分析不同节目的效益。
- 就价格与电视台代表谈判。
- 确定这些电视台的到达率和频次。
- 签订播出合同。
- 检查执行保证书，确保广告以双方确认的方式播出。

这些过程如此复杂，因此，大部分大型广告主干脆将这些事务委托给广告公司或媒体购买服务商处理。专业购买公司通过谈判以稍低的价格批量购买电视台的热销时段，因而有条件向客户收取较低的费用，为它们节省资金，它们也由此得到广告主的认可。地方性广告主通常依靠电视台代表以使自己的钱花得更值。

请求获得可供出售的时间

为了了解电视台有哪些节目时间可卖，媒体购买人员会联系电视台的销售代表，即地方电视台的销售人员、在各市场中为某家电视台进行销售的全国性媒体代表组织或电视网的销售代表。媒体购买人员向销售人员提出广告主在媒体目标和目标受众方面的要求，然后要求电视台代表提供**可售时间**（avails，即可供出售的时段）、广告价目表和预期收视率。许多媒体购买人员也求助于尼尔森近两三期的报告，查看某一节目的收视率是持平、上升还是下降。

选择广告时间所在的节目

媒体购买人员使用每收视点成本（CPP）和千人成本（CPM）来计算每个广告的效益，选出最合算的节目。每收视点成本和千人成本的计算方式如下：

$$\text{CPP} = \frac{\text{成本}}{\text{收视率}} \qquad \text{CPM} = \frac{\text{成本}}{\text{千人数}}$$

比方，假设某电视节目的收视率为 25，在主要目标市场的到达人数为 200 000，在佐治亚州奥尔巴尼市的 WALB-TV 投放广告，该节目收视率与之前持平，一条 30 秒点播广告的费用为 2 000 美元，则：

$$\text{CPP} = \frac{2\,000}{25} = 80\text{（美元）} \qquad \text{CPM} = \frac{2\,000}{200\,000 \div 1\,000} = 10\text{（美元）}$$

通过计算每收视点成本，媒体购买人员便可以比较不同节目或电视网的每个收视点的成本，这些信息对谈判非常有利。但收视点又与整个市场密切相关，而真正重要的数据应该是触达目标市场的千人成本。因此，千人成本应该根据目标受众规模而不是整个市场来计算。目标受众千人成本越低，节目触达真正的潜在顾客的效益就越好。

媒体购买人员自然会用效益好的节目取代效益差的节目，以便使自己有限的预算得到最充分的利用（见广告实验室"'你出局了'上电视"）。

协商价格并签订合同

电视台和有线电视公司定期公布自己的广告时间销售价目表，不过，由于电视台总是以最佳状态估算电视观众人数，因而电视台代表总要在价格上和媒体采购人员谈判一番。

媒体采购人员接洽电视台的销售代表，向他们说明广告主所要求的传播效果和千人成本效果。购买人员有多种方法可以协商到较低的价格：套餐购买、接受指定时间（run-of-schedule positioning，由电视台决定播出广告的时间）、利用占位价格。**占位价格**（preemption rate）低的原因是广告主同意在另有人出更高价格（非占位价）的情况下出让播出时间。

在签署广告合同前，媒体购买人员必须仔细阅读合同。合同应说明广告的播出日期、播出次数、插播的节目、广告片长、每次播出的费用以及广告费总计，合同背面则为付款条件及广告主、广告公司和电视台各方面的责任界定。广告播出后，电视台向广告主或广告公司返回一份经签字和公证的**履约证明**（affidavit of performance），说明何时播出了广告以及广告主或广告公司可享有什么补偿。**补偿**（makegoods）指广告主因电视台漏播或者播出错误，或电视台实际收视率明显低于其基本收视率而获得的

广告实验室

"你出局了"上电视

"你出局了"，是一款棒球手套正在策划的一场电视广告战役。该手套专为儿童设计，因此儿童是目标市场。作为营销总监，你决定通过检视毛评点来确定广告如何投放。你已经确定了广告投放的天数和次数。下表是助理根据你的要求收集的信息，包括田纳西州孟菲斯最好的电视节目以及相关的数据。由于时间有限，这个表上的信息并不充分，但已经有足够的数据帮助你做出决定了。

田纳西州孟菲斯最好的电视节目				
节目	收视率	费用	广告点播数	毛评点
《少女卧底》(每天傍晚，重播，30% 的成人，70% 的儿童)	15	34 000 美元	32	?
周六早间动画片（2 ~ 12 岁的儿童）	?	34 000 美元	30	300.0
美国职业棒球大联盟比赛（周末，主要是成人）	7.8	34 000 美元	29	?
放学后特别节目（7 ~ 13 岁儿童，每天下午）	?	34 000 美元	27	205.0

实验室应用

1. 使用正文中的公式作为指导，完成上表。
2. 假设你的预算是 68 000 美元，使用上表决定哪两个节目对触达儿童最有效。解释你的选择。

电视台赠送的广告时间。[45]

电子媒体购买软件

有了互联网之后，今天的媒体购买人员可以足不出户，直接使用他们台式电脑中的 SDRS 和西门子研究数据来创建媒体计划，甚至购买媒体可售时间段。

使用类似阿比创公司的 SmartPlus 媒体购买套件，媒体计划者和购买者能够实现分析、计划和报告的一体化。多数广告的播出时段会经过多次修改调整，SmartPlus 允许计划过程中进行修改和转让。如今软件能够通过可扩展标记语言（XML）和应用程序接口（API）输入与几乎任何事物整合在一起。SmartPlus 还能与 Outlook 整合在一起，提高买家与卖家之间的沟通效率。

尼尔森公司的 PAL 软件是一个全国性的媒体计划系统。它在电视网、辛迪加电视台、有线电视台以及杂志的媒体到达方面将市场与市场间的差异考虑在内。PAL 具有以下几种用途。首先，它会按照毛评点和 / 或预算来评估一个全国性媒体计划在不同市场中的表现。PAL 也能使用品牌发展指数（BDI）或销售数据，结合广告的贡献权重，来定义你的营销目标。

另外，尼尔森的 Clear Decisions 以及到达率和频次工具可帮助媒体计划人员花费最少的努力制订媒体计划，从一系列的报告中识别洞见，甚至从一个屏幕中创建用于报告的图表。计划人员可以借助 Clear Decisions 这一工具进行到达率和频次分析，更快获得问题的答案。

购买电视广告时间考虑的要素

广告主必须决定在什么时间播出电视广告以及在什么节目中间播出。跟广播听众不同，电视观众对节目忠诚，而不是对电视台忠诚。节目是续播还是取消，完全取决于它们的收视情况（总收视人口中的比重）。收视情况也取决于一个节目是在一天中的哪个时间播出。

电视时间被划分为以下部分：

白天时段：	早上 9：00 到下午 4：00（美国东部标准时间）
傍晚时段：	下午 4：00 到下午 5：30（美国东部标准时间）
早新闻时段：	下午 5：00 或 5：30 到晚上 7：30（美国东部标准时间）
黄金入口时段：	晚上 7：30 到晚上 8：00（美国东部标准时间）
黄金时段：	晚上 8：00 到晚上 11：00（美国东部标准时间）
晚新闻时段：	晚上 11：00 到晚上 11：30（美国东部标准时间）
夜间时段：	晚上 11：30 到凌晨 1：00（美国东部标准时间）

收视率最高的时间是**黄金时段**（prime time）（美国东部标准时间晚上 8 点到 11 点；中部标准时间晚上 7 点到 10 点）。在多数市场中，夜间时段的成年人收视率也是较高的，女性是白天和傍晚时段的重度收视人群。为了最大限度并以最理想的频次触达广告主的目标人群，媒体策划人员要依据收视服务中报告的电视使用情况来确定一个**时段组合**（daypart mix）。

13.3 广 播

广播是一种个人化、一对一的媒介；人们一般单独收听广播。广播可以移动，人们可以一边开车，一边走路，一边收听；既可以在家中收听，也可以在户外收听。广播是触达那些上下班开车人群的特别适合的媒介。

此外，广播还能配合各种气氛。早晨，人们也许乐意听点新闻、流行音乐或有趣的闲聊；而到下午，人们也许又想放松自己，听听古典音乐或轻松的音乐。

当代广播主要以三种形式存在。最古老的**无线电广播**（broadcast radio），通过电磁广播频谱传输信号（调幅广播（AM）频率为 300 千赫兹至 3000 千赫兹，调频广播（FM）频率为 30 兆赫兹至 300 兆赫兹），任何人都可以用便宜的调谐器收听。**卫星广播**（satellite radio）是来自人造卫星的广播，卫星的轨道覆盖了北美（天狼星 XM）或世界的其他地方，包括非洲、亚欧大陆和日本。最后，广播的内容还可以通过互联网的**流媒体广播**（streaming radio）来收听。

本章还将介绍广播的一个竞争者——播客，现在它对广播的商业模式造成的挑战不断增加。**播客**（podcast）是按需传输给听众的互联网信息流。最初播客只是苹果生态系统的一部分，现在可以在许多设备上播放，成为广告主的重要媒介。

谁在听广播？

⑦ 分析在创意媒介组合中运用广播的利弊

93% 的美国人平均每周都会听无线电广播；约有 72% 的美国人平均每天都会听广播。如图表 13－8 所示，无线电广播仍然是听广播的最主要方式，尽管其他可替代的方式正在变得越来越流行。美国人平均每天听广播的时间接近 2 个小时。事实上，在每天早上 6 点到下午 6 点的主要购物时段，美国成年人平均花在广播上的时间超过了广播电视和有线电视的总和。[46] 广播还是一种划算的广告媒介。在过去的十年里，广播广告的千人成本的涨幅比任何其他的主要媒介都要低，比消费者物价指数的涨幅低得多。[47]

图表 13－8
18 岁及以上人群广播日常到达情况

来源	日常到达率（%）
调幅 / 调频广播	72
自有音乐	26
YouTube 音乐视频	20
无广告的 Sirius XM	11
有广告支持的 Pandora	11
电视音乐频道	9
播客	8
其他流媒体音频	7
有广告支持的 Sirius XM	4
有广告支持的 Spotify	4
亚马逊音乐	3
无广告的 Pandora	2
苹果音乐	2

资料来源：Edison Research, “Share of Ear,” Q2-Q4 2017, Q1 2018, Persons 18+.

越来越多的全国性广告主发现广播在到达率和频次方面的潜能。当然，广播对一些品牌来说效果很好，如 Motel 6，在过去超过 30 年的时间里它邀请亲民的汤姆·博德特（Tom Bodett）让听众确信该连锁旅馆将会“留灯长开”。即便听众能从博德特的声音、乡村音乐的音响、讽刺幽默和悠闲的节奏中很快辨认出旅馆品牌，但广告战役依然让人感受很新鲜。作为广告依然长盛不衰的证明，该战役在 2016 年广播水星奖赢得“最佳节目奖”。

广播在整合营销传播中的应用

电视是一种被动媒介，人们只能观看，而广播则不然，人们在收听广播时会积极参与；他们会有意识地收听自己喜爱的人物的节目、打热线电话提出请求、参加比赛、参加讨论；他们动用耳朵和想象来弥补看不见的部分。大多数人忠实地收听两三家节目编排风格不同的电台，这就意味着聪明的广告主可以利用这种媒介与消费者和其他利益相关者建立亲密而直接的关系。这使得广播成为一种理想的整合营销传播媒介。

有了广播，全国性企业便可以与某一地方市场发生联系，瞄准自己想触达的具体人群。最重要的是，广播帮助广告主通过**形象移植**（imagery transfer）的方式成功地使自己的广告花费收到事半功倍的效果，并保持广告活动的一致性。调查表明，如果广告主在电视上播放一段时间广告之后再将声音部分移植到广播广告中，75% 的消费者会在听到广播广告的时候，脑海中重现电视广告的画面，这在无形中以极低的代价延长了电视广告的寿命，赋予它更强的冲击力。[48] 在整合营销传播活动中，广告讯息一致是首要目标，而这正是广播非常突出的一个特点。

出于同样原因，广播媒介也深受地方零售商的欢迎，另外，它们还可以根据自己的需要剪裁广告。广播具有特定的受众，其回忆特征与电视相似，零售商可以通过自己发布的广告为自己创造一种识别标志。最后一点，由于广播是可移动的，因此，零售商可以在潜在消费者购买之前就将广告传达给他们。因此，近年来地方杂货店、汽车经销商、银行、家居装修、家具店和服装店在广播广告上的投入不断增长。[49]

广播节目编排与受众

为了触达特定市场，尽可能多地吸引听众，电台必须小心地策划自己的节目编排。电台的受众越多，收取的广告费就越高。因此，无论是广播节目编排还是节目更换，都要进行大量的策划和调研。

电台既可以采用经试验证明切实可行的节目编排形式，也可以订购广播网或辛迪加的节目，或者采用某种独特的手段。电台采用的波段（调幅或调频）会在很大程度上影响电台的节目编排。调频的音质保真度较好，广告干扰较少，节目更丰富多彩。

为了抵抗调频广播的入侵，许多调幅广播电台转向那些不那么依赖音质的节目，如新闻、谈话和体育。一些电台正在试验全喜剧节目、吸引听众参与的正午游戏节目或满足特定地区的节目形式，如洛杉矶 KHJ 电台的“汽车广播”。调幅广播电台也在努力尝试通过提升它们的音质以及提供立体声广播的方式重新赢得音乐听众。

取决于一个公司的广告需要，广播在整合营销传播中有多种用途。这则林赛橄榄油（Lindsay Olives）的广告将产品质量与专业性人格化，以一种幽默和令人难忘的方式来定义品牌。

音乐起并贯穿始终。

男性画外音：当我出生时，我是一瓶相貌平平的橄榄油。不丑……但如果你想成为一瓶相貌英俊的林赛橄榄油，朴素几乎相当于不存在。

于是我尝试做出改变……让自己变成最美貌的橄榄油之一。我戴上隐形眼镜……我让自己看起来像乔先生的西班牙甘椒……却无济于事。

于是，我求助于橄榄油外科手术。我的意思是，我对自己变成一瓶优质的林赛橄榄油感到绝望！现在，一些外科医生也不愿染指外貌像我这样的橄榄油；他们说这太冒险了。但你总会发现一些人或者在这儿去掉了皱纹，或者在那儿注射了可口的林赛风味的仿制品。

林赛人重新看了我一眼，我几乎都要成功了……但一个检查人员看到了一个污点，我被进行了彻底的检查。我猜想林赛人总是对的：美貌只是肤浅的，但丑陋则会一直走向深渊……

女性画外音播音员：一瓶橄榄油只是一瓶橄榄油，除非它是林赛。

男性画外音播音员：嗯，可能另一家橄榄油公司能让我休息一下。

音乐起至结束。

资料来源：Zeimer's Advertising Shoppe, "Born Homely".

广告主在购买广播时间时，通常购买的是电台的风格，而不是它的节目。多数电台采用十多种标准**节目编排风格**（programming format）中的一种：当代热门金曲电台（contemporary hit radio）、成人时代、乡村、摇滚、轻松音乐、新闻 / 谈话、成人标准、古典、宗教等等，如图表 13 - 9 所示。每一种风格都吸引具有特定人口统计特征的群体。最流行的编排风格是乡村音乐，美国电台（包括调幅和调频）中有 18.9% 采用乡村音乐编排风格，这种风格吸引了 25 ～ 54 岁之间的广大人群。

图表 13 - 9
美国听众最喜欢的广播风格

2016 年所有人喜欢的 10 种广播风格

排名	广播风格	听众份额
1	新闻谈话信息	9.6%
2	当代热门金曲	8.1%
3	成人时代	7.5%
4	乡村*	7.4%
5	热门成人时代	6.4%
6	古典金曲	5.3%
7	古典摇滚	5.1%
8	都市成人时代	4.8%
9	全体育	4.7%
10	墨西哥地方节目	3.7%
10	都市时代	3.7%

2016 年 18 ～ 34 岁群体喜欢的 10 种广播风格

排名	广播风格	听众份额
1	流行的当代热门金曲电台	12.2%
2	乡村*	8.6%
3	热门成人时代	7.3%

续表

排名	广播风格	听众份额
4	都市时代	6.6%
5	成人时代	6.5%
6	有节奏的当代热门金曲	5.1%
7	墨西哥地方节目	5.0%
7	另类	5.0%
9	古典摇滚	4.5%
10	新闻谈话信息	4.1%

* 乡村包括传统乡村和新乡村风格。

资料来源："What Were 2016's Most Popular Radio Formats?" *Marketing Charts*, January 4, 2017, www.marketingcharts.com/demographics-and-audiences/youth-and-gen-x-73353.

当代热门金曲通常为调频广播电台所采用，面向青少年和 30 岁以下的女性群体。它持续播出最热门的前 40 首金曲，只在中间插入播音员对金曲的简介。另一种流行的风格是成人时代（简单的老歌），常常被宣传为"轻摇滚，少话语"。这种风格旨在瞄准 25 ～ 54 岁的工作女性。新闻 / 谈话、轻松音乐和怀旧风格在超过 35 岁的男女性中有较高的收听率。[50]

目前有超过 20 家的全国性广播网，包括 ABC、CBS、Westwood One、联合之星（Unistar）的"微型网络"，大量辛迪加组织提供从现场摇滚音乐会到公共事务讨论等各种节目。为了能够脱颖而出，80% 获得许可经营的广播电台会选择辛迪加和广播网提供的节目。[51] 随着越来越多的电台播出这些节目，越来越多的听众进来收听，全国性广告主发现广播越来越有吸引力。

虽然花在广播广告上的支出只占了所有广告支出的 4%，但消费者花在媒体上的总时长中有 44% 是用于听广播。[52] 很明显，尽管广播广告的制作成本比电视广告要低得多，广播广告的支出仍然有成长的空间。2017 年，广播广告的收入预计为 76 亿美元，比 2016 年略有下降。[53] 美国最大的全国性广播广告主是那些大型零售商和电信公司（见图表 13－10）。

图表 13 10
2017 年全国性十大广播广告主

排名	广告主	全国性广播广告支出（万美元）
1	德国电信	18 800
2	康卡斯特	18 500
3	家得宝	11 200
4	美国电话电报公司	10 400
5	伯克希尔·哈撒韦	9 700
6	斯普林特（Sprint）	9 400
7	Mattress Firm	8 900
8	菲亚特克莱斯勒（Fiat Chrysler）	8 100
9	梅西百货	5 600
10	麦当劳	5 600

13.4 广播时间的购买

广告主若想使自己购买的广播时间卓有成效，就必须对这个媒介有基本的了解，如可供广告主使用的广告时间有哪些类型、广播术语的基本含义、准备广播排期有哪些步骤等。

广播广告类型

⑧ 了解如何购买广播广告

广告主可以购买广播网、点播广播或地方广播时间。广告主喜欢广播媒体的到达率、频次、针对性和成本效益（见 IMC 实战模拟“广播广告的优缺点”）。

广播网

广告主可以使用全国性广播网中的一家，将它们的讯息通过电台同步传递给全国市场，这些电台播出广播网的节目。此外，在美国超过 100 个区域电台网络面向特定人口统计特征的人群运营。

IMC 实战模拟

广播广告的优缺点

优点

广播广告的主要优势在于它较高的到达率与频次、成本效益和较强的针对性。

- 较高的到达率与频次。广播提供了到达率与频次的完美结合。美国人平均每天收听广播的时间接近 2 个小时，因此，广播能迅速培养一大批受众，正常的广告排期便可以轻松地反复影响听众。
- 有针对性。广播电台一般都有各自的节目风格，有预定的受众和覆盖范围，因而广告主可以选择自己想要到达的市场：某一特定的性别、年龄层、族裔、收入群体、职业类别、受教育程度或特殊兴趣等。
- 具有成本效益。广播可以在千人成本最低的情况下达到预期的到达率、频次和特定人群，而且广播广告的制作成本也不高。全国性广播广告的制作费大概只相当于电视广告的 1/10。有些地方广播电台还经常免费为广告主制作地方广播广告。
- 其他好处。广播还有合乎时宜、快捷、结合当地情况以及创意灵活等优点。

缺点

虽然广播广告具有上述优点，但它也有自身的局限：广播只是一种口语媒介，其受众细分程度很高，广告寿命短，而且往往只有一半被人听到，每条广告还必须与其他广告争夺听众。

- 仅限于声。广播广告只能听不能看，如果商品必须通过视觉才能让人了解，广播广告的局限性就暴露无遗。有些广告公司认为广播限制了它们的创意空间。
- 碎片化。如果有大批电台同时竞争同一批受众，那么，想覆盖这块市场的广告主就不得不购买多家电台，这样一来，广播广告原来的成本效益优势就不复存在。
- 寿命短，收听不完整。广播广告稍纵即逝，无法像报纸、杂志广告那样保存；而且，广播广告还必须与其他节目争夺注意力，未必每次都会成功。
- 讯息混杂。对广告主最具魅力的电台自然广告也比较多，因此广告主必须制作别具一格的广告才能出奇制胜。

广播网只能为全国性广告主和区域性广告主提供简单的管理，平均每家广播电台的净成本支出较低。广播网的缺点在于：无法灵活选择联播电台、广播网名单上的电台数量有限以及订购广告时间所需的预备期较长。

点播广播

点播广播（spot radio）在市场选择、广播电台选择、播出时间选择以及文案选择上为全国性广告主提供了更大的灵活性，它们可以迅速播出广告——有些广播电台的准备时间甚至可以短至 20 分钟，广告主可以通过地方名人迅速获得当地听众的认可。广播销售代表公司，如卡茨广播（Katz Radio），为一系列广播电台提供代理服务，将点播时间销售给全国性广告主和广告公司。

地方广播

地方时间（local time）指地方性广告主或广告公司购买的广播广告时间。其购买程序与购买全国性点播时间一样。

广播广告的播出既可以采用直播方式，也可以采用录播方式。大多数电台采用录播节目与直播新闻报道相结合的方式，同样，几乎所有的广播广告都采用预录方式，以求降低成本，保证播出质量。

广播术语

大部分广播术语和其他媒介使用的术语相同，但有些术语是广播专用的，其中最常用的概念有“时段”“平均每刻钟听众”“累积听众”。

时段

广播时间分为五个时段：

上午 6:00 至 10:00	早上驾车
上午 10:00 至下午 3:00	日间
下午 3:00 至晚上 7:00	下午或晚间驾车
晚上 7:00 至午夜	夜间
午夜至早上 6:00	深夜

视听率调查服务公司一般只对前四个时段的受众进行测量，因为深夜节目的听众非常有限，竞争也不激烈。广告实验室“测量听众的挑战”介绍了主要的广播听众视听率调查服务公司。视听率最高的时段为周一至周五的**驾车时间**（drive time）（早上 6 点到 10 点，下午 3 点到晚上 7 点），此时许多听众正驾车来往于上下班途中或上学和放学的途中。

电台根据时段来制定广告主所需时段的广告收费标准，而广告收费标准又可以根据指定时段的供需进行协商。广告主若采用**电台指定时段**（run-of-station，ROS），相当于报纸的 ROP，便可享受最低广告费标准。但这样一来，广告主的广告播出时段便完全由电台决定，因此，大多数电台又提供一种**总体受众计划**（total audience plan，TAP）套餐价格，如果广告主购买了整体套餐时间，电台要保证在较好时段为其安排一定比例的广告。

广告实验室

测量听众的挑战

媒体购买者习惯于从三家主要的受众视听率调查服务公司获取数据，用以确定哪个节目能够触达最多数量的目标听众，这三家公司为阿比创、伯奇（Birch）和雷达。然而，广播总体受众数量的下滑使得这个市场只剩下一家大公司，就是尼尔森。尼尔森也是电视受众测量的主要竞争者。

对于小广播电台来说，问题在于尼尔森只测量社区中符合其标准的受众，这些标准包括城市规模、平均收听水平以及上下班交通习惯，不符合其标准的小广播电台受众不在其测量之列。一个小的竞争者，Eastlan，现在试图在小广播电台市场中填补这一空档。

但现在很多广播电台已经完全放弃了受众测量。这就意味着广告主除了广播电台的保证之外几乎没什么可利用的资料。

受众测量也因技术混乱受到影响。例如，地方广播电台的节目可以通过一个广播天线收听或互联网在线收听。无线广播正在与其他的音频选项，包括流媒体广播、流媒体音乐、有线音乐、卫星广播、播客和有声读物，围绕听众的耳朵展开竞争。

播客通常都有关于听众数量的准确信息，因为听众需要注册。然而，想获得听众的人口统计资料却很难办。苹果在它的 iTunes 系统里有着对用户友好的隐私保护政策，这意味着广告主对谁在听的问题知之甚少。反之，更新的播客网络积极寻找各种方式以使播客赞助更符合广告主的要求。

实验室应用

1. 广播广告与播客广告相比有哪些优点和缺点？
2. 什么时候广告主会购买一家广播电台的广告时间，而不用测量它的受众？

平均每刻钟听众

平均每刻钟听众（AQH人数）（average quarter-hour audience（AQH persons））是指在任何给定广播时段的15分钟内收听特定电台至少5分钟的平均人数。例如得克萨斯州达拉斯－沃斯堡的KKDA电台，每刻钟平均听众数为33 800，这就等于在任何一天，在下午3:00至7:00的任意15分钟内，约有33 800名年龄在12岁及以上的听众在收听KKDA电台的节目。

平均每刻钟收听率（average quarter-hour rating）则是用百分数对平均每刻钟听众数的表示。假设KKDA电台所在地区的人口为3 072 727，它的平均每刻钟听众数换算成平均每刻钟收听率为1.1%，计算公式如下：

$$\text{平均每刻钟收听率} = \frac{\text{平均每刻钟听众人数}}{\text{人口}} \times 100\%$$

$$= \frac{33\ 800}{3\ 072\ 727} \times 100\% = 1.1\%$$

同样的意思还可以用**平均每刻钟份额**（average quarter-hour share）来表示，即指某电台在该地区的听众总数中所占的百分比。假设所有电台的总的平均每刻钟听众人数为676 000，那么KKDA电台的平均每刻钟份额则为5%，计算如下：

$$平均每刻钟份额 = \frac{某电台平均每刻钟听众人数}{所有电台平均每刻钟听众人数} \times 100\%$$
$$= \frac{33\ 800}{676\ 000} \times 100\% = 5\%$$

电台的排期**毛评点**（gross rating point）指用百分数表示的电台某一排期节目所达到的收听率总数，或总人口中的听众总人次即“总印象数”（见第 9 章）。

$$毛评点 = 平均每刻钟收听率 \times 广告数$$
$$= 1.1 \times 24 = 26.4$$

或

$$毛评点 = \frac{总印象数}{人口} \times 100$$
$$= \frac{33\ 800 \times 24}{3\ 072\ 727} \times 100 = 26.4$$

累积听众

累积听众数（cume persons）指在指定时段 15 分钟内收听某一广播电台时间不少于 5 分钟的不同个体人数的总和，累积听众数又叫非重复听众数。

比如我们的广告从 KKDA 电台可以得到的听众总人次为 811 200，这并不等于有 811 200 名不同的听众听到我们的广告，许多人可能听到 3 次、4 次或 5 次，通过测量收听 KKDA 电台的不同个体累积数，就可以得出我们排期的真正到达潜力，在此假设我们的累积听众数为 167 800 人。

累积收听率（cume rating）是累积听众数占总人口数的百分数表示，计算如下：

$$\frac{167\ 800}{3\ 072\ 727} \times 100\% = 5.5\%$$

卫星广播

对“无线”广播的挑战来自全国范围通过卫星传输信号的网络。在 2008 年，伴随着 XM 和 Sirius 之间的竞争，**卫星广播**（satellite radio）开始稳定增长。随后两家公司合并，2019 年略低于 3 000 万人订阅了它们的服务。[54]

为了收听卫星广播，一名受众成员必须每月支付订阅费，并花钱购买一个能够收到这两个网络信号之一的接收器。Sirius 试图让人们确信其广播服务是值得付费的，它提供两种无线广播听众没有的重要利益点：大量的节目选择，包括体育、新闻、娱乐以及大量没有商业广告的音乐节目；独家节目安排，如霍华德 · 斯特恩（Howard Stern）、詹尼 · 麦卡锡（Jenny McCarthy）和罗拉博士（Dr. Laura）。

卫星广播作为无线广播的替代选择影响有多大？由于卫星广播拥有数以百万计的用户，这个问题的简单回答是“非常大”。Sirius 已经成功利用它的独家优势、节目编排以及不插播商业广告的音乐节目吸引了大量订户。[55] 它还与谷歌合作扩展关键词广

V 广告背后的人物

菲利克斯·阿尔维德·乌尔夫·谢尔贝格

很有可能你的父母不知道 PewDiePie 是谁，甚至可能你也不知道他是谁，除非你花大量的时间浏览 YouTube，喜欢视频游戏，或者能跟上文化潮流。

如果有数以百万计的人成为某事物的粉丝，你很难再说这个事物名不见经传。准确地说，7 500 万粉丝使得 29 岁的瑞典人，菲利克斯·阿尔维德·乌尔夫·谢尔贝格（网名为 Pew Die Pie），成为 YouTube 上的流行明星。

没有比较就没有伤害，请看看联播网电视中收视率最高的节目《庭审专家》，每周平均有 1 400 万人观看该剧。美国公共广播电台（PBS）的《早间节目》是收听率最高的广播节目，听众也差不多是这个数字。美国最流行的杂志（除了美国退休人员协会和美国最大的连锁会员制仓储量贩店开市客的出版物，它们直接发给会员）是《美好家园》，每个月发行量略低于 800 万本。发行量最高的报纸是《今日美国》，每天发行 400 万份。

PewDiePie 做了什么，吸引的受众数量能比美国电视、广播、报纸和杂志中最流行的媒体加总起来还要多？根据《连线》杂志的说法，他之所以受欢迎，可追溯到他在视频游戏评论和搞怪时的幽默表达。

最近几年，这位年轻的明星开始陷入争议。《华尔街日报》在 2017 年 2 月报道，PewDiePie 频道的一个视频中两位男性在大笑，而他们拿着一个反犹太人的标识。当日报和 YouTube 的一个赞助商——迪士尼公司联系时，作为一家家庭友好型公司，迪士尼取消了相关的合同。

PewDiePie 并不是唯一有争议的明星。另一位流量名人洛根·保罗（Logan Paul）闯入日本一处以自杀闻名的森林并拍摄视频后引起轩然大波。在他的视频中，他展示了一具吊在树上的尸体。保罗事后道了歉。

这些事件引起人们对新媒体引发的混乱的关注，人们比较“大众”媒体与“新”媒体的标准，并关注广告和媒体内容的未来。PewDiePie 就自己被《华尔街日报》点名并因此被迪士尼取消商业合同的事在某种程度上表示道歉。他告诉日报：“我承认这件事我有点过头，以后我会牢记这一点，但是一些反应和愤怒在我看来是精神错乱。”

像 YouTube 这样的网站之所以吸引人，首先就在于它们对任何人而言都是一个沙盒*。从理论上讲，这里并没有明确的规则。PewDiePie 曾经是一名大学辍学者，在热狗店卖过热狗，如今打造出一个富有魅力的独特线上人格。他的粉丝最初是硬核玩家，接着扩散到一个更大的受众群体。作为回报，他从所经营站点的广告以及 YouTube 吸引订阅者的内容付费的财务模式中赚取了数百万美元的财富。

但在广告主要求它们的广告不要跟种族主义或争议性频道挂钩时，YouTube 也被迫采取行动。YouTube 取消了 PewDiePie 节目的订阅服务，并且将 9 个它们认为有侵犯性的视频材料移除。YouTube 还改变了它的奖励体系，该体系规定了创作者如何从广告和用户浏览中获益。但 PewDiePie 仍然在他的频道上，继续影响着千千万万的用户。他定期为其他站点以及他所喜欢的产品做宣传。从旧到新的转变何时会结束，这个问题至今没有答案。

告项目，以为播出商业广告的频道提供广告投标服务。[56] 与此相反的是，卫星广播的破坏性技术也面临着来自技术更新、更灵活的竞争者的挑战，它们来自移动手机网络，如 Pandora、苹果音乐和 Spotify。[57]

* 一种安全机制，用于防止不同应用之间互相访问。——译者

（父亲给女儿读书）
父亲：好的，亲爱的。讲一个故事，然后就是睡觉时间……
小女孩：好的，爸爸！
父亲：从前，有一个字母 A。但 A 没找到其他字母跟它一起玩……
小女孩：哦，那太惨了！
父亲：等等，它的情况有所好转……于是 A 召开了一次会议。在会上，它碰到了字母 B，B 觉得它们应该合在一起……
小女孩（在笑）：爸爸，你真好笑！
父亲：我知道。他们通过 L 借钱购买了字母 C……
小女孩：真的吗？……
父亲：通过 Z 给 M 提供了股票期权……
小女孩：那是什么呢？……
父亲：从那以后它们就幸福地生活在一起！……
小女儿：好极了！
在一段独特的音乐中，播音员的画外音继续播放。如果你身为父母，你不必编造故事以使你的孩子喜欢阅读，那么只要到网络空间中最好的地方寻求帮助……Hooked on Phonics 网站。今天就访问我们的网站：A-B-C-D-E-F-G dot-com。填写免费的、个性化的阅读水平评估，找到帮助你孩子变成一个自信的读者的途径。
所以为了这一切，还有更多更多的信息，请登录到让人记忆最为深刻的 Hooked on Phonics 网站：A-B-C-D-E-F-G dot-com。（画外音伴随标志性音乐）
音乐结束。

资料来源：Zeimer's Advertising Shoppe.

因为广告主通常根据电台的风格，而不是某个具体的节目来购买广播广告时段，平均每刻钟听众成为确定最合适的广告播出时间的重要指标。商业广告，像这则幽默的 Hooked on Phonics 广告通常在收听率最高的白天时段播出。这对于该网站来说效果特别好，它们的听众——年轻儿童的父母——这个时间最有可能跟他们的孩子都待在车内。

准备广播排期的七个步骤

广告主准备广播排期的步骤与准备电视排期的步骤相差无几：

1. 确定最符合广告主目标受众人口统计要求（如男性和女性，年龄 35 ～ 49 岁）的累积听众率最高的电台。
2. 确定哪家电台的节目风格最能吸引有购买潜力的消费者。
3. 判断这些电台的哪个时段最能吸引到最有潜力的消费者。
4. 根据电台的价目表，编制包含最佳时段的组合排期，这时，最好向电台销售代表提出广告主的媒介目标以及可行的广告预算数额，然后从他们那里了解依照这个预算电台可以提供什么。这是媒介购买人员分析成本、协商购买过程的开端。
5. 按到达率和频次评估购买方案。
6. 判断各电台触达 1 000 个目标听众的成本，关键在于“目标”二字。媒介购买人员对电台的受众总数不感兴趣。
7. 协商并购买。

13.5　音频和视频广告制作过程

制作广播和播客广告

广播广告（spots）制作相对较快、较简单、较容易。实际上，许多电台免费为地方

9 总结音频和视频广告是如何制作出来的

性广告主制作广告。

有些广告由播音员直播，这种情形下电台会事先拿到脚本。材料的播报时间必须精确计算。直播广告的脚本要求每分钟 130 ～ 150 个英文单词，这样才能保证播音员以一种平常口语的语速讲话。最好的办法是找一位著名主持人，让他即兴口播。这种办法娱乐性更强，而且也能将主持人的声誉与产品结合起来。[58]

直播广告的缺点是播音员无法保证自己每次播出的效果完全一致，音效也比较受限。只有录播广告才能达到一致的播音效果。录播广告的制作分为以下几个阶段：预制作阶段、制作阶段和后期制作（或修饰）阶段（见图表 13 - 11）。

图表 13 - 11
录播广告的制作过程

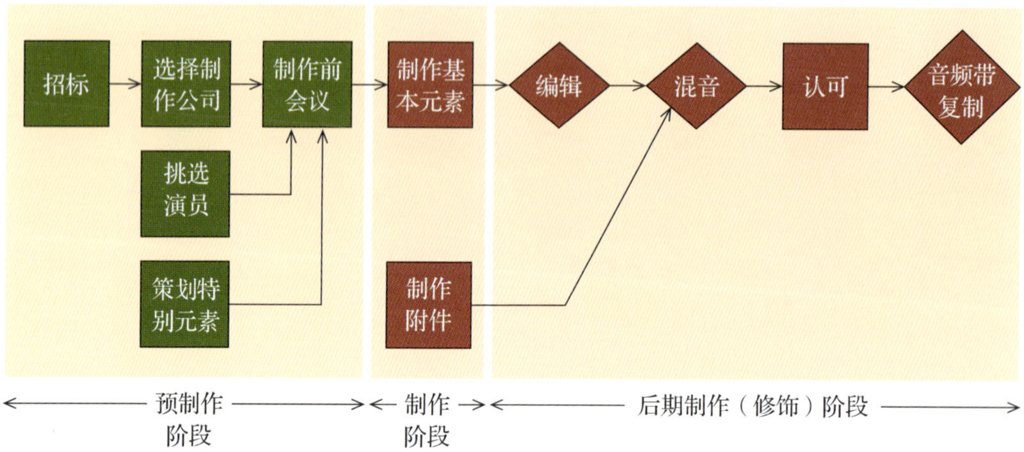

说明：广播广告有三个制作阶段，预制作阶段和后期制作阶段一般最为复杂。预制作阶段、后期剪辑和合成所需的时间往往超过实际录制的时间。

预制作

在**预制作阶段**（preproduction phase），为了保证制作工作顺利、准时完成且不超支，广告主和广告公司要制订计划。广告公司从自己的员工中指定一位制作人或从外面雇用自由制作人，再由制作人根据脚本挑选录音棚和导演，决定演员，估算开支，并向广告主提出制作预算，征求它们的认可。

为了获得最佳的音响效果，大多数广告公司都使用独立录音棚。这是因为好的录音棚都拥有经验丰富的声音导演、技术人员和先进的录音设备，并与著名演员保持着密切的联系。

在挑选演员的过程中，广告主和广告公司要考虑以下几个因素：演员的音调、声音表现力与创造力、知识结构与思维方式以及声誉。如果脚本要求配乐，制作人要决定是选用预录音乐还是请作曲家专门作曲。

制作人所需的任何音响效果都可以被创造出来，大多也可以从预录资源中获得。当然，采取哪种方式肯定会影响到预算，但它们所产生的效果也会极大地影响广告的效果。

演员找好，音乐也准备妥当之后，**导演**（director）开始指挥排练，直至万事齐备可开始录音为止。

制作：录制

广告要用的所有元素——人声、音乐和音效——集中到一起，就可以开始一场**录制**（session）。广告的类型不同，录制的时间长短也不同，短的半个小时，长的超过一天。由于录音棚以小时为单位收费，因此，预制作阶段的排练就显得相当重要。

录音棚　录音是在录音棚里进行的。录音棚内有隔音设施、话筒、导播窗以及将导播室与仪器设备相连的墙式插座。

录音棚的标准设备有话筒、受话式耳机和扬声器。播音员和歌手用受话式耳机接收导播室里导演的指令，在录音的过程中监控预录的乐器声道。

录音棚的工程师要仔细挑选和调试话筒，直至能表现声音的全部音域为止。

导播室　广告公司制作人、导演和录音工程师（往往还加上客户和客户主任）坐在**导播室**（control room）里，在那里监控录音棚里产生的所有声音。一个厚玻璃窗和几面隔音墙将导播室与录音区隔开，这样，监听的人既可以听到话筒里演员的声音，又可以同时讨论各场录音的效果。

导演和录音工程师借助**声控台**（console 或 board）控制录音，用中央“交换台”控制声音，然后将声音送至相应的录音设备上。在他们监控录音室输送过来的声音时，要保证声音的音调和强弱符合播出要求。

控制台还具备合成功能，可以将现场音响与预制作音响混合，供直播或后期播出使用。

后期制作：修饰

广告经过多次录制之后，挑选出录得最好的一版。录音工程师一般分别录制音乐、音效和人声，然后在**后期制作阶段**（postproduction phase，又叫作修饰阶段）合成和润色。高端数字音频设备花费不菲，但任何想要制作专业音效音频的人也可以通过免费或低价的数字音频软件来实现效果。Avid Pro Tools 一次许可使用需花费 600 美元，但另一款强大的软件 Audacity 则可以免费获得。

制作视频广告

广告制作人的作用

正如你所预料的，视频的制作比起广播广告制作要复杂得多。从事视频广告制作的人需要成年累月的训练。但所有广告专业的学生都应该了解一些视频广告制作方面的基本情况，这样才能了解电视广告是如何制作出来，为什么制作一条视频广告的费用如此之高，如何在不牺牲质量与效果的条件下降低成本。

和广播广告的制作一样，电视广告的制作也分为三个阶段，如图表 13 - 12 所示。

1. 预制作阶段：实际开拍前的全部工作。
2. 制作阶段：广告实际拍摄与录制阶段。
3. 后期制作（修饰）阶段：拍摄完成后的剪辑、修饰工作。

上述每个环节都会对广告的成本和质量产生重大影响。

预制作阶段

制作前的周密策划可以为广告主节省大量的资金，这正是预制作阶段的目的。因此，制片人要做的第一件事就是仔细研究脚本和故事板，分析拍摄过程中要用到的制作技巧。目前有三大类制作技巧：实景真人、动画和特效。

如果广告要求实景真人拍摄，那么制片人必须考虑是在摄影棚内搭景还是使用外面的场地，抑或是远离摄影棚的外景地？是用录像带还是胶片？所有这些因素都会影响到：需要什么设备和人员、到哪里获得服装、需要办理什么许可证、可以用哪些演员，当然还有广告成本。

图表 13-12
视频广告制作流程

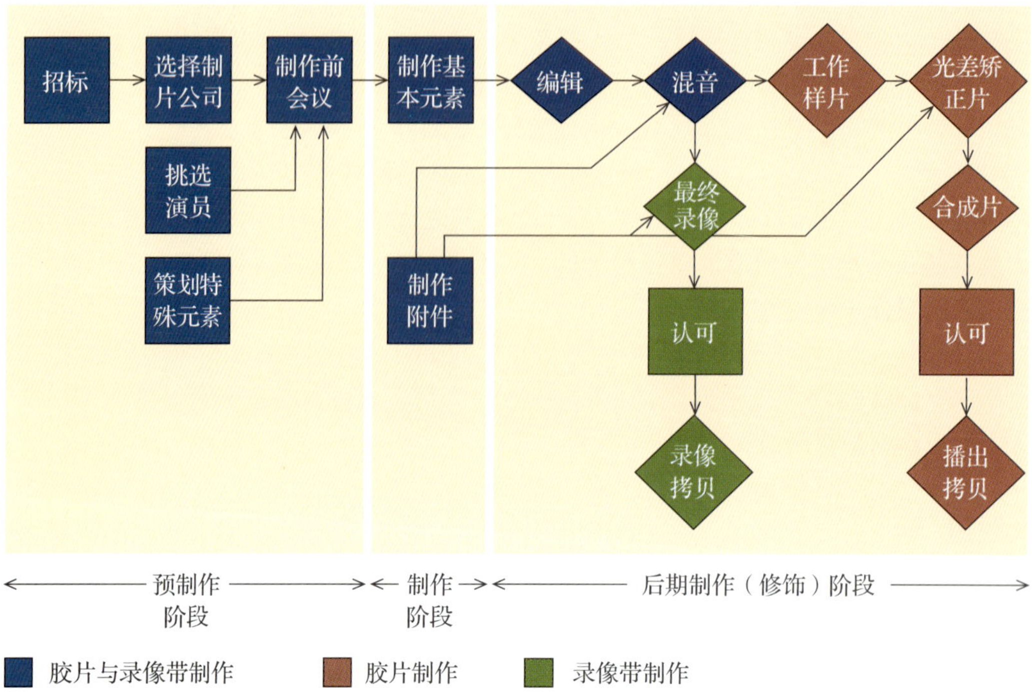

说明：视频广告制作流程与音频广告非常相似，其差别在于混音之后。计算机剪辑已大大提高了录像带的修饰速度。

制作策划 广告是一项团队工作，这个创作团队包括文案人员、美术指导、制片人和导演。有时，还有作曲和编舞。广告公司的制片人负责项目按预算准时完成，他一般将故事板文案送到三家制作公司进行招标。

制作公司找好后，制片人和导演着手挑选演员和雇用播音员，然后搭建拍摄场地。在导演的指导下，摄制组人员进行排练。

在预制作阶段，总监、广告公司制片人、客户代表、文案、美术指导、广告导演，可能还有广告主以及其他重要成员要召开制作前会议，消除隐患，并最后敲定场景、演员和播音员。在此期间，他们要检查所有的元素——音乐、布景、动作、灯光以及拍摄角度等。音频可以在实际制作前、后或期间录制。提前录制音频可以确保广告的长度正好合适，还有助于提示拍摄对象根据某个特定的音乐主题或节奏运动或跳舞。

制作：拍摄

实际拍摄可能又漫长又劳累。仅仅为了按导演的要求布置灯光，拍摄小组就可能要花上好几个小时。

录制和控制音乐与音效的程序与制作广播广告时差不多。话筒捕捉声音，录音机在录像带这类媒介上传输和保存声音。

电影摄影师和导演共同调整出合适的灯光。经验丰富的**电影摄影师**（cinematographer）一般只需大致看看光源就可以推测出光的范围和亮度。但他们仍然要依靠曝光表来决定**镜头光圈**（aperture），即控制到达胶片或录像带的光线大小的孔径。如果想得到正确的色彩或亮度，所有光源必须保持协调。

灯光的布置能营造出一种视觉气氛。来自一个光源的强光会产生生硬的效果，可以用来引起观众的渴望。摄影师利用滤色镜、暖光、柔光网和反光板，可以营造出一种微红的、和谐的、柔和的影像和一种非常浪漫的情调。

拍摄电视广告的专业胶片摄影机采用 16mm、35mm 和 75mm 的胶片和数字技术。这里的 16、35、75 指的是一帧胶片的对角线长度。

固定在带轮子的活动支架上的大型室内摄影机能随身配备许多附件，其中最重要的是固定在镜头上的**自动台词提示器**（teleprompter），这样，在讲话人读出反射在他们前面的活动文稿的同时，摄影师可以通过双向玻璃观察他们。

广告表演可以在封闭的摄影棚内进行，也可以在制片场或外景地进行。当然，在棚内进行最便于控制。

资料来源：Courtesy of Ultimatte Corporation.

数字设备为广告主提供了创造几乎任何背景幻象的选项。片场的绿色元素在后期制作中会被数字元素所替代。

绝大多数制片厂和摄影棚都有完善的隔音装置，以避免外界的噪声，如汽笛声和飞机低空飞行的轰鸣声。摄影棚完全不透光，以便进行全面的灯光控制，特殊设备在摄影棚这种受控制环境中更便于使用。但是，室内灯光总会让画面产生人工的痕迹。

对那些要求大空间、自然风光和户外自然光效果的场景，摄制场能达到最佳的控制效果。**摄制场**（lot）是一块能隔绝杂音的室外场地。

外景地（location）拍摄虽然能增加真实感，但对技术设备与后勤人员来说却是严峻的考验。每个外景地都有其自然的或人为的阻碍。自然光会产生明亮的高光区，与阴影形成强烈的反差，如果想使曝光更均匀，就必须运用大型反光屏和高强光冲淡阴影。另外，灯光和设备所需的电源也可能不够，需要配备长电缆或便携式发电机。

无论是室内拍摄还是外景地拍摄，绝大多数场景都不会一次拍摄成功，总要反复试拍几次才能使**演播人员**（talent）找到最佳位置，有时，突然会冒出一个意想不到的阴影，这时就要重新调整灯光。每个场景都要分别从两三个不同的角度拍摄：一个用来表现人物；一个只拍说话者；另一个拍听者的反应。

镜头之间的转换需要较长的时间，移动摄像机、重新布置灯光、演员重新站位，以及表演、声音和化妆与其他镜头的匹配与衔接，这些都需要时间。每一次表演都必须和其之前、之后的表演衔接得天衣无缝。支离破碎、毫无连贯性的广告会破坏其可信度。数字技术的采用允许使用绿色摄影棚。在这些摄影棚中，绿色元素在后期制作中可使用电脑技术进行替换。绿色背景可以替换成任何想要的背景，几乎不受什么限制。

后期制作

在后期制作阶段，剪辑师、混音师和导演共同完成广告的合成工作。

剪辑师采用数字技术能够增加一些特效，如擦除和渐隐 / 显。虽然导演要花费若干个小时剪辑录像带上的商业镜头，但与电影剪辑和暗房工作相比，时间已经相当少了。

本章小结

作为一种触达大众市场的手段，今天还没有哪一种媒介能像电视那样具备独特的创意能力。广播电视比之前的任何广告媒介增长都要快，这是因为它给广告主提供了独特的优势：以相对低的成本实现大众覆盖、有冲击力、声誉好，且是社会主流。

电视是一种强有力的创意工具，但这种媒介仍然有许多缺点，包括成本高昂、针对性不足、太过短小、讯息混杂以及易被用户快进和换台。

广播电视的统治地位正受到新兴的电子媒体，特别是有线电视和流媒体视频的挑战。有线电视以低得多的成本和更强的灵活性提供了与广播电视同样的视觉和听觉享受。有线电视的受众是高度碎片化的，有助于广告主瞄准特定的市场，但对那些想瞄准大众市场的广告主来说这是个缺点。更年轻的受众正在弃用广播电视和有线电视，他们转向按需点播的流媒体视频公司，如 YouTube 和奈飞。

电视广告能够面向全国的、区域的或地方的受众，可以采用节目赞助、分割赞助、不同时长的广告（包括专题广告片）的形式。

为了确定要购买的节目时段，媒体购买人员为他们的目标受众选择最有效率的媒体。他们比较每个电视台的套餐，用更有效的节目取代低效的节目，并与之协商价格以进行最划算的购买。媒体购买人员必须牢牢掌握以下重要术语：指定市场区域、电视家庭、家庭开机率、节目收视率、受众份额、毛评点、千人成本。

跟电视一样，广播也是一个极具创意的媒介。它最大的优点就在于能够以很低的成本有效触达目标人群，它提供了极佳的到达率和频次组合。它的缺点在于仅限于声、受众分散、寿命短、收听不完整。无线电广播类似无线电视，也面临着新技术的挑战，这些新技术包括卫星广播、流媒体广播和播客。

广播电台通常按它们所提供的节目风格以及所服务的听众来分类。广播电台可以是调幅或是调频的。它们可能会播出广播网或辛迪加节目，采用十多种流行编排风格中的一种。广告主采用以下三种形式购买广播时间：地方广播、点播广播与广播网。购买广播广告时间要求对广播术语有基本的了解。最常用的术语有时段、平均每刻钟以及累积听众。

广播广告是制作起来最快、最简单、最便宜的广告。一个制作人通过预制作、制作和后期制作三个阶段管理制作过程。制作人与录音棚联系，挑选演员，为录音过程收集音乐和音响效果。在这个过程中，演员在录音棚里工作，导演和录音工程师坐在声控台的控制室，在录制过程中进行监控和调整。

在后期制作阶段，导演和录音工程师挑选出录得最好的一版，进行合成润色，加入音乐和音响效果，然后编辑音效形成最终的母带。之后从母带上制作出复制带，送给电台播出。

电视广告制作涉及同样的三个阶段。在预制作阶段，制片人确定哪一种制作技术最适用于脚本。其间要选择摄影棚、演员，并进行排练。在预制作阶段尽可能多地做好各项准备工作，可以减少拍摄所需的时间。

制作阶段即一则电视广告真正开始拍摄的阶段，拍摄可以在摄影棚内进行，也可以在摄制场或外景地进行。受过专门训练的技术人员负责声音、灯光和镜头，这些要素如果不正确操控的话就会有损于广告效果。场景总要反复拍摄几次，直至导演和制片人觉得找到一个好的位置。出于成本考虑，场景通常并不是按脚本顺序来拍摄。

在后期制作阶段，电视广告才真正合成在一起。在视频中加入外部音响、音乐和特效，完成最后的广告成品。

重要术语

履约证明（affidavit of performance）
镜头光圈（aperture）
受众构成（audience composition）
可售时间（avails）
平均每刻钟听众（AQH 人数）（average quarter-hour audience（AQH persons））
平均每刻钟收听率（average quarter-hour rating）
平均每刻钟份额（average quarter-hour share）
交换辛迪加（barter syndication）
声控台（board）
无线电广播（broadcast radio）
广播电视（broadcast TV）
有线电视（cable TV）
电影摄影师（cinematographer）
声控台（console）
导播室（control room）
累积听众数（cume persons）
累积收听率（cume rating）
时段组合（daypart mix）
指定市场区域（designated market area，DMA）
导演（director）
驾车时间（drive time）
首播辛迪加（first-run syndication）
毛评点（gross rating point，GRP）
家庭开机率（households using TV，HUT）
形象移植（imagery transfer）
专题广告片（infomercial）
库存时间（inventory）
地方时间（local time）
外景地（location）
摄制场（lot）
补偿（makegoods）
电视网 / 广播网（networks）
网外辛迪加（off-network syndication）
协办（participation basis）
播客（podcast）
后期制作阶段（postproduction phase）
占位价格（preemption rate）
预制作阶段（preproduction phase）
黄金时段（prime time）
植入式广告（product placement）
节目式广告（program-length advertisement，PLA）
节目编排风格（programming format）
节目收视率（program rating）
视听率调查服务公司（rating service）
电台指定时段（run-of-station，ROS）
卫星广播（satellite radio）
录制（session）
份额（share）
赞助（sponsorship）
点播广告（spot announcement）
点播广播（spot radio）
广播广告（spots）
流媒体广播（streaming radio）
流媒体视频（streaming video）
演播人员（talent）
自动台词提示器（teleprompter）
总受众人数（total audience）
总体受众计划（total audience plan，TAP）
电视家庭（TV households，TVHH）
特高频（UHF）
甚高频（VHF）

复习题

1. 对于牛奶这类产品，广播电视广告具有哪些优势？
2. 广告主可以采用哪些手段防止自己的广告被观众快进或换台？
3. 为什么近年来电视网的时间不如以前抢手？
4. 有线电视的针对性有什么优势？有什么缺陷？
5. 购买广播电视广告时间的途径有哪些？
6. 如何在整合营销传播方案中最有效地运用电视？
7. 如何在整合营销传播方案中最有效地运用广播？
8. 你最爱听哪种风格的电台？你能描绘出该电台目标受众的人口统计特征吗？
9. 平均每刻钟听众数与累积听众数有什么区别？哪个更好？
10. 广播广告时段和电视广告时段有什么意义？它们各自的最佳时段是哪一段？

广告体验

1. 广播广告

情人节快到了，作为梦之花花店（Dream Flower Florists）的老板，你想通过在广播电台做广告增加本地生意份额。在调查几家地方电台后，请选择一家风格适合你的目标人群的电台。决定你要做出什么样的广告时间购买决策以及广告何时播出。

2. 电视组织

电视产业的规模以及电视广告经营额都是惊人的。有许多电视相关的组织来服务这个产业。当你细读以下网站信息时，你会发现更多关于电视产业的特性和范畴。请回答后面的问题。

- 广播教育协会（Broadcast Education Association，BEA）：www.beaweb.org
- 有线/电子通信营销协会（Cable/Telecommunications Association for Marketing，CTAM）：www.ctam.com
- 美国有线电视协会（NCTA）：www.ncta.com
- 全国广播工作者协会（National Association of Broadcasters，NAB）：www.nab.org

a. 这些网站的目标受众是谁？

b. 这些网站设立的目标是什么？它们成功了吗？为什么？

c. 该组织的目标是什么？

d. 该组织为个人会员/订阅者提供什么利益？它们是广告、电视和有线的综合性社区吗？

3. 广播媒体工具

广播广告报告和受众研究对于有效的媒体战略发展和执行至关重要。与印刷媒体一样，广告主通常使用一系列“主要的”公司和报告来帮助计划和执行它们的广播媒体购买。访问下面的辛迪加和独立广播媒体公司的网站，并回答后面的问题：

- 尼尔森媒体调查：www.nielsenmedia.com
- Numeris：http://en.numeris.ca/
- 广播广告局（Radio Advertising Bureau，RAB）：www.rab.com/
- 电视广告局（Television Bureau of Advertising）：www.tvb.org
- 电视介绍（TV RunDown）：www.tvrundown.com

a. 上述公司在哪种类型的广播媒体信息方面有专长？公司提供什么特定的服务、产品或出版物？

b. 什么样的行业/公司最有可能充分利用上述公司的媒体资源？

c. 上述公司代表的是辛迪加（联合）的调查，还是独立调查？

d. 你觉得上述公司收集广播媒体信息有多大的用处？为什么？

4. 如果现代汽车要求它的广告公司推出一则与其“保障计划”电视广告互补的广播广告，它的广告公司在将这个概念转化成纯音频格式时应该牢记哪些原则？

5. 假设现代汽车的“保障计划”广告战役的受众是美国的中产阶层，你觉得电视广告在哪个时段播放将会是最有效的？

本章注释

[1] Lara O'Reilly, "How 6 Colorful Characters Propelled M&M's to Become America's Favorite Candy," *Business Insider,* March 26, 2016, *www.businessinsider.com/the-story-of-the-mms-characters-2016-3.*

[2] "Characters," M&M's, *www.mms.com/en-us/experience-mms/characters.*

[3] "Sales of the Leading Chocolate Candy Brands of the United States in 2017," *Statista, www.statista.com/statistics/190393/top-chocolate-candy-brands-in-the-united-states/.*

[4] Jenny Rooney, "New to FCB, Creative Chief Susan Credle Reflects on Her Move, CMO Skills and Agency Relevance," *Forbes Media LLC,* February 29, 2016.

[5] Zenith, "Advertising Expenditure Forecasts," June 2018 (numbers rounded). More info at *www.zenithmedia.com.* Reported in *Advertising Age*'s Marketing Fact Pack, 2018.

[6] "Broadcast Station Totals," FCC.gov, September 30, 2018, *www.fcc.gov/document/broadcast-station-totals-september-30-2018.*

[7] "Broadcast Station Totals," FCC.gov, September 30, 2018, *www.fcc.gov/document/broadcast-station-totals-september-30-2018.*

[8] "Pay TV Penetration Rate in the United States from 2010 to 2018," *Statista, www.statista.com/statistics/467842/pay-tv-penetration-rate-usa/.*

[9] "Broadcast Station Totals," FCC.gov, September 30, 2018, *www.fcc.gov/document/broadcast-station-totals-september-30-2018.*

[10] "TV Basics: Channels—Receivable versus Tuned," Television Bureau of Advertising Inc., *www.tvb.org.*

[11] Eric Siu, "Podcast Advertising: What You Need to Know," *Singlegrain, www.singlegrain.com/blog-posts/content-marketing/podcast-advertising-what-you-need-to-know/.*

[12] "About 6 in 10 Young Adults in U.S. Primarily Use Online Streaming to Watch TV," Pew Research, September 13, 2017, *www.pewresearch.org/fact-tank/2017/09/13/about-6-in-10-young-adults-in-u-s-primarily-use-online-streaming-to-watch-tv/.*

[13] "2008 Media Comparisons Study," Television Bureau of Advertising Inc., *www.tvb.org.*

[14] "Marketing Fact Pack, 2018" *Advertising Age,* Crain Publications.

[15] "Cable Viewership Summary," Cable Advertising Bureau, *www.onetvworld.org.*

[16] AdAge DataCenter, "Measured-Media Spending by Medium," *https://adage.com/section/datacenter-advertising-spending/305.*

[17] Nielsen, "Average U.S. Home Now Receives a Record 118.6 TV Channels, According to Nielsen," news release, June 2008, *http://en-us.nielsen.com/main/news/newsreleases/2008/june/averageushome.*

[18] Thomas R. Duncan and Sandra E. Moriarty, *Driving Brand Value: Using Integrated Marketing to Manage Stakeholder Relationships* (New York: McGraw-Hill, 1997), pp. 101–102.

[19] Thomas R. Duncan and Sandra E. Moriarty, *Driving Brand Value: Using Integrated Marketing to Manage Stakeholder Relationships* (New York: McGraw-Hill, 1997), pp. 101–102.

[20] "What a Spot Costs 2011," *Advertising Age* Annual 2011, *http://adage.com.*

[21] Eric Schmuckler, "Betting on a Sure Thing," *MediaWeek,* January 23, 1995, pp. 18–20; Steve Coe, "UPN Beats . . . Everybody," *Broadcasting & Cable,* January 23, 1995, pp. 4, 10; T. L. Stanley, "Network Branding," *Brandweek,* January 9, 1995, pp. 30–32; Ronald Grover, "Are Paramount and Warner Looney Tunes?" *BusinessWeek,* January 9, 1995, p. 46; David Tobenkin, "New Players Get Ready to Roll," *Broadcasting & Cable,* January 2, 1995, pp. 30–33.

[22] Kristen Baldwin and Henry Goldblatt, "The Story behind the WB-UPN Merger," EW, January 26, 2006, *https://ew.com/article/2006/01/21/story-behind-wb-upn-merger/.*

[23] "Why Ad-Supported Cable?" Cabletelevision Advertising Bureau, April 19, 2012, *www.thecab.tv/main/bm~doc/why-cable 2012-p.pdf.*

[24] Kathy Haley, "Spot TV Is Power Tool," *The Power of Spot TV,* supplement to *Advertising Age,* September 29, 1993, p. T3.

[25] "National Sales Reps Are Key to the Spot TV Mix," *The Power of Spot* TV, supplement to *Advertising Age,* September 23, 1992, pp. T10, T12.

[26] Kathy Haley, "Spot TV Is Power Tool," *The Power of Spot TV,* supplement to *Advertising Age,* September 29, 1993, p. T3; Kathy Haley, "Reps Zero In on Advertiser Goals," *The Power of Spot TV,* supplement to *Advertising Age,* September 29, 1993, p. T6.

[27] Michael Burgi, "Cable TV: Welcome to the 500 Club," *Adweek,* September 13, 1993, p. 45; Christopher Stern, "Advertisers Hear Promise of Smooth Spot Cable Buys," *Broadcasting & Cable,* April 26, 1993, pp. 56, 58.

[28] "100 Leading National Advertisers," *Advertising Age,* June 26, 2006.

[29] "What Is Syndication?" *1994 Guide to Advertiser-Supported Syndication,* supplement to *Advertising Age* (New York: Advertiser Syndicated Television Association, 1994), p. A6; David Tobenkin, "Action Escalates for Syndicators," *Broadcasting & Cable,* August 29, 1994, pp. 29–35.

[30] "Syndication Showcase," *Broadcasting & Cable,* January 24, 1994, pp. 82–86.

[31] Kathy Haley, "The Infomercial Begins a New Era as a Marketing Tool for Top Brands," *Advertising Age,* January 25, 1993, p. M3.

[32] World Health Organization: Europe, *Marketing of Foods High in Fat, Salt and Sugar to Children: Update 2012–2013* (Copenhagen, Denmark: World Health Organization, 2013).

[33] Federal Trade Commission, "Food Marketing to Children and Adolescents," 2018.

[34] James B. Arndorfer, "Guthy-Renker Gives the Infomercial Street Cred," *Advertising Age,* May 2, 2005.

[35] Jim Cooper, "Long-Form Ad Used in Contract Dispute," *Broadcasting & Cable,* May 24, 1993, p. 71.

[36] Kevin Goldman, "CBS to Push Videotaping of Infomercials," *The Wall Street Journal,* November 15, 1993, p. B7.

[37] Kevin Goldman, "CBS to Push Videotaping of Infomercials," *The Wall Street Journal,* November 15, 1993, p. B7; Tom Burke, "Program-Length Commercials Can Bring These Six Benefits to a Major Brand Campaign," *Advertising Age,* January 25, 1993, p. M5.

[38] "AdSphere Reports Impressive Growth for Brand-Direct & Direct Response Industry," DRMetrix, January 20, 2018, *www.drmetrix.com/2017study.html.*

[39] "100 Leading National Advertisers," *Advertising Age,* June 26, 2007.

[40] Jack Honomichl, "Top 25 Global Firms Earn $6.1 Billion in Revenue," *Marketing News,* August 18, 1997, p. H2; Nielsen Media Research, *www.nielsenmedia.com;* "Media Measured," *www.nielsenmedia.com/monitor-plus.*

[41] Nielsen, "C3 TV Ratings Show Impact of DVR Ad Viewing," Nielsen Media and Entertainment, October 14, 2009, retrieved at *www.nielsen.com/us/en/insights/news/2009/c3-tv-ratings-show-impact-of-dvr-ad-viewing.html.*

[42] Emma Hall, "Young Consumers Receptive to Movie Product Placement," *Advertising Age,* March 29, 2004, *https://adage.com/article/news/young-consumers-receptive-movie-product-placement/98097.*

[43] John Lafeyette, "Nielsen Finds Out of Home Sports Viewing in Many Places," *B+C,* September 27, 2018, *www.broadcastingcable.com/news/nielsen-find-out-of-home-sports-viewing-in-many-places*

[44] "U.S. Product Placement Market Grew 13.7% in 2017, Pacing for Faster Growth in 2018, Powered by Double-Digit Growth in

Television, Digital Video and Music Integrations," *PRWeb,* June 13, 2018, *www.pqmedia.com/wp-content/uploads/2018/06/US-Product-Placement-18.pdf.*

[45] Kevin Goldman, "CBS Pays Price for Losing Bet on Ratings," *The Wall Street Journal,* November 30, 1993, p. B4; Kevin Goldman, "CBS Again Must Offer Make-Good Ads," *The Wall Street Journal,* October 27, 1994, p. B6; Kevin Goldman, "'Scarlett' Make-Goods," *The Wall Street Journal,* November 21, 1994, p. B8.

[46] "As the Audio Landscape Evolves, Broadcast Radio Remains the King," *N Insights,* February 14, 2018, *www.nielsen.com/us/en/insights/news/2018/as-the-audio-landscape-evolves-broadcast-radio-remains-the-comparable-king.html.*

[47] Judann Pollack, "Radio's Health Is Better than You Think, but What's the Long-Term Prognosis?" *Ad Age,* April 17, 2018, *https://adage.com/article/media/mixed-signals-radio-s-health/313110*

[48] "Media Comparisons," *1997 Radio Marketing Guide and Fact Book for Advertisers; Imagery Transfer Study* (New York: Network Radio Association, 1993); Media Facts: *The Complete Guide to Maximizing Your Advertising* (New York: Radio Advertising Bureau, 1994), pp. 8–9.

[49] "Maximize Your Marketing Message with Radio," *1997 Radio Marketing Guide and Fact Book for Advertisers; Radio Marketing Guide and Factbook for Advertisers: 1993–1994*, pp. 29–33.

[50] "There's a Radio Format for Everybody," *1997 Radio Marketing Guide and Fact Book for Advertisers.*

[51] *Network Radio: Targeting the National Consumer,* supplement to *Advertising Age,* September 6, 1993, pp. R2, R4; *Marketer's Guide to Media,* Fall/Winter 1992–93, pp. 69–70.

[52] *2006 Marketing Guide and Fact Book,* Radio Advertising Bureau, *www.rab.com.*

[53] "200 Leading National Advertisers 2018 Fact Pack," *Advertising Age.*

[54] "SiriusXM Beats 2018 Subscriber Guidance and Issues 2019 Guidance," SiriusXM press release, January 8, 2019, *http://investor.siriusxm.com/investor-overview/press-releases/press-release-details/2019/SiriusXM-Beats-2018-Subscriber-Guidance-and-Issues-2019-Guidance/default.aspx*

[55] Abbey Klaassen, "XM and Sirius Satellite Radio Report Continuing Losses," *Advertising Age,* August 1, 2006.

[56] Abbey Klaassen, "Google Inks First Satellite Radio Ad Sales Deal," *Advertising Age,* August 2, 2006.

[57] Gary Bourgeault, "Challenges Sirius XM Holdings Must Overcome to Ensure Future Growth," *Seeking Alpha,* January 18, 2018, *https://seekingalpha.com/article/4182429-challenges-sirius-xm-holdings-must-overcome-ensure-future-growth.*

[58] Bonnie L. Drewniany and A. Jerome Jeweler, *Creative Strategy in Advertising,* 10th ed. (Boston: Wadsworth, 2011).

第 14 章

数字互动媒体的运用

学习目标

探究广告主在权衡数字互动媒体时应考虑的重要因素。这种媒体有着与众不同的特点、独特的优势和劣势。广告主必须理解这种媒体的优势，在媒体组合中确定如何使用它才能达到最佳的成本效益。

学习本章后，你将能够：

1. 讨论数字互动媒体给我们带来的各种机遇与挑战。
2. 描述互动媒体的演进过程。
3. 解释互联网受众如何测量。
4. 描述程序化广告如何运作。
5. 定义不同类型的数字广告。
6. 讨论互联网作为广告媒介的利弊。

假设你可以在两家大公司——沃尔玛或谷歌——中选择一家担任首席执行官，你会选择哪一家？2018年谷歌母公司Alphabet报告的收入是1 360亿美元，沃尔玛则入账5 000亿美元。两个选择都很不错。

但如果还有第三个选项呢？这个选项结合了沃尔玛和谷歌的优点。这家公司就是亚马逊，2018年是这个在线巨人重要的一年。五家数字领域的领导者，脸书、亚马逊、苹果、奈飞和谷歌，其英文首字母连在一起缩写为FAANG。作为五家领先企业之一，亚马逊报告了破纪录的利润，进行了一场引发关注的公司第二总部寻址活动，持续不断地引进新技术，包括由其人工智能助手Alexa技术赋能的大量设备。公司的目标是简单的，也是宏大的：成为人们与他们的设备之间互动的组成部分。是不是有些夸大其词？可能有一些。但请想象一下，有人来到你家门口，他按动Nest（Nest现为亚马逊所有）制造的智能门铃，你通过手机查看谁在门外，并通过Nest监控摄像头确认对方是不是你邀请来的。一进门，客人会体验到Nest温控器调节控制的恒温环境。当你们二人步入客厅，你听到了由连接到亚马逊Prime Music的Echo播放的音乐。如果觉得饿了，你可以从你的LG冰箱（带有Alexa的语音激活功能）中选择菜品，放入通用电气的微波炉，然后告诉Alexa加热食物。你们在亚马逊的Firestick在线设备上欣赏完一些亚马逊Prime Video内容后，出门乘坐你朋友的新宝马车兜风。像所有2018年出品的宝马，车上配置了Alexa，不再需要一个智能设备来播放音乐或听从指令。你可能会说，这确实让人印象深刻，但这些跟广告有什么关系。事实上，这一切都跟广告有关。

对许多人来说，亚马逊首先并主要是一家零售商。有时大家会责怪它造成了许多令人怀念的老品牌的消失，包括达尔顿书店（B.Dalton Booksellers）、卡梅洛特音乐（Camelot Music）、办公室仓库（Office Warehouse）、玩具反斗城、施瓦兹玩具店（F.A.O. Schwarz）、威克斯家具（Wickes Furniture）、无线电器材公司（Radio Shack）、运动权威（Sports Authority），更不必说无数的地方性小商店。无论亚马逊是否要为一系列的零售商店破产负责，一个不争的事实是它销售了大量的商品。2018年它报告的销售额是2 330亿美元，到2020年它跟沃尔玛仅有一步之遥。[1]为了变成世界上最大的零售商，亚马逊想扩张到每一个角落，这也意味着Alexa将扩张到每一个角落。

沃尔玛从20世纪末直到最近一直统治着零售行业。山姆·沃尔顿让他的公司成长到这样一个程度，它的力量与供应商相比变得无比巨大。供应商们清楚，如果不能把产品摆上沃尔玛的货架，它们将不会取得成功，于是它们给沃尔玛提供比其他零售商更优惠的交易。这意味着沃尔玛能够比竞争者以更高的毛利和更丰厚的利润运营。亚马逊现在控制了互联网销售，成为年轻消费者优先选择的购物渠道。马克斯·博尔赫斯公司（Max Borges）一份针对1 100名18～34岁有亚马逊购物经历的人的调查报告显示，77%的受访者表示宁愿一年不喝酒也不愿意离开亚马逊。[2]除了在年轻人中占有优势，亚马逊还有另一个沃尔玛所不具备的优势——搜索。当人们在亚马逊上购物，他们通常在网站上搜索产品。付费推广是谷歌帝国的基石。亚马逊现在也开始给那些愿意为这一特权付费的零售商建立“推广列表”。这种方式变得如此流行，以至于亚马逊的广告部门成为增长最快的利润中心。任何公司都会为自己能拥有沃尔玛或谷歌其中一家的优势而感到兴奋不已，但只有亚马逊能够做到鱼和熊掌兼得。

14.1 数字互动媒体

本章聚焦数字互动媒体，包括网站、移动媒体、博客和其他通过手机或电脑接触到的内容。我们不在本章讨论社交媒体，尽管它也是数字媒体一种重要的形式。我们将在第15章呈现这一媒体，因为它在当代广告中的重要性值得专门介绍。在过去几十年中，2018 年是首次电视广告花费没能成为美国广告总花费中最大类别的一年。原因来自久居榜首的优越感以及互联网和移动数字媒体的广告支出的持续增长。这一趋势不可逆转，可以肯定地说，未来的广告是数字的。

事实上，技术总是不断打乱广告实践。在电视诞生之初，广告主单纯指望人们坐在那里看完广告，因为站起来换频道的感觉令人不快。遥控器是朝向方便互动迈出的第一步，它对广告收视有很大影响。人们现在利用广告插播时间转换频道，而不是去看广告，再次让电视广告吃了闭门羹。

紧跟在遥控器之后的是有线电视的普及。在仅仅十年间，无线电视观众的占比从 90% 暴跌至 50%。

❶ 讨论数字互动媒体给我们带来的各种机遇与挑战

接着是录像机，以及随之而来的设备如数字录像机。人们可以录下节目，待以后方便时观看，并在广告播出时快进跳过。或者他们可以租一部电影，同样跳过商业广告。数字录像机将广告回避带入数字时代，允许观众定制化他们的娱乐收视日程安排。

正如我们在第 13 章中所见，技术总是在不断演进。它给我们带来了 8K 高清电视、平板电脑、智能手机、互联网、YouTube、环绕立体声以及相关软件，使观看变得足够简单，几乎任何人都会使用。随着越来越多的消费者接受这些神奇的产品，它们的价格也直线下降，几乎所有人都能买得起。

这些产品不仅仅是广告媒介，在许多情况下，它们代表全新的生活和做生意的方式。这些在历史上增长最快的广告媒介同时也打开了电子商务的大门。

借助手机，你现在可以很方便地兑付支票、买一辆车或一件精美的艺术品、交易股票、预订机票、购买音乐会门票、从喜爱的百货公司购买一个全新的衣柜，甚至订购每周所需要的日用物品并等待送货上门。

互联网还改变了人们沟通的方式。如果你想与在柏林的朋友通信，现在也无须盖上国际航空邮件的邮戳了。你可以舒舒服服地坐在家里查阅图书馆的书籍，也可以在家创业，将你的产品卖到全世界。

数字媒体对我们日常生活的影响，是真正革命性的，它对于营销者来说也是一场革命。当全美最大的传统广告主意识到数字媒体给它们实现真实的、最终的效益提供了很好的机会，它们迅速改变了广告支出的方式。美国的数字广告支出在 2012 年达到 590 亿美元，2018 年达到 940 亿美元，2021 年达到近 1 300 亿美元。[3] 这种增长的背后是，广告主在其他媒体上的支出持平或下降。

❷ 描述互动媒体的演进过程

2018年全美广告支出中互联网和移动广告所占的比重

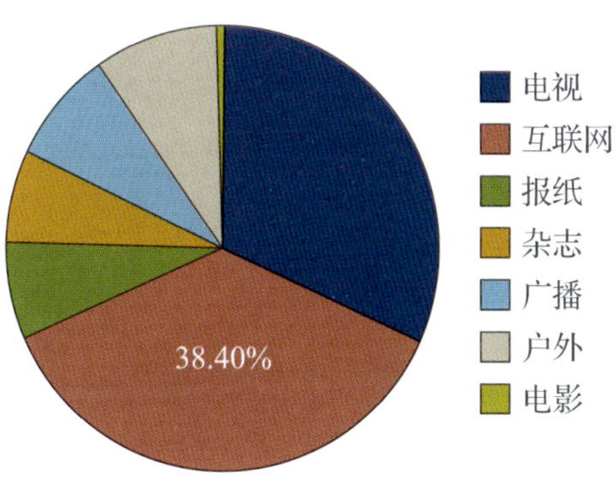

互联网广告支出在全美广告总支出中的占比。

除了这种现象级增长，通过提供真实的交互，数字媒体赋能商业和其他组织，使之与它们的顾客和其他利益相关者发展和培育关系，这种方式在以前是绝对做不到的，现在却可以在全球范围内以一种极低的成本实现。

在仅仅 15 年时间里，作为商业广告的媒介，数字媒体已经跟其他传播媒介一样变成一个广告的公众媒体（见图表 14－1）。基于这种爆炸式的增长，了解广告主如何购买互联网广告以及在它们的营销计划中如何使用这种媒体就变得很重要。

图表 14－1
2019 年美国各类数字广告支出情况

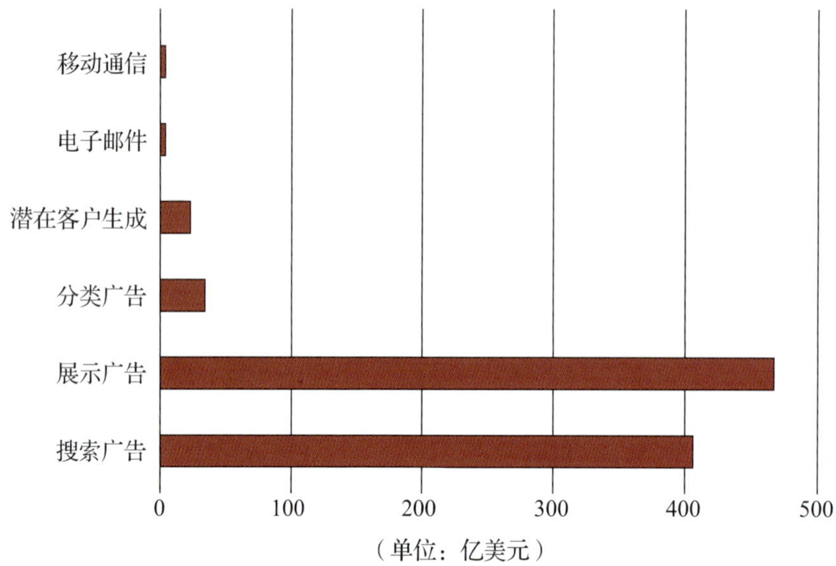

资料来源：eMarketer Inc.

14.2　作为媒介的数字互动

从根源上看，数字互动媒体已经走了很长的一段路。尽管有些人说它是新媒体，但其基础设施——互联网技术已经存在了近 60 年。

互联网（internet）是一个全球性的网络设施，通过**协议**（protocols），也就是连接和分享信息的共同规则进行通信。它开始于 20 世纪 60 年代早期，由美国国防部高级研究计划署（ARPA）筹划，试图创建一种能够在核战争中保持联络的网络。ARPA 网络只有很小的商用价值，它的主要用户是政府组织和研究型大学，跟今天的互联网相差甚大。然而，ARPA 网络有着重要的意义，因为它的结构——**分散式网络**（distributed network）是革命性的。在此之前，媒体内容是通过**集中式网络**（centralized network）来传递的，即由一个中心，如电视台、报社或广播公司将内容传送给众多接收者（见图表 14－2）。在集中式系统的情形下，如果该中心关闭，接收者就无法接收到任何信息。但分散式网络的特点则是有众多不同的中心并彼此相连，如果其中的某些连接停止工作，传播仍然可以继续进行。

数字媒体和传统媒体之间至少存在三大区别。第一个区别是时间成本或空间成本。在传统媒体中，广播或电视的时间和印刷媒体的空间都是宝贵且有限的资源，电视网广告的平均时间为 30 秒，只是为产品触达受众打开了一扇小小的窗口，而这个小窗口

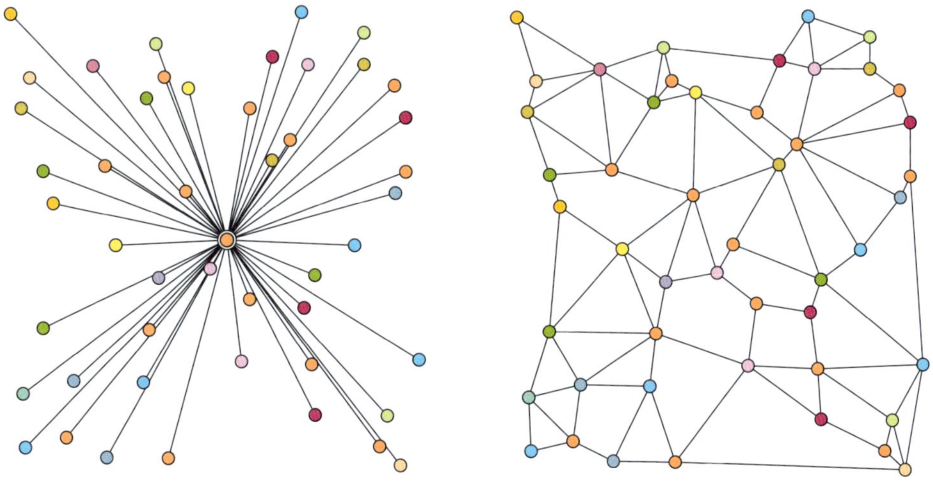

图表 14－2
集中式网络与分散式网络

说明：集中式网络由一个中心向众多的接收者传送内容，而分散式网络则存在着众多中心和连接。

的代价却极其高昂。与此相反，数字媒体拥有巨大的空间，而且成本低廉。网站或服务器通常能储存企业希望分享的所有信息，对于那些希望在做出购买决策前充分了解情况的消费者来说，这无疑是非常有帮助的。

传统媒体和数字媒体之间的第二个区别在于人们消费内容的方式不同。在传统媒体时代，观众要按照供应商提供的发布日程来调整自己的收看日程。举个例子来说，NBC 会将某个节目安排在某天某时段播出，如果你喜欢这个节目，你就在那天那个时段观看。但数字媒体可以在任何时段传递内容，因此消费者可以在他们想看的时候观看。随着传统的“约会式”观看数量下滑，以及数字媒体使用不断增加，更多内容创造者将会使用允许受众按需点播的方式。Hulu 从超过 50 家内容供应商（包括福克斯、NBC、米高梅电影公司、索尼影视等）那里获得内容，允许用户观看他们钟爱的电视节目的完整内容，无论这些节目是旧的还是新的，它还给了用户剪辑并创建他们喜欢的场景片段的功能，用户可将这些片段发布在他们的社交媒体上。人们能够并且确实会放纵自己，一口气看完一整季的节目内容。虽然明显是在迎合消费者，但 Hulu 也给了广告主将它们的品牌与在线优质内容联结起来的机会，还提供了品牌与愿意投入的消费者之间互动的机会，以及通过 Hulu 广泛的分发网络增加品牌到达率的机会。

第三个区别在于内容创建者与消费者之间的关系。传统媒体制作内容供受众消费。在上面的 NBC 的例子里，NBC 是内容制作方，受众是内容消费方。但数字媒体是互动的，打破了内容供应方与消费方的界限。数字受众不仅仅消费在线内容，他们还与之互动，并参与内容创建。举个例子，想象一下一个青少年将视频上传到 YouTube 上。这个青少年既是一个内容创造者，也是一个消费者。此外，互联网使该青少年能够以极低的成本轻松传播自己的视频。她可以向朋友发送电子邮件，邀请他们观看该视频，或者在 Instagram 上链接该视频。如果她的朋友也喜欢这个视频，便可以在他们自己的社交平台上向其他人推荐。虽然其成本低廉，但如果内容有趣，很多人可能会浏览该视频。在该视频吸引了相当规模受众的前提下，她甚至可以通过允许 YouTube 在视频播放时插播广告，实现流量变现。

优质的网站帮助公司定义它们的品牌并且鼓励消费者立刻做出决定。这是一种行动与认知结合的讯息传播。坎波斯（Campos）咖啡使用其获奖的网站做着这样的事。

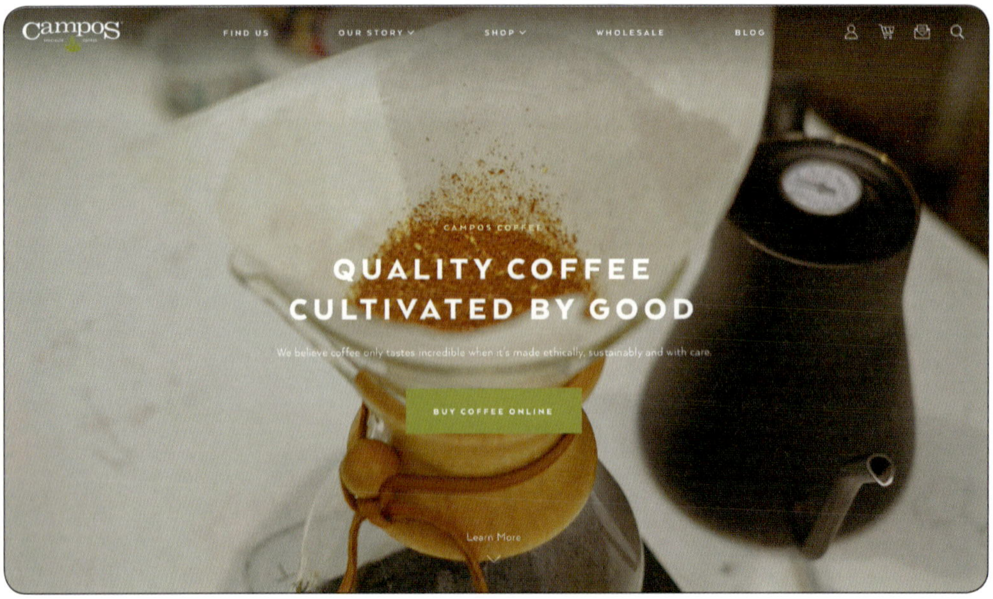

资料来源：Campos Coffee.

互联网简史

互联网是如何变得如此普及？前文已提到，互联网当初是出于军事和科研目的创建的。然而，20 世纪 80 年代早期，美国国家自然科学基金会（NSF）扩展了 ARPA 网络以支持快速的数据网络。同时，新公司如美国在线（AOL）、Prodigy 和 CompuServe 通过向注册者提供新闻、信息和电子邮箱服务吸引了大批用户上线。这些服务鼓励人们使用他们的电脑来寻找信息并彼此沟通。但这些内容供应商无法通过网速相对较慢的电话线彼此连接和分享信息。

在 20 世纪 90 年代，互联网用户的数量每年都增长一倍。推动这一增长的因素包括个人电脑的流行与普及。90 年代也将人们引入互联网的一部分——**万维网**（World Wide Web，WWW）中。正如它的名字所暗示的那样，是一个内容供应方与用户之间的分散式网络，双方通过协议通信，这就是著名的**超文本标记语言**（HTML）。HTML 使内容显示即网页更易创造，**网页**（web page）可以链接各种各样的内容，包括其他网页或站点（以及之后的图像、影像、数据库、声音文件等）。随着**网络浏览器**（web browser）的发展，浏览网页也变得容易。浏览器是一种理解 HTML 的软件（后来其他代码允许更大的交互性，如 Javascript、超文本预处理语言（PhP）和 Flash）。

进入 21 世纪，互联网变成一个全球性媒介。全世界的人开始使用它来发布照片、研究产品、与朋友联络，并寻找新事物。高速宽带的引入使人们可以很方便地观看视频、收听音频节目，并下载大型文件。

事实已证明这个新媒介超级流行。网站的数量从 1993 年的 50 个增长到 2019 年 19.4 亿个（许多网站几乎没有访客）。全球互联网用户的数量现在已经超过 40 亿。

数字受众

在过去几年中，不断有人从电视机屏幕前转移到电脑屏幕前，尼尔森 2006 年的一项调查显示，一些网络用户收看电视的时间减少了 25%。根据尼尔森负责产品营销与调查的副总裁麦纳克·马祖穆达（Mainak Mazumdar）的说法，“并不是说人们放弃了电视而转向网络，他们有时两者都看，但人们一天只有 24 小时……对于媒介消费者来说，(那点）时间太有限了”[4]。当然，一些电视网也经营流行网站，这种策略在互联网时代给它们带来红利。例如，虽然在互联网用户当中电视使用率整体在下降，但互联网用户群比起非互联网用户群，在有线电视网上观看更多的节目，这些有线电视网包括布拉沃（Bravo）和喜剧中心（Comedy Central)。毫无疑问，这至少部分归功于每个频道所维护的强大的、功能丰富的网站。图表 14－3 展示了 2018 年最受欢迎的网站。谷歌名列榜首，每年有一万亿次的搜索请求，其中超过一半的请求是从移动设备发出的。

排名	网站	国家	每天平均在网站停留的时间
1	谷歌	美国	7 分 38 秒
2	YouTube	美国	8 分 40 秒
3	脸书	美国	9 分 43 秒
4	百度	中国	7 分 19 秒
5	维基百科	美国	4 分 11 秒
6	腾讯 QQ	中国	4 分 02 秒
7	亚马逊	美国	8 分 05 秒
8	淘宝	中国	8 分 02 秒
9	雅虎	美国	4 分 03 秒
10	天猫	中国	7 分 27 秒

资料来源：“The Top 500 Sites on the Web,” Alexa, an Amazon.com company.

图表 14－3
访问量排名前十的网站

谁在使用互联网

定期调查发现，美国总人口中能够接触到互联网的比重不断攀升。1997 年，只有 5 000 万人接触互联网。这个数字到 2000 年就增长了一倍。2011 年，在美国有超过 2.73 亿人口每个月都会接触互联网。[5] 在全世界范围内，活跃的互联网用户估计有 23 亿，还有很多不常使用的用户（见图表 14－4)。依据互联网世界统计（www.internetworldstats.com)，最近互联网渗透率在非洲地区增长最快。冰岛和挪威是上网人数比例最高的国家，分别是 98% 和 97%。

地区	2018 年人口总数（万）	2018 年网络用户（万）	2011 年网络用户（万）	2018 年渗透率（%）	2011 年渗透率（%）
非洲	128 700	46 400	13 900	36.1	13.5
亚洲	420 700	206 200	101 600	49.0	26.2
欧洲	82 700	70 500	50 000	85.2	61.3
拉丁美洲	65 200	43 800	23 700	67.2	39.5
中东	25 400	16 400	7 700	64.5	35.6

图表 14－4
上网人数

续表

地区	2018 年人口总数（万）	2018 年网络用户（万）	2011 年网络用户（万）	2018 年渗透率（%）	2011 年渗透率（%）
北美	36 300	34 500	27 300	95.0	78.6
大洋洲	4 100	2 800	2 400	68.9	67.5
全世界	763 400	420 800	226 700	55.1	32.7

资料来源："Internet World Stats Usage and Population Statistics," Miniwatts Marketing Group, 2018.

媒体预算制定向来以效果为导向，既然受众转移了，媒体预算自然也要随之转移，结果，投入互联网的广告支出迅速增加。从营销人员的角度看，互联网最大的魅力之一就是它的人口统计特征。

历史上，大多数上网的人都是受过良好教育、上流社会的白人男性，他们利用互联网进行商业或科学活动。然而，近期的互联网人口统计调查显示，媒体的覆盖面更加多样化，而且在大多数方面与美国人口结构非常相似（见图表 14－5）。因为媒体用户数已经接近饱和，少数几个使用滞后的群体，其人口统计学特征如下：年龄较大、收入较低、受教育程度较低、居住在农村地区。

图表 14－5
互联网用户的人口统计学特征（依据皮尤互联网与美国生活项目调查）

谁使用互联网（%）	
所有成年人	
男性	89
女性	88
族裔	
白种人，非西班牙裔	89
黑人，非西班牙裔	87
西班牙裔（说英语和西班牙语）	88
年龄	
18～29 岁	98
30～49 岁	97
50～64 岁	87
65 岁及以上	66
家庭收入	
年收入少于 30 000 美元	81
年收入 30 000～49 999 美元	93
年收入 50 000～74 999 美元	97
年收入 75 000 美元及以上	98
受教育程度	
未获高中文凭	65
高中毕业	84
大学	93
大学以上学历	97

续表

社区	
乡村	78
郊区	90
都市	92

资料来源："Internet/Broadband Fact Sheet," Pew Research Center, 2018.

皮尤互联网与美国生活项目调查表明，在过去的五年，最大的变化是使用手机上网的人数超过了使用电脑上网的人数。在年轻人中，近 26% 的人没有在家安装**宽带**（broadband），他们用手机上网。在所有美国人当中，不装宽带用手机上网的比率是 20%。

2018 年，约有 2/3 的美国成年人拥有家庭宽带，但这一比例在下降。为什么？因为手机的网速越来越快，手机成为浏览互联网内容的常用"屏幕"。这一趋势随着**第五代移动通信技术（5G）**的出现加速。5G 在 2019 年开始推出，5G 的承诺是在没有网线连接的情况下，下载速度更快，而且快得多。因此，它对网线上网业务造成极大的影响。

5G 还在其他方面具有影响。快速的数据访问意味着人们出门在外时会消费大量的信息，包括他们开车时。汽车将会变得比现在更智能，而且可能很快就无须人工操作，拥有自动驾驶、停车的能力。当人们拥有快速、不受束缚的连接时，像虚拟现实辅助这样的设备也会变得更加实用。许多人生活中的核心设备已经是智能手机，而不是电脑。随着 5G 技术的普及，这一趋势将会加速。

14.3　测量数字受众

数字媒体的受众活动给那些想要测量它的人带来了许多挑战。人们通过不同的设备（手机、平板电脑、电脑）接入互联网，浏览的内容多种多样（网站、流媒体、电子邮件、社交媒体和多种内容来源）。观众可以同时使用传统媒体和数字媒体（如在有线电视上观看电视的同时在线访问节目网站）。换句话说，受众行为是碎片化的。[6]

尽管存在种种挑战，但企业还是被数字媒体所吸引，因为受众的行为会产生大量数据。毫不夸张地说，公司现在比历史上任何时候能更多地了解客户和潜在客户。然而，这一事实既有积极的一面，也有消极的一面。

虽然企业很想知道人们用它们的品牌做些什么，但大量的数据引发了严重的隐私问题。如果一家公司可以测量人们在网上做的几乎任何事情，它就应该这样做吗？在监视某人的行为之前，公司应该获得被监视人的何种程度的许可？虽然这个问题从数字媒体起源时就存在，但现在它已经成为更加严格审查的焦点。转折点可能是 2016 年的美国总统大选。此外，一家名为剑桥分析的公司利用一款应用程序接触到近 8 700 万脸书用户的个人数据，这些用户中的大多数人没有向该公司授权访问他们的数据。

人们很快就发现，剑桥分析公司只是冰山一角。美国国会要求脸书、谷歌和其他大型互联网公司的高管就他们收集的数据以及如何使用这些数据提供证词。现实很残酷。据披露，脸书与其他公司分享用户数据的程度远远超过了该公司所承认的范围，这样做是放松了脸书自己的隐私规则。例如，脸书允许微软的搜索引擎必应（Bing）在未经许可的情况下获取用户的好友列表，并允许奈飞阅读脸书私信。[7] 与此同时，谷歌被欧洲消费者组织指控在跟踪用户位置方面欺骗了互联网用户。[8]

考虑到信誉良好的公司都对用户数据做过手脚，作为一个重要的问题，隐私侵犯的后果远不止于此。近年来，许多公司的数据安全措施在应对犯罪分子、犯罪组织的入侵方面是松懈或无效的，这一点变得越来越明显。互联网用户的个人数据（包括社会保障和信用卡号码）面临严重风险。

监管机构终于迎头赶上了。2018 年，亚拉巴马州、亚利桑那州、科罗拉多州、艾奥瓦州、路易斯安那州、内布拉斯加州、俄勒冈州、南达科他州、佛蒙特州和弗吉尼亚州都通过了新的或修订的数据泄露法。这些法律的细节各不相同，但其中的条款包括告知要求、隐私做法的披露、对管理数据的第三方监督，并对违规行为进行民事处罚。底线是用户接入就意味着企业要承担责任。企业必须采取更多措施保护消费者，尽管这样做会限制它们自己访问和使用数据。

媒体策划工具

❸ 解释互联网受众如何测量

与其他媒体一样，有一些公司专门提供经过审计的测量，以帮助媒体策划人员为他们的目标受众选择合适的媒体载体。尼尔森和康姆斯克是为互联网媒体策划过程提供服务的两大公司。这两家公司都为广告主和广告公司提供工具，帮助确定相对于互联网各大网站的目标市场规模、行为和构成。它们还提供了对其他广告主如何使用互联网的看法，从而为行业和类别的成功实践提供了具有竞争力的洞见。

在广播和有线电视收视率调查方面占主导地位的尼尔森试图通过多项举措，在数字领域扮演同样的角色。尼尔森的数字广告收视率（Digital Ad Ratings）提供了该公司所称的“对一则广告的电脑和移动设备用户次日的全面观察，其方式可与尼尔森的电视收视调查相媲美”[9]。该技术在美国首先推出，目前已应用于爱尔兰、新西兰、波兰、南非和土耳其等多个国际市场。

尼尔森随机招募个人下载并使用桌面测量器（desktop meter），然后对其电脑上的所有互联网活动进行制表、测量和记录。这与尼尔森公司测量电视观众的方法非常相似。利用样本，尼尔森将这些数字投射到其他互联网受众。例如，如果一个调查小组发现 18 ~ 34 岁的所有男性中有 50% 的人每天都会去 ESPN.com，而大多数网站平均每天只获得 25% 的男性受众，尼尔森会将 ESPN.com 的指数预测为 200，这个指数是相对于整个互联网 18 ~ 34 岁的男性受众而言的。媒体策划人员可利用这些数字来确定他们试图达到的目标受众的最高集中程度或**构成**（composition）。然而，由于缺乏标准化，许多公司报告了众多不同的数据，对这些数据进行分析是媒体策划人员的工作。（阅读广告实验室“互联网视听率：对标准的呼唤”，了解更深层的解释。）

2018 年，该公司推出了更全面的测量工具——尼尔森总受众（Nielsen Total Audience）。该工具旨在测量所有 210 个地方市场的数字和传统视频平台的传统观看指标（到达率、频次、毛评点）。以前，这种能力只可能在全国范围内实现。此外，截至 2018 年，尼尔森几乎已经不再把日志作为测量观众活动的方法，而是采用了“本地居民测量器”（Local People Meters）。一个成年人观看模式的样本快照可以在图表 14－6 中看到。

广告实验室

互联网视听率：对标准的呼唤

随着互联网作为广告媒介的日益普及，人们越来越依赖互联网测量。然而，由于缺乏标准，尽管许多测量方法是可用的，但要搞清楚各种解决方案本身就是一件有挑战性的事。

每个测量公司都有自己的“计数”和测量方法，在大多数情况下，主要采用两种测量工具。一种是来自康姆斯克和尼尔森的策划工具，还有一种是跟踪工具，如 DoubleClick、Omniture 和 WebTrends。所有这些公司都帮助量化分析互联网使用情况，两种工具的主要区别在于，一种是基于消费者样本的预测活动，另一种是基于人口普查，这里的人口普查指的是整个网站或广告战役层面的完整记录。

迄今为止，尽管基于小组或样本的方法仍被人口普查公司认为不可靠，但这一做法已被策划界广泛接受，主要原因是它能够提供人口统计特征和目标人群信息。然而，康姆斯克和尼尔森都承受着巨大的压力，客户和媒体要求它们拿出更好的解决方案，它们因为低估了大多数网站发布者从自己的服务器日志中统计出来的数据而受到质疑。

然而，人口普查的方法并不总是好用的。事实上，任何人都可以对互联网测量信息进行简单搜索，并找到许多博客、文章和新闻稿，它们讨论各种基于人口普查的报告工具之间存在的巨大差异。这种差异源于多种原因：不同的数据收集方法、独特的数据模型、未标记的页面、阻拦软件、cookies 问题以及其他原因。事实上，谷歌免费的网站跟踪工具——谷歌分析（Google Analytics）——在其助手网站上解释了为何谷歌关键词广告的点击数不同于谷歌分析的页面访问量。那么，（这个问题的解决）还有希望吗？也许可以依靠媒体视听率委员会（MRC）和初创企业。

MRC 的首要目标是为媒体行业和相关用户提供合理、可靠和有效的受众测量服务。然而，因为 MRC 是一个只能告诉你“应该做什么”的组织，而不是你“必须做什么”的组织，所以，如果这个行业真的想看到改变发生，就得由广告主和网站出版商来决定。

或者寄希望于初创企业发明更好的工具。Alexa、Quantcast 甚至谷歌 AdPlanner 等都在提出不同的、可能更容易被接受的方式来测量互联网使用情况。但与所有初创企业一样，它们还需要真正去证明自己。它们的任务是与广告主和网站出版商浸合，并可靠地提供双方都能接受的数字。

实验室应用

1. 互联网受众测量存在哪些问题？
2. 你认为这些问题可以解决吗？如何解决？

尼尔森在传统和在线受众调查中最大的竞争对手是康姆斯克。这家成立于 1999 年的公司使用那些同意在他们的电脑上安装监控软件的人组成的消费者小组。该公司估计，有 200 万人参加了它的小组研究，作为回报，消费者有获得礼物以及赢得现金奖励的机会。这些小组的一个重要问题是，它们是自我选择的（即由人们选择参与），而不是随机选择的。康姆斯克使用权重来调整小组调查结果，意图使结果跟更广泛的人群匹配。

尼尔森和康姆斯克在建立衡量数字受众的标准方面都面临挑战。有趣的是，一些挑战来自那些有望从这一标准中获益最多的公司。例如，拥有 Hulu 大量股份的 NBC 环球说服尼尔森有限制地推出尼尔森总内容视听率（Total Content Ratings，TCR），该指标将跨越所有媒体平台提供更精确的观众指标。为什么担心？简单地说，销售

图表 14－6
尼尔森 2018 年第一季度总受众快照

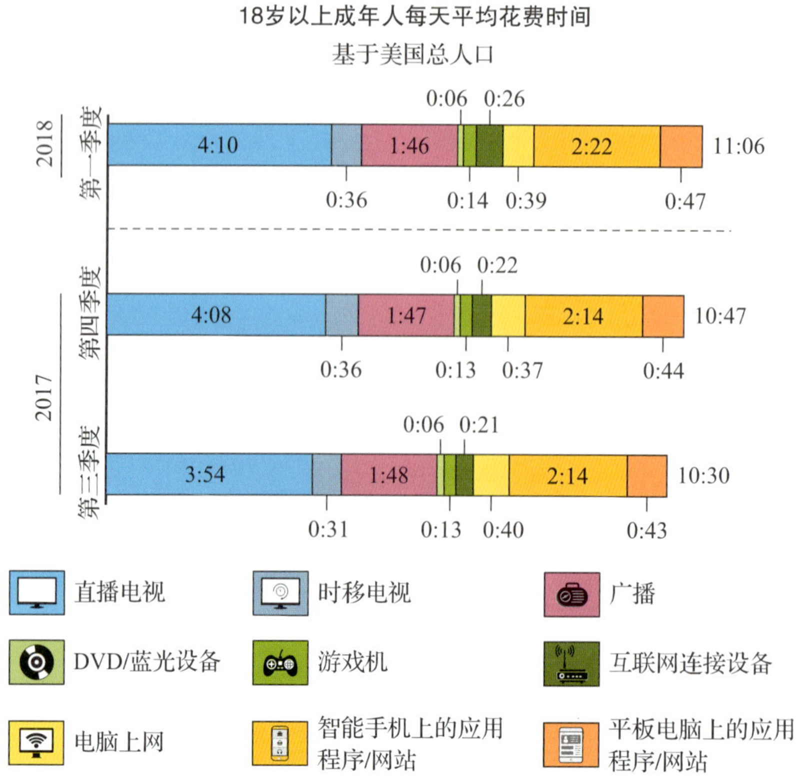

资料来源：" The Nielsen Total Audience Report: Q1 2018," *Advertising Research Foundation*, August 16, 2018, https://thearf.org/category/news-you-can-use/the-nielsen-total-audience-report-q1-2018/.

广告的人和购买广告的人之间存在一种紧张关系。销售广告的公司（联播网、有线电视公司、流媒体服务）喜欢那些暗示它们的受众数量庞大的指标，因为这样它们可以凭借更多关注向广告主收取更高的广告费用。虽然精确度很有价值，但任何受众测量结果的变化，如果表明受众比最初认为的要少，都可能会让销售广告的公司损失数百万美元。

《综艺》（*Variety*）是一份媒体行业出版物，它采用以下方式总结了受众测量的现状：

> 尼尔森实施 TCR 的努力表明了该行业必须解决多大的分歧：为了使测量工作发挥作用，媒体公司需要在各种各样的发布点——移动应用程序、视频点播界面等——安装软件代码。但这一过程因不同的电视网而异，并取决于电视网各自的优先事项。也许有一家媒体公司更重视测量桌面视频流，而另一家则渴望从特定的移动应用程序中加总收视率。由于每个电视网有不同追求，人们担心的是整个行业的测量结果并不具有可比性，因为在每一种情形下测量的并不是同样的东西。[10]

无论是谁在测量，它们都面临着追踪新群体的挑战，这些群体的名字包括**剪线族**（cord-cutters，完全取消有线电视服务的人）、**削线族**（cord-shavers，继续使用有线电视，但是削减与有线电视订阅有关的额外费用的人，这些额外费用包括增值服务、数字记录设备或互联网服务）和**绝线族**（cord-nevers，从未订阅过有线电视的人）。[11] 即使他们放弃或有限制地使用有线电视，这些群体仍然可以访问数字内容（通过手机或宽带），他们对广告主来说仍然很重要。

广告主感兴趣的另一个群体是访问**云上存储**（over the top（OTT）inventory）的人。OTT 存储是通过互联网而不是通过有线或广播电视访问视频内容。想想奈飞、Hulu 和亚马逊 Prime 以及其他公司。OTT 与现在所谓的**线性电视**（linear TV）或每个人过去观看电视的方式（有线电视、广播电视）形成了对比。目前，许多人通过有线互联网服务访问 OTT 观看电视，这一事实缓解了传统有线电视受侵蚀的威胁；如前所述，随着 5G 移动技术的引入，可能还会发生变化。

行为定向

行为定向（behavioral targeting）是跟踪人们在互联网上的行为以推送独特的、有针对性的内容的做法。尽管软件开发人员声称是通过加密的身份号码进行用户匿名跟踪的，但隐私权倡导者认为这种营销方法对消费者的生活影响太大（见本章的“伦理、多样性与包容性”）。

跟踪是如何进行的？大量公司定期关注在线活动。网站访问者通常没有意识到他们获取了保存在设备或浏览器中的小代码文件，这些文件被称为**网站浏览信息数据**（cookies）。cookies 跟踪用户是否访问过属于某个**广告网络**（ad network），即广告主、内容供应商和**互联网出版商**（internet publisher）的特定网站。这使得网站能够根据访问者的数字浏览行为为他们提供独特的信息。cookies 还会记录用户的访问频率、上次访问的时间以及他们到达的域。此外，cookies 为营销人员提供了有价值的指标，例如用户需要广告的次数、一天中的访问时间、他们使用的浏览器类型、他们是否点击等等。

一个行为跟踪可能是这样运作的。一个用户去亚马逊看服装。她什么也没找到，就离开网站去处理电子邮件，并访问社交媒体。当天晚些时候，她去 CNN 网站阅读当天的新闻。该网站上出现了一则服装广告。

这则服装广告是如何出现在 CNN 上的？广告主和出版商都是一个广告网络的组成部分。在用户浏览了亚马逊网站上的服装后，cookies 被写到了这位上网者的电脑上。当天晚些时候，她访问了一家为服装公司投播广告的网站出版商。cookies 记录了这名用户之前看过服装但没有购买。这确实是很有价值的信息。

广告网络使用**第三方广告服务商**（third-party ad server）的服务。第三方广告服务商从一个中心源发送广告，或跨越多个网络域的服务商，允许广告主管理其广告的轮换和分发。最著名的公司是谷歌旗下的 DoubleClick 和微软旗下的 Atlas DMT。这些公司允许广告主每天监控它们购买的广告的表现，直至转化为销售额或广告主希望的任何其他行为。通过在销售流程的最后一页（本情形下为确认页）放置一行代码，谷歌 DoubleClick 和 / 或 Atlas DMT 可以通过 cookies 将用户匹配回他看到或点击的最后一个广告，并在销售中计入该广告的功劳。这使广告公司能够几乎实时地了解从广告到销售的直接数据记录。

更复杂的技术为营销人员提供了有关消费者的更多细节。计算机首先为每个用户分配一个匿名和加密的标识号，以便于跟踪。然后创建一个用户配置文件，其中包含以下数据：所读取页面的内容、搜索中可能使用的关键词、查看网页的时间和日期、看到广告的频率、看到的广告序列、用户的计算机操作系统、浏览器类型和网际协议（IP）地址。从这些数据中，营销人员的计算机可以再次猜测用户的互联网服务供应商（ISP）、电话区号和北美行业分类系统代码。然后，营销人员可以将这些数据与线下收集的人口统计信息进行匹配，以创建比以往任何时候都更清晰的消费者行为画像。

寻求标准化

麦迪逊大道可能希望网络指标与传统媒体指标类似，目前这是不可能的，但取得了一定的进展。对于大多数广告主来说，基本的问题都是一样的：人们看到了我们的广告吗？广告是有效的吗？直到最近，互联网广告局（Internet Advertising Bureau）的一个工作组提供了一些实用的定义，但互联网受众测量信息缺乏标准化，无法将其广告效果与其他媒体进行比较。

最简单的测量标准是**广告印象**（advertising impression），但这也是一个争议最大的领域。互联网广告局将广告印象定义为“向网站访问者传递广告内容的机会”[12]。当用户加载一个带有广告的网页时，浏览器会从广告服务器上调出广告，并以横幅、按钮或插页的形式显示出来。然后，收到的广告请求数量就可以转化为我们熟悉的收费形式。从广告主和广告公司的角度来看，这一定义的问题在于，网络无法向广告主保证用户一定会看到广告。人们经常在请求的广告出现之前就已经点击进入其他网站。根据互联网广告局的定义，广告主将为那些可能永远不会被看到的广告付费。美国广告代理商协会更倾向于将广告请求定义为实际发送到用户屏幕上的广告。这种关于定义的争议对业务产生了巨大的影响，因为它也造成了网络出版商和广告公司的报告之间的差异。这些因素使得营销人员无法获得他们想要的万无一失的数字。但随着技术改善了在线广告的速度和方式，我们可以预期测量的准确性将会提高。有关互联网视听率的更多信息，请参阅广告实验室“互联网视听率：对标准的呼唤”。

互联网独有的第二个测量标准是**点阅率**（click-through rate），也称点击率。当访问者将鼠标移到一个网络链接，并单击鼠标按钮进入另一个页面时，就发生了点击。点击率通过广告的点击次数除以广告展示次数得出。从本质上讲，营销人员衡量的是用户通过点击广告获取商品额外信息的频次。点击是谷歌和亚马逊等互联网巨头成功背后的一个重要指标，因为点击将一个个潜在购买者转移到广告主的网站或商品页面。

14.4 互联网时间与版面的购买

4 描述程序化广告如何运作

媒体策划者不能从大众媒体的角度来考虑互联网。互动媒体是个人受众的主场。也就是说，它是一对一的媒介。因此，千人成本、收视率和受众份额这类概念在网络互动世界中的意义是不一样的。在互动媒体的帮助下，销售量的目标往往会优先让位于关系建设。那些有心购买和开发互动项目，并使之与其他媒体策划整合的企业，将会获得整体上的成功。

无论是在美国还是在全球，数字媒体广告支出都是增长最快的领域。2017 年，在线展示广告支出达到 81 亿美元，搜索营销广告支出达到 183 亿美元。[13] 图表 14 - 7 列出了按支出排名的前 10 位数字广告投放的营销商。最好的营销人员正在进行频繁的测试。这意味着它们愿意在一段时间内赔钱，当然，赔钱对大多数广告主或广告公司来说并不令人兴奋。

图表 14－7
在互联网投放广告最多的 10 个营销商

排名	公司	预计 2017 年支出（万美元）
1	艾派迪（Expedia）	25 100
2	Newchic	12 200
3	考克斯（Cox Enterprises）	11 300
4	沃尔玛	11 000
5	Harry's	9 600
6	Qurate 零售集团	9 200
7	美国电话电报公司	9 100
8	戴森	7 900
9	康卡斯特	7 700
10	第一资本（Capital One）	7 700

资料来源：*Ad Age* 200 Leading National Advertisers 2018 Fact Pack, Crain Communications.

定价方法

如本章后面所述，可以通过几种不同的方式购买互联网上的广告空间。最常见的方式是展示广告，通常按展示广告展示的次数确定千人成本。在大多数网页上，展示基价指网站从几家广告主提供的广告中随机选择并轮流在特定的位置上播放，从而广告主为曝光次数支付的费用。

然而，数字媒体真正的营销威力是以传统媒体几乎不可能的方式瞄准特定的受众。除了常见的展示广告外，媒体购买人员可能会选择购买更具人群针对性的广告空间。例如，可以在门户网站的信息类别和子类别（如金融、新闻、旅游或游戏）中购买广告。购买者瞄准的受众越有针对性，价格就越高。费用根据每月数千、几十万甚至数百万的页面请求分级制定。

如今，广告主越来越依赖**程序化广告**（programmatic advertising）来购买数字空间。在程序化广告中，购买和销售广告的许多人工任务被计算机算法所取代。在典型的程序化广告购买中，广告主对其希望接触到的受众出价。投标出价是由许多战略考虑因素决定的，包括受众价值、广告支出的投资回报率和其他因素。所有广告主的出价都由计算机实时分析，最优质的黄金空间分配给出价最高的人。这也称为**实时竞价**（real-time bidding）。

程序化广告主实际上是在购买受众，而不是网站出版商。这听起来很不错，但在许多情况下，广告主发现它们的广告在有争议的网站或政治网站上发布，与它们的品牌定位不符。结果是广告主要求程序化广告公司承担更大的责任。

竞价对于**关键词**（keyword）购买也至关重要，主要搜索引擎都推出了这项业务。当用户的搜索请求包含特定关键词时，广告主可能会购买这些关键词来显示其广告。关键词可以单独购买，也可以打包购买。

一些网站出版商根据**点击数**（click-throughs）向客户收费，也就是说，当用户实际点击某一展示广告并访问广告主的登录页时才计数收费。虽然简单印象的千人成本要低得多，但这种方法仍然受到部分出版商的欢迎。因为当广告主按点击次数购买时，网站出版商可能会让许多用户看到广告主的讯息，且不会对只看到没点击的情况收费。

对于参与电子商务的广告主，一些出版商提供**联盟营销计划**（affiliate marketing program），收取一定比例的交易成本。例如，一个专门从事音乐评论的网站可能有一个指向在线音乐零售商的横幅链接。当消费者从零售商那里购买音乐时，网站会因展示横幅而获得一定比例的销售提成。

互联网广告的种类

⑤ 定义不同类型的数字广告

数字媒体不断发展。因此，广告商有新的、有趣的方式来触达目标受众，这些方式超越了标准化的广告投放（见图表 14－8）。在探讨这个话题时，我们将努力支持常用的在线“销售漏斗”。互联网作为一种媒介，在直接引导销售方面具有独特的优势，但要提防将互联网归为一种直复营销媒介。人们经常说，问责制不仅是互联网的可取之处，也是它的祸根。（请参阅本章关于数字广告的广告作品集。）

图表 14－8 2018—2019 年美国数字广告支出

类别	2018 年（亿美元）	2019 年预计增长率（%）
搜索	477	12.2
移动	703	20.7
桌面	363	-5.3
视频	130	19.4

资料来源：Greg Sterling, " Report: Digital Now Makes up 51% of US Ad Spending," *Marketing Land* (Third Door Media Inc.), September 20, 2018.

网站、微型网站和登录页

网站（website）是网页、图像、视频或数据资产的集合，托管在一个或多个网络服务器上，通常可以通过互联网进行访问。维基百科列出了 22 种不同类型的网站。我们将主要参考两种网站：公司网站和商业网站。公司网站提供有关组织、产品或服务的背景信息。商业网站用于销售产品或服务。当然，这些定义之间的界线很模糊，对于像亚马逊这样的公司，公司网站就是商业网站和广告网站。优秀的营销人员将网络资产用于多种目的。他们理解网站是品牌的延伸，网站体验是品牌体验的同义词。许多营销人员还使用微型网站和登录页来提供所需的体验。

微型网站（microsite）用作网站的补充。阅读本章伦理、多样性与包容性“谁在观察你?”，从中可以发现数据如何用于好的和不太好的目的。

对于广告主来说，微型网站的内容通常是单一的，提供当前的广告讯息。例如，当美国电子艺界公司（EA）在极受欢迎的电影三部曲《指环王》之后推出《王者归来》（*Return of the King*）视频游戏时，它让 Freestyle Interactive 公司建立了一个强大的微型网站，为用户提供秘籍、代码、游戏屏幕和独家视频，还让用户有机会赢得一把电影中的剑的复制品。关键是要解锁内容，用户实际上必须进行基于互联网的清道夫式的搜寻，才能找到剑的四块或更多碎片。每一块都解锁更多的内容，直到宝剑被“重新锻造”，用户可以打开秘籍并进入游戏赢取宝剑复制品。该微型网站通过在用户浏览器上放置的 cookies 识别每个用户找到了多少块碎片。

任何网页都可以是**登录页**（landing page），该术语用于描述网站主页以外的更深区域的直接链接，广告会把消费者带到这些页面。通常，广告主使用登录页为消费者提供与广告信息相关的内容体验。例如，如果有人在谷歌上搜索“男士裤子”，多克斯（Dockers）希望直接将其链接到自己的男装部分，更具体地说，就是发送到裤子的页面，而不是让用户在主页多点击 2 ～ 3 次查找相关产品。广告主使用登录页面来简化销售或信息收集过程，因为研究发现人们在网上的注意力持续时间有限，如果不能立即找到正在寻找的东西，他们可能永远不会回来。消费者是易变的，任何能够有助于用户在线旅程顺畅的方法都是明智的。

搜索引擎营销

大多数在网上寻找信息的人都使用**搜索引擎**（search engine）。搜索引擎是一种网络工具或网站，允许人们在文本框中键入单词或短语，然后快速收到一个**搜索结果页面**（search-results page）。

20 世纪 90 年代末，有几家公司争相成为搜索领域的领先品牌。很明显，胜利者是谷歌，截至 2018 年 11 月，谷歌在全球搜索领域的份额达到了惊人的 92%。[14] 此外，谷歌如何利用卓越的搜索能力成为世界上最大、最盈利的公司之一的故事，为数字广告提供了重要的经验。

当谷歌的创造者谢尔盖・布林和拉里・佩奇在斯坦福大学读研究生时，赚钱并不是他们的主要兴趣。布林和佩奇只是单纯对帮助用户查找信息感兴趣，并相信他们有更好的算法。

他们的搜索引擎使用最终命名为网页排名（pagerank）的过程，来分析互联网站点的链接和关系以创建搜索结果排名。和当时的其他搜索引擎一样，在搜索中输入关键词时，谷歌会寻找具有该词特征的网站。但谷歌通过分析网站链接来确定哪些网站被用户认为是有用的，从而将自己与竞争者区别开来。

请想想有两个网站，两个网站都使用了“营销”一词五次。如果一个网络用户键入“营销”作为搜索词，谷歌的搜索引擎将定位到这两个网站。但是，哪个网站应该在搜索结果中列得相对靠前，哪个应该列得靠后？这就是网页排名的用武之地。有许多其他网站链接的网站，尤其是与排名靠前的网站建立链接，会获得更高的网页排名，并在搜索结果中突出显示。最终结果是一个高速搜索引擎返回与用户需求显著相关的搜索结果。

因为创造了一个更好的搜索引擎，谷歌用户激增。但在整个 20 世纪 90 年代，布林和佩奇都不知道如何将搜索变现盈利。与当时的许多公司一样，谷歌依靠风险投资维持自己的发展。这种经营一直维持到 21 世纪初互联网泡沫破灭，谷歌投资者迫使布林和佩奇开发一种盈利模式。他们的回应是两个广告程序：关键词广告（AdWords）和广告联盟（AdSense）(它们现在被整合到一个名为“谷歌广告”(Google Ads）的程序

伦理、多样性与包容性

谁在观察你？

本书大部分读者可能是18～24岁的大学生。不难推断，对于读者来说，某个地方的某个人掌握了这一信息也不是那么让人讨厌。但是如果更进一步呢？例如，如果一个未知的组织知道你来自哪里、你的婚姻状况、你在上什么大学、你的性别，以及你喜欢哪种古龙香水或香味？这可能有点吓人了。如果信息如此具体，大多数人会觉得不安。

正是这种感觉引发了消费者对在线隐私的关注。在本章中，我们重点介绍消费者在访问在线信息时各种被锁定和发送针对性讯息的方式。这在很大程度上是可能的，因为有几行称为cookies的代码就可以跟踪、分类和过滤你的每次点击行为。

在线行为数据公司BlueKai为营销人员提供了接触在线消费者的渠道，这些消费者的行为方式与其预期目标受众是匹配的。例如，如果奥迪想让潜在的新车买家在买车时将其作为一个选择，它可以向BlueKai支付费用，以确定并瞄准所有最近访问过汽车网站、在该网站上花费了大量时间并在特定时间段内频繁返回网站的相关人员。像BlueKai这样的公司甚至可以显示人们对哪种类型的汽车感兴趣。如果奥迪想向那些考虑其竞争对手宝马汽车的人传达信息，它可能会购买有关“宝马汽车购买意向者”的信息，该信息由BlueKai分类汇总。

BlueKai还与艾派迪等网站合作，以：

（a）获得数据；

（b）挖掘数据以获取洞见；

（c）组织和分类信息；

（d）将信息卖给广告主。

作为交换，BlueKai与合作伙伴分享信息及创造的收入。这使其合作伙伴能够拥有多个收入来源，并更好地对其每月的互联网流量进行分类，它们也将这些流量出售给广告主。

接受调查时，62%的消费者表示他们不希望自己的在线活动被跟踪。然而，行为定向广告代表了一些效果最佳的在线广告。那么营销人员该如何处理这一问题？消费者显然更容易对定向广告做出反应，但他们对用来定向他们的数据如何收集和使用感到不安。

使问题进一步复杂化的是，当广告主自身也拥有一个受欢迎的网络资产，如亚马逊，那么谁拥有这些数据的问题就出现了。虽然有人认为任何个人数据都该由个人所有，但直到最近，还没有明确的消费者指引，也没有任何行业惯例，允许顾客限制公司访问其个人数据。

任何消费者都可以在其浏览器中关闭cookies。然而，这样做消费者将无法继续获得个性化的在线体验。

联邦贸易委员会已经调查了这个问题，就像它在21世纪初最终通过《反垃圾邮件法》（CAN-SPAM），指出未经允许发送垃圾邮件是违法的那样，2011年末，联邦贸易委员会发布了一份隐私报告，呼吁建立一个“不跟踪”系统，但欧盟真正进行了有力的隐私政策立法。2018年，欧盟发布了《通用数据保护条例》（GDPR），该条例规定，任何在欧洲开展业务的营销者必须符合特定的数据保护和隐私规则。因为每家主要的在线公司都在欧洲开展业务，这意味着美国人也能享受同样的好处。

GDPR的要求之一是，各网站必须披露其收集数据的情况，描述其将保留数据的时间，并指出数据是否将与第三方共享。最重要的是，网站必须获得访问者对公司数据政策的同意。

这项规定有效吗？在其实施后，世界各地的网站立即开始遵守其要求。2018年11月，谷歌被7个欧洲国家指控违反 GDPR。因此，似乎美国监管机构无法实现的事情，欧洲已经做到了。

问题

1. 为什么公司要跟踪每个人的在线行为？

2. 想想你最近登录的五个网站。你看过什么内容？你认为广告主可以如何利用这些信息以更好地对你进行目标定位？

3. 在线媒体行业在追踪个体在线行为方面是否做得太过分了？你认为在线观察人们的行为可以吗？

中）。这两个项目的成功毋庸置疑，因为在短短几年后，2018 年谷歌利用这两个项目创造的年收入超过了 1 000 亿美元。

关键词广告

当你在谷歌上搜索时，你会注意到第一个搜索结果通常被标记为“付费链接”。**付费链接**（sponsored links）就是付费列表。对于广告主来说，真的没有比这更好的地方了。付费链接的力量在于，当有人指出他面临问题时，它提供了一个解决方案。这就是相关性，它帮助谷歌击败了许多其他类型的广告。举个例子，如果你是多克斯的品牌经理，目标是寻找商务装的男性。在所有条件都相同的情况下，你会选择购买杂志广告还是为西裤这个单词购买谷歌关键词广告？

因此，谷歌的搜索结果页面由两个不同的区域组成：不受赞助与付费链接影响的**自然搜索结果**（organic search results）和付费链接。谷歌的付费链接有三个重要特点。首先，广告主不会仅仅为广告被看到而付费，这是横幅广告的常见做法。相反，广告主只在搜索引擎用户点击链接并访问出资者网站时才向谷歌付费。这种基于点击付费的绩效模式对广告主非常有吸引力。其次，广告主为每次点击所付的金额实际上并不是由谷歌设定的。相反，它是在出价拍卖中确定的，在拍卖中，公司可以对用户搜索中使用的关键词，如“营销”进行竞拍。出价越高通常会获得越好的列表位置，例如位于搜索结果第一页和页面顶部附近的列表链接。这些地方是搜索引擎用户最有可能看到的位置。谷歌坚持其自然搜索结果的相关性算法，为其关键词广告出现的列表位置增加了一个附加的转变条件：付费链接的排名并不完全取决于公司对关键词出价的高低，还取决于其广告的表现。吸引大量点击的文本广告排名会上升，而被用户忽视的广告链接排名则会下降。最后，谷歌受益于搜索的针对性。当人们正在寻找一个像“营销”这样的术语，他们经常发现付费链接和搜索结果一样有用。谷歌估计，近 15% 的搜索结果会点击到广告出资者的链接，与其他互动或传统媒体相比，转化率高得惊人。谷歌的模式显然强调绩效表现。

广告联盟

谷歌的另一个主要广告项目——广告联盟通过运行广告帮助网站和博客盈利。使用广告联盟的网站为谷歌文本广告留出了一部分页面。广告本身由谷歌软件选择并自动插入，不需要网站的任何输入。谷歌软件会插入与网站内容相关的广告。

广告联盟项目的收入模式与关键词广告非常相似，因为广告主只有在网络用户点击链接并访问出资者网站时才向谷歌付款。在这种情况下，在其网页上展示广告的网站所有者也会获得收入。对于热门网站来说，可以产生可观的收入，因此它是网站所有者参与谷歌项目的强大动力。

大型网站，如图表 14－3 中列出的网站，通常不使用谷歌广告等项目，而是自己销售广告空间。但谷歌项目帮助数以千计的中小型网站和博客开发出稳定的收入来源。微小的、有针对性的、基于文本的广告已经彻底变革了网络，为小企业能够与大企业展开竞争提供了条件。

当然，为了从基于搜索的广告项目中受益，公司必须拥有将访问者转化为顾客的网站。从本地花店到全球制造商，企业都在使用互联网呈现多媒体内容，其中包括有趣的或娱乐性信息、产品资料、视频，甚至游戏。许多企业，比如 Ameritrade 和亚马逊，在网上开展它们所有的商业活动。用户根据他们所寻找的内容从一个页面移动到另一个页面，从一个站点移动到另一个站点。换句话说，用户尽在掌控中。消费者选择要体验的屏幕、要点击的横幅以及要忽略的横幅。

这意味着营销人员必须提供有用且相关的信息。他们必须不断更新它，通过一些免费赠品以及无伤大雅的小娱乐让顾客重复访问。即使是 Ragú（www.ragu.com）的意大利面酱，也有一个丰富多彩的网站，提供意大利语短语、食谱，偶尔还有抽奖。学习如何使用这种新媒体对整个广告界的创意能力提出挑战。由于每天都需要更新大量的网站以保持新颖性，该领域职业发展和专业化的机会很大。

互联网展示广告

网页展示广告的基本形式是广告横幅。**横幅**（banner）是横跨网页顶部或底部的小广告牌。当用户在横幅上单击鼠标时，会被带到广告主的网站或缓冲页。广告横幅的标准大小是 468 像素宽 ×60 像素高。这意味着，在一个标准的 8½ 英寸 ×11 英寸的页面上，横幅的宽度将略宽于 4½ 英寸，高度将略高于 ½ 英寸。

横幅在互联网出现的第一天就已经存在了，网络广告主很快就意识到，如果没有明确的策略，横幅就不是很有效。通过使用如前所述的行为跟踪，横幅广告现在变得“更智能”。根据用户的在线行为向其提供的横幅广告称为**重新定向广告**（retargeting ads）。[15]

负责互联网和其他数字广告格式标准的最重要的团体是一个数字出版商协会：**互动广告局**（Interactive Advertising Bureau，IAB）。其第一次尝试标准化是在 2003 年推出通用广告包。自那以后，该组织继续帮助广告商和出版商标准化数字广告购买。

现在，通过广泛采用**富媒体广告**（rich-media advertising），全动态、动画和用户交互已司空见惯。最初，这些广告是在动画制作软件 Adobe Flash 中开发的，但近年来，其格式可依赖于其他代码，如 HTML 5。这种类型的广告包括图形动画和音频、视频元素，这些元素覆盖页面，甚至悬浮在页面上。许多富媒体广告是对 IAB 认可的标准横幅的补充，因为它们都可以显示 15 秒的动画。[16]

富媒体邮件（rich mail）是包含图形、视频和音频的电子邮件。当你打开一封富媒体邮件时，你的电子邮件客户端会自动激活网络链接，并在你的电子邮件窗口中启动一个 HTML 页面。如果邮件客户端处于离线状态，当你再次连上网络时，它将邀请你单击该链接。如果你的电子邮件客户端不支持图像，你将只收到文本形式的电子邮件。随着技术的进步，我们可以预见这些广告中会融入更多的音频和动画。

广告作品集

数字广告

作为有史以来发展最快的媒体，数字互动媒体为商业和广告领域的各种各样的人提供了令人难以置信的机会。对于广告主来说，有一个全新的潜在客户世界，等待它们参与。但对于广告业历来以电视为导向的创意者来说，仅仅是学习创意的新规则就很有挑战性，尤其是在媒体技术不断变化的环境中。当然，这种挑战与 70 年前电视首次推出时所面临的是一样的。

在这个广告作品集中，可以研究数字广告并评估其如何利用互动性。试着确定每个网站如何融入公司的整体战略，以及该网站如何成为补充或取代传统媒体的方式。该公司能否将其他功能纳入其内容中进而获益？你还有什么建议？

The Horse 总部位于澳大利亚悉尼，负责管理澳大利亚的特殊礼品。其精美的网站获得了杰出电子商务网站奖项。
资料来源：The Horse.

Ultranoir 是巴黎的一家数字精品店，为其客户创建了令人惊叹的网站。你可以在 www.ultranoir.com/en/#!/home/ 上看到它的作品。
资料来源：Ultranoir.

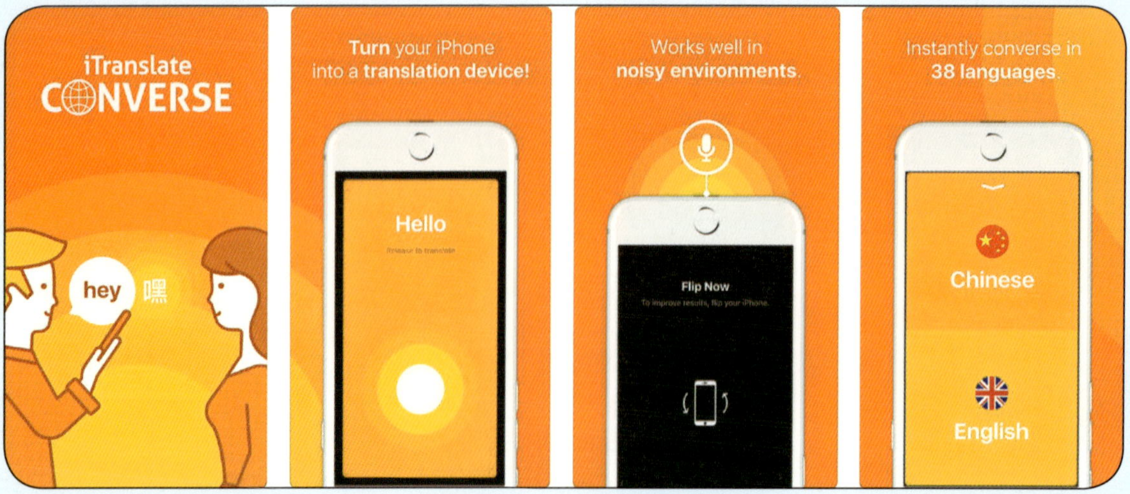

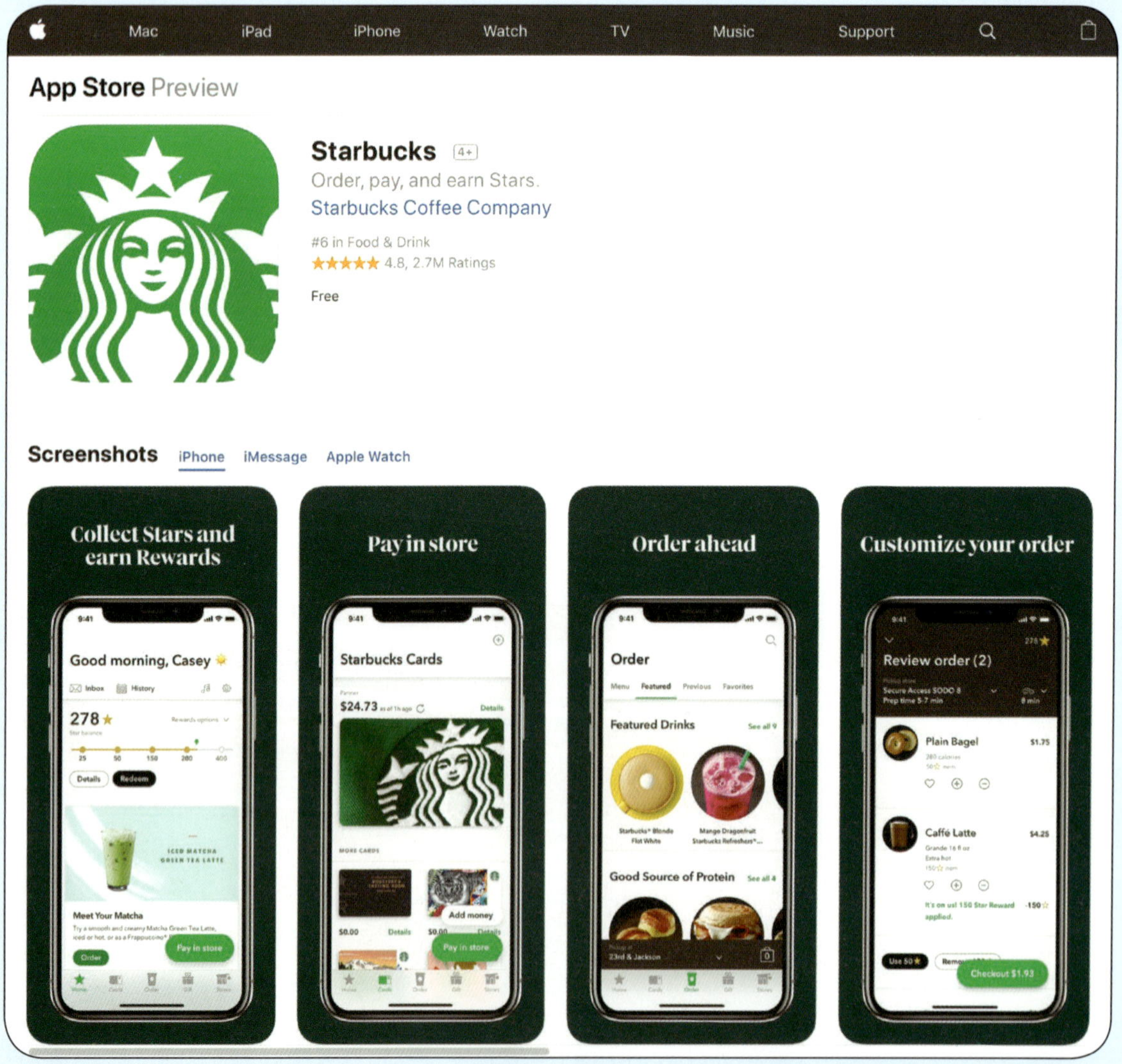

手机用户离不开应用程序，聪明的品牌开发出功能强大、美观的应用程序。iTranslate Converse 和星巴克（本页）以及 Warby Parker 和慧俪轻体（下页）等应用程序都曾获过奖。

资料来源：Apple, Inc.; Starbucks/Apple, Inc.

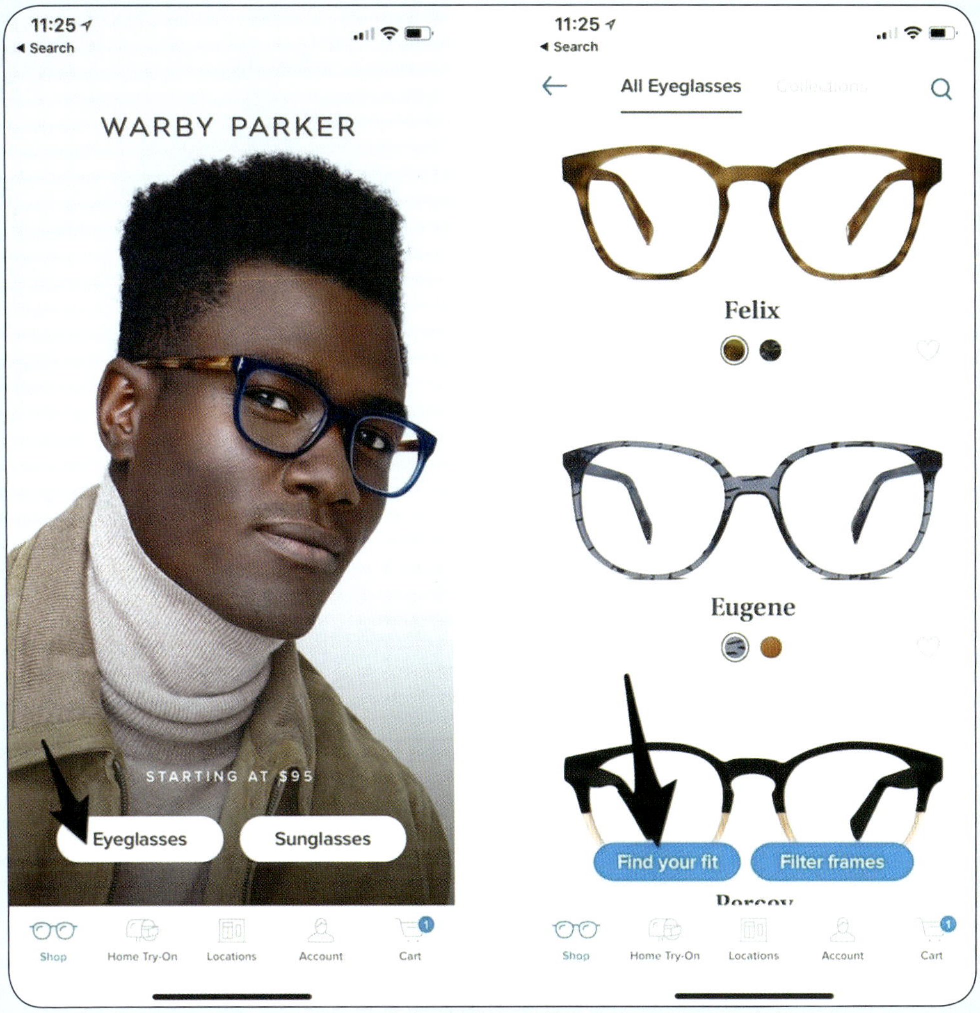

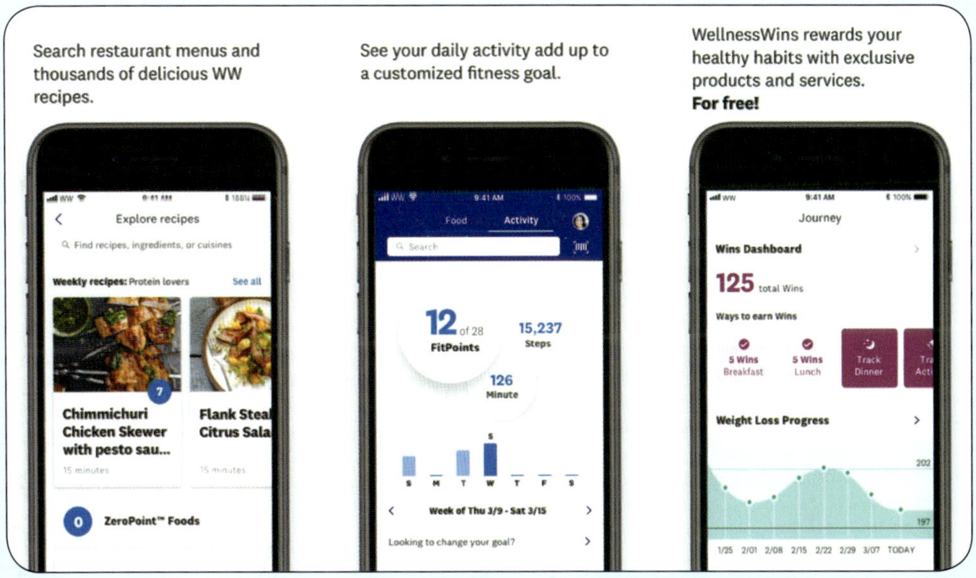

资料来源：Warby Parker; WW International, Inc./Apple Inc.

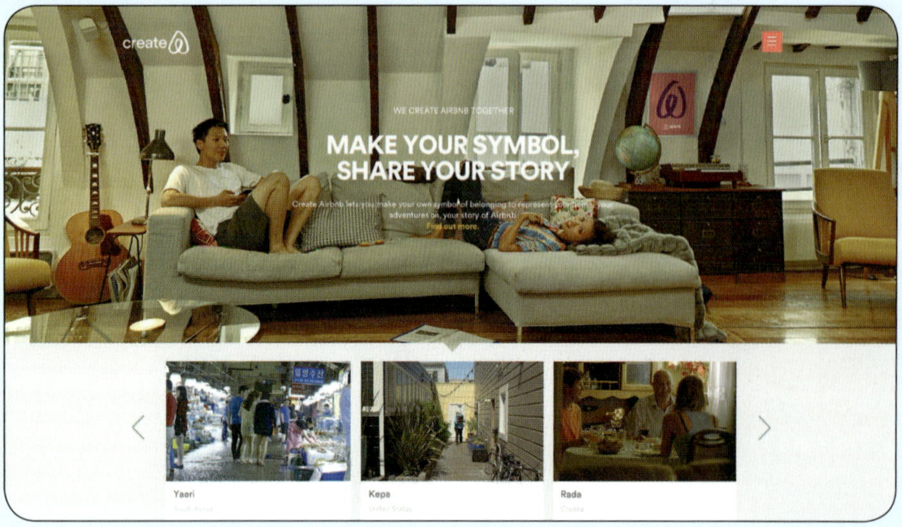

爱彼迎网站的高度互动性确保了顾客会经常光顾。
资料来源：Airbnb, Inc.

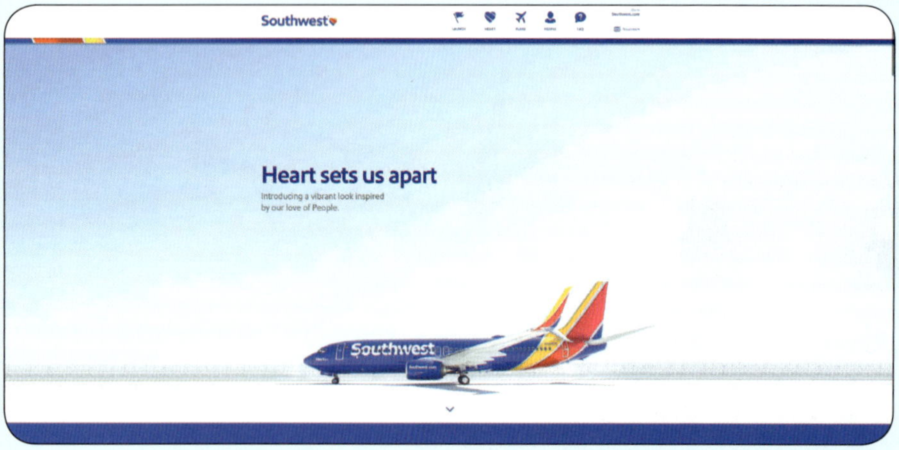

西南航空获奖的广告有自己的微型网站。
资料来源：Southwest Airlines Co.

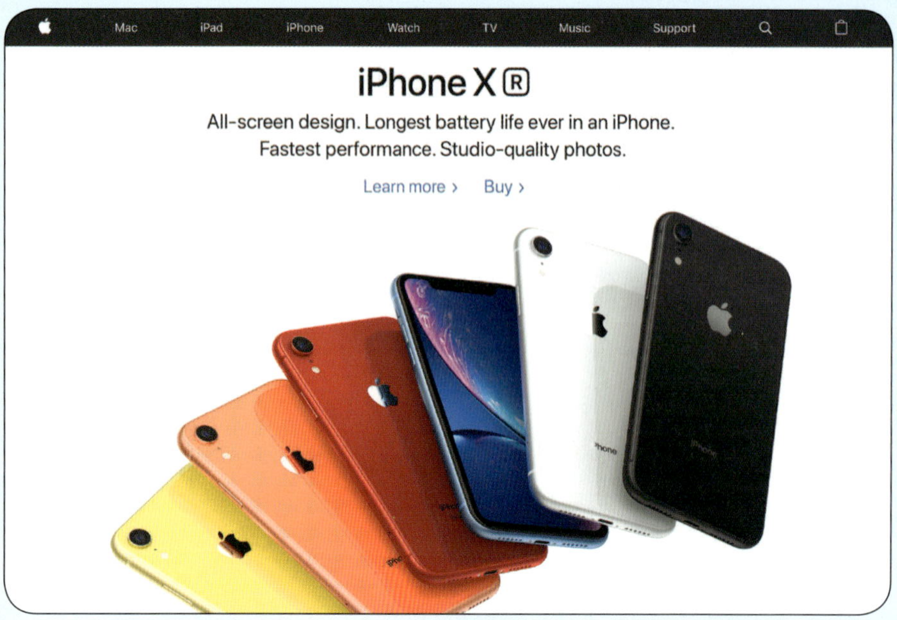

苹果面临的挑战是明确的：作为一个以设计闻名的品牌，它必须有一个网站来提高公司在品位、美感和优雅方面的声誉。
资料来源：Apple, Inc.

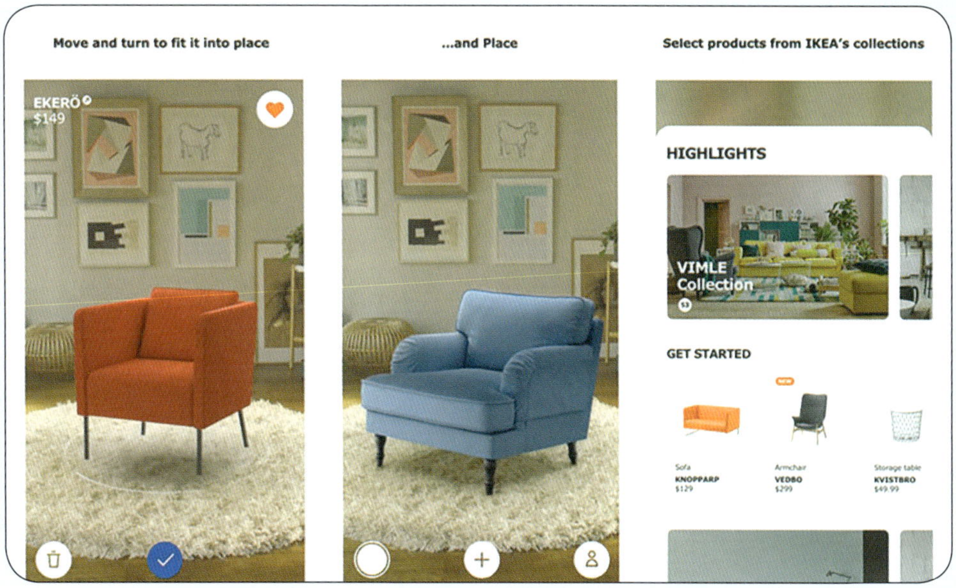

如果你想买新家具，为什么不先看看家具放在你家里会是什么样子，然后再去买呢？宜家就有这样一款应用程序。
资料来源：Ikea/Apple, Inc.

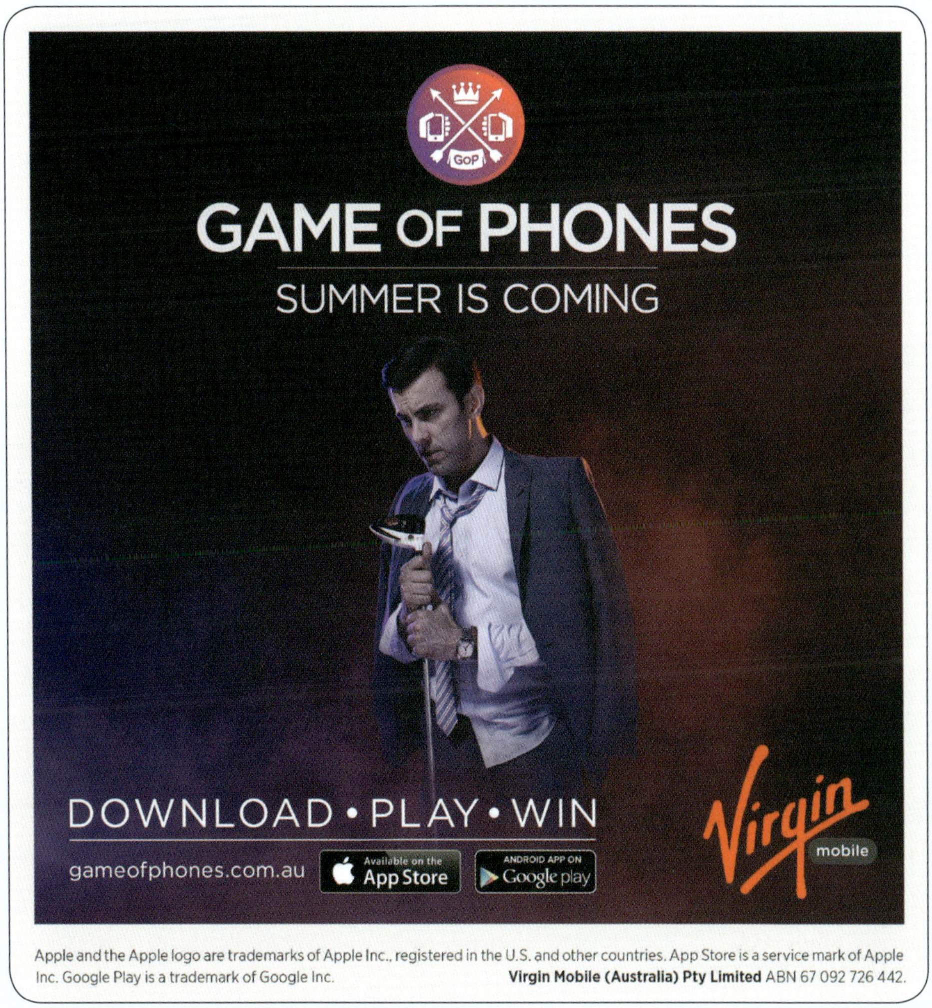

互动是游戏的代名词，维珍移动（Virgin Mobile）使用一款名为“手机游戏”的互动应用程序吸引了超过 4 万名玩家，这些玩家努力赢取价值 20 万美元的奖品。
资料来源：Virgin Mobile USA, L.P.

前贴片广告（preroll）是一个快速增长的广告板块。随着带宽的增加，在线视频娱乐的消费也越来越多，作为**第三方广告服务商**（third-party ad server），Broadband Enterprises 和 YuMe 网络等公司正试图利用这一点，将大部分内容聚合在一起，放置5秒到30秒的视频广告。这跟电视有什么不同？正如我们之前所讨论的，互联网的超级瞄准（目标人群）的能力是其与众不同的一个地方。因此，你可以想象，如果你能以低于电视广告的价格向目标受众提供电视广告般卓越的视觉、声音和动感品质，广告主会做出怎样的选择。

赞助和增值套装

互联网上越来越流行的一种广告形式是网页**赞助**（sponsorship）。公司在一个有限的时期内，通常以月为单位，赞助出版商网页的整个部分或单项活动。作为赞助支持的交换，公司在网站上得到广泛的宣传，以获得品牌认知。有时，还将赞助商的品牌与出版商的内容相结合，形成软文广告，或在页面上添加横幅和按钮，做成增值套装。

IBM 独家赞助了超级碗网页，每个赛事活动的费用估计为100万美元。其他形式的赞助包括网络连续剧、专门讨论女性权益的网站、竞赛和赠品。

分类广告

互联网广告主的另一个增长领域是形形色色的**分类广告网站**（classified ad website），如克雷格列表（Craigslist），这也是地方性广告主施展拳脚的广阔天地。许多分类广告网站向广告主提供免费刊登分类广告的机会，因为它们本身的运营一般由其他广告主的横幅广告支持。在风格上，网络分类广告与我们都熟悉的报纸上的分类广告非常相似。你可以搜索房屋、汽车、工作、计算机设备、商业机会等信息。而且，搜索的地域范围可以缩小到你所在的城市，也可以扩展到全国。其中许多网站是由搜索引擎本身或全国各地的本地报纸赞助的。

电子邮件广告

根据《福布斯》的“广告有效性研究”，74%的营销人员向提出要求的客户发送**电子邮件广告**（e-mail advertising）。营销人员一直知道，直邮广告（将在第17章中讨论）是产生需求、引发并完成销售最有效的媒介。如果按单位曝光成本计算，它也是最昂贵的媒介。现在，由于互联网的出现，直邮广告变得更加有效，成本也大大降低了。

区分负责任的电子邮件广告和**垃圾邮件**（spam）很重要。垃圾邮件通常是指未知实体向购买的邮件列表或新闻组发送的未经请求（不请自来）的大量电子邮件广告，里面有产品或服务的内容。垃圾邮件发送者会面对沮丧顾客的愤怒情绪，顾客已经厌倦了收件箱中充斥着不想收到的电子邮件。自2004年1月以来，垃圾邮件发送者还面临《反垃圾邮件法》的诉讼。合法的电子邮件广告主必须：（1）清楚地将电子邮件标记为广告；（2）提供一个有效的可回复的电子邮件地址；（3）允许收件人选择退出未来的邮件接收。2004年4月，该法案针对两家公司提起了第一次诉讼，这两家公司发送了近100万封电子邮件，宣传虚假的减肥贴片和生长激素。[17]考虑到这一点，谨慎的营销人员正将他们的电子邮件工作重点放在**顾客保留和顾客关系管理**（customer retention and relationship management），而不是寻找潜在顾客上。

今天互联网上最热门的趋势之一实际上是从电子邮件应用开始的，而且随着社交媒体的发展有所增强。基于病毒式营销，亚马逊、eBay 和蓝山艺术（Blue Mountain Arts）都在网络上大放异彩，在短时间内达到了意想不到的高度，这些公司中大多数营销预算都低得出奇。[18] **病毒式营销**（viral marketing）是口碑广告的网络版。这个词是由史蒂夫·尤尔维森（Steven Jurvetson）和他在风险投资公司德雷珀·费舍尔·尤尔维森（Draper Fisher Jurvetson）的合伙人于 1997 年创造的。他们描述了免费电子邮件提供商 Hotmail 在短短 18 个月内通过在每封电子邮件的底部使用一条小讯息而难以置信地吸引到 1 200 万用户。[19] 该讯息邀请收件人注册他们自己的免费 Hotmail 账户。

从那时起，许多其他的营销者想出了一些方法，引导他们满意的顾客向朋友和家人推荐他们的产品或服务。病毒式营销成功的关键之一是提供一个具有真实感知价值的产品，使得人们希望与他人分享。亚马逊数字有声读物网站 Audible 和云存储网站 Dropbox 有效地利用了推荐计划，每次被推荐的人成为会员时，推荐者都会获得好处。

因为会员们非常喜欢这些网站，所以他们自然会想与朋友和家人分享。另一个例子是 Blendtec 在 YouTube 上推出的“它会搅拌吗”（Will It blend）系列广告，为一家以前服务于行业市场的搅拌机公司带来了一个新的消费者市场。请参阅 IMC 实战模拟“使用互动媒体”，以更好地了解互动媒体以及如何有效地选择不同类型的在线媒体。

数字媒体作为广告媒介的问题

6 讨论互联网作为广告媒介的利弊

数字媒体有其缺点。它们不是传统意义上的大众媒体，可能永远都无法产生大众媒体那样的效率。一些营销人员可能会认为它们太复杂、太麻烦、太杂乱，或者不值得花时间和精力。

数字媒体也给传统广告公司带来了巨大的麻烦，他们的员工都受过创造和评估传统媒体广告的培训。今天从事数字媒体工作的人可能来自计算机科学或工程学领域，也可能来自营销或传播领域。

一些人甚至怀疑广告公司是否在数字时代发挥着重要作用。脸书和谷歌等公司为营销人员提供广泛的工具集，用于创建、研究、监控和测量广告效果。它们还免费提供掌握这些工具的学习材料。一方面，广告主可能会开始（有些正在）想知道，它们所支付的广告代理费能带来什么额外价值；另一方面，广告公司辩称，掌握数字技术需要专业知识、判断力和对受众的理解，而其他教育背景的人可能缺乏这些知识。

最后，数字媒体仍然是如此之新，以至于不清楚是否有人拥有正确的成功法则。隐私失效和安全漏洞表明，在急于享受数字营销的好处时，许多公司并没有考虑这些问题。安全性（例如，信用卡在线购买）已成为许多知名营销者的主要担忧（和失败）点。最后一个缺点也是互联网最大的吸引力之一：它是任何人都可以登录、做任何事或说任何事的媒体。这是一把双刃剑。[20]

IMC 实战模拟

使用互动媒体

每种媒体都提供了独特的创意选项，媒体策划人员可以将这些选项纳入每一次广告战役中，以帮助打破信息混杂的局面。然而，没有任何其他媒介具有与互联网一样的灵活性。虽然 IAB 在制定横幅广告标准方面已经做得很好，但新技术的发展不断推动着广告主在线广告的边界拓展。随着技术进步，当前标准化技术的成本也在下降。

对于每一个新的广告战役，广告主都需要考虑它们的在线形象中的每一个元素是如何传达公司讯息的。从网站到横幅广告，再到社交媒体，一个品牌出现在多个在线网站上，在所有这些网站上协调其广告图片是很耗时的。如果你想发起在线广告战役的话，下面列出了你应该探索的途径，但不要局限于此：

- 网站、微型网站和登录页；
- 搜索引擎营销；
- 展示广告；
- 富媒体；
- 电子邮件。

当你开始广告战役的在线部分时，把在线平台想象成一块空白画布，你可以在上面展开规划以实现你的目标。从确定网站的目标开始，进入网络世界。想想用户在看到你的印刷广告或电视广告后会做什么，以及你将如何捕捉到这种促销活动产生的兴趣和需求。互联网虽然在你的传播策略中极为重要，但可能不是你的受众注意到你的广告的第一个地方。然而，请记住，大多数在线会话都是从网络搜索开始的，无论是在谷歌或 Gmail 等网站上，还是在其他网站上。因此，你必须为所有在线活动制定一个良好的搜索策略。

为了了解你的受众经常使用哪些网站，可以通过 Quantcast 和 / 或谷歌广告计划（Google AdPlanner）等免费服务来识别你想做广告的网站。当你在这些网站上插入一些关于你的目标受众的信息时，你会得到一个你的目标受众经常使用的网站列表。这是一个很有帮助的指南，可以帮助你确定合适的场所来吸引目标受众的注意力。虽然互联网处于不断发展的状态，但精明的营销人员通常会使用一些与之相关的技术，如富媒体。富媒体广告是具有高度互动性或动态性，或者将信息直接从广告主网站拉到横幅广告中的网络广告。如今，富媒体已被广泛接受，你可能会认为所有考虑广告经营的网站应该都能处理这种创意需求。事实并非总是如此，但有着悠久的富媒体执行历史的公司，如 PointRoll、Eyeblaster、DART Motif 和 Atlas Rich Media，已经为一揽子的解决方案铺平了道路。

最后，请思考如何通过推送信息以外的方式与品牌忠诚者联系。你如何与他们进行对话，并授权这些受众帮助你进行营销？当然，这里我们说的是社交媒体。你的品牌是否有必要入驻脸书或推特？如果是的话，你将如何创造性地利用这些领域，如何鼓励参与和传播？

在线媒体可能很有趣，但也可能让人望而却步，因为虚拟空间是有界限的。记住要做出正确的判断，设身处地从消费者角度考虑。请考虑：你是否对你的在线策略要求过高，或者你的方法能否引起共鸣？

14.5 其他互动媒体

除了互联网，广告主现在还使用其他新媒体工具，如互动电视和移动广告。虽然它们不是主要的媒体形式，但值得进行一些简短的讨论。

互动媒体

未来的电视将有一堵墙那么大。漫步到房间的任何地方，你的视角都会保持完美。这是因为电视知道你是谁，并跟着你走，调整角度，为你提供理想的观看效果。此外，它将通过语音命令或直接触摸与你进行交互，而不是通过遥控。这是幻想吗？其原型松下生活墙已于 2008 年首次展出。[21]

互动电视（interactive TV）不是未来的技术，而是现在的技术。大多数人认为数字录像机（有时也称为个人录像机）和交互式遥控器等技术是理所当然的。现在已经是第三代的苹果电视，在这一组合中增加了语音控制和应用程序。

亚马逊证明，苹果并不是唯一一家使用**亚马逊 Echo**（Amazon Echo）设备创造全新设备类别的科技公司。最初的 Echo 是一个小圆柱体，它响应语音命令来播放音乐、报道新闻、提供天气报告或查找有趣的事实。这引起了轰动，并催生了几十种设备，一些来自亚马逊，一些来自其竞争对手。例如，亚马逊推出了 Dot（它牺牲了音质以换取经济实惠（只需 30 美元））以及 Spot 和 Show（两者都配有显示器）。亚马逊还将其技术授权给了高质量扬声器和耳机制造商搜诺思（Sonos）和博世（Bose）。

谷歌、苹果和脸书很快推出了自己的设备，分别命名为谷歌 Home、苹果 HomePod 和脸书 Portal。争夺美国家庭语音助手的战斗正在进行。

该设备对亚马逊的好处是显而易见的。有众多用途的 Echo 也是一种购物工具。当 Echo 所有者说“Alexa，订购电池”时，用户的账户将被扣费，而电池正在运送途中。但是等等，哪个厂家的电池？亚马逊很乐意推荐所谓的“亚马逊选择”(Amazon's Choice)。什么品牌可以进入亚马逊选择？该公司声称，受欢迎、用户评分很高，在亚马逊 Prime 中有售，具有低于平均值的退货率的品牌，这样的品牌通常也具有“有竞争力的”价格。亚马逊在这些产品上的利润是否高于平均水平？公司不愿透露，但退货对亚马逊来说是一项高昂的业务成本，因此，当你接受其推荐时，仅“退货率低”就意味着亚马逊将受益。

毫无疑问，互动性还影响了电视内容和广告定价。例如，一些广告价格最高的节目是体育和现场演出。为什么？人们不会在观看这类节目时快进来跳过广告，而在观看其他节目时他们经常这么干。

移动广告

当移动广告首次推出时，电话公司控制了大量的广告库存，因为它们限制了它们**平台**（deck）以外的流量。平台指的是运营商在用户手机上加载网络浏览器时提供给用户的内容和体验。这在很大程度上是由于运营商希望从自己的数字服务中增加收入，而不是通过平台外的网络冲浪，在这种冲浪过程中，用户下载大量数据，降低了网速。然而，iPhone 彻底改变了手机业务以及消费者与手机的互动方式。

iPhone 增加了运营商网络上的数字套餐使用或非语音通话相关的消费。iPhone 用户使用手机观看视频和移动电视的可能性是其他用户的 12 倍。[22] 由于这一增长，人们经常使用手机下载应用程序和游戏、观看视频和发送多媒体信息。所有这些都为广告主提供了机会。大多数手机都可以使用应用程序，它们会定期连接到网络以检查更新、识别个人位置或将用户与其他用户连接起来。对广告主的吸引力在于，与其他媒

V 广告背后的人物

布莱恩·格林

在不到 20 年的时间里，雅虎已经成为众多在线冲浪者生活中的必不可少的部分，以至于它是互联网上每日访问量最大的工具之一。根据雅虎广告解决方案页面中的说法，在任何一天，雅虎主页都有超过 1 亿的独有用户流量。在美国，除了橄榄球比赛，你很难想出哪个电视节目有这样高的到达率。

在几乎所有的雅虎页面，你都会发现广告的身影，随着所有用户浏览多个页面，产生的广告存量十分惊人。事实上，雅虎有一个致力于将所有流量变现的团队，该团队被称为营销解决方案小组，其责任是与面向客户的销售团队合作，进行包装、定价并向广告主展示宣传机会。

资产和广告主解决方案高级总监布莱恩·格林领导这群有技巧的谈判人员。此处我们指的是内部谈判，因为他们必须与多个团队合作来完成工作，如产品、销售和收益管理团队。布莱恩自 2000 年初开始涉足数字广告行业。他曾就职于 FCB（现在是 Draftfcb 的一部分）等大型广告公司，以及福克斯互动集团（Fox Interactive Group）和 IGN 等出版商，曾担任媒体策划、数字销售代表和绩效营销专家，真正全面的技能使他恰好适合领导雅虎的这个小组。

《当代广告》与布莱恩·格林一起坐下来，进一步了解他的角色以及他如何面对快速发展的数字广告业带来的挑战。

《当代广告》：雅虎是怎样为广告定价的？

布莱恩：在大多数情况下，我们像大多数大型互联网公司一样，使用各种工具来帮助我们的产品定价，从第三方研究工具（如康姆斯克和尼尔森）到专有程序和数据库，它们为我们的价格及其各自的订单满足率提供了可靠的历史记录。这些工具可以提供可能影响我们费率的竞争、供需和行业趋势的全貌。

在其他情况下，客户为我们设定了目标，我们的工作以一种分析性少、创造性多的方式，将各种广告产品组合在一起以真正实现既定目标。这就是知识、经验加上一点营销诀窍实际上比广告行业最有效的 CPM 更有效的地方。

《当代广告》：哪些类型的广告主对雅虎最感兴趣？

布莱恩：事实上，大多数广告主并不是根据它们的行业类别（如汽车）来分类的，而是根据它们试图实现的策略来分类的。因为雅虎触达的人群很广，足以实现所有广告主的目标，因此拥有大量不同领域的广告主，包括那些试图实现品牌传播效果、直复营销效果的广告主，以及寻求通过直复营销实现品效合一目标的广告主。

这种与任何行业的广告主合作的能力正是雅虎经过这么多年仍然是品牌最佳载体的原因所在。因为持续创新和突破极限，我们能够在受众的关注点转向下一件大事（似乎每天都在发生）的时候始终吸引着大量的受众。

《当代广告》：你们的主页是网络上按日投放最昂贵的广告位置之一，为什么你们能持续以如此高的现金支付成本进行销售？

布莱恩：雅虎稳定且大规模的每天访问量使其在互联网上独一无二。大多数网站在 30 天内累积计算其到达率（触达人群）。很少有网站能在一次广告投放中给广告主带来数千万次注意。因此，广告的价格肯定是很高的，但我们发现，我们的价格实际上极具竞争力。

《当代广告》：相对于竞争对手，你们如何帮助广告主更好地实现它们的目标？

布莱恩：由于雅虎的规模，很难只用一个理由来说明我们与众不同的原因。尽管如此，我们已经投入了大量的时间和金钱，以确保我们拥有独特的广告产品组合——如搜索、定向的广告内容和广告程序化交易网络——以及独特的节目和内容战略，为怀着各种目标的广告主提供充足的机会。

《当代广告》：最后，这么多人使用手机和平板电脑访问雅虎，雅虎怎样处理跨平台的参与？

布莱恩：和其他品牌一样，综合考虑用户及广告主的顾客对雅虎来说很重要。因此，我们提供了一个以解决方案为导向的整合销售流程，以满足广告主的需求。我们也一直非常看好我们的广告信息的渠道分发策略，确保我们的用户在不同的互联网支持设备（如手机、平板电脑，甚至互联网电视）上可以访问所有的雅虎内容。

资料来源：Courtesy of Brian Green.

介不同，手机是唯一真正的便携式和可个人识别的媒介。

移动广告支出是数字广告增长最快的领域，在 2018 年超过了台式电脑的数字广告额。[23] 最常见的移动广告形式——横幅广告（也称为无线接入协议（WAP）横幅广告），与台式电脑上的在线横幅广告非常相似。横幅广告由移动营销协会（MMA）标准化，该协会与管理在线横幅广告的互动广告局一样，发布了移动网络广告的指导原则和标准。横幅广告也可以放在已经下载到用户手机上的应用程序中，并且可以在这些应用程序重新连接到网络时更新。

另一种形式的广告，也是最大存量的广告是付费短消息系统。像美国 4INFO 这样的公司，通过短信向用户免费提供新闻、星座和运动成绩等信息，广告主赞助这些信息。运营商在短信的使用方面制定了非常严格的指导原则，并充当监管所有通过其网络传递的短信内容的“守门人”角色，以尽量减少垃圾短信。用户可以回复短信以选择已显示的营销信息，也可以直接从短信内通过链接转到移动网页。

二维码、移动优惠券和视频提供了其他机会，因为智能手机的普及使人们能够轻松使用这些技术。

本章小结

数字互动媒体，包括在线数据库服务、互联网、互动媒体和移动广告，是一场正在发生的革命。从广告的角度来看，这些媒体提供了发展顾客关系的机会。技术正在飞速发展。

互联网的商业化真正开始于商业在线服务，它为潜在的广告主提供了一个庞大的用户群。然而，由于它能触达全球如此多的人，在线服务的潜力相形见绌。网络浏览器软件一经问世就大受欢迎，互联网界面对非计算机专家的普通用户非常友好。

类似地，搜索引擎让个人电脑用户只需点击鼠标就可以访问网络上的站点。当人们开始向网络迁移时，广告主也开始向网络转移。

网络用户往往是受过大学教育的高消费阶层的男性和女性。这是一个理想的目标人群，尤其是对于那些企业对企业（B2B）的广告主而言。这一群体正在迅速扩大，使网络对许多主要广告主更有吸引力。

最常见的在线广告类型是搜索、展示和分类广告。与所有媒体一样，互联网也有许多优点和缺点。

大多数互联网广告是基于千人成本销售的。不过，有些是基于点击或结果销售的。如今，最大的变化出现在社交媒体上，这一媒体前所未有地给品牌提供了建立顾客关系的机会。移动广告是一种新兴媒体，为广告主提供了接触移动消费者的机会。

随着亚马逊 Echo 设备的普及，互动媒体在家庭中获得了更大的立足点。Echo 是亚马逊战略的一部分，旨在确保人们可以随时随地轻松地从该公司订购产品。

重要术语

广告网络（ad network）
广告印象（advertising impression）
联盟营销计划（affiliate marketing program）
亚马逊 Echo（Amazon Echo）
横幅（banner）
行为定位（behavioral targeting）
宽带（broadband）
集中式网络（centralized network）
分类广告网站（classified ad website）
点阅率（click-through rate）
点击数（click-through）
构成（composition）
网站浏览信息数据（cookies）
剪线族（cord-cutters）
绝线族（cord-nevers）
削线族（cord-shavers）
顾客保留和顾客关系管理（customer retention and relationship management，CRM）
平台（deck）
分散式网络（distributed network）
电子邮件广告（e-mail advertising）
第五代移动通信技术（5G）
超文本标记语言（HTML）
互动广告局（Interactive Advertising Bureau，IAB）
互动电视（interactive TV）
互联网（internet）
互联网出版商（internet publisher）
关键词（keyword）
登录页（landing page）
线性电视（linear TV）
微型网站（microsite）
自然搜索结果（organic search results）
云上存储（over-the-top（OTT）inventory）
前贴片广告（preroll）
程序化广告（programmatic advertising）
协议（protocols）
实时竞价（real-time bidding）
重新定向广告（retargeting ads）
富媒体邮件（rich mail）
富媒体广告（rich-media advertising）
搜索引擎（search engine）
搜索结果页面（search-results page）
垃圾邮件（spam）
付费链接（sponsored links）
赞助（sponsorship）
第三方广告服务器（third-party ad server）
病毒式营销（viral marketing）
网络浏览器（web browser）
网页（web page）
网站（website）
万维网（World Wide Web，WWW）

复习题

1. 作为一种广告媒介，互联网是如何发展到目前这种状态的？
2. 互联网上哪些公司的广告收入最多？为什么？
3. 在互联网上做广告有哪些不同的途径？
4. 什么是 cookies，它们是用来做什么的？
5. 网络出版商有哪些不同的广告收费方式？
6. 与传统广告媒介相比，互联网给广告主提供的优势有哪些？
7. 网络上的受众测量与传统媒体的受众测量有何不同？
8. 互动媒体对小广告主有什么重要意义？
9. 广告主在参与到社交媒体之前，已获成功的实践会建议它们先做些什么？

广告体验

1. 互联网广告

   互联网上的展示广告类似于户外广告牌，在网络上充斥着广告信息、公司标志和超链接。像 DoubleClick 这样的公司正在蓬勃发展，因为它们引入了新的更好的网络广告管理方法，帮助广告主对它们投放广告的节目更有信心。

   广告行业是一个快速变化的领域，访问以下与广告相关的网站，了解更多相关信息，然后回答下面的问题。

   - DoubleClick：www.doubleclick.com
   - Clickz：www.clickz.com
   - iMedia Connection：www.imediaconnection.com
   - 横幅报告（Banner Report）：www.bannerreport.com
   - MediaPost：www.mediapost.com

   a. 什么团体出资赞助该网站，这个组织的目的是什么？

   b. 该组织的规模和范围如何？

   c. 网站的目标受众是谁？

   d. 该组织为网络广告主提供哪些服务？

2. 设计横幅广告

   致力于各种极限运动的 *X-Scream* 杂志希望将其广告预算的一部分用于横幅广告。考虑到该杂志的目标市场，找到消费者可能访问的三个网站，并设计一个横幅广告，激励他们更多地了解（并订阅）该杂志。

3. 访问多芬的特设网站 www.dove.com/us/en/stories/campaigns.html。该品牌倡导“真实的美”的理念，认为美可以是多种形式的，各种身材、年龄、肤色都可以很美。你觉得这些广告怎么样？你认为把它们放到网上有什么好处？

4. 2006 年，多芬邀请其网站访问者注册一个免费账户，并提供一些工具帮助访问者在网站上轻松制作广告，最佳广告随后出现在 2007 年奥斯卡颁奖典礼上。你认为这项工作背后的沟通目标是什么？你认为多芬用什么标准来衡量这项网络计划是否取得成功？

5. 与亚马逊网站相比，目前亚马逊 Echo 上订购的商品数量相对较少。这种情况将来会改变吗？请说明原因。

6. 假设你是一名参与厨房视图（Kitchen View）项目的互动媒体设计师，你被分配了开发横幅广告以推广网站的任务。哪些信息有必要在广告中呈现？考虑到展示广告固有的局限性，如何完成这个任务？

本章注释

[1] Thomas Franck, “Amazon’s US Sales to Match Walmart’s within Three Years, JP Morgan Predicts,” *CNBC,* May 15, 2018, *www.cnbc.com/2018/05/15/amazons-us-sales-to-match-walmarts-within-three-years-jp-morgan-predicts.html.*

[2] Kate Taylor, “Almost Half of Millenials Say They’d Rather Give up Sex Than Quit Amazon for a Year, According to a New Survey,” *Business Insider,* December 6, 2018, *www.businessinsider.com/millennials-pick-amazon-over-sex-survey-2018-12.*

[3] “Digital Advertising Spending in the United States from 2015 to 2021 (in billion U.S. dollars),” *Statista, www.statista.com/statistics/242552/digital-advertising-spending-in-the-us/.*

[4] Frank Barnako, “Bravo, Comedy Central Get Boost from Net Homes,” *MarketWatch,* October 11, 2006, *www.marketwatch.com/story/bravo-comedy-central-get-boost-from-net-homes.*

[5] “Share of Adults in the United States Who Use the Internet in 2018, by Age Group,” *Statista, www.statista.com/statistics/266587/percentage-of-internet-users-by-age-groups-in-the-us/.*

[6] Bennett Bennett, “The Future of Audience Measurement Is Getting Clearer, but Nielsen May Not Carry the Torch,” *The Drum,* May 3, 2018, *www.thedrum.com/news/2018/05/03/the-future-audience-measurement-getting-clearer-nielsen-may-not-carry-the-torch.*

[7] Gabriel J. X. Dance, Michael LaForgia, and Nicholas Confessore, “As Facebook Raised a Privacy Wall, It Carved an Opening for Tech Giants,” *The New York Times,* December 18, 2018, *www.nytimes.com/2018/12/18/technology/facebook-privacy.html.*

[8] Jon Porter, “Google Accused of GDPR Privacy Violations by Seven Countries,” *The Verge,* November 27, 2018, *www.theverge.com/2018/11/27/18114111/google-location-tracking-gdpr-challenge-european-deceptive.*

[9] “Nielsen Digital Ad Ratings,” Nielsen LLC, 2019, *www.nielsen.com/us/en/solutions/capabilities/digital-ad-ratings.html.*

[10] Brian Steinberg, “TV Industry Struggles to Agree on Ratings Innovation,” *Variety,* April 11, 2017.

[11] Adam Levy, “Cord Cutting, Cord Shaving, and Cable Gaming: How Consumers Save Money on Their Cable Bills,” *Motley*

Fool, July 5, 2015, *www.fool.com/investing/general/2015/07/05/cord-cutting-cord-shaving-and-cable-gaming-how-con.aspx.*
[12] Media Measurement Task Force, Internet Advertising Bureau, "Metrics and Methodology," September 15, 1997.
[13] *Ad Age* 200 Leading National Advertisers 2018 Fact Pack (Crain Communications, 2018).
[14] Statcounter GlobalStats, *http://gs.statcounter.com/search-engine-market-share.*
[15] "Online Ads: A Guide to Online Ad Types and Formats," *Wordstream*, *www.wordstream.com/online-ads#PPC%20Ads.*
[16] Claudia Kuehl, "Spam's Good Twin. If E-mail Is Done Just Right, People Will Want to Receive It. Really," *The DMA Interactive*, Library White Papers, May 2000, *www.the-dma.org/library/whitepapers/spamsgoodtwin.shtml.*
[17] Federal Trade Commission, "FTC Announces First Can-Spam Act Cases," press release, April 29, 2004, *www.ftc.gov/news-events/press-releases/2004/04/ftc-announces-first-can-spam-act-cases.*
[18] Amanda Beeler, "Word-of-Mouth Pitches Mutate into New Forms on the Internet," *Advertising Age*, April 2000, *http://adage.com.*
[19] Steve Jurvetson and Tim Draper, "Viral Marketing: Viral Marketing Phenomenon Explained, *DFJ.com*, January 1, 1997, retrieved at *http://dfj.com/news/article_26.shtml.*
[20] Tom Risen, "Is the Internet Bad for Society and Relationships?" *U.S. News*, February 27, 2014, *www.usnews.com/news/blogs/data-mine/2014/02/27/is-the-internet-bad-for-society-and-relationships.*
[21] Dinesh C. Sharma, "Study: DVR Adoption on the Rise," *CNET News.com*, March 30, 2004, *http://news.com.com/Study+DVR+adoption+on+the+rise/2100-1041_3-5182035.html?tag=nl.*
[22] Steve Miller and Mike Beirne, "The iPhone Effect," *Brandweek*, April 28, 2008, *www.adweek.com/aw/content_display/news/aqeney/e3ibef1ad200773laba65le6216ba3b6267.*
[23] IAB, "Digital Ad Spending Reaches an All-Time High of $88 Billion in 2018, with Mobile Upswing Unabated, Accounting for 57 Percent of Revenue," news release, May 10, 2018, *www.iab.com/news/digital-ad-spend-reaches-all-time-high-88-billion-2017-mobile-upswing-unabated-accounting-57-revenue/.*

第 15 章
社交媒体

学习目标

探索社交媒体如何改变广告主与受众浸合的方式。广告主必须了解如何有效地运用社交策略，以增强它们与现有顾客和潜在顾客的关系。

学习本章后，你将能够：

1. 讨论社交媒体与传统媒体的区别。
2. 解释社交媒体的各种使用方式。
3. 讨论社交媒体如何改变消费者的行为。
4. 解释如何代表品牌管理社交媒体。
5. 阐明社交媒体的不同应用。

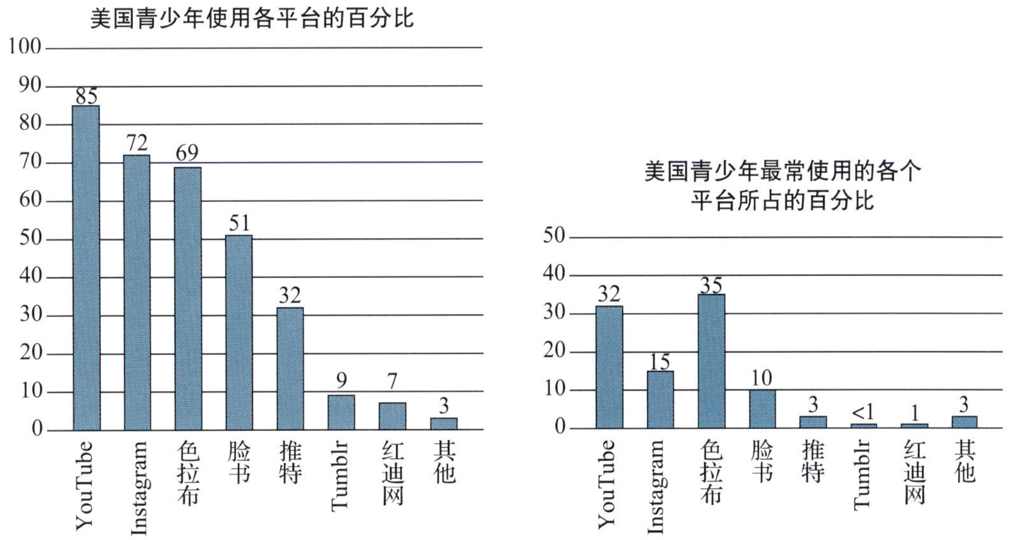

资料来源：" YouTube, Instagram and Snapchat Are the Most Popular Online Platforms among Teens," Pew Research Center, May 29, 2018, www.pewinternet.org/2018/05/31/teens-social-media-technology-2018/pi_2018-05-31_teenstech_0-01/.

图表 15 - 5
青少年对社交媒体平台的使用

社交媒体的类型

❷ 解释社交媒体的各种使用方式

社交媒体包括用于团体、社区、公司和个人之间交互通信的任何基于网络或移动的技术。这个宽泛的定义有助于解释为什么有那么多不同类型的技术属于社交媒体范畴。全世界有超过 28 亿的社交媒体个人档案，约占所有互联网用户的一半。[10] 以下是一些最常见的社交媒体类型。

论坛

论坛（forum）通常是围绕特定主题连接个人用户的网站。例如，野马（福特汽车公司推出的车型）论坛上用户谈论这一标志性的汽车。一些科技公司，如 Disqus 和 Livefyre，实际上将不同论坛上的人横向连接起来，这意味着用户可以通过管理 Disqus 登录到多个论坛，这些论坛分设在多个不同主题的网站中。2011 年，论坛的月度贡献比前一年大幅下降，从占互联网用户总数的 38% 下降到 32%。[11]

网络日志（博客）

博客（blog）是一个按时间倒序排列的日志网站。通常，博客是个人性质的；然而，它们已经变得如此普及，以至于一些网站主页使用博客格式。WordPress 和 Blogger（归谷歌所有）是两种更常见的博客内容管理系统（content management system，CMS）。这些 CMS 允许非技术型的普通用户轻松**发布**（post）内容。27% 的全球互联网用户每月积极参与博客写作。[12]

博客本质上也可以是多媒体，帖子可以是照片或视频，就像 Flickr 和 YouTube。虽然描述这些网站上活动的术语不同，但本质上它们具有相同的易于使用的网络发布格式。然而，在 Flickr 和 YouTube 上，用户创建频道而不是页面，上传内容而不是发布内容。全球互联网用户上传视频的比例已从 21% 增至 27%。[13]

微博

根据《个人电脑杂志》的说法，**微博**（microblog）是一种包含个人或公司日常活动

伦理、多样性与包容性

社交媒体中的儿童和受害者

社交媒体的普及会掩盖一些由过度使用或滥用引起的严重问题。10年前闻所未闻的问题现在被大量的人，特别是青少年和未成年人所经历。社交网站对这些问题负有什么责任？支持它们的广告主和赞助商呢？

根据美国政府网站Stopbullying.gov的说法，网络霸凌是指“在手机、电脑和平板电脑等数字设备上发生的霸凌行为。网络霸凌可以通过短信、文本和应用程序发生，也可以通过社交媒体、论坛或游戏在线发生，人们可以在其中查看、参与或共享内容。网络霸凌包括发送、发布或共享他人的负面、有害、虚假或刻薄的内容，包括共享其他人的个人或隐私信息导致尴尬或羞辱感。一些网络霸凌行为甚至演变成违法犯罪行为”[14]。9%～15%的美国学生表示他们遭受过网络霸凌。[15]美国政府认为网络霸凌是一个特别令人关注的问题，因为它可以是持续性的（每天任何时候都会发生）、永久性的（广泛和公开分享，影响生活中许多个人和专业领域），并且很难引起注意（老师和家长可能看不到霸凌帖子）。

由于孩子往往是网络霸凌的受害者，家长、教师和家庭成员必须努力防止网络霸凌。预警征兆包括发文的次数增加或减少、对短信和帖子的强烈反应、孩子在别人靠近时藏起自己的设备、停用社交账户、回避、退缩、抑郁和孤立。[16]

孩子们也可能面临来自其他社交媒体使用的威胁。如成人约会网站可能适用于了解其中风险并接受的成年人，但显然不适用于儿童。

遗憾的是，恋童癖者不需要使用这些网站就能伤害儿童。一些家长惊讶地发现，孩子们日常生活的照片出现在犯罪分子的电脑上，他们从脸书和其他传统社交媒体下载这些照片。

恋童癖似乎是现代生活中一个罕见和不寻常的方面，但统计数据表明远非如此。美国联邦调查局（FBI）报告称，儿童色情制品犯罪是增长最快的犯罪之一，在过去30年中，因儿童色情制品犯罪被捕的人数激增2 500%。超过一半的州监狱性犯罪者是因对儿童犯罪而服刑的。[17]

跟踪儿童的恶魔是如何找到并获得其目标受害者的信任的？他们经常使用社交媒体账户，孩子们在那里发布自己的消遣、朋友、好恶等，有时还包括自己的学校、家庭地址、电子邮件和社交账户。

这表明，社交媒体的特点使其对许多人具有吸引力，但也可能导致严重的滥用。到底谁有责任确保孩子们在一个安全、受保护的环境中享受与他人的联系？

问题

1. 让孩子拥有无人监管的社交媒体账户是否合乎伦理？孩子在什么年龄可以不受监管？
2. 想象一下，一位家长允许他的孩子拥有一个社交媒体账户，但在不让孩子知道的情况下秘密监视它。父母的行为合乎伦理吗？
3. 社交媒体品牌在确保用户安全方面负有什么责任（如果有的话）？在社交网站上进行整合营销传播的广告商也有责任在其中扮演某种角色吗？

简要条目的博客。当今网络上最流行的微博是推特。与博客很相似，微博帖子是按时间倒序排列的，用户在帖子（或推文）中使用有限数量的文字。这使得同一时间可在许多人之间传输信息或内容，因而微博具有广播特性。

推特在发布后引起轰动并经历了快速增长，之后在用户增长和盈利方面挣扎了许多年。该公司因其员工指控被骚扰而受到批评。从广告的角度来看，有研究发现系统中的大多数推文不是来自人，而是来自自动化系统，即“机器人”，这表明推特的受欢迎程度被大大夸大了。值得称道的是，该公司在解决问题方面取得了长足进步，截至 2018 年，该公司恢复了用户增长，并取得两个季度的盈利，保持了财务稳定。[18]

维基百科

维基百科（wiki）是用户协作的内容网站，通常发布文本内容。维基网站允许社区创建、编辑或删除内容。通常在不同群组中的个体之间完成知识的流动 / 共享。维基百科久负盛名，但由于它不接受广告，在很大程度上被营销人员所忽视。

社交书签

社交书签（social bookmarking）曾经是一种流行的网络内容共享形式，但最近它的流行程度有所下降。然而，从这种形式的社交媒体中产生了一种非常重要的分类工具——标签。添加标签是使用关键词进行自分类的行为，使内容更易于搜索和查找。作为组织信息的一种方式，标签现在被用于各种形式的社交媒体。流行的社交标签网站包括红迪网、Mix 和 Tumblr.com。

社交网络

社交网络（social networking）是一个用来描述人们基于共同兴趣聚集在一起的网站的术语。就脸书而言，这种兴趣是关于人的信息；在推特上，人们的共同兴趣是新闻和话题；以此类推。图表 15 - 6 展示了基于独立访客的顶级社交网站。

图表 15 - 6
截至 2018 年 10 月，全球最受欢迎的社交网站（按活跃用户数量排名）

网站	月独立访客数
脸书	2 230 000 000
YouTube	1 900 000 000
WhatsApp	1 500 000 000
飞书信	1 300 000 000
微信	1 058 000 000
Instagram	1 000 000 000
QQ	803 000 000
QZone	548 000 000
抖音 / 抖音国际版	500 000 000
新浪微博	431 000 000
推特	335 000 000
红迪网	330 000 000

资料来源：“Most Popular Social Networks Worldwide as of January 2019, Ranked by Number of Active Users (in millions),” Statista, Inc., 2019, www.statista.com/statistics/272014/global-social-networks-ranked-by-number-of-users/.

数据爆炸

在第 14 章中，我们提到了允许营销人员测量用户使用情况和行为模式的跟踪机制。将跟踪机制产生的信息与流入和流出这些社交平台的数据结合起来，两天内产生的数据将比从有记录的历史开始到 2003 年这一长时间段内的所有数据还要多。[19] 这些信息能让营销人员更好地了解受众如何与品牌互动，如分享、喜欢、不喜欢以及如何感知品牌。这种前所未有的反馈机制是广告主的“利器”；然而，大多数广告主没有安排必要的资金来真正利用这个机会。关于原因可能有多种解释，但最有可能的是缺乏资源，以及对一些间接测量指标（如品牌喜好度）如何最终影响公司的效益认识不足。

这一状况正在改变。当广告主提出这些棘手的问题时，大批企业家都在寻求答案。像 Turn 这样的媒体技术公司正在为营销经理打造**软件即服务**（software as a service，SaaS），以真正利用这些数据的力量。它们的技术和其他类似技术的功能很强大，可以从营销人员的现有数据库（CRM、交易 / 销售、时事通讯等）中获取数据，也可以从第三方数据提供商（如 BlueKai 和 Targus Info）和网站流量中获取数据，以了解品牌顾客人群的构成。然后，营销人员可以使用这些数据在互联网上定位顾客人群和相似人群，所有这些都是实时的，同时根据人们对广告的反应以及对销售或交易数据的影响来优化广告战役。这项技术允许营销人员在瞬间决定向谁发送消息、在什么网站上发送消息以及执行什么消息，以增加预期行为（如销售）的可能性。这听起来很像我们在第 9 章讨论的媒体策划人员的角色。难怪广告公司争先恐后地想知道如何在这个新兴的社交媒体和技术的世界里生意兴隆。

15.3 管理社交媒体

社交媒体和传统媒体最大的区别之一是，社交媒体包括 20% 的广告策划以及 80% 的执行和管理，而传统媒体恰恰相反：80% 的广告策划以及 20% 的执行和管理。这意味着社交媒体更加劳动和资源密集。另一种说法是，社交媒体的使用往往是战术性的、快速的和响应性的，而不是战略性的和深思熟虑的。下面有一个很好的例子，奇巧（Kit Kat）和奥利奥之间的“决斗”是为了回应一位巧克力爱好者的推文，推文中声称她喜欢这两个品牌。奇巧发起了一场井字棋游戏挑战奥利奥，以赢得消费者的喜爱。奥利奥的反应，根据全球之声（Mashable）的说法，“可以有很多种方式，粉丝们鼓励这两个品牌在井字棋棋盘进行角逐，但奥利奥选择了最安全、最有趣、最出乎意料的方式：恭维奇巧”[20]。

自有媒体和碎片化

❸ 讨论社交媒体如何改变消费者的行为

在社交媒体的早期，品牌很少花钱购买广告曝光。相反，大多数品牌在自有媒体资源上花费时间和精力。其中的区别在于，自有媒体资源就像一个网站，不是一个你必须付钱给媒体公司才能发布和曝光你的信息的地方。社交媒体的工作方式与品牌的自有网站一样：一个品牌部署的各种页面或群组都是免费的，例如，尽管迪士尼有多个脸书页面用于其公园、电影、电视频道、游轮等业务，但迪士尼并没有因此给脸书广告费用。近年来，社交网站已经找到了对品牌和组织的页面收费的方法，但对品牌而言，最具挑战的部分仍然是不断地创建和更新内容，提供吸引人的内容，并且不会让观众感到厌烦或应接不暇。推特上出现“取消关注”的最大原因是过度发推。

回到迪士尼的例子，有这么多品牌和这么多渠道部署它们自己的信息呈现，管理碎片化会消耗大量资源，需要相应的政策和程序来确保品牌在所有传播领域都采用准确的描述。哪里有头痛，哪里就会有阿司匹林。Buddy Media（Salesforce 旗下）和互随是两家年轻的公司，它们帮助品牌和机构利用仪表板控制所有社交活动。它们提供分析和测量工具，帮助定义每一次推广、推文、投票或部署的其他内容的成功。趋势分析将帮助品牌解释它们在社交媒体网站上采取的每一个行动的影响。

本章稍后讨论的聆听工具也有助于了解博客圈（所有在线博客的集合）中发生的事情。例如，一个公司的品牌是如何被谈论的，消极的还是积极的？文本分析——对基于文本的**用户生成内容**（user-generated content，UGC）的测量和分析——是社交空间的一个新兴领域，我们在互联网上表达对产品、品牌或服务的看法时，仅仅对使用文字和语法进行分析就产生了前所未有的洞见。这些工具有助于使社交媒体的碎片化呈现更容易管理；然而，这些工具的好坏取决于使用它们的人。因此，这仍然是一种劳动密集型的与受众沟通的方式。

15.4 建立社交权威

4 解释如何代表品牌管理社交媒体

社交媒体给广告和营销带来了新的元素——人的因素。这意味着消费者知道他们可以实时与公司的真实人员联系。其结果是，消费者和品牌之间建立了一种关系，这种关系可以提升公司在其销售产品或服务领域的权威地位。随后品牌偏好度的提升也增加了销售增长的可能性。这正是大多数公司在将社交媒体纳入媒体组合时努力追求的目标。然而，建立权威并不像描述的那么容易实现。正如我们与妈妈博客博主和美林（Motrin）讨论的那样，就像在真实的线下世界一样，有时很难预测人们互动的结果。

透明度和真实性

社交媒体的最佳实践鼓励公开、透明和真实性。正如奥特米特集团（Altimeter Group）负责人布赖恩·斯托利斯（Brian Stolis）在《福布斯》上所言："事实上，我看到企业正在改变它们对待社交媒体的方式，以向顾客传递价值。"[21] 斯托利斯的意思是，从历史上看，价值是广告中产品或服务的相对成本的一种表达。如今，价值已不仅仅局限于定价或产品，还通过许多不同的方式扩展到顾客生活中。

然而，许多公司并不像社交媒体平台所要求的那样开放和互联。这些公司需要弄清楚，如果它们不能接受开放，参与社交媒体是否值得。然后它们能做什么呢？它们会放弃将社交媒体作为一种可行的营销战术吗？还是它们自己从根本上改变了经营理念，鼓励社交媒体上的对话？

品牌双向沟通

市场调查对品牌来说并不是什么新鲜事。了解目标受众的视角有助于品牌创造更好的产品、服务和传播。然而，社交媒体提供的即时反馈机制是前所未有的，以至于直到最近，大多数公司还无法处理好社交媒体的需求。想想在 10 年前，获得一个品牌的受众对其产品感受的信息需要数周时间来收集、管理、汇编和报告调查结果。现在，只需在**社交聆听**（social listening）工具中输入几个关键词，几秒钟内就可以实现。然后，你不仅可以获得有关品牌的信息，还可以获得有关竞争、类别和行业的信息。最重要的是，你可以根据文本的语法来评估其中的情感。

众所周知，**口碑**（word of mouth，WOM），例如朋友的推荐，是说服一项未来购买的最有效的沟通形式。在社交媒体上，口碑被复制到发表用户评论的网站上。在这里，受众可以找到各种关于企业的详细而有用的观点。这种社交智能奖励那些给顾客提供价值的企业，并惩罚那些未能为顾客提供良好服务的企业。

社交媒体上的评论对地方性企业有多重要？ Bright Local 每年对消费者进行调查，报告称，86% 的消费者阅读当地企业的评论，27% 的消费者每天使用互联网寻找当地企业。希望培养信任的地方性企业应该知道，消费者在发现企业评分可信之前，平均需要阅读 10 次评论。超过一半的消费者只会在一家企业拥有四星及以上评分时才会经常光顾。在 18 ～ 34 岁的年轻消费者中，有九成的人对在线评论的信任程度相当于朋友的建议。[22]

社交媒体平台是放大用户口碑并使其可测量的工具。一个品牌现在可以知道一项资产（链接、照片、视频、促销）被分享的频率，以及它触达了多少人。这使得社交媒体在推动口碑推荐方面的能力非常强大。大多数品牌想知道如何鼓励这种行为，社交媒体提供了这样的平台。通过品牌页面、脸书、Pinterest、推特和其他可以参与对话的媒体，有望将对话推到正确的方向。

但品牌需要非常清楚什么是真正的真实和透明。显然，对于一家公司来说，100% 透明或真实是不明智的，因为它的竞争对手很可能在窃听。除此之外，我们正在与人打交道，人们常常想说一件事，却表达成另一件事。考虑一下“便利”这个词在银行服务中的含义。对于不同的人来说，这个词意味着不同的东西。它可能意味着该银行提供移动服务使使用服务变得容易；或者该银行位于客户附近，便于客户进入其场所接受服务；或者银行专门为个人客户定制了体验。所有这些元素都很便利，因此仅仅宣称真实性和透明度是企业社交战略的支柱是不够的。品牌需要定义其真实性和透明度，通常这种双向沟通真正提供的是一个机会，让品牌以自己的方式提供帮助（真实性），不仅仅是推动促销活动，而且让客户有更多机会探索产品或服务的幕后（透明度）。

社交媒体中的顾客服务

正如我们在本章最后一节中所建议的，帮助客户是公司在客户群中建立信任和忠诚的一个非常强大的机制。美捷步、康卡斯特和许多利用社交媒体扩展其客户服务工作的品牌就证明了这一点。

登录推特并搜索 @comcastcares，你会发现一连串客户向 @comcastcares 提出的问题、发表的评论和声明，并几乎立即得到回复。当他们离开电脑几分钟时，甚至还有来自康卡斯特推特的更新。该做法最初源于一个项目，后来很快就成为该公司降低客户支持成本的倡议。

其他公司，如 Casper 床垫，则为客户提供自助论坛。它甚至会邀请顶尖的志愿评论员成为新产品和服务的“测试客户”，征求他们宝贵的反馈。这让客户感到高兴，测试客户现在觉得有义务帮助他人，并在客户论坛中保持积极立场。真正的客户服务代表通常对技术问题不太熟悉，DirecTV 通过迎合那些最有影响力的客户的自尊心，使需要服务代表处理的客户问题大幅减少，每年节省数百万美元。

考虑一下这个故事的意义。一名男子在到达预订的位于帕洛阿尔托的四季酒店时迟到，被安排到一个不符合他标准的房间。对此他感到不高兴，并在推特上表达了自己的不满。四季酒店立即看到推文并及时纠正了这个问题。事实证明，这位客人一年要去帕洛阿尔托近 60 次。然后他在推特上表达了他的喜悦，四季酒店刚刚创造了一个忠诚的顾客。[23] 在社交媒体出现之前，客人可能会以酒店永远不知道的方式表达他的不满，酒店可能永远失去了一位客人。法兰克·伊莱森（Frank Eliason）是畅销书作者以及 @comcastcares 的创立者，他说，社交媒体标志着以往守旧生意的结束。

社交媒体如何改变商业

有无数种方式可以描述社交媒体如何改变商业环境。社交媒体带来的一系列互动并不能单独用于品牌推广。它对电子商务收入产生了实质性影响。以下是社交媒体平台如何继续推动标准实践的例子：

- 金融和信贷品牌在脸书广告上投入巨资，瞄准千禧一代。
- 地方性企业能够利用时事和当地的热点问题，在社交媒体上往往比大品牌更有优势。
- 康卡斯特至少有 11 名全职员工专注于通过社交媒体网站提供客户服务。
- 戴尔认为直接从推特获得的收入远远超过 650 万美元。
- 同时访问捷蓝航空官网和其推特的访客，完成预订的可能性比未访问推特（仅访问官网）的访客高 35%。[24]
- 36% 的社交媒体用户发布品牌相关内容。

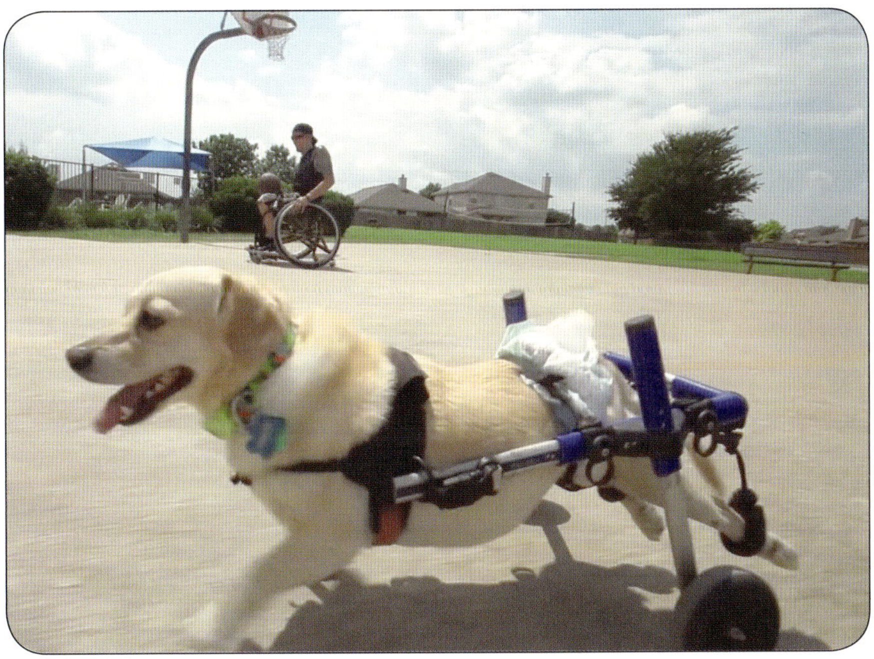

资料来源：Kimberly-Clark Worldwide, Inc.

舒洁（Kleenex）凭借其病毒式传播“不太可能的好朋友”吸引了 2 700 万人次的浏览量和几乎同样多的评论。小狗 Chance（图片中的狗）被汽车撞倒后失去了后腿的行走功能，它需要从这件事中走出来。迈克尔自己也有残疾，他在一个庇护所找到了 Chance，并创造了一种让狗活动的方法。虽然分享数据很重要，但正是人们发自内心地转发这一故事让这一病毒式传播如此强大。

- 85% 的中小企业使用推特提供客户服务。
- 25% 的美国营销人员在 Instagram 上运行视频广告。[25]
- 75% 的公司现在使用推特作为营销渠道。
- 41% 的 2011 届毕业生在求职时使用社交媒体网站。
- 超过 500 万家企业依赖脸书广告，高于 2016 年的 300 万家。[26]
- 用户平均每天在脸书的频道（脸书、Instagram、飞书信）上花费近 50 分钟。[27]
- 推特广告的选项包括推广推文（售价按照每一次参与 2 美元计算）以及推广热门话题（每天要 20 万美元）。[28]

15.5 社交媒体的应用

社交媒体不是万能的营销工具。是否使用社交媒体在很大程度上取决于公司类型、受众和使用这一媒体的目标。下面我们将介绍社交媒体的一些常见用途。

社交媒体的常见用途

并非所有品牌都活跃在社交媒体上，也并非所有品牌都必须这样做，但广告主开始以一些常见的方式利用社交媒体的力量。

博客

⑤ 阐明社交媒体的不同应用

开始使用社交媒体最简单、最好的方法之一就是成为一名行动者。博客是简单的、按时间倒序排列的网页，在本质上通常是宣传已见的。许多品牌将博客作为一种工具，让客户听到品牌的声音，并在更深入、更个人化的层面上了解品牌。美捷步有一个延伸的网站，按购物项目分类列出博客内容：户外、跑步或家居用品等。我们将在本章后面再次提到这个网站。

品牌监控和社交倾听

在本章中，我们简要介绍了尼尔森的 BuzzMetrics 等聆听工具。这些工具使品牌能够将所有评论（正面、负面或其他）聚合到一个用户很容易使用的控制板中，并提供强大的分析和趋势预测，以了解对话是如何持续的、情绪是如何随时间变化的。这些工具非常有助于了解人们是如何积极谈论你的品牌的。有许多使用这些数据的方法。一种很常见的方法是跟踪新产品的发布，并确定顾客群的接受程度。

再营销

过去，品牌的标准做法是让其网络受众直接从其网站上注册以获得产品简讯。然后，它们会拿到这些注册用户的名字，不断地向他们推销，直到他们选择退出企业和用户之间的通信。在某些情况下，这些品牌变得相当老练，它们可以根据日期、时间和报价告诉你每次简讯发送后的确切销售额。如今，这些顾客数据库已经转移到社交网络上。在社交网络上，由点赞和关注主导大多数品牌向其顾客提供再营销的方式。社交媒体取代电子邮件成为再营销的主要形式有效率方面的原因，这源于规模经济。与填写潜在顾客的表格相比，关注品牌或加品牌为好友要容易得多。此外，信息以多

IMC 实战模拟

使用社交媒体

与任何其他媒体选择不同，社交媒体平台不一定要在公司目标受众最集中的地方投放广告。事实上，传统的广告媒体过程不论怎样都不适用。

社交媒体跟浸合度有关。然而，浸合是一个棘手的词，因为它通常对每个品牌来说都有不同的定义。但定义浸合度对你的品牌意味着什么，将帮助你确定如何正确地使用社交媒体。花点时间思考一下你的目标受众是如何使用社交媒体的，以及你在哪里可以找到吸引用户的切入点。这是了解如何使用社交媒体进行整合营销传播的第一步。

正如你在本章中所阅读的，社交媒体的使用是整合营销传播中一个非常重要的部分。基本上，社交媒体的功能是要让品牌记住，它们的目标受众是人，待人方式很重要。

社交媒体最棒的地方在于它能让你变得非常有创意。但不要过分追求一个创意，因为社交媒体既关乎一次性的创意执行，也关乎持续和一致的信息呈现。还要记住，社交媒体天生是开放的，这意味着看似不同的技术实际上可以协同工作创造出新的东西，而不是必须发明一个全新的东西。

在你的广告战役中使用社交媒体作为与品牌忠诚者联系的一种方式，也许可以为他们提供分享你的品牌信息的工具。记住，口碑是沟通之王，谁能比你的忠诚者更好地赞美你呢？人们与社交媒体互动的方式有很多种，你需要了解特定品牌的忠诚者如何利用这些互动来实现他们的目标。如果你能发现这一点，并提出一些实现这些目标的创造性想法，那么你将拥有一个成功的战略。

媒体形式发布，顾客想要在那里与品牌或公司互动而不是在其收件箱中。一个品牌可以在 YouTube 或 Vimeo 上创建一个频道，拥有一个推特账户和脸书账户，甚至有一个领英群组或 Slideshare.net 或 Flickr 频道，所有这些都允许该品牌将传播内容在自有的**网络**（network）中发布。

营销调查在线社区

Communispace 和 Passenger 是用于营销调查的最大在线社区供应商。想象一下，你代表一个品牌，你有一个你认为是未来大创意的想法。如果你有一个营销调查在线社区（MROC）的账号，你就可以问你忠诚的顾客和拥护者，他们对这个想法或创意的看法。Communispace 和 Passenger 代表品牌方来招募人员并管理社区，在花费大量媒体资金之前给品牌方提供有价值的反馈，只是为了发现一项新产品是否最终将失败。星巴克是一个运作良好的在线社区的例子。该社区允许用户向星巴克提交他们的想法和建议，然后进行投票。星巴克在其博客“行动中的想法”（Ideas in Action）中推广这些想法，将其转化为实际的产品或服务。

客户服务

一个品牌能用 140 个字符（截至 2017 年底为 280 个）组成的文字做什么？对康卡斯特和美捷步来说，它们可以建立起在它们的行业类别中无与伦比的品牌忠诚度。最初只是 @comcastcares 推特账户背后的一个“家伙”，现在变成了一个支持人员的团队，他们回答各种问题，从你所在的地区福克斯体育网络是什么频道，到你如何使用遥控器看节目，甚至是管理有关计费问题的投诉。对于美捷步，这280个字符可以鼓励每个员工积极参与社交媒体的一切活动，特别是推特上的活动。这使得该公司能够将其早已成为传奇的客户服务技能传达到美国几乎每一个推特用户。只要有人谈论美捷步，一个答案或转发肯定会跟进，很可能提供回答的人就是美捷步的首席执行官。

社交广告

社交媒体上的广告需要一种策略和一系列目标，就像在其他媒体上投放广告一样。一家公司应该清楚地知道它想触达谁，希望获得什么成果。广告目的是增加列表中的联系人、增加一群粉丝关注者、增加用户对产品或品牌的知识、吸引人们访问网站，还是进行销售？市场由哪些人构成，社交媒体工具又如何确保此项广告战役仅针对潜在顾客？

脸书

正如本章中的几个图表所显示的那样，脸书仍然是社交媒体中的庞然大物。该网站覆盖全球，几乎1/3的互联网受众都可以访问该网站。每天有近7亿人使用该网站。

希望在脸书上做广告的公司可以利用以下几种广告机会：

一个**提升帖子**（boosted post）给公司这样的广告机会，即让一个帖子在公司粉丝的新闻订阅中更加突显。这增加了更多粉丝看到、喜欢、分享帖子或以其他方式参与帖子的机会。对于那些已经是粉丝的人来说，提升帖子很有用，如果粉丝向其他人分享帖子，可以增加品牌账号的关注者。为了获得额外收益，脸书还将向某个品牌粉丝的朋友推广该帖子。

点击进入网站（click to website）广告与谷歌搜索广告一样运作：它们将用户带到脸书之外的公司网站。对于一家希望进行销售或吸引脸书用户采取其他行动的公司来说，这是一个不错的选择。

主页增粉（page likes）旨在吸引公司或品牌的粉丝。广告中有一个“喜欢”按钮，用户很容易成为粉丝。对于品牌培养“喜欢”到底有多重要，存在一些争议，但大多数营销专家都同意，“喜欢”本身不是目的，而是品牌与顾客建立关系的开始。

这类广告的变体可能会试图鼓励更深层次的关系，例如购买。此外，广告可能会以产品视频、贴图或其他吸引人的内容为特色。虽然一些广告出现在新闻订阅中，但其他广告可能出现在订阅的右侧或用户侧边栏中。

移动应用程序安装（mobile app installs）是脸书上的另一类广告，顾名思义，它要求用户在智能手机或其他设备上安装应用程序。应用程序的例子包括乐队档案（Band Profile），允许音乐家向歌迷分享音乐；善因（Causes），一个帮助非营利组织筹集资金的应用程序；我去过哪里（Where I've Been），社交媒体公司TripAdvisor赞助的一款应用程序，允许用户与他人分享他们的旅程。

根据在各种广告战役中收集的反馈数据，这些不同的广告机会的效果有所不同。移动应用程序安装和页面帖子的数据表明，点阅率约为2%。

最后，脸书允许广告主将其广告的曝光限制在正确的人口组合中，包括根据受教育程度、地理位置或性别以及喜好和兴趣选择受众。

V 广告背后的人物

马克·扎克伯格

脸书首席执行官马克·扎克伯格告诉《财富》杂志："很多公司都被归类为社交网络。""很多网站都是交友网站、媒体网站或社区网站。但我们的使命是帮助人们理解周围的世界。"

那么，一个人如何在短短几年内从几乎破产的大学生变成网络大亨呢？最好的答案可能是智慧、雄心壮志、决心、勇气和一点黑客心智的独特组合。

扎克伯格出生在纽约郊区的多布斯费里。和同时代的许多人一样，他在电脑的陪伴下长大，成为一名自学成才的程序员。扎克伯格和一位朋友为创建定制音乐播放列表而编写的一段代码引起了微软的注意，微软为他们提供了工作机会。但扎克伯格已经被哈佛大学录取，所以他拒绝了微软。

在校园里，扎克伯格第一次尝到了名气和争议的滋味。这所常春藤盟校缺少一个在线照片目录，管理人员声称不可能创建一个这样的目录。事后证实这一说法是扎克伯格无法抗拒的挑战。他进入哈佛大学的电脑网络，在一个名为 Facemash 的网站上发布了照片。为了增加流量，他邀请哈佛学生访问 Facemash，从成对的本科生照片中挑选"更性感"的人。不久之后，学校把他的网站关闭了。

但扎克伯格并没有停止，他的脸书的前身于 2004 年 2 月诞生。扎克伯格自己将脸书描述为"帮助人们更有效地与朋友、家人和同事沟通的社交工具"。事实证明，这一做法立即取得了成功，几周内，半数以上的哈佛学生加入了。不久之后，脸书被推广到其他学校，并被证明同样成功。

当时扎克伯格不得不决定是留在学校还是创办一家公司。他选择了后者，离开哈佛前往加利福尼亚州的帕洛阿尔托，那里靠近几乎所有主要网络和软件公司的总部。截至 2006 年，脸书吸引了近 4 000 万美元的风险投资，拥有近 700 万用户，其中大部分是大学生。

成功带来了新的挑战。尽管脸书的发展轨迹引人瞩目，但与当时美国最受欢迎的社交网站聚友网相比，其规模仍然很小。2006 年，聚友网的会员人数为 1 亿左右。扎克伯格计划在大学校园外拓展他的网站业务但没有成功，脸书用户的增长正在趋于平缓。他脑海中可能出现的问题是：这就到顶了吗？

此外，脸书的成功也引起了人们的关注，大公司也在出价购买。维亚康姆出价 7.5 亿美元，但扎克伯格拒绝了。过了不久，雅虎打电话来问。很少有人知道当自己 24 岁的时候自己的公司值 10 亿美元报价的情形。马克·扎克伯格是其中之一。他告诉雅虎他会接受这个报价，但在最后一刻雅虎改变了出价，宣布将为脸书支付"仅" 8 亿美元的价格。扎克伯格转身离开。

脸书是如何取得如此巨大的成功的？粉丝们说拜扎克伯格所赐，脸书已经不仅仅是一个社交网络。《连线》杂志称其为"组织起整个互联网的成熟平台"。事实上，脸书与其他社交网站的区别很大程度上在于它愿意向第三方开发者开放其平台。这些开发人员帮助生成使网站令人上瘾的大量应用程序。

当《时代》杂志在 2007 年询问扎克伯格的宏伟计划，包括广告计划时，他回答说："很难确切地说未来的 3～5 年事情会是什么样子……有很多应用程序将被开发出来，允许人们以不同的方式共享信息。我预计用户群将增长，广告主有更多的方式接触人群，并以一种非常自然的方式进行沟通，就像用户彼此沟通一样。所有这些事情都会变得越来越复杂。"

2012 年 5 月 18 日，扎克伯格的领导层获得了回报，该公司首次公开募股（IPO）创下了交易量纪录，脸书创造了超过 140 亿美元的市值。随后，其股价大幅下跌，后来得以恢复并开始稳步增长。

最近的一段时间脸书有些困难，它面临对其用户隐私行为管理的审查。它也一直是政客批评的目标，因为它允许论坛发表一些被认为具有冒犯性的言论，同时却审查掉一些事实上的非冒犯性言论。2019 年初，甚至有人呼吁扎克伯格辞职。

但马克·扎克伯格已经明确表示，他不会去任何地方。虽然脸书的成功故事不是一帆风顺的，但该公司不断找到创新、成长的方法，并在其受众心中保持重要地位。

未来将会怎样？脸书正在虚拟现实领域投入巨资。如果以过去为指导的话，它将跟循用户寻求的利益以及它的广告主的利益，继续向前发展。

推特

推特提供了类似的广告选择菜单，从**推广推文**（promoted tweet）开始。推广推文有助于将推文的显著性提升到关注者订阅的顶部，推文相当于脸书的新闻墙。推特确实将推文的范围扩大到了那些不是品牌关注者但兴趣和行为相似的用户。这使得一个品牌更容易获得粉丝关注者。

推特广告主的另一个选择是**推广账户**（promoted account）。这出现在用户的“关注谁”选项卡中，品牌要增加关注者，这是一个更好的选择，因为其主要受众不是该品牌的当前关注者。推特表明，推广账户在推动购买、引导顾客、下载和注册，提高品牌知名度和口碑分享，以及提升网络流量方面最为有用。

推特广告的第三个机会是**推广热门话题**（promoted trends）。这是一个昂贵的广告选项。推特向公司收取每天 20 万美元的费用，以购买一个热门话题推广。作为交换，公司可以在推特上的热门话题列表附近展现所有用户都可以看到的标签。事实证明，这不仅对可口可乐和迪士尼等大品牌有吸引力，而且对总统竞选战役也有吸引力。

推特上广告活动的效果更难评估，因为该公司与广告主分享的信息比脸书少。然而，行业估计表明，推特上的广告的点阅率与脸书上的大体一致。

其他社交媒体

广告现在几乎是所有流行社交媒体平台的一部分，包括 Instagram、色拉布和 Pinterest。这些公司拥有忠诚、活跃的受众，对广告主具有极大的吸引力。事实证明，它们在移动领域也很有效。广告主喜欢移动领域，因为人们越来越多地通过手机和平板电脑访问网络。

社交媒体机构毫不犹豫地要求品牌为其拥有的受众群支付大笔费用。推特为推广热门话题而要求的 20 万美元已经足够高了，足以与电视网黄金时段广告所需的费率相匹配。色拉布对其平台上热门话题的广告报价为 75 万美元，几乎超过了所有电视黄金时段广告的收费（超级碗期间播出的广告除外）。

众包

为了设计一个新的标志或重新设计一个网站，公司可以花费几万到几十万美元。或许可以去 99designs.com 或 Crowdspring 上创建一个简报，向人们展示你对标志设计的要求。来自世界各地的人聚集在这些网站上寻找新的设计项目。接下来，他们会制作几个设计的初步模型供你仔细阅读，并确定你最喜欢的一个设计。然后你可以与设计师一起调整标志或广告，使其符合你的喜好。最终的价格是多少？不到 800 美元。这可以为公司节省大量资金，让它们把钱用在其他方面。很可能，拥有获奖设计的人身处另一个国家，在那里 800 美元已经是不少钱了。这就是众包的力量。

资料来源：Snapchat and IHOP.

色拉布不甘示弱于其他社交媒体，它为品牌提供了接触受众的机会。由于该平台在青少年中的普及，它的优势是能够接触到其他媒体错过的个人。

娱乐

社交媒体平台并不总是严肃的；一些品牌利用社交媒体为其公司文化注入活力，如美捷步，或者以独特的方式为粉丝群带来娱乐。以汉堡王和 Blendtec 两家公司为例，汉堡王创建了一个脸书应用程序，要求人们通过解除好友关系的方式来“牺牲”10 个朋友。当他们这样做了，就能获得一个免费的皇堡。在 20 000 名用户与超过 200 000 名“朋友”解除好友关系后，脸书出于隐私考虑关闭了该应用程序。有时这种坏消息实际上对品牌形象有好处。我们在第 14 章提到了 Blendtec，一家工业搅拌器制造商。它创建了一个 YouTube 频道叫作“它会搅拌吗”。Blendtec 首席执行官以一种活泼而有条不紊的方式通过视频向大家展示了他的搅拌器几乎可以搅拌任何东西。从滑雪板到 iPhone，再到电池和荧光棒，这个渠道的传播演变成为一种流行的现象，Blendtec 很快停止了所有其他营销努力，专注于创建关于搅拌器可以搅拌什么的情景视频。

游戏和游戏化

本章以《堡垒之夜》为例展开，虽然战斗游戏是连接世界各地共享游戏激情的人的最新方式，但这真的不是什么新鲜事。很久之前，人们已经和其他人玩下棋、拼字游戏和猜字游戏了。事实上，很少有数字游戏不鼓励在线竞争。像星佳（Zynga）这类公司的爆炸式发展，让曾经不可能的事情变得简单了。星佳是《和朋友一起拼字》（*Words with Friends*）及其他社交游戏的开发者。数百万人每天都在电脑、手柄游戏机或手机上玩游戏。

通过**游戏化**（gamification），使用奖励、徽章、积分或其他“类似游戏”的好处来鼓励参与，可以吸引玩家和社交媒体中的其他人在网站上停留更长的时间。赢取积分并提升等级也是一个让人上瘾的奖励系统。像《堡垒之夜》这样的大型多人在线角色扮演游戏很可能是最早出现在网上的社交社区之一。它们的升级和徽章系统已经被其他更实用的应用程序所采用，比如 Foursquare，创造了一种让消费者浸合游戏化的全新方式。它是有效的。人们渴望即时的奖励和反馈机制。与非游戏化的情况相比，这些短期的游戏化快乐能让消费者保持更长时间的参与。因此，将这种游戏化应用于品牌在线社区，你就很可能在不需要向某人出售任何东西的情况下，与品牌周围的消费者进行长期浸合。[29]

评论和意见

我们之前讨论了社交媒体对口碑的影响。通过评论，每天人们都可以让世界知道他们对某些产品或服务的看法。想象一下，你正打算购买某款新玩具，你在网上查找时发现，之前购买该玩具的三个人对该产品发表了失望的评论，他们表示将退回该产品。这类信息对消费者来说是无价之宝，对品牌来说则是致命一击。CNet.com 是最早围绕用户生成的评论和意见内容建立的网站之一。然后 Yelp.com 为本地服务提供者提供了相同的网站服务。想知道本地的水管修理服务好不好？查一下 Yelp.com，阅读 25 个像你这样的顾客的评论。

本章小结

社交媒体不同于迄今为止的任何其他媒体。它不能简单地用时间和空间来衡量。事实上，付费的广告投放还没有标准化。这使得社交媒体平台具有独特性和挑战性。社交媒体的共享性帮助其扩大了媒体受众规模，使其成为有史以来最快达到 5 000 万用户的媒体。它还迅速改变了社交媒体用户的行为，包括与他们保持联系的人的数量以及与这些联系人沟通的方式。社交媒体也改变了公司与顾客沟通的方式。它在品牌和消费者之间建立了更加透明和开放的关系。社交媒体平台是有线互联网和移动互联网上几乎所有网站的组成部分。从评论到论坛，再到社交网络，社交媒体中形成的联系帮助开创了整合营销传播的新时代。品牌使用社交媒体的方式有很多种。从市场调查到再营销，再到众包和娱乐，社交媒体为品牌提供了独特的方式与受众联系，并更好地了解他们，提供满足他们需求的产品，还创造了广告和整合营销传播史上前所未有的反馈环。

重要术语

应用程序协议接口（application protocol interface，API）
博客（blog）
提升帖子（boosted post）
点击进入网站（click to website）
论坛（forum）
游戏化（gamification）
影响者营销（influencer marketing）
影响者（influencers）
微博（microblog）
移动应用程序安装（mobile app installs）
网络（network）
主页增粉（page likes）
发布（post）
推广账户（promoted account）
推广热门话题（promoted trends）
推广推文（promoted tweet）
社交书签（social bookmarking）
社交聆听（social listening）
社交媒体（social media）
社交网络（social networking）
软件即服务（software as a service，SaaS）

热点话题（trending）
用户生成内容（user-generated content，UGC）
维基百科（wiki）
口碑（word of mouth，WOM）

复习题

1. 社交媒体与传统媒体有哪些不同之处？
2. 社交媒体以何种方式改变了消费者行为？
3. 消费者参与社交媒体有哪些不同的方式？
4. 社交媒体广告的例子有哪些？它们的用途有哪些？
5. 为什么透明度对公司如此重要？
6. 社交媒体有哪些不同类型？
7. 你会如何描述部署社交媒体广告战役的优势？

广告体验

1. 使用社交媒体
   作为一家新成立的公司的传播业务主管，你非常兴奋地告诉全世界，你的公司是最好的公司。要想成功，你的公司的信息需要很快触达很多人。你会使用哪些策略通过社交媒体传播信息？
2. 社交媒体组织
   访问以下社交媒体行业网站，熟悉社交媒体世界的规模，并就每个网站回答以下问题。
   - 评论追踪者（Review Trackers）：www.reviewtrackers.com/social-media-marketing/
   - 影响者营销中心（Influencer Marketing Hub）：https://influencermarketinghub.com
   - 国际社交网络分析网（International Network for Social Network Analysis）：www.insna.org
   - 互随：https://signup.hootsuite.com

   a. 出资建立该网站的组织的目的是什么？
   b. 谁是本网站的目标受众？
   c. 该组织的成员是谁？它的支持者是谁？
   d. 你觉得这个组织对广告业有多重要？为什么？
3. 社交媒体不仅允许粉丝和用户参与活动，而且经常鼓励他们参与。为你最喜欢的品牌制作一段视频并发布。跟踪并查看你的视频是否被公司所认可以及共享频次等。
4. 确认一种爱好（锻炼、摄影、小说、运动），并考虑谁可能是该领域的影响者。哪些品牌可能会与此人形成影响者营销关系？

本章注释

[1] Devon Pendleton and Christopher Palmeri, "Fortnite Phenomenon Turns a Game Developer into a Billionaire," *Ad Age*, July 24, 2018, *https://adage.com/article/media/fortnite-phenomenon-turns-game-developer-into-a-billionaire/314357/*.

[2] Alissa Fleck, "Fornite's Explosion in Popularity Is Opening New Doors for Marketers," *Adweek*, June 5, 2018, *www.adweek.com/brand-marketing/fortnites-explosion-in-popularity-is-opening-new-doors-for-marketers/*.

[3] Alissa Fleck, "Fornite's Explosion in Popularity Is Opening New Doors for Marketers," *Adweek*, June 5, 2018, *www.adweek.com/brand-marketing/fortnites-explosion-in-popularity-is-opening-new-doors-for-marketers/*.

[4] Maximus Live, "Fortnite's Branded Crossovers Show Just How Much Fun Native Advertising Can Be," *Medium.com*, June 8, 2018, *https://medium.com/@maximuslive.mediabuying/https-medium-com-maximuslive-mediabuying-fortnites-branded-crossovers-fun-native-advertising-6a6071cf28a9*.

[5] *Merriam-Webster*, s.v. "social media," *www.merriam-webster.com/dictionary/social%20media*.

[6] Aaron Smith and Monica Anderson, "Social Media Use in 2018," Pew Research Center, March 1, 2018, *www.pewinternet.org/2018/03/01/social-media-use-in-2018/*.

[7] "Classification of Social Media," Wikipedia.org, May 2012, *http://en.wikipedia.org/wiki/social_media*.

[8] "Half of Americans Call Facebook a 'Fad,'" Associated Press/CNBC, May 15, 2012, *www.psfk.com/2012/05/americans-call-facebook-fad-headlines.html*.

[9] Jason Abbruzzese, "Facebook Hits 2.27 Billion Monthly Active Users as Earnings Stabilize," *NBC News*, October 30, 2018, *www.nbcnews.com/tech/tech-news/facebook-hits-2-27-billion-monthly-active-users-earnings-stabilize-n926391*.

[10] Cara Pring, "100 Social Media Statistics for 2012," *The Social Skinny*, January 11, 2012, *http://thesocialskinny.com/100-social-media-statistics-for-2012/*.

[11] Cara Pring, "100 Social Media Statistics for 2012," *The Social Skinny*, January 11, 2012, *http://thesocialskinny.com/100-social-media-statistics-for-2012/*.

[12] Cara Pring, "100 Social Media Statistics for 2012," *The Social Skinny*, January 11, 2012, *http://thesocialskinny.com/100-social-media-statistics-for-2012/*.

[13] Cara Pring, "100 Social Media Statistics for 2012," *The Social Skinny,* January 11, 2012, *http://thesocialskinny.com/100-social-media-statistics-for-2012/.*
[14] "What Is Cyberbullying," stopbullying.gov, *www.stopbullying.gov/cyberbullying/what-is-it/index.html;* "What Is Cyberbullying?" U.S. Department of Health and Human Services, 2018.
[15] "Facts About Bullying," Stopbullying.gov, *www.stopbullying.gov/media/facts/index.html#stats.*
[16] "Prevent Cyberbullying," Stopbullying.gov, *www.stopbullying.gov/cyberbullying/prevention/index.html.*
[17] Dwight Falk, "Pedophilia Is More Common Than You Think," *The Trumpet,* April 26, 2018, *www.thetrumpet.com/17188-pedophilia-is-more-common-than-you-think.*
[18] Jacob Kastrenakes, "Twitter's Numbers Are Actually Growing Again," *The Verge,* April 25, 2018, *www.theverge.com/2018/4/25/17274828/twitter-earning-q1-2018-profit-user-growth.*
[19] M. G. Siegler, "Eric Schmidt: Every 2 Days We Create as Much Information as We Did up to 2003," *Techcrunch.com,* August 4, 2010, *http://techcrunch.com/2010/08/04/schmidt-data/.*
[20] Taylor Casti, "The 5 Most Notorious Brand Feuds on Twitter," *Mashable,* October 12, 2013, *https://mashable.com/2013/10/12/twitter-brand-feuds/#7YQjSc3Zkmq4.*
[21] Jennifer Leggio, "The Battle for Social Media Authenticity," *Forbes,* October, 13, 2011, *www.forbes.com/sites/jenniferleggio/2011/10/13/the-battle-for-social-media-authenticity/2/.*
[22] Bright Local, "Local Consumer Review Survey 2018," December 7, 2018, *www.brightlocal.com/learn/local-consumer-review-survey/#local-business-review-habits.*
[23] Rohit Bhargava, "9 Ways Top Brands Use Social Media for Better Customer Service," *Mashable.com*, October 28, 2011, *http://mashable.com/2011/10/28/social-customer-service-brands/.*
[24] Kipp Bodnar, "The Ultimate List: 300+ Social Media Statistics," *Hubspot,* May 13, 2010, *https://blog.hubspot.com/blog/tabid/6307/bid/5965/the-ultimate-list-300-social-media-statistics.aspx.*
[25] "28 Twitter Statistics All Marketers Need to Know in 2018," *Hootsuite,* January 17, 2018, *https://blog.hootsuite.com/twitter-statistics/.*
[26] "28 Twitter Statistics All Marketers Need to Know in 2018," *Hootsuite,* January 17, 2018, *https://blog.hootsuite.com/twitter-statistics/.*
[27] Keran Smith, "25 Facebook Advertising Statistics That Will Blow Your Mind," *Lyfe,* December 2, 2017, *www.lyfemarketing.com/blog/facebook-advertising-statistics/.*
[28] Brandon Bailey, Peter Delevett, and Steve Johnson, "Facebook IPO Huge, but No 'Pop,'" *Mercury News,* May 18, 2012, *www.mercurynews.com/business/ci_20656753/facebook-ipo-huge-but=no-pop.*
[29] David DiSalvo, *What Makes Your Brain Happy and Why You Should Do the Opposite* (Amherst, NY: Prometheus Books, 2011), pp. 225–26.

第 16 章

户外媒体、展示性媒体和辅助性媒体的使用

学习目标

本章将介绍广告主在评估各种户外媒体、展示性媒体和辅助性媒体时考虑的因素。许多广告主使用这些媒体来补充或取代印刷媒体和电子媒体，因此，了解广告主如何购买这些媒体以及各种媒体的优缺点是很重要的。

学习本章后，你将能够：

1. 讨论户外广告的优点和缺点。
2. 描述标准户外广告结构的类型。
3. 解释如何计算户外媒体的曝光率。
4. 详细介绍交通广告的各种选择。
5. 识别交通媒体和其他户外媒体成本的影响因素。
6. 讨论展示性媒体在公司营销组合中的重要性。
7. 解释广告主在考虑改变包装时面临的问题。
8. 识别几种类型的辅助性媒体。

最常见的户外广告类型是广告牌。我们在前两章介绍的数字媒体和社交媒体让广告主兴奋不已，那么又有谁会对广告牌感兴趣呢?

广告牌缺乏吸引力的一个原因在于其战术性质。想想你最近看到的广告牌，你很可能会想起一个广告牌，它告诉你在下一个高速公路出口有壳牌加油站。换句话说，广告牌和整合营销传播似乎并不合拍。其实这种观点是短视的。的确，我们可以举出许多枯燥无味、毫无新意的广告牌的例子。然而，在创意人员的手中，广告牌也可以呈现强有力的整合营销传播表达。一个很好的例子是，科罗娜（Corona）在 2018 年为支持世界海洋日而开展的活动。该广告将一块传统的冲浪板与电影明星克里斯·海姆斯沃斯（Chris Hemsworth）冲浪的照片相结合，并搭配着泛着泡沫的蓝色海浪。但仔细观察，这个“海浪”是用一堆从海滩上收集来的塑料垃圾精心建造的。附近的广告牌上写着：“这一堆塑料垃圾是英国每两英里海滩上的塑料污染物总和。”[1]

广告牌吸引了人们的眼球，但这与整合营销传播有什么关系呢? 首先，世界上最畅销的墨西哥啤酒品牌科罗娜，花了数年的时间宣传该品牌与闲适、美丽的海滩之间的联系。因此，它与海洋和海滩之间的关系被很好地建立起来。此外，科罗娜正在与清洁海洋倡导组织合作，为饮料行业带来有意义的变化。科罗娜，第一个以透明玻璃瓶销售啤酒的品牌这次占据了优势，它的每一个标签都有彩绘，每一瓶啤酒都是在墨西哥酿造。科罗娜和帕里的合作将特别关注保护墨西哥、马尔代夫、澳大利亚、智利、意大利和多米尼加共和国的岛屿。

科罗娜在营销中增加了很多整合营销传播元素，这在户外广告中是非常罕见的。同时它推出了用塑料制作的夏威夷风格衬衫，这些 T 恤强调典型的热带场景，但仔细观察就会发现图案又是海洋的塑料污染。最后它鼓励路过广告牌的消费者把塑料垃圾扔到附近的垃圾箱里。收集到的塑料将被用于对海滩的进一步的改造。科罗娜的努力表明，广告牌不一定是枯燥的或只是战术性的。在努力做出改变的过程中，科罗娜的创意向其他广告主表明，户外广告可以做得更多，而且做得很好。

16.1 户外媒体

❶ 讨论户外广告的优点和缺点

完全在家庭之外接触到潜在客户的广告都属于**户外广告**（out-of-home（OOH）advertising）的一部分（见图表 16－1），例如广告牌（有时称为路牌）、公共汽车和出租车广告、地铁海报、航站楼广告，甚至是空中广告等。超过 100 种不同类型的户外媒体在 2017 年创造了 77 亿美元的收入。[2] 有一部分由于未被测量或购买而不被认为是户外媒体，最常见的是位置指示标志，它们被用于宣传商品和服务，或识别一个营业场所。[3] 麦当劳连锁店的金色拱门就是一个很好的例子。位置指示标志对于帮助人们找到商业场所非常重要，但它们不能提供广告市场份额，也不是一个有组织的、可购买的媒介。

在之前的几章中，我们已经讨论了传统的大众媒体形式，以及一些有趣的新媒体载体，它们在广告业中迸发活力。为了完善对广告媒体的讨论，我们将在本章介绍一些广告主使用的其他媒体。

我们从最后一个主要类别开始：有组织的户外媒体。其中包括标准化的户外广告和交通广告。我们还简要讨论其他一些越来越受欢迎的户外载体：移动广告牌、显示屏，甚至一些经常出现在不寻常的地方，如停车收费表上的广告。

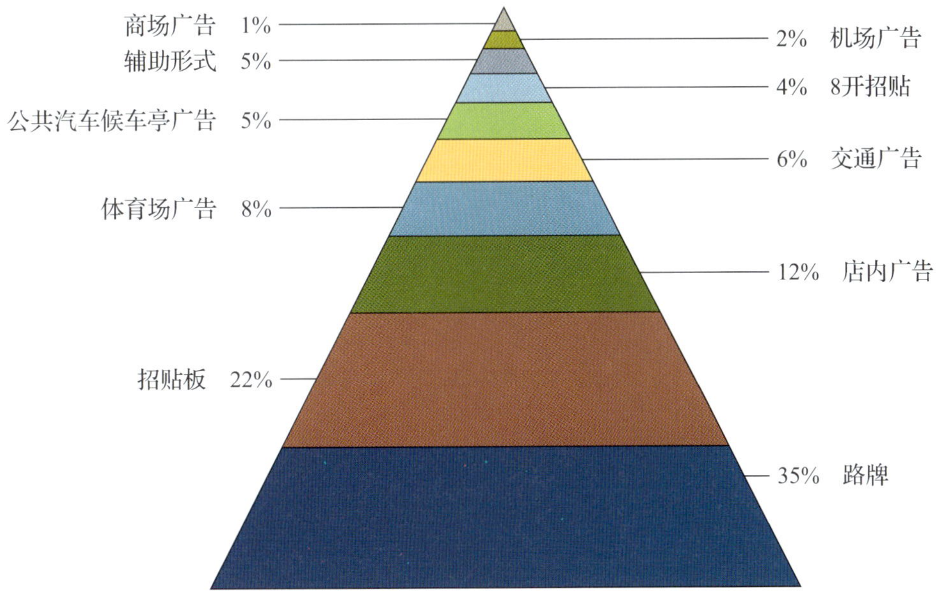

资料来源：Adapted from Out of Home Advertising Association of America, Inc.

图表 16－1
户外媒体的分类

接下来，我们将讨论一个称为展示性媒体的类别，它包括产品包装、商业展会和展览。最后，我们将研究广告主所理解的对其广告活动具有补充价值的媒体，比如促销产品（专业广告）和**目录**（directories），以及一些开始引起广告主关注的新兴媒体。

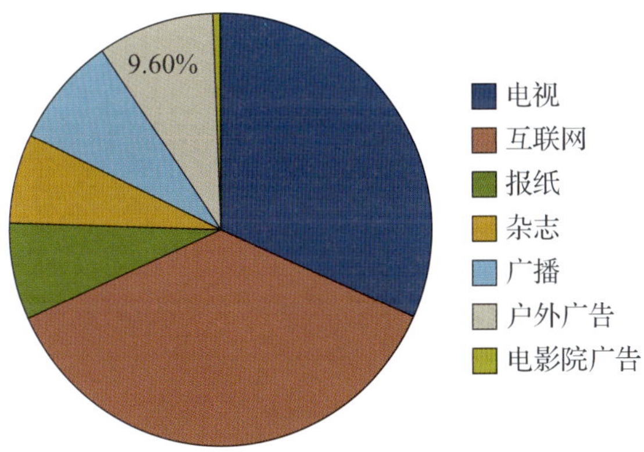

2018 年户外广告支出占美国所有广告支出的百分比。

16.2 户外广告

作为一个全国性和全球性媒介，户外广告已经取得了巨大的成功。它是有史以来被最早使用的广告媒介，可以追溯到 5 000 多年前方尖碑上的象形文字引导旅行者的时代。在中世纪，张贴广告是欧洲公认的一种广告形式。19 世纪，马奈（Manet）和图卢兹－劳特累克（Toulouse-Lautrec）的海报画使张贴广告演变成了一种严肃的艺术形式。[4] 如今，在全球范围内，营销人员使用户外广告的原因都是一样的：凭借在主要媒介中最低的千人成本，迅速而频繁地以当地语言向大众传播简洁的讯息或形象。

与其他传统媒体相比，户外广告的增长一直很稳定，其支出从 2014 年的 70 亿美元上升至 2017 年的 77 亿美元，并继续上升。[5] 由于传统媒体受众下降和广告讯息混杂，广告主正在寻求其替代选择，户外广告的增长态势有望持续。如今，电视观众可以从数百个频道中进行选择，全国性广告主越来越难向大众讲述它们的故事。但仍有一种媒体可以每周七天、每天 24 小时不间断地传递信息。它永远不会被关闭，不会被加密，不会被切断电源，不会被放在一边，也不会不被打开。这就是户外广告。因此，一些专家将广告牌称为最后的大众媒体。[6]

参与在户外广告中是很重要的，尤其是在城市环境中。右图中的激浪广告十分明智，它不仅能够让人们与离地 40 英尺的广告牌互动，还鼓励人们拍照，以确保广告运营时间的持久性。

资料来源：Pepsi Cola Company.

户外广告增长的另一个原因是它以超越其他传统媒体的方式整合了数字技术。传统的广告牌、航站楼显示屏和体育场馆广告正在走向数字化。正如我们后面所呈现的，这增加了媒体创造的可能性。而且，如图表 16－2 所示，广告主有很多选择来触达离开家门的人。最后，户外广告可以用于各种各样的目的。例如，驾车者可以将户外作为一种定向媒介。但在整合营销传播项目中，户外广告也以非常合理的成本，以高频的方式极大地增强或强化了人们对广告主的核心讯息的认识。

图表 16-2
户外广告类别及数量
（2019 年）

广告牌	街道设施	交通广告	基于场地的户外广告
路牌 164 370 电子广告牌 8 800 招贴板 147 029 基础招贴 19 818 外墙壁饰广告 2 289	公共汽车候车亭 63 239 城市街道设施 39 128 　公共汽车长椅 　报摊 　报亭 　电话亭 　城市展板 数字街道设施 5 742	机场广告 29 476 机场数字广告 2 350 公共汽车广告 1 050 000 地铁广告 365 113 地铁数字广告 5 454 交通数字广告 7 847 移动广告牌 514 出租车 44 008 出租车数字广告 33 800 卡车车体广告 3 501	竞技场和体育场广告 961 电影院广告 35 800 基于场地的数字广告 1 250 000 　基于内部场地的广告 　　便利店 　　健身俱乐部 　　餐厅/酒吧 　基于外部场地的广告 　　空中 　　海洋 　　度假村和休闲 购物中心 21 700 购物中心数字广告 5 830

资料来源：“Number of Out of Home Displays (2019),” Out of Home Advertising Association of America, retrieved at: https://oaaa.org/AboutOOH/Factsamp;Figures.aspx.

标准化户外广告

标准化户外广告（standardized outdoor advertising）使用科学定位的结构，将广告主的讯息传递到世界各地的市场。

在美国，大约有 3 000 家户外广告公司拥有和维护着 40 多万个户外广告结构，这些公司被称为户外厂。[7] 户外厂经营者找到合适的位置（通常集中在商务和商业区域），租赁或购买所有物，获得必要的法律许可，按照当地建筑法规的要求建立结构，与广告主签订海报租赁合同，张贴面板或绘制路牌。它们还需要维护室外结构，保持周围地区的整洁和赏心悦目。

户外厂经营者可能有自己的艺术人员，为地方性广告主提供创意服务；广告公司通常为全国性广告主做创意性工作。最大的户外广告主通常来自娱乐表演和娱乐设施行业。第二大类别是本地零售商。一般来说，市场越小，本地广告主的比例就越大。

户外广告的类型

❷ 描述标准户外广告结构的类型

户外广告的选择是非常多的。根据美国户外广告协会（OAAA），户外媒体主要有六种：广告牌、街道设施（公共汽车候车亭、商店展示、城市街道设施、报摊）、交通设施（公共汽车、地铁和铁路、机场、轨道、出租车展示和包装车辆）、基于场地的电视网络（商店、学校、酒吧）、广播（驾驶时间、办公室内、店内）和替代物（电梯、体育场、空中、购物中心）。我们讨论的重点集中在你可能最熟悉的广告牌这一类别上，其标准化结构有三种基本形式：路牌、招贴板和基础招贴。为了获得额外的影响，一些公司可能会使用非标准的大型户外电子广告牌。

路牌

广告主发现在流量大、能见度高的地方，大型**路牌结构**（bulletin structure）的效果最好，长期使用更佳。路牌通常高 14 英尺，宽 48 英尺，可以有延伸部分，有喷涂或印刷讯息。它们是在户外厂的车间里分段制作的，然后被带到现场，在那里组装并悬挂在广告牌结构上。

喷涂展示通常需要在夜间加照明，每年重新喷涂几次（颜色对可读性非常重要，见广告实验室"如何在户外广告中使用颜色和字体"）。有些路牌是三维的，或通过延伸（或切口）来制造效果。还有些路牌包括镂空的字母、背光、滚动显示的信息，以及电子时钟和温度计。

喷涂是非常昂贵的，但有些广告主通过每 60 天或 90 天在市场上的不同地点轮换展示广告来降低这一费用。通过长期轮换，可给人一种覆盖面比广告主实际支付的覆盖面更广的印象。路牌的主导作用常常使它们获得额外的成本节约，特别是在小型户外市场。

右侧的乐高广告与它所处的街道融为一体。利用已有的环境来突出广告，是一种创造性的、令人难忘的策略。

资料来源：The Lego Group.

招贴板

招贴板（poster panel）（或标准路牌）的单位成本较低，是基本的户外广告结构。招贴板由标准化尺寸和钢结构外框组成。它的信息首先被印刷厂印在大张的乙烯基上，然后手工安装在面板上。在某些情况下，会请绘画师在胶合板上直接创作讯息。在许多情况下，招贴板的框架可以从支撑它的钢柱上抬起来并移动到不同的地方，以增加广告战役的影响力。[8]

一些地方性广告主通过使用**成品招贴**（stock poster），以较低的成本获得高质量的户外广告。这些现成的招贴数量不限，而且往往是一流的艺术家和平版印刷者的作品。花店、乳品店、银行或面包店只需将它们的名字添加在成品招贴适当的位置。

广告实验室

如何在户外广告中使用颜色和字体

下面 14 种颜色组合代表了色彩对比在广告可读性上的使用方式。该图表评估了主色和次色的组合，也考虑到了色相和明度。例 1 是最易读的颜色组合，例 14 是最不易读的。

色相是颜色的标志，如红色、黄色或蓝色。

明度是对明度或暗度的衡量，可分为深浅不同的色调。

标准的色轮说明了色相和明度对比的重要性。像声波一样，光有不同的波长或频率。一些颜色大量吸收光线，而另一些则大量反射光线。不同波长的单色光引起人眼的颜色感觉是不同的。

色轮上相对的颜色是互补的，比如红色和绿色。它们在色相上的对比很强烈，但它们的明度是相似的。人眼的视锥细胞和视杆细胞很难处理与互补色相关的波长变化。因此，当两个互补色同时使用时，有时会发生颤动或光学畸变。

相邻的颜色，如蓝色和绿色，是很差的颜色组合，因为它们在色相和明度上都很相似。因此，相邻的颜色很难产生辨识度。

间隔的颜色，如蓝色和黄色，是最佳颜色组合，因为它们在色相和明度上都有很好的对比。黑色与任何浅色调的颜色都有很好的对比，白色与所有深色调的颜色有很好的对比。例如，黄色和黑色在色相和明度上都是不一样的，白色和蓝色也是一种很好的颜色组合。

为户外广告设计选择的字体需要在不同距离上都易于阅读。应使用大而清晰，在远距离也容易阅读的字体。细线条或华丽的字体将难以阅读。

博尔豪斯农场（Bolthouse Farms）进行了大胆的信息传递，为西兰花建立了一个让人难以忽视的形象。
资料来源：Victors & Spoils.

字母、单词和行之间适当的间距将增强可视性。字母的相对大小也是一个重要的考虑因素。当为路边展示进行设计时，1 英尺的字母高度是看不清楚的，而 2 英尺的字母高度可以被看见。字母高度超过 3 英尺就可以清晰阅读。由大写字母和小写字母组成的单词通常比只由大写字母组成的单词更容易阅读。

文本的易读性指南

距离（英尺）	印刷分辨率	LED 的分辨率（毫米）	例子	最小可读文本高度（英寸）
5 ～ 50	高	3 ～ 8	商场、机场、零售店、大厅、办公室等	1 ～ 2
50 ～ 100	高	6 ～ 12	窗口、街道展示、免下车通道	2 ～ 4
100 ～ 200	一般	12 ～ 25	海报、街道	4 ～ 8
200 ～ 300	一般	25 ～ 34	海报、街道、高速公路路牌	8 ～ 10
300 ～ 350	一般	34 ～ 66	高速公路路牌、高速公路海报	10 ～ 15
350 ～ 500	一般	34 ～ 66	高速公路、大型户外电子广告牌	15 ～ 20
500 ～ 600	低至一般	66 ～ 76	高速公路、大型户外电子广告牌、体育场	20 ～ 24
600+	低	76 ～ 90	摩天大楼、大型户外电子广告牌、与道路相距甚远的设施	24 ～ 40

资料来源：Reprinted with permission of Out of Home Advertising Association of America.

实验室应用

1. 本章中哪个广告牌最有效地使用了色彩？解释一下。
2. 你见过哪些广告牌没有有效地使用色彩？如何改进它们？

基础招贴

杂货制造商以及许多地方性广告主都使用较小的招贴尺寸。这些招贴被称为**基础招贴**（junior poster）（或基础面板），在 6 英尺高、12 英尺宽的面板表面提供 5 英尺 ×11 英尺的印刷区域。它们通常集中在城市地区，在那里可以接触到行人和车辆交通。在一个整合营销传播战役中，它们也是一个很好的媒介，可以覆盖到购买点周边区域。

大型户外电子广告牌

纽约时代广场以其**大型户外电子广告牌**（spectaculars）而闻名。在人流量大的地区，大型户外电子广告牌结合了动画、色彩和华丽的图形来吸引人们的注意。大型户外电子广告牌的制作成本很高，主要出现在世界最大的城市，如东京、伦敦、亚特兰大、洛杉矶，当然还有拉斯维加斯（见本章广告作品集）。

购买户外广告

③ 解释如何计算户外媒体的曝光率

广告主使用户外广告的目的多种多样。例如，Spotify 使用数字广告牌来分享 2016 年假期前后的音乐趋势数据。达美航空及其广告代理商 Wieden+Kennedy 与约会应用程序 Tinder 合作，在纽约各地的招贴上展示浪漫出游的照片。伏特加品牌皇冠伏特加（Smirnoff）的广告牌上写着“美国制造（但我们很乐意在宣誓后谈论我们与俄罗斯的关系）”[9]，以此嘲弄特朗普政府。

广告牌或招贴的基本销售单位是 100 个毛评点，或 **100 户外广告计量单位**（100 showing）。一个毛评点相当于一个特定市场人口的 1%。购买 100 个毛评点并不意味着该讯息将出现在 100 张招贴上，而是意味着讯息将尽可能多地出现在所需的面板上，以提供理论上相当于市场总人数的每日曝光量。实际上，在 30 天的时间里，100 个毛评点的展示可以触达一个市场中大约 88.1% 的成年人。[10]

如果市场饱和度较低，销售单位可以用基本销售单位的某一比例来表示，如 75、50 或 25 个毛评点。如果在一个有 100 万人口的市场上，一个户外广告每天提供 75 万个总印象机会，则它每天提供 75 个毛评点。在 30 天的时间里，该展示将获得 2 250 个毛评点（30 × 75）。

如上所述，长久以来户外广告的覆盖面通过一个基本的公式来衡量，它把经过户外广告的人数作为其覆盖面的衡量标准。这种衡量方法称为“每日估计发行量法”（Daily Estimated Circulation，DEC）。然而，在 2009 年，美国户外广告协会和交通审计局（Traffic Audit Bureau）开发了一种新的方法来衡量户外广告的真实影响力和频次，这种新方法称为**关注印象法**（eyes on impressions，EOI）。除了经过户外展示的人数，EOI 还考虑了许多其他因素，如显示屏的大小、与道路的角度、设计、街道类型、与道路的距离以及具体位置。这个新的评分方法将这些因素整合到一个公式中，以确定一周内实际看到该广告的人数。DEC 和 EOI 之间的关键区别在于，前者估计的是每天的流量，而后者的重点是每周的广告曝光率。净效应是双重的。（1）户外广告是现在唯一跟踪广告观看者，而不是潜在观看者的传统媒体。（2）户外广告的触达频次在一个月后大幅减少，其中的覆盖率差异可以忽略不计。[11]

位置，位置，位置

与房地产一样，在户外广告中，位置就是一切。希望获得更多饱和度的广告主可以增加招贴的数量或购买更好的位置，以达到每天 200 或 300 个毛评点。由于物业租金、劳动力成本和市场规模的变化，不同户外广告市场之间的价格差异很大。根据经验，在所有主要的大众媒体中，标准广告牌的千人成本是最低的。[12]

广告作品集

户外广告

户外广告作为地球上最古老的媒体，得益于其作为“标志”的固有性质，以及图形设计和技术的现代特征。事实上，由于技术的发展，广告主今天可以在户外做一些它们几年前做梦都不敢想的事情。此外，其他任何媒体都不能像户外广告一样，每周七天、每天 24 小时吸引驾驶者和行人的注意，并具有如此大的影响力，而成本只是其他媒体的零头。然而，户外广告所能表达的内容是有限的。对于高速公路上的普通户外广告结构，可使用“七字”经验法则（即文字不超过七个）。这给广告的非语言（艺术）方面带来了额外的压力，无疑是对每个广告公司的创意能力的挑战。

- 研究下列广告，看看战略性的想法是如何被转化为杰出的户外或交通广告的。然后思考一下：广告主为什么选择这个特定的媒体？户外或交通媒体对广告主来说是正确的选择吗？为什么？同样的概念可以在其他媒体中使用吗？如何使用？

鞋油品牌 Kiwi 在戛纳广告节上赢得了赞誉，其广告中展示了“完整”的艺术杰作，突出了作为广告主体的鞋子。

资料来源：S. C. Johnson & Son, Inc.

在这则广告中，艺术就是一切，创造出了广告赞助商希望强调的奢华与贫穷的对比。稀疏的文案表明照片没有被修改过，从而使讯息可信。

资料来源：Delta Air Lines, Inc.

广告现在可以很容易和小轿车、卡车、公共汽车和地铁车身相结合。出现在移动车辆上的讯息有哪些优点和缺点？
资料来源：BobNoah/Shutterstock.

现在的技术能够使户外广告根据位置来定位消费者。基于位置的投放将广告提供给进入或占据特定地理区域的受众。在社交媒体中，向指定地点的消费者提供推文广告或照片广告的技术，有时被称为地理围栏。
资料来源：TotallyMJ/Shutterstock.

这则 KitchenAid 的广告用一种不寻常的执行方式来表达该品牌的重要信息。这则广告是如何体现产品的质量和美感的？
资料来源：KitchenAid.

户外广告的技术应用

过去，对于纽约的媒体买家来说，充分监督伊利诺伊州皮奥里亚市户外广告牌的张贴情况是一个问题。户外广告购买者不可能跳上飞机，到所有客户张贴广告牌的城市去核实这些地点的价值。不过幸运的是，新技术已经解决了这一难题，使得户外成为对全国性广告主更有吸引力的媒介。户外广告公司使用**全球定位系统**（global positioning system，GPS），利用卫星技术给出特定广告牌的确切位置。拥有先进软件的媒体买家可以将这些信息与人口市场特征和流量统计相结合，从而确定其广告牌的最佳位置。[13]

一些户外广告公司甚至提供其所在地的数字化视频，买方可以看到实际广告牌和其周边环境。条形码技术允许对展板物料进行跟踪、张贴和认证，所有这些都由计算机完成。在柔性乙烯基上的计算机控制喷涂技术可以保证高质量、高分辨率，如实再现广告主的讯息。除此之外还包括在广告牌上使用 LED 技术。由于 LED 屏幕可以即时变化，广告主可以显示按分钟更新的讯息来更好地与消费者联系。[14]

令人激动的新技术可能会改变我们“看”户外的方式以及其他户外广告的未来。TeamOne 为雷克萨斯推出了一个革命性的广告战役，其中包括一幅新款轿车的全尺寸全息图。该图利用位于时代广场和美国其他主要地点的互动报亭，展示了雷克萨斯的动态全息图和触摸板，使参观者能够改变汽车的颜色和其他功能。[15] 这为广告主提供了许多激动人心的可能性。想象一下，在高速公路上有一个路牌大小的大型建筑物，宣传最新的蝙蝠侠电影，一个比真人更大的 3D 超级英雄向你走来。

最新的户外广告是**基于位置的广告**（location-based advertising）。基于地理位置的广告，从广义上来讲，是在明确的地理边界内，使用与这些地区高度相关的信息来瞄准受众。**地理围栏**（geofencing）技术将这一概念向前推进了一步，它利用智能手机等技术，通过蓝牙或其他本地化的传输设备进行识别和通信。社交媒体公司利用地理围栏，在消费者接近广告主时提供广告服务。这个想法很简单，因为人们整天都在使用手机，为什么不提供附近的优惠或服务来吸引他们的注意力呢？举个例子来说明，一个人在星巴克附近散步时，可能会在他的新闻推送中发现一张拿铁咖啡的优惠券。脸书也不甘示弱，为了让这种广告方式变得容易实施，它已经在向一些公司推广该技术。

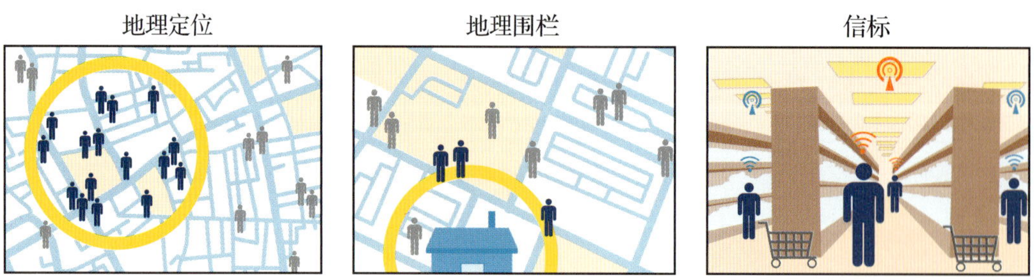

地理定位包括根据消费者的地理位置向他们投放广告。与此相关的还有另外两种基于位置的策略：地理围栏和信标。地理围栏可以在智能手机用户进入特定区域时为其提供广告服务。信标是一种将蓝牙设备放置在零售场所周边的策略，它可以向手机发出信号，打开相关应用程序，向用户提供信息。

户外广告的监管

1965 年的《高速公路美化法》对美国州际高速公路和其他联邦补贴的高速公路上的户外广告进行了制约。该法的颁布回应了消费者对户外广告破坏环境的抱怨。到 1991 年，超过 70 万块广告牌被拆除，在这一年，美国国会禁止在州际高速公路的所有风景区建造新的广告牌。[16] 自那时起，户外广告的形象得到了极大的改善，大多数受访者表示，他们喜欢广告牌，认为它们能促进商业，并认为它们对司机来说是有用的旅行信息。[17]

每个州还通过其交通部门来规范、管理和执行户外广告许可计划。一些州（缅因州、佛蒙特州、夏威夷州和阿拉斯加州）完全禁止广告牌。然而具有讽刺意味的是，其中一些州在其他州使用户外广告来宣传自己的旅游业。

交通广告

金宝汤从 1910 年开始做广告，当时公司花了 5 000 美元在纽约市 1/3 的公共汽车上做了一年的广告。广告大获成功，仅仅六个月后，金宝汤公司就扩大了户外合约，将该市的所有地面车辆都纳入其中。更多的人开始买金宝汤，公司的销售额迅速增长 100%。在接下来的 12 年里，交通广告是金宝汤公司唯一使用的媒体。今天，金宝汤仍然是交通广告的主要客户。

4 详细介绍交通广告的各种选择

交通广告（transit advertising）是一种户外媒体，包括公共汽车和出租车的广告，以及在公共汽车候车亭、列车终点站和地铁站的招贴。虽然大多数的广告从业者不认为交通广告是主要媒体，但标准化、更好的市场调查、更多的统计数据和可测量的人车流量使交通广告对全国性广告主更具吸引力。交通广告的其他优势包括吸引注意力的能力、独特的受众以及广告主对广告大小和位置的选择权。[18]

对于营销人员来说，交通广告是一种可以接触到大量受众的低成本方式。公共汽车和出租车每天多次穿梭在城市繁忙的街道之间，提供了很高的广告曝光率。1-800-Flowers.com 在其网站上推出了特色花束促销活动，并在城市的公共汽车站、地铁站和其他地点进行了广告投放，投放户外广告地区的销售额是没有投放户外广告地区的七倍之高。[19]

交通广告同样受到本地广告主的欢迎。零售商可以用不多的费用扩大它们的用户触达，并经常得到全国性营销商的联合投放支持，这会使得营销商品牌的本地曝光量增加。[20]

交通广告的类型

交通广告的目标受众是数百万使用商业交通（包括公共汽车、地铁、通勤火车、电车和飞机）的人以及行人和汽车乘客。交通广告可采用多种形式，包括候车亭广告；站台、月台、终点站招贴；公共汽车的内部招贴、外部招贴和出租车车体广告。

候车亭广告　在拥有公共交通系统的城市中，广告主可以在公共汽车候车亭和候车座位上购买展示空间。**候车亭广告**（transit shelter advertising）是一种相对较新的获得巨大成功的户外形式。它覆盖了几乎所有在户外的人，包括汽车乘客、行人、公共汽车乘客、摩托车手、骑自行车的人等等。它的价格非常便宜，而且在许多限制商业广告牌的社区和居民区也可以使用。事实上，候车亭广告有时是唯一被允许的户外广告形式。它也是对户外招贴和路牌的一个极好的补充，能在一个户外项目中实现市场全覆盖。

终点站招贴　在许多公共汽车站、地铁站和通勤火车站均可以看见**终点站招贴**（terminal poster）。主要的火车站和航站楼提供一些特殊的广告形式，如地板展示、堆岛展陈、照明牌展示、立体模型（3D 场景）展示以及带有特殊照明和移动讯息的时钟展示。

伦理、多样性与包容性

溢出效应是否需要清理

当法律禁止烟草和烈性酒等产品出现在电视中时，许多品牌将它们的预算转移到户外广告。然而问题在于，户外广告可能是最难限制受众接触的媒体。事实上，由于户外广告的外溢性，几乎无法避免让未成年人接触到这样的广告。溢出媒体（spillover media）所涉及的伦理问题十分复杂，包括如何界定目标受众的类型。

如今，在美国人口密集的城市地区，露骨的广告并不罕见。美国户外广告协会的守则声称“支持拒绝误导性、冒犯性或与社区标准不相容的广告的权利”[21]。但这项条款应如何使用并不明确。事实上，当洛杉矶市议会通过了一项法令，禁止在几乎所有人可见的公共场所，甚至商店橱窗刊登酒类广告时，美国户外广告协会和洛杉矶当地的贸易协会共同提出了一项联邦民权诉讼，声称该法令违反了宪法第一修正案的规定。

随着技术的进步，刊登广告的场所也在变化。在出租车和公共汽车上刊登广告已经有很多年了。现在，波士顿出租车上使用的是电子广告牌，它可以根据一些想要的变量，按分钟改变其信息。这类广告使用卫星信号和无线互联网连接，信息会根据一天中时间和地点的不同而改变。不同的社区也会看到不同的广告，甚至会看到不同语言的广告。出租车的位置由一个连接到卫星跟踪系统的互联网监控。这项新技术对广告主来说并不昂贵，可能会成为全美出租车广告的一个普遍做法。然而，它引发了法律和伦理问题：移动广告牌是否应受到与固定广告牌相同的限制？从理论上讲，社区和学校可能不会受到不恰当广告的影响，但父母们能保护他们的孩子不受出租车广告的影响吗？虽然优步和来福车的日益盛行可能会改变目前的游戏规则，但仍然有人怀疑这些私家车是否也会有一天从广告中获得收入。

除去户外广告，溢出效应还会通过其他媒介载体影响到儿童。例如，美国电影不断地播放人们吸烟的画面。如果吸烟者是名人，易受影响的儿童可能会将其理解为一种代言。达特茅斯医学院（Dartmouth Medical School）的一项研究发现，20世纪90年代，演员为烟草品牌代言的次数增加了十倍。该研究还发现，87%的流行电影含有对烟草的使用，约1/3的电影展示了可识别的品牌标识。未成年人在电影观众中占据很大的比例，他们在电影中可能比在现实生活中接触到更多的吸烟宣传。仰慕体育明星和电影名人的年轻人可能容易受到有意或无意代言的影响。《洛杉矶时报》的本尼迪克特·凯里（Benedict Carey）认为，今天的电影“几乎和赛车比赛一样烟雾缭绕”。[22]

许多人认为，广告不应该对青少年吸烟和饮酒等社会问题负责。而另一些人认为，广告主担负着更大的责任把青少年从不健康和露骨的成人世界中区分开来。无论谁是对的，广告主、广告公司和媒体都必须对公众意见保持敏感，并寻求创造性的解决方案来保护易受影响的儿童。否则，这个行业就会因为没有坚定其道德标准而面临严重的限制和监管。

问题

1. 你认为保护儿童是禁止合法产品广告的正当理由吗？举例说明是哪些产品。

2. 溢出媒体的广告是否应该对色情内容或其他令人反感的内容进行审查？如果是这样，那么审查者应该是谁？他们具体应该禁止什么？

在巴黎，耐克在法网公开赛上大放异彩，尽管一名竞争对手锁定了体育场内的广告权。耐克在比赛期间购买了约2 500辆公交车的空间，覆盖了整个城市。作为漂亮的一击，它买下了靠近体育场的奥特伊地铁站（Porte d’Auteuil metro）的每一块标牌空间，并将其变成了一个由来自世界各地的著名网球运动员照片组成的耐克终点站招贴画廊。[23]

车内卡片和招贴　**车内卡片**（inside card）放置在座椅靠背上方和壁挂式行李区。有成本意识的广告主打印卡片的正反两面，这样就可以通过翻转卡插式广告以更改讯息，从而节省纸张和运费。内部的**车尾招贴**（car-end poster）（隔板位置）通常比车内卡片尺寸大。后端和侧面位置的广告位具有溢价费率。

外部招贴（outside poster）印在高级卡板上，通常上漆以防受天气影响。最广泛使用的外部招贴在公共汽车的侧面、后部和前部。

广告主还可以在**出租车车体**（taxicab exterior）购买空间，通常为期 30 天。一些广告也出现在出租车的车门或后部。在一些主要地区，广告出资人可以购买安装在汽车车尾后备厢的广告。在南加州，广告主可以租用安装在出租车顶部的广告位，这些出租车可以在洛杉矶、奥兰治和圣迭戈各县市行驶，为主要机场提供服务，并在全国最繁忙的高速公路上行驶。每辆出租车每月的成本从 110 美元到 130 美元不等，这是触达移动公众的一种非常划算的方式。

购买交通广告

5 识别交通媒体和其他户外媒体成本的影响因素

交通广告的购买单元称为**户外广告计量单位**（showing），**全户外广告计量单位**（full showing）（即 100 户外广告计量单位）意味着广告可以出现在系统中的每辆车上。空间也可以被切割成 1/2（50 户外广告计量单位）或者 1/4（25 户外广告计量单位）出售。

价格通常为 30 天的展示报价，签订 3 个月、6 个月、9 个月和 12 个月的合同会有折扣。广告主自费提供广告牌，但是交通企业可以帮助设计和制作。

费用取决于展示的时长、覆盖比例和广告位空间大小。费率差异较大，主要取决于公交系统的规模。广告主从本地公交公司可获得特别市场价格。

资料来源：GlaxoSmithKline.

户外广告不只包括广告牌，创意交通广告可以利用车辆的特性来展示一个产品的特点和好处。这则贝斯特博士（Dr.Best）的交通广告利用车体连接部位引起人们对高弹性牙刷的注意。

（公交广告）特定内部购买 在一些城市，广告主通过购买**基本公交单位**（basic bus）——一组公交车所有的内部空间来获得完全的支配权。如果再额外付费，广告主可以在公交车内部放置商业回复卡或者优惠券（称为**自取传单广告**（take-ones））供乘客取走，以备用户获取更详细的信息、发送申请表，或者接受其他利益。

（公交广告）特定外部购买 一些公交公司提供**公交车体广告**（bus-o-rama sign），这是一种大型全彩广告，可以覆盖整个车体。一辆公交车有两个车体广告位，左右两侧各一个。单个广告主可以购买**整车位**（total bus）——所有外部空间，包括前部、后部、侧面和顶部。

多年来，纽约地铁一直在运行**品牌列车**（brand trains），其中包括所有地铁车厢。而随着 2004 年 7 月单轨铁路系统的开通，拉斯维加斯市将这一概念进一步推广。这座城市的繁华延伸到公共交通领域：九列单轨列车和七个车站中的每一个都有一家公司赞助，许多车站都有精心制作的**沉浸式广告**（immersive advertising）主题。市政府官员寄希望于单轨系统每年至少产生 650 万美元的广告收入，使该系统完全由乘客票价和赞助收入而非税收提供资金。当与 Nextel（现在是 Sprint 的一部分）达成约 5 000 万美元的协议时，事情有了希望。尽管该公司签署了对该系统的“皇冠上的明珠”——位于拉斯维加斯会议中心的主站的 12 年赞助合约，但只用了 5 年就取消了赞助，该系统随后申请破产保护。[24] 请参阅 IMC 实战模拟“使用户外媒体、展示性媒体和辅助性媒体”，以更好地了解如何从各种形式的交通广告和其他户外广告中进行选择。

当消费者偶遇产品的时候，包装传递给消费者的讯息很关键。聪明的公司投资包装，美化品牌形象。Infuzions 使用彩色展示其主要成分——新鲜水果。明治（MeiJi）采用了一种巧妙的布局，传达了素雅、和谐之美。

资料来源：Infuzions, Ltd and Parker Williams; MeiJi.

16.3 展示性媒体

⑥讨论展示性媒体在公司营销组合中的重要性

有些媒体是专门为帮助顾客接近产品而设计的，通常设在销售点或接近销售点的地方。这些**展示性媒体**（exhibitive media）包括产品包装、商业展会展台和展览。如果成功运用，将展示性媒体与其他媒体结合起来的协同效应可以将产品或品牌知名度提高 500% 之多。[25]

IMC 实战模拟

使用户外媒体、展示性媒体和辅助性媒体

当你登录谷歌检索图像的时候，输入关键词“有创意的户外广告”，你有可能看到世界上最离谱、最巧妙的广告。由于大多数其他媒体（电视、广播、印刷媒体）都是按照线性流程制度所设定的时间和空间标准来传达的，不仅仅受限于广告位空间，因此创意受到很大限制，而户外广告通常只受广告位的空间约束，甚至最有创意的户外广告的终极目标是打破这些方面的限制。

制订户外广告计划既有挑战性又有趣味性。马歇尔·麦克卢汉的名言“媒介即讯息”，暗示着媒介自身嵌入讯息之中，影响着讯息的解释方式。没有比户外广告更加真实的讯息嵌入，事实上，最好的户外广告几乎没什么文案，而是靠媒体进行传播提升。

户外广告最大的局限在于，由于广告投放在具体的实物上，曝光受限于地理位置。如果人们没有经过你的广告牌或者不乘坐公共交通，他们将无法看到这些讯息。因此，大多数广告主权衡覆盖范围限制，并努力将其户外广告集中在屈指可数的重要市场。例如，冲浪板公司没有理由在密苏里州的堪萨斯城做广告，但选择圣迭戈、洛杉矶、迈阿密等地是合适的。有时，投放户外广告的决定实际上是一个战略决策，在这个决策中，广告客户更愿意关注曝光印象的质量，而不是数量。

当你提出整合营销传播活动时，想想你如何在户外广告中巧妙地传递讯息。但同时也要记住，制订计划必须考虑以下因素：

- 什么类型的户外广告对我的品牌最有意义？如果媒介就是讯息，如果我在广告牌上做广告，在公共汽车候车亭做广告，在酒吧里做广告，这对我的消费者来说意味着什么？
- 我将在哪些城市做广告？
- 这与我选择的其他媒体有什么关系？
- 我是否获得了足够的用户触达？或者自问户外广告是我主要的触达驱动因素吗？

另一件需要考虑的事情是数字革命是如何影响户外广告的。如今，通过捕获网络（Captivate Network）、全国户外媒体（NOM）、富媒体集团（RMG）和明晰频道户外（Clear Channel Outdoor）等公司，广告主可以在咖啡店、加油站、医疗机构、办公楼、餐厅自动点唱机、电梯甚至机场的视频显示器上开展全国性户外广告战役，所有这些都可以通过这些公司的数字设备来实现。通过传递视频广告的数字版本，广告主可以将广告传送到数千个显示器上，并以各种不同的方式触达人们。对于广告主来说，这是一个很好的扩展它们的电视广告战役的方式，并很可能以更低的成本获得更多的影响力。

如果你计划为你的活动制作一个电视广告，别忘了巧妙整合所有不同的方式来传播这个广告。这个 30 秒的广告已经从电视机的边界限制中解放出来。

最后，不要局限于传统的思维方式。媒体可以从许多事物中衍生出来。在极致传媒的一个案例中，哥伦比亚广播公司新的秋季节目的收听讯息被印在鸡蛋上，这样人们在商店打开纸箱时就会收到一个广告印象。你可能听说过“位置，位置，位置”这句话，在所有媒体中，这几乎是一句口头禅。

产品包装

2018 年，一项预估表明，全球的企业在包装上花费了近 9 750 亿美元。[26] 由于超过 70% 的购买决策是在购买环节做出的，因此包装在广告和销售中都发挥着重要作用。在整合营销传播领域，包装不仅是消费者在购买产品之前看到的最后一个“广告”，

也是消费者在使用产品时看到的唯一“广告”。所以产品包装不仅仅是另一个营销计划讯息这么简单。包装也会影响产品的讯息传达，因为（正如我们在第6章中讨论的那样）它通常是基本产品概念的内在固有方面。也许这就是为什么2018年的一项调查显示，大多数品牌所有者计划在包装上花费更多。调查还表明，许多品牌经理正在采用可持续的包装，80%的人认为包装对品牌的成功至关重要。[27]

包装（packaging）包括容器的物理外观，如设计、颜色、形状、标签和材料。包装主要通过四种方式为营销人员服务：保护、保存、信息传递和促销。[28]保护和保存作用减少了商品损坏、被盗和变质的风险，但包装作为信息传递和促销工具的重要性不容低估。吸引人的包装可以与顾客建立直接关系，影响店内购物决策，帮助产品区别于竞争对手，并告知顾客产品的特点和优点。

设计师考虑了三个因素：包装的显著吸引力、其语言和非语言交流方式，以及所需的声望或形象。消费者对包装有自己的要求（见图表16-3），因此包装设计在建立产品品牌形象方面与广告一样重要。包装在销售点建立或强化了品牌的个性。因此，如果以营造社会地位为目标，包装设计师必须考虑消费者认为有声望的东西，这对于所谓的非理性产品（化妆品和香水、运动用品、糖果礼品和某些奢侈品）尤其重要，在这些产品中，幻想、冲动或神秘感可能会压倒理性。

图表16-3
包装发展中的期望和担忧

消费者	制造商	营销中介（零售商/批发商）	消费者权益团体	政府机构
轻松（处理和储存） 方便 配料清单 说明书 产品寿命 处置方法 紧急情况下的免费电话号码 性能保证 安全保证 环境安全（生物降解性） 可重复使用 可回收利用	坚固 柔软 吸引力 安全（对于用户和产品） 成本： • 材料 • 制造 • 劳动力 • 库存 • 运输 • 储存 可改变 重量更轻（安全） 防篡改 包装尺寸（促销空间与材料成本和环境安全） 材料的可用性	坚固（箱子和包装） 方便（搬运） 防篡改 可识别 安全（对用户和产品） 易于： • 储存 • 货架存放 • 包装堆叠 • 库存管理（通过计算机） 价格空间 贴纸	包装安全： • 处理 • 使用 环境安全（生物降解性等） 无健康危害 自我信息传达： • 配料清单 • 说明书 • 处置方法 紧急情况下的免费电话号码 保修条款 过期日期 可回收利用 遵守联邦和当地法规	不存在欺骗行为 对生态无有害影响 可生物降解 无健康危害 全面安全： • 操作安全 • 使用安全 正确标记： • 配料清单 • 营养成分与指南 某些产品的到期日 可回收利用 遵守联邦和地方法规

资料来源：W. Wossen Kassage and Dharmendra Verma, "Balancing Traditional Packaging Functions with the New 'Green Packaging Concerns,'" *SAM Advanced Management Journal* 57, no. 4 (Autumn 1992), pp. 15-23, 29.

为了销售货架上的产品，包装可以使用形状、颜色、大小、有趣的视觉效果，甚至纹理来传递营销讯息、提供产品信息和指示使用。在购买后，包装会继续在消费者家里推广产品，加强品牌形象，因此它们应该可以轻松地打开和关闭，并且易于处理。

购买包装包括两个主要阶段：概念和生产。概念过程涉及五个主要群体的参与：消费者、制造商、营销中介、消费者权益团体和政府机构。[29] 这些群体关注点不同，对包装的性质和成本有强烈的影响（见图表 16 - 3）。

包装中的环境问题

随着制造商不断生产环保包装，销售商的材料成本也随之上升。一些消费者期待的绿色包装并不一定是制造商传统上提供的产品或营销中介偏好的产品。[30]

随着公众对环境的日益关注，特别是在国际市场上，可回收的镀锡钢和铝包装正在重新流行。由于欧洲国家人口稠密，他们对环保包装的要求远比北美严格。营销人员需要考虑到这一点，因为此类法规增加了在海外开展业务的成本。

政府对包装的影响

政府机构也影响包装设计。例如，食品药品监督管理局和 1990 年《营养标签和教育法》（1994 年生效）对营养和健康产品有更严格的标签要求。有时，一个州的包装要求与联邦政府的不同，给制造商增加了复杂性。

包装制造

包装可以有多种形式，包括包装纸、纸箱、盒子、板条箱、罐头、瓶子、罐子、管子、桶和托盘等。它们可能由许多材料制成，从纸和钢（“锡”罐）到木材、玻璃和粗麻布。较新的包装材料包括塑料涂层纸、陶瓷、金属箔甚至稻草。食品用塑料薄膜袋因为更灵活、更轻、更紧凑，已成为锡罐的替代品。对于医药产品，消费者更喜欢塑料容器。[31]

包装的第二阶段，即生产过程，可能需要许多包装专家：包装工程专家（盒子设计师、包装材料顾问和设备配置专家）、平面艺术家（设计师、生产 / 计算机专家、插画师和摄影师）、标签生产者（打印机和标签制造商）、定制包装的模切工和包装仓储公司（预制包装批发商和包装制造商）。

广告代理商一般不参与包装决策，这通常是包装专家的领域。然而，在标签和包装的设计方面，咨询广告公司的情况并不少见，有些广告公司甚至会准备包装上的文案。在整合营销传播计划中，广告公司可以有效促进这项工作与广告活动的总体主题相协调。

一般来说，包装设计应保持简单，因为典型的包装材料（如瓦楞纸板）无法支持高分辨率的打印，复杂的折叠和模切可能非常昂贵，而需要精确折叠和装配的包装通常会产生过高的组装成本，并导致结构上的挑战，这是大多数具有成本效益的包装材料无法承受的。[32]

知道何时应该更换包装

7 解释广告主在考虑改变包装时面临的问题

更换包装有很多原因：产品变更或改进、包装材料的替代、竞争压力、环境问题、立法的变化、保护产品安全或新鲜的需要、防止损坏的需要以及提高品牌知名度的需要。[33]

作为品牌持续更新工作的一部分，包装也会发生变化。品牌会改变产品、标志、颜色和口号，以保持新鲜感和相关性。因此，广告主花费数百万美元研究和推广新形象。包装必须反映出与不断变化的消费者认知和欲望相一致的品牌形象。然而，营销人员应始终保持谨慎。设计师们通常会非常缓慢地改变包装，以避免使消费者感到困惑。

可口可乐作为一个相当传统的品牌也已经对其著名的瓶子设计做了许多改变。左边的图片来自 20 世纪初，展示了著名的可口可乐标志，但不是标志性的红白两色。右边的图片是可口可乐的 PET 瓶，由 30% 的植物材料制成，于 2009 年推出。

资料来源：The Coca-Cola Company.

商业展会展台和展览

每个主要行业都赞助年度**商业展会**（trade show）。每年在美国和加拿大举办 14 000 多场工业、科学和医学展会，许多公司参加了不止一场。商业展会对全球营销人员来说也非常重要，因为他们可能是广告主一次性实现公司主要国际预期的唯一场所。此外，一些世界上最大的商业展会（如巴黎航空展）在海外举行。

商业展会的**展台**（booth）和**展览**（exhibit）的建设已成为促销计划中的一个主要因素。为了吸引客流，展台必须简单而有吸引力，并有良好的照明和优秀的视觉效果。它还应提供一个舒适的氛围，以促进销售人员和潜在客户之间进行交流。许多定期的商业展会的参展商使用最先进的技术，如全息图、光纤和交互式计算机系统，快速、清晰地传达产品特征。

在制订展台计划时，管理者应考虑策划、预算、促销、人员和效果。[34]

策划

策划主要围绕四个方面展开：预算、公司或品牌的形象、展会的频率和展位配置的灵活性。[35] 在策划展览或展台时，广告主需要考虑许多因素：空间的大小和位置；期望的展览形象或印象；运输、安装和拆卸的复杂性；要展示的产品数量；资料的储存和分发；使用预演广告和促销；所有这些因素的成本。

预算

展会费用高昂，在过去十年中成本大幅上升。一家大公司可能会在一个商业展会的展位上花费 100 万美元或更多。工作人员的差旅、生活和工资费用加上展位成本和售前促销，使每位观众的成本上升到 195 美元以上。[36] 尽管费用很高，但商业展会仍然是达成销售预期的一种具有成本效益的方式，特别是在商业展会观众是大宗采购的关键决策者的情况下。商业展会和展台的预算制定可能需要广泛考虑超过 60 个因素。

促销

为了保证商业展会展台或展览的流量，营销人员发送个人邀请，进行直接邮寄活动，在行业出版物中放置广告，发布新闻稿，并进行电话营销。图表 16－4 中的饼图描绘了客户了解商业展会的途径。[37]

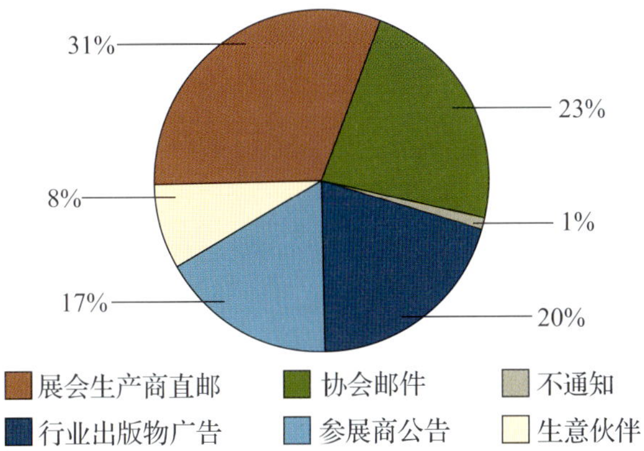

图表 16－4
客户了解商业展会的途径

在展会本身方面，展台上的活动和宣传材料（讲义、小册子、赠品、抽奖）可以激发客户兴趣，提高产品曝光率。3M 的电信产品部门向 6 000 名潜在展会观众邮寄了一份“驿马快信”（Pony Express）主题文件夹，邀请他们在展位上领取一张路线图。该图引导观众（驿马快信“骑手”）在巨大的展台内通过一系列站点，这些站点由七个产品组共享。当观众的路线图在每个站点盖好章后，他们会得到一个信封，里面是 1850 年硬币的复制品和可以兑换商品奖励的代金券。[38]

人员

公司代表在展台上为客户提供个性化服务。他们应该善于表达，热情洋溢，对产品有一定的了解，并且是出色的倾听者。[39]

展台的主要目标是与合格的潜在客户面对面交流。然而，研究表明，58% 参观展位的人会见公司代表不会等待超过一分钟的时间（见图表 16－5）。理想情况下，公司代表 80% 的时间应该花在倾听上，20% 的时间应该花在交谈上。[40]

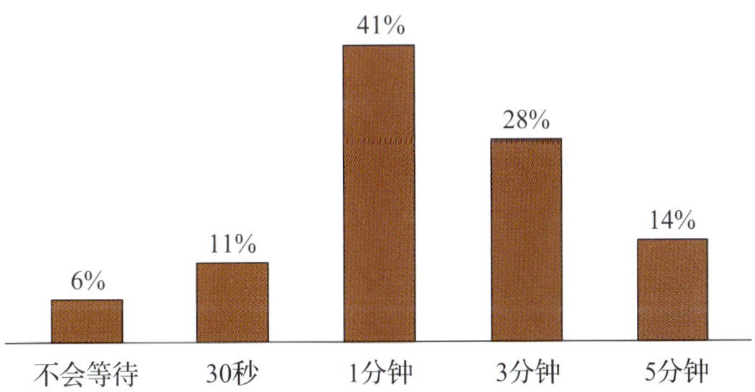

资料来源：INCOMM Research.

图表 16－5
观众在展会等待公司代表的时间

效果

如果没有准确收集和整理潜在客户的名字，公司为展会所付出的努力可能会付之东流。要评估每个潜在客户是否准备好接受另一次联系。[41] 由此产生的潜在客户列表是指向未来销售的链接，并且能够充实公司的潜在客户数据库。

16.4 辅助性媒体

许多宣传媒体很难分类，因为它们是根据个人需要量身定制的。此类辅助性媒体包括特制品广告、目录和黄页，以及各种新兴的替代媒体载体。

特制品广告

⑧识别几种类型的辅助性媒体

国际促销产品协会（PPAI）将**广告特制品**（advertising specialty）定义为一种促销产品，通常印有广告主的名称、讯息或标志，作为营销传播计划的一部分免费分发。[42] 如今，几乎每个企业都在使用广告特制品。市面上共有多达 15 000 种不同的特制品，从咖啡杯到圆珠笔、钥匙链和 T 恤衫，年销售额超过 170 亿美元。[43]

广告特制品不同于奖品，**奖品**（premium）也是促销商品，但特制品往往价值更高。要想获得奖品，接受者必须购买商品、寄送优惠券、观看演示或采取其他对广告主有利的行动。广告特制品通常作为商誉物品免费提供。有些特制品可能会保存多年，并作为关于广告客户业务的持续、友好的提醒。公司经常花费大量资金购买商誉物品以促进其业务，研究表明，这种投资是有回报的。L.J. 市场调查公司进行的一项广泛调查发现，促销商品的产品记忆高于印刷广告。超过 75% 的受访者可以回忆起去年收到的促销商品上广告主的名字，但只有 53% 的人能说出上周印刷出版物中的广告主。[44]

企业对企业（B2B）特制品

在企业对企业的领域，公司使用更结构化的特制品促销来提高其相对于竞争对手的商誉。在 L.J. 市场调查公司的调查中，超过一半的人表示，在收到特制赠品后，他们对广告主的印象“在某种程度上”或“明显”更好。[45]

在每个广告赠品上花费的金额可能不如赞助活动本身重要。在一项测试中，一组房地产经纪人每人收到一支印有抵押贷款公司名称的 1.49 美元圆珠笔，第二组每人收到一个 10 美元的运动包（同样印有公司名称），第三组什么也没有得到。在后续调查问卷中，没有收到任何东西的房地产经纪人最不愿意推荐该产品，但运动包组和圆珠笔组的反应同样积极。显然，礼物接受者感到有义务回报，但礼物的价值并不重要。因此，1.49 美元的圆珠笔具有更好的投资回报。[46]

无论花费多少，不合适的赠品都可能适得其反。收受者可能会认为一份过于昂贵的礼物是一种贿赂，然而一件便宜的小饰品可能会让一家注重质量的企业看起来名不副实。最后，营销人员应该意识到礼物的价值和性质有可能会引起严重的商业伦理问题。

户外广告的新机遇

随着传统广告媒体变得更加昂贵，受众变得更加脆弱，许多广告主寻求新的方式来触达它们的客户。现在有几种替代机会成为具有可行性的选择，包括电影院广告、新位置、增强现实广告、定位和再定位数字广告、户外的程序化广告、移动广告牌和显示屏广告。

V 广告背后的人物

克里夫·马克斯

在相当长的一段时间里，如果你提前到达电影院，你就可以在等待演出开始的同时观看品牌娱乐节目，而不是盯着一块空白的屏幕或窗帘。

“电影前”节目背后的人是克里夫·马克斯（Cliff Marks），他是国家影院媒体公司（NCM）的销售和营销总裁。

等着看电影的消费者可能真的会享受到精心制作的、具有娱乐性的广告内容，这个想法似乎很合理，以至于你可能想知道为什么以前没有尝试过，尤其是当你考虑到电影院的力量——大屏幕、高清晰度内容、杜比音响系统和零干扰时。但事实是，要让美国影院的数千块屏幕供广告主使用，比乍看起来更困难。

马克斯和 NCM 找到了实现这一目标的方法。马克斯和他的公司利用与帝王娱乐集团（Regal Entertainment Group）等大型连锁影院达成的协议，推出了数字传输的娱乐和广告前期节目 *The 2wenty*。其特色是传统（30 秒）和更长的广告，这使其娱乐价值更高。观众们很高兴在等待电影开始的时候看到一些东西，广告主们也很高兴能吸引到这样的观众，在任何其他媒体中都无法如此有效地实现双赢。

The 2wenty 的继任者是 *FirstLook*。*FirstLook* 将电影前期广告提升到了一个更高的水平，为广告主提供捆绑的屏幕和大厅营销产品，提供多种方式与观众互动。NCM 可以通过数字传输将广告和内容定位到由 1 600 多家网络附属影院（包括超过 20 150 块数字屏幕）组成的网络中的特定观影厅和大厅区域，并在全国范围内放映。2015 年，NCM 估计其节目约有 7 亿电影观众。

在创作这些创新的电影节目之前，马克斯曾担任帝王娱乐集团旗下媒体子公司帝王影院传媒公司（Regal CineMedia Corporation）的销售和营销总裁。在加入 NCM 之前，马克斯在 ESPN/ABC 体育工作了 14 年，担任高级副总裁，负责管理其 20 亿美元的销售组织。马克斯与安海斯 – 布希、电路城、MCI、丰田、AT&T、必胜客、塔可钟和肯德基等顶级全国性广告主合作。马克斯在为客户开发垂直整合的广告套餐方面发挥了重要作用，这些平台包括 ABC 体育、ESPN、ESPN2、ESPN Classic、ESPNNews、ESPN.com、*ESPN* 杂志、ESPN 电台和 ESPNZone 餐厅。

克里夫·马克斯向《当代广告》分享了他关于电影广告的一些想法。

《当代广告》：全国电影广告的想法是如何产生的？

马克斯：它在很多年前诞生于欧洲，主要是因为欧洲电视台缺乏广告。北美一直有一个非常成熟的商业电视行业，在美国人的成长过程中，广告是他们电视体验的主要内容。但欧洲的情况并非如此，在那里，广播电台被定义为非商业性的“公共服务”事业。电影院成为营销人员与消费者沟通的场所，他们利用大屏幕向专注于娱乐和接受以娱乐和尊重的方式描绘的信息的观众进行营销，俘获观众。

《当代广告》：当你与广告主交谈时，你如何区分它们从影院广告中获得的机会与从其他渠道，特别是其他户外渠道获得的机会？

马克斯：我们解释说，电影院拥有户外和广播电视的最佳元素，是视觉、声音和动作的独特组合。与大多数户外广告不同的是，广告主可以接触到全国观众。此外，消费者没有 MIGA（Make It Go Away，让它走开）设备来回避广告。电影与电视有很多相似之处，例如，它是一种可扩展的全国性媒体，在美国的每个主要市场都有接触点，可以在全国、地区或本地购买。影院还投资了数字卫星传输技术，允许营销人员以任何他们想要的方式瞄准特定讯息。一个品牌可能是按市场、地区、电影分级（PG/PG13/R），也可能是按电影类型——喜剧、悬疑、恐怖、浪漫或女性电影、男性电影、儿童电影等进行目标市场选择。对美国影院数字化的投资永远改变了广告业的格局，因为营销人员现在有可能在不增加营销成本的情况下，定位他们的观众。这使得电影在许多方面比广播电视更有价值。

电影院主要是作为广播电视的补充向全国销售的。我们告诉广告主，电影院本身就是另一个网络。当然，电影院的附属机构不是电视台，而是影剧院。我们还强调了电影院的独特之处，包括 40 英尺的屏幕、完全的注意力吸引、数字定位能力、以消费者为中心的资产，以及使新的竞争对手不太可能出现的行业合理进入壁垒。

《当代广告》：你是如何对电影广告进行市场调查的？关于你的观众，调查告诉了你什么？

马克斯：我们在调查中通常与其他媒体进行比较。当然，电影院有权确切地知道有多少人观看一部电影，因为它们与制片厂合作伙伴分享收入，并且必须对每一张售出的电影票负责。有很多关于电影和观看不同类型电影的人的联合研究。研究表明，从 4 岁到 84 岁，电影传播的网络相当广泛，我们可以接触到每个人，这取决于电影种类和分级类型。电影院最能够吸引的是 12 ～ 34 岁的人，因为这些观众更有可能一部电影看上几次，而且最有可能一年观看电影六次以上。他们是“重度使用者”。

《当代广告》：电影广告的未来是什么？它将如何演变？

马克斯：自 2002 年以来，电影院广告每年都以两位数的速度强劲增长，前景非常光明。电影院将在国家和地方资金方面与网络电视和直播电视展开竞争。我们在数字技术方面投入了大量资金，使广告主能够切分网络，瞄准特定类型的受众或特定市场。这些技术使电影成为具有高度针对性的大规模媒介。

在电影广告发展过程中，另一个有趣的发展是替代内容，当电影不是主要产品时，可以在数字屏幕上播放替代内容。我们已经看到各种活动，如音乐会、歌剧、体育和其他专业活动在大屏幕上亮相，并取得了不同程度的成功。这一模式将得到完善，电影院将成为通过高清卫星网络观看替代内容的公共场所。

《当代广告》：哪些广告主对电影最感兴趣？我的印象是，许多广告主都在投放电视网广告。它们喜欢电影广告的什么方面？

马克斯：大多数利用电影院的品牌都会制作出高度娱乐化的品牌形象广告。电影院在以零售为中心的广告宣传方面不太强势，这些广告需要有一个直接的行动呼吁。但所有广告主都知道的一件事是，电影广告受众没有冰箱、电脑、电话、给婴儿换衣服、上厕所的干扰，当然，也没有遥控器或数字录像机以及其他影响电视广告的常见干扰因素。

《当代广告》：对这一令人兴奋的新广告媒介，你还有什么想法？

马克斯：世界正在发生很大的变化，我怀疑未来几年会有更多的公司重新评估它们的媒体选择。我认为电视网不会消失。对于营销人员来说，它们仍然是一笔合理的交易，因为它们仍然以合理的价格出售时间（尤其是有线电视网）。但电影肯定是大赢家之一（当然不是唯一的大赢家），与其他提供规模、视觉、声音、运动和可测量性的数字网络一样，将帮助营销人员触达其指定的目标受众。

资料来源：Courtesy of Cliff Marks.

电影院广告

电影院广告（cinema advertising）是一种日益增长但有争议的做法。虽然一些电影观众讨厌看广告，但电影院广告对营销人员来说越来越有吸引力。“与传统媒体不同，我们不需要争夺观众的注意力；他们不会换台。”电影院广告委员会（Cinema Advertising Council）主席鲍勃·马丁（Bob Martin）说。[47] 2006 年，电影院广告的销售额增长到 4.56 亿美元，比 2005 年增长了 15%。尽管如此，一些连锁电影院因为担心冒犯观众，而禁止播放广告。

新位置广告

户外广告正在侵入以前未使用的空间，以创造性和未曾预期的方式呈现讯息。现在，消费者经常会在 ATM 机屏幕、加油站加油泵、医生和牙医诊所、超市、零售店甚至餐厅看到广告。一个有趣的例子是在邮票上预留空间。在一些城市，在卡车甚至客车上也可以看到广告。对于人们聚集的地方的所有者来说，广告意味着收入。对于广告主来说，这意味着一个在意想不到的地方曝光的机会。

美国国会取消了长期以来禁止在邮票上刊登广告的禁令，为另一种微妙的媒体形式打开了大门。

资料来源：Stamps.com.

增强现实广告

许多消费者都可以使用更新的技术，这催生了一个新兴的增强现实类别广告。广受欢迎的智能手机现在已成为许多活动中的增强现实设备。例如，可口可乐与世界自然基金会共同出资，在其北极家园活动中应用了增强现实技术。参观伦敦科学博物馆（London's Science Museum）的游客可以在北极景观中与虚拟北极熊互动。

不出所料，谷歌和脸书都处于增强现实技术的前沿。谷歌于 2013 年推出谷歌眼镜。该产品因隐私问题遭到强烈反对，被撤回，但于 2017 年又被重新推出。该设备本质上是一副眼镜，允许在本地环境中与虚拟实体进行交互体验。想象一下，走在街上，你就可以通过该眼镜看到有关建筑物、雕像、餐馆和商店的数字投影信息。这种承诺被自然且无缝地执行，就像你在观看 NFL 比赛时，以数字方式投射在电视屏幕上的“首播”（first-down）解说语一样自然顺畅、一气呵成。

定位和再定位数字广告

将数字户外广告与地理围栏技术相结合，户外广告为广告主创造了增加曝光频率的机会。例如，一位乘坐地铁并在车站看到星巴克数字标牌的消费者，可以在地铁站外看到一个大型的广告牌，指向通往星巴克的道路。换句话说，在一个位置看到广告的人可以被跟踪到，并在一天中为其提供相关的广告讯息。相反，如果一个人走进星巴克喝咖啡，数字讯息就可能会换成另一个品牌。

户外的程序化广告

我们在第 14 章讨论了程序化广告，但该技术并不局限于互联网。数字户外广告的引入意味着，在互联网上使用计算机程序和广告竞价来购买受众的方法，同样可以用于购买户外广告。竞标者可以定制他们的购买，以利用不同的受众、光照、天气条件或任何可能相关的情况。

移动广告牌

移动广告牌（mobile billboard）是传统广告牌和交通广告的交叉商品，例如，在牵

数字技术正在彻底改变许多媒体形式，包括点唱机屏幕。大量这样的机器保证了广告客户的兴趣。

资料来源：TouchTunes.

引卡车的车身侧面做的广告。如今在一些大城市，专门设计的平板卡车载着广告牌在繁忙的街道穿梭。美国各大主要城市可以提供本地路线的移动广告服务。

显示屏广告

显示屏（display panels）显示文本和图形信息，就像体育场的大屏幕一样。显示屏将商业信息传递到零售店，让购物者看到它们。这些商店免费接受显示屏，并获得 25% 的广告收入。在蒙特利尔，Telecite 使用其新的视觉通信网络（VCN）技术在地铁车厢上安装电子显示屏。广告主得到了一个强大、廉价、灵活的媒介，拥有大量的、被俘获的受众；交通部门获得了一个现代化的、企业付费支持的应急和公共信息系统；乘客们在乘车时也有内容可以看。[48] Telecite 正在与美国和欧洲的众多城市谈判，在其地铁和地铁车厢中安装该系统。

本章小结

那些能够触达家庭以外场景的媒体被称为户外媒体，包括户外广告、交通广告，以及电子显示屏和停车收费表这样的新奇物品上的广告。在主要的广告媒体中，户外广告是单位讯息传递成本最低的。它还拥有其他有吸引力的特点：即时广泛的覆盖面（触达）、超高的频次、极大的灵活性和高影响力。缺点包括讯息容量有限、准备时间长、初始准备成本高以及难以对每个广告牌进行实际检查。

标准化户外广告业由大约 3 000 个本地和区域户外厂经营者组成。全国性广告占据户外业务的大部分。三种最常见的户外广告结构形式是招贴板、基础招贴和路牌。在一些城市，户外活动的一种形式是壮观的、昂贵的大型户外电子广告牌。户外广告的基本销售单位是 100 个户外广告计量单位或 100 个毛评点，这意味着讯息将出现在足够多的面板上，以提供相当于市场总人口的每日曝光量。

交通广告包括候车亭广告；站台、月台和终点站招贴；公共汽车上的卡片和外部招贴；出租车车体广告。这种媒介以极低的成本提供高覆盖度、高频率、高曝光和高关注价值。它可以让广告主的讯息长时间曝光，并提供重复性价值和地理灵活性。此外，广告主在使用空间的大小上有广泛的选择。

但交通广告并没有覆盖社会的某些细分市场。另外，它的受众是非选择性的，它缺乏美誉度，而且文案还有一定的局限性。

展示性媒体包括产品包装，以及商业展会展台和展览。这些媒体旨在帮助消费者或商业客户与产品进行面对面的交流，通常是在销售点或靠近产品的地方。品牌在产品包装方面的投资比以往任何时候都要多，以满足保持品牌新鲜感和影响消费者体验的需要。每个主要行业都会赞助年度商业展会，在这些展会上，制造商、经销商和买家聚集在一起进行演示和讨论。商业展会对全球营销人员来说也非常重要，因为它们可能是广告主一次性满足公司主要国际客户的唯一场所。

辅助性广告媒体包括特制品广告以及电影院广告、新位置广告、增强现实广告、定位和再定位数字广告、户外的程序化广告等。

重要术语

广告特制品（advertising specialty）
基本公交单位（basic bus）
展台（booth）
品牌列车（brand trains）
路牌结构（bulletin structure）
公交车体广告（bus-o-rama sign）
车尾招贴（car-end poster）
电影院广告（cinema advertising）
目录（directories）
显示屏（display panels）
展览（exhibit）
展示性媒体（exhibitive media）
关注印象（eyes on impressions，EOI）
全户外广告计量单位（full showing）
地理围栏（geofencing）
全球定位系统（global positioning system，GPS）
沉浸式广告（immersive advertising）
车内卡片（inside card）
基础招贴（junior poster）
基于位置的广告（location-based advertising）
移动广告牌（mobile billboard）
100 户外广告计量单位（100 showing）
户外广告（out-of-home（OOH）advertising）
外部招贴（outside poster）
包装（packaging）
招贴板（poster panel）
奖品（premium）
户外广告计量单位（showing）
大型户外电子广告牌（spectaculars）
标准化户外广告（standardized outdoor advertising）
成品招贴（stock poster）
自取传单广告（take-ones）
出租车车体（taxicab exterior）
终点站招贴（terminal poster）
整车位（total bus）
商业展会（trade show）
交通广告（transit advertising）
候车亭广告（transit shelter advertising）

复习题

1. 为什么户外广告有时被称为最后的大众媒体？
2. 户外广告媒体最适合于哪些广告目标？
3. 对于地方政治候选人来说，户外广告是一种有效的广告媒体吗？为什么？
4. 户外媒体的毛评点与电子媒体的毛评点有什么不同？
5. 交通广告的主要类别有哪些？
6. 什么是品牌列车？与价格较低的交通广告相比，它有什么优势？
7. 哪些是展示性媒体？为什么？
8. 商业展会和展览的主要好处是什么？
9. 特制品广告与奖品有什么不同？地方性电脑商店如何使用这些媒体？哪些媒体更适合该电脑商店使用？

广告体验

1. 使用广告牌广告

Upshaw Books 作为该地区最大的独立书店，希望在主要通勤路线广告牌上做广告。创建一系列三个标准广告牌，以吸引通勤者的注意力，并促使他们访问该店。

2. 户外广告

正如你在本章中学到的，户外广告和传播在相当长的一段时间里一直是消费者生活中的重要内容。

虽然在广告和媒体决策中经常被忽视，但作为更广泛的印刷或广播活动的辅助性媒体，户外广告可以产生强大的效果。要了解更多这方面的广告业务，请访问下面列出的 5 个户外广告组织的网站，并回答问题。

- 伯克哈特广告公司（Burkhart Advertising）：www.burkhartadv.com
- Outfront Media：www.outfrontmedia.com
- 清晰频道户外公司（Clear Channel Outdoor）：www.clearchanneloutdoor.com
- Kinetic：www.kineticww.com
- 拉马尔户外广告公司（Lamar Outdoor Advertising）：www.lamar.com
- 美国户外广告协会：www.oaaa.org
- *SignCraft* 杂志：www.signcraft.com
- SignIndustry.com：www.signindustry.com
- 威尔金斯媒体公司（Wilkins Media Company）：www.wilkins-media.com

a. 赞助这些网站的组织是谁？谁是目标受众？

b. 该网站的目的是什么？它是否成功？为什么？

c. 该组织为广告主提供什么服务（如果有的话）？

d. 你认为该组织在今天和未来对户外广告有多重要？为什么？

3. 特制品广告

促销型的特制品广告或许是最古老的媒体形式之一。虽然消费者并不总是认为这些商品是“广告”，但它们肯定是由一个确定的赞助商提供的、非人际的传播。许多组织和公司都参与了特制品广告，而且这个行业今天仍在发展。仔细阅读下面的一些网站，了解更多关于特制品广告项目的产品、流程和促销能力。然后回答下面的问题。

- BCG Creations：www.bcgcreations.com
- 可穿戴设备（Wearables）：www.wearables.com
- Cowan Imaging Group：www.cowan.ca
- Image Pointe：www.imagepointe.com
- PromoMart：www.promomart.com
- PROMO’S：www.coolgifts.com
- 国际促销产品协会：www.ppai.org
- PromosOnline：www.promosonline.com
- S-N-T Graphics：www.sntgraphics.com

a. 赞助这个网站的组织的重点是什么？

b. 该网站的目标受众是谁？

c. 该组织提供什么服务（如果有的话）？

d. 你对该组织及其工作的总体印象是什么？为什么？

4. 有些公司以其精美的包装而闻名，如苹果公司。请指出其他三个通过使用特别设计的包装来提高品牌价值的品牌。

5. 如果在本章开头介绍的科罗娜广告战役启动时，采用一种交通媒体来更好地达成广告主的目标，那么该战役将如何调整以满足这种新形式的需要？

本章注释

[1] James Herring, “Corona Unveil Ocean Plastic Billboard Iinstallation for #worldoceansday,” *PR Examples,* June 8, 2018, *www.prexamples.com/2018/06/corona-unveil-ocean-plastic-billboard-installation-for-worldoceansday/*.

[2] Out of Home Advertising Association of America, “Out of Home Advertising Up 1.2% to $7.7 Billion in 2017,” news release, March 22, 2018, *https://oaaa.org/StayConnected/NewsArticles/IndustryRevenue/tabid/322/id/5232/Default.aspx*.

[3] “Introduce Yourself to Outdoor Advertising,” Out of Home Advertising Association of America Inc., *www.oaaa.org*.

[4] *Billboard Basics* (New York: Outdoor Advertising Association of America, 1994), p. 5.

[5] “Historical Revenue,” Out of Home Advertising Association of America Inc., *https://oaaa.org/AboutOOH/Factsamp;Figures/HistoricalRevenue.aspx*.

[6] Mary Jo Haskey, “The Last Mass Medium,” *MediaWeek,*

December 6, 1993, p. 17.
[7] Mary Jo Haskey, "The Last Mass Medium," *MediaWeek,* December 6, 1993, pp. 11, 21; Kevin Goldman, "Billboards Gain Respect as Spending Increases," *The Wall Street Journal,* June 27, 1994, p. B5.
[8] "IBillboard," How Products Are Made, *www.madehow.com/Volume-5/Billboard.html*.
[9] Tim Nudd, "13 Brilliant Outdoor Ads That Stopped People in Their Tracks in 2017," *Adweek,* December 14, 2017, *www.adweek.com/creativity/13-brilliant-outdoor-ads-that-stopped-people-in-their-tracks-in-2017/*.
[10] Institute of Outdoor Advertising, press release, 1991.
[11] Traffic Audit Bureau, "Eyes on—Out-of-Home Media Measurement: The Basics 2009," *www.eyesonrating.com*.
[12] "Facts and Figures," OAAA about Outdoor, *www.oaaa.org/outdoor/facts/cpmcomparison.asp*.
[13] "Technology Standards," Out of Home Advertising Association of America, *www.oaaa.org/presscenter/technology.asp*.
[14] "Technology Standards," Out of Home Advertising Association of America, *www.oaaa.org/presscenter/technology.asp*.
[15] Karl Greenberg, "Lexus Accelerates into All Venues in Push for Revamped IS Sedan," *Brandweek,* August 31, 2005, *www.brandweek.com/bw/news/autos/article_display.jsp?vnu_content_id=1001052022*.
[16] Cyndee Miller, "Outdoor Advertising Weathers Repeated Attempts to Kill It," *Marketing News,* March 16, 1992, pp. 1, 9; *Billboard Basics* (New York: Outdoor Advertising Association of America, 1994), pp. 15–16.
[17] "Surveys Show Americans Like Their Billboards," Outdoor Advertising Association of America, 1997, *www.oaaa.org*.
[18] Kathy J. Kobliski, "The Advantages of Transit Advertising," *Entreprenuer*, March 18, 2005, *www.entrepreneur.com/article/76826*
[19] Melissa Korn, "Bricks Rivaling Clicks in Ad Spending," *Financial Times,* July 21, 2006, *http://search.ft.com/searchArticle?queryText=1-800-flowers&y=4&javascriptEnabled=true&id=060721008312&x=8*; "Outdoor Grows Online Sales: 1-800-Flowers.com Sales 7 Times Greater in Outdoor Markets," CBS Outdoor, *www.cbsoutdoor.com/news.php*.
[20] Riccardo A. Davis, "Retailers Open Doors Wide for Co-op," *Advertising Age,* August 1, 1994, p. 30.
[21] "OAAA Code of Industry Principles," Out of Home Advertising Association of America, *https://oaaa.org/AboutOAAA/WhoWeAre/OAAACodeofIndustryPrinciples.aspx*.
[22] Benedict Carey, "Cigarettes Are Doing Big Box Office," *Los Angeles Times,* January 8, 2001.
[23] "Advertising That Imitates Art," *Adweek,* June 20, 1994, p. 18.
[24] Kyle B. Hansen, "Las Vegas Monorail Files for Bankruptcy Protection," *Las Vegas Sun,* January 13, 2010, *https://lasvegassun.com/news/2010/jan/13/las-vegas-monorail-files-bankruptcy-protection/*.
[25] *The Point of Purchase Advertising Industry Fact Book* (Englewood, NJ: Point of Purchase Advertising Institute, 1992), p. 51.
[26] "Global Packaging Market to Reach $975 Billion by 2018," Smithers Pira, *www.smitherspira.com/news/2013/december/global-packaging-industry-market-growth-to-2018*.
[27] Patti Zarling, "Half of Brand Managers Plan to Spend More on Packaging, Survey Finds," *Grocery Dive,* May 16, 2018, *www.grocerydive.com/news/grocery-half-of-brand-managers-plan-to-spend-more-on-packaging-survey-finds/534014/*.
[28] W. Wossen Kassaye and Dharmendra Verma, "Balancing Traditional Packaging Functions with the New 'Green' Packaging Concerns," *SAM Advanced Management Journal* 57, no. 4 (Autumn 1992), pp. 15–23.
[29] W. Wossen Kassaye and Dharmendra Verma, "Balancing Traditional Packaging Functions with the New 'Green' Packaging Concerns," *SAM Advanced Management Journal* 57, no. 4 (Autumn 1992), pp. 15–23.
[30] W. Wossen Kassaye and Dharmendra Verma, "Balancing Traditional Packaging Functions with the New 'Green' Packaging Concerns," *SAM Advanced Management Journal* 57, no. 4 (Autumn 1992), pp. 15–23.
[31] Chris Baum, "10th Annual Packaging Consumer Survey 1994: Consumers Want It All—and Now," *Packaging,* August 1994, pp. 40–43.
[32] Wayne Robinson, *How'd They Design and Print That?* (Cincinnati, OH: North Light Books, 1991), pp. 74–75.
[33] W. Wossen Kassaye and Dharmendra Verma, "Balancing Traditional Packaging Functions with the New 'Green' Packaging Concerns," *SAM Advanced Management Journal* 57, no. 4 (Autumn 1992), pp. 15–23.
[34] Susan A. Friedmann, *Exhibiting at Trade Shows* (Menlo Park, CA: Crisp, 1992), p. V.
[35] Susan A. Friedmann, *Exhibiting at Trade Shows* (Menlo Park, CA: Crisp, 1992), p. 16.
[36] Carla Waldemar, "Show Selection—The Five-Step Shuffle," *Exhibitor Online, www.exhibitoronline.com/topics/article.asp?ID=1220&catID=32*.
[37] Susan A. Friedmann, *Exhibiting at Trade Shows* (Menlo Park, CA: Crisp, 1992), p. 24.
[38] Susan A. Friedmann, *Exhibiting at Trade Shows* (Menlo Park, CA: Crisp, 1992), pp. 34–39.
[39] Susan A. Friedmann, *Exhibiting at Trade Shows* (Menlo Park, CA: Crisp, 1992), p. 44.
[40] Susan A. Friedmann, *Exhibiting at Trade Shows* (Menlo Park, CA: Crisp, 1992), pp. 70–71.
[41] Susan A. Friedmann, *Exhibiting at Trade Shows* (Menlo Park, CA: Crisp, 1992), p. 90.
[42] "Promotional Products Fact Sheet," Promotional Products Association International, Irving, TX, 1995.
[43] "Promotional Products Industry in the US," IBIS World, November 18, 2018, *www.ibisworld.com/industry-trends/market-research-reports/professional-scientific-technical-services/professional-scientific-technical-services/promotional-products.html*.
[44] Leslie Joseph and Rick Ebel, "Promotional Strategies: Research That Can Put Money in Your Pocket," *www.epromos.com/educationCenter/research.jsp*.
[45] Leslie Joseph and Rick Ebel, "Promotional Strategies: Research That Can Put Money in Your Pocket," *www.epromos.com/educationCenter/research.jsp*.
[46] Avraham Shama and Jack K. Thompson, "Promotion Gifts: Help or Hindrance?" *Mortgage Banking,* February 1989, pp. 49–51.
[47] Shahna Mahmud, "Cinema Ad Revenue up 15 Percent," *Adweek,* October 15, 2007.
[48] James Ferrier, "Spotlight on Technology—Telecite," *Advertising Age,* November 22, 1993, p. SS10.

第 17 章

建立关系：直复营销、人员推销和销售促进

学习目标

着重了解关系在当下高科技繁荣、传播过度的世界中的重要性，并且能够说明如何将营销传播和广告结合起来管理组织和利益相关者。关系营销和整合营销传播是当今市场营销中两个最重要的趋势。直复营销、人员推销和销售促进在整合营销传播中经常扮演不同但又相互重叠的角色，每种营销形式各有利弊。

学习本章后，你将能够：

1. 定义直复营销并解释其在整合营销传播中的作用。
2. 将人员推销与整合营销传播的其他形式区分开来。
3. 列出构成销售促进的活动，包括推拉策略在内，并解释它们在整合营销传播中的作用。

在全球市场营销中，赞助是一笔大生意，尤其是在体育界。罗杰·费德勒、罗里·麦克罗伊等著名运动员通过品牌代言，每年可以获得数千万美元的收入。但体育运动并不是唯一的赞助渠道，正如第 3 章所描述的，对名人和运动员的巨额赞助会带来好处，但这并不能证明冒险总是值得的。如果赞助商能够利用场地，吸引比国家冰球联盟（NHL）、美国职业篮球联赛（NBA）甚至 NFL 更多的观众，那结果又会如何？它们当然可以做到，而且可以在一个尽可能健康快乐的环境——例如迪士尼主题公园——中实现。

迪士尼作为强大的全球品牌，与赞助机会联系在一起似乎有点出人意料，但事实上已有许多这方面的例子。比如迪士尼的最新游乐项目“测试轨道”就是由雪佛兰赞助投资，游客排队乘坐时，可以参观概念车并且观看概念车的设计视频。[1] 位于佛罗里达的迪士尼未来世界园区（EPCOT）分为两部分，一部分是技术主题展馆，另一部分是国家相关展馆。绝大多数情况下，这些展馆的建造和维护费用很大程度上是由赞助商承担的。虽然具体细节不明，但一篇文章显示，巴西馆花费约 4.5 亿美元，赞助商支付一半的费用。[2] 国家展馆经常被误以为是由相关政府赞助——尽管一些政府（如挪威）提供了资金，但国家展馆和技术主题展馆主要还是依靠企业赞助。例如，EPCOT 首次开放时，美国馆由美国运通和可口可乐赞助，英国馆由巴斯出口（Bass Export）、苏格兰普林格尔（Pringle of Scotland）和皇家道尔顿（Royal Doulton）赞助。[3]

在 EPCOT，赞助非常明显，整个园区随处可见。想知道迪士尼世界的官方手机壳是什么品牌的吗？答案是 OtterBox。迪士尼世界和迪士尼乐园的官方计时器呢？西铁城（Citizen）。玩具总动员乐园有赞助商吗？当然，是 Babybel 奶酪。Kidcot 项目的参与者可以在“世界之窗”收集卡片，卡片上有迪士尼卡通人物以及展馆相关国家的信息，参与者会被鼓励把卡片放在一个特殊的 Ziploc 口袋里，其赞助商当然是 Ziploc。[4]

那么在社交媒体的世界里，赞助的想法是不是过时了呢？当然没有。就像我们在第 13 章中提到的，广告主一直关注的是对视频屏幕观众的测量，而相比之下，测量公园游客显得更为简单直接。另外，参观主题公园是一种沉浸式的、快乐的、以家庭为中心的活动。虽然社交媒体无处不在，但是赞助推文很难与“太空山”（历史上由美国无线电公司（RCA）和联邦快递赞助）媲美。[5]

我们认为在 21 世纪建立品牌资产的关键是与客户和其他利益相关者建立相互依赖、相互满意的关系。此外，为了从这些关系中受益，公司应该有意识地（并且认真地）将其营销传播活动与所有其他职能相结合，以此保证市场接收到的有关公司的讯息是一致的。然而，说起来容易做起来难，因为公司做（甚至不做）的每件事都是在传递讯息。从公司的各个角落建立无缝的、持续的传播以帮助公司赢得好声誉，这正是整合营销传播的主要目标。

对于传播学专家来说，了解如何整合各种营销传播工具是很重要的。策划活动时，从业者需要对其他的传播工具有基本的了解，并且要知道如何在整体的营销传播组合中发挥这些工具的价值。在本章，我们将讨论互动的、一对一的传播工具——直复营销和人员推销，还将关注被称为“增值”工具的销售促进。在下一章中，我们将讨论公司用来提高声誉的“信任度”工具，包括各种公关活动、赞助和企业广告。

17.1　理解直复营销

关于“直复营销”一词，即使是专家也有很多困惑。

1 定义直复营销并解释其在整合营销传播中的作用

ANA（原直复营销协会和全国广告主协会的联合体）将**直复营销**（direct marketing）定义为“一种可寻址的交互式传播过程，它在任何地点使用一种或者多种广告媒介影响可衡量的销售、引导、零售购买或慈善捐赠，并在数据库中进行活动的分析，进而发展营销人员和顾客、潜在顾客、捐赠者之间持续互惠的关系”[6]。

《直复营销》杂志进一步做了阐述：“直复营销是一种可测量的营销系统，它可以在任何地点使用一种或者多种广告媒介来影响可测量的反应和／或交易，同时将这种活动存储在数据库中。”[7]从这个定义出发，衍生出了一个几乎同义的术语：**数据库营销**（database marketing）。数据库营销人员建立并维护现有顾客和潜在顾客（以及其他利益相关者）的数据库，并使用各种媒体（从个人接触到直邮再到大众媒体）与他们沟通。数据库营销是一种被广泛采用的营销方法，它是可增加销售的一种具有成本效益的方式。一个好的**数据库**（database）可以帮助营销人员对顾客进行定位、细化和分级，并帮助他们了解顾客和潜在顾客是谁、什么时候购买什么，以及如何与顾客联系。当然，这也带来了建立一些关系的可能性。

直复营销的各种定义有着共同之处。第一，直复营销具有系统性和互动性，它意味着买家和卖家可以直接交换信息。第二，定义中都提到了一个或者多个广告媒介。就名字而言，直复营销和直邮广告有些相似，但直邮只是直复营销人员使用的众多媒介之一。

这里我们以一个高效的直复营销者——保险巨头美国政府雇员保险公司（GEICO）为例。当许多保险公司依靠地方机构和人员推销来产生业务时，GEICO已经懂得利用大众媒体，如电视，来发展那些可能对保险储蓄感兴趣的客户。GEICO也使用包括广播和直邮在内的其他媒体，以触达其目标受众。事实上，GEICO在消费者广告上的支出是紧随其后的消费品牌的两倍多。有经验的直复营销人员早就知道，跨媒体营销比依赖单一渠道的营销更有成效。[8]

直复营销定义的第三个关键点是其反应的可测量性。事实上，直复营销者使用的广告类型被称为**直接反应（行动）广告**（direct-response（action）advertising），因为直复营销总是着力于刺激部分顾客或潜在顾客的行动或者可衡量的反应。虽然说所有广告的最终目的都是要让消费者采取行动，但直接反应广告相对而言更加强调反应的迅速，例如寻求信息、到店访问或者是实际购买等。这些反应可以被统计和分析，因此直复营销是有依据的。这一点较其他原因而言，更能解释近年来直复营销的巨大增长。管理者们青睐于这种方式，因为他们可以看到所花费的钱得到了什么。

第四，定义指出反应可以发生在任何地点。换句话说，直复营销并不局限于邮购或目录销售。顾客可以通过电话、邮寄优惠券、社交媒体在零售商店、其他场所或者是网上作出响应。GEICO绝大多数的报价请求都是通过电话和网络处理的。

直复营销在整合营销传播中的作用

如今，成熟的公司通过直复营销人员的技能来建立、培养和维护关系，不仅是与顾客，而且是与所有利益相关者。

例如，GEICO将电视广告作为其**联络媒体**（linkage media）之一，帮助潜在顾客和顾客与公司联系——告知潜在用户如何询问其产品。接下来，它使用这些回应构建包含顾客姓名、地址、电子邮箱在内的数据库。然后它使用数据库与潜在顾客进行沟通，创建对话并建立关系。它可能会发送一份带有订购信息的邮件，或者引导人们访问它的网站，以此来促使潜在用户与 GEICO 直接联系。

直复营销的演变

直复营销是最传统的营销方法，如今，在主流社会和技术变革的推动下，它正以令人难以置信的速度发展。大约有 57% 的美国女性外出工作。[9] 因此，虽然家庭收入增加了，但她们花在购物上的时间却减少了，于是手机和数字媒体的便利性成为直复营销的重要因素。同样，信用卡的广泛使用也彻底改变了消费者购买商品和服务的方式。电子、无现金交易使得产品（尤其是大型、昂贵的商品）可以被更快速、更容易地购买。现在，随着信用卡安全技术的进步，越来越多的人直接在网上购物。

2018 年，由直复营销推动的销售额增长了 4.3%，增速高于美国总体销售额的增长。事实上，美国近 9% 的 GDP 来源于直复营销。[10]

伴随着与直接反应专家的合作，营销人员正通过向直复营销活动投入大量资金来推动这种增长。图表 17-1 列出了美国一些最大的直复营销公司。2015 年最大的整体支出增长是搜索（11%）、陈列和移动广告（21%）以及电子邮件（9.7%）。[11]

图表 17-1
美国最大的直复营销公司

2017 年排名	公司	2017 年在美国市场的收入（万美元）
1	艾司隆（Epsilon）	161 100
2	德勤数字（Deloitte Digital）	145 200
3	安客诚（Acxiom Corp.）	82 000
4	伟门（Wunderman）	71 600
5	美库尔（Merkle）	61 900
6	拉普（Rapp）	53 100
7	Digitas	50 200
8	普华永道数字服务（PwC Digital Services）	41 400
9	奥美	29 900
10	哈特汉克斯（Harte Hanks）	29 500

资料来源："Marketing Fact Pack 2016," *Ad Age* Datacenter.

在全球范围内，国外市场的某些挑战限制了直复营销能力的增长。国外市场有各种各样的法律法规，有的（与美国相比）很关注隐私。支付和邮政系统与美国也有很大的不同，如邮件地址约定俗成的写法也有较大差异。最后，语言和文化差异也会成为障碍。[12]

数据库对直复营销的影响

计算机技术使营销人员能够以前所未有的方式收集和分析重要客户的信息。例如，必能宝公司（Pitney Bowes）是邮政计量业务的主导公司。不过，该公司的增长率和盈利能力与以往相比持平，因此它用数据库来确定最佳客户，分析他们对于组织的价值，以及他们的需求和购买行为。根据这些信息，必能宝创造了一个基于历史和潜在份额的**顾客终身价值**（customer lifetime value）模型。对其 120 万客户的终身价值进行计算和排名，得到的结果显示，超过 2/3 的客户基础价值存在于不到 10% 的客户中。该公司还发现了低成本、低销量账户的严重流失问题。在某些板块，每年的流失率高达 40%。这项分析使必能宝可以针对最好和最差的客户分别制定独特的直复营销策略。它为最佳客户开启了巧妙的忠诚计划，并为问题用户开启了留存计划。到第一年结束时，该计划已经减少了 20% 的流失率，仅销售成本的降低就回报了整个直复营销投资。[13] 此外，通过顾客终身价值分析，公司可能会决定，最好的做法就是放弃最无利可图的客户。

数据库是直复营销成功的关键，特别是在整合营销传播项目中。它使营销人员可以对客户进行定位、细分和分级。它是关于所有重要客户信息的记录：姓名和地址、电话号码、电子邮箱、NAICS 代码（如果是一家商业公司的话）、查询来源、查询成本、购买历史等等。它应该记录所有与渠道成员和客户接触的交易。一个比任何竞争对手都更了解客户需求并且能留住优质客户的公司，将创造可持续的竞争优势。因此从战略上讲，公司必须决定是关注市场份额，还是关注用户留存率和忠诚度（客户份额）。[14] 通常情况下，这是一种短期与长期的权衡。

该数据库还可以让公司衡量其直接反应广告的效果，例如哪些邮件名录、广播或者电视广告表现最好。使用营销数据库需要两个过程：数据管理和数据访问。**数据管理**（data management）是收集、合并、更新、增强数据库中关于客户和潜在客户的信息的过程。

最重要的是，数据库使营销人员能够进行**数据访问**（data access），使他们能够处理、分析和排列所有的信息，以做出更好的营销决策。借助新兴软件，目前这些可以在连接到客户 – 服务器计算机的个人电脑上完成。《战略数据库营销》的合著者罗伯·杰克森（Rob Jackson）建议数据库营销从客户档案开始。通过识别客户的共同特征，并在不同的细分市场中对他们的相对重要性进行排名，营销人员可以在任何特定时间内获得客户的大致情况。[15]

同样，直复营销专家斯通（Stone）和雅各布斯（Jacobs）使用 **RFM 公式**（RFM formula）（RFM 即近期购买、购买频率、购买金额）来确定最佳客户，例如最有可能再次购买的客户（见图表 17 – 2）。最好的顾客样本是刚购买过商品、经常买、花的钱最多的顾客。根据购买商品和服务的类型，顾客可以被进一步排序，这些信息在交叉销售其他商品时非常有价值。[16]

有些公司可能只是简单地购买一个邮件名录作为其初始数据库。通常有三种类型的数据可供购买：人口统计特征、生活方式（休闲兴趣）和行为（购买习惯）。[17] 也许直复营销目前增长的最大原因是，营销人员和广告公司意识到它们不能再只用一种媒介来完成工作了。在受众分散、公司开始整合它们的营销传播的背景下，客户数据库成为客户留存和增长的关键。

直复营销是开发好的数据库的最佳方式。数据库使营销人员能够通过深入了解客户来建立关系：他们买什么，在哪里买，他们对什么感兴趣，他们需要什么。有了数据库，公司可以选择他们最有效、最有利可图的服务对象——这是所有营销活动的目的。“你不会想要与每一位客户都建立关系，”菲利普·科特勒表示，“事实上，其中确实有一些糟糕的客户。”[18] 零售商百思买使用直邮的方式发送促销材料，但只发送给最佳客户。[19]

人们喜欢把自己视作独一无二的，而不是大众市场中的一亿分之一。通过直复营销，尤其是可追踪的电子媒介，公司可以向单个客户和潜在客户发送不同的信息。通

账户	月购买	近期购买分	购买次数	频率分	购买金额（$）	金额分	总分	结转分	累计分
701	7	12	1	4	37.45	3.75	19.75	16	35.75
701	10	24	2	8	17.86	1.79	33.79	16	49.79
702	6	6	2	8	25.43	2.54	16.54	4	20.54
703	4	6	1	4	33.22	3.32	13.32	7	20.32
703	8	12	2	8	42.34	4.23	24.23	7	44.56
703	11	24	1	4	18.95	1.90	29.90	7	74.45
704	9	12	1	4	109.45	9.00	25.00	23	48.00
705	5	6	2	8	37.65	3.77	17.77	0	17.77
705	7	12	3	12	49.63	4.96	28.96	0	46.73
706							0	43	43.00

图表 17－2
RFM 账户分析

注：

- 近期购买分：当前季度有购买——24 分；过去 6 个月内有购买——12 分；过去 9 个月内有购买——6 分；过去 12 个月内有购买——3 分。
- 频率分：购买次数 ×4。
- 金额分：购买金额的 10%，上限为 9 分。
- 结转分：从上一个年度结转的分数。
- 累计分：账户总分加上上一年度结转的分数。

RFM 公式是一种数学模型，它为营销人员提供了一种方法，根据近期购买、购买次数、购买金额，在公司的数据库中确定最有价值的客户。近期购买分、频率分和金额分相加，得到累计分。累计分是衡量客户对公司的相对重要性的一种方法——分值越高，客户就越有可能进行有价值的额外购买。较高分值的客户，如账户 701 和 703，他们进行过多次购买，很可能会收到有针对性的邮件和特别优惠。

过不同类型的销售促进（在本章的最后一部分讨论），公司鼓励个人（而不是大众）做出反应，并与每个人建立关系。潜在用户可以进行自我决策，允许营销人员建立一段沟通关系。[20]因此，直复营销数据库成为公司发起和建立培养忠诚度工作并衡量其有效性的主要工具。[21]

通过提供切实的反应，直复营销提供了可解释性。营销人员可以计算反应，并确定每个反应的成本。他们还可以判断所使用的媒体的有效性，并测试不同的创意执行。

直复营销为碎片化时间的消费者提供了便利，为控制成本的营销人员提供了精确性和灵活性。例如，要进入小型 B2B 市场，数据库驱动的直接反应媒体是最具成本效益的方法。也就是说，直复营销正变得越来越有竞争力。在每个人都在家看电视的时代，花几百万美元在黄金时段播放电视广告对于大公司而言是很平常的，平均每人的成本只有 1 ～ 10 美分。但那些日子已经一去不复返了，现在不是每个人都看电视，即使在看，他们看的也是 150 个不同的频道或奈飞的流媒体。如今大家有遥控器可以静音广告，还有数字录像机来跳过广告。而且，联播网广告要比以前贵得多，因此，有针对性的直接反应媒体（杂志、小众电视、直邮、电子邮件、报亭）比以往任何时候都更具成本效益。

最后，与公共大众媒体不同的是，直接反应媒体更加私密。一家公司可以在竞争对手不知情的情况下开展促销信函活动。在政治领域，将“隐性的”讯息传递给不同的投票群体是美国两大政党经常使用的一种策略。

伦理、多样性与包容性

对老年人的不符合伦理的营销

对于许多营销战役来说，最佳对象是 18 ～ 34 岁的人群。他们有独立收入并且会在品牌上花费较长时间。然而，这并不意味着每个广告战役都以年轻人为目标。55 岁以上的美国老年人也是营销的主要目标。在许多情况下，这是因为他们需要独特的服务和产品；而在某些情况下，可能因为他们是弱势群体。

美国全国成人保护服务协会（National Adult Protective Services Association）指出，每 9 个老年人中就有 1 个受到过歧视、不公平对待或忽视。即使有这么高的比例，许多人还是认为歧视老年人的报道被低估了。

一些美国老年人面临认知障碍的挑战，他们在日常生活中需要帮助，于是一些不合伦理的营销者瞄准了他们。这些骗局包括彩票和抽奖、"房屋维修"销售人员、虚假慈善机构、恶意贷款（反向抵押贷款、其他风险性贷款）、传销、身份盗窃、医疗诈骗，以及其他不道德或非法的营销手段。

伦理营销始于伦理规范。美国医学会指出，其会员营销人员应遵循以下原则：（1）不造成损害；（2）促进营销体系的信任；（3）拥护伦理价值观，如诚实、提供有价值的产品和信守承诺。这些原则是很好的起点。然而，老年人是弱势群体，因此应该采取特别的预防措施。

有一篇博客提出了以下关于老年人营销的建议：（1）使用相关语言（老年人只是想知道你的产品将解决什么问题）；（2）不要认为老年人是无助的；（3）理解老年人寻求的是利益，而不是产品；（4）为他们提供方便（不要用小字，要写清楚）；（5）采用多渠道营销（含目录）；（6）给他们提供一些熟悉的东西；（7）个性化体验；（8）确保你的讯息被接收到。[22] 实际上，对于所有受众而言，这似乎都是很好的营销建议。

直复营销的缺点

与此同时，直复营销也面临一些挑战。在过去，直复营销人员是以销售而不是关系为导向，这给直复营销带来了坏名声。许多人喜欢逛街购物，他们喜欢亲自去看和感受商品，不去看就不买。这就是为什么现在许多直复营销战役的目标是驱动人流量到达零售地点。

广告所享受的媒体的内容支持，直复营销是没有的，它必须依靠自己的努力。它很少得到媒体提供的声望，这使得树立产品形象变得更加困难（和昂贵），而这正是大众媒体广告所擅长的。

直复营销也受到信息混杂的影响。人们被商业赞助商和鼓吹政客的信件淹没，有线电视频道充斥着食品加工者的广告，保险的电话推销也侵入了消费者的家庭和工作场所。

许多消费者很关心隐私问题，他们不想自己的名字被名录供应商售卖。因此，美国国会经常向企业施加压力，包括像谷歌这样的大公司，要求它们定期对隐私政策做出解释。[23] 聪明的营销人员会注意这些警告，并开发可靠的直复营销方法。利用整合营销传播理论，他们整合所有的营销传播并专注于构建品牌的关系价值。

直复营销活动的类型

所有的直复营销人员都面临着两个基本的战略决策：他们将在多大程度上使用直接销售和多大程度上使用直接反应广告。他们可以使用其中之一或同时使用两者。

直接销售

在**直接销售策略**（direct-sales strategy）中，营销人员的代表直接向客户销售产品，要么在家里，要么在办公室，而不是通过零售机构或其他中介机构。直接销售包括人员推销或电话营销。

人员推销　罗伯特·彼得森（Robert Peterson）和托马斯·沃特鲁巴（Thomas Wotruba）将**直接销售**（direct selling）定义为远离固定零售地点的面对面销售。从这个意义上说，直接销售通常指的是一种推销消费品的方法——从百科全书、保险到化妆品和营养品。[24]在人员推销中，代表将产品介绍给客户，就产品价值对客户进行说服，如果成功，就能完成销售。人员推销主要有两种形式：个人对个人销售和团体销售。

彼得森和沃特鲁巴对直接销售的定义也适用于 B2B 营销，因为直接销售通常发生在“固定的零售地点之外”。然而，常见的术语是指人员推销。考虑到这对于 B2B 营销人员非常重要，我们将在本章的下一节更全面地讨论这个问题。

电话营销　作为直接销售的一种方式，**电话营销**（telemarketing）已经被使用了几十年。电话营销包括通过电话销售和寻找客户、回复咨询，以及为来电者提供与销售相关的服务。产生的信息可以更新公司的客户数据库。电话营销是一些公司和组织的主要收入来源，如非营利和慈善事业、政治候选人、家教课程。然而，随着数字消费的激增，电话营销近年来一直在减少。这在一定程度上是由于消费者从固定电话向移动电话的转变。(谁愿意在手机上接听营销电话呢？)[25]

但完全取消电话营销是错误的。首先，电话营销比人员上门推销成本低得多。例如，在保险行业，目前绝大多数保险公司的汽车和住宅保险运营费用比率为 27%。而最高效的保险公司，如 GEICO，采用来自电话中心的高科技数据库营销技术，并以 20% 左右的费用比率运营。[26]这种差异直接影响到盈亏。

其次，有些人确实喜欢用电话购物。它用起来方便划算而且轻而易举。在美国，免费电话业务正在蓬勃发展。几乎每个星期，北美地区都会增加 3 万～5 万个免费电话号码。1996 年，由于需求旺盛，以 800 开头的号码供不应求。不久以后，人们开始担心以 888 开头的号码也将面临枯竭，导致其分配受到限制，于是后来引入了 877 和 866 开头的号码，并根据需要增加其他免费号码。[27]

作为整合营销传播的一种媒介，电话营销仅次于面对面销售和私人销售电话。例如在 B2B 领域，优秀的电话营销人员可以与他们从未谋面但每周都会交谈的客户建立牢固、持久的关系。圣迭戈的 Stand Out Designs 公司雇用了技术高超的电话营销人员，他们会打电话给全国各地的动物园、博物馆和精品店，让它们订购和储存该公司独特的丝印 T 恤系列。电话营销人员不只是接受订单，他们还会向经销商提供陈列和促销建议及广告建议。

当与其他直接反应媒体相结合时，电话营销变得更加有效。例如经验表明，当电话营销与直邮相结合时，通常至少会有 10% 的应答数量增长——经常会更高。

直接反应广告

要求读者、观众或听众向信息源提供反馈的广告称为**直接反应广告**（direct-response advertising）。任何媒体都可以用于直接反应，除了直邮外，最常见的是目录、传统印刷品、广播、电视和数字媒体。直接反应是广告业发展最快的领域之一。今天，几乎每一个主要的营销商都希望它们的广告公司可以在最终计划书中包含直接反应（关于计划书的一个例子，请参阅 IMC 实战模拟“制订计划书”）。

直邮：可寻址的媒介 直邮仅次于人员推销和电话营销，是完成销售或产生咨询的最有效的方法。所有通过政府、私人或电子邮件，直接发送给潜在客户的广告形式都被称为**直邮（直接行动）广告**（direct-mail（action）advertising）。它对于寻求即时反应的营销人员来说是非常有用的。虽然直邮作为数字广告增长的另一个受影响者，支出近年来有所下降；但一些人认为，它正蓄势待发，有望卷土重来。为什么？这是由于数字广告屏蔽软件的功能。随着越来越多的浏览器和应用程序允许受众屏蔽广告，直邮又开始被看好。[28]

直邮中的创意是至关重要的，它可以使活动脱颖而出。Optimum 利用相关性来再三强调其信息。它将传统的电话服务与使用信鸽传递信件联系了起来——信鸽是一种古老的传递讯息的方式。

资料来源：Optimum Lightpath and its agency, Hawkeye.

大公司和小公司都在使用直邮，新公司经常使用直邮作为它们的第一种广告媒体。原因很明显：在所有的媒体中，直邮广告提供了最直接的途径来吸引目标消费者。不过，几十年来邮箱里被塞满了商品目录、信用卡优惠和音乐俱乐部的邮件包，这也使得如今厌倦了广告的消费者更难被触及。

直邮的类型 直邮有多种形式，从手写明信片到像 ShipShapes 这样的立体邮件。讯息可以是一个句子，也可以是几十页内容。在每一种形式中——从很小的优惠券到厚厚的目录——创意选择是无限的。除了立体邮件外，直邮还包括以下类别：

销售信函（sales letters）是最常见的邮件形式，通常与手册、价目表、回复卡片和信封一起邮寄。**明信片**（postcards）用于告知销售、提供折扣，或产生客户流量。国家邮政服务规范了格式和尺寸。一些广告主使用双层明信片，这样它们就能同时发送广告讯息和回复卡。需要产品或服务的收件人可以撕下回复卡，寄回给广告主。为了鼓励回复，一些广告主使用**商业回邮信函**（business reply mail），这样收件人无需付邮费就可以寄回。在收到回复后，广告主会支付邮费，外加几美分的手续费。“免邮资”激励措施通常会提高回复率。

IMC 实战模拟

制订计划书

显而易见，计划书是为了开发项目所付出的所有努力的体现。有人认为，计划书就是项目的实际交付物；而对于其他人，制作一份计划书来确保所有的想法都存在于一个地方，这是一个很好的实践和过程管理。

不要让“书”这个字迷惑了你——事实上我们在这里谈论的是一个或一系列的文件夹，里面包含了你的客户问题的相关信息。这个文件夹应该包括所有有组织的信息，无论是竞争新闻和资料、行业新闻、目标受众研究，抑或是 SWOT 分析。计划书是你用于构建最终演示的基础，它简明地解释了你会如何利用计划书中的讯息来将你的活动想法付诸行动。

以下是应该在你的计划书中描述的信息：

- 目标
- 挑战
- SWOT 分析
- 目标受众分析
- 传播战略
- 创意和媒体简报
- 创意概念
- 媒体战略和计划
- 评估指标

目标

这是一项或一组陈述，描述了你希望通过为客户的产品做广告来实现哪些目标。常见的目标有：提高新受众的认知度、从竞争对手那里争夺市场份额，或者改变消费者的看法。最好保持专注，不要制定太多目标。

挑战

想想你想要达成什么目标，存在什么障碍阻碍了你的工作。如果你正试图提高客户产品的销量，找到还没有被关注到的方面是一个挑战。

SWOT 分析

了解客户产品的优势、劣势、机会和威胁，有助于你聚焦合适的品牌营销战略。伴随着目标分析，SWOT 分析应该直接指向你的产品 / 品牌营销战略。

目标受众分析

希望你已经结合了一手资料研究（访谈）和二手资料研究（辛迪加或者第三方资料），以帮助理解是什么激励你的消费者采取行动。一旦你理解了这一点，做广告就变得简单多了；本部分应该突出已完成的调查和从中获得的洞察。

传播战略

传播战略指导你将顾客信息传达给你的目标客户。

创意和媒体简报

这可以是一个文档，也可以是一组文档，但无论哪种方式，它都应该呈现出你所有的创造性工作和媒体工作。回顾第 10 章，看看如何开发简报。

创意概念

创意概念是你的想法的视觉表达，包括信息和设计。

媒体战略和计划

就像传播战略一样，媒体战略应该作为你所有战术性媒体想法的框架。媒体计划本身只是包含时间安排的战术想法的表现。

评估指标

因为你已经做了所有的功课，理所当然，你所有的想法都会奏效，但如果其中哪一个没有奏效呢？你该怎么知道？在这里，你可以详细说明你打算如何跟踪和衡量活动的有效性。可以是简单的销售增长，也可以是更复杂的，比如前 / 后态度差异研究。

折页（folders）和**手册**（brochures）通常配有照片或其他插图，使用多种颜色印刷，并采用印刷效果非常好的高质量纸张。**巨幅传单**（broadsides）比折页大，有时会用作橱窗展示或商店的墙上招贴。它们折叠成小巧的尺寸，可以装进信封。

无包装邮件（self-mailers）可以是任何形式的直邮，它的特点是不需要信封就可以发送。它们通常折叠起来，用钉书钉或封条固定，并且留有特殊的空白空间来书写、打印或者标记潜在客户的姓名和地址。

报表广告卡（statement stuffers）是附在百货公司、石油公司、银行等客户每月账户变动情况报表中的广告。需要订购时，客户可以直接填写其信用卡号码，并在回复卡上签名。

企业刊物（house organs）是由协会或商业组织制作的出版物，例如，股东报告、时事通讯、消费者杂志和经销商出版物。

在媒介组合中使用直邮　在销售和商业推广中，直邮是一种高效、经济和有效的媒介。这就是各种各样的公司、慈善机构和服务组织以及个人都在使用它的原因。直邮可以强化其他媒体广告的效果。出版商清算所（Publishers Clearinghouse）利用电视广告提醒观众即将到来的直邮抽奖促销活动。

直邮有两个主要的缺点——成本高以及“垃圾邮件”的形象，这两个几乎是不可避免的。没有其他媒体（除了人员推销和互联网上消费者目标定向营销）有如此高的千人成本。因此，许多小企业营销者选择与 ADVO 这样的公司合作邮寄邮件。ADVO 服务于美国大多数主要城市，它会把附有每个参与公司优惠券的信封向目标邮政编码发送。

一些大公司不发送未经请求的邮件。为了找到潜在客户，它们使用了其他直接反应媒体。然后使用直邮来回应询问。它们通过只给合格的潜在客户邮寄来省钱，通过发送高质量的材料，它们建立了自己的形象并增加了建立有价值的客户关系的机会。

购买直邮广告　直邮有三种基本费用：名录获取、创意制作和分销。

任何直邮计划的核心都是邮件名录。每份名录实际上都定义了一个细分市场。直邮广告主要使用三种类型的名录：自有名录、邮件反应名录和汇编名录。

公司的关系数据库包括当前、近期、以往的客户以及未来的潜在客户，其中包括直邮计划的**自有名录**（house list）。由于客户是公司最重要的资产，每个公司都应该集中足够的资源开发一个关于客户以及潜在客户的信息与资料的数据库。公司可以通过多种方式建立自有名录，用于从提供信贷计划到发送有用的信息，再到与其他拥有类似客户资料的公司交换客户姓名。

像通用电气这样的消费品公司就是通过在产品中附上登记表来收集客户数据的。

在登记表中，购买者提供他们的姓名、地址、电话号码、出生日期、职业、收入水平、信用卡偏好、住房拥有状况和子女数量。他们也会表明自己的爱好和兴趣（如打高尔夫或保龄球、出国旅游、摄影）。公司将这些信息用于自己发邮件，并且也会出售给其他直邮广告主。

对于营销人员来说，第二重要的潜在客户是那些对其他公司（特别是那些有互补产品或服务的公司）的直邮做出回应的人。**邮件反应名录**（mail-response list）是其他直邮广告主的客户名单，它们可以根据各种不同的人口统计特征来租用。

最容易获得的名录是一些实体企业出于不同的原因编写，然后出租或出售的名录，例如，汽车所有者、新住房购买者、公司所有者等的名录。从名录供应商那里购买的**汇编名录**（compiled list）通常伴随着最低的回复率，因此专家建议使用多种资源，在电脑上将它们与邮件反应名录和自有名录合并，然后清除重复的名字。[29]

直邮名录可以被购买或租用。购买的名录可以无限制地使用；租用的名录只能用于特定邮件。名录所有者会在名录中加入一些假名字，以确保租赁者不会重复使用。

一些名录所有者会向**名录经纪人**（list broker）支付佣金（通常为 20%）来处理租赁交易。反过来，租用名录的公司也会受益于经纪人对名录质量的了解，支付物有所值的费用。

名录可以与上市公司或其他非竞争性公司进行交换。它们可以根据客户的位置（邮政编码）以及人口统计特征，比如年龄、收入和信用卡所有权；或者心理特征，比如性格和生活方式来进行定制。DirectMail.com 列表包含了数百种分类的详细记录（见图表 17－3）。

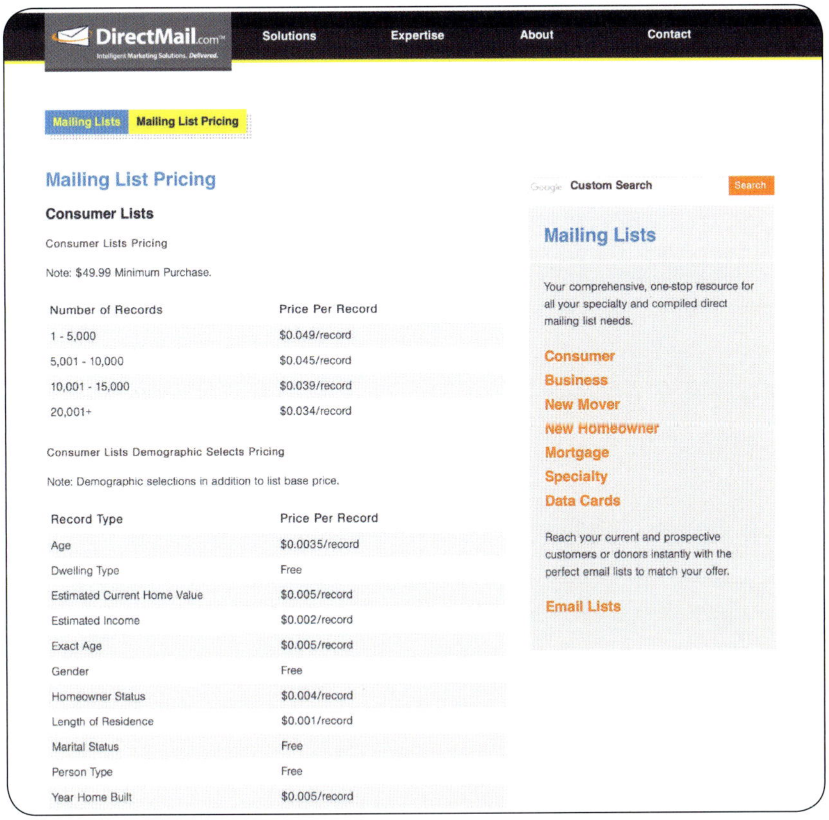

资料来源：DirectMail.com™.

图表 17－3
由 DirectMail.com 发布的直邮费率和数据的典型名录

邮件名录的质量差别很大。不合适的名录可能包含过时的地址和住得太远的人的名字，他们不使用广告上的产品，而且无论如何也不会买。邮寄名录的价格根据质量不同而不同。广告主的选择标准越高，名录就越昂贵。为每 1 000 条信息多支付 10 美元通常是非常值得的，否则花在邮件和邮资上的钱就会被浪费掉。

随着人们搬家、换工作、结婚或死亡，邮件名录平均每年变化 40% 以上。因此，邮件名录必须不断更新（清理），以确保它们的时效性和正确性。营销人员也可以测试一个给定名录的有效性和准确性。他们租用或购买每第 *n* 个名字，并发送邮件给这些人。如果结果良好，他们就会购买更多的名字，通常是每组 1 000 个。

为了制作一个直邮包，营销人员可能会与内部员工、广告公司或自由设计师和写手合作。有些代理公司专营直邮业务。[30]

直邮的生产过程与其他印刷品大致相同。邮包的大小和形状，以及类型、插图和颜色，都影响着印刷成本。特殊功能，比如模拟蓝色墨水签名、模切（将纸张切割成不寻常的形状）也会增加成本。但是印刷量越大，单位印刷成本越低（参见广告实验室“开发有效的直邮包”）。

剩下的生产和投递任务可以由当地的**信件公司**（letter shop）（或邮寄公司）完成，也可以由公司内部完成。[31]信件公司把物品塞进信封并封口、贴上标签、计算邮资、分类、捆扎和堆放。一些公司还提供创意服务。如果营销商使用的是散装邮件，信件公司会将邮件按邮政编码分开，并捆绑成束，以寻求低批量费率。然后信件公司把邮件送到邮局。

配送成本主要取决于邮件的重量和递送方式。美国的广告主可以使用美国邮政署、航空货运或像美国联合包裹运送服务公司和联邦快递这样的私人投递服务。最常见的是美国邮政署，它提供几种递送方式。[32]当邮件在周二、周三或周四到达时，直邮广告最有效。[33]

目录　最大的直复营销商是目录公司。**目录**（catalog）是罗列、描述和描绘制造商、批发商或零售商销售的产品的参考书。随着越来越多的高收入家庭在家购物，专门的商品目录变得非常流行。一些目录零售商通过专营的方式获得成功，比如服装（L. L. Bean、Anthropologie、Lands' End）、电子产品（Sharper Image）和美食（Dean & Deluca）。

目录仍然是一笔大生意。据估计，截至 2017 年，广告主在商品目录上每花费 1 美元，就会带来大约 3 美元的回报。[34]排名前十的目录公司在 2005 年的营业额超过 922 亿美元。虽然在 2007 年经济衰退后，该行业经历了一次显著的下滑，但与其他传统媒体不同，该行业在 2015 年东山再起。[35]

直接反应印刷广告　报纸广告以及附带优惠券或列出免费电话号码的插页广告可以非常有效地刺激客户的反应。今天，杂志也是如此。此外，在杂志上广告主可以把大部分空间用于形象塑造，从而最大限度地发挥媒体的力量。我们在第 12 章讨论了印刷媒体的使用。

直接反应广播广告　近年来，直复营销商对电视和广播的使用急剧增加。Total Gym 的产品通常通过医疗保健和健身专业人士销售，该公司与美国电视广播公司（American Telecast）合作，制作了一个 30 分钟的电视购物节目，由电视明星查克·诺里斯（Chuck Norris）和超模克里斯蒂·布林克利（Christie Brinkley）担任主角。这项活动的

广告实验室

开发有效的直邮包

好的直邮活动有助于建立广告主和客户之间的关系。和广告一样，直邮活动的有效性很大程度上取决于它的讯息和整体外观。

塑造信息

美国注册会计师协会（AICPA）想向高中生和大学生展示会计更酷的一面，因此它联系了伟门广告公司（Wunderman）。AICPA 创建了一个名为“从这里开始，获得成功”的招聘网站，其中主推一款益智游戏。伟门广告的任务是让学生登录网站，通过玩游戏了解更多关于会计职业的知识。幸运玩家可以赢得现金、iPods 和礼品卡等奖品。伟门广告创作了高度生动、引人注目的明信片，寄给目标高中生和大学生。

为了在直邮中开发信息元素，专家们建议了几种技巧：强调好处；多次重复你的提议；提供激励；提供担保；不要害怕长篇大论；不要写超出读者理解范围的文案；给客户提供多种回应选择。

讯息和直邮组件的整合

将讯息与直邮包的关键实体组件相匹配，是创建直邮的一部分。正如第 10 章所讨论的，创意金字塔的五个步骤（注意、兴趣、信任、期待和行动）可能是形成信息的指导方针。接下来，这些信息必须整合到直邮包的所有组件中。

AICPA 的明信片以其幽默和丰富多彩的图形引起注意。特别的字体和卡通形象吸引收件人进一步浏览。明信片在细节上通过提供真实和重要的数据来建立信任。提供的奖品进一步引起目标对访问该网站的期待。哪个学生能拒绝赢得现金或 iPod 的机会？在明信片的正反面都提供游戏网址，将采取行动（玩游戏）变得很简单。

直邮的秘密

研究已经揭示了无数提高回复率的直邮技巧：采用缩进式，并将其设置为左对齐，右边缘参差不齐；避免使用反式印刷；明确列出你的报价节省了多少美元而不是百分比；在文本中使用“你”这个词；为销售定价提供一个理由（任何理由都可以）；不要在旧地址上粘贴标签——最好打印新的材料。

实验室应用

1. 找到一个与大多数邮件类似的直邮包，列出如何在整个组成部分中整合创意金字塔的元素。
2. 回顾你的直邮包中的文案，找出广告实验室中提到的技术有多少是已经使用或可以改进的。

收益超出了他们最大胆的预期，在第一年就产生了超过 1 亿美元的收入，并在接下来的四年里持续产生类似的回报。[36]

正如图表 17－4 所示，越来越多的人观看电视购物节目并购买广告产品。事实上，一项调查发现相当比例的电视广告购物者更喜欢该购物方式，而不是在商店里买东西。[37]

	观众总计	非观众总计	购买者总计
主要性别	53.2% 女性	55.4% 男性	51.7% 女性
平均年龄	41.2	45.2	45.9
就业状况	全职	待业	全职
婚姻状况	49.3% 已婚	52.8% 已婚	60.3% 已婚

图表 17－4
谁观看电视广告（并从中购买）

续表

	观众总计	非观众总计	购买者总计
育儿状况	40.1% 有孩子	38.5% 有孩子	43.1% 有孩子
住宅	郊区	31.5% 小镇	郊区
平均家庭收入	56 000 美元	49 000 美元	55 000 美元

多年来，电台评论员保罗·哈维（Paul Harvey）非常成功地向他的忠实听众推销了各种各样的产品。同样，脱口秀明星霍华德·斯特恩（Howard Stern）和拉什·林博（Rush Limbaugh）也让斯奈普（Snapple，一款饮料品牌）一夜成名，他们在节目中喝下了斯奈普饮料，并大肆吹捧它的好味道。不过，直到现在，广播电台还是很少成为直接反应广告的媒介选择，但这也使得该媒介对一些营销商来说更有吸引力。[38] 广播行业的高管们预计广播中直接反应广告的数量将大幅增加。广播、电视和专题广告片已在第 13 章中深入讨论。

直接反应数字广告 直接反应广告见证了绝大多数在线广告的努力。使用电子邮件分发营销信息仍然很受欢迎，因为它成本低、效果好。在线直接反应广告包括展示广告、横幅广告和搜索广告。社交媒体网站上越来越多的广告可以立即做出反应。手机是另一种受欢迎的直接反应媒介。移动媒体包括短消息服务（或文本广告）、多媒体消息服务（或文本加图像、音频或视频）、移动应用程序、快速反应条形码和移动横幅广告。

17.2 理解人员推销

② 将人员推销与整合营销传播的其他形式区分开来

如果是这样，那取决于我。(If it is to be，it is up to me.)

十个英文单词，每个单词由两个字母构成。这就是希德·弗里德曼（Sid Friedman）的成功哲学。他是个典型的销售代表，对吧？

也不完全如此，毕竟希德·弗里德曼是卖保险的。他已经做了有些年头了。他是企业金融服务公司（Corporate Financial Services）的董事长和总裁，该公司是一家总部位于费城的保险、金融规划和咨询公司。弗里德曼管理着他的 200 多名员工，经营着另外三家公司，并领导着儿童许愿基金会（Make-a-Wish Foundation）费城分会。《福布斯》杂志的文章《最富有的人，他们赚多少钱？》，就提到了弗里德曼，还有阿诺德·施瓦辛格（Arnold Schwarzenegger）、汤姆·克兰西（Tom Clancy）和拉尔夫·劳伦（Ralph Lauren）。

希德之所以能登上《福布斯》的文章，是因为他的销售技巧，再加上直复营销的运用，他在一年内获得了 260 万美元的个人佣金。弗里德曼喜欢电话营销，这对他很有效。他每周给 100 个人打电话，得到 15 个拜访预约，达成 3 项销售合约，赚了很多钱。

“有时候，”他说，“你会赚更多的钱，但前提是你要做三件事：去见客户，去见客户，去见客户。”[39]

这就是人员推销的全部：去见客户。这也是为什么人员推销是建立关系的最佳营销沟通工具——因为销售代表和客户是面对面的。它是终极的一对一的媒介，也是最昂贵的媒介。对大多数公司来说，人员推销支出远远超过广告支出。对许多公司而言，广告的主要作用是通过直接提供线索或间接创造积极的销售气氛来支持销售队伍。对于将受众引向公司免费电话号码的 GEICO 广告来说，更是如此。

人员推销可以有多种定义，这取决于公司使用它的目标。然而，在整合营销传播方案中，销售代表的销售努力必须与公司的使命、愿景、战略以及公司的所有其他传播相一致。

所以，出于我们的目的，我们将**人员推销**（personal selling）定义为一种人际传播过程，通过这个过程，销售者确定并满足购买者的需求，从而使双方都能获得共同的、长期的利益。[40]

因此，人员推销的任务不仅仅是销售。在整合营销传播项目中，人员推销的目标是建立一种伙伴关系，为买卖双方提供长期的利益（也就是双赢）。销售人员通过帮助客户识别问题来发现需求，提供潜在解决方案的信息，协助买方决策，并提供售后服务，以确保长期满意。影响和说服只是销售的一部分，主要还是解决问题。

人员推销的类型

人生总有要推销的时刻。孩子们售卖柠檬水、杂志和饼干；学生们推销舞会门票、年鉴广告和学期论文；医生向不情愿的病人推荐饮食；律师向持怀疑态度的陪审团说明案情梗概；警察向紧张的司机科普交通安全。

然而，作为一种商业过程和职业，人员推销是另一回事。它只是一家公司多种沟通工具中的一种，它的相对重要性取决于企业或行业的类型、产品或服务的性质以及企业的战略。

事实上，任何东西都要经过售卖，由某人卖给另一个人。零售店员可能会卖给你一部手机。在这个店员背后是一支由其他销售人员组成的队伍。他们向制造企业出售加工材料，制造过程中使用的设备、人力资源和会计等商业服务、工厂和办公家具、车辆、广告服务、媒体空间和时间、保险。然后，制造商的销售人员把这款手机（以及其他一些手机）卖给批发商。同样，批发商必须从其他销售人员那里购买运输和仓储服务。然后批发商的销售代表再把手机卖给你买手机的零售网点。

如上述场景所示，销售人员为各种各样的组织工作，并拜访各种各样的客户。他们可以挖掘需求，呼吁其他公司销售用于生产其他商品的产品或服务。他们可以对接经销商或向消费者销售产品，既可以在零售店销售，也可以像我们前面讨论的那样，在远离零售店的情况下展开直接销售。

因为营销讯息的设计是为了支持和加强公司的销售能力，所以营销人员（无论是在公司还是在代理公司）都必须了解他们的公司或客户所处的销售环境。许多公司让它们的营销人员打电话给销售人员正是出于这个原因。他们可以亲自感受潜在客户问了什么问题、客户如何看待公司（及其竞争对手）、人们如何使用公司的产品，以及哪些信息（广告或销售材料中）可以帮助销售人员更好地与潜在客户沟通。

人员推销的优点

人员推销最大的优点是它的人性化。没有什么比个人交流更有说服力了。一个有经验的销售人员可以观察潜在客户的肢体语言，从字里行间揣摩出是什么在困扰客户。

销售代表可以提出问题并提供答案，灵活地调整演示文稿，根据特定客户的需求和兴趣进行特别定制，现场演示产品，还可以进行谈判，以此来找到最能满足购买者需求的物品。

另外，销售代表也拥有时间的自主性。换句话说，交易不一定非得在今天进行，但是关系必须建立起来，而人际传播比任何媒介都更擅长于此。

人员推销的主要工作之一是对新上市的产品进行分销，这是其他沟通工具无法完成的任务。事实上，在许多贸易和工业领域，人际交流可能是完成销售的关键。这也适用于某些高价或技术性消费产品，如摄像机、医疗保健和遗产规划。在这种情况下，人员推销的高成本是值得的，因为只有它能完成工作。

人员推销的缺点

人员推销是劳动密集型的，是与潜在客户沟通成本最高的方式。这是它最大的弱点。一项B2B的销售电话的成本远远超过300美元。不仅如此，它非常耗时，而且因为是一对一的媒介，所以难以形成规模经济。事实上，有时还会有两三个销售人员去一个重要客户的办公室做演示。在人员推销中，不讨论千人成本。

如此一来我们可以理解，为什么整合营销传播的一个重要作用是在销售人员打电话之前，通过尽可能多地向潜在客户和客户传递有关公司及其产品的相关信息来降低销售成本。这些信息可能是功能性的（特别是关于产品的），也可能是象征性的（为公司树立形象和建立信任感）。

人员推销的另一个缺点是，在许多人印象里，它的名声并不好。数十年来，“鹿皮鞋”销售员通常在零售场所使用高压策略，这破坏了该职业的声誉——因此，常见的嘲笑是：“你会从那个人手里买一辆用过的车吗？”比如在保健服务领域，销售活动在传统认知上的接受程度有限。为了避免与人员推销相关的形象受损，销售人员经常被赋予更花哨的头衔，如营销助理、营销代表、招生协调员、临床联络员、专业服务代表或项目经理。[41]

想象一下，花数百万美元在一场全国性的广告战役中宣传你的专业知识和良好的客户服务，然后派出一支不专业的销售队伍，他们对产品的特点和好处一无所知，对客户需求缺乏同理心。遗憾的是，这种情况经常发生。销售人员有能力促成或破坏一种微妙的关系。因此，经验丰富的公司会不遗余力地筛选销售应聘者，以找到合适的个性特征，然后在培训方面投入大量资金。当然，这是双向的。乏味的广告战役比一个糟糕的销售人员更能损害公司在全国的声誉。正如我们一再强调的那样，确保广告所呈现的、销售人员所承诺的和公司实际提供的三者之间的一致性是营销管理的责任。

人员推销在整合营销传播中的作用

销售人员是公司的传播者，他们是人际媒介。事实上，对于不认识公司其他人的客户来说，销售人员不只是代表公司，他就是公司。因此，顾客对销售人员的印象经常会左右他对公司的看法。这再次使销售代表成为一个至关重要的人。

在整合营销传播项目中，人员推销起到非常重要的作用。销售人员具有四种不同的传播功能：收集信息、提供信息、完成订单和建立关系。我们将简要地讨论每一个功能。

收集信息

销售代表经常充当公司的耳目。这是因为通过在现场与客户交谈或者参加贸易展会，他们可以获得信息，看到趋势。例如，销售人员可以收集的信息包括：谁是新人、顾客对新产品或新款式的反应如何、竞争对手在做什么，以及哪里可能会有新的销售机会。一般来说，销售人员收集的信息涉及三个方面：寻找潜在客户；确定客户的欲望、需要和能力；监控竞争者。

提供信息

销售人员也会传递信息。事实上，对一个优秀销售人员的刻板印象（无论是消极的还是积极的）是，他是一个健谈的人，能言善辩，有说服力。但事实上，一个优秀的销售人员首先是一个好的倾听者，其次才是一个好的谈话者。销售人员在其组织的上游和下游都传递信息。他们向客户提供有关公司及其产品的信息，提出问题的解决方案供客户参考，并利用信息传递价值，建立关系和信任。

人员推销包含了整合营销传播三角形的所有三个部分，即“说→做→确认”。因为销售代表的言行可能会证实或否认公司的其他信息，所以，销售代表的技巧肯定会影响公司和客户之间的关系。更为重要的是，销售人员的表现必须与公司的定位一致，并且加强公司其他的营销传播。

完成订单

在每一段关系中，都有需要做出承诺的时候。如果之前的步骤处理得不好，要求做出承诺可能会很困难。人员推销的任务是激励顾客行动，完成销售，然后确保商品和服务被正确交付。

人员推销的一个重要部分是售后的跟踪。保证商品或服务及时交付，并确保顾客完全满意。这是“做”和“确认”步骤的结合，对持续建立关系至关重要。

这也是跨职能管理和坦诚沟通发挥作用的地方。如果有任何生产故障或发货延迟，销售人员需要立即通知客户。但要做到这一点，销售人员必须被告知。同样，货物也需要小心保护和运输。销售人员不希望接到新客户的投诉电话，说第一批货收到时已经损坏。每个员工，包括仓库中的员工，都需要了解计划外的产品消息的影响。

同样地，如果公司正在为某种型号的产品做广告，而销售人员完成了该产品的销售，那么该型号最好有足够的库存。再次强调，良好的内部沟通是良好外部关系的关键。

建立关系

公司的销售人员应该是极致的关系营销经理。当一切都相同时，人们当然想从他们喜欢和信任的销售人员那里购买。销售人员通过关注三件简单的事情来建立关系：信守承诺、服务客户和解决问题。

就这一点而言，营销人员能帮上忙。当一个公司进行传播时，它在对客户和潜在客户作出承诺。但如果整合营销传播过度承诺，销售人员就很难兑现这些承诺。

同样，如果客户每次打电话都是占线，客户服务代表也很难充分服务他们。公用电话巨头美国西部公司（U.S. West）就发生过这种情况，当时该公司进行了裁员和重组。虽然它继续投放广告宣传自己的良好服务，但没人相信了。这是不明智的。营销人员必须知道公司正在发生什么，有时他们甚至需要建议停止广告。

最后，广告应该和销售人员一样关心问题的解决。如果销售人员发现了客户经常遇到的问题，而公司的产品可以帮助解决这个问题，那么这就应该成为一些传播计划中的焦点，例如广告、公共宣传或公司赞助的活动。

17.3 理解销售促进

③ 列出构成销售促进的活动，包括推拉策略在内，并解释它们在整合营销传播中的作用

想象一下，你走进本地杂货店的新鲜水果区，拿起一个又大又多汁的芒果，发现上面有一张贴纸，写着："疯狂芒果，现在有售。"你转过身，突然注意到，就在水果箱的旁边有一个巨大的斯奈普饮料机，其中正有疯狂芒果饮料在售。

这确实发生了。纽约广告公司克什鲍姆·邦德合伙公司（Kirshenbaum Bond & Partners）在全美范围内推出了针对斯奈普的新产品疯狂芒果饮料的广告战役，并在 3 000 万个水果的背面贴上了贴纸。这正是打破常规的创新思维和创意媒体策划！此外，这是一个很好的例子，即销售促进可以完美地与一个公司的定位结合，在这个案例中，斯奈普的整体讯息战略是"100% 天然"。

销售促进一词常被误解或混淆为广告或公共宣传。这可能是因为销售促进活动与广告和公共宣传经常同时进行，并将它们作为过程的一部分。但事实上，销售促进是一种非常明确的营销传播活动。

销售促进（sales promotion）是一种直接的诱因，它在营销过程中提供额外的激励，以增强或加速产品从生产者到消费者的流动。在这个定义中，有三个重要的因素需要考虑。销售促进：

- 可用于营销渠道的任何地方：从制造商到批发商，批发商到经销商，经销商到客户，或制造商到客户。
- 通常包括直接诱因（如金钱、奖品、额外的产品、礼物或专业信息），这提供了立即购买、购买更多、访问商店、索取产品资料、展示产品或采取一些其他行动的动机。
- 是为了改变购买的时间或将库存转移给渠道中的其他方。

让我们看看这个定义如何应用于斯奈普。斯奈普将消费者广告和交易促销（针对分销渠道成员的销售促进）有趣地结合在一起，用新鲜芒果作为一种不同寻常的新广告媒介，向消费者介绍疯狂芒果，并刺激了对该饮料的最初需求。创新媒体的巨大努力（3 000 万个水果）极大地激励了零售商，它们给斯奈普公司留出额外的空间（顺便说一句，这是非常昂贵的空间），在新鲜水果摊旁边展示疯狂芒果。结果是：与在消费者杂志或电视上做广告相比，斯奈普和零售商以更快的速度、更低的成本卖出了更多的疯狂芒果。此外，通过创造性地整合不同形式的营销传播，斯奈普强化了其定位策略，并加强了其与零售商的关系——零售商是其首要客户。

销售促进是昂贵的，但它也是有效的。遗憾的是，它有严重的缺点，这导致了营销圈中销售促进支持者和广告对手之间的激烈斗争。每一种方法都有其重要的作用，但广告主必须考虑到积极面和消极面，并取得平衡。

销售促进在整合营销传播中的作用

有效的销售促进可以完成许多事情。首先，它为品牌增加了真实的、直接的附加价值。斯奈普的创意媒体购买迅速使得疯狂芒果对零售业来说更有价值。这促使零售商采购新产品，并将其陈列在显著位置。同样，当麦当劳运营《大富翁》游戏时，它也在为其销售的产品增加即时价值。这就是为什么我们把销售促进称为增值工具。

其次，通过增加直接价值，销售促进使销量最大化。例如短期的降价或返利可能会非常有效地促进销售增长。广告有助于发展和加强一个高质量、差异化的品牌的声誉，并建立长期的市场价值，而销售促进有助于建立市场保有量。因此，一个品牌要想成为市场领导者，既需要广告，也需要销售促进。

最后，当所有品牌看起来差不多的时候，销售促进在激励顾客尝试新品牌或选择一个品牌方面比广告更有效。它还可以激励一些可能对广告无动于衷的顾客。某些销售促进会比传统的广告活动产生更直接、可衡量的回报。这就是为什么我们也可以把销售促进称为“销售加速器”。

要想成功，销售促进应该具有创造性，并且难以模仿。克什鲍姆·邦德合伙公司的斯奈普案例无疑证明了这一点。

广告主也需要了解销售促进的负面影响。例如，以广告削减为代价的过度销售促进会损害利润。一些营销人员认为，就面向消费者而言，包装产品适当的支出平衡大约是 60% 用于交易促销和消费者促销，40% 用于广告。

相对于广告和消费者促销而言，高水平的销售促进对短期市场份额有正向影响，但可能对品牌态度和长期市场份额有负向影响。如果没有有效的广告措施来强调品牌形象和质量，顾客就会变得为优惠活动购买，而不是对品牌忠诚。过分强调价格（无论是广告还是销售促进）最终会破坏品牌资产。[42]

销售促进的另一个缺点是成本高。一项分析显示，只有 16% 的销售促进活动是有利可图的。换句话说，制造商为产生额外的 1 美元利润，花费要超过 1 美元。[43]

最后，过于激进的销售促进或广告会让竞争对手陷入价格战，导致业内所有经营者的销售额和利润都下降。

因此，如果过多的营销组合被分配给广告，品牌可能会获得高质量、差异化的形象，但不足以成为市场领导者。而正如麦当劳首席全球营销官拉里·莱特（Larry Light）所言：“过多的（销售）促进，品牌销量会很高，但盈利能力很低。市场领导地位可以通过贿赂来获得，但持久的、有利可图的市场领导地位必须通过建立有销量的品牌价值来获得。”[44]

销售促进的策略与方法

为了使产品通过分销渠道从生产地转移到消费地，营销人员采用两种策略：推式和拉式。**推式策略**（push strategies）主要是为了确保零售商的合作，获得货架空间，保护产品不受竞争对手的影响。**交易促销**（trade promotion）——针对分销渠道成员的销售促进——是营销人员使用的主要策略之一，以推动产品占领分销渠道，获得货架空间。我们将在下一节讨论其中的一些策略。营销人员也可能使用**贸易广告**（trade advertising）（在行业成员阅读的出版物上做广告）作为推式策略。

与之对应，**拉式策略**（pull strategies）则是为了吸引客户和增加产品的需求（见图表 17－5）。消费者广告和**消费者促销**（consumer sales promotion）是拉式策略的例子，因为它们旨在诱导消费者寻求或询问产品，实际上是在拉动产品销售。如今，一些全国性广告主在交易促销上花的钱比在消费者促销或媒体广告上花的钱还要多。但这往往是它们获得分销渠道的代价，没有分销渠道，它们就无法产生销售额。

图表 17－5
两种营销传播路径

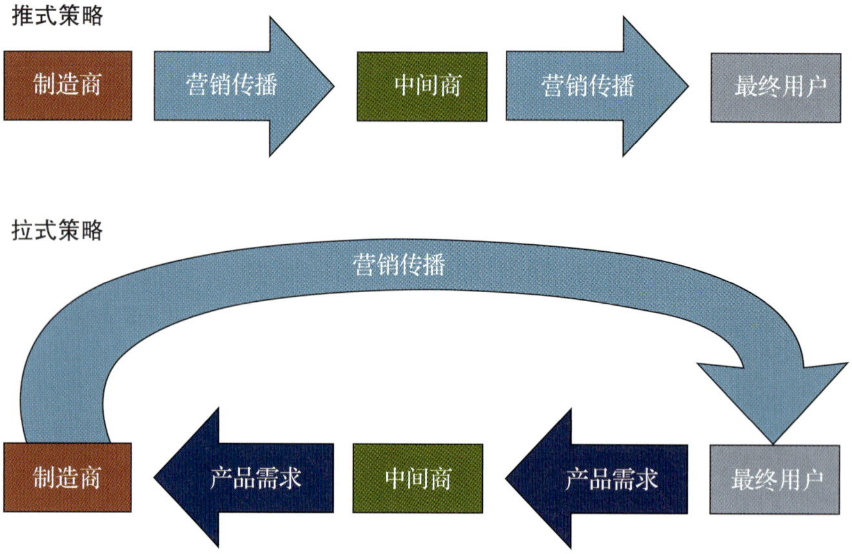

通过交易促销来推动品牌

在今天的超市里，货架和地板空间都很难得到。为了维护自己的形象，百货公司为制造商的陈列制定了标准。这意味着零售商通常不能使用制造商提供的特殊货架、销售辅助工具和促销资料。

这些都是小问题，主要问题与对市场的控制有关。**贸易集中**（trade concentration）——指更多的产品集中于更少的零售商——给了零售商更多的控制权，而给了制造商更少的控制权。货架空间日益激烈的竞争给了零售商更大的权力，让它们能拿到大笔交易和津贴。正因如此，全国性品牌的制造商往往不能剩余足够的资金来整合消费者广告或销售促进。[45]

尽管存在这些问题，许多制造商仍在实施高效的推式策略。聪明的公司有足够的资金用于消费者广告。贸易战术包括货位补贴、交易折扣、卖场陈列补贴、旧换新补贴、广告津贴、联合广告和广告材料、经销商奖品和竞赛、推销佣金以及公司会议和经销商会议。

补贴和交易折扣　为了应对新产品供过于求的局面，一些零售商会向制造商收取**货位补贴**（slotting allowance）——收取 15 000 ～ 40 000 美元不等的费用为新产品安排货架或地面空间。这种做法备受争议，因为一些制造商认为它们是被迫补贴零售商的经营成本。而小规模的销售者，比如试图推销自己产品的家庭农场，则抱怨补贴把除了最大的供应商之外的所有供应商都拒之门外。虽然联邦贸易委员会和烟酒枪械管理局（Bureau of Alcohol, Tobacco and Firearms）在 1994 年的一项裁决中认定，只要以“比例合适的条件”向所有零售商提供相同的促销补贴，这些补贴是可以接受的，但补贴仍然存在争议，联邦贸易委员会被建议进一步研究。[46]

为了避免货位补贴，一些营销人员在策略上做出了重大转变。在经过四年的调查之后，联邦贸易委员会通过对香料巨头味好美（McCormick）采取法律行动，表明愿意打击滥用货位补贴的恶劣行为。通过与“受青睐的买方”达成协议，味好美公司成功地占据了 90% 的香料货架空间，并为客户提供了一系列价格选择。联邦贸易委员会命令味好美公司不得将其产品以高于竞争对手的净价格出售给买方。这一命令的范围之窄令一些批评人士感到失望，但总的来说，该行动被称赞为“一个深思熟虑的开端，对滥用货位补贴现象做出了合理而审慎的反垄断回应”[47]。

制造商通过提供短期折扣或其他金钱诱因与零售商达成**交易折扣**（trade deal）。为了遵守《罗宾逊 – 帕特曼法》，交易折扣必须按比例提供给所有经销商。经销商通常通过减价或“特价”把省下的钱传递给客户。

过多的交易折扣会威胁到品牌忠诚度，因为它们会鼓励顾客购买任何打折的品牌。此外，大量使用交易折扣的营销人员还发现自己陷入了一个恶性循环：如果减少促销活动，他们可能会失去货架空间，然后失去市场份额。

一些零售商利用交易折扣进行提前买进和易地销售。**提前买进**（forward buying），即零售商在商品打折时囤货，在商品按标价售出时只买进少量货物。**易地销售**（diverting）是指利用促销折扣在一个地区大量购买某一商品，然后将部分商品运送到没有折扣的地区。这些策略使制造商和经销商都能在需要时转移库存。

零售商通常会向制造商收取**卖场陈列补贴**（display allowance），这是对制造商将某商品放在结账处或显眼位置所收取的费用。店内展示包括柜台架、落地支架、货架标志和特殊的货架，这些货架为零售商提供了现成的、经过专业设计的工具，以销售更多的特色产品。

在推出新产品时，制造商有时会向零售商尚未售出的旧产品提供**旧换新补贴**（buyback allowance）。说服零售商接受其产品线，一些制造商甚至为竞争对手的剩余库存提供旧换新补贴。

制造商通常按总购买量的某一比例或以固定费用的形式提供**广告津贴**（advertising allowance）。广告津贴在消费品中比在工业品中更常见。它主要由大公司提供，但一些较小的公司也提供给大客户。

联合广告和广告材料　通过**联合广告**（cooperative（co-op）advertising），全国性制造商报销经销商为其产品或标志做广告的费用。制造商通常根据经销商销售额的一定比例支付经销商广告费用的 50% ～ 100%。特殊的联合广告常常被用来推出新产品，推广有利可图的产品线，或对抗咄咄逼人的竞争对手。

与广告津贴不同，联合项目通常要求经销商提交发票和广告证明（报纸的撕样或电台电视台的播放证明）。许多制造商还会给它们的经销商准备好广告材料：广告、高清照片、广播广告脚本等等。为了掌控自己产品的形象，一些广告主坚持要求经销商使用这些材料来获得联合广告费。

其他推式策略　为了鼓励零售经销商和销售人员达到特定的销售目标或储备某种产品，制造商可能会提供特别的奖品和礼物。在公司向经销商和销售人员发放奖品和礼物时，道德问题可能是一个棘手的问题。

零售销售人员经常被鼓励推销特定产品以获得**推销佣金**（push money，PM）或**推销奖金**（spiffs）。例如，卖鞋的人可能会推荐鞋油或其他高利润的额外产品；每卖出一件额外产品，销售人员可以获得 25 ～ 50 美分的佣金。

大多数主要的制造商会召开**公司会议和经销商会议**（company conventions and dealer meetings）来介绍新产品，宣布销售促进计划，或展示新的广告活动。它们也可能开展销售和服务培训课程。会议对制造商来说是一个动态的销售促进工具。

推式策略对消费者来说几乎是无形的。然而，一旦成功意味着产品将得到更多的货架空间、特别的陈列，或额外的兴趣点和热情的销售人员。其中额外的兴趣点是成败的关键。

利用消费者促销来拉动品牌

如今消费者促销越来越被重视的一个原因是电视观看习惯的改变。有了有线电视、数字录像机和数字化视频光盘（DVD），很少有人仅仅观看一个节目。广告受众更加分散，那些主要的制造商必须转向新的方法来触达这些移动的目标人群。

常见的消费者促销活动包括购买点物料、优惠券、数字优惠券和便利卡、优惠促销、退款、返利、奖品、发放样品、特惠组合、竞赛和抽奖。一个成功的整合营销传播活动可能会将上述几种技术与媒体广告、产品宣传和直复营销相结合。广告实验室“推拉促销策略应用”为你提供了应用所学知识的机会。你可以将你所学到的推式和拉式策略应用于教材的营销中。

购买点物料 走进任何一家商店，注意那些陈列材料和类似广告的设计，它们被用来增加流量，展示和宣传产品，促进冲动购买，它们统称为**购买点物料**（point-of-purchase（P-O-P）materials）。

购买点在与其他形式的整合营销传播结合使用时效果最好。例如，通过为其口香糖和糖果做广告，一家营销公司的销售额增加了约 150%。但当购买点被加入该项目中时，购买上升了 550%。[48]

在一项民意调查中，56% 的大众商品购物者和 62% 的杂货店购物者表示，他们注意到了购买点物料。超过一半的人表示注意到了标志和展示，18% 的人记得分发优惠券的人，14% 的人能回忆起发放的样品和展示。[49]

如今 66% 的消费者是在商店里做决定，53% 的是在计划外（冲动）购买，所以购买点经常是刺激购买的主要因素。[50]

购买点物料还包括橱窗展示、柜台展示、放置商品的地板和墙壁架、条幅和海报。通常，产品的运输纸箱被设计成双重显示单元。一个完整的信息中心甚至可以提供资料、样品、产品照片，或者自助服务终端里的交互式计算机。

自助零售的趋势提升了购买点物料的重要性。能够运用丰富知识帮助客户的销售人员越来越少，客户被迫自己做出购买决定。吸引眼球、信息多样的展示可以提供所需的推动力。即使在人手充足的商店，陈列物料也能提供额外的销售信息，使产品在竞争中脱颖而出。

购买点陈列的普及使得零售商有了更多的辨别能力。大多数商家开始坚持使用设计精美、具有吸引力的物料，以便与店铺氛围和谐地融合在一起。

对购买点的强调导致了各种各样的新方法的出现，包括购物车广告、店内冰箱门打开时激活的饮料广告，以及可选择从鞋子款式到地板材料的交互式电脑。数字技术催生了贺曼卡片公司（Hallmark Cards）的触屏问候互动售货机，它可以将顾客的个人

广告实验室

推拉促销策略应用

将产品从制造商转移到消费者并不是一项简单的任务。商品通常要经过 4 ～ 5 个单独的步骤：从制造商到代理商或经纪人，然后到批发商，再到零售商，最后到消费者。即使是沿着同样的路径传递的信息也有可能是模糊的，中间会漏掉一些东西。这就是为什么推动和拉动的促销如此重要。

通过提供金钱、奖品、旅行和宣传材料等形式的激励，将产品“推”到分销渠道中，营销人员可以获得宝贵的中介援助。“推动”是指公司使用任何形式的营销传播（人员销售、广告或销售促进），以获得货架空间和达到合作的目的。与此相对应，该公司还可以采用消费者广告或提供返利、优惠券、买一送一或其他一些直接激励顾客的措施。通过刺激需求，这种沟通形式有助于“拉动”产品通过渠道。

实验室应用

如果你在一家出版公司工作，你会如何建议使用推拉策略增加该公司图书的销量？你认为哪种策略更有效？

信息打印到任何一张卡片上。要发送它，只需寻找一个美国邮政署推出的新自动化邮政中心。顾客可以通过这些自助服务终端对要邮寄的材料称重，购买邮资，甚至查询邮政编码。

优惠券 **优惠券**（coupon）是向零售商店提供的具有指定价值的凭证，用于购买特定商品。2005 年，美国包装消费品公司发放了约 2 780 亿张优惠券，但只有大约 30 亿张被兑现。[51]

优惠券可以通过报纸或杂志、上门、包装、商店或直接邮寄的方式分发。大多数广告都是通过被称为**独立插页**（freestanding insert，FSI）的彩色预印报纸广告来吸引消费者的。独立插页的兑换率较普通报纸和杂志优惠券更高；套餐中的优惠券拥有最高的兑付级别。[52]

制造商每年在欺骗性优惠券上损失数亿美元。有些优惠券是伪造的；有些仅享受了优惠却并未购买产品。为了解决这个问题，一些公司开发了计算机系统来检测欺骗，并向制造这些问题的零售商追讨费用。

数字优惠券和便利卡 高科技的**数字优惠券**（digital coupon）和纸质优惠券的原理一样，购物者可以享受折扣，但它们的分发方式完全不同。购买特定产品时的交互式触摸屏会生成即时显现折扣、返利，以及尝试新品牌的优惠。数字优惠券在美国的超市里很常见。

数字优惠券使零售商能够获得纸质优惠券无法获得的消费者信息。许多连锁超市现在向顾客发放便利卡，使他们在收银台能享受即时折扣。当顾客使用便利卡时，他们的购物记录会被发送到数据库，并被分类到不同的生活方式组中。这张便利卡为顾客省去了剪下纸质优惠券的麻烦，也让零售商能够更好地了解顾客的购买行为。

欧洲也使用类似的系统。Multipoints 是一个交互式系统，顾客可以通过逛商店或看电视广告来获得积分。积分可在参加活动的商店兑换奖品以及获得购买各种产品的折扣。法国第二大连锁餐厅快汉堡（Quick Burger）注意到，在加入 Multipoints 后，流量显著增加，即使该系统建立不到一年。[53]

优惠促销、退款和返利 **优惠促销**（cents-off promotion）是指短期内以优惠套餐、一分钱销售、免费优惠和盒盖退款等形式降低产品价格。有些产品包装上有一种特殊的优惠贴纸，消费者购买产品后，店员会撕下贴纸，在收银台兑换成现金。

一些公司以现金或优惠券的形式提供退款，这些退款可以用于未来购买产品。要获得退款，消费者必须提供购买证明，例如三个盒盖。

返利（rebate）是指从汽车到家用电器等商品的较大金额的购物现金返利。大额折扣（比如汽车折扣）由卖家来处理。对于小额返利（比如给咖啡机的返利），消费者需要发送购买证明。

研究表明，许多人因为广告告知中的返利而购买产品，但由于不方便，他们从未领取过返利。[54] 每年有超过 5 亿美元的返利未被消费者索领。

奖品 **奖品**（premium）是指免费提供或以低价提供的物品，用于鼓励消费者购买广告产品。奖品和返利一样会影响消费者的购买行为，但奖品更能有效地促使消费者购买他们并不真正需要的产品（见图表 17－6）。奖品旨在改善产品形象，获得企业商誉，扩大客户基础，并带来显著销量。

图表 17－6
除了优惠券，奖品是改变消费者行为的最有效的促销手段之一

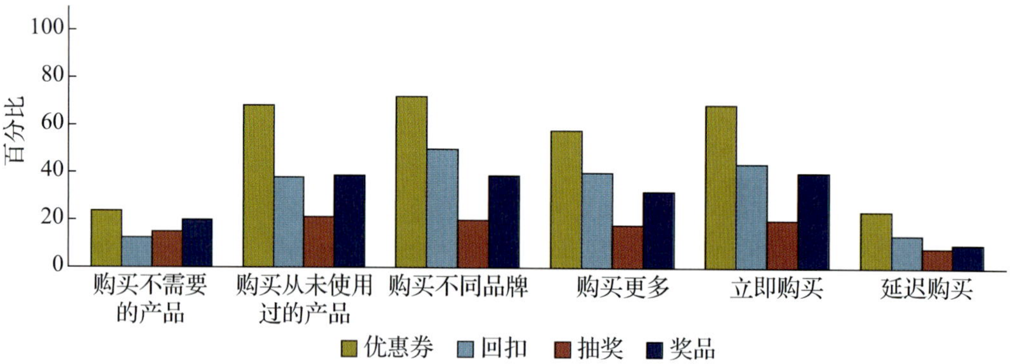

资料来源：Adapted from the American Marketing Association.

奖品应该具有强烈的吸引力和价值，应该是有用的或不寻常的。它可能出现在产品的包装中（包装内奖品）或包装上（包装上奖品）。它可以免费邮寄，也可以在收到购买证明（盒盖或标签）时收取象征性的金额，或者在购买时随产品一起赠送。化妆品企业经常在百货商店举行免费或低价赠送围巾、钱包、化妆品样品的促销活动。

发放样品 **发放样品**（sampling）是所有促销活动中成本最高的。对于新产品来说，它也是最有效的方式之一，因为它向消费者提供免费试用的机会，希望用户将它们转化为习惯性使用。样品应该有广告的支持，而且必须是小尺寸的、经常购买的产品。成功的样品在很大程度上取决于产品的优点。它提供了最大的信誉，可以把一个非用户变成一个忠实的客户——如果产品实现了它的承诺。

样品可以通过邮寄、送上门、优惠券广告或在商店分发的方式提供。它们可以是免费的，也可以收取少量费用。有时样品与相关产品一起分发，但这决定了它们的分发对象通常是购买其他产品的人。在**什锦袋装样品**（polybagging）中，样品和日报或月刊一起装在塑料袋里。这使得面向目标读者的分发成为可能，并让出版物免费为其订阅者带来增值。[55]

店内样品试用（in-store sampling）很受欢迎。大多数店内发放样品的活动都与优惠券活动有关。根据产品的性质，样品可以用作推式策略或拉式策略。

V　广告背后的人物

达亚娜·法尔肯

《当代广告》：请给我们介绍一下你在迪士尼的工作内容。

达亚娜：我是迪士尼广告销售团队的营销经理，该团队直接面向消费者和国际部门。我的职责是将迪士尼广告销售的市场战略付诸实践。这包括从思想领导到迪士尼在广告行业的战略定位；在行业支柱活动中的客户关系；创造一流的承诺来支持我们的销售团队；探索收入策略。我们的销售沟通团队负责开发有说服力的内容和体验，将我们的广告主张付诸实践。无论是一对一的会议还是大型团队情景，我们都是引人注目的，是客户和投资组合故事的来源。

《当代广告》：你生活中典型的一天是怎样的？

达亚娜：每天都不一样。比如，我可能会为我们的销售组织在消费类电子产品展览会（CES）和互动广告局新前线（Newfronts）的舞台上制定市场战略；确保客户签到、奖品发放、屏幕上循环播放的视频的质量；在主要阶段分享我们的思想理念；提供周到而且质量上乘的客户服务，这些都是我在迪士尼的一天中的工作内容。

《当代广告》：关于你的工作，你最喜欢的是什么？

达亚娜：我喜欢通过创新和出人意料的体验，将我们的特许经营（迪士尼、皮克斯、星球大战、漫威、ABC、ESPN 等）创意带到生活中，从全息图上的米老鼠，到展示我们与三星动态萌拍合作的样片，再到将思想理念注入“那又怎样”和“下一步是什么”。通过创新为我们的客户提供迪士尼特许经营权，对我来说就是一切！

《当代广告》：当与迪士尼合作时，广告主寻找的是什么？

达亚娜：我们的客户正在寻找能够在我们的产品组合范围内发挥作用的解决方案，并与迪士尼特许经营权的受欢迎程度相联系。这涵盖了从数字到线性、新兴平台、体验等各种能力。他们不需要与多个合作伙伴就一项活动进行谈判，他们可以来到迪士尼广告销售部门感受情感、生活以及成功，从《早安美国》到迪士尼公主脸书页面上的短篇内容。

《当代广告》：迪士尼的广告有什么独特的好处？

达亚娜：我们将讲故事提升到一个新的高度，并传达日常、情感和胜利的时刻……这让我们与众不同。迪士尼故事的力量令人难忘。当广告被引人注目的故事包围时，人们会更好地记住它，在众多故事中脱颖而出，所以我们的客户有巨大的机会。

《当代广告》：你们在 Echo 设备上和亚马逊合作，在谷歌 Home 设备上和谷歌合作时，你们在做什么（如果可以分享的话）？

达亚娜：自迪士尼公司成立以来，技术和创新一直是它的前沿，迪士尼也一直是技术驱动娱乐的领导者。我们擅长在新兴科技平台上创新叙事。通过将个人助理嵌入内容体验，迪士尼可以利用沉浸式叙事增加用户黏性。我们致力于以全新的、令人兴奋的方式来讲述故事。

《当代广告》：可以举些例子吗？

达亚娜：在亚马逊的 Echo 上，你可以说，“Alexa，打开迪士尼故事（Disney Stories）”，或者通过说“Alexa，请迪士尼故事讲一个灰姑娘的故事”来要求获得迪士尼特许内容，为家人创造一个无屏幕的睡前故事体验。或者在谷歌 Home 上你可以说“嘿，谷歌，玩米老鼠冒险”，并选择一个冒险体验，孩子们可以与米老鼠进行一对一的对话。

《当代广告》：你从专业导师那里得到的最好的建议是什么？

达亚娜：“走出你的舒适区，充满激情。”如果你感到舒适，你就会停滞不前，不会提高。一定要把自己置身于不断学习的环境中，置身于能吸引你的核心行业中。当你从事一个能影响你和实现你的激情的行业时，你会成长得更快。

《当代广告》：你是如何跟上行业变化的？

达亚娜：多亏了全国广告主协会的智能简报、电子营销者报告，以及领英和推特简讯的结合，我能及时了解新技术、客户活动和最新最棒的营销趋势。我还密切关注国际消费类电子产品展览会（CES）、巴塞罗那世界移动通信大会（Mobile World Congress）和全国广告主协会的品牌大师会议（Brand Master's Conferences）等。

《当代广告》：读到这篇文章的学生能做些什么来启动他的职业生涯？

达亚娜：找到你的激情所在（例如，旅行、舞蹈、运动、结识新朋友等）。然后找到你喜欢的品牌，探索它们的社会影响力、客户服务或商业模式的持久性。

弄清楚你是想从客户端、广告端还是出版端开始你的职业生涯。**客户**（clients）包括一些大品牌：福特、奔驰、梅西百货、特斯拉、塔可钟等。**广告公司**（agencies）包括 WPP、奥姆尼康、阳狮等（请记住，广告公司的职能范围从媒体到创意、数据、电子商务、体验、多元文化和公共关系等等）。**出版商**（publishers）包括脸书、Instagram、苹果、迪士尼、亚马逊、Spotify、Buzzfeed 等。现在：

1. 列出你梦想中的十大公司，创建一个推特 RSS 提要，把它们包括在内，这样你就可以关注它们的日常。追踪你被吸引的方向。

2. 与校友建立联系，或者申请到你梦想中的公司实习。

3. 不要忘记通过查看你的联系人、分享文章、在帖子中标记等方式来培养联系。

现在，去寻找你梦想中的公司吧！

《当代广告》：你的生活太忙了！你还有其他的职业爱好吗？

达亚娜：怎么没有？！我还是千禧女性公司（Millennial Women Inc.）的首席营销官。我们的使命和愿景是为我们这一代的女性创造一个多媒体平台作为灵感的来源，并为她们提供资源，帮助她们成为最好的自己。作为首席营销官，我的重点是打造品牌、发展业务、与品牌合作伙伴建立关系，并在全球创建千禧一代女性社区。

资料来源：Courtesy of Dayana Falcon.

特惠组合 食品和药品营销人员使用**特惠组合**（combination offer），比如剃须刀和一盒刀片、牙刷和一管牙膏的组合，往往以较低的价格出售。为了达到最佳效果，组合中的物品应该是相关的。有时，特惠组合通过将购买对象与现有产品捆绑在一起以特殊价格推出新产品。

竞赛和抽奖 **竞赛**（contest）根据参赛者的技能提供奖品；**抽奖**（sweepstakes）根据抽奖者的名字提供奖品。**游戏**（game）具有抽奖的机会元素，但需要持续较长时间（就像旨在创造商店流量的本地游戏）。游戏的最大营销优势在于，用户必须反复访问经销商才能继续玩游戏。

竞赛和抽奖都通过提升消费者卷入度来鼓励产品的消费。通常参加竞赛的人必须提交一些购买证明，如盒盖或标签。对于更昂贵的产品，消费者可能只需要去经销商那里填写一张报名表。

为了鼓励参赛，赞助商尽量让它们的比赛简单。奖金结构必须清楚说明，并列出所有规则。全国性竞赛和抽奖活动由独立的专业竞赛公司处理和评判。

彩票和游戏活动现在比竞赛更受欢迎，因为它们更容易参加，花费的时间也更少。抽奖活动需要广告主精心策划。公司不能将购买作为参加的条件，否则抽奖就变成了博彩，这是非法的。营销商必须遵守所有法律。如果它们在加拿大经营彩票，它们可能需要向魁北克政府支付一定比例的奖金。

竞赛和抽奖活动必须通过促销和广告才能取得成功，而这可能是昂贵的。促销活动需要经销商的支持。为了确保经销商的合作，许多竞赛和抽奖活动都要求参赛者说出产品在当地的经销商，销售的经销商也会获得奖励。

本章小结

在 21 世纪建立品牌资产的关键是与客户和其他利益相关者建立相互依赖、相互满意的关系。为了管理这些关系，公司有意识地将它们的营销传播活动与公司的其他职能整合起来，以便市场收到的所有关于公司的信息是一致的。

作为这个过程的一部分，了解如何整合各种营销传播工具是很重要的。广告从业人员需要对他们可以使用的工具以及如何在整体传播组合中最好地使用这些工具有一个基本的了解。

在直复营销中，营销人员建立并维护客户和潜在客户的数据库，并利用从个人接触到大众媒体的任何方式与他们直接沟通，以努力让客户产生回应，达成交易，或到访零售地点。

数据库是直复营销成功的关键，尤其是在整合营销传播计划中。数据库可以让营销人员对客户进行定位、细化和分级。这使其能够识别最好的客户、他们对组织的价值，以及他们的需求和购买行为。然后可以计算出客户的终身价值。数据库是所有重要客户信息的记录。应该记录与渠道成员和客户的所有接触点的每一笔交易。数据库还使公司能够衡量其直接反应广告努力的成效。

直复营销是一个快速增长的行业，但它仍然受到成本、信息混杂和形象等问题的困扰。

直复营销人员使用各种各样的活动，从直接销售（人员推销和电话营销）到直接反应广告。电话营销，其次是直邮，是大多数直复营销者的媒体选择，但也有越来越多的人开始使用其他媒体，尤其是电视购物广告。互动电视可能是未来的直复营销媒体。

从每次曝光的成本来看，直邮一直是最昂贵的主要媒体，但它很有效。直邮广告类型很多，从目录和小册子到陈述材料。尽管近年来直邮广告的数量有所下降，但数字广告屏蔽软件可能会让直邮广告卷土重来。

直邮的一大特点是它可以强化其他媒体上的广告效果。然而，直邮也有许多缺点——主要是它的成本和垃圾邮件的形象。

影响直邮成功的两个最重要的因素是邮件名录和创造性使用。直邮邮件通常要经过与其他印刷件相同的生产过程。邮包的大小和形状，以及类型、插图和颜色，都影响印刷成本。

人员推销实际上是一种终极的互动媒体。它是一种人际交往的过程，通过这个过程，卖方确定并满足买方的需求，对双方有共同的、长期的利益。

人员推销有很多类型：零售、B2B 和直接销售。因为广告是对公司销售的一种支持服务，因此做广告的人必须了解公司所处的销售环境。

人员推销的最大优点是它的私人性。没有什么比个人交流更有说服力了。一对一的情况有助于即时反馈。销售代表可以灵活地调整演示文稿，根据特定客户的需求和兴趣进行特别定制。

像所有的传播工具一样，人员推销也有一些缺点。它很贵。此外，销售人员有能力促成或破坏一种微妙的关系。因此，其中一个风险是，一次小失误可能会毁掉之前完美的关系。

销售人员提供四种传播功能：收集信息、提供信息、完成订单和建立关系。

销售促进通过刺激销售来对广告和人员推销进行补充。它包括针对销售人员、分销商、零售商、消费者和工业买家的直接诱因（如金钱、奖品或礼物）。

营销人员必须在销售促进和广告之间取得平衡。广告为品牌创造市场价值；销售促进创造市场销量。广告对利润有积极影响；销售促进则可能有消极影响。销售促进技术在贸易中被用来将产品推向分销渠道，并与消费者一起将其拉入分销渠道。

制造商对经销商使用许多促销方法：货位补贴、交易折扣、卖场陈列补贴、以旧换新补贴、广告津贴、联合广告和广告材料、经销商奖品和竞赛、推销佣金以及公司会议和经销商会议。针对最终购买者的促销活动包括购买点物料、优惠券、数字优惠券和便利卡、优惠促销、退款、返利、奖品、发放样品、特惠组合、竞赛和抽奖。

重要术语

广告津贴（advertising allowance）
巨幅传单（broadsides）
手册（brochures）
商业回邮信函（business reply mail）
旧换新补贴（buyback allowance）
目录（catalog）
优惠促销（cents-off promotion）
特惠组合（combination offer）
公司会议和经销商会议（company conventions and dealer meetings）
汇编名录（compiled list）
消费者促销（consumer sales promotion）
竞赛（contest）
联合广告（cooperative（co-op）advertising）
优惠券（coupon）
顾客终身价值（customer lifetime value）
数据访问（data access）
数据库（database）
数据库营销（database marketing）
数据管理（data management）
数字优惠券（digital coupon）
直邮（直接行动）广告（direct-mail（action）advertising）
直复营销（direct marketing）
直接反应（行动）广告（direct-response（action）advertising）
直接销售策略（direct-sales strategy）
直接销售（direct selling）
卖场陈列补贴（display allowance）
易地销售（diverting）
折页（folders）
提前买进（forward buying）
独立插页（freestanding insert，FSI）
游戏（game）
自有名录（house list）
企业刊物（house organs）
店内样品试用（in-store sampling）
信件公司（letter shop）
联络媒体（linkage media）
名录经纪人（list broker）
邮件反应名录（mail-response list）
人员推销（personal selling）
购买点物料（point-of-purchase（P-O-P）materials）
什锦袋装样品（polybagging）
明信片（postcards）
奖品（premium）
拉式策略（pull strategies）
推销佣金（push money，PM）
推式策略（push strategies）
返利（rebate）
RFM公式（RFM formula）
销售信函（sales letters）
销售促进（sales promotion）
发放样品（sampling）
无包装邮件（self-mailers）
货位补贴（slotting allowance）
推销奖金（spiffs）
报表广告卡（statement stuffers）
抽奖（sweepstakes）
电话营销（telemarketing）

贸易广告（trade advertising）
贸易集中（trade concentration）
交易折扣（trade deal）
交易促销（trade promotion）

复习题

1. 什么是一家公司增加销售和利润的最佳选项，为什么？
2. 大型保险公司应该如何看待整合营销传播？
3. 直复营销人员面临的基本策略和战术决策是什么？
4. 广告主应该如何利用报纸进行直接反应广告？
5. 销售人员提供了哪些独特的传播功能？
6. 销售人员建立人际关系必须做的三件事是什么？
7. 销售促进的主要目的是什么？
8. 为什么销售促进是受争议的？
9. 最常见的拉式策略包括什么？你会采用什么方式来推出一款新的软饮料？
10. 为什么会出现从推式策略转向拉式策略的趋势？
11. 举个例子说明你会如何在整合营销传播中使用直邮。
12. 什么是影响直邮活动成功与否的最大因素？

广告体验

1. 推拉技术

广告主通常同时使用推拉技术。探索你所选择的公司，确定其拉动技术，并跟踪其推动技术（推动技术可能更难被发现）。商业出版物是一个不错的浏览媒体。创建一份报告，详细说明公司的整体战略，并讨论为什么你认为某个领域会被重视。

2. 直复营销和直接反应

直复营销不仅规模庞大，而且它的各个方面——直接销售、直邮、直接反应都在不断变化。此外，直复营销公司在策略、组织和客户方面也与传统广告公司有所不同。看看下面的一些网站，并针对每个网站回答下列问题。

直复营销组织：

- 加拿大营销协会（CMA）：www.the-cma.org
- 全国广告主协会：www.ana.net
- 直复营销新闻：www.dmnews.com
- Give to Get Marketing：www.givetogetmarketing.com
- 洛杉矶数字营销协会：www.ladma.org
- 北加州直复营销协会：www.dmanc.org/
- 欧洲直复营销联盟：www.fedma.org

a. 什么团体赞助这个网站？目标受众是谁？
b. 该组织的规模、范围和目的是什么？
c. 该组织为个人会员或订阅者提供什么好处？对整个广告业和直复营销团体有何影响？
d. 你认为这个组织对直复营销行业有多重要？为什么？

直复营销公司：

选择下列四家直复营销公司，访问它们的网站，并回答下面的问题。

- 安客诚：www.acxiom.com
- GEICO：www.geico.com
- 哈特汉克斯：www.hartehanks.com
- 伟门广告：www.wunderman.com

a. 本网站的目标受众是谁？
b. 该公司如何定位自己（即创意驱动、策略（客户）驱动、媒体驱动等）？
c. 你对该公司及其工作的总体印象如何？为什么？

3. 直邮

尽管直邮的形象是垃圾邮件，但它需要大量的创意。提供 GMAT、GRE 和 MCAT 培训的琼斯教育服务公司（Jones Educational Services）认为，直邮活动可能是增加其市场份额的最好方法。为你所在的学院或大学发起一场广告战役，吸引顶尖的高中新生。浏览下面与直邮相关的网站来获得一些想法。

- 全国广告主协会：www.ana.net

- 美国邮政署：www.usps.com

4. 销售促进

销售促进工具通常是整合营销传播活动的关键要素。浏览以下在销售促进领域提供支持的组织的网站，并针对每个网站回答下列问题。

销售促进组织：

- 国际促销产品协会：www.ppai.org/
- 《创意》杂志：www.creativemag.com

a. 什么团体赞助这个网站？目标受众是谁？

b. 该组织的宗旨是什么？

c. 该组织的成员有哪些？他们来自哪些地方？

d. 该组织为个人会员或订阅者提供什么好处？对整个广告业和销售促进团体有什么影响？

销售促进公司：

与直复营销公司一样，销售促进公司与传统广告公司有些不同。访问以下销售促进公司的网站，并针对每个公司回答以下问题。

- AdSolution：www.adsolution.com
- BIC Graphic：www.bicgraphic.com
- InterPromo，Inc.：www.interpromo.com
- Valpak Coupons：www.valpak.com

a. 该公司工作的重点是什么（例如是消费者还是交易）？

b. 该公司的业务范围和规模如何？

c. 该公司提供什么销售促进服务？

d. 你对该公司及其工作的总体印象如何？为什么？

5. 其他保险公司比GEICO更依赖销售人员来赢得客户。根据你对直接反应广告和人员推销的了解，谈谈每种方法的优缺点是什么。

6. GEICO是如何利用广告来获得潜在客户的即时反应和建立品牌资产的？你觉得还有谁在这些方面做得好？

本章注释

[1] Christian Sylt, "How Disney Cast Its Spell on Sponsorship," *Forbes,* July 12, 2018, *www.forbes.com/sites/csylt/2018/07/12/how-disney-cast-its-spell-on-sponsorship/#5d1db176303d*.

[2] Ken Storey, "Disney Is Rumored to Be Spending $450 Million on a New Epcot Pavilion," *Orlando Weekly,* August 6, 2018, *www.orlandoweekly.com/Blogs/archives/2018/08/06/disney-is-rumored-to-be-spending-450-million-on-a-new-epcot-pavilion*.

[3] Werner Weiss, "Two Myths About World Showcase at Epcot," *Myths & Legends About Disney at Yesterland.com,* August 31, 2018, *www.yesterland.com/worldshowcase.html*.

[4] Amanda Kondoljy, "Disney Is Quietly Adding More Brands to Walt Disney World," *Theme Park Tourist,* July 16, 2018, *www.themeparktourist.com/news/20180716/34071/disney-sponsorships*.

[5] Christian Sylt, "How Disney Cast Its Spell on Sponsorship," *Forbes,* July 12, 2018, *www.forbes.com/sites/csylt/2018/07/12/how-disney-cast-its-spell-on-sponsorship/#5d1db176303d*.

[6] "What Is the Direct Marketing Association?" Association of National Advertisers.

[7] "What Is the Direct Marketing Association?" Association of National Advertisers.

[8] Bob Stone and Rob Jacobs, *Successful Direct Marketing Methods,* 8th ed. (New York: McGraw-Hill, 2007).

[9] "12 Stats About Working Women," *U.S. Department of Labor Blog,* March 1, 2017, *https://blog.dol.gov/2017/03/01/12-stats-about-working-women*.

[10] "Marketing Fact Pack 2018," *Advertising Age. http://adage.com/d/resources/resources/whitepaper/marketing-fact-pack-2019*

[11] Ginger Conlon, "Marketing Spending in 2015," *DIrect Marketing News,* January 27, 2015, *www.dmnews.com/marketing-strategy/marketing-spending-in-2015-infographic/article/400487/*.

[12] Ulatus, "Understanding Cultural Nuance in Your Translation," Feb. 5, 2016, *www.ulatus.com/translation-blog/understanding-cultural-nuance-in-your-translation/*

[13] *www.pitneybowes.com/us/rewards.html*

[14] Chris Luo, "Customer Acquisition vs. Retention: Which One Should You Choose?" *Fivestars,* 2016, *https://blog.fivestars.com/customer-acquisition-vs-retention-which-one-should-you-choose/*.

[15] Rob Jackson, "Database Doctor," *Direct,* January 9, 1996.

[16] Bob Stone and Rob Jacobs, *Successful Direct Marketing Methods,* 8th ed. (New York: McGraw-Hill, 2007).

[17] Rob Jackson, "Database Doctor," *Direct,* January 9, 1996.

[18] Thomas E. Caruso, "Kotler: Future Marketers Will Focus on Customer Data Base to Compete Globally," *Marketing News,* June 8, 1992, pp. 21–22.

[19] Tom Van Riper, "The Why of Best Buy," *Forbes,* April 2, 2008, *www.forbes.com/2008/04/02/retail-best-buy-biz-commerce-cx_tvr_0402retail.html#781c52183a9a*.

[20] Steven MacDonald, "GDPR for Marketing: The Definitive Guide for 2019," *SuperOffice,* January 4, 2019, *www.superoffice.com/blog/gdpr-marketing/*.

[21] Nicholas G. Poulos, "Customer Loyalty and the Marketing Database," *Direct Marketing,* July 1996, pp. 32–35.

[22] Larry Alton, "7 Tips for Marketing Effectively to Seniors," *SEMrush Blog,* May 12, 2017, *www.semrush.com/blog/7-tips-for-marketing-effectively-to-seniors/*.

[23] Makena Kelly, "Google Faces Mounting Pressure from Congress over Google+ Privacy Flaw," *The Verge,* October 11, 2018, *www.theverge.com/2018/10/11/17964134/google-plus-congress-privacy-data-vulnerability*.

[24] Robert A. Peterson and Thomas R. Wotruba, "What Is Direct Selling?—Definition, Perspectives, and Research Agenda," *Journal of Personal Selling and Sales Management* 16, no. 4 (Fall 1996), pp. 1–16.

[25] Andy DIckens, "Telemarketing Is Dead. Here's Why," *VSL,* April 5, 2017, *www.virtual-sales.com/telemarketing-dead-heres/*.

[26] Kailey Fralik, " Geico Home Insurance Review," *The Simple Dollar*, August 12, 2019, *www.thesimpledollar.com/insurance/reviews/geico-home-insurance-review/*

[27] "Brief History of Toll-Free Numbers," *www.tollfreenumbers.com*.

[28] Dave Sutton, "5 (Surprising?) Marketing Trends That Will Continue to Blow up in 2019," *Business to Community,* October 12,

2018, *www.business2community.com/marketing/5-surprising-marketing-trends-that-will-continue-to-blow-up-in-2019-02129656*.

[29] Robert H. Hallowell III, "The Selling Points of Direct Mail," *Trusts & Estates,* December 1994, pp. 39–41.

[30] Ami Miyazaki, *New Absolute Appeal: Direct Mail Design* (Tokyo: PIE International, 2010).

[31] Ken Boone, Terry Woods, and John Leonard, *Direct Mail Pal: A Direct Mail Production Handbook* (Sewickley, PA: GATF Press, 2002).

[32] U.S. Postal Service, *www.usps.com*.

[33] Gwen Moran, "Postal Power—Direct Mail Tips for Small Business," 2002, *www.bnet.com*.

[34] Courtney Reagan, " Millennials Are More Interested in Catalogs than Your Grandmother Is," *CNBC,* December 21, 2017, *www.cnbc.com/2017/12/21/millennials-are-more-interested-in-catalogs-than-your-grandmother-is.html*

[35] Denise Lee Yohn, "Why the print catalog is back in style," *Harvard Business Review*, February 25, 2015, *https://hbr.org/2015/02/why-the-print-catalog-is-back-in-style*

[36] Personal Interview with Tom Campanaro, President, Total Gym Inc., December 2000.

[37] Electronic Retailing Association, "Consumer Spending Shows Electronic Retailing Shopper as Loyal, Satisfied, and Likely to Return for More Purchases," press release, June 9, 2004, *www.retailing.org*.

[38] Nancy Colton Webster, "Radio Tuning in to Direct Response," *Advertising Age,* October 10, 1994, pp. S14, S15.

[39] Murray Raphel, "Meet One of America's Top Salespeople," *Direct Marketing,* March 1994, p. 31.

[40] Adapted from Barton A. Weitz, Stephen B. Castleberry, and John F. Tanner Jr., *Selling: Building Partnerships* (Burr Ridge, IL: Irwin, 1992), p. 5.

[41] Edwin Klewer, Robert Shaffer, and Bonnie Binnig, "Sales Is an Investment, Attrition an Expense," *Journal of Health Care Marketing,* September 1995, p. 12.

[42] Jayne Thompson, "Advantages and Disadvantages of Sales Promotions," *BizFluent,* October 25, 2018, *https://bizfluent.com/list-6673344-advantages-disadvantages-sales-promotions.html*.

[43] Magid M. Abraham and Leonard M. Lodish, "Getting the Most Out of Advertising and Promotion," *Harvard Business Review,* May/June 1990, p. 51.

[44] Larry Light, "Trustmarketing: The Brand Relationship Marketing Mandate for the 90's," address to American Association of Advertising Agencies, Laguna Niguel, CA, April 23, 1993.

[45] Larry Light, "At the Center of It All Is the Brand," *Advertising Age,* March 29, 1993, p. 22.

[46] Federal Trade Commission, *Report of the Federal Trade Commission Workshop on Slotting Allowances and Other Marketing Practices in the Grocery Industry,* February 2001, p. 69.

[47] Robert A. Skitol, "FTC Spices Up Debate over Slotting Fees and the Robinson-Patman Act with Its McCormick Action," March 13, 2000, American Antitrust Institute FTC: Watch #540, *www.antitrustinstitute.org*.

[48] *The Point of Purchase Advertising Industry Fact Book* (Washington, DC: POPAI, 1997), p. 51.

[49] Kelly Shermach, "Study: Most Shoppers Notice P-O-P Material," *Marketing News,* January 1995, p. 27.

[50] *The Point of Purchase Advertising Industry Fact Book* (Washington, DC: POPAI, 1997), p. 39; Kelly Shermach, "Great Strides Made in P-O-P Technology," *Marketing News,* January 2, 1995, pp. 8–9.

[51] Angela Lawson, "The End of the Line," June 18, 2004, *www.kioskmarketplace.com/article.php?id=13673*.

[52] Carol Angrisani, "Coupon Competition," *SN: Supermarket News,* March 3, 2006, pp. 23–25.

[53] Bruce Crumley, "Multipoints Adds Up for Quick Burger," *Advertising Age,* November 29, 1993, p. 14.

[54] Stephanie Moore, "Rebate Madness—How to Avoid the Rebate Trap," *www.consumeraffairs.com*.

[55] Lorraine Calvacca, "Polybagging Products to Pick Up Customers," *Folio: The Magazine for Magazine Management,* January 1993, p. 26.

第 18 章

建立关系：公共关系、赞助和企业广告

学习目标

能够解释公共关系、赞助和企业广告在市场关系和整合营销传播中的角色。公司通过将公共关系、事件赞助和企业广告与一般广告活动相结合，让营销工作更有效。

学习本章后，你将能够：

1. 定义公共关系，并将其与广告区分开来。
2. 列出公共关系专业人员的职能。
3. 确定公关从业者使用的工具。
4. 解释人们对赞助感兴趣的原因，并说明何时应将赞助纳入整合营销传播计划。
5. 定义企业广告并列出该概念下所包含的活动。

大多数人都知道奈飞是一家流媒体影视节目公司。这家公司打破了早期的内容分发模式：DVD 租赁模式。据说创始人兼首席执行官里德·黑斯廷斯（Reed Hastings）在拒付了拖欠的 DVD 租赁费后创办了自己的公司。他的好主意是在没有以下三个烦恼的情况下提供 DVD 租赁服务：滞纳金、退还日期和开车去商店的必要。奈飞于 1998 年推出一项服务：允许消费者通过邮件获取电影，想看多久就看多久，然后把它们放在邮箱里退货。这只需支付很低的月使用费。

该公司的用户从 2002 年的 100 万增加到 8 年后的近 1 400 万。虽然直到 2003 年奈飞的模式才站稳脚跟并开始盈利，但对于百视达（Blockbuster）和好莱坞视频（Hollywood Video）这样的实体公司来说，它是一个威胁。奈飞利用包括互联网在内的多项技术跻身影视租赁榜首，顾客可以访问其网站，订购下一季的作品。但是到了 2010 年，互联网的发展也使奈飞面临一个新的、更灵活、增长更快、更便捷的挑战者：它自己。当奈飞允许其目录的一小部分流媒体传播作品时，它开始与自己竞争。按照最初的计划，流媒体服务不向个人收取额外的费用。虽然大多数客户起初通过邮件订购 DVD，但是流媒体观看显然是未来的趋势。由于存在两种交付模式，该公司在与自己竞争。同时支持两种模式成本昂贵，随着服务内容成本的增长，利润率开始下降。因此，黑斯廷斯做出了一个决定：将希望同时获得邮寄 DVD 和无限流媒体服务的客户的月使用费从 9.99 美元提至 15.98 美元。当该公司宣布提价时，它将之称为“物超所值”。但奈飞的用户并不这么看。事实上，许多人对于奈飞的月使用费上涨感到震惊，甚至愤怒。快公司网站（Fastcompany.com）的专栏作家奥斯汀·卡尔（Austin Carr）写道：“订阅者看穿了这个企业的套路，在奈飞的博客上留下了近 13 000 条评论，在推特和脸书上为该公司制造了一场社交媒体噩梦，奈飞的客服中心充满了顾客的来电抱怨。”[1]

但接下来还有更多糟糕的事。黑斯廷斯决定将 DVD 邮寄和流媒体视频分成两个不同的公司。奈飞将专注于流媒体业务，新的独立子公司 Qwikster 将通过邮寄交付租赁的 DVD。两个公司完全独立，消费者需要单独订阅。公众反应如何？异常愤怒。黑斯廷斯明白他在自我辩解时的表现很糟糕。他在博客上写道：

> 当奈飞快速发展的时候，我需要更多地关注沟通，这是我犯错的关键。事后看来，基于过去的成功，我陷入了傲慢。很长一段时间以来，我们一直在稳步改进服务，没有进行太多的与首席执行官的沟通。在奈飞内部，我说，“行动胜于雄辩”，我们应该继续改进服务。但现在我明白了，考虑到我们最近做出的巨大改变，我个人应该向我们的会员进行充分解释，为什么我们要将 DVD 和流媒体分开，并对两者收费。[2]

黑斯廷斯还到他博客的评论区直接与消费者互动。快公司网站描述了黑斯廷斯和一位顾客之间的交流：

> 顾客：“你真的认为弥补沟通失误的一个好主意是把网站分开，让我们的管理队列变得更复杂吗？”
>
> 黑斯廷斯：“我们认为，与整合在一起相比，独立的网站将使我们能够更快地改进这两者。”（最后统计只有 54 个点赞。）[3]

消费者对此感到不满，奈飞估计，2011 年第三季度它失去了近 100 万用户。不过，尽管消费者很不喜欢这家公司的决定，但事实上，黑斯廷斯别无选择。以低于 10 美元的价格提供两项服务是不可持续的。奈飞需要改变其定价模式，否则将面临由市场决定的财务损失。它能否以更好的方式做到这一点，让客户更好地理解公司行动的必要性？或许。但奈飞在这场变革中侥幸存活了下来。到 2011 年第四季度，该公司用户再次增加，年底时用户超过 2 000 万。到 2019 年，该公司拥有惊人的 1.46 亿用户。[4] 黑斯廷斯在早期向奈飞的忠实客户解释时可能遇到了问题，但通过表达浸合用户、倾听投诉和积极回应，他能够迅速纠正错误。自那以后，奈飞公司便在平静的海面上一帆风顺地航行。

18.1 公共关系：整合营销传播及其他

❶ 定义公共关系，并将其与广告区分开来

公共关系的主要作用是管理公司的声誉并帮助建立公众对公司的认同。当今商业环境变得如此具有竞争性，公众认同无法被假定，必须企业亲自赢得。[5]

一直以来“公共关系”一词被误用，大部分原因是这个词涵盖了太多的活动内容。根据上下文，它可以是一个概念、一个职业、一种管理职能或一种实践。基于本书的研究目的，我们将**公共关系**（public relations，PR）定义为对个人和组织与其他团体之间的关系和讯息进行的战略管理，以建立相互之间的善意。

每个公司、组织或政府机构都与受其言行影响的对象有关系。他们可能是员工、客户、股东、竞争对手、供应商、立法者或组织所在的社区。营销专家称这些人为利益相关者，因为他们会从公司或组织行为中获得一些既得利益。在公关术语中，这些群体被视为组织的**公众**（publics），公关的目标是与公司的绝大多数公众建立并保持友好关系。如果不这样做，可能意味着客户流失、收入减少、面临投诉、不必要的监管或规制以及信誉丧失（这会削弱公司的品牌资产，减少其获得融资、销售增长的机会）。

公司的公众是不断变化的。当本杰瑞公司的创始人将公司出售给一家大型跨国企业时，之前的沉默行为和面向公众发布的内容，统统遭到了公众的批评。尽管它现在是全球营销巨头联合利华的一部分，总体上展现出一种阳光、悠闲的形象，但这并没有平息批评。公共利益科学中心（CSPI）指责本杰瑞误导公众，本杰瑞声称其一些产品是“全天然”的，而实际上这些产品含有氢化油和人工香料。CSPI 呼吁 FDA 对该公司采取行动。[6] 本杰瑞的回应是，“全天然”一词在食品行业有不同的定义，但它将在这个问题上与天然食品组织合作。[7] 随后，该公司自愿召回了含有标签上未提及的花生的 Karamel Sutra 冰淇淋。在收到一份关于这种常见食物过敏源的投诉后，召回继续进行，首席执行官伊夫·库埃特（Yves Couette）表示：“我们的首要关注点始终是消费者的健康和安全。”[8] 即使在被联合利华收购多年后，这些问题仍然存在。2018 年夏天，该公司被有机消费者协会（Organic Consumers Association）起诉，该协会质疑本杰瑞的宣传，其声称公司的冰淇淋是用居住在“关爱奶牛牧场”的“快乐奶牛”的牛奶制成的，该诉讼还指控该冰淇淋并非 100% 的有机产品。[9]

由于公众舆论的强大影响，企业必须考虑其行为的影响范围。在危机时期尤其如此。同时这也适用于重大决策：管理或定价的变化、劳工谈判、新产品的推出或分销方式的变化。每个决策都以不同的方式影响利益相关者。有效的公共关系可以引导公众的意见走向相互理解的方向并产生积极的效果。

简言之，公共关系的目标是改善公众舆论，建立善意沟通，并为组织建立和维持令人满意的声誉。公关工作可能会赢得公众的支持，获得公众的理解或中立，或者只是获得反馈意见。良性运转的公共关系是一个持续的过程，塑造良好的长期关系，在关系营销和整合营销传播中发挥着重要作用。[10]

广告与公共关系的区别

广告与公共关系似乎很相像，但实则不同。广告是通过付费媒体触达受众，它按照广告主设计的样子，置入了广告主的认知偏差。了解这一点，公众会对广告抱有怀

伦理、多样性与包容性

公共关系——直面社交媒体与网络

当不受监管的人遇到匿名者时会发生什么？欢迎来到互联网时代的公共关系。

公关从业者托德·德夫伦（Todd Defren）在他的博客公关平方（PRsquared）中提出了几个现实世界中的数字公关伦理问题。在其中一个例子中，德夫伦问道："如果一位拥有相当粉丝数量的客户要求你用他的账户发布推特信息，你是否会觉得疯狂？这是不对的？不合伦理吗？你会怎么做？"[11]

德夫伦对一个企业博客提出了同样的问题。他将公关公司为客户撰写未署名的帖子的做法称为"代写博客"。"你可以指责它是对真实性的一种抹黑，"德夫伦指出，"但它正在发生，而且这是一种只会增长的趋势。没有足够多的人对此明确区分'好'和'坏'……"

说到博客，付钱让人们给一个品牌或公司撰写有利的报道多合乎伦理吗？网站 payperpost.com 鼓励访问者"通过博客赚钱！PayPerPost 让你可以选择你的广告主，报出你的价格，并自行谈判协商你们的交易。你可以虚拟身份在几乎任何主题的博客上获得报酬。在下面注册！"[12] 如果你知道这些帖子是经过赞助的，你还会觉得他们可信吗？

就连大品牌也加入了这个游戏。蔻驰（Coach）与博客作者合作，甚至要求他们出现在品牌广告中。网站 WWD.com 援引其全球和数字媒体执行副总裁戴维·杜普兰蒂斯（David Duplantis）的话说，"我们将博客作者视为编辑、有影响力的人和企业家，他们接触到非常具体且独特的受众。我们发现与那些同我们品牌相关的人合作非常有价值，并且愿意为合作支付合理的费用"[13]。杜普兰蒂斯认为，虽然蔻驰从博客作者那里受益，但博客作者反过来也从与蔻驰这样重要的品牌合作中受益。但是，如果消费者不知道品牌与博客作者的关系，消费者能够从中受益吗？

分析机构弗雷斯特认为，公司付钱给博客作者进行"有赞助的对话"是一种明智的选择。但读写网（ReadWriteWeb.com）的马歇尔·柯克帕特里克（Marshall Kirkpatrick）却不同意这种观点，并指出："我们尊重但不同意弗雷斯特在此主题上的建议。事实上，我们认为付费给博客作者来写关于公司的宣传文章是一条危险而令人厌恶的道路，这种方式也不利于新媒体和广告主的合作。"[14]

也许所有这些都让你信服，如果你要寻求建议，你或许会跳过博客。最好使用像谷歌这样的搜索引擎，它可以提供反映数百万消费者聪明才智的搜索结果。但如果一家公司试图利用谷歌的搜索引擎呢？彭尼决定尝试一下。成千上万的假页面被创造出来，其中包含对商店有价值的关键词。该计划旨在利用谷歌的网页排名系统，将购物者送到彭尼的网站。当然，这并不违法。但是否有悖于伦理呢？谷歌最终进行了干预，降低了彭尼的搜索结果出现在自然搜索中的可能性。

但如果谷歌监管彭尼，谁监管谷歌呢？谷歌承认自己为推广其 Chrome 浏览器向博客作者支付了费用。网站 Dailytech.com 报道称，谷歌表示已"调查"，并将"采取手动措施，将 www.google.com/chrome 降级，并将网站的网页排名降低至少 60 天"[15]。也许所有这些都太令你沮丧了，以至于你决定坚持使用推特。在推特上，你至少可以通过观察个人或团体的粉丝数量来判断消息来源的可信度。毕竟，数以百万计的追随者不会错。可遗憾的是，推特账号的粉丝数量可能极具误导性，因为账号拥有者实际上可以购买粉丝。《纽约时报》和《今日美国》报道称，高达 70% 的巴拉克·奥巴马的"粉丝"和 71% 的 Lady Gaga 的"粉丝"是"虚假的"或"不活跃的"。

网络是一种不断发展的媒介，企业正在寻找从中获利的途径。广告的历史表明，消费者会拒绝那些不公正、不符合伦理或不诚实地利用消费者的公司。这是每个品牌经理都需要记住的。

问题

1. 你是否觉得上述任何活动都是不合伦理的？为什么？

2. 你是否认为消费者不会长期容忍欺骗或掩盖真实情况的行为？如果消费者对作为营销信息来源的社交媒体和网络失去信心，企业和政府可以采取什么行动？

疑主义的态度。因此，在整合营销传播系统中，广告传达的内容往往被用户视为是缺乏可信度的。

许多公关信息，如公共宣传，并不公开地接受赞助。人们通过评论、新闻文章、公司博客或专题报道的形式接收这些信息。这些信息由媒体审查、编辑并过滤。公众认为这些内容来自新闻机构而不是公司，所以他们更愿意相信公关。因此，公共关系通常是建立企业声誉的更好方法。例如，奈飞在其蓬勃发展的几年时间里，从媒体的积极评论中获益匪浅。

广告可以被安排在特定位置以获得特定的覆盖范围和频率目标，但公关却不那么精确，公关目标不容易量化。事实上，公关活动的效果在很大程度上取决于执行者的经验和技能，以及他们与媒体的关系。公关也只能做到这一点，编辑们不会一遍又一遍地报道同样的故事。然而，广告却可以通过重复来强化公众记忆。虽然公关活动可以提供更高的可信度，但广告可以提供精确性和控制力。这就是为什么一些公司会通过广告来传递它们的公关讯息。我们将在本章后面对此进行讨论。

从业者眼中的广告和公关

公关和广告另一个主要区别在于专业从业者的定位。广告专家认为，营销是企业用来确定市场需要哪些产品和服务以及如何销售这些产品和服务的总过程。对于广告专家而言，广告和公关都是用来促进销售的营销工具。

公关专家对此持有不同的观点。他们的专业背景大多是新闻传媒而非市场营销，因此他们相信公关应该是一个伞状过程。他们认为公司应该利用公关维持与所有公众的关系，包括消费者。正如《内部公关》（*Inside PR*）杂志所说的：“公共关系是一门管理学科，涵盖了从营销和广告到投资者关系和政府事务的广泛活动。”[16]对于公关专业人员而言，公共关系应该是整合的“公司”或战略传播，它比整合的“营销”传播更宽泛。例如，公关人员也关注员工关系和投资者关系，而广告和营销人员很少这样做。

苹果是世界上最受欢迎的品牌之一，它也发现了良好公共关系的价值。和许多公司一样，苹果利用中国工厂以相对较低的成本生产 iPad 和其他科技产品。这有助于确保苹果 iPad 在市场上的价格优势，让竞争对手无懈可击。显然，提供强有力的价值主张是一个重要的营销目标。但当有关制造工厂糟糕的工作环境谣言开始传播时，苹果面临的问题超出了市场营销范畴。根据其公关顾问的建议，苹果邀请 ABC 新闻节目参观合作伙伴的工厂，ABC 发现谣言是假的，事实上员工受到了很好的对待。这才使得危机得以避免。

然而，迄今为止，很少有公司是以公关为导向的；大多数仍以市场营销为导向，或许是因为市场营销的底线导向。但在一个充斥着裁员、重组和全面质量管理（TQM）

资料来源：Leonard Zhukovsky/Shutterstock.

每个公司都会犯错。聪明人直面这些问题，并重申他们对优质产品和服务的承诺。当捷蓝航空公司创始人兼首席执行官大卫·尼尔曼（David Neeleman）就一周的运营混乱向客户道歉时，他毫不犹豫地说："捷蓝航空公司的成立是基于将人类带回航空旅行，让飞行体验更快乐的承诺……我们知道我们上周未能兑现这一承诺……你们值得更好的服务——比现在好得多的体验……我们让你们失望了。"

的世界里，营销人员最好采用公关人员的思维模式，考虑多方利益相关者，并强化关系意识。

此外，在危机时期，公关的坦率、开放的信息导向始终是更好的视角。幸运的是，随着人们对关系营销、双向互动和整合营销传播越来越感兴趣，公司终于开始接受公共关系哲学。图表 18－1 显示了公关行业的健康发展和增长指标。

图表 18－1
全球顶级公关公司

公司（所在国家）	费用收入（亿美元）	相比于 2017 年的费用变化（%）
1. 爱德曼（Edelman，美国）	8.94	2.1
2. 万博宣伟（Weber Shandwick，美国）	8.05	−2.4
3. 福莱（Fleishman Hillard，美国）	5.70	0
4. 凯旋（Ketchum，美国）	5.50	−2.1
5. 博雅（Burson-Marsteller，美国）	4.63	−3.5
6. 明思力（MSL，法国）	4.60	0
7. 伟达公关（Hill+Knowlton Strategies，美国）	4.00	1.3
8. 奥美（美国）	3.54	−1.9
9. 蓝色光标（Blue Focus，中国）	3.22	19.8
10. 凯维公关（Cohn & Wolfe，美国）	2.46	9.8

当公关活动用于营销目的时，通常使用**营销公关**（marketing public relations，MPR）一词。为了支持营销，公关活动可以提高公众的品牌意识、告知和教育、增进理解、建立信任、交朋友、给人们购买产品的理由或承诺，并创造消费者接受的氛围。[17]营销策划师艾·里斯（Al Ries）和劳拉·里斯（Laura Ries）认为，打造品牌的最佳方式是通过公共宣传，即公关活动。他们举出了许多领先公司的例子，这些公司使用相对较少的广告和更多公共宣传获得了声望，比如星巴克、美体小铺（Body Shop）和沃尔玛。[18]

在整合营销传播计划中，广告和营销公关需要密切协调。许多广告公司现在都有公关部门来达成这一目标。许多公司现在都设有管理广告和公关的传播部门。

阿迪达斯的这份新闻稿是一个很好的例子，它告知现有股东和潜在股东与可持续性和企业社会责任相关的商业实践。

消息

保护海洋：2019 年阿迪达斯将利用回收的塑料废品生产更多鞋

2019 年 1 月 21 日

2018 年，阿迪达斯生产了 500 多万双含有回收的塑料废品的鞋子。公司计划今年使这一数字增加一倍以上。作为体育用品制造商与环境组织和全球合作网络 Parley for Oceans 合作的成果，塑料废品在污染海洋之前在马尔代夫等海滩被拦截。这种循环利用的塑料废品被制成纱线，成为阿迪达斯鞋面材料的关键组成部分。除鞋类外，公司还利用回收材料生产服装，如拜仁慕尼黑足球俱乐部（FC Bayern Munich）的冠军联赛球衣和亚历山大・兹维列夫（Alexander Zverev）的澳网球衣。

> 阿迪达斯的产品由回收塑料制成，我们为消费者提供了产品外观、功能和质量之外的真正附加值，因为每一双鞋都对保护我们的海洋做出了微小贡献。2017 年生产了 100 万双鞋，2018 年生产了 500 万双鞋，我们计划在 2019 年生产 1 100 万双含有回收的海洋塑料的鞋。
>
> ——埃里克・利特克（Eric Liedtke），阿迪达斯执行董事会成员，负责全球品牌

"阿迪达斯的可持续发展不仅限于利用回收塑料，"负责全球运营的执行董事吉尔・斯特亚尔特（Gil Steyaert）补充道，"我们还将在产品制造过程中继续改善我们的环保业绩。这包括使用可持续利用的材料、减少二氧化碳排放及废物预防。仅在 2018 年一年，我们就在全球各地的办公室、零售店、仓库和配送中心减少了 40 多吨塑料垃圾，并用更可持续的解决方案取而代之。"

阿迪达斯在波兰卡托维兹举行的联合国气候变化会议上签署了《时尚业气候保护宪章》，并同意到 2030 年将温室气体排放量减少 30%。此外，阿迪达斯承诺在 2024 年之前，在每种产品和存在解决方案的每种应用中只使用回收的聚酯纤维。自 2016 年以来，阿迪达斯商店不再使用塑料袋。

在运输包装等不可避免地使用塑料的情况下，阿迪达斯采用平衡措施，并且推广可持续的替代品。该公司目前正在支持全球创新平台"时尚好物"(Fashion for Good)，捐款 150 万欧元，抵偿公司塑料包装的使用对环境的不利影响。该平台正在推动时尚行业创新、耐用和可重复使用材料的发展。自 2018 年初以来，阿迪达斯一直是该平台的合作伙伴。

资料来源：Adidas, " Adidas to Produce More Shoes Using Recycled Plastic Waste in 2019," press release, January 21, 2019.

18.2 公关工作

❷ 列出公共关系专业人员的职能

公共关系涉及各种各样的活动，从危机沟通到筹款。公关从业者除了新闻发布会和发布新闻之外还使用许多其他工具。

公关策划和研究

公关从业者的首要职能是规划和执行公共关系项目。这项任务需要与公司的营销工作（例如，产品公开宣传）相结合，只是公关人员通常会用全局视野通盘考虑。他必须为整个组织准备一个公共关系计划。

有效的策划要求公关人员实时监测和分析各种公众态度及行为变化。当一些比利时消费者在喝了可口可乐后生病时，高盛投资公司（Goldman，Sachs & Co.）监测了可口可乐在普通消费者中的地位，以便向客户提供更好的投资建议。分析人士意识到，重建消费者信心可能需要大量的营销投资。可口可乐做到了。可口可乐赞助了一

场“可口可乐海滩派对”，播放海滩男孩的歌曲，并邀请公众在成吨的进口沙子上跳舞。可口可乐还赞助夏季旅游以及数千个奖品。在取消可口可乐产品销售禁令的三个月内，可口可乐主要消费群的购买意向与危机前一致。[19] 在比利时、法国和德国，约 19% 的受访消费者表示，即使在可口可乐宣布新的宣传活动之后，他们未来对饮用可乐产品仍然会有一些保留意见。然而，还有 77% 的比利时人、70% 的法国人和 61% 的德国人表示，他们完全相信该公司的产品。[20]

公共关系研究的一种常见形式是使用第 7 章讨论的技术方法进行**意见抽样**（opinion sampling），具体方法包括购物中心或电话采访、焦点小组访谈、邮件分析和实地报告。一些公司设立了免费热线电话，并邀请消费者提供反馈意见。

从业者分析组织与公众的关系；评估人们对组织的态度和意见；评估公司政策和行动如何与不同公众相关联；确定公关目标和策略；开发和实施各种公关活动，尽可能整合公司的其他传播活动；并且征求公众反馈以评估公关活动的有效性。

社交媒体为公关专家打开了一扇了解消费者想法的窗口，尤其是在寻找“有影响力的人”时，这些人的观点对其他人非常重要（我们在前几章中将这些人称为“影响力中心”）。有影响力的人很容易在网上被发现——有大量粉丝关注他们的推文、博客文章或评论。社交媒体的诞生戏剧般地改变了公共关系，以至于现在有人提出“公共关系 2.0”，这也就不足为奇了。[21]

声誉管理

公关的主要任务之一是管理企业在不同公众心目中的地位。**声誉管理**（reputation management）是这一长期战略的名称。公关从业者采用多种策略和战术来帮助他们的客户管理声誉，包括公共宣传、传媒炒作、危机传播管理和社区卷入。

公共宣传和传媒炒作

许多公关专业人士主要专注于为公司或客户制作新闻并将其发布到媒体上。**公共宣传**（publicity）是指在印刷或电子媒体上发布有关个人、产品或服务的新闻。公司利用这种活动进行营销或提高公司声誉。

有人认为公共宣传是“免费”的，因为媒体不向公司收费（它们也不保证会使用公司通稿）。显然，这是错误的。有些人可以通过撰写新闻稿并与媒体协调来获得报酬。然而，作为一种营销传播工具，公共宣传通常能够比其他传播活动获得更高的投资回报。大型广告战役可能需要投入销售额的 5% ～ 20%；而主要的公共宣传活动只需要投入 1% ～ 2%。

为了吸引媒体的注意，公共宣传必须具有新闻价值。典型的公共宣传机会包括新产品介绍、获奖、公司销售额及收益披露、重大新合同、合并、退休、游行和公司高管的演讲。有时，公共宣传是无意之举，比如奈飞提高用户价格时。同时，由于公共宣传来源的多样性，因此其很难控制甚至不可能控制。在整合营销传播的术语中，未带明确意图的公共宣传是一种无计划的信息。

传媒炒作（press agentry）是指为了引起公众注意而策划和举办活动的行为。传媒炒作有助于引起人们对新产品或服务的关注，或者对组织声誉有利。对于印刷媒体，公共宣传人员需要与编辑、专栏作家打交道。对于广播媒体，他们需要与节目总监、专栏编辑或新闻编辑打交道。成功的公关从业者需要与他们熟悉的编辑保持密切的互动关系。从事整合营销传播和营销公关的专业人员将媒体视为重要的公众，将作家和编辑视为重要的利益相关者。公关人员需要关注利益相关者重叠的现象：公司的顾客可能为媒体工作，员工可能是股东和客户。意识到这些潜在的多方面关系有助于建立一致的沟通，这是整合营销传播的标志。一个有趣的传媒炒作的例子是，美国公共关系之父爱德华·伯奈斯（Edward Bernays）描述的他早期“让美国人早餐吃鸡蛋和培根”的活动。

危机传播管理

对任何公司来说，最重要的公共关系任务之一都是**危机管理**（crisis management）。如果“损害控制”不够及时和彻底，品牌价值可能很快会被摧毁。2002 年，玛莎·斯图尔特（Martha Stewart）参与了一项内幕交易计划（后来她被判入狱），她以前有利的营销形象很快成为一种负担。尽管她的公司——玛莎·斯图尔特生活全媒体公司（Martha Stewart Living Omnimedia）立即将其名字从一些产品和出版物中删除，努力摆脱创始人的法律纠纷的影响，但公司股票价值和收益都下降了 30% 以上。[22]

典型的危机传播管理案例是强生公司在 1982 年对产品篡改事件的处理。一名罪犯在零售货架上将氰化物放进了强生特效泰诺的瓶子里，导致数人死亡。强生和麦克尼尔（McNeil）(强生旗下销售泰诺的子公司）的管理战略专家一收到消息，就制订出三阶段行动计划：

1. 识别问题并立即采取纠正措施。强生的战略家们从警方、联邦调查局、食品药品监督管理局以及媒体那里获得了信息，确定了受影响的地区，纠正谣言，并立即将该产品撤出市场。

2. 积极配合有关部门的调查。强生公司态度积极主动，它帮助联邦调查局和其他执法机构找到线索，调查工厂的安全状况，并悬赏 10 万美元。

3. 迅速重建泰诺品牌和胶囊系列。尽管强生认为中毒发生在连锁店的零售端，但它首先确保投毒事件没有发生在麦克尼尔公司内部：该公司的两条胶囊生产线被关闭，警犬被带进去寻找氰化物。

新闻媒体有永不满足的好胃口，加上焦虑的消费者的大量询问，强生的公关人员承受着巨大的压力。媒体和公司之间的所有沟通都通过企业传播部门进行。公司内部协调了所有顾客、经销商和政府关系。通过这种方式，强生保持了公开、清晰、一致、合法和可信的沟通，避免了谣言、政治诽谤，形成企业防御。

在消息传出后的 48 小时内，打给强生和麦克尼尔的电话不断。在麦克尼尔的地下室里，一组通常用于销售的电话改由员工负责应答电询，他们被告知该说什么、不该说什么，以及遇到棘手的问题时随机应变。

同时，通知管理层和员工，与当局联系，并通知其他人。强生和麦克尼尔的公关经理和员工必须计划、协调和监督这项艰巨的任务。

尽管危机很少发生，但对于公关专业人士和公共信息官员来说，没有比危机传播管理更重要的活动了，尤其是在航空公司、政府机构、军队、执法部门、化工和石油公司、卫生和公共事业等高度敏感的领域。

自泰诺事件以来，许多通常不敏感行业的公司也制订了危机管理计划。公司在紧急情况或灾难期间沟通的方式将在很大程度上决定公众对新闻的反应。当企业没有应对危机的计划时，由此产生的新闻报道可能是灾难性的。危机管理专家鼓励所有公司以强生为榜样，坦诚相见。正如许多政客所了解到的那样，隐瞒信息或回避问题不可避免地会适得其反。

随着时间的推移，人们对危机的态度可能会软化。奈飞在其漏洞百出的增长计划导致用户流失后，最终恢复了增长。玛莎·斯图尔特、迈克尔·维克、泰格·伍兹和其他许多人在糟糕的宣传之后，也有了“第二次机会”。

社区卷入

社区卷入（community involvement）的目标是在公司和社区之间开展对话。[23] 这最好通过让公司管理层和员工为社区的社会和经济发展做出贡献来实现。每个社区都提供企业参与的机会：公民和青年团体、慈善筹款活动、文化或娱乐活动等等。正如我们在第 8 章中所讨论的，理想情况下，一家公司应该采用与其专业知识相关的计划，并专注于其使命营销活动。公共关系部门可能会帮助建立此类项目，并向社区宣传这些项目（见广告实验室“绿色广告”）。

其他公共关系活动

除了策划和声誉管理外，公共关系专业人员还经常参与公共事务和游说、演讲撰稿、筹款和会员招募、出版物制作和特别事件管理等活动。

公共事务和游说

组织通常需要与官员、监督和立法机构以及**公共事务**（public affairs）领域的各种社团打交道。公共事务通常需要专家。许多专家认为，公共关系与公共事务应该更加融合，将专家的技能和政策专长与公关人员的媒体和社区关系经验有效结合起来。

游说（lobbying）是指告知并说服政府官员支持或阻挠行政行为或立法，以保护某些客户的利益。每个组织都受到政府的影响，所以游说是一笔大生意。

演讲撰稿

由于公司高层经常需要在股东大会或其他会议上发言，公关人员便参与**演讲撰稿**（speechwriting）。他们还经常负责安排演讲的机会，并就公司代表可能会被问到的问题提供答案。因为公关人员有时可能会在特别事件、新闻发布会和采访中代表雇主，所以他们必须是思路清晰、口齿伶俐的公共发言人。

募款和会员招募

公关人员可能负责为非营利组织或公司认为有价值的事业（如联合劝募会或政治行动委员会（PAC））筹集资金。

慈善组织、工会、专业协会、行业协会和其他团体依赖会员费或捐款。公关专家必须向潜在的贡献者或成员传达组织的目标，并尽可能整合促销广告，以宣传活动或鼓励参与。在此过程中，公司公关人员可能会与广告部门或广告公司密切合作，制作宣传特定事业的广告，或在产品广告中宣传公司参与该事业的情况。

广告实验室

绿色广告

自 20 世纪 80 年代中期推出以来，环境广告已成为市场营销的重要领域。广告主看到了消费者对环保产品的渴望，并试图尽快满足他们的需求。的确有许多广告主真正关心环境。但没过多久，消费者就意识到了一个事实：一些公司使用了环保和绿色等模糊术语，做出了虚假的声明。

在很短的时间内，环保对消费者的吸引力越来越被警惕，广告主减少了对环境的重视。为了避免未来的麻烦，许多公司等待州和联邦政府定义术语并提供法律指导。在过去十年中，联邦贸易委员会制定了规则和指导方案，而几个州通过了一系列法律，为臭氧友好型、生物可降解和可回收等术语下了定义。1995 年，加利福尼亚州颁布了《环境广告真相法》。它很快被废除，并于 1997 年再次推出，但没有成功。

目前，没有任何联邦法律可以监管卖家对产品说什么。联邦贸易委员会与环境保护署（EPA）合作，为广告主制定了新的指导方针，以确保它们的环境营销主张不会误导消费者。这些关于环境广告声明的指南不具有法律效力，由广告主自愿遵从。

一些公司和组织在广告主和消费者之间充当环保主张的中间人。例如，科学认证系统（Scientific Certification Systems，SCS）可以验证产品中回收成分的说法。它使用环境报告卡来衡量产品的总体环境影响。

绿色徽章（Green Seal）是一个独立的非营利组织，促进环保消费品的生产和销售。为环境危害比其他同类产品小的产品授予绿色认证。绿色徽章成立于 1994 年，公司总裁诺曼·迪恩（Norman Dean）说，该公司“专注于测量科学家发现的在某些产品类别中最重要的环境损害”。

如今，对环境和社会意识的新营销敏感性集中在消费者购买行为上。79% 的美国人认为他们是环保主义者，83% 的人说他们改变了购物习惯来保护环境，67% 的人说他们愿意为环境友好型产品支付 5% ～ 10% 的溢价。然而，这些数据与最近的研究相矛盾，研究表明，美国人实际上并不购买他们所声称的喜欢的绿色产品。尽管研究显示出对环境的高度关注，但公众缺乏与这种关注相一致的行为。研究人员相信，当存在产品的质量和价格差距时，他们就会选择具有竞争优势的产品。

在竞争日益激烈的市场中，企业最终必须从绿色行动中受益。一种名为 SPINE 的新环境管理工具被开发出来，以帮助行业获得环境认可。SPINE 使客户能够通过跟踪产品制造过程的每一步来验证营销人员的环境主张。

即使有科学认证系统和绿色徽章等组织，以及 SPINE 等参考工具，让企业和消费者了解绿色广告的价值仍然是一个重大挑战，尤其是在没有严格法规生效的情况下。如今，消费者只能猜测一家公司实际上有多“环保”。考虑到未来，无论是通过监管还是自愿行动，公司都必须向消费者提供更多关于其产品环保属性的信息，以便消费者可以自行决定产品是否符合他们的需求。

实验室应用

1. 想象一下，你正在推销一款售价 1.25 美元且对环境安全的新产品。如果你知道消费者由于之前的经历对环保产品持矛盾态度，你会花数千美元去购买（认证）冲动型产品上的绿色徽章吗？请解释。

2. 想象一下，你刚刚对产品进行了制造上的变革，使其现在能够轻松回收处理。在知道可回收（recycle）这个词的限制后，你会用广告宣传这些变化吗？

出版物制作

公关人员准备公司的许多传播材料：新闻稿和媒体资料；小册子、传单、活页、手册和书籍；信件、插页和附件；年度报告；海报、公告板和展览；视听资料；演讲稿和意见书。他们可能会与广告部门或广告公司合作制作这些材料。广告人员需要牢记公司的整体定位战略，同时努力协助实现特定的公关目标。

社交媒体

随着社交媒体的出现以及博客和微博的流行，时刻洞悉舆情成了一份全职工作。在过去，专业公关人员需要熟悉每个行业的许多人，而今这个数量成指数增长。然而，福祸相倚，社交媒体带来的信息一目了然，让公关人员能够掌握任何趋势，并在它们成为品牌危机前采取措施。通过良好的社交媒体策略，公关人员可以帮助有影响力的人在客户产品发布时展示其产品，让早期采用者和 / 或忠诚消费者在广告投放前及时了解新的品牌资讯。

企业博客

维护和管理**企业博客**（corporate blog）可以帮助解决重要问题、介绍新产品或服务，并保持公司与公众之间的对话。IMC 实战模拟“企业博客”提供了一些指导。

特别事件管理

特别事件的赞助和管理是一个迅速发展的领域。事实上，它已经成为一个十分重要的话题，在讨论公关工具之后，我们在本章的下一节专门讨论这个话题。

公共关系工具

③ 确定公关从业者使用的工具

公关人员掌握各种传播工具，从新闻稿和照片到影音资料，甚至广告。我们简要讨论一些更常见的工具。

新闻稿和新闻资料袋

新闻稿（news（press）release）是使用最广泛的公关工具，由一张或多张打印的信息（通常 8½ 英寸 ×11 英寸）组成，用于宣传或阐明感兴趣的主题。新闻稿包括对时间敏感的硬新闻。主题可能包括新产品的发布、高管的晋升、不寻常的竞赛、重要合同的签订或奖学金的设立。

新闻（媒体）资料袋（press（media）kit）支持在记者招待会或开放日等阶段性活动中的宣传。它包括一份关于活动的基本情况介绍、活动计划或时间表，以及参与者名单和他们的个人资料。该工具还包含广播媒体关于活动的新闻报道、印刷媒体的新闻和专题报道，以及任何相关的照片和手册。

照片

事件、产品使用、新设备或新晋升的高管的照片可以为平凡的新闻故事提供可信度或趣味性。事实上，照片更容易讲故事。照片是高信息容量的，几乎不需要（或极少需要）做解释说明。可使用大字号的标题描述照片，并精准识别其中的人物。

特稿

许多出版物，尤其是行业期刊，都会刊登关于公司、产品或服务的**特稿**（feature article）（软新闻）。它们可能由公关人员、出版物工作人员或第三方（如自由商业作家）撰写。作为一种营销公关工具，特稿可以给公司或产品带来高可信度。编辑喜欢特稿，因为它们没有紧迫的截止日期，可以在编辑方便的时候发表。

IMC 实战模拟

企业博客

大多数公司有写博客的指导方针。以下是一套与营销相关的指导方针，如果某个公司打算使用博客来获得成功，就应该考虑这些。

- 熟悉环境。人们对你和你的产品有什么看法？勇敢地尝试上网看看，当你在谷歌上输入公司名称或访问涉及公司产品类别的热门博客时会出现什么内容。
- 确定你希望实现的目标。你的目标是什么？你为什么要开博客？是为了辟谣、分享公司新闻，还是向客户介绍新产品，抑或培养企业个性？有了明确的目标，就可以更容易地决定写博客的时机和内容。
- 练习，练习，再练习。进行试写。写博客很费时，有时很难，对许多组织来说是一种不同的活动。聪明的公司会在内部发布最初的博客帖子，直到明确这一策略是有用且有益的。
- 记住这是一条双向的通道。学会控制分享。没有评论的博客价值微乎其微，但有评论就会有批评。聪明的公司重视博客上批评者的意见，因为这为它们提供了回应用户和教育受众的机会。
- 履行承诺。如果不经常发帖，公众对博客的关注就会减少。
- 提供价值。提供公众在别处找不到的信息，让人们有理由访问你的博客或订阅信息。
- 问问自己是否有读者。你的公众适合写博客吗？并非每个市场都有人阅读博客。如果你的受众不看博客，那你就是在浪费时间和资源。搜索与你的行业或产品相关的其他博客，找到关于你的目标市场使用网络的二手信息，看看你的博客是否与众不同。
- 避免炒作和吹嘘。网络社区的用户同依赖传统媒体的人有着不同的个性。网络用户对炒作持怀疑态度，当他们感觉到自己受到了说教或误导时，可能会持批评态度。
- 监控每个人都会访问的地方，例如维基百科。如果上面提到了你的公司或产品，那么监控并偶尔纠正发布的内容非常重要。
- 把博客当作拼图的一部分。写博客是联系和回应公众的有效方式。但它很少是一种独立的策略，聪明的公司将其作为整合营销传播和公共关系策略的一部分。

特稿可能是关于案例的背景故事、操作指南（例如怎样使用公司的产品）、问题解决方案（客户如何使用公司的产品来提高生产效率）或最先进的技术迭代的内容。其他内容包括特定行业的概况和述评（如公司高管就当前问题发表的演讲或文章）。

印刷品

印刷品是公共关系专业人士最常用的工具。[24]它们可能是关于公司或其产品的小册子、给客户的信、月度报表的附页或附件、给股东的年度报告、其他报告或企业刊物。

企业刊物（house organ）是关于企业事件和政策的出版物。企业内部刊物仅限员工阅读，外部刊物会发给与公司相关的人群（客户、股东、供应商和经销商）或公众。它们的形式可能是通讯、报纸、杂志，甚至是定期的电子杂志。它们的目的是提升商誉、增加销售额或塑造公众舆论。制作精良的企业刊物可以极大地激励员工，吸引顾客。但是，企业刊物创作、印刷和分发成本很高，而且耗时。

IMC 实战模拟

向客户演示

对大多数人来说，项目的最终环节是向班级同学或客户进行演示，由老师、一群从业者或当地营销及广告主管进行评判。演示是向“客户”推销你的想法最关键的步骤。有时并不是最棒的点子胜出，好的演示也可以让一个糟糕的点子看起来很棒。

到现在为止，你已经花了好几个小时来讨论营销战役的人物、事件、时间、地点，现在你需要解释为什么要这么做。你应该把演示看作你思想的荟萃。在开发战役的过程中，你很可能没有按顺序工作。事实上，大多数整合营销传播过程都是多线程进行的，但你的演示应该说明目标结果导向的线性思维路径。

大多数演示都使用 PowerPoint，但如果你有资源和勇气，可以考虑以不同的方式来说明你的想法。记住，你的方法越有创意且不影响思维的连贯性，你实际上得到的评分就越高。Prezi 是一个在线软件程序，比 PowerPoint 更难掌握，但它可以帮助你创建一个令人惊叹的演示文稿，远远超出你的竞争对手。

遵循以下大纲，关注各部分之间的衔接：

- 活动的目的或目标——战役试图实现什么？
- 目标受众分析——我们计划与谁对话？为什么？
- SWOT 分析——在决策过程中，品牌的优势、劣势、机会和迫在眉睫的威胁是什么？
- 战略洞见——基于前面提到的一切，你将如何迎接业务挑战？
- 创意展示——创意，创意，创意。不要忘记这些想法要有助于实现你的目标。
- 媒体展示——这些广告将放在哪里？什么样的目标和战略洞见引导你选择这些媒体？

演示的主要目的是以简洁明了的方式传达你的战略和战术想法。最大的误解之一是，战略应该是个轻松一笑的时刻。事实上，战略应该更像是一种显而易见的陈述，因为你所有的研究都把你带到了一条特定的路径上。如果你恰当地解释了这条路径，你会得到一致的肯定。当你陈述如何从战术层面执行创意和投放（媒体）战略的时候，应该让客户眼前一亮。

一定要让团队中的每个人都参加演示。这或许不容易，因为总有一些人比另一些人更擅长演示，但这没关系，因为如果想法和思路是好的，他们终将自我突破。

最后，如果你正在制作 PowerPoint，请分发给大家彩色打印的演示文稿，以便“客户”可以跟上演示进度并做笔记。只要不分散受众的注意力，演示中的道具和小玩意很有效。当博达大桥于 2000 年对名为 kibu.com 的少女网站做提案时，它把会议室变成了女孩的卧室，为演示设定了环境和氛围。该设计帮助它赢得了提案，因为房间里的元素被用来突出对该网站主要用户（十几岁女孩）心理的洞察。

海报、展览和公告板

海报（poster）可以在内部使用，以强调安全、减少浪费等。在外部使用，海报可以向消费者传递产品信息、公司理念或新闻。

公司通过**展览**（exhibit）来描述公司的历史、展示新产品、展示产品的制造方式或解释未来的计划。展览通常用于地方博览会、学术交流和贸易展示。

在企业内部，公关人员经常使用公告板向员工发布新设备、新产品、会议、促销、工作计划和娱乐新闻等信息。许多公司现在还保留一个内网发布内部信息。

视听材料

幻灯片、电影、CD 和 DVD 都是**视听材料**（audiovisual materials），可用于培训、销售或公共关系。作为一种企业广告，非院线电影或赞助电影（为了促进公共关系）通常免费提供给电影院、组织和特殊群体，尤其是学校。经典的例子包括为凯撒铝业（Kaiser Aluminum）的《人类为何创造》和美孚石油公司（Mobil Oil）的由著名法国哑剧演员马塞尔·马索（Marcel Marceau）主演的《寓言》。

许多公关部门提供**视频新闻稿**（video news release，VNR）——由公司准备并免费提供给电视台的新闻或专题报道，电视台可以使用整个视频，也可以只用片段。视频新闻的使用有些争议。当电视台播放这些故事时，批评者将其视为微妙的商业广告和宣传，并且反对电视台在播放这些报道时不披露其来自公共关系公司，而非电视台的新闻工作人员。

18.3 赞助和事件

④ 解释人们对赞助感兴趣的原因，并说明何时应将赞助纳入整合营销传播计划

1984 年，美国中西部一家大型自行车商店的所有者将他的自行车送去参加由国家慈善机构赞助的本地自行车比赛。当时，他的商店每年的零售额约为 20 万美元，他希望帮助慈善机构，同时了解赛车手对他的产品和竞争对手的看法。

该公司赞助比赛获得了意想不到的回报，参赛者开始出现在他的商店里。受此鼓舞，这家公司现在每年赞助 100 多个自行车比赛，并派出工作人员参加数十个活动。该公司聘请了一名全职代表，协调公司对自行车赛事的赞助工作，这些体育活动对增加其曝光率和业务收入大有潜力。

在 30 多年的时间里，该公司从低调出现在自行车活动，捐赠一些印有公司名称的瓶装水，发展到大规模赞助，参与赛事报名，为参赛者提供自行车保养服务，并为参赛者提供店内折扣。在某次赛事后一周内，大约 30 名参赛者到访该店。对该公司来说，更好的消息是，在 5 000 多名参赛骑手中，近一半的人表示从该公司购买了商品。店主把他的成功很大程度上归结于对自行车赛事的赞助。用他的话说，“去支持他们，他们也支持我们”。[25]

赞助的增长

营销人员参与赞助多种特别事件。赞助实际上包括两个领域：销售促进和公共关系。有些赞助是为了创造公共宣传，有些是为了通过人际沟通改善公共关系并与有价值的公益慈善事业联系起来，还有一些是为了立即提升盈利水平。

赞助（sponsorship）是指向某实体（可能是体育、娱乐或非营利事件或组织）支付现金或实物，以获得与该实体相关联的商业潜力。[26] 换句话说，就像广告主支付费用赞助广播或电视节目一样，它们也可以签约赞助自行车比赛、艺术展或室内音乐节、博览会或展览，或奥运会。赞助费能以现金或**实物**（in kind）（即通过捐赠商品和服务）方式支付。例如，如果一家地方电视台签约成为 10 公里跑步的赞助商，它通常会用比赛的广告时间代偿部分赞助费用。

资料来源：Leonard Zhukovsky/Shutterstock.

体育运动的持续流行使其成为吸引企业赞助资金的目标。这张照片显示，运动员和锦标赛都被赞助商冠名（如劳力士等）。

虽然被赞助的事件或组织可能是非营利的，但赞助与慈善并不相同。**慈善**（philanthropy）是对一项事业的支持，没有任何商业动机。赞助（以及相关策略，公益营销）则用于实现商业目标。[27] 2007 年，美国公司在赞助上花费了近 150 亿美元。这一数字在 2008 年上升至 170 亿美元。增长的部分原因无疑是对奥运会的赞助，据估计，12 家参与赞助的公司平均花费 7 800 万美元。[28]

赞助不断增长的原因与我们之前讨论的市场营销经济学有关：传统广告媒体的成本不断上升，媒体受众分化，休闲活动日益多样化，以及有效接触目标人群的考虑。最初的增长可能来自烟草和酒类公司，许多政府禁止其做广告。英国、加拿大和美国最近的立法威胁要完全终止烟草商的赞助，但烟草商成功赞助体育赛事为主流广告主指明了道路。

如今，媒体对赞助事件的报道越来越多，从沙滩排球到马术大奖赛，从极限运动到文化活动，无所不包。这为寻求年轻、向上流动、受过教育的消费者的广告主提供了一个非常理想的空间。同样，对于跨国营销人员来说，他们对世界杯足球赛、奥运会等全球赛事的兴趣不断增长。就连瑞典爱立信公司（Ericsson Corp.）等传统企业的营销人员也在通过赞助由奥乐齐（Aldi）主办和营销的世界沙滩排球锦标赛来提高其在美国的品牌知名度。[29]

赞助的好处

如今，赞助的许多好处得到了充分的证明。当然，其中一项是公众的认可。罗普·史塔契全球市场调查公司的一项研究报告称，80% 的美国人认为企业赞助是职业体育的重要资金来源，74% 的人认为赞助为举办赛事的城市带来了好处。[30] 在罗普·史塔契的研究中，74% 的人还表示，政府应该极少甚至完全避免对赞助职业体育赛事的企业类型进行干预。这远高于大多数企业的广告活动所能获得的支持率。

与其他营销传播工具相比，赞助和事件更能吸引客户、潜在客户和其他利益相关者。当然，事件的参与程度各不相同。赞助研讨会或工作坊比赞助赛车比赛有更高的卷入度。[31] 然而，事件对其目标受众具有高度的自我选择性。赞助赛车比赛的人很可能比普通人对赛车更感兴趣。因此，严格界定受众的营销人员可以挑选出最适合自己的赞助事件。当然，仅仅因为观众众多而赞助事件是营销人员对这一工具的误用。[32]

与广告不同，赞助和事件可以提供与当前和潜在客户面对面接触的机会。根据比赛场地的不同，这种接触可能会相对简单，并且不受竞争的干扰。例如，赞助研讨会，同时为教育客户和品牌涉入创造了机会。在某些情况下，甚至可以进行产品演示，并有机会在多个潜在客户接受新信息时向他们进行个人推销。[33]这对企业对企业（B2B）营销尤其有利。

赞助的一项明显好处是企业有机会通过参加适当的事件来提升公司的公众形象和商品定位。同样重要却总被忽视的是赞助对员工的影响。参加一个充满活力的体育赛事可以鼓舞员工士气并增强员工自豪感。作为对销售人员的激励，许多公司通过赞助为员工提供参加各类活动（超级碗、奥运会等）的机会。[34]

部分营销人员发现赞助可以快速将粉丝忠诚度转化为销售额。例如，74% 的赛车迷宣称，他们经常购买在赛道上看到的促销产品。其他运动也是如此：棒球，58%；网球，52%；高尔夫球，47%。一位车迷告诉彭斯克赛车运动公司（Penske Motorsports）总裁兼首席执行官格雷格·彭斯克（Greg Penske），他对纳斯卡赛车（NASCAR）车手拉斯蒂·华莱士（Rusty Wallace）从庞蒂亚克换到福特感到非常不安："我租庞蒂亚克的合约才满一年，如果退掉改租福特要花掉我 3 000 美元。"[35]

最后，赞助可以非常划算。沃尔沃国际（Volvo International）认为，它从赞助本地网球赛事 300 万美元获得的媒体曝光，相当于 2 500 万美元的广告时长和空间。[36]

赞助的弊端

像所有的营销工具一样，赞助也有一些缺点。首先，它可能非常昂贵，尤其是当该事件完全由赞助商独家赞助的时候。出于这个原因，大多数公司会选择联合赞助事件来分摊成本。

但是联合赞助的问题是信息混杂。有些赛事活动的赞助商实在太多，以至于观众很难获得营销者讯息。看看赛车比赛，这些赛车上有多少品牌标志？

最后评估特定的赞助效果也比较棘手，因为评估很难在真空环境中进行。如何将赞助的效果和其他同时进行的营销活动进行区分，这是亟待解决的难题。

赞助的类型

有很多渠道和事件可供赞助，但主要的赞助贸易组织 IEG 公司将其中大部分分为六类：体育；娱乐；慈善事业；艺术；节庆日、交易会和年度大型活动；协会和会员组织（见图表 18－2）。[37]

图表 18－2
北美地区赞助支出

	2017 年支出（亿美元）	2018 年支出（亿美元）	较 2017 年增加（%）
体育	162.6	170.5	4.9
娱乐	22.9	24	4.8
慈善事业	20.5	21.4	4.4
艺术	9.9	10.3	3.7
节庆日、交易会和年度大型活动	9	9.4	3.7
协会和会员组织	6.2	6.4	3.1

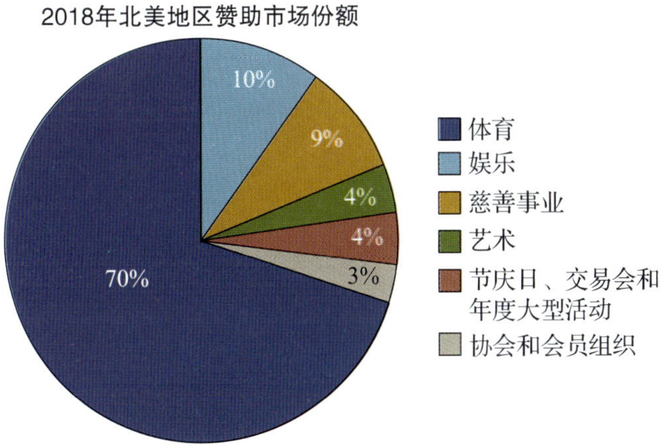

资料来源：" Signs Point to Healthy Sponsorship Spending in 2018," *IEG Sponsorship Report*, January 8, 2018, www.sponsorship.com/Report/2018/01/08/Signs-Point-To-Healthy-Sponsorship-Spending-In-201.aspx.

体育营销

2008 年，北美公司在体育营销赞助上花费了约 116 亿美元。其中最受欢迎的是赛车和高尔夫球比赛。[38] 事实上，所有赞助预算的 65% 以上都用于体育赛事，从奥运会到纳斯卡赛车，再到职业体育联赛。正如我们从自行车商店的故事所看到的，如果赞助做得好，企业不必是大型跨国公司，也能从中获得丰厚的回报。

佳得乐通过赞助职业篮球和足球比赛获得了赛场围栏广告的展示权，该品牌获得了比任何电视广告都要高的信任度，而费用只是电视广告的一小部分。在每场比赛中，镜头都会展示职业选手使用佳得乐大号水杯畅饮。显然，他们这么做是自然而然的举动，而不是经纪人刻意让他们这么做的。[39]

在竞争激烈的市场上，各行业巨头为赞助权展开了争夺。可口可乐与百事竞争，维萨与美国运通竞争。这无疑导致了赞助成本的上升。在 2018 年韩国冬奥会上，13 家公司分别支付了超过 1 亿美元的费用，以在整个奥运会期间获得曝光率、被确定为官方赞助商的机会以及为员工和客户提供门票和服务的机会。[40]

在 2012 年伦敦奥运会期间，除了为每个 30 秒的电视广告花费 100 多万美元外，耐克和阿迪达斯还为 6 000 名奥运会运动员提供了装备。虽然足球装备是阿迪达斯的传统优势领域，但它仍为共计两周的赛事提供了约 150 万件服装、设备和其他印有商标的物品。耐克公司通常会避免赞助奥运会，但往往会想办法让其标识覆盖主办城市(见下文的“伏击营销”)。据估计，阿迪达斯公司为成为奥运会官方赞助商支付了超过 6 100 万美元的费用，因此，活动主办方竭尽全力阻止未经授权的品牌与奥运会相关联也是不足为奇的事情。[41] 许多体育赛事都是严格意义上的本地赛事，因此成本要低得多，同时也让赞助商更容易接触到运动员和参加者。例如，活动营销预算有限的公司会选择本地的高尔夫比赛、网球比赛和冲浪比赛等多种赛事。

公司赞助体育赛事成为一个越来越受欢迎的促销活动。如果能将公司与举办活动的本地社区以及活动区域中或全国的观众联系起来，体育赛事可以作为整合营销传播战役的有效焦点。但是，如果没有努力将赞助活动与其他营销传播活动（如目前正在进行的广告战役）联系起来，花在赞助上的钱通常会白费。[42]

一些公司长期以来一直将其品牌与已有赛事联系在一起。可口可乐公司是为国际奥委会服务时间最长的赞助商，于 1928 年首次加入。韩国冬奥会是金融服务巨头维萨参与的第 17 届奥运会。[43]

但大型体育赞助经常引发争议。最具争议的做法是**伏击营销**（ambush marketing），这是一种非赞助商的宣传策略，非赞助商利用赛事或资产的知名度或声望，在不支付赞助费用的情况下，通过创意方式获得品牌曝光。官方赞助商的竞争对手经常采用伏击营销技术，如购买体育场馆周围的所有广告牌空间。富士公司在一届奥运会上对柯达公司采取了这种做法。这通常是有效的，因为人们不确定官方赞助商到底是谁——同样，问题在于信息混杂。例如，一家公司在奥运会广播电视上做广告并不意味着它是官方赞助商。伏击营销人员利用了这种混乱。[44]事实上，耐克高管马克·帕克（Mark Parker）称，他的公司是一家有名的伏击营销公司，在奥运年，其股票表现通常比市场平均水平高 20%。

体育赞助现在是一种全球现象，其增长速度比其他营销渠道更快。2018 年，北美的支出增长了约 4.5%，世界其他地区的支出增长了 4.9%。[45]事实上，在一些国家，体育赞助是一种推动力量，例如在西班牙，仅足球赞助一项每年就约达 800 万欧元，相当于该国国内生产总值的 1.17%。[46]很明显，公司将赞助视为一种重要的整合营销传播工具。在可预见的未来，赞助的增长可能高于销售促进或传统广告。

娱乐

在体育营销之后，最大的赞助领域是**娱乐**（entertainment），包括音乐会、景点和主题公园等。例如，迪士尼乐园和迪士尼世界的许多景点都是由通用电气、美国电话电报公司（AT&T）、ARCO 和 Carnation 等大公司赞助的。

品牌甚至赞助整个旅行。自 1936 年以来，Oscar Mayer 公司的热狗车一直是美国公路赛事的参与方。在 2004 年的比赛中，获胜者可以驾驶热狗车一天，这吸引了 15 000 名参赛者。Vans Warped Tour 巡演有 50 个乐队，舞台和场地由 Eastpak 等公司赞助。音乐节上的展台和帐篷为富国银行和 Vagrant Records 等共同赞助者提供了充足的目标定向营销机会：女孩车库（Girlz Garage）提供时尚和化妆，PlayStation 帐篷为 PSP 提供最新游戏。[47]

节庆日、交易会和年度大型活动

IEG 对国际展览会和博览会协会（International Association of Fairs and Expositions）的一项调查显示，节庆日、交易会和年度大型活动是一个非常健康、不断发展的市场环境。2018 年这些支出预计为 9.03 亿美元，比上年增加近 3%。

密歇根州最大的年度活动之一是特拉弗斯市的全国樱桃节。[48]在每年的 7 月 4 日前后举行的全国樱桃节活动拥有令人印象深刻的阵容和促销活动，包括乐队游行、比赛、音乐会、锦标赛、古董展、航空展等。官方赞助商包括百事、福特、丰田、英特尔和索尼。

类似地，像企业对企业商业展会这样的年度活动也吸引了大量的赞助商和参展商，因为它们能够在同一时间、同一地点与潜在客户和实际客户交谈。

有时赞助一个事件的竞争甚至来自同一家公司。例如，佛罗里达文艺复兴节（Florida Renaissance Festival）就接到了来自三家 AT&T 的电话，询问是否可以提供赞助。两个电话来自不同的部门，第三个电话来自 AT&T 的一家代理机构。举办该活动的官方机构最终与该公司的西班牙营销部门签约。[49]

慈善事业

赞助慈善事业和教育机构是一项久经考验的公关活动，通常符合企业整合营销传播的使命营销战略。例如，许多大公司（包括雪佛兰、AT&T、美国航空公司、百事和柯达）共同赞助了拯救生命（Live Aid）音乐会。在赞助和慈善事业一致的情况下，即使是与政治相关的事业也会吸引赞助商。例如，每年 1 月在华盛顿举行的一年一度的妇女游行是由计划生育组织（Planned Parenthood）、自然资源保护委员会（NRDC）、MoveOn.org 和美国教师联盟（American Federation of Teachers）赞助的。

一位负责企业关系的副总裁作为赞助商出席大型活动时，将使命营销活动称为“开明自利”。人们喜欢这样一个事实，即企业并没有真正从他们身上得到任何实际的东西来存入银行。[50]

医院、健康维护组织（HMO）和管理型医疗公司等医疗保健营销商正在增加它们的赞助活动。职业车手瑞安・里德（Ryan Reed）和艾礼・莉莉（Eli Lilly）通过赞助协议来提高人们对糖尿病的认识。另一位车手查理・金博尔（Charlie Kimball）与诺和诺德公司（Novo Nordisk）合作推广一种名为 NovoLog FlexPen 的胰岛素注射设备。[51]

艺术与文化

交响乐团、室内乐团、艺术博物馆和演出公司总是迫切需要资金。2011 年，赞助商为支持艺术花费了大约 8.85 亿美元——这仍是主要赞助类别中花费最少的。这意味着艺术仍然是一个相对未开发的领域，它为对高收入水平受众感兴趣的国家和本地公司提供了出色的赞助和承销机会。

遗憾的是，这一群体可能会受到任何终止烟草赞助立法的严重打击。例如，北爱尔兰最大的香烟制造商 Gallaher 集团定期向北爱尔兰的艺术旗舰阿尔斯特管弦乐团（Ulster Orchestra）捐赠约 100 万英镑（150 万美元）。面对政府削减烟草广告和赞助的计划，艺术商业赞助协会（Association for Business Sponsorship for the Arts）向 Gallaher 集团颁发了杰出企业公民的最高奖项，证明其投资于协会所在社区的文化生活。[52]

场馆营销

最后，IEG 报告中未涵盖的一个领域是**场馆营销**（venue marketing），这是一种将赞助商与体育场、竞技场、礼堂或赛马场等实际场地联系起来的赞助形式。例如，2000 年，大美保险公司（Great American Insurance Company）承诺在 30 年内为辛辛那提市提供约 7 500 万美元，以获得俄亥俄河畔即将建成的棒球场的冠名权。市政府接受了这一提议，自 2003 年以来，辛辛那提红人队（Cincinnati Reds）一直在大美棒球场打球。[53]

同样，丹佛有康胜球场，北卡罗来纳州的夏洛特有美国银行体育场。AT&T 也已经在旧金山的棒球场上挂上了自己的名字。但是当拥有冠名权的赞助商成为一种麻烦时，会发生什么？2001 年，安然公司（Enron）申请破产，休斯敦太空人队花了 210 万美元买回了安然球场的命名权。不过最后美汁源花了大约 1.7 亿美元获得了一份为期 28 年的冠名权协议，为这个故事画上了一个圆满的句号。

场馆营销正在改变职业体育行业的经济状况。赞助有助于支付体育场的翻修和升级费用，并可能帮助主队支付高昂的租赁费用。许多球队从它们的体育场豪华套间、体育场广告、冠名权以及食品饮料特许权中获利。在这些新的经济规则下，体育场的巨额收入对于签约大牌球员和保持竞争力是至关重要的。[54]

赞助的方法

对赞助感兴趣的公司有两个选择：购买已有赛事或创办自己的赛事。对于大多数公司来说，购买已有赛事比较容易，要么作为唯一的赞助商（如别克邀请赛），要么作为许多共同赞助商之一。最重要的是赞助商与赛事之间要取得良好的配合。例如，当食品饮料品牌赞助体育场或竞技场时，它们所做的不仅仅是为它们的产品获得曝光，它们还鼓励人们在场馆内消费产品。佳得乐（签约塞雷纳·威廉姆斯（Serena Williams））、彪马（签约尤塞恩·博尔特（Usain Bolt））、锐步（签约康纳·麦格雷戈（Conor McGregor））和安德玛（签约乔丹·斯皮思（Jordan Spieth））等品牌与顶级运动员有着天然的契合。然而对于泰格豪雅（签约 C 罗（Cristiano Ronaldo））和雷克萨斯（签约弗农·戴维斯（Vernon Davis））等品牌来说，其与签约运动员之间很可能不存在同样的契合。[55]

凯瑟琳·史密斯（Kathleen Smith）为正在选择合适的赞助机会或事件的品牌提出了几条准则。

- 寻找符合品牌的目标人群和受众的兴趣的机会。
- 选择有价值的事件，在这些事件中，组织者可以证明品牌赞助所创造的机会是有价值的。
- 了解还有谁在赞助该事件，以确保它正确地针对了品牌的目标受众。甚至可以考虑竞争对手赞助的事件。
- 考虑一下每年都有赞助商参加的事件，这可能会带来价值。[56]

赞助效果的测量

事件赞助的问题之一（和一般的公共关系活动一样）是如何评估效果。专家们认为实际上只有三个办法：

1. 通过赞助前和赞助后的研究调查来衡量知名度或形象的变化。
2. 比较免费媒体曝光率和投资于广告空间或时间的效果。
3. 使用优惠券等的跟踪设备来衡量销售收入的变化。

遗憾的是，这些方法都无法涵盖所有的赞助效果。例如，你如何测量赞助对员工士气的影响？如果赞助的目的是奖励现有客户或加强行业内的关系呢？这些都是重要的可能的目标，但它们非常难以测量。

尽管如此，大多数公司还是非常关注赞助，并希望它们的赞助费用能得到可观的投资回报。例如，达美航空每花 1 美元的赞助费用就能够拥有 12 美元的新收入——该航空公司声称在赞助奥运会期间达到了这一比例。[57]

赞助行业的领先者 IEG 提出了以下测量事件赞助价值的指标：[58]

- 明确的和细致的目标。
- 设定一个可衡量的目标。
- 根据一个基准来衡量。
- 赞助期间不要改变其他营销变量。

- 将评估计划纳入整个赞助活动和相关的营销计划。
- 在一开始就建立一个测量结果的预算。

18.4 企业广告

当一个公司想传达一个公关信息并控制其内容时，它可能会使用**企业广告**（corporate advertising）的形式。在一个整合营销传播项目中，企业广告可以为公司的所有公共传播定下基调。企业广告涵盖了广泛的非产品广告领域，包括公共关系广告、企业/机构广告、企业识别广告、招聘广告等。

⑤定义企业广告并列出该概念下所包含的活动

公共关系广告

公司使用**公共关系广告**（public relations advertising）将可控的公共关系信息传达给重要的公众。公共关系广告可以用来改善公司与员工、政府、客户、供应商甚至选民的关系。

当公司赞助艺术活动、公共电视节目或慈善活动时，它们经常在其他媒体上投放公共关系广告，以宣传节目和赞助，增强社区公民意识并创造公众善意。如果公关人员没有广告经验，他们通常会向公司的广告部门或广告公司寻求帮助。

企业/机构广告

近年来，“企业广告”一词指目的是提高企业知名度和提升企业形象的特定类型的非产品广告。传统的说法是**机构广告**（institutional advertising）。这些广告活动有各种各样的目的，包括报告公司的成就，在市场上找到有竞争力的公司定位，反映公司个性的变化，支撑股票价格，提高员工士气，或避免与代理商、经销商、供应商或客户的沟通问题。（相关优秀案例，请参阅本章广告作品集。）

从历史上看，公司甚至职业广告专家都曾质疑或误解过企业广告的有效性。零售商们特别坚持这样一种观点，即企业广告虽然很好也有吸引力，但“不会让收银机有钱进账”。然而，一系列市场营销调查却提供了相反的戏剧性证据。与仅使用产品广告的公司相比，使用企业广告的公司在知名度、熟悉度和整体印象方面明显更好。在这项调查中，五家公司广告主在 16 项特征中，每一项都获得了较高的评分，这些指标包括产品质量、管理能力以及支付更高的股息。[59] 具有讽刺意味的是，在这项调查中，没有投放企业广告的公司为其产品投放的广告总额远远超过投放企业广告的公司。但尽管支出更高，它们的得分却普遍明显较低。

奥美公司已故创始人兼创意总监大卫·奥格威是一位杰出的企业广告倡导者，但他对一些企业广告感到震惊。有关奥格威的更多观点，请参阅广告实验室“大卫·奥格威谈企业广告”。

为了回应这些批评和市场力量，企业现在设计企业广告以实现特定目标：提高对公司及其活动的认识，吸引投资者，改善受损的形象，吸引优秀员工，将多样化的产品线联系在一起，并在重要的公共问题上表明立场。用于企业广告的主要媒体是消费者商业杂志和网络电视。

广告实验室

大卫·奥格威谈企业广告

大卫·奥格威是奥美公司已故创始人和前创意总监。他曾与壳牌、西尔斯、IBM、国际纸业（International Paper）、美林证券（Merrill Lynch）、通用动力（General Dynamics）、新泽西标准石油（Standard Oil of New Jersey）和其他成功公司合作。

奥格威认为大公司越来越多地受到消费者团体、环保人士、政府和反垄断检察官的“审判”，他们在报纸上审理案件。如果一家公司不花时间培养自己的声誉，它就会出现默认损失。

“如果有可能的话，企业最好还是依靠公共关系（即有利的新闻报道和社论）而不是付费广告。但媒体在传播对企业有利的信息方面太吝啬了。这就是为什么越来越多的公共关系主管开始使用付费广告作为他们的主要传播渠道。这是他们唯一可以控制内容、时间和传播噪声的渠道。这是唯一一个他们能够自己选择的战场。”奥格威这样认为。

“所以我想，企业广告将继续存在。但为什么大部分广告失败了？”

首先，因为企业没有确定其企业广告战役的目的。

其次，它们并没有去测量结果。盖拉格报告（Gallagher Report）的一项调查显示，只有 1/4 的美国企业广告主表示，它们测量了企业广告战役带来的态度变化。奥格威说：“大多数企业都在盲目飞行。”

再次，因为人们对什么有效、什么无效知之甚少。营销部门和它们的代理机构知道什么在品牌广告中有效，但当涉及企业广告时，它们是“门外汉”。

最后，很少有广告公司充分了解企业广告。这只是它们业务的一小部分。奥格威认为，“它们的创意人员知道如何为孩子们写口香糖广告词，如何向蓝领工人推销啤酒。但企业广告需要那些既能抬头看天下又能埋头写文案的人，这样的人不多”。

“我对企业广告中的欺诈、夸夸其谈、模糊的泛泛之谈和愚蠢的陈词滥调感到震惊。企业广告不应该侮辱公众的智慧。”他说。

奥格威表示，企业广告活动与产品广告不同，它所传递的是首席执行官及其董事会的声音，它不应该被委托。

好的企业广告希望实现什么？奥格威认为至少是以下四个目标中的一个：

1. 企业广告可以建立受众对公司的关注度。舆论调查公司（Opinion Research Corp.）表示，大多数公司疏于宣传，那些了解一家公司的人对该公司的好感度是不熟悉公司的人的 5 倍。

2. 企业广告可以在金融界留下良好的印象，使企业能够以较低的成本筹集资金，并进行更多的收购。

3. 企业广告可以激励企业员工，吸引更好的新人。奥格威认为：“良好的公共关系始于内部，如果你的员工了解你的政策并为你的公司感到自豪，他们将成为你最好的代言人。”

4. 企业广告可以影响公众对特定问题的看法。亚伯拉罕·林肯（Abraham Lincoln）说：“没有什么能在公众舆论的反对下成功。反之，如果有公众舆论的支持，就没有什么会失败。”

“走走停停是企业广告的典型模式，不过这非常浪费钱。企业广告不是一夜之间就能起作用的，它需要几年的时间才能发挥作用。只有少数公司坚持了足够长的时间，并取得了可测量的效果。”奥格威总结道。

资料来源：Courtesy of David Ogilvy.

实验室应用

找到一则企业广告，讨论该广告如何展示了奥格威所说的企业广告中的欺诈、夸夸其谈、模糊的泛泛之谈和愚蠢的陈词滥调。

广告作品集

企业广告

企业使用公共关系活动和各种形式的公共关系广告来与广泛的支持者沟通。公关人员将该群体称为公众。营销人员则称他们为利益相关者。

在研究本作品集中的广告时，看看你能否确定公司瞄准的利益相关者有哪些，然后分析广告，以确定公司试图实现的目标是什么以及该目标是否能够实现。

当人们在肯德基吃不到鸡肉时，就是道歉的时候了。通过“犯错”的标志使道歉变得搞笑，有助于与失望的顾客重新建立联系。“一家没有任何鸡肉的鸡肉餐厅。这并不理想。向我们的顾客致以最大的歉意，尤其是向那些不远万里赶来发现我们关门的顾客。”[60]

资料来源：Yum! Brands.

护舒宝（Always）的“像个女孩”（Like a girl）活动为赋权女性打下了坚实的基础。
资料来源：Procter & Gamble.

宝洁的护舒宝品牌赞助了一项伟大的企业活动“像个女孩”。它的一个“谢谢你，妈妈”广告活动打出了又一个全垒打。
资料来源：Procter & Gamble.

互联网是企业与消费者和其他利益相关者保持联系的强大工具。即使是小型企业也可以参与电子商务，或将其服务传递给全球消费者或其他企业。巴西圣保罗的一家广告公司（www.Africa.com.br）在戛纳广告节上凭借其公司网站美丽和充满异国情调的设计获得铜奖。
资料来源：Grupo ABC.

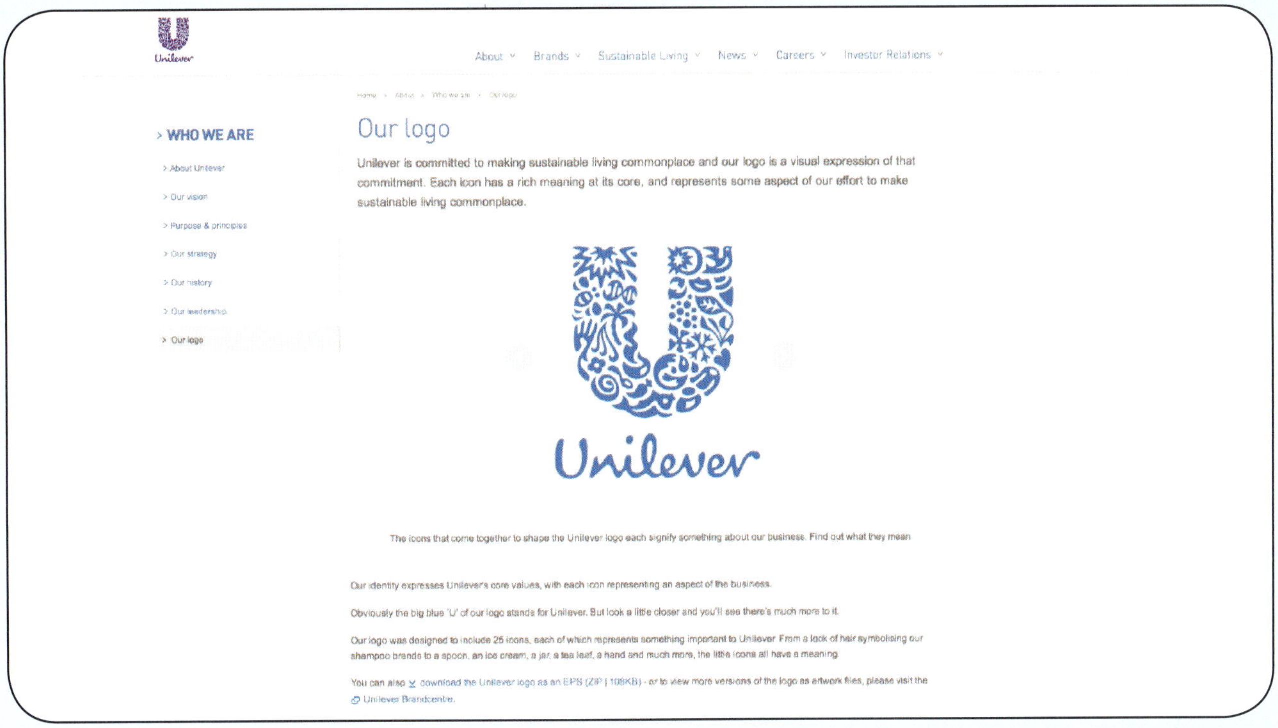

企业标志可以通过巧妙地展示企业文化或其消费者认同的品质来强化公司名称。联合利华的标志集中展现了该公司管理的品牌。

资料来源：Unilever.

布宜诺斯艾利斯动物园（The Buenos Aires Zoo）用皱纹的比喻来庆祝其 115 岁生日。在一个赢得戛纳广告节金奖的广告活动中，动物园用猩猩手上和大象眼睛周围的皱纹来展示它的年龄。

资料来源：The Buenos Aires Zoo.

V 广告背后的人物

比尔·今田

比尔·今田（Bill Imada）是IW集团的总裁兼首席连接官。公司将其描述为文化供应者和内容创造者。他们指出："我们的工作场所就是我们周围的世界。我们发掘最迷人的故事，让这些珍宝激发我们创作的内容。"其客户包括雷克萨斯、沃尔玛和麦当劳。

《当代广告》：你现在的头衔和职责是什么？

比尔·今田：总裁兼首席连接官。我负责新业务开发、客户关系、公民参与和合作营销。我还担任董事会主席（每年召开一次会议）。

《当代广告》：请描述IW集团及其文化。

比尔·今田：IW是一家参与式公司。换言之，我们相信，公司的每位员工与公司的组织、管理和运作都息息相关。我们正在改变公司，使其更有吸引力、更有趣、更前卫。这包括建立允许更多的创造力、创新和自下而上的参与的一个新的组织结构。

《当代广告》：请描述你"典型"的一天，或者描述一下能够凸显你的职业责任的一天。

比尔·今田：对我来说，一天通常是从早上7:30开始的，这是复盘前一天并梳理当天的最佳时间。这也是关注电子邮件、社交媒体和网络新闻的好时机。

- 首先饮用大量的咖啡和茶。
- 早晨与东海岸和中西部的客户通话交谈。检查事情进展。对话通常是私人的，并不总是与业务有关。为不同的客户提供关于"连接点"的想法、创意和建议。（偶尔包括职业和专业建议。）
- 进行两三小时的无偿工作。我和IW集团的同事在30多个非营利董事会和咨询委员会任职。与非营利组织和民间组织领导人就筹资、可持续性、继任规划、董事会发展、事件和活动、项目开发等进行多项对话。
- 回顾地区和国家演讲机会。我正在巡回演讲中，很难对此说"不"。回顾一周的演讲安排，我发现自己在不到两周的时间里辗转于不同的城市。下周去休斯敦、纽约和芝加哥。再接下来的一周我将在檀香山。
- 每天在公司内部巡视几次，看看各个部门的工作进展情况。
- 向办公室里不同的人询问关于午餐的选择。通常我在我的办公室吃午餐。虽然很少，但有可能的话，我会做午餐。我更喜欢吃沙拉。
- 每天对语音信箱进行一次更新。我每天都会改变我的语音信箱。
- 为新的商业机会审查不同的材料。本周就有三个不同的新商机。一个在办公室开会；两个在办公室外。
- 与几位同事进行一场激烈的桌上足球游戏来结束一天的工作。实习生通常会加入进来。
- 通常在下午6:30左右离开办公室，继续在家工作。

《当代广告》：今天在整合营销传播中最重要的变化是什么？

比尔·今田：工作空间环境不断变化；更公共化，更少结构化。为创造更多的公共工作空间，办公室的墙正在拆除。小隔间正在成为过去。办公空间看起来更像游戏室、操场或生活空间。家具更加模块化（通常带有轮子），可以快速高效地移动。PlayStation和其他视频游戏很普遍，食物和零食无处不在。现在谁还用传统的咖啡机？我们有一台巨大的咖啡机，可以制作拿铁和其他咖啡和巧克力饮料。头衔正在发生变化。我曾经是总裁兼首席执行官。去年是总裁兼首席合作官。现在我是首席连接官。我的工作主要关注连接点或创建点。业务边界现在变得模糊。广告、策划、公共关系、媒体等不再严格按职能划分，而是按团队划分。所有的团队都是流动的。团队成员根据需要在不同团队之间轮换。数字和技术现在主导着机构的心理；传统的公共关系和广告不再是规范或期望。要找到数字人才越来越难；工资高得离谱，而且人才现在可以选择他们希望工作的地方。然而，有才华的人并不总是关注工资，他们也关注工作环境和福利、创意空间、乐趣，以及积极浸合（他们所相信的慈善事业和重要问题）。内容大众化已经改变了我们与内容创作者的合作方式。如今，任何人都可以使用移动设备创建内容；客户理解这一点，但不确定如何处理用户生成的内容。各机构面临着巨大的压力，需要以更少的资金开展工作。预算减少了，然而客户总会为新想法找到资金和资源（无论他们如何看待自己的预算）。整合营销传播机构也将重点转向专门从事生活方式和社会运动的团队（例如，美食家和厨师；音乐家、作家和作曲家；社交媒体传播者；经验丰富的创作者；社会发明家等）。

《当代广告》：从全球角度切入整合营销传播对你有多重要？你认为它的重要性在增加吗？学生们如何变得更有全球意识？

比尔・今田：这个世界没有边界。人们可以在全国各地和各大洲自由旅行。世界不再以美国为中心。人们越来越关注巴西、印度、南非、俄罗斯和中国等国家所发生的事情。人们还能够在冰岛和其他国家找到灵感。

今天的学生需要更有求知欲。美国学生整体上缺乏好奇心，而这种好奇心是他们在一个愈发全球化的世界中发挥作用所必须具备的。美国是世界上文化多样性最丰富的国家之一，但我们往往看不到多元文化的价值。学生经常说毕业后他们想成为这个世界变革的推动者。然而，当他们开始职业生涯时，他们的全球观就会改变。高校学费贷款债务的现实问题开始显现，他们不太确定自己的生活会走向何方。整合营销传播要求我们在生活的各个方面都保持一定程度的开放性。象牙塔往往无法给予学生和教师这种开放包容的心态。

《当代广告》：IW 集团对新员工的要求是什么？

比尔・今田：IW 集团寻找的是有能力和勇气、更具世界性的人。我们需要具有全球视野的人；但是，他们也必须能够并愿意运用他们在国内学到的东西。他们需要表现出创造力。他们如何在书面材料（如履历表、求职信、写作样本）中展示自己？他们如何使用字体、引语和纸张来突出他们的知识、经验和雄心？他们在面试中如何表现自己？他们是否知道在电梯演讲之外如何行动和讲话？他们到达自己的楼层后又会发生什么？

他们有软技能吗？他们能以讲故事的方式谈论自己吗？甚至他们有故事可讲吗？他们能否将自己的知识和经验与机构和客户的需求、兴趣和愿望联系起来？即使在第一次面试中，他们是否也会敢于提出想法和建议？他们是否实习过？他们是否在国外旅行或生活过？他们会说英语以外的语言吗？他们在面试中是否有问题或提出后续问题？他们有很好的跟进技巧吗？还有，他们有没有手写过感谢信？

《当代广告》：你工作中最愉快的部分是什么？

比尔・今田：连接点；创新点；寻找接触消费者的新途径。帮助人们与他人建立联系。建立新的组织。（到目前为止，我已经成立了两个新的全国性组织。）带着客户一起吃饭聊天。寻找穿越的每个十字路口中存在的机会。与实习生和新员工一起玩。发现“啊哈”时刻。关注新业务的开发。为每一个挑战找到解决方案。

《当代广告》：一个大学生应该做什么准备，以便有朝一日追随你的脚步？

比尔・今田：他们应该学习如何正确地建立人际关系。此外，他们应该认识到，面临的每一个挑战往往有多种解决方案。如果进行一次（或两次）实习，他们应该询问是否可以跟随公司或组织的高管一两天。他们应该了解自己的雇主，以及那些使事情发生的人。他们不应该害怕说“我需要帮助”或“我想知道更多”。他们应该参与额外的活动，并在领导一个组织中发挥积极作用。他们应该花时间来帮助别人。他们应该永远记住，当走出学校时，要记得懂得回报。

《当代杂志》：你有什么消遣方式、爱好或喜欢做的事情？

比尔・今田：骑山地自行车和购买旧房子。我还沉迷于众筹如 Kickstarter 和 Indiegogo。我已经支持了

50 多个 Kickstarter 和 Indiegogo 项目活动。如果我真的支持 Kickstarter 上的众筹活动，我会要求推广该活动的人允许我参加他们的旅程。我在 Kickstarter 上支持过的人有十几个，并把其中几个介绍给了客户和员工。例如，我邀请了五个 Kickstarter 的人到伊利诺伊州的奥克布鲁克，与麦当劳的领导人会面。我还同意在我通过 Kickstarter 支持的另一个叫作 MOFAD（食品和饮料博物馆）的组织的受托管理委员会中任职。

《当代广告》：世界上你最喜欢的地方是什么？

比尔·今田：新西兰。那里非常干净并且大部分环境未被破坏。人口也只有不到 500 万。

《当代广告》：请再随便说点什么。

比尔·今田：我最喜欢的语录：

"创造客户，而不是一场销售。"

——凯瑟琳·巴尔凯蒂（Katherine Barchetti）

"如果你想提升自己，就提升别人。"

——布克·华盛顿（Booker T. Washington）

"万事没有终点线。"

——菲尔·奈特（Phil Knight）

资料来源：Courtesy of Bill Imada.

企业广告的一个变种是**宣导式广告**（advocacy advertising）。公司用它来传达它们对影响其业务的问题的看法（以保护它们在市场上的地位），宣传它们的理念，或者发表政治或社会声明。这种广告经常被称为**社论式广告**（advertorial），因为它们基本上是由一家广告主付费的社论。

企业广告传统上属于产品广告的范畴，也可以为未来的销售打下基础。许多广告主使用伞式广告战役，也称**市场前期企业广告**（market prep corporate advertising），同时传达有关产品和公司的讯息。

虽然企业广告是一个强化公司理想形象的很好的工具，但如果形象不适合，就无法成功。例如，如果像通用电气这样的大型高科技公司试图塑造一个舒适的小镇企业形象，那就不太可信了。

企业识别广告

公司为它们的标识和签名感到自豪。能够识别公司名称和产品的图形设计是宝贵的资产，公司不遗余力地保护其个性和所有权。当一家公司更改其名称、标识、商标或公司签名，例如与另一家公司合并时，该怎么办？这就是**企业识别广告**（corporate identity advertising）的工作。

当软件出版商 Productivity Products International 将其名称改为 Stepstone 时，它面临一个有趣的困境。它需要为这一变化做广告。但是在它的主要市场之一的欧洲，公司名称的改变意味着一个破产的企业正在以新的身份重新开始。因此，Stepstone 没有在印刷媒体上宣布它的新名字，而是采用对客户、潜在客户、投资者和媒体投放直接邮件的方式告知。这一活动取得了成功。

更常见的公司名称变更包括从 American Harvester 变更为 Navistar International，从 Consolidated Foods 变更为 Sara Lee Corp.，以及创立 Unisys 以取代合并前的 Burroughs

和 Sperry 的身份。

招聘广告

公司利用**招聘广告**（recruitment advertising）来吸引新员工。大多数招聘广告出现在日报的分类广告部分，由人力资源部门而不是广告部门发布。但许多广告公司现在雇用招聘专家，有些广告公司甚至专门从事招聘广告业务。

本章小结

公共关系是一个用来管理组织与各种公众之间的关系的过程，包括员工、客户、股东、竞争对手和普通大众。公共关系一词可以描述一个概念、一个职业、一种管理职能或一种实践。许多公关活动涉及媒体传播。然而，与产品广告不同的是，这些传播通常不被赞助或不用付费。

公共关系活动包括公关策划和研究、声誉管理（公共宣传和传媒炒作、危机传播管理和社区卷入）、公共事务和游说、演讲撰稿、募款和会员招募、出版物制作和特别事件管理等。

公共关系中使用的工具包括新闻稿和新闻资料袋、照片、特稿、印刷品、海报、展览和公告板，以及视听材料。

赞助是当今增长最快的营销形式之一。它实际上包括两个领域：销售促进和公共关系。赞助是向某实体（可能是体育、娱乐或非营利事件或组织）支付现金或实物，以获得与该实体相关联的商业潜力。它不应该与慈善事业相混淆。

赞助有很多好处。它得到了公众的认可。它能够让客户、潜在客户和其他利益相关者参与进来。大多数事件对其目标受众具有高度的自我选择性。赞助和事件可以提供与现有客户和潜在客户进行面对面交流的机会。它们可以通过一个适当的事件来提升公司的公众形象或加强公司的定位，同时也可以鼓舞员工的士气。

然而，赞助可能是非常昂贵的，也会受制于信息混杂，这会降低赞助的有效性。

赞助类型包括体育营销；娱乐；节庆日、交易会和年度大型活动；慈善事业；艺术以及场馆营销等。到目前为止，体育营销是最大的类别，消耗了超过 2/3 的赞助资金。

公司可以购买已有赛事，也可以创办自己的赛事。与赞助相关的一个问题是对效果的评估。评估共有三种方法，包括测量知名度的变化、测量其与广告支出的效果和测量销售收入的变化。

公司使用各种类型的企业广告以帮助公司在市场上创造一个良好的声誉，包括公共关系广告、企业 / 机构广告、企业识别广告和招聘广告。

重要术语

社论式广告（advertorials）
宣导式广告（advocacy advertising）
伏击营销（ambush marketing）
视听材料（audiovisual materials）
社区卷入（community involvement）
企业广告（corporate advertising）
企业博客（corporate blog）
企业识别广告（corporate identity advertising）
危机管理（crisis management）
娱乐（entertainment）
展览（exhibit）
特稿（feature article）
企业刊物（house organ）
实物（in kind）
机构广告（institutional advertising）
游说（lobbying）
营销公关（marketing public relations，MPR）
市场前期企业广告（market prep corporate advertising）

新闻稿（news（press）release）
意见抽样（opinion sampling）
慈善（philanthropy）
海报（poster）
传媒炒作（press agentry）
新闻（媒体）资料袋（press（media）kit）
公共事务（public affairs）
公共宣传（publicity）
公共关系（public relations，PR）
公共关系广告（public relations advertising）
公众（publics）
招聘广告（recruitment advertising）
声誉管理（reputation management）
演讲撰稿（speechwriting）
赞助（sponsorship）
场馆营销（venue marketing）
视频新闻稿（video news release，VNR）

复习题

1. 公共关系与广告有何不同？
2. 广告从业者的视角与公关专业人员的视角有何不同？营销公关是如何使用的？
3. 公共关系在关系营销和整合营销传播中的作用是什么？
4. 声誉管理中使用了哪些活动？
5. 为什么制订危机管理计划很重要？哪些类型的公司最可能需要一个危机管理计划？
6. 现在营销人员可以进行哪些类型的赞助活动？
7. 哪些赞助可能提供最佳的投资回报？如何测量赞助效果？
8. 企业广告有哪些类型？描述一下。
9. 企业识别广告的目的是什么？
10. 招聘广告的目的是什么？为什么它属于企业广告和公共关系领域？

广告体验

1. 为未来的利益相关者做广告

   每家公司都希望有最好和最聪明的员工。请看五个招聘广告，并对其进行评估。哪一个是最有效的？它的优势在哪里？你认为最无效的是哪一个？考虑怎样做才能改进它，然后重新设计广告，使其对最合格的候选者更有吸引力。尽可能吸引最合格的候选者。

2. 公关公司和企业广告

   第 17 章讨论了传统广告公司与直复营销或销售促进公司之间的差异。公关公司也与广告公司有很大不同。而且，在某些情况下，它们正在从传统的广告公司手中抢走企业广告的业务。探讨公关公司的职能是很重要的。请访问以下几家公关公司的网站，并回答以下问题。

   - 安可公关顾问公司（APCO Worldwide）：www.apcoworldwide.com/
   - 伟达公关：www.hillandknowlton.com
   - 凯旋：www.ketchum.com
   - 爱德曼：www.edelman.com
   - 灵智集团（Euro RSCG Magnet）：www.magnet.com
   - 培恩国际公关（Porter Novelli）：www.porternovelli.com

   a. 谁是该网站的目标受众？
   b. 公司的业务范围和规模如何？
   c. 该公司的工作重点是什么（例如，消费者、企业对企业、非营利组织）？
   d. 你对该公司及其工作的总体印象如何？为什么？

3. 公关组织

   正如你在本章中所学到的，也许没有其他营销传播职能比公共关系更能与广告相结合。现在花点时间，通过访问以下与公共关系有关的组织的网站来进一步探索公共关系的世界，并回答下列问题。

- 美国民意研究协会（AAPOR）：www.aapor.org
- 美通社（Cision PR Newswire）：www.prnewswire.com
- 美国公共关系协会（PRSA）：www.prsa.org
- 美国公共关系学生会（PRSSA）：www.prssa.org

a. 组织的宗旨是什么？

b. 该组织的成员是谁？是它的支持者吗？

c. 该组织为个人会员 / 订阅者提供了哪些好处？为整个广告和公关界提供了哪些好处？

d. 这个组织对公共关系的重要性如何？为什么？

4. 里德·黑斯廷斯在改变奈飞商业模式中犯了一些错误。他可能会如何处理呢？发布一份新闻稿，宣布奈飞订阅服务的改变，并尽可能使其受到订阅者的欢迎。

本章注释

[1] Austin Carr, "Netflix: What We've Got Here Is a Failure to Communicate," *Fast Company,* September 19, 2011.
[2] Austin Carr, "Netflix: What We've Got Here Is a Failure to Communicate," *Fast Company,* September 19, 2011.
[3] Austin Carr, "Netflix: What We've Got Here Is a Failure to Communicate,"*Fast Company,* September 19, 2011.
[4] Vishesh Raisinghani, "Netflix: 400m Subscribers by 2023?" *Seeking Alpha,* January 18, 2019, *https://seekingalpha.com/article/4234271-netflix-400m-subscribers-2023*.
[5] "What Is Public Relations?" Public Relations Society of America, *www.prsa.org/aboutprsa/publicrelationsdefined/#.VcnR9flVhBc*.
[6] CSPI, "Ben & Jerry's Fudging the Truth, Says CSPI: Nothing 'All-Natural' About Artificial Ingredients," news release, July 30, 2002, *www.cspinet.org/new/200207301.html*.
[7] Ben & Jerry's Homemade Inc., "Ben & Jerry's Response to CSPI Concerns," press release, July 31, 2002, *www.benjerry.com*.
[8] Ben & Jerry's Homemade Inc., "Ben & Jerry's Voluntarily Initiates the Recall of Pints of Karamel Sutra Ice Cream with Code 02/14/04," press release, March 28, 2003, *www.benjerry.com*.
[9] Dr. Mercola, "Ben & Jerry's Sued for Misleading Customers," *Mercola,* July 24, 2018, *https://articles.mercola.com/sites/articles/archive/2018/07/24/ben-and-jerrys-environmental-lawsuit.aspx*.
[10] Mitchell Friedman, "Public Relations, Integrated Marketing Communications, and Professional Development in PR," October 2012, presented to PRSSA, *http://prssa.prsa.org/events/Conference/Program/12Program/12Presentations/IMC_MitchellFriedman.pdf*.
[11] Todd Defren, "Guess Who's Talking—Social Media Ethical Dilemma," *pr-squared,* 2010.
[12] Gaurav Heera, "17 Sites That Pay You to Blog," August 19, 2018.
[13] Rachel Strugatz and Karen Robinovitz, "To Pay or Not to Pay: A Closer Look at the Business of Blogging," *WWD,* June 5, 2012.
[14] Marshall Kirkpatrick, "Forrester Is Wrong About Paying Bloggers," *ReadWrite,* March 2, 2009.
[15] Clint Boulton, "Google Demotes Chrome Web Page for Violating Own Guidelines," *eWeek,* January 4, 2012.
[16] "Publisher's Statement," *Inside PR,* March 1993, p. 3.
[17] Thomas L. Harris, "PR Gets Personal," *Direct Marketing,* April 1994, pp. 29–32.
[18] Al Ries and Laura Ries, *The 22 Immutable Laws of Branding* (New York: HarperCollins, 1998), pp. 25–31.
[19] "Coke Faces Struggle in Europe Recovery, Goldman Report Says," *The Wall Street Journal,* July 28, 1999, p. B5.
[20] "Coke Faces Struggle in Europe Recovery, Goldman Report Says," *The Wall Street Journal,* July 28, 1999, p. B5.
[21] Bill Patterson, "Crisis Impact on Reputation Management," *Public Relations Journal,* November 1993, p. 48.
[22] Ben White, "Stewart's Legal Problems Hurt Firm," *Washington Post,* August 4, 2004, p. E01, *www.washingtonpost.com/wp-dyn/articles/A38202-2004Aug3.html*.
[23] Dennis L. Wilcox, *Public Relations Strategies and Tactics* (New York: HarperCollins, 1994), p. 381.
[24] "What's Your Best Marketing Tool?" *Public Relations Journal,* February 1994, p. 12.
[25] Adapted from Stephanie Gruner, "Event Marketing: Making the Most of Sponsorship Dollars" *Inc.,* August 1996, p. 88.
[26] IEG, "FAQ: What Is Sponsorship?" IEG Network, 1998, *www.sponsorship.com*.
[27] IEG, "FAQ: What Is Sponsorship?" IEG Network, 1998, *www.sponsorship.com*.
[28] IEG, "Sponsorship Spending to Total $16.78 Billion in 2008," press release, January 18, 2008, *www.sponsorship.com/About-IEG/Press-Room/Sponsorship-Spending-To-Total-$16.78-Billion-in-20.aspx*; "Lenovo Ducks Out of Olympic Sponsorship, Cost a Factor," *www.marketingvex.com*.
[29] *https://hamburg2019.com/*
[30] "Let Sponsors Do Their Thing," *Advertising Age,* May 23, 1996, *http://adage.com*.
[31] Thomas R. Duncan and Sandra E. Moriarty, *Driving Brand Value: Using Integrated Marketing to Manage Stakeholder Relationships* (New York: McGraw-Hill, 1997), p. 203.
[32] Thomas R. Duncan and Sandra E. Moriarty, *Driving Brand Value: Using Integrated Marketing to Manage Stakeholder Relationships* (New York: McGraw-Hill, 1997), p. 203.
[33] Thomas R. Duncan and Sandra E. Moriarty, *Driving Brand Value: Using Integrated Marketing to Manage Stakeholder Relationships* (New York: McGraw-Hill, 1997), p. 203; Terry G. Vavra, *Aftermarketing: How to Keep Customers for Life through Relationship Marketing* (Burr Ridge, IL: Irwin, 1992), p. 190.
[34] Terry G. Vavra, *Aftermarketing: How to Keep Customers for Life through Relationship Marketing* (Burr Ridge, IL: Irwin, 1992), p. 192.
[35] "Assertions," *IEG Sponsorship Report, www.sponsorship.com*; Ron Lemasters Jr., "Sponsorship in NASCAR Breeds Fan Loyalty," Turner Sports Interactive, July 7, 2004, *www.nascar.com/2004/news/business/07/07/sponsor_nascar*.
[36] Terry G. Vavra, *Aftermarketing: How to Keep Customers for Life through Relationship Marketing* (Burr Ridge, IL: Irwin, 1992), p. 192.
[37] *IEG 2005 Sponsorship Report, www.sponsorship.com*.
[38] David Sweet, "Everything Is for Sale in the World of Sports," January 24, 2008, *www.msnbc.com*.
[39] Francis Dumais, "Top Sponsorships—Gatorade and the NFL," *Elevent,* November 16, 2016, *https://en.elevent.co/blogs/sponsorship/top-sponsorships-gatorade-and-the-nfl*.
[40] Thomas Barrabi, "Why Winter Olympics 2018 Sponsors Pay Top Dollar," *FoxBusiness,* February 7, 2018, *www.foxbusiness.com/features/why-winter-olympics-2018-sponsors-pay-top-dollar*.
[41] Robert Klara, "How Nike Brilliantly Ruined Olympic Marketing Forever," *AdWeek,* August 19, 2016, *www.adweek.com/brand-*

marketing/how-nike-brilliantly-ruined-olympic-marketing-forever-172899/.
[42] Denise Lee Yohn, "Olympics Advertisers Are Wasting Their Sponsorship Dollars," *Forbes,* August 3, 2016, *www.forbes.com/sites/deniselyohn/2016/08/03/olympics-advertisers-are-wasting-their-sponsorship-dollars/#2649e2cb2070*.
[43] Sam Carp, "The IOC's TOP Sponsors: Who Are They, and What Are They up to in PyeongChang?" *SportsPro,* February 20, 2018, *www.sportspromedia.com/analysis/iocs-top-sponsors-in-pyeongchang*.
[44] John McCarthy, "The 9 Best Marketing Ambushes at the 2018 World Cup," *The Drum,* June 29, 2018, *www.thedrum.com/news/2018/06/29/the-9-best-marketing-ambushes-the-2018-world-cup*.
[45] "Global Sponsorship Spending Set for Faster Rise This Year Than Last," *Marketing Charts,* February 1, 2018, *www.marketingcharts.com/cross-media-and-traditional/sponsorships-traditional-and-cross-channel-82185*.
[46] "Soccer and the Winning Mentality," Banco Solidario, *www.banco-solidario.com/fondo_futbol.php*.
[47] Vans Warped Tour '06, *https://vanswarpedtour.com*.
[48] "Signs Point to Healthy Sponsorship Spending in 2018," *IEG Sponsorship Report,* January 8, 2018, *www.sponsorship.com/Report/2018/01/08/Signs-Point-To-Healthy-Sponsorship-Spending-In-201.aspx*.
[49] Lesa Ukman, "Assertions," *IEG Sponsorship Report,* November 3, 1997, *www.sponsorship.com*.
[50] Dennis L. Wilcox, *Public Relations Strategies and Tactics* (New York: HarperCollins, 1994), p. 384.
[51] "Inside the Evolving Pharmaceutical Category," *IEG Sponsorship Report, www.sponsorship.com/iegsr/2016/02/08/Inside-The-Evolving-Pharmaceutical-Category.aspx*.
[52] David Lister and Colin Brown, "Arts World Takes Sides with Tobacco Kings," *Independent* (UK), June 30, 1997, p. 3.
[53] Cliff Peale, "Great American to Name Ballpark," *Cincinnati Enquirer,* July 1, 2000.
[54] Daniel Kaplan, "NFL Revenue Reaches $14B, Fueled by Media," *Sports Business Journal,* March 6, 2017, *www.sportsbusinessdaily.com/Journal/Issues/2017/03/06/Leagues-and-Governing-Bodies/NFL-revenue.aspx*.
[55] "Best Fit or Best Benefits? How to Approach Potential Sponsors," *Tandem,* October 4, 2018, *https://tandempartnerships.com/best-fit-best-benefit-sponsorship/*.
[56] Kathleen Smith, "Marketers, This Is How to Choose Events to Sponsor," *SponsorMyEvent,* 2016, *www.sponsormyevent.com/blog/how-to-choose-events-to-sponsor/*.
[57] Lesa Ukman, "Assertions," *IEG Sponsorship Report,* January 26, 1998, *www.sponsorship.com*.
[58] Terry G. Vavra, *Aftermarketing: How to Keep Customers for Life through Relationship Marketing* (Burr Ridge, IL: Irwin, 1992), p. 191.
[59] "Corporate Advertising/Phase II: An Expanded Study of Corporate Advertising Effectiveness," conducted for *Time* magazine by Yankelovich, Skelly & White, undated.
[60] "KFC's Apology for Running out of Chicken Is Pretty Cheeky," *BBC News,* February 23, 2018.

后记

重新定位品牌：万事达卡的“无价”广告战役

营销中最具风险的做法之一是从头开始重新推出品牌。为一个品牌建立一个清晰的定位需要时间和大量资金，而品牌概念的重大变化可能会让消费者感到困惑，削弱品牌资产。当我们所讨论的品牌是一个全球巨头，几乎在人们花钱的任何地方都得到普遍认可和使用时，情况更是如此。

那么，为什么在 1997 年，万事达卡公司向数十家顶级广告公司发出邀请，请它们帮助这一老化的品牌进行变革呢？是什么让最终的赢家——麦肯世界集团（以下简称麦肯）发起的“无价”广告战役，取得如此戏剧性和持久性的成功？

接下来，你将看到你所学过的一切，从关于消费者的基本事实到最复杂的媒体策略，都可以整合在一起，取得巨大的成功。其中，一个基于消费者洞察的大创意，使一个品牌充满活力，并为其所有支持性活动提供了动力之源。你还将看到如何在世界各地开展这样的活动，并通过 IMC 将创意提升到一个新的水平。你会看到，一个强大的品牌概念经过正确识别和传播，可以支持一个持续近 30 年的 IMC 活动。简而言之，你将看到如何将理论转化为实践：从想法到最终结果。

普遍的情感共鸣

这一幕很常见——一对父子来到棒球场观看下午的棒球比赛，但叙事手法可以是新颖的。留着平头的美国男孩把他的票交给引座员，屏幕上出现白色字幕，并伴随着旁白：“两张票：28 美元。”接下来，男孩拿着两大盒爆米花，旁白和字幕继续：“两个热狗、两盒爆米花和两杯汽水：18 美元。”

男声旁白（由电影明星比利·克鲁德普（Billy Crudup）配音）听起来温暖而舒服；钢琴和古典吉他的旋律同样如此；制作是最高质量的，给这个场景带来了与奥斯卡获奖电影比肩的情感力量。但为什么要列出“购物清单”的成本呢？在 10 秒内，观众就被广告吸引住了，想知道这是怎么回事。当父子俩走向座位时，谜团仍在继续：“一个签名棒球：45 美元。”

最后，两人坐下来，父亲指着球场，跟儿子聊着正在进行的比赛。旁白和字幕继续：“与 11 岁儿子的对话：无价。”

雷鸣般的掌声！

整个广告中充满温情的情感联系最终与观众建立起共鸣，并传递了一个微妙的信息：这些日常购买的门票、餐食和签名棒球加在一起，构成了父子之间持久的情感联系。然后，字幕把这一切联系在一起：“有些东西是钱买不到的，其他一切有万事达卡。”[1]

分析性研究与创造性执行的结合

随着这场战役的启动以及随后在全球范围内的推广，麦肯开始了在各地消费者心目中重建黄金标杆品牌的过程。

引人注目的“无价”广告战役取得了巨大成功，因为它引起了消费者的共鸣，并且在战略上完全符合目标。它与当代价值观相一致，并以熟悉的形式为信用卡公司提供了一个真正令人耳目一新的积极讯息。每个广告都表达了一个人人都能立即识别的隐含概念。它是高度可执行的。它被翻译到世界各地的文化中，因为每个国家都有自己的“无价”故事。乍一看，它似乎很容易，就像一次惊人的好运——这是广告史上一个罕见的时刻，整个广告战役都诞生于一个对广告执行人员来说传奇的洞察时刻。但这需要的不仅仅是运气，还有很多其他因素。

由于麦肯可以放心地假设消费者已经看过许多“无价”广告战役的电视广告，因此这个平面广告只需要很少的文字就可以传达拥有万事达卡的好处。

资料来源：MasterCard.

这是一个关于麦肯和万事达卡如何使用复杂的专业技巧在信用卡行业重新定位万事达卡的故事，即在竞争环境中给品牌一个全新的面孔和一个有意义的、可爱的差异点。它开始于麦肯所进行的细致的研究、深入的分析，然后发展出一些大创意，所有这些都旨在帮助万事达卡恢复其世界领先信用卡的地位。麦肯的工作表明，我们在第 2 篇中讨论的对调查的投入，以及我们在第 3 篇中提出的高标准的创意开发和制作价值，是如何帮助万事达卡发起了一场历史性的、屡获殊荣的全球广告战役。

寻找新方向

当万事达卡首次对其广告账户进行审查时，大家都认同的一件事是，作为这个世界上最知名的品牌之一，它需要改头换面。虽然过去成功的营销努力使万事达卡在美国和世界各地无处不在，但该品牌需要一个新的身份，一个能够持久的身份，引领该公司进入下一个千年。时任万事达卡首席营销官的尼克·乌顿（Nick Utton）组建了一个核心团队，集中全球市场调查、营销和广告部门最优秀的人才，评估来自各家世界级广告公司的新想法。

每一家被万事达卡邀请参加比稿的广告公司都很享受参与的机会。像万事达卡这样知名和公认的品牌决定进行改变，是千载难逢的机会。但问题是这是什么样的改变？该公司想把这个品牌带到哪里去？它在现在的位置上有什么问题？

麦肯高级副总裁 / 集团客户总监马特·韦斯（Matt Weiss）当时是这样说的：“它是钱包里的第三张卡，仅次于维萨卡和美国运通卡。维萨卡是主要竞争对手，凭借其‘心驰所往’（Everywhere You Want to Be）的营销活动，牢牢成为顶级信用卡品牌。我们的挑战是找到一种方法，将情感渴望带回万事达卡品牌。”由另一家广告公司开发的“理财专家”(Smart Money）活动根本没有引起客户的共鸣。

万事达卡美国广告副总裁伊丽莎·罗姆（Elisa Romm）解释说：“问题不仅仅在消费者这里。”万事达卡是一个支持全美 30 000 多家会员银行的组织，这些银行也需要再次对该品牌感到兴奋。“会员银行希望万事达卡支持它们，它们非常关心找到一个能够对消费者产生持久影响的始终如一的方向。我们需要一场新的、持久的战役来激励消费者和会员银行。我们需要展示连贯性，以及卓越的战略和执行力。”

该公司需要一个大创意，让各成员银行团结起来，振奋精神。这是一个不小的挑战——一家全球大型公司的形象悬而未决。

麦肯相信它能够应对这一挑战。麦肯执行副总裁兼营销总监埃里克·艾因霍恩(Eric Einhorn）解释说：“我们认为这是一种讽刺，维萨卡就是维萨卡，而万事达卡只是‘另一张卡’而已，即使人们在任何使用维萨卡的地方也可以使用万事达卡——实际上世界各地可以使用万事达卡的地方更多。”为了发现这种情况（只是另一张卡而已）存在的原因，麦肯使用其专有的品牌规划流程。这是一个综合性的服务和工具库，是基于多年来为可口可乐、微软和欧莱雅等公司实施广告战役的经验开发出来的。[2]

麦肯的销售战略

麦肯的销售战略将为开发万事达卡广告战役提供路线图。销售战略是一种专注于产生品牌建设性想法的服务，这些想法可以吸引顾客、发展公司和品牌特许经营，并为麦肯的客户创造市场主导地位。麦肯销售战略揭示了概念性目标受众的动机，并产生了一个战略概念，该概念精确定位了一个独特的“销售创意”。

据马特·韦斯所说，“销售战略是一门充满激情的学问，它是一种思维方式和工作方式，旨在鼓励更大的战略重点、消费者洞察和创意深度，从而产生具有销售力的广告”。在快节奏和多元化的全球市场中，一个综合的品牌战役需要足够连贯，以便于品牌识别，并且足够灵活，以吸引不同的目标消费者群体，并适应不同的媒体形式，无论是印刷媒体、电子媒体还是互动媒体。

万事达卡活动的力度、长期性和受欢迎程度有助于确保横幅广告（如右侧所示）立即被识别和理解。

资料来源：MasterCard.

销售战略从品牌印记（footprint）开始，它发现品牌在市场和消费者心中的位置，为什么它在那个位置，它应该在哪个位置，以及它将如何到达那里。这一绘制万事达卡及其竞争对手品牌印记的过程将使麦肯发现万事达卡品牌可以自然成长和常驻的领域，从而避免可能疏远消费者或与竞争对手的品牌印记相混淆的牵强形象。

一旦确定了万事达卡当前的品牌印记及其竞争对手的品牌印记，麦肯就着手制定新的品牌定位，“这是关于品牌的所有战略声明中最基本的内容”。这一内部声明源于品牌印记，反过来又激发了创意简报。创意简报解决几个问题：广告将要做什么，广告将传递出对目标消费者的何种洞察，以及目标消费者对品牌的想法和感受。创意简报是销售创意的促进因素，是传播战略和活动创意执行之间的桥梁。

销售战略首先需要的是大量的信息。

研究所处的行业和更多资料

麦肯的管理层理解这一挑战。马特·韦斯解释说：“我们知道我们必须拿出一场具有突破性能力的广告战役——一场能够持久的活动。”麦肯开始与万事达卡合作进行一项全面的调查和信息收集计划，该计划将为麦肯提供尽可能多的数据，以帮助发现万事达卡的品牌印记。

“我们从审视万事达卡所处的位置开始。”韦斯解释道。麦肯审查了年度报告、支付行业概述 / 形势分析、战略营销概述、市场调查亮点、全球问题，以及尼尔森报告、对当前广告概念的综合性定位。麦肯对万事达卡的商业广告和消费者广告进行了内容审计，并详细审查了竞争形势。

接下来，麦肯进行了二手资料分析：信用卡使用数据，以及关于信用卡和金融服务态度和行为的扬克洛维奇报告。

许多机构可能就此止步。但麦肯始终依赖于直接与消费者对话的一手资料研究。

该机构对信用卡用户进行了28个焦点小组访谈、24次一对一个人访谈和250次电话访谈。虽然它了解了很多关于万事达卡及其竞争对手的态度，还有一些初步的广告战役创意，但它觉得还不够。为了充分了解万事达卡确实存在并且可能常驻的心理空间，麦肯进行了广泛的社会学调查，了解品牌类别背后的感受和情绪。

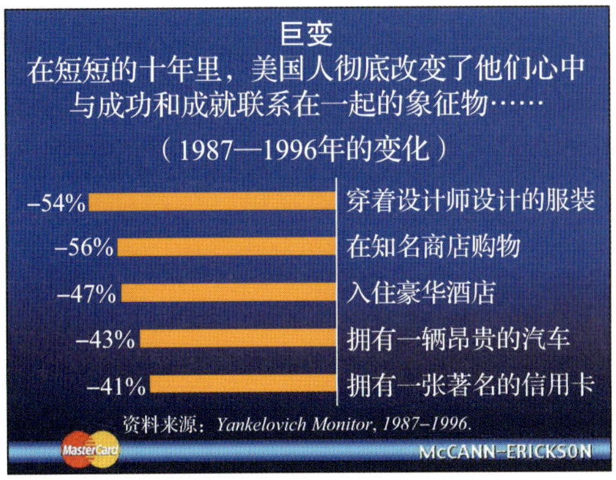

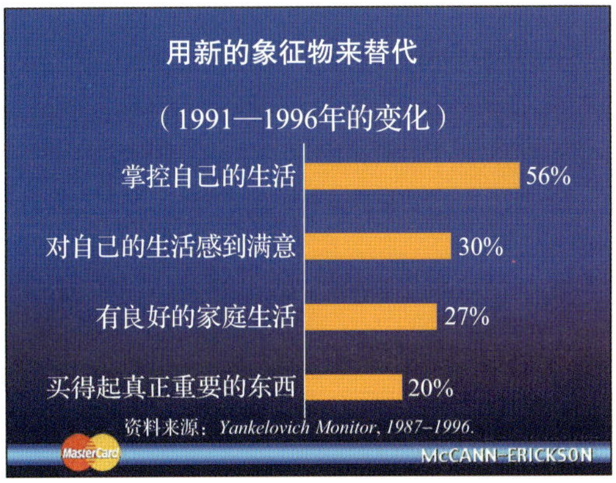

资料来源：MasterCard.

麦肯的研究发现，在过去十年中，消费者的态度发生了重大变化。

寻找最佳击球点

将品牌与可获得的“品牌景观”(brand-scape) 相对照的过程是迈向可执行和吸引人的广告战役的关键一步。通过研究消费者对万事达卡主要竞争对手的看法，麦肯确定美国运通卡的品牌印记包括“会员”“商务生活”“信用卡”三个人格特征，其三个描述词是“专业”“阅历丰富”“负责任”。维萨卡的品牌印记与此差别不大，人格特征为“无处不在”“上层社会”“信用卡”，其描述词是“社交”“时尚”“忙碌”。而万事达卡的品牌印记则大不相同。其人格特征为“日常”“平凡生活”“普通”，描述词是“谦逊”“朴实无华”“实用”。

据麦肯估计，万事达卡现有的品牌印记是中性的。一般来说，这不是一个好的品牌位置。但也有好处。万事达卡有机会利用这种中性来创建一个新的、更强大和相关的品牌定位，这不仅反映了当代人对信用卡和消费的态度，而且映射出更深远和重要的主题，如成功。简而言之，该广告公司认为它有机会将中性的品牌印记转变为强大而有意义的空间。

“我们发现，消费者认为万事达卡是普通人的卡，而维萨卡和美国运通卡更具排他性，更复杂。”麦肯公司创意副总监乔伊斯·金·托马斯（Joyce King Thomas）说。在一个以花钱为基础的行业中，这似乎是一个负面因素，但麦肯认为这是一个潜在的积极因素。由于美国运通卡和维萨卡占据了过时的品牌空间，万事达卡当前的品牌形象为该公司提供了一个机会，使其拥有一个全新、更现代的品牌领地，比其主要竞争对手更接近当今的消费理想。托马斯解释说：“我们决定重视那些日常生活中的情景和情绪，这些小事加起来就是生活中的大事。”

麦肯还了解到，随着这些新的消费态度的出现，作为信用卡用户，消费者对自己更加负责。在一项研究中，82%的人认为他们的信用卡未还款余额是“必要且合理的”。

麦肯发现了一个万事达卡的“最佳击球点”，将新的消费者价值观与新兴的信用卡思维定式融合在一起，树立“好消费者”形象。

麦肯发现了万事达卡的品牌印记，即该品牌在消费者心目中所代表的真相。更重要的是，它发现了品牌发展的方向：麦肯可以利用这个“最佳击球点”，即新价值观正在取代旧价值观，再加上消费者对信用卡态度的转变，为万事达卡定义一个重新激活、重新定位、重新规划的品牌印记。麦肯的战略规划主管纳特·普西奥（Nat Puccio）解释说：“‘好消费者’用信用卡购买对他们来说很重要的东西，这些东西丰富了他们的日常生活。”这种新的心态与万事达卡的竞争对手形成了鲜明对比。随着人们意识到万事达卡的核心品牌价值比维萨卡或美国运通卡更接近信用卡消费理想，曾经的负面资产突然成为一种优势。现在，麦肯必须想办法向万事达卡证明这一点，然后向公众展开宣传。

从品牌印记转到可执行的广告战役

随着比稿日期的临近，普西奥和他的团队想出了一个绝妙的方法，将万事达卡的印记与竞争对手区分开来。一台大屏幕电视呈现了两张完全相同的照片，他们将一张维萨卡的图像放在一张照片下面，万事达卡则放在另一张照片下面。在维萨卡下写着“在大屏幕电视上看‘超级碗’感觉很棒”；在万事达卡下写着“我们真的需要一个家庭娱乐中心”。通过这次巧妙的对比，麦肯找到了一种方式来展示不同的价值观和消费态度如何合力促成购买。

为了进一步说明这一点，普西奥和他的团队在演示文稿中添加了另一个页面，其中有两张相同的滑雪者图片和两张信用卡。维萨卡下写着“我还没去过那个新开的热门滑雪场”；在万事达卡下写着“我真的应该花点时间放松一下，从压力中解脱出来，重新充电”。信息很清楚：这些新的消费态度为之前消费导向的生活方式相关的同一购买行为提供了新的理由。因此，这为万事达卡品牌开辟了一个全新的空间。

接下来，麦肯提出了销售理念：“为一切重要的事付款的最佳方式”。这不是口号，而是该广告公司对品牌讯息的一种战略性陈述。麦肯的规划者们用“为一切重要的事付款的最佳方式”将他们辛勤研究的成果整合成了一个简单的想法，使接下来的事情看起来水到渠成。

接下来是灵感时刻。一天早上，麦肯负责北美、欧洲、非洲和中东的首席创意官乔纳森·克兰（Jonathan Cranin）在淋浴时，仔细思考着广告公司的研究成果，突然脑海中浮现出这样一句话：“有些东西是钱买不到的，其他一切有万事达卡。”从那以后，一切都以惊人的速度就绪。乔伊斯·金·托马斯和创意总监合伙人杰伦·波尔斯（Jeroen Bours）很快提出了在棒球场上呈现购物清单的方法。这成为整个战役的亮点。

麦肯并不是在推销一场战役，而是在推销一个创意。这是一个如此强大的创意，以至于该公司需要想出一种特殊的方式来展现它。波尔斯的灵感来自制作巨大的蓝天鹅绒故事书和一个大木箱来存放它们。托马斯说：“我们在盒子上盖了一个大盖子，当我们拉开盖子时，客户实际上倒吸了一口气。”万事达卡负责全球品牌建设的高级副总裁黛布拉·考夫林（Debra Coughlin）对这一时刻记忆犹新。“我的一个同事确实倒吸了一口气。他们眼前一亮。”

马特·韦斯记得在球场广告片结束后在大厅里无意中听到万事达卡管理层的对话：“他们欣喜若狂，谈论我们是如何‘摘金’的。真是太棒了。”

实施战役

第一个广告片即前面描述的父子观看棒球赛的故事，由世界著名导演托尼·凯耶（Tony Kaye）掌镜，在 1997 年美国职业棒球大联盟总冠军赛第三场时首播。其他广告片也很快跟进。每个故事都是独特的，但结构是一致的：一个家庭准备摆姿势拍照；旁白（一直由比利·克鲁德普担任）说明了相机和新衣服的价格，最终以“一张照片中的五代人：无价”收尾。在另一个广告片中，一位年轻女子为晚上的外出精心准备，最后的字幕是：“在高中同学聚会上看到前男友：无价。”还有一则广告片，两名高尔夫球手在球场上玩了一天，最后以“一杆进洞，有一位见证人：无价”结尾。

战役的效果立竿见影，引人注目。消费者立即对该品牌做出反应，他们对广告的移情程度和喜爱度比以前更高。会员银行对广告战役中体现的洞察给出反馈，也对如何提高消费者对品牌的认知提出建议。重要的是，万事达卡和麦肯都没有忽视万事达卡品牌定位“理性”的一面，即万事达卡在世界各地都被接受。

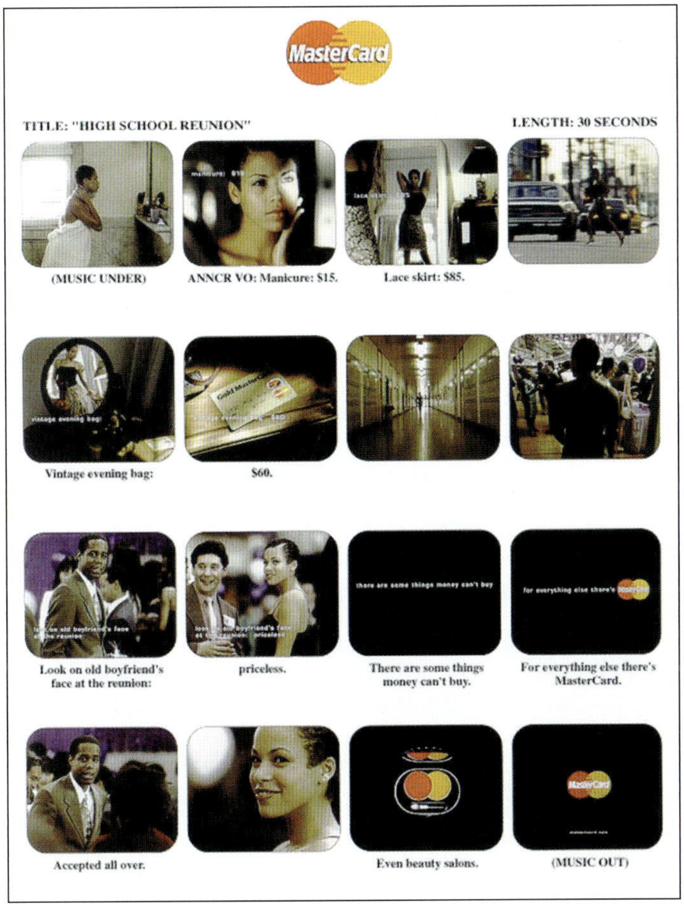

资料来源：MasterCard.

所有用万事达卡支付的小额购物加起来就是一个令人难忘的时刻，这个时刻如此重大，如此重要，它是无价的。这时镜头转向前男友的表情。

每个高尔夫球手都知道一杆进洞的情感价值——无价。广告人也是如此。像“无价”这样的广告战役效果非常好，而且具有持久性，可以运行数年。这相当于一杆进洞且有很多目击者。

资料来源：MasterCard.

消费者喜欢这场“无价”战役，这让该品牌更受欢迎。广告业也很喜欢它，这场战役获得了一系列奖项。

资料来源：MasterCard.

2002 年，万事达卡凭借三年来最有效的广告战役取得的持续成功，赢得了首届艾菲金奖。到 2004 年，这场战役总共赢得了三个艾菲奖和八个 AME 奖（代表广告营销效果的奖项）。

这场战役成功的最可靠标志可能是，它彻底进入了大众意识。人们期待着新的广告推出，并在办公室的饮水机旁谈论它们。它很快成为民间文化的一部分。另一个成功的标志是，广告的形式和台词受到广泛的调侃和恶搞，包括杰·雷诺（Jay Leno，在五个不同的场合）、大卫·莱特曼、《周六夜现场》、*Talk Soup*、《甘尼特报》、NBC 的《威尔和格蕾斯》、音乐电视（MTV）、热门录像带第一台（VH1）、《辛普森一家》和许多流行的互联网网站。拉尔夫·纳德（Ralph Nader）甚至在 2008 年的总统竞选中使用了“无价”的概念。这场战役在电视和印刷品上获得了价值数百万美元的免费曝光，这主要得益于这场广告战役的真正魅力。但在这里，万事达卡也开展了一个平行而巧妙的公关活动，利用新闻报道在每个重要的新广告片推出之前让观众充满期待。该公司了解高调恶搞的传播价值，并鼓励这么做。

下一步：整合营销

既然这场战役如此成功，就有了新的挑战。第一个是将定位思想整合到万事达卡所有的传播渠道中。拉里·弗拉纳根（Larry Flanagan）开发了一个以“无价”概念为中心的整合模型，所有定位和营销活动都支持该中心。当万事达卡与美国职业棒球大联盟（MLB）、美国职业高尔夫球协会（PGA）和美国国家冰球联盟（NHL）建立赞助关系时，麦肯推出了新的宣传片，“无价”这一概念很容易延伸到每一次新的活动中。

万事达卡世纪球队

万事达卡以多种方式将“无价”整合到整个营销组合中。例如，1999 年，该公司希望提高其头号赞助实体——美国职业棒球大联盟的效率和影响力。在麦肯的帮助下，万事达卡创建了一个高度整合的项目——万事达卡世纪球队，该球队利用“无价”广告为品牌增加内涵，并吸引那些关注棒球运动的消费者。

消费者调查显示，万事达卡持卡人喜欢美国职业棒球大联盟。这种“对球赛的热爱”根深蒂固，经常渗透到家庭生活中。例如，许多父亲清楚地记得带儿子观看他们父子的第一场大联盟比赛，这是第一个“无价”广告片的基本前提。妈妈们经常谈论在棒球场上享受的“高质量”时光。麦肯发现，消费者希望经常体验这一运动，并明确地倾向于与美国职业棒球大联盟有密切联系的品牌。

对于万事达卡来说，这是一个巨大的机会。正如“无价”广告所表明的那样，这一定位建立在一个关键前提下，即日常生活中“什么是重要的事”。对目标群体而言，美国职业棒球大联盟至关重要。因此，“为一切重要的事付款的最佳方式”这一定位最终被用于形成品牌（万事达卡）、赞助合作伙伴（美国职业棒球大联盟）和消费者（万事达卡 / 美国职业棒球大联盟迷）之间的联系。如果没有这样一个强大而灵活的定位，该战役就不会取得如此巨大的成功。

许多广告概念都进行了调整，以适应国际市场。在不到十年的时间里，万事达卡已完全重新发展和振兴其形象，“无价”战役已成为美国大众文化的一部分。在 2004 年的奥斯卡颁奖典礼上，麦肯以好莱坞风格创作了史诗般的“狗狗三部曲”。

第一部分：“迷路的狗”

旁白：电影和为红杉林中的獾准备的狗粮：10美元
字幕：电影和狗粮：10美元

旁白：在纳帕山谷为迷路的狗准备的头巾：3美元
字幕：头巾：3美元

旁白：弗雷斯诺（Fresno）的狗骨头：7美元
字幕：狗骨头：7美元
旁白/字幕：忘记你正远离家：无价

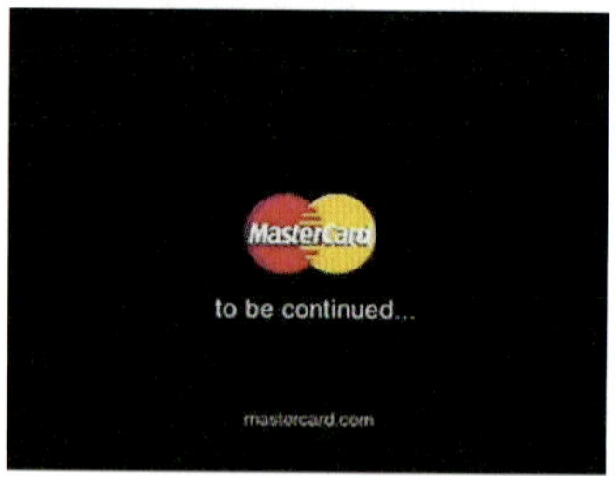

旁白：有些东西是钱买不到的，你的旅程有万事达卡

资料来源：MasterCard.

第二部分：“在路上”

旁白：在莫哈韦给一只迷路的狗喝水：2美元
字幕：水：2美元

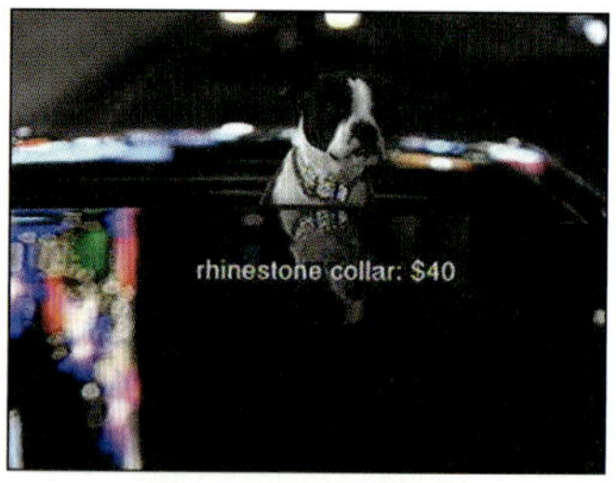

旁白：拉斯维加斯的水钻领：40美元
字幕：水钻领：40美元

旁白：亚利桑那州的特色烤肉卷：8美元
字幕：特色烤肉卷：8美元

旁白/字幕：当你在旅途中却感觉像在家一样：无价

旁白：有些东西是钱买不到的，你的旅程有万事达卡

资料来源：MasterCard.

第三部分：“家”

旁白：在科罗拉多州给丢失的狗狗的咀嚼玩具：5美元
字幕：咀嚼玩具：5美元

旁白：穿越堪萨斯的丝制狗床：200美元
字幕：丝制狗床：200美元

旁白：在杰斐逊的泡泡浴：15美元（狗狗在宠物美容店）
字幕：泡泡浴：15美元

旁白：长途旅行后回家：无价
字幕：回家：无价

旁白：有些东西是钱买不到的，你的旅程有万事达卡

资料来源：MasterCard.

到2003年，“无价”已经从一个主要运用在传统电视和印刷领域的广告战役，转变为一个真正的整合性全球平台，涵盖活动赞助、促销和公共关系活动，并扩展到无数传播工具中，包括广播电台、互联网、销售点和直邮。

快进到2017年。新的万事达卡首席营销官拉贾·拉贾曼纳（Raja Rajamannar）需要做出一个重大决定：继续这一战役，还是制定新的路线。拉贾曼纳说：“应对标志性的广告战役既是一种幸事，也是一种挑战。”“当它做得这么好的时候，你如何把它提升到更高层次？你如何说服体系，说服自己，确实需要改变？”

资料来源：MasterCard.

“无价”战役归根结底是关于每个消费者的独特梦想。在左侧的广告中，一位贾斯汀·汀布莱克（Justin Timberlake）最忠实的粉丝惊讶地看到了她的偶像。

这一改变最早始于2010年，当时一场名为“无价城市”的运动针对的是基于人口统计学和地理学定义的特定受众。接下来是“无价惊喜”，它将广告大量转移到数字和社交媒体上。上文显示的贾斯汀·汀布莱克病毒式传播就是一个例子。

该广告的核心领域在 2016 年扩大到九个，包括“无价城市”“无价惊喜”“无价善因”“无价福利”等。拉贾曼纳似乎在继续推动该品牌拥抱 21 世纪的战略，同时保留 20 世纪的大创意。“无价体验”就是一个很好的例子，它只对持卡人开放，这有助于确保这一非凡的活动在今天继续产生回报。

万事达卡的一个新亮点是“无价善因”，在这个项目中，对抗者（如大都会队和费城人队的吉祥物）共同努力与癌症做斗争。

资料来源：MasterCard.

截至 2019 年，这场战疫仍在继续，一如既往地新颖，例如右侧的“无价惊喜”。大卫·奥格威曾声称，一个大创意的标志是它可能持续很长时间。“无价”广告战役达到了这一标准。

资料来源：MasterCard.

一个教材上的案例

为什么这场广告战役不仅在美国，而且在世界各地都如此成功？拉里·弗拉纳根告诉《广告时代》：“人们会问：‘你是如何制定和执行这样的全球战役的？’其实我们并没有设定全球战役的任务。我们为美国市场提出了一个强有力的想法，因为它的洞察是如此全球化，它的战略基础在任何文化中都不会产生偏见，我们发现它可以在世界各地产生共鸣。‘无价’的核心价值观在世界各地都能很好地体现出来，并为我们带来了全球业绩。”

作为世界上最知名的广告战役之一，“无价”在很短的时间内就成为一个标志，万事达卡前营销人员吉姆·阿克曼多（Jim Accomando）说：“这是我见过的最好的广告战役。”

“无价”的战略和创意为创作者赢得了广泛认可，还获得全球 100 多个创意奖项。《财富》杂志甚至将该战役的创意团队命名为“改变世界的六支团队”之一。

更重要的是，“无价”帮助万事达卡实现了其营销目标。1991 年，在该战役开始前几年，美国有不到 200 万个地点接受该卡。今天，700 多万个地点接受该卡。自该战役首次推出以来，万事达卡在美国发行的新信用卡数量是维萨卡的两倍。

一场持续近 30 年、涉及 350 多个电视广告、在 108 个国家用 50 种语言播放的广告战役能否继续下去？正如我们的最新消息所示，万事达卡新的首席营销官和广告公司麦肯正在计划，确保“无价”保持新鲜度和相关度。

在所有这些成功之后，你不得不怀疑万事达卡的员工是否有过以下想法：

- 广告创意一直获奖——相当不错。
- 一场广告战役有效地向目标受众传达万事达卡品牌的本质——绝妙。
- 在近 30 年的时间里不断推出引人入胜的广告片，持续让观众产生共鸣——出色。
- IMC 满足并超越单个营销和传播目标——无价！

注释

[1] “Creative: Inside Priceless MasterCard Moments,” *Adweek*, April 12, 1999.

[2] “Creative: Inside Priceless MasterCard Moments,” *Adweek*, April 12, 1999.

附录 A

营销计划大纲

日期：
公司名称：
品牌或服务项目：

用两三页的篇幅对整个营销计划进行概述，供主管审查。

Ⅰ. 概述
  A. 形势分析概述
  B. 营销目标概述
  C. 营销战略概述
  D. 预算概述

完整说明该组织今天所处的地位，以及它是如何到此位置的。

Ⅱ. 形势分析
  A. 行业状况
    1. 行业和公司业务界定
    2. 行业发展史
      a. 技术进步
      b. 发展趋势
    3. 行业发展模式
      a. 需求曲线
      b. 人均消费量
      c. 成长潜力
    4. 行业特点
      a. 分销模式和传统渠道
      b. 业内规章和管理制度
      c. 典型促销活动
      d. 地理特征
      e. 盈利模式

该组织从事何种业务以及整个行业的特点。可以从行业贸易出版物、行业协会简报、消费者信息以及美国商务部出版物中获得相关信息。

关于公司及其实力、机会和/或问题的所有相关信息。此类信息可以在年度报告、销售记录、保修卡记录、顾客反馈以及销售人员报告中找到。

B. 公司
  1. 发展简史
  2. 经营范围
  3. 目前规模、增长、盈利能力
  4. 声誉
  5. 在不同领域的竞争力
    a. 优势
    b. 劣势

关于产品/服务组合、销售以及其中优劣势的完整描述和所有相关信息。请参阅销售宣传资料、销售报告、经销商反馈等。

C. 产品/服务
  1. 产品描述
    a. 发展与历史沿革
    b. 产品生命周期阶段
      （1）导入期
      （2）成长期
      （3）成熟期
      （4）衰退期
    c. 品质因素
    d. 设计注意事项
    e. 商品划分
      （1）消费品或工业品
      （2）耐用或非耐用商品或服务
      （3）方便商品、大件商品或特制品
      （4）包装商品、硬商品、软商品、服务
    f. 包装
    g. 价格结构
    h. 用途
      （1）主要的
      （2）次要的
      （3）潜在的
    i. 形象和声誉
    j. 产品/服务优势
    k. 产品/服务弱势
  2. 产品销售特点
    a. 差别因素
      （1）观念上的、非观念上的或感觉上的
      （2）专卖或非专卖
    b. 在顾客心目中的地位
    c. 优劣势（顾客感知）
  3. 产品研发

a. 技术突破
b. 预期改进
c. 技术或服务问题
4. 销售记录
a. 销售和销售成本
（1）按产品 / 服务计算
（2）按型号计算
（3）按地域计算
（4）按市场计算
b. 同一因素的利润记录
5. 市场份额
a. 按市场计算的行业销售
b. 以金额和件数计算的市场份额
c. 市场潜力和趋势

构成公司产品或服务的现有和潜在市场的人或组织的所有相关信息。参见市场调查报告、消费者刊物 / 商业刊物、贸易出版物、生产厂家普查报告和贸易协会报告。

D. 市场
1. 市场界定和市场位置
a. 明确的市场细分
（1）过去的
（2）潜在的
b. 市场需求与欲望
c. 市场特征
（1）地理的
（2）人口统计学的
（3）心理学的
（4）行为的
d. 典型购买模式
（1）购买模式
（2）重度使用者 / 轻度使用者
（3）购买频率
e. 购买对市场的影响
2. 顾客界定
a. 现在、过去和未来
b. 特征
（1）与其余市场共有的特征
（2）本公司顾客独有的特征
c. 他们喜欢我们或我们的产品的哪些因素
d. 他们不喜欢哪些因素
3. 消费者诉求
a. 过去的广告诉求

（1）哪些有效？

（2）哪些不起作用？为什么？

b. 未来可能的诉求

4. 市场和顾客调研结果

关于竞争、竞争环境以及当前或潜在竞争对手带来的机会或挑战的完整信息。见 SEC 10-K 表格、消费者刊物 / 商业刊物文章、穆迪工业手册、标准普尔报告、邓白氏报告、美国公司托马斯登记册。

E. 竞争状况

1. 竞争对手的识别

a. 主要竞争对手

b. 次要竞争对手

c. 产品 / 服务描述

d. 竞争对手的成长和规模

e. 竞争对手所占市场份额

2. 竞争对手的优势

a. 产品质量

b. 销售特点

c. 价格、分销、促销

3. 竞争对手的劣势

a. 产品特点

b. 消费者态度

c. 价格、分销、促销

4. 竞争对手的营销活动

a. 产品定位

b. 定价策略

c. 分销

d. 销售力量

e. 广告、宣传

f. 估计预算

对公司产品 / 服务如何进行分销和销售、哪些渠道可以利用以及渠道成员的特征进行全面讨论。请参阅经销商和分销商反馈、销售人员报告、广告报告及贸易刊物文章。

F. 分销策略

1. 采用的流通网络类型

a. 发展史

b. 趋势

2. 分销完成情况评估

3. 与渠道成员的关系

4. 与渠道成员的促销关系

a. 贸易广告和津贴

b. 联合广告

c. 经销商或中间商促销使用状况

d. 售点陈列、宣传材料

e. 经销商激励计划

5. 分销体系的优劣势

6. 与分销相关的机会 / 威胁

公司定价政策和策略的背景及基本原理，讨论备选方案。请研究销售报告、渠道成员反馈、顾客反馈、竞争信息。

G. 定价政策
1. 价格记录
a. 趋势
b. 可承受性
c. 竞争
2. 过去的价格目标和策略
a. 管理层态度
b. 购买者态度
c. 分销渠道态度
3. 与定价相关的机会 / 威胁

关于公司个人销售努力和效益的所有相关信息，以及对公司使用广告、公共关系和销售促进项目的情况进行探讨。请检查销售报告、广告报告、《广告时代》上的文章、《营销传播》上的文章等，以及有关广告、销售和培训的内部数据。

H. 传播策略
1. 以往促销政策
a. 人员推销与非人员推销
（1）销售力量使用情况
（2）传统广告、公共关系、销售促进、赞助使用情况
（3）数字传播媒体、社交媒体、电子邮件、移动营销使用情况
b. 过去政策的成败
2. 销售队伍
a. 规模
b. 范畴
c. 能力 / 培训
d. 每次销售成本
3. 传统广告项目
a. 成功与失败
b. 策略、主题、活动、使用的媒体
c. 诉求、定位等
d. 支出
（1）过去的预算
（2）资金分配方法
（3）竞争对手预算
（4）趋势
4. 数字广告项目
a. 成功与失败
b. 使用的策略、主题、活动和数字媒体
c. 诉求、定位
d. 支出
5. 与传播相关的机会 / 威胁

列举可能超出公司直接控制但影响公司业务的环境因素。参考政府报告和公告、消费者出版物或商业新闻、贸易协会文章。

I. 环境因素
1. 经济
a. 当前经济状况
b. 商业前景和经济预测
2. 政治形势
3. 社会关注
4. 技术影响

摘引与公司营销和广告工作相关的管理人员的态度和指示。可从公司业务计划、管理层访谈、内部备忘录和指导方针中获得信息。

J. 公司目标和战略
1. 盈利能力
a. 销售收入
b. 降低成本
2. 投资回报
3. 股票价格
4. 股东权益
5. 社区形象
6. 新产品开发
7. 技术领先情况
8. 兼并 / 收购
9. 公司总体使命

列举或总结影响公司营销成败的最严重的问题。

K. 潜在的营销问题
L. 潜在的营销机会

对那些有助于公司成功的最大潜在机会进行总结。公司打算满足哪些普通的和具体的需求？通过形势分析因素和管理层讨论及访谈做出决定。

Ⅲ. 营销目标
A. 市场需求目标
1. 满足市场需求的目标
2. 满足社区需要的目标
3. 满足企业需求的目标

按目标市场、地理区域、部门或其他类别为整个公司或单个产品确定销售目标。这些目标必须基于对公司能力、资金和目标的调查研究，必须具体、实际。

B. 销售目标
1. 销售量
a. 金额
b. 单位
c. 地区
d. 市场
2. 市场份额
3. 分销扩张
4. 其他

组织计划实现上述目标而采用的方法。

Ⅳ. 营销战略
A. 总体营销战略
1. 定位战略
2. 产品差异化战略

对组织打算采用的营销战略类型进行大致的描述。

3. 价格 / 质量差异化战略
4. 任务营销战略

详细描述公司为实现其目标而计划采用的营销组合。

B. 具体市场策略
1. 目标市场 A
a. 产品
b. 价格
c. 分销
d. 传播
（1）人员推销
（2）广告
（3）直复营销
（4）销售促进
（5）公共关系
（6）赞助
（7）数字和社交媒体
2. 目标市场 B
a. 产品
b. 价格
c. 分销
d. 传播
（1）人员推销
（2）广告
（3）直复营销
（4）销售促进
（5）公共关系
（6）赞助
（7）数字和社交媒体

实施公司营销组合各要素的详细战术计划。

V. 行动方案（战术）
A. 产品计划
B. 定价计划
C. 分销计划
D. 传播计划
1. 销售计划
2. 广告计划
3. 直复营销计划
4. 销售促进计划
5. 公共关系计划
6. 数字和社交媒体计划
E. 任务营销计划

描述公司在实现营销目标的过程中将要采用的审查、评估和控制方法。

Ⅵ. 评估、审查和控制

A. 组织结构

B. 审查和评估方法

C. 互动监控

确定实施营销努力所需的资金、预算的理由以及分配给各种项目的额度。

Ⅶ. 营销预算

A. 资金分配方法

B. 营销成本分解

1. 新产品研究

2. 市场调查

3. 销售支出

4. 广告、直复营销、销售促进、公共关系、数字和社交媒体

提出详细、具体的信息、二手数据或专项调查报告，以供营销计划之用。

Ⅷ. 附录

A. 销售报告

B. 市场研究报告

C. 期刊文章复印件

D. 其他支持性文件

附录 B

广告计划大纲

日期：

公司（品牌 / 服务）名称：

用两三页的篇幅对整个广告计划进行概述，供主管审查。

Ⅰ. 概述

A. 前提——营销计划提供的信息概述

B. 广告目标概述

C. 广告战略概述

D. 预算概述

对营销计划中提出的相关因素进行简要评述。

Ⅱ. 形势分析

A. 公司（或产品）当前的营销形势

1. 商业或行业信息
2. 公司、产品或服务的描述
   a. 产品生命周期阶段
   b. 产品分类
   c. 竞争或市场定位
3. 所服务市场的总体描述
4. 销售记录和市场份额
5. 消费者购买过程描述
6. 分销方法
7. 采用的定价策略
8. 市场调研结果
9. 传播记录

B. 目标市场描述

1. 明确市场细分
2. 主要市场
3. 次要市场

4. 市场特征
a. 地理的
b. 人口统计学的
c. 心理学的
d. 行为的
C. 营销目标
1. 满足需求的目标
2. 长期 / 短期销售目标
D. 根据营销计划总结的每个目标市场的营销组合
1. 产品
2. 价格
3. 分销
4. 传播
E. 广告在传播组合中的预期作用
F. 上面未提及的其他信息

分析、陈述广告要完成什么任务。

Ⅲ. 广告目标
A. 主要或次要需求
B. 直接或间接行为
C. 目标陈述如下：
1. 广告金字塔
2. 直接反应，包括购买
3. 其他
D. 对目标的量化表述
1. 具体数量或百分比
2. 实现目标所需的时间长度
3. 其他可能的衡量方法
a. 查询
b. 订单量增加
c. 信心的树立
d. 社交媒体活动
e. 其他

公司预定的整体创意组合配置，每种产品或每个目标市场的创意组合配置。

Ⅳ. 广告（创意）战略
A. 产品概念——广告将如何在以下方面展示产品：
1. 产品或市场定位
2. 产品差异化
3. 生命周期
4. 分类、包装、品牌
5. FCB 方格
a. 多 / 少思考活动

b. 多 / 少感觉活动

B. 目标受众——广告将针对的特定人群

1. 目标受众详细描述

a. 目标受众与目标市场的关系

b. 潜在的购买影响

c. 寻求的利益 / 广告诉求

d. 人口统计

e. 消费心态

f. 行为

2. 目标受众的优先顺序

a. 主要的

b. 次要的

c. 补充的

选择将广告讯息传达给目标受众的各种媒介载体战略，见第 8、12、13 和 14 章。

C. 传播媒体

1. 界定媒体目标

a. 到达范围

b. 频次

c. 毛评点

d. 持续式 / 起伏式 / 脉冲式

2. 确定哪种媒体最能到达目标受众

a. 传统大众媒体

（1）广播

（2）电视

（3）报纸

（4）杂志

（5）户外

b. 互动媒体

（1）直接反应

（2）数字媒体，包括搜索

（3）社交媒体

c. 辅助性媒体

（1）贸易展览

（2）销售促进的设施

（3）公共宣传 / 公共关系

（4）异于寻常的媒体

（5）赞助

3. 与购买模式有关的媒体可用性

4. 传播效果的潜力

5. 成本考虑

a. 讯息单元的大小 / 机械要求

b. 针对目标受众的媒体策划成本效率
c. 制作成本
6. 与创意组合其他要素之间的相关性
7. 媒体策划范围
8. 预期媒体载体的曝光值 / 注意力值 / 驱动值

公司打算如何从文字和非文字上表达自己要说的内容，见第 10、11 章。

D. 广告讯息
1. 文案元素
a. 广告诉求
b. 文案大纲
c. 关键的消费者利益
d. 利益支持点或强化点
e. 产品个性或形象
2. 艺术元素
a. 视觉诉求
（1）广告和商业信息中的
（2）包装上的
（3）售点和销售材料上的
b. 艺术大纲
（1）布局
（2）设计
（3）插图风格
3. 制作元素
a. 广告制作中的拼版因素
（1）颜色
（2）大小
（3）风格
b. 所追求的制作价值
（1）版式
（2）印刷
（3）色彩还原
（4）照片 / 插图
（5）纸张
（6）电子特技
（7）动画
（8）胶片或录像带
（9）音效
（10）音乐

分配给广告的资金额度和预期的分配方法，见第 8 章。

V. 广告预算
A. 营销形势对资金分配方法的影响

1. 新产品或老产品
2. 产品类别的主要需求曲线
3. 竞争形势
4. 营销目标与战略
5. 利润因素或成长因素
6. 广告与销售和利润之间的关系
7. 实践经验

B. 资金分配方法

1. 销售或利润比率法
2. 市场 / 广告份额法
3. 目标 / 任务设定法
4. 销售单位法
5. 竞争对抗法

用于创作广告和评估其效果的调查技巧，见第 7 章。

Ⅵ. 测定和评估

A. 实施的广告调查

1. 战略确定
2. 概念开发

B. 事前测试和事后测试

1. 测试项目
   a. 市场
   b. 动机
   c. 讯息
   d. 媒体
   e. 预算
   f. 排期
2. 方法
   a. 街头定点访问法
   b. 直接提问法
   c. 混杂测试法
   d. 辅助回忆法
   e. 自由回忆法
   f. 态度测试法
   g. 查询测试法
   h. 销售测试法
   i. 其他
3. 测试成本

术语表

100 户外广告计量单位（100 showing） 是户外广告牌或海报的销售基本单位，表示达到每日 100 个毛评点。一个毛评点等于 1% 的特定市场人口。

第五代移动通信技术（5G） 可以允许无线传输速度达到几个 G 字节（千兆位）。移动运营商已在 2019 年引入这项技术。

AAAA 见美国广告代理商协会（American Association of Advertising Agencies）。

AAF 见美国广告联合会（American Advertising Federation）。

客户执行（account executive，AE） 广告公司与客户之间的联络人，客户执行需要从客户利益出发，负责管理所有的广告公司服务，在面对客户时，代表广告公司观点立场。

客户企划（account planning） 一项混合专业，在传统研究、客户管理和创意方向三者间搭建起桥梁。企划人员代表消费者观点，目的是更好地定义和策划客户的广告项目。

行动广告（action advertising） 意图引发读者或观众即时行动的广告，见直接反应广告（direct-response advertising）。

行动计划（action program） 见战术（tactics）。

真实消费者（actual consumer） 构成一个广告目标受众的真实世界中的人，他们是出资者讯息最终指向的人员。

广告网络（ad network） 相当于媒体代理公司的互联网。广告网络是作为广告主和网站之间的经纪人行动。广告网络汇集了数以千计的网页，能够支持广告投放到这些网页，通过覆盖到即使很小的网站群，使广告主能够获得最大展示。

广告（advertising） 由可识别的出资者通过各种媒体，进行的通常是有偿的、有组织的、综合的和非人员性劝服的，有关商品（产品和服务）或者观念的传播活动。

广告公司（advertising agency） 由创意人员和商务人员构成的独立组织，为广告主制作或准备广告策划、广告作品和其他促销工具。广告公司也能安排采购多种媒体位置和时段的合同。

广告津贴（advertising allowance） 支付给零售商，用来为制造商产品做广告的费用。

广告印象（advertising impression） 广告讯息对一个受众成员的一次可能的曝光，参见看见机会（opportunity to see，OTS）。

广告经理（advertising manager） 在广告主（客户）而不是广告代理商内部负责策划和执行广告的人。

广告反应曲线（advertising response curve） 研究指出，随着广告曝光倍增，对广告的边际反应实际上递减，而不是逐渐增强。

广告自律委员会（Advertising Self-Regulatory Council，ASRC） 由商业改善局与多个广告行业团体共同建立的一个组织（起初是全国广告审查委员会），以促进和加强广告业执行真实性、准确性、品位、伦理和社会责任标准。

广告特制品（advertising specialty） 通常印有广告主名称、讯息或标识的一种促销产品，免费分发给目标受众。

社论式广告（advertorials） 目标是影响公共舆论而不是销售产品的广告。

宣导式广告（advocacy advertising） 用来传播一个组织影响社会或商业的重大问题的观点的广告。

履约证明（affidavit of performance） 由电视台给广告主或广告公司的，一份签署过和公证过的，指明已刊播节目和时间的文件。这是由电视台给广告主以证明其付费所得合法的证据。

联盟营销计划（affiliate marketing program） 一项广告计划，通常用于电子商务。在这一广告计划中，由卖方按售出商品价格的某个百分比支付费用给制造商、营销人员或其他企业。这项支付是对对方在这项销售中提供服务或合作的补偿。普通的消费者经常给线上零售商（如亚马逊）做联盟营销。通过在他们的博客或网站贴出产品链接，这些消费者可以从相关联的亚马逊销售中获得提成。

明确告知（affirmative disclosure） 广告主必须表明它们产品的局限性或缺陷。

农业广告（agricultural advertising） 面向商人农场主和其他从事农业种植业务的人员的广告，也称农场广告。

审计媒体联盟（Alliance for Audited Media，AAM） 为北美领导性媒体品牌、广告主、广告公司和技术平台公司提供基本的跨媒体验证、数字咨询和信息服务的组织。

亚马逊 Echo（Amazon Echo） 亚马逊智能音箱，拥有一套交互科技，能够通过语音命令进行声控。基础用户服务包括播放音乐、打电话、操作智能家居、对其他产品和服务下达指令。

伏击营销（ambush marketing） 由非赞助企业使用的一种促销策略，这类企业通常是官方赞助商的竞争者，旨在通过像买断体育场馆周边的全部户外广告牌这样的操作，给人一种它们就是赞助商的错觉，从而去蹭一个事件或资产的热度或声望。

美国广告联合会（American Advertising Federation，AAF） 一个美国广告人的全国性协会。美国广告联合会帮助建立联邦贸易委员会，它早期的警戒委员会是商业改善局的先驱。

美国广告代理商协会（American Association of Advertising Agencies，AAAA） 美国广告行业的全国性组织，会员遍及美国，并且以拒绝那些被认定违反伦理的代理商加入协会的方式，控制代理商遵守行业准则。

ANA 见全国广告主协会（Association of National Advertisers）。

动画脚本（animatic） 通过在胶片或录像带上拍摄故事板草图而制作的粗糙的电视广告，音频部分在录像带上同步，主要用于测试目的。

动画（animation） 在电视广告中使用卡通、数字动作或无生命角色的演示；通常用于传达难以沟通的讯息或接触专门的市场，例如儿童。

镜头光圈（aperture） 决定到达胶片或录像带的光量的照相机进光口。对媒体策划人员而言，它指的是目标受众准备好接收广告讯息的地点和时间。

应用程序协议接口（application protocol interface，API） 旨在两个不同的软件组件之间进行通信的数字接口。

美术（art） 电视广告或印刷广告的整个视觉呈现——广告的肢体语言。美术，还指所采用的摄影或插图风格、颜色的使用方式以及广告中元素的排列，以便它们在大小和比例上相互关联。

美术指导（art direction） 管理印刷广告或电视广告的视觉呈现过程的行为。

美术总监（art director） 与图像设计师和制作艺术家一起，决定广告文本和视觉符号相配合的角色。

美术工作室（art studio） 给广告、小册子和其他传播工具设计并制作美术作品和插图的公司。

艺术家角色（artist role） 在创意过程中不断尝试并运用多种方法寻找原创想法的角色。

全国广告主协会（Association of National Advertisers，ANA） 一个由主要制造商和服务公司组成的组织，这些公司是美国广告代理商协会成员机构的客户。这些公司承诺遵守 ANA 广告伦理准则，通过联合委员会与 ANA 合作改进广告内容。

注意力值（attention value） 根据接触特定媒体的人对特定媒体中的广告的关注程度来选择媒体的指标。注意力值与广告讯息和文案相关，跟与媒体的相关程度一样重要。

态度（attitude） 一项对某些观点或对象进行积极或消极评价的反应。

态度测试法（attitude test） 一种事后测试法，通常用于测量一个广告战役在创造公司、品牌或产品的有利态度或评价方面的有效性。

受众（audience） 暴露于一个特定媒体的人群。

受众构成（audience composition） 受众人群在人口统计特征或其他类别上的分布。

受众目标（audience objectives） 广告商想要接触到的特定类型人群。

音频（audio） 电视广告的声音部分。也就是一个电视广告脚本的右侧所标注的文本形式呈现的语音、音效和音乐。

视听材料（audiovisual materials） 可用于培训、销售或公共关系活动的幻灯片、电影、激光唱片和数字化视频光盘。

作者（author） 在斯特恩传播模型中，指受出资者委托创建广告讯息的广告代理商的文案人员、美术总监或创意团队。

自传讯息（autobiographical message） 使用第一人称"我"，向受众（称为"你"）讲述故事的广告风格。

可售时间（avails） 一个缩写词，指的是可供广告主使用的电视时段。

平均每刻钟听众（AQH 人数）（average quarter-hour audience（AQH persons）） 是指在任何给定广播时段的 15 分钟内收听特定电台至少 5 分钟的平均人数。

平均每刻钟收视率（average quarter-hour rating） 平均每刻钟（15 分钟）听众人数在预估人口中的占比。

平均每刻钟份额（average quarter-hour share） 平均每刻钟（15 分钟）听众人数在区域内总体广播听众人数中的占比。

知名度广告（awareness advertising） 试图建立产品形象或名称和包装熟悉度的广告。

艾耶 1 号式（Ayer No.1） 见海报式构图（poster-style format）。

横幅广告（banner） 网站上刊登广告讯息的位置空间。点击一个横幅广告通常会引导互联网用户到达广告主网站。

交换辛迪加（barter syndication） 由于部分广告空间已预售给全国性广告主，首播电视节目可以免费或以较低的价格出售给地方电视台的营销。

基本公交单位（basic bus） 交通广告中一组巴士的所有内部空间，给广告主完整的支配权。

行为定向（behavioral targeting） 一个广告主基于用户的线上活动给他发送广告的能力。

行为细分（behavioristic segmentation） 决定市场细分的方法，基于消费者购买行为进行分组。

利益式标题（benefit headline） 给读者一个直接承诺的标题类型。

利益细分（benefit segmentation） 基于消费者谋求不同利益的细分消费者方法。

利益（benefits） 由一项特定品牌、产品或服务提供的满足，或问题得到解决。

商业改善局（Better Business Bureau，BBB） 由 10 万多家成员公司出资成立的一个商业监督组织，主要是在地方层面运营，保护消费者免受欺诈和欺骗性广告的侵害。

大创意（big idea） 一闪而过的创意洞察力——大胆的广告创造活动——以一种富有想象力的、引人入胜的方式捕获战略精髓，并使主题生动形象，让读者停下来看和听。

出血（bleed） 颜色、类型或视觉一直延伸到页面边缘的版面。

间歇式（blinking） 一种排期技术，广告主在一天内在有线电视和联播网频道海量投放广告，观众几乎不可能错过广告。

博客（blog） 在互联网上发表的个人日志，由按时间倒序显示的帖子组成。

声控台（board） 见声控台（console）

正文（body copy） 广告主体文本。是标题和副标题的逻辑延续，通常使用比标题或副标题更小的字号。

粗体（boldface） 加粗字体。

提升帖子（boosted post） 脸书社交广告工具，使帖子在用户的新闻信息流中更加突显。

展台（booth） 贸易展览区。要吸引受众驻足，设计必须简单而有吸引力，并具有良好的照明条件和很好的视觉效果。

自下而上的营销（bottom-up marketing） 与标准的自上而下的营销计划相反，自下而上的营销侧重于将某一种特定的战术发展为整体战略。

头脑风暴（brainstorming） 两个或更多人聚在一起产生新想法的过程；通常是突发灵感的来源。

品牌（brand） 名称、文字、符号或设计的组合，用于标识产品及其来源并将其与竞争产品区分开来，是所有产品根本的差异点。

品牌发展指数（brand development index，BDI） 品牌在一个地区的销售额占全国总销售额的百分比，除以该地区人口占全国总人口的百分比，形成用来描述品牌发展情况的数字，它表明特定品牌在特定市场区域的销售潜力。

品牌资产（brand equity） 消费者、分销商、经销商和竞争对手在很长一段时间内对品牌的总体感受和想法。简而言之就是品牌资本的价值。

品牌兴趣（brand interest） 个人对品牌的开放心态或好奇心。

品牌忠诚（brand loyalty） 消费者有意识或无意识的决定，通过持续复购品牌的意图或行为来表达。这是因为消费者认为该品牌以合适的价格拥有合适的产品功能、形象、质量或关系。

品牌经理（brand manager） 广告主公司内对成功营销特定品牌负有责任和有权力的个人。

品牌列车（brand trains） 一种广告形式，该形式中列车内外所有的广告都来自单一广告主。这一概念首先用于纽约市地铁，目前在拉斯维加斯单轨列车上使用。

品牌愿景（brand vision） 对品牌理想形象的明确描述，即所希望的品牌在客户和其他相关群体眼中代表什么。

品牌化（branding） 识别产品及其来源，并将其与所有其他产品区分开来的营销功能。

宽带（broadband） 一种数字数据传输方式，能使单根导线同时传输多个信号。

无线电广播（broadcast radio） 设备接收到的无线电，该设备解码电磁广播频谱发送的消息，是最古老和最常见的无线电形式。

广播电视（broadcast TV） 通过电波而不是电缆发送信号的电视。

巨幅传单（broadsides） 一种直邮广告，比折页大，有时用作商店的橱窗展示或店内墙上招贴。可以折叠成小巧的尺寸并装入邮袋中。

手册（brochures） 印刷在较厚的纸上的销售材料，并有彩色照片、插图和排版设计。另见折页（folders）。

批量折扣（bulk discount） 报纸为广告主提供的广告费率（按英寸数乘以每英寸成本计算）随着它们使用的英寸（版面）增加而降低。

路牌结构（bulletin structure） 通常为最大的户外广告形式，也称为广告牌。

集中式（bursting） 一种媒体排期方法，用于推广需要慎重考虑的高价商品，例如在黄金时段在同一电视台每半小时投放相同的电视广告。

公交车体广告（bus-o-rama sign） 交通广告中的一个巨大标识，实际是一种全彩透明广告，覆盖整辆公交车车身。

商业广告（business advertising） 针对出于商业用途购买特定商品或服务的人的广告。也叫企业对企业（B2B）广告（business-to-business advertising）。

商业杂志（business magazines） 最大的杂志类别，面向商业读者，包括面向零售商、批发商和其他分销商的贸易出版物，面向制造业和服务业商人的行业杂志，以及面向律师、医生、建筑师和其他专业人员的期刊。

商业市场（business markets） 购买自然资源、零部件产品和服务用于转售、开展自己的业务或制造另一种产品的组织。

商业回邮信函（business reply mail） 一种邮件，直邮广告的收件人无需支付邮资即可回邮。

企业对企业（B2B）广告（business-to-business（B2B）advertising） 见商业广告（business advertising）。

B2B 广告公司（business-to-business agency） 代表客户向其他企业营销产品。

旧换新补贴（buyback allowance） 制造商主动提出为旧产品付款，以便将其淘汰，为新产品腾出空间。

有线电视（cable TV） 电视信号通过电缆传送到家庭，并需付费订阅。

拍照制版（camera-ready art） 已完成的广告，可供打印机的相机根据出版物的规格进行出片（制作底片或印版）。

车尾招贴（car-end poster） 不同大小的交通广告，放置在车舱壁上。

CARU 见儿童广告审查组（Children's Advertising Review Unit）。

层叠样式表（cascading style sheets） 层叠样式表定义了网页的文本样式和网页其他方面，以确保网站中的页面在外观和功能上具有一致性。

选角简报（casting brief） 角色性格的详细书面描述，可作为演员试镜时的选角指导。

目录（catalog） 邮寄给潜在客户的参考书，列表、描述并经常图示制造商、批发商以及零售商销售的产品。

品类发展指数（category development index，CDI） 某产品类别某个地区销售额占全国总销售额的百分比，除以该地区人口占全国总人口的百分比，是体现品类发展情况的指数。

禁制令（cease-and-desist order） 在广告主不签署同意停止广告书的情况下，由美国联邦贸易委员会签发的禁止进一步使用某个广告的命令。

影响力中心（centers of influence） 意见和行为受到他人重视的顾客、潜在顾客或意见领袖。

街头定点访问法（central location test） 一种事前测试，通常在购物中心，以一对一的方式向受访者播放测试电视广告的录像带。

说服的中心路径（central route to persuasion） 由研究者佩蒂、卡奇奥波创立的理论，营销人员说服消费者的两种方式之一。当消费者对产品或信息有较高的卷入度时，他们会主动关注广告中与产品相关的核心信息，例如产品属性和利益，或出现积极的功能性或心理性的结果。另见精细加工可能性模型。

集中式广告部门（centralized advertising department）

通常位于公司总部的一群员工负责公司的所有广告。部门通常按不同的产品、广告次级功能、最终用户、媒体或地域来划分。

集中式网络（centralized network） 从一个单点发起连接形成的网络，该点是系统的中心。

优惠促销（cents-off promotion） 产品价格短期降低，旨在促进试用和使用。优惠促销有多种形式，包括基本优惠套餐、一美分销售、免费优惠和盒盖退款。

渠道（channel） 任何将编码信息发送给接收者的媒介，包括口头传播、印刷媒体、电视和互联网。

分销渠道（channels of distribution） 见分销渠道（distribution channel）。

儿童广告审查组（Children's Advertising Review Unit，CARU） 由商业改善局理事会创建，为广告主、广告公司、儿童、家长和教育工作者提供通用咨询服务。

电影院广告（cinema advertising） 电影院里的广告。

电影摄影师（cinematographer） 电影的摄影师。

发行量（circulation） 印刷媒体受众的统计测量；包括订阅和摊贩销售，以及购买阅读的一手读者和传阅的二手读者群。

发行审核（circulation audit） 由审计媒体联盟等对发行程序、发行渠道和其他发行因素进行全面分析。

经典条件反射（classical conditioning） 通过反复联想学习。当铃声与食物重复配对时，生物体对一种刺激的反应（对食物的期待而产生的唾液）被转换为对形式上中性的刺激（铃声）的反应。

分类广告网站（classified ad website） 专门提供分类广告的网站，例如克雷格列表，通常是免费提供的。许多分类广告网站都依靠其他广告主对横幅广告的购买。

分类广告（classified ad） 一种报纸、杂志和现在的互联网广告形式，排列在描述不同商品类别或需求类别的小标题之下。费率基于广告占据的行数。大多数招聘、住房和汽车广告都采用分类广告的形式。

分类展示广告（classified display ad） 在报纸的分类板块中投放的广告，具有较大的字体、照片、艺术边框、大量的留白，有时还有彩色。

清仓广告（clearance advertising） 一种地方性广告，设计来为新产品线或新型号腾出空间，或清掉滞销的产品、样品、破损商品或过季的商品。

点击进入网站（click to website） 旨在吸引脸书用户访问网站的社交广告计划。

点击数（click-through） 用于指互联网用户点击横幅广告访问广告主网站的术语。一些网络出版商，即网络媒体，按照给定横幅广告的点击次数向广告主收费。

点阅率（click-through rate） 点击展示广告或搜索广告人数占网站访问者的百分比。

结尾（close） 广告中要求消费者做什么以及如何做的部分——广告文案中的行动步骤。

关单日期（closing date） 出版商要求广告主或广告公司提供广告以印刷的最后期限。

混杂测试法（clutter test） 一种将电视广告与非竞争性控制（实验）电视广告组合在一起并向潜在客户展示，以衡量其在获得关注、提高品牌知名度和获得理解以及引起（受众）态度转变方面的有效性的事前测试方法。

认知（cognition） 涉及感知、思考、识别、记忆和决策的心智过程。

认知失调（cognitive dissonance） 见认知失调理论（theory of cognitive dissonance）。

辅助宣传材料（collateral material） 制造商为帮助经销商销售产品而准备的所有辅助非媒体广告材料——手册、目录、小册子、电影、贸易展览展品、销售工具包等。

分色（color separation） 通过滤色器拍摄艺术品时产生的四张独立的连续色调底片，滤色器消除了一种颜色外的所有颜色。底片用于制作四个印版，分别为黄色、洋红、青色和黑色，用于复制彩色美术作品。

栏（column inch） 出版商对广告收费的基本单位。它是一英寸长的一列。直到1984年，报纸的栏目宽度变化很大。1984年，报纸引入了标准广告单位（standard advertising unit，SAU）系统，该系统对报纸的栏宽、页面大小和广告大小进行了标准化。今天，大多数报纸——几乎所有的日报——都已转换为SAU系统。一个标准栏是 $2\frac{1}{16}$ 英寸宽 ×1 英寸长。

特惠组合（combination offer） 是一种将两个相关产品包装在一起，并以一个优惠价格出售的销售促进工具，例如一把剃须刀和一盒刀片。有时，通过与既有的销售良好的产品进行捆绑，特惠组合可以用于新产品的推介。

组合费率（combination rate） 报纸广告的特别价格，以下广告投放情况适用：（1）同一报纸的早间版、晚间版；（2）同一出版商所有的两种或更多报纸；（3）隶属于同一报业集团的两种或更多报纸。

命令式标题（command headline） 一种命令读者做某

事的标题类型。

传播要素（communication element） 包括买卖双方之间所有与营销相关的传播。

传播目标（communication objectives） 能够与促销活动产生合理关联的结果，例如增加品牌认知度或品牌知名度。

传播媒体（communications media） 创意组合的要素之一，包括各种能够用于传递广告主讯息的方法或媒体载体。

传播组合（communications mix） 各种营销传播工具，分为人员和非人员的销售行为。

社区卷入（community involvement） 一种本地的公共关系活动，公司赞助或参与当地活动或提供活动场地。

公司会议和经销商会议（company conventions and dealer meetings） 制造商为了介绍新产品、宣布销售促进计划或展示新的广告活动而主办的公开活动。

比较广告（comparative advertising） 宣称在一个或多个方面优于竞争者的广告。

汇编名录（compiled list） 一种根据其他来源汇编的直邮名录，包括汽车车主、新房屋购买者、企业主、工会成员等的名单。它是最易获得的名单，但响应预期也最低。

构成（composition） 网站或者电视节目的目标受众数量。

末稿（comprehensive layout，COMP） 已完成的广告作品的副本，包括附在插画旁的排好字体的文案。COMP 是提前准备好的，广告主可以据此评估最终广告的效果。

概念化（conceptualization） 见可视化（visualization）。

和解协议（consent decree） 广告主在不承认存在任何不当行为的前提下，所签署的终止争议广告的文件。

声控台（console） 在录音棚控制室中的控制面板，把声音推送到恰当的录音设备，并将现场的和预制的声音混合，以用于即时或延迟播放。

消费者广告（consumer advertising） 直接针对产品最终消费或为他人个人使用而购买产品者的广告。

消费者权益保护（consumer advocate） 通常通过调查公众或者自主研究中收集到的广告投诉，积极从事消费者权益保护。

消费者行为（consumer behavior） 人们购买或使用产品及服务以满足个人或家庭需要及欲望的行为、动作和影响。

消费者决策过程（consumer decision process） 消费者做出购买决策所经历的一系列步骤。

消费者信息网络（consumer information networks） 帮助发展州、地区、地方消费者组织，并与国家、地区、县、市消费者团体合作的组织机构，例如美国消费者联合会、全国老年公民委员会、全国消费者联盟等。

消费者杂志（consumer magazines） 信息或娱乐导向的期刊，针对购买产品供自己消费的人。

包装消费品（consumer package goods） 普通人日常消费的产品。与能够被长期使用的耐用消费品（例如洗碗机）相比，消费者不断地更换包装消费品（例如软饮料或纸巾）。CPG 品牌经常为了确保品牌忠诚而大量做广告。

消费促销（consumer sales promotion） 目的在于引发消费者试用、购买及再次购买的营销、广告和销售促进活动。也被称为拉式策略。

消费者至上主义（consumerism） 旨在对购物公众的权利进行戏剧化表达的社会行动。

消费者市场（consumer market） 为自己或者为其他个人使用而购买产品或服务的人。

竞赛（contest） 一种用于创造消费者卷入的销售促进方法，根据参赛者的技能支付奖金。

持续性（continuity） 广告讯息或广告活动在特定时段内的持续时间。

持续式排期（continuous schedule） 一种广告发布的稳定的、几乎没有变化的媒体排期方法。

合约费率（contract rate） 一种报纸广告的特别费率，通常提供给那些签订年度合同，进行频繁购买或批量购买的地方性广告主。

导播室（control room） 位于录影棚中，制作人、导演和录音工程师就座于此，监视和控制录音棚中生成的所有声音。

赠阅发行（controlled circulation） 一种按照选定名单邮寄的免费出版物，出版方认为名单上的人对广告产品的购买具有独特的影响力。

网站浏览信息数据（cookies） 当用户访问特定网站时，存入用户硬盘驱动器中的小段数据信息。它可以追踪用户是否访问过特定网站，也可以使网站根据用户是否重复访问，提供不同的信息。

联合广告（cooperative（co-op）advertising） 由制造商、渠道商或零售商共同分担费用的广告。制造商可承担经销商 50% ～ 100% 的广告支出或者按销售量给予其他数量的补偿。参见横向联合广告（horizontal cooperative advertising）、纵向联合广告（vertical cooperative advertising）。

文案（copy） 组成广告或者商业广告标题和讯息的词语。

文案要点（copy points） 产品广告中的文案主题。

版权（copyright） 版权法赋予作者和艺术家的独有权利，以保护他们的原创作品在未经其明确同意的情况下不被他人剽窃、出售或使用。

文案人员（copywriter） 为广告或商业广告措辞和创作概念的人。

剪线族（cord-cutters） 完全取消有线电视服务的人。

绝线族（cord-nevers） 从未订阅过有线电视服务的人。

削线族（cord-shavers） 继续使用有线电视，但是削减与有线电视订阅有关的额外费用的人。

企业广告（corporate advertising） 除产品广告以外的另外一大类别，专门用来改善公司形象或者使落后的知名度得以提升。

企业博客（corporate blog） 基于网络的关于企业及其政策、产品或行动的信息来源。企业博客是企业促进与消费者或其他公众关系的一种途径。

企业识别广告（corporate identity advertising） 使公众熟悉公司的名称、标识、商标或广告语的广告，特别会在上述元素发生改变以后采用。

纠正性广告（corrective advertising） 按 FTC 要求，在一段时间内做出的对违规广告的解释和更正。

成本效益（cost efficiency） 通过特定媒体到达目标受众的成本，而非到达该媒体全部发行规模的成本。

每收视点成本（cost per point，CPP） 媒介购买者采用的一种简单的决定哪种广播节目对目标受众来说最有效的方法。CPP 是由节目成本除以节目预期的目标受众收视率得出的。

千人成本（cost per thousand，CPM） 通用术语，描述到达 1 000 个媒体受众所需的成本。媒体策划人员用它来比较各种媒体载体的花费。

优惠券（coupon） 一种标注价值的凭证，提交给零售商可获得特定商品的降价。

封面日期（cover date） 印在出版物封面上的日期。

封面纸（cover paper） 用于软装书籍封面、直邮品和宣传册封面的纸，比文本纸（高品质印刷纸）更厚、更硬、更耐用。

封面位（cover position） 通常以溢价出售的出版物正面内侧（封二）、背面内侧（封三）和封底的广告位。

CPM 见千人成本（cost per thousand）。

CPP 见每收视点成本（cost per point）。

创意工作室（creative boutique） 一个由创意专家（如美术总监、设计师和文案人员）组成的组织，它们为广告主，偶尔也为广告公司发展创意概念、广告讯息和提供专业美术服务。工作室只做创意工作。

创意简报（creative brief） 指导创意团队广告创作的书面陈述，它描述创作广告应该考虑的最重要的问题（谁、为什么、什么、哪里和何时），包括目标受众的定义和说明，使用理性还是感性诉求，满足顾客需要的产品特征，在文案中使用的风格、方法或调性，以及文案大体会说什么。

创意总监（creative director） 领导一个配置给某广告客户的、由文案人员和设计师组成的创意团队，并对创意产品即最终的广告形式负总责的人。

创意组合（creative mix） 公司为了达成广告目标所要控制的广告要素，包括目标受众、产品概念、传播媒介以及 IMC 讯息。见 IMC 策略。

创意过程（creative process） 发现原创想法、以新的方式重组既有概念的渐进过程。

创意金字塔（creative pyramid） 一个协助创意团队将广告策略和大创意转化为实体广告的五步模型。这五个要素分别是注意、兴趣、信任、期待和行动。

创意人（creatives） 所有在创意部门工作的人，不管其专业为何。

创意（creativity） 将两种或更多以前毫无联系的事物或想法以新的方式组合在一起。

危机管理（crisis management） 公司在危机中处理新闻或公共关系的方案。

文化（culture） 同质群体通常代代相传的一整套信念、态度和做事方式。

累积听众数（cume persons） 在给定的一周、一天或一个时段中，收听广播电台至少 15 分钟节目的不同的人的总数。

累积收听率（cume rating） 以占市场总人口的百分比表示的预估收听人数。

既有顾客（current customers） 已经从企业买了东西并且有可能定期购买的人。

定制杂志（custom magazine） 看上去像是普通杂志，但是其实是由广告主制作的整本杂志广告，它们在报摊上出售，同样由出版传统杂志的公司出品。

顾客终身价值（customer lifetime value） 一个顾客在其整个生命周期内为营销者创造的总销售额或收益的现值。

顾客保留和顾客关系管理（customer retention and relationship management，CRM） 以现有顾客为重点而不是寻找新顾客的促销计划。由于对垃圾邮件（不请自来的电子邮件）的负面反应，电子邮件项目往往着重于顾客关系管理而不是获取新顾客。

定义广告目标以测量广告效果（DAGMAR） 一种为广告活动制定传播目标的计划工具。

日报（daily newspapers） 通常每周至少发行五次，分早间版或晚间版。

数据访问（data access） 数据库的特征，使营销者能够通过对自己拥有的全部信息进行操作、分析和排序来做出更好的营销决策。

数据管理（data management） 收集、加强、更新和提升公司数据库中有关客户和潜在客户信息的过程。

数据库（database） 公司对所有重要顾客信息的记录，包括姓名、地址、电话号码、NAIC 号码（如为企业）、询价来源、询价成本和采购历史等。应该记录所有渠道成员和顾客接触点上的每一次交易。

数据库营销（database marketing） 在计算机数据库中跟踪并分析特定顾客的购买模式，然后根据他们的需要定向投放广告。

时段组合（daypart mix） 一种根据视听率调查服务公司电视使用水平报告所做的媒体排期策略。

去中心化系统（decentralized system） 按照产品、品牌或者不同分支机构、子公司、国家、地区及其他符合公司需要的类型，来设立广告部门，保证广告部门有较多的运营独立性。

欺骗性广告（deceptive advertising） 根据 FTC 的标准，欺骗性广告指任何不实陈述、隐瞒或者其他误导相当多理性消费者并致其受损的广告。

平台（deck） 由移动运营商向其消费者提供的在线体验，通常由无线运营商策划。

衰退期（decline stage） 产品生命周期中的一个时期，此时由于产品过时、新技术出现或消费者品位改变，产品的销量开始下降。

解码（decode） 将输入的信号转换为可理解的事物。

限制性营销（demarketing） 20 世纪七八十年代能源短缺时期创造的术语，指用于降低产品需求的广告。

人口统计版（demographic editions） 按照相同人口统计特征（诸如年龄、收入或职业等）向消费者发布不同版本的杂志。

人口统计细分（demographic segmentation） 基于人口统计特征，如性别、年龄、族裔、教育、职业、收入或其他可量化因素所做的细分。

演示（demonstration） 一种展示产品使用情况的电视广告。

部门制（departmental system） 按照职能划分的广告公司部门体系，包括客户服务、创意服务、营销服务和行政。

设计（design） 由平面设计师选择和组织的艺术元素构成或视觉图形。

指定市场区域（designated market area，DMA） 电视台能够吸引大部分观众的地理区域。

桌面排版系统（desktop publishing） 使用计算机和出版软件，为商业目的制作印刷或数字素材。

发展期（development stage） 广告公司和客户关系中的蜜月期，此时，双方都持有最乐观的态度，并且渴望快速发展出一种合作互惠的机制。

技巧式文案（device copy） 借助双关语、幽默、诗歌、韵文、夸张、插科打诨和其他技巧或噱头的广告文案。

对白 / 独白式文案（dialogue/monologue copy） 一种广告正文的类型，广告中的人物通过准证言的方式或者连环画的模式，用自己的话进行销售。

数字优惠券（digital coupon） 在超市，使用常客购物卡可以在结账时自动给持卡人优惠券折扣。此外，在售点为新产品试用采用触屏视频、即时打印折扣、返利和优惠。

数字互动媒体（digital interactive media） 消费者可以主动和即刻参与的电子沟通渠道，包括在线数据库、互联网、光盘驱动器以及独立售卖机。

直接分销（direct distribution） 一种制造商不通过零售商直接向顾客销售的营销方法。

直复营销（direct marketing） 一种可寻址沟通的交互过程，使用一种或多种媒体在任何地点影响可测量的销售、销售前导、零售商采购或者慈善捐赠。这种方法借助对数据库的分析，可以发展出营销人员、顾客、潜在顾客以及捐赠者之间长久的互利关系。

直接提问法（direct questioning） 一种事前测试方法，用于导出对广告活动的全面反应。它在测量广告备选方案的早期阶段尤为有效。

直接销售（direct selling） 在非固定零售场所进行的面

对面销售。通常指对消费者产品的营销，从百科全书、保险到化妆品和营养品。

直邮（直接行动）广告（direct-mail（action）advertising）所有不通过商业媒体而直接发送给潜在顾客的广告。

直接反应广告（direct-response advertising） 一种寻求读者、听众或观众对信息发出者给予回应的广告。直接回应广告可以采用直邮的形式，也可以使用其他各种媒体，从火柴盒或杂志到广播、电视或路牌。

直接销售策略（direct-sales strategy） 在家庭或者工作地点直接向消费者销售，而不通过零售店或其他中介。

导演（director） 导演负责广播或者电视广告的前、中、后期制作工作。

目录（directories） 通常以小册子形式呈现的购物清单或者邮件列表。

展示广告（display advertising） 一种报纸广告的类型，包括文案、插图、照片、标题、优惠券以及其他一些视觉元素。

卖场陈列补贴（display allowance） 生产商付给零售商的费用，用于换取生产商陈列的展示空间。

显示屏（display panels） 包含文字和图形讯息的大型显示器，在体育场中也很常见。

特排字体（display type） 一种用于广告的字体，比常规字体更大、更粗，通常用于标题、副标题、标识、地址或者其他需要强调的文字。

分散式网络（distributed network） 一种不包含枢纽或中心节点的连接系统。

分销渠道（distribution channel） 在产品从生产者转移到消费者的过程中，全部取得所有权或者协助取得所有权的公司或者个人所组成的网络。

分销要素（distribution element） 客户购买公司产品的方式和地点，包括直接或者间接分销。

发布目标（distribution objectives） 广告应该何时、何地以何种频率出现。

易地销售（diverting） 按照一个地区的促销折扣价大量购入产品，然后再运送到没有折扣的地区。

DMA 见指定市场区域（designated market area）。

念白（donut） 在撰写广告歌时留出的口播文案。

戏剧讯息（drama message） 广告讯息的三种文学形式之一，在这种形式中，角色直接在想象中的、能够共情的观众面前进行表演。

驾车时间（drive time） 广播使用的周一至周五上午 6 点至 10 点，下午 3 点至晚上 7 点的时间。

仿真品（dummy） 仿真品体现手册、多页材料或售点展示拿在手上的外观和感觉。

电子邮件广告（e-mail advertising） 发展最快、最有效的直接邮寄方式之一。

早期采用者（early adopters） 比其他大多数人更愿意尝试新产品或服务的消费者。

增量折扣（earned rate） 整年广告刊播量增加时可追加的折扣。

有效频次（effective frequency） 在讯息生效之前，一个人必须看到或听到的平均次数。

有效到达范围（effective reach） 用来描述曝光质量的术语。它测量获得足够曝光、真正接收到讯息的受众的人数或百分比。

精细加工可能性模型（Elaboration Likelihood Model）有关劝服的理论。心理学家佩蒂、卡奇奥波提出的理论认为：劝服发生的路径取决于消费者对产品以及讯息的卷入程度。当对产品和讯息的卷入度高时，人们会在更深入和更精细的水平上关注产品的信息，例如产品的属性、优点或者证据，进而产生产品信念、积极的品牌态度和购买意愿。另一种情况下，当人们对产品或讯息的卷入度低时，就没有理由注意或者理解广告中的中心讯息。其结果是直接说服减少，消费者形成的品牌信念、态度或购买意图即使有的话也很少。但是。这些消费者可能因娱乐价值，注意到广告的某些边缘方面，例如广告中的图片或者影视广告中的演员。不管人们对这些边缘线索有什么感觉或想法，这些与产品无关的方面还是会整合到对广告的积极态度中。参见说服的中心路径和边缘路径。

电子媒体（electronic media） 广播和电视，可以通过电线或空中广播传输。

情感诉求（emotional appeal） 直接作用于消费者心理、社会和象征需要的营销诉求。

实证研究方法（empirical research method） 一种通过实验来确定最佳广告资金分配方案的方法。公司通过在不同市场投入不同预算的一系列测试，找到最有效的支出水平。

编码（encode） 将信息转换成另一种形式，以实现某些目的。

背书（endorsements） 见证言（testimonials）。

娱乐（entertainment） 赞助的领域之一，包括音乐会巡演、景点和主题公园。

环境（environments） 影响购买决策的周遭事物。

设备导向型服务（equipment-based service） 主要依赖专用设备使用的服务业。

伦理的（ethical） 做广告主及其同伴认定的、在特定情境下具有道德恰当性的事。

备选品评估（evaluation of alternatives） 在品牌、尺码、款式和颜色之间进行选择。

评价标准（evaluative criteria） 消费者用于评判备选品特性和优点的标准。

唤起集（evoked set） 消费者在做出购买决定时考虑的备选品或服务所构成的特定集合。

交换（exchange） 用一件有价值的东西与另一件有价值的东西交易。

独家分销（exclusive distribution） 一种限制批发商和零售商数量的策略，独家分销商可以通过销售产品获得商誉、维持高价，并在某一地理区域内保护其他经销者。

展示性媒体（exhibitive media） 专门设计出来帮助顾客与产品实现面对面的媒体。这些媒体包括产品包装、商业展会展台和展览。

展览（exhibit） 一种营销或公关方法，包括讲述组织及其产品的陈列和展示。它可以在集市、大学或交易会上。

实验法（experimental method） 一种科学研究方法，研究者对一个或多个实验组施加实验刺激，并将其结果与没有接受刺激的对照组进行比较。

探索性调查（exploratory research） 见非正式调查（informal research）。

探险者（explorer） 创意过程中的一种角色，负责搜索新信息并关注异常模式。

曝光值（exposure value） 一个媒体的价值取决于它向目标受众展示广告的表现如何。换句话说，一个广告能被多少人“看到”。

关注印象（eyes on impressions，EOI） 由美国户外广告协会和美国交通审计局创建的一种衡量户外广告的真实触达和频次的方法。

事实型思维（fact-based thinking） 一种倾向于将概念分割成部分，并通过分析来寻找最佳解决方案的思维方式。

家族品牌（family brand） 多种产品在同一品牌名下的营销方式。

农业刊物（farm publications） 面向农民及其家庭，以及生产或销售农业设备、用品和服务的公司的杂志。

FCC 见联邦通信委员会（Federal Communications Commission）。

FDA 见美国食品药品监督管理局（Food and Drug Administration）。

特稿（feature article） 关于公司、产品或服务的软新闻，多由公关人员、出版社工作人员或第三方撰写。

联邦通信委员会（Federal Communications Commission，FCC） 对广播、电视、电话和电报行业具有管辖权的联邦监管机构。通过授权，FCC 可间接管控广播广告。

联邦贸易委员会（Federal Trade Commission，FTC） 监管促销州际销售产品广告的主要联邦管理机构。

反馈（feedback） 一种确认或响应初始消息的信息。

服务费－佣金混合制（fee-commission combination） 一种定价制度，指广告公司既向客户收取基本的服务月费，又保留媒体佣金。

首播辛迪加（first-run syndication） 专门为联合企业市场制作的节目。

5M（five Ms） 媒体组合的五要素，包括市场、资金、媒介、配置和方法。

统一费率（flat rate） 标准的报纸广告费率，对大量或重复购买版面不给予折扣。

起伏式（flighting） 一种间歇性的媒体排期模式，其中广告时段与无广告时段交替进行。

焦点小组（focus group） 一种定性研究方法，邀请 4 个或 4 个以上的人（典型的目标消费者）进行小组讨论，用一个小时或更长时间讨论产品、服务或市场状况。

折页（folders） 大量的传单广告，通常折叠起来从邮筒寄出。

字形（font） 一组设计独特的大写、小写字母，通常包括数字和标点符号。

美国食品药品监督管理局（Food and Drug Administration，FDA） 有权对包装食品和医疗设施进行标签、包装和品牌方面监管的联邦机构。

外国媒体（foreign media） 广告主在一个国家内针对消费者或企业的广告活动所使用的该国当地媒体。

论坛（forum） 围绕特定主题聚集一群人的网站板块。

提前买进（forward buying） 零售商在商品打折时囤积货物，在原价时少量购买的行为。

4P（four Ps） 见营销组合（marketing mix）。

特许经营（franchising） 一种垂直营销模式，经销商付费后按照母公司或制造商的指导来经营。

独立插页（freestanding insert，FSI） 夹在报纸中分发的优惠券。

频次（frequency） 同一个人或家庭在特定时段内接触传播媒介的次数。

频次折扣（frequency discount） 在报纸上，广告主通过在特定时段内重复展示广告来赚取此折扣。

FTC 见联邦贸易委员会（Federal Trade Commission）。

黄金版位（full position） 在报纸广告中，靠近一页顶部或在报纸新闻旁边一栏顶部的首选位置。它通常被正规的文章环绕，广告主为此要比 ROP（任意版位）多花费 25% ～ 50%。

全户外广告计量单位（full showing） 交通广告中的一种购买单位，系统中的每辆车上都会出现一个广告位。

全面服务广告公司（full-service advertising agency） 能够在所有传播和促销领域为客户提供服务的广告公司。它的广告服务包括策划、创作和制作广告，以及进行研究和媒体选择。它的非广告服务包括制作促销材料、公关稿件、年报、商业布展和销售人员培训材料。

游戏（game） 一种根据机会提供奖品的促销方式。游戏的巨大营销优势是消费者必须重复访问经销商才能继续玩游戏。

游戏化（gamification） 通过设计来提高用户黏性。

折页（gatefold） 一种加长并折叠放进杂志中的封面或页面。折页可以是一页的部分，也可以是一页或两页以上，并总是以高价出售。

面向普通消费者的广告公司（general consumer agency） 代表最广泛客户的广告公司，主要集中于售卖一般消费者商品的公司。

地理人口细分（geodemographic segmentation） 结合人口统计数据和地理细分来选择广告的目标市场。

地理围栏（geofencing） 锁定进入预定地域的消费者并投放相关广告，这则广告通常是为该地点附近的消费者所做。

地理版（geographic editions） 面向特定地域市场的杂志，并有不同的广告费率。

地理细分（geographic segmentation） 一种按照地理区域来划分市场的方法，该地域的人拥有共通的特征、需求或欲望。

全球性广告（global advertising） 公司在全球不同国家/地区营销其产品、商品或服务时所使用的广告，广告信息保持一致。

全球营销商（global marketer） 在所有国家使用标准化方法进行营销和做广告的跨国公司。

全球定位系统（global positioning system，GPS） 一个基于卫星定位的系统，户外广告公司据此向客户提供特定广告牌的精确经纬度。装备了复杂软件和电脑的媒体买家，将卫星定位与人口统计特征及交通流量结合起来，足不出户就能确定广告牌的最佳位置。

商品（goods） 有形产品，如服装、肥皂和软饮料。

政府市场（government markets） 为协调市、州、联邦或其他政府活动而购买产品的政府机构。

总印象数（gross impressions） 一个媒体计划所传达的所有受众的总数。

毛评点（gross rating point，GRP） 某一媒体排期所触达的观众总量或分量。它的计算方法是，将总印象数除以目标人群的规模，然后乘以 100，或者将覆盖率（表示为人口的百分比）乘以平均频次。在电视中，毛评点指的是特定媒体在特定时间段内的总收视率。例如，每周播放 5 次，家庭平均收视率为 20 的广告，可以产生 100 个总收视率。在户外广告中，100 个毛评点（也称为 100 户外广告计量单位）覆盖整个市场，连续 30 天内每天可触达 10 个成年人中的约 9 个。

团队制（group system） 广告公司分成若干小公司或团队的体制，每个小公司或团队由一名客户主管、客户执行、文案人员、艺术总监、媒体主管以及为满足团队所服务客户而设的任何专家组成。

成长期（growth stage） 产品生命周期中以市场扩张为标志的时期，越来越多的顾客进行第一次购买，其他顾客已经进行第二和第三次购买。

GRPs 见毛评点（gross rating points）。

基本发行量（guaranteed circulation） 出版商期望销售的杂志数量。如果没有达到该数量，出版商必须给广告主退款。

习惯（habit） 一种与生俱来的或发展出来的几乎甚至完全无意识的行为模式。

晕轮效应（halo effect） 在广告预测试中，消费者可能将第一印象最好的一两个广告评价为所有类型中最好的广告。

标题（headline） 广告中处于主要位置的词语——首先被阅读的词语或被放置在最吸引注意力位置的词语。

隐性差异（hidden differences） 产品中难以察觉但存在的差异，可能会极大地影响产品的接受度。

需要层次（hierarchy of needs） 马斯洛的理论，认为较低的生理或生存需要在人类行为中占主导地位，必须先得到满足，才能使更高的需要变得有意义。

副歌（hook） 镌刻在你记忆中的广告歌曲的部分。

横向联合广告（horizontal cooperative advertising） 相关企业（汽车经销商、房地产经纪人等）联合投放广告，为它们的业务创造流量。

水平刊物（horizontal publication） 面向跨行业的、承担特定工作职能的人员的商业刊物，如《采购》杂志。

自有名录（house list） 公司最重要和最有价值的客户直邮名单，包括当前的、最近的和很久以前的客户以及未来的潜在客户。

企业刊物（house organs） 由商业组织制作的内部和外部出版物，包括股东报告、时事通讯、消费者杂志和经销商出版物，大多数由公司的广告或公关部门或其代理机构制作。

家庭开机率（households using TV，HUT） 在特定地区任何特定时间打开一台或多台电视机的家庭百分比。如果调查区域有 1 000 台电视机，500 台是打开的，那么家庭开机率是 50%。

超文本标记语言（HTML） 在互联网上建立网站所适用的超文本标记语言。

图符（icon） 代表一个创意点子或事物的图像。

观念（idea） 广告试图推销的经济、政治、宗教或社会观点。

插画师（illustrator） 为广告绘画、素描的艺术家。

形象广告（image advertising） 旨在创造对公司的特定印象或品牌个性的广告类型。

形象移植（imagery transfer） 当广告主在电视上播放节目后，接着将音频部分转化成广播广告，这时足有 75% 的消费者在听到广播广告时，会在脑海中重播这段视频。

IMC 讯息（IMC message） 广告创意组合中的一个要素，指公司在广告中计划说什么以及如何说——以口头或非口头的方式。

IMC 计划（IMC plan） 指导公司的广告经营的书面文件，是市场营销计划的自然产物。该计划分析市场情况，设定广告目标，并制定出具体的策略，从而制作广告和开展广告运动。

IMC 调查（IMC research） 侧重于推进和评估整合营销传播策略及方法的调查活动。

IMC 策略（IMC strategy） 广告主用来达成广告目标的方法。IMC 策略取决于目标受众、产品概念、传播媒体和 IMC 讯息的创造性组合，也被称为创意组合。

IMC 策略调查（IMC strategy research） 用于帮助定义产品概念或选择目标市场、IMC 讯息及媒体载体的调查。

沉浸式广告（immersive advertising） 由尼奥宠物网站（Neopets.com）所开发的专有技术，用于将广告主的产品或服务整合到网络体验中。

暗指的消费者（implied consumer） 广告形象所针对的消费者。他们不是真实存在的，而是被广告创作者想象成的理想的消费者——默认了广告所要求的任何信念。实际上，它们是广告剧情的一部分。

实物（in kind） 捐赠物品或服务，作为对某些服务（如赞助）的报酬。

深度访谈（in-depth interview） 一种深入访问技巧，通常使用精心策划但结构松散的问题来探究受访者的深层感受。

自营广告公司（in-house agency） 由广告主全资拥有的广告公司，和独立的综合服务广告公司一样设立并配备员工。

店内样品试用（in-store sampling） 向路过的顾客发放免费产品样品。

奖励制（incentive system） 一种补偿方式，当广告活动达到特定的、预定的目标时，广告公司分享客户的收益。

独立制作公司（independent production house） 专门从事电影或视频制作或两者兼备的供应商公司。

独立调查公司（independent research companies） 广告公司外部的调查机构。它们具备不同规模和专长，雇用统计学家、实地采访者、计算机程序员以及拥有心理学、社会学和市场营销学学位的分析师。

独立购物指南（independent shopping guide） 包含或不包含编辑内容的本地广告载体，它们可以针对高度细分的市场。

独立品牌（individual brand） 为制造商生产的每种产品匹配一个独有的品牌名称。

诱导性差别（induced differences） 通过独特的品牌化、包装、分销、零售和广告等手段来彰显产品的显著特色。

工业时代（industrial age） 大概覆盖 20 世纪头 70 年的历史时期。这一时期的标志是美国工业的快速增长和成熟。这一时期见证了新颖的，通常是实惠的奢侈品和便利品的发展，现在通常被归类为面向普通消费者的包装商品。

产业市场（industrial markets） 购买产品，如工厂设备和电话系统以生产其他商品或服务的个人或公司。

影响者（influencer） 与他人分享自己品牌经验的产品用户。

影响者营销（influencer marketing） 一个品牌和一个影响者之间的战略合作，利用影响者及其追随者的能力。

专题广告片（infomercial） 向消费者提供产品或服务详细信息的长篇电视广告；见节目式广告（program-length advertisement）。

非正式调查（informal research） 市场调查过程中的第二步，旨在通过二手数据的整理和对数个掌握大量信息的关键人员的采访，探索一个问题，又称探索性调查。

信息性动机（informational motives） 消极导向的动机，如解决问题或回避问题，它是消费者行为中最常见的激励因素。

查询测试法（inquiry test） 将消费者对广告或免费样品的反应列表测试的方式。

插页（insert） 由广告主印刷并发给出版商以插入杂志或报纸的广告与小册子。

刊登委托单（insertion order） 广告主投放广告前提交给报纸或杂志的表单。此表单说明广告的投放日期、尺寸、要求的位置和费用。

车内卡片（inside card） 一种公共汽车的广告，通常长 11 英寸，宽 28 英寸，放置在公共汽车窗户上方的壁架上。

机构广告（institutional advertising） 试图为整个企业，而不是为商店或企业销售的特定产品服务获得良好印象的广告类型。机构广告的效果是长期的。

企业形象式文案（institutional copy） 广告主试图推广某一观念或组织与服务的优点，而不是特定产品的卖点的广告正文。

整合式广告（integrated commercial） 通常只由一个人播报，为避免任何干扰而编入节目或为特定节目量身定做的广告。

整合营销传播（integrated marketing communications，IMC） 通过制订和协调战略性传播计划，与员工、客户、其他利益相关者和公众建立和加强互利关系的过程，使他们能够通过各种媒体与公司 / 品牌进行富有建设性的联系。

知识产权（intellectual property） 由思想所产生的东西，如原创作品，包括文学、戏剧、音乐、艺术和其他智力作品，这些作品受到版权、专利或商标的法律保护。

密集分销（intensive distribution） 一种分销策略，使产品尽可能地铺货到每一个地点，以便消费者花最少的力气就能买到。

深度调查技术（intensive techniques） 通过直接提问来探究受访者最深层的感受、态度和信念的定性调查。典型的方法包括深度访谈和焦点小组。

互动广告局（Interactive Advertising Bureau，IAB） 负责建立数字广告规范的数字机构。

互动广告公司（interactive agency） 专门制作网页、只读光盘（CD-ROM）或电子亭等数字互动媒介广告的代理公司。

交互型顾客关系（interactive customer relationship） 公司或品牌与消费者在一段时间内相互沟通的持续关系。

互动电视（interactive TV） 人们在观看电视时通过遥控机顶盒选择电视节目的个人接收渠道。

中间段（interior paragraph） 一则广告正文中的部分内容，主要展示广告讯息的可信度和意欲诉求。

国际广告（international advertising） 针对国外市场的广告。

国际广告公司（international agency） 在世界各个主要传播中心设立办事处或分支机构的广告公司，以帮助客户进行国际化市场营销。

国际媒体（international media） 通常不做改变，为数个国家服务，面向国际观众的媒体。

国际化架构（international structure） 在国外设立营销部门的公司组织形式，通常分散管理，对自己的产品线、营销运作和利润负责。

互联网（internet） 计算机系统的全球网络，通过电子邮件、万维网、文件传输协议和其他数据协议促进全球电子通信，是目前增长最快的广告媒介。

互联网出版商（internet publisher） 产出数字媒体用户感兴趣内容的公司。其商业模式是向访问它们内容的人展示广告，通常这些内容也是广告的一部分。

人际影响（interpersonal influences） 对消费者决策过程产生影响的社会性因素，包括家庭、社会和文化环境。

访谈（interview） 见深度访谈（in-depth interview）。

导入期（introductory phase） 产品生命周期的初始阶

段（也被称为开创期），当一个新产品被引进市场时，通常成本最高，利润最低。

库存时间（inventory） 给广告主的广告时间。

中岛（island half） 杂志的半页广告版面，其两边或多边被杂志文章环绕。这种版式的广告占据页面的核心位置，因此以高价出售。

斜体（italic） 一种字母通常向右倾斜的印刷方式。

广告歌（jingle） 一种音乐广告，通常在歌词中唱出销售讯息。

法官角色（judge role） 在创意过程中，评估各种尝试并决定哪种办法更实用的角色。

基础招贴（junior poster） 一种户外广告，通常在 6 英尺高，12 英尺宽的面板上印刷 5 英尺乘 11 英尺的广告画面。

基础单元（junior unit） 一个占据 60% 杂志页面的大尺寸广告，周围环绕着编辑文本。

字距调整（kerning） 测量文本中各个字母之间的间距。

关键词（keyword） 用户输入互联网搜索引擎的单个词语，以请求与该词意思相似的信息。广告主可以从搜索引擎购买关键词，这样当用户输入所购买的词时，它们的广告就会出现。

登录页（landing page） 为点击在线广告的用户而设计的目的地页面。

版式（layout） 一则广告中各部分的有序组合。在印刷广告中，它指标题、副标题、图像、文案、图片配文、商标、口号和签名的排列。在电视广告中，它是指人物、道具、场景和产品元素的放置，摄像机的位置和角度，以及照明的使用，参见设计（design）。

导入段（lead-in paragraph） 在印刷广告中，指贯穿主标题、副标题和正文销售信息的桥梁。它能将读者的兴趣转化为对产品的兴趣。

行距（leading） 文本行与行的间距。

学习（learning） 思维或行为的相对永久的改变，是经验强化的结果。

信件公司（letter shop） 装填信封、贴标签、计算邮资、分类打包物品，以及准备分发材料的专门公司。

特许品牌（licensed brand） 可以供其他公司购买使用权的品牌名称。

生活方式技巧（lifestyle technique） 展示用户而不是产品的商业广告类型。通常被服装和软饮料广告主使用，将其品牌与消费者的时尚生活方式联系起来。

顾客终身价值（lifetime customer value，LTCV） 一种衡量消费者在其一生的购买过程中对公司的经济价值的方法。通过如下公式衡量：平均销售价值 × 重复交易数量 × 典型顾客的月或年平均留存时间。

线性电视（linear TV） 通过传统的有线或广播电视预约观看的电视内容。

联络媒体（linkage media） 在直邮营销中，帮助潜在顾客及现有顾客与公司建立起联系的媒体。

名录经纪人（list broker） 向邮寄名单所有者办理名单的租借事宜，并收取佣金的中介人。

游说（lobbying） 代表客户利益，告知政府人员并说服他们支持或阻挠行政行为或立法。

地方性广告（local advertising） 市或县内的企业针对同一地方顾客所做的广告，也称为零售广告。

地方性广告公司（local agency） 专门为当地企业制作广告的广告公司。

地方城市杂志（local city magazine） 美国主要的大城市都有的刊物，代表性读者群是当地对艺术、时尚和商业感兴趣的高端专业人士。

地方时间（local time） 地方性广告主购买的广播广告时段。

外景地（location） 在摄影棚外拍摄。外景拍摄增加真实感，但也可能是技术和后勤方的噩梦，通常会增加成本和许多潜在问题。

基于位置的广告（location-based advertising） 对消费者的位置做出响应的广告活动。

标志（logotype） 所有广告中出现广告主名称（或产品名称）的特殊设计，也称为鲜明特征，它类似于商标，因为它赋予广告主个性并在购买时提供了快速识别的可能。

长期宏观批评（long-term macro criticisms） 一种对广告的评判，侧重于评判营销中更广泛的社会或环境影响。

摄制场（lot） 演播室外的场地，可以屏蔽杂乱的场外声音。

邮件反应名录（mail-response list） 一种直邮列表，由响应其他公司直邮邀请的人组成，尤其是那些努力与广告客户互惠互利的人。

维持期（maintenance stage） 在广告客户 – 广告公司关系中，成功后可能持续多年的日常互动。

补偿（makegoods） 为弥补错过或播放错误而补给的电视广告时间。

管理（客户）主管（management (account) supervisors）

管理客户执行并向公司负责人汇报客户服务业务的管理人员。

必需要件（mandatories） 广告主通常坚持将地址、电话号码、网址等包含在广告中以向消费者提供足够的信息。

市场（market） 一群具有共同兴趣、需要或欲望的潜在顾客，他们可以利用所提供的商品或服务获得某种好处，也能够负担得起或愿意支付购买价格。此外，市场也指媒体组合中，一个媒体计划的各种目标受众。

市场前期企业广告（market prep corporate advertising） 供公司未来销售的企业广告，它同时传达有关产品和公司的信息。

市场细分（market segmentation） 在消费品或商业产品的广阔市场中，识别具有某些共同需求和特征的人群或组织，并根据它们对产品效用的共同利益，将这些群体聚集到更大的细分市场中的策略。

营销商（marketer） 任何有产品、服务或有想法要出售的人或组织。

营销（marketing） 用于创建、沟通、交付和交换对顾客、委托人、合作伙伴以及整个社会有价值的供给物的一系列活动、体系和流程。

营销传播（marketing communication） 公司用来发起和保持与顾客或潜在顾客沟通的各种努力与工具，包括但不限于邀请函、报纸广告、事件赞助、公共关系、电话营销、公告和优惠券等。

营销信息系统（marketing information system，MIS） 一套生成有序而又恰当的信息流的程序，用于市场决策。

营销组合（marketing mix） 营销组合包括四个要素，简称为 4P（产品、价格、渠道和促销），每个公司都可以选择添加、减去或修改以创建所需的营销战略。

营销目标（marketing objectives） 营销工作的目标，可以用特定目标市场的需求和特定的销售目标来表达。

营销计划（marketing plan） 指导公司营销工作的计划。首先，它汇集了关于组织、所服务的市场以及产品、服务、顾客和竞争的所有相关事实。其次，它迫使公司内的职能经理一起工作——产品开发、生产、销售、广告、信贷、运输——以有效地关注顾客。最后，它设定了要在特定时间段内实现的目标和目的，并列出实现它们的精确策略。

营销公共关系（营销公关）（marketing public relations，MPR） 使用公共关系活动作为营销工具。

营销调查（marketing research） 系统地收集、记录和分析信息以帮助管理人员做出营销决策。

营销战略（marketing strategy） 公司将如何完成其营销目标的陈述。战略是公司总方向，它指引着营销计划的实施，并由在公司可控范围内的营销要素（4P）的特定组合决定。

附加费（markup） 通过在供应商账单上增加一定金额而获得的代理收入，通常为 17.65%。

大众媒体（mass media） 面向大量受众的印刷或广播媒体。大众媒体包括广播、电视、报纸、杂志和路牌等。

成熟期（maturity stage） 产品生命周期中产品市场饱和、新客户数量减少、市场竞争最激烈的阶段。

配置（mechanics） 媒体组合的 5 个 M 之一；创造性地处理可用的广告媒体选项。

媒体（media） 付费的传播载体，用于向目标受众展示广告。最常用于指广播和电视网、有新闻记者的电台以及带有新闻和广告的出版物。

媒体采购员（media buyer） 负责谈判和签约购买各种媒体广告空间和时间的人。

媒介种类（media classes） 包括电子、印刷、户外和直邮的广泛媒体类别。

媒体佣金（media commission） 媒体向经确认的广告公司支付的报酬，通常为广告投放费用的 15%（户外约为 16.7%）。

媒体资料袋（media kit） 见新闻资料袋（press kit）。

媒介策划（media planning） 在正确的时间、地点将广告讯息定向到正确的受众人群的过程。

媒介调查（media research） 系统地收集和分析有关媒介载体的覆盖范围和有效性的信息。

媒介子类（media subclasses） 媒介种类的更细的划分，如广播、电视、杂志、报纸等等。

媒介单位（media units） 每种媒介的具体广告单位，如半版杂志广告、30 秒广告等等。

媒介载体（media vehicle） 特定的媒介节目或出版物。

媒体购买公司（media-buying service） 专门从事广播与电视时间采购和包装服务的组织。

媒体（medium） 携带讯息或帮助将讯息从发送者传输到接收者的设备或传播载体。另见媒体（media）。

心智档案（mental files） 存储在消费者头脑中的记忆。

商品（merchandise） 代指产品，用于广告测试的 5M 模型。

讯息（message） 在口头交流中，由信源形成和编码并发送给接收者的想法。

讯息策略（message strategy） 一家公司想说什么以及如何说的具体决定。讯息策略的要素包括语言、非语言和技术成分；也称为基本原理。

讯息力度（message weight） 一组广告或整个活动的总受众规模。

方法（methodology） 选择和安排媒介载体以实现所需的覆盖范围、频率和连续性目标的总体策略。

微博（microblog） 一种博客形式的广播媒体。

微型网站（microsite） 指的是一个更大的域（网站）专门设计的一部分，通常被构建以驱动特定的操作。

使命宣言（mission statement） 对组织目的的简短、有抱负的描述。

组合媒介法（mixed-media approach） 在单个广告活动中使用广告媒介载体的组合。

助记手段（mnemonic device） 一种用来戏剧化呈现产品优势并使其令人难忘的噱头，如帝国人造黄油的皇冠或雅芳的门铃。

移动应用程序安装（mobile app installs） 社交广告鼓励用户安装脸书的应用程序。

移动广告牌（mobile billboard） 兼具传统广告牌和交通广告的特点，用一些特别设计的平板卡车载着长长的广告牌在繁忙的街道上穿梭。

资金（money） 在媒体策划中，媒介组合中的五个要素之一。

动机（motivation） 源于消费者有意识或无意识需求的潜在驱动力，并有助于个人消费者的购买行为。

驱动值（motivation value） 基于媒体激发人们行动的能力选择媒介的考虑因素。积极因素包括声望、优质内容、时效性以及内容关联性。

动机（motives） 情绪、欲望、生理需要或类似的冲动，可能会刺激消费者采取行动。

跨国企业（multinational corporation） 在许多国家 / 地区运营和投资，并根据全球可用性做出决策的公司。

音乐广告（musical commercial） 收音机或电视广告中易记的短歌。参见广告歌（jingle）。

音乐标识（musical logo） 通过持续使用而与产品或公司联系在一起的短歌。

NAD 参见全国广告处（National Advertising Division）。

NAICS 参见北美行业分类系统（North American Industry Classification System）。

NARB 参见全国广告审查委员会（National Advertising Review Board）。

叙事式文案（narrative copy） 一种讲述故事的广告正文类型。它先设置一个问题，然后使用产品或服务的特定销售特征作为关键来创建解决方案。

叙事讯息（narrative message） 以第三人称向想象中的受众讲述他人故事的广告。

全国性广告主（national advertiser） 在多个地理区域或全国范围内做广告的公司。

全国性广告（national advertising） 在多个地理区域或全国范围内销售其产品、商品或服务的公司所使用的广告。

全国广告处（National Advertising Division，NAD） 全国广告处隶属于商业改善局理事会，它调查和监督广告行业的行为。

全国广告审查委员会（National Advertising Review Board，NARB） 一个能够审查 NAD 决议的五人小组，由三个广告主、一个广告公司和一名非专业人员组成。

全国性广告公司（national agency） 制作和投放适合全国性活动的优质广告的代理机构。

全国性品牌（national brand） 在全国多个地区销售的产品品牌。

全国性杂志（national magazines） 在全国发行的杂志。

全国费率（national rate） 一种加成的报纸广告费率，用于补偿为全国性广告主提供服务的额外成本。

原生广告（native advertising） 与媒体内容的形式、感觉和功能相匹配的广告。

需要（needs） 激励我们做某事的基本的，通常是本能的人类力量。

被动生成的动机（negatively originated motives） 基于问题解决或问题回避的消费者购买和使用行为。为了缓解这种感觉，消费者积极寻求新的或替代产品。

网络（network） 一个人建立的链接数量。

网络体系直销（network marketing） 也称为多层次直销，是一种让个人客户为独立制造商或自主品牌营销商分销产品的方法。

广播网 / 电视网（networks） 全国性的电视或广播连锁机构，如 ABC、CBS、NBC 或福克斯。由于讯息的覆盖广泛性与即时性，该网络得以为大型广告主提供便利和效率。

美国新闻媒体联盟（News Media Alliance，NMA） 美国报业的推广机构。

新闻稿（news（press）release） 打印出来的信息表单

（通常 8½ × 11 英寸大小），被分发给印刷和广播机构，以进行宣传或阐明对感兴趣议题的主张。

新闻式 / 信息式标题（news/information headline） 一种广告标题类型，包括许多“如何做”式的标题，以及借助发布新闻或提供信息承诺来做广告的标题。

NLEA 参见《营养标签和教育法》(Nutritional Labeling and Education Act)。

噪声（noise） 发送者的广告信息每天都在与数以百计的其他商业和非商业信息进行竞争。

非商业广告（noncommercial advertising） 慈善机构、公民团体、宗教团体、政治组织或其他非营利组织赞助的广告，用于推动捐款、说服人们以某种方式投票或使人们关注社会事业。

非人际传播（nonpersonal communication） 利用某种媒介作为传播中介的营销活动，包括广告、直复营销、公共关系、辅助宣传材料和促销活动。

非人际影响（nonpersonal influences） 影响消费者决策过程的因素，通常是消费者无法控制的，如时间、地点和环境。

非概率样本（nonprobability samples） 人口中的每个单位不是被平等地抽中的调查样本，因此这种样本可能不具有代表性。

非产品广告（nonproduct advertising） 旨在推销观点或理念而不是产品或服务的广告。

非产品事实（nonproduct facts） 一种产品声明，通常与品牌无关，而与消费者或消费者使用该品牌的社会环境相关。

非语言的（nonverbal） 不使用语言文字的沟通方式，通常采用视觉方式。

北美行业分类系统代码（North American Industry Classification System（NAICS）codes） 美国商务部对所有企业进行分类的方法。代码制定依据大的行业集团、子集团和类似业务领域中的特定公司。

《营养标签和教育法》(Nutritional Labeling and Education Act，NLEA） 1994 年生效的一部法律，由美国国会通过，对诸如新鲜、清淡、低脂和低热量等术语做出了严格的法律定义；设定标准分量；并要求标签上标明每一份食物的营养价值和国家研究委员会确定的每日推荐摄入量。

目标（objectives） 参见营销目标（marketing objectives）。

目标 / 任务设定法（objective/task method） 一种确定广告预算分配的方法，也被称为预算累进法，它确定广告目标以及如何采用广告来实现目标。该方法有三个步骤：界定目标、确定战略和估计成本。

观察法（observation method） 调查人员实际观测人们行为的调查方法。

网外辛迪加（off-network syndication） 原先在电视网或广播网上播出的节目重新在个人电台或个别电视台播放。

在镜头内（on camera） 通过摄像机被看到的景象，例如一个解说员、主持人或演员来表演一场戏。

上市日期（on-sale date） 杂志实际发行的日期。

开启费率（open rate） 报纸里一次插页广告的最高费率。

操作性条件反射（operant conditioning） 将一种行为与奖赏或惩罚联系起来的学习过程。

意见领袖（opinion leader） 其信仰或态度受到对特定活动具有共同兴趣的人尊重的人。

意见抽样（opinion sampling） 消费者通过访谈、免费电话、焦点小组等方法提供反馈的一种公共关系研究形式。

看见机会（opportunity to see，OTS） 一个广告信息对一名受众的一次可能暴露，也叫广告印象。有效频次通常被认为是在 4 周里有 3 次或以上的机会暴露，但没有适用于所有广告和产品的万能数值。

自然搜索结果（organic search results） 不受赞助影响的搜索结果序列。

组织买家（organizational buyers） 为商业机构和政府购买产品和服务的人。

云上存储（over-the-top（OTT）inventory） 互联网电视视频内容。OTT 指人们通过互联网，而不是有线电视或广播频道在线观看的内容。

户外广告（out-of-home（OOH）advertising） 在户外触达潜在客户的广告，如广告牌和交通广告（公交卡片和车内卡片）。

户外广告（outdoor advertising） 一种以广告牌形式出现的户外广告。

外部招贴（outside posters） 出现在公共汽车外部的各种各样的交通广告，其规模包括特大尺寸（king size）、大尺寸（queen size），动态展示，主要在公共汽车后部和前部。

包装（packaging） 产品的容器——包括容器的外观，及其设计、颜色、形状、标签和材质。

主页增粉（page likes） 脸书开发的工具，允许品牌培养粉丝。

付费发行量（paid circulation） 报纸或杂志通过订阅和报摊销售出的平均每期总份数。

潘通配色系统（PANTONE Matching System，PMS） 根据公式预先混合并给定特定颜色编号的颜色系统。潘通色卡册包含 100 多种颜色，可用于纯色和网屏色块印刷，印刷在不同的纸张表面。

协办（participation basis） 大多数广播电视网电视广告的销售基础。由几家广告主联合购买节目中的 30 秒或 60 秒片段，这种方式使得广告主能够分散预算，并且不受长期承诺约束，更容易进出节目。

专利（patent） 政府授予发明创造者在一段时间内制造、使用和销售该发明的独家权利。

人员型服务（people-based service） 一种依靠个人才能和技能而不是高级技术或专业设备的服务。

销售比率法（percentage of sales method） 广告预算的一种分配方法，根据上一年销售额的百分比，或明年预计销售额的百分比来制定预算，或者结合两者。

可感知差异（perceptible differences） 对消费者而言显而易见的产品之间的差异。

感知（perception） 我们感受和理解刺激的个性化方式。

说服的边缘路径（peripheral route to persuasion） 学者佩蒂、卡奇奥波和舒曼提出的营销说服消费者理论中的两条路径之一。对产品或信息卷入度低的人很少或根本不去关注、理解广告的中心信息。然而，这些消费者可能会因为娱乐价值而关注广告或商业广告的边缘要素。不管消费者对这些边缘信息有什么感觉或想法，这些非产品的因素可能整合成对广告的积极态度。日后，这些广告相关的意义可能会被激活，从而塑造某种品牌态度或购买意愿。这是很多日常的低卷入商品，如肥皂、谷物、牙膏和口香糖等包装商品广告中的典型手法。参见精细加工可能性模型。

画像用户（persona） 为广告提供声音或语调的代言人，真实或虚构的都有。

人际传播（personal communication） 所有与顾客进行面对面接触的营销活动。

个人过程（personal processes） 控制消费者识别原始数据（即刺激）并将其转化为感受、思想、信念和行动的三种内部操作方式——感知、学习和动机。

人员推销（personal selling） 面对面的一种销售方法，如零售点的销售人员或电话推销员的推销。

说服（persuasion） 因某种信息（如广告或人员推销）而产生的信仰、态度或行为意图的改变。

慈善（philanthropy） 不带任何商业动机地支持一项事业。

摄影师（photographer） 用相机为广告创作视觉形象的艺术家。

生理过滤（physiological screens） 一种感知过滤方式，消费者使用视觉、听觉、触觉、味觉和嗅觉五种感觉来检测输入的数据，并测量物理刺激的大小和强度。

图片说明式文案（picture-caption copy） 通过一系列插图和说明来讲述故事的广告文案，而不是仅仅使用文字。

方框图片式版式（picture-window layout） 一种图像主导型的页面布局，图像占据广告页面总面积的 60% 至 70%，也称为海报式构图或艾耶 1 号。

播客（podcast） 按需传输的互联网音频内容。

磅 / 售点（point） 在零售业里，指商业场所。在印刷业中，指文本字符的大小和高度数值。

购买点物料（point-of-purchase（P-O-P）materials） 设在零售场地的物料，以增加流量，宣传产品，并刺激冲动性购买。这些物料包括橱窗陈列、柜台陈列、地板和墙壁陈列、彩带和招贴。

什锦袋装样品（polybagging） 产品样品连同日报、月刊一起装在塑料袋里。

定位（position） 产品在消费者心目中的一种排名方式，根据产品所提供的好处、类别或与竞争对手的区别，或者根据其与特定目标市场的关系。

定位策略（positioning strategy） 一种将品牌与特定的客户需求联系起来，从而将该品牌与其竞争对手区分开来的有效方法。

主动生成的动机（positively originated motives） 消费者基于产品所承诺的正面奖励而产生的购买和使用产品动机，如感官满足、智力刺激或社会认可。

发布（post） 进入博客或网络论坛。

明信片（postcards） 广告主用来告知促销信息、提供折扣或增加顾客流量的卡片。

招贴板（poster panel） 参见广告牌（billborads）。

海报式构图（poster-style format） 一种图像主导型的页面布局，图像占据广告页面总面积的 60% 至 70%，也称为方框图片式版式或艾耶 1 号式。

海报（poster） 出于公共关系目的，向消费者传递产品信息或迎合其兴趣的新闻，或是针对员工行为，如安全、礼貌或减少浪费的提示。

后工业时代（postindustrial age） 约始于 1980 年的剧变时期，人们第一次真正意识到我们所处环境的敏感性。

后期制作阶段（postproduction phase） 商业广告制作的最后阶段，在录制和拍摄完广播或电视广告后，用音乐和音效进行剪辑和效果增强。

购买后失调（postpurchase dissonance） 参见认知失调理论（theory of cognitive dissonance）。

购买后评价（postpurchase evaluation） 确定一个购买行为是否令人满意的过程。

事后测试（posttesting） 广告投放后对其效果的测试。

占位价格（preemption rate） 当广告主同意电视台将其广告时段卖给另一个愿意支付更高广告费的广告主时，电视台所收取的较低的广告费。

自选版位价（preferred-position rate） 在报纸或杂志上自选广告位，其收费更高。

前工业时代（preindustrial age） 从有文字记载的历史开始到大约 19 世纪初的时期。在此期间，纸和印刷术的发明以及人们识字能力的提高产生了第一批书面广告。

奖品（premium） 为了鼓励顾客购买广告的产品而提供免费的赠品或低价的物品。

预印插页（preprinted insert） 由广告主事先印好报纸广告，送到报纸印刷厂后，插入一个具体的版面。插页被插入一叠报纸中，看起来像是一张单独的、小版面的报纸。

预制作阶段（preproduction phase） 电视广告正式记录或拍摄前的时期——电视广告拍摄前的计划阶段。

关系预备期（prerelationship stage） 在客户和广告公司正式开始生意合作前，两者关系的最初阶段。

前贴片广告（preroll） 在一段在线视频内容之前置入的视频广告。

主持人广告（presenter commercial） 一种电视广告形式，里面由一个人或一个角色讲述产品和销售讯息。

传媒炒作（press agentry） 策划活动并准备事件以吸引人们对新产品和服务的注意力，宣传公司或组织以引起媒体的关注。

新闻资料袋（press（media）kit） 一系列的宣传材料，在预备的事件如新闻发布会、产品招待会上交给媒体。也可以是一套促销材料，旨在推销一种具体的媒体载体。也称为媒体资料袋。

新闻稿（press release） 见新闻稿（news release）。

事前测试（pretesting） 在把一个广告推荐给客户之前，测试其在内容方面是否存在瑕疵，这种效果测试通常通过焦点小组的方式进行。

价格型广告（price advertising） 强调一个品牌或产品价值定价的广告。

价格要素（price element） 在营销组合中，商品或服务的收费金额，包括交易、折扣、条款、担保等等。影响价格的因素有市场需求、生产与分销成本、竞争和企业目标。

一级发行量（primary circulation） 通过直接购买或订阅获得一种出版物的读者总数。

一手资料（primary data） 直接从市场获得的调查信息。

基本需求（primary demand） 消费者对一个产品类别的总需求。

基本需求趋势（primary demand trend） 基于过去的需求和其他市场影响因素预测未来消费者对一个产品类别的总需求。

首要动机（primary motivation） 有助于人们强化、维系或修正他们社交形象和自我形象的态度和活动的模式。对个体首要动机的了解有助于广告主促进和销售商品和服务。

一手资料调查（primary research） 采用定性或定量的方法直接从市场收集一手资料。

黄金时段（prime time） 电视收视率最高的时间段（美国东部标准时间晚上 8 点到 11 点）。

印刷媒体（print media） 任何商业出版的印刷媒体，如报纸和杂志，向众多广告主售卖广告版面。

印刷制作流程（print production process） 一个广告或一本画册的布局，从概念到最后印刷的系统性过程。主要阶段包括预制作、制作、复制和分发。

印刷厂（printer）一种雇用训练有素的专家或者与他们订立合同的业务，这些专家准备用于复制的广告插图，运行数字扫描机器分色和制版，运行印刷机器和配页机，并完成装订。

隐私权（privacy rights） 有关一个个体阻止个人信息被泄露给公众的权利。

自有品牌（private labels） 在制造商生产的产品上标记上分销商或经销商的品牌标志。在大型零售连锁店自有品牌的定价通常要比制造商品牌低。

过程（process） 一系列经过策划的行动或方法按顺序进行，比如开发产品、战略性定价、通过一个分销网络使之易为顾客所获得，以及通过销售和广告活动来推广。

产品（product） 一个公司售卖的具体商品或服务。也请见产品概念（product concept）的解释。

产品广告（product advertising） 试图去推广产品和服务的广告；也是一种广告的功能性分类。

产品概念（product concept） 消费者将产品感知为一整套满足功能、社交、心理和其他需要和欲望的实用性和象征性价值。广告主也将之作为一种创意组合元素制订广告战略，它是广告主向消费者陈述的一套广告价值。

产品要素（product element） 营销组合中最重要的元素：向市场提供的产品或服务，以及与之关联的价值——包括产品被设计和分类、定位、品牌化以及包装的方式。

产品生命周期（product life cycle） 一个产品生命中循序渐进的各阶段，包括导入期、成长期、成熟期和衰退期，生命周期影响一个产品营销和广告的方式。

植入式广告（product placement） 付费在一部电影中植入产品。

制作阶段（production phase） 创意策略的一个要素。制作广告的整个有形的过程；也指电视广告拍摄结束时的特定阶段。

专业型广告（professional advertising） 直接面向那些通常需要获颁许可证，并在一套职业道德规范和专业标准下执业的人所做的广告。

节目收视率（program rating） 在一个地区观看一个具体电视节目的家庭户数在该区拥有电视机的家庭总户数中所占的比重。

节目式广告（program-length advertising，PLA） 一种持续较长时间的电视广告，可能会持续一个小时；也称为专题广告片。

程序化广告（programmatic advertising） 由电脑决定在某个内容供应商页面中插入某个广告的广告形式。广告主基于受众的购买意愿和内容站点的受众的人口统计特征，来竞购媒体资源。

节目编排风格（programming format） 音乐或其他节目编排风格的类型，它使不同的电台各具特色并相互区别（如当代流行电台、乡村电台、摇滚电台等）。

投射技术（projective techniques） 在市场调查中，间接地询问问题或者引导消费者进入一个他们能表达出对问题或产品感受的情境。目标是获得对人们隐藏或潜意识的感觉、态度、意见、需要和动机的理解。

推广账户（promoted account） 一种推特社交广告，出现在建议用户关注的名单中。这种广告用于推特的主要用户群而不是现有品牌关注者，有助于增加品牌账号的粉丝数。

推广热门话题（promoted trends） 一种推特社交广告，允许公司在推特热门话题栏附近获得 # 标签（# 是用来标注线索主题的标签）曝光，这个位置可以被所有用户看到。

推广推文（promoted tweet） 一种推特社交广告，允许营销者将广告信息直接推送给自己的粉丝，关注了某一品牌的用户在登录推特时就会看到广告，从而增加了这条推文的关注率。

清样（proof copy） 一份已完成的广告样品，用于最终勘误和纠正。

潜在顾客（prospective customers） 即将购买或者在考虑购买的人。

协议（protocols） 指网页浏览器与网站服务器之间发送的一种数字信息，目的是实现彼此通信。

启发式标题（provocative headline） 一种标题的写作方式，用以激发读者的好奇心，以吸引他们继续阅读正文文本。

心理统计特征（psychographics） 在心理构造－价值观、态度、人格和生活方式的基础上，对顾客进行市场细分。

心理过滤（psychological screens） 消费者根据自己的主观标准，主要是情感和个性，来评估、过滤信息并使信息带上个人色彩的感知过滤层。

公共事务（public affairs） 与一个组织社区公民身份相关联的所有活动，包括与社区行政官员打交道，与监察机构和立法群体一起工作。

公告（public notice） 报纸在象征性收费之后，登载商务、个人关系、公开的政府报告、私人和私人组织的公告以及财务报告的合法更改。

公共关系（public relations，PR） 个体和组织为了与其他群体（公众）实现相互的亲善而实施的关系和传播的战略性管理。公共关系的基本作用是管理一家公司的声誉并有助于与企业建立共识。

公共关系活动（public relations activities） 包括新闻报道、传媒炒作、赞助、特别事件和公共关系广告，对公司而言以较低的费用来创造公众认知和信赖。

公共关系广告（public relations advertising） 旨在促进一家公司与其公众（工会、政府、顾客、供应商等）

之间关系的广告。

公共服务讯息（public service messages） 由专业人员自愿为一个有价值的理由或慈善创作的广告。

公共宣传（publicity） 产生关于一个人、一种产品或服务的新闻，该新闻出现在广播或印刷媒体上。

公众（publics） 在公关术语中，员工、顾客、股东、竞争者、供应商或者一般民众都被认为是组织面对的公众。

夸大（puffery） 夸张地、主观地宣称，无法证明真伪，如“最佳”“第一”“感觉最舒服”。

拉式策略（pull strategy） 旨在引导顾客试购或再购的营销、广告或销售促进活动。

脉冲式（pulsing） 在媒介投放排期中将持续性和集中性结合的战略。

购买时机（purchase occasion） 基于顾客什么时间购买和使用一种产品或服务的细分市场方法。

推销佣金（push money，PM） 一种对零售推销人员的金钱激励，以使其推动具体产品的销售。在英文中也用 spiff（推销奖金）一词指称。

推式策略（push strategies） 旨在将产品推入经销商渠道，并通过给经销商、零售商和销售人员提供激励的方式刺激销售的所有营销、广告和销售促进活动。激励包括试销价格补贴、分销补贴以及广告补贴以鼓励备货和产品陈列。

定性调查（qualitative research） 指试图按照无法量化的指标如态度、信念和生活方式确定市场变量的调查。

定量调查（quantitative research） 指试图按照有关具体市场条件或情境的可靠的、坚实的统计指标来确定市场变量的调查。

疑问式标题（question headline） 向读者提问的标题。

广播或播客名人（radio or podcast personality） 广播或播客节目的主持人。

随机概率样本（random probability samples） 一种抽样的方式，总体中的每一个单元都有均等的被抽中的机会。

费率基准（rate base） 对于杂志来说，出版商依据发行量数据制定收费标准。

价目表（rate card） 出版商提供的文件，用于向广告主沟通关于广告花费、政策、要求和截止日期等相关信息。

收视率（rating） 曝光于某个广告媒介的家庭或个人占总家庭数或总人口数的比重。

视听率调查服务公司（rating service） 这些公司通过一个有代表性的受众样本并提供关于观众或听众规模和特征的数据，为广告主和广播公司测量电视和广播节目的受众。

理性诉求（rational appeal） 一种营销诉求方式，瞄准消费者对产品或服务的实际的、功能性的需要。

基本原理（rationale） 请见讯息策略（message strategy）。

到达范围/到达率（reach） 在一段时期内暴露于一个广告之下的总人数或总户数，通常以 4 周为一段时期。它测量暴露于某一媒体载体至少一次的受众数（无论一个受众重复暴露多少次，只计 1 次到达人数），可以通过其占总的市场人口数的比例或者总人数来体现。

每册读者数（readers per copy，RPC） 用于确定一个特定印刷媒介的总到达率的变量。每册读者数乘以零售和订阅的总数，就可以得出总的读者规模。

阅读告示（reading notice） 展示广告的一种变体，看起来像报纸社论。有时这种广告比普通展示广告收费更高，法律规定这种广告的顶部要标明广告字样。

实时竞价（real-time bidding） 程序化广告通过拍卖或出价过程获得向受众展现广告的机会，出价最高的广告主拥有优先权。

返利（rebate） 商品的现金返款，从汽车到家用电器都会使用。

回忆测验法（recall test） 一种事后测试方法，用于确定一条广告及其内容在多大程度上被注意、阅读或观看了。

接收者（receiver） 在口头沟通过程中，对信息进行解码以便理解，并且构想出一个新的想法，对之进行编码和回应的一方。

近期策划（recency planning） 欧文·埃夫龙的理论认为，多数广告是通过影响那些准备购买的消费者的品牌选择来起作用的，这表明广告投放的连续性相当重要。

招聘广告（recruitment advertising） 一种特别的广告，通常出现在日报的分类广告部分，由人事部门负责，旨在吸引员工应聘。

参照群体（reference groups） 我们试图仿效的对象，或者他们的认可对我们很重要。

区域性广告主（regional advertisers） 那些在全国某一个区域经营的公司，它们的市场也仅限该地区。

区域性广告（regional advertising） 公司在一个有限的地理区域营销它们的商品或服务而使用的广告。

区域性广告公司（regional agency） 那些聚焦于区域性广告战役所适用的广告制作和投放的广告公司。

区域性刊物（regional publications） 只在全国某一区域发行的刊物，比如只在西部或南部发行。

常规价格线广告（regular price-line advertising） 零售广告的一种类型，告知消费者提供相关服务或者有一大批常规价格的商品可供选择。

关系营销（relationship marketing） 建立、维持和强化与顾客和其他利益相关者长期的关系，带来信息和其他价值的互换。

信度（reliability） 研究测试结果的一个重要特征。一个测试的结果若可信，它必须是可重复的，每次施测都会得到相同的结果。

声誉管理（reputation management） 在公共关系中，管理公司在不同公众群体中的形象地位的长期战略过程。

转售商市场（resell markets） 购买产品用于再售目的的个体或公司。

转售商（reseller） 从制造商或批发商那里购买产品然后转卖给消费者或其他买家的商业机构；也称中间商。转售商在它们再售产品时并没有改变或者修饰产品。转售商通过卖价高于买价赚取中间利润。最常见的转售商有零售店铺和目录零售商。互联网零售商在转售商营业规模中占据的份额不断增长。

资源（resources） 价值观、态度与生活方式（简称 VALS）分类所使用的一个术语，与消费者采用的心理、生理、人口统计学和物质需求的范围有关。资源轴包括教育、收入、自信、健康、购买的迫切程度以及精力等。

零售广告（retail advertising） 由零售店铺和机构发布的广告。

预付费制（retainer method） 参见直接费制（straight-fee method）。

重新定向广告（retargeting ads） 根据一个互联网用户的在线行为分析针对性地呈现相关的广告。

RFM 公式（RFM formula） RFM 公式是一个数学模型，依据近期购买（recency）、购买频率（frequency）、购买金额（monetary），给营销者提供一种在公司的数据库中确定最忠诚顾客的方法。

富媒体邮件（rich mail） 在一封电子邮件中允许插入图像、视频和音频的技术。

富媒体广告（rich-media advertising） 图像动画和含音频视频元素的广告覆盖了网页，甚至悬浮在页面上。最一般的形式包括动画横幅、插播、超级插播和富媒体邮件。

路障式（roadblocking） 在美国四大电视网同时购买相同的播出时段。

任意版位（run of paper，ROP） 参见任意版位价（ROP advertising rates）。

电台指定时段（run-of-station，ROS） 为了取得一个更低的广告价格由电台指定广告播出的时段。

任意版位价（run-of-paper（ROP）advertising rate） 指一家报社酌情决定将一个广告刊登于某个页面某个位置——换言之，只要这个位置许可的话。多数报社会尽可能按照广告主要求的位置来刊登。

促销广告（sale advertising） 一种零售广告的类型，用以刺激具体商品的销售，或强调特别降低的价格来增加店铺的人流量。

销售信函（sales letters） 直接邮寄是最常见的形式。促销信函需要打字、排版和印刷，印刷时可预留一个插入空位（如你的名字），或者全部电脑打印。

销售促进（sales promotion） 一种直接的激励。沿着营销路径——从制造商通过分销渠道到顾客手中——提供额外的奖励以促进产品从生产者向消费者流动。

销售促进部门（sales promotion department） 在大型广告公司，制作经销商广告、橱窗海报、售点陈列和经销商销售材料的员工。

销售测试法（sales test） 当广告在公司营销计划中是一种主导因素或唯一变量时采取的一种有效的广告效果测量方法。销售测试法更适合整个广告战役效果，而不是单个广告或者广告中的构成要素衡量。

销售导向目标（sales-target objectives） 和一个公司销售相关的营销目标。这些目标具体到产品和市场，有量化的时间和金额，并且是现实可行的。它们的衡量指标包括：总销量；不同品类、细分市场或顾客类型的销售；市场份额；销售增长率；毛利。

样本（sample） 市场调查人员从调查总体中选择一部分以代表目标人群。译作样品时也指一个产品的免费试用品。

样本单位（sample unit） 被选中进行调查或研究的实际个体。

发放样品（sampling） 给消费者提供产品的免费试用品，试图养成他们的消费习惯。

无衬线字体（sans serif） 一种字体类型，其特征是没有衬线。

卫星广播（satellite radio） 模拟或数字广播信号通过

一颗或数颗卫星传播。

SAU 见标准广告单位（standard advertising unit）。

脚本（script） 广播和电视文案的一种格式，像一个两栏的列表，一边显示对话，另一边可能有图像。

印章（seal） 由一些组织如美国好管家研究院和美国保险商实验室在产品达到它们建立的标准时所提供的一种认证。印章为广告产品提供了一种独立的、有价值的背书。

搜索引擎（search engine） 致力于从万维网上查找和检索所要求信息的网站。由于搜索引擎是互联网信息的把关人，它们尤其受到广告主的欢迎。

搜索结果页面（search-results page） 在搜索工具栏和搜索网站上检索后返回的一系列可能相关的链接。

二级（传阅）读者群（secondary（pass-along）readership） 一本出版物除了购买者外的其他读者的数量。

二手资料（secondary data） 之前已经被搜集或出版过的信息。

选择性需求（selective demand） 消费者对一个品牌相对其他竞品的特定优势的需求。

选择性分销（selective distribution） 一种将产品分销限定在特定经销店的战略，旨在减少分销和促销的成本。

无包装邮件（self-mailers） 任何不用信封便可付邮的直接邮寄印刷品。通常是折叠的，用订书机装订或密封。无包装邮件会预留空白处以填写收件者姓名和地址。

衬线字体（serif） 最流行的字体组，其特征是在一个字母的主笔画上加的一条小横线或尾线，表示这一笔画的完结，其特征还有笔画的粗细变化。

服务（service） 可能无形也可能有形，有时间性，由一项完成的任务提供一系列利益。

录制（session） 广播广告录音和混音的过程。

份额（share） 观看一个具体节目的家庭数在拥有电视设备且开机的家庭总数中所占的比重。

市场份额 / 广告份额法（share of market/share of voice method） 基于公司所确定的市场份额目标来分配广告资金的一种方法，会制定比行业广告总花费乘以市场份额略高些的预算。

欠资价（short rate） 在一年内广告主未能完成它们在合同中承诺的广告投放量而向其收取的费用。欠资价是基于广告投放标准费率和合同规定的折扣费率之差计算得出。

短期操控性批评（short-term manipulative criticisms） 对那些聚焦于广告的操控或欺骗做法的批评。

户外广告计量单位（showing） 一个习惯性说法，指户外广告在一个合同期限内使用的计数单位，表明市场覆盖范围的强度。举例来说，100 户外广告计量单位提供了一个均匀充分的市场全覆盖。

签名（signature cut） 参见标志（logotype）。

情境分析（situation analysis） 有关组织目前的情境及其发展历程的事实性陈述。它含有如下相关事实：公司历史、公司成长、产品和服务、销售量、市场份额、竞争状况、服务的人群、分销系统、过去的广告方案、市场调查结果、公司的能力、优势和劣势。

生活片段（slice of life） 一种由现实生活的戏剧化场景表现的电视广告，在里面主人公试用了产品并通过产品解决问题。

口号（slogan） 给广告、销售人员和公司员工的一个统一的公司陈述（也称为标语或主题句）。口号有两个基本目标：维持一个广告战役的连续性；将一个重要主题或想法简化成短且易记的定位陈述。

货位补贴（slotting allowance） 由制造商向零售商付出的费用，为一种新产品赢得有利的货架位置和占地面积。

社交书签（social bookmarking） 互联网用户用来组织、存储、管理和搜索在线资源的一种方法。

社会阶层（social classes） 社会学家对社会的传统划分——上层、中上层、中下层等，他们相信在同一个社会阶层中的人们有着相似的态度、地位象征物以及花费习惯。

社会认知理论（social cognitive theory） 班杜拉的理论，描述人们如何从他人行为所带来的奖惩中观察学习。

社交聆听（social listening） 公司收集和分析关于特定关键词的网络帖子的一种方法。

社交媒体（social media） 用户通过电子媒介交流的方式建构在线社区或社群。

社会责任（social responsibility） 按照社会所认为的对一般大众或某一特定人群的福利最有利的方式采取行动。

软件即服务（software as a service，SaaS） 一种将软件和相关数据集中托管于云端或互联网上的软件交付方式。

信源（source） 在口头传播中，一方形成想法，将其观点编码成为一条信息，并通过某种渠道发送给接收者。

垃圾邮件（spam） 未经用户请求，由未知实体将产品或服务发送到已购买的邮件列表或新闻组的大批量电邮广告。

特别事件（special event） 为了提高人们对产品或公司的认知和理解而举行的预先安排的会议、聚会或演示。

大型户外电子广告牌（spectaculars） 巨大的电子标识，通常在人流量密集处运用持续动态变换、色彩鲜亮和华丽的图形来吸引人们的注意。

预演示（speculative presentation） 广告公司为获得雇佣拟使用的广告演示。它通常是应预期客户的要求进行的，而且客户通常不会为此支付费用。

演讲撰稿（speechwriting） 公关从业者为股东大会、发布会、会议等撰写演讲稿的职能。

推销奖金（spiffs） 参见推销佣金（push money）。

溢出媒体（spillover media） 原本面向本国受众的一国媒体却对邻国大批消费者产生无意识的影响。

分版测试（split run） 许多报纸（和杂志）的一项功能，允许广告主在同一天的相同或不同报刊上刊登大小相同但内容不同的两个广告，以测试两种广告方式的效果差异。

出资者（sponsor） 对广告信息和传播活动最终负责的公司或组织。尽管出资者通常不是广告创作者，但出资者一般会为广告的制作和发行付费。

付费链接（sponsored links） 一种在搜索引擎中的付费列表。付费链接与自然列表不同，后者反映了搜索引擎对与搜索者相关内容的最佳猜测。

出资的消费者（sponsorial consumer） 一组在出资者的公司或组织中决定广告是否可以运行的决策者，通常由主管和经理组成，他们负责批准和资助一项活动。

赞助（sponsorship） 由单独的广告主对广播或电视节目、活动或者网站的冠名。广告主通常对节目内容、制作成本以及广告负责。由于这一形式非常昂贵，因此单独赞助通常仅限于电视专题片。

点播广告（spot announcement） 插播在节目之间的单个商业广告，但是与前后的节目都没有关系。点播可以在全国或当地购买，不过广告主必须直接联系电视台或电台购买。

点播广播（spot radio） 全国性广告主购买个别电台的广播时段，购买电台广告可以为广告主在选择市场、电台、播出时间和文案方面提供很大的灵活性。

广播广告（spots） 见广播广告（radio ads）。

利益相关者（stakeholder） 在关系营销中，客户、员工、核心影响者、股东、金融界和媒体等不同的利益相关者需要不同类型的关系。

标准广告单位（standard advertising unit，SAU） 所有标准尺寸的报纸都可以接受一种标准的报纸广告尺寸系统，而无需考虑其精确的格式或页面大小。该系统允许广告主准备一个特定尺寸或标准单位的广告，并将其刊登在各种报纸上，无论其格式如何。

标准尺寸报纸（standard-size newspaper） 报纸的标准尺寸，大约 22 英寸高，13 英寸宽，分为六列。

标准化户外广告（standardized outdoor advertising） 科学定位的专业户外广告系统，能覆盖整个市场传递广告主的信息。

报表广告卡（statement stuffers） 将广告附着在客户每个月来自百货公司、银行、公共事业公司（如水电燃气）或者石油公司的对账单、结算单上面。

刺激（stimulus） 可通过感官接收的身体数据。

成品招贴（stock posters） 一种以任意数量供应的、由现成的 30 张招贴组成的户外广告，通常以一流艺术家和平版印刷画家的作品为特色。

故事板（storyboard） 预先印上 8 ～ 20 个空白帧的电视屏幕形状的一张纸，其中包括商业广告、音效和摄像机视图的文本。

故事板草图（storyboard rough） 以故事板形式呈现的电视广告的粗略布局。

直述式广告（straight announcement） 最古老的广播或电视广告形式，播放员在屏幕上播放幻灯片或电影时，将销售信息直接通过麦克风送出，或者显示在摄像机或者屏幕外旁白中。

直接费（预付费）制（straight-fee（retainer）method） 广告代理服务的一种计酬方法，由成本加固定费用组成。在该系统下，广告公司根据客户所需的人员时间，确定人员的成本，并乘以某些系数。

直接售卖式文案（straight-sell copy） 一种为了迅速推销产品而直接解释标题或图像的文案模式。

流媒体广播（streaming radio） 通过网络来播放内容的广播电台。

流媒体视频（streaming video） 观众通过互联网或无线网收看的视频内容，而非通过广播或有线频道。

样式表（style sheet） 保存在桌面排版系统中的版式、间距、设计和布局的格式。微软在其流行的软件程序中将样式表称为模板。

亚文化（subculture） 亚文化是文化中的一部分，其中共享的一系列意义、价值或活动与主流文化在某些方面有所不同。

小标题（subhead） 小标题出现在标题上方或下方或广告正文中。小标题的字体通常小于标题，但大于正文，它们也可能以黑体字或不同的颜色呈现。

潜意识广告（subliminal advertising） 广告中包含的信息嵌入低于感知阈值的图片中。

举证（substantiation） 联邦贸易委员可能要求涉嫌广告违法者提供支持其所引用的调查结果或科学研究的证据。

周日增刊（Sunday supplement） 报纸发行的周日刊物。周日增刊不同于其他日期的报纸，它们是在光滑的纸张上使用凹版印刷技术印制的。

供应商（supplier） 协助广告主和广告公司准备广告材料，如摄影、插图、印刷和制作的人员和组织。

全面调查法（survey） 一种基本的定量研究方法。可以通过面谈、邮件、电话或互联网的形式来获取人们的意见。

抽奖（sweepstakes） 一种促销活动，根据参与者姓名来提供奖品。其目的是鼓励消费者参与产品的消费。

SWOT 分析（SWOT analysis） SWOT 是内部优劣势以及外部的机会和威胁分析的缩写，它代表了广告经理在审查营销计划时所使用的四个维度。SWOT 分析一般会简要地分析公司的现状，回顾目标细分市场，逐项列出长期和短期的营销目标，并提出有关市场定位和营销组合的决策。

协同效应（synergy） 各部分效用总和大于将各部分简单相加所取得的效果。

小报（tabloid newspaper） 一般约为标准尺寸报纸的一半大小，约 14 英寸长，11 英寸宽。

战术（tactics） 一个公司营销战略的具体细节，战术决定了用于实现其营销目标的具体短期行动。

标语（tagline） 参见口号（slogan）。

自取传单广告（take-ones） 在交通广告中，在车内提供的商业回复卡或优惠券。如果广告主支付额外费用，它还可以让乘客索取更详细的信息，发送申请表格，或获得一些其他的产品福利。

演播人员（talent） 商业广告中的演员。

目标受众（target audience） 广告信息所针对的特定群体。

目标市场（target market） 全部营销活动所针对的细分市场或细分市场中的群体。

目标市场营销流程（target marketing process） 评估各种细分市场，指定特定细分市场作为营销活动重点，设计营销组合，针对这些目标进行沟通和销售的一系列活动。

出租车车体（taxicab exterior） 在交通广告中，有内部照明功能的双面广告放置在出租车车顶，一些广告也出现在车门或车尾。

样张（tearsheet） 出版商将印刷好的广告剪下来寄给广告主，作为广告印刷质量和已经发布的证明。

技术的（technical） 讯息策略的三个组成部分之一，它是指首选的执行方法和操作结果，包括预算和进度限制。

电话营销（telemarketing） 通过电话联系潜在客户以销售产品和服务的营销方式。

电话销售（telephone sales） 参见电话营销（telemarketing）。

自动台词提示器（teleprompter） 安装在演播室摄像机前面的双向反射镜，反射被录音的演讲者所要读取的移动文本。

电视家庭（television households，TVHH） 有电视机的家庭。

终点站招贴（terminal poster） 在许多公共汽车、地铁和通勤列车站以及主要的火车站和机场里张贴的单张、两张或三张系列海报。它们通常是定制设计的，包括地板展示、堆岛展示、照明标志、立体模型（三维场景）以及带有特殊照明和移动信息的时钟等诸如此类吸引人的元素。

终结期（termination stage） 客户与广告公司代理关系的结束阶段。

试销市场（test market） 在一个单独的区域市场试销，用于测试一个产品、广告活动或促销活动的有效性，然后再向全国推广。

推荐（testimonials） 在广告中使用对产品或服务满意的消费者和名人来为产品代言。

文本（text） 参见正文（body copy）。

印刷纸（text paper） 一系列价格较低的重量很轻的纸张。多孔的版本用于印刷报纸，而更精细、更有光泽的版本则用于高质量的印刷品，如杂志和小册子。

正文字体（text type） 在广告正文中使用的较小字体。

主题句（themeline） 参见口号（slogan）。

认知失调理论（theory of cognitive dissonance） 该理论

认为人们试图通过减少与现实不一致的形象或信念来为自己的行为辩护。

第三方广告服务商（third-party ad server） 帮助整个网络生态系统管理线上广告的机构。

缩略图（thumbnail） 一张粗略的、快速制作的、用于尝试各种想法的铅笔初稿。

总受众人数（total audience） 一个电视节目所覆盖的家庭总数。这个数字通常会被细分以确定观众在人口统计类别中的分布。

总体受众计划（total audience plan，TAP） 一种广播广告套餐费率，保证在较好的日间时段有一定比例的插播位置。

整车位（total bus） 一种特殊的交通广告位，覆盖公共汽车的整个外部，包括前、后、侧面和顶部。

贸易广告（trade advertising） 面向中间商的商品和服务广告，以刺激批发商和零售商购买商品来转售给客户或用于自己的业务。

贸易集中（trade concentration） 由较少的零售商售出较多产品的现象。

交易折扣（trade deal） 由于产品成本或其他金钱诱因，经销商短期打折销售。

交易促销（trade promotion） 参见推式策略（push strategy）。

商业展会（trade show） 可以将制造商、经销商和一个行业的产品买家聚在一起进行演示和讨论，并向客户展示新产品、文献和样品，为它们的产品结识新的潜在经销商的展会。

商标（trademark） 制造商或商家为识别其商品并将其与他人制造或销售的商品区别开而使用的任何词语、名称、符号、装置或其任何组合。

转换性动机（transformational motives） 承诺通过感官满足、智力刺激和社会认可来“改变”消费者的主动生成的动机。也叫奖励动机。

交通广告（transit advertising） 一种户外媒体，实际上包括车内卡片、车体招贴，以及车站、月台和航站楼的海报等。

候车亭广告（transit shelter advertising） 一种新型的户外媒体广告形式，广告主可以购买公交车候车亭和公交站台的座椅背面的广告位。

跨国（全球）市场（transnational（global）markets） 定位于国外的消费者、企业和政府的市场。

热点话题（trending） 当前网络所讨论的热门话题。

收尾（trial close） 广告文案中，放在广告正文结束语之前鼓励消费者购买的请求。

字系（type family） 基本设计保持不变，但在比例、粗细和倾斜度上有变化的相关字体。变化通常包括细体、中等、粗体、特粗、压缩、扩展和斜体。

印刷术（typography） 选择、设置和布置字体的艺术。

美国专利及商标局（U.S. Patent and Trademark Office） 美国商务部下设的负责注册、保护专利和商标的机构。

特高频（UHF） 指电视台 14 ～ 83 的频道，超过一半的美国商业电视台是特高频。

不公平的广告（unfair advertising） 根据联邦贸易委员会的规定，导致消费者受到“不合理的伤害”或违反公共政策的广告称为不公平的广告。

通用产品代码（universal product code，UPC） 一系列带有 12 位数字的识别性竖线，安放在每一个零售产品的包装上。

总体（universe） 整体的目标人群。

使用率（usage rates） 表现消费者使用产品的程度，分为轻、中、重三种程度。

用户状态（user status） 反映消费者对某些品牌和产品的忠诚度差异的六种类别：专一用户、准专一用户、折扣用户、知晓而未尝试用户、尝试 / 拒绝用户和保留剧目用户。

用户生成内容（user-generated content，UGC） 由消费者而并不是公司生产的媒体内容。

效用（utility） 一个产品能够提供象征性或心理性需求满足以及功能性满足的能力。一个产品解决问题的潜力可能包括形式、时间、地点或占有效用。

效度（validity） 调查测试的一个重要特征。为了保证有效性，测试必须反映市场的真实状况。

价值型思维（value-based thinking） 一种基于直觉、价值观和伦理判断做出决定的思维方式。

场馆营销（venue marketing） 将赞助商与诸如体育场、竞技场、礼堂或赛马场等实际场地联系起来的一种赞助形式。

语言的（verbal） 书面或口头的言语。

纵向联合广告（vertical cooperative advertising） 由制造商提供广告并支付一定比例的投放费用的一种合作广告。

垂直营销系统（vertical marketing system，VMS） 为一组商店或其他企业供货或提供其他服务的一个集中安排和管理系统。

垂直刊物（vertical publication） 针对特定行业人员的商业出版物，例如《餐厅与机构》。
甚高频（VHF） 电视频道的 2 ～ 13，不到一半的美国商业电视台是甚高频。
视频新闻稿（video news release，VNR） 以视频形式制作的新闻或专题报道，免费提供给电视台。
病毒式营销（viral marketing） 网络版的口碑广告。
可视化（visualization） 广告创意中迸发“大创意”的关键之处。它包括分析问题，收集相关的信息，并将需要传达表述的事物发展为口头或视觉概念。
图像（visuals） 被放置到一个广告中的所有图片元素。
旁白（voice-over） 在电视广告中，虽然看不见播音员，但是能听到其声音的口播或对话。
数量折扣（volume discount） 向大量购买印刷版面或广播时间的广告主提供折扣。
用量细分（volume segmentation） 将消费者归类为产品的轻度用户、中度用户或重度用户的分类方式。
欲望（wants） 一种通过生活经历学习到的欲求。
战士角色（warrior role） 在创意过程中能克服各种借口、创意杀手、挫折和障碍，最终将创意概念变为现实的角色。
网络浏览器（web browser） 为计算机用户提供万维网图形界面的计算机程序。
网页设计公司（web design houses） 一种艺术 / 计算机工作室，它们雇用了解 HTML 和 Java 等复杂编程语言的专家，并且能够设计出既高效又经济的广告和互联网网页。
网页（web page） 万维网在线出版物中的一个页面，称为网站。网站由一个或多个网页组成，允许个人或公司通过互联网向公众提供信息和服务。
网站（website） 一个用于网络浏览者读取的互联网地址。
周报（weekly newspaper） 每周出版一次的报纸，其特点是服务于小城市或郊区或农场社区的读者，强调当地独家新闻和广告。
维基百科（wiki） 用户可以通过浏览器使用富文本编辑器来添加、修改或删除其内容的网站。
口碑（word of mouth，WOM） 信息从一个人传给另一个人。
万维网（World Wide Web，WWW） 一种基于超文本的分布式信息系统，可由因特网浏览器或火狐浏览器等网络浏览器显现。
书写纸（writing paper） 一种普通的轻质纸，通常用于印刷传单和信件。

William F. Arens, Michael F. Weigold
Contemporary Advertising and Integrated Marketing Communications, Sixteenth Edition
9781260259308

北京市版权局著作权合同登记号：01-2020-5596

图书在版编目（CIP）数据

当代广告学与整合营销传播：第16版 /（美）威廉·阿伦斯，（美）迈克尔·维戈尔德著；林升栋等译. -- 北京：中国人民大学出版社，2023.10
ISBN 978-7-300-32100-4

Ⅰ. ①当… Ⅱ. ①威… ②迈… ③林… Ⅲ. ①广告－市场营销学－英文 Ⅳ. ① F713.86

中国国家版本馆 CIP 数据核字（2023）第 163360 号

当代广告学与整合营销传播（第16版）

［美］ 威廉·阿伦斯
迈克尔·维戈尔德 著

林升栋 顾明毅 黄玉波 康 瑾 张慧子 周 雨 译

Dangdai Guanggaoxue yu Zhenghe Yingxiao Chuanbo

出版发行	中国人民大学出版社		
社　　址	北京中关村大街31号	**邮政编码**	100080
电　　话	010－62511242（总编室）		010－62511770（质管部）
	010－82501766（邮购部）		010－62514148（门市部）
	010－62515195（发行公司）		010－62515275（盗版举报）
网　　址	http://www.crup.com.cn		
经　　销	新华书店		
印　　刷	北京尚唐印刷包装有限公司		
开　　本	890 mm × 1240 mm 1/16	**版　　次**	2023年10月第1版
印　　张	44.75 插页3	**印　　次**	2023年10月第1次印刷
字　　数	1 128 000	**定　　价**	398.00元

教师反馈表

麦格劳-希尔教育集团（McGraw-Hill Education）是全球领先的教育资源与数字化解决方案提供商。为了更好地提供教学服务，提升教学质量，麦格劳-希尔教师服务中心于2003年在京成立。在您确认将本书作为指定教材后，请填好以下表格并经系主任签字盖章后返回我们（或联系我们索要电子版），我们将免费向您提供相应的教学辅助资源。如果您需要订购或参阅本书的英文原版，我们也将竭诚为您服务。

<table>
<tr><td colspan="6">★ 基本信息</td></tr>
<tr><td>姓</td><td></td><td>名</td><td></td><td>性别</td><td></td></tr>
<tr><td>学校</td><td colspan="2"></td><td>院系</td><td colspan="2"></td></tr>
<tr><td>职称</td><td colspan="2"></td><td>职务</td><td colspan="2"></td></tr>
<tr><td>办公电话</td><td colspan="2"></td><td>家庭电话</td><td colspan="2"></td></tr>
<tr><td>手机</td><td colspan="2"></td><td>电子邮箱</td><td colspan="2"></td></tr>
<tr><td>通信地址及邮编</td><td colspan="5"></td></tr>
<tr><td colspan="6">★ 课程信息</td></tr>
<tr><td>主讲课程-1</td><td></td><td>课程性质</td><td></td><td>学生年级</td><td></td></tr>
<tr><td>学生人数</td><td></td><td>授课语言</td><td></td><td>学时数</td><td></td></tr>
<tr><td>开课日期</td><td></td><td>学期数</td><td></td><td>教材决策者</td><td></td></tr>
<tr><td>教材名称、作者、出版社</td><td colspan="5"></td></tr>
<tr><td colspan="6">★ 教师需求及建议</td></tr>
<tr><td colspan="2">提供配套教学课件
（请注明作者/书名/版次）</td><td colspan="4"></td></tr>
<tr><td colspan="2">推荐教材
（请注明感兴趣领域或相关信息）</td><td colspan="4"></td></tr>
<tr><td colspan="2">其他需求</td><td colspan="4"></td></tr>
<tr><td colspan="2">意见和建议（图书和服务）</td><td colspan="4"></td></tr>
<tr><td>是否需要最新图书信息</td><td>是、否</td><td rowspan="2">系主任签字/盖章</td><td colspan="3" rowspan="2"></td></tr>
<tr><td>是否有翻译意愿</td><td>是、否</td></tr>
</table>

McGraw Hill | Higher Education

教师服务热线：800-810-1936
教师服务信箱：instructorchina@mheducation.com
网址：www.mheducation.com

麦格劳-希尔教育教师服务中心
地址：北京市东城区北三环东路36号环球贸易中心A座702室教师服务中心　100013
电话：010-57997618/57997600
传真：010 59575582